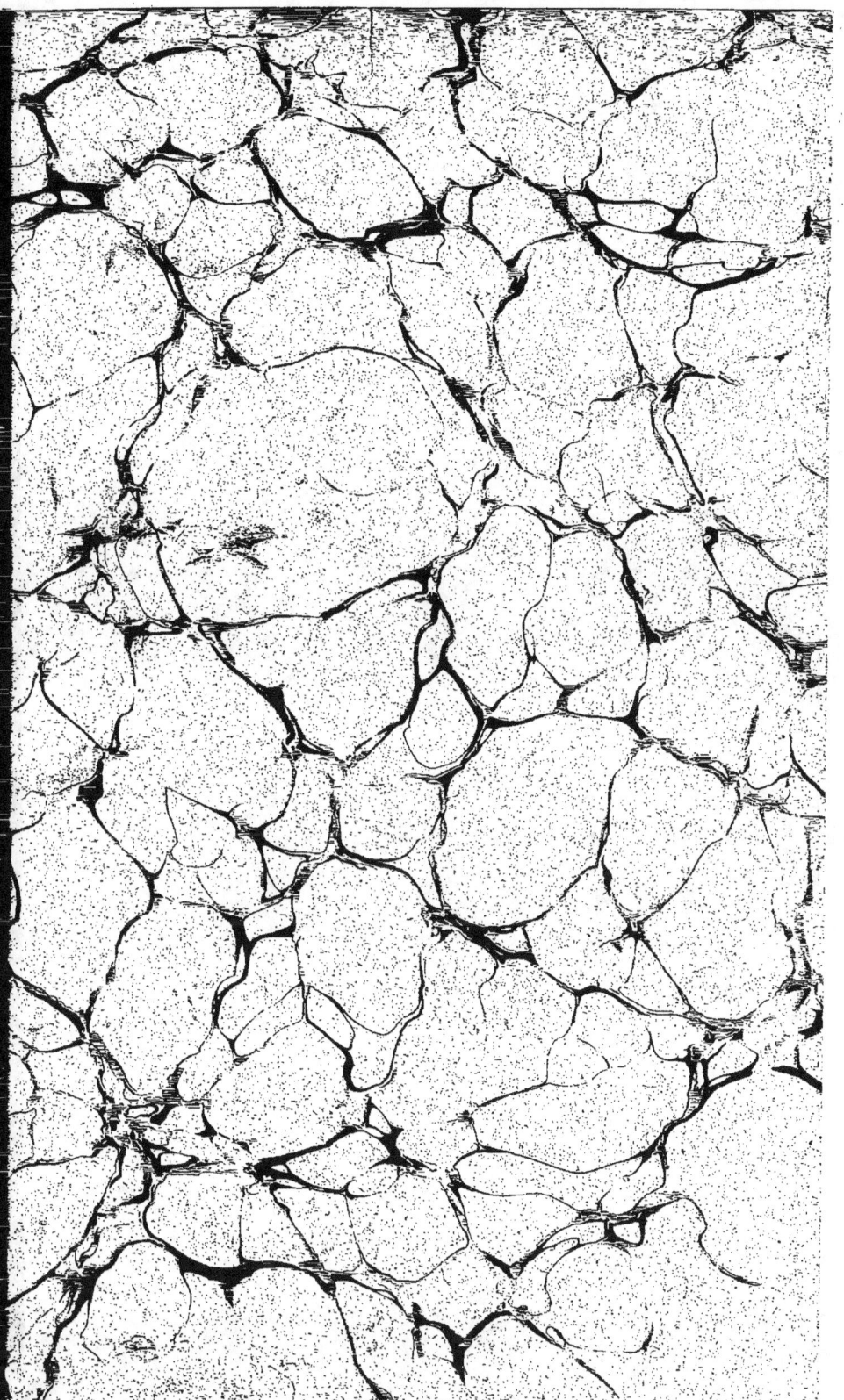

MANUEL PEREYRE

MANUEL DES PRINCIPALES
VALEURS DE BOURSE

COTÉES AU PARQUET ET EN COULISSE

Aux Marchés de

PARIS, LYON, GENÈVE, MARSEILLE, BORDEAUX ET LILLE

Avec indication, pour chacune d'elles, des

CONSTITUTION, OBJET D'APRÈS LES STATUTS, SIÈGE SOCIAL,
DURÉE, CAPITAL SOCIAL, COMPOSITION DU CONSEIL D'ADMINISTRATION,
ASSEMBLÉE GÉNÉRALE,
RÉPARTITION DES BÉNÉFICES D'APRÈS LES STATUTS,
DIVIDENDES DISTRIBUÉS ET, POUR LA PLUPART, RÉSULTATS
TRÈS DÉTAILLÉS DU DERNIER EXERCICE

Et comprenant les Valeurs suivantes :

Fonds d'État Français et Étrangers, Assurances, Compagnies Gazières,
Compagnies d'Eaux, Chemins de fer,
Voitures et Tramways, Compagnies de Navigation, Électricité,
Compagnies Territoriales, Mines d'Or de tous pays,
Mines de Cuivre, Étain, etc., Valeurs Industrielles de tout genre, etc.

PRIX : 10 FRANCS

EN VENTE :

IMPRIMERIE DE LA FINANCE ET DU COMMERCE
6, rue des Forges (place du Caire), **PARIS**

1896

MANUEL

DES PRINCIPALES

VALEURS DE BOURSE

Cotées

AU PARQUET ET EN COULISSE

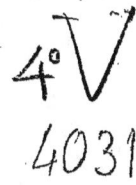

MANUEL PEREYRE

MANUEL DES PRINCIPALES
VALEURS DE BOURSE

COTÉES AU PARQUET ET EN COULISSE

Aux Marchés de

PARIS, LYON, GENÈVE, MARSEILLE, BORDEAUX ET LILLE

Avec indication, pour chacune d'elles, des

CONSTITUTION, OBJET D'APRÈS LES STATUTS, SIÈGE SOCIAL,
DURÉE, CAPITAL SOCIAL, COMPOSITION DU CONSEIL D'ADMINISTRATION,
ASSEMBLÉE GÉNÉRALE,
RÉPARTITION DES BÉNÉFICES D'APRÈS LES STATUTS,
DIVIDENDES DISTRIBUÉS ET, POUR LA PLUPART, RÉSULTATS
TRÈS DÉTAILLÉS DU DERNIER EXERCICE

Et comprenant les Valeurs suivantes :

Fonds d'État Français et Étrangers, Assurances, Compagnies Gazières,
Compagnies d'Eaux, Chemins de fer,
Voitures et Tramways, Compagnies de Navigation, Électricité,
Compagnies Territoriales, Mines d'Or de tous pays,
Mines de Cuivre, Étain, etc., Valeurs Industrielles de tout genre, etc

PRIX : **10 FRANCS**

EN VENTE :

IMPRIMERIE DE LA FINANCE ET DU COMMERCE

6, rue des Forges (place du Caire), **PARIS**

1896

PRÉFACE

Depuis plusieurs années déjà, un très grand nombre de ceux qui sont en relations d'affaires avec notre maison nous pressaient de publier un manuel pratique des valeurs de Bourse, quelque chose qui fut moins encombrant, moins cher, plus portatif et comprenant une quantité de valeurs dont on ne trouve pas mention dans l'*Annuaire des Agents de change de Paris*, comme aussi plus complet que les quelques rares opuscules s'occupant des valeurs autres que celles du parquet. Nous avions jusqu'aujourd'hui reculé devant pareille tâche, car nous craignions que nos occupations nombreuses nous empêchassent de la mener à bien et de répondre au désir de nos clients aussi complètement que nous l'aurions désiré.

Finalement nous nous sommes mis à l'œuvre, et nous présentons aujourd'hui au public un ouvrage qui, sans avoir la prétention de donner satisfaction à tout le monde, pourra du moins contenter beaucoup de capitalistes, de rentiers, de propriétaires, de ceux, en un mot, qui ne veulent pas s'engager dans telle ou telle valeur sans connaître sa constitution, son objet, les dividendes qu'elle a distribués, la situation dans laquelle elle se trouve d'après ses derniers bilans, etc. Ces renseignements, le lecteur les trouvera dans notre *Manuel*. Nous n'avons pas la prétention d'avoir fait une œuvre parfaite — loin de là — mais nous avons, pour être agréable à nos clients, montré à leur égard la meilleure bonne volonté.

Bien entendu, notre *Manuel* sera perfectionné par la suite. Il sera, dans une édition suivante, complété, augmenté, corrigé s'il y a lieu. Tous les jours nous collationnons de nouveaux renseignements propres à y être ajoutés par la suite, et, nous avons à peine besoin de le dire, c'est avec le plus grand plaisir que nous recevrons de nos lecteurs toutes observations à cet égard.

Bref, on nous demandait un ouvrage assez complet : nous croyons également que le prix de 10 francs n'est pas exagéré pour une étude qui comprend la plupart des valeurs connues. Nous avons donc répondu, dans la limite d'un début, aux désirs qui nous étaient exprimés. Puisse notre œuvre recevoir l'approbation de ceux qui, depuis longtemps, nous en demandaient la publication !

FERD. PEREYRE

FONDS D'ÉTAT FRANÇAIS

ET ÉTRANGERS

FONDS D'ÉTAT

FRANÇAIS ET ÉTRANGERS

RENTES FRANÇAISES

Il existe trois types de Rentes françaises : le 3 0/0 perpétuel, le 3 0/0 amortissable et le 3 1/2 0/0 ; nous allons les examiner successivement :

3 0/0 perpétuel. — La Rente 3 0/0 française résulte de l'ensemble des émissions suivantes :

1° Emission, du 27 avril 1825, créée dans le but de procurer les fonds nécessaires au règlement de l'indemnité de 1 milliard aux émigrés. Le résultat de l'opération s'est traduit par une inscription de 25.995.310 francs de rente 3 0/0, soit en capital 866.510.333 francs. Ce fonds s'est successivement accru par divers emprunts contractés en 3 0/0 sous la Restauration et sous le règne de Louis-Philippe.

2° Emission, du 9 mars 1854, de 250 millions, au prix de 65 fr. 25. Pour la première fois, le public fut appelé à souscrire directement et sans intermédiaires.

3° Emission, du 25 décembre 1854, de 500 millions, au prix de 65 fr. 25. La souscription fut ouverte avec droit de préférence et d'antériorité pour les souscriptions de 500 francs de rente et au-dessus.

4° Emission, du 5 juillet 1855, de 750 millions, élevée à 780 millions pour frais éventuels de l'opération, au prix de 65 fr. 25. Les souscriptions de 50 fr. de rente étaient irréductibles et le minimum des rentes à souscrire fut fixé à 10 francs ;

5° Emission, du 30 avril 1859, pour 500 millions, élevée à 520 millions pour frais éventuels de l'opération, au prix de 60 fr. 50. Les souscriptions à 10 francs de rente furent irréductibles ;

6° Conversion, le 12 février 1862, du 4 1/2 0/0, du 4 0/0 et des obligations trentenaires, en Rente 3 0/0.

7° Emission, du 30 décembre 1863, pour 310 millions, au prix de 66 fr. 30. Les souscriptions à 6 francs de rente, minimum de rente à souscrire, furent irréductibles. Il dut être versé un fonds de garantie double du montant de chaque rente demandée ;

8° Emission, du 1ᵉʳ avril 1868, de 450.500.000 francs, dont 429 millions pour le principal et 24 millions 500.000 francs pour les frais, à 69 fr. 25. Les souscriptions à 5 fr. de rente, minimum de rente à souscrire, furent irréductibles. Le versement de garantie fut égal à la somme de rente demandée.

9° Emission, du 1ᵉʳ août 1870, pour un milliard à réaliser au mieux des intérêts du Trésor, à 60 fr. 60. Les demandes reçues le jour de la clôture furent seules irréductibles. Le minimum de rentes à souscrire fut fixé à trois francs. Il dut être versé immédiatement un cinquième du capital souscrit, le reste payable en huit termes mensuels égaux.

10° Emission, du 31 mai 1875, pour 14.541.780 francs en vue de rembourser l'emprunt Morgan 6 0/0 1870 ;

11° Emission, du 1ᵉʳ mai 1886, de 500 millions, à 79 fr. 80. Paiements par termes échelonnés jusqu'au 1ᵉʳ janvier 1887 ;

12° Emission, du 7 novembre 1887, pour la conversion du 4 1/2 ancien et du 4 0/0. On a inscrit au Grand-Livre 37.632.997 francs de Rente 3 0/0.

13° Emission, du 24 décembre 1890, pour 869,448,000 fr., à 92 fr. 55, par versements échelonnés jusqu'au 1ᵉʳ juillet 1892. Il ne fut pas admis de souscription inférieure à 3 fr. de rente.

Ceci établi, on peut avoir à résoudre les questions suivantes :

1° Quel capital faut-il pour acheter telle somme de rente que l'on désire se procurer ?

2° Quelle somme de rente peut-on se procurer avec un capital donné ?

3° Que rapporte un capital placé en 3 0/0 perpétuel ?

Voici les règles à suivre :

1° Pour connaître le capital que l'on doit verser pour se procurer telle somme de rente que l'on désire, il faut multiplier le total de la rente que l'on veut acheter par le cours du jour, puis diviser le produit par l'intérêt de cette rente ;

2° Pour connaître le total de la rente que l'on peut procurer avec un capital donné, il faut multiplier ce capital par le taux de cette rente, puis diviser le produit par le cours du jour ;

3° Pour connaître à quel taux est placé un capital, il faut multiplier le pair par l'intérêt, puis diviser le produit par le cours du jour.

3 0/0 amortissable. — Cette rente a été créée en 1878. Elle est amortissable par annuités en 75 ans.

En vertu du décret du 16 juillet 1878, le capital au pair de la nouvelle rente a été divisé en cent soixante-quinze séries remboursables annuellement par tirages au sort, conformément au tableau suivant, savoir :

De 1879 à 1907, en 29 ans, 1 série par an, soit 29 séries.
De 1908 à 1925, 18   2   —   36   —
De 1926 à 1938, 13   3   —   39   —
De 1939 à 1945,   7   4   —   28   —
De 1946 à 1950,   5   5   —   25   —
De 1951 à 1953,   3   6   —   18   —
                 75 ans   175 séries.

Les tirages ont lieu le 1ᵉʳ mars de chaque année (à compter du 1ᵉʳ mars 1879) et le remboursement des titres sortis s'effectue à partir de l'échéance du coupon suivant chaque tirage, soit le 16 avril.

FONDS D'ÉTAT FRANÇAIS ET ÉTRANGERS

Les quinze séries ci-après dont sorties jusqu'à ce jour, savoir :

Série 116, tirage du 1er mars	1879	Série 170, tirage du 1er mars	1887
— 8 — —	1880	— 161 — —	1888
— 174 — —	1881	— 130 — —	1889
— 163 — —	1882	— 19 — —	1890
— 156 — —	1883	— 93 — —	1891
— 3 — —	1884	— 52 — —	1892
— 127 — —	1885	— 102 — —	1893
— 86 — —	1886		

Rente 3 1/2 0/0. — Ce type de Rente a été créé le 17 janvier 1894 pour rembourser au pair le 4 1/2 1883, dont le montant s'élevait à 309.540.276 francs ou le convertir. Il est remboursable, après un délai de huit ans, à partir du 16 février 1894. Il s'élève à 237.596.863 francs de Rente.

Mode de négociation à la Bourse. — Les négociations des Rentes à la Bourse ont lieu au comptant et à terme, savoir :

Au comptant : 1° pour le 3 0/0 et le 3 1/2 0/0 par n'importe quelle fraction, pourvu qu'elle ne soit pas inférieure à 2 francs de rente et même à 1 fr., s'il s'agit d'une réunion ;

2° Et pour le 3 0/0 amortissable, par coupures de 15 francs de Rente au minimum et les multiples ;

Et à terme, par liquidations mensuelles :
Pour le 3 0/0, par coupures de 1.500 fr. de Rente et les multiples.
Pour le 3 0/0 amortissable, —   1.500   —   —   —
Pour le 3 1/2 0/0   —   1.750   —   —   —

Les coupons se détachent à la Bourse quinze jours avant leur échéance, et, par suite, les négociations se font coupon détaché dès :
Les 16 mars, 16 juin, 16 septembre et 16 décembre pour le 3 0/0 ;
Les 1er janvier, 1er avril, 1er juillet et 1er octobre pour le 3 0/0 amortissable.
Les 1er février, 1er mai, 1er août et 1er novembre pour le 3 1/2 0/0.
On les paie à toutes les caisses publiques françaises.

FONDS AUTRICHIENS

Il y en a quatre qui se négocient à la Bourse de Paris : le 5 0/0 1868, le 4 0/0 1876, le 5 0/0 1860 ou Lots d'Autriche et les Obligations domaniales 1866. Nous allons les examiner.

Unifiée 5 0/0 1868. — Ce type comprend deux catégories : une première relative aux obligations qu'il a converties et dont les intérêts étaient payables en argent, une seconde concernant celles dont les intérêts étaient payables en papier. De ces diverses catégories, les coupures de 100, 1.000 et 10.000 florins sont seules négociables à la Bourse de Paris. Les coupures relatives aux anciennes obligations dont les intérêts sont payables en argent, se paient les 1er janvier et 1er juillet ou les 1er avril et 1er octobre, celles dont les intérêts sont payables en papier les 1er février et 1er août ou les 1er mai et 1er novembre.

Les intérêts (argent et papier) sont payables à Vienne et subissent la retenue de l'impôt de 16 0/0 établi par la loi autrichienne. Ils se payent à Paris, au change du jour, chez MM. de Rothschild, rue Laffitte, 23.

Les titres de la Dette convertie ne se négocient qu'au comptant, sauf la Rente (papier) jouissance mai et novembre, dite vulgairement Métallique, admise aux négociations à terme.

Les cours se cotent en rentes et en francs, mais, dans la pratique, les transactions se traitent par florins de rente au change de 2 fr. 50 le florin. Les négociations à terme ont lieu par 1.000 florins de rente et les multiples. Liquidation de quinzaine.

Rente 4 0/0 or 1876. — Cette rente, qui comprend un total de 524.306.200 florins, est représentée par trois genres d'obligations : celles de 200 florins, teinte rose, donnant un intérêt annuel de 20 francs ; celles de 1.000 florins, teinte verte, donnant un intérêt de 100 francs et celles de 10.000 florins, teinte jaunâtre, donnant un intérêt annuel de 1.000 fr.

Mêmes observations pour la cotation que pour le 5 0/0 1868. Les coupons se paient à Paris, chez MM. de Rothschild, ou à la Banque de Paris et des Pays-Bas, en francs d'or, d'après la valeur de 25 francs d'or pour 10 florins d'or.

Lots d'Autriche. — Il s'agit ici d'obligations remboursables par voie de tirage, mais qui ont ceci de particulier, qu'après avoir été tirées une première fois le 1er février et le 1er août de chaque année, elles sont tirées une seconde fois les 1er mai et 1er novembre pour déterminer les lots auxquels elles ont droit. L'emprunt est de 200 millions de florins représentés par 400.000 obligations de 500 florins au porteur, entièrement libérées, divisées en 20.000 séries de 20 obligations chacune, numérotées de 1 à 20. Partie de ces obligations sont divisées en titres de 100 florins, ou cinquièmes d'obligations, jouissant du cinquième des droits de l'obligation entière (5 de ces titres portent les mêmes numéros de séries et de primes). L'intérêt annuel : 5 0/0, soit 25 florins, est payable par moitié les 1er mai et 1er novembre, sous déduction de l'impôt autrichien de 20 0/0 sur le revenu, soit net 20 florins. Les titres sont remboursables à 600 florins, avec droit aux primes ci-dessous énoncées, en 57 ans, du 1er février 1861 au 1er août 1917. Il y a 500.000 florins de lots : 1 lot gagne 300.000 florins, 1 gagne 50.000, 1 gagne 25.000, deux 20.000, 15 chacun 5.000 et 30 chacun 1.000. Les autres sont remboursables à 600 florins. quatre remboursements ont lieu les 1er février et 1er août.

Domaniales d'Autriche 1886. — Les obligations représentent un emprunt de 60 millions de florins en argent, valeur Autrichienne, contracté avec le Crédit Foncier d'Autriche, en gage des biens immeubles de l'Etat pour 150 millions de florins. Il y a eu 500.000 obligations au porteur et libérées, émises à 230 francs en 1867, remboursables à 300 fr. en 36 ans. Le remboursement se fait les 1er mars et 1er septembre. L'intérêt annuel de 15 francs est payable par moitié les 1er mars et 1er septembre, lesdits intérêts ne sont pas soumis à l'impôt sur le revenu. Sur le marché de Paris, sont seules négociables les obligations du Crédit foncier d'Autriche appartenant à la série dite : « Série garantie par hypothèque sur des domaines de l'Etat » et portant l'estampille suivante : « Fonds spécial d'Etat de l'Empire d'Autriche, émis par le Crédit foncier d'Autriche. »

Observations. — Plusieurs personnes nous ont exprimé le désir d'être renseignées d'une façon très exacte sur les projets financiers du gouvernement Austro-Hongrois et sur le caractère des opérations relatives à la régularisation de la *Valuta*, dont les journaux de tout genre s'occupent depuis plus de trois ans, et qui certainement doivent avoir une influence décisive sur la situation financière de l'Autriche-Hongrie.

Il s'agit, comme on le sait, du rétablissement de la circulation monétaire, remplaçant la circulation fiduciaire des billets, et de l'adoption de l'étalon d'or, opérations qui auront pour première conséquence la refonte de toutes les pièces de monnaie actuellement en usage dans la monarchie Austro-Hongroise. En outre, sur cette réforme monétaire, le gouvernement vient greffer la conversion de ses principaux types de rente autrichienne et hongroise.

Pour bien se rendre compte du caractère de cette réforme, il nous faut rappeler ici une série d'évènements assez anciens, et constater que si l'Autriche-Hongrie réussit à rétablir les paiements en espèces, elle fermera une ère de difficultés et d'inconvénients qui ne remonte pas à moins de 130 années ; et voici comment :

Vers la fin de la guerre de sept ans, en 1762, l'Autriche créa son papier-monnaie, qui n'avait pas cours forcé en principe, qui ne fut émis d'abord qu'en quantité modique, mais qui s'éleva peu à peu jusqu'à la somme colossale d'un milliard de florins et fut déclaré inconvertible. Lorsqu'en 1811 l'Etat fit banqueroute, ce milliard de billets de banque fut réduit au cinquième de sa valeur nominale et ce cinquième fut émis sous forme de billets connus sous le nom de *Valeur Viennoise*. Après 1815, les finances s'améliorèrent, mais sans que l'Autriche réussit à revenir aux paiements en espèces. En 1814 fut fondée la Banque nationale Austro-Hongroise, avec l'aide de laquelle on chercha à supprimer le papier d'Etat, mais sans succès.

A côté des *billets de banque*, qui représentaient pleinement leur valeur nominale en florins d'argent, l'Autriche conservait le *papier-monnaie d'Etat*. Toutefois, ce dernier était à peu près retiré par la Banque à raison de 100 florins d'argent ou de billets de banque contre 250 florins du papier de « Valeur Viennoise ».

Mais, après 1848, le remboursement des billets de banque en espèces fut suspendu et il l'est encore aujourd'hui. Toutes les tentatives faites par l'Autriche pour reprendre les paiements en espèces ont régulièrement été contrariées au moment décisif : c'est ainsi qu'en 1859 les paiements en espèces devaient être repris au 1er janvier, lorsqu'éclata la guerre avec la France ; de même en 1865, la Banque nationale voulait supprimer le cours forcé à la veille de la lutte avec la Prusse.

Aujourd'hui, après vingt-cinq ans de paix, l'Autriche a jugé qu'un moment favorable se présentait de nouveau pour procéder à la réforme. Ces efforts de l'Autriche pour reprendre les paiements en espèces sont, soit dit en passant, une éloquente réponse à ceux qui croient qu'il n'y a pas de plus grand bonheur pour un pays que de vivre sous le régime du cours forcé et d'un étalon déprécié. S'il en était ainsi, pourquoi un grand pays chercherait-il, par des efforts incessants, à sortir de cette situation ? Ce qu'il y a de plus particulièrement intéressant dans la réforme projetée, c'est qu'il ne s'agit pas ici, comme cela a été le cas en Allemagne, de substituer simplement un étalon à un autre, l'or à l'argent ; il s'agit de passer *du papier à l'or :* car, en Autriche, l'étalon d'argent ne subsiste que de nom, le véritable étalon est à l'heure actuelle un billet de banque inconvertible. Bien plus, le florin en billets de banque a une valeur supérieure à celle du florin d'argent ; car avec 100 florins-papier on peut acheter à Londres une plus grande quantité d'or qu'avec 100 florins d'argent.

Comment expliquer une anomalie aussi singulière au premier abord ?

Cela vient de ce que l'Autriche, en 1879, a fermé ses hôtels de monnaie à la libre frappe de l'argent pour le compte des particuliers. Il est certain que, si cette frappe avait continué, le billet de banque autrichien ne vaudrait pas plus aujourd'hui que la teneur du florin en argent; mais il vaut environ 2 fr. 10 tandis que le florin d'argent n'en contient que pour 1 fr. 65. On va probablement donner au nouvel étalon autrichien une valeur qui corresponde à 2 fr. 10 de notre monnaie or.

Mais, comme nous l'avons dit plus haut, l'Autriche complique cette opération par la conversion d'un certain nombre de ses titres de rente et c'est ce qui, jusqu'ici, a retardé la solution finale. Sur le rapport de la commission de la *Valuta*, M. Weckerlé a pu obtenir de la Chambre des députés de Vienne le vote des projets de loi relatifs à un emprunt pour la réforme monétaire et la conversion. Mais le syndicat de banquiers (groupe Rothschild) auquel s'est adressé le gouvernement ne se montre pas de composition facile.

Jusqu'ici, rien n'est encore conclu, bien qu'en Autriche on ait déjà pris les devants et qu'en novembre dernier une première émission de pièces d'or de 20 couronnes ait été mise en circulation. Il reste toujours à connaître comment on entend faire la conversion. Le 11 janvier 1893, un traité, cependant, est intervenu, d'après lequel le groupe des banquiers viennois, prendrait en premier lieu l'emprunt de 68 millions de florins de rente or 4 0/0 destiné aux achats d'or; en second lieu, au cours de 92 0/0, l'emprunt en rente-couronnes 4 0/0 destiné à la conversion de la rente-papier 5 0/0; et, enfin, au cours de 94 1/2 0/0, les obligations de Chemins de fer de l'Etat exprimées en couronnes et destinées à la conversion des obligations des Chemins de fer du Voralberg et Archiduc-Rodolphe. Tous ces titres seraient pris moitié ferme, moitié par option.

Inconstestablement, la réforme monétaire, ainsi entendue, aura une heureuse influence sur la situation des Fonds austro-hongrois, mais suit-il de là que les adhérents de notre Syndicat doivent avoir en ces fonds une confiance absolue, modelée sur celle qu'ils accordent à la Rente française ou aux titres de premier ordre? Ce serait une erreur profonde que de le penser.

Tout d'abord, il ne faudrait pas s'illusionner sur cette restauration et croire qu'elle est accomplie parce qu'elle aura été exécutée. Le nouvel état monétaire sera plus difficile à maintenir qu'à introniser. On l'a bien vu par le récent exemple de l'Italie, sans faire toutefois de comparaison entre l'état financier des deux pays. Le gouvernement austro-hongrois aura, dès les premiers temps au moins, à défendre la circulation de l'or à l'intérieur autant, sinon plus, contre ses nationaux que contre l'étranger.

Et puis, il y a lieu de tenir compte de la situation politique du royaume, de cet antoganisme affaiblissant entre l'Autriche et la Hongrie, qui peut amener la disparition de ces deux monarchies. En réalité, malgré les heureux résultats qui doivent en résulter, au point de vue financier, de l'accomplissement des opérations relatives à la régularisation de la *Valuta*, dont, en dépit de la note laudative constante de certains journaux financiers, qui ne servent du reste, en cette occasion, qu'à alimenter la spéculation pure, il n'est pas possible à notre Syndicat de recommander les Fonds austro-hongrois comme des valeurs d'avenir.

Enfin, bien qu'on évite pour cette opération la place de Paris, c'est au fond sur Paris que l'on compte. La nouvelle valeur y sera cotée et l'on s'efforcera de la faire absorber par la voie de la cote. Seulement, il est certain que l'on rencontrera de ce côté une certaine résistance, et l'on aura raison, les opérations hongroises *paraissant avoir pour but la constitution d'un Trésor de guerre*. Raison de plus pour le public Français de résister à toutes les tentatives ayant pour but de lui faire acheter ces titres.

FONDS OTTOMANS

Les Fonds Turcs sont de deux sortes : ceux garantis par le contrôle européen, et ceux n'ayant pour garantie que le crédit de la Turquie.

Les premiers comprennent quatre sortes de titres :

1° La Dette convertie 4 0/0 ;

2° Les Obligations ottomanes 4 0/0 1890, dites de consolidation ;

3° Les Obligations ottomanes 4 0/0 1890, dites Priorités ottomanes ;

4° Les Obligations ottomanes privilégiées 5 0/0, dites Douanes ottomanes.

Pour bien faire comprendre ce que sont ces divers titres, nous sommes obligés de les passer l'un après l'autre en revue.

1° Dette convertie 4 0/0. — Ce titre n'existe que depuis février 1885, époque à laquelle les emprunts antérieurs de la Turquie ont été centralisés en un seul titre de Rente. Il a été divisé en quatre groupes : A, B, C, D ; le premier représentant le titre donné en échange des emprunts 1858 et 1862 ; le second, le titre donné en échange des emprunts 1860, 1863 et 1872 ; le troisième, le titre donné en échange des emprunts 1865, 1869 et 1873 ; et le quatrième, le titre donné en échange des titres de la Dette générale 5 0/0.

Cette division en quatre séries a eu tout simplement pour but de fixer l'ordre dans lequel chacune de ces séries sera appelée au bénéfice de l'amortissement, dans les conditions que nous allons indiquer. Ces groupes ne diffèrent donc entre eux qu'à ce point de vue. Mais ils ont des droits identiques en ce qui concerne l'intérêt qui leur est payé semestriellement, les 13 mars et 13 septembres de chaque année. Sur le capital de la Dette réduite et convertie, il est concédé en principe 5 0/0, dont 4 0/0 pour le service de l'intérêt et 1 0/0 pour le service de l'amortissement. Toutefois, comme nous allons le voir plus loin, des revenus spéciaux et limités ayant été affectés à ce service, il ne peut être effectué de paiement que dans les proportions où l'encaissement des revenus le permet. C'est le Conseil d'administration de la Dette publique qui fixe chaque semestre la quotité du paiement qui résulte de l'état des recettes ; jusqu'à ce jour, les répartitions n'ont pu être faites qu'au taux de 1 0/0 sur le capital réduit.

Pour bien comprendre les lignes qui précèdent, il faut savoir que jusqu'en 1881, le gouvernement avait contracté, de 1854 à 1877, quinze emprunts successifs variant de 4 à 6 0/0, y compris les lots turcs, l'obligation de chemins de fer et la Dette 5 0/0 de 1875, consolidant d'autres emprunts antérieurs, quelques-uns seulement de ces titres étant admis à la cote officielle.

En 1876, le gouvernement ottoman ayant suspendu le service de l'intérêt et de l'amortissement de sa Dette, la conférence de Berlin, 1878, décida de réduire la majeure partie des emprunts à leur taux respectif d'émission, c'est-à-dire de remplacer, pour chaque emprunt, le capital nominal ancien par un nouveau capital nominal, équivalant à son prix d'émission et, en outre, de capitaliser les intérêts non payés en majorant ce prix d'émission de 10 0/0. Jusqu'en 1885, tous les titres des emprunts durent être enregistrés, par suite de quoi chaque porteur reçut une quantité de titres correspondant au montant du capital réduit. Le dernier délai pour l'enregistrement ayant été fixé au 13 février 1885, passé ce délai, les coupons échus furent périmés. C'est alors qu'on convertit tous les titres en un seul en les divisant en quatre séries.

Pour le service de cette dette réduite, le gouvernement ottoman a cédé d'une manière absolue et irrévocable les revenus du monopole du tabac et du sel, de l'impôt du timbre, des taxes de pêche à Constantinople et de la dîme des soies dans une partie de l'Empire ; une part proportionnelle de l'impôt des patentes ; le tribut de la Bulgarie, l'excédent des revenus de l'île de Chypre et la redevance de la Roumélie Orientale. Les quatre cinquièmes de ces revenus sont affectés au service de l'intérêt de la Dette réduite, sans que le taux de cet intérêt puisse excéder 4 0/0, l'autre cinquième doit être consacré à l'amortissement de la Dette jusqu'à concurrence de 1 0/0 du capital réduit.

Nous avons dit que c'était au point de vue de l'amortissement que les différents emprunts avaient été répartis en quatre groupes. Au fur et à mesure de l'augmentation des recettes seulement, chacun des groupes doit recevoir une attribution de 1/4 0/0 sur l'ensemble de la Dette réduite, de telle sorte que lorsque le maximun de 5 0/0 viendra à être atteint, toute la Dette recevra 4 0/0 d'intérêt et 1 0/0 d'amortissement, à raison de 1/4 0/0 par chaque groupe.

Pour représenter les porteurs de titres ottomans et pour pourvoir à leurs intérêts, il a été créé un Conseil d'administration de sept membres, *européens*, siégeant à Constantinople. Ce Conseil administre, perçoit et encaisse directement, pour le compte des porteurs et par le moyen des agents relevant de son autorité, les revenus et autres ressources cédés par la Porte, il en réalise la valeur et en applique le montant intégral, après déduction des frais d'administration et de recouvrements. Il agit sous le contrôle qu'exerce le gouvernement ottoman au moyen d'un commissaire et de contrôleurs spéciaux.

Ces explications données, nos adhérents désireront connaître la situation de l'amortissement. La voici :

La dette turque diminue chaque année. Sur les 90.452.265 livres turques de capital de la dette consolidée inscrite au grand livre, 6.107.051 livres ont été amorties. C'est la première série, la *série A*, qui en a surtout bénéficié ; car, sur 7.048.683 livres turques dont elle se composait, 4.477.460 ont été rachetées, de sorte qu'il n'en reste plus que 2.571.000 livres en circulation. La seconde série, la *série B*, dont le capital inscrit au grand livre était de 9.944.377 livres turques, n'a été réduite que de 625.495 livres. La troisième série, la *série C*, dont le capital monte à 30.243.750 livres, n'a été amortie que de 501.150 livres. Enfin, la quatrième série, la *série D*, qui se compose de 43.215.416 livres, n'a été réduite que de 502.437 livres.

Tous ces titres, comme on le voit, sont en excellente posture, et, en raison de la permanence du contrôle européen, peuvent certainement être regardés comme d'excellentes valeurs. En outre, leur revenu est bon. Prenons comme exemple la série D, cotée 26 francs en mai 1895. Tout le monde sait qu'il ne suffit pas de débourser 26 francs pour devenir propriétaire d'un titre de rente turque, que cette cote ne représente qu'un pourcentage et qu'il n'existe pas de coupures correspondant à ce chiffre. La plus petite coupure est de 500, et pour avoir la somme nette qu'il y a lieu de verser, il faut multiplier 26 par 500, ce qui donne 115. Le revenu net étant de 20 francs, nominal, et 5 francs réel, puisque la Turquie ne paie plus que 1/4 nous avons donc là du 5 0/0 à 115.

2° **Obligations de consolidation 4 0/0.** — Il s'agit d'un emprunt de 4.545.000 £ conclu en 1890, représenté par 227.250 obligations de 20 £ ou 500 francs, libérées et au porteur, et divisées en coupure de 1, 5 et 25 obligations. Ces titres sont remboursables à 500 francs en 41 ans et produisent un intérêt annuel de 20 francs par titre de 500 francs ;

payable le 13 mars et le 13 septembre de chaque année. Ils sont exempts de tout impôt en Turquie.

Cet emprunt a été créé en vertu d'accords intervenus entre le gouvernement ottoman, le Conseil d'administration de la Dette convertie et la Banque ottomane. Il a été destiné, pour partie (environ la moitié, à la conversion des titres de la Dette intérieure (Sehim, Dahilié, etc); le reste du capital a été tenu à la disposition du Trésor turc. Enfin, il est garanti en capital et intérêts, d'une manière exclusive et inaliénable, par des revenus spéciaux s'élevant à 282.800 £ (7.070.000 francs), toute insuffisance éventuelle devant être couverte par le produit des douanes. Comme ces revenus sont perçus par le Conseil européen de la Dette qui les verse lui-même à la Banque ottomane, on peut être certain que la garantie est sûre.

3° **Priorités ottomanes.** — Sous ce nom est désigné un emprunt 4 0/0 privilégié de 7.827.240 £ ou 195.681.000 francs émis en avril 1890, et destiné exclusivement à la conversion ou au remboursement des obligations ottomanes de priorité 5 0/0 1881. Il est représenté par 391.362 obligations libérées et au porteur, de 20 £ ou 500 francs, divisées en coupons de 1, 5, 25 et 50 obligations. Il a été émis à 411 fr. 50.

Cet emprunt a été émis en vertu des accords intervenus entre le gouvernement impérial ottoman, le Conseil européen de la Dette et la Banque ottomane. Il est remboursable au pair en 41 ans, par tirages semestriels payables en août et septembre. Il rapporte 20 francs par titre, payables, par moitié, les 13 mars et 18 septembre.

4° **Douanes ottomanes.** — Il s'agit ici de 295.454 obligations de 500 francs, entièrement libérées et au porteur, créées en 1886, pour un montant de 147.727.000 francs (5.909.080 £), destinées au paiement de la créance de la Banque Ottomane, ainsi qu'au règlement de certaines créances faisant partie de la Dette flottante.

Ces obligations produisent un intérêt annuel de 5 0/0, soit 25 francs par titre, payables par moitié les 13 janvier et 13 juillet de chaque année. Elles jouissent d'un amortissement de 1 0/0 par an depuis 1886, et les fonds affectés à cet amortissement sont consacrés à leur rachat, lequel est fait par la Banque Ottomane aux époques qu'elle juge convenables et au cours du jour.

Ce qui a donné à ces titres le nom de Douanes Ottomanes, c'est que le gouvernement Ottoman a affecté à la Banque Ottomane, pour le service de l'intérêt et de l'amortissement, une somme annuelle de 390.000 livres turques, ou 8.633.636 francs, sur les revenus de l'administration générale des douanes.

En dehors des titres que nous venons d'énumérer, il en est un certain nombre qui ne sont garantis que par le gouvernement turc et ne valent conséquemment que ce que vaut le crédit de ce pays. Ce sont les suivants :

Tribut d'Égypte. — On désigne sous ce nom l'emprunt Ottoman de 5.700.000 livres sterling contracté en 1871 avec MM. Tubini et Edward au taux de 6 0/0, et définitivement payable à 4 1/4 0/0 à la suite de l'arrangement du 17 septembre 1877.

Il est garanti directement par le gouvernement ottoman et spécialement par une affectation de 399.000 livres sterling sur le tribut payable à la Porte par le Khédive d'Égypte, tel qu'il a été augmenté en 1866, et représenté par des titres de 20, 100, 500 et 1.000 livres sterling de capital, exonérés de toutes taxes, impôts et charges en Turquie.

L'amortissement ne fonctionne plus depuis 1876. Par suite des tirages effectués en 1872, 1873, 1874, 1875 et 1876, l'emprunt est resté en circulation pour un montant de 5.378.700 livres sterling.

Obligations ottomanes 4 0/0 1891. — Cet emprunt est de 6.316.920 livres sterling, et il est garanti conformément au décret du Khédive d'Egypte du 20 mars 1891, par une affectation sur le tribut d'Egypte, d'une somme de livres sterling 280.622.18 4 que le Khédive s'est engagé à faire remettre chaque année à MM. de Rothschild, de Londres, pendant toute la durée de l'emprunt, pour faire face au service de son intérêt et de son amortissement.

Il est représenté par des titres de 1.000, 500, 100 et 20 livres sterling de capital, dits : « Obligations Ottomanes 4 0/0 sur le tribut d'Egypte 1891 », et remboursable au pair, en 60 ans, de 1891 à 1950, par tirages au sort annuels, en septembre, pour le remboursement des titres sortis s'effectuer le 10 octobre suivant. Il porte intérêt annuel de 4 0/0, payable par moitié, les 10 avril et 10 octobre de chaque année. Ces obligations sont exemptes de tout impôt ou taxe en Turquie.

Priorités Tombac 1893. — Ces titres sont affectés, par le gouvernement ottoman, sur la redevance fixe de 40.000 livres turques que la Société du Tombac doit lui verser pendant les vingt-cinq ans de sa concession, expirant le 3 avril 1917, et sur le montant annuel des droits de douane, fixé à un minimum annuel de 11.500 livres turques, que la Société doit verser au Trésor lors de l'importation du Tombac dans l'empire. L'annuité de l'emprunt absorbe, sur ces 51.500 livres turques, 50.000 livres sauf commission pour paiement des coupons et frais.

Le Tombac est un tabac spécial, exclusivement cultivé en Perse, destiné à être fumé dans les narguilés ou pipes turques à eau et dont le monopole a été concédé à la Société du Tombac par l'Etat ottoman.

Comme la concession a vingt-cinq ans de durée seulement et que les obligations sont amortissables en quarante ans, le gouvernement ottoman s'est obligé :

1° A donner la préférence, à conditions égales, à la Société du Tombac, en cas de renouvellement de la concession ;

2° A remplacer la redevance fixe de la concession actuelle et la retenue de 11.500 livres turques ci-dessus sur les droits de douanes par un montant égal qui constituera la première charge de la concession qui succèdera à celle-ci ;

3° Dans le cas où la concession ne serait ni renouvelée, ni accordée à une Société et où le monopole de Tumbéki serait, en conséquence, directement exploité par le gouvernement impérial ottoman, celui-ci s'engage à prélever, avant tout autre prélèvement, et à verser aux contractants sur les revenus dudit monopole, la somme de 51.500 livres turques nécessaire au service des intérêts et de l'amortissement de l'emprunt dont il s'agit.

Dans le cas où le produit dudit monopole, exploité directement par l'Etat, serait insuffisance pour fournir ladite somme de 51.500 livres turques, toute insuffisant devra être complétée par le gouvernement impérial ottoman, par une délégation de la somme nécessaire sur les revenus des douanes de l'empire.

En somme, pendant le délai à courir jusqu'au 3 avril 1917, soit pendant vingt-quatre ans encore, *le service ponctuel de l'emprunt du Tombac repose surtout sur la solvabilité de la Société de même dénomination.*

Pour la période de seize ans au-delà de cette date, les porteurs d'obligations Tombac courrent risque de voir leurs droits reposer uniquement sur la solvabilité du Trésor turc.

FONDS RUSSES

Les emprunts russes qui, sous des formes très diverses, se négocient sur le marché de Paris, sont les suivants :

1° **Emprunt 5 0/0 1822.** — Cet emprunt, de 6.700.000 livres sterling de capital nominal faisant partie de la dette perpétuelle de la Russie, n'est pas remboursable : mais le porteur d'un titre peut en demander le rachat, au cours du jour, et un fonds spécial de un pour cent a été constitué à la caisse impériale d'amortissement pour être affecté à ce rachat facultatif. Il est représenté par des titres entièrement libérés et au porteur, divisés en coupures de 111, 148, 518 et 1036 livres sterling de capital. Son intérêt annuel est de 5 0/0, soit 5 £ 11 sch. par titre de 111 livres sterling, payable par moitié les 1ᵉʳ mars et 1ᵉʳ septembre de chaque année.

2° **Emprunt 4 0/0 1867 (1ʳᵉ émission).** — Cet emprunt, de 300 millions de francs, est représenté par 600.000 obligations au porteur entièrement libérées de 500 francs. Il est garanti par le compte du chemin de fer Nicolas, ligne de Saint-Pétersbourg à Moscou, cédé par l'Etat à la grande Compagnie des chemins de fer russes, moyennant une annuité de 1.200.000 roubles appropriée au paiement des coupons et à l'amortissement de cet emprunt. Il a été émis à 307 fr. 50 c. par MM. Hottinguer et le Comptoir d'escompte, exempt de toute charge ou retenue. Il est remboursable en 84 ans, de 1868 à 1951, par tirages au sort annuels qui ont lieu en août de chaque année, à Saint-Pétersbourg, et son remboursement a lieu le 1ᵉʳ novembre suivant. Il jouit d'un intérêt annuel de 20 fr., payable par moitié les 1ᵉʳ mai et 1ᵉʳ novembre.

3° **Emprunt 4 0/0 1869 (2ᵉ émission).** — Cet emprunt, de 277.750.000 francs, est représenté par 555.500 obligations au porteur entièrement libérées de 500 francs. Il est garanti également par le le compte du chemin de fer Nicolas, cédé par l'Etat à la grande Compagnie des chemins de fer russes moyennant une annuité de 7.200.000 roubles appropriée au paiement des coupons et à l'amortissement de cet emprunt.

Il a été émis à 317 fr. 50 par MM. Hottinguer et Cᵉ et le Comptoir d'escompte, exempt de toute charge ou retenue. Il est remboursable au pair en 82 ans, de 1870 à 1951, par tirages au sort annuels qui ont lieu en août de chaque année, à Saint-Pétersbourg, et son remboursement a lieu le 1ᵉʳ novembre suivant. Il jouit d'un intérêt annuel de 20 francs, payables par moitié les 1ᵉʳ mai et 1ᵉʳ novembre.

4° **Emprunt 5 0/0 1878, dit second emprunt d'Orient**. — Cet emprunt de 300 millions de roubles, est dit d'Orient, parce qu'il a été contracté en août 1878 pour couvrir les dépenses extraordinaires de la guerre contre la Turquie. Il a été émis à 93 0/0. Il est représenté par des obligations de 100 et 1.000 roubles de capital, soit au porteur, soit nominatives, dont 428.000 de 100 roubles (teinte grise) et 257.200 de 1.000 roubles (teinte bleuâtre).

Son intérêt annuel est de 5 0/0, soit 5 roubles par titre de 100 roubles, et payable par moitié le 2/14 janvier et 2/14 juillet : en Russie, par la

Banque de l'Etat, et, à Paris, au change du jour, au Comptoir national d'Escompte de Paris, rue Bergère, 14; chez MM. E. Hoskier et Ce, boulevard Haussmaun, 39; Vernes et Ce, rue Taitbout, 29; Ephrussi et Ce, rue de l'Arcade, 45, sous déduction d'un impôt de 5 0/0.

En vue de l'amortir en 49 ans, de 1878 à 1927, on a créé un fonds spécial au moyen d'une retenue annuelle de 1/2 0/0 de son montant nominal, qui est employé chaque année à racheter des obligations au cours de la Bourse, si ce cours est inférieur au pair. Dans le cas contraire, l'amortissement se fait par voie de tirage au sort dont le premier a été effectué en avril 1891. Le remboursement des titres sortis a lieu le 14 juillet suivant.

5° **Emprunt 5 0/0 1879, dit troisième emprunt d'Orient.** — Même capital et même budget que le précédent. Il a été émis à 90 0/0. Il est représenté par des obligations de 100 et 1.000 roubles de capital, soit au porteur, soit nominatives, dont 387.520 de 100 roubles et 61.248 de 1.000 roubles.

Son intérêt annuel est de 5 0/0, soit 5 roubles par titre de 100 roubles, payable par moitié les 1/13 mai et 1/13 novembre, en Russie, à la Banque de l'Etat, et, à Paris, au change du jour, au Comptoir national d'Escompte de Paris, rue Bergère, 14; chez MM. E. Hoskier et Ce, boulevard Haussmann, 39; Vernes et Ce, rue Taitbout, 29; Ephrussi et Ce, rue de l'Arcade, 45; sous déduction d'un impôt de 5 0/0.

De même que le précédent, en vue de l'amortir en 49 ans, de 1879 à 1928, il a été créé un fonds spécial au moyen d'une retenue annuelle de 1/2 0/0 de son montant nominal, qui est employé chaque année à racheter des obligations au cours de la Bourse, si le cours est inférieur au pair. Dans le cas contraire, l'amortissement se fait par voie de tirage au sort. (Le premier tirage au sort a été effectué en février 1891. Le remboursement des titres sortis a eu lieu le 13 mai suivant.

6° **Emprunt 4 0/0 1880 (6° émission).** — Il s'agit ici d'un emprunt de 150 millions de roubles métalliques de capital ou de 600 millions de francs au cours de 4 francs le rouble. Il y a pour garanties les concessions accordées, par le gouvernement russe, aux chemins de fer des mines de l'Oural, Kharkow-Nicolaief, du Donez, de Novgorod, etc., etc.

Il est représenté par des obligations de 500 francs (125 roubles) teinte sépia, rapportant 20 francs d'intérêt annuel, et par des obligations de 2.500 francs (625 roubles), teinte verdâtre, rapportant 100 francs. Ces intérêts se paient le 1/13 mai et le 1/13 novembre.

Ces titres sont exempts d'impôts et sont remboursables au pair en 83 ans 1/2, de 1881 à 1960, par tirages au sort annuels qui ont lieu le 1/13 mai depuis 1881. Les remboursements s'effectuent six mois après le tirage.

7° **Emprunt 4 0/0 or, 1889.** — Cet emprunt est de 125 millions de roubles ou 500 millions de francs, et a été créé dans le but de rembourser l'ancien emprunt 5 0/0 1877 et de parfaire le dernier paiement à la Banque de l'Etat, prévu par l'ukase du 1/13 janvier 1881. Il a été émis à 432 fr. 25.

Il est représenté par des obligations de 500 francs (125 roubles or) (teinte chamois), de 2.500 francs ou 625 roubles (teinte bleue) et de 12.500 francs ou 3.125 roubles (teinte carmin).

Ces obligations sont remboursables au pair en 81 ans, du 1er décembre 1889 au 1er décembre 1970, par tirage au sort semestriels ayant lieu, les 1er mars et 1er septembre. Le remboursement des titres sortis s'effectue les 1er juin et 1er décembre suivant chaque tirage.

L'intérêt annuel est de 4 0/0, soit 20 francs par obligation de 500 francs, et il est payable par trimestre les 1ᵉʳ mars, 1ᵉʳ juin, 1ᵉʳ septembre et 1ᵉʳ décembre de chaque année.

Les titres sont affranchis à tout jamais de tout impôt russe, en capital et intérêt.

8° **Emprunt 4 0/0 or, 2ᵉ émission 1890.** — Cet emprunt, de 90 millions de roubles ou 360 millions de francs, a été émis pour rembourser les obligations restant en circulation des deux emprunts anglo-hollandais 5 0/0 de 1864 et 1866, ainsi que pour convertir à volonté le 6ᵉ emprunt 5 0/0 de 1855. L'émission s'est faite au taux de 465 francs.

Il est représenté par des obligations de 500 francs (125 roubles) divisées en titres de 500 francs (teinte chamois), 2.500 francs ou 625 roubles (teinte bleue) et 12.500 francs ou 3.125 roubles (teinte lilas).

Ces obligations sont remboursables au pair en 80 ans, du 1ᵉʳ décembre 1890 au 1ᵉʳ décembre 1970, par tirages au sort semestriels ayant lieu les 1ᵉʳ mars et 1ᵉʳ septembre, et ce remboursement s'effectue les 1ᵉʳ juin et 1ᵉʳ décembre suivant le tirage, au moyen d'une allocation semestrielle de 0.084.281 0/0 du capital nominal de l'emprunt, plus 2 0/0 du montant des titres déjà amortis. Jusqu'au 1ᵉʳ janvier 1900, cette allocation ne peut être augmentée, et, jusqu'à ladite date, il ne pourra être procédé ni à la conversion, ni au remboursement de l'emprunt.

Leur intérêt annuel est 4 0/0, soit 20 francs par titre de 500 francs, payable par trimestre les 1ᵉʳ mars, 1ᵉʳ juin, 1ᵉʳ septembre et 1ᵉʳ décembre de chaque année.

Cet emprunt est, comme le précédent, exempt à tout jamais de tout impôt russe en capital et intérêt.

9° **Emprunt 4 0/0 or, 3ᵉ émission 1890.** — Cet emprunt, de 75 millions de roubles ou 300 millions de francs, a été émis pour convertir ou rembourser l'emprunt 5 0/0 de 1862, qui a été rayé de la cote.

Il est représenté par des obligations de 500 francs (125 roubles or) divisées en coupons de 500 francs (teinte chamois), de 2.500 francs ou 625 roubles (teinte bleue) et de 12.500 francs ou 3.125 roubles (teinte lilas).

Ces titres sont remboursables au pair en 81 ans, du 1ᵉʳ juin 1891 au 1ᵉʳ juin 1972, par tirages au sort semestriels, ayant lieu les 1ᵉʳ mars et 1ᵉʳ septembre, et ce remboursement s'effectue les 1ᵉʳ juin et 1ᵉʳ décembre suivant chaque tirage, au moyen de 0.084.281 0/0 du montant nominal de l'emprunt et 2 0/0 du montant nominal des titres antérieurement amortis. Jusqu'au 1ᵉʳ janvier 1900, l'allocation affectée à l'amortissement ne sera pas augmentée, et, jusqu'à cette date, il ne sera procédé ni au remboursement, ni à la conversion de l'emprunt.

L'emprunt est exempt à tout jamais de tout impôt russe présent et à venir en capital et intérêt.

Son intérêt annuel est de 4 0/0, soit 20 francs par titre de 500 francs, payables par trimestre les 1ᵉʳ mars, 1ᵉʳ juin, 1ᵉʳ septembre et 1ᵉʳ décembre de chaque année.

10° **Emprunt 4 0/0 or, 4ᵉ émission 1890.** — Cet emprunt de 10.441.000 roubles ou 41.764.000 francs, a été destiné au remboursement des obligations 5 0/0 du chemin de fer de Kharkow-Krenonschong non encore amorties.

Il est représenté par des obligations de 500 francs (125 roubles) divisées en coupons de 500 francs (teinte jaune), de 2.500 francs ou 625 roubles (teinte bleue), et de 1.200 francs ou 312 roubles (teinte lilas).

Ces obligations sont remboursables au pair en 60 ans, du 1ᵉʳ juin 1891, au 1ᵉʳ juin 1950, au moyen d'une allocation semestrielle de 0,20481 0/0 du montant nominal de l'emprunt et 2 0/0 des titres amortis. Jusqu'au 1er janvier 1900, cette allocation ne sera pas augmentée, et, jusqu'à ladite date, il ne sera procédé ni à la conversion, ni au remboursement de l'emprunt. Les tirages s'effectuent les 1er mars et 1er septembre, et le remboursement des titres sortis, les 1er juin et 1er décembre suivant chaque tirage. Leur intérêt annuel est de 4 0/0, soit 5 roubles or ou 20 francs par titre de 125 roubles or, ou 500 francs, payable par trimestre, les 1er mars, 1er juin, 1er septembre et 1er décembre de chaque année.

Comme les précédents, ces titres sont exempts de tout impôt russe, en capital et intérêts.

11° **Emprunt 4 0/0 or, 5e émission 1893.** — Cet emprunt de 44.509.375 roubles ou 178.037.500 francs, a été émis pour convertir l'ancien emprunt 6 0/0 or de 1883, qui a été supprimé de la cote.

Il est représenté par des obligations de 500 francs (125 roubles) divisées en coupons de 500 francs (teinte jaune), de 2.500 francs ou 625 roubles (teinte bleue), et 1.200 francs ou 312 roubles (teinte lilas).

Ces obligations sont remboursables au pair en 81 ans, du 1er novembre 1894 au 1er novembre 1974, par tirages au sort semestriels, ayant lieu les 1er février et 1er août, et ce remboursement s'effectue les 1er mai et 1er novembre suivant chaque tirage. Il est affecté à chaque amortissement semestriel 0.084.281 0/0 au minimum du montant total de l'emprunt, et 2 0/0 du montant nominal des titres amortis.

Jusqu'au 1er janvier 1904, le gouvernement russe n'usera pas de la faculté de rembourser l'emprunt ou d'en augmenter l'amortissement.

L'intérêt annuel est de 4 0/0 or, soit 20 francs par titre de 500 francs de capital, payable par trimestre les 1er février, 1er mai, 1er août et 1er novembre de chaque année.

Les titres et les coupons sont affranchis à tout jamais de tout impôt russe présent ou à venir.

12° **Emprunt consolidé 4 0/0, 1re série.** — Cet emprunt de 175 millions de roubles ou 700 millions de francs, a été destiné à la conversion et au remboursement des emprunts 5 0/0 de 1870, 1872, 1873 et 1884 (obligations consolidées des chemins de fer russes 1re, 2e, 3e, 4e et 5e séries). Il a été émis à 448 fr. 75.

Il est représenté par des obligations, dites *obligations consolidées Russes des chemins de fer*, de 500 francs ou 125 roubles (lettre A, teinte bistre et chamois), de 2.500 francs ou 625 roubles (lettre B, teinte grise et bleue), de 5.000 francs ou 125 roubles (lettre C, teinte carmin et rouge), et de 12.500 francs ou 3.125 roubles (lettre D, teinte lilas foncé et clair).

Ces obligations sont remboursables au pair, en 81 ans, de 1890 à 1970, par tirages au sort semestriels ayant lieu les 1er janvier et 1er juillet. Leur remboursement a lieu les 1er avril et 1er octobre suivant chaque tirage; et, à chaque amortissement semestriel, il est affecté 0.084.281 0/0 du montant nominal de l'emprunt et 2 0/0 du montant nominal des titres antérieurement amortis.

L'intérêt annuel est de 4 0/0, soit 20 francs par titre de 500 francs, payable trimestriellement, les 1er janvier, 1er avril, 1er juillet et 1er octobre de chaque année.

Les titres sont exempts, en capital et intérêt, de tout impôt russe présent et à venir.

13° **Emprunt consolidé 4 0/0, 2e série.** — Cet emprunt, de 310.498.000 roubles or ou 1.241.992.000 francs, a été créé pour convertir et rembourser le solde des emprunts consolidés 5 0/0 de 1870, 1872, 873 et 1884 (obligations consolidées des chemins de fer russes 1re, 3e, 4e et 5e séries). Il a été émis à 457 fr. 50.

Il est représenté par des obligations (dites, comme les précédentes, *obligations consolidées russes de chemins de fer*) divisées en coupures de 500 francs ou 125 roubles (lettre A, teinte bistre et chamois), de 2.500 francs ou 625 roubles (lettre B, bleu, gris et clair), de 5.000 francs ou 1.250 roubles (lettre C, carmin et rouge) et de 12.500 francs ou 3.125 roubles (lettre D, teinte lilas foncé et clair).

Ces obligations sont remboursables au pair en 81 ans, de 1890 à 1970, par tirages au sort semestriels, ayant lieu les 1er janvier et 1er juillet, et le remboursement des titres sortis s'effectue les 1er avril et 1er octobre suivant chaque tirage. A chaque amortissement semestriel, il est affecté, 0.084.281 0/0 du montant nominal de l'emprunt et 2 0/0 du montant nominal des titres intérieurement amortis.

L'intérêt annuel est de 4 0/0, soit 20 francs par titre de 500 francs, payable trimestriellement les 1er janvier, 1er avril, 1er juillet et 1er octobre de chaque année.

Ces titres sont exempts, comme les précédents, en capital et intérêt, de tout impôt russe présent et à venir.

14° **Emprunt consolidé 4 0/0, 3e série**. — Cet emprunt, de 80.000 roubles or ou 320 millions de francs, a été affecté à la conversion et au remboursement de ce qui restait en circulation du consolidé 4 1/2 1875. Il a été émis au cours de 485 fr. 50.

Il est représenté par des obligations (dites, comme les précédentes, *obligations consolidées russes des chemins de fer*) divisées en coupures de 500 francs ou 125 roubles (lettre A, teinte bistre et chamois), de 2.500 francs ou 625 roubles (lettre B, teinte grise et bleue), de 5000 francs ou 1.250 roubles (lettre C, teinte rouge foncé et clair), et de 12.500 francs ou 3.125 roubles (lettre D, teinte lilas foncé et clair).

Ces obligations sont remboursables au pair en 80 ans au plus tard, du 1er octobre 1891 au 1er octobre 1971, au moyen d'un fonds spécial auquel il est affecté, pour le 1er juillet 1891, un montant de 0.34765625 0/0 et ensuite une allocation semestrielle de 0.84281 0/0 du capital nominal de l'emprunt, plus 2 0/0 du montant des titres amortis.

Les tirages s'effectuent les 1er janvier et 1er juillet, et le remboursement des titres sortis les 1er avril et 1er octobre suivant chaque tirage. Jusqu'au 1er janvier 1900, l'allocation affectée à l'amortissement ne sera pas augmentée et, jusqu'à ladite date, il ne sera procédé ni à la conversion, ni au remboursement de l'emprunt.

L'intérêt annuel est de 4 0/0, soit 20 francs par titre de 500 francs, payable par trimestre les 1er janvier, 1er avril, 1er juillet et 1er octobre de chaque année.

Les titres de l'emprunt sont exempts, en capital et intérêts, de tout impôt russe présent et à venir.

15° **Emprunt 3 0/0 or 1891**. — Cet emprunt, de 125 millions de roubles or ou 500 millions de francs, a été créé en vue de couvrir les dépenses faites ou à faire pour les constructions de chemins de fer et autres travaux d'utilité publique. Il a été émis au taux de 79 fr. 75.

Il est représenté par des obligations de 500 francs ou 125 roubles, divisées en coupures de 500 francs (teinte chamois, foncé et clair), de 2.500 francs ou 625 roubles (teinte bleu foncé et clair) et de 12.500 francs ou 3.125 roubles (teinte lilas, foncé et clair).

Ces titres sont remboursables au pair en 81 ans au plus, du 1er janvier 1893 au 1er janvier 1974, par tirages au sort semestriels, ayant lieu les 1er octobre et 1er avril, et leur remboursement s'effectue les 1er janvie et 1er juillet suivant chaque tirage. Ledit amortissement s'effectue sur un fonds spécial auquel est affectée une allocation semestrielle de 0.1477 0/0 du capital nominal de l'emprunt, plus 1 1/2 0/0 du montant des titres amortis.

L'intérêt annuel est de 3 0/0, soit 15 francs par titre de 500 francs, payable par trimestre les 1er janvier, 1er avril, 1er juillet et 1er octobre de chaque année.

Les obligations se prescrivent par 30 ans à dater du jour où le remboursement est exigible ; les intérêt se prescrivent par 10 ans à dater de leur échéance.

Tous ces titres sont à jamais exemptés de tout impôt russe.

16° **Emprunt intérieur consolidé des chemins de fer 4 1/2 0/0, 1re émission 1890.** — Cet emprunt, de 75 millions de roubles, a été destiné au développement et à l'amélioration des chemins de fer et au remboursement à l'Etat des avances faites par lui pour leur construction.

Il est représenté par des titres de 100 roubles (teinte chamois), 500 roubles (teinte bleue), 1.000 roubles (teinte rougeâtre), 5.000 roubles (teinte lilas) et 10.000 roubles (teinte bistre).

Ceux-ci sont remboursables au pair, en quatre-vingt-un ans, du 13 mai 1891 au 13 mai 1972, au moyen d'une allocation semestrielle de 0.062907 0/0 du montant de l'emprunt et de 2 1/4 0/0 du montant des titres amortis. Les tirages ont lieu les 13 février et 13 août de chaque année, pour le remboursement des titres sortis s'effectuer les 13 mai et 13 novembre suivant chaque tirage. Leur intérêt annuel est de 4 1/2 0/0, soit 4 1/2 roubles par titre de 100 roubles, payable par moitié les 13 mai et 13 novembre de chaque année.

Ces titres sont assujettis à la taxe sur le revenu des valeurs mobilières (5 0/0).

17° **Obligations 4 0/0 1889, série B du chemin de fer de Koursk-Kharkof-Azof.** — Cet emprunt, de 175.563.895 francs, a été d'abord contracté, en 1889, par la Compagnie de Koursk-Kharkof-Azof, mais, par suite du rachat du chemin par l'Etat en 1891, le gouvernement russe a pris à sa charge directe le service de son intérêt et de son amortissement.

Il est représenté par des obligations, dites de série B, de 500 marks ou 617 francs 50, libérées et au porteur, sur lesquelles une partie a été émise en France, en novembre 1889, au prix de 563 fr. 50, par le Comptoir d'Escompte de Paris, la Société générale, etc.

Ces obligations, divisées en titres de 500, 1.000 ou 2.000 marks (617 fr. 50, 1.235 et 2.470 francs), sont remboursables au pair en soixante-cinq et demi d'années, de 1890 à 1954, par tirages au sort semestriels ayant lieu les 1er janvier et 1er juillet de chaque année, et leur remboursement s'effectue les 1er avril et 1er octobre suivant chaque tirage. Réserve de remboursement par anticipation à toute époque, moyennant préavis de six mois.

Les titres sortis aux tirages et non présentés au remboursement, sont prescrits au bout de dix ans.

Leur intérêt annuel est de 4 0/0, soit 24 fr. 70 par titre de 617 fr. 50 de capital, payable par moitié les 1er avril et 1er octobre de chaque année.

18° **Obligations 4 0/0 1889, série B du chemin de fer d'Orel-Griasi.** — Cet emprunt, de 6.189.449 francs, a été primitivement contracté en 1889 par la Compagnie d'Orel-Griasi ; mais, par suite du rachat de la ligne par l'Etat, en janvier 1892, le Gouvernement russe a pris à sa charge directe le service de son intérêt et de son amortissement.

Il est représenté par des obligations, dites de série B, de 500 marks ou 617 fr. 50, libérées et au porteur, divisées en titres de 500, 1,000 et 2,000 marks.

Les obligations sont remboursables au pair en soixante-un ans, du 1er juillet 1889 au 1er juillet 1950, par tirages au sort semestriels ayant lieu les 1er janvier et 1er juillet, et leur remboursement s'effectue les 1er avril et 1er octobre suivant chaque tirage.

Sur les titres se trouve inscrit le droit d'augmenter l'importance des tirages ou de rembourser à toute époque la totalité des obligations non encore amorties, moyennant préavis de six mois.

Les numéros des obligations, dont l'amortissement est exigible et qui n'auraient pas encore été présentées à l'encaissement, seront publiés une fois par an et pendant dix années à dater de la première publication du tirage. Les obligations qui, au cours de cette période de dix ans, n'auront pas été présentées au remboursement deviendront nulles et sans valeur et leur annulation sera dûment publiée.

Leur intérêt annuel est de 4 0/0, soit 24 fr. 70 par titre de 617 fr. 50, payable par moitié les 1er avril et 1er octobre de chaque année.

L'emprunt est exempt de tout impôt russe.

19° **Obligations 3 0/0 du chemin de fer Transcaucasien.** — Ces obligations représentent un emprunt nominal de 55.651.290 roubles ou 222.605.000 francs, dont le produit était destiné à la constitution des fonds nécessaires pour la construction des lignes de Bakou et de Batoum, formant la continuation de la ligne de Poti à Tiflis jusqu'à la mer Caspienne. Ces lignes étaient concédées à la Compagnie russe du chemin de fer Transcaucasien formée par statuts approuvés le 22 octobre 1879, au capital de 7.060.000 roubles ou 28.240.000 francs, divisé en 56.480 actions de 125 roubles métalliques. En vertu d'un ukase impérial du 20 avril/2 mai 1889, les lignes de ladite Compagnie ont été rachetées par le Gouvernement russe, qui a pris pour son compte le service de l'intérêt et de l'amortissement des obligations 3 0/0 de la Compagnie du chemin de fer Transcaucasien restant en circulation. Par suite, la Compagnie du chemin de fer Transcaucasien a cessé d'exister et les obligations 3 0/0 sont devenues des obligations d'État de la Russie. Celles-ci ont été émises à Paris au cours de 278 francs. Elles sont divisées en titres de 10 obligations (teinte chocolat) ou 5 obligations (teinte chocolat et bleue). Elles sont remboursables au pair en soixante-dix ans, du 15 juin 1883 au 15 juin 1952, par tirages au sort semestriels ayant lieu les 14 avril et 14 octobre de chaque année, et leur remboursement s'effectue les 3/15 juin et 3/15 décembre suivants.

Leur intérêt annuel est de 15 francs, payable par moitié les 3/15 juin et 3/15 décembre de chaque année.

Les coupons échus et les titres sortis au tirage, non présentés dans l'espace de dix ans, du jour où le paiement est exigible, sont prescrits au au profit de l'Etat.

20° **Obligations 5 0/0 du chemin de fer Transcaucasien.** — Cet emprunt a été émis par le gouvernement russe à la suite de son rachat de la ligne du Transcaucase. Elles ont été créées au type 5 0/0, pour un capital nominal de 27.446.000 francs, et ont été remises en échange du solde resté en circulation des actions de la Compagnie de Poti-Tiflis.

Elles sont divisées en coupures de 500 francs (teinte bleue et rouge), 2.500 (teinte bleue), et 5.000 francs (teinte lilas) de capital nominal.

Elles sont remboursables au pair en 63 ans, de 1891 à 1953, par tirages au sort annuels en janvier, et leur remboursement s'effectue le 5 avril suivant, mais le Gouvernement s'est réservé le droit de remboursement total ou partiel, à toute époque, moyennant préavis de six mois au moins.

Leur intérêt annuel est de 5 0/0, soit 25 francs par titre de 500 francs, payable par moitié, les 5 avril et 5 octobre de chaque année, sous déduction de l'impôt russe de 5 0/0 sur le revenu des valeurs mobilières.

Les coupons échus et les titres sortis au tirage, non présentés dans l'espace de dix ans, du jour où le payement en est exigible, sont prescrits au profit de l'Etat.

Ces obligations sont soumises à la taxe sur le revenu en Russie.

21° **Billets métalliques 4 0/0 de la Banque d'État.** — Cet emprunt de 60 millions de roubles métalliques, est divisé en 5 séries de chacune 40.000 billets de 300 roubles métalliques, représentant un capital de 12 millions de roubles métalliques, remboursables à 300 roubles métalliques en 41 ans à compter de la date de leur émission respective, par tirages au sort annuels.

Leur intérêt annuel est de 4 0/0, soit 12 roubles métalliques, équivalant à 48 francs à raison de 4 franc le rouble, payable le 1/13 février de chaque année pour les 1re, 2e et 4e séries; et le 1/13 août de chaque année, pour les séries 3e et 5e; sous déduction de l'impôt russe de 5 0/0 sur le revenu des valeurs mobilières.

FONDS ROUMAINS

Il n'y a actuellement que deux types de rente roumaine admis à la cote de Paris, le 5 0/0 1875 et le 4 0/0 1890, mais il est bon de savoir que le gouvernement de Roumanie a émis dix emprunts sur les divers marchés. Sur ces dix emprunts, trois sont complètement remboursés depuis 1890; il en reste encore sept, qu'il est question de réduire à un seul type par la consolidation.

Emprunt 5 0/0 1875 (admis à la cote de Paris). — Une loi du 10 avril a autorisé la création d'un capital nominal de 44,600,000 francs sous forme de rente 5 0/0. Cet emprunt fut pris ferme à 63 0/0, soit net 64 32 0/0 en tenant compte des bonifications, par MM. Fould et Camondo de Paris. L'émission publique eut lieu en France, par les soins de la Société Générale, au prix de 71 50 0/0, soit 357 50 par obligation de 500 francs rapportant 25 francs de rente. Les intérêts sont payables par semestre et en francs le 1er avril et le 1er octobre; les titres ne peuvent être soumis en aucun cas et sous aucun motif à la taxe du timbre et de l'enregistrement, ni à aucun autre impôt. Bien que cet emprunt soit considéré comme rente perpétuelle, la loi qui l'a autorisé a prescrit la création d'une caisse d'amortissement qui rachète ces rentes au cours du jour. Cette caisse est alimentée par le produit de la vente des biens de l'Etat et par le revenu des rentes rachetées.

Emprunt 5 0/0 1881. — Le Trésor s'était alimenté, pour faire face aux besoins des Principautés, par l'émission d'obligations domaniales et de Bons du Trésor. Une loi du 16 avril 1881 autorisa le gouvernement à rembourser le solde des obligations domaniales qui s'élevait à 56.022.000 francs et le montant des Bons du Trésor, qui était de 65.428.077 francs. Pour se procurer les 124.450 077 francs nécessaires à cette opération, le gouvernement créa un capital nominal de 148.200.000 francs en rente 5 0/0 amortissable. L'émission eut lieu en Roumanie, les 28, 29 et 30 avril 1881 au prix de 80 0/0. Ces titres ne sont cotés qu'à la Bourse de Berlin.

Emprunts amortissables 5 O/O 1882-84. — Une autre loi, en date du 26 janvier 1882, a autorisé l'émission, pour un capital effectif de 134.615.953 francs de rentes amortissables, d'un type conforme au précédent, en vue de l'achèvement de divers travaux publics et du rachat de diverses lignes de chemins de fer. A la suite et en conséquence de cette loi, eurent lieu plusieurs émissions de rentes 5 0/0 amortissables.

Un syndicat composé de la Disconto-Gesellschaft et des maisons Bleichrœder, de Berlin, et Rothschild, de Francfort, prit ferme, en octobre 1882, 25 millions au cours de 91 0/0, avec une commission de 1 0/0, mais avec réserve de partage avec l'État du bénéfice de l'opération ; un dixième de ce bénéfice était attribué à la Banque nationale de Roumanie. Le syndicat avait, en outre, le droit d'option, jusqu'à la fin de 1882, pour 25 autres millions, et, après le 1er janvier 1883, pour les 84 millions restant.

Une première émission publique, pour 25 millions de francs nominal, eut lieu à Berlin, les 22 et 23 novembre 1882, au prix de 92.60 0/0. Cette émission réussit complètement.

Le syndicat usa, par suite, de son droit d'option et, les 24 et 25 avril 1883, il mit en souscription publique une nouvelle série de 25 millions au prix de 92.75.

D'autres lois (juin 1884, 17.000.000 ; mars 1886, 35.000.000 ; mars 1887, 21.000.000), ont successivement créé d'autres rentes 5 0/0 amortissables.

Emprunt 4 O/O 1889 intérieur. — En février 1889, le gouvernement roumain fit l'émission, dans le pays même, d'un capital nominal de 32.500.000 francs en titres 4 0/0 amortissables. Cet emprunt avait été autorisé par la loi du 22 décembre 1888 pour rembourser 26.000.000 de billets hypothécaires.

Ces titres sont libellés en langue roumaine, française et allemande, ils sont déclarés exempts de tout impôt ou taxe. Les coupons sont payables en or les 1/13 janvier et 1/13 juillet de chaque année. Un mois avant chaque échéance de coupon, on procède aux tirages semestriels de façon que l'amortissement soit terminé en 44 ans, du 1/13 juillet 1889 au 1/13 juillet 1933. Le remboursement est effectué en or et au pair. Le prix d'émission a été de 80 0/0, le gouvernement bonifiait une prime de 1 0/0 à ceux qui souscrivaient en une seule fois une somme d'au moins un million. Cette souscription, bien qu'elle n'ait eu lieu qu'en Roumanie, a pleinement réussi, l'emprunt a été couvert 10 fois.

Emprunt 4 O/O 1889 extérieur. — Les lois des 22 mars/3 avril, 23 mai/4 juin, 26 mai/7 juin et 8/20 juin 1889 autorisèrent le gouvernement à contracter un nouvel emprunt de 50 millions de francs pour divers travaux publics. Le type adopté fut celui du 4 0/0 amortissable, analogue au précédent.

L'emprunt fut pris ferme, au prix de 83 0/0, par la Deutsche Bank et la Dresdner Bank. Il fut émis publiquement, le 11 septembre 1889, à Bucharest, Berlin, Francfort, Dresde, Hambourg et Leipsick, au prix de 84 1/2. La souscription ne donna pas les résultats attendus. Le jour même de l'émission, tandis que le prix demandé au public était de 84 1/2 0/0 — réduit, il est vrai, à 83 0/0 par les différentes bonifications accordées par les termes de paiement — le prix coté à la Bourse de

Berlin pour l'ancien 4 0/0 amortissable n'était que de 83 1/2. Avec un aussi faible écart, il ne faut pas s'étonner que la plus grande partie des titres offerts au public soit restée dans les portefeuilles de la Deutsche Bank et de la Dresdner Bank.

Emprunt 4 0/0 1890 (admis à la cote de Paris). — C'est un emprunt de 294.375.000 francs de capital nominal, autorisé par la loi roumaine du 16 juin 1890, et destiné exclusivement à la conversion ou au remboursement des obligations de l'emprunt roumain 6 0/0 1880 restant en circulation à cette époque pour un capital de 290.960.000 francs. Il est représenté par des obligations de 500 francs de capital, divisées en titres de 1, 2, 5 et 10 obligations. L'émission a été faite par la Banque de Paris au prix de 436 fr. 60. L'intérêt annuel est de 20 francs, payables par semestre, le 1er janvier et le 1er juillet, à Paris.

FONDS ÉGYPTIENS

En 1876, la Dette du gouvernement égyptien, non compris sa Dette flottante, se composait de sept emprunts, dont quatre au compte du Gouvernement égyptien, émis en 1862, 1864, 1868 et 1873, remboursables en 1892, 1879, 1898 et 1903; et trois contractés pour le compte particulier du vice-roi d'Egypte, garantis par son domaine privé de la Daïra-Sanieh, émis en 1865, 1867 et 1870 et remboursables en 1881 et 1890; tous rapportant 7 0/0 d'intérêt, à l'exception de l'emprunt de 1867 qui rapportait 9 0/0.

A ces emprunts étaient venus s'ajouter cinq types d'obligations: les unes destinées à la construction du port d'Alexandrie, les autres à la conversion des emprunts de 1862, 1868 et 1873 et les obligations 5 0/0 de la Dette consolidée de la Daïra Sanieh, destinées à la conversion de l'emprunt 1870. Les deuxièmes types étaient les obligations 5 0/0 de la Dette spéciale de la Daïra-Khassa et les obligations 5 0/0 dites Domaniales hypothécaires d'Egypte.

En 1880, un décret du Khédive, qu'on a appelé *loi de liquidation*, est venu réglementer l'ensemble de cette Dette, et de tous ces emprunts n'a plus laissé subsister que *quatre* types d'obligations et *un* type d'emprunt proprement dit.

Ce sont: 1° les obligations de la Dette unifiée; 2° les obligations de la Dette privilégiée, dites obligations privilégiées 5 0/0 (avec hypothèque spéciale sur les Chemins de fer égyptiens et le port d'Alexandrie); 3° les obligations de la Dette consolidée de la Daïra-Sanieh; 4° les obligations Domaniales hypothécaires d'Egypte 5 0/0 1878; et 5° l'Emprunt 3 0/0, dit Emprunt égyptien 3 0/0 garanti 1885.

Ajoutons qu'en 1890, et tout récemment en 1893, trois de ces valeurs ont réduit leur intérêt dans les proportions suivantes:

1° La Dette privilégiée 5 0/0 a été convertie en 3 1/2 0/0, émis chez MM. de Rothschild, le 13 juin 1890, au prix de 458.50 par titre de 500 francs. Les porteurs qui ont demandé le remboursement ont reçu 500 francs en espèces; les autres ont été considérés comme acceptant la conversion et ont reçu, pour 2.500 francs de Dette 5 0/0, le même capital en titres 3 1/2 0/0 et une soulte en espèces de 56 francs par titre de 500 francs;

2° La Dette de la Daïra-Sanieh a été convertie en 4 0/0, émis le 18 juillet 1890, par la Banque de Paris et des Pays-Bas, au prix de 500 francs. Les porteurs de titres qui ont demandé le remboursement en espèces, ont reçu 85 0/0 de la valeur nominale de leurs titres, soit 425 francs par titre de 500 francs, plus 8.10 pour les intérêts du 15 avril au 10 septembre, date du remboursement, au total, 433.10. Quant aux titres dont le remboursement n'a pas été demandé le 28 juillet, ils ont été convertis de plein droit, à raison de 85 0/0 de leur valeur nominale, soit à 425 fr. par titre de 500 francs ;

3° Enfin, les obligations Domaniales hypothécaires 5 0/0 1878 n'ont plus reçu que 4 1/2 0/0 d'intérêt annuel et, conséquemment, au lieu de rapporter 25.25 n'ont plus rapporté que 21.46 1/4.

Ceci bien établi, nous allons indiquer maintenant ce que sont les divers titres dont nous venons d'établir l'origine et les transformations, en faisant mention des autres titres de Dette égyptienne figurant sur le marché :

1° **Dette d'Egypte unifiée.** — Cette Dette comporte deux émissions : l'une de 1.475 millions, autorisée par les décrets des 7 mai et 18 novembre 1876 ; l'autre de 48.956.000 francs, autorisée par la loi de liquidation, soit, en tout, 1.523.956.000 francs.

Ces deux émissions, représentées par des obligations de 500 francs entièrement libérées et au porteur, remboursables par rachats au cours du marché au moyen des excédents déterminés par l'article 14 de la loi de liquidation, produisent un intérêt annuel payable, par moitié, les 1ᵉʳ mai et 1ᵉʳ novembre de chaque année, à raison de 3 1/2 0/0 du capital nominal, bien que les coupons portent toujours l'indication du taux de 7 0/0.

Les titres qui sont dans la circulation sont de quatre sortes : ceux de 500 francs de teinte vert-pomme, de 2.500 francs de teinte bleue, de 12.500 francs de teinte brique claire, et de 25.000 francs de teinte bistre.

Au service de la Dette sont affectés : 1° les revenus des Douanes et le produit des droits sur l'importation des Tabacs ; 2° les revenus des provinces de Garbieh, Menoufieh, Behéra et Syout. En cas d'insuffisance, le service des intérêts est assuré par les ressources générales du Trésor.

Ajoutons que les coupons, stipulés payables en or à Paris, au change de 25 francs la livre sterling, sont payés, depuis l'échéance du 1ᵉʳ novembre 1887, à un change variable ; mais que, d'autre part, les titres sont exempts de tout impôt au profit du gouvernement égyptien.

Le paiement des coupons s'effectue, à Paris, au Crédit Lyonnais.

2° **Dette de la Daïra-Sanieh.** — Cette Dette, depuis sa conversion en 1890, ainsi que nous l'avons indiqué, est représentée par des obligations de 500 francs entièrement libérées et au porteur, produisant un intérêt annuel de 4 0/0, soit 20 francs par titre, payables par moitié les 15 avril et 15 octobre de chaque année.

Comme le précédent, cet emprunt est affranchi de tout impôt au profit du gouvernement égyptien. Celui-ci, d'un autre côté, s'est engagé à ne pas le rembourser avant le 15 octobre 1905, sauf l'amortissement prévu par les articles 7 et 8 du décret du 6 juin 1890.

On a exclusivement affecté à cet amortissement le produit des ventes des propriétés de la Daïra-Sanieh, ainsi que les excédents des revenus nets de l'administration de la Daïra-Sanieh, au-delà des sommes nécessaires au service de l'intérêt à 4 0/0. Il est, en outre, entendu que le total des ventes des propriétés de la Daïra-Sanieh, effectuées dans le courant d'une année, ne peut dépasser 300.000 livres égyptiennes. Enfin, l'amortissement dont nous parlons s'effectue par rachats, au cours du marché, ou par tirages et au pair lorsque le cours est supérieur au pair.

Le paiement des coupons et le remboursement des titres sortis aux tirages s'effectue, à Paris, à la Banque de Paris et des Pays-Bas.

Il y a quatre genres de titres : ceux de 500 francs, de teinte bleue ; ceux de 2.500 francs, de teinte verte ; ceux de 12.500, de teinte chamois ; et ceux de 25.000 francs, de teinte lilas.

3° **Emprunt 3 1/2 0/0.** — Cet emprunt, de 735 millions de capital nominal, a été destiné : 1° à convertir ou rembourser la Dette Privilégiée 5 0/0 ; 2° à rembourser l'emprunt 4 1/2 1888 ; et, 3° à produire une somme de 1.300.000 livres égyptiennes à affecter à des travaux d'irrigation, conversions de pensions, etc.

Il est représenté par des obligations entièrement libérées et au porteur, de 500 francs, au service de l'intérêt et de l'amortissement desquels sont affectés les revenus des chemins de fer, télégraphes et port d'Alexandrie.

L'amortissement se fait par rachats ou tirages au sort, selon que le cours est au-dessous du pair, ou bien au pair et au-dessus. Il doit être terminé le 19 octobre 1941.

Le gouvernement égyptien s'est engagé à ne pas rembourser l'emprunt avant le 15 juillet 1905.

L'intérêt annuel est de 17 fr. 50 par titre de 500 francs, payables par moitié les 15 avril et 15 octobre de chaque année (au lieu de 25 francs, prix indiqué).

Les titres sont exempts de tout impôt au profit du gouvernement égyptien.

Les paiements de coupons et remboursements se font au Crédit Lyonnais.

Il y a quatre genres de titres : ceux de 500 francs, teinte grise ; ceux de 2.500 francs, de teinte lilas ; ceux de 12.500 francs, de teinte marron clair ; et ceux de 25.000 francs de teinte carmin.

4° **Domaniales hypothécaires.** — Cet emprunt, au capital de 214.625.000 francs (8.500.000 £) a été autorisé par décret du 26 octobre 1878. Il est garanti par les propriétés cédées par le khédive et sa famille à l'Etat (consistant en 425.729 feddans de terres et des maisons dont les revenus ont été évalués à 422.426 £ par an), et par une première hypothèque formelle sur ces biens. Il a été, en outre, stipulé qu'au cas où ces revenus seraient insuffisants, le déficit serait couvert par les revenus généraux du gouvernement et que, pour plus de garantie, l'administration de ces biens devrait être confiée à une Commission spéciale de trois membres : un Egyptien, un Anglais et un Français, chargés d'administrer les biens, d'encaisser les revenus, et de remettre tous les revenus nets aux contractants de l'emprunt.

Il est représenté par des obligations de 505 francs (20 £ au change de 25.25), et a été émis par les maisons de Rothschild à 73 0/0 ou 368 fr. 65.

Il y a cinq genres de titres : de 505 francs, rapportant 25 fr. 25 (lettre A, teinte verte), de 1.010 francs, rapportant 50 fr. 50 (lettre B, teinte orange), de 2.525 francs, rapportant 126 fr. 25 (lettre C, teinte bleue), de 5.050 francs, rapportant 252 fr. 50 (lettre D, teinte lilas), et de 25.250 francs, rapportant 1.252 fr. 50 (lettre E, teinte carmin).

Cette Dette domaniale ne peut être remboursée avant l'expiration d'une période de quinze années, sous réserve des dispositions édictées par l'article ci-après et par les articles 7 et 9 du décret du 6 juin 1890. Un décret ultérieur fixera la date à partir de laquelle cette période de 15 années commencera à courir.

Le total des ventes effectuées par l'administration des domaines pendant l'année 1894 n'a pas dépassé 741.816 livres égyptiennes. A partir du 1ᵉʳ janvier 1894, il ne peut dépasser 262.014 livres égyptiennes dans le cours d'une même année.

L'excédent des revenus non requis pour le service des intérêts et le produit net intégral des ventes de biens sont appliqués à un amortissement par voie de rachat, si elles sont au-dessous du pair, et, dans le cas contraire, par voie de tirage au sort, au pair.

Le paiement des intérêts et les remboursements s'effectuent, à Paris, chez MM. de Rothschild, rue Laffitte.

Aucune modification n'a été apportée au texte des titres, ni de leurs coupons, lesquels continuent à porter l'indication de l'intérêt à 5 0/0, soit 12 fr. 62 1/2 par semestre, par talon de 505 fr., bien qu'ils ne soient plus payables, depuis le 1ᵉʳ décembre 1893, qu'à raison de 4 1/4 0/0 (soit 10 fr. 72125 par semestre par titre de 505 francs).

5° **Emprunt 3 O/O.** — Ce dernier emprunt, de 9 millions de livres sterling affectifs, a été contracté en exécution de la Convention internationale du 10 mars 1885, et émis sous la garantie conjointe et solidaire de la Grande-Bretagne, de l'Allemagne, de l'Autriche-Hongrie, de la France, de l'Italie et de la Russie.

Il a été concédé à MM. de Rothschild, de Londres, et émis dans cette ville à 95 1/2 au change de 25 fr. 20, en même temps qu'à Paris à 2.406 fr. 20 par titre de 2.500 francs.

L'intérêt annuel est de 3 0/0 payable, par moitié, les 1ᵉʳ mars et 1ᵉʳ septembre, à Paris, au change de 25 francs (soit 75 francs par titre de 2.500 francs); à Londres, en livres sterling; en Allemagne, au change du jour, et, en Egypte, en livres sterling.

Le paiement des coupons s'effectue à Paris, chez M. de Rothschild, au change fixe de 25 francs la livre sterling.

Il y a quatre genres de titres : de 2.500 francs (teinte carmin), de 5.000 francs (teinte bleue), de 12.500 francs (teinte orange) et de 25.000 francs (teinte verte).

Une annuité fixe de 315.000 livres sterling, destinée au service de l'emprunt, est prélevée, comme première charge et sous la garantie résultant de la convention internationale du 18 mars 1885, sur les revenus affectés au service de la Dette privilégiée et de la Dette unifiée. Toutes les sommes excédant le montant nécessaire au paiement des intérêts sont appliquées à un fonds d'amortissement pour l'extinction de l'emprunt. Un fonds d'amortissement supplémentaire, n'excédant pas un maximum annuel de 90.000 livres sterling, est constitué comme première charge sur tout excédent applicable au fonds général d'amortissement de la dette de l'Egypte. L'amortissement se fait par rachats, si les titres sont au-dessous du pair, ou par voie de tirages, au pair, si les cours sont supérieurs.

FONDS SERBES

Deux titres de rente serbe sont inscrits à la cote de Paris : les obligations hypothécaires 5 0/0 1882 et l'emprunt 5 0/0 1890. Mais, il en a été émis d'autres sur divers marchés. Voici de quelle façon sont constitués ceux qui se négocient chez nous :

1° **Obligations hypothécaires 5 O/O de l'État Serbe.** — Cet emprunt a été créé en vertu d'une convention du 22 janvier 1881 et destiné à la construction du chemin de fer de Belgrade à Vranja, avec embranchement de Nisch à Pirot, d'une longueur d'environ 393 kilomètres. Il a été concédé à la Société l'Union Générale, depuis en faillite, à laquelle a été substituée, en vertu d'un contrat du 26 février 1882, la Société de Construction et d'Exploitation des Chemins de fer Serbes, formée sous le patronage du Comptoir d'Escompte de Paris, ainsi que nous allons l'indiquer plus loin. Il est représenté par 180.000 obligations hypothécaires de 500 francs, entièrement libérées et au porteur, émises à 537 francs, remboursables à 500 francs en 50 ans, de janvier 1882 à juillet 1931, par tirages au sort semestriels; le remboursement a lieu les 13 juillet et 13 janvier suivant. L'intérêt annuel est de 25 francs payables, le 1er janvier et le 1er juillet de chaque année, à Paris, au siège du Comptoir National d'Escompte, rue Bergère.

2° **Emprunt 5 0/0 1890.** — C'est là un emprunt de 26.666.500 fr. de capital nominal, créé en vertu de la loi du 13 mars 1890, et destiné au rachat de tous les droits conférés à la Compagnie française de Construction et d'Exploitation des Chemins de fer de l'Etat Serbe par son traité d'exploitation, à l'acquisition du matériel roulant et du matériel d'exploitation en général, et enfin à assurer le service de l'exploitation et à rembourser la dette flottante de l'Etat. Il est garanti spécialement : 1° par le prélèvement, avant tout partage, sur les recettes brutes des lignes des Chemins de fer de l'Etat Serbe jusqu'à concurrence de 1.406.000 francs or, 2° par tout le matériel nécessaire à l'exploitation des Chemins de fer de l'Etat Serbe, 3° par le produit des impôts sur l'obrt (transactions en marchandises), y compris l'impôt sur les boissons, sous déduction des affectations déjà existantes sur ces rentrées.

Il a été concédé à MM. Hoskier et Ce, banquiers à Paris, et représenté par 53.000 obligations de 500 francs, libérées et au porteur, sur lesquelles 10.000 ont été prises ferme par la Banque Nationale privilégée du royaume de Serbie. Les 43.000 obligations de surplus ont été émises à Paris, le 27 mars 1890, par MM. Hoskier et Ce et le Crédit Lyonnais, au prix de 416 fr. 25.

L'emprunt est remboursable en 60 ans, du 1er juillet 1890 au 1er juillet 1947, par tirages au sort semestriels ayant lieu en juin et en décembre; le remboursement s'effectue le 1er juillet et le 1er janvier suivant chaque tirage. L'intérêt est de 25 francs, payables en or et par trimestre, à Paris, chez MM. Hoskier, boulevard Hausmann, 33, ou au Crédit Lyonnais. Il n'y a pas d'impôt.

Observations. — Pour que nos lecteurs sachent bien ce que valent ces titres, il nous est nécessaire de retracer rapidement l'histoire des finances de Serbie et de remémorer par, le détail, la façon dont ont été contractés les divers emprunts du gouvernement serbe.

Avant l'érection de la Serbie en royaume, la Dette de l'Etat était évaluée à 30 millions, et dans ce chiffre étaient compris : un emprunt de 5 millions de francs contracté, en 1867, avec le gouvernement russe ; un emprunt de 5 millions, en 1876, avec la Banque Impériale de Saint-Pétersbourg et, enfin, un troisième emprunt plus forcé que volontaire, émis la même année et dont le résultat n'a jamais été connu.

Le traité de Berlin avait imposé à la Serbie l'obligation de construire et d'achever, dans le plus bref délai, une ligne de chemin de fer partant de Belgrade, vis-à-vis d'un pont projeté sur le Danube et se dirigeant vers Nisch, avec bifurcation vers la frontière turque, d'une part, pour rejoindre la ligne de Salonique à la frontière autrichienne et, d'autre part, dans la direction de Sofia, pour rejoindre les lignes d'Andrinople et de Constantinople.

D'après ce traité, le gouvernement serbe avait à construire les lignes suivantes :

1 Belgrade à Nisch	243	kilomètres
2 Nisch à Vranja	123	—
3 Nisch à Pirot	95	—
Au total	461	kilomètres.

Pour commencer, il conclut, pour les lignes de Belgrade à Nisch et de Nisch à Vranja, le 22 janvier 1881, avec M. Eugène Bontoux, président de l'Union Générale, une convention qui lui assurait un prêt de 71.400.000 francs, montant du coût à forfait de ces deux lignes. L'Union Générale devait constituer deux Sociétés, l'une pour la construction, l'autre pour l'exploitation de ces chemins de fer.

Le gouvernement serbe devait créer, en représentation de l'emprunt, 200.000 titres de 500 francs chacun dénommés : *Obligations hypothécaires des Chemins de fer de l'Etat Serbe*, rapportant 25 francs par an et remboursables au pair en 50 ans. M. Bontoux déclarait les souscrire ferme au cours de 71.40 0/0, soit au prix net de 357 francs par obligation.

L'Etat empruntait donc à 7 0/0, prime de remboursement non comprise. Aux termes de l'article 4, le gouvernement serbe s'obligeait à verser à l'Union Générale, pendant 50 ans, une annuité totale de 6.000.000 de francs en or, pour l'amortissement de l'emprunt, ainsi que pour l'intérêt du capital supplémentaire qui pourrait devenir nécessaire pour le parachèvement des lignes. Le gouvernement, de son côté, affectait à la garantie du paiement de l'annuité : 1° Le produit net des lignes à partir de leur mise en exploitation ; 2° Le produit des douanes ; 3° Et, jusqu'à due concurrence de la somme nécessaire, le produit des contributions directes dites impôts civils.

Le gouvernement serbe eut l'imprudence d'accepter l'introduction dans la convention de l'article 14, ainsi conçu : « M. Bontoux s'engage à répartir, autant que possible, la réalisation de l'emprunt sur la période de temps nécessaire pour la construction du chemin de fer, mais il est bien entendu que le prêteur à le droit de faire cette réalisation dans l'intérêt du succès de l'opération, à la date qu'il jugera convenable, et même de réaliser la totalité de l'emprunt, aussitôt après la ratification du traité ». M. Bontoux, comme bien on pense, ne tarda pas à user de la faculté qui lui était si imprudemment accordée. Une première série de 80.000 obligations fut émise à Paris en 1881, au prix de 457 francs, soit avec une prime de 100 francs. Mais l'Union générale ne réussit à en placer que 66.800.

En même temps que le gouvernement traitait cette opération avec le président de l'Union générale, il traitait encore avec lui pour la vente de 330.000 obligations à lots de 100 francs 3 0/0, qui furent introduites à la Bourse de Vienne par la Banque des Pays-Autrichiens. Ces 330.000 obligations étaient prises ferme, par l'Union générale, au taux de 80 0/0, soit pour une somme de 26.400.000 francs.

L'Union générale avait donc à solder pour les deux opérations :

Le prix de 80.000 obligations à 357 francs	28.560.000	
— 330.000 — 80 —	26.400.000	
	54.960.000	

En ce qui concerne les sommes provenant de l'emprunt hypothécaire, il était stipulé ce qui suit : « Art. 15. — Les sommes provenant de la réalisation de l'emprunt pourront, au choix du gouvernement serbe, ou rester déposées à l'Union générale qui, dans ce cas, bonifiera au gouvernement serbe un intérêt de 4 1/2 0/0, ou être versées dans les caisses de la Banque de France, étant bien entendu que M. Bontoux aura seul le droit de retirer ces sommes, et qu'il pourra le faire successivement, au fur et à mesure que les travaux seront exécutés par le gouvernement serbe. Il en sera de même, en ce qui concerne l'annuité, pour la partie correspondante au capital non encore émis ».

L'Union générale, en garantie de l'exécution de son contrat d'entreprise, s'était engagée aussi à verser à la Banque de France, au crédit du gouvernement serbe, un cautionnement de 4 millions. Ce versement eût lieu.

Telle était la situation, lorsque, en janvier 1882, l'Union générale fut déclarée en faillite.

Quelle a été la perte subie par l'Etat serbe dans la faillite de l'Union générale ? Le gouvernement n'en a jamais fait connaître le chiffre. Mais une commission d'enquête, nommée par la Skouptchina lors de l'avènement de M. Ristich au ministère, a constaté que l'emprunt de 1881, réduit à 180,000 obligations, imposait une charge de 88.628.750 francs. L'emprunt primitif étant fixé à 71.400.000 francs, la perte semble être de 17.228.750 fr.

La Société des chemins de Serbie, ou plutôt le Comptoir d'Escompte, a pris ferme, outre les 120.000 obligations hypothécaires de la première série, une seconde série de 60.000 obligations de 500 francs, productives de 25 francs à 5 0/0, remboursables au pair en 50 années. Mais ces obligations ne figurent pas à la cote officielle de la Bourse de Paris. Elles sont négociables seulement à la *Bourse de Berlin*.

Enfin, pour la ligne de Plana-Krajovatz-Lapovo, le gouvernement serbe a également traité avec le Comptoir d'Escompte, qui lui a consenti un prêt de 5.100.000 francs destiné à payer cette ligne.

En 1885, le roi Milan entreprit contre la Bulgarie, qui venait de se réunir à la Roumélie, une guerre, malheureuse pour lui, qui se termina par le traité de paix de janvier 1886. Pour se préparer à cette guerre, le gouvernement avait contracté en 1884, par l'entremise de la Banque des Pays Autrichiens, au taux de 72 1/2 0/0, un emprunt de 5 0/0 or de 40.933.375 francs qui fut placé à Berlin. Cet emprunt a pour garantie spéciale les impôts sur le timbre et les boissons.

Après la défaite du roi Milan, la Serbie se trouva en face de dépenses considérables à solder. Pour y faire face, le gouvernement s'adressa encore une fois à la Banque des Pays Autrichiens pour un emprunt de près de 41 millions. La Banque des Pays Autrichiens forma un groupe dont firent partie des banquiers allemands et aussi le Comptoir d'Escompte de Paris et auquel, en garantie de cet emprunt, le gouvernement serbe a accordé le monopole des tabacs, tel qu'il a été établi par la loi du 22 septembre/4 octobre 1885. Les concessionnaires avaient le droit de constituer une Société au capital de 10 millions de francs, libéré de moitié.

Cette Société a été constituée en avril 1886 et a commencé son exploitation au mois de juillet de l'année. Elle s'est engagée à payer comme redevance au gouvernement serbe :

De 1886 à 1890 (inclusivement)....	2.250.000 fr. par an.		
— 1891 à 1895	—	....	2.500.000 —
— 1896 à 1900	—	....	2.750.000 —
— 1901 à 1911	—	....	3.000.000 —

Elle a le droit de renouveler le contrat pour une nouvelle période de 25 ans, à partir de 1912, au prix de 3.000.000 de francs par an.

Le gouvernement est intéressé dans l'opération sous une double forme : D'une part, il se réserve le droit de souscrire au pair 5.000

actions sur les 20.000 qui forment le capital social. D'autre part, il participe dans les bénéfices :

Pendant la 1ʳᵉ période de 5 ans pour 15 0/0
— 2ᵉ — — 20 —
— 3ᵉ — — 25 —
— 4ᵉ — — 30 —
— 5ᵉ — — 33 1/3 0/0

Si, après cette cinquième période, le traité est renouvelé pour 25 ans, la part du gouvernement restera fixée à 33 1/3 0/0.

Le gouvernement a délégué aux banquiers concessionnaires le montant de la redevance annuelle qu'il doit recevoir de la Société du monopole des Tabacs, jusqu'à due concurrence de l'annuité nécessaire au service de l'emprunt dit du « monopole des Tabacs ».

Cet emprunt a été offert exclusivement au marché de Berlin en obligations 5 0/0, le 28 janvier 1886, au cours de 77 1/2 0/0.

Ce sont là les emprunts les plus importants contractés par la Serbie. A côté de ces emprunts, il y a une foule de petites dettes qui ont été contractées pour des causes diverses.

Ceux de nos lecteurs qui ont bien voulu suivre l'exposé rapide que nous venons de faire, reconnaîtront avec nous que le gouvernement serbe n'a jamais eu de plan bien arrêté et qu'il a eu volontiers recours aux expédients financiers. Mais ces expériences sont fort coûteuses et l'on peut en juger par les conditions onéreuses des divers emprunts.

	Montant nominal de la dette	Montant réel de l'annuité	Taux nomin. de l'emprunt
1ᵉʳ emprunt oblig. hypoth.....	88.628.750	5.400.000	6 09 0/0
2ᵉ emprunt oblig. hypoth. ..	30.252.395	1.638.712	5 41 0/0
Rentes des Tabacs	40.527.083	2.195.063	5 41 0/0
Emprunt or, ...	40.933.375	1.650.000	4 03 0/0
Emprunt du Crédit Foncier...	12.000.000	750.000	6 25 0/0
	212.341.603	11.633.775	5 47 0/0

Le taux moyen des emprunts ressort à 5.47 0/0 du montant nominal de la dette ; mais les emprunts n'ont pas été émis au pair, tant s'en faut. Pour n'en prendre que deux, l'emprunt des Tabacs a été émis à 77 1/2 0/0 et l'emprunt or à 72 1/2 0/0. En comptant sur une moyenne de 75 0/0 on trouve que l'annuité de 11.633.775 francs représente une charge de 7 1/2 0/0 des capitaux réellement encaissés par le Trésor serbe. Et, certes, cette supputation est très modérée.

Or, la plupart de ces emprunts ont été conclus de 1879 à 1886, période pendant laquelle les pays de second ordre ont pu emprunter à 5 0/0 au plus haut : on voit que la Serbie s'est placée d'elle-même au rang des nations de *troisième crédit*.

FONDS ESPAGNOLS

Il y a deux sortes de Dette espagnole, toutes deux, du reste, au taux de 4 0/0 : l'Intérieure et l'Extérieure, la première dont les coupons ne sont payés, à Paris, qu'au change du jour sur Madrid, en un mandat sur Madrid, à 30 jours de vue, que délivre, sur présentation des titres, la Délégation des finances d'Espagne à Paris (rue Ballu, n° 5) ; la seconde dont les coupons sont payés à Paris, sans présentation de titres et au change fixe de 1 franc la peseta, par la même Délégation.

Emprunt 4 0/0 Intérieur. — Il y a six genres de titres: ceux de 500 pesetas, rapportant 20 pesetas (série A, teinte lilas-clair); ceux de 2.500 francs, rapportant 100 pesetas (série B, teinte bleu-clair); ceux de 5.000 francs, rapportant 200 pesetas (série C, teinte vert-clair); ceux de 12.500 francs, rapportant 500 pesetas (série D, teinte orange); ceux de 25.000 francs, rapportant 1.000 pesetas (série E, teinte chamois); et ceux de 50.000 francs, rapportant 2.000 pesetas (série F., teinte rose carmin). Ceux-là seuls sont admis à la cote, bien qu'aux termes de la loi du 29 mai 1882, des inscriptions transférables puissent être créées pour les sommes de 75.000, 125.000, 250.000, 500.000 et 1 million de pesetas.

Les coupons sont payés trimestriellement les 1er janvier, 1er avril, 1er juillet et 1er octobre, sous déduction de l'impôt de 1 0/0, établi par une loi espagnole de 1892, au change du jour, comme nous l'avons dit plus haut.

Emprunt 4 0/0 Extérieur. — Il y a huit espèces de titres : ceux de 1.000 pesetas, rapportant 40 francs (série A, teinte vert-clair); ceux de 2.000 pesetas, rapportant 80 francs (série B, teinte mauve); ceux de 4.000 pesetas, rapportant 160 francs (série C, teinte grise); ceux de 6.000 pesetas, rapportant 240 francs (série D, teinte bleue), ceux de 12.000 pesetas, rapportant 480 francs (série E, teinte orange), ceux de 24.000 pesetas, rapportant 960 francs (série F, teinte carmin), ceux de 100 pesetas, rapportant 4 francs (série G, teinte jaune), et ceux de 200 pesetas, rapportant 8 francs (série H, teinte chocolat).

Les coupons sont payés trimestriellement les 1er janvier, 1er avril, 1er juillet et 1er octobre, au change de 1 franc la peseta, comme nous l'avons dit plus haut.

Billets hypothécaires de Cuba 6 0/0 1886. — Cet emprunt, au capital de 620 millions, est représenté par 1.240.000 billets hypothécaires de 500 francs, garantis spécialement, d'abord par les revenus des douanes, du timbre et des contributions directes et indirectes de Cuba, puis par le revenu général espagnol.

Ces billets sont remboursables à 500 francs, par tirages au sort semestriels, qui ont lieu les 1er mars, 1er juin, 1er septembre et 1er décembre de chaque année et leur remboursement s'effectue les 1er avril, 1er juillet, 1er octobre et 1er janvier qui suivent chaque tirage.

Ils touchent un intérêt de 30 francs, payable trimestriellement les 1er janvier, 1er avril, 1er juillet et 1er octobre.

Titres sur papier blanc, avec feuille de coupons, verte au recto, vignettes marron.

Billets hypothécaires de Cuba 5 0/0 1890. — Cet emprunt, au capital de 875 millions, représenté par 1.750.000 billets hypothécaires de 500 francs, était partiellement destiné à la conversion des précédents de 6 0/0 en 5 0/0. Mais le Gouvernement cubain, ayant eu besoin d'argent, n'a rien converti et a conservé le nouveau capital. On lui a affecté spécialement les produits des douanes, du timbre, de l'enregistrement et des contributions directes et indirectes de Cuba et, en outre, la garantie de la nation espagnole. Il est exempt de tous impôts.

Ces billets sont remboursables à 500 francs, par tirage au sort trimestriels, ayant lieu les 10 mars, 10 juin, 10 septembre et 10 décembre, et leur remboursement s'effectue les 1er janvier, 1er avril, 1er juillet et 1er octobre qui suit chaque tirage.

Ils touchent un intérêt de 25 francs, payable, trimestriellement, les 1ᵉʳ janvier, 1ᵉʳ avril, 1ᵉʳ juillet et 1ᵉʳ octobre.
Couleur des titres : teinte bleue sur fond blanc.

FONDS PORTUGAIS

Les emprunts portugais négociables sur la place de Paris sont :

1° Ceux du type 3 0/0, réduit à 1 0/0 en 1892 et 1893, représentant treize émissions diverses faites par le gouvernement portugais de 1853 à 1884;

2° Ceux du type 4 1/2 0/0, réduit à 1 1/2 0/0 en 1892 et 1893, représentant quatre émissions dont l'une faite en 1888 et les trois autres en 1889;

3° Ceux du type 4 0/0, réduit à 1 333 0/0 en 1892 et 1893, émis en 1890;

4° L'emprunt 4 1/2 0/0, émis en 1891 par la Société des Tabacs de Portugal.

1° **Rente 3 0/0, réduite à 1 0/0.** — Les nombreux types de ces emprunts se cotent sous la même rubrique. Les neuf émis de 1853 à 1869 représentant un capital nominal de 44.921.920 £, sont représentés par des bons ou obligations de 50, 100, 200, et 500 £ de capital, selon chaque emprunt ; celui de 1877, de 4 millions de £, est représenté par des obligations portant les lettres A, B, C, de 20, 100 et 500 £; celui de 1878, de 2.500.000 £, par des obligations portant les lettres B et C, de 100 et 500 £ ; celui de 1880, de 8.700.000 £, par des obligations portant les lettres A, B, C, de 20, 100 et 500 £ ; et celui de 1884, de 10.260.000 £, par des obligations portant les lettres A, B, C, de 20, 100 et 500 £. Tous ces titres sont sur papier blanc, teintés en bleu au verso et sur la feuille des coupons. Ces coupons sont payables au Crédit Lyonnais, au change de 25 fr. 25 la £, aux échéances des 1ᵉʳ janvier et 1ᵉʳ juillet.

2° **Rente 4 1/2 0/0, réduite à 1 1/2 0/0.** — La même rubrique sert aux quatre emprunts que représente ce type de rente :

1° L'emprunt de 1888, de 195 millions de francs, représenté par 390.000 obligations de 500 francs, entièrement libérées et au porteur, émises à 479 fr. 50, remboursables au pair en 75 ans depuis le 1ᵉʳ avril 1889, par tirages au sort semestriels, en mars et septembre, avec le remboursements pour les 1ᵉʳ avril et 1ᵉʳ octobre qui suivent chaque tirage. Titres de une (teinte rose, vignettes vertes), de cinq (teinte rouge, vignettes rouges) ou dix obligations (teinte jaune, vignettes lilas). Coupons payables en avril et octobre ;

2° Celui de 1889, 1ʳᵉ émission, de 210 millions de francs, représenté par 420.000 obligations de 500 francs, entièrement libérées et au porteur, émises à 489 fr. 50, remboursables au pair en 75 ans depuis le 1ᵉʳ obtobre 1889, par tirages au sort semestriels, en mars et septembre, avec remboursement les 1ᵉʳ avril et 1ᵉʳ octobre qui suivent chaque tirage. Titres de une (teinte bleue, vignettes bleu-foncé), cinq (teinte verdâtre, vignettes rouges) et dix obligations (teinte rose, vignettes chocolat). Coupons payables en avril et octobre.

3° Celui de 1889, 2ᵉ émission de 4.993.500 francs, représenté par 9.987 obligations de 500 francs. Mêmes conditions de remboursement et de paiement des coupons. Titres de une (teinte bleue, vignettes bleu-foncé) ou cinq obligations (teinte verdâtre, vignettes rouges).

4° Celui de 1889, 3ᵉ émission de 28.875.000 francs, représenté par 53.750 obligations de 500 francs. Mêmes conditions de remboursement et de paiement des coupons. Même aspect des titres.

3° **Rente 4 O/O, réduite à 1 333 O/O.** — Cet emprunt, de 63.150.000 francs, est représenté par 126.300 obligations de 500 francs, dont l'émission a eu lieu le 15 avril 1890 au prix de 436 fr. 50. Ces titres sont remboursables au pair en 75 ans, à partir du 1ᵉʳ octobre 1890, par tirages au sort semestriels, en mars et septembre, avec remboursement les 1ᵉʳ avril et 1ᵉʳ octobre. Ils sont divisés en coupons de une (teinte verte), cinq (teinte verdâtre, vignettes rouges) ou dix obligations (teinte rose, vignettes bleues). Les coupons sont payables les 1ᵉʳ avril et 1ᵉʳ octobre au Crédit Lyonnais.

4° **Tabacs de Portugal.** — Afin de diminuer sa dette flottante et se procurer de nouvelles ressources, le gouvernement portugais s'est fait autoriser, en 1890, à concéder pour 35 ans le monopole de la fabrication des tabacs sur le continent du royaume à la Société des Tabacs de Portugal, société anonyme portugaise, constituée au capital de 50 millions de francs (régie co-intéressée). Il a donc contracté auprès de cette Société un emprunt de 4.500 contos de reis 4 1/2 O/O en 1891, en représentation duquel celle-ci, agissant pour le compte du gouvernement, a émis, sous sa garantie personnelle absolue et avec réserves 500.000 obligations de 500 francs, au taux de 437 fr. 50. Ces obligations constituent une charge directe de l'Etat portugais et jouissent de toutes les garanties et prérogatives afférentes aux titres de la Dette publique portugaise. Il a été en outre décidé que la Société des Tabacs de Portugal prélèverait mensuellement, sur la redevance du monopole des Tabacs, avant tout payement au gouvernement portugais et aux actionnaires, les sommes nécessaires au service de l'intérêt et de l'amortisssement des obligations.

Ces obligations sont remboursables au pair, au plus tard en 35 ans, du 1ᵉʳ octobre 1891 au 1ᵉʳ octobre 1925, par tirages au sort semestriels ayant lieu en mars et septembre, et le remboursement des titres sortis s'effectue les 1ᵉʳ avril et 1ᵉʳ octobre suivant chaque tirage. Elles sont divisées en coupures de une (teinte rose, vignette bleue), cinq (teinte bleuâtre, vignette rouge) et dix obligations (teinte verte, vignette vert foncé).

Leur intérêt annuel est de 4 1/2 O/O, soit 22 fr. 50 par titre de 500 francs, et payable, par moitié, les 1ᵉʳ avril et 1ᵉʳ octobre de chaque année. Elles sont exemptes, en principal et intérêt, de tout impôt portugais dans le présent et l'avenir, sauf l'impôt sur le revenu en Portugal, auquel sont soumis les coupons présentés au paiement en Portugal.

FONDS HONGROIS

Il y en a de deux sortes : le 4 O/O et le 4 1/2.

Emprunt 4 O/O or 1881. — Cet emprunt, comprenant un capital de 1 milliard 705.000.000 de francs de capital nominal, se compose de 4 emprunts émis en 1881, 1887, 1888 et 1892, et est représenté par des obligations au porteur entièrement libérées, divisées en coupures de 100 florins ou 250 francs (teinte jaune), de 500 florins ou 1.250 francs (teinte grise), de 1.000 florins ou 2.500 francs (teinte rose), et de 10.000 florins ou 25.000 francs (teinte verte).

Leur intérêt annuel est de 4 0/0, soit 4 florins par titre de 100 florins. Les coupons sont payables à Paris chez MM. de Rothschild, rue Laffitte, au change fixe de 2 fr. 50 le florin. Les titres sont exempts à jamais de tout impôt.

Emprunt 4 1/2 or 1888. — Cet emprunt, comprenant un capital de 455 millions de francs, a été émis en deux séries, et est représenté par des obligations au porteur entièrement libérées, divisées en coupures de 1, 5, 10 et 50 obligations, comportant respectivement les teintes chamois, rose, verdâtre et neutre, remboursables au pair en 75 ans (1889-1964) par tirages au sort semestriels ayant lieu les 1er mai et 1er novembre, et dont le remboursement s'effectue les 1er février et 1er août suivants.

Leur intérêt annuel est de 4 1/2 0/0, soit 11 fr. 25 par titre de 100 florins ou 250 francs payable par moitié les 1er février et 1er août de chaque année. Les titres sont exempts à jamais de tout impôt.

FONDS ITALIENS

Ceux cotés au marché de Paris sont les suivants :

1° La rente perpétuelle 5 0/0 ;

2° La rente perpétuelle 3 0/0 ;

3° L'emprunt piémontais 5 0/0 (1851 certificats anglais) dit emprunt anglo-sarde ;

4° Les obligations Victor-Emmanuel 3 0/0, 1863 ;

5° Les emprunts pontificaux 5 0/0, 1860 et 1864 ;

6° L'emprunt pontifical 5 0/0, 1866 ;

7° L'emprunt romain 5 0/0, 1877.

1° **Rente perpétuelle 5 O/O.** — Cette rente comprend trois emprunts : 1° celui de 1861, de 714 millions, émis à 70 fr. 50 ; 2° celui de 1863, de 700 millions, émis à 71 francs, ces deux premiers en France ; et 3° l'emprunt de 1881 de 729.745.000 livres, émis à Londres à 90 0/0, en 1881 pour une partie, et en 1882 à 88 0/0 pour le reste.

Les titres de cette rente sont représentés par des coupures au porteur ou nominatives (les titres au porteur sont seuls négociables à la Bourse de Paris), divisés en coupures de 5, 10, 25, 50, 100, 200, 500 et 1.000 lires de rente. Leur intérêt annuel de 5 0/0 est payable par moitié les 1er janvier et 1er juillet, sous déduction de l'impôt italien de 13.20 0/0 sur la richesse mobilière, soit à raison de 4 fr. 34 pour 5 fr. de rente. Les coupons sont payés à Paris chez MM. de Rothschild frères, rue Laffitte, 23, sur présentation des titres et avec *affidavit*. Titres bleus.

2° **Rente perpétuelle 3 O/O.** — Cet emprunt, de 203.515.345 lires est représenté par des titres au porteur ou nominatifs (les titres au porteur sont seuls négociables à la Bourse de Paris), divisés en coupures de 3, 6, 12, 30, 60, 150, 300 et 900 lires de rente. Leur intérêt annuel de 3 0/0, est payable par moitié les 1er avril et 1er octobre, sous déduction de l'impôt italien de 13.20 0/0 sur la richesse mobilière, et de l'impôt de superposition de 8.20 0/0. Les coupons en sont payés à Paris, chez MM. de Rothschild, rue Laffitte, 23, sur présentation des titres et avec *affidavit*. Titres vert-jaune.

3° **Emprunt Anglo-Sarde 5 0/0**. — Cet emprunt, de 3.600,000 £, a été émis, en 1851, à Londres, par la banque Hambro. Ses titres sont représentés par des coupures de 40, 100, 500 et 1.000 £ portant les indications de séries A, B, C, D. Ils sont remboursables de 1860 à 1891 par tirages au sort ou par rachats, suivant que les cours sont au dessus ou au dessous du pair. Leur intérêt de 5 0/0 est payable en or les 1er juin et 1er décembre, déduction faite de 13,20 0/0 (impôt sur la richesse mobilière) et de 8.20 0/0 (impôt de superposition) d'impôt. Titres blancs au recto, vignettes et style noirs au verso.

4° **Obligations Victor-Emmanuel 3 0/0 1863**. — Ces obligations sont celles de l'ancienne Compagnie du Chemin de fer Victor-Emmanuel, dont l'Etat a pris à sa charge l'intérêt et l'amortissement; conséquemment, les titres font partis des fonds d'Etat italiens

Ils sont représentés par 484,050 obligations de 500 fr. au porteur, entièrement libérées, remboursables à 500 fr. du 1er octobre 1868 au 1er octobre 1961, par tirage au sort annuels en août, dont le remboursement s'effectue le 1er octobre suivant. Leur intérêt annuel est de 15 fr. payable par moitié les 1er avril et 1er octobre, sous déduction de l'impôt italien de 13.20 0/0 sur la richesse mobilière, et de l'impôt de superposition de 8.20 0/0. Titres chamois

5° **Emprunts pontificaux 5 0/0 1860 et 1864**. — Depuis l'annexion des Etats pontificaux, ces emprunts font partie de la Dette publique italienne: ils se composent de deux émissions cotées sous la même rubrique: celle de 1868, de 50 millions de lires, et celle de 1864, de même capital.

Ils sont représentés par des obligations au porteur, entièrement libérées, de 100, 500 et 1.000 lires de capital, rapportant un intérêt annuel de 5 0/0, soit 5, 25 et 50 lires, et remboursables, au pair, de 1861 à 1902, par tirages au sort annuels en juillet, dont le remboursement s'effectue le 1er octobre suivant. Les coupons sont payables les 1er avril et 1er octobre, sous déduction de l'impôt italien de 13.20 0/0 et de celui de 8.20 0/0, sur présentation des titres et avec *affidavit*. Titres sur papier blanc.

6° **Emprunt pontifical 5 0/0 1886**. — Cet emprunt est de 60 millions de lires; il est représenté par 120,000 obligations de 500 fr. au porteur, émises à 66 0/0 (soit 330 fr.) en 1866, amortissables par tirages si le cours est au-dessus du pair et par voie de rachat à la Bourse en cas contraire, le tout en 60 ans, de 1870 à 1929. Leur intérêt annuel est de 5 0/0, soit 25 fr. payables en or, les 1er avril et 1er octobre, sous déduction de l'impôt italien de 13.20 0/0 et de celui de 8.20 0/0. Un certain nombre d'obligations a été divisé en fractions de 125 fr., produisant un intérêt annuel de 6 fr. 25. Chacune de ces fractions se distingue par les lettres A, B, C, et D, indiquées sur les titres et sur les coupons. Titres sur papier blanc au recto, jaune au verso.

7° **Emprunt romain 5 0/0 1887**. — Cet emprunt a été émis en 1857 par le pape Pie IX et concédé à cette époque à MM. de Rothschild frères à Paris. Il est de 142.425.000 francs. Il est remboursable par voie de tirage au sort en mai et novembre et le remboursement des titres sortis s'effectue le 1er juin et 1er décembre. L'intérêt annuel 5 0/0 est payable à la banque Rothschild, rue Laffitte, à Paris, les 1er juin et 1er décembre, sous déduction de l'impôt de 13.20 0/0 et de celui de 8.20 0/0. Titres jaunâtres.

FONDS HELLÉNIQUES

Trois emprunts représentent ces fonds étrangers : le 5 0/0 1881 de 120 millions de francs, le 5 0/0 1884 de 170 millions, et le 4 0/0 1887 de 135 millions. Mais le gouvernement grec, n'ayant pu faire face à ses échéances à partir de 1893, les coupons ont été réduits et payés seulement 50 0/0 en billets de banque, pour ceux échus le 1er janvier 1894, et 30 0/0 en or depuis cette époque. En outre, au moment de l'émission, les titres étaient remboursables au pair, en 40 ans, pour les deux premiers emprunts, et en 75 ans pour le troisième. Cet amortissement a été supprimé. Ils étaient garantis par un certain nombre de revenus : impôt sur les tabacs, annuités des terres et plantations nationales, etc. ; ces taxes sont maintenant versées au Trésor hellénique, sans condition. Bref, il n'y a plus aujourd'hui ni garantie, ni amortissement, et seulement *promesse* de paiement de 30 0/0 en or.

Les divers titres qui représentent ces emprunts sont divisés en coupures de 500 francs (teinte bleue), 2.500 francs (teinte chamois) et 5.000 francs (teinte rose), pour les deux premiers emprunts, et en coupures de 500 francs (teinte grise), 2.500 francs (teinte brique-rose), et 5.000 francs (teinte bleue-grise) pour le troisième.

Leurs coupons sont payés au Comptoir national d'Escompte, rue Bergère, à Paris, en janvier et juillet.

FONDS HAITIENS

La Dette extérieure d'Haïti remonte à l'année 1875. A cette époque, les Chambres votèrent un emprunt de 83.453.000 francs, remboursable en 40 ans et *rapportant 8 0/0* ; sur cet emprunt, il fut émis, par le Crédit général français, 72.929 obligations au taux de 430 francs. Les coupons restèrent impayés du 30 juin 1876 au 31 décembre 1878.

En 1880, le taux de l'intérêt fut *réduit à 5 0/0* et le service n'en fut pas assuré davantage.

En 1885, Haïti convertit cette dette en *obligations de 300 francs 5 0/0*, payables le 1er janvier et le 1er juillet et remboursables en 37 ans. Au moment de la conversion, ces obligations existaient au nombre de 72.353.

Les coupons restés impayés du 30 juin 1876 à fin décembre 1878 furent convertis, en même temps, en *Bons d'Haïti*, au capital nominal de 60 francs, rapportant 3 0/0. Il y en avait 68.000 environ.

Ce sont ces Bons qui aujourd'hui constituent la Dette Haïtienne. Le paiement de leurs coupons (à raison de 7 fr. 50 l'un) s'effectue à la Société Générale de Crédit Industriel et Commercial, 66, rue de la Victoire, à Paris, qui consent à faire des avances ne pouvant excéder 3 millions, qu'elle éteint à l'aide des recettes douanières de l'année. Ils sont remboursables par voie de tirages à 300 francs, mais ces tirages semblent facultatifs. En 1890, cette dette extérieure consolidée se montait encore, d'après le rapport du ministre des finances actuel, à

69.235 obligations de 300 francs 5 0/0 = 20.770.500
67.852 bons   de   60 francs 3 0/0 = 4.071.130

                            Total 24.841.620

Au 31 décembre 1892, le Consulaire belge évalue cette même dette à 23.847.000 francs, soit une diminution de 994.620 francs en deux ans. A l'heure qu'il est, on peut l'estimer, en l'absence de renseignement officiel, à 23.000.000 francs environ, exigeant un service approximatif, amortissement compris, de 1.300.000 francs.

Ajoutons qu'il y a une Dette intérieure non cotée, à Paris, beaucoup plus considérable. Elle s'élève, en obligations diverses, emprunts intérieurs, dette flottante, papier-monnaie en circulation, appointements arriérés, déficits accumulés, emprunts multiples du président Légitime, à la somme de 15.682.083 *gourdes*, soit 78.360.415 francs.

Avec la dette extérieure, c'est une charge de plus de cent millions de francs, pour une population de 1.200.000 habitants; un peu plus de 83 francs par tête.

ASSURANCES

ASSURANCES

ASSURANCES AGRICOLES

Constitution. — Société anonyme française, constituée le 19 juin 1890; modifiée par assemblée générale du 28 octobre 1893.

Objet d'après les statuts. — Les assurances et réassurances à primes fixes ayant pour but de réparer les dommages causés, notamment aux agriculteurs, par l'incendie, le chômage en résultant, l'explosion des appareils à vapeur, la foudre, la grêle, la mortalité du bétail et tous autres accidents.

Siège social. — 3, rue Grétry, à Paris.

Durée. — 50 ans, du 19 juin 1890.

Capital social. — Capital primitivement de 200.000 francs en 400 actions de 500 francs libérées, porté à un million et divisé en 10.000 actions de 100 francs chacune, par l'assemblée du 28 octobre 1893.

L'assemblée générale du 31 mai 1894 a ensuite décidé que l'échange des actions anciennes de 500 fr. contre des actions nouvelles de 100 fr. serait différé jusqu'à nouvel ordre. Les actions de 100 fr. seules, libérées et au porteur, se négocient sur le marché de Paris.

Conseil d'administration. — Conseil d'administration de trois à douze membres, propriétaires de 50 actions, nommés pour six ans. Ensuite renouvelables tous les deux ans, par tiers d'abord et par tirage au sort, puis par ancienneté.

Les administrateurs sont: MM. Ch. de Boissy, président; Alfred-Guillaume de Besancenet, Gustave de Camp, comte Desoffy de Czerneck, baron de Bernard de Fauconval.

Direction. — Directeur : M. Campi.

Assemblée générale. — Assemblée générale en mai, une voix par cinq actions, maximum dix voix, dépôt quinze jours à l'avance.

Année sociale. — Close le 31 décembre.

Répartition des bénéfices d'après les statuts. — Sur les produits nets, déduction faites de toutes charge et des frais généraux (y compris les 5 0/0 d'intérêt du capital versé qui fait momentanément partie des frais généraux jusqu'à ce que la Société ait arrêté les émissions pour l'augmentation du capital social), il est prélevé 20 0/0, au moins, pour le fonds de réserve, et le reste doit être distribué à tous les actionnaires à titre de dividende.

Dividendes distribués. — Depuis l'origine, il a été payé aux actionnaires, à titre de frais généraux, 5 0/0 des versements, en juillet de chaque année.

Cote des actions. — Comme nous l'avons dit plus haut, les seules actions de 100 fr. se négocient sur le marché, mais seulement depuis le 20 novembre 1893; elles ont été cotées en banque, en 1893, 125 fr. au plus haut, 100 fr. 25 au plus bas.

URBAINE
(INCENDIE)

Constitution. — Société anonyme, constituée suivant acte passé devant M⁰ Noël, notaire à Paris, le 1ᵉʳ mars 1838, autorisée par ordonnance du 4 du même mois, et modifiée par décrets en date des 26 décembre 1849 et 24 décembre 1857. Transformée en Société anonyme libre, dans les termes de la loi du 24 juillet 1867, en vertu de délibération de l'assemblée générale des actionnaires des 17 décembre 1879 et 31 mai 1880. Régie par statuts dressés par Mᵉ Schœlcher, notaire à Paris, le 3 mai 1880.

Objet d'après les statuts. — Les opérations de la Compagnie ont pour objet, tant en France qu'à l'étranger :

L'assurance contre l'incendie de toutes les propriétés mobilières et immobilières que le feu, même le feu du ciel, peut détruire ou endommager.

La Compagnie garantit aussi, par convention spéciale : 1° contre les dommages résultant de la foudre, de l'explosion du gaz ou des appareils à vapeur, qu'il y ait ou non incendie ; 2° et la responsabilité imposée par la loi, par suite d'incendie pour risques locatifs, recours de voisins ou recours des locataires contre les propriétaires.

La Compagnie n'assure pas les dépôts, magasins et fabriques à poudre à tirer, les billets de banque et argent monnayé.

Le maximum des assurances sur ces seuls risques ne doit pas excéder 500.000 francs pour les assurances de l'espèce la plus dangereuse, à moins que la Compagnie ne fasse couvrir le surplus par des réassurances.

Siège social. — 8 et 10, rue Le Peletier.

Durée de la Société. — Fixée provisoirement à cinquante ans, à partir du décret d'autorisation du 4 mars 1838, la durée de la Société a été prorogée pour 99 ans, à compter du 1ᵉʳ janvier 1890 soit jusqu'au 31 décembre 1978.

Capital social. — Le capital social est de 5 millions de francs, divisé originairement en mille actions de 5.000 fr. nominatives, émises au pair et libérées de 200 fr. qui ont été remplacées lors de la transformation de la Compagnie en Société anonyme libre en 1880, par 500 actions de 1.000 francs chacune, libérées de 250 francs et nominatives.

La transmission des actions s'opère par voie de transfert sur un registre spécial. Tout cessionnnaire doit être agréé par le conseil d'administration ; il est admis de plein droit en fournissant une garantie équivalente à la somme non versée sur les actions, en rentes sur l'Etat ou autres effets publics français acceptés par le Conseil.

Aucun actionnaire ne peut posséder plus de 250 actions.

Administration. — Conseil d'administration de neuf membres nommés pour trois ans et renouvelable d'année en année, devant être propriétaires chacun de quinze actions inaliénables pendant la durée de leurs fonctions.

Ce conseil se compose aujourd'hui de MM. Denière, président; Germain Prétavoine, Camille Dollfus, Gaillard de Witt, Edouard Hervé, La Perche, Baron de Montagnac, E. Rodier et général Salanson.

Direction

Directeur.....	M. Leviez, O ✱.	*Chefs et sous-chefs de service :*	
Sous-directeur..	M. John Borel.	MM.	
Chefs et sous chefs de service :		*Caissier*......	Bécriaux.
	MM.	*Industrie et vérification*....	A. Pélézewsky.
Bureau de Paris	Ch. Prétavoine.		Champion.
—	Clergeot.	*Réassurance*...	Piellard.
Contentieux....	Gérardin.	—	Laurent (s.-c.).
Correspondance..	Perrin, O A ✱, ✱ ✱.	*Inspecteurs généraux :* MM. Guérin, —	
	Hastey (s.-c.).	Lassaigne.	
Comptabilité :...	Dollé.	*Inspecteurs :* MM. Lamirault, — Dufraisse,	
—	Louet.	— Léger, — de Lauzières, — Courtine,	
Matériel et service.......	Labarre.	— Balazuc, — Devers, — Sablier, —	
Sinistres,.....	Besson.	Gauthier, — Manès.	
—	Petit (s.-c.).	*Inspecteur honoraire :* M. Desjardins.	

Assemblée générale. — A lieu en Avril et est composée des actionnaires propriétaires de cinq actions au moins depuis trois ans révolus.

Année sociale. — Du 1er janvier au 31 décembre.

Répartition des bénéfices d'après les statuts. — Sur les bénéfices nets, il est fait un prélèvement pour être mis en réserve, en accroissement du capital. Ce prélèvement serait porté à 20 0/0 dans le cas où le fond de réserve ne s'élèverait pas au cinquième du capital social, et pourrait être abaissé à un dixième lorsque le fond de réserve atteindrait cette proportion.

L'excédent, sauf les attributions et affectations qui pourraient être consenties par l'Assemblée générale, est reparti aux actionnaires.

Dividendes distribués. — Voici quels ont été les répartitions faites aux actionnaires depuis l'origine de la Société :

1838 à 1844.....	»		1868......	200 »
1845.........	40 »		1869 à 1870....	450 »
1846.........	27 »		1871.......	500 »
1847.........	»		1872.......	600 »
1848.........	40 »		1873.......	650 »
1849 à 1851.....	100 »		1874.......	675 »
1852.........	175 »		1875.......	750 »
1853.........	150 »		1876.......	625 »
1854.........	175 »		1877 à 1879....	800 »
1855.........	300 »		1880.......	100 »
1856.........	400 »		1881.......	60 »
1857.........	325 »		1882 à 1884....	75 »
1858 à 1859.....	225 »		1885.......	100 «
1860 à 1861.....	400 »		1886.......	125 »
1862.........	500 »		1887.......	140 »
1863.........	450 »		1888.......	160 »
1864 à 1865.....	100 »		1889 à 1890....	170 »
1866.........	450 »		1891.......	187.50
1867.........	300 »		1892.......	197.91f

Résultat du dernier Exercice (1894-1895). — L'Assemblée générale des actionnaires a eu lieu le 29 avril 1895, sous la présidence de M. Denière, assisté de MM. le marquis de Vanssay et Charpentier, assesseurs, et de M. Leviez, secrétaire. 145 actionnaires présents et 79 représentés, possédant 3.233 actions, composaient l'assemblée. Les comptes ont été approuvés à l'unanimité et le dividende fixé à 190 francs nets d'impôts par action. Les administrateurs sortants : MM. Prétavoine et le général Salanson, ont été réélus, et M. Alfred Mézières, élu administrateur à la place de M. de Montaignac, décédé. M. Emile Léger a été nommé commissaire des comptes pour 1895 et M. le Comte de Grenaud, commissaire suppléant.

Le Compte de Profits et Pertes s'établit comme suit :

DÉBIT

Sinistres payés et à payer	4.961.332 22
Commissions de Paris et des Agences	2.376.066 10
Frais des Agences	71.002 66
Frais généraux	377.727 81
Réparations, mobilier et frais d'entretien de l'immeuble	38.871 44
Intérêts de la Caisse de prévoyance et divers	20.562 18
Commissions pour recouvrements	5.642 77
Traitements	343.880 29
Primes cédées en réassurances	2.520.931 25
Timbres des polices d'assurances	372.109 67
Impôt d'enregistrement	803.164 05
Frais d'actes et contentieux	10.630 80
Mauvais débiteurs	2.643 45
Réserves pour risques en cours (porté à ce compte pour complément)	131.000 »
Impôt et dividende	989.583 33
Participation de la direction dans les bénéfices	33.250 »
Caisse de prévoyance des employés	38.000 »
Solde à reporter à nouveau	595.440 27
	13.691.837 99

CRÉDIT

Solde au 31 décembre 1893	501.721 41
Primes de l'année	9.560.577 75
Timbre et enregistrement	1.175.273 72
Polices et plaques (Bénéfices de ce compte)	77.053 90
Intérêts. (Bénéfices de ce compte)	325.677 48
Sinistres remboursés par les réassureurs	1.389.482 24
Commissions remboursées par les réassureurs	630.051 49
Urbaine-vie. (Abonnement pour les frais communs)	32.000 »
	13.691.837 99

URBAINE
(VIE)

Constitution. — Société anonyme française.

Objet d'après les statuts. — Les statuts ont délimité les opérations sociales comme suit :

1° Recueillir des assurances sur la vie à primes fixes ;
2° Constituer des rentes viagères de toute nature ;
3° Recevoir et gérer des capitaux à intérêts composés ;
4° Acheter les nues-propriétés et usufruits de valeurs ou créances spéciales ;

ASSURANCES

5° Faire des prêts aléatoires sur immeubles, et généralement toutes espèces de contrats dont les effets dépendent de la vie humaine.

Siège social. — Le même que l'*Urbaine-incendie*.

Durée de la Société. — 50 ans, à partir du 1er avril 1865.

Capital social. — Son capital social est de 12 millions, divisé en 12.000 actions de 1.000 francs chacune, dont 8.000 nominatives, sur lesquelles il a été versé 200 francs, et 4.000 entièrement libérées et au porteur. Pour la transmission et la cession des titres, de même que pour la limitation du nombre d'actions que peut posséder chaque actionnaire, les statuts de l'*Urbaine-vie* sont conformes à ceux de l'*Urbaine-incendie*.

Administration.

Conseil d'administration : MM. Denière, — Prétavoine, — Gaillard de Witt, — Edouard Hervé, — baron de Montagnac, — vice-amiral Martin, — La Perche, — Eugène Rodier, — général de division Salanson.

Direction.

Directeur..... M. Fassy.
Secrétaire général...... Balas-Troy.
Chefs de service :
MM.
Bureau de Paris. Carlier.
— Kaeppelin (s.-c.).
Actuaire...... Passot.
Correspondance.. de Mallet.
Comptabilité... Feugère.
Contentieux.... Gérardin.
Polices....... Billion.

Chefs de service :
MM.
Nues-Propriétés.. Girault.
Caissier....... de Monsigny.
Économat et personnel..... d'Oppeln.
Régie des immeubles.... Huguenin.
Inspecteurs : MM. André, — de Beauqesne, — Bertrand, — Boyer, — de Catelin, — Chapelle, — Delpon, — Laseur, — Meyer, — Verdet.

Assemblée générale. — L'Assemblée annuelle des actionnaires, composée de tout détenteur d'au moins 15 actions, a eu lieu en avril.

Année sociale. — Close le 31 décembre.

Répartition des bénéfices d'après les statuts. — Le cinquième des bénéfices nets est porté à une réserve qui ne peut excéder un million.

Dividendes distribués. Cours des actions. — Voici quelles ont été, depuis 1866, les répartitions faites aux actions non libérées; les actions libérées ont reçu, en plus, 40 fr. par an, soit 5 0/0 du versement supplémentaire de 800 fr. Nous donnons également les plus hauts et les plus bas cours des actions non libérées.

Exercices	Répartition	Plus haut	Plus bas	Exercices	Répartition	Plus haut	Plus bas
1865....	—	1.070	1.070	1879....	35	2.800	2.200
1866....	—	1.100	1.100	1880....	40	3.200	2.400
1867....	8	1.100	1.050	1881....	50	2.500	2.450
1868....	8	1.000	1.000	1882....	50	2.800	2.000
1869....	8	1.100	1.000	1883....	40	2.015	1.640
1870....	8	1.100	1.050	1884....	40	1.685	1.550
1871....	10	950	900	1885....	40	1.610	1.530
1872....	12	1.050	950	1886....	40	1.575	1.470
1873....	14	1.070	1.070	1887....	40	1.615	1.575
1874....	15	1.015	1.000	1888....	40	1.615	1.615
1875....	18	1.275	1.200	1889....	40	1.700	1.700
1876....	25	1.400	1.250	1890....	40	1.755	1.700
1877....	30	1.650	1.300	1891....	40	1.925	1.850
1878....	35	2.000	1.825	1892....	40	—	—

Depuis 1865, le dividende le plus élevé a donc été de 50 fr. en 1881 et 1882; le dividende le plus faible a été de 8 fr., de 1866 à 1870.

Le plus haut cours des actions a été atteint en 1880; on a coté, à cette époque, 3.200 fr.; le plus bas cours a été de 900 fr. en 1871. Sur ces cours, il convient de déduire les 800 fr. restant à appeler, pour avoir le prix net effectif d'une action.

Résultat du dernier exercice (1894-1895). — L'assemblée générale des actionnaires a eu lieu le 29 avril 1895, sous la présidence de M. Denière, assisté de MM. Potier et Bouissin, assesseurs, et de M. Fassy, secrétaire. 98 actionnaires présents, 117 représentés, possédant 6,198 actions, formaient l'assemblée. Les comptes ont été approuvés à l'unanimité et le dividende fixé à 35 francs par action. Les administrateurs sortants, MM. le général de Salanson, l'amiral Paul Martin, et La Perche ont été réélus, et M. Mézières, nommé administrateur en remplacement de M. de Montaignac, décédé.

Voici le compte de profits et pertes au 31 décembre 1894 :

CRÉDIT

Solde au 31 décembre 1894	39 509 62
Produit des comptes d'assurances	3.187.967 31
— — d'intérêts et de nues-propriétés	3.871.103 38
	7.098.580 31

DÉBIT

Participation des assurés	644.492 88
Frais généraux	1.277.747 »
Frais de premier établissement d'agences à l'étranger : Solde de l'amortissement	117.868 84
Réserve immobilière	42.000 »
Commissions sur assurances et sur nues-propriétés	1.311.653 41
Intérêts aux comptes d'assurances	3.048.806 20
— aux actions libérées	136.280 »
Mauvais débiteurs	28.249 17
Dividende	420.000 »
Impôt du dividende	17.500 »
Caisse de prévoyance	16.800 «
Solde à nouveau	37.182 81
	7.098.580 31

CAISSE GÉNÉRALE DES FAMILLES

(VIE)

Constitution. — Constituée primitivement sous la dénomination de « Caisse générale des Familles », et autorisée par décret du 1ᵉʳ octobre 1858, cette Compagnie a pris, en 1871, en vertu de ses nouveaux statuts dressés par M. Lavoignat, notaire à Paris, le nom de « Caisse générale des Familles, Société d'assurances sur la vie et de prêt viager. »

Objet d'après les statuts. — Elle a pour objet :

1° Les assurances à primes fixes et les constitutions de rentes viagères, simples, différées, temporaires, sur une ou plusieurs têtes réunies ou séparées ou dépendant d'un ordre quelconque de survivance; les prêts viagers, les achats de rentes viagères d'usufruits et de nues-propriétés, et généralement toutes espèces de contrats dont les effets dépendent de la durée de la vie humaine ;

2° Les opérations relatives au remboursement des sommes dues au Crédit Foncier de France, ainsi qu'à toutes sociétés ou autres créanciers au décès de leurs débiteurs ;

3° Les opérations qui ont pour objet des placements de capitaux à intérêts composés, remboursables en totalité à des époques fixes ou successivement par des échéances déterminées ;

4° L'émission de bons et de récépissés de versements dont le produit sera exclusivement employé en prêts viagers sur hypothèques ou sur valeurs déterminées par les statuts, et dont le remboursement s'effectuera conformément auxdits statuts. Les versements provenant des bons ou récépissés ne devront jamais excéder deux fois le capital social.

Siège social. — 4, rue de la Paix, à Paris.

Capital social. — Ce capital, fixé primitivement à 3 millions de francs, divisé en 1.200 actions de 2.500 francs, a été élevé, en 1871, à 6 millions, et divisé en 2.000 actions de 500 francs, émises au pair, libérées de 100 francs et nominatives.

La Compagnie est autorisée, en outre, à émettre des titres d'assurances dits bons d'amortissement, remboursables au moyen de tirages au sort annuels. A ce remboursement est affectée une somme égale au dixième des primes payées par les souscripteurs et prélevée chaque année sur l'actif social.

Administration

Conseil d'administration : MM. Boitelle, — Ch. Kennerley-Hall, — Georges Brolemann, — P. Vavin, — baron de Livois, — de Commines de Marsilly, — Billoret, — Duminil.

Direction

Directeur . . . . M. Alf. Odier.
Secrétaire général. . . . . . M. G. Odier.

Chefs et sous-chefs de service :
MM.
Actuariat. . . . . Dargent.
Bureau de Paris. de Falletans.
Contentieux. . . Barbier.
Correspondance. . Serra.
Comptabilité . . . Ruide.
— Villette (s.-c.)

Chefs et sous-chefs de service et gérant des immeubles :
MM.
Economat . . . . . Ch. Plista.
Caissier. . . . . Thomas.
Caisse populaire. . Galocher.
Inspecteurs : MM. Godar, — Jouan, — Letourneur, — Laurent, — Troyaux, Stuhr, — de Linière, — Rodière, — Burtin, — Cadot.
Bureau allemand. M. Katz.

Résultats. — Bons de la Caisse. — Après avoir servi un dividende aux actions de 1859 à 1884, la Caisse Générale des Familles, depuis cette époque, ne leur a donné aucun revenu.

Toutefois, elle avait assuré régulièrement jusqu'ici le service de l'intérêt et de l'amortissement de 10.440 bons créés en 1880, remboursables en trente ans à 500 francs, et productifs d'un intérêt de 25 francs par an.

Ces titres ne constituent pas des titres de créance sur la Caisse Générale des Familles ; ils ont uniquement droit à une délégation annuelle de 339.600 francs sur les bénéfices, avant les actionnaires. Lorsqu'il n'y a pas de bénéfices, leur droit à ce prélèvement disparaît, et ce, sans répétition possible sur les exercices antérieurs.

Le service de ces bons est suspendu depuis 1891, leurs cours ont été :

	Plus haut	Plus bas		Plus haut	Plus bas
1890	352	230	1892	70	45
1891	325	55	1893	60	40

CAISSE GÉNÉRALE DES FAMILLES
(ACCIDENTS)

Constitution. — Société anonyme, constituée le 28 mars 1881.

Objet d'après les statuts. - Objet : La Société a pour objet :

1° L'assurance individuelle ou collective contre les accidents de toute nature pouvant atteindre les personnes et provenant de causes extérieures, violentes et involontaires ;

2° L'assurance contre les maladies ;

3° L'assurance spéciale contre les accidents de chemins de fer et ceux de voyage par mer pouvant atteindre les personnes ;

4° L'assurance contre les accidents matériels de toute nature pouvant atteindre les objets, valeurs et animaux ;

5° L'assurance contre la perte des objets ou valeurs pendant leur transport d'un lieu à un autre, et contre les avaries que peut occasionner le transport ;

6° L'assurance contre les pertes de toute nature pouvant résulter du chômage par suite d'incendie, d'explosion ou de tous autres accidents ;

7° L'assurance de la responsabilité civile pouvant résulter de tous les accidents corporels ou matériels ;

8° La réassurance et la coassurance des mêmes risques par voie de cession ou d'acceptation ;

9° La formation et la gestion de toutes associations d'assurances mutuelles contre les accidents de toute nature.

Siège social. — 4, rue de la Paix, à Paris.

Durée de Société. — 68 ans, du jour de la constitution définitive.

Capital social. — Capital social fixé à 3 millions de francs, divisé en 6.000 actions de 500 francs chacune, libérées de 125 francs.

Il a de plus été fait un versement supplémentaire de 100 francs par titre, qui a constitué une somme de 600.000 francs pour faire face aux frais de constitution et d'organisation de la Société.

Aucun actionnaire ne peut posséder plus de 500 actions ; les actions sont nominatives ; leur cession s'opère par un transfert inscrit sur un registre tenu à cet effet au siège de la Société, signé par le cédant et le cessionnaire, visé par un administrateur.

Mention de ce transfert est faite sur le titre.

Administration. — Conseil d'administration de huit membres au moins et de douze au plus, nommés pour quatre ans et renouvelables par quart d'année en année.

Ils doivent être propriétaires de 50 actions inaliénables.

Conseil d'administration : MM. Boittelle, — Ch. Kennerley-Hall, — Georges Brolemann, — P. Vavin, — baron de Livois, — de Commines de Marsilly, — Billoret, — Duminil.

Direction. — Le directeur est nommé et révoqué par le Conseil ; il doit posséder 50 actions affectées à la garantie de sa gestion.

Directeur . . . . . M. Alf. Odier.
Sous-directeur . . M. Robert Dumas.

Chefs de service :
MM.
Sinistres . . . . . Liorard.
Caissier . . . . . Danger.
Contentieux . . . Véron.

Chefs de service :
MM.
Comptabilité . . . Cournut.
Inspecteurs . . . . Godar, — Jouan, — Letourneur, — Laurent, — Roche, — Troyaux, — Laurenty.

Assemblée générale. — En août, se compose de tous les titulaires de 5 actions.

Année sociale. — Du 1ᵉʳ janvier au 31 décembre.

Répartition des bénéfices d'après les statuts. — D'abord 20 0/0 pour former le fonds de réserve ; puis l'intérêt à 5 0/0 du capital versé sur les actions.

L'excédent est appliqué de la manière suivante :
        80 0/0 aux actions,
        10 0/0 au Conseil d'administration.
    Et 10 0/0 au directeur.

Cote des actions. — Inscrites au comptant à la cote en banque :

	Plus haut.	Plus bas.		Plus haut.	Plus bas.
1890	25	10	1892	70	35
1891	40	25	1893	80	60

Résultats obtenus. — Aucune répartition n'a encore été faite.

LA PATERNELLE

(INCENDIE)

Constitution. — Société anonyme qui a été constituée, par acte passé devant Mᵉ Tabourier, notaire à Paris, le 7 septembre 1843, autorisée par ordonnance royale du 2 octobre suivant, modifiée suivant actes dressés par Mᵉ Alfred Delapalme, notaire à Paris, les 2 août 1856 et 11 juillet 1868, et par décrets des 11 août 1856 et 3 août 1868.

Transformée en Société anonyme libre, dans les termes de la loi du 24 juillet 1867 et du règlement d'administration publique des 22 janvier et 19 février 1868, par décision de l'assemblée générale du 26 avril 1890, régie par statuts déposés à Mᵉ Champetier de Ribes, notaire à Paris.

Objet d'après les statuts. — Les opérations de la Société ont pour objet, tant en France et aux colonies qu'à l'étranger :

L'assurance contre l'incendie de toutes les propriétés mobilières et immobilières que le feu peut détruire ou endommager, et la réassurance des mêmes risques par voie de cession ou d'acceptation ;

L'assurance contre les dommages résultant de la foudre, de l'explosion du gaz et des machines à vapeur et appareils employés pour l'éclairage au gaz et à l'électricité ;

L'assurance contre la responsabilité imposée par la loi, par suite d'incendie, pour risques locatifs, recours des voisins et recours de locataires contre les propriétaires ;

L'assurance contre la perte et l'avarie des bagages, marchandises et effets mobiliers de toute nature transportés par les chemins de fer.

Le maximum des assurances sur un seul risque ne doit pas excéder 400.000 francs, pour les assurances de l'espèce la plus dangereuse, et 800.000 francs pour celles de l'espèce le moins hasardeuse. Ces pleins pourront être dépassés lorsque la compagnie aura fait couvrir l'excédent par des réassurances.

Constituée à l'origine sous la dénomination de : « la Paternelle, Compagnie d'assurances à primes contre l'incendie », la Société a pris en 1856 le titre de : « la Paternelle, compagnie d'assurances à primes contre l'incendie, l'explosion du gaz et des risques de transport sur les chemins de fer. »

Siège social. — 4, rue Ménars, à Paris.

Durée de la Société. — La durée de la Société fixée à l'origine à 50 ans à partir de l'ordonnance d'autorisation, soit du 2 octobre 1843, a été prorogée jusqu'au 1er janvier 1941 par décision de l'assemblée générale du 26 avril 1890.

Capital social. — Le capital social, fixé primitivement à 3 millions, a été porté à 6 millions, divisé en 6.000 actions de 1.000 chacune, nominatives, émises au pair et libérées de deux cinquièmes soit de 400 francs.

La cession des actions s'opère par voie de transport sur un registre spécial. Le cessionnaire doit être agréé par le Conseil d'administration. Nul actionnaire ne peut être propriétaire de plus de 400 actions.

Administration. — Le Conseil d'administration est composé de cinq à neuf membres, nommés pour trois ans, renouvelables par tiers chaque année et devant être propriétaires d'au moins 25 actions, inaliénables pendant la durée de leurs fonctions

Conseil d'administration : MM. Delabre, *président*, — E. Rodier, *vice-président*, — le marquis de La Grange, — Paul Le Roux, — René Brice, — le comte de Saint-Guilhem, — marquis de Flers.

Direction.

Directeur. . . . . . M. Cloquemin.
Sous-directeur . . . E. Porcher-Labreuil.

Chefs et sous-chefs de service :
MM.
Bureau de Paris . Bailly.
Contentieux. . . . . Cuénot.
Correspondance . . Maringue.
Comptabilité . . . . . Fœgeli.
Statistique . . . . . Nisseron.
Réassurance . . . . Régaudiat.

Chefs et sous-chefs de service :
MM.
Sinistres . . . . . Ridart.
Caissier. . . . . . Clavel.
Économat. . . . . Thiollat.
Inspecteurs : MM. Lepelletier, — Roux, — Persil, — Joseph Edgard, — Pœy d'Avant, — de Chauny, — Goureau, — Genyeis, — Grarond, — des Lauriers, — Lutier, — Labreuil (Fern.).

Répartition d'après les statuts. — D'après les statuts, il est fait, sur les bénéfices, nets de charge, un prélèvement de 20 0/0 pour former un fonds de réserve jusqu'à ce que ce fond atteigne le quart du capital social. Il peut ensuite être prélevé une somme destinée à la formation d'un fonds de prévoyance ou une réserve applicable à la libération des actions.

Il est ensuite payé aux actionnaires une somme représentant l'intérêt à 5 0/0 des sommes versées par eux.

Après ces prélèvements et le prélèvement, s'il y a lieu, des avantages qui peuvent être conférés au directeur, l'excédent est réparti, savoir : 97 0/0 aux actionnaires et 3 0/0 aux administrateurs.

Dividendes distribués. — Jusqu'en 1851, il n'avait été fait aucune répartition. Le premier dividende distribué a été de 16 fr. en 1852. Jusqu'en 1870, il a varié de 12 fr. 50 à 32 fr. 50, tout en étant absolument négatif en 1855 et 1859. Mais, à partir de 1871, les répartitions ont été sans cesse en augmentant : 45 fr., en 1871 ; 52 fr. 50, en 1872 ; 51 fr. 50, en 1873 ; 61 fr. 80, en 1874 ; 77 fr. 25, en 1875 ; 82 fr. 40, en 1876 ; 95 fr., en 1877. Les voici à partir de 1878 :

ASSURANCES

1878....	113 30	1884...	113 30	1889...	149 35
1879....	813 30	1885...	123 60	1890...	156 »
1880....	113 30	1886...	128 866	1891....	160 »
1881...	113 30	1887...	134 »	1892...	166 66
1882...	113 30	1888...	140 »	1893....	160 »
1883....	103 »				

Résultats du dernier exercice. — L'assemblée annuelle des actionnaires de la Paternelle-Incendie a eu lieu le 29 avril 1895.
Elle a approuvé les comptes de l'exercice 1894 et fixé le dividende à 187 fr. 50 brut par action (180 fr. net) contre 160 fr. pour l'année précédente.
MM. le marquis de La Grange, Paul Leroux et Berlin, administrateurs sortants, ont été réélus, et, réélus également pour l'exercice 1895 les commissaires des comptes, MM. Binder et Périac.

L'ABEILLE

(VIE)

Constitution. — Société anonyme constituée en 1877 et modifiée par acte reçu par Mᵉ Mahot de la Querantonnais le 26 juin 1880.

Objet d'après les statuts. — Les assurances de capitaux ou de rentes viagères payables après décès d'une ou de plusieurs personnes, à quelque époque que ce soit, ou en cas de vie d'une ou plusieurs personnes, à des époques déterminées d'avance;
La constitution de rentes viagères immédiates, différées, temporaires, sur une ou plusieurs têtes, réunies ou séparées, ou dépendant d'un ordre quelconque de survivance ;
Les achats de nues-propriétés, d'usufruits, de rentes viagères et de contrats d'assurances sur la vie, souscrits par les Compagnies françaises; les prêts sur lesdites valeurs, ainsi que sur les polices d'assurances et sur les engagements pris par la Société ;
Les opérations de réassurance et de coassurance avec les Compagnies françaises ;
Et généralement toutes espèces d'opérations et contrats dont les effets dépendent de la vie humaine, sous la réserve de l'approbation ultérieure du gouvernement pour toutes les opérations non prévues dans les statuts.

Siège social. — 57, rue Taitbout, à Paris.

Durée de la Société. — Durée: 99 ans à partir de la constitution de la Société, c'est-à-dire du 24 décembre 1877.

Capital social. — Capital primitif, 3 millions de francs, porté à 4 millions de francs en 1880, divisé en 4,000 actions nominatives de 1.000 francs, libérées d'un quart, soit 250 francs, émises au pair. Lors de l'augmentation du capital, les 1,000 actions nouvelles ont été émises avec une prime de 1.250 francs versée dans les caisses de la Compagnie.
Aucun actionnaire ne peut posséder plus de 200 actions.
Les actions sont nominatives et munies de coupons à détacher chaque année.
La transmission des actions s'opère par une déclaration de transfert, signée par le cédant et le cessionnaire ou par leurs fondés de pouvoirs, et inscrite sur le registre tenu à cet effet. Ce transfert est mentionné au dos du certificat et signé par le directeur et un administrateur.

Administration. — Conseil d'administration composé de 12 membres, propriétaires de 20 actions inaliénables, nommés pour trois ans. Même conseil que l'*Abeille-Accidents*. (Voir ci-après).

Direction. — Directeur nommé par le Conseil d'administration à la majorité des deux tiers des administrateurs en fonctions ; il doit posséder 20 actions, inaliénables pendant la durée de ses fonctions.

Directeur...... M. G. de Serbonnes.
Secrétaire général. M. O. Vial.

Chefs et sous-chefs de Service :
MM.
Service des nues-propriétés.... Selles.
Service extérieur et actuariat... Schwanhard.
Bureau de Paris. de Champagne de Labriolle (Albert).
Contentieux.... Gaujard.
Correspondance.. Cianelli.
— E. de Miricourt (s.-c.)

Chefs et sous-chefs de service :
MM.
Economat et police Blinger.
— Cordier (s.-c.).
Comptabilité... de Champagne de Labriolle.
Caissier...... Delorme.
Immeubles..... Faure-Beaulieu.
Inspecteurs : MM. Bernard — Bornat — Boureau — Burgalat — Colombet — Delacour — Delcroix — Drot — Gravier — Guillot — Latteur — Le Cor — Pastourel — Vieux.

Assemblée générale. — Assemblée générale annuelle en avril ou mai au plus tard, composée de tous les actionnaires propriétaires de trois actions au moins ; une voix pour trois actions, maximum six voix.

Année sociale. — Du 1er janvier au 31 décembre.

Répartition des bénéfices d'après les statuts. — Sur les bénéfices nets fixés par l'Assemblée générale et déduction faite de la part attribuée aux associés participants, il est fait un prélèvement de 20 0/0 pour former le fonds de réserve, tantque ce fonds sera inférieur au montant du capital social, et de 10 0/0 lorsqu'il lui sera supérieur.

L'excédent est réparti par l'Assemblée sur la proposition du Conseil.

Dividendes distribués :

1881.....	12.50		1887.....	15 »
1882.....	12.50		1888.....	15 »
1883.....	12.50		1889.....	15 »
1884.....	12.50		1890.....	15 »
1885.....	15 »		1891.....	15 »
1886.....	15 »		1892.....	15 »
			1893.....	15 »

Cote des actions. — Les actions de cette compagnie sont inscrites à la cote en Banque, au comptant.

	Plus haut	Plus bas		Plus haut	Plus bas
1890....	450 »	310 »	1892....	405 »	345 »
1891....	410 »	365 »	1893....	520 »	395 »

Résultats du dernier exercice. — L'Assemblée générale des actionnaires a eu lieu le 30 avril 1895, sous la présidence de M. Vayson, assisté de MM. Guyon et Veil, scrutateurs, et de M. Bizot, secrétaire. 2.139 actions étaient représentées à l'Assemblée. Les comptes ont été approuvés et le dividende fixé à 15 francs par action. Les administrateurs sortants, MM. Gayot, Givelet, Nicolas et Vayson ont été réélus pour trois ans. M. Beaudesson a été nommé administrateur pour deux ans, et M. Darantière pour une année. MM. Outters, Delaunay et Binard sont censeurs pour 1895.

ASSURANCES

Le solde bénéficiaire résultant des opérations s'est élevé à 157.869 fr. 25, qui ont été ainsi répartis :

A la réserve statuaire.	6.764 20
A la réserve mobilière.	7.000 »
Dividende.	60.000 »
Impôts.	2.500 »
A la direction.	625 »
A reporter.	80.980 05
	157.869.25

L'ABEILLE

(ACCIDENTS)

Constitution. — Société anonyme française constituée définitivement le 27 mars 1881.

Objet d'après les statuts. — 1° L'assurance contre les risques d'accidents de toutes natures, corporels ou matériels, pouvant atteindre les personnes, les animaux ou les choses et entraîner, soit la mort, soit l'infirmité, soit l'incapacité totale ou partielle, permanente ou temporaire de travail, soit la destruction, la perte, la dépréciation ou la privation de jouissance totales ou partielles d'objets mobiliers ou immobiliers ; l'assurance contre les conséquences de la responsabilité civile pouvant être encourue par toutes personnes à raison desdits accidents ; et l'assurance contre les risques d'incapacité totale ou particlle de travail résultant de maladies ;

2° La réassurance des mêmes risques par voie de cession ou d'acceptation ;

3° Acquérir, reprendre ou gérer, soit par voie de réassurance, soit par tout autre moyen, le portefeuille de toutes autres Sociétés d'assurances garantissant les mêmes risques.

La Société peut aussi : 1° se charger par traité à forfait des frais et dépenses d'administration de toutes Sociétés d'assurances mutuelles garantissant les mêmes risques.

Siège social. — 57, rue Taitbout, à Paris.

Durée de la Société. — 99 ans à partir de la constitution définitive de la Société.

Capital social. — 4 millions de francs, divisé en 8.000 actions de 500 francs, émises au pair, libérées de 125 francs et nominatives.

Indépendamment du versement de 125 francs, il a été exigé un versement supplémentaire de 75 francs par action pour former une réserve destinée à couvrir les frais de premier établissement et à payer, à chacune des trois autres branches de l'Abeille (grêle, incendie, vie), la somme de 100.000 francs pour la faculté accordée à la nouvelle Compagnie de prendre leur nom et d'utiliser leur organisation.

Les titres sont nominatifs, munis de coupons à détacher chaque année.

La cession des actions s'opère par une déclaration de transfert signée par le cédant et par le cessionnaire ou par le fondé de pouvoirs, et inscrite sur le registre tenu à cet effet.

Administration. — Conseil d'administration de dix à quatorze membres nommés pour trois ans, devant être propriétaires chacun de vingt actions pendant la durée de leurs fonctions.

MM. Philippoteaux, *président*, — Vayson, *vice-président*, — Cambray, *secrétaire*, — Chéreau, — Clériot, — Fleurot, — Gavot, — Givelet, — Guibourg, — Herbecq, — Nicolas, — Rougeot.

Direction. — Directeur nommé par le Conseil d'administration, devant être propriétaire de 20 actions inaliénables pendant la durée de sa gestion.

Directeur. . . . . M. G. de Serbonnes.
Sous-directeur . . M. O. Vial.

Chefs et sous-Chefs de service :
MM.
Service extérieur. Schwanhard.
Bureau de Paris de Champagne de Labriolle (Albert).
Contentieux. . . . Gaujard (s.-c.).
Correspondance. . Cianelli.
— E. de Maricourt (s.-c.).
Comptabilité . . . de Champagne de Labriolle.

Chefs et sous-chefs de service :
MM.
Economat et polices . . . . . Bilger.
— Cordier (s.-c.).
Caissier. . . . . . Delorme.
Sinistres. . . . . . Lefebvre.
Inspecteurs : MM. Bernard, — Bornat, — Boureau, — Burgalat, — Colombet, — Delacour, — Delcroix, — Drot, — Gravier, — Guillot, — Latteur, — Le Cor, — Pastourel, — Vieux.

Assemblée générale. — Assemblée générale ordinaire dans le deuxième trimestre de chaque année, composée de tous les actionnaires propriétaires de trois actions au moins, une voix par trois actions, maximum 10 voix.

Année sociale. — Du 1ᵉʳ janvier au 31 décembre.

Répartition des bénéfices d'après les statuts. — Sur les bénéfices nets fixés par l'Assemblée, il est fait chaque année un prélèvement de 20 0/0 pour former un fonds de réserve ; ce prélèvement deviendra facultatif lorsque le fonds de réserve sera égal au cinquième du capital ; le surplus est distribué selon décision de l'assemblée générale, sur la proposition du Conseil.

Dividendes distribués. — Ont été les suivants :

1882 à 1887 . .	néant.		1891	7. »
1888	4. »		1892	7. »
1889	5. »		1893	8. »
1890	6.25			

Cote des actions. — Les actions de cette Compagnie ont été inscrites à la cote en banque au comptant.

	Plus haut	Plus bas		Plus haut	Plus bas
1890 . . .	130	70	1892 . . .	225	150
1891 . . .	160	115	1893 . . .	275	215

Résultats du dernier exercice (1894-1895). — L'assemblée générale des actionnaires de l'*Abeille-accidents* a eu lieu le 30 avril 1895. Les comptes ont été approuvés et le dividende fixé à 8 francs par action. Le bénéfice s'est élevé à 165.254 fr. 96, qui ont été ainsi répartis :

A la réserve statutaire	19.626 90
— pour éventualité	5.000 »
Dividende	64.000 »
Impôt	2.666 67
A la direction	4.906 70
A la Caisse de prévoyance	2.944 05
A reporter	66.110 64
	165.254 96

ASSURANCES

L'ABEILLE
(INCENDIE)

Constitution. — Société anonyme autorisée par décrets des 27 mai 1857, 26 mai 1859, 30 janvier 1861, 22 juillet 1863, et transformée en Société anonyme libre par délibération des actionnaires du 25 avril 1880.

Objet d'après les statuts. — 1° L'assurance et la réassurance contre l'incendie de toutes les propriétés mobilières et immobilières que le feu peut détruire ou endommager ;

2° L'assurance et la réassurance contre l'explosion du gaz, de la foudre, des appareils à vapeur, que ces assurances et réassurances soient faites accessoirement ou conjointement avec les assurances et réassurances contre l'incendie, soit qu'elles soient faites isolément. Dans tous les cas, ces assurances et réassurances ne s'appliquent pas aux personnes, mais seulement aux dommages matériels, mobiliers et immobiliers ;

3° La garantie de la responsabilité imposée par la loi pour cause d'incendie, soit pour risques locatifs, soit pour le recours entre voisins, soit pour celui des locataires contre les propriétaires ;

4° La garantie des pertes pouvant résulter du chômage ou de la privation de revenu par suite d'incendie ou d'explosion ;

5° L'achat ou la réassurance des portefeuilles de toutes Compagnies d'assurances ayant le même objet que l'Abeille.

Siège social. — 57, rue Taitbout, à Paris.

Durée de la Société. — 99 ans à partir du 25 mai 1857.

Capital social. — Fixé à 12 millions de francs, divisé en 12,000 actions nominatives de 1,000 francs chacune, libérées de 200 francs jusqu'en 1879 et de 250 francs depuis 1880.

Aucun actionnaire ne peut posséder plus de 200 actions à son nom.

La transmission des actions s'opère par une déclaration de transfert inscrite sur le registre tenu à cet effet, signée par le cédant et le cessionnaire ou par leurs fondés de pouvoirs.

Les dividendes sont payables annuellement au siège social, ordinairement en mai, après fixation par l'Assemblée générale.

Tous intérêts ou dividendes échus depuis cinq ans et non réclamés sont acquis à la Compagnie.

Administration. — Conseil d'administration de douze membres nommés pour trois ans, renouvelables par tiers, d'année en année ; ils doivent être propriétaires de dix actions au moins, lesquelles sont inaliénables pendant toute la durée de leurs fonctions.

Même Conseil que l'*Abeille-Accidents*.

Direction. — Directeur nommé par l'Assemblée générale des actionnaires, sur la proposition du Conseil ; il doit être propriétaire de vingt actions inaliénables.

Directeur . . . . . M. Armand Langlois.
Secrétaire général M. Coquillon.

Chefs de service :
MM.
Actions . . . . . . Berlin.
Bureau de Paris. Vallée.
Caisse. . . . . . . Delorme.
Comptabilité . . . Fiégel.
Contentieux. . . . Mérigot de Treigny.

Chefs de service :
MM.
Correspondance. . Fournier.
Polices . . . . . . Bouleau.
Sinistres . . . . . Moriamé.
Inspecteurs : MM. Barage, — Debrock, — Létanche, — de Galier de Saint-Sauveur, — Soullet, — Tournyer.

Assemblée générale. — Assemblée générale ordinaire annuelle devant se réunir dans le courant du premier semestre, composée des actionnaires propriétaires d'une action ou plus; autant de voix que d'actions.

Année sociale. — Du 1ᵉʳ janvier au 31 décembre.

Répartition des bénéfices d'après les statuts. — Sur les bénéfices nets, la Société est tenue de faire annuellement un prélèvement d'au moins 20 0/0 pour former un fonds de réserve. Ce prélèvement devient facultatif lorsque le fonds de réserve est égal au cinquième du capital.

L'Assemblée générale détermine l'emploi du surplus des bénéfices.

Dividendes distribués. — Ils ont été les suivants :

Années	Dividendes	Années	Dividendes
1875	15 »	1885	20 »
1876	15 »	1886	25 »
1877	15 »	1887	25 »
1878	15 »	1888	25 »
1879	15 »	1889	30 »
1880	7 50	1890	35 »
1881	néant	1891	50 »
1882	12 50	1892	55 »
1883	15 »	1893	55 »
1884	20 »	1894	50 »

Cote des actions. — Les actions de cette compagnie ont été inscrites à la cote en banque au comptant :

	Plus haut	Plus bas		Plus haut	Plus bas
1890	1.280 »	810 »	1892	1.825 »	1.562 50
1891	1.575 »	1.150 »	1893	2.100 »	1.732 50

L'ABEILLE

(GRÊLE)

Constitution. — Société anonyme française, autorisée par décrets des 25 juin 1856, 28 octobre 1857, 20 octobre 1858, 4 avril 1860, 24 avril 1867 et 25 avril 1868.

Objet d'après les statuts. — Assurer et réassurer contre la grêle toutes les propriétés immobilières et mobilières que ce fléau peut détruire ou endommager.

Siège social. — 57, rue Taitbout, à Paris.

Durée de la Société. — 50 années, à partir des décrets d'autorisation.

Capital social. — 8 millions de francs, divisé en 16.000 actions de 500 francs. Les actions sont nominatives et munies de coupons. Leur transmission s'opère par une déclaration de transfert inscrite sur le registre tenu à cet effet, signé par le cédant et le cessionnaire ou par leurs fondés de pouvoirs ; ce transfert est mentionné au dos du titre et signé par le directeur et un administrateur.

Administration. — Conseil d'administration composé de 12 mem-

ASSURANCES

bres nommés pour trois ans et renouvelable par tiers, d'année en année : ils doivent être propriétaires de 20 actions inaliénables.

Même Conseil que l'*Abeille-Accidents*.

Direction. — Directeur nommé par l'Assemblée générale des actionnaires ; il doit être propriétaire de 40 actions inaliénables.

Directeur.......	M. Armand Langlois.	*Chefs de service :*	
Secrétaire général	M. Coquillon.		MM.
Chefs de service :		*Contentieux*......	Mérigot de Treigny.
	MM.	*Correspondance*..	Coroënne.
Actions..........	Berlin.	*Sinistres*.........	Piron.
Comptabilité. . .	Riottot.	*Inspecteurs* : MM. Barage, — Castellan, — Chamerois, Gauthier.	

Assemblées générales. — Assemblée générale en avril, composée de tous les actionnaires propriétaires de deux actions au moins ; une voix pour deux actions, maximum dix voix.

Année sociale. — Close le 31 décembre.

Répartition des bénéfices d'après les statuts. — Sur les bénéfices nets, il est prélevé pour la formation d'un fonds de réserve savoir :

Une moitié jusqu'à ce que la réserve ait atteint un million ;
Un quart quand la réserve a dépassé un million.
L'excédent est réparti aux actionnaires.

LA PROVIDENCE

(VIE)

Constitution. — Société anonyme autorisée le 1er février 1881.

Objet d'après les statuts. — D'après les statuts, les opérations de la Société comprennent :

1º La constitution d'assurances en cas de vie, en cas de mort ou mixtes, de rentes viagères simples, différées ou temporaires ; l'achat de nues-propriétés, d'usufruits, les prêts viagers, avec garantie hypothécaire ou autres en un mot, toutes les espèces de contrats dont les effets dépendent de la vie humaine, quelque soit le nombre de têtes qui serve de base à ces contrats ;

2º Les opérations de co-assurances et de réassurances avec les Compagnies françaises.

A noter que la Société peut étendre ses opérations dans la France, les possessions françaises et l'étranger. Le maximum des assurances sur la vie, payable au décès d'une personne, est fixé à 200.000 francs ; celui des rentes viagères à constituer sur une ou plusieurs têtes est fixé à 50.000 francs, et celui des prêts viagers à 200.000 francs de capital. Enfin, la Société peut consentir en faveur des assurés, pour les catégories d'assurances où elle le juge convenable, une participation dans les bénéfices.

Siège social. — A Paris, rue de Grammont, 12.

Durée. — Quatre-vingt-dix-neuf ans.

Capital social. — 12 millions; divisé en 12.000 actions de 1.000 francs, libérées de 250 francs et nominatives.

Indépendamment des 250 francs versés sur le capital de l'action, chaque actionnaire a fait un versement supplémentaire de 50 francs par action pour former un fonds de 600.000 francs destiné à couvrir les frais de premier établissement et à l'amortissement des commissions escomptées.

La cession des actions s'opère par une déclaration de transfert inscrite sur un registre tenu à cet effet au siège social.

Pour la validité du transfert, à l'égard de la Société, le cessionnaire doit être agréé préalablement par une délibération du Conseil d'administration, excepté s'il transfère à la Société, en garantie des fonds restant à verser sur chaque action une valeur égale en fonds publics français.

Aucun actionnaire ne peut posséder plus de 200 actions.

Le payement des dividendes se fait aux époques fixées par le Conseil d'administration.

Conseil d'administration. — Il est composé de douze à quinze membres, nommés pour cinq ans et renouvelables par cinquième chaque année, devant être propriétaires, chacun, de cinquante actions inaliénables pendant la durée de leurs fonctions.

Conseil d'administration : MM. le comte de Bagneux, *président* — de Vergès *vice-président* — le comte de Béthune — Anatole Bartholoni — le comte de Laubespin — Le Chanteur — H. Desprez — Burin des Roziers — le marquis G. de Lévis-Mirepoix — G. de Bousquet — de Barante — de Lavergne de Cerval — le comte de Miramon.

Direction. — Il y a un directeur nommé par le Conseil d'administration, devant être propriétaire d'au moins vingt-cinq actions inaliénables affectées à la garantie de sa gestion. Le Conseil peut en outre nommer, s'il le juge utile aux besoins du service, un directeur adjoint ou sous directeur, propriétaire de dix actions inaliénables pendant la durée de ses fonctions.

Directeur	M. H. Beuzon.	*Chefs et sous-chefs de service* :	
Secrétaire général	M. Labarthe.		MM.
Chefs et sous-chefs de service :		*Contentieux*	Mabire.
	MM.		Dufresne (s.-c.)
Actuariat	Demarchi.	*Correspondance*	L. de Gentile (s.-c.)
Bureau de Paris	de Journel.	*Economat*	E. Jeanney.
Caisse et transferts	Imbert.	*Immeubles*	Tavenet.
	Croix (s. c.)	*Inspecteurs* : MM. Denisse-Guillouët — Guérin de Villaubreil — de Linière — Noulet — Robert — Rochoux — Voisin — Weber — Bérard de Fozières.	
Comptabilité	Madeleine.		

Année sociale. — Du 1er janvier au 31 décembre.

Assemblée générale. — Assemblée générale ordinaire annuelle, dans le courant d'avril, composée de tous les actionnaires possédant depuis trois mois, au moment de la convocation de l'Assemblée, au moins 10 actions.

Répartition des bénéfices d'après les statuts. — Sur les bénéfices nets fixés par l'Assemblée générale et établis après attribution faite aux assurés participants de la part qui aura pu leur être allouée dans les bénéfices de mortalité, il est fait un prélèvement de 20 0/0 pour former un fonds de réserve jusqu'à ce que ce fonds ait atteint le chiffre de 3 millions et ultérieurement de 10 0/0 jusqu'à ce qu'il ait atteint 12 millions; au-delà de ce dernier chiffre, le prélèvement de 10 0/0 ne deviendra facultatif qu'autant que la réserve ne sera pas inférieure au cinquième du montant des fonds affectés à la garantie des risques en cours.

Indépendamment de la réserve statutaire, l'Assemblée générale peut, en outre, décider la création d'autres fonds de réserve.

Résultats du dernier exercice (1894-95). — L'Assemblée de la Providence-Vie a approuvé les comptes de 1894, lesquels ne comportent pas de dividende.

MM. de Laubespin et Burin des Roziers administrateurs sortants, ont été réélus.

MM. Desprez, de Billy et Etcheverry, sont nommés commissaires pour 1895 et M. de la Bouillerie, commissaire suppléant.

Voici les comptes de profits et pertes au 31 décembre 1894 :

DÉBIT

Report du solde débiteur au 31 décembre 1893	542.471 67
Intérêts aux divers comptes d'assurances	619.292 82
Participation des assurés dans les bénéfices de 1894	14.000 »
Commissions à amortir	364.777 50
Perte au change	35 03
Frais généraux, traitements, fournitures de bureaux, jetons de présence	143.816 64
Frais d'inspection	15.785 »
Honoraires des médecins	6.510 40
Loyers et contributions	22.772 01
Frais d'envoi de matériel, brochures, prospectus, imprimés, etc.	24.760 99
Impôt d'enregistrement	1.424 52
Total	1.755.646 18

CRÉDIT

Produits des fonds placés	677.037 81
Bénéfices en assurances	331.853 60
Timbre des actions	1.942 50
Polices	1.762 30
Solde débiteur	743.049 97
Total	1.755.646 18

LA PROVIDENCE

(INCENDIE)

Constitution. — Société anonyme constituée le 18 septembre 1838. En 1887, transformée en Société anonyme dans les termes de la loi de 1867.

Objet d'après les statuts. — Les opérations de la Société comprennent : 1° l'assurance contre l'incendie de toutes les propriétés mobilières ou immobilières que le feu peut détruire ou endommager, à l'exception des dépôts, magasins et fabriques de poudre à tirer, des billets de banque, des titres, des lingots et monnaies d'or et d'argent ;

2° L'assurance des dommages autres que ceux d'incendie, que l'explosion de la foudre, de l'électricité, du gaz de toutes substances explosibles, des appareils à vapeur ou à tout autre moteur peut causer aux propriétés mobilières ou immobilières qui peuvent être assurées par la Compagnie contre l'incendie.

3° La réassurance des mêmes risques par voie de cession ou d'acceptation.

Le maximum des assurances ne peut dépasser 300,000 francs pour les fabriques, usines et théâtres, et 600,000 francs pour les autres risques.

Durée de la Société. — Primitivement 30 ans, à partir du 18 septembre 1838 ; puis 30 autres années à partir du 18 septembre 1868 ; puis 90 ans jusqu'au premier janvier 1887.

Capital social. — Cinq millions, divisés en 2.000 actions de 2.500 francs, nominatives et libérées du quart, soit 625 fr. depuis la transformation affectée en 1887 en Société anonyme libre.

La transmission s'opère par un transfert, au siège de la Société, sur un registre spécial.

Tout cessionnaire doit être agréé par le Conseil d'administration, à moins qu'il ne verse, en numéraire ou en fonds publics français agréés par le Conseil, le montant intégral du capital non encore appelé des actions à lui cédées.

Le dividende se paie en une seule fois, en avril ou en mai.
Aucun actionnaire ne peut posséder plus de cent actions.

Conseil d'administration. — Il est composé de douze à quinze membres, nommés pour cinq ans, renouvelables par cinquième, d'année en année, devant être propriétaires chacun de 10 actions inaliénables pendant la durée de leurs fonctions.

Conseil d'administration : MM. le comte de Bagneux, *président*, — Anatbole Bartholoni, *Vice-président*, — le comte Léon de Saint-Béthune, — le vicomte de La Panouse, — le comte de Laubespin, — de Vergès, — le Chanteur, — G. de Bousquet, — le marquis G. de Lévis-Mirepoix, — H. Desprez, — le baron de Barante, — Burin des Roziers. — de Lavergne de Cerval, — le comte de Miraman-Fargues.

Direction. — Le Conseil nomme un directeur et, s'il y a lieu, un sous-directeur, ces derniers devant être propriétaires chacun de 10 actions, inaliénables pendant la durée de leur gestion.

Directeur	M. Ed. David.	*Chefs et sous-chefs de service :*	
Direct.-adjoint	M. A. Donatis.	MM.	
Secrétaire à la direction	M. Ferdinand de Bousquet.	Contentieux	Chaillous.
		Comptabilité	Trembleau.
Chefs et sous-chefs de service		Bureau de Paris	Jolou.
MM.		Statistique	Simonet (s.-c.).
Polices, réassurances et sinistres	Vauquelin.	*Inspecteurs* : MM. Bénech, — de Coquerel, — Dorie, — Grimault, — Guillemard, — de Laborderie, — Loubigniac, — Michel.	
Correspondance	Amand.		

Assemblée générale. — Assemblée générale ordinaire annuelle, dans le courant d'avril, composée de tous les actionnaires possédant cinq actions au moins depuis trois mois révolus. Cinq actions donnent droit à une voix, sans qu'aucun actionnaire puisse avoir plus de quatre voix, quel que soit le nombre des actions qu'il possède ou qu'il représente.

Répartition des bénéfices d'après les statuts. — Sur les bénéfices il est fait un prélèvement d'au moins 20 0/0 pour former un fonds de réserve, destiné, en cas de perte, à l'acquit des dettes et charges de la Société.

Ce prélèvement est réduit au dixième des bénéfices lorsque le fonds de réserve atteint le chiffre d'un million de francs représentant le cinquième du capital social et devient facultatif lorsque ce fonds atteint le chiffre de 3 millions auquel, en cas d'excédent, il peut être ramené; mais si ledit fonds venait ensuite à descendre au-dessous de ce chiffre, le prélèvement sur les bénéfices reprendrait son cours dans les conditions ci-dessus déterminées.

L'Assemblée générale peut, en outre, appliquer une partie des bénéfices à la formation de réserves spéciales.

L'excédent des bénéfices est réparti aux actionnaires.

Dividendes distribués. — On n'en a distribué aucun de 1839 à 1847; puis 30 francs en 1848 et 1849, et rien en 1850. A partir de cette époque, les dividendes ont commencé à s'élever. De 35 francs en 1851, la répartition repassée à 50 francs en 1852, 70 francs en 1853, pour redescendre à 50 francs en 1854, remonter à 90 francs en 1855, 100 francs en 1856 et 120 francs en 1857, revenu à 60 francs en 1858, puis reprendre à 150 francs en 1859, 225 francs en 1860, 200 francs en 1861, 250 francs en 1862, 250 francs en 1863, 160 francs en 1864. A la suite, ils se sont répartis comme suit :

1865	200	1875	400	1884	340
1866	260	1876	400	1885	320
1867	220	1877	400	1886	340
1868	275	1878	400	1887	288 66
1869	300	1879	350	1888	360 82
1870	250	1880	215	1889	350 51
1871	400	1881	225	1890	354 17
1872	400	1882	350	1891	333 33
1873	400	1883	360	1892	338
1874	350				

LA PROVIDENCE

(ACCIDENTS)

Constitution. — Société anonyme constituée le 4 mai 1881.

Objet d'après les statuts. — 1° L'assurance individuelle ou collective contre les accidents de toute nature pouvant atteindre les personnes et provenant de causes extérieures et involontaires;

2° L'assurance contre les accidents matériels de toute nature pouvant atteindre les animaux, les objets ou les valeurs, et provenant soit de causes matérielles extérieures et involontaires, soit, en ce qui concerne spécialement les valeurs mobilières, du remboursement au pair, auquel certaines d'entre elles sont assujetties;

3° L'assurance de la responsabilité civile pouvant résulter de tous les accidents corporels ou matériels;

4° L'assurance contre les dommages du chômage ;

5° La réassurance des mêmes accidents par voie de cession ou d'acceptation.

Le maximum des assurances contre les accidents pouvant atteindre les personnes est fixé à :

100.000 francs de capital fixe si l'accident a causé la mort ;

5.000 francs de rente viagère en cas d'incapacité absolue de travail ;

30 francs d'indemnité journalière en cas d'incapacité temporaire :

Le maximum des assurances sur un seul risque de transport de valeurs, titres et objets précieux, est limité à 100.000 francs pour les transports par terre et 50.000 francs pour les transports par eau.

En aucun cas, le maximum pouvant être gardé sans réassurance ne doit dépasser 100.000 francs.

Les opérations de la Société s'étendent à la France, aux colonies françaises et à l'étranger.

Siège social. — A Paris, rue de Grammont, 12.

Durée. — 90 ans.

Capital social. — 5 millions de francs; divisé en 10.000 actions de 500 francs, émises au pair, libérées de 125 francs et nominatives.

Indépendamment du versement de 125 francs, il a été exigé un versement supplémentaire de 25 francs par action pour former une réserve destinée à couvrir les frais de premier établissement et l'amortissement des commissions escomptées.

Aucun actionnaire ne peut posséder plus de 500 actions.

La cession des actions s'opère par une déclaration de transfert inscrite sur un registre tenu à cet effet au siège de la Société.

Tant que les actions seront nominatives, tout cessionnaire d'actions doit être agréé par le Conseil d'admnistration.

Année sociale. — Du 1er janvier au 31 décembre.

Conseil d'administration. — Il est composé de dix à quinze membres, nommés pour cinq ans, renouvelables par cinquième chaque année, devant être propriétaires chacun de 30 actions inaliénables durant la durée de leurs fonctions.

Conseil d'administration : MM. le comte de Bagneux, *président* — de Verges, *vice-président* — le comte Léon de Béthune — Anatole Bartholoni — le comte de Laubespin — Le Chanteur — Henri Desprez — Burin des Roziers — le marquis G. de Lévis-Mirepoix — G. de Bousquet — le baron de Barante — de Lavergne de Cerval — le comte de Miramon.

Direction. — Il y a un directeur nommé par le Conseil d'administration, devant être propriétaire de 25 actions inaliénables pendant la durée de sa gestion. Le Conseil peut en outre, s'il le juge utile, nommer un directeur-adjoint ou sous directeur, en exigeant qu'il soit propriétaire de 20 actions inaliénables pendant la durée de sa gestion.

Directeur . . . . . M. Henri Beuzon.
Sous-Directeur . . M. Adol. Gronnier.

Chefs et sous-chefs de service :
MM.
Bureau de Paris. L. Lachèze.

Caisse et transferts . . . . . Imbert.
— Croix (s.-c.).
Contentieux . . . Mabire.
— Dufresne (s.-c.).
Comptabilité . . . Deslandes.
— Donier (s.-c).

ASSURANCES

Correspondance..	de la Tour (s.-c.)	*Statistique*....	E. Grimoux.
Polices et réassurances.....	Martin.	*Économat*....	Jeanney.
	Délesty (s.-c.)	*Inspecteurs (serv. de Paris)* : MM. Besse. — Doligny — Guillaume — de Grandmont — Marin-Darbel — de Menou — Deduy — Teinturier — de Chabaneix.	
Sinistres de provinces......	Rimbort.		
	Poncin (s.-c.)		
Chefs et sous chefs de service : MM.		*Inspecteurs (service de province)* : MM. Bayard — Comte — Guérin de Villaubreil — Jouhannaud — de Linière — Putmans de Percy — Rochoux — Weber.	
Sinistres de Paris	Philiparie.		
	Chemin (s.-c.).		

Assemblée générale. — L'Assemblée générale annuelle des actionnaires a lieu dans le courant d'avril ou de mai. Elle est composée de tous les actionnaires propriétaires de quinze actions depuis trois mois au moins.

Répartition des bénéfices d'après les statuts. — Sur les bénéfices nets de toutes les charges, il est fait un prélèvement de 20 0/0 pour former un fonds de réserve : facultatif lorsque ladite réserve aura atteint le cinquième du capital social, et obligatoire lorsqu'elle sera descendue au-dessous de ce cinquième.

Sur le surplus des bénéfices, il est alloué d'abord aux actions une somme représentant l'intérêt à 5 0/0 du capital versé.

L'excédent est réparti comme suit :
90 0/0 aux actionnaires ;
10 0/0 au Conseil d'administration.

Dividendes distribués. — Aucune répartition n'a été faite aux actionnaires depuis la création de la Société, jusques et y compris l'exercice 1889.

Exercice 1890....... 5 fr. »
— 1891..... rien
— 1892..... 6 fr. 25

Résultats du dernier exercice 1894-1895. — L'assemblée de la *Providence-Accidents*, tenue le 30 avril dernier, a approuvé à l'unanimité les comptes de l'exercice 1894 et fixé le dividende à 20 francs par action.

MM. le comte de Bagneux et de Lévis Mirepoix, administrateurs sortants, ont été réélus.

Voici le compte de profits et pertes au 31 décembre 1894 :

DÉBIT

Annulations de primes antérieures.............	108.164 65
Annulations de primes antérieures de réassurances acceptées...	2.422 34
Frais généraux, traitements, fournitures de bureaux, frais d'inspection, affranchissements, prospectus, imprimés, loyers et contributions.	417.055 58
Impôt d'enregistrement, abonnement au timbre d'actions.....	8.649 35
Commissions annuelles.................	353.344 63
Commissions escomptées.................	591.695 80
Prélèvement en augmentation de la réserve pour risques en cours.	17.210 »
Amortissement du mobilier................	942 18
Sinistres payés et à payer, (57 90 0/0)...........	1.857.107 81
Créances litigieuses ou irrécouvrables...........	2.540 48
Réserve statutaire, augmentation de la réserve pour éventualités diverses, dividende, impôt de dividende, participation du Conseil d'administration (art. 54 des statuts), caisse de retraites ou de secours en faveur du personnel de la Compagnie, solde à nouveau à reporter.	545.686 41
	3.551.474 60

CRÉDIT

Report du solde créditeur au 31 décembre 1893	92.854	58
Annulations de primes antérieures de réassurances cédées	2.843	97
Primes acquises pour 1893	3.315.124	80
Polices (bénéfice réalisé sur ce compte).	6.566	60
Produit des fonds placés.	113.916	55
Solde de la réserve pour fluctuations de valeurs	20.271	10
	3.551.474	60

FRANCE

(VIE)

Constitution. — Société anonyme autorisée le 9 septembre 1880.

Objet d'après les statuts. — Cette Société a pour objet :
La constitution d'assurances en cas de vie, en cas de mort ou mixtes ;
La constitution de rentes viagères immédiates, différée ou de survie ;
L'achat de nues propriétés, d'usufruits, de rentes viagères, ou de contrats d'assurances sur la vie, souscrits par les Compagnies françaises, les prêts sur lesdites valeurs, ainsi que sur les polices d'assurance;
Les prêts vagues avec garanties hypothécaires ou autres ;
Les opérations de coassurances et de réassurances avec les Compagnies françaises ;
En un mot, toutes les espèces de contrats dont les effets dépendent de la durée de la vie humaine, quel que soit le nombre de titres qui serve de base à ses contrats ;
Le maximum des assurances sur la vie payables au décès d'une personne est fixé à 200,000 fr.; celui des rentes viagères à constituer sur une ou plusieurs têtes est fixé à 50.000 fr., et celui des prêts viagers à 20.000 fr. de capital. La Société peut consentir en faveur des assurés, pour les catégories d'assurances où elle le juge convenable, une partipation dans les bénéfices. Elle peut étendre ses opérations dans la France, les possessions françaises et à l'étranger.

Siège social. — A Paris, 14, rue de Grammont.

Durée. — 99 ans.

Capital social. — 10 millions, divisés en 10,000 actions de 1.000 fr. chacune, émises au pair, libérées de 250 fr. et nominatives.
La cession des actions s'opère par un transfert inscrit au registre tenu à cet effet au siège social.
La cession n'a d'effet à l'égard de la Société que lorsque le cessionnaire a été agréé par le Conseil d'administration, à moins qu'il ne transfère à la Société, à titre de garantie de la somme restant à verser sur chaque action, une valeur égale en fonds publics français.
Les dividendes sont payables aux époques fixées par le Conseil d'administration.

Conseil d'administration. — Conseil d'administration de douze membres, nommés pour quatre ans, renouvelables par quart chaque année, devant être propriétaires chacun de 50 actions inaliénables pendant la durée de leur mandat.

Le Conseil d'administration est actuellement composé de MM. Drouin, président; G. Roy, vice-président; E. Deshayes, Ch. Didiot, A. Labouret, Ernest Lehideux, H. Muret, Petit, Richemond, Roblot, comte de Salvandy, E. Thelier.

Direction. — Directeur nommé par le Conseil d'administration, devant posséder au moins 25 actions inaliénables affectées à la garantie de sa gestion.

Directeur..... M. Truelle.
Directeur-adjoint. M. Ch. de Labeaume.

Chefs de service :
MM.
Actuaire...... Ch. Levasseur.
Services extérieurs de Jouvencel.
Comptabilité... J. Pétot.
Correspondance.. Ménard.
Bureau de Paris. Michel.

Chefs de service :
MM.
Contentieux..... Le Besgne.
Immeubles .... Sibien.
Caissier...... Barbier.
Inspecteurs : MM. Alacomacle, — Allemand, — Alexandre, — Baillet, — Blanc, — d'Eyssautier, — Mayaud, — Mesnard, — Michaudel.

Assemblée générale. — Dans le courant du mois d'avril, composée de tous les actionnaires possédant, depuis trois mois au moins, 10 actions libérées des versements appelés.

Année sociale. — Du 1ᵉʳ janvier au 31 décembre.

Répartition des bénéfices d'après les statuts. — Sur les bénéfices nets, et déduction faite de la part attribuée aux assurés participants, il est fait un prélèvement de 20 0/0 pour former un fonds de réserve.

Ce prélèvement deviendra facultatif lorsque la réserve aura atteint le cinquième du montant des fonds affectés à la garantie des risques en cours.

Dans aucun cas la réserve ne pourra être inférieure au cinquième du capital social.

En cas d'insuffisance des produits d'une année pour faire face aux charges sociales, des sommes nécessaires peuvent être prélevées sur le fonds de réserve avant tout appel sur les actions.

Dans le cas où, la réserve étant absorbée, le capital de la Compagnie se trouverait entamé de la moitié du quart versé, le Conseil d'administration est tenu de réclamer des actionnaires un versement proportionnel égal au montant du déficit, jusqu'au payement intégral du capital des actions constitutives du fonds social.

En dehors du fonds de réserve, il pourra être créé par l'Assemblée générale des réserves spéciales.

Résultats du dernier exercice 1894-1895. — L'assemblée de la *France-Vie*, tenue le 27 avril 1895, a approuvé à l'unanimité les comptes de 1894 et fixé le dividende de cet exercice à 10 francs nets d'impôt par action. Les administrateurs sortants, MM. Muret, Petit et Richemond, ont été réélus, et MM. Lefebvre, Piat et de Lalain-Chomel, nommés commissaires pour l'exercice en cours.

Voici le compte de profits et pertes de l'exercice 1894 :

	Recettes.	Dépenses.
Reprise du solde créditeur au 1ᵉʳ janvier 1894 ...	63.729 80	»
Bénéfices sur les assurances	1.057.708 77	»
Bénéfices sur le compte d'intérêts et réalisation de valeurs.	196.620 65	»
Bénéfices sur le coût des polices	7.660 90	»
A reporter...	1.325.820 12	»

	Recettes.	Dépenses.
Report	1.325.820 12	»
Solde de divers comptes d'assurances	»	671 75
Participations attribuées aux assurés	»	147.127 95
Amortissement des commissions de 1894	»	509.189 30
Amortissement de 1/5 des commissions de 1892 et 93	»	117.335 80
Frais généraux de toute nature de l'exercice 1894, comprenant : frais d'administration, frais d'inspection et frais d'agences, service médical	»	280.505 39
Réserve statutaire de 20 0/0 sur 147.160 fr. 13	»	29.432 »
Dividende	»	100.000 »
Solde créditeur à reporter 1895	»	81.457 93
	1.325.720 12	1.325.720 12

FRANCE

(INCENDIE)

Constitution. — Société anonyme autorisée en 1837. Transformée en société anonyme libre en 1885.

Objet d'après les statuts. — Les opérations consistent dans l'assurance contre l'incendie de toutes les propriétés mobilières ou immobilières que le feu peut détruire ou endommager, à l'exception de certains objets spécifiés aux statuts ;

Assurances, mais par convention spéciale, des dommages, même non suivis d'incendie, occasionnés par la foudre, l'explosion du gaz, de la vapeur, de l'électricité et de toutes substances explosibles.

Le maximum des assurances par un seul risque ne peut excéder 400.000 francs pour les risques dangereux et 800.000 francs pour les moins hasardeux.

Durée. — Fixée à l'origine à 50 ans à dater de l'autorisation. Prorogée de 99 ans lors de la transformation en société anonyme libre.

Siège social. — 14, rue de Grammont.

Capital social. — Dix millions, divisés en 2.000 actions de 5.000 fr., libérées de 1.250 francs et nominatives. Le dividende se paie en avril, en une seule fois. La transmission des actions s'opère par voie de transfert au siège de la Société sur un registre spécial. Le cessionnaire doit être agréé par le Conseil d'administration, à moins de transférer au nom de la Compagnie, des valeurs équivalentes en capital au montant des actions. Tout actionnaire ne peut posséder plus de 50 actions.

Conseil d'administration. — Composé de 12 membres devant être propriétaires chacun d'au moins 10 actions inaliénables pendant la durée de leurs fonctions. Ils sont nommés pour 4 ans et renouvelables par quart, d'année en année. Ce Conseil est le même que celui de la *France-Vie.*

Direction. — Directeur et directeur-adjoint, nommés par le Conseil d'administration, propriétaires l'un de 8 actions et l'autre de 4 actions, inaliénables pendant la durée de leur gestion.

ASSURANCES

Directeur	M. Truelle.	Chefs de service :	
Directeur-Adjoint	M. Leger.	MM.	
Chefs de service :		Bureau de Paris.	Lavigne.
MM.		Sinistres et contentieux	Lefebvre.
Chef des services extérieurs	de Jouvencel.	Correspondance	Ollivier-Beauregard.
Comptabilité	Drivet.	Inspecteurs : MM. Allemès, — A. Guillotin, — Sauret, — Vignes, — Carles, — Dumont, — Matagrin, — d'Otémar, — Protet, — de Riballier.	
Réassurance	Charpentier.		
Caissier	Barbier.		
Statistique	Jouard.		

Assemblée générale. — Ordinaire annuelle, en avril, composée des propriétaires de 5 actions au moins depuis trois mois révolus. Cinq actions donnent droit a une voix. Toutefois, un seul actionnaire ne peut avoir plus de dix voix soit en son nom, soit comme mandataire.

Année sociale. — Du 1er janvier au 31 décembre.

Répartition des bénéfices d'après les statuts. — Sur les bénéfices, le cinquième est mis en réserve en accroissement du capital social, pour servir en cas de perte à l'acquit des dettes et charges de la Société. Le prélèvement pour cette réserve sera arrêté lorsqu'elle aura atteint 3 millions. Ce chiffre atteint, si cette réserve venait à être entamée, le prélèvement ci-dessus reprendrait son cours jusqu'à concurrence d'un cinquième dans le cas où le fonds de réserve serait descendu au-dessous de 2 millions, et d'un dixième à partir de 2 millions.

En cas de pertes absorbant cette réserve et entamant le capital de la Société de plus d'un vingtième, le Conseil d'administration est tenu d'exiger des actionnaires un versement proportionnel égal au montant du déficit jusqu'à complet payement du montant nominal des actions.

Le payement du dividende se fait au Siège social, rue de Grammont, 14.

Dividendes distribués. — Rien de 1835 à 1840 inclus. On a débuté par 70 francs en 1841, puis on n'a rien donné en 1842 ; et successivement on n'a distribué que 45 francs en 1843, 30 francs en 1844, 80 francs en 1845, 50 francs en 1846, rien en 1847, 80 francs en 1848, 120 francs en 1849, 240 francs en 1850. Ce n'est qu'à partir de 1851 que les dividendes ont commencé à s'élever. Ils ont été comme suit :

Exercice			Exercice	
—	1851	150	1872	400
—	1852	175	1873	300
—	1853	125	1874	300
—	1854	125	1875	350
—	1855	200	1876	300
—	1856	200	1877	400
—	1857	200	1878	400
—	1858	200	1879	425
—	1859	250	1880	200
—	1860	300	1881	100
—	1861	275	1882	200
—	1862	275	1883	200
—	1863	275	1884	250
—	1864	rien	1885	350
—	1865	175	1886	275
—	1866	250	1887	300
—	1867	225	1888	350
—	1868	100	1889	400
—	1869	250	1890	400
—	1870	210	1891	500
—	1871	350	1892	500

L'UNION

(VIE)

Constitution. — Société anonyme autorisée le 25 juin 1829.

Objet d'après les statuts. — Les opérations de la Société comprennent les contrats ou transactions dont les effets dépendent de la vie de l'homme. La Compagnie s'oblige, moyennant une somme payée immédiatement ou moyennant une prime versée annuellement, à payer, après le décès d'une ou plusieurs personnes, un capital convenu ; ou à payer un capital ou une rente, soit au premier survivant, soit au survivant désigné de deux ou plusieurs personnes ; ou à payer un capital convenu, soit au décès d'une personne, soit à cette personne elle-même si elle est vivante à une époque déterminée d'avance. Elle s'engage, moyennant une prime unique ou annuelle, à payer un capital, si le décès d'une ou plusieurs personne a lieu dans un temps donné, à payer un capital ou à servir une rente viagère, si une personne est vivante à une époque déterminée d'avance. Elle s'engage, moyennant une somme une fois payée, à servir immédiatement une rente viagère sur une ou plusieurs têtes, avec reversion de partie ou totalité au profit du survivant. Le maximum de la somme que la Compagnie s'oblige à payer au décès d'une personne est limitée à 200.000 francs. Les statuts déterminent les cas dans lesquels certains assurés ont droit à une participation dans les bénéfices sociaux et le quantième de cette participation.

Siège social. — 15, rue de la Banque, à Paris.

Durée. — 99 ans, à dater de sa constitution.

Capital social. — 10 millions de francs ; divisé en 2.000 actions nominatives de 5.000 francs chacune.

Aucun versement n'a été opéré sur le capital de l'action. Chaque actionnaire dépose, en garantie, des effets publics dont le Gouvernement français est débiteur, représentant au pair au moins 1.667 francs de capital et produisant une rente annuelle d'au moins 50 francs.

Les dividendes se paient, au siège social, annuellement, en avril ou mai, après fixation par l'assemblée générale.

Aucun actionnaire ne peut posséder plus de 100 actions.

La cession des actions s'opère par voie de transfert sur un registre spécial. Le cessionnaire doit être agréé par le Conseil d'administration, à moins qu'il ne transfère ou dépose des valeurs équivalentes au montant total de l'action.

Conseil d'administration. — Conseil d'administration de neuf membres, nommés pour trois ans, renouvelables par tiers chaque année et devant être propriétaires chacun d'au moins 10 actions inaliénables pendant la durée de leurs fonctions.

Il est actuellement de :

MM. Ad. d'Eichthal, *président* — Ch. Mallet, *vice-président* — T. Andéoud — S. Derville — C. Jameson — J. Marcuard — Albert Mirabaud — A. Thurneyssen — Ad. Vernes.

Direction. — Directeur, nommé par le Conseil d'administration,

ASSURANCES

devant être propriétaire d'au moins 10 actions inaliénables pendant la durée de sa gestion.

Directeur. . . . . M. Albert Faure.
Sous-directeur . . M. Eugène Le Senne.
Chef de division, secrétaire de la direction : M. Michel Berger.
Chefs et sous-chefs de service :
MM.
Actuaire. . . . . . Oltramare.
— Pottier (s.-c.)
Bureau de Paris. Saincère (c.-ad.)
Comptabilité . . . Touboulic.
— Méder (s.-c.).
— Prugnat (s.-c.).
Correspondance. . Chopy.
— Moulin (s.-c.).

Chefs et sous-chefs de service :
MM.
Immeubles. . . . Roumagne (s.-c.).
Matériel, Expéditions. . . . . . de Roche (s.-c.)
Caissier . . . . . Pouchin.
— Chevrier (s.-c.).
Inspecteurs : MM. Böhle — Brossy — Denis — Dessort — Draber — Féry — Hignard — Legrand — de Linière — Marchand — de Maublanc — de Nion — Latul de Molins.
Inspecteurs adjoints : MM. Lointier — Pieyre — Weill.

Assemblée générale. — Assemblée générale ordinaire annuelle, en avril, composée de tous les actionnaires propriétaires de 3 actions au moins depuis trois mois révolus.

Année sociale — Du 1er janvier au 31 décembre.

Répartition des bénéfices d'après les statuts. — Chaque exercice comprend une période de deux années.

En cas de répartition de bénéfices, il est fait un prélèvement de 15 0/0 au moins et de 25 0/0 au plus sur la portion attribuée aux actionnaires pour être porté en réserve en accroissement du capital.

Le surplus est attribué aux actionnaires.

Dividendes distribués. — De 1829 à 1832, un premier exercice de 4 ans a permis de distribuer 50 francs seulement ; de 1833 à 1837, un second exercice de 5 ans a donné la même somme; de 1838 à 1840 (3 ans), 110 francs; 1841-43, 125 francs; 1844-48, 150 francs; 1849-51, 150 francs; 1852-54, 160 francs; 1855-56, 120 francs; 1857-58, 150 francs; 1859-60, 150 francs; 1861-62, 150 francs; 1863-64, 200 francs; 1865-66, 125 francs; 1867-68, 175 francs; 1869-71 (3 ans), 210 francs; 1872-73 (2 ans), 50 francs; 1874-75, 200 francs; 1876-77, 300 francs; 1878-79, 400 francs; 1880-81, 463 fr. 91; 1882-83, 463 fr. 91; 1884-85, 463 fr. 91; 1886, 231 fr. 96; 1887, 180 fr. 41; 1888, 180 fr. 41; 1889, 180 fr. 41; 1890, 182 fr. 29; 1891, 182 fr. 29; 1892, 182 fr. 29.

Résultats du dernier exercice. — L'Assemblée générale des actionnaires a eu lieu le 26 avril dernier, sous la présidence de M. Ch. Mallet, assisté de MM. Berthault et E. Maigret, assesseurs, et de M. Albert Faure, secrétaire. 165 actionnaires présents ou représentés possédant 1.268 actions formaient l'Assemblée. A l'unanimité, les comptes ont été approuvés et le dividende fixé à 175 francs.

Le solde disponible résultant du compte de profits et pertes s'élève à 522.469 48 qui ont été ainsi répartis :

Dividendes.	350.000 »
Impôt sur le dividende.	14.583 45
25 0/0 à la réserve statutaire	91.145 86
Réserve de bénéfices pour éventualités. . .	18.000 »
Participation des employés au fonds des retraites.	47.372 95
A reporter	1.367 22
	522.369 48

Voici quel a été le compte de profits et pertes au 31 décembre 1894 :

CRÉDIT

Solde créditeur reporté.............	2.469 »
Bénéfices d'assurances............	1.823.050 »
Portion des frais généraux à la charge des catégories d'assurances............	316.638 »
Intérêts........................	4.407.439 »
	6.549.597 »

DÉBIT

Participation des assurés............	553.493 »
Pertes d'assurances..............	92.436 »
Commissions et frais généraux..........	1.161.518 »
Dividende.....................	364.583 »
Réserve statutaire...............	91.146 »
— pour éventualités............	18.000 »
Portion des intérêts attribués aux catégories d'assurances.................	4.219.679 »
Intérêts dans les bénéfices, etc.........	47.373 »
Solde créditeur à nouveau............	1.367 »
	6.549.597 »

L'URBAINE ET LA SEINE

(ACCIDENTS)

Constitution. — Société anonyme constituée le 2 juillet 1880.

Objet. — La Société a pour effet :

1° L'assurance individuelle ou collective contre les accidents de toute nature pouvant atteindre les personnes et provenant de causes extérieures involontaires;

2° L'assurance de la responsabilité civile pouvant résulter de tous les accidents corporels ou matériels ;

3° L'assurance de corporations, de sociétés et de caisses de secours mutuels, pour les risques accidentels qu'elles indemnisent ;

4° L'assurance contre les accidents de chemins de fer, et ceux de voyage par terre et eau, pouvant atteindre les personnes ;

5° L'assurance contre les accidents matériels de toute nature pouvant atteindre les objets ou les valeurs (hors le cas d'incendie);

6° L'assurance contre la perte des valeurs, titres et bijoux, pendant leur transport ;

7° L'assurance contre les pertes pouvant résulter du chômage par suite d'incendie, d'explosion ou de tous autres accidents ;

8° L'assurance particulière et spéciale contre les explosions des appareils à vapeurs;

9° L'assurance contre les bris des glaces et carreaux ;

10° L'assurance contre les accidents de chevaux et voitures;

11° Les assurances des compagnies de sapeurs-pompiers, à l'occasion des accidents survenant pendant le service actif ;

12° La réassurance de ces mêmes risques par voie de cession ou d'acceptation.

Le maximum de la somme que la Compagnie peut assurer sur une personne, pour une assurance d'accidents pouvant atteindre les personnes, est fixé dès à présent à : 100.000 francs de capital fixe, si l'accident a causé la mort ; 5.000 francs de rente viagère annuelle, en cas d'incapacité permanente de travail ; 20 francs d'indemnité journalière en cas d'incapacité temporaire de travail ; le maximum des assurances sur un seul risque contre la perte des valeurs, titres et bijoux, est fixé à 100.000 fr., pour les transports par terre et à 50,000 francs pour les transports par eau. En aucun cas, le maximum pouvant être gardé sans réassurance ne pourra dépasser le chiffre de 100.000 francs. Néanmoins la Compagnie peut assurer des sommes supérieures, mais à la condition de réassurer l'excédent. Pour les assurances collectives, les maxima sont fixés par le Conseil d'administration.

La Compagnie peut consentir, en faveur de certaines catégories d'assurés, une participation dans les bénéfices, et le conseil d'administration détermine le taux et les conditions de cette participation.

Siège social. — 8, rue Le Peletier, à Paris.

Durée. — 99 ans, à partir de la constitution.

Capital social. — Fixé primitivement à 6 millions de francs, représenté par 12.000 actions de 500 francs, émises à 530 fr. (dont 500 fr. applicables au capital et 30 fr. destinés à constituer une réserve dès la fondation), le capital social a été élevé, par décision des Assemblées générales des 21 janvier et 25 mars 1881, à 12 millions, par la création de 12.000 actions nouvelles de 500 fr., qui ont été émises à 725 fr. (dont 500 fr. applicables au capital et 225 fr. à titre de prime).

Au total, 24.000 actions de 500 fr., libérées de 125 fr. et nominatives.

Le dividende est payable aux époques fixées par le Conseil d'administration.

Conseil d'administration. — Conseil d'administration de neuf membres, nommés pour trois ans, renouvelables par tiers chaque année et devant être propriétaires d'au moins 25 actions inaliénables pendant la durée de leurs fonctions.

Il est composé de MM. Denière, *président*, — Prétavoine, *vice-président*, — Gaillard de Witt, — Edouard Hervé, — La Perche, — vice-amiral Martin, — baron de Montagnac, — Eugène Rodier, — général de division Salanson.

Direction. — Directeur, nommé par le Conseil d'administration, devant être propriétaire de 30 actions inaliénables pendant la durée de ses fonctions.

Directeur. . . .	M. E. Baud.	*Chefs de service :*	
Secrétaire général	M. Legeay.		MM.
Chefs de service :		*Correspondance et*	
	MM.	*statistique* . . .	Gachelin.
Bureau de Paris		*Caissier*.	Saint-Marc.
et déclarations,		*Comptabilité* . . .	Capitaine.
chevaux et voitures	Bonnaire.	*Personnel et économat*	d'Oppelin.
Bureau de Paris		*Inspection*	Charrot.
et sinistres, individuelles et		*Carrosserie*. . . .	Boistay.
collectives . . :	Cazin (s.-c.).	*Bureau de la province, chevaux*	
—	Deldicq (s.-c.).	*et voiture*. . . .	
Contentieux. . . .	Gérardin.		

Assemblée générale. — Assemblée générale ordinaire annuelle en avril, composée des actionnaires propriétaires de 15 actions au moins depuis trois mois révolus.

Année sociale. — Du 1ᵉʳ janvier au 31 décembre.

Répartition des bénéfices d'après les statuts. — Sur le bénéfice net résultant du compte de profits et pertes arrêté, déduction faite des frais généraux et charges sociales et de la part qui pourrait être attribuée aux assurés participants, s'il y a lieu, il est prélevé 20 0/0 au moins pour former le fonds de réserve ; ce prélèvement devenant facultatif lorsque ce fonds est égal au cinquième du capital.

La Compagnie peut consentir, en faveur de certaines catégories d'assurés, une participation dans les bénéfices, et le Conseil d'administration détermine le taux et les conditions de cette participation.

Résultats du dernier exercice (1894-95). — L'assemblée des actionnaires de l'*Urbaine et la Seine* a eu lieu le 25 avril dernier, sous la présidence de M. Denière, assisté de MM. Peyre et Baud.

142 actionnaires présents, 105 représentés, possédant 10.350 actions composaient l'assemblée.

Les comptes ont été approuvés et le dividende fixé à 17 fr. par action.

Les administrateurs sortants ont été réélus et M. Mézières nommé administrateur.

Comptes de profits et pertes de l'exercice 1894

CRÉDIT

Solde au 31 décembre 1893.	50.769 56
Primes de l'exercice :	
Assurances chevaux et voitures.	2.781.187 98
Assurances collectives.	1.113.974 37
— individuelles.	80.784 53
— diverses.	16.144 26
Produit du compte d'intérêts et bénéfices divers.	209.029 51
Recours sur accidents.	142.635 75
Amortissement du solde des commissions escomptées de 498.140 fr. 53, prélevé :	
Sur la réserve extraordinaire.	300.000 »
— spéciale.	198.140 53
Total.	4.892.666 40

DÉBIT

Assurances individuelles : primes cédées en réassurances.	24.939 85
Assurances collectives : primes complémentaires de à échoir en 1895.	230.000 »
Sinistres payés ou évalués des diverses catégories d'assurances.	1.884.284 76
Commissions (montant total de celles de l'exercice).	755.536 24
Frais généraux.	364.414 21
Frais du personnel.	338.487 22
Amortissement des commissions escomptées.	498.140 53
Réserves pour risques en cours (complément).	26.003 91
Mauvais débiteurs.	1.355 11
Réserve en augmentation de capital.	131.250 »
Réserve spéciale.	100.000 »
Dividende (17 fr. par action).	408.000 »
Impôt du dividende.	17.000 »
Caisse de prévoyance.	16.320 »
Solde à nouveau.	96.934 66
Total.	4.892.666 49

L'UNION

(INCENDIE)

Constitution. — Société anonyme constituée le 30 septembre 1828. Transformée en société anonyme libre le 19 janvier 1876.

Objet d'après les statuts. — Assurance contre l'incendie de toutes les propriétés mobilières et immobilières que le feu peut détruire ou endommager. La Compagnie répond aussi, par conventions spéciales, qu'il y ait ou qu'il n'y ait pas incendie, des dommages qui peuvent atteindre les propriétés mobilières et immobilières par diverses causes d'explosion, les cas d'insurrection, de guerre civile ou étrangère et de tremblement de terre exceptés.

Le maximum des assurances ne doit pas excéder 500.000 francs pour les risques les plus dangereux et un million pour ceux moins hasardeux, à moins toutefois de faire couvrir l'excédent par des réassurances.

Siège social. — A Paris, rue de la Banque, 15.

Durée. — Primitivement fixée à cinquante ans, à compter du 5 octobre 1828, la durée a été prorogée, par une nouvelle période de 99 ans, à compter du 1ᵉʳ janvier 1877.

Capital social. — 10 millions, divisés en 2.000 actions de 5.000 fr., nominatives et libérées de quart, soit 1.250 francs.

Le dividende se paye en avril ou mai (ordinairement, il est payé un acompte en janvier).

Aucun actionnaire ne peut posséder plus de 100 actions.

La transmission s'opère par voie de transfert, au siège social, sur un registre spécial.

Le concessionnaire doit être agréé par le Conseil d'administration, à moins de verser en numéraire le montant intégral du capital nominal de l'action.

Conseil d'administration. — De neuf à dix membres, devant être propriétaires chacun de 10 actions inaliénables pendant la durée de leurs fonctions. Il est actuellement composé de :

MM. A. d'Eichthal, *président* — C. Mallet, *vice-président* — T. Audeoud — S. Dervillé — C. Jameson — J. Macuard — A. Mirabaud — Thurneyssen — A. Vernes.

Direction. — Directeur, propriétaire de 10 actions inaliénables pendant la durée de sa gestion.

Directeur...... M. Charles Robert, O ✻.
Sous-directeur... M. le baron Cerise, ✻.
Chef honoraire des bureaux et conseil de la direction...... M. Ferrié.
Chefs et sous-chefs de service : MM.
Bureau de Paris. Ory.
— Heydacker (c.-ad.).
— Cornubert (s.-c.).

Contentieux et sinistres de Paris.. ...... Farce.
Correspondance, autorisation, sinistres de province et de l'étranger, expéditions...... Alby.
Correspondance... Foderé (s.-c.).
Autorisation..... Magne (s.-c.),
Sinistres. ...... de la Palme (s.-c.).

Chefs et sous-chefs de service :
MM.
Expéditon. . . . Daublon (s.-c.)
Comptabilité et
contrôle . . . Ray.
— Burlin (c.-ad.).
— Vincent (s.-c.).
Matériel. . . . . Chaumont (s.-c.).
Caissier . . . . . Pouchin.
— Chevrier (s.-c.).
Réassurances . . Gauthier.
— Neaud (s.-c.).

Archives-vérifi-
cation . . . . J. Gauthier.
— Rouchon (s.-c.).
Inspecteurs : MM. Arnaud, — Auvillain
— Besson, — Böhle, — de Boul-
loche, — Ducros, — de Gramont,
— Hébrard, — Hignard, — Koch, —
Lefler, — Lépinoy, — Le Vasseur,
— Marchand, — Marochetti, — Miron,
— de l'Espinay, — Talbert, — de Vis-
cher.

Assemblée générale. — Assemblée générale ordinaire annuelle, dans le courant de mai, au plus tard, composée des propriétaires de 3 actions.

Répartition des bénéfices d'après les statuts. — Sur les bénéfices nets, il est prélevé un cinquième pour être mis en réserve ; ce prélèvement peut être arrêté ou réduit lorsque la réserve atteint 3 millions. L'excédent est réparti entre les actionnaires.

Dividendes distribués. — De 1829 à 1836, la Compagnie n'a rien distribué. Son premier dividende a été de 170 fr. en 1837, pour redescendre à 120 fr. en 1838, 115 fr. en 1839, 130 fr. en 1840, 120 fr. en 1841, 160 fr. en 1842, 135 fr. en 1843, 60 fr. en 1844, 120 fr. en 1845, 75 fr. en 1846 et rien en 1847. A partir de cette époque, les dividendes ont repris plus de stabilité. Ils atteignent 150 fr. en 1848, 180 fr. en 1849, 175 fr. en 1850, etc. Voici ce qu'ils ont été depuis 1870 :

1870.	210 fr.	1882.	400 fr.
1871.	350	1883.	400
1872.	406	1884.	425
1873.	350	1885.	567.01
1874.	325	1886.	670.10
1875.	400	1887.	670.10
1876.	600	1888.	721.649
1877.	700	1889.	773.195
1878.	700	1890.	546.875
1879.	700	1891.	651.040
1880.	360.825	1891.	651.04
1881.	250	1893.	......

Résultats du dernier exercice (1894-95). — L'assemblée générale annuelle a eu lieu le 26 avril 1895, sous la présidence de M. Ch. Mallet, avec MM. le comte de Fayet et Maigret, comme scrutateurs, et M. Charles Robert, comme secrétaire.

Cent cinquate-deux actionnaires — réunissant 963 actions — étaient présents ou représentés.

Après la lecture des rapports, l'assemblée a approuvé les comptes et fixé le dividende à 625 fr. Le solde de 525 francs est en paiement depuis le 27 avril.

Compte de profits et pertes :

CRÉDIT

Solde ancien	45.766 fr.
Primes de l'année	16.457.769
Intérêts	435.551
Polices et plaques	109.122
Prélèvement sur la réserve pour éventualités	»
Total	17.048.408 fr.

ASSURANCES

DÉBIT

Sinistres	5.744.006 fr.
Commissions	2.718.751
Traitements	533.331
Frais généraux	543.715
Frais d'agences	177.844
Enregistrement, timbre, patente	1.759.571
Primes payées pour réassurances	2.879.751
Aux risques en cours	70.000
Pertes sur change	13.775
Réserve à la disposition du conseil en faveur des employés	20.000
Dividende	1.302.083
Participations, gratifications et fonds de retraite	258.953
Solde à nouveau	26.625
Total	17.048.408 fr.

ASSURANCES GÉNÉRALES

(VIE)

Constitution. — Société anonyme fondée le 1ᵉʳ décembre 1889. Les derniers statuts modifiés remontent au 15 décembre 1876.

Objet d'après les statuts. — Les opérations de la Société comprennent :

Les assurances ou constitutions viagères simples différées temporaires sur une ou plusieurs têtes, en un mot toutes espèces de contrats ou conventions dont les effets dépendent de la vie humaine ;

Les assurances à terme fixe, ayant pour objet des placements de capitaux à intérêts composés, remboursables à époques fixes ou par annuités.

Les assurances sur la vie entière jouissant d'une participation du quart au moins des bénéfices produits par cette catégorie d'assurances.

Le maximum d'assurances sur la vie est limité à 200.000 fr. ; celui des rentes viagères est fixé à 100.000 fr. de rente.

Siège social. — 87, rue Richelieu, à Paris.

Durée de la Société. — Elle a été fondée pour une durée de 80 ans, qui viendra à expiration le 12 février 1900.

Capital social. — Le capital social est de 3 millions entièrement réalisés, composé primitivement de 300 actions de 7.500 fr. nominatives et de 1.000 actions de 750 fr. au porteur; il comprend actuellement 1.980 actions de 1.500 fr. et 40 demi-actions entièrement libérées.

Le dividende se paie tous les deux ans en mai.

Tout propriétaire de deux demi-actions de 750 fr. a le droit de les convertir en une action de 1.500 fr. Les actions nominatives ne peuvent être converties en actions au porteur. Aucun actionnaire ne peut être porteur de plus de 75 actions. La transmission des actions nominatives s'opère par un transfert sur un registre spécial, et ne peut avoir lieu qu'avec l'autorisation du conseil d'administration.

Administration.

Conseil d'administration : MM. le baron Alph. Mallet, *président*, — le baron Alph. de Rotschschild, *vice-président*, — de Lauriston-Boubers, — le baron de Neuflize, C. Goguel, — Puerari, — Jean Hottinguer, — E. Trubert.

Direction.

Directeur...... M. E. de Kertanguy.
Sous-directeur ... M. Dubois.

Chefs et sous-chefs de service :
MM.
Transfert...... Vaubuisson.
Actuariat...... Martin-Dupray.
— Péru (s.-c.).
Bureau de Paris.. Sercy.
— Thibierge.
Contentieux..... Regnauld.
— Lartigue (s.-c.).
Correspondance .. Thibierge (s.-c.).
— Thiron (s.-c.).
Comptabilité .... Faure.
— Billard (s.-c.).
— Bagot (s.-c.).

Chefs et sous-chefs de Service :
MM.
Economat...... Brasset.
Recouvrements ... Peigney.
— Grossetête (s.-c.).
Rentes viagères... Orlowski.
— Michelet (s.-c.).
Immeubles ..... d'Amphernet.
— Triboulet (s.-c.).
Inspecteurs généraux : MM. Esterhazy, — Gounot, — E. Pittet, — de la Presle.
Inspecteurs : MM. de Bazelaire de Ruppierre, — Berret, — Faucher, — de Ferron, — Girbal, — Gruié, — Nyon, Salvy, — de Saint-Exupéry.

Assemblée générale. — L'assemblée générale ordinaire annuelle, qui se tient au mois d'avril, se compose de tous les titulaires de cinq actions.

Année sociale. — L'inventaire général est établi de deux ans en deux ans.

Répartition des bénéfices d'après les statuts. — Sur les bénéfices à distribuer, il est prélevé pour former un fonds de réserve : moitié de ces bénéfices jusqu'à ce que ce fonds de réserve ait atteint un million, un quart jusqu'à ce qu'il ait atteint deux millions, un huitième dès qu'il a dépassé ce chiffre. L'excédent est reparti aux actionnaires, sauf un prélèvement de 2 0/0 pour être employé en actes de bienfaisance.

Dividendes distribués.—Voici quel a été le montant des répartitions indépendamment de l'intérêt à 5 0/0 sur les versements effectués :

Années	fr. c.	Années	fr. c.
1819-24 (6 ans),	862 50	1868-69 (2 ans),	4.700 »
1825-26 (2 ans),	112 50	1870-71 (2 ans).	3.434 25
1827-31 (5 ans),	75 »	1872-73 (2 ans),	5.780 05
1833-36 (5 ans),	187 50	1874-75 (2 ans),	6.546 39
1837-41 (5 ans),	187 50	1876-77 (2 ans),	1.500 »
1842-46 (5 ans),	700 »	1878-79 (2 ans),	2.000 »
1847-51 (5 ans),	1.425 »	1880-81 (2 ans),	2.300 »
1852-54 (3 ans),	2.025 »	1882-83 (2 ans),	2.680 41
1855-57 (3 ans),	2.475 »	1884-85 (2 ans),	3.092 78
1858-60 (3 ans).	2.256 25	1886... (1 an),	1.752 58
1861-63 (3 ans),	3.800 »	1887... (1 an),	1.752 58
1854-65 (2 ans),	3.600 »	1888... (1 an),	1.752 58
1866-67 (2 ans),	4.100 »	1889... (1 an),	2.152 50

Résultats du dernier exercice (1894-95). — L'assemblée générale ordinaire a eu lieu le 27 avril 1895 sous la présidence du baron A. Mallet. Toutes les propositions soumises à cette réunion ont été approuvées. Il ressort des comptes que le solde net des bénéfices de 1894 s'est élevé à la somme de 4.467.932 fr. 57 c., dont il a été fait attribution :

A la réserve capitalisée................	458.000 f. »
Dividende (19 fr. par action).........	3.800.000 »
Impôts sur les actions...............	153.333 33
Solde à reporter....................	51.599 24

MM. le baron Mallet et Etienne Trubert, administrateurs sortants, ont été réélus pour quatre ans. M. le baron de Neuflize est élu pour un an, en remplacement de M. le prince Czartoryski, décédé.

L'assemblée a nommé MM. le vicomte de Gourcuff, de Monicault et Schweisguth, commissaires pour la vérification des comptes de l'exercice 1895.

SOLEIL

(INCENDIE)

Constitution. — Fondée en 1829, la Compagnie du Soleil, après diverses modifications statutaires, a été reconstituée sous forme libre en juin 1880. Ses statuts sont déposés chez M⁰ Lavoignat, notaire à Paris.

Objet d'après les statuts. — Ses opérations sont de la même nature que celles des autres compagnies d'assurances contre l'incendie ; il est à noter cependant qu'elle assure aussi contre les incendies causés par les faits de guerre, émeute, insurrection, mais à des conditions tout à fait spéciales.

Le maximum des assurances sur un seul risque ne peut excéder 500.000 francs pour risques dangereux, et 1 million pour les risques moins dangereux, sauf le cas de réassurances.

Siège social. — 44, rue de Châteaudun, à Paris.

Durée de la Société. — Sa durée est de 90 ans, à partir de la date de l'autorisation, soit du 16 décembre 1829 au 16 décembre 1919.

Capital social. — Son capital était primitivement composé de 6.000 actions de 1.000 francs, nominatives et libérées à 750 francs.

Depuis la transformation de la Société, en 1880, ce capital est divisé en 12.000 actions de 500 francs, nominatives et entièrement libérées.

La transmission des actions s'opère par voie de transfert au siège de la Société.

Administration. — Le Conseil d'administration est composé de huit membres devant être propriétaires chacun de 50 actions au moins, inaliénables pendant la durée de leurs fonctions. Il est actuellement composé de MM. Brémard, *président*, Brullé, *vice-président*, Brame, Larrégny de Civrieux, de Lestrange, Ponsignon, H. de Ronseray, Savalète, Vaneau.

Direction. — Il y a un directeur nommé et révocable par le Conseil d'administration, devant être propriétaire de 12 actions au moins, inaliénables pendant la durée de ses fonctions, et un sous-directeur nommé et révocable par le Conseil d'administration, devant être propriétaire de

6 actions dans les mêmes conditions. Le premier est actuellement M. Paul Gauvin, le secrétaire-général est M. de Bégon.

Assemblée générale. — L'assemblée des actionnaires a lieu en avril ; elle est composée des porteurs d'au moins 5 actions.

Année sociale. — Close le 31 décembre.

Répartition des bénéfices d'après les statuts. — Les bénéfices nets de toutes charges, après prélèvement de 20 0/0 pour un fonds de réserve ou de prévoyance, et ce jusqu'à ce que la réserve soit égale au capital social de 6 millions, et après prélèvement de toutes autres réserves que le Conseil jugerait utile de constituer, sont répartis également entre toutes les actions.

Dividendes distribués, — Taux des actions. — De 1830 à 1880, il a été distribué, en tout, aux actions (ramenées à 500 francs pour faciliter la comparaison avec le taux nominal actuel de ces titres), 2.406 fr. 65.

Il n'a rien été distribué de 1832 à 1838; de 1840 à 1848. Le dividende le plus faible a été de 1 fr. 75 en 1830; le plus élevé, de 160 francs en 1879.

Pendant cette même période, le plus bas cours des actions de 500 francs a été de 430 francs (en 1830); le plus haut, celui de 5.375 fr., en 1879.

En 1869, les actions ont reçu 55 francs de dividende ; elles ont valu 1.415 francs au plus bas et 1.500 francs au plus haut.

En 1879, elles distribuaient 160 francs et variaient de 3.500 au plus bas à 5.375 francs au plus haut.

Depuis 1880, voici quels ont été les plus hauts et les plus bas cours de ces titres, en même temps que les dividendes *bruts* qu'ils ont reçus :

Exercices	Répartition	Plus haut	Plus bas	Exercices	Répartition	Plus haut	Plus bas
1880...	103 09	4.625	2.900	1887...	154 02	2.650	5 925
1881...	80 »	3.650	1.935	1888...	154 64	2.870	2.245
1882...	103 09	2.150	1.650	1889...	164 95	3.350	2.050
1883...	103 09	2.000	1.720	1890...	166 66	3.925	3.350
1884...	113 40	2.000	1.625	1891...		3.800	3.400
1885...	123 71	2.300	1.760	1892...	187 50		
1886...	123 71	2.500	2.100				

Résultats de l'exercice 1894-95. — A l'Assemblée générale du 19 avril 1895, un actionnaire a pris la parole, après la lecture du rapport du conseil, pour lire un mémoire tendant à ce qu'une plus forte part des bénéfices réalisés fût répartie aux actions.

Sans critiquer les raisons de prudence que le conseil a alléguées pour refuser d'entrer dans cette voie, nous ne pouvons nous empêcher de penser, avec l'actionnaire en question, que les administrateurs et le directeur du *Soleil* exagèrent peut-être un peu trop le principe des bénéfices réservés.

Sans parler de la réserve du capital, des réserves pour risques en cours et pour sinistres à régler — qui, celles-là, sont indispensables— le passif du bilan arrêté au 31 décembre contient la liste de réserves facultatives ci-après :

Réserve pour éventualités	3.350.000 »
Réserve pour fluctuation de valeurs.	108.406 97
Réserve pour libéralités	96.743 59
Solde du compte de profits et pertes.	139.754 70
Ensemble. . . . . Fr.	3.694.905 26

Il nous semble que quand une Compagnie possède un capital intact de six millions de francs versés et une réserve capitalisée d'égale importance, soit en tout un actif liquide de douze millions, — c'est une sorte d'exagération d'y joindre encore près de quatre millions de réserves supplémentaires de prévoyance (alors surtout que les réserves industrielles de risques en cours et de sinistres à régler sont, elles aussi, très largement dotées). D'autant que, parmi ces réserves de prévoyance nous en remarquons de très difficilement justifiables, par exemple la somme inscrite sous cette rubrique : Réserve pour libéralités ! Il nous semble que la première « libéralité » qui s'impose au conseil est, tout d'abord, d'améliorer autant que possible le revenu des actionnaires, ses commettants.

Mais il y a quelque chose de plus grave que ce fait de réduire les actionnaires à la portion congrue, c'est l'atteinte au prestige financier de la Compagnie qui résulte de cette préoccupation exagérée de thésauriser. Jusqu'à ces dernières années — dans le groupement *Soleil-Aigle* — c'était le *Soleil* qui tenait le premier rang, tant par l'importance de ses dividendes que par l'élévation du prix de ses actions. Actuellement la proportion est retournée. Ainsi, le dividende 1894 du *Soleil* a été de 187 fr. 50 et ses actions valent 5.030 francs, tandis que le dividende de 1894 de l'*Aigle* a été de 239 fr. 59 et que ses actions valent 6.230 francs. De sorte que maintenant c'est l'*Aigle* qui a l'air — aux yeux du public — de tenir la place maîtresse dans l'Association et de primer le *Soleil*, qui est, cependant, de beaucoup la plus importante des deux Compagnies, par le chiffre de ses affaires et aussi par l'importance de ses bénéfices et de son actif.

Cette illusion provient uniquement, comme on le sait, de ce que le *Soleil* possède un capital de six millions fractionné en 12.000 titres, tandis que l'*Aigle* ne possède qu'un capital de deux millions et 4 000 titres. Mais, bien qu'il n'y ait là, nous le répétons, qu'une illusion... de supériorité, le prestige du *Soleil* peut, dans l'esprit de la clientèle commune des deux Compagnies, en être gravement atteint. Il n'aurait pas fallu, pour le bon ordre, que le dividende du *Soleil*, compagnie plus ancienne et plus puissante, pût jamais descendre au-dessous du dividende de l'*Aigle*, qui a été fondé 14 ans plus tard et qui n'a jadis été sauvé d'un désastre que par sa juxtaposition au *Soleil*.

LE SOLEIL

(VIE)

Constitution. — Société anonyme constituée le 21 novembre 1872.

Objet d'après les statuts. — Les opérations de la Société comprennent :

La constitution de rentes viagères ;
Les assurances de capitaux ou de rentes viagères après décès ;
Les achats de nues-propriétés, d'usufruits et rentes viagères ;
Le placement de capitaux à intérêts composés ;
Les prêts viagers, avec affectations hypothécaires ou sur garanties déterminées ;
Et généralement toute espèce de contrats dont les effets dépendent de la vie humaine.

Siège social. — A Paris, rue de Châteaudun, 44.

Durée. — 90 ans, à compter du décret d'autorisation.

Capital social. — 12 millions de francs, divisé en 12.000 actions de 1.000 francs chacune, émises au pair, nominatives et libérées de 250 francs.

Il n'y a pas d'époque fixée pour le payement des intérêts et dividendes.

La cession des actions s'opère par voie de transfert au siège de la Société, sur un registre spécial. Sauf le cas de vente publique ou judiciaire, le concessionnaire doit être agréé par le Conseil d'administration.

Conseil d'administration. — De 8 à 10 membres, devant être propriétaires chacun de 50 actions inaliénables pendant la durée de leurs fonctions.

Comité de trois censeurs pour la vérification des comptes. Il est composé de MM. M. Heine, *président*, — Paul Brame, — Carmichael, — Ehrmann, — de Fontaine de Resbecq, — Goguel, — Perier, — de Ronseray.

Direction. — Directeur, nommé par le Conseil, devant être propriétaire de 50 actions inaliénables pendant la durée de sa gestion.

Directeur.....	M. Eug. de la Jaille.	*Chefs et sous-chefs de service :*	
Sous-directeur..	M. Paul Moulin.		MM.
Chefs et sous-chefs de service :		*Contrats*......	Liotard.
	MM.	—	Lalande.
Actuaire......	Léon Massé.	*Economat*.....	Paul Rouph.
Bureau de Paris	de Chambonas.	*Inspecteurs :*	MM. d'Ornano, — Cahen,
Contentieux....	de Vernou de Bonneuil.	— de Libès, — Tournier, — Gay, — Hesse, — de Mézange de Saint-
Comptabilité...	Paul Renoult.	André, — Colombier, — Rostan, —
—	Lacroix (s.-c.).	Langre.

Assemblée générale. — Assemblée générale ordinaire annuelle en mai, composée des propriétaires de 10 actions.

Répartition des bénéfices d'après les statuts. — Sur les bénéfices nets, déduction faite de la part revenant aux assurés en participation, il est prélevé le chiffre de 3 millions et, ultérieurement, de 10 0/0 20 0/0 pour former un fonds de réserve jusqu'à ce que ce fonds ait atteint jusqu'à ce que ce fonds ait atteint une somme égale au capital social.

Sur le surplus, il est attribué aux actionnaires une somme représentant l'intérêt à 4 0/0 du capital versé, et l'excédent est réparti :
10 0/0 aux administrateurs,
Et 90 0/0 aux actionnaires.

Une part de cet excédent des bénéfices peut être affectée, par décision de l'Assemblée générale, à la formation d'une réserve spéciale.

Dividendes distribués

Exercices 1873 à 1876.	rien		Exercice 1885...	10 31
Exercice 1877...	10 31		— 1886...	10 31
— 1878...	15 46		— 1887...	10 31
— 1879...	20 62		— 1888...	8 247
— 1880...	25 77		— 1889...	10 31
— 1881...	25 77		— 1890...	10 42
— 1882...	20 62		— 1891...	10 42
— 1883...	10 31		— 1892...	13 02
— 1884...	10 31			

Résultats du dernier exercice (1884-95). — L'Assemblée générale des actionnaires du *Soleil-vie*, a eu lieu le 7 mai 1895, sous la prési-

ASSURANCES

dence de M. Heine, assisté de M. de Vernon de Bonneuil et A. Boissage, assesseurs et de M. de la Jaille, secrétaire. 37 actionnaires présents, 164 représentés, possédant 5.750 actions, composaient l'Assemblée. Les comptes ont été approuvés et le dividende fixé à 12 fr. 50 nets d'impôts par action. M. Heine, administrateur sortant, a été réélu.

Le solde bénéficiaire résultant des opérations de l'exercice s'élève à 242.595 francs, qui ont été ainsi répartis :

Dividende	150.000 »
Au Conseil	3.333 »
Impôt sur le dividende	6.388 »
A la réserve statutaire	39.930 »
A reporter	42.942 »
	242.595 »

Voici le compte général de profits et pertes de l'exercice 1894 :

CRÉDIT

Solde au début de l'exercice	36.836 82
Report de la « Réserve pour diverses éventualités »	200.510 82

Bénéfices sur les assurances

Assurances pour la vie entière	69.642 94
Assurances mixtes	134.794 51
Assurances à terme fixe	88.610 48
Assurances temporaires	9.204 »
Contre-assurances	18.375 07
Assurances de survie (capitaux)	1.766 43
Bons à intérêts composés	9.439 92
Intérêts produits par les fonds placés	1.295.833 64
Dividende prescrit aux termes de l'article 47 des statuts	860 »
Total du crédit	1.865.874 99

DÉBIT

Pertes sur les assurances

Assurances différées (capitaux)	47.527 53

Perte sur rentes

Rentes viagères immédiates	37.026 19
Rentes de survie	3.744 90
Rentes différées	9.605 97
Portion des intérêts attribués aux différentes catégories d'assurances	1.085.827 94
Intérêts attribués au compte de participation dans les bénéfices	1.993 18
Frais généraux de l'exercice	382.968 29
Réserve d'assurance et de prévoyance en faveur du personnel	10.945 »
Abonnement annuel au timbre des actions (déduction faite des mutations encaissées)	6.527 90
Somme nécessaire pour ramener au pair 22.403 francs de rente 3 1/2 0/0 achetés dans le courant de l'année 1894	37.143 »
Total du débit	1.623.279 90
Solde à répartir	242.595 09
Total égal du crédit	1.865.874 09

CLÉMENTINE

(INCENDIE)

Constitution. — Compagnie d'assurances et de réassurances à primes fixes contre l'incendie, le chômage, l'explosion du gaz, des machines à vapeur, des effets de la foudre ; a été formée par acte passé devant Me Martin, notaire à Paris, le 19 octobre 1880 et définitivement constituée le 25 janvier 1881 ; elle a été modifiée par décision de l'assemblée générale du 24 mai 1888.

Objet d'après les statuts. — Elle a pour objet :

1° D'assurer et de réassurer les propriétés mobilières et immobilières contre l'incendie, lors même qu'il serait causé par la foudre ;

2° D'assurer et de réassurer, moyennant une prime spéciale, les dégâts résultant de l'explosion des machines à vapeur, du gaz servant à l'éclairage ou de la foudre ;

3° D'assurer ou de réassurer contre les risques locatifs ;

4° D'assurer et de réassurer contre les recours ;

5° D'assurer et de réassurer les propriétaires et industriels contre le chômage ou la privation de revenus par suite d'incendie, ainsi que la perte des salaires pour les employés et ouvriers.

6° De se substituer en tout ou en partie, par voie d'achat, de fusion ou autrement dans tous les profits et risques de toutes Sociétés d'assurances, de réassurances mutuelles ou à primes fixes, contre l'incendie ou autres risques.

Le maximum des pleins que la Compagnie peut conserver sur un seul risque sans réassurance est fixé à 500.000 francs. Toutefois, ce maximum ne s'applique pas aux marchandises flottantes et en entrepôts sur lesquelles la Compagnie peut conserver deux millions de francs.

Les opérations de la Société s'étendent à tous les pays.

Siège social. — 19, rue Monsigny, à Paris.

Durée de la Société. — La durée a été fixée à 50 ans, du 25 janvier 1881 au 25 janvier 1931.

Capital social. — Le capital était de 12 millions de francs divisé en 24.000 actions de 500 francs chacune, émises au pair, libérées de 187 fr. 50 et nominatives, mais l'Assemblée générale du 25 mai 1892 l'a réduit à 6 millions, divisés en 12.000 actions de 500 francs, libérées de 125 francs et nominatives, au moyen de l'échange de deux actions anciennes contre une nouvelle.

La transmission des actions est opérée par une déclaration de transfert transcrit sur un registre tenu à cet effet. Tout cessionnaire doit être agréé par le Conseil d'administration.

Administration. — Le Conseil d'administration est composé de six à neuf membres nommés pour six ans, renouvelables par tiers chaque année, et devant être propriétaires chacun de 25 actions inaliénables pendant la durée de leurs fonctions.

Conseil d'administration : MM. H. Garnier, *président*, — J.-D. Descazals, — J.-J. Gosselin, — Ch. Chalupt, — Blot, — Robin, — Ed. Descamps et J. Ferry.

ASSURANCES

Direction

Directeur........ M. Ch. Lacombe.	*Chefs de service* :
Sous-directeur ..... M. Chevalier.	MM.
Chefs de service :	*Industrie, réassurance.* X...
MM.	— Pagès (s.-c.)
Bureau de Paris.... Deblangy.	*Comptabilité*...... Didillon.
Contentieux....... Cléry.	*Caisse et titres*..... Th. Hodant.
Correspondance .... Decaux.	*Sinistres* .... Moyse.

Assemblée générale. — Dans le courant de mai au plus tard, composée des actionnaires qui sont propriétaires, depuis trois mois révolus, d'au moins 5 actions. Chaque membre de l'assemblée a droit à une voix par chaque série de 5 actions, sans qu'aucun d'eux puisse avoir plus de 5 voix en son nom personnel. Tout mandataire a droit à autant de voix qu'il représente de fois 5 actions, sans que le nombre de ces voix puisse s'élever au-delà de cinq.

Répartition des bénéfices d'après les statuts. — Sur les bénéfices nets de toutes les charges, il est prélevé :

1° 20 0/0 pour former un fond de réserve ; ce prélèvement cessera d'être obligatoire lorsque le fonds de réserve sera égal au cinquième du capital social ;

2° Une somme dont la quotité sera déterminée par le Conseil d'administration et qui sera affectée à l'amortissement du compte des commissions escomptées ; ce prélèvement cessera d'être obligatoire lorsque ce compte sera amorti ;

3° Une somme représentant l'intérêt à 5 0/0 du capital effectivement versé, pour être attribuée aux actionnaires.

Le surplus sera réparti, s'il y a lieu, dans la proportion suivante :

10 0/0 au Conseil d'administration ;

2 1/2 0/0 au directeur général ;

2 1/2 0/0 dont le Conseil fera la répartition, pour moitié servir à l'établissement d'une caisse de retraite ou d'un fonds de prévoyance pour les employés et l'autre moitié leur être distribuée au prorata de leurs appointements ;

85 0/0 à titre de dividende aux actionnaires.

Résultats de l'exercice 1894-1895. — L'Assemblée générale a eu lieu le 4 mai, sous la présidence de M. J. Farnier, assisté de MM. Durst-Wild et Degas comme scrutateurs. Les comptes ont été approuvés à une très grande majorité.

Voici le compte de profits et pertes :

CRÉDIT

Créance provinciale................. Fr.	26.247
Commissions sur primes cédées en réassurances......	68.772
Reprises de réserves de l'année précédente :	
Pour risques en cours................	269.563
Primes de l'exercice.................	1.133.314
Plus-value des valeurs en portefeuille.........	103.402
Polices, plaques, intérêts et produits divers.......	108.906
Fr.	1.710.205

DÉBIT

Sinistre	Fr.	594.362
Commissions		245.938
Frais généraux		164.109
Inspection et organisation		52.765
Frais d'agences		7.178
Primes cédées en réassurances		276.049
Réserve pour risques en cours		157.267
Timbre d'abonnement		26.697
Solde créditeur		185.839
	Fr.	1.710.205

MM. Gosselin, Blot et Descamps, administrateurs sortants ont été réélus. M. Teulière a été réélu commissaire-censeur.

LA CAPITALISATION

Constitution. — Société anonyme constituée le 4 juillet 1888. Elle porte comme sous-titre : Société anonyme pour favoriser l'économie et l'épargne par la constitution des capitaux».

Objet d'après les statuts. — La Société a pour objet :

1° La constitution ou la reconstitution au moyen d'un ou plusieurs versements, et sous des conditions stipulées dans des contrats, de capitaux payables à échéances fixes ou à la suite de tirages ; toute formation et gestion de mutualités à cet effet ;

2° Toutes opérations à intérêts simples ou composés, à courte et longue échéance ;

3° Tout achat, vente, revente ou gestion d'immeubles en propriété, nue-propriété ou usufruit, dépôts, émissions, prêts et avances sur titres, le tout de nature à favoriser ou faciliter directement ou indirectement l'épargne publique.

Siège social. — 3, rue Louis-le-Grand, à Paris.

Durée. — 99 ans, depuis le 21 juillet 1888.

Capital social. — Cinq millions divisés en 10,000 actions de 500 fr. émises au pair, libérées de 125 francs, et nominatives. Le droit de souscrire aux deux tiers de ce capital a été réservé aux porteurs de titres de l'*Assurance Financière* en liquidation.

Les statuts portent que les fonds de la Société, à l'exception des sommes nécessaires aux besoins du service courant, sont employés : soit en rentes sur l'Etat, bons du Trésor ou autres valeurs créées ou à créer, garanties par l'Etat, soit en obligations des départements et des communes, du Crédit foncier de France et des Compagnies de chemin de fer ou de toutes autres entreprises auxquelles l'Etat, les départements ou les communes garantissent un minimum d'intérêts; soit en valeurs admises par la Banque de France ou le Crédit Foncier de France en garantie de leurs avances ; toutes ces valeurs peuvent être acquises ou cédées en une propriété ou usufruit; soit en prêts sur ces mêmes fonds ou effets, ou en contrats hypothécaires s'appliquant à des immeubles situés en France, en premier rang, et en second rang, mais, dans ce cas, seulement après le Crédit foncier de France ; soit enfin en acquisitions ou construction d'immeubles situés en France. Ils stipulent que tout autre placement en valeurs de banque ne pourra avoir lieu qu'à titre de report ou d'emploi provisoire et temporaire ; mais que, toutefois, la Société pourrait employer à l'acquisition de valeurs étrangères les fonds provenant de son capital, et qui seraient nécessaires pour former le cautionnement exigé d'elle par le gouvernement d'un pays étranger où elle voudrait étendre ses opérations.

Conseil d'administration. — Le Conseil est composé de cinq à neuf membres nommés pour six ans, renouvelables à raison de un ou deux membres chaque année, devant être propriétaires chacun de 50 actions inaliénables pendant la durée de leurs fonctions.

Direction. — Le directeur, nommé par le Conseil d'administration, doit être propriétaire de 100 actions inaliénables pendant la durée de ses fonctions.

Assemblée générale. — L'assemblée générale ordinaire annuelle a lieu dans le courant de mai. Elle se compose de tous les actionnaires possédant au moins 25 actions et les ayant déposées au moins *trois mois* avant la date de la réunion. Vingt cinq actions donnent droit à une voix, sans que personne puisse avoir plus de 20 voix, tant en son nom propre que comme mandataire.

Répartition des bénéfices d'après les statuts. — Sur l'ensemble des bénéfices nets, il est prélevé 20 0/0 pour constituer un fonds de réserve jusqu'à ce que ce fonds atteigne le 1/5 du fonds social. Sur le surplus des bénéfices il est fait deux parts : l'une concernant les bénéfices provenant du compte des titres de capitalisation, l'autre provenant de toutes les autres opérations sociales. 75 0/0 des bénéfices provenant du compte des titres de capitalisation sont attribués aux porteurs des titres, bons, polices ou contrats de capitalisation, dans des conditions d'égalité proportionnelle absolue entre tous les titres de cette nature. Tous les autres bénéfices, y compris les 25 0/0 restant sur ceux du compte des titres de capitalisation, appartiennent aux actionnaires jusqu'à concurrence de la somme nécessaire pour leur servir 5 0/0 des versements effectués sur les actions, mais sans que l'insuffisance d'un exercice puisse donner lieu à un rappel quelconque sur un autre exercice.

Le surplus est attribué comme il suit :

15 0/0 aux administrateurs ;
3 0/0 au directeur ;
2 0/0 pour constituer un fonds de retraite et distribuer des gratifications au personnel autre que le directeur ;
80 0/0 aux actionnaires à titre de dividende.

Dans le cas où le directeur est membre du Conseil d'administration, il ne prend aucune part dans les 15 0/0 réservés aux administrateurs et ne reçoit aucun jeton pour sa présence aux réunions du Conseil.

Sur les bénéfices à répartir entre les actionnaires, à titre de dividende, l'Assemblée générale peut prélever, avant toute distribution, une somme destinée à la création d'un fonds de prévoyance, dont elle déterminera le montant.

Enfin, en cas d'insuffisance des bénéfices d'un exercice, la somme nécessaire pour compléter l'intérêt de 5 0/0 du capital versé peut être prélevée sur ce fonds de prévoyance.

Dividendes distribués. — Jusqu'aujourd'hui, on n'a pu distribuer, depuis 1888, que 5 0/0 du capital de 125 francs versé, soit 6 fr. 25, prélevés sur le fonds de prévoyance.

Résultats du dernier exercice (1894-95). — L'Assemblée générale a eu lieu le 30 mai 1885.

Les encaissements sur les Bons et contrats, qui avaient été en 1893 de 928.341 fr. 30, se sont élevés en 1894 à 966.933 fr. 25. Ces Bons et contrats délivrés en 1894 ont été au nombre de 12.564 ; et si l'on déduit ceux annulés par suite de résiliations ou de tirages, on trouve pour l'exercice un excédent de 2.208 titres.

Le compte des profits et pertes se subdivise en deux comptes distincts intitulés, l'un « compte de bons d'épargne et de capitalisation », l'autre « compte de profits et pertes » proprement dit.

I. — En ce qui concerne le « compte de Bons d'épargne et de capitalisation » qui s'applique également aux contrats de constitution de capitaux, l'actif se compose :

Des versements sur titres	943.708 »
Des droits d'entrée et de timbre.	23.225 25
Et des intérêts à 4 0/0 alloués au compte.	4.812 25
Total.	971.745 45

Les dépenses comprennent :

Les sommes nécessaires pour constituer le fonds de capitalisation	3.373.404 60	
D'où il y a lieu de déduire :		
D'autre part, la valeur des avantages consentis aux anciens porteurs de titres de l'Assurance Financière. 886.501 73		
D'autre part, les prélèvements effectués déjà au 31 déc. 1893 . . 2.047 415 »	2.933.916 73	
Soit net . . . Fr.	439.487 87	
A laquelle somme il y a lieu d'ajouter les commissions, dépenses d'administration, rachats, et remboursements de Bons sortis aux tirages, impôts et frais divers	513.486 71	
Ce qui donne un total de . . . . . . Fr.	952.974 58	952.974 58
Le compte de Bons présente dès lors, un actif net de Fr. .		18.770 87
Sur lequel le prélèvement de 20 0/0 pour la réserve s'élève à		3.754 17
Il reste . . . . Fr.		15.016 70

représentant les bénéfices nets qui proviennent du Compte des Bons et Contrats.

Conformément à l'article 49 des Statuts, les trois quarts de ces bénéfices sont attribués aux Bons et Contrats, soit . . . . Fr.	11.262 53
A cette somme, il y a lieu d'ajouter le solde du compte de l'exercice précédent	13.944 64
Ce qui donne un total de . . . . Fr.	25.207 17

D'après les conditions insérées dans les Bons et Contrats, les bénéfices doivent être répartis par somme multiple de 1 franc et le solde est reporté à la répartition suivante :

La somme de 25.207 fr. 17, a été divisée entre les différentes catégories de Bons et Contrats ; mais il n'y a eu qu'une seule série de titres, les Contrats de 10.000 francs, de la série G, qui aient pu recevoir, cette année, une répartition de 1 fr. La distribution en a été faite, à partir du 1er juillet, aux Contrats délivrés avant le 1er janvier 1895, qui étaient en cours et dont les versements étaient en règle au moment de la répartition.

Quant aux sommes qui n'ont pu être distribuées, elles sont restées la propriété collective des porteurs, d'après leurs catégories respectives, et ont été reportées à l'exercice en cours.

II. — Le Compte de profits et pertes, proprement dit, comprend à l'actif le produit des fonds placés et des recettes diverses pour une somme totale de . . . . Fr. 200.801 59

Les dépenses du compte sont :
Frais généraux, déduction faite de la partie incombant au compte de Bons. . . . . . Fr. 118.556 68
Réserve immobilière. . . . . 7 500 »
Amortissement du mobilier et des frais de premier établissement . . . . 6.951 »
Intérêts alloués au compte de Bons. . . . 5 104 15
Publicité 2.841 31
Divers. 37.701 53   178.654 67

Reste. . . . . . . Fr.   22.146 92
représentant les bénéfices provenant du compte de profits et pertes et dont il y a lieu de déduire la réserve de 20 0/0, soit Fr.   4.429 38

Ce qui laisse un solde de . . . . Fr.   17.717 54
auquel vient s'ajouter le quart des bénéfices nets du compte de Bons, soit. . . . . Fr.   3.754 17
et le reliquat des profits et pertes de l'exercice 1893 . . . .   1.609 63   5.363 80

Les bénéfices nets sont dès lors, de . . . . Fr.   23.081 34
L'assemblée a décidé la distribution d'une somme de 2 fr. par action, soit . . . .   20.000 »

Le paiement de ce dividende aurait lieu à partir du 1er juillet prochain.

La différence. . . . . Fr.   3.081 34

a été reportée à l'exercice en cours.

LA FONCIÈRE

(INCENDIE)

Constitution. — Société d'assurances mobilière et immobilière à primes fixes qui a été constituée à la date du 23 mai 1877.

Objet d'après les statuts. — L'objet de la Compagnie est d'assurer et de réassurer contre l'incendie toutes les propriétés mobilières et immobilières ; d'assurer et réassurer les dommages résultant des effets de la foudre, de l'explosion du gaz ou des appareils à vapeur ; d'assurer et réassurer contre les risques locatifs et généralement contre toutes responsabilités pouvant être encourues par suite d'incendie ou d'explosion ; garantir les pertes pouvant résulter de chômage ou de privation de revenu par suite d'incendie ; faire toutes opérations se rattachant aux assurances mobilières ; enfin, se substituer, par voie d'achat ou autrement, à toute compagnie d'assurances qui consentirait à céder son portefeuille ou son actif mobilier.

Le maximum de l'assurance sur un seul risque est fixé à 500.000 francs pour les risques dangereux et à 1.560.000 francs pour les meubles et immeubles qui sont le moins exposés aux sinistres. Toutefois, ces sommes peuvent être dépassées lorsque la Compagnie fait couvrir l'excédent par des réassurances

Siège social. — 17, rue Louis-le-Grand, à Paris.

Durée de la Société. — La durée de la Société a été fixée à 60 ans, à partir de sa constitution définitive, soit jusqu'au 21 mars 1937.

Capital social. — Le capital est de 40 millions de francs, divisé en 80.000 actions de 500 francs émises, au pair et libérées de 125 francs. Elles sont nominatives; la négociation s'en opère par voie du Conseil d'administration, se composant de neuf à vingt membres, nommés pour six ans, se renouvelant par tiers tous les deux ans, devant être propriétaires chacun de 200 actions inaliénables pendant la durée de leurs fonctions.

Administration.

Conseil d'administration. — MM. Buchot — Landais — Camescasse — Compaignon de Marcheville — le comte de Juigné — le comte O'Mahony — Mayoussier — de Panafieu — Ravenez — de Saint-Quentin.

Direction.

Directeur. . . . . M. G. Bouchant.
Sous-Directeur. . de Lafont.

Chefs et sous-chefs de service:
MM.
Industrie et réassurance. . . . Moreau.
Bureau de Paris. Sonnet.
Contentieux. . . . Blanchard.

Chefs et sous-chefs de service:
MM.
Correspondance. . Delattre.
Comptabilité . . . Balu.
Caissier . . . . . . Tessier.
Economat. . . . . Tronche.
Inspecteurs : MM. Giot, — Préfontaine, — Tirouin, — Labro, — Nayrolles, — Pigault. — Pignères.

Assemblée générale. — L'Assemblée générale des actionnaires a lieu en mai.

Année sociale. — Close le 31 décembre.

Répartition des bénéfices d'après les statuts. — Sur les bénéfices nets de toutes charges, il est prélevé annuellement : 20 0/0 pour former un fonds de réserve jusqu'à ce qu'il atteigne le cinquième du capital social ; une somme à déterminer par le Conseil d'administration effectuée à l'amortissement du compte de premier établissement et à celui des commissions escomptées, et à la constitution d'un fonds de prévoyance ; enfin, somme suffisante pour fournir aux actionnaires 5 0/0 du capital versé. Le surplus est réparti s'il y a lieu : un dixième aux administrateurs et neuf dixièmes aux actions à titre de dividende ; mais, jusqu'à l'entier amortissement des deux comptes de premier établissement et des commissions escomptées, les actions ne peuvent rien toucher au-delà de l'intérêt à 5 0/0 des sommes versées.

Résultat de l'exercice 1894-95. — L'assemblée générale des actionnaires a eu lieu le 27 avril 1895, sous la présidence de M. Buchot, assisté de MM. Normand et Suquet. A l'unanimité, les comptes ont été approuvés et le dividende fixé à 8 francs par action, payable à partir du 28 mai courant. L'assemblée a ratifié la nomination de MM. Duflos et Lionel Laroze, comme administrateurs de la Compagnie, en remplacement de MM. Mauguin et Sellier, décédés, et donné quitus de la gestion de ces derniers. Elle a, de plus, nommé commissaires, pour l'exercice 1895, avec les mêmes émoluments que l'année précédente, MM. Ancel et

Huard, avec faculté pour chacun d'eux d'accomplir seul le mandat ci-dessus, en cas d'empêchement de son collègue pour une cause quelconque.

Le solde bénéficiaire résultant du compte de Profits et Pertes, s'élève à 2,016,763 fr. 13, qui ont été ainsi répartis :

Amortissement d'installation.	4.195 35
Amortissement du mobilier.	8.690 25
— du compte de débiteurs divers	4.500 »
Amortissement des commissions escomptées.	400.000 »
Allocation à la Caisse de prévoyance	25.600 »
A la direction.	19.200 »
A la sous-direction.	6.400 »
A la réserve statutaire	174.671 65
Dividende.	640.000 »
A reporter.	733.505 88
	2.016.763 13

Les assurances réalisées en 1894 s'élèvent, nettes de réassurances, à 5 milliards 671,782,353 francs, donnant en primes 4.087.179 fr., 08. Le portefeuille, au 31 décembre 1894, se montait à 30.888.370.177 francs de capitaux assurés.

PATRIMOINE

(VIE)

Constitution. — Société anonyme constituée le 8 décembre 1877.

Objet d'après les statuts. — Les opérations de la Société ont pour objet :

Les assurances à primes fixes et les constitutions de rentes viagères.

Les achats de rentes viagères, d'usufruit et de nues-propriétés ; les prêts sur lesdites valeurs ainsi que sur les polices d'assurances et sur les engagements pris par la Société.

La gestion de capitaux à intérêts simples ou composés; la transformation des annuités fixes en rentes viagères et réciproquement.

Les prêts viagers sur garanties hypothécaires ou autres.

Les réassurances ou coassurances et généralement toutes les conventions et tous les contrats dont les effets dépendent de la durée de la vie humaine.

Les opérations de la Société peuvent s'étendre dans toute la France et à l'étranger.

Le maximum des assurances sur la vie, payable au décès d'une personne, ne peut excéder 500.000 fr. Celui des rentes viagères à constituer sur une seule tête est fixé à 100.000 fr. de rente annuelle. Celui des prêts viagers est limité à 100.000 fr. pour l'annuité. Toutefois la Société ne pourra pas, sans se faire réassurer, garantir en capital, payable au décès d'une personne, une somme supérieure à 200.000 fr. ; constituer sur une tête une rente viagère supérieure à 50,000 fr. ; constituer un prêt viager supérieur à 25.000 fr. pour l'annuité.

Siège social. — A Paris, rue de la Chaussée-d'Antin, 55.

Durée. — 99 ans à compter du décret d'autorisation.

Capital social. — 5 millions divisés en 5,000 actions de 1.000 fr., émises au pair, libérées de 250 fr. et nominatives.

La cession des actions s'opère par un transfert inscrit sur un registre spécial. Aucun cessionnaire ne peut être admis, sauf en cas de vente publique ou judiciaire, que par décision du Conseil d'administration. Le Conseil peut exiger, comme condition préalable de l'admission du cessionnaire, le transfert de rentes viagères ou le dépôt, à titre de garantie, de valeurs équivalentes au montant du capital non libéré des actions cédées, et ce même dans le cas de vente publique ou judiciaire.

Aucun actionnaire ne peut posséder plus de 300 actions.

Conseil d'administration. — Seize membres, renouvenables à raison de quatre par année, devant être propriétaires chacun d'au moins 20 actions, inaliénables pendant la durée de leurs fonctions.

Il est actuellement composé de :

MM. le comte Anatole Lemercier, *président*. — Henri Bossut, *vice-président*. — Bournonville (d'Artois de). — Paul Desurmont. — Auguste Dormeuil. — Albert Gigot. — Charles de Lacombe. — Désiré Leurent. — comte de Lévis-Mirepoix. — vicomte Quatre-Solz de Marolles. — Félix Mayoussier. — Alfred Scalbert. — Anatole de Sessevalle. — Silvestre de la Ferrière.

Direction. — Directeur et directeur-adjoint s'il y a lieu, nommés et révocables par le Conseil d'administration, devant être propriétaires chacun de 20 actions inaliénables et affectées à la garantie de leur gestion.

Les opérations de la Société sont surveillées par trois Censeurs, nommés pour une année.

Censeurs : MM. Malpas-Duché. — Comte de Résie. — vicomte Garcin de Larnage.

Directeur général. M. de Thieriet de Luyton.

Chefs et sous-chefs de service :
MM.
Nues-propriétés et usufruits. . . . Belin.
Bureau de Paris. . Véronge de la Nux.

Chefs et sous-chefs de service :
MM.
Comptabilité . . . . Broutin.
Correspondance. . . Burdo.
Caisse. . . . . de Tilière.
Immeubles . . . . . de Saint-Quentin.
Economat. . . . . . Eugène Chair.

Assemblée générale. — En mai, composée de tous les actionnaires propriétaires de cinq actions au moins. Chaque actionnaire a droit à autant de voix qu'il possède ou représente de fois cinq actions, sans qu'il puisse jamais disposer de plus de dix voix, tant en son nom personnel que comme mandataire.

Année sociale. — Du 1er janvier au 31 décembre.

Répartition des bénéfices d'après les statuts. — Sur les bénéfices nets et après déduction de la part attribuée aux assurés en partipation, il est prélevé 20 0/0 pour former le fonds de réserve, tant que la valeur de ce fonds de réserve sera inférieure à celle du capital social, et de 10 0/0 lorsqu'elle lui sera supérieure. Le prélèvement deviendra facultatif lorsque la réserve aura atteint le double du capital social. Sur le surplus, il est attribué d'abord aux actionnaires une somme représentant l'intérêt à 5 0/0 du capital versé. Il est ensuite opéré, s'il y a lieu, un prélèvement pour la part qui aura pu être attribuée aux directeurs. Sur le solde, il est fait un prélèvement pouvant varier de 3 à 5 0/0, pour constituer une caisse de prévoyance au profit des employés.

L'assemblée générale peut ensuite opérer des prélèvements sur les bénéfices pour la création de réserves spéciales.

L'excédent desdits bénéfices est réparti entre les actionnaires.

Dividendes distribués. — Il n'y a eu aucune répartition faite depuis la formation de la Société.

Résultats du dernier exercice. — Les actionnaires se sont réunis le 16 mai 1895. Ils ont approuvé les comptes de l'exercice 1894, qui n'ont donné lieu à aucune répartition, et réélu administrateurs MM. le comte de Lévis-Mirepoix, D. Laurent, Ch. de Lacombe et F. Mayonnier, dont le mandat expirait cette année.

Ils ont en outre nommé administrateurs MM. J. Naud, en remplacement de M. Ed. Naud, décédé, et M. Le Tellier, en remplacement de M. Aubert, démissionnaire.

MM. Malpas-Duché, le comte de Résie et de Larnage, ont été désignés à nouveau comme censeurs, pour l'exercice en cours.

PATRIMOINE

(ACCIDENTS)

Constitution. — Société anonyme française constituée le 8 avril 1880.

Objet d'après les statuts. — La Société a pour but:

1° L'assurance individuelle ou collective contre les accidents de toute nature pouvant atteindre les personnes et provenant de causes extérieures, violentes et involontaires ;

2° L'assurance contre les maladies ;

3° L'assurance spéciale contre les accidents de chemins de fer et ceux de voyage par mer pouvant atteindre les personnes ;

4° L'assurance contre les accidents matériels de toute nature pouvant atteindre les objets et valeurs ;

5° L'assurance contre la perte des objets ou valeurs pendant leur transport d'un lieu à un autre, et contre toutes les avaries que peut occasionner le transport ;

6° L'assurance contre les dommages pouvant résulter des retards dans la livraison, le chargement et le déchargement des marchandises et objets de toute nature, transportés par toutes voies de terre, de mer ou de navigation intérieure ;

7° L'assurance contre les pertes de toute nature pouvant résulter du chômage par suite d'incendie, d'explosion ou de tous autres accidents ;

8° L'assurance de la responsabilité civile pouvant résulter de tous les accidents corporels et matériels ;

9° La réassurance et la coassurance des mêmes risques par voie de cession ou d'acceptation ;

10° La formation et la gestion de toutes associations d'assurances mutuelles contre les accidents de toute nature.

Siège social. — 55, rue de la Chaussée-d'Antin, à Paris.

Durée. — 90 ans à partir de sa constitution.

Capital social. — Fixé à 5 millions de francs et divisés en 10.000 actions de 500 francs, libérées du quart, soit 125 francs.

Les actions sont nominatives, leur transmission s'opère par un transfert inscrit sur un registre tenu à cet effet au siège de la Société, et par la remise de titres nouveaux extraits de registres à souche, signés par le directeur et un administrateur. Aucun actionnaire ne peut posséder plus de cinq cents actions.

Conseil d'administration. — Neuf membres au moins et seize au plus. Il se renouvelle chaque année au moyen de la sortie de quatre de ses membres. Chaque administrateur doit être propriétaire de 40 actions inaliénables.

Le Conseil est le même que celui du *Patrimoine-Vie*.

Direction. — Le Directeur nommé est révoqué par le Conseil d'administration ; il doit posséder 40 actions pour garantir de sa gestion.

Directeur . . . . . M. de Thieriet de Luyton.	*Chefs et sous-chefs de service :* MM.
Chefs et sous-chefs de service : MM.	*Correspondance*. . Burdo.
Comptabilité. . . . Broutin.	*Sinistres*. . . . . Billet.
Bureau de Paris . Ponchon de Saint-André.	*Caisse* . . . . . . de Tilière.
	Contentieux . . . . Gubian, — Laprade.
	Économat . . . . . Eugène Chair.

Assemblée générale. — Dans le courant de mai. Elle se compose de tous les actionnaires propriétaires de dix actions au moins, ayant effectué les versements appelés ; une voix pour dix actions, maximum 20 voix.

Année sociale. — Du 1er janvier au 31 décembre.

Répartition des bénéfices d'après les statuts. — Sur les bénéfices nets, il est fait un prélèvement de 20 0/0 pour former le fonds de réserve prescrit par la loi.

Sur le surplus, il est alloué d'abord aux actions une somme représentant l'intérêt à 5 0/0 du capital versé. L'excédent est appliqué de la manière suivante: 80 0/0 aux actions, 15 0/0 au Conseil d'administration et 5 0/0 au directeur.

Dividendes distribués. — Ils ont été comme suit :

1890.	4 fr. »	1892.	3 fr. »
1891.	rien	1893.	3 fr. 50

Cours des actions — A la cote en Banque :

1890	plus haut	53 »	plus bas	30 »
1891	—	100 »	—	50 »
1892	—	125 »	—	90 »
1893	—	133 »	—	108 »

Résultats du dernier exercice (1894-95). — L'Assemblée des actionnaires s'est tenue le 16 mai 1895. Elle a approuvé les comptes de l'exercice 1894 et fixé le dividende y afférent à 4 francs par action, net d'impôt, contre 3 fr. 50 pour l'exercice précédent, ce dividende a été mis en paiement à partir du 1er juin.

Les administrateurs sortants : MM. le comte de Lévis-Mirepoix, D. Laurent, Ch. de Lacombe et F. Mayonnier ont été réélus.

L'Assemblée a, en outre, nommé administrateurs, M. Joseph Naud, en remplacement de M. Ed. Naud, décédé, et M. Le Tellier en remplacement de M. Aubert, démissionnaire.

MM. Garcin de Larnage, Malpas-Duché et le comte de Resil ont été réélus comme censeurs pour l'exercice 1895.

COMPAGNIES GAZIÈRES

COMPAGNIES GAZIÈRES

COMPAGNIE PARISIENNE DU GAZ

Constitution. — Société anonyme constituée le 19 décembre 1855, provenant de la fusion des anciennes Sociétés constituées à Paris pour l'éclairage par le gaz ayant existé sous les raisons sociales ; Louis Marguéritte et Cie ; Brunton, Pilté et Cie ; Dubochet et Cie ; Payn et Cie ; Lacarrière et Cie, Charles Gosselin et Cie. Modifiée par décrets des 9 février 1861, 15 janvier et 12 mars 1870, et 12 mai 1877. Actuellement régie par statuts résultant d'un acte reçu par Me Mahot-Delaquerantonnais, le 2 mai 1877.

Objet d'après les statuts. — 1° Exploitation de l'éclairage et du chauffage par le gaz de la ville de Paris, conformément aux dispositions du cahier des charges de la concession du 23 juillet 1855, du traité du 25 janvier 1861, et du traité modificatif du 7 février 1870 ;

2° Exploitation de l'éclairage et du chauffage par le gaz des communes de la nouvelle banlieue de Paris, en dehors des fortifications, et des communes voisines.

La concession susénoncée, consistant dans le droit exclusif de conserver et d'établir des tuyaux pour la conduite du gaz d'éclairage et de chauffage sous les voies publiques, a été accordée, en vertu d'une décision du Conseil municipal de la ville de Paris, pour une durée de cinquante ans, à compter du 1er janvier 1856 (soit jusqu'au 31 décembre 1905), à MM. Emile et Isaac Pereire et aux Sociétés en commandite susénoncées.

Aux termes de l'article 6 du traité susénoncé du 7 février 1870, la ville de Paris a droit, à partir du 1er janvier 1869, à la moitié des bénéfices réalisés par la Compagnie après prélèvement :

1° Des sommes nécessaires pour annuités d'amortissement des actions et obligations émises ou à émettre ;

2° De la retenue fixée pour la réserve par les statuts ;

3° D'une somme pour dividende et intérêts des actions fixée à 12.400.000 francs jusqu'en 1887 inclusivement, et à 11.200.000 francs, du 1er janvier 1888 à la fin de la concession.

A la fin de la concession, et par l'effet même de l'action complète de l'amortissement des actions et obligations, le produit de l'actif mobilier et immobilier de la Compagnie et le montant de la réserve statuaire de deux millions feront partie des bénéfices à partager.

Siège social. — 6, rue Condorcet, à Paris.

Durée de la Société. — La même que celle de la concession, soit jusqu'au 31 décembre 1905.

Capital social. — Le fonds social, fixé primitivement à 55 millions, divisé en 110,000 parts ou actions de 500 francs, a été porté, par décision de l'assemblée générale du 14 septembre 1860, à 84 millions, par la création de 58,000 actions nouvelles, soit au total, 168,000 actions, lesquelles ont elles-mêmes été dédoublées en juillet 1870. En sorte que le capital social est actuellement divisé en 336,000 parts ou actions de 250 francs au porteur, entièrement libérées.

Administration. — Direction. — Le Conseil d'administration est composé comme suit : président, M. Troost; vice-président, M. Laroche; administrateur-délégué, M. E. Camus; administrateurs, MM. Arnaud, Baron, de Boislisle, comte de Breteuil, Carez, marquis de Courcival, Guichard, de Gayffier, baron de Heeckeren, Heine, Joly de Bauneville, Eugène Pereire, Penolet, de Reynal, Raoul Duval, comte de Ségur.

Directeur de la Compagnie, MM. Godot ; ingénieur adjoint, Bertrand ; chef du service du secrétariat, Perrotin; directeur de la Comptabilité, Regnier-Jacob; caissier principal, Léon Perrin; chef du service des titres, Bazin; chef du service de la comptabilité des abonnés ; Lejeune, chef du bureau des comptes-courants des abonnés, Th. Dufourg; etc., etc.

Assemblée générale. — En mars, composée de porteurs de 40 actions ayant déposé leurs titres dix jours avant l'époque fixée pour la réunion ; 40 actions donnent droit à une voix, sans que personne puisse avoir plus de vingt voix, tant en son nom que comme mandataire.

Répartition des bénéfices d'après les statuts. — Sur les bénéfices nets il est prélevé annuellement.

1° Une retenue qui ne peut être inférieure à 5 0/0 des bénéfices pour former un fonds de réserve jusqu'à ce que celui-ci ait atteint 2 millions ;

2° A partir du 1er janvier 1872, une retenue suffisante pour assurer l'amortissement de la totalité des actions, à raison de 250 fr. l'une, avant l'expiration de la concession ;

3° La somme que le Conseil d'administration jugera nécessaire à la liquidation finale des comptes de l'exercice qui n'auront pu être réglés au 31 décembre. Le reliquat, s'il y a lieu, sera ajouté aux bénéfices de l'année suivante ;

4° Une somme pour dividende et intérêts des actions, fixée à 12.400.000 francs du 1er janvier 1869 au 31 décembre 1887, et de 11.200.000 francs du 1er janvier 1888 à la fin de la concession.

Sur cette somme, il est servi aux actions non amorties un premier dividende de 12 fr. 50 par action.

Le surplus des produits annuels, sauf les droits réservés à la Ville de Paris par l'article 6 du traité du 7 février 1870, et la portion restant du prélèvement de 12.400.000 fr. ou de 11.200.000 fr., seront répartis aux actions à raison de 1/336.000^e par action.

Toutefois, l'assemblée générale peut décider le prélèvement, jusqu'à la fin de la concession, sur les bénéfices annuels réservés aux actions, d'une réserve spéciale ayant pour but d'accroître le gage des actions de jouissance, de manière à leur permettre de retrouver, autant que possible, à la fin de la concession, une valeur égale à la moitié qui doit appartenir à cette époque à la ville de Paris dans l'actif social.

L'amortissement des actions se fait depuis le 1er janvier 1872 au moyen de tirages au sort annuels ayant lieu en décembre.

Les actions désignées par le sort sont remboursées le 1er janvier suivant, à raison de 250 francs, et remplacées par des actions de jouissance.

Obligations. — La Société a créé 490.000 obligations de 500 francs 5 0/0, remboursables à 500 francs par voie de tirages au sort annuels, ayant lieu en décembre, produisant un intérêt annuel de 25 fr., payable, par moitié, les 1er janvier et 1er juillet.

Ces obligations ont fait l'objet de onze émissions qu'il n'est pas utile de détailler, puisque toutes ces obligations jouissent des mêmes garanties et avantages.

Dividendes distribués. — Nous avons réuni dans le tableau suivant les principaux résultats de l'exploitation du 1er janvier 1855 au 31 décembre 1893. En étudiant ces chiffres, nos lecteurs doivent tenir compte que les actions *ont été dédoublées* en 1870 et que c'est en 1869 que la Compagnie a commencé à payer à la Ville une *redevance* sur les bénéfices de l'exploitation :

Années	Consommations annuelles	Augmentations annuelles	Dividendes annuels	Valeurs des actions
	m. c.	m. c.	fr.	fr.
1855-56	40.774.400	»	» »	»
1856-57	47.335.475	6.561.075	40 »	»
1857-58	56.042.640	8.707.165	45 »	510
1858-59	62.159.300	6.116.660	50 »	225
1859-60	67.628.116	6.468.816	60 »	492
1860-61	75.518.922	7.890.806	70 »	280
1861-62	84.230.676	8.711.754	70 »	404
1862-63	93.076.220	8.845.544	85 »	502
1863-64	100.833.258	7.557.038	95 »	519
1864-65	109.610.003	8.776.745	105 »	551
1865-66	116.171.727	6.561.724	105 »	501
1866-67	122.334.605	6.162.878	110 »	522
1867-68	136.569.762	Ex 14.235.157	115 »	483
1868-69	138.797.811	2.228.049	120 »	517
1869-70	145.199.424	6.401.613	102 »	572
1870-71	114.476.904	— 30.722.520	40 50	583
1871-72	87.481.346	— 26.995.558	32 50	418
1872-73	147.668.331	+ 60.186.985	51 »	329
1873-74	154.397.118	6.728.787	52 50	232
1874-75	160.652.202	6.255.084	55 »	235
1875-76	175.938.244	15.286.042	60 »	323
1876-77	189.209.789	13.271.545	62 »	428
1877-78	191.197.228	1.987.439	62 »	540
1878-79	211.949.517	Ex 20.752.289	65 »	597
1879-80	218.813.875	6.864.358	65 50	630
1880-81	244.345.324	25.531.449	74 »	809
1881-82	260.926.769	16.581.445	78 50	939
1882-83	275.368.705	14.441.936	82 50	886
1883-84	283.864.400	8.495.695	78 »	869
1884-85	287.443.562	3.579.162	76 50	847
1885-86	286.463.999	— 979.563	75 »	931
1886-87	286.851.360	+ 387.361	76 »	1.029
1887-88	290.774.540	3.923.180	76 »	998
1888-89	297.697.820	6.923.280	77 »	970
1889-90	312.258.070	Ex 14.560.250	78 »	1.033
1890-91	307.861.880	— 4.396.190	75 »	1.168
1891-92	311.929.550	+ 4.067.670	74 50	1.334
1892-93	308.900.930	— 3.028.620	72 »	»
1893-94				

Question de la concession. — La concession prend fin en 1905, sera-t-elle renouvelée ? Nous devons avouer que sa prolongation nous paraît de plus en plus problématique. Des pourparlers ont été différentes fois engagés avec la Ville, mais la Compagnie, poussée à bout par les exigences du Conseil municipal qui, chaque fois que l'accord a semblé près de s'établir, a toujours émis une nouvelle prétention, s'est un beau jour décidée à les rompre. Il ne paraît pas qu'ils doivent être de sitôt repris.

Dans ces conditions, toute la question est de se préoccuper de l'échéance de la concession et l'on doit se borner à discuter ce que pourra valoir l'action de la Compagnie du Gaz en 1905. On a beaucoup épilogué sur ce point, difficile en réalité et même impossible à établir avec exactitude, car il faudrait savoir ce que vaudront, en 1905, les terrains et les usines de la Compagnie, valeur qui, dans les dix années à courir, pourra considérablement se transformer. Quoi qu'il en soit, il apparaît que la valeur qui ressortira de la liquidation en 1905 sera sensiblement au-dessous des cours actuels.

L'actionnaire aura droit au remboursement à 250 fr., puis à environ 105 fr. ou 110 fr. produits par les réserves, notamment celle qui a été constituée avec le prélèvement annuel de 1 fr. par action ; il aura droit ensuite à la moitié de la valeur des usines et terrains, et, dans le cas où l'on donnerait raison à la Compagnie sur ce point, à la moitié de la valeur de la canalisation. Or, que vaudront les terrains et les usines ? Une somme énorme sans doute, dépassant manifestement les sommes qui y auront été consacrées, car les terrains auront colossalement haussé de valeur ; mais il y a 336.000 actions ; or, pour faire 1,000 fr. par action, il faudrait que la moitié revenant aux actionnaires, dans l'actif, valut 336 millions, soit la totalité 672 millions, et cela paraît une somme bien énorme. Il est très douteux que l'on arrive à une semblable valeur, surtout à dire d'expert, ou même qu'on en approche. Dans ces conditions, il est peu probable que l'action du Gaz parisien puisse retrouver dans la liquidation la valeur indiquée par le cours actuel. Dans ce cas, de combien s'en faudrait-il ? Est-ce de 200 fr. est-ce de 30 fr, ou de 400 fr., ou davantage ? Personne ne peut le dire.

Aussi, il est de toute nécessité que les actionnaires consacrent chaque année une forte partie du revenu à l'amortissement de la prime que font les cours au-dessus du prix de remboursement.

Résultats du dernier exercice (1894-95). — L'assemblée générale a eu lieu le 28 mars 1895.

Du rapport qui a été présenté pour l'exercice 1894, il résulte que le total des produits de l'exploitation s'est élevé à	97.265.477 07
Si l'on en déduit le total des dépenses	69.491.225 18
Les bénéfices de l'année ressortent à	27.774.251 89
Auxquels il convient d'ajouter le solde de la liquidation de 1893	224.164 47
Soit au total	27.998.416 36
Si on réserve, pour liquider les dépenses qui n'ont pas été soldées au 31 décembre 1894	298.416 36
Il est resté à répartir	27.700.000 »
Conformément au traité, il a été prélevé	11.200.000 »
La différence est de	16.500.000 »
Dont la moitié	8.250.000 »
doit être versée à titre de redevance, dans les caisses de la Ville de Paris.	

En conséquence, la somme revenant aux actionnaires se compose de :
1° Du prélèvement ci-dessus	11.200.000 »
2° De la moitié des bénéfices partagés	8.250.000 »
3° De la somme de 50.000 fr., portée aux crédits des actionnaires et provenant du règlement avec la Ville de Paris, de l'emprunt de 1872, en conformité du vote de l'assemblée générale du 23 mars 1875	50.000 »
4° Du solde des bénéfices de 1893 non distribué au mois d'avril 1894 et reporté au crédit des actionnaires. . .	71.683 60
Total . . .	19.571.683 60
A déduire la somme à verser à la réserve spéciale à raison de 1 fr. par action, conformément à la délibération précitée	336.000 »
Il a été payé, en octobre dernier, un acompte de 12 fr. 50 par action non amortie, soit	2.298.900 »
Le reste qui a été réparti le 6 avril 1895 est en conséquence de	16.936.783 60

Ce qui représente 50 fr. par action de capital ou de jouissance, soit, pour l'année entière, un dividende de 62.50 par action de capital laissant un solde de 136.783.60, qui a été porté au crédit des actionnaires.

COMPAGNIE GÉNÉRALE BELGE

POUR L'ÉCLAIRAGE ET LE CHAUFFAGE PAR LE GAZ

Constitution. — Constituée à Bruxelles, sous la forme de Société anonyme belge.

Objet d'après les statuts. — L'objet de la Société est l'éclairage et le chauffage au moyen du gaz des villes, communes et établissements publics ou particuliers situés en Belgique ou à l'étranger, et la vente des produits provenant de la fabrication du gaz. La Compagnie peut fabriquer, soit pour son usage, soit pour la vente, les appareils, conduits et autres objets propres à l'éclairage ou au chauffage au moyen du gaz ; elle est autorisée à acquérir et à exploiter des charbonnages pour les besoins de ses usines. La Compagnie peut fusionner avec des Sociétés ou des exploitations de même nature qui se trouvent en Belgique ou à l'étranger ; elle peut s'intéresser dans ces entreprises.

Durée. — 99 ans, à partir de sa constitution.

Capital social. — Le capital social est de 20 millions de francs, en 40.000 actions de 500 francs, sur lesquels il n'a été émis immédiatement que 20.000 actions représentant 10 millions, l'émission du surplus devant avoir lieu au fur et à mesure de l'extension des opérations de la Société. Si l'importance des affaires l'exige, le capital peut être augmenté ultérieurement par une décision de l'Assemblée générale. En cas d'augmentation du capital, un droit de préférence pour la souscription des nouvelles actions est réservé dans la proportion d'un tiers pour les fondateurs et de deux tiers pour les porteurs des actions déjà émises. Ce droit de préférence ne s'applique pas aux cas de fusion, d'achat d'usines, de formation ou de dissolution de participation, pour les paiements qui seront stipulés devoir être effectués en actions.

Opérations successives de la Compagnie. — Les statuts autorisent la Société, avec l'assentiment préalable du gouvernement, à émettre des obligations au porteur de 500 francs au moins, jusqu'à concurrence du montant versé sur les actions émises.

Dès le début de son fonctionnement, la Compagnie Générale se rendit acquéreur de la totalité des parts de la Société du Gaz de Louvain, Tournai et Charleroi, pour entrer en jouissance des usines le 1er janvier 1863. Elle acheta ensuite l'usine de Prague, également à partir du 1er janvier 1863, et celle de Chemnitz, à partir du 1er janvier 1864. Elle passa ensuite des traités pour l'éclairage des villes de Sienne et de Rimini. En 1863, elle acheta l'entreprise du gaz de Catane ; en 1865, elle obtint en Belgique, la concession de l'éclairage des communes de Jumet et de Lodelinsart, puis de la ville de Herstal. En 1866, la Compagnie Générale obtint, en France, l'éclairage de la ville de Fourmies et, le 29 décembre 1866, l'Assemblée générale extraordinaire approuva le traité de fusion, proposé par le Conseil d'administration, avec la Compagnie des Usines à Gaz du Nord, qui lui apportait les concessions de Cambrai, Arras, Valenciennes, Dunkerque, Saint-Omer, Bergues et Anzin. Le prix de la cession s'est élevé à 5 millions ; il a été payé en obligations 5 0/0.

En 1870, la Compagnie Générale obtint de nouvelles extensions en Belgique, avec les concessions des communes de Gilly, de Chatelineau et de Monceau-sur-Sambre ; en 1871, elle racheta la concession du gaz de la ville du Châtelet. Dans cette même année, elle acheta l'usine à gaz de Trèves, en Allemagne. En 1872, elle obtint, en Belgique, le transfert à son profit de la concession de la commune de Marcinelle, et elle acheta l'usine à gaz d'Anderlecht, Cureghem, auprès de Bruxelles.

La Compagnie avait fait face aux frais d'achat et aux dépenses que nécessitaient ces extensions par l'émission de 3.355 actions, qui avait porté le nombre des actions à 23.355, et par la création, depuis 1864, de diverses séries d'obligations, les unes à long terme et les autres à courte échéance. Devant la nécessité de compléter ses usines et ses canalisations, elle se décida, en 1879, à vendre à la municipalité de Chemnitz les usines à gaz établies dans cette ville. Le prix fut fixé à 2.300.000 marks, soit 2.833.600 francs, dont 300.000 marks payables le 31 décembre 1879 et 2.000.000 de marks, dans un délai de six mois de la demande formulée soit par la Ville, soit par la Compagnie. En attendant le règlement du prix, les sommes dues portaient intérêt à 5 0/0 l'an, payable par semestre. Le payement du principal et des intérêts devait être effectué à Bruxelles, libre de toute charge.

La Compagnie se procura ensuite des ressources par la vente des excédents de terrains inutilisés par ses usines.

En 1885, la Compagnie acheta l'usine à gaz d'Hazebrouck, puis, en 1886, elle prit une participation dans le gaz de Carcassonne et, en 1888, dans le gaz de Lisbonne. En 1890, elle établit l'éclairage électrique à Catane ; enfin, en 1891, elle acquit la concession de la commune de Raismes.

Usines en activité. — Les concessions dont la Compagnie est actuellement propriétaire sont celles de :

Belgique. — Charleroi, avec les faubourgs et communes suburbaines, expirant en 1905
    Louvain 1905
    Tournai 1911
    Anderlecht 1919
    Le Châtelet 1911
    Herstal 1902

Allemagne. — Prague. Concession perpétuelle, mais sans privilège exclusif.
    Trèves, concession expirant en 1900
Italie. — Sienne 1948
    Rimini 1913
    Catane (Sicile) 1930
France. — Arras 1909
    Dunkerque et Malo-les-Bains 1920
    Valenciennes, Anzin, St-Saulvé, Marly 1930
    Cambrai 1897
    Saint-Omer 1896
    Fourmies 1916
    Bergues 1910
    Saint-Laurent-Blangy 1912
    Rosendael-Conderkerque 1910
    Hazebrouck 1935
    Raismes 1910

En outre, la Compagnie est intéressée dans les entreprises de gaz de Carcassonne et de Lisbonne.

Obligations remboursées et en circulation. — Au mois de novembre 1892, la Compagnie générale a appelé au remboursement les obligations 5 0/0 qu'elle avait encore en circulation. En même temps, elle a procédé à l'émission, au prix de 495 fr. l'une, de 20.000 obligations 4 0/0, donnant droit à un revenu annuel de 20 francs et remboursables en trente ans à 510 francs. Un droit de préférence pour la souscription de ces titres fut réservé aux porteurs des obligations anciennes 5 0/0 qui pouvaient souscrire par échange et sans réduction. Le nombre des obligations en circulation s'est trouvé ramené, après cette émission, à 669 obligations 5 0/0 remboursables à 500 francs, et à 20.000 obligations 4 0/0 remboursables à 510 francs.

Répartition des bénéfices d'après les statuts. — Aux termes des statuts, les bénéfices doivent être répartis de la manière suivante :

Après déduction des frais généraux et de toutes les charges sociales, y compris les amortissements proposés par le conseil d'administration, il est attribué aux actionnaires un premier dividende jusqu'à concurrence de 5 0/0 du montant versé sur les actions ;

L'excédent des bénéfices est attribué, jusqu'à concurrence de 15 0/0, au fonds de réserve statutaire, jusqu'à ce que ce fonds atteigne 10 0/0 du capital émis. Le fonds de réserve statutaire s'est trouvé complété par le prélèvement sur les bénéfices de l'exercice 1884-85 et, depuis cette époque, la dotation du fonds de réserve statutaire a cessé d'être obligatoire;

Il est ensuite réservé 8 0/0 de l'excédent en faveur du conseil d'administration, 2 0/0 pour le directeur général et 2 0/0 pour les commissaires. Toutefois, l'assemblée générale des actionnaires peut poser un maximum au produit du tantième des administrateurs ;

Le solde de 73 0/0 est réparti comme second dividende entre toutes les actions émises. L'assemblée générale des actionnaires a le droit d'affecter tout ou partie de ces bénéfices à la dotation d'une réserve extraordinaire.

Conseil d'administration. — La Compagnie est administrée par un conseil qui doit être composé de onze membres et par un conseil de surveillance qui doit se composer de sept commissaires. La majorité des membres du conseil et des commissaires doivent être Belges ou naturalisés et résider habituellement en Belgique.

Les administrateurs sont nommés pour onze ans et les commissaires pour sept ans.

Les administrateurs actuellement en fonctions sont : MM. le baron Prisse, Ed. Romberg, G. Dehaynin, G. de Savoie, A. Kreglinger, Isaac Stern, L. Errera, Ed. Kohn, E. van Becelaree, P. Oppenheim et E. Funck.

Les commissaires sont : MM. Ed. Wiener, G. Kohn, A. Lambotta, A. Romberg-Nisard, Ch. A. P. Van der Beken, C. Prisse et J. Descamps.

Cours des actions. — Les actions ont successivement été cotées aux cours moyens suivants :

1871. . . .	437 10	1883. . . .	557 50
1872. . . .	472 75	1884. . . .	564 50
1873. . . .	448 »	1885. . . .	570 50
1874. . . .	403 »	1886. . . .	593 »
1875. . . .	323 »	1887. . . .	537 »
1876. . . .	298 25	1888. . . .	510 50
1877. . . .	298 75	1889. . . .	533 50
1878. . . .	351 50	1890. . . .	577 50
1879. . . .	430 50	1891. . . .	616 10
1880. . . .	507 »	1892. . . .	626 75
1881. . . .	624 25	1893. . . .	709 »
1882. . . .	580 75	1894. . . .	825 »

Les coupons des obligations sont payables en deux termes égaux, le 1er mai et le 1er novembre, à la Banque, Bruxelles.

Le dividende des actions, fixé par l'assemblée qui, se réunit vers la fin de décembre, est payé en un seul terme, le 1er février, à la Banque de Bruxelles et chez les correspondants de la Compagnie : à Paris, Francfort-sur-le-Mein, Hambourg, Genève, Neuchâtel, Zurich, Bâle, Shaffhouse et Winterthur. Ces coupons sont prescrits au bout de cinq ans au profit de la Compagnie.

Résultats du dernier exercice (1893-1894). — L'assemblée générale a eu lieu le 20 décembre 1894. D'après les comptes qui ont été présentés, le bénéfice total s'est élevé à fr. 2.299.262 30, y compris la somme de fr. 51.735 19, représentant le dividende de ses actions du Gaz de Lisbonne pour l'exercice 1891-1892.

Le compte *Coupons d'obligations, intérêts et commissions de banque* a présenté une diminution de fr. 25.380 07.

Il a été prélevé sur les bénéfices :

Pour amortissement général.	500.000 »
Pour amortissements spéciaux :	
Sur *Actions du Gaz de Lisbonne*. 51 735 19	
Sur *Approvisionnements*. 49.106 01	
Sur *Obligations 4 0/0 : différence à amortir*. . 250.000 »	
Pour dépenses extraordinaires diverses : contentieux, etc. 16.158 80	
	367.000 »
Total. . . . . Fr.	867.000 »
Après déduction de toutes charges sociales, il est resté disponible une somme de. . . . . Fr.	965.377 59
En vertu des articles 14 et 15 des statuts, il y a eu à prélever un premier dividende de 25 francs par action.	583.875 »
Reste. . . . . Fr.	381.502 59
A reporter . . . . Fr.	381.502 59

Report . . . . . . Fr. .	381.502	59

A répartir comme suit :
Tantième aux administrateurs, commissaires et directeur
général. . . . . Fr. 44.096 50
Deuxième dividende de 14 francs par action. 326.970 »

	371.066	50
Solde à nouveau . . . . . Fr.	10.436	09

Le dividende total par action s'est donc élevé à 39 francs.

UNION DES GAZ

Constitution. — Constituée en 1854 sous la forme de Société en commandite par actions, transformée en Société anonyme en 1874.

Objet d'après les statuts. — Exploitation de l'éclairage et du chauffage par le gaz en France et à l'Étranger ; et, à cet effet, obtention de toutes concessions, usines et brevets, affermage soit comme bailleur, soit comme preneur, de toutes usines à gaz.

Siège social. — 44, rue Laffite, à Paris.

Usines exploitées. — La Société l'Union des Gaz exploite les usines suivantes:
 En France : Nîmes, Roanne, Cette, Rueil, Albi, Vienne (Isère), Beaucaire et Tarascon.
 En Alsace-Lorraine : Strasbourg.
 En Suisse : Genève.
 En Italie : Milan, Sestri, Parme, Alexandrie, Modène et Gênes.

Capital social. — A l'origine, le capital social était de 5 millions, divisé en 20.000 actions de 250 francs ; il fut porté à 25 millions, en 1874, pour la raison suivante :
 Sous les auspices d'une Société anglaise (Continental Union Gaz Company), s'était constituée une Société fermière qui avait pris l'exploitation de toutes les usines appartenant à l'Union des Gaz, moyennant une redevance fixe de 150.000 francs par an et le partage des bénéfices. La Société anglaise s'était engagée, en outre, à avancer à l'Union des Gaz les sommes nécessaires pour augmenter la force de production de ses usines. Par suite de ses avances, la Société anglaise se trouvait, en 1874, créancière de l'Union des Gaz pour une forte somme. Afin de régulariser la situation, l'Assemblée générale du 29 octobre 1874 vota :
1° l'augmentation du capital à 25 millions ; 2° la transformation de la Société en commandite en Société anonyme.
 Le capital fut divisé en deux séries d'actions. La première série comprenait 20.000 actions de 500 francs, qui furent remises en représentation des actions de la Société en commandite, à raison d'une action nouvelle de 500 francs contre une action ancienne de 250 francs. La deuxième série était composée de 30.000 actions de 500 francs, qui furent attribuées à la Société anglaise (Continental Union Gaz Company).
 Les deux séries d'actions se négocient à la cote officielle sous deux rubriques distinctes, et cela s'explique aisément, comme le montre le paragraphe qui suit :

Répartition des bénéfices d'après les statuts. — D'après les statuts, en effet, les bénéfices nets sont répartis comme suit : 1° Un dividende de 7 1/2 0/0 est payé par priorité aux 20.000 actions de la 1ʳᵉ série; 2° un dividende de 7 1/2 0/0 est ensuite réparti aux 30.000 actions de la 2ᵉ série ; 3° après ces deux répartitions, l'excédent des bénéfices est réparti également entre toutes les actions. Si les bénéfices d'un exercice étaient insuffisants pour distribuer aux actions de la première série un dividende de 7 1/2 0/0, la somme nécessaire pour compléter ce dividende devrait être prélevée sur les bénéfices du ou des exercices subséquents : ce droit de suite n'appartient qu'aux actions de la première série.

De plus, à l'expiration de la Société ou en cas de dissolution anticipée, les 20.000 actions de la 1ʳᵉ série auront droit, par priorité, sur l'actif social, au remboursement intégral de leur valeur nominale de 500 francs, avant toute répartition aux autres actions.

Comme les bénéfices sociaux ont toujours permis de distribuer 7 1/2 0/0, et plus, de dividende par exercice, à toutes les actions, les cours des deux séries ont fini par se niveler, nous avons cru cependant utile de rappeler la différence établie par les statuts entre les titres de la première série et ceux de la seconde.

Dividendes distribués. — Voici maintenant le relevé des répartitions faites aux actionnaires depuis la création de la Société anonyme :

Exercice	Divid.	Exercice	Divid.
1874-75	37 50	1884-85	80 fr.
1875-76	42 50	1885-86	80
1876-77	45	1886-87	80
1877-78	45	1887-88	80
1878-79	45	1888-89	80
1879-80	47.50	1889-90	80
1880-81	55	1890-91	80
1881-82	60	1891-92	80
1882-83	70	1892-93	90
1883-84	80	1893-94	80

Conseil d'administration. — De neuf à douze membres, dont les deux tiers peuvent être choisis parmi les actionnaires anglais, mais dont un tiers devront être non anglais et résider en France. Chaque administrateur doit être propriétaire de 50 actions, inaliénables pendant la durée de leurs fonctions.

Les administrateurs sont actuellement : MM. Eug. Breittmayer, *président*, Salanson, *vice-président*, Robert Hesketh Jones, H.-W. Goldsmid, Blake, Garey, F. Tendron, A. Lucas et G. Muntz.

Assemblée générale. — En octobre ou novembre, composée de tous les propriétaires de dix actions, qui les ont déposées cinq jours avant la date de la réunion. Chaque membre a autant de voix qu'il présente de fois dix actions, tant en son nom personnel que comme mandataire.

Résultats du dernier exercice (1893-94). — L'assemblée générale ordinaire a eu lieu le 23 octobre 1894.

Elle a fixé à 80 francs le montant du dividende attribuable pour la totalité de l'exercice 1893-1894 aux 20.000 actions de la première série et aux 30.000 actions de la deuxième série, et a approuvé la distribution faite le 1ᵉʳ juillet 1894 d'un acompte de 30 francs sur le dividende.

Le complément du dividende, soit 50 francs par action, est distribué depuis le 1ᵉʳ janvier 1895, sous déduction de l'impôt sur le revenu, soit

2 francs par action, tant pour les actions au porteur que pour les actions nominatives.

Le complément du dividende des actions au porteur a eu, en outre, à supporter une déduction de 1 fr. 60, montant de l'abonnement au droit de mutation pour le deuxième semestre de l'exercice 1893-94 ; la retenue afférente au premier semestre ayant été faite sur l'acompte de dividende distribué en juillet 1894.

COMPAGNIE DU GAZ DE LYON

Constitution. — Société autorisée le 24 octobre 1831. Transformée en Société anonyme en 1873.

Objets d'après les statuts. — 1° L'exploitation de l'éclairage et du chauffage, par le gaz et par tous autres moyens, de la ville de Lyon et des communes suburbaines, moins Vaise ;
2° La fabrication et la vente de tous les produits accessoires, ainsi que l'exploitation de toutes industries se rattachant directement ou indirectement à l'industrie du gaz.

Siège social. — 71, rue de Savoie, à Lyon.

Usines exploitées. — Concessionnaire de l'éclairage de Lyon, Venissieux, Saint-Fons, Oullins, La Mulatière, Pierre-Bénite, Saint-Genis-Laval, Caluire et Sathonay.

Durée. — 99 ans à partir de sa constitution.

Capital social. — Le capital social se composait, à l'origine, en 1836, de la valeur des terrains, bâtiments, appareils, gazomètre, tuyaux de conduite, matériel, etc., estimés, par expertise administrative du 3 août 1835, à 754.000 fr. ; il était représenté par 990 actions ou parts d'intérêts, donnant droit à 1/990° de l'actif social. Leur nombre a été porté, par l'Assemblée constitutive, à 1.300, par la création de 310 actions nouvelles, souscrites au prix de 761.60 chacune.

Le capital social a été augmenté successivement :

1° Le 28 mars 1843, par la création de 325 actions nouvelles, émises au prix de 3.200 francs l'une ;
2° Le 6 avril 1848, par la division de chacune des 1.625 actions existantes, en 4 actions nouvelles, et la création de 500 actions, souscrites en espèces. Le capital social s'est trouvé ainsi représenté par 7.000 actions ;
3° Le 8 juin 1875, par la division de chacune des 7.000 actions en 4 actions nouvelles, ce qui a donné 28.000 actions.
4° Enfin en 1880, lors de la transformation de la Société par la fusion avec la *Compagnie du gaz de la Guillotière*, les assemblée générales des 30 juin et 23 novembre ont porté le capital à 20.000.000 de francs, divisés en 40.000 actions :

Par la création :

1° De 2.000 actions nouvelles, remises aux actionnaires du *Gaz de Lyon*, à raison de 1 action nouvelle pour 14 anciennes ;
2° De 7.200 actions, remises aux actionnaires du *Gaz de la Guillotière*, en remplacement de leurs anciens titres ;
3° De 2.800 actions, émises à 1.150 fr. (650 fr. ont été portés au compte

de réserve), et dont la souscription a été réservée aux actionnaires des Sociétés fusionnées, à raison de 1 action nouvelle pour 14 anciennes.

Le capital actuel est donc de 20.000.000 de francs, divisé en 40.000 actions de 500 fr. chacune, nominatives ou au porteur, réduites actuellement à 350 fr., par suite des remboursements effectués.

Fusion avec la Compagnie du gaz de la Guillotière. — Les deux Compagnies ont fusionné en vertu d'un traité, en date du 28 juin 1880, approuvé par l'assemblée générale de la même année, et dont l'acte a été déposé aux minutes de Me Messimy, le 20 novembre.

La Compagnie du Gaz de la Guillotière a fait l'apport de tout son actif net, de ses droits d'après traités, de l'usine à gaz de la rue Villeroi, de tout le matériel et outillage servant à l'exploitation de l'usine, de tous les objets mobiliers, etc.

En représentation de ces apports, il a été attribué aux anciens actionnaires de la Compagnie de la Guillotière, 7,200 actions de la Compagnie de Lyon, entièrement libérées. (Pour égaliser les droits des actionnaires primitifs du Gaz de Lyon, il leur a été attribué une répartition sur les réserves de 102 fr. 95 net par action, plus une action nouvelle pour 14 anciennes). La Compagnie du Gaz de Lyon s'est engagée à continuer le service des intérêts et de l'amortissement des obligations émises par l'ancienne Compagnie de la Guillotière, en 1856 et 1864.

Il est tenu une comptabilité spéciale faisant ressortir les bénéfices résultant de l'exploitation du périmètre concédé à l'ancienne Compagnie et sur lesquels la Ville a un droit de participation. Ces bénéfice ne s'ajouteront aux bénéfices généraux qu'après le prélèvement de la part revenant à la Ville.

Conseil d'administration. — Composé de 10 à 17 membres nommés pour cinq ans, renouvelables par cinquième chaque année, et devant être propriétaires de 60 actions chacun.

Il est actuellement composé de: MM. Antoine Jacquand, président; Paul Brun et Louis Desgaultières, vice-présidents; Jean Bonardel, président honoraire; Edmond Prénat, A. Ratter, F. Renard, A. Gersoul, J. Gonin ; administrateur délégué : J. Ancel; directeur : Sigaud.

Assemblée générale. — Avant fin avril. Composée de tous les actionnaires, propriétaires de dix actions au moins, qui les auront déposées cinq jours avant l'assemblée. Chaque membre a autant de voix qu'il possède de fois dix actions, sans que le nombre de voix puisse dépasser un maximum de vingt, comme propriétaire ou comme mandataire.

Obligations. — Il y en a deux séries :

1° 1.600 obligations, créées par l'ancienne Compagnie de la Guillotière, en 1856, remboursables à 300 fr. en 48 ans par tirages au sort annuels, depuis 1856, produisant un intérêt annuel de 15 francs, payables les 1er janvier et 1er juillet;

2° 1.200 obligations, émises en 1864, du même type que les précédentes et remboursables aux mêmes époques.

Répartition des bénéfices d'après les statuts. — Sur les bénéfices, il est prélevé :

1° 5 0/0 pour former un fonds de réserve, ce prélèvement cessant d'être obligatoire lorsque la réserve atteindra le cinquième du capital social ;

COMPAGNIES GAZIÈRES

2° Une somme suffisante pour assurer aux actionnaires une première répartition, jusqu'à concurrence de 5 0/0 du capital versé.

Le surplus se répartit comme suit :

2 0/0 au Conseil d'administration ;
« 98 0/0 aux actionnaires, soit à titre de dividende, soit pour être versé aux réserves extraordinaires, soit au compte d'amortissement.

Les intérêts et dividendes sont payables au Crédit Lyonnais.

Dividendes distribués. — Cours des actions. — Voici les cours moyens des actions à la bourse de Lyon et les répartitions données:

Exercices	Cours moyens	Répartitions	Exercices	Cours moyens	Répartitions
—	à 7.000 actions	—	1871...	2575 »	135 »
1848...		75 »	1872...	2574 17	160 »
1849...		80 »	1873...	2404 19	165 »
1850...		85 »	1874...	2419 55	165 »
1851...		92 50	1875...	2964 82	90 »
1852...		100 »		à 28.000 actions	
1853...		85 »	1876...	938 54	46 »
1854...		95 »	1877...	958 80	50 »
1855...		120 »	1878...	958 17	53 »
1856...		125 »	1879...	1070 50	56 »
1857...		125 »	1880...	1326 34	50 »
1858...	2019 97	125 »		à 40.000 actions	
1859...	2077 »	130 »	1881...	1335 13	52 »
1860...	2304 05	140 »	1882...	1172 47	52 »
1861...	2408 21	155 »	1883...	1105 51	52 »
1862...	2607 18	145 »	1884...	1067 07	55 »
1863...	2843 32	123 »	1885...	1102 43	55 »
1864...	2647 73	160 »	1886...	1028 81	55 »
1865...	2675 89	160 »	1887...	973 88	53 75
1866...	2654 63	163 »	1888...	1016 36	52 50
1867...	2816 20	166 »	1889...	1113 53	52 50
1868...	2936 76	173 »	1890...	1222 44	51 25
1869...	3036 82	170 »	1891...	1231 48	50 »
1870...	3038 04	140 »	1892...	900 »	» »

Cours des Obligations. — Les cours des obligations ont été, d'autre part, les suivants :

Exercices	Cours moyens	Exercices	Cours moyens
1861...	275 »	1877...	294 10
1862...	»	1878...	298 61
1863...	266 45	1879...	302 11
1864...	270 »	1880...	307 39
1865...	280 27	1881...	300 »
1866...	295 93	1882...	300 »
1867...	301 49	1883...	300 »
1868...	308 39	1884...	301 38
1869...	311 52	1885...	303 82
1870...	309 47	1886...	300 42
1871...	297 37	1887...	306 14
1872...	264 50	1888...	305 43
1873...	260 »	1889...	307 45
1874...	263 63	1890...	308 75
1875...	270 »	1891...	307 06
1876...	296 66		

COMPAGNIE GÉNÉRALE DU GAZ

POUR LA FRANCE ET POUR L'ÉTRANGER

Constitution. — Société anonyme constituée le 11 décembre 1879.

Objets d'après les statuts. — 1° Obtention et exploitation, en France et à l'étranger, de toutes concessions et entreprises relatives à l'éclairage et au chauffage par le gaz ;
2° Toutes opérations financières, industrielles et commerciales pouvant se rattacher à ces concessions ou entreprises ;
3° Et de toutes affaires ou opérations pouvant se rattacher à tout autre mode d'éclairage ou de chauffage public ou particulier.

La Société peut même se charger, directement ou indirectement, par tous traités ou concessions, du service des eaux dans les villes et communes qu'elle éclaire par le gaz, en France ou à l'étranger.

Dans ce cas, elle peut faire toutes opérations de quelque genre que ce soit, se rattachant à cette entreprise du service des eaux.

Siège social. — A Paris, boulevard Haussmann, 37.

Durée. — Quatre-vingt-dix-neuf ans, à compter de la constitution définitive.

Capital social. — 20 millions de francs, divisés en 40.000 actions de 500 fr., émises au pair, entièrement libérées et au porteur.

Les dividendes sont payables aux époques qui seront fixées par le conseil d'administration.

Conseil d'administration. — Il est composé de cinq à quinze membres nommés pour six ans et renouvelables par sixième chaque année, devant être propriétaires d'au moins 50 actions inaliénables pendant la durée de leurs fonctions.

Les administrateurs sont : MM. L. Hern, président ; R. de Bauer, A. Biarez, G. Brolemann, le comte J. de Camondo, P. de Marisy, E. Roussel.

Assemblée générale. — L'assemblée générale ordinaire annuelle a lieu avant la fin du mois de décembre ; elle est composée de tous les actionnaires ayant au moins vingt actions et qui les ont déposées au moins quinze jours avant la date fixée pour la réunion. Vingt actions donnent droit à une voix sans que personne puisse posséder plus de vingt voix, soit en son nom, soit comme mandataire.

Usines en activité. — En France : Brest, Le Blanc, Clamecy, Etampes, Loches, Louviers, Narbonne, Pau, Poitiers et Provins ;
En Belgique : Ath, Courcelles, Hal, Hasselt, Roulers, Soignies, Saint-Trond, Turnhout et Vilvorde.
En participation :
En France : Périgueux et Tours ;

En Belgique : Saint-Josse-Ten-Noode ;
En Grèce : Athènes ;
En Roumanie : Bucharest.

Obligations de 500 francs 5 0/0. — La Compagnie a émis 40,000 obligations de 500 francs, remboursables au pair de 1886 à 1925, par tirages au sort annuels en mars, avec remboursement le 1er avril suivant, produisant un intérêt annuel de 25 francs, payable par moitié les 1er avril et 1er octobre. Il y a eu trois émissions : la première de 20.000 titres en 1885, émis à 467 fr. 50 par la Société générale, remboursables de 1886 à 1925 ; la deuxième de 10.000, en 1886, émis à divers cours sur le marché, remboursables de 1887 à 1925 ; et la troisième, également de 10.000, en 1888, émis à divers cours, remboursables de 1890 à 1925.

Dividendes distribués. — Ils ont été répartis comme suit :

Exercice				Exercice			
1880-1881	Fr.	15	625	1887-1888	Fr.	30	»
1882-1883	»	25	»	1888-1889	»	31	25
1883-1884	»	25	»	1889-1890	»	31	25
1884-1885	»	25	»	1890-1891	»	31	25
1885-1886	»	27	50	1891-1892	»	31	25
1886-1887	»	28	75	1892-1893	»	32	50

Cours moyens. — Voici celui des actions depuis 1880 et des obligations depuis la date de leur création :

ACTIONS				OBLIGATIONS			
Année 1880	Fr.	607	459				
— 1881	»	634	169				
— 1882	»	513	926				
— 1883	»	454	164				
— 1884	»	412	704				
— 1885	»	409	595	Année 1885	Fr.	451	807
— 1886	»	452	743	— 1886	»	482	156
— 1887	»	462	295	— 1887	»	490	406
— 1888	»	480	432	— 1888	»	494	335
— 1889	»	528	964	— 1889	»	503	322
— 1890	»	553	767	— 1890	»	»	
— 1891	»	567	678	— 1891	»	»	
— 1892	»	549	199	— 1892	»	488	307
— 1893	»	174	807	— 1893	»	492	044

Résultats du dernier exercice (1893-1894). — L'Assemblée annuelle des actionnaires de la Compagnie générale du Gaz pour la France et l'étranger a eu lieu le 29 octobre 1894.

Les comptes de l'exercice 1893-94 ont été approuvés. Les résultats très satisfaisants de cet exercice ont permis, tout en maintenant le dividende à 32 50 par action, d'attribuer 850.000 francs au fonds de prévoyance, et de reporter 168.928 francs à nouveau.

Un acompte de 10 francs a déjà été payé sur le dividende, le solde de 22 fr. 50 sera mis en paiement à partir du 9 novembre.

MM. Ellissen et Brolemann, administrateurs sortants, ont été réélus.

MM. Ed. de Sinçay a été nommé administrateur en remplacement de M. Rousset, décédé.

MM. E. Level et Sarchi ont été nommés commissaires des comptes pour l'exercice 1894-95.

SOCIÉTÉ LYONNAISE DES EAUX ET DE L'ÉCLAIRAGE

Constitution. — Société anonyme par action, constituée le 25 février 1880.

Objet d'après les statuts. — La Société a pour objet :

A. — L'obtention, l'achat, la prise du bail et l'exploitation, en France et à l'étranger, de toutes concession et entreprises relatives :

1° Au service d'alimentation des villes en eaux potables ;
2° A l'épuration des eaux-vannes et leur emploi en irrigations ;
3° Aux canaux de navigation et d'irrigation, d'arrosage, de colmatage et de submersion ;
4° Aux opérations de desséchement et d'assainissement ;
5° A l'établissement de digues, barrages et retenues d'eau, et généralement de tous travaux de protection, d'endiguement et de bonification fluviaux et maritimes ;
6° A l'éclairage et au chauffage publics et particuliers par le gaz, à l'éclairage public et particulier par l'électricité ou tout autre agent, ainsi qu'à toutes les applications industrielles du gaz, de l'électricité et de tous autres agents et procédés.

B. — L'achat d'actions, parts d'intérêt, obligations et tous autres titre de Compagnies déjà existantes ayant le même objet.

C. — L'obtention, l'achat et l'exploitation de tous brevets d'invention se rapportant à l'objet de la Société.

D. — Toutes les constructions, opérations financières, ventes, cession et amodiations se rattachant aux concessions et entreprises de la Société.

Exploitations possédées par la Société. — Comme eaux, la Société possède le Canal de la Siagne (Grasse à Cannes), les sources de Rouen, les sources de Flers, la banlieue de Rouen, les eaux de Chatellerault, la Société des Eaux de Barcelone (20.134 actions sur 30.000 actions, et la Société des Eaux de Melun (13 actions sur 600).

Comme éclairage, la Société possède 5.821 actions de la Compagnie du Centre et Midi, constituée avec 11.550 actions ; 2,680 actions de la Compagnie du gaz de Troyes sur 2.800 actions ; les actions du Gaz d'Hyères en entier, du Gaz du Cannet en entier ; la Société de construction mécanique et de lumière électrique, 5.596 actions sur 10.000 (en liquidation) ; la Société lyonnaise de mécanique et d'électricité (596 actions sur 1.000), la Société des Schistes bitumineux (1.640 actions sur 2.400) et la concession du canal de la Siagne qui va jusqu'en 1918.

Siège Social. — A Paris, rue Le Peletier, 6.

Durée. — 99 ans, à dater du 23 février 1880.

Capital social. — A l'origine 50.000.000 de francs, divisé en 100.000 actions, nominatives et au porteur, de 500 francs chacune.

Réduit, par décision de l'Assemblée générale du 31 juillet 1886, à

25.000.000 de francs; puis, par décision de l'Assemblée générale du 2 août 1889, à 18 millions. Cette réduction a été opérée :

Au moyen de l'échange de 12.500 actions, à 400 francs, contre 10.000 obligations 5 0/0 remboursables en 30 ans ;

2° Par l'annulation de 1.500 actions rachetées par la Société.

Le capital actuel est représenté par 36.000 actions de 500 francs, entièrement libérées et au porteur.

Conseil d'administration. — Composé de cinq à douze membres, nommés pour six ans, renouvelables par fraction chaque année, et devant être propriétaires de deux cents actions chacun.

Les Administrateurs actuels sont : MM. E. Bruniquel, Ch. Lenoir, Ch. Cornuault, Maurice Lan, Adr. Mazerat, Léon Masson. Commissaires : A. Luyt, J. Rémaux.

Assemblée générale. — Dans le premier semestre. Composée de tous les actionnaires propriétaires de vingt actions depuis six mois au moins. Chaque membre a autant de voix qu'il possède de fois vingt actions, comme propriétaire ou comme mandataire.

Obligations 4 0/0. — 30.000 obligations 4 0/0, emprunt autorisé l'Assemblée générale du 26 mars 1892, destiné; 1° A convertir les 20.000 obligations 5 0/0 créées le 2 août 1889, sur lesquelles 9803 seulement sont en circulation ; 2° A rembourser certaines dépenses nécessitées par le développement des entreprises en exploitation; 3° A pourvoir aux besoins résultant d'acquisitions nouvelles.

Sur ce chiffre, 16.000 obligations ont été émises le 1er juillet 1892, à 477 fr. 50. Remboursables à 500 francs en 50 ans, par tirages au sort annuels, ayant lieu en mai, à dater de mai 1893 ; remboursement des titres sortis, le 1er juin.

L'*Intérêt annuel* est de 20 francs, payables par moitié, les 1er juin et 1er décembre, sous déduction des impôts, au Crédit Lyonnais.

Répartition des bénéfices d'après les statuts. — Sur les bénéfices, il est prélevé :

1° 5 0/0 pour former un fonds de réserve, ce prélèvement cessant d'être obligatoire lorsque la réserve atteindra le dixième du capital social.

2° La somme nécessaire pour amortir, pendant la durée de chaque concession, le capital employé aux entreprises dans lesquelles le matériel et les immeubles doivent, à la fin des concessions, être abandonnés par la Société.

2° Une somme suffisante pour assurer 5 0/0 aux actionnaires, tant sur le montant de leurs versements que sur la réserve et le fonds de prévoyance. En cas d'insuffisance des produits d'une année pour servir 5 0/0, la différence pourra être prélevée sur le fonds de prévoyance ou sur la partie du fonds de réserve qui excèdera le dixième du capital.

Le surplus des bénéfices est réparti ainsi qu'il suit :

15 0/0 au Conseil d'administration ;
85 0/0 aux actionnaires et au fonds de prévoyance s'il y a lieu.

Dividendes distribués, — Cours des actions. — Voici quels ont été dans ces dernières années les dividendes distribués et le cours des actions à la bourse de Lyon.

	Cours	Dividendes		Cours	Dividendes
1881...	»	5	1887...	378 58	21
1882...	455 04	9	1888...	396 03	21
1883...	418 86	10	1889...	399 38	23
1884...	422 41	10	1890...	469 45	23
1885...	422 12	10	1891...	492 94	24
1886...	406 25	21			

Résultats du dernier exercice (1894-95). — L'Assemblée générale annuelle des actionnaires de la Société Lyonnaise des eaux et de l'éclairage a eu lieu le 18 mars 1895.

Après avoir entendu la lecture des rapports, elle a approuvé les comptes de l'exercice 1894, présentant un solde disponible de 1.097.151 fr. 58 contre 1.083.663 en 1893, soit en augmentation de 13.488 fr. 58.

Le dividende a été fixé à 25 francs par action, comme l'année dernière.

SOCIÉTÉ INTERNATIONALE
D'ÉCLAIRAGE PAR LE GAZ D'HUILE

Constitution. — Société anonyme, constituée le 2 mars 1882.

Objet d'après les statuts. — La Société a pour objet :

1° L'exploitation de différents brevets relatifs à l'éclairage et au chauffage des voitures de chemins de fer, omnibus, tramways, bateaux, etc;

2° L'éclairage des ports, phares, bouées, etc ;

3° L'obtention, l'achat, la location, la prise à bail, l'exploitation ou l'exécution des travaux, tant en France qu'à l'étranger, de toutes concessions ou de toutes entreprises d'éclairage et de chauffage par le gaz, de toutes concessions de charbonnages ou de gisements d'huiles minérales ;

4° L'exploitation de tout système produisant la lumière électrique ;

5° L'achat, la construction, la vente, la location, la fabrication de tous appareils relatifs à l'emploi du gaz ou de l'électricité ;

6° La Société pourra se charger, directement ou indirectement, par tous traités ou concessions, du service des eaux et des travaux qui s'y rattachent, dans les villes et communes dont elle aurait l'éclairage ;

7° Elle pourra constituer ou participer à la constitution de sociétés spéciales, françaises ou étrangères, ayant le même objet. Elle pourra acquérir, négocier et vendre les actions ou les obligations de cette nature, et se fusionner avec d'autres sociétés. Elle pourra agir en France et à l'Etranger.

Siège social. — 162, rue Ordener, à Paris.

Usines en activité. — A Paris, pour les chemins de fer de l'Ouest et de l'Est ; à Paris et à Marseille, pour la Compagnie P.-L.-M. ; à Tours et à Saintes, pour les chemins de fer de l'Etat ; à Granville, Dunkerque, Royan, Saint-Nazaire, Honfleur, Pointe-à-Pitre (Guadeloupe), Sfax (Tunisie), Lourenço-Marques (Mozambique), Huelva (Espagne),

Naples et Venise (Italie), pour les bouées ; à Milan, Rome, Bologne, pour les réseaux de la Méditerranée et de l'Adriatique.

Capital social. — Le capital a été fixé, à la fondation, à 2 millions de francs, divisés en 4.000 actions de 500 francs, dont 1.480 ont été souscrites en espèces et au pair, et 2.520 ont été attribuées entièrement libérées à MM. Pintsch et comte Delamarre, fondateurs, en représentation d'apports consistant notamment en brevets, appareils, matériel, matières premières ou fabriquées, traités, concessions et usines diverses.

Par délibérations des Assemblées générales des 29 septembre 1882 et 21 février 1883, le capital a été élevé à 2.160.000 francs, par la création de 320 actions nouvelles, ce qui a porté le nombre des actions à 4.320.

Le capital social a été provisoirement réduit : 1° De 2.160.000 francs à 1.080.000 francs par décision de l'Assemblée générale du 12 mai 1885, au moyen de l'échange de deux actions contre une ; 2° De 1.080.000 fr. à 950.000 francs par décision de l'Assemblée du 11 mai 1892, par l'achat et l'annulation de 260 actions ; 3° Et enfin de 950.000 francs à 800.000 francs par décision de l'Assemblée générale du 17 mai 1893, au moyen de l'achat, moyennant la somme de 65.199 fr. 88, et de l'annulation de 300 actions.

Le capital social actuel est donc de 800.000 francs divisé en 1.600 actions de 500 francs entièrement libérées et au porteur, pouvant porter les numéros de 1 à 2.160.

Il a été créé en outre 840 *parts de fondateurs* qui ont été remises aux fondateurs, et donnant droit à 25 0/0 dans les bénéfices après divers prélèvements, et à la souscription, par préférence, de 50 0/0 des actions nouvelles que la Société peut émettre en augmentation de son capital.

Conseil d'administration. — De quatre à huit membres, devant être propriétaires chacun de 15 actions inaliénables pendant la durée de leurs fonctions.

Il est actuellement composé de : MM. Pigache, président ; comte Delamarre, administrateur-délégué ; R. Lefebvre et L. Mellier.

Assemblée générale. — Dans le courant du premier semestre ; composée de tous les propriétaires de 10 actions au moins qui les ont déposées cinq jours au moins avant la date de la réunion. 10 actions donnent droit à une voix, sans que personne puisse avoir plus de dix voix, soit en son nom, soit comme mandataire.

Répartition des bénéfices d'après les statuts. — Sur les bénéfices annuels, nets de toutes les charges, il est prélevé :

1° 5 0/0 pour constituer la réserve légale, ce prélèvement cessant d'être obligatoire lorsque la réserve aura atteint le dixième du capital social ;

2° La somme nécessaire pour amortir, pendant la durée de chaque concession, le capital employé aux entreprises dans lesquelles le matériel et les immeubles doivent, à la fin des concessions, être abandonnés par la Société ;

3° La somme nécessaire pour servir 5 0/0 des sommes dont les actions seront libérées.

Le surplus sera réparti, savoir :

10 0/0 au Conseil d'administration.

Après quoi et avant toute répartition, l'Assemblée pourra prélever une somme destinée à la création d'un fonds de prévoyance.

5 0/0 au personnel.
60 0/0 aux actions à titre de dividende.
25 0/0 aux porteurs de parts de fondateurs.

En cas d'amortissement des actions, celles amorties seront remplacées par des actions de jouissance.

Dividendes distribués. — Il n'a rien été donné de 1882 à 1886 inclus, puis il a été réparti 20 francs en 1887 et 20 francs en 1888. On est retombé ensuite à 12 fr. 50 en 1889, 7 francs en 1890 et 12 fr. 50 en 1891, 1892 et 1893.

Cours des actions. — Ils ont été les suivants :

Année 1882	Fr.	441 153	Année 1888	Fr.	379 821
— 1883	»	312 50	— 1889	»	355 »
— 1884	»	111 25	— 1890	»	250 »
— 1885	»	212 50	— 1891	»	200 »
— 1886	»	283 854	— 1892	»	176 111
— 1887	»	312 50	— 1893	»	206 »

Résultats du dernier exercice (1894-95). — L'Assemblée générale ordinaire des actionnaires de la Compagnie internationale d'Eclairage par le gaz d'huile a été tenue le 12 juin 1895.

Elle a approuvé, dans toutes leurs parties, le rapport et les comptes présentés par le Conseil pour l'exercice 1894 et a fixé le dividende à 12 fr. 50 par action.

M. le comte Delamarre, administrateur sortant, a été réélu, ainsi que M. Verhlé, comme commissaire des comptes pour l'exercice 1895.

A titre extraordinaire, l'Assemblée a décidé la diminution du capital social de 100.000 francs, capital qui se trouvera de ce fait réduit à 600.000 francs.

COMPAGNIE GÉNÉRALE FRANÇAISE ET CONTINENTALE D'ÉCLAIRAGE

(GAZ CONTINENTAL)

Constitution. — Société anonyme, constituée le 4 juin 1881.

Objet d'après les statuts. — La Société a pour objet :
Toutes les entreprises et opérations se rapportant à l'éclairage public et particulier, tant par le gaz que par tous autres moyens et procédés, ainsi que toutes les applications industrielles auxquelles l'emploi du gaz ou de ces moyens et procédés pourrait donner lieu, et l'achat et la mise en œuvre des brevets y relatifs.

La Société peut se fusionner, même par voie d'apports contre remise d'actions, avec toutes autres Compagnies ou entreprises particulières ayant un objet analogue, existantes ou à établir, et s'y intéresser par voie de commandite, de prêts garantis ou non, par hypothèque, ou autrement.

Elle peut faire toutes opérations d'achat et ventes d'usines, parts d'intérêts, actions ou obligations, d'entreprises dont l'objet rentre dans celui de la Société, le tout, soit pour son compte, soit en participation, soit pour compte de tiers.

Outre l'achat des immeubles, la construction des usines et l'établissement des appareils pour les concessions qui lui auraient été concédées ou rétrocédées, elle peut aussi se charger de construire des usines ou de les exploiter pour compte de tiers, ou de les amodier, et faire en un mot toutes les opérations industrielles et financières se rapportant au but de la Société.

Elle peut encore prendre tous intérêts dans des exploitations ou établissements pour la production ou le travail des matières entrant dans l'industrie de l'éclairage, ou en dérivant comme sous-produits, ainsi que pour la fabrication d'appareils et d'objets servant à cette industrie.

Elle peut également se charger, seule ou en participation, des entreprises relatives au service des eaux potables dans les villes et communes où elles possèderait la concession de l'éclairage.

Siège social. — 62, rue Taitbout, à Paris.

Durée de la Société. — 99 ans, à dater de sa constitution.

Capital social. — Le capital social, fixé à l'origine à 20 millions, divise en 40.000 actions de 500 francs, émises au pair et libérées de 250 francs, a été, par décision de l'Assemblée générale du 12 mai 1885, réduit à 10 millions au moyen de l'échange de 40.000 actions anciennes, libérées de 250 francs, contre 20.000 actions nouvelles entièrement libérées. Il est donc actuellement représenté par 20.000 actions de 500 francs entièrement libérées et au porteur.

Les dividendes sont généralement payables les 1er décembre (acompte) et 1er juin (solde).

Conseil d'administration. — De cinq à onze membres, renouvelables à raison de deux membres par an, sauf le premier Conseil, qui restera en fonctions pendant les cinq premiers exercices sociaux. Chaque administrateur doit être propriétaire de 40 actions, inaliénables pendant la durée de ses fonctions.

Assemblée générale. — Dans le courant des mois d'octobre ou de novembre, composée de tous les actionnaires propriétaires de 20 actions au moins, qui les ont déposées douze jours au moins avant l'époque fixée pour la réunion. 20 actions donnent droit à une voix, sans que personne puisse réunir plus de dix voix, soit en son nom, soit comme mandataire.

Répartion des bénéfices d'après les statuts. — Sur les bénéfices de toutes les charges, il est prélevé :

1° 5 0/0 pour constituer la réserve légale ;
Lorsque cette réserve aura atteint le dixième du capital social, le prélèvement affecté à sa formation pourra être diminué ou même suspendu ;

2° La somme approximative nécessaire pour amortir, pendant la durée de chaque concession, le capital employé aux entreprises dans lesquelles le matériel et les immeubles doivent, à la fin des concessions, être abandonnés par la Société, plus la somme à consacrer à tout autre amortissement que le Conseil d'Aministration aura jugé utile d'établir ;

3° La somme nécessaire pour servir 5 0/0 aux actionnaires, tant sur le montant de leurs versements que sur la réserve et le fonds de prévoyance, s'il en a été constitué un.

Le surplus est attribué comme suit :
10 0/0 aux administrateurs ;
75 0/0 aux actionnaires et au fonds de prévoyance, s'il y a lieu ;
15 0/0 aux fondateurs de la Société.

Le droit au 15 0/0 ci-dessus sera divisé en 800 parts dont le nombre ne pourra jamais être augmenté, et en représentation desquelles il sera délivré, par la Société, des certificats de parts de fondateurs.

Obligations 5 0/0. — La Société a émis 9.201 obligations de 300 francs 5 0/0 entièrement libérées. Ces titres font partie d'une série de 20.000 obligations créées par délibération du Conseil d'administration des 23 septembre 1884 et 23 novembre 1886, et sont remboursables à 500 francs en 40 ans, de 1885 à 1924, par tirages au sort annuels, ayant lieu le 1er août, alors que le remboursement des titres sortis s'effectue le 1er septembre suivant. L'intérêt annuel est de 15 francs, payable par moitié les 1er mars et 1er septembre.

Dividendes distribués. — Les voici d'après l'origine :

Exercice 1881-82 ...	Fr.	12 50	Exercice 1887-88 ...	Fr.	20 »
— 1882-83 ...	»	14 »	— 1888-89 ...	»	20 »
— 1883-84 ...	»	13 25	— 1889-90 ...	»	20 »
— 1884-85 ...	»	26 50	— 1890-91 ...	»	20 »
— 1885-86 ...	»	22 85	— 1891-92 ...	»	15 »
— 1886-87 ...	»	20 »	— 1892-93 ...	»	17 50

Cours des titres. — Les cours moyens des actions et des obligations ont été, dans ces dernières années :

		Actions	Obligations
1887	Fr.	302 020	288 784
1888	»	299 261	291 618
1889	»	324 290	295 332
1890	»	345 602	296 820
1891	»	358 968	297 621
1892	»	312 625	300 819
1893	»	294 030	308 665

Résultats du dernier exercice (1894-95). — D'après les comptes présentés à l'Assemblée générale de cette Société, le bénéfice réel du dernier exercice, abstraction faite d'une somme de 425.449 francs, prélevée pour l'amortissement, ressort à 576.041 francs, alors qu'il n'était, pour l'exercice précédent, que de 511.000 francs. La forte réduction du dividende ne tient donc pas aux résultats de l'exploitation, qui sont, en réalité, satisfaisants, mais uniquement à la nécessité dans laquelle s'est vu le Conseil d'augmenter les prélèvements de prévoyance.

Le rapport explique qu'il a fallu accélérer l'amortissement de l'usine de Moscou, qui figure pour une somme très importante dans le compte de premier établissement, et dont la concession n'a plus que onze ans de durée. La concession actuelle devait expirer en 1895 ; la ville de Moscou a consenti à la prolonger provisoirement de dix ans, mais elle a refusé de s'engager pour une plus longue période. Le Conseil continue cependant à négocier avec elle et il affirme avoir le sérieux espoir de réussir ; mais, instruit par l'expérience, il a jugé prudent de ne tabler que sur les résultats acquis et d'amortir la concession de Moscou, comme si elle devait réellement prendre fin en 1905. Cette charge figure dans les amortissements de cette année pour 360.000 francs.

Les diverses entreprises dans lesquelles est intéressée la Compagnie Continentale d'Eclairage sont en bonne voie. Moscou, qui avait donné des résultats médiocres l'année précédente, par suite de la baisse du coke, a vu ses bénéfices se relever très sensiblement l'année dernière, malgré l'adoption de l'éclairage électrique dans les théâtres. Les autres concessions exploitées directement par la Compagnie: Moulins, Vernon, Alençon, Grasse et Senlis, sont presque toutes d'acquisition récente et sont encore loin de donner tous les profits dont elles sont susceptibles; leur consommation de gaz suit une progression constante; elle paraît devoir se développer encore, notamment à Moulins.

La participation prise par le Gaz de Carcassonne ne donne toujours que de maigres dividendes, 2 0/0 comme l'année dernière. La Société concessionnaire est en procès avec la Ville, au sujet de la concurrence que lui fait l'électricité, et elle a perdu son procès en première instance devant le Conseil de préfecture. Mais c'est à peu près la seule affaire ingrate de la Compagnie Continentale d'éclairage. Son portefeuille-valeur comprend surtout des actions du Gaz belge, de la Compagnie française pour l'éclairage et le chauffage du Gaz autrichien, du Gaz continental, de Dessau, et enfin, des Compagnies réunies du Gaz et d'électricité de Lisbonne. Sauf cette dernière Société, qui n'a encore distribué que 3 fr. 88 de dividende, toutes ces entreprises sont prospères, distribuent des dividendes de 6, 7 et 8 0/0 et voient leurs bénéfices progresser. Les cours de leurs actions montent à peu près constamment et, comme elles figurent toujours dans le portefeuille de la Compagnie d'éclairage pour leur prix d'acquisition, il en résulte que son portefeuille vaut aujourd'hui sensiblement plus que les 3.370.000 fr. pour lesquels il figure au bilan. Toutefois, il a été réalisé cette année 138 actions de la Compagnie Française d'Eclairage et de Chauffage par le Gaz, mais leur valeur a été diminuée de l'estimation du portefeuille.

SOCIÉTÉ ANONYME DES USINES A GAZ DU NORD ET DE L'EST

Constitution. — Société anonyme, constituée le 28 août 1879.

Objet d'après les statuts. — La Société a pour objet :

1° L'exploitation des usines d'Avesnes et autres. (Voir ci-dessous la nomenclature des usines en activité);

2° La fabrication et la vente du gaz pour les besoins, tant publics que particuliers, des villes sus-énoncées et des communes suburbaines;

3° La fabrication et la vente des sous-produits accessoires de la fabrication du gaz;

4° La fourniture et la pose des appareils nécessaires, tant à l'éclairage qu'au chauffage par le gaz, leur entretien et tout ce qui s'y rapporte;

5° La vente des charbons;

6° La création, l'acquisition ou l'exploitation d'usines servant à la distribution des eaux dans les villes qu'elle éclairera;

7° Et au besoin la fourniture et l'installation des appareils propres à l'éclairage pour tout autre système que le gaz;

Usines en activité. — Avesnes, Le Cateau, Mourmelon, Châlons-sur-Saône, Rethel, Soissons, Verdun, Epinal, Vesoul, Epernay, Chaumont, Denain, Suresnes.

Siège social. — Usine à gaz de Soissons.

Durée de la Société. — 50 ans, à dater du jour de la constitution.

Capital social. — Le capital social a été fixé, à l'origine, à 3 millions 500.000 fr., divisé en 7.000 actions de 500 fr., sur lesquelles : 860 ont été souscrites en espèces et au pair, 6.140 ont été attribuées entièrement libérées, savoir : 878 à M. Coze, en représentation de l'apport de l'usine de Rethel ; 400 à M. Servier, en représentation de l'apport de l'usine d'Avesnes ; 2.700 à MM. les liquidateurs de la Société du gaz de Soissons et d'Epernay, en représentation de l'apport des usines de Soissons et d'Epernay ; 200 au liquidateur de la Société du gaz de Mourmelon, Aug. Tramond et Cie, en représentation de l'apport de l'usine de Mourmelon-le-Grand ; 1.280 à M. le liquidateur de la Société du gaz de Châlons-sur-Marne, Eloi et Cie, en représentation de l'apport de l'usine de Châlons-sur-Marne ; et 682 à M. J. Lempereur, au nom de la Société la Catésienne, J. Lempereur, en représentation de l'apport de l'usine du Cateau ; au total : 7.000 actions de 500 francs libérées, représentant le capital social primitif de 3.500.000 francs.

Par décision des assemblées générales des 19 août 1880, 28 février 1881 et 24 août 1885, le capital social a été élevé de 3.500.000 fr. à 6 millions, par la création de 5.000 actions de 500 fr., sur lesquelles : 3.720 ont été souscrites au pair, savoir : 3.497 en septembre 1880 et 223 en janvier 1881 ; et 1.280 ont été attribuées, entièrement libérées, à la Société Jeannerez et Cie, en représentation de l'apport des usines de Vesoul et d'Epinal. Ce qui a porté le capital social à 6 millions, divisé en 12.000 actions de 500 francs.

Par décision des assemblées générales des 20 août 1881 et 24 août 1885, le capital social a été élevé de 6 millions à 7 millions, par la création de 2.000 actions nouvelles de 500 fr., sur lesquelles : 79 ont été souscrites en espèces et au pair, et 1.921 ont été attribuées entièrement libérées, savoir : 1.111 à la Société d'éclairage au gaz de Denain, Désiré Parent et Cie, en représentation de l'apport de l'usine de Denain ; et 810 à la Société la Chaumontaise, en représentation de l'apport de l'usine de Chaumont. Ce qui a porté le capital à 7 millions, divisé en 14.000 actions de 500 francs.

Enfin, par décision des assemblées générales des 26 avril et 13 août 1887, le capital social a été élevé de 7 millions à 7.925.000 fr par la création de 1850 actions de 500 fr., qui ont été attribuées entièrement libérées à M. le baron Gérard, en représentation de l'apport de l'usine de Suresnes.

Le capital social est donc actuellement de 7.925.000 fr., divisé en 15.850 actions de 500 fr., entièrement libérées et au porteur.

Les intérêts et dividendes sont payables les 15 janvier (acompte) et 1er septembre (solde).

Conseil d'administration. — De 5 à 9 membres, nommés pour 6 ans, renouvelables par tiers tous les 2 ans, devant être propriétaires chacun de 40 actions au moins, inaliénables pendant la durée de leurs fonctions.

Assemblée générale. — Dans les 3 mois suivant la clôture de l'exercice social, composée des actionnaires propriétaires de cinq actions au moins, qui les ont déposées trois jours avant la date de la réunion. Chaque membre de l'assemblée a autant de voix qu'il possède de fois 5 actions, soit comme propriétaire, soit comme mandataire, sans toutefois pouvoir réunir plus de 40 voix.

Année sociale. — Du 1er juin au 31 mai.

Répartition des bénéfices d'après les statuts. — Sur les bénéfices nets de toutes charges, il est prélevé :

1° 5 0/0 pour constituer une réserve légale égale au dixième du capital social ;

2° 6 0/0 du surplus pour le Conseil d'administration.

Sur les bénéfices restant disponibles, l'Assemblée générale pourra prélever une somme destinée à la création d'un fonds de prévoyance et d'amortissement, dont elle déterminera le montant et l'emploi.

L'excédent est distribué aux actionnaires à titre de dividende.

Obligations 5 0/0. — La Société a créé 4.200 obligations entièrement libérées et au porteur, remboursables au pair par tirages au sort annuels. Le remboursement des titres sortis a lieu en décembre. L'intérêt est de 25 francs, payables par moitié les 1er juin et 1er décembre.

Ces obligations comptent trois émissions : 1° 2.000 obligations, remboursables en 15 ans, du 1er décembre 1885 au 1er décembre 1899 ; 2° 1.000 obligations, remboursables au pair, du 1er décembre 1886 au 1er décembre 1900 ; 3° 1.200 obligations, remboursables en 4 ans, par série de 300 obligations, les 1er décembre 1901, 1902, 1903 et 1904.

Dividendes distribués. — Ils ont été les suivants :

Exercice 1885-86..	30 francs	Exercice 1889-90..	33 francs
— 1886-87..	33 —	— 1890-91..	33 —
— 1887-88..	33 —	— 1891-92..	33 —
— 1888-89..	33 —	— 1892-93..	33 —

Cours des titres. — Voici les cours moyens des actions et des obligations dans ces dernières années :

	Actions	Oblig. 1re et 2e émis.	Oblig. 3e émission
Année 1889	619r 50	501f 666	501f »
— 1890	634.464	pas de cours	pas de cours
— 1891	643.152	500 »	510 »
— 1892	651.428	pas de cours	pas de cours
— 1893	652.027	490 »	—

Résultats du dernier exercice. — Les actionnaires de la Société anonyme des Usines à Gaz du Nord et de l'Est, réunis à Reims le 21 septembre 1894, en assemblées générales ordinaire et extraordinaire, ont pris les résolutions suivantes :

A l'Assemblée générale ordinaire, les résolutions suivantes ont été prises :

Première résolution. — L'Assemblée, après avoir entendu la lecture du rapport du Conseil d'administration et du rapport du commissaire des comptes, a approuvé, à l'unanimité, les comptes de l'exercice 1893-1894, et le bilan de la Société au 31 mai 1894.

Deuxième résolution. — L'Assemblée a décidé, conformément à l'avis du commissaire des comptes et du Conseil d'administration, que les pro-

duits de l'exercice 1893-1894 arrêtés à 613.036 04 seront ainsi répartis :
ci. 613.036 04
   1° 5 0/0 à la réserve légale. 30.651 80
   2° 6 0/0 du surplus au conseil d'administration 34.943 05
   3° Dividende de 33 fr. par action (dont 10 fr. 31 ont été distribués en janvier 1894), soit pour les 15.850 actions . . . .   523.050 »

               Ensemble. 588.644 85
               Reste 24.391 19

à reporter à nouveau.

   Troisième résolution. — Sur la proposition de M. Diancourt, qui expose les inconvénients pouvant résulter, pour une Société qui n'a qu'un seul commissaire des comptes, de l'empêchement ou de la maladie momentanée du commissaire, l'Assemblée décide qu'elle nommera désormais deux commissaires, selon la faculté qui lui est laissée par l'article 33 des statuts.

   Quatrième résolution. — Par un premier vote, l'assemblée réélit M. Diancourt comme commissaire des comptes pour l'exercice 1894-95.

   Par un second vote, l'assemblée nomme M. Charles Charlois en la même qualité.

   Chacun des commissaires des comptes pourra valablement opérer seul, au cas où l'un des deux serait empêché.

   Cinquième résolution. — Par trois votes successifs, l'assemblée réélit à l'unanimité, administrateurs pour six ans, MM. A. Denfert-Rochereau, F. Charbonneaux et P. Deviolaine.

   A l'assemblée générale extraordinaire, par trois résolutions successives, l'assemblée a déclaré ratifier les conventions modifiant les traités en cours entre la Société et les villes de Verdun, Avesnes et Mourmelon.

   La première de ces conventions est relative à l'électricité et les deux autres au gaz.

   Quatrième résolution. — L'assemblée autorise le conseil d'administration à réaliser au mieux, par voie d'emprunt ou autrement, les ressources nécessaires au remboursement des obligations 5 0/0 qui ne seraient pas présentées à la conversion.

COMPAGNIE CENTRALE DU GAZ

(Lebon et Cie)

Constitution. — Société en commandite par actions, constituée en 1847.

Objet d'après les statuts. — Toute exploitation d'éclairage par le gaz de houille.

Siège social. — Rue de Londres, 26, à Paris.

Capital Social. — En actions émissibles : 25 millions. Actions émises, 13 millions.

Villes éclairées. — En France : Bernay, Chartres, Dieppe,

Fécamp, Grandville, Honfleur, Morlaix, Quimper, Saint-Brieux, Saint-Malo, Saint-Servant et Yvetot.

Obligations 5 0/0 et 4 0/0. — La Compagnie a émis trois types d'obligations :

1° 40.000 obligations au porteur 5 0/0 remboursables à 300 francs. Ces titres entièrement libérés, émis à divers cours et à diverses époques, remboursables de 1869 à 1896, par tirages au sort annuels, en mars, avec remboursement des titres sortis le 1er juillet suivant, reçoivent 15 francs d'intérêt annuel, payables les 1er janvier et 1er juillet.

2° 40.000 obligations au porteur 5 0/0 remboursables à 500 francs. Ces titres, entièrement libérés, émis à divers cours et à diverses époques, remboursables de 1878 à 1907, par tirages au sort annuels, en octobre, avec remboursement des titres sortis le 31 décembre suivant, reçoivent 25 francs d'intérêts annuel, payables par moitié les 1er janvier et 1er juillet.

3° 40.000 obligations au porteur 4 0/0, remboursables à 500 francs. Ces titres, entièrement libérés, émis à des cours divers de 1890 à 1893, sont remboursables de 1897 à 1940 par tirages au sort annuels, et reçoivent un intérêt annuel de 20 francs, payables par moitié les 1er janvier et 1er juillet.

Répartition des bénéfices d'après les statuts. — Les bénéfices nets sont distribués comme suit :

1° A la gérance en propre et distinctement, 10 0/0 du tout sur ce qui n'excédera pas 10 0/0 du bénéfice annuel du capital social, et 20 0/0 sur le bénéfice qui dépasserait ;

2° Au Conseil de surveillance et aux divers comités, 2 1/2 0/0 de tout le même bénéfice ;

3° A une réserve effective, 5 0/0 jusqu'à ne pas excéder 1 million sur tout le même bénéfice net pour servir aux cas extraordinaires.

L'Assemblée générale du 26 mars 1886 a autorisé la création d'un fonds de prévoyance auquel sera attribué, jusqu'à concurrence de 500.000 francs, la partie du prélèvement annuel de 5 0/0 du bénéfice net qui n'aura plus à être porté à la réserve statutaire ; ledit fonds ayant pour objet, le cas échéant, de fournir de quoi compléter, au taux de l'exercice antérieur, les dividendes que des causes accidentelles auraient fait momentanément décroître ;

4° Et le surplus est distribué en totalité aux actions émises.

Cours des titres. — Les actions ont valu dans ces dernières années : 1888 : 970 francs ; 1889 : 1033 francs ; 1890 : 1168 ; 1891 : 1334 francs ; 1892 : 1.248 francs ; 1893 : 1.283 francs ; les obligations 5 0/0 remboursables à 300 francs : 1888 : 307 francs ; 1889 : 309 francs ; 1890 : 314 francs ; 1891 : 313 francs ; 1892 : 313 francs ; 1893 : 313 francs : les obligations 5 0/0 remboursables à 500 francs : 1888 : 512 francs ; 1889 : 512 francs ; 1890 : 522 francs ; 1891 : 518 francs ; 1892 : 519 francs ; 1893 : 521 francs ; et les obligations 4 0/0 remboursables à 500 francs : 1891 : 502 francs ; 1892 : 507 francs ; 1893 : 509 francs.

Dividendes distribués. — Les dividendes, depuis huit ans, ont été les suivants :

1887.	55	1891.	59
1888.	56	1892.	59
1889.	57	1893.	59
1890.	58	1894.	60

Résultats du dernier exercice (1894-95). — Le rapport de la gérance présenté à l'Assemblée générale des actionnaires du 29 mars 1895, constate la bonne situation et le développement normal de l'entreprise. Voici la comparaison des cinq derniers exercices.

	Ventes brutes de gaz	Produit net des usines
1890.	7.725.537	4.165.278 »
1891.	8.400.244	4.256.485 »
1892.	8.608.665	4.484.892 »
1893.	8.726.458	4.663.169 »
1894.	9.068.506	4.959.899 77

Pour 1894, sur ce produit des usines de 4.959.899 77
il a été prélevé :
Frais généraux. 173.478 58
Intérêts des obligations. . . . . . . 1.756.425 »
Amortissement des obligations. . . . 1.127.000 »
     Total. 3.086.903 68
     Reste 1.872.996 19
Dont la répartition a eu lieu comme suit :
A la gérance. 244.599 24
Au Conseil de surveillance et aux Comités. 46.824 90
Aux actionnaires, à raison de 60 fr. de dividende par action 1.581.572 05
     Somme égale. . . . 1.872.996 19

GAZ GÉNÉRAL DE PARIS (Gaz portatif)

(Hugon & Cie)

Constitution. — Société en commandite par actions, avec gérant responsable, constituée le 19 décembre 1855, et modifiée par décision de l'Assemblée générale du 23 janvier 1865.

Objet d'après les statuts. — Elle a pour objet la fabrication et la vente du gaz propre à l'éclairage; la fabrication, la location et la vente des appareils servant à l'éclairage au gaz ; le traitement et la vente des résidus provenant de la fabrication du gaz ; et la création et l'exploitation de toutes usines à gaz, tant en France qu'à l'étranger, et toutes les opérations qui s'y rattachent.

Siège social. — Paris, rue d'Hauteville, 5.

Durée de la Société. — Sa durée, primitivement fixée à vingt ans, du 19 décembre 1855, a été portée, par décision de l'Assemblée générale du 23 janvier 1865, à 60 ans, se terminant le 31 décembre 1915.

Capital social. — Son capital social est de 6 millions de francs, divisé en 12.000 actions de 500 fr. au porteur, émises au pair et entièrement libérées. Les intérêts et dividendes se payent le 1er janvier (acompte) et 1er juillet (solde en même temps qu'un acompte sur l'exercice en cours).

Administration. — La Société est administrée : 1° Par M. Hugon, gérant responsable, propriétaire de 80 actions inaliénables pendant la durée de son mandat, avec traitement de 6.000 fr. et 5 0/0 sur les bénéfices ; 2° par l'ingénieur-directeur des travaux qui touche un traitement fixe de 6.000 et 5 0/0 sur les bénéfices ; par un conseil de surveillance de cinq membres pris parmi les actionnaires propriétaires de 20 actions, et qui est actuellement composé de MM. de Mouchy, président ; Zuber, secrétaire ; Dubeau, Juge, de Retalier.

Usines en activité. — Usine de gaz portatif de Paris, 104, rue de Charonne ; usine de gaz courant, rue de la Reine, à Issy ; et usines de Courbevoie, Charlebourg, Argenteuil et Arpajon.

Assemblée générale. — L'assemblée générale ordinaire annuelle a lieu en juin ou juillet, elle est composée des propriétaires de 10 actions au moins qui devront les avoir déposées deux jours à l'avance. Dix actions donnent droit à une voix, sans qu'aucun actionnaire puisse avoir plus de dix voix.

Répartition des bénéfices d'après les statuts. — Les bénéfices, déduction faite des charges sociales et de l'intérêt de 5 0/0 auquel ont droit les actions, sont répartis ainsi qu'il suit :

10 0/0 pour constituer un fonds de réserve jusqu'à concurrence d'une somme de 500.000 francs :

5 0/0 au gérant ;

5 0/0 à l'ingénieur ;

5 0/0 laissés à la disposition du gérant pour rémunérer les employés et ouvriers de la Société ;

75 0/0 aux actionnaires à titre de dividende.

Obligations 3 0/0. — Il a été créé 28.000 obligations au porteur, entièrement libérées, remboursables à 500 francs par tirages au sort annuels ayant lieu en Assemblée générale, pour le remboursement des titres sortis s'effectuer le 1er septembre suivant le tirage. Elles portent un intérêt annuel de 15 francs payable, par moitié les 1er mars et 1er septembre et sont divisées comme suit :

I. — Emission autorisée par l'Assemblée générale du 4 juillet 1867, 1.666 obligations émises à 250 francs, remboursables de 1868 à 1902. Titres n°s 1 à 1.666.

II. — Emission autorisée par l'Assemblée générale du 22 juin 1868, 4.334 obligations émises à 265 francs, remboursables de 1869 à 1903. Titres n°s 1.667 à 6.000.

III. — Emission autorisée par l'Assemblée générale du 14 juin 1870, 8.000 obligations émises à divers cours, remboursables de 1871 à 1905. Titres n°s 6.001 à 14.000.

IV. — Emission autorisée par l'Assemblée générale du 14 juin 1879, 6.000 obligations émises à divers cours, remboursables de 1880 à 1914. Titres n°s 14.001 à 20.000.

V. — Emission de 4.000 obligations, autorisée par l'Assemblée générale du 14 juin 1884, remboursable de 1885 à 1914. Titres n°s 20.001 à 24.000.

VI. — Emission de 4.000 obligations, autorisée par l'Assemblée générale du 24 juin 1890, émises savoir : 2.000 à 295 francs en juillet 1890 et 2.000 en juillet 1892, remboursables en 25 ans, de 1891 à 1915. Titres n°s 24.001 à 28.000.

Dividendes distribués :

Exercice			Exercice		
1856	Fr.	rien	1875	Fr.	16 »
1857	»	29 »	1876	»	18 »
1858	»	28 »	1877	»	18 »
1859	»	31 »	1878	»	18 »
1860	»	31 »	1879	»	15 »
1861	»	25 »	1880	»	20 »
1862	»	35 »	1881	»	20 »
1863	»	35 »	1882	»	21 »
1864	»	35 »	1883	»	21 »
1865	»	35 »	1884	»	21 »
1866	»	35 »	1885	»	22 »
1867	»	35 »	1886	»	22 »
1868	»	35 »	1887	»	22 »
1869	»	35 »	1888	»	22 »
1870	»	rien	1889	»	22 »
1871	»	rien	1890	»	22 »
1872	»	10 »	1891	»	22 »
1873	»	12 50	1892	»	22 »
1874	»	12 50	1893	»	32 »

COMPAGNIE FRANÇAISE

D'ÉCLAIRAGE ET DE CHAUFFAGE PAR LE GAZ

Constitution. — Société anonyme, constituée le 25 juin 1877.

Objet d'après les statuts. — 1° Entreprise de l'éclairage et du chauffage par le gaz ou autrement, des villes, communes, établissements publics ou particuliers, situés tant en France qu'à l'étranger ; création, acquisition et exploitation d'usines pour cette fabrication ;
2° Transformation et vente de tous produits provenant de la fabrication du gaz ;
3° Commerce des charbons et autres combustibles ;
4° Fabrication de la chaux, des briques agglomérées et du coke dit métallurgique ;
5° Création de tous ateliers ou usines destinés à fabriquer des appareils pour l'éclairage ;
6° Participation à toutes entreprises d'éclairage, d'emploi de tous produits, dans laquelle la Société jugerait convenable de prendre un intérêt.
7° Achat pour l'emploi des réserves ou disponibilités, d'actions ou obligations de Sociétés formées pour l'acquisition ou l'exploitation d'usines à gaz.

Siège social. — 4, rue de Douai, à Paris.

Usines exploitées. — Ambérieu, Auxerre, Bagnères-de-Bigorre, Bagnères-de-Luchon, Béthune, Le Bourget, Briey, Calais, Caudry, Charleville et Mézières, Mohon, Châteaudun, Clermont (Oise), Comines (France et Belgique), Compiègne, Creil, Decazeville, Fontevrault, Givet, Gournay-en-Bray, Guise, Hirson, Joigny, La Rochelle, Montereau, Murat, Nérac, Niort, Orthez, Roye, Saint-Flour, Sedan, Tonnerre.

Capital social. — Fixé primitivement à 400.000 francs, divisé en 800 actions de 500 francs, le capital social a été successivement porté :
1° En 1876, à 1 million et divisé en 2.000 actions de 500 francs, entièrement libérées, sur lesquelles 823 ont été attribuées à M. Dehaynin, en représentation de l'apport de l'usine à gaz de Mazamet ; — 2° en 1877, à 2 millions, par la création de 2.000 actions de 500 francs, qui ont été attribuées, entièrement libérées, à la liquidation de la Compagnie du gaz méridional, en représentation de l'apport de ses usines ; — 3° en 1879, à 5 millions par la création de 6.000 actions nouvelles de 500 francs, dont 3.800 ont été attribuées entièrement libérées à M. G. Dehaynin en représentation de l'apport des usines à gaz de Compiègne, Charleville et Mohon, et 2.200 ont été souscrites en espèces et au pair ; — 4° en 1882, par décisions des Assemblées générales des 14 et 27 octobre 182, à 9 millions, par la création de 8.000 actions nouvelles de 500 francs qui ont été attribuées, entièrement libérées, à la Société Dehaynin et fils et C°, et à MM. Gabriel et Albert Dehaynin personnellement, en représentation d'apport d'usines à gaz ; 5° et, en 1890, par décision de l'Assemblée générale du 14 octobre 1890, à 10.700.000 francs, par la création de 3.400 actions nouvelles de 500 francs entièrement libérées, qui ont remises à la liquidation de la Compagnie française pour l'industrie du gaz en représentation de l'apport des usines à gaz de Béthune, Comines, Niort et La Rochelle.

Le capital social est donc actuellement de 10.700.000 francs, divisé en 21.400 actions de 500 francs, entièrement libérées et au porteur.

Les intérêts et dividendes sont payables les 1er mai (acompte) et 1er novembre (solde).

Conseil d'administration. — De sept à onze membres, renouvelables partiellement tous les deux ans, devant être propriétaires chacun de 50 actions au moins, inaliénables pendant la durée de leurs fonctions.

Le Conseil d'administration est actuellement composé de MM. A. Dehaynin, *président* et *administrateur-délégué*; G. A. Dehaynin fils, *vice-président* et *second administrateur-délégué*, L. Deschars, Ch. Gomel, J. Monthiers, G. Raffard, Ed. Romberg, A. Romberg-Nisard et Albert Watel.

Assemblée générale. — Dans les six mois qui suivent la clôture de l'exercice, composée de tous les porteurs de 20 actions qui ont déposé leurs titres huit jours au moins avant celui fixé pour la réunion. 20 actions donnent droit à une voix, sans toutefois qu'aucun actionnaire puisse avoir plus de 20 voix en son nom personnel, et plus de 30 tant en son nom que comme mandataire.

Année sociale. — Du 1er juillet au 30 juin.

Obligations 4 0/0. — La Compagnie a mis en circulation 10.846 obligation faisant partie d'une émission de 20.000 obligations de 300 fr. 4 0/0, autorisée par décision de l'Assemblée générale du 14 octobre 1890. Ces obligations ont été émises à 300 fr., en juin 1891, entièrement libérées et au porteur ; elles sont remboursables à 300 fr., en 20 années, du 1er janvier 1892 au 1er janvier 1911, par tirages au sort annuels, ordinairement en octobre, et le remboursement des titres sortis s'effectue le 1er janvier suivant le tirage. Leur intérêt annuel est de 12 fr., payables par moitié, les 1er janvier et 1er juillet de chaque année.

Répartition des bénéfices d'après les statuts. — Sur les bénéfices nets, déduction faite de toutes charges, y compris l'intérêt et l'amortissement des emprunts, il est prélevé d'abord :

1° Un vingtième, soit 5 0/0, pour constituer la réserve légale, jusqu'à ce que celle-ci ait atteint le dixième du capital social;

2° Une somme suffisante pour payer, s'il y a lieu, un acompte de 30 fr. à chaque action;

3° Et, pour constituer un fonds d'amortissement et de prévoyance, une somme variable, à fixer chaque année par l'Assemblée générale.

Le surplus est distribué aux actionnaires à titre et pour solde de dividende, après l'approbation des comptes et de l'inventaire.

Dividendes distribués. — 30 fr. par année de 1877-78 à 1879-80, 35 fr. en 1880-81, 40 fr. en 1881-82 et 1882-83, 35 fr. en 1883-84 et 40 fr. chaque année jusqu'à aujourd'hui.

Cours des actions et obligations. — Ils ont été, dans ces dernières années :

	Actions	Obligations
1891	727.987	300 fr.
1892	748.125	299 fr. 398
1893	784.425	304 fr. 546

GAZ FRANCO-BELGE

(ROBERT LESAGE & Cie)

Constitution. — Société belge en commandite, constituée en 1880.

Objet d'après les statuts. — L'exploitation de l'éclairage par le gaz, dans les villes que nous désignons plus loin, l'exploitation d'eau à Marmande (Lot-et-Garonne), et toutes exploitations de concessions d'éclairage à obtenir.

Siège social. — Nivelles (Belgique). Direction générale : 113, avenue de Villiers, à Paris.

Capital social. — 2.100.000 francs, représenté par 4.200 actions de 500 fr., libérées et au porteur

Durée de la Société. — Du 28 juin 1880 au 1er septembre 1920, sauf prorogation prise en assemblée générale et subordonnée à la prorogation de la concession d'éclairage accordée par la ville de Nivelles à MM. Robert Lesage et Cie.

Usines en activité. — En Belgique : Nivelles, Luttre et Montigny-sur-Sambre ;

En France : Le Vésinet, Pougues-les-Eaux, Joinville, Marmande, Casteljaloun, Mondidier, Lillebonne, Caudebec, Juvisy-sur-Orge.

Année sociale. — Close le 31 mars.

Conseil de surveillance. — De trois membres au moins et cinq au plus, nommés pour six ans.

Il est composé de MM. A. Ducastel, E. Mahieu et G. Queille.

Gérant : M. Robert Lesage.

Inspecteur : M. Edmond Lesage.

Assemblée générale. — A lieu le 31 mai. Les propriétaires d'au moins 10 actions, déposées dans la quinzaine qui précède la réunion, en font partie. Chaque groupe de 10 actions donne droit à une voix, sans que le maximum de voix par actionnaire puisse dépasser 15.

Répartition des bénéfices d'après les statuts. — 1° 5 0/0 au fonds de réserve ; 2° la somme nécessaire à répartir un intérêt annuel de 3 0/0 aux actionnaires ; 3° 11 fr. 25 0/0 à la gérance ; 4° 3 fr. 75 0/0 au Conseil de surveillance. Le surplus des bénéfices est distribué aux actionnaires.

Les coupons se touchent le 31 décembre (acompte fixe de 5 fr.) et le 1er juin (solde), 113, avenue de Villiers, à Paris.

Dividendes distribués. — En 1888-89, 16 fr. 50 ; de 1889-90 à 1891-92, 20 fr. chaque année ; et en 1892-93, 22 fr. 50.

Cours des actions. — Elles ont été inscrites à la cote en Banque 319 fr. 50 en 1891, au plus haut, et 307 fr. 50 au plus bas ; en 1892, 325 fr. et 300 fr. ; en 1893, 317 fr. 50 et 300 fr.

Obligations 6 0/0. — La Société a émis 1.400 obligations en cinq fois. Ces obligations de 500 fr. 6 0/0 produisent un intérêt de 30 francs par an payables les 1er juin et 1er décembre. Elles sont amortissables au pair, au moyen de tirages au sort annuels, en juin, et le remboursement des titres sortis a lieu le 1er décembre suivant.

Elles ont inscrit à la cote en Banque, en 1893, le cours de 522 fr. 50 au plus haut et 500 fr. au plus bas.

Résultats du dernier exercice (1894-95). — L'assemblée générale a eu lieu le 31 mai 1895.

Elle a approuvé les comptes de l'exercice et autorisé la distribution à faire, à partir du 1er juin courant, de 15 fr. par action (coupon n° 23) ce qui, avec l'acompte de 5 fr. distribué en décembre, porte le dividende à 20 fr. par action, net de tout impôt.

En conséquence, le coupon n° 23 des actions et le coupon n° 20 des obligations sont payables depuis le 1er juin, à la direction générale à Paris, 113, avenue de Villiers, à raison de 15 fr. pour le coupon n° 20 des obligations et de 15 fr. pour le coupon n° 23 des actions.

SOCIÉTÉ GÉNÉRALE DES GAZ DU MIDI

Constitution. — Société anonyme par actions, formée le 25 octobre 1881, par la fusion de la Société d'éclairage par le gaz de la ville d'Annonay avec la Société d'éclairage par le gaz des villes de Montélimar et Gap et la Société d'éclairage par le gaz des villes de Bourgoin et Jallieu.

Objet d'après les statuts. — La Société a pour objet l'éclairage et le chauffage par le gaz des villes ci-dessus désignées, tant pour les besoins publics que particuliers.

Siège social. — 24, rue Masséna, à Lyon.

Usines exploitées. — Gap, Annonay, Montélimar, Bourgoin-Jallieu et Bollène.

Capital social. — 1.140.000 fr., divisé en 2.280 actions nominatives de 500 fr. chacune, entièrement libérées.

Conseil d'administration. — Composé de cinq à neuf membres, nommés pour six ans, renouvelables par fraction chaque année, et devant être propriétaires de vingt actions chacun.

Le Conseil d'administration est actuellement composé de MM. Lorrin, président; Faurax, Vau, Régis, Génin et Fichet.

Commissaire de surveillance : M. Wirt. Directeur délégué : M. J. Suyers. Inspecteur : M. Leo Michel.

Direction : 11, cours du Midi, à Lyon. Bureau : M. Auguste Descours.

Assemblée générale ordinaire. — En septembre. Composée de tous les actionnaires propriétaires de 10 actions au moins. Chaque membre a autant de voix qu'il possède de fois dix actions, sans que le nombre de voix puisse dépasser un maximum de vingt comme propriétaire ou mandataire.

Année sociale. — Du 1er juillet au 30 juin.

Obligations 5 0/0. — 1.050 obligations ont été créées en 1881. Elles sont remboursables à 500 fr. en 10 ans, à partir de 1882, par tirages au sort annuels, ayant lieu en décembre. Leur intérêt annuel est de 25 fr., payables par moitié les 1er juin et 1er décembre.

Répartition des bénéfices d'après les statuts. — Sur les bénéfices, il est prélevé :

1° 10 0/0 pour former un fonds de réserve, ce prélèvement cessant d'être obligatoire lorsque la réserve atteindra le dixième du capital social.

2° Somme suffisante pour assurer aux actionnaires une première répartition jusqu'à concurrence de 5 0/0 du capital versé ;

En cas d'insuffisance des produits d'une année pour servir 5 0/0, la différence pourra être prélevée sur la partie du fonds de réserve qui excédera le dixième du capital.

Le surplus des bénéfices est réparti ainsi qu'il suit :

10 0/0 au Conseil d'administration ;
10 0/0 au directeur ;
70 0/0 aux actionnaires ;
10 0/0 pour constituer un fonds d'amortissement du capital.

Dividendes distribués. — Ils ont été de 10 fr. en 1886-87, 12 fr. 50 chaque année de 1887-88 à 1889-90 inclus, puis 15 fr. en 1890-91, 15 fr. en 1891-92.

Le cours des obligations est de 500 fr.

GAZ DE MADRID

Constitution. — Société anonyme espagnole dite « Compagnie Madrilène d'éclairage et de chauffage par le gaz » constituée le 1er février 1865.

Objet d'après les statuts. — 1° Exploitation de l'éclairage et du chauffage par le gaz de la ville de Madrid, conformément au traité intervenu, le 22 juin 1864, entre la Municipalité de cette ville et la Société générale du Crédit Mobilier espagnol, qui en a fait cession à la Société;

2° Exploitation de l'éclairage et du chauffage par le gaz de tous autres points des possessions espagnoles où la Compagnie croira pouvoir établir des usines ;

3° Exploitation industrielle des produits accessoires du gaz ;

4° Exploitation de tous autres systèmes d'éclairage ou de chauffage ;

5° Toute exploitation ayant rapport à l'industrie du gaz, et principalement celle des mines de houille.

Siège social. — A Madrid. Représentant à Paris, Crédit mobilier espagnol, rue de la Victoire, 69.

Durée. — Fixée primitivement à cinquante ans, à partir du 1er février 1865 ; prorogée de cinq ans par l'Assemblée générale du 12 juin 1880 (soit du 1er février 1865 au 1er février 1920).

Capital social. — Fixé primitivement à 24 millions, représenté par 48.000 actions, le capital social a été d'abord réduit à 20 millions par l'annulation de 8.000 actions, qui ont été remplacées par 8.000 obligations (Assemblée générale du 15 janvier 1873) ; et enfin, à 12 millions (Assemblée générale du 5 octobre 1874) par l'annulation de 16.000 actions, remplacées par 16.000 obligations. Il était représenté par 24.000 actions de 1.900 réaux ou 500 francs au porteur, entièrement libérées, qui, en vertu de la délibération de l'Assemblée générale du 12 juin 1880, ont été échangées, à raison de 1 pour 2, contre 48 000 actions nouvelles, auxquelles il a été attribué une valeur de 500 francs, taux auquel elles sont remboursables par voie d'amortissement.

Conseil d'administration. — De quinze membres, pouvant être réduit à douze, qui doivent être propriétaires chacun de 100 actions, inaliénables pendant la durée de leurs fonctions.

Il est actuellement composé : à Madrid, de MM. L. Figuerola, *président, administrateur-délégué*, P. Badals, F. de las Cuevas, Léon y Llerena, F. Luque, Ramon de Goicorroetea, D. Morpurgo ; et, à Paris, MM. Gustave Pereire, *président* ; A. Ellissen, *administrateur-délégué* ; Arson, Guérin de Litteau, Bailleux de Marisy, E. Mir, baron de Heeckeren et Philipson.

Assemblée générale. — En mai, au siège social, à Madrid, composée des actionnaires possédant 20 actions, qui les ont déposées vingt jours au moins avant la réunion. 20 actions donnent droit à une voix. Nul ne peut par lui-même avoir ou déléguer plus de 10 voix, mais tout actionnaire peut exercer le droit de ceux qui lui auront confié leurs pouvoirs, pourvu que ce droit n'excède pas dix voix, pour chacun des actionnaires représentés.

Répartition des bénéfices d'après les statuts. — Sur ces bénéfices nets, il est d'abord prélevé :

1° 2 0/0 destinés à constituer un fonds de réserve, sans que ce fonds puisse dépasser la somme de 12 millions de réaux ;

2° La somme suffisante pour constituer un fonds d'amortissement, calculée à raison de 6 0/0, et au moyen duquel la totalité des actions soit amortie à l'expiration de la Société ;

3° La somme suffisante pour servir un premier dividende de 25 francs aux actions non amorties.

Le surplus sera réparti proportionnellement entre les 48.000 actions amorties et non amorties.

L'amortissement des actions aura lieu en quarante ans, du 1ᵉʳ juillet 1881 au 1ᵉʳ juillet 1920, par tirages au sort annuels en juin. Les actions désignées par le sort seront remboursées à 500 francs le 1ᵉʳ juillet suivant le tirage, et remplacées par des actions de jouissance.

En outre le Conseil d'administration peut accepter pour l'amortissement les actions qui seront offertes par les actionnaires, à un taux inférieur à celui fixé pour le remboursement et ne pouvant excéder celui de la cote officielle à la Bourse. Le nombre des actions ainsi rachetées viendra en déduction de celui des actions à amortir par voie de tirage au sort dans l'année correspondante. Les actions ainsi rachetées seront annulées et ne donneront pas lieu à la création d'actions de jouissance.

Les actions de jouissance sont au nombre de 5.866 depuis le 1ᵉʳ juillet 1893.

Obligations 4 0/0. — La Compagnie a été autorisée, par l'Assemblée générale du 18 novembre 1889, à émettre 60.000 obligations de 500 francs 4 0/0 entièrement libérées et au porteur, dont 53.000 ont été émises le 27 novembre 1889 par le Crédit Lyonnais et le Crédit Mobilier Espagnol, à 475 francs, et 7.000 ont été vendues par la Compagnie en février 1891, soit en tout, 60.000 obligations.

Les 53.000 obligations émises en 1889 étaient destinées pour 3.613 à la création de ressources nouvelles, et pour 49.387 à la conversion et au remboursement de 46.918 obligations restant en circulation sur 54.000 obligations de 500 francs 5 0/0 émises en 5 séries et remboursables de 1875 à 1920.

Les porteurs des obligations 5 0/0 ont eu le droit de souscrire par préférence en titres 5 0/0 au cours de 512 fr. 50, et ont reçu en échange de leurs titres un nombre proportionnel d'obligations 4 0/0 et de dixième d'obligations, soit pour une obligation 5 0/0 au 512 fr. 50, une obligation 4 0/0 à 475 et un solde en espèces de 37 fr. 50. Les obligations 5 0/0 qui n'ont pas été présentées à la conversion, ont été remboursées à 512 fr. 50 le 2 janvier 1890. En conséquence elles ont été supprimées de la cote à partir de cette date.

Les 60.000 obligations 4 0/0 sont remboursables à 500 fr. en 30 ans, du 1ᵉʳ janvier 1891 au 1ᵉʳ janvier 1920, par tirages au sort annuels en novembre, pour le remboursement des titres sortis s'effectuer le 1ᵉʳ janvier suivant. Leur intérêt annuel est de 20 francs, payables par moitié les 1ᵉʳ janvier et 1ᵉʳ juillet de chaque année.

Dividendes distribués. — En 1865, les actions ont donné 10 fr.; puis 20 francs en 1866, 30 francs par an de 1867 à 1869, 40 francs de 1870 à 1877, 50 francs en 1878 et 1879, 25 francs en 1880 et 1881, 25 fr. 50 en 1882 et 1883, 30 francs en 1884, 25 francs en 1885, 20 francs en 1886 et 1887, 22 fr. 50 en 1888, 25 francs en 1889, 17 fr. 50 en 1890 et 12 francs en 1891 et 1892.

Cours des titres. — Dans ces dernières années, ils ont été les suivants :

		Actions	Actions de jouissance	Obligations	
Année 1890	Fr.	468	659	» »	466 572
— 1891	»	370	317	» »	445 356
— 1892	»	229	055	» »	400 460
— 1893	»	214	078	16 693	411 466

SOCIÉTÉ ANONYME D'ÉCLAIRAGE DU CENTRE

Constitution. — Société anonyme belge, constituée le 25 décembre 1882.

Objet d'après les statuts. — L'éclairage ou le chauffage par le gaz ou par tous autres moyens, des localités du Centre et d'autres villes et communes du pays et de l'étranger, agglomérations et établissements industriels et autres. Elle peut aussi, moyennant autorisation de l'Assemblée générale, concourir à la formation d'autres Sociétés similaires et s'y intéresser.

Siège social. — 22, rue des Palais, à Bruxelles.

Durée de la Société. — 30 ans, à partir du 1er janvier 1883.

Usines exploitées. — Usines et concessions de la Louvière-Morlanwelz, Hay, Arlon, Fontaine-l'Evêque, Ostende, etc., de plus, la Société est intéressée dans la Société commerciale belge, gaz et électricité, gaz de Porto, gaz de Lisbonne, la Société anonyme de Menin, Halluin, Wervicq.

Capital social. — 3 millions de francs, représentés par 8.000 actions privilégiées et 4.000 actives ordinaires de 250 francs chacune, libérées et au porteur. En raison de leurs apports en nature, il a été attribué 696 actions privilégiées et 600 actions ordinaires au Crédit général de Belgique, 6.800 actions privilégiées et 3.800 actions ordinaires à M. Léon Domzée.

Conseil d'administration. — De trois à neuf membres. Chaque année un membre est soumis à la réélection. Si le Conseil est composé de six membres, le roulement sera établi de manière que, par une double sortie pendant une ou plusieurs années, la durée du mandat d'administrateur soit ramenée au terme de six années.

Les administrateurs actuels sont: MM. Lucien Guinotte, Léon Somzée, Edm. Peny, Hub. de Creeft.

Assemblée générale. — Au siège social, le deuxième mercredi de mars; autant de voix que d'actions; maximum, le cinquième du capital ou les deux cinquièmes des actions pour lesquelles il est pris part au vote. Dépôt cinq jours à l'avance.

Répartition des bénéfices d'après les statuts. — 5 0/0 à la réserve jusqu'à 300.000 francs, ensuite 6 0/0 aux actions privilégiées, puis 6 0/0 aux actions ordinaires. Sur l'excédent, 15. 0/0 aux administrateurs et commissaires et 85 0/0 entre toutes les actions indistinctement.

Dividendes distribués. — Les actions privilégiées ont reçu 15 fr. par an de 1883 à 1893 inclus. De leur côté, les actions ordinaires ont touché : en 1883, 3 francs; 1884, 3 fr. 50; 1885, 5 francs; 1886, 5 fr. 50; 1887, 7 francs; 1888, 10 francs; 1889, 12 fr. 50; 1891, néant; 1892, néant; 1893, 15 francs.

Le service des coupons se fait chez J. Mathieu et fils, à Bruxelles.

GAZ DE PORTO

Constitution. — Société portugaise à responsabilité limitée, constituée le 22 mai 1889.

Objet d'après les statuts. — L'éclairage au gaz de la ville de Porto et toutes opérations qui puissent se lier au but de la Société.

Siège social. — 16, Cancella Velha, à Porto.

Durée. — La durée des concessions obtenues, plus deux ans.

Capital social. — A l'origine, 1 080 contos de reis (6.000.000 francs), divisé en 24,000 actions de 45 000 reis (250 francs). Actuellement 2.160 contos de reis (12.000.000 francs), divisé en 48.000 actions de 45.000 reis (250 francs), entièrement libérées et au porteur. Deux séries d'actions : 1re, 24.000 *actions ordinaires*, représentant le capital primitif ; 2°, 24.000 *actions* dites *de priorité* ou privilégiées, dont le produit était destiné à rembourser les obligations alors existantes.

Conseil d'administration. — Les membres du Conseil sont : à Porto, MM. J.-R. Vieira de Castro, administrateur délégué ; A. da Cunha ; Pimentel, Paul Breittmayer, de Alves Moreira, M.-P. Gomes de Menezes ; à Bruxelles : MM. Léon Somzée, Lucien Guinotte, P. Poswick del Marmol ; et, à Paris : MM. le baron de Soubeyran, Eugène Breittmayer, Wilhelm Pfizmayer.

Obligations 5 0/0. — Il a été créé par la Compagnie, en juillet 1893 : 4.000 obligations de 500 fr. 5 0/0, numérotées de 12 001 à 16.000, productives d'un intérêt de 25 fr. par an, payable par moitié et par semestre, les 2 janvier et le 1er juillet, amortissables au pair en 50 ans par tirages en décembre et juin, pour remboursement les 2 janvier et 1er juillet.

Le service des coupons s'en fait à Paris, à la Banque Parisienne.

Assemblée générale ordinaire. — Le premier mardi de mars. Composée de tous les Actionnaires propriétaires de dix actions au moins, qui les auront déposées quinze jours avant l'assemblée. Chaque membre a autant de voix qu'il possède de fois dix actions, sans que le nombre de voix puisse dépasser un dixième des voix qui appartiennent à toutes les actions, ni plus d'un cinquième des voix présentes dans l'Assemblée générale, en comprenant celles dont il disposera par procuration.

Répartition des bénéfices. — Sur les bénéfices, il est prélevé :

5 0/0 pour former un fonds de réserve, ce prélèvement cessant d'être obligatoire lorsque la réserve atteindra le cinquième du capital social.

Une somme destinée à l'amortissement du matériel invisible qui sera perdu à la fin de la concession, et pour amortissement du prix de la concession.

La somme nécessaire pour payer un dividende de 5 0/0 aux actions de *priorité*.

Le reliquat des profits est partagé comme suit :

On prélève la somme nécessaire pour payer un dividende aux actions *ordinaires* jusqu'à concurrence de 5 0/0 de leur valeur nominale ;

Et le surplus est réparti :

10 0/0 au Conseil d'administration ;

90 0/0 comme dividende complémentaire, à répartir également entre toutes les actions.

GAZ DE NAPLES

Constitution. — Société anonyme italienne constituée le 18 octobre 1862, sous le titre : « Compagnie Napolitaine d'Eclairage et de Chauffage par le Gaz ».

Objet d'après les statuts. — La Société a pour objet l'éclairage et le chauffage par le gaz, tant public que privé, de la ville de Naples et de ses faubourgs, suivant les termes de l'acte de concession. Elle peut exploiter et acquérir des concessions de même nature dans toute autre ville du Royaume d'Italie et entreprendre toute exploitation d'éclairage et de chauffage par l'électricité ou par tout autre système, et prendre des participations dans toute Société nouvelle ou préexistante, exploitant des concessions de même nature.

Usines en activité. — La Société possède trois usines à gaz, à Naples, Salerne et Castellamare, desservant ces localités, ainsi que des communes voisines.

En outre, elle a acquis, le 8 avril 1893, une *station électrique* dans le quartier de Chiaja à Naples, dont elle a concédé l'exploitation à la *Società Generale per la Illuminazione* tout en conservant une part prépondérante dans cette même entreprise d'électricité.

En 1894, la Ville de Naples a donné à la Compagnie la concession de l'éclairage électrique du Corso Re d'Italia, ainsi que des places annexes à cette voie nouvelle.

Siège social. — A Naples, 138, via Chiaja.

Durée de la Société. — Jusqu'à la fin de la concession (1er juin 1937).

(La *concession*, accordée par la Ville de Naples, le 12 mai 1862, devait prendre fin le 1er juin 1922. Elle a été renouvelée le 27 décembre 1885 et prorogée jusqu'au 1er juin 1937, moyennant certaines réductions sur le prix du gaz et l'extension de ses services aux faubourgs de Naples).

Capital social. — Le capital, primitivement fixé à 2.500.000 lires, a été porté, en 1863, à 3 millions de lires, divisées en 6.000 actions de 500 lires ; en 1886, 6 millions de lires au moyen de l'émission de 12.000 actions de 250 lires, en même temps que les 6.000 actions anciennes furent dédoublées, leur valeur nominale étant réduites à 250 lires. Enfin, suivant décision de l'assemblée générale extraordinaire du 23 septembre 1891, le capital fut porté à 7.500.000 lires et le nombre des actions élevé à 30.000 par l'émission au pair de 6.000 actions.

Les actions sont amorties par tirages annuels effectués à l'Assemblée générale ; elles sont remboursées, le 6 octobre suivant, et remplacées par des *actions de jouissance* ayant droit aux dividendes annuels, sauf l'intérêt de 6 0/0 réservé aux seules actions du capital. Cet amortissement a été interrompu en 1886 et repris en 1892.

Conseil d'administration. — Composé de 8 à 13 membres nommés pour 7 ans ; renouvelables annuellement par un ou 2 membres.

Chaque Administrateur fournit un cautionnement de 50,000 lires au minimum, consistant en actions de la Société calculées à leur valeur nominale, ou en titres de rente italienne 5 0/0, ou encore en obligations de la Compagnie.

Les Administrateurs actuels sont : MM. Jules Guichard, sénateur, président; comte R. Lavaurs, vice-président; L. Persico, deuxième vice-président; R. Cabanus, administrateur-délégué; G. Ador, Edmond Aubert, Bertrand-Geslin, E. Camus, E. de Gayffier, A. Pernolet, D. Perouse, R. Raoul Duval, F. de Siervo.

Directeur : M. V. Krafft; J. Perouse, ingénieur adjoint à la direction.

Assemblée générale. — En septembre, composée des porteurs ou titulaires d'au moins 50 actions, les ayant déposées huit jours avant l'Assemblée. Chaque groupe de 50 actions donne droit à une voix, sans que le même actionnaire puisse réunir plus de 10 voix.

Les 2/3 des actions émises sont nécessaires pour valider les décisions relatives aux emprunts, les 3/4 s'il s'agit de décider la prorogation de la Société, la dissolution anticipée, toute fusion avec d'autres sociétés, l'augmentation du capital, l'acquisition de nouvelles concessions et toute modification des statuts.

L'Assemblée générale nomme *3 syndics et 2 suppléants* pour remplir les fonctions de contrôle stipulé par le Code de commerce italien.

Année sociale. — Du 1er juillet au 30 juin.

Répartition des bénéfices d'après les statuts. — Sur les bénéfices nets, il est attribué :

1° 5 0/0 au fonds de réserve, jusqu'à ce qu'il ait atteint le cinquième du capital social. (La réserve est complète depuis 1892);

2° A l'amortissement des actions, la somme prévue au tableau d'amortissement;

3° Aux actions de capital, 6 0/0 du capital versé;

4° A toutes les actions indistinctement, le surplus, sauf report à nouveau.

Les Administrateurs reçoivent 10 0/0 des répartitions aux actions intérêts compris.

Obligations 5 0/0 et 4 0/0. — La Compagnie a créé deux types d'obligations 5 0/0 et 4 0/0. Tout d'abord, 8.282 obligations de 600 lires, au porteur, ont été émises en 1891, destinées au remboursement des obligations 6 0/0 antérieurement émises. Leur intérêt est de 5 0/0 net d'impôt, coupons payables les 1er janvier et 1er juillet. Leur remboursement a lieu au pair, en 42 ans, à partir du 1er juillet 1895, par tirages annuels effectués en juin, avec remboursement le 1er juillet suivant. La même année a été émis un emprunt 4 0/0 de 2.530.500 lires, divisé en 5.061 obligations de 500 lires libérées et au porteur. L'intérêt est net d'impôt payables aux mêmes échéances que le précédent. Le remboursement doit s'en faire au pair en 40 ans à partir du 1er juillet 1897, par tirages annuels en juin, avec remboursement le 1er juillet suivant.

Résultats du dernier exercice. — Les actionnaires de la Compagnie napolitaine du gaz ont tenu, le 26 septembre 1894, leur assemblée annuelle. Ils ont approuvé les comptes de l'exercic 1893-94 et fixé le dividende y afférent à 25 lires par action de capital et 10 lires par action de jouissance. Le 6 septembre, un acompte de 15 lires pour les actions de capital et 5 lires pour celles de jouissance a été mis en paiement, le reste a été soldé en octobre 1894.

GAZ DE ROME

Constitution. — Société en commandite par actions, formée le 6 novembre 1852, renouvelée le 11 janvier 1888, sous le nom de « Société anglo-romaine pour l'éclairage de Rome par le gaz ou autres systèmes. »

Objet d'après les statuts. — L'éclairage et le chauffage de la ville de Rome par le gaz ou par d'autres systèmes, tant pour les besoins publics que particuliers.

Siège social. — Rome.

Capital social. — Ce capital était à l'origine de 10 millions de lires divisé en 20.000 actions de 500 lires chacune. Il a été porté, en 1888, à 14 millions de lires, divisé en 28.000 actions de 500 lires chacune, entièrement libérées et au porteur, par l'émission de 8.000 actions nouvelles.

Durée. — Jusqu'au 31 décembre 1910.

Conseil d'administration et de Surveillance. — La Société est administrée par un Gérant responsable, qui a seul la signature sociale et la direction des affaires de la Société, et qui doit déposer 100 actions en garantie de sa gestion.

Le gérant actuel est M. Charles Pouchain.

En outre, il y a un Conseil de Surveillance, composé de sept membres nommés pour quatre ans, renouvelables par moitié tous les deux ans, et devant être propriétaires de 50 actions chacun. Les membres actuels sont MM. le sénateur Antonio Alliévi, président; marquis Alexandre Ferraioli, Bernard Blumensthal, Stanislas Canizzaro, G.-B. Favero, Roberto Varvaro, Bartolomes Mazzino.

Assemblée générale. — Dans le premier trimestre de l'année, composée de tous les actionnaires qui auront déposé leurs titres cinq jours avant l'Assemblée. Chaque membre a autant de voix qu'il possède de fois cinq actions, sans que le nombre de voix puisse dépasser un maximum de cent, comme propriétaire ou comme mandataire.

Obligations 5 0/0. — 8.000 obligations créées par décision de l'Assemblée générale du 2 mars 1891, divisées en deux séries de 4.000 obligations chacune, dont la seconde ne peut être émise qu'après l'avis donné à l'Assemblée générale des actionnaires. La première a été émise au pair en avril 1891.

Remboursables à 500 francs, en 16 ans, par tirages au sort annuels, ayant lieu le 1er janvier à compter de 1895.

Intérêt annuel, 25 francs, payables par semestre, les 1er janvier et 1er juillet.

Répartition des bénéfices d'après les statuts. — Sur les bénéfices il est prélevé :

Une somme suffisante pour assurer aux actionnaires une première répartition, jusqu'à concurrence de 5 0/0 du capital versé.

En cas d'insuffisance des produits d'une année pour servir 5 0/0, la différence pourra être prélevée sur le fonds de réserve.

Le surplus des bénéfices est réparti ainsi qu'il suit :

4 0/0 au Conseil de vigilance.

1 0/0 au Gérant.
15 0/0 au fonds de réserve, jusqu'à concurrence du dixième du capital social.
80 0/0 aux actionnaires.

SOCIÉTÉ IMPÉRIALE OTTOMANE

D'ÉCLAIRAGE PAR LE GAZ ET L'ÉLECTRICITÉ

Constitution. — Société ottomane, constituée le 9 septembre 1891.

Objet d'après les statuts. — L'éclairage au gaz de Kadi-Keng, Scutari, la Côte asiatique du Bosphore jusqu'aux limites du huitième cercle municipal. Concession accordée à M. Charles Georgi par firman, en date du 3 mouharem 1309 (8 août 1891), pour le monopole de l'éclairage, du chauffage et de la force motrice, au moyen du gaz extrait de la houille, et le droit de préférence pour l'électricité de Kady-Keng, Scutari, etc., accordée pour 50 ans.

Siège social. — Constantinople.

Durée. — 50 ans.

Capital social. — 6 millions de francs, divisés en 2.000 actions de 500 fr. chacune, entièrement libérées et au porteur.

Conseil d'administration. — Composé de 7 à 15 membres, renouvelables par un ou deux membres chaque année et devant être propriétaires de 50 actions chacun. Le premier Conseil restera en fonctions pendant trois ans et sera renouvelé entièrement après cette période.

Les administrateurs actuels sont : MM. Léon Somzée, président ; Lucien Guinotte, vice-président ; Eugène Breittmayer, Georges Beyens, Charles Georgi, Ernest Melot, Gaëtan Somzée, baron G. de Soubeyran, Victor Tiercelin-Moujot, Henri Warnant.

Assemblée générale. — Courant du premier semestre. Composée de tous les actionnaires propriétaires ou mandataires de cinquante actions au moins, qui les auront déposées dix jours avant l'Assemblée. Chaque membre a autant de voix qu'il possède de fois cinquante actions, sans que le nombre de voix puisse dépasser un maximum de vingt, comme propriétaire ou comme mandataire.

Obligations 5 0/0. — 8.000 obligations, émises à 480 fr., le 1er juillet 1892, remboursables à 500 fr., en cinquante ans, par tirages au sort annuels, à compter de 1897, produisant un intérêt annuel de 25 fr nets, payables en or par moitié les 1er janvier et 1er juillet.

Répartition des bénéfices d'après les statuts. — Sur les bénéfices, il est prélevé :
5 0/0 pour former un fonds de réserve, ce prélèvement cessant d'être obligatoire lorsque la réserve atteindra le dixième du capital social.
Une somme suffisante pour assurer aux actionnaires une première répartition, jusqu'à concurrence de 4 0/0 du capital versé.
Sur l'excédent :
10 0/0 au Conseil d'administration
Le surplus est réparti aux actionnaires.

GAZ DE BORDEAUX

Constitution. — Société anonyme constituée, le 30 septembre 1875, sous le nom de « Compagnie du gaz de Bordeaux ».

Objet d'après les statuts. — Exploitation de l'éclairage et du chauffage par le gaz de la ville de Bordeaux, conformément aux conditions de la concession faite à la Société financière de Paris, le 10 novembre 1874, pour une durée de vingt-huit ans et demi, à partir du 1er janvier 1876. La Société financière a été autorisée à substituer la Société à tous ses droits et charges, par délibération du Conseil municipal de Bordeaux du 12 juillet 1875, approuvée par arrêté préfectoral du 25 août suivant, à condition toutefois de rester responsable vis-à-vis de la ville de Bordeaux.

Siège social. — A Paris, rue Louis-le-Grand, 19. Bureaux : rue Taitbout, 11.

Durée de la Société. — Du jour de la constitution de la Société jusqu'à la fin de la concession (soit du 30 septembre 1875 au 30 juin 1904).

Capital social. — 3 millions, divisé en 6.000 actions de 500 francs au porteur, émises à 500 francs et entièrement libérées.

Les intérêts et dividendes se payent les 1er juillet (acompte) et 1er janvier (solde).

Conseil d'administration. — De cinq à neuf membres, propriétaires chacun de 40 actions, inaliénables pendant la durée de leurs fonctions.

Les administrateurs actuels sont : MM. Ed. Kohn, *président* ; P. A. Oppenheim, Ed. Romberg, Lalande et S. Propper.

Assemblée générale. — En novembre, composée des propriétaires de 20 actions au moins, qui les ont déposées vingt jours au moins avant la date de la réunion. 20 actions donnent droit à une voix, sans qu'aucun actionnaire puisse posséder plus de dix voix, soit par lui-même, soit comme mandataire.

Année sociale. — Du 1er juillet au 30 juin.

Répartition des bénéfices d'après les statuts. — Sur les bénéfices nets, il est prélevé :

1° 5 0/0 pour la constitution de la réserve légale, jusqu'à ce que cette réserve ait atteint le dixième du capital social ;

2° Une somme destinée à l'amortissement du fonds social, lequel doit être terminé au plus tard deux ans avant l'expiration de la concession ;

3° Somme nécessaire pour servir aux actions, amorties ou non amorties, un intérêt ou premier dividende de 5 0/0.

Sur le restant, il est prélevé 10 0/0 pour le Conseil d'administration.

Le surplus est réparti, savoir : 75 0/0 à titre de dividende aux actions amorties et non amorties, et 25 0/0 aux souscripteurs des 6.000 actions composant le capital social actuel.

Les droits à ces 25 0/0 est divisé en 300 parts représentées par des certificats délivrés à raison d'une part par chaque 20 actions souscrites.

L'amortissement des actions s'effectue par tirages au sort annuels, en novembre, à compter du 20 novembre 1878. Les titres sortis à ces tirages sont remboursés à 500 francs le 1ᵉʳ mars suivant le tirage, et remplacés par des actions de jouissance.

Dividendes distribués. — Depuis 1878, ils ont été les suivants :

1878-79	42 50		1886-87	85 »
1879-80	42 50		1887-88	90 »
1880-81	53 »		1888-89	90 »
1881-82	64 »		1889-90	90 »
1882-83	67 50		1890-91	90 »
1883-84	75 »		1891-92	90 »
1884-85	85 »		1892-93	90 »
1885-86	85 »			

Cours des Actions. — Les voici depuis l'origine :

	Actions de capital	Actions de jouiss.		Actions de capital	Actions de jouiss.
1876	586 875	» »	1885	1.598 687	1.095 312
1877	620 618	» »	1886	1.680 118	1.135 343
1878	640 192	125 »	1887	1.573 801	1.018 240
1879	686 869	125 »	1888	1.514 759	955 992
1880	951 381	376 666	1889	1.632 180	1.043 140
1881	1.064 069	429 212	1890	1.747 266	1.204 346
1882	1.047 511	463 378	1891	1.835 560	1.278 750
1883	1.146 712	585 975	1892	1.883 675	1.264 042
1884	1.275 983	686 111	1893	1.854 928	1.241 313

Obligations 5 0/0 — 12.000 obligations de 500 francs au porteur, entièrement libérées, ont été émises le 5 mai 1876 au taux de 415 par la Société des Dépôts et Comptes courants. Elles sont remboursables à 500 francs en 26 ans à partir du 1ᵉʳ octobre 1876, par voie de tirages au sort semestriels ayant lieu en septembre et mars. Remboursement des titres sortis les 1ᵉʳ octobre et 1ᵉʳ avril suivant chaque tirage. Leur intérêt annuel est de 25 francs, payables par moitié les 1ᵉʳ avril et 1ᵉʳ octobre.

En voici les cours depuis l'origine :

1876	438 328		1885	517 727
1877	452 50		1886	521 670
1878	487 438		1887	518 366
1879	508 581		1888	521 452
1880	518 887		1889	518 715
1881	522 803		1890	526 489
1882	510 189		1891	523 057
1883	510 791		1892	522 891
1884	515 856		1893	526 027

GAZ DE MARSEILLE

Constitution. — Société anonyme, constituée le 28 juillet 1860, sous le nom de « Société anonyme de l'éclairage au gaz et des hauts-fourneaux et fonderies de Marseille et des mines de Portes et Sénéchas ».

Objet d'après les Statuts. — Éclairage et chauffage de Marseille;

exploitation des mines de houille de Portes et Senéchas et des hauts-fourneaux et fonderies de Saint-Louis, près Aranc (Bouche-du-Rhône).

Siège social. — 6, rue Le Peletier, à Paris.

Durée de la Société. — Du 15 août 1860 au 31 mai 1907.

Capital social. — 21,600,000 francs, divisés en 36,000 actions de 600 francs au porteur et libérées. L'amortissement de ces actions a lieu par tirages au sort annuels, en juin. Les titres sortis sont remboursés à 600 francs le 1er juillet suivant et remplacés par des *actions de jouissance*, suivant le tableau d'amortissement adopté à l'origine, les actions de capital doivent être totalement remboursées en 1907.

Conseil d'administration. — De neuf membres, nommés pour trois ans, renouvelables par tiers chaque année, devant être propriétaires de 100 actions chacun.

Il est actuellement composé de : MM. Henri Germain, président; Darcy, Devès, Ch. Hentsch, Jordan, Jouet-Pastié, Lefebure, Lenoir.

Assemblée Générale. — Dans les trois mois qui suivent l'inventaire de fin d'année (31 décembre), composée de tous les porteurs de cinq actions déposées cinq jours d'avance. Cinq actions donnent droit à une voix; un actionnaire ne peut obtenir plus de dix voix.

Répartition des bénéfices d'après les statuts. — Sur les bénéfices nets, il est attribué :

1° 5 0/0 au fonds de réserve, jusqu'à ce qu'il ait atteint un million. (Ce maximum est atteint);

2° Aux actions de capital, un *intérêt* de 5 0/0, soit 30 francs (moins impôt);

3° Au fonds d'amortissement, une somme formée : 1° par un prélèvement annuel fixé par l'Assemblée générale ; 2° par la somme correspondant au 5 0/0 du capital amorti antérieurement.

Le surplus est réparti, sans distinction, aux actions de capital et aux actions de jouissance.

Les coupons sont payables au Crédit Lyonnais.

Dividendes distribués. — Ils ont été, dans ces dernières années, impôts déduits :

Exercice	Actions de capital	Actions de jouis.	Exercice	Actions de capital	Actions de jouis.
1884 .. Fr.	39 »	9 »	1889 ... Fr.	46.60	18.60
1885	37.15	10 »	1890	45.90	18.30
1886	37.10	9.25	1891	45.60	18 »
1887	41 90	13.95	1892	45.60	18 »
1888	42 »	13.95	1893	45.85	18 25

Cours des actions. — Elles ont été cotées en banque comme suit :

	ACTIONS ORDINAIRES			ACTIONS DE JOUISSANCE	
Année	Plus bas	Plus haut	Année	Plus bas	Plus haut
1889 ... Fr.	980	1.077	1889 ... Fr.	412	480
1890	1.075	1 280	1890	485	645
1891	1.150	1.245	1891	550	625
1892	1.000	1.170	1892	430	580
1893	1.022	1.150	1893	425	497

GAZ DE MUNICH

Constitution. — Société anonyme bavaroise, constituée le 8 novembre 1870 sous le titre de « Gasbeleuchtungs-Gesellschaft in München. »

Objet d'après les statuts. — Exploitation d'une usine à gaz à Munich.

Durée de la Société. — Jusqu'au 31 octobre 1899, date d'expiration du contract avec la ville de Munich. (La concession originelle fut accordée en 1848 pour 25 ans, soit jusqu'au 31 octobre 1873, et renouvelée pour 36 ans, en 1863.)

Clause de rachat. — Entre la Société et la Ville de Munich, une clause a été signée les 29 avril 1891 et 9 mai 1891, pour régler les bases de la liquidation à l'expiration de la concession (1899). Aux termes de cet arrangement, la Ville rachètera à la Société les usines et installations telles qu'elles existaient au 1er juillet 1890, au prix de 4 millions de marcs plus les approvisionnements. Les installations nouvelles, créées à partir de cette date seront rachetées par leur coût, diminué d'un amortissement de 5 0/0 l'an. Le prix du gaz ne surpassera jamais 23 pfg. le mètre cube pour le gaz d'éclairage, 17 1/4 pfg. pour le gaz employé à l'industrie et au chauffage.

Capital social. — Fixé à l'origine à 1.150.000 anciens florins de l'Allemagne du sud, en 4.600 actions de 250 florins, le capital fut converti en 1878 en 2.655.000 marcs qui furent divisés en 5.900 actions de 450 marcs. — L'assemblée générale du 26 septembre 1881 porta le capital à 3.825.000 marcs, en votant la création de 2.000 actions. De ces nouvelles actions, 500 seulement furent émises, de sorte que le capital *réalisé* est actuellement de *2.880.000 marcs*, divisé en *6.400* actions de 450 marcs, entièrement libérées et au porteur.

Conseil de surveillance. — Composé de sept membres, nommés pour cinq ans, renouvelables ensemble.

Assemblée générale. — Avant la fin de septembre. — Cinq actions donnent droit à une voix, sans que le même actionnaire puisse réunir plus de cinquante voix.

Année sociale. — Du 1er juillet au 30 juin.

Répartition des bénéfices d'après les statuts. — Sur les bénéfices nets, il est attribué :
10 0/0 au Fonds de réserve. Le maximum légal de ce fonds (10 0/0 du capital), étant atteint depuis plusieurs années, ces 10 0/0 sont employés pour amortissement.
5 0/0 tantième aux membres du Conseil de surveillance.
Le reste est réparti suivant décision de l'Assemblée générale.

GAZ DE RIO-DE-JANEIRO

Constitution. — Société anonyme belge, constituée le 17 mars 1886.

Objet d'après les statuts. — 1° L'exploitation du privilège exclusif de l'éclairage et de l'emploi du gaz à d'autres fins dans la ville de Rio-de-Janeiro, suivant la concession accordée par le gouvernement brésilien ;
2° Toutes opérations se rattachant à ladite concession.

Durée de la Société. — 30 ans, à partir de la constitution.

Siège social. — Bruxelles. Succursale à Rio-de-Janeiro.

Capital social. — 11 millions de francs, divisés en 22.000 actions privilégiées de 500 fr. libérées entièrement et au porteur. Il existe en outre 10.000 actions ordinaires sans dénomination de valeur.

Les actions privilégiées ont droit à un dividende privilégié cumulatif de 8 0/0, soit 40 francs. Elles devront être amorties en 22 ans, à partir de 1888, soit par voie de tirage au sort pour être remboursées à 750 fr., soit par achats à la Bourse si le cours des actions est inférieur à 750 fr.

Les remboursements ont été jusqu'ici effectuées par achats à la Bourse.

Il a été attribué aux Fondateurs 4.000 actions privilégiées libérées et 4.000 actions ordinaires. Les 6.000 actions privilégiées restantes ont été intégralement souscrites et les 6.000 ordinaires restantes ont été attribuées, titre pour titre, aux souscripteurs des actions privilégiées.

Conseil d'administration. — De 7 à 11 membres, nommés pour six ans, renouvelables annuellement par deux Administrateurs rééligibles. Chaque Administrateur doit être propriétaire de 50 actions privilégiées.

Il est essentiellement composé de MM. Des Gouttes, Victor Mert, E. de Roubaix, T. de Savoye, Th. Verstroeten, Martin Ree, Léon Drugman, De Laureys, Eugène Raffard.

Assemblée générale. — Le quatrième lundi du mois de mai, composée de tous les actionnaires ayant déposé leurs titres cinq jours avant l'Assemblée. Chaque action donne droit à une voix, sans que le même actionnaire puisse réunir plus des deux cinquièmes des votes représentés, ni un nombre d'actions dépassant le cinquième des actions émises.

Répartition des bénéfices d'après les statuts. — Sur les bénéfices nets, il est attribué :

1° 5 0/0 au minimum au fonds de réserve ;
2° à chaque action privilégiée amortie ou non amortie, un dividende de 40 fr., soit 8 0/0.

Sur le surplus, il est prélevé :

a) 5 0/0 pour être répartis aux Conseil d'Administration et Collège de Commissaires ;
b) la somme nécessaire pour parfaire, avec les 8 0/0 ci-dessus, l'annuité correspondant à l'amortissement du capital actions privilégiées, en

22 années, à partir de 1888, soit par voie de tirage au sort au taux de fr. 750, soit par achats à la Bourse si le cours est inférieur à ce taux.

Si le bénéfice net ne permet pas le prélèvement nécessaire au service des 8 0/0 et de l'amortissement, la différence est en tout ou partie, sans intérêts de retard, réparable sur les bénéfices des exercices postérieurs et, avant toute distribution, aux actions ordinaires.

c) Le reste est partagé d'une manière égale entre les 10.000 actions ordinaires.

Les coupons sont payés à la Banque Parisienne, rue Chauchat, à Paris.

Dividendes distribués. — Ils ont été depuis l'origine :

Exercice	Action ordinaire	Action privilégiée
1886-87 (17 m.)	Fr. 70. —	Fr. 56.66
1888	» 85. —	» 40. —
1889	» 50. —	» 40. —
1890	rien	» 40. —
1891	rien	» 40. —
1892	rien	rien
1893	rien	rien

Obligations 6 0/0 et 5 0/0. — Il y en a deux types : 6 0/0 et 5 0/0.

1° L'emprunt 6 0/0, créé le 24 juillet 1886, est de 11 millions de francs, divisé en 22.000 obligations de 500 francs libérées et au porteur, portant intérêt le 1er mars (15 fr.) et le 1er septembre (15 fr.). Remboursement au pair, de 1890 à 1914, par tirages annuels en août, paiement le 1er septembre suivant. Garantie : une hypothèque pprise sur tous les biens, meubles et immeubles de la Société de Rio-de-Janeiro.

2° L'emprunt 5 0/0, au capital de 10 millions de francs, divisé en 20.000 obligations de 500 francs libérées et au porteur, dont 10.000 créées le 9 mai 1890 et 10.000 le 19 avril 1891. L'intérêt est payable en mai et novembre. Le remboursement a lieu au pair en 25 ans, de 1891 à 1915, par tirages annuels en avril. Les titres sont remboursés le 15 mai suivant. La Société s'est réservé le droit d'anticiper le remboursement de tout ou partie de l'emprunt.

COMPAGNIES RÉUNIES
GAZ ET ÉLECTRICITÉ

Constitution. — Société anonyme portugaise, formée le 10 juin 1891 et résultant de la fusion des Compagnies *Lisbonnaise d'éclairage au gaz* et *Gaz de Lisbonne*.

Objet d'après les statuts. — 1° La fourniture du gaz et de l'électricité à Lisbonne et dans d'autres villes, pour l'éclairage, le chauffage et la force motrice, ainsi que tous autres produits ayant une de ces applications ;

2° La vente du charbon, la préparation et la vente de tous les produits et sous-produits de sa fabrication, la construction et la vente de tous les appareils et objets se rattachant à l'industrie de l'éclairage, du chauffage et de la force motrice;

3° L'entreprise de tout ce qui est commerce avec l'objet de la Société ou qui se rattache à l'utilisation du matériel apporté par les deux Compagnies *Lisbonnaise d'éclairage au gaz* et *Gaz de Lisbonne*.

La Société peut prendre des participations dans d'autres sociétés ou entreprises similaires et fusionner avec elles.

Siège Social. — 27, rua da Boa Vista, Lisbonne. Bureaux à Paris, 20, rue Taitbout.

Durée. — 90 ans.

Capital social. — 5.580 contos de reis (31 millions de francs), divisé en 124.000 actions de 450.000 reis (250 francs), représentant pour 120.000 actions les actifs des deux compagnies réunies et pour 4.000 actions souscrites au pair en espèces, le nouveau fonds de roulement.

Conseil d'administration. — Pour la période des trois premières années, le Conseil d'administration sera composé de *huit* membres portugais et de *huit* membres étrangers. Après cette période, le nombre pourra être réduit dans une proportion égale. Les membres du Conseil sont nommés pour trois ans, doivent être propriétaires de cent actions chacun, déposées en garantie de leur gestion.

Les administrateurs à Paris, sont : MM. N...., *Président*; Eugène Breittmayer et W. Pfizmeyer.

Directeur général : M. Baptistin Cruvellier.

Assemblée générale. — Courant octobre. Composée de tous les Actionnaires propriétaires de cinquante actions au moins, qui les auront déposées vingt jours avant l'Assemblée. Chaque membre a autant de voix qu'il possède de fois cinquante actions, sans que le nombre de voix puisse dépasser, comme propriétaire et mandataire, le dixième des voix correspondant à la totalité des actions, ni le cinquième des voix présentes à l'Assemblée.

Conseil de Surveillance. — Le contrôle de la Société est confié à un Conseil composé de huit membres, nommés pour trois ans, et devant déposer 50 actions chacun en garantie de leur gestion.

Année Sociale. — Du 1er juillet au 10 juin.

Obligations anciennes. — 23.333 obligations de 300 francs 5 0/0, émises par la Compagnie du *Gaz de Lisbonne*, à 285 francs, le 26 février 1889, remboursables à 300 francs (54 § 000 reis), en 33 ans, par tirages au sort semestriels, ayant lieu les 1er juin et 1er décembre, à compter du 1er juin 1889. Remboursement des titres sortis les 1er septembre et 1er mars suivants. *Intérêt annuel* : 15 francs, payables par semestre, les 1er mars et 1er septembre, net d'impôts.

Obligations nouvelles. — Le Conseil d'administration est dès à présent autorisé à créer, jusqu'à concurrence d'une valeur nominale de 540 contos de reis, des obligations 5 0/0, remboursables dans un délai maximum de quatre-vingt-dix ans, avec les destinations suivantes.

a) Pour en délivrer, aux termes de la condition 12 du contrat du 10 juin 1891 :

1° Reis 90 : 000 § 000, valeur nominale, à l'administration de la *Compagnie Lisbonnaise d'éclairage au gaz*.

2° Reis 8 : 316 $ 000, valeur nominale, à l'administration de la *Compagnie du gaz de Lisbonne*.

b) Pour en réaliser, lorsque le Conseil d'administration le jugera opportun, un nombre nécessaire à la reconstitution :

1° De la somme à rendre au fonds de roulement, pour le paiement de la concession d'électricité, conformément à l'article 15 du contrat de fusion.

2° De la somme nécessaire, suivant l'article précédent, au paiement du coupon du 1ᵉʳ septembre 1891 des obligations de la *Compagnie gaz de Lisbonne* et à celui de ces mêmes obligations remboursables à cette date.

c) Pour conserver le solde en portefeuille, en attendant de le réaliser s'il est nécessaire, mais seulement au fur et à mesure que le perfectionnement ou le développement de l'exploitation l'exigera.

Répartition des bénéfices d'après les statuts. — Sur les bénéfices, il est prélevé :

1° 5 0/0 pour former un fonds de réserve, ce prélèvement cessant d'être obligatoire lorsque la réserve atteindra le cinquième du capital social.

2° Une somme pour l'amortissement des actions, de façon à ce que, dans le délai de quatre-vingt-dix ans, le capital social soit complètement remboursé à raison de 250 francs par action. Toutefois, cet amortissement pourra ne commencer que la sixième année sociale.

3° Une somme suffisante pour assurer un premier dividende de 6 0/0 aux actions non amorties.

Le surplus des bénéfices est réparti ainsi qu'il suit :
8 0/0 au Conseil d'administration
2 0/0 au Conseil de surveillance.
90 0/0 aux Actionnaires.

SOCIÉTÉ GAZIÈRES ANGLAISES

En raison des transactions qui se font couramment sur certaines Sociétés Gazières de la Grande-Bretagne, nous croyons utile pour nos lecteurs d'indiquer sommairement l'organisation des principales d'entre elles, possédant du reste un grand nombre d'usines françaises.

Impérial continental Gas Association. — Cette Société est au capital de 95 millions de francs. Elle a son siège social à Londres, 21, Austin Friars. Elle exploite les usines suivantes :

En France : Lille, Corbeil et Essonnes, les Andelys, Argentan, Armentières, Cholet, Estaires, Evreux, Meaux, Morez, Nonancourt, Romilly, Saint-Jean-d'Angely, Saintes, Thizy et Uzès.

En Belgique : Anvers avec Borgerhout, Berchem et Merxem ; la banlieue de Bruxelles : Molenbeck-Saint-Jean, Saint-Gilles, Etterbeek, Koekelberg, Forest, Ixelles et Acclo.

En Hollande : Amsterdam, Flessingue et Haarlem

En Alsace : Cernay.

En Allemagne : Aix-la-Chapelle avec Borcette, Berlin avec Schœnenberg, Tempelhof, Steglitz, Deutsch-Wilmersdorf, Schmargendorf,

Grunewald, Alt et Neu-Weissensee, Lichterfelde, Zehlendorf et Lanri-
ditz, Francfort-sur-Mein avec Bockenheim, Bornheim, Roedelheim,
Hausen et Oberrad; Hanovre avec Linden, Dohren, Wülfel et Hainholz.

En Autriche : Vienne et la banlieue ; Neulerchenfeld, Hernals, Otta-
kring, Ober-Dœbling, Unter-Dœbling, Nussdorf, Heiligenstadt, Florids-
dorf, Gaudenzdorf et Wilhelmsdorf, Fünfhaus, Hietzing, Weinhaus,
Pensing, Simmering, Baumgarten, Breitensee, Donaufeld, Dornbach,
Gerstof, Grinzing, Hacking, Hutteldorf, Gross-Jedlersdorf, Jedlersee,
Alt-Kettenhof, Neuwaldegg, Pœtsleinsdorf, Unter-S.-Veit, Schwechat,
Ober-Sievering, Unter-Sievering, Speising, Wæhring et, en Croatie :
Essegg.

Conseil d'administration : Sir. J. Goldsmid, Bart, M. P., *président*;
T. H. G. Newton, *vice-président* ; MM. F. Basset, C. Pigou, J. Horsley
Palmer, colonel Wilkinson, Sir James Carmichael. Bart, M. P. ; A. Lucas,
Hono, E. Chandos Leigh, Q. C., Robert Tindall. — Ingénieur en chef :
L. G. Drory. — Inspecteur : H. V. Lindon. — Administrateur délégué des
Usines de France (à l'exception de Lille, de Corbeil et Essonnes, et de
Cernay en Alsace) : M. A. Ellissén, 33, boulevard Hausmann, à Paris.

The European Gas Company (Limited). — Société à respon-
sabilité limitée au capital de 18.790.875 francs, ayant son siège social à
Londres, Finsburg House, Blomfield Street, Londres N. C. — Adminis-
trateurs : MM. J. Blachet Gill, *président* ; E. F. White, E.-E.-B. Garey,
H. C. Smith et E. T. E. Beslay. — Directeur général, secrétaire : W.
Williams. — Usines en activité : Amiens, Bolbec, Boulogne-sur-Mer,
Outreau, Caen, le Havre, Nantes, Rouen et Sotteville.

The Tuscan Gas Company (Limited). — Société au capital de
£. 3.500.000 ayant son siège social : 31, Great George street. S. W., Londres. — Conseil d'administration : M. C. Hosley, *président* ; R. Laidlaw,
E. Hart, R. Murdoch, C.-V. Palin, E.-P. Lambert. — Ingénieur-Secré-
taire : A. F. Phillips. — Usines en activité : Acqui, Bari, Lecce, Fos-
sano, Civita-Vecchia, Mondovi, Nizza Mouferrato, Pérugia, Pignerol,
Prato, Saluces, San-Remo, Savigliano, Ventimille, Vercelli, Voltri,
Lucca.

Continental Union Gas Company (Limited). — Société au capi-
tal de 25 millions de francs, ayant son siège social à Londres, 7, Drapers
Garden (E. C.). Les usines en activité sont à Montargis (Loiret) et
Messine (Sicile). — Le Conseil des directeurs est composé de : MM. Sir
J. Goldsmid Bart, M. P., *président* ; H. W. Blake, N.-E.-B. Garey, R. H.
Jones, A. Lucas et F. Jendron. — Le secrétaire est M. W. Himing.

SOCIÉTÉS GAZIÈRES BELGES

En dehors des Compagnies belges que nous avons examinées plus
haut, il y a lieu de citer les suivantes :

Société anonyme d'éclairage au gaz des Flandres. — Société
au capital de 350.000 francs, ayant son siège social à Renain. — Usines
en activité : Audemarde et Renain. — Conseil d'administration : MM.
L. Busine, G. Delhaise et Leleu. — Conseil de surveillance : M. L. De-
lacroix, commissaire.

Société anonyme d'éclairage du bassin houiller de Mons. — Société au capital de 1.523.000 francs, ayant son siège social à Wasmuël. — Eclairage des villes, communes et agglomérations industrielles de Saint-Ghislain, Dour, Boussu, Hornu, Wasmuël, Quaregnon, Jemappes, Flénu, Cuesmes, Frameries, La Bouverie et Paturages, en Belgique; Tulle, Thiers et Ambert, en France. — Conseil d'administration: MM. Léon de Mot, président; Ed. d'Archambeau, G. Michiels, A. Trifet, administrateurs; Léon Busine, administrateur délégué. — Directeur: M. Constant Ménier.

Société anonyme des usines à gaz réunies. — Société au capital de 650.000 francs, ayant son siège social à Bruxelles, place Rogier, 1. — Usines en activité: Dinant et Blankemberghe. — Conseil d'administration: MM. J. Dupont, Van Moas, E. Mahieu, L. Monin. — Administrateur délégué: Alex. Trifet, à la Louvière. — Conseil de surveillance: MM. V. Schmidt, à Trigalet, et Pourbaux.

Société anonyme du gaz d'Alost. — Capital: 600.000 francs. — Siège social: Alost. — Conseil d'administration: MM. Ed. Romberg, président; L. Somzée; A. Romberg-Nisard. — Commissaires: MM. J. Deleury, Somzée fils.

Société du gaz d'Ecloo. — Administrateur: M. Ed. Van Hœgaerder. — Siège social: Ecloo. — Directeur: M. Félicien Nicodème.

Société anonyme du gaz de Leuze. — Capital: 150.000 francs. — Siège social: Leuze. — Conseil d'administration: MM. L. Busine, président; A. Trifet, administrateur; Edmond Van Hœgaerden, administrateur délégué. — Conseil de surveillance: MM. Pierre Pohl, Pierre Dedecker. — Directeur: M. A. Menager.

Société anonyme d'Éclairage de Menin, Halluin, Wervicq. — Capital: 1.080.000 francs. — Siège social: 16, rue du Congrès, Bruxelles. — Conseil d'administration: MM. L. Quinotte; Ed. Peny, P. Poswick del Marmol, L. Somzée, de Creeft, administrateurs. — Conseil de surveillance: M. de Mathelin. — Usines en activité: Menin, Wervicq. — Localités éclairées: Menin, Wervicq (Belgique), Halluin, Bousbecques, Wervicq (France).

Société anonyme du gaz de Namur. — Capital: 1.700.000 fr. — Siège social: Namur. — Conseil d'administration: MM. Despret, président; Foulon de Vaulx, administrateur délégué; Lévy, Barbet, Propper. — Directeur: Greyson de Schodt.

Société commerciale Belge. Gaz et Électricité. — Capital: 4.000.000 de francs. — Siège social: 22, rue des Palais, à Bruxelles. — Conseil d'administration: MM. Somzée, L. Guinotte, Ch. Georgi, Warnant, G. Somzée, De Creeft.

SOCIÉTÉS GAZIÈRES ITALIENNES

Outre les Sociétés que nous avons examinées plus haut, les principales sont les suivantes:

Société italienne pour le gaz, à Turin. — Société anonyme au capital de 2.450.000 francs, ayant son siège social 5, place Saint-Charles, à Turin.— Usines en activité : Turin, Pavie et Bergame.— Conseil d'administration : MM. le commandeur J. Albanelli, président ; l'ingénieur-commandeur Ph. Allasia, vice-président ; le chevalier-avocat A. Gonella, le valier J. Martini, J.-A. Pennazio, le chevalier-avocat G. Prat. le commandeur J.-B. Varrone, administrateurs. — Syndics : MM. le chevavalier François Bœlla, Modesio Pertusio, le chevalier P. Meille et le chevallier David Olivetti, le comte François de Cardenas, syndics suppléants. — Directeur général de la Compagnie : M. le baron-ingénieur Fr. Ch. Luciféro.

Societa italiana dell'Industria del Gas. — Société anonyme au capital de 2.500.000 francs, ayant son siège social 43, via A. Manzoni, à Milan. — Usines en activité : Monza, Como, Casale, Chietti, Novara, Asti, Carrara, Savona, Crema, Cremona, Cesena.

Compagnia meridionale e Vesuviana del Gas.— Société anonyme au capital de 2.000.000 de francs, ayant son siège social à Naples. Direction : à Resina, Corso Ercolano, 57. — Directeur général : M. Ed. Wittmann, ingénieur. — Chef des services techniques : M. Ang. Trévisan, ingénieur. — Villes éclairées : Barletta, San Giovanni a teduccio, Barra, San Giorgio a Cremano, Portici, Resina, Torre del Greco.

COMPAGNIES D'EAUX

COMPAGNIES D'EAUX

COMPAGNIE GÉNÉRALE DES EAUX

Constitution. — Société anonyme, constituée le 1ᵉʳ décembre 1853, transformée en Société anonyme le 7 novembre 1874.

Objet d'après les statuts. — Obtention et exploitation en France de toutes concessions relatives au service général et spécial des eaux, selon tous les besoins et usages, notamment pour leur distribution dans les villes et pour l'irrigation dans les campagnes.

Siège social. — 52, rue d'Anjou-Saint-Honoré, à Paris.

Capital social. — 20 millions, divisé primitivement en 80.000 actions de 250 fr. qui, par suite de la transformation en Société anonyme libre de 1874, ont été remplacées par 40.000 actions de 500 fr. au porteur, entièrement libérées, à raison d'une nouvelle contre deux anciennes.

Par décision de l'Assemblée générale du 23 décembre 1881, le capital social a été élevé à 40 millions par la création de 40.000 actions nouvelles de 500 fr., émises en janvier 1882, par souscription réservée aux anciens actionnaires, à raison de une action nouvelle pour une ancienne, au prix de 750 fr. (dont 250 fr. pour les réserves), stipulés payables en trois termes de 250 fr. chacun, les 25 janvier et 25 juillet 1882 et 25 janvier 1883.

Au total, 80.000 actions de 500 fr., entièrement libérées et au porteur.

Les intérêts et dividendes se payent les 1ᵉʳ janvier (acompte) et 1ᵉʳ juillet (solde).

Conseil d'administration. — De huit à douze membres, renouvelables par quart, chaque année, et devant être propriétaires chacun de 75 actions inaliénables pendant toute la durée de leurs fonctions.

La gestion des affaires sociales, sous l'autorisation du Conseil d'administration, est confiée, soit à un comité de direction de cinq membres, au plus, pris au sein du Conseil d'administration, soit à un directeur nommé par lui.

Le Conseil est actuellement composé de MM. Edouard Blount, président; comte de Montesquiou, vice-président; baron Hottinguer, J. Stern, comte G. Reille, baron Fririon, comte Foy, Al. Mallet, J. Cambefort, A. Gérard. — Directeur : M. Talandier.

Assemblée générale. — Avant le 1er juillet, composée de tous les actionnaires propriétaires de vingt actions au moins, qui les auront déposées quinze jours avant l'époque fixée pour la réunion. Vingt actions donnent droit à une voix, sans que personne puisse réunir plus de cinq voix, tant en son nom que comme mandataire.

Répartition des bénéfices d'après les statuts. — Sur les bénéfices nets, il est prélevé annuellement :

5 0/0 pour constituer un fonds de réserve, jusqu'à ce que ce fonds ait atteint le dixième du capital social ;

Une retenue destinée à constituer un fonds d'amortissement calculé de telle sorte que le capital social soit complètement amorti pendant la durée des concessions.

Et une somme nécessaire pour payer vingt francs d'intérêt à chaque action non amortie.

L'excédent est réparti entre tous les actionnaires à titre de dividende.

L'amortissement des actions se fait au moyen de tirages au sort annuels, ayant lieu ordinairement en novembre.

Les titres sortis sont remboursés à 500 francs le 1er janvier suivant et sont remplacés par des actions de jouissance.

Obligations. — Il y en a trois types : 3 0/0, 5 0/0 et 4 0/0.

1° Les obligations 3 0/0 ont été émises au nombre de 43.796, dont 20.000 en 1859 au taux moyen de 245 fr. 60 ; 19.796 en 1864, à 292 fr. 34 et 40 000 en 1893, à 455 francs. Elles sont entièrement libérées et au porteur, remboursables à 500 francs, de 1862 à 1951, par tirages au sort annuels en juillet, le remboursement des titres sortis s'effectuant le 1er octobre suivant. Elles produisent un intérêt annuel de 15 francs, payables par moitié les 1er avril et 1er octobre.

2° Les obligations 5 0/0 ont été émises au nombre de 40.000, dont 20.000 en 1870 au taux moyen de 458 fr. 08, 10.000 en 1874 et 10.000 en 1877, au taux moyen de 458 fr. 50. Elles sont entièrement libérées et au porteur, et remboursables à 500 francs, de 1891 à 1909, par tirages au sort semestriels, en mars et juillet, avec remboursement des titres sortis les 1er mai et 1er novembre. Elles produisent un intérêt annuel de 25 francs, payables par moitié les 1er mai et 1er novembre.

3° Les obligations 4 0/0 comportent deux séries, dont la première est remboursable avant 1920, et la seconde avant 1943. La première série comporte 40.000 obligations 4 0/0 au porteur, entièrement libérées, sur lesquelles 5.000 ont été émises à 490 francs en octobre 1880 ; remboursables à 500 francs avant le 1er juin 1920, par tirages au sort semestriels, ayant ordinairement lieu en avril et novembre, avec remboursement des titres sortis les 1er juin et 1er décembre suivants. L'intérêt annuel est de 20 francs, payables par moitié les 1er juin et 1er décembre. La deuxième série comprend 20.000 obligations, remboursables à 500 francs avant 1943, par tirages au sort semestriels ayant ordinairement lieu en avril et novembre, avec remboursement des titres les 1er juin et 1er décembre suivants. Leur intérêt annuel est également de 20 francs, payables par moitié, les 1er juin et 1er décembre de chaque année.

Dividendes distribués. — 4 0/0 de 1854 à 1856 inclus ; 13 francs en 1857 ; 13 fr. 50 en 1858 ; 16 francs en 1859 ; 17 fr. 25 en 1860 ; 14 fr. 75 en 1861 ; 16 francs en 1862 ; 17 fr. 50 en 1863 ; 18 francs en 1864 ; 19 francs en 1865 ; 20 francs en 1866 ; 21 francs en 1867 ; 22 francs en 1868 ; 23 francs en

1869; 18 francs en 1870; 21 francs en 1871 et 24 francs en 1872 et 1873. A partir de cette époque, les actions de 250 francs ont été portées à 500 francs, le dividende a été porté à 49 francs en 1874; 50 francs en 1875; 52 francs en 1876; 55 francs en 1877; 60 francs en 1878; 64 francs en 1879; 68 francs en 1880; 72 francs en 1881; 50 francs en 1882; 52 francs en 1883; 55 francs en 1884; 56 francs en 1885; 56 fr. 50 de 1886 à 1888; 57 fr. 50 en 1889; 58 fr. 50 en 1890; 59 francs en 1891; 60 francs en 1892.

Cours des titres. — Les actions de capital ont valu 1.452 francs en moyenne en 1891; 1.481 francs en 1892; 1.635 francs en 1893; les actions de jouissance : 851 francs en 1891; 878 francs en 1892; 1.022 francs en 1893; les obligations 3 0/0 : 443 en 1891; 460 en 1892, et 463 en 1893 ; les obligations 4 0/0 : 532, 535 et 534 francs, et les obligations 5 0/0 : 510, 514 et 515 francs pour celles de la première série; 506, 512 et 514 francs pour celles de la seconde.

Résultat du dernier exercice (1894-95). — L'assemblée générale ordinaire des actionnaires de cette Compagnie, qui a eu lieu le 31 mai 1895, a approuvé les comptes de l'exercice 1894 et fixé le dividende de cet exercice à 63 francs, en augmentation d'un franc sur celui de 1893. Une somme importante a été retenue sur les bénéfices à distribuer pour être employée à la réfection des conduites détériorées par la gelée, l'hiver dernier.

Le compte de premier établissement, qui s'élève à 109.752.782 francs, est en augmentation de 3.591.637 francs; la banlieue de Paris figure dans cette somme pour 2.816.000 francs, soit plus de 78 0/0. La compagnie veut, avec raison, donner un développement de plus en plus grand à cette exploitation, qui donne des bénéfices considérables.

D'après le nouveau règlement, adopté par le Conseil Municipal de Paris, le prix de l'eau devient uniforme quelle que soit la quantité d'eau dépensée ; certains avantages sont consentis pour les immeubles où les loyers matriciels ne dépassent pas 800 francs. La Compagnie bénéficiera de l'application des nouveaux tarifs, mais dans une faible mesure, la prime n'étant plus que de 5 0/0 sur les encaissements supérieurs à douze millions.

La municipalité de Nantes a mis à exécution son projet de rachat de la concession : à partir du 1er juin, la Ville doit reprendre possession du service de distribution d'eau, à charge par elle d'exécuter les conditions de l'article 15 du cahier des charges, qui indique l'indemnité que la Compagnie doit recevoir jusqu'à la fin de la concession.

De l'examen du compte profits et pertes, il résulte que presque toutes les affaires de la Société sont en progression sur l'année 1893; les bénéfices des diverses exploitations se sont élevés à 9.377.977 francs ; ils ont reçu l'emploi suivant : service des obligations, 3.499.522 francs; frais généraux, 493.560 francs ; comptes divers, 141.460 francs ; annuité fixe de remboursement des actions, 88.000 francs ; aux actionnaires, 5.040.000 francs; report à nouveau, 115.435 francs.

SOCIÉTÉ DES GRANDES MARQUES
D'EAUX MINÉRALES

Constitution — Société anonyme, constituée le 2 janvier 1895.

Objet d'après les statuts. — La Société a pour objet :

1° L'acquisition, la prise à bail, avec ou sans promesse de vente, de toutes sources d'eaux minérales, de tous terrains, maisons et immeubles quelconques, servant ou devant servir à leur exploitation ou la faciliter par l'établissement de voies de communication ;

2° Le commerce des eaux minérales, tant en France qu'à l'étranger ;

3° La recherche et l'étude des eaux minérales et leur demande en concession et en autorisation, en vue de les exploiter, affermer ou céder;

4° L'acquisition, la prise à bail, avec ou sans promesse de vente, de terrains, immeubles et propriétés en général, ayant servi ou pouvant servir à l'exploitation d'établissements thermaux ou balnéaires, et l'exploitation directe ou indirecte desdits établissements ;

5° La participation dans toutes affaires d'eaux minérales ou d'établissements thermaux ou balnéaires ;

6° La vente et la revente, en bloc ou en détail, de toutes sources ou concessions d'eaux minérales et établissements thermaux ou balnéaires, ainsi que de tous terrains, maisons et immeubles quelconques servant ou pouvant servir à leur exploitation, ainsi que la réalisation de tout ou partie des propriétés et immeubles sociaux, notamment de ceux inutilisés, par voie d'échange ou d'apport, avec ou sans soulte.

Siège social. — 50, boulevard Haussmann, à Paris.

Durée de la Société. — 40 ans, à partir de sa constitution.

Capital social. — 1 million de francs divisé en 10.000 actions de 100 francs. Il a été créé en outre 10.000 parts de fondateurs.

Conseil d'administration. — La Société est administrée par un Conseil nommé par l'Assemblée générale des actionnaires. Il se compose de trois membres au moins et de cinq membres au plus, nommés pour six ans. A l'expiration des fonctions des membres du premier Conseil nommé par la première Assemblée générale, il est procédé, par l'Assemblée générale ordinaire des actionnaires, à l'élection d'un nouveau Conseil. Le renouvellement de ce Conseil se fait par la sortie, tous les deux ans, du tiers de ses membres désignés par le sort, jusqu'à épuisement du deuxième Conseil élu, et ensuite par rang d'ancienneté. Tout membre sortant est rééligible. Le Conseil d'administration peut déléguer, pendant toute sa durée, tout ou partie de ses pouvoirs à un de ses membres, qui prend le titre d'administrateur-délégué. Cet administrateur-délégué exerce ses pouvoirs sous la surveillance du Conseil d'administration. Chacun des administrateurs doit être propriétaire de dix actions nominatives et inaliénables pendant la durée de ses fonctions. Ces actions sont déposées à la caisse sociale et frappées d'un timbre indiquant l'inaliénabilité.

Les administrateurs actuels sont : MM. De Crény, président ;

L. Berger, administrateur-délégué ; Frédéric Duhamel, Goudchaux, Dr Grollet, conseil de la Société.

Assemblée générale. — Elle se réunit chaque année avant le 30 juin. Elle se compose de tous les actionnaires, propriétaires de cinq actions au moins ; chaque actionnaire a autant de voix qu'il possède de fois cinq actions, mais sans pouvoir en aucun cas réunir plus de dix voix. Tout fondé de pouvoir doit être lui-même membre de l'Assemblée générale. Les propriétaires d'actions doivent, pour avoir le droit d'assister à l'Assemblée générale, déposer leurs titres dans les caisses de la Société, quinze jours au moins avant la date fixée pour l'Assemblée générale. Il en est délivré un récépissé qui sert de carte d'admission. Cette carte est personnelle et nominative ; elle constate le nombre d'actions déposées et le nombre de voix qui en résultent pour le titulaire.

Répartition des bénéfices d'après les statuts. — Sur ces bénéfices, il est prélevé :

1° Conformément à la loi, 5 0/0 pour constituer un fonds de réserve dit réserve égale. Cette réserve ne cessera d'être obligatoire que lorsqu'elle aura atteint une somme égale au quart du capital social. Elle est inaliénable et ne peut être distribuée aux actionnaires que lors de la liquidation de la Société, ou dans le cas de dissolution anticipée votée par l'Assemblée générale ordinaire.

Les fonds représentant cette réserve légale devront être déposés à la Caisse des Dépôts et Consignations, au nom de la Société, ou transformés en rentes sur l'Etat ou en actions de la Banque de France, du Crédit Foncier de France ou des grandes Compagnies de Chemin de fer français, ou en obligations desdites Compagnies, ou encore employés en placements hypothécaires en premier rang sur des immeubles d'une valeur au moins double.

L'emploi de l'un des modes sus indiqués, sera déterminé par le Conseil d'administration.

2° La somme nécessaire pour servir à tous les actionnaires un intérêt de 5 0/0 sur le capital dont elles sont libérées.

Le surplus est réparti ainsi :
1° 10 0/0 aux administrateurs ;
2° 45 0/0 aux actions, à titre de dividende ;
3° 45 0/0 aux parts de fondateurs.

Sources exploitées. — La Société a en toute propriété ou en fermage quarante-deux sources exploitées en France ou à l'étranger.

EAUX DE LA BOURBOULE

Constitution. — Société anonyme, constituée le 19 décembre 1875.

Objet d'après les statuts. — L'exploitation des Eaux minérales de la Bourboule (Puy-de-Dôme).

Siège social. — 30, rue Saint-Georges, à Paris.

Durée de la Société. — Jusqu'au 1er janvier 1936, date à laquelle expire la concession.

Capital social. — 1.800.000 francs, divisés en 3.600 actions nominatives ou au porteur de 500 fr., entièrement libérées.

Conseil d'administration. — Composé de sept membres nommés pour cinq ans, propriétaires de vingt actions. Il est actuellement composé de MM. C. Ledru, président; Gallois, vice-président; Depresle, F. Actonne, E. Jérôme, Gaultier de Biauzat, G. Lemercier. — Directeur : M. Lamarle.

Assemblée générale. — En avril ou mai. Composée de tous les actionnaires propriétaires de dix actions au moins, qui les auront déposées huit jours avant l'assemblée. Chaque membre a autant de voix qu'il possède de fois dix actions, sans que le nombre de voix puisse dépasser un maximum de dix, comme propriétaire ou comme mandataire.

Dividendes distribués — Les voici depuis l'origine :

1876 à 1881.	Rien.
1882 à 1888.	5 fr. par an.
1890.	10 —
1891.	15 —
1892.	10 —

Obligations 5 0/0. — 6.200 obligations émises par décision des 4 août 1877 (pour 2.400), 11 février 1879 (pour 2.400), 14 mai 1887 (pour 800), 14 avril 1891 (pour 600), à divers taux, remboursables à 500 fr. en cinquante ans, à partir de 1882, par tirages au sort annuels, ayant lieu en juillet. Remboursement des titres sortis : le 1er octobre suivant. Garantie : l'actif mobilier et immobilier de la Compagnie. Intérêt annuel : 25 fr. payables par moitié les 1er avril et 1er octobre.

Ils sont payables à la Société générale, à Paris et à Clermont-Ferrand.

Répartition des bénéfices. — Sur les bénéfices, il est prélevé :

1° 5 0/0 pour former un fonds de réserve, ce prélèvement cessant d'être obligatoire lorsque la réserve atteindra le dixième du capital social ;

2° Somme suffisante pour assurer aux actionnaires une première répartition, jusqu'à concurrence de 5 0/0 du capital versé.

Le surplus des bénéfices est réparti ainsi qu'il suit :
10 0/0 au Conseil d'administration ;
70 0/0 aux actionnaires ;
20 0/0 aux fonds de réserve et au minimum du prélèvement légal.

EAUX DE COUZAN

Constitution. — Société en commandite par actions, constituée le 1er juin 1886.

Objet d'après les statuts. — L'exploitation des sources d'eaux minérales situées à Sail-sous-Couzan (Loire) (sources exploitées : Brault et Rimaud).

Siège social. — Sail-sous-Couzan (Loire).

Durée. — 99 ans, à partir de la constitution.

Capital social. — 900.000 francs, divisés en 1.800 actions nominatives ou au porteur de 500 francs chacune, entièrement libérées.

Administration. — La Société est administrée par MM. Brault fils et Courbières, seuls gérants responsables et chargés de la direction de la Société.

Conseil de surveillance. — Composé de cinq membres nommés pour quatre ans, renouvelables par quart chaque année. Actuellement : MM. Momain, *président* ; J.-B. Brault, Nesevel, Grua, Carvès.

Assemblée générale. — En juin. Composée de tous actionnaires propriétaires de dix actions au moins, qui les auront déposées cinq jours avant l'Assemblée. Chaque membre a autant de voix qu'il possède de fois dix actions, sans que le nombre de voix puisse dépasser un maxi- de dix, comme propriétaire ou mandataire.

Obligations 5 0/0. — 233 obligations de 500 francs. Intérêt annuel : 25 francs payables le 1ᵉʳ juillet.

Répartition des bénéfices d'après les statuts. — Sur les bénéfices il est prélevé :

1° 5 0/0 pour former un fonds de réserve, ce prélèvement cessant d'être obligatoire lorsque la réserve atteindra le dixième du capital social ;
2° 10 0/0 pour amortir les obligations;
3° Somme suffisante pour assurer aux actionnaires une première répartition, jusqu'à concurrence de 5 0/0 du capital versé.

Le surplus des bénéfices est réparti ainsi qu'il suit :
30 0/0 aux Gérants.
10 0/0 au Conseil de surveillance.
60 0/0 aux Actionnaires.

Dividendes distribués. — Les voici depuis l'origine :

Exercices	Répartitions	Exercices	Répartitions
1886	15 »	1889	15 »
1887	20 »	1890	16 »
1888	néant	1891	25 »

Ils sont payables au siège social et à Saint-Etienne (chez MM. Berne et Poisson).

EAUX DE BAYONNE

Constitution. — Société anonyme, constituée le 17 juin 1892.

Objet d'après les statuts. — 1° Exploitation sous forme de ventes ou d'abonnements temporaires de la distribution d'eau de Bayonne, dont la concession résulte d'un traité du 4 janvier 1884, déclaré d'utilité publique par décret du 30 janvier 1892.

2° Obtention, achat, prise à bail et exploitation de toutes concessions des municipalités françaises environnant Bayonne.

Toute participation et généralement toutes opérations industrielles et commerciales, mobilières et immobilières, se rattachant à l'objet de la Société.

Siège social. — A Paris, place des Batignolles, 3.

Durée. — 60 ans, du 17 juin 1892 au 17 juin 1952.

Capital social. — 500.000 francs, divisés en 1.000 actions de 500 fr., libérées et au porteur, dont 250 ont été attribuées entièrement libérées aux fondateurs, en représentation de leurs apports, et 750 ont été souscrites en espèces et au pair.

Conseil d'administration. — De quatre à neuf membres, devant être propriétaires chacun de 25 actions, inaliénables pendant la durée de leurs fonctions.
Les administrateurs actuels sont: MM. Pelloux (Ant.), président; C. Pelloux, Berthier, Groc, Regnaud, Fresson.

Assemblée générale. — Avant la fin de juillet, composée des propriétaires de cinq actions au moins, les ayant déposées cinq jours au moins avant la date de la réunion. Cinq actions donnent droit à une voix, sans qu'aucun actionnaire puisse réunir plus de 30 voix.

Répartition des bénéfices d'après les statuts. — Sur les bénéfices nets des charges, il est prélevé :
5 0/0 pour constituer le fonds de réserve, jusqu'à ce qu'il atteigne le dixième du capital social ;
La somme nécessaire à l'amortissement du fonds social, calculée de telle sorte que ce capital soit complètement amorti avant l'expiration de la Société ;
La somme nécessaire pour servir aux actions amorties ou non amorties un intérêt de 5 0/0, la partie afférente aux actions amorties devant être versée au fonds d'amortissement.
Le surplus sera réparti, savoir :
3/10 entre les parts de fondateurs ;
6/10 entre toutes les actions amorties ou non amorties ;
1/10 au Conseil d'administration.
L'amortissement des actions s'effectuera à compter de la deuxième année qui suivra la mise en exploitation des concessions, au moyen de tirages au sort annuels, dans les conditions à fixer par le Conseil d'administration. Les actions désignées par le sort sont remboursées à 500 francs et remplacées par des *actions de jouissance*.

Obligations 4 0/0. — 9.000 obligations de 300 fr. 4 0/0., libérées et au porteur, créées par délibération du Conseil d'administration du 18 juin 1892, émises à 252 fr. 50 ; remboursables à 300 francs par tirages au sort annuels en 60 ans, du 1er janvier 1895 au 1er janvier 1954. Leur intérêt annuel est de 12 francs, payables par trimestre les 1er janvier, 1er avril, 1er juillet et 1er octobre de chaque année.
Elles ont eu, comme cours moyen : 257 fr. en 1892, 261 en 1893.

EAUX DE VALS

Constitution. — Société anonyme par actions, constituée le 20 janvier 1870.

Objet d'après les statuts. — La Société a pour objet :

1° L'exploitation des sources de l'établissement thermal et le commerce des Eaux minérales de Vals, ensemble et s'il y a lieu, de tous les produits naturels a extraire desdites eaux ;

2° La revente des biens et terrains appartenant à la Société et leur mise en valeur par tels moyens qu'il appartiendra.

Sources exploitées. — Saint-Jean, Impératrice, Précieuse, Désirée, Rigolette, Magdeleine, Dominique, Firmin, Moyse, Camuse.

Siège social. — Vals-les-Bains (Ardèche). — Direction à Paris, 4, rue de Greffulhe.

Durée. — 50 ans.

Capital social. — A l'origine, 1.500.000 francs, divisés en 3.000 actions, nominatives ou au porteur, de 500 francs chacune, entièrement libérées. Porté à 4.500.000 francs, capital actuel, divisé en 9.000 actions de 500 francs chacune au porteur, libérées de 250 francs, par l'échange des 3.000 actions primitives libérées de 500 francs, contre 6.000 actions libérées de 250 francs, et la création de 3.000 actions nouvelles, libérées de 250 francs.

La Société a libéré elle-même :
En 1884, le troisième quart des actions, soit 125 francs ;
En 1886, 25 francs acompte sur le quatrième quart ;
En 1887, 25 francs également.
Les actions sont donc actuellement libérées de 425 francs.

Conseil d'administration. — Composé de quatre à huit membres, nommés pour six ans, renouvelables par moitié tous les trois ans, et devant être propriétaires de dix actions chacun.

Les administrateurs actuels sont : MM. H. Revol, président ; H. Combier, secrétaire ; J. Terrisse, administrateur-délégué ; A. Céas, J. Rinck, J. Vincent, F. Würtz, A. Porte.

Commissaires : MM. Léopold Cuchet, Ch. Durand.

Comité scientifique : MM. Chatus (de l'Institut), Léon Dru (ingénieur) et G. Bouchardat (membre de l'Académie de Médecine).

Assemblée générale. — Le 30 avril, composée de tous les Actionnaires propriétaires de quatre actions au moins, qui les auront déposées un jour avant l'Assemblée. Chaque membre a autant de voix qu'il possède de fois quatre actions, comme propriétaire ou comme mandataire.

Obligations 4 0/0. — 3.800 obligations, créées par décision de l'Assemblée générale du 5 septembre 1883, remboursables à 500 francs, en vingt ans, par tirages au sort annuels, ayant lieu le 1er octobre, à compter de 1884. Remboursement des titres sortis, le 31 décembre suivant.

Garantie, l'actif de la Société.

Intérêt annuel, 20 francs, payables le 31 décembre.

Répartition des bénéfices d'après les statuts. — Sur les bénéfices, il est prélevé :

1° La somme nécessaire pour assurer le service des obligations, intérêts et amortissements ;

2° 5 0/0 pour former un fonds de réserve, ce prélèvement cessant d'être obligatoire lorsque la réserve atteindra le dixième du capital social ;

3° Une somme destinée à la formation d'un fonds de réserve pour amortissement ;

4° Le surplus aux actionnaires.

Dividendes distribués. — 40 francs par an de 1882 à 1885 inclus ; puis 20 francs en 1886 et 1887 ; 30 francs par an jusqu'aujourd'hui.

EAUX DE VALS ET DE L'ARDÈCHE

Constitution. — Société anonyme, constituée le 4 avril 1884.

Objet d'après les statuts. — La Société a pour objet :
L'exploitation des eaux minérales naturelles découvertes ou a découvrir à Vals et dans toute l'étendue du département de l'Ardèche et spécialement l'exploitation de la source « La Favorite », concédée à la Société.

Siège social. — Lyon, 18, rue Terme.

Durée. — 30 ans, à dater du 10 avril 1884.

Capital social. — 500.000 francs, divisés en 1.000 actions, nominatives ou au porteur, de 500 francs, sur lesquelles, 400 libérées ont été attribuées à divers pour leurs apports et 600 souscrites en espèces.

Le capital a été réduit à 410.000 francs le 8 avril 1886, par suite de l'annulation de 180 actions.

Il y a en outre 6.000 parts de fondateur.

Conseil d'administration. — Composé de trois à sept membres, nommés pour cinq ans, et devant être propriétaires de vingt actions chacun.

Les administrateurs actuels sont: MM. J.-B. Carpentier, C. Freydier-Dubreul, X. Janicot, P. Laurent (de Vierzon) et Irénée Laurent (de Saint-Galmier). — Directeur : M. Fillod.

Assemblée générale. — Dans le 1er semestre. Composée de tous les actionnaires propriétaires de dix actions au moins. Chaque membre a autant de voix qu'il possède de fois cinq actions, sans que le nombre de voix puisse dépasser un maximum de dix, comme propriétaire ou comme mandataire.

Répartition des bénéfices d'après les statuts. — Sur les bénéfices il est prélevé :

1° Somme suffisante pour assurer aux actionnaires une première répartition, jusqu'à concurrence de 5 0/0 du capital versé. Ce prélèvement cessant en cas d'amortissement ou de remboursement du capital.

En cas d'insuffisance des produits d'une année pour servir 5 0/0, la différence pourra être prélevée sur le fonds de réserve ;

2° 5 0/0 pour former un fonds de réserve, ce prélèvement cessant d'être obligatoire lorsque la réserve atteindra le dixième du capital social.

Le surplus des bénéfices est réparti ainsi qu'il suit :
10 0/0 au Conseil d'administration.
30 0/0 aux parts de Fondateurs.
60 0/0 aux actionnaires.
Les intérêts et dividendes sont payables à Lyon, au siège social.

Dividendes distribués. — 5 francs en 1890, 10 francs en 1891.

EAUX DE LA BANLIEUE DE PARIS

Constitution. — Société anonyme, constituée le 29 novembre 1867.

Objet d'après les statuts. — Exploitation d'un établissement hydraulique déjà créé et distribuant l'eau de Seine pour tous usages domestiques, industriels et agricoles, dans les communes de Rueil, Suresnes, Nanterre, Colombes, Asnières, Gennevilliers et Courbevoie, conformément aux concessions de soixante ans accordées par les six premières communes à M. A. Dumont, et par la dernière à la Compagnie générale des conduites d'eau, Société anonyme dont le siège est à Liège (Belgique), représentée par M. L. de la Vallée ;

Obtention et exploitation de toutes autres concessions de distribution d'eau.

Durée de la Société. — Soixante ans, du 29 novembre 1867 au 29 novembre 1927. Durée prorogée de vingt-cinq ans, soit jusqu'au 29 novembre 1952, par l'Assemblée générale du 30 avril 1885.

Siège social. — A Suresnes, rue Pagès, 1.

Capital social. — Le capital social a été fixé à l'origine à 2 millions divisé en 4.000 actions de 500 francs entièrement libérées et au porteur, mais, par décisions des Assemblées générales des 31 octobre et 10 décembre 1883, il a été porté à 2.500.000 francs par la création de 1.000 actions nouvelles de 500 francs, qui ont été émises à 550 francs (dont 50 francs applicables à la réserve), en novembre 1883, par souscription réservée aux actionnaires, à raison de 1 action nouvelle pour 4 anciennes. Il y a donc, au total, 5.000 actions de 500 francs entièrement libérées et au porteur.

Les intérêts et dividendes se payent les 1er janvier (acompte) et 1er juillet (solde).

Conseil d'administration. — De cinq à neuf membres, devant être propriétaires chacun de 50 actions, inaliénables pendant la durée de leurs fonctions.

Les administrateurs actuels sont : MM. Du Fontbaré de Funcal, président ; A. Dumont, de Macar, Doat et Guillomot.

Assemblée générale. — Dans le courant d'avril, composée de tous les titulaires possesseurs de dix actions au moins. Dix actions donnent droit à une voix, sans que personne puisse avoir plus de quarante voix : vingt voix comme actionnaire et vingt voix comme mandataire.

Répartition des bénéfices d'après les statuts. — Sur les bénéfices nets de toutes les charges sociales, il est prélevé :

1° Un vingtième au moins du produit net pour le fonds de réserve, ce prélèvement cessant d'être obligatoire si ce fonds atteint le dixième du capital social ;

2° Somme nécessaire pour constituer un fonds d'amortissement, de façon à ce que le fonds social soit entièrement amorti à l'expiration des plus longues concessions de la Société ;

3° Somme nécessaire pour servir aux actions non amorties un intérêt annuel de 5 0/0.

Sur le surplus, M. A. Dumont, en raison de ses apports, a droit pendant dix ans, à partir de l'achèvement des travaux, à une part de 10 0/0.

Les 90 0/0 d'excédent pendant ces dix ans, et tout le surplus après ce laps de temps de 10 années, sont répartis comme suit :

(*a*). 15 0/0 aux administrateurs, sans que ces 15 0/0 puissent excéder la somme de 4.000 francs par administrateur ;

(*b*). 3 0/0 aux commissaires, sans que ces 3 0/0 puissent excéder la somme de 1.300 francs par commissaire ;

(*c*). 2 0/0 à la disposition du Conseil pour être distribués au personnel de la Compagnie ;

(*d*). Le surplus à titre de dividende à partager également entre toutes les actions non amorties et les actions de jouissance émises.

Lorsque les tantièmes indiqués aux paragraphes *a* et *b* n'atteignent pas 4.000 francs par administrateur et 1.300 francs par commissaire, la différence est imputée aux frais généraux.

Les actions à amortir sont désignées par tirages au sort annuels, ayant lieu ordinairement en avril. Les actions désignées par le sort sont remboursées à 500 francs et remplacées par des actions de jouissance.

Dividendes distribués. — 15 fr. en 1868 et 1869, rien en 1870 et 1871, 14 fr. 65 en 1872, 9 fr. 50 en 1873, 11 fr. en 1874, 15 fr. en 1875, 18 francs en 1876, 22 fr. en 1877, 25 fr. par an de 1878 à 1880, 30 fr. en 1881 et 1882, 32 fr. 50 en 1883 et 1884, 35 fr. en 1885, 40 fr. en 1886 et 1887, 42 fr. 50 en 1888, 45 fr. en 1889 et 1890, 47 fr. 50 en 1891, 50 fr. en 1892.

Cours moyens. — Les voici pour ces dernières années :

	Actions de capital	Actions de jouissance
1890.	800 fr. 681	303 fr. 333
1891.	847 fr. 50	» »
1892.	984 fr. 473	457 fr. 285
1893.	1.173 fr. 836	563 fr. 125

Obligations 4 1/2 0/0. — 6.000 obligations de 500 fr. 4 1/2 0/0 libérées et au porteur, créées par décision de l'Assemblée générale du 10 août 1889, et destinées notamment à la conversion et au remboursement des obligations de 500 fr. 6 0/0. Elles ont été émises en août 1889, au prix de 500 fr., stipulés payables : 100 fr. en souscrivant, 200 fr. à la répartition et 200 fr. le 31 décembre 1889. Elles sont remboursables à 500 fr. en 60 ans, du 1er janvier 1891 au 1er janvier 1950, par tirages au sort annuels ayant lieu le 1er octobre, et le remboursement des titres sortis s'effectue le 1ᵉʳ janvier suivant. Elles donnent droit à un intérêt annuel de 22 fr. 50, payables par moitié les 1ᵉʳ janvier et 1ᵉʳ juillet de chaque année.

Le cours moyen des obligations a été, dans ces dernières années :

1890	504 fr. 727	1892	507 fr. 301
1891	503 fr. 697	1893	501 fr. 147

EAUX DE LONS-LE-SAUNIER

Constitution. — Société anonyme, constituée le 27 août 1891.

Objet d'après les statuts. — La Société a pour objet :

1° La création d'un établissement thermal balnéaire à Lons-le-Saunier ;

2° L'acquisition, soit directe, soit par voie de concession temporaire, de tous les terrains nécessaires à l'installation et à la construction dudit établissement ;

3° La construction, l'installation et l'aménagement dudit établissement ;

4° L'exploitation dudit établissement et de toutes les entreprises qui s'y rattachent, directement ou indirectement ;

5° La vente ou location de tout ou partie des terrains ou constructions qui deviendront la propriété de la Société ;

6° La demande ou obtention de toute subvention ;

7° Enfin, toutes autres affaires commerciales ou industrielles se rapportant, de près ou de loin, à celles ci-dessus, ainsi que toute participation dans les affaires similaires, avec faculté pour la Société de s'intéresser d'une façon quelconque à toute Société ou entreprise analogue ou à toute autre société ou entreprise pouvant lui être utile.

Siège social. — Lons-le-Saunier (Jura).

Durée. — Soixante-quinze ans.

Capital social. — 400,000 francs, divisés en 800 actions de 500 fr. chacune, libérées de 250 fr. et nominatives.

Conseil d'administration. — Composé de sept membres nommés pour six ans, renouvelables par tiers chaque année, et devant être propriétaires de cinq actions chacun.

Il est actuellement composé de : MM. Léon Cler, président ; Edmond Bannotte, Jér. Gauthier, Dʳ H. Guichard, F. Mangin et Auguste Roure.

Assemblée générale. — En décembre. Composée de tous les actionnaires qui auront déposé leurs titres cinq jours avant l'Assemblée. Chaque membre a autant de voix qu'il possède d'actions, sans que le nombre de voix puisse dépasser le maximum de dix, comme propriétaire ou comme mandataire.

Répartition des bénéfices d'après les statuts. — Sur les bénéfices il est prélevé :

1° 5 0/0 pour former un fond de réserve, ce prélèvement cessant d'être obligatoire lorsque la réserve atteindra le dixième du capital social ;

2° Une somme suffisante pour assurer aux actionnaires une première répartition, jusqu'à concurrence de 4 0/0 du capital versé.

Le surplus des bénéfices est réparti aux actionnaires après le prélèvement, s'il y a lieu, d'une somme suffisante pour l'amortissement des actions.

Les intérêts et dividendes sont payables à Lons-le-Saunier, au siège social.

EAUX DE CALAIS

Constitution. — Société en commandite par actions, constituée le 30 juin 1854.

Objet d'après les statuts. — La jouissance et l'exploitation temraire des eaux de Lawalle, sises à Lawalle, et du terrain sis au Pilotis, le tout commune de Guines, arrondissement de Boulogne (Pas-de-Calais), dans la propriété de M. Guizalin; les eaux devront servir à l'alimentation et aux services journaliers des habitants de la ville, port et dépendances de Calais et de Saint-Pierre-les-Calais et lieux circonvoisins; enfin, la distribution des eaux dans la ville, port et dépendances de Calais, Saint-Pierre-les-Calais et lieux circonvoisins.

Siège social. — A Calais. Bureau à Paris, boulevard Magenta, 113.

Durée de la Société. — 50 ans à partir du 7 février 1855, avec faculté de prorogation même de la jouissance des eaux pendant 49 ans.

Capital social. — 900.000 francs, divisés en 9.000 actions de 100 francs, libérées et au porteur.

Conseil de surveillance. — De cinq membres, qui sont : MM. V. Desfossés, président; Noizeux, Poumailloux, Thirion, Degoix ; Directeur-gérant, M. A. Susini.

Assemblée générale. — Dans les premiers mois de l'année. Une voix par dix actions ; maximum six voix. Dépôt trois jours à l'avance au bureau de Paris.

Répartition des bénéfices d'après les statuts. — 5 0/0 d'intérêt aux actions non amorties ; l'annuité nécessaire pour le remboursement au pair des actions dans une période finissant en 1931 ; le surplus appartient pour 5 0/0 au gérant et pour 95 0/0 aux actions non amorties et aux actions de jouissance.

Dividendes distribués. — Les voici depuis 1888 :

	Actions de capital	Actions de jouissance
1888.	6	1
1889.	6	1
1890.	8	3
1891.	8	3
1892.	10	5
1893.	11	6

Cours des titres. — Les titres ont été cotés en banque :

	Actions de capital		Actions de jouissance	
	Plus haut	Plus bas	Plus haut	Plus bas
1890	270	205	110	90
1891	248	195	135	100
1892	227	205	100	100
1893	290	240	125	125

Résultats du dernier exercice (1894-1895). — Les actionnaires de la Société des Eaux de Calais se sont réunis le 23 avril, en Assemblée générale ordinaire.

Après avoir entendu la lecture des rapports de la gérance et du Conseil de surveillance, ils ont, à l'unanimité, approuvé les comptes de l'exercice 1894 et en ont fixé le dividende à 12 francs net pour les actions de capital, et à 7 francs pour celles de jouissance, soit 1 franc de plus que pour 1893 et 2 francs de plus que pour 1892.

Ces dividendes ont été mis en paiement à partir du 1er mai 1895.

COMPAGNIE GÉNÉRALE DES EAUX POUR L'ÉTRANGER

Constitution. — Société anonyme, constituée le 4 février 1879.

Objet d'après les statuts. — Obtention et exploitation en Algérie, aux colonies et à l'étranger, de toutes concessions et entreprises relatives au service général et spécial des eaux, selon tous les besoins et usages, notamment pour leur distribution dans les villes et pour l'irrigation dans les campagnes; toutes études, contructions et opérations financières, concernant le service des eaux.

Actuellement, la Compagnie exploite *directement* les entreprises de Venise, Bergame, Spezzia et Porto.

Elle est intéressée *en participation* dans les entreprises de Lausanne, Constantinople, Naples et Vérone.

Siège social. — A Paris, rue d'Anjou-Saint-Honoré, 52.

Durée. — 99 ans, du 4 février 1879 au 4 février 1978.

Capital social. — Fixé primitivement à 20 millions de francs, divisés en 40.000 actions de 500 fr., émises au pair, le capital social a été porté à 40 millions par décision de l'Assemblée générale du 24 décembre 1881, par la création de 40.000 actions nouvelles, émises en février 1882 par souscription réservée aux anciens actionnaires à raison d'une action nouvelle pour une ancienne, au taux de 525 fr., dont 25 fr. applicables au réserves. Au total : 80.000 actions, entièrement libérées et au porteur, dont les dividendes se paient aux époques fixées par le Conseil d'administration.

Conseil d'administration. — De huit à douze membres, renouvelables par quart chaque année, devant être propriétaires chacun de cinquante actions inaliénables pendant la durée de leurs fonctions.

Il est composé de : MM. E. Blount, président ; baron Hottinguer, Stern, comte Foy, général Fririon, comte Reille, A. Gérard, A. Mallet, comte de Montesquiou, Cambefort. Directeur : Talandier.

Assemblée générale. — Avant le 1er juillet. Composée de tous les actionnaires propriétaires de vingt actions au moins, qui auront déposé leurs titres quinze jours avant l'époque fixée pour la réunion. Vingt actions donnent droit à une voix, sans que personne puisse avoir plus de dix voix, tant en son nom que comme mandataire.

Répartition des bénéfices d'après les statuts. — Sur les produits nets, déduction faite de toutes les charges, il est prélevé annuellement :

1° 5 0/0 pour le fonds de réserve, jusqu'à ce que ce fonds ait atteint le dixième du capital social ;

2° La somme nécessaire pour payer aux actions un intérêt de 5 0/0 des sommes versées ;

3° Et, s'il y a lieu, une seconde réserve spéciale, dite de prévoyance, que l'Assemblée générale pourra, si elle juge convenable, appliquer à l'amortissement des actions.

Le restant est réparti comme suit :
90 0/0 aux actionnaires ;
10 0/0 aux administrateurs ;

Obligations 5 0/0. — Par décision des Assemblées générales des 30 mai 1884 et 11 juin 1888, il a été créé 60.000 obligations de 500 fr. 5 0/0, libérées et au porteur, sur lesquelles 15.000 ont été émises en 1884 et 1885, à 475 fr. et le surplus à diverses reprises et à divers cours. Ces obligations sont remboursables à 500 fr. avant le 1er novembre 1954, par tirages au sort semestriels. Leur intérêt annuel est de 25 fr., payables par moitié les 1er mai et 1er novembre.

Leurs cours moyens au parquet a été : 1885, 498 fr. ; 1886, 502 fr. ; 1887, 503 fr. ; 1888, 502 fr. ; 1889, 508 fr.; 1890, 511 fr.; 1891, 488 fr. ; 1892, 479 fr.; 1893 ; 498 fr.

Dividendes distribués. — Les voici depuis 1879 :

1879.	rien	1886.	12 fr. 50
1880.	rien	1887.	13 fr. 50
1881.	5 fr. »	1888.	14 fr. »
1882.	6 fr. 25	1889.	14 fr. »
1883.	7 fr. 50	1890.	rien
1884.	10 fr. »	1891.	rien
1885.	10 fr. »	1892.	rien

Cours des titres. — Ils ont été cotés au parquet comme suit :

1879.	641 f. 087	1887.	446 f. 813
1880.	639 296	1888.	411 493
1881.	689 396	1889.	384 583
1882.	617 616	1890.	367 301
1883.	527 222	1891.	250 233
1884.	487 236	1892.	218 421
1885.	484 801	1893.	223 685
1886.	452 393		

Résultat du dernier exercice (1894-95). — Les actionnaires se sont réunis, le 4 juin 1895, en assemblée générale ordinaire.

Après avoir entendu la lecture des rapports habituels, ils ont voté les résolutions suivantes :

1° Approbation du rapport du conseil d'administration et des comptes de recettes et dépenses pour l'exercice 1894 ;

Fixation à 5 francs par action du dividende à distribuer ;

2° Autorisation de rembourser ou convertir les 59,359 obligations 5 0/0 en circulation, d'annuler les 20,641 obligations 5 0/0 non émises et de créer et émettre de nouvelles obligations du type de 500 francs à 4 0/0, en nombre correspondant, pouvant être portées à 40 millions de francs en vertu des autorisations des assemblées générales des 30 mai 1884 et 11 juin 1888, en laissant au conseil d'administration le soin de déterminer les époques, prix, conditions et durée d'amortissement de cette nouvelle émission.

3° Election définitive, en remplacement de M. le comte Reille, décédé, de M. le baron Victor Reille, nommé administrateur par le conseil en vertu de l'article 22 des statuts.

4° Réélection de trois membres du conseil d'administration, sortant par rang d'ancienneté : MM. le baron R. Hottinguer, Albert Mallet et A. Langlois.

5° Formation de la Commission de vérification des comptes pour l'exercice 1895, par la réélection de MM. E. Joly de Bammeville, de Marcheville et Bouruet-Aubertot, membres de la commission de vérification des comptes de 1894.

EAUX DE CHATEL-GUYON

Constitution. — Société en commandite simple, constituée en 1878, tranformée en Société anonyme le 6 février 1893.

Objet d'après les statuts. — 1° L'exploitation des eaux minérales, thermales ou autres, dans la commune de Châtel-Guyon;

2° L'acquisition de tous immeubles dans ladite commune ;

3° La recherche et l'acquisition de toutes sources ;

4° La mise en valeur des établissements et terrains de la Société, la revente ou l'échange de terrains propres à bâtir ou autres, dans ladite commune.

Siège social. — 5, rue Drouot, à Paris.

Capital social. — Anciennement, la Société en commandite simple existait sous la dénomination de : « Société des Eaux minérales de Châtel-Guyon » et la raison sociale *F. Brocard et Cie*, au capital de 850.000 fr., divisé en 34 parts de 25.000 fr. chacune. Aujourd'hui, le fonds social est encore de 850.000 fr., mais il a été divisé en 1.700 actions de 500 francs chacune, entièrement libérées, appartenant aux propriétaires des 34 parts de la Société transformée, et qui leur ont été délivrées à raison de cinquante actions pour une part. Ces actions sont nominatives ou au porteur, à la volonté de l'actionnaire.

Durée de la Société. — Fixée d'abord à 20 ans, du 9 septembre 1878, puis à 50 années, devant expirer le 9 septembre 1948.

Conseil d'administration. — Composé de MM. F. Brocard, D·Baraduc, C. Brosson, G. de Mondésir, P. de Mondésir.

Obligations. — Le 6 février 1893, il a été stipulé que le Conseil d'administration aurait la faculté d'émettre toutes obligations en représentation des emprunts, ainsi que toutes sommes dues par la Société, et il a été immédiatement autorisé à emprunter, au nom de la Société, par émission d'obligations ou autrement, à concurrence d'une somme de un millions de francs.

C'est en raison de cette autorisation qu'a eu lieu, en 1880, l'émission de 4.000 obligations de 500 fr. 5 0/0, rapportant 25 fr. payables les 1er mai et 1er novembre, remboursables à 500 fr. en cinquante an, par tirages au sort, à partir de 1880. Le service des coupons se fait, à Paris, chez M. Brocard, 5, rue Drouot.

Ces obligations sont inscrites en banque, au comptant, depuis le 17 mai 1892; les cours ont été :

```
        1892 plus haut 495     »   plus bas 450
        1893    —        512 50    —        420
```

COMPAGNIE GÉNÉRALE
D'EAUX MINÉRALES ET BAINS DE MER

Constitution. — Société anonyme, constituée le 11 décembre 1880.

Objet d'après les statuts. — La Société a pour objet :

1° L'exloitation du grand hôtel Gillerment, situé à Vichy, et des domaines divers désignés aux statuts, et des sources qui s'y trouvent ou y seront ultérieurement découvertes et tout ce qui peut se rattacher à cette exploitation ;

2° Et l'exploitation de toutes autres sources d'eaux minérales ou établissements thermaux ou de bains de mer dont la Société pourrait se rendre propriétaire ou locataire, tant en France qu'à l'étranger ; l'achat et la vente des eaux minérales et généralement toutes les industries, hôtels, casinos, cercles, concerts, etc... se rattachant aux exploitations d'eaux minérales et de bains de mer.

Siège social. — A Paris, rue Rossini, 3.

Durée. — 50 ans, du 11 décembre 1880 au 11 décembre 1930.

Capital social. — Le capital social a été fixé à l'origine à 6 millions et divisé en 12.000 actions de 500 francs, sur lesquelles : 3.200 ont été attribuées libérées de 125 francs à la Compagnie fermière de l'établissement thermal de Vichy, fondatrice, en représentation de ses apports spécifiés aux statuts ; les 8.800 actions de surplus ont été souscrites au pair et libérées de 125 francs. Suivant délibération du Conseil d'administration du 16 janvier 1882, et par décision de l'Asssmblée générale du 26 mars suivant, le capital a été élevé à 12 millions. par la création de 12.000 actions nouvelles, émises à 530 francs, dont 30 francs applicables aux réserves, et 500 francs, applicables au capital et qui ont été souscrites en espèces. Au total : 24.000 actions de 500 francs entièrement libérées et au porteur, dont les intérêts et dividendes se payent aux époques fixées par le Conseil d'administration, ordinairement le 15 octobre (acompte) et le 15 avril (solde).

Conseil d'administration. — De cinq à dix membres. Nommés pour six ans, renouvelables annuellement par tirages au sort, de telle façon que le Conseil entier soit renouvelé au bout de six années. Le remplacement aura lieu ensuite par ancienneté. Chaque administrateur doit être propriétaire de 30 actions inaliénables pendant la durée de ses fonctions.

Assemblée générale. — Dans le courant du premier semestre, composée de tous les actionnaires propriétaires de dix actions au moins, qui les auront déposées quinze jours au moins avant la réunion. Chaque membre de l'Assemblée a autant de voix qu'il réunit de fois dix actions, soit par lui-même soit comme mandataire, sans toutefois que le même actionnaire puisse réunir plus de dix voix.

Répartition des bénéfices d'après les statuts. — Sur les bénéfices, nets de toutes les charges, il est prélevé :

1° 5 0/0 pour former un fonds de réserve, jusqu'à ce que ce fonds atteigne le dixième du capital social ;

2° La somme nécessaire pour servir aux actionnaires, à titre de premier dividende, un intérêt de 6 0/0 du capital versé ;

3° 10 0/0 pour le Conseil d'administration.

Le surplus est distribué aux actionnaires à titre de second dividende. Toutefois le Conseil d'administration a le droit de proposer la constitution d'une réserve extraordinaire, dont l'Assemblée générale fixera l'importance.

Obligations 5 0/0. — Il a été créé 7.098 obligations de 500 francs 5 0/0, libérées et au porteur, remboursables au pair, par tirages au sort semestriels, en juin et en décembre. Le remboursement des titres sortis a lieu les 1ᵉʳ juillet et 1ᵉʳ janvier de chaque année. L'intérêt annuel est de 25 francs, payables par moitié les 1ᵉʳ janvier et 1ᵉʳ juillet de chaque année.

Elles sont cotées au parquet et voici leurs cours moyens : 1886, 459 ; 1887, 467 ; 1888, 467 ; 1889, 477 ; 1890 : 477 ; 1891, 503 ; 1892, 474 ; 1893, 484.

Dividendes distribués. — Depuis 1881 :

1881	Fr.	12 50	1887	Fr.	18 75
1882	»	5 50	1888	»	17 50
1883	»	4 50	1889	»	15 »
1884	»	4 50	1890	»	15 »
1885	»	20 »	1891	»	15 »
1886	»	15 »	1892	»	rien

Cours des actions. — 1886, 311 25 ; 1887, 254 386 ; 1888, 279 638 ; 1889, 255 226 ; 1890, 284 084 ; 1891, 274 394 ; 1892, 199 130 ; 1893, 187 489.

EAUX DE MONTCHANSON

Constitution. — Société anonyme, constituée le 8 juillet 1891, sous le titre « Société anonyme des Eaux Minérales de Montchanson ».

Objet d'après les statuts. — L'exploitation de la source minérale de Montchanson (Cantal), dite source Odivière, concédée à M. Coulombes pour une durée de 45 ans, et de la vente de l'eau à provenir de ladite source et de toutes autres sources dans le périmètre de la concession.

L'exploitation de toutes autres sources dont la Compagnie pourrait s'assurer ultérieurement la propriété ou la concession.

Siège social. — A Paris, 3 *bis*, rue des Rosiers.

Durée de la Société. — Du 8 juillet 1891 au 8 décembre 1934.

Capital social. — 20.000 francs divisés en 400 actions de 500 francs, dont 40 souscrites en espèces et 360 attribuées à M. Coulombes en représentation de ses apports et indépendamment de 360 parts de fondateurs.

Conseil d'administration. — De deux à cinq membres, devant être propriétaires chacun de 15 actions inaliénables pendant la durée de leurs fonctions.

Assemblée générale. — Avant la fin d'avril. Composée de tous les actionnaires ayant déposé leurs actions cinq jours au moins avant la date de la réunion. Chaque actionnaire a autant de voix qu'il possède d'actions sans qu'aucun d'eux puisse, soit par lui-même, soit comme mandataire, posséder plus de cinq voix.

Répartition des bénéfices d'après les statuts. — Sur les bénéfices nets des charges, il est prélevé 5 0/0 pour constituer la réserve légale jusqu'à ce qu'elle atteigne le dixième du capital social. Il est ensuite déduit 5 0/0 du capital social pour être payé aux actionnaires à titre d'intérêt. Il peut, en outre, être créé un fonds de prévoyance. Les bénéfices restants sont répartis, savoir : 10 0/0 aux administrateurs, 45 0/0 aux parts de fondateurs et 45 0/0 aux actionnaires, à titre de dividende.

Obligations 5 0/0. — Par délibération du Conseil d'administration du 27 juillet 1893, il a été émis 1.500 obligations de 300 francs libérées et au porteur. Ces titres ont été émis à 265 francs et sont remboursables à 300 francs en 30 ans de 1894 à 1923, par tirages au sort annuels. Ils produisent un intérêt annuel de 15 fr., payables par moitié les 1er avril et 1er octobre de chaque année.

COMPAGNIE DÉPARTEMENTALE
DES EAUX ET SERVICES MUNICIPAUX

Constitution. — Société anonyme, constituée le 27 mars 1891.

Objet d'après les statuts. — 1° Exploitation, sous forme de ventes perpétuelles ou d'abonnements temporaires, des concessions d'eaux pour les villes de Langres et Dinard-Saint-Enogat.

2° Obtention, achat, prise à bail ou exploitation, en France et à l'étranger, de toutes concessions des municipalités, etc., etc.

Siège social. — A Paris, place des Batignolles, 3.

Durée. — 60 ans, du 27 mars 1891 au 27 mars 1951.

Capital social. — 500.000 francs, divisés en 1.000 actions de 500 fr., libérées et au porteur, dont : 40 ont été souscrites en espèces et au pair ; et 960 ont été attribuées, entièrement libérées, savoir : 480 à M. Brousse, en représentation de l'apport de la concession d'eaux de Langres ; et 480 à M. Dubuis, en représentation de l'apport de la concession de Dinard-Saint-Enogat. Les dividendes sont payables par trimestres, les 15 janvier, 15 avril, 15 juillet et 15 octobre.

Conseil d'administration. — De quatre à sept membres, nommés pour six ans, devant être propriétaires chacun de cinq actions inaliénables pendant la durée de leurs fonctions.

Assemblée générale. — Avant la fin du mois de juillet. Composée des propriétaires d'au moins cinq actions, les ayant déposées dix jours au moins avant la date de la réunion. Cinq actions donnent droit à une voix, sans que personne puisse réunir plus de 30 voix.

Répartition des bénéfices d'après les statuts. — Sur les bénéfices nets des charges, il est prélevé :

1° 5 0/0 pour la constitution du fonds de réserve, jusqu'à ce que ce fonds atteigne le dixième du capital social ;

2° La somme nécessaire à l'amortissement du fonds social, calculée de telle sorte que le capital soit complètement amorti à l'expiration de la Société ;

3° La somme nécessaire pour servir aux actions, amorties ou non amorties, un intérêt à 5 0/0 l'an. La part afférente aux actions amorties devant être versée au fonds d'amortissement desdites actions.

Le surplus des produits nets est réparti également entre toutes les actions, amorties ou non amorties.

L'amortissement des actions s'effectuera à compter de la 10e année qui suivra la mise en exploitation des concessions, au moyen de tirages au sorts annuels, dans les conditions à fixer par le Conseil d'administration. Les actions désignées par le sort seront remboursées à 500 francs et remplacées par des actions de jouissance.

Obligations 5 0/0. — Il a été émis 1.000 obligations de 300 francs, libérées et au porteur, créées par délibération du Conseil d'administration du 27 mars 1891. Elles ont été émises à 250 francs et sont remboursables à 300 francs, par tirages au sort semestriels en juin et décembre. Le remboursement des titres sortis a lieu les 15 juillet et 15 janvier suivant le tirage. Elles produisent un intérêt annuel de 12 fr. 50 payables par moitié les 1ᵉʳ janvier et 1ᵉʳ juillet de chaque année.

EAUX DE SAINT-ALBAN

Constitution. — Société en commandite par actions, constituée le 5 mai 1890. (Transformation de l'ancienne Société civile des Eaux de Saint-Alban).

Objet d'après les statuts. — La Société a pour objet l'exploitation des Eaux de Saint-Alban et de tout ce qui s'y rattache ou pourra s'y rattacher.

Siège Social. — Saint-Alban, près Roanne (Loire).

Durée de la Société. — 20 ans à partir du 1ᵉʳ janvier 1891.

Capital social. — 800.000 francs divisés en 1.600 actions nominatives ou au porteur de 500 francs, entièrement libérées, sur lesquelles 980 ont été attribuées à l'ancienne société civile, 40 à M. Saignol, 60 à M. Chambarlhac, en représentation de leurs apports, et 520 souscrites en espèces.

Administration. — La Société est administrée par M. Georges Chambarlhac, seul gérant responsable, ayant exclusivement la direction des affaires de la Société et qui doit déposer 60 actions en garantie de sa gestion.

Il y a un Conseil de surveillance composé de cinq membres nommés pour cinq ans, renouvelable par cinquième chaque année, devant être propriétaires de 20 actions chacun, et qui sont actuellement : MM. le vicomte Louis de Bourbon-Busset, *président ;* Alexandre Saignol, *secrétaire ;* comte de Chabrol-Tournoelle, Louis Merlié, Pierre Termier, Treille-Moncigny, Gerest.

Assemblée générale. — Une fois l'an, à l'époque fixée par le Conseil de surveillance. Elle est composée de tous les actionnaires propriétaires de cinq actions au moins, qui les auront déposées trois jours avant l'Assemblée. Chaque membre a autant de voix qu'il possède de fois cinq actions, sans que le nombre de voix puisse dépasser un maximum de quarante, comme propriétaire ou comme mandataire.

Répartition des bénéfices d'après les statuts. — Sur les bénéfices, il est prélevé :

5 0/0 au minimum pour former un fonds de réserve, ce prélèvement cessant d'être obligatoire lorsque la réserve atteindra le huitième du capital social ;

5 0/0 au minimum pour constituer un fonds d'amortissement des immeubles et du matériel ;

Une somme suffisante pour assurer aux actionnaires une première répartition, jusqu'à concurrence de 6 0/0 du capital versé.

Le surplus des bénéfices est réparti ainsi qu'il suit :
5 0/0 au Conseil de surveillance ;
40 0/0 au Gérant ;
55 0/0 aux Actionnaires.

EAUX D'AUREL ET DE LA DROME

Constitution. — Société en commandite par actions, constituée le 18 août 1890; transformée en 1891 en Société anonyme.

Objet d'après les statuts. — La Société a pour objet l'exploitation des eaux minérales naturelles découvertes et à découvrir, et l'emploi du gaz naturel fourni par les sources minérales pour la fabrication des limonades et autres produits gazeux. Elle a spécialement pour objet l'exploitation des eaux minérales d'Aurel, canton de Saillans (Drôme), comprenant notamment les sources dites *Bourdouyre* et du *Figuier*.

Siège social. — 3, rue des Archers, à Lyon.

Durée de la Société. — 30 ans.

Capital social. — 160.000 francs, divisés en 320 actions nominatives ou au porteur de 500 fr., libérées de 250 fr., sur lesquelles 120 entièrement libérées, ont été attribuées à divers en représentation d'apports de source et 290 souscrites en espèces.

Il y a, en outre, 2.000 parts de fondateurs, donnant droit à la quote-part déterminée des bénéfices annuels, attribués à MM. Rivoire, Eymard et Villars, fondateurs.

Conseil d'administration. — Composé de trois à cinq membres, nommés pour trois ans à cinq ans, renouvelables par tiers ou cinquième chaque année, et devant être propriétaires de dix actions chacun.

Les administrateurs actuels sont : MM. Athanase Evellin, président ; Paul Edel, Joanny Ramel, Eugène Rivoire.

Administrateur délégué, M. Paul Edel.

Assemblée générale. — Du 1ᵉʳ au 30 novembre. Composée de tous les actionnaires propriétaires de trois actions, au moins, qui les auront déposées quinze jours avant l'Assemblée. Chaque membre a autant de voix qu'il possède de fois deux actions, sans que le nombre de voix puisse dépasser un maximum de dix, comme propriétaire ou comme mandataire.

Obligations 5 0/0. — La Société a créé, le 1ᵉʳ septembre 1892, 150 obligations 500 francs 5 0/0, remboursables à 500 francs, par tirages au sort annuels, à dater de 1896. Leur intérêt annuel est de 25 francs. Elles ont comme garantie une hypothèque sur la source du Figuier et ses dépendances.

Répartition des bénéfices d'après les statuts. — Sur les bénéfices, il est prélevé :

1° 5 0/0 pour former un fond de réserve, ce prélèvement cessant d'être obligatoire lorsque la réserve atteindra le dixième du capital social ;

2° La somme jugée nécessaire par l'Assemblée générale pour l'amortissement du capital ;

3° Somme suffisante pour assurer aux actionnaires une première répartition, jusqu'à concurrence de 5 0/0 du capital versé.

En cas d'insuffisance des produits d'une année pour servir 5 0/0, la différence pourra être prélevée sur le fond de réserve.

Les frais de constitution de la Société seront portés à l'inventaire comme frais de premier établissement et amortis en dix années.

Le surplus des bénéfices est réparti ainsi qu'il suit :
15 0/0 au Gérant ;
20 0/0 aux parts de Fondateurs ;
65 0/0 aux Actionnaires.

COMPAGNIE DES BAINS SALINS DE LA MOUILLÈRE

Constitution. — Société anonyme, constituée le 26 janvier 1871.

Objet d'après les statuts. — La Société a pour objet : 1° La construction d'un établissement balnéaire et hydrothéraphique en eaux salées, eaux mères et eaux douces, avec des salles de fêtes, récréations et jardins, sur les terrains acquis par la Société à Besançon ; 2° L'exploitation dudit établissement, ainsi que la vente des sels minéraux concentrés sous toutes les formes et des eaux minérales de toutes sortes ; 3° Toutes les opérations accessoires pouvant se rattacher à celles principales ci-dessus indiquées et pouvant en augmenter les produits, telles que construction et exploitation d'hôtels, cafés, restaurants, théâtres, etc.

Siège social. — Besançon (Doubs).

Durée de la Société. — Cinquante ans.

Capital social. — A l'origine, 900.000 francs, divisés en 1.800 actions de 500 francs chacune, entièrement libérées et au porteur, porté à 1.000.000 de francs en juin 1892, divisé en 2.000 actions.

Subvention. — Le Conseil municipal de la ville de Besançon alloue à la Société une subvention de 15.000 francs par an, pendant dix ans.

Conseil d'administration. — Composé de cinq à sept membres, nommés pour six ans, renouvelables par tiers chaque année, et devant être propriétaire de dix actions chacun. Il est actuellement composé de : MM. V. Delavelle, A. Jacquard, Ch. Savoye, J.-B. Morlet, Camille Suleau, et A. Vialatte, ce dernier, directeur-fondateur de la Société.

Assemblée générale. — Avant le 30 juin. Composée de tous les actionnaires qui auront déposé leurs titres dix jours avant l'Assemblée. Chaque membre a autant de voix qu'il possède d'actions, sans que le nombre de voix puisse dépasser un maximum de dix, comme propriétaire ou comme mandataire.

Obligations 5 0/0. — 2.400 obligations hypothécaires, créées par décision du 12 juillet 1892, émises à 475 francs, en octobre 1892. Remboursables à 500 francs, en 45 ans, par tirages au sort annuels, ayant lieu le jour de l'Assemblée générale annuelle, à dater de 1898. Remboursement des titres sortis, le 31 juillet suivant. — Comme garantie : les terrains et immeubles appartenant à la Société. Leur intérêt annuel est de 25 francs, payables net d'impôt, par moitié, les 31 janvier et 31 juillet.

Répartition des bénéfices d'après les statuts. — Sur les bénéfices, il est prélevé :

1° 5 0/0 pour former un fonds de réserve, ce prélèvement cessant d'être obligatoire lorsque la réserve atteindra le dixième du capital social ;

2° Une somme destinée à la formation d'un fonds de réserve extraordinaire fixée par l'Assemblée ;

3° Somme suffisante pour assurer aux actionnaires une première répartition, jusqu'à concurrence de 5 0/0 du capital versé.

Le surplus des bénéfices est réparti ainsi qu'il suit :
10 0/0 au Conseil d'administration ;
20 0/0 au Fondateur ;
70 0/0 aux Actionnaires.

COMPAGNIE FERMIÈRE DE L'ÉTABLISSEMENT THERMAL DE VICHY

Constitution. — Société anonyme, constituée le 22 décembre 1862. (Transformation de la Société en commandite ayant existé sous la raison sociale : A. Calloue, Vallée et Cie.)

Objet d'après les statuts. — Exploitation de la concession des sources et des établissements thermaux de Vichy, fabrication et vente des produits naturels des eaux de Vichy, et commerce de toutes eaux minérales naturelles, françaises et étrangères.

La concession susénoncée avait été accordée à MM. Lebobe, Callou et Cie, par une loi du 10 juin 1853, pour une durée de trente-trois ans, portée à cinquante et un ans par une convention du 29 avril 1863, approuvée par la loi du 20 avril 1864. Elle finira le 10 juin 1904.

Siège social. — A Paris, boulevard Montmartre, 8.

Durée. — La durée est la même que celle de la concession. Elle finit le 10 juin 1904 et a commencé à dater du décret d'autorisation, soit le 27 décembre 1862.

Capital social. — Le capital social, composé de l'actif de l'ancienne Société A. Callou et at Vallée, est représenté par 8.000 parts ou actions de 530 fr. au porteur, entièrement libérées, donnant droit à 1/8000e de l'actif social, émises à 530 fr. Les intérêts et dividendes se payent les 1er septembre (acompte) et 1er mars (solde).

Conseil d'administration. — De douze membres, renouvelables par tiers chaque année, et devant être propriétaires chacun de 50 actions inaliénables pendant la durée de leurs fonctions.

Il est actuellement composé de : MM. Maruejouls, président ; F. Jourdain, Badger, Denière, comte Dulong de Rosnay, Marion, G. Legrand, Boissaye, Potrel, Dandré, Huart et de Saint-Marceaux.

Assemblée générale. — Dans le courant de février, composée des actionnaires porteurs de cinq actions au moins, qui les ont déposées cinq jours avant la date de la réunion. Cinq actions donnent droit à une voix, sans que le même actionnaire puisse avoir plus de dix voix, tant en son nom que comme mandataire.

Répartition des bénéfices d'après les statuts. — Les produits nets sont employés comme suit :

1° 10 0/0 pour former un fonds de réserve, jusqu'à ce que cette réserve atteigne le maximum de 400.000 francs ;

2° La somme nécessaire pour amortir pendant la durée de la concession, en capitalisant les intérêts à 4 0/0, la portion du capital qui ne se trouvera pas représentée à l'expiration de la Société par des valeurs sociales.

Le surplus est partagé également entre toutes les actions.

Dividendes distribués. — 50 fr. 35 de 1863 à 1866, 49 fr. 35 en 1867, 49 fr. 85 en 1868, 45 fr. en 1869, 13 fr. 25 en 1870, 39 fr. 75 en 1871, 53 fr. en 1872, 58 fr. 30 en 1873 et 1874, 95 fr. 40 de 1875 à 1877, 109 fr. 278 en 1878, 122 fr. 93 en 1879, 160 fr. en 1880, 185 fr. 557 en 1881, 216 fr. 496 en 1882, 226 fr. 804 en 1883, 230 fr. en 1884, 240 fr. en 1885, 250 fr. en 1886, 260 fr. en 1887, 270 fr. en 1888, et 280 de 1889 à 1893.

EAUX DE TUNIS

Constitution. — Société anonyme Tunisienne, constituée le 31 janvier 1885 sous le titre de *Compagnie du Gaz et Régie cointéressée des Eaux de Tunis.*

Objet d'après les statuts. — La Société a pour objet : 1° L'exploitation de la concession de l'éclairage par le gaz, accordée par décret du bey de Tunis du 23 avril 1884, pour une durée s'étendant jusqu'au 15 avril 1922, ainsi que l'exploitation de toutes autres concessions qui pourraient être obtenues pour l'éclairage par le gaz dans la Ville de Tunis et sa banlieue, y compris la Goulette ; la vente de tous produits dérivés du gaz, ainsi que toutes les opérations industrielles ou commerciales se rattachant à l'exploitation desdites concessions ; 2° L'exploitation de la régie cointéressée des eaux actuellement amenées à Tunis, accordée pour une durée de 50 ans par décret du Bey, du 14 novembre 1884, et de toutes celles qui pourraient y être amenées par la suite.

Siège social. — Tunis. Bureaux à Paris : 12, rue Vivienne.

Durée. — 50 ans, du jour de la constitution définitive, soit du 31 janvier 1885 au 31 janvier 1935.

Capital social. — 3 millions, divisés en 6.000 actions de 500 francs libérées de 350 francs et au porteur, dont 4.286 ont été attribuées libérées de 350 francs à M. Ch. Durand, fondateur de la Société, en représentation de l'apport notamment des concessions de gaz et d'eaux ci-dessus énoncées. Les 1.714 actions de surplus ont été souscrites au pair et libérées de 350 francs. Les 6.000 actions sont entièrement libérées depuis le 1er janvier 1889.

Les dividendes se payent annuellement, à l'époque fixée par le Conseil d'administration, ordinairement le 1er juillet. Toutefois le Conseil, avant la clôture de l'exercice, est autorisé à distribuer un acompte sur les bénéfices réalisés de l'exercice en cours, ordinairement en janvier ou février.

Conseil d'administration. — De quatre à sept membres, nommés pour six ans, devant être propriétaires chacun de 50 actions au moins, inaliénables pendant la durée de leurs fonctions.

Les administrateurs actuels sont : MM. G. Halphen, président ; Ch. Durand, administrateur-délégué ; S. Propper, E. Cesena, J. Cesena.

Assemblée générale. — En mars, avril ou mai. Composée de tous les titulaires ou porteurs de 20 actions qui les ont déposées seize jours au moins avant la date de la réunion. Chaque actionnaire a autant de voix qu'il possède de fois 20 actions, sans qu'aucun puisse, soit par lui-même, soit comme fondé de pouvoirs, posséder plus de 50 voix.

Répartition des bénéfices d'après les statuts. — Sur les bénéfices réels, nets de toutes les charges sociales, il est prélevé :

1° 5 0/0 pour constituer la réserve légale, jusqu'à ce que cette réserve atteigne le dixième du capital social ;

2° La somme nécessaire pour servir 5 0/0 d'intérêt sur le montant de la libération des actions ;

3° Et la somme nécessaire pour amortir le capital social ; ce prélèvement ne commencera qu'à partir de la cinquième année sociale et sera calculé de façon à ce que le capital entier se trouve amorti lors de l'expiration de la concession de la régie cointéressée des Eaux.

Le surplus est ensuite réparti comme suit :
10 0/0 au Conseil d'administration ;
Et le reste aux actionnaires.

Toutefois, sur le montant de ce solde de bénéfices, appartenant aux actionnaires, l'Assemblée générale pourra décider le prélèvement d'une somme destinée à la formation ou à l'accroissement d'un fonds de prévoyance. Sur ce fonds de prévoyance, il pourra être prélevé une somme suffisante pour assurer aux actionnaires l'intérêt à 5 0/0 du capital versé, dans le cas où les bénéfices de l'exercice seraient insuffisants pour y faire face.

Le fonds d'amortissement, à partir de l'expiration de la cinquième année sociale, sera employé, chaque année, au remboursement d'un nombre d'actions correspondant à la somme à amortir. L'amortissement a lieu par tirages au sort annuels en avril ; les actions désignées par le sort sont remboursées à 500 francs le 1er juillet suivant et remplacées par des actions de jouissance.

Obligations 4 0/0. — 3.898 obligations de 500 francs 4 0/0, libérées et au porteur, remboursables à 500 francs par tirages au sort semestriels, en juin et décembre ; remboursement des titres sortis les 1er juillet et 1er janvier suivant chaque tirage. Leur intérêt annuel est de 20 francs payables par moitié les 1er janvier et 1er juillet de chaque année.

EAUX DE CARACAS

Constitution. — Société anonyme belge, constituée le 3 février 1891.

Objet d'après les statuts. — L'acquisition, l'exécution et l'exploitation de la concession pour la distribution et la canalisation des eaux et l'établissement d'un réseau d'égouts et d'écoulement dans la ville de Caracas et dans les autres villes du Vénézuéla, et toutes autres obtentions, acquisitions, exploitations, exécutions de travaux publics et privés se rapportant à son industrie et même à l'éclairage.

Siège social. — A Bruxelles, 30, rue du Gouvernement-Provisoire.

Durée. — La plus longue fixée par la loi avec prorogations successives.

Capital social. — 350.000 francs divisés en 7.000 actions de 500 fr., 1.400 étant attribuées à M. Edmond Caze pour ses apports; titres nominatifs jusqu'à leur libération.

Conseil d'administration. — De cinq membres au moins, douze au plus. Premier Conseil élu jusqu'à l'Assemblée de juin 1896. Renouvellement ensuite par sortie, chaque année, d'un membre par tirage au sort, de façon que le mandat de chaque administrateur soit fixé à six ans.

Assemblée générale. — Chaque année, à Bruxelles, le deuxième mercredi de juin, trois heures de relevée. Dépôt des titres : Cinq jours au moins avant la réunion. Une voix par action. Maximum : les deux cinquièmes des voix présentes ou 1/5 des actions souscrites.

Répartition des bénéfices d'après les statuts. — 5 0/0 à la réserve; somme suffisante pour amortir, en lui servant un intérêt de 5 0/0, le capital des actions pendant la durée de la Compagnie, amortissement par voie de tirage au sort ou d'achat en bourse.

Sur le surplus : 10 0/0 au Conseil d'administration et au collège des commissaires, 90 0/0 à titre de second dividende aux actions, amorties ou non.

Obligations 5 0/0. — La Société a le droit d'émettre 27.400 obligations 5 0/0 de 500 francs l'une, rapportant 25 francs l'an, payables à raison de 6 fr. 25 les 15 février, mai, août et novembre, amortissables en 40 années finissant en 1932; 13.700 de ces obligations ont été émises au prix de 425 francs, jouissance du 15 février 1891. Tirage en juin, remboursement le 15 août. Service des coupons chez MM. E., L. et J. Empain, à Bruxelles.

EAUX DE POUGUES

Constitution. — Société anonyme, constituée le 9 avril 1879.

Objet d'après les statuts. — Exploitation de l'établissement thermal de Pougues; exploitation de toutes eaux minérales, thermales ou autres dans la commune de Pougues et les environs, et toutes opérations accessoires.

Durée de la Société. — 99 ans, à partir du 9 avril 1879.

Siège social. — 7, rue Vivienne, à Paris.

Capital social. — Primitivement 1.300.000 francs, divisés en 2.600 actions de 500 francs, dont 2.300, entièrement libérées, ont été attribuées aux apporteurs.
À l'Assemblée générale du 24 avril 1894, on a réduit ce capital au tiers, soit à 433.000 francs, puis on l'a porté à 600.000 francs par la souscription de 334 actions nouvelles, à partir du 1er octobre 1894. Par suite, le capital actuel est de 500.000 francs, représenté par 1.200 actions de 500 francs libérées et au porteur, et les actions anciennes ont été échangées à raison de trois contre une nouvelle.

Conseil d'administration. — De trois membres au moins, de neufs au plus, propriétaires d'au moins 20 actions inaliénables, nommés pour six ans. Renouvellement par tiers tous les deux ans, par tirage au sort.

Assemblée générale. — Elle est composée des titulaires de 10 actions au moins. Une voix par dix titres, maximum dix voix. Dépôt des titres huit jours avant la réunion.

Répartition des bénéfices d'après les statuts. — La somme nécessaire pour servir 5 0/0 aux actions; 2° 5 0/0 à la réserve. Sur le surplus, 90 0/0 aux actionnaires et 10 0/0 au Conseil d'administration.

Dividendes distribués. — Il n'a pas été détaché de coupon depuis novembre 1890. Un coupon de 8 francs par action ancienne a été payé à partir du 1er octobre 1894. Service des coupons, à Paris, chez M. Brocard, 5, rue Drouot.

Cours des titres. — Ces actions sont inscrites en banque au comptant :

1890	plus haut	485 »	plus bas	320 »
1891	—	600 »	—	190 »
1892	—	275 »	—	130 »
1893	—	245 »	—	150 »

EAUX DE ROYAT

Constitution. — Société anonyme, constituée le 23 septembre 1876.

Objet d'après les statuts. — L'exploitation de toutes eaux minérales ou autres dans la commune de Royat et les environs, et toutes les opérations se rattachant à l'objet principal.

Siège social. — 5, rue Drouot.

Durée. — Jusqu'au 31 décembre 1937, sauf prorogation.

Capital social. — 2 millions de francs, divisés en 4.000 actions de 500 francs libérées et au porteur. Une somme de 100.000 francs, plus 400 actions, ont été remises à M. Brocard pour ses apports ; 1.570.000 fr. ont été attribués à l'achat des concessions, immeubles, etc.

Obligations 5 0/0. — Il a été émis, en 1879, 4.000 obligations de 500 francs 5 0/0, rapportant 25 francs, payables les 1er mai et 1er novembre, remboursables à 500 francs en cinquante ans à partir de 1891. Le premier tirage a eu lieu en juillet 1891. Le service des coupons se fait chez M. Brocard, 5, rue Drouot.

Cours des titres. — Les obligations sont cotées en banque au comptant depuis le 17 mars 1892 :

	plus haut		plus bas	
1892	507	»	450	»
1893	520	»	475	»

EAUX DE BUSSANG

Constitution. — Société anonyme, constituée le 7 juin 1879.

Objet d'après les statuts. — Acquisition de diverses sources d'eaux minérales sur la commune de Bussang (Vosges), ainsi que l'acquisition de toutes autres sources se trouvant dans le voisinage ; recherche, découverte, captation de toutes autres sources sur ladite commune ou sur les communes voisines ; exploitation desdites sources et vente des eaux qu'elles débitent ou débiteront, soit en France, soit à l'étranger.

Siège social. — A Paris, rue Lafayette, 39.

Durée. — 60 ans, du 9 juin 1879 au 9 juin 1939.

Capital social. — 1.200.000 francs, divisés en 2.400 actions de 500 francs, qui ont été attribuées entièrement libérées aux fondateurs en représentation de leur apport. Les dividendes sont payables aux époques fixées par le Conseil d'administration.

Conseil d'administration. — De 3 à 7 membres nommés pour six ans, devant être propriétaires chacun de 25 actions inaliénables pendant la durée de leurs fonctions.

Assemblée générale. — En mai. Composée des propriétaires d'au moins cinq actions, qui les ont déposées cinq jours au moins avant la date de la réunion. Cinq actions donnent droit à une voix, sans que personne puisse avoir plus de vingt voix en son nom personnel, et quarante tant en son nom que comme mandataire.

Répartition des bénéfices d'après les statuts. — Sur les bénéfices nets des charges, il est prélevé :

1° 5 0/0 pour le fonds de réserve jusqu'à ce qu'il atteigne le quart du capital ;

2° La somme nécessaire au payement de l'intérêt à 5 0/0 du capital social. En cas d'insuffisance, le service de cet intérêt serait prélevé sur le fonds de réserve.

Le surplus sera réparti savoir :
90 0/0 aux actions à titre de dividende ;
10 0/0 aux administrateurs.

Obligations 5 0/0. — 3.000 obligations de 500 fr. 5 0/0, libérées et au porteur, créées par délibération du Conseil d'administration, en vertu des pouvoirs conférés par l'art. 17 des statuts, émises à divers cours, de 400 à 440 francs. Remboursables à 500 fr. en 50 ans, de 1885 à 1935, par tirages au sort annuels, en assemblée générale, pour le remboursement des titres sortis s'effectuer le 1er juillet suivant. Intérêt annuel : 25 francs, payables par moitié les 1er janvier et 1er juillet de chaque année.

EAUX ET THERMES DE SAIL-LES-BAINS

Constitution. — Société française en commandite simple, constituée le 16 janvier 1891.

Objet d'après les statuts. — L'exploitation et le développement des diverses installations balnéaires de l'établissement de Sail-les-Bains (Loire) ; la mise en bouteille et la vente de ces eaux minérales ; l'exploitation des hôtels et maisons meublées dépendant de l'établissement, l'exploitation du casino et de ses dépendances.

Siège social. — A Paris, rue Richer, 23.

Durée. — Du 16 janvier 1892 au 31 décembre 1911.

Capital social. — Divisé en 10.000 parts d'intérêt, nominatives et transmissibles en conformité des articles 1689 et suivant du Code civil ; exclusivement formé par des apports en nature.

Administration. — Conseil des intéressés à constituer lorsqu'il existera 20 propriétaires de parts d'intérêts, composé de 5 membres, propriétaires chacun de 10 parts au moins. MM. Laire et Raoul Oulif en font de droit partie en outre des cinq participants. Les deux premiers membres seront désignés par eux et les trois autres membres par le Conseil lui-même, ainsi composé. Si les fonctions d'un membre viennent à cesser, le Conseil pourvoit à son remplacement. Ce Conseil tient lieu de l'Assemblée générale des intéressés. Chacun de ses membres a autant de voix qu'il possède de parts.

Répartition des bénéfices d'après les statuts. — 6 0/0 au gérant; 10 0/0 aux membres du Conseil des intéressés; 84 0/0 aux propriétaires de parts.

Cours des titres. — Les parts sont inscrites à la cote en banque, au comptant, depuis le 25 février 1891 :

```
1891 plus haut 21.25  plus bas 20   »
1892    —      35  »     —     10   »
1893    —      28.75     —     10   »
```

EAUX DE BREST

Constitution. — Société anonyme, constituée en 1874.

Siège social. — 59, rue de la Rampe, à Brest.

Capital social. — 300.000 francs.

Obligations 5 0/0. — Ces titres ont été émis en 1874 aux guichets du *Moniteur Financier*, au cours de 98 francs. Il y a 2.966 obligations de 120 francs 5 0/0, rapportant un intérêt de 6 francs par an (sauf impôts), ledit intérêt payable au moyen de deux coupons de 3 francs l'un, aux échéances des 1er mai et 1er novembre. Elle sont remboursables en cinquante années, à raison de 120 francs l'une, et portent l'indication suivante « Les droits des porteurs sont garantis : 1° par une délégation spéciale, pendant 50 ans, de la subvention de 19.500 francs à payer tous les ans par la ville ; 2° par une affectation hypothécaire spéciale sur les propriétés de la société, consistant dans les sources, l'étang, canal de conduite, chute d'eau, bâtiments, terrains, et sur les nouveaux bassins, réservoirs et bâtiments qui seront construits pour la fourniture d'eau de la ville ». Le service des coupons se fait à la caisse sociale.

Cours des titres. — Ces obligations sont inscrites à la cote en en banque au comptant :

```
1890 plus haut 120   »  plus bas 105  »
1891    —      120   »     —     95   »
1892    —      120   »     —     104  »
1893    —      122.50       —    105  »
```

CHEMINS DE FER FRANÇAIS

CHEMINS DE FER FRANCAIS

CHEMIN DE FER
DE PARIS-LYON-MÉDITERRANÉE

Constitution. — Société anonyme, autorisée par décret du 3 juillet 1857, dont les statuts ont été modifiés en 1870 et approuvés par décret du 5 mars 1872. Elle résulte de la fusion de la Compagnie du Chemin de fer Lyon et de la Compagnie du Chemin de fer de Lyon à la Méditerranée sous le nom de « Compagnie de Paris à Lyon et à la Méditerranée ». Il nous paraît intéressant de spécifier : 1° ce qu'étaient autrefois les anciennes compagnies fusionnées, 2° dans qu'elles conditions s'est opéré leur fusion.

La première de ces deux compagnies, celle dite de *Paris à Lyon*, avait été constituée, en 1852, au capital de 120 millions, divisé en 240.000 actions de 500 francs ; mais, deux ans plus tard, son capital avait été porté à 132 millions par suite de sa fusion avec la Compagnie du Chemin de fer de Dijon à Besançon, et la création de 25.000 actions nouvelles qui furent échangées contre les 33.200 actions de 500 francs, représentant le capital de 16.600.000 francs de cette Compagnie.

La seconde Compagnie fusionnée, celle de *Lyon à la Méditerranée* avait été constituée primitivement sous le titre de « Compagnie de Lyon à Avignon », le 22 mars 1852, au capital de 35 millions, divisé en 70.000 actions de 500 francs, Elle avait pris sa dénomination à la suite des cessions qui lui furent faites de quatre lignes, qui sont :

1° le chemin de fer de Marseille à Avignon ; 2° le chemin de fer d'Alais à Beaucaire et d'Alais aux mines de la Grand'Combe ; 3° le chemin de fer de Montpellier à Cette ; 4° le chemin de fer de Montpellier à Nîmes (celui-ci affermé seulement), ces cessions ayant été consenties : 1° par la Compagnie du chemin de fer de Montpellier à Cette, moyennant une annuité de 260.000 francs ; 2° par la Compagnie des Mines de la Grand'Combe, moyennant une annuité de 1.200.000 francs ; 3° par la Compagnie d'exploitation du chemin de fer de Montpellier à Nîmes, moyennant une annuité de 50.000 francs ; 4° et la Compagnie de Marseille à Avignon, moyennant l'abandon d'un certain nombre d'obligations de

625 francs, rapportant 25 francs d'intérêt. C'est en représentation de ces annuités que la nouvelle Compagnie fusionnée créa, en novembre 1852, 182,333 obligations 3 0/0, remboursables à 500 francs, sur lesquelles 66.667 furent offertes en échange des obligations de 625 francs dont nous venons de parler.

La fusion fut consentie à la stricte condition que la Société ainsi constituée serait mise, activement et passivement, au lieu et place des anciennes Compagnies et prendrait notamment à sa charge leurs emprunts respectifs.

On porta aussi le capital de la Société nouvelle à 400 millions, divisé en 800.000 actions, sur lesquelles 397.500 furent attribuées, à raison de 3 pour 2, aux actionnaires du chemin de fer Paris-Lyon, et 180.000, à raison de 2 pour une, aux actionnaires du chemin de fer de Lyon à la Méditerranée.

A la suite de cette fusion, diverses cessions ou absorptions de lignes ont eu lieu qui ont considérablement agrandi le réseau primitif.

Ainsi, par traité du 11 avril 1857, la Compagnie du chemin de fer Grand-Central a cédé à la Compagnie P.-L.-M. : 1° un tiers environ des lignes composant son réseau (les deux autres tiers environ ayant été cédées par le même traité à la Compagnie d'Orléans ; 2° le tiers lui appartenant dans la concession du chemin de fer de Paris à Lyon par le Bourbonnais. Comme conséquence de cette cession, 34 0/0 des emprunts du Grand-Central ont été mis à la charge de la Compagnie concessionnaire, alors que les 66 0/0 de surplus étaient à la charge de la Compagnie d'Orléans. Pour prix de cette cession, les 224.000 actions du Grand-Central furent échangées à raison de 1 action contre 2 obligations 1/3, contre 522.666 2/3 obligations de 500 francs 3 0/0, à créer par les Compagnies cessionnaires, et ce, dans la proportion sus indiquée de 66 0/0 pour l'Orléans et de 34 0/0 pour le Paris-Lyon-Méditerranée.

Puis, par un autre traité du même jour, la Compagnie du chemin de fer d'Orléans a cédé à la Compagnie P.-L.-M. la part qui lui appartenait dans la concession du chemin de fer de Paris à Lyon par le Bourbonnais, et sa participation d'intérêts dans la Société formée pour la construction et l'exploitation dudit chemin. Conséquemment, ce chemin de fer de Paris à Lyon par le Bourbonnais devint la propriété exclusive de la Compagnie P.-L.-M. Notons, à ce propos, que la construction et l'exploitation à frais communs de la susdite ligne du Bourbonnais avait fait l'objet d'une Société en participation entre les Compagnies de Paris à Lyon, de l'Orléans et du Grand-Central. La Compagnie du Grand-Central avait notamment apporté à cette Société les lignes dépendant de l'ancienne Compagnie de Rhône-et-Loire, qui avait elle-même été constituée par la fusion des anciennes Compagnies de Saint-Etienne à Lyon et de Saint-Etienne à Montrambert, de Saint-Etienne à la Loire (Andrézieux) et d'Andrézieux à Roanne.

Voici les autres absorptions qui ont été successivement faites par la Compagnie :

1° A la suite d'un traité du 22 juillet 1858, il y a eu fusion avec la *Compagnie des chemins de fer du Dauphiné*, qui avait été constituée en 1854 sous le titre de Compagnie du chemin de fer de Saint-Rambert à Grenoble.

Aux termes de ses statuts modifiés, le 6 juillet 1857, elle avait pris la dénomination de : « Compagnie des chemins de fer du Dauphiné » et avait porté son capital social de 25 à 35 millions, divisé en 70.000 actions, pour le réduire, en juillet 1859, à 17.500.000 francs, divisés en 35.000 actions entièrement libérées. Par suite de la fusion, ces actions furent échangées contre des obligations 3 0/0 de la Compagnie P. L. M., à raison de une action contre une obligation 2/3.

2° A la suite d'un traité du 31 mars 1863, il y a eu également fusion avec l'ancienne *Compagnie des chemins de fer Algériens*, constituée en 1860, au capital de 55 millions, divisé en 110,000 actions de 500 francs. Le prix de ce rachat fut fixé à 13.750.000 francs et payé en obligations 3 0/0 au cours de 300 francs, à raison d'une obligation 2/3 contre 4 actions de la Compagnie des chemins de fer Algériens.

3° A la suite d'un traité du 9 août 1865, il y a encore fusion avec la *Compagnie du chemin de fer de Bessèges à Alais*, constituée en 1855. Cette fusion a eu lieu à la charge par la Compagnie P. L. M., de remettre 40.000 obligations 3 0/0 en échange de 12.000 actions de la Compagnie de Bessèges et de pourvoir au service de l'intérêt et de l'amortissement des obligations de cette Compagnie.

4° Une convention des 9 juin 1866 et 17 juin 1867, est intervenue entre l'Etat, la Compagnie P. L. M. et la Compagnie du Chemin de fer de Victor-Emmanuel, par suite de laquelle cette dernière Compagnie a cédé à l'Etat, qui les a rétrocédés à son tour à la Compagnie P. L. M., les sections construites ou à construire du réseau de Victor-Emmanuel, situées sur le territoire cédé par l'Italie à la France. Aux termes de cette convention, la Compagnie P. L. M. s'est engagée : 1° à servir aux porteurs d'obligations de la Compagnie Victor-Emmanuel, de 1867 à 1954 inclus, une annuité de 1.604.950 francs, représentant l'intérêt et l'amortissement de l'emprunt de 25 millions, contracté en 1862 par cette dernière Compagnie, avec la garantie des gouvernements français et italien ; 2° et à servir à la Compagnie du Victor-Emmanuel, à partir de 1866, une annuité de 650.000 francs, qui a été convertie en 40,077 obligations de la Compagnie de Lyon-Méditerranée. Ces annuités s'élevant ensemble à la somme de 2.254.950 francs, qui représente l'intérêt et l'amortissement calculés au taux de 5 0/0, pour une période de quatre-vingt-huit ans, de la somme de 44,483,000 francs, à laquelle a été fixé le prix du rachat de la concession du Victor-Emmanuel. Le chemin du Victor-Emmanuel est exploité, sous le nom de réseau spécial *du Rhône au Mont-Cenis*, comme une ligne indépendante du réseau de Paris-Lyon-Méditerranée et, comme telle, est régi par le cahier des charges annexé à la convention du 1er mai 1863.

5° A la suite d'un traité du 28 juillet 1881, devenu définitif par l'approbation des Assemblées générales des actionnaires des deux Sociétés intéressées, et par suite de la convention du 26 mai 1883 et de la loi du 20 novembre suivant, la Compagnie de Lyon a acheté les lignes composant le réseau de la *Compagnie des Dombes et des chemins de fer du Sud-Est*. Aux termes de ce traité, la Compagnie de Lyon a pris à sa charge le service (intérêt et amortissement) des 80.000 obligations de 500 francs 3 0/0, émises en 1869 et 1876 par la Compagnie des Dombes. Elle doit recevoir, par contre, l'annuité de 550.022 fr. 66 payée par l'Etat à titre de subvention due à la Compagnie cédente, mais elle s'est en outre engagée à exécuter, le moment venu, aux lieu et place de la Compagnie des Dombes, un traité du 24 juin 1879 par lequel cette Compagnie a racheté à la Compagnie des chemins de fer du Rhône les lignes de Sathonay à la Croix-Rousse et de Sathonay à Trévoux. La Compagnie des Dombes et Chemins de fer du Sud-Est avait été constituée, en 1866, pour la construction et l'exploitation de divers chemins de fer dans les départements du Rhône, de la Loire, de Saône-et-Loire, de l'Ain, de l'Isère et du Jura, d'une longueur de 428 kilomètres. Elle a été dissoute et mise en liquidation par une Assemblée générale du 23 janvier 1884. Son capital-actions était de 12,500.000 francs, divisé en 25.000 actions de 500 francs libérées, qui, par suite du traité de 1881, ont été remboursées en obligations de la fusion 3 0/0 nouvelle (3 obligations 1/3 par action) et le surplus (environ 60 francs) en espèces. Elle avait émis 87.500 obligations de 500 francs 3 0/0, dont les deux premières séries de 40.000 obligations chacune, ensemble 80.000, sont restées à la charge de la Compagnie Paris-Lyon-Méditerranée. Les 7.500 obligations de la 3ᵉ série ont été échangées contre des obligations de la fusion nouvelle (une pour une).

6° Enfin, par convention du 4 août 1875, la Compagnie de Lyon a obtenu, conjointement avec les Compagnies de l'Est, du Nord et de l'Orléans, la concession du *chemin de fer de Grande-Ceinture de Paris*, pour la construction duquel ces Compagnies se sont syndiquées et ont été autorisées à émettre des obligations de 500 fr. 3 0/0.

Garantie de l'État. — La Compagnie P.-L.-M. fait partie des six grandes Compagnies auxquelles l'État avait accordé sa garantie dans les conditions déterminées par les conventions dites de 1859. Elle est aujourd'hui régie par les conventions dites de 1883, entrées en application, pour elle, depuis le 1ᵉʳ janvier 1884.

Siège social. — A Paris, rue Saint-Lazare, 88.

Durée. — A compter du décret d'autorisation du 3 juillet 1857, dont les effets remontent au 1ᵉʳ janvier 1857, jusqu'à la fin de la concession (quatre-vingt-dix-neuf ans, du 1ᵉʳ janvier 1860 au 31 décembre 1958).

Capital social. — 400 millions, divisés en 800,000 actions de 500 fr. au porteur, entièrement libérées.

Conseil d'administration. — Il est composé de vingt-cinq membres, devant être propriétaires chacun de 100 actions inaliénables pendant la durée de leurs fonctions, nommés pour cinq ans en Assemblée générale. Il nomme tous les ans un président et un ou plusieurs vice-présidents.

Administrateurs : MM. Ch. Mallet, président honoraire ; Caillaux, président ; Blount, Cornudet, vice-présidents ; Alf. André, Cambefort, marquis de Chateau-Renard, Denormandie, baron Girod de l'Ain, Hély d'Oissel, baron Hottinguer, Jagerschmidt, Laugel, baron de Nervo, baron G. de Rothschild, comte de Salvandy, De Sessevalle, Tirman.

Directeur général : M. Noblemaire.

Assemblée générale. — Avant le 1ᵉʳ mai, composée de tout titulaire ou porteur de 40 actions, qui les a déposées dix jours au moins avant la date de la réunion. Les actionnaires présents doivent être au nombre de 40 et représenter le vingtième des actions émises et le cinquième si la convocation a pour objet les cas spéciaux prévus à l'article 46, tels que emprunts, demandes de concessions, modifications aux statuts, etc., sauf le cas où l'Assemblée n'a pu valablement se réunir sur première convocation. Chaque membre a autant de voix qu'il possède de fois 40 actions, sans pouvoir dépasser dix voix.

Répartition des bénéfices d'après les statuts. — Après le prélèvement des sommes nécessaires pour acquitter généralement toutes les charges sociales, il est prélevé annuellement sur les bénéfices :

3 0/0 destinés à constituer un fonds de réserve jusqu'à ce que cette réserve ait atteint 10 millions ;

La somme nécessaire : 1° à constituer un fonds d'amortissement, calculé de telle sorte que le capital social représenté par les 800.000 actions soit complètement amorti, à raison de 500 francs par action, cinq ans avant l'expiration de la concession; toutefois, ce prélèvement ne commencera qu'à partir de l'année 1907; 2° à servir aux actions amorties ou non amorties un intérêt annuel de 4 0/0 (soit 20 francs).

Le surplus des bénéfices est réparti entre toutes les actions amorties et non amorties.

L'amortissement des actions n'aura lieu qu'à partir de 1907, au moyen de tirages au sort annuels; et les actions désignées par ce sort seront alors remboursées à 500 francs et remplacées par des actions de jouissance.

Dividendes distribués. — Les voici depuis l'origine:

1857-58	Fr.	53 »	1875-76	Fr.	55 »
1858-59	»	49 50	1876-77	»	55 »
1859-60	»	63 50	1877-78	»	52 »
1860-61	»	63 50	1878-79	»	55 »
1861-62	»	75 »	1879-80	»	55 »
1862-63	»	75 »	1880-81	»	70 »
1863-64	»	75 »	1881-82	»	75 »
1864-65	»	65 »	1882-83	»	65 »
1865-66	»	60 »	1883-84	»	55 »
1866-67	»	60 »	1884-85	»	55 »
1867-68	»	60 »	1885-86	»	55 »
1868-69	»	60 »	1886-87	»	55 »
1869-70	»	60 »	1887-88	»	55 »
1870-71	»	70 40	1888-89	»	55 »
1871-72	»	52 »	1889-90	»	55 »
1872-73	»	60 »	1890-91	»	55 »
1873-74	»	60 »	1891-92	»	55 »
1874-75	»	55 »	1892-93	»	55 »

Voici maintenant quels sont les divers types d'obligations:

Obligations fusion anciennes 3 0/0. — On distingue les obligations de la fusion en anciennes et nouvelles, toutes deux divisées en séries de 600.000 chacune. Pour les anciennes, les séries, au nombre de huit, portent jouissance de janvier et de juillet; pour les nouvelles, les séries, au nombre de neuf, portent jouissance d'avril et d'octobre.

Les obligations fusion ancienne représentent 4.800.000 titres de 500 francs au porteur, entièrement libérées, émises à diverses époques et à divers cours, après autorisation de l'Assemblée générale et après approbation ministérielle. Elles sont remboursables à 500 francs par tirages au sort ayant lieu en octobre, par série de 100 obligations ou par fractions de série, et le remboursement des titres sortis s'effectue le 1er janvier suivant. Elles produisent un intérêt de 15 francs payables janvier-juillet. Les huit séries portent les numéros suivants:

	Numéros.	Dates des remboursements.	
1re série	1 à 600.000	Du 1er janvier 1860 au 1er janvier	1958
2e —	600.001 à 1.200.000	— 1860 —	1958
3e —	1.200.001 à 1.800.000	— 1861 —	1958
4e —	1.800.001 à 2.400.000	— 1862 —	1958
5e —	2.400.001 à 3.000.000	— 1864 —	1958
6e —	3.000.001 à 3.600.000	— 1865 —	1958
7e —	3.600.001 à 4.200.000	— 1885 —	1958
8e —	4.200.001 à 4.800.000	— 1887 —	1958

Obligations fusion nouvelles 3 0/0. — Ces titres représentent 5.400.000 obligations de 500 francs au porteur ou nominatives, entièroment libérées, émises à divers cours au fur et à mesure des besoins de la Compagnie, après autorisation de l'Assemblée générale et approbation ministérielle. Remboursables à 500 francs par tirages au sort annuels ordinairement en juillet, le remboursement des titres sortis s'effectue le 1ᵉʳ octobre suivant. Le tirage s'opère par série de 100 obligations ou par fractions de séries. L'intérêt annuel est de 15 francs, payables en avril et octobre.

Les neuf séries portent les numéros suivants :

	Numéros.	Dates des remboursements.
1ʳᵉ série . . .	1 à 600.000	Du 1ᵉʳ octobre 1867 au 1ᵉʳ octobre 1958
2ᵉ — . . .	600.001 à 1.200.000	— 1868 — 1958
3ᵉ — . . .	1.200.001 à 1.800.000	— 1870 — 1958
4ᵉ — . . .	1.800.001 à 2.400.000	— 1872 — 1958
5ᵉ — . . .	2.400.001 à 3.000.000	— 1874 — 1958
6ᵉ — . . .	3.000.001 à 3.600.000	— 1875 — 1958
7ᵉ — . . .	3.600.001 à 4.200.000	— 1877 — 1958
8ᵉ — . . .	4.200.001 à 4.800.000	— 1881 — 1958
9ᵉ — . . .	4.800.001 à 5.400.000	— 1883 — 1958

Obligations Paris à Lyon 5 0/0 1852. — Ces titres font partie d'un emprunt de 80.000.000 autorisé par l'article 32 des statuts, représenté par 80.000 obligations au porteur, entièrement libérées, émises à 1.050 fr. en avril 1852, par souscription exclusivement réservée aux actionnaires. Ils sont remboursables à 1.250 fr. en 50 ans, du 1ᵉʳ octobre 1852 au 1ᵉʳ octobre 1905, par tirages au sort annuels ayant lieu en juillet, par série de 100 obligations ou fractions de séries ; et le remboursement des titres sortis s'effectue le 1ᵉʳ octobre suivant, ils produisent un intérêt annuel de 50 fr., payables les 1ᵉʳ avril et 1ᵉʳ octobre de chaque année.

Obligations de Paris à Lyon 3 0/0 1855. — Ces titres font partie d'un emprunt autorisé par délibération des Assemblées générales des 24 avril 1854 et 26 avril 1856, représenté par 300.000 obligations au porteur, entièrement libérées (sur lesquelles il n'en a été émis en réalité que 250.000 : les 50.000 autres sont restées à la souche), divisées en trois séries de 100.000 obligations chacune, émises, savoir : la première, à 297 fr. 90, en 1855 ; la deuxième, à 289 fr. 98, en 1856 ; la troisième, à 271 fr. 41, en 1857. Ces obligations sont remboursables à 500 fr., en quatre-vingt-dix-neuf ans, du 1ᵉʳ avril 1856 au 1ᵉʳ avril 1954, par tirages au sort annuels, en janvier, ayant lieu par série de 100 obligations ou par fractions de série, et le remboursement des titres sortis s'effectue le 1ᵉʳ avril suivant ; elles produisent un intérêt annuel de 15 fr., payables les 1ᵉʳ avril et 1ᵉʳ octobre de chaque année.

Obligations Bessèges à Alais 3 0/0. — Il y a, sous ce nom, 22.610 obligations de 500 fr. au porteur, entièrement libérées, remboursables à 500 fr. par tirages au sort annuels, ordinairement en juillet, le remboursement des titres sortis s'effectuant le 1ᵉʳ octobre suivant, produisant un intérêt annuel de 15 fr., payables les 1ᵉʳ avril et 1ᵉʳ octobre.

L'émission a été divisée en trois emprunts, savoir :

1° Un *Emprunt de 2 millions de francs*, créé en vertu de l'article 36 des statuts et de l'autorisation ministérielle du 21 avril 1852, représenté par 7.143 obligations émises à 280 fr., à la fondation de la Société, remboursables en quatre-vingt-dix-neuf ans, de 1857 à 1955.

2° Un *Emprunt de 1.800.000 francs*, autorisé par décision ministérielle du 21 octobre 1856, représenté par 6.667 obligations, émises à 270 francs, remboursables en quatre-vingt-dix-huit ans, de 1856 à 1955.

3° Un *Emprunt de 2.200.000 francs*, représenté par 8.000 obligations, remboursables en quatre-vingt-dix-sept ans, de 1859 à 1955.

Obligations Bourbonnais 3 0/0. — Ces titres sont représentés par 400,000 obligations au porteur, entièrement libérées (sur lesquelles il n'en a été émis en réalité que 342.590, les 57.410 de surplus sont restés à la souche), créés pour l'établissement de la ligne de Paris à Lyon par le Bourbonnais (par Nevers, Moulins, Roanne, Saint-Etienne et Givors), concédée à la Société en participation formée pour la construction et l'exploitation à frais communs de ladite ligne, entre les trois Compagnies de Paris à Orléans, de Paris à Lyon et du Grand-Central de France, ainsi que nous l'avons expliqué plus haut, ligne qui est devenue la propriété exclusive de la Compagnie de Paris-Lyon-Méditerranée. Ces obligations sont remboursables à 500 fr., en quatre-vingt-dix-neuf ans, de 1855 à 1953, par tirages au sort annuels en octobre, le remboursement des titres sortis s'effectue le 1er janvier suivant. Elles produisent un intérêt annuel de 15 fr., payables par moitié les 1er janvier et 1er juillet. Elles sont divisées en quatre séries de 100.000 obligations chacune, ne différant entre elles que par l'indication inscrite sur les titres de : *Première série*, de 100.000 obligations ; — *Deuxième série*, de 100.000 obligations ; — *Troisième série*, de 100.000 obligations ; — *Quatrième série*, de 100.000 obligations.

Obligations Dauphiné 3 0/0. — Ces titres sont représentés par 177.000 obligations de 500 francs 3 0/0 de l'ancienne Compagnie des chemins de fer du Dauphiné, au porteur, entièrement libérées (sur lesquelles il n'en a été émis en réalité que 173.000, les 4.000 de surplus étant restés à la souche), émises à divers cours. Ils sont remboursables à 500 francs par tirages au sort annuels, ordinairement en mai et le remboursement des titres sortis s'effectue le 1er juillet suivant. Elles produisent un intérêt de 15 francs, payables par moitié les 1er janvier et 1er juillet, et sont divisées en 5 séries que voici :

	Numéros			Date de remboursements		
1re série.	1	à	28001	du 1er juillet 1859	au	1er juillet 1957
2e —	28001	à	48000	— 1859	—	1957
	48001	à	50000	— 1860	—	1957
	110001	à	148000	—	—	
3e —	50001	à	110000	— 1860	—	1958
4e —	148001	à	165000	— 1863	—	1958
5e —	165001	à	177000	— 1864	—	1957

Obligations Dombes et Sud-Est 3 0/0. — Ces titres sont représentés par 80,0000 obligations au porteur, entièrement libérées, remboursables à 500 francs, par tirages au sort annuels ordinairement en juillet (le remboursement des titres s'effectuant le 1er octobre suivant) produisant un intérêt annuel de 15 francs, payables par moitié les 1er avril et 1er octobre ; divisées comme suit :

1° Une émission autorisée par les statuts et par Assemblées générales des 26 juin et 30 août 1869, de 40.000 obligations. Celles-ci ont été émises à 295 francs les 1er et 20 octobre 1869 par le Crédit Lyonnais. Elles sont remboursables en 89 ans, de 1870 à 1958.

2° Une émission autorisée par décision du ministre des travaux publics du 25 novembre 1875 et destinée au remboursement anticipé de 18.605 Bons émis par la Compagnie en 1872 et qui avaient été stipulés rembourbles à 500 francs, de 1875 à 1886. Elle a compris 40.000 obligations, qui ont été émises à 280 francs, du 2 au 4 mai 1876, à Lyon et à Paris, par le

Crédit Lyonnais et le Comptoir d'escompte, et qui sont remboursables en 99 ans, de 1877 à 1975.

Obligations Lyon à Genève 3 0/0. — Ces titres sont représentés par 144.264 obligations de 500 francs au porteur, entièrement libérées, remboursables à 500 fr. par tirages au sort annuels en octobre (le remsement des titres sortis s'effectuant le 1er janvier suivant), produisant un intérêt annuel de 15 francs, payables par moitié les 1er janvier et 1er juillet, et divisées en deux emprunts, savoir :

1° Un Emprunt de 25 millions, autorisé par décision ministérielle du 12 février 1855, représenté par 87.719 obligations émises à 285 francs, du 26 février au 7 mars 1855, par souscription réservée, jusqu'à concurrence de 80.000, au profit des actionnaires; remboursables en 99 ans, du 1er janvier 1856 au 1er janvier 1954. Intérêt garanti par l'Etat pendant 50 ans.

2° Un emprunt de 15 millions de francs, autorisé par décision ministérielle du 6 avril 1857, représenté par 54.545 obligations, remboursables en 97 ans, du 1er janvier 1858 au 1er janvier 1954. L'intérêt de cet emprunt n'est pas garanti par l'Etat comme le précédent emprunt de 1855.

Obligations Lyon-Méditerranée 5 0/0. — Il s'agit ici d'un emprunt de 60 millions, créé en vertu des lois des 1er décembre 1851 et 4 juillet 1852, en remplacement de deux emprunts de 20 millions chacun, des deux anciennes Compagnies de Lyon à Avignon et de Marseille à Avignon. Cet emprunt est représenté par 120.000 obligations de 500 francs au porteur, entièrement libérées, autorisées par décision ministérielle et dont il y a eu 44,000 émises par souscription publique à 535 francs, en décembre 1852; 16.000 échangeables contre 8.000 de 1.000 francs, alors existantes de l'emprunt susénoncé de 30 millions de la Compagnie de Lyon et Avignon; 60.000 échangeables contre les 30.000 obligations de l'emprunt de 30 millions susénoncé de la Compagnie de Marseille-Avignon; ces conversions admises ainsi à raison de deux obligations nouvelles de 500 francs contre une obligation ancienne de 1,000, et moyennant soulte de 10 francs au profit de ces dernières.

Ces 120.000 obligations sont remboursables à 500 francs et, en outre, avec une prime de 125 francs, soit à 625 francs, en quatre-vingt-dix-neuf ans, de 1856 à 1954, par tirages au sort annuels en janvier. Le remboursement des titres sortis a lieu le 1er avril suivant. Elles produisent un intérêt annuel de 25 francs payables par moitié les 1er avril et 1er octobre. Le remboursement à 500 francs et l'intérêt sont garantis par l'Etat pendant 99 ans.

Obligations Lyon-Méditerranée 3 0/0. — Celles-ci comprennent 265.000 obligations au porteur, entièrement libérées, dont 182,333 émises pour le rachat des anciennes lignes de Marseille à Avignon, du Gard, de Montpellier à Cette et à Nîmes, et 82,666 négociées à 280 fr. remboursables à 500 francs, de 1856 à 1954, par tirages au sort annuels, en mai ; remboursement des titres sortis le 1er juillet suivant ; produisant un intérêt annuel de 15 francs, payables par moitié les 1er janvier et 1er juillet ; ledit intérêt garanti par l'Etat pendant cinquante ans, et divisées en deux emprunt :

1° Un emprunt de 182.333 obligations, créées en vertu de l'autorisation ministérielle du 20 décembre 1852 et en exécution de la loi du 8 juillet 1852 ;

2° Un emprunt de 31 milions, représenté par 82.666 obligations émises à 280 francs, en octobre 1855, en vertu de l'article 3 de la convention du 3 février 1855.

Obligations Rhône et Loire 4 0/0. — Il y a, sous ce titre, 102.614 obligations au porteur, entièrement libérées, remboursables à 625 fr. en quatre-vingt-dix-neuf ans, du 1ᵉʳ janvier 1854 au 1ᵉʳ janvier 1952, par tirages au sort annuels en octobre (le remboursement des titres sortis s'effectuant le 1ᵉʳ janvier suivant), produisant un intérêt annuel de 25 fr., payables par moitié les 1ᵉʳ janvier et 1ᵉʳ juillet.

Obligations Rhône et Loire 3 0/0. — Cet emprunt est représenté par 63.643 obligations au porteur, entièrement libérées, sur lesquelles 29.201 ont été émises à 300 fr. et le surplus a été destiné à être échangé contre les obligations des anciennes Compagnies fusionnées de Saint-Etienne à la Loire et d'Andrézieux à Roanne, ainsi qu'il sera ci-après indiqué. Elles sont remboursables à 500 fr., en quatre-vingt-dix-neuf ans, du 1ᵉʳ janvier 1854 au 1ᵉʳ janvier 1952, par tirages au sort annuels, en octobre (le remboursement des titres sortis s'effectuant le 1ᵉʳ janvier suivant), et elles produisent un intérêt annuel de 15 fr., payables par moitié les 1ᵉʳ janvier et 1ᵉʳ juillet.

Obligations Saint-Etienne à Lyon 5 0/0 1850. — Cet emprunt a été autorisé par décision de l'Assemblée générale du 20 juin 1851, représenté par 2.500 obligations au porteur, entièrement libérées, émises en 1851. Elles sont remboursables à 1.250 fr. en soixante-quinze ans, du 1ᵉʳ janvier 1852 au 1ᵉʳ janvier 1926, par tirages au sort annuels, en octobre (le remboursement des titres sortis s'effectuant le 1ᵉʳ janvier suivant) et produisent un intérêt annuel de 50 fr., payables par moitié les 1ᵉʳ janvier et 1ᵉʳ juillet. Elles peuvent être converties en obligations Rhône-et-Loire 3 0/0, à raison d'une obligation pour trois obligation 1/5ᵉ de Rhône-et-Loire.

Obligations Victor-Emmanuel 3 0/0 1862. — Celui-ci est un emprunt de 25 millions, autorisé par décision de l'Assemblée générale des actionnaires de l'ancienne Compagnie du chemin de fer de Victor-Emmanuel, du 17 novembre 1862, et par décision ministérielle du 29 du même mois, représenté par 98.412 obligations au porteur, entièrement libérées, émises à 265 francs en novembre ou décembre 1862; remboursables à 500 francs en 92 ans, du 1ᵉʳ octobre 1863 au 1ᵉʳ octobre 1954, par tirages au sort annuels ordinairement en juillet, le remboursement des titres sortis s'effectuant le 1ᵉʳ octobre suivant. Elles produisent un intérêt annuel de 15 francs, payables par moitié les 1ᵉʳ avril et 1ᵉʳ octobre.

Résultats du dernier exercice (1894-95). — Les actionnaires de cette Compagnie se sont réunis, le 26 avril 1895, en assemblées générales ordinaire et extraordinaire.

Cette dernière a ratifié deux conventions, l'une portant renonciation à la concession de la ligne d'Ambérieu à Cerdon, et l'autre relative à la concession de la ligne du Fayet à Chamonix et à la frontière suisse.

Quant à l'Assemblée ordinaire, elle a approuvé à titre définitif les comptes de 1893 et, à titre provisoire, ceux de 1894, en fixant à 55 francs le dividende de ce dernier exercice.

D'après le rapport présenté par le Conseil à cette réunion, les dépenses effectuées au compte d'établissement ont été, en 1894, de 46.380.919 fr., ce qui en a porté le montant total, au 31 décembre dernier, à 4 milliards 449.448.081 francs, dont 3.709.465.514 à la charge de la Compagnie et 739.982.566 à celle de l'Etat.

Les ressources réalisées pendant le dernier exercice ont été de 28.920.705 francs, provenant pour la plus grande partie de la négociation de 64.370 obligations 3 0/0, dont le prix moyen ressort à 458 fr. 43, en augmentation de 2 fr. 57 sur celui de l'année précédente.

Par suite, les ressources générales ont été portées à 4.525.236.460 fr. laissant, à la fin de 1894, un solde de 77.788.379 francs, dont 37.761.059 employés en approvisionnements.

La longueur du réseau exploité s'est augmentée, en 1894, de 134 kilomètres, par l'achèvement de deux lignes nouvelles de Dié et d'Orange et par l'incorporation de la ligne d'Arles à Saint-Louis-du-Rhône ; elle est ainsi de 8.494 kilomètres, sans compter le Rhône au Mont-Cenis, la Plaine à Genève et les chemins algériens.

Les recettes de l'exploitation se sont élevées à..   370.616.598 74
et les dépenses à. 177 895.769 48

laissant ainsi un produit net de. 192.720.829 26
supérieur de 8 80 0/0 à celui de 1893.

L'augmentation des recettes provient presque entièrement de la grande vitesse, notamment des voyageurs et de la messagerie : le produit des voyageurs s'est élevé à 111.425.472 francs, en augmentation de 4.666.581 francs sur l'année précédente. Le tonnage de la messagerie a augmenté de 50.272 tonnes et a atteint 432.272 tonnes ; le produit s'est avancé de 26.393.000 francs en 1893, à 29.097.238 francs en 1894. Quant à l'augmentation des recettes de la petite vitesse, elle a été de 1.533.229 fr.

Les dépenses ont été en diminution de 6.579.865 francs.

La ligne du Rhône au Mont-Cenis a donné comme recettes une somme de. . . . . Fr.   5.141.531 05
et comme dépenses 3 359.995 49

Soit un produit net de 1.781.535 56
ramené à 1.777.492 fr. 67 par la déduction de comptes divers s'élevant à 4.042 fr. 89.

Les recettes du réseau Algérien ont été de . . . Fr.   8.800.469 »
Les dépenses ayant été de. . . . .   5.196.787 »

Le produit net est ainsi de. . . . .   3.603.682 »
en augmentation de 731.673 francs soit 24 1/2 0/0 sur 1893.

Le décompte de la *garantie* de l'Etat s'est établi de la façon suivante:
Produit net du compte d'exploitation 192.716.196 13

A déduire :

Solde des exploitations annexes (Ceintures, etc.) 465.837 fr. 42 ; excédent des charges diverses sur produits des placements de fonds et locations foncières de un million 053 315 fr. 20. . . . .   1.519.152 72

Produit net du compte unique. 191.197.043 41

Sur ce produit il faut avant tout prélever :

Charges de l'ancien réseau : 127.653.624.625 fr. 61 ; contributions aux dépenses des lignes de 1883, francs 1.338.312 40 ; dépenses complémentaires sur l'ensemble du réseau, 3.644.658 fr. 48 : attributions aux actions, 44.000.000 francs 176.636.596 49

L'excédent, soit . . . .   14.560.446 92 doit être déversé au profit du nouveau réseau en atténuation des charges garanties par l'État, charges qui, pour 1894, ressortent à 30.943.846 15

d'où résulte qu'il y a lieu de demander à la *garantie* . . . 16.383.399 23

c'est-à-dire 13 millions 1/2 de moins que l'année dernière.

Pour fixer le chiffre du dividende afférent à l'année 1894, il faut ajouter :

Au prélèvement de . . . . 44.000.000 »
stipulé par l'article 11 de la Convention de 1883 comme dividende réservé :

1° Les produits du placement des réserves en immeubles et en titres 1.474.334 71

2° Le solde disponible de l'exercice 1893. . . . . . 923.600 21

46.397.934 92

et déduire du total. . . . .

Le déficit des 15 kilomètres de la partie suisse de la ligne de Lyon à Genève 162.278 17

Le net disponible pour l'exercice 1894 est donc de . . 46.235.656 75

ce qui a permis de fixer le dividende à 55 francs ; de consacrer 2.000.000 à la réserve spéciale, qui s'est élevée à 28.313.053 fr. 61, et de reporter 235.656 fr. 75 à l'exercice prochain.

Un long chapitre est consacré dans le rapport à la caisse des retraites, dont les retenues sur le traitement et les allocations de la Compagnie sont reconnues insuffisantes pour en assurer le fonctionnement tel qu'il a été prévu en 1892. Le Conseil d'administration a proposé diverses réformes, adoptées par l'Assemblée, qui auront pour résultat d'augmenter de 8 à 10 0/0 l'allocation de la Compagnie et de 4 à 6 0/0 la retenue sur les salaires des agents inscrits à la caisse des retraites, mais avec cette clause que cette augmentation ne sera appliquée que le jour où le traitement de l'agent sera augmenté. Pour les agents nouveaux ou non encore inscrits à la Caisse de retraites qui seront immatriculés exclusivement à la Caisse nationales des retraites pour la vieillesse, la Compagnie restera dépositaire des sommes versées ou retenues lorsqu'elles dépasseront les chiffres fixés par cette institution. Enfin diverses modifications ont été adoptées pour les retraites des veuves.

COMPAGNIE

DU CHEMIN DE FER DU NORD

Constitution. — Société anonyme autorisée par ordonnance du 20 septembre 1845.

Dès le début, la Société n'avait été constituée que pour l'exécution et l'exploitation (conformément à la loi du 15 juillet 1845) du chemin de fer de Paris à la frontière de Belgique, par Lille et Valenciennes, avec embranchements sur Calais et Dunkerque, dont l'adjudication, approuvée par ordonnance du 10 septembre 1845, avait été prononcée au profit de

MM. de Rothschild frères, Hottinguer et Cie, Charles Laffitte, Blount et Cie, qui en ont fait apport à la Société. Mais comme elle avait en outre pour objet l'exécution et l'exploitation d'autres lignes, qui pourraient lui être concédées ou qu'elle pourrait acquérir par voie de fusion, elle a passé ultérieurement divers traités qui ont sensiblement accru son réseau et que nous allons mentionner :

1° A la suite d'un traité des 2 et 8 mars 1847, la Compagnie a commencé par fusionner avec la *Compagnie du chemin de fer de Creil à Saint-Quentin*, constituée, en 1846, au capital de 30 millions, divisé en 60.000 actions de 500 francs. Ces actions ont été échangées contre un nombre similaire d'actions du Nord.

2° En vertu d'un traité du 9 juillet 1851, a eu lieu la fusion avec la *Compagnie du chemin de fer d'Amiens à Boulogne*, constituée au capital de 37.500.000 francs, divisé en 75.000 actions de 500 francs, qui ont été échangées contre pareil nombre d'obligations 3 0/0, remboursables à 500 francs, de la Compagnie du Nord.

3° La Compagnie belge du chemin de fer de *Mons à Haumont et à Saint-Gislain*, par traité du 3 mai 1859, a cédé à la Compagnie du Nord la section de ce chemin de fer située sur le territoire français jusqu'à la frontière belge, avec ses embranchements et notamment l'embranchement de Maubeuge. La cession a eu lieu moyennant le paiement d'une annuité payable par semestre, du 1er janvier 1859 au 1er mai 1948.

4° En vertu d'un traité passé, le 20 mars 1873, la *Compagnie du chemin de fer et des Docks de Saint-Ouen*, constituée par acte du 7 juillet 1856, dissoute et mise en liquidation en 1873, a cédé à la Compagnie du Nord son actif et son passif. La Compagnie du Nord s'engagea à échanger les 20.000 obligations de cette Compagnie contre des obligations de 300 francs, à raison de 1 obligation pour trois actions, et prit à sa charge le service de l'intérêt et de l'amortissement de 8.333 obligations du Nord de la même Compagnie, émises en 1867 et remboursables à 300 francs de 1867 à 1897, productives d'un intérêt annuel de 20 francs, payables les 1er mars et 1er septembre.

5° Par traité conclu en 1874, la *Compagnie du chemin de fer de Frévent à Gamaches* a cédé à la Compagnie du Nord la section de son réseau de Doullens à Bouquemaison et d'Amiens à Canaples, moyennant, à titre de prix de la cession, la somme de 1.537.500 francs, et, à titre de prêt, la somme totale de 551.700 francs. Comme garantie de ce prêt, la Compagnie de Frévent à Gamaches remit à la Compagnie du Nord 2.758 obligations et s'engagea à attribuer un droit de privilège et de préférence sur les 25.000 obligations dont font partie les 2.758 obligations cédées. La Compagnie de Frévent à Gamaches fut mise en faillite le 11 décembre 1880. Par un traité du 15 juillet 1881, le syndic de la faillite a cédé à la Compagnie du Nord la ligne de Doullens à Gamaches, qui formait le surplus de la concession de la Compagnie de Frévent, déduction faite de la section déjà cédée en 1874. Cette cession a eu lieu moyennant un prix fixé à la valeur de 13.000 obligations du Nord à 400 francs, soit 5.200.000 francs, et à l'abandon par le Nord d'une créance de 500.000 francs, garantie par le dépôt en nantissement de 2.758 obligations Frévent. Cette cession est devenue définitive par suite des stipulations de la convention du 5 juin 1883, qui a définitivement incorporé le réseau de Frévent à Gamaches dans le réseau du Nord.

6° Par traité du 17 décembre 1875 avec la *Compagnie du Chemin de fer du Nord-Est*, prise à bail pour toute la durée de leur concession, des lignes ci-après, dépendant du réseau de ladite Compagnie du Nord-Est, savoir : Lille à Commines, Tourcoing à Menin, Gravelines à Watten, Boulogne à Saint-Omer, Saint-Omer à Berguette, Berguette à Armentières, Dunkerque à Calais par Gravelines, Somans à Roubaix et Tourcoing par Orchies et Gysoing, Jeumont à Anor, Chauny à Anizy, prolongement sur le territoire belge des lignes de Lille à Commines et de Tourcoing à Menin; moyennant le paiement d'une rente fixée à forfait, par année et par chaque kilomètre remis à la Compagnie cessionnaire, et ce, pendant toute la durée des concessions. Aux termes de la convention du 5 juin 1883, toutes les lignes concédées à la Compagnie du Nord-Est et exploitées par la Compagnie du Nord, y compris celle de Maubeuge à Fourmies et l'embranchement de Cousolre, ont été rattachées au réseau de la Compagnie du Nord. Enfin, aux termes d'un traité en date des 30 mars 1889, la Compagnie des Chemins de fer du Nord-Est, en liquidation, a cédé à la Compagnie des Chemins de fer du Nord la concession de toutes les lignes de chemins de fer que celle-ci exploitait déjà, en vertu des traités des 17 et 31 décembre 1875. La Compagnie du Nord a donc pris à sa charge, à compter du 1er octobre 1889, le service de l'intérêt et de l'amortissement des obligations de 500 fr. 3 0/0 émises par la Compagnie du Nord-Est, au nombre de 150.000, sur lesquelles 36 étaient déjà amorties dans les tirages antérieurs, et elle s'est engagée à payer à la Compagnie du Nord-Est la somme de 1.507.577 fr. 44, représentant la différence entre le montant des redevances dues à la Compagnie du Nord-Est, en vertu du traité du 17 décembre 1875, et les charges assumées par la Compagnie du Nord aux lieu et place de la Compagnie du Nord-Est, sous déclaration du solde de compte entre les deux Compagnies.

7° Par traité du 31 décembre 1875 avec la *Compagnie des Chemins de fer de Lille à Valenciennes et extensions*, prise à bail pour toute la durée de leurs concessions, les lignes ci-après dépendant du réseau de ladite, savoir : Lille à Valenciennes, avec raccordement sur Bruay, Saint-Amand à Blanc-Misseron, Saint-Amand vers Tournai, Don à Henin-Liétard et Armentières, Valenciennes à Douzy par Bavai, et ce, moyennant le paiement d'une rente fixée à forfait, par année et pour chaque kilomètre remis à la Compagnie cessionnaire, pendant toute la durée des concessions, ont été incorporées dans le réseau du Nord.

8° En vertu d'un traité intervenu le 6 mai 1876 entre les Compagnies du Nord, de Lille à Valenciennes et de Lille à Béthune, la Compagnie du Nord s'est engagée, en échange de la rétrocession de la ligne de *Lille à Béthune*, à prendre à sa charge le service des intérêts et de l'amortissement des 30.000 obligations 3 0/0, émises par la Compagnie de Lille à Béthune et à échanger ses 8.000 actions de 500 fr. contre 12.000 obligations 3 0/0 du Nord, soit 2 actions contre 3 obligations, échange entièrement terminé aujourd'hui. Cette cession est devenue définitive par suite des stipulations de la convention du 5 juin 1883, qui a incorporé définitivement la ligne de Lille à Béthune dans le réseau du Nord.

9° Par un traité du 12 juillet 1881, le syndic de la faillite de la Compagnie du chemin de fer du Tréport a fait cession à la Compagnie du Nord de la ligne d'*Abancourt au Tréport*, moyennant la remise de 20.000 obligations du Nord, pour une valeur à forfait de 400 fr. Cette cession est devenue définitive par suite de la convention du 5 juin 1883, qui a incorporé définitivement la ligne d'Abancourt au Tréport dans le réseau du Nord ;

10° Par convention du 4 août 1875, la Compagnie du Nord a obtenu, indivisément avec les Compagnies de l'Est, d'Orléans et de Lyon, la concession d'un *Chemin de grande ceinture autour de Paris*, pour la construction duquel ces Sociétés se sont syndiquées et ont été autorisées à émettre des obligations 3 0/0, remboursables à 500 fr ;

11° Par un traité du 29 novembre 1879, la *Compagnie des chemins de fer de Picardie et Flandres* a cédé toutes ses concessions à la Compagnie du Nord, à la charge par cette dernière de rembourser sans intérêt les 8.000 actions de Picardie et Flandres à raison de 250 fr. par action, de rester chargée du service de l'intérêt et de l'amortissement des 43,500 obligations de Picardie et Flandres, et de payer le surplus du passif de cette Compagnie. Cette cession est devenue définitive par suite des stipulations de la convention du 5 juin 1883, qui a incorporé définitivement les lignes de Picardie et Flandres dans le réseau du Nord :

12° Enfin par traité du 3 novembre 1854, prise à bail, pour une durée de quatre-vingt-dix ans, du chemin de fer de Charleroi à Erquelines, frontière belge, moyennant le payement, qui se fait à la caisse de la Compagnie du Nord et par semestre, d'une redevance annuelle de 293.928 fr. 75, représentant 16 fr. 875 pour chacune des 17.418 actions lors en circulation de la Compagnie de Charleroi à Erquelines ; moyennant l'amortissement desdites actions pendant la durée du bail à raison d'un capital calculé à 3 0/0, c'est-à-dire à raison de 562 fr. 50 pour chacune d'elles, et enfin, moyennant l'amortissement d'un emprunt de 2 millions contracté par la Compagnie de Charleroi et qui se trouve aujourd'hui entièrement remboursé. Par traité du 22 décembre 1854, prise à bail du chemin de fer de Namur à Liège et de Mons à Manage, à compter du 1er janvier 1855, moyennant le prix invariable de 1 million par an, payable de six en six mois et enfin, prise à bail, à diverses conditions de prix et de durée : 1° du chemin de fer de Mons à la frontière belge ; 2° et du chemin de fer de Namur à la frontière française vers Givet. Pour faire face aux dépenses de l'exploitation de ce réseau dit Nord-Belge, la Compagnie du Nord a émis à Bruxelles, en 1862 et en 1875, 140,000 obligations 3 0/0 dites *Nord-Belges*, remboursables à 500 fr. en quatre-vingts ans, de 1863 à 1942 et produisant un intérêt annuel de 15 fr., payables les 1er mai et 1er novembre.

Garantie de l'Etat. — La Compagnie du Nord fait partie des six grandes Compagnies qui ont été comprises dans le système de garantie de la part de l'Etat établi par les conventions dites de 1859. Elle est aujourd'hui régie par les conventions dites de 1883, entrées en application pour elle depuis le 1er janvier 1884.

Siège social. — Paris, rue de Dunkerque, 18.

Durée. — La société a commencé à partir de l'ordonnance du 20 septembre 1845. Elle devait avoir une durée de 33 ans, qui a été portée, par décret du 19 février 1852, à 99 ans, devant expirer le 9 septembre 1947. Enfin, le décret du 26 juin 1857 a fixé au 31 décembre 1950 le terme de toutes les concessions ainsi que de la durée de la Société.

Capital social. — Le fonds social a été fixé primitivement à deux cents millions, divisés en 400.000 actions de 500 francs, émises au pair et dont le capital a été fixé définitivement à 400 francs, par le décret du 19 février 1852. Par décret du 30 juin 1857, le nombre de ces actions a été porté à 525.000, par la création de 125.000 actions nouvelles, qui ont été émises à 575 francs par souscription exclusivement réservée aux 400.000 actions primitives, dans la proportion de 5/16 d'actions nouvelles pour une ancienne, et le capital social s'est ainsi transporté à 210 millions, divisé en 525.000 actions de 400 francs. Chacune de ces 525.000 actions, composant le capital social actuel, a droit à un cinq cent vingt-cinq millième dans la propriété de l'actif social et dans les bénéfices de l'entreprise. Elles sont au porteur et entièrement libérées. Le payement des intérêts et dividendes s'effectue comme suit : 8 francs représentant le premier semestre de l'intérêt à 4 0/0, se payent le 1er juillet; 8 francs représentant le deuxième semestre dudit intérêt, se payent le 1er janvier, en même temps qu'un acompte sur le dividende; et le solde du dividende est payable le 1er juillet suivant, en même temps que l'acompte de 8 francs sur l'intérêt ci-dessus énoncé.

Conseil d'administration. — Il est composé de vingt-six à vingt-huit membres, devant être propriétaires chacun de 100 actions inaliénables pendant la durée de leurs fonctions.

Les administrateurs actuels sont : MM. le baron Alph. de Rothschild, *président*; Léon Say, G. Griolet, *vice-présidents;* baron de Soubeyran, G. Dehaynin, baron Gustave de Rothschild, duc de Mouchy, comte Pillet-Will, comte A. de Germiny, baron Alfred de Rothschild, J. Hottinguer, André de Waru, E. Baudelot, lord Rothschild, Ad. Vernes, O. Vallon, E. Agaché, baron Arthur de Rotschild, Mariolle-Pinguet, Seydoux, H. Adam, H. Fould, L. Lambert, Richemond.

Comité de direction. — MM. le baron Alph. de Rothschild, *président*; Léon Say, Griolet, *vice présidents*; A. de Waru, O. Vallon, J. Hottinguer.

Secrétaire-général. — M. Emile Castel.

Chef de l'exploitation. — M. A. Sartiaux.

Assemblée générale. — Dans le courant d'avril. Composée de tous les titulaires ou porteurs d'au moins 40 actions, qui les ont déposées quinze jours au moins avant la date de la réunion. Chaque membre a autant de voix qu'il possède de fois 40 actions, sans pouvoir dépasser 10 voix. L'Assemblée est régulièrement constituée lorsque les actionnaires présents sont au nombre de trentre et représentent au moins le vingtième du fonds social. Si ces conditions ne sont pas remplies, les délibérations de l'Assemblée, sur une deuxième convocation, sont valables, quelque soit le nombre des actionnaires présents et des actions représentées. Les délibérations relatives aux emprunts ne peuvent être prises que dans une Assemblée générale, réunissant au moins le dixième du fonds social et à la majorité des deux tiers des voix des membres présents, au nombre de trente au moins.

Répartition des bénéfices d'après les statuts. — Sur les produits nets, déduction faite des charges, il est prélevé annuellement :

1° Une retenue destinée à constituer un fonds de réserve, dont la quotité ne peut être inférieure à 5 0/0 du produit net, tant que le fonds de réserve n'atteindra pas 2 millions ; au-dessus de cette somme, la quotité de la retenue sera réduite à 1 0/0 du produit net; quand la réserve atteint le maximum de 3 millions, le prélèvement est suspendu ;

2° Une retenue destinée à constituer un fonds d'amortissement et calculée de telle sorte que le capital social soit complètement amorti pendant la durée de la concession, à raison de 400 francs par action;

3° 4 0/0 du prix d'amortissement des actions pour servir aux actions, amorties et non amorties, un intérêt de 16 francs par an; la partie afférente aux actions amorties devant être versée au fonds d'amortissement.

Le surplus des produits annuels est réparti également entre toutes les actions, amorties ou non amorties.

L'amortissement des actions s'opère au moyen de tirages au sort annuels en avril ou en mai, par série de 25 actions. Les actions désignées par le sort sont remboursées à 400 francs le 1ᵉʳ juillet suivant et sont remplacées par des actions de jouissance.

Dividendes distribués. — Les voici depuis l'origine :

Année	Dividende		Année	Dividende
1845-46	4 %		1869-70	67 »
1846-47	6 40		1870-71	42 »
1847-48	18 95		1871-72	58 »
1848-49	11 »		1872-73	67 »
1849-50	16 50		1873-74	67 »
1850-51	24 »		1874-75	64 »
1851-52	36 »		1875-76	66 »
1852-53	41 50		1876-77	66 »
1853-54	41 50		1877-78	64 »
1854-55	50 50		1878-79	68 »
1855-56	61 »		1879-80	68 »
1856-57	56 »		1880-81	74 »
1857-58	60 »		1881-82	77 »
1858-59	61 »		1882-83	77 »
1859-60	65 50		1883-84	73 »
1860-61	65 50		1884-85	64 »
1861-62	66 »		1885-86	62 »
1862-63	62 »		1886-87	59 »
1863-64	62 »		1887-88	61 »
1864-65	67 »		1888-89	64 »
1865-66	71 50		1889-90	70 »
1866-67	70 »		1890-91	70 »
1867-68	72 »		1891-92	70 »
1868-69	61 »		1892-93	66 »

Voici maintenant les divers types d'obligations :

Obligations 3 0/0 Nord anciennes. — La Compagnie a émis, au fur et à mesure de ses besoins, avec l'autorisation de l'Assemblée générale et l'approbation ministérielle, des obligations de 500 fr. 3 0/0, remboursables à 500 fr. aux époques ci-dessous indiquées, par tirages au sort annuels, ayant lieu en avril ou mai, par séries de 100 obligations; pour le remboursement des titres sortis s'effectuer le 1ᵉʳ juillet suivant, et produisant un intérêt annuel de 15 fr., payables par moitié les 1ᵉʳ janvier et 1ᵉʳ juillet.

Ces obligations sont divisées en séries ou émissions de 75,000 obligations chacune, dont suit l'énumération :

Séries	Numéros			Période d'amortissement		
1ʳᵉ	1	à	75.000	75 ans du 1ᵉʳ juil. 1852	au 1ᵉʳ juil.	1926
2ᵉ	75.001	à	150.000	74 — 1853	—	1926
3ᵉ	150.001	à	225.000	73 — 1854	—	1926
4ᵉ	225.001	à	300.000	72 — 1855	—	1926
5ᵉ	300.001	à	375.000	92 — 1856	—	1947
6ᵉ	375.001	à	450.000	91 — 1857	—	1947
7ᵉ	450.001	à	525.000	91 — 1857	—	1947
8ᵉ	525.001	à	600.000	90 — 1858	—	1947
9ᵉ	600.001	à	675.000	89 — 1859	—	1947
10ᵉ	675.001	à	750.000	88 — 1860	—	1947
11ᵉ	750.001	à	825.000	86 — 1862	—	1947
12ᵉ	825.001	à	900.000	85 — 1863	—	1947
13ᵉ	900.001	à	975.000	85 — 1863	—	1947
14ᵉ	975.001	à	10.50.000	85 — 1863	—	1947
15ᵉ	1.050.001	à	1.125.000	85 — 1863	—	1947
16ᵉ	1.125.001	à	1.200.000	85 — 1863	—	1947

CHEMINS DE FER FRANÇAIS

Séries	Numéros		Période d'amortissement			
17ᵉ	1.200.001	à 1.275.000	81 ans du 1ᵉʳ juil.	1867	au 1ᵉʳ juil.	1947
18ᵉ	1.275.001	à 1.350.000	81 —	1867	—	1947
19ᵉ	1.350.001	à 1.425.000	80 —	1871	—	1950
20ᵉ	1.425.001	à 1.500.000	79 —	1872	—	1950
21ᵉ	1.500.001	à 1.575.000	78 —	1873	—	1950
22ᵉ	1.575.001	à 1.650.000	77 —	1874	—	1950
23ᵉ	1.650.001	à 1.725.000	77 —	1874	—	1950
24ᵉ	1.725.001	à 1.800.000	77 —	1874	—	1950
25ᵉ	1.800.001	à 1.875.000	76 —	1875	—	1950
26ᵉ	1.875.001	à 1.950.000	75 —	1876	—	1950
27ᵉ	1.950.001	à 2.025.000	75 —	1876	—	1950
28ᵉ	2.025.001	à 2.100.000	74 —	1877	—	1950
29ᵉ	2.100.001	à 2.175.000	74 —	1877	—	1950
30ᵉ	2.175.001	à 2.250.000	73 —	1878	—	1950
31ᵉ	2.250.001	à 2.325.000	73 —	1878	—	1950
32ᵉ	2.325.001	à 2.400.000	72 —	1879	—	1950
33ᵉ	2.400.001	à 2.475.000	71 —	1880	—	1950
34ᵉ	2.475.001	à 2.550.000	70 —	1881	—	1950
35ᵉ	2.550.001	à 2.625.000	70 —	1881	—	1950
36ᵉ	2.625.001	à 2.700.000	69 —	1882	—	1950
37ᵉ	2.700.001	à 2.775.000	69 —	1882	—	1950
38ᵉ	2.775.001	à 2.850.000	68 —	1883	—	1950
39ᵉ	2.850.001	à 2.925.000	68 —	1883	—	1950
40ᵉ	2.925.001	à 3.000.000	67 —	1884	—	1950
41ᵉ	3.000.001	à 3.075.000	67 —	1884	—	1950
42ᵉ	3.075.001	à 3.150.000	66 —	1885	—	1950
43ᵉ	3.150.001	à 3.225.000	66 —	1885	—	1950
44ᵉ	3.225.001	à 3.300.000	65 —	1886	—	1950
45ᵉ	3.300.001	à 3.375.000	61 —	1890	—	1950
46ᵉ	3.375.001	à 3.450.000	59 —	1892	—	1950
47ᵉ	3.450.001	à 3.525.000	58 —	1893	—	1950

Obligations 3 0/0 Nord nouvelles. — En vertu d'une délibération du Conseil d'administration, du 9 juin 1893, la Compagnie a créé de nouvelles obligations de 500 fr. 3 0/0, ne différant des anciennes obligations 3 0/0 qu'en ce que leur intérêt est payable les 1ᵉʳ avril et 1ᵉʳ octobre, au lieu des 1ᵉʳ janvier et 1ᵉʳ juillet. Ces obligations, entièrement libérées et au porteur, émises au fur et à mesure des besoins de la Société et au cours du marché, sont remboursables à 500 fr., du 1ᵉʳ octobre 1894 au 1ᵉʳ octobre 1950, par tirages au sort annuels. Leur intérêt annuel est de 15 francs, payables par moitié les 1ᵉʳ avril et 1ᵉʳ octobre de chaque année. Elles comportent actuellement une 1ʳᵉ série ou émission, dite émission nouvelle, série B, de 100,000 obligations, nᵒˢ 1 à 100,000.

Obligations Lille à Béthune. — Elles représentent 30.000 titres au porteur, entièrement libérées, remboursables à 500 francs, de 1869 à 1959, par tirages au sort annuels en octobre (le remboursement des titres sortis s'effectuent le 31 décembre), produisant un intérêt annuel de 15 francs, payables par moitié les 1ᵉʳ avril et 1ᵉʳ octobre, et émis en quatre séries :

1° Un emprunt de 3.500.000 francs, autorisé par l'article 7 des statuts, représenté par 14.000 obligations, émises en octobre 1886 à 280 francs, remboursables en 90 ans, du 31 décembre 1869 au 31 décembre 1958, numérotées de 1 à 14.000 ;

2° Un emprunt de 2 millions, autorisé par décision ministérielle du 20 novembre 1868, représenté par 7.500 obligations, émises à 275 francs, numérotées de 14.001 à 21.500 ;

3° Un emprunt de 1.200.000 francs, autorisé par décision de l'Assemblée générale du 29 octobre 1869, et par décision ministérielle du 3 février 1870, représenté par 4.363 obligations, émises à 275 francs, numérotées de 21.501 à 25.863 ;

4° Un emprunt autorisé par décision de l'Assemblée générale du 25 septembre 1871, et par décision ministérielle du 24 janvier 1872, représenté par 4.135 obligations, remboursables du 31 décembre 1873 au 31 décembre 1959, numérotées de 25.864 à 30.000.

Obligations Nord-Est. — Elles représentent 150.000 obligations 3 0/0 au porteur, entièrement libérées, remboursables à 500 francs, de 1878 à 1979, par tirages au sort annuels, ordinairement en décembre, le remboursement des titres sortis s'effectuant le 1er avril suivant, produisant un intérêt annuel de 15 francs, payables par moitié les 1er avril et 1er octobre, et divisées en six émissions, savoir :

1re *émission*, autorisée par délibérations du Conseil d'administration des 14 août 1869 et 12 juin 1871 et par décision ministérielle du 31 mai 1871 : 88.000 obligations, émises à 300 francs par la Société de Dépôts et Comptes-courants. Postérieurement, 24.000 de ces obligations ont été émises en souscription, à 258 fr. 50, par la Banque franco-hollandaise, le 25 juillet 1874.

2e *émission*, de 12.000 obligations, autorisée par délibération du Conseil d'administration du 19 novembre 1875, et par décision ministérielle du 16 février 1876.

3e *émission*, de 19.000 obligations, autorisée par délibération du Conseil d'administration du 14 septembre 1876, et par décision ministérielle du 1er mars 1877.

4e *émission*, de 7.000 obligations, autorisée par délibération du Conseil d'administration du 11 juillet 1879, et par décision ministérielle du 9 avril 1880.

5e *émission*, de 9.000 obligations, autorisée par délibération du Conseil d'administration du 12 novembre 1880, et par décision ministérielle du 23 septembre 1881.

6e *émission*, de 15.000 obligations, autorisée par délibération du Conseil d'administration du 26 août 1884, et par décision ministérielle du 11 avril 1885.

Obligations Picardie et Flandres. — Il y a sous ce nom 43.500 obligations de 500 francs 3 0/0 au porteur, entièrement libérées, remboursables à 500 francs par tirages au sort annuels en avril. Le remboursement des titres sortis a lieu le 1er juillet suivant. Elles produisent un intérêt annuel de 15 francs, payables par moitié les 1er janvier et 1er juillet. Elles sont divisées en deux séries :

La première, de 30.000 titres, autorisée par l'article 6 des statuts, dont 20.000 ont été émis à 297 fr. 50, en vertu de la délibération du Conseil d'administration du 26 janvier 1870, et 10.000, en vertu de la délibération du 27 juin 1872, remboursables en 91 ans, du 1er janvier 1874 au 1er janvier 1964 ;

La deuxième, de 13.500 titres, émis à 225 francs, en vertu d'une délibération du Conseil, remboursables en 89 ans, du 1er janvier 1876 au 1er janvier 1964.

Obligations Nord-Belge 3 0/0. — Ce sont 140.000 obligations de 500 francs libérées et au porteur, émises à divers cours (sur lesquelles 18.974 étaient encore à la souche en octobre 1884), remboursables à 500 francs par tirages au sort annuels en juin (le remboursement des titres sortis s'effectuant le 1ᵉʳ novembre suivant), rapportant un intérêt annuel de 15 francs payables par moitié les 1ᵉʳ mai et 1ᵉʳ novembre, et divisées en deux émissions :

1ʳᵉ *émission*, dite du 1ᵉʳ novembre 1862, de 100.000 obligations, remboursables du 1ᵉʳ novembre 1863 au 1ᵉʳ novembre 1942.

2ᵉ *émission*, dite du 1ᵉʳ mai 1875, de 40.000 obligations, remboursables du 1ᵉʳ novembre 1875 au 1ᵉʳ novembre 1941.

Résultats du dernier exercice (1894-95). — L'Assemblée générale des actionnaires de la Compagnie du Chemin de fer du Nord a eu lieu le 30 avril 1895, sous la présidence de M. le baron Alphonse de Rothschild, président du conseil d'administration. Elle a approuvé définitivement les comptes de l'exercice 1893 et sous réserve du contrôle d'une commission composée de MM. le comte de Fontaine de Resbecq, de Saisset et de Ronseray, ceux de l'exercice 1894, faisant ressortir un dividende de 62 francs par action, y compris les intérêts. Elle a ouvert un crédit de 22.500.000 francs applicable aux dépenses à faire dans le courant de 1895 pour travaux de premier établissement sur les lignes en exploitation, pour augmentation de matériel roulant, pour insuffisance des lignes exploitées au compte de premier établissement, et pour avances consenties à diverses Sociétés concessionnaires de chemins de fer d'intérêt local. Elle a, de plus, approuvé un avenant portant nouvelle avance de 240.000 francs au chemin de fer d'intérêt local du Catelet à Saint-Quentin, par suite de modifications de tracé, et ratifié les arrangements pris avec les Sociétés d'intérêt local d'Aire à Berck, d'Estrées à Froissy, des Flandres, et de Milly à Formerie et Noyon à Guiscard, ainsi qu'avec l'entrepreneur de ces lignes, en vue d'assurer leur achèvement et leur mise en exploitation. Enfin, elle a réélu MM. le comte Pillet-Will, Adolphe Vernes, le baron Arthur de Rothschild, Mariolle-Pinguet et Léon Lambert, administrateurs sortants, et ratifié la nomination, comme administrateur, de M. Julien Lagache, président de la chambre de commerce de Roubaix.

Voici le résumé des principales constatations du rapport :

Les travaux de l'année 1894 ont entraîné une dépense de 24,772,000 francs, portant à 1,514,008,000 francs l'ensemble des dépenses effectuées depuis l'origine de la Compagnie.

Les ressources nécessaires ont été obtenues par la vente de 76,449 obligations, au prix moyen de 467 fr. 02, supérieur de 2 francs à celui obtenu l'année précédente, ce qui établit la solidité du crédit de la Compagnie.

L'exploitation a porté sur 3.699 kilomètres, en augmentation de 40 kilomètres sur 1893, et les parcours des trains ont subi un accroissement de 4.171.000 kilomètres, malgré les réductions notables qui ont été opérées à la fin du second semestre.

Les recettes ont présenté une plus-value de 4.887.000 francs, due pour près de la moitié au service des voyageurs, et presque uniquement à la 3ᵉ classe. La petite vitesse est également en augmentation, mais dans des proportions moins importantes. C'est la houille qui a fourni la presque totalité de cette augmentation, 1.088.620 francs.

Quant aux dépenses, elles subissent une majoration de 2.882.000 francs et le rapport de la dépense à la recette s'élève à 52 0/0, tandis qu'il était de 51 81 0/0 en 1893 et de 45 38 0/0 en 1888. Ce sont les comptes de l'administration centrale qui déterminent la plus forte part de cette augmentation. L'allocation pour les retraites du personnel a nécessité un supplément de 224.000 francs, par suite du relèvement des traitements et du commissionnement d'un grand nombre d'agents ; et, d'autre part, les indemnités, secours et pensions pour cause d'accidents, ont présenté un accroissement de 853.000 francs, parce que l'exercice précédent n'avait eu à supporter que des dépenses inférieures à la moyenne.

Des mesures de précaution spéciales s'imposent donc en vue d'alléger les charges des plus prochains exercices et, à cet effet, le conseil a proposé de prélever sur les bénéfices de 1894 une somme de 281.000 francs pour couvrir les arrérages de pensions pour accidents créées antérieurement à 1894, et 1,600,000 francs applicables aux dépenses que nous venons d'indiquer. Par suite de ces prélèvements, le bénéfice de l'exercice, qui est de 22.459.000 francs, en augmentation de 867,000 francs sur celui de 1893, se trouve ramené à 20.577.000 francs.

En y ajoutant le bénéfice des lignes Nord-Belges, 3.950.000 francs, la somme disponible se trouve portée à 24.527.000 francs, sur lesquels le conseil a proposé d'attribuer 46 francs à chaque action, formant, avec les 16 francs d'intérêt, un dividende de 62 francs, et de reporter le solde, soit 577,000 francs, au prochain exercice. C'est ce qui a été voté.

COMPAGNIE DU CHEMIN DE FER DE PARIS A ORLÉANS

Constitution. — Société anonyme, autorisée par ordonnance royale du 13 août 1838.

Primitivement, elle a été formée pour l'exploitation du chemin de fer de Paris à Orléans, mais elle a ultérieurement ajouté à ce réseau primitif :

1° Par convention des 18 et 20 mars 1852, les trois Compagnies du *Chemin de fer du Centre*, du *Chemin de fer d'Orléans à Bordeaux* et du *Chemin de fer de Tours à Nantes*. La première avait été constituée en 1845, au capital de 33 millions, divisé en 66.000 actions de 500 francs ; la seconde à la même année, au capital de 65 millions, divisé en 130.000 actions de 500 fr. ; et la troisième, également en 1845, au capital de 40 millions, divisé en 80.000 actions de 500 fr. Cette fusion a eu lieu au moyen de la conversion des 356.000 actions des quatre anciennes Compagnies de Paris à Orléans, du Centre, d'Orléans à Bordeaux et de Tours à Nantes, en actions de la nouvelle Société fusionnée, dans la proportion de 8 actions nouvelles pour 5 d'Orléans à Paris, 8 pour 10 du Centre, 8 pour 15 de Bordeaux et 8 pour 20 de Nantes ; en outre, 17.867 actions nouvelles furent émises, par souscription réservée aux anciens actionnaires, pour compléter les 300.000 actions composant le nouveau capital social ;

2° Par traité du 11 avril 1857, la Compagnie de Paris à Orléans a acquis, par voie de cession, de la Compagnie du chemin de fer du *Grand-Central*, une partie des lignes du réseau de cette Compagnie (l'autre partie ayant été cédée à la Compagnie de Lyon). La Compagnie du chemin de fer du Grand-Central avait été constituée en 1853. Les 224.000 actions de 500 fr. composant son capital social de 112 millions, ont été échangées, à raison de 1 action contre 1 obligation 1/3 de Paris à Orléans, et 1 obligation de Lyon ;

3° Par traité du 18 juin 1855, la Compagnie de Paris à Orléans a acquis, par voie de cession, les lignes dépendant de la *Compagnie du chemin de fer de Paris à Orsay*, ladite Compagnie constituée, le 21 février 1845, au capital de 3 millions, divisé en 6.000 actions de 500 francs;

4° Par suite de la faillite de la *Compagnie de Libourne à Bergerac*, constituée le 5 mai 1863 au capital de 10 millions, et par traité du 26 juillet 1868, approuvé par décret du 2 janvier 1869, l'Etat a cédé à la Compagnie d'Orléans la ligne de Libourne à Bergerac, moyennant un prix de 4.800.000 fr., qui a été réparti entre les créanciers et les obligataires de ladite Société;

5° Par traité du 26 juillet 1868, approuvé par décret du 27 mars 1869, l'Etat a rétrocédé à la Compagnie la petite ligne de *La Pérouse à Saint-Eloi*, moyennant un prix de 1.070.000 fr;

6° Enfin, par décret du 11 avril 1874, approuvant la convention passée le 21 septembre 1872 entre le département de la Sarthe et la Compagnie d'Orléans, cette dernière est dernière concessionnaire de diverses lignes d'intérêt local situées dans le département de la Sarthe.

Garantie de l'Etat. — La Compagnie de Paris à Orléans fait partie des six grandes Compagnies auxquelles s'appliquait le système de garantie par l'Etat établi par les conventions dites de 1859. Elle est aujourd'hui régie par les conventions dites de 1883, entrées en application pour elle le 1er janvier 1884.

Siège social. — A Paris, place Valhubert, 1. — Bureaux et administration : 8, rue de Londres.

Durée. — A partir du décret d'autorisation jusqu'à la fin des concessions (soit du 13 août 1838 au 31 décembre 1956).

Capital social. — Le capital primitif de la Compagnie de Paris à Orléans s'élevait à 40 millions, représenté par 80.000 actions de 500 fr. Lors de sa fusion en 1852 avec les Compagnies du Centre, d'Orléans à Bordeaux et de Tours à Nantes, il a été fixé à 150 millions, divisé en 300.000 actions, qui ont été réparties entre les actionnaires des quatre Compagnies fusionnées, dans les proportions que nous avons indiquées plus haut, jusqu'à concurrence de 282.133 actions. Les 17.867 actions de surplus furent offertes en souscription aux actionnaires de ces mêmes Compagnies, à raison de 700 francs, en juin 1852. En 1862, par délibération de l'Assemblée générale des actionnaires du 31 mars 1862, le capital social a été porté à 300 millions par la création de 300.000 actions nouvelles de 500 francs, dont la souscription a été réservée, titre pour titre au pair, aux anciens actionnaires, à partir de juillet 1862. Ce capital est ainsi représenté actuellement par 600.000 actions au porteur, entièrement libérées, remboursables à 500 francs. Les intérêts et dividendes sont payables les 1er octobre (intérêt à 3 0/0 soit 15 francs et acompte sur le dividende) et 1er avril (solde du dividende).

Conseil d'administration. — Composé de vingt-six membres pouvant être réduit à vingt; devant être propriétaires chacun de 100 actions inaliénables pendant la durée de leurs fonctions; avec un président et trois vice-présidents. Directeur nommé par le Conseil d'administration, chargé de la gestion des affaires sociales, devant être propriétaire de 100 actions également inaliénables pendant la durée de ses fonctions.

Les Administrateurs actuels sont: MM. Baron de Courcel, *président;* vicomte du Martroy, Bartholoni, de Fourtou, *vice-présidents;* comte de

Peyronnet, baron R. Reille, Bardoux, Charbrières-Arlès, P. de Waru, Lalande, A. Bartholoni, H. Schneider, P. Mirabaud, comte L. de Ségur, marquis de Juigné, Rivron, Etienne Mallet, Goguel, Ch. Vergé; Délégué général du Conseil, M. Mantion; Directeur, M. Heurteau; Secrétaire général, M. Carlier; Chef du service central, M. Gemähling.

Assemblée générale. — En mars. Composée de tous les actionnaires porteurs ou titulaires de 40 actions. Elle est régulièrement constituée lorsque les actionnaires présents sont au nombre de soixante et représentent au moins le vingtième du fonds social. Chaque membre a autant de voix qu'il possède de fois 40 actions, sans pouvoir dépasser dix voix.

Répartition des bénéfices d'après les statuts. — Les produits de l'entreprise servent d'abord à acquitter les dépenses d'entretien et d'exploitation, frais d'administration, intérêt et amortissement des emprunts, et généralement toutes les charges sociales.

Sur l'excédent du produit net, il est prélevé annuellement :

1° Une retenue destinée à constituer un fonds d'amortissement et calculée de telle sorte que le capital social de 300 millions soit complètement amorti avant l'expiration de la concession ;

2° 3 0/0 de ladite somme de 300.000 francs, destinés à servir aux actions, amorties et non amorties, un intérêt annuel de 15 francs, la portion afférente aux actions amorties devant être versée au fonds d'amortissement, afin de compléter l'annuité nécessaire pour amortir la totalité de cette somme ;

3° Et, s'il y a lieu, une retenue, destinée à constituer un fonds de réserve, ne pouvant être inférieure à 3 0/0 du produit net, jusqu'à ce que cette réserve ait atteint 5 millions.

Après ces divers prélèvements, et ceux auxquels pourra donner lieu l'application des conventions relatives à la garantie d'intérêt accordée par l'Etat, et au partage éventuel avec l'Etat d'une partie des bénéfices, l'excédent des produits nets sera réparti à raison de 1/600.000 entre toutes les actions. Lorsqu'il aura été attribué à toutes les actions une somme totale de 20 millions, il sera fait, sur le surplus des produits, distraction de 15 0/0, qui seront répartis par le Conseil d'administration entre les employés de la Compagnie. Le prélèvement à effectuer sur les produits nets excédant sera réduit à 10 0/0 lorsqu'il aura été attribué une somme totale de 20 millions à l'ensemble des actions, et à 5 0/0 lorsque cette somme totale, ainsi attribuée, s'élèvera à 32 millions. L'amortissement des actions a lieu de janvier 1853 à janvier 1951, par tirages au sort annuels fixés au 1er décembre. Les actions désignées par le sort sont remboursées, à raison de 500 francs, le 1er janvier suivant, et remplacées par des actions de jouissance ou de dividende.

Dividendes distribués — Les voici depuis la fusion de 1852 :

Année	Montant		Année	Montant	
1852-53	48	40	1860-61	100	»
1853-54	62	10	1861-62	100	»
1854-55	69	»	1862-63	100	»
1855-56	80	»	1863-64	100	»
1856-57	84	»	1864-65	100	»
1857-58	90	»	1865-66	56	»
1858-59	87	»	1866-67	56	»
1859-60	97	»	1867-68	56	»

1868-69	56 »		1881-82	56 »
1869-70	56 »		1882-83	56 »
1870-71	50 »		1883-84	57 50
1871-72	56 »		1884-85	57 50
1872-73	56 »		1885-86	57 50
1873-74	56 »		1886-87	57 50
1874-75	56 »		1887-88	57 50
1875-76	56 »		1888-89	57 50
1876-77	56 »		1889-90	58 50
1877-78	56 »		1890-91	58 50
1878-79	56 »		1891-92	58 50
1879-80	56 »		1892-93	58 50
1880-81	56 »			

Voici maintenant quels sont les divers types d'obligations :

Obligations Paris à Orléans 4 0/0, 1848. — Emprunt de dix millions, autorisé par l'Assemblée générale du 8 mars 1847, représenté par 13.333 obligations de 1.250 francs au porteur, entièrement libérées, émises à 750 francs en juillet 1848. Remboursables en quatre-vingt-dix ans, du 1ᵉʳ janvier 1849 au 1ᵉʳ juillet 1937, par tirages au sort annuels ayant lieu le 1ᵉʳ décembre (le remboursement des titres sortis s'effectuant le 1ᵉʳ janvier suivant. Intérêt annuel : 50 francs, payable par moitié les 1ᵉʳ janvier et 1ᵉʳ juillet de chaque année.

Obligations Paris à Orléans 3 0/0 anciennes. — Cet emprunt représente quatre millions d'obligations au porteur entièrement libérées, émises à divers cours, au fur et à mesure des besoins de la Société, remboursables à 500 francs, par tirages au sort ayant lieu en décembre, avec remboursement des titres sortis le 1ᵉʳ janvier suivant. Les tirages ont lieu par série. L'intérêt annuel est de 15 francs, payables par moitié les 1ᵉʳ janvier et 1ᵉʳ juillet.

Ces titres sont divisés en 17 séries que voici :

	Nombre de titres	Numéros des titres	Amortissement
1ʳᵉ série	150.000	1 à 150.000.000	47 ans
2ᵉ —	130.000	150.000.001 à 280.000.000	97 —
3ᵉ —	150.000	280.000.001 à 430.000.000	96 —
4ᵉ —	170.000	430.000.001 à 600.000.000	95 —
5ᵉ —	580.000	600.000.001 à 118.000.000	95 —
6ᵉ —	310.000	118.000.004 à 149.000.000	92 —
7ᵉ —	110.000	149.000.001 à 160.000.000	91 —
8ᵉ —	300.000	160.000.001 à 190.000.000	90 —
9ᵉ —	250.000	190.000.001 à 215.000.000	87 —
10ᵉ —	250.000	215.000.001 à 240.000.000	86 —
11ᵉ —	230.000	240.000.001 à 265.000.000	85 —
12ᵉ —	250.000	265.000.001 à 290.000.000	84 —
13ᵉ —	250.000	290.000.001 à 315.000.000	82 —
14ᵉ —	250.000	315.000.001 à 340.000.000	78 —
15ᵉ —	200.000	340.000.001 à 360.000.000	74 —
16ᵉ —	250.000	360.000.001 à 385.000.000	67 —
17ᵉ —	150.000	385.000.001 à 400.000.000	67 —

Obligations 3 0/0 nouvelles. — Ces obligations créées par décision du Conseil d'administration, en vertu de l'autorisation des Assemblées générales des 30 mars 1882, 13 décembre 1883 et 28 mars 1891, ne diffèrent des obligations 3 0/0 anciennes qu'en ce qu'elles sont remboursables d'octobre 1885 à octobre 1956, par tirages au sort annuels en septembre (le remboursement des titres sortis s'effectuant le 1er octobre suivant), et que l'intérêt annuel de 15 francs est payable par moitié les 1er avril et 1er octobre. Elles se divisent en trois séries, comprises sous les lettres A, B, C, énumérées ci-dessous, savoir :

Série A	1 à 5.000.000	72 ans	du 1er octobre 1885	au 1er octobre 1956
— B	5.000.001 à 10.000.000	69 ans	— 1888	au — 1956
— C	10.000.001 à 12.500.000	64 ans	— 1893	au — 1956

Obligations du Grand-Central 3 0/0 1855. — Ces titres comprennent 300.000 obligations au porteur, entièrement libérées, remboursables à 500 francs, en quatre-vingt-dix-neuf ans, du 1er janvier 1860 au 1er janvier 1958, par tirages au sort annuels le 1er décembre (le remboursement des titres sortis s'effectuant le 1er janvier suivant) et produisant un intérêt annuel de 15 francs, payables par moitié les 1er janvier et 1er juillet. Ces obligations sont divisées en trois séries de 100.000 titres chacune, désignées par les lettres A, B, C, inscrites sur leurs coupons, n'ayant du reste entre elles aucune différence dans leur forme, pas plus que dans leurs droits.

Obligations Paris à Orsay. — Emprunt garanti, pour le capital et l'intérêt, par la Compagnie d'Orléans, divisé en 6.000 obligations de 500 francs au porteur, entièrement libérées. Remboursables à 500 francs, en cinquante ans, du 1er septembre 1856 au 1er septembre 1905, par tirages au sort annuels en avril, (le remboursement des titres sortis s'effectuant le 1er septembre suivant). Produisant un intérêt de 20 francs, payables par moitié les 1er mai et 1er novembre.

Résultats du dernier exercice (1894-95). — Les résultats généraux de l'exploitation se résument de la façon suivante, pour l'année 1894 :

	Réseau principal	Lignes neuves
Recettes totales	170.918.850 09	12.151.096 34
Dépenses totales	84.760.991 38	8.725.678 08
	86.157.878 71	3.425.418 26

Sur le réseau principal, formé des anciennes concessions et des lignes cédées par l'Etat, la longueur moyenne exploitée, en 1894, a été de 5.111 kilomètres, contre 5.109 kilomètres en 1893. Malgré cet accroissement de 2 kilomètres, les recettes de 1894 ont été inférieures de 939.210 fr. 53 à celles de l'année précédente. Mais comme, d'autre part, les dépenses d'exploitation ont diminué, d'une année à l'autre, de 1.384.798 fr. 59, l'année 1894 présente, en définitive, une augmentation de 445.588 fr. 06 en produit net.

La diminution des recettes sur le réseau principal est due au déplacement de trafic qui s'est produit l'an dernier, au préjudice de l'ancienne ligne de Limoges à Toulouse par Brives, au profit de la nouvelle ligne par Cahors. Ce déplacement s'est manifesté notamment pour les vins provenant du réseau du Midi. Naturellement, la perte de recettes sur le réseau principal trouve sa contre-partie dans une augmentation correspondante pour les lignes neuves. Sur ces dernières, en effet, qui font partie des conventions de 1883, on a vu plus haut que l'exploitation avait laissé un bénéfice de 3.425.418 fr. 26 en 1894 ; or, le bénéfice n'avait été que de 1.196.721 francs en 1893.

Si l'on prend l'ensemble des lignes exploitées (réseau principal et lignes neuves), on trouve que la recette des transports de grande et de petite vitesse est en augmentation de 2.046.863 fr. 41 par rapport à celle de 1893. Cette augmentation se décompose comme suit :

Voyageurs................	+	1.802.004 88
Messageries et accessoires de la grande vitesse.	+	61.866 14
Petite vitesse (marchandises)............	+	1.438.632 80
Bestiaux...............	—	1.294.187 »
Accessoires de la petite vitesse.........	+	38.546 59
Total.....	+	2.046.863 41

Le seul chapitre en diminution est celui qui concerne le transport des bestiaux. Voici comment s'explique cette diminution : En 1893, on se le rappelle, la pénurie des fourrages avait obligé nombre d'agriculteurs à se défaire de leurs animaux. Il en était résulté une augmentation considérable dans les transports de bestiaux, dont les diminutions observées en 1894 sont l'exacte contre-partie.

Au point de vue financier, le dernier exercice s'est liquidé de la façon suivante :

Le produit net réalisé, sur le réseau principal, a été de 89.848.234 fr. 29, y compris l'annuité due par l'Etat pour les lignes échangées.

D'autre part, les charges du capital social et des emprunts se sont élevées à 77 millions 129.670 fr. 75. En y ajoutant le prélèvement réservé au dividende proprement dit, soit 24.600.000 francs, l'ensemble des affectations imputables sur le produit net représente 101.729.670 fr. 75.

Par suite, l'insuffisance ressort à 11 millions 881.436 fr. 46, somme que l'Etat doit fournir à titre de garantie d'intérêt.

Le dividende de l'exercice a été fixé par l'Assemblée générale du 29 mars à 58 fr. 50 par action. Sur cette somme, 56 francs sont fournis par le minimum que l'Etat garantit en vertu de la convention de 1883, et 2 fr. 50 ont été produits par les revenus du domaine privé et les réserves de la Compagnie.

COMPAGNIE DES CHEMINS DE FER DE L'OUEST

Constitution. — Société anonyme, constituée le 13 juin 1855, et formée par la fusion, en une seule Compagnie, des cinq Compagnies anonyme suivantes :

1° Compagnie du Chemin de fer de *Paris à Rouen*, constituée le 26 juin 1840 (ladite Compagnie ayant apporté dans la fusion les chemins de fer de Dieppe et de Fécamp, qui lui avaient été cédés, par traités du 30 janvier 1855, par la Compagnie de Dieppe et de Fécamp, constituée le 8 octobre 1845);

2° Compagnie du chemin de fer de *Rouen au Havre*, constituée le 27 janvier 1843;

3° Compagnie du chemin de fer de *l'Ouest*, constituée les 20 et 26 janvier 1852;

4° Compagnie du chemin de fer de *Paris à Saint-Germain*, constituée le 2 novembre 1835;

5° Compagnie du chemin de fer de *Paris à Caen et à Cherbourg*, constituée le 30 août 1852.

Cette fusion résulte d'un traité du 30 janvier 1855, approuvé par convention ministérielle des 2 février et 6 avril 1855, approuvée par décret du 7 avril, et ratifiée par la loi du 2 mai 1855.

Objet d'après les statuts. — La Société a pour objet :

1° L'exploitation des chemins de fer de : Paris à Saint-Germain, Argenteuil et Auteuil ; de Paris à Versailles (rive droite et rive gauche) ; de Paris à Rouen ; de Rouen au Havre ; de Rouen à Dieppe et à Fécamp ; de l'Ouest ; de Paris à Caen et à Cherbourg ;

2° L'achèvement des travaux de ceux de ces chemins de fer qui n'étaient pas alors entièrement construits ;

3° La construction et l'exploitation des lignes et embranchements concédés par le décret du 7 avril 1855 ;

4° La construction et l'exploitation de toutes autres lignes de prolongement ou d'embranchement qui pourraient être concédées à la Société.

Garantie de l'Etat. — La Compagnie de l'Ouest fait partie des six grandes Compagnies qui ont été comprises dans le système de garantie de la part l'Etat établi par les conventions dites de 1859. Elle est aujourd'hui régie par les conventions dites de 1883, entrées en application pour elle depuis le 1er janvier 1883.

Siège social. — 110, rue Saint-Lazare, à Paris. Administration : 20, rue de Rome.

Durée de la Société. — A dater du décret d'autorisation jusqu'à la fin de la concession (16 juin 1855 au 31 décembre 1956).

Capital social. — 150 millions, divisés en 300.000 actions de 500 francs au porteur, entièrement libérées.

Les intérêts et dividendes se payent les 1er octobre (acompte) et 1er avril (solde).

Conseil d'administration. — De dix-huit membres, nommés pour cinq ans, devant être propriétaires chacun de 100 actions, inaliénables pendant la durée de leurs fonctions.

Les administrateurs actuels sont : MM. Ed. Blount, *président ;* Delarbre, Ed. Delessert, *vice-présidents* ; comte Benoist-d'Azy, H. Blount, Bonnardel, René Brice, baron de Chabaud La Tour, Desbrière, Dufresne, J. Gay, baron Gérard, baron Hély-d'Oissel, Edm. Joubert, marquis Du Lau d'Allemans, duc de Noailles, Homberg, Belmontet-Dailly.

Directeur-général. — M. Marin.
Secrétaire-général. — M. Foulon.

Assemblée générale. — Avant le 1er mai. Composée de tout titulaire ou porteur de 20 actions, qui en a effectué le dépôt trois jours au moins avant l'époque fixée pour la réunion. 20 actions donnent droit à une voix sans que le même actionnaire puisse avoir plus de dix voix, soit par lui-même, soit comme fondé de pouvoir.

Répartition des bénéfices d'après les statuts. — Sur les bénéfices nets de toutes les charges sociales, il est prélevé annuellement :

1° Une retenue destinée à constituer un fonds d'amortissement, calculée de telle sorte que le capital social, dont l'intérêt à 3 1/2 0/0 est garanti par l'État, soit complètement amorti cinq ans avant l'expiration de la concession :

2° 3 1/2 0/0 du capital de 150 millions, destinés à servir un intérêt de 3 1/2 0/0 aux actions, amorties et non amorties.

A défaut de ressources suffisantes, il sera pourvu, jusqu'à concurrence de 3 1/2 0/0, au paiement de cet amortissement et de cet intérêt, au moyen des sommes dues par l'État, à raison de la garantie d'intérêt.

Après l'époque fixée pour l'achèvement complet des travaux, 2 0/0 au moins du produit net sont affectés à la constitution d'un fonds de réserve, jusqu'à ce que cette réserve ait atteint 4 millions.

Le surplus des produits est réparti également entre toutes les actions amorties et non amorties.

Toutefois, les produits nets excédant 3 1/2 0/0 doivent être exclusivement employés à rembourser les avances qu'aurait pu faire l'État à titre de garant.

L'amortissement des actions a lieu au moyen de tirages au sort annuels, en novembre. Les actions désignées par le sort sont remboursées à 500 francs, le 1er janvier suivant, et remplacées par des *actions de jouissance*.

Nous allons, maintenant, énumérer les divers types d'obligations.

Les emprunts à la charge de la Compagnie de l'Ouest se composent :

1° Des obligations 5 0/0 de l'ancienne Compagnie du chemin de fer de l'Ouest, avant la fusion ;

2° Des obligations 3 0/0, émises par elle, depuis la fusion ;

3° Des emprunts des anciennes Compagnies de Paris à Rouen et de Rouen au Havre, dont elle a pris la charge, en vertu du traité de fusion ;

4° Des obligations créées en échange des actions de la Compagnie de Dieppe et de Fécamp ;

5° De celles créées en échange des actions de la Compagnie de Saint-Germain ;

6° En outre, et par un traité du 1er septembre 1889, la Compagnie avait pris à sa charge le service de l'intérêt et de l'amortissement des actions de l'ancienne Compagnie du chemin de fer de Paris-Meudon-Sèvres et Versailles, dite de *Versailles-Rive-Gauche*, constituée, en 1837, au capital de 10 millions, divisé en 20,000 actions de 500 francs, dissoute et mise en liquidation en 1844.

A partir du 11 septembre 1890, la Compagnie de l'Ouest a appelé au remboursement anticipé celles de ces actions restant encore en circulation, au taux de 400 francs, plus les intérêts courus du 21 août 1890 au jour du remboursement. Les porteurs ont eu le choix de recevoir ce remboursement en espèces ou pareille valeur en obligations 3 0/0 nouvelles de la Compagnie de l'Ouest. Par suite, les actions de la Compagnie de Versailles (rive gauche) ont été supprimées de la cote le 1er octobre 1890. Enfin la Compagnie a remboursé, depuis le 3 novembre 1892, les obligations 5 0/0 1842-1849 de l'ancienne Compagnie de Paris à Saint-Germain, et les obligations 5 0/0 1843 de l'ancienne Compagnie de Paris à Versailles (rive droite).

Obligations Ouest 3 0/0 anciennes. — Obligations au porteur, entièrement libérées, émises à divers cours, au fur et à mesure des besoins, après autorisation de l'Assemblée générale et approbation ministérielle, remboursables à 500 francs, conformément au tableau ci-dessous, par tirages au sort annuels, en mai, pour le remboursement des titres sortis s'effectuer le 1er juillet suivant Les tirages se font par séries de 100 obligations. Intérêt annuel : 15 francs, payables les 1er janvier et 1er juillet.

Ces obligations ont fait l'objet de seize émissions, savoir :

1re émission	Nos	1 à 600.000	remb. du 1er juillet 1858 au 1er juillet 1951				
2e —	Nos	600.001 à 750.000	—	1858	—	—	
3e —	Nos	750.001 à 850.000	—	1858	—	—	
4e —	Nos	850.001 à 1.000.000	—	1860	—	—	
5e —	Nos	1.000.001 à 1.100.000	—	1860	—	—	
6e —	Nos	1.100.001 à 1.250.000	—	1860	—	—	
7e —	Nos	1.250.001 à 1.350.000	—	1861	—	—	
8e —	Nos	1.350.001 à 1.550.000	—	1861	—	—	
9e —	Nos	1.550.001 à 1.850.000	—	1863	—	—	
10e —	Nos	1.850.001 à 2.150.000	—	1865	—	—	
11e —	Nos	2.150.001 à 2.450.000	—	1866	—	—	
12e —	Nos	2.450.001 à 2.750.000	—	1868	—	—	
13e —	Nos	2.750.001 à 3.000.000	—	1870	—	—	
14e —	Nos	3.000.001 à 3.300.000	—	1873	—	—	
15e —	Nos	3.300.001 à 3.600.000	—	1874	—	—	
16e —	Nos	3.600.001 à 3.900.000	—	1879	—	—	

Obligations Ouest 3 0/0 nouvelles. — Ces obligations diffèrent des précédentes :

1° En ce qu'elles portent l'indication de 2e série ;

2° Qu'elles sont remboursables en 75 ans, de 1884 à 1956, par tirages au sort annuels en août, pour le remboursement des titres sortis à effectuer le 1er octobre suivant ;

3° Et que l'intérêt annuel de 15 francs est payable par moitié les 1er avril et 1er octobre de chaque année.

Ces obligations sont divisées comme suit :

	Période d'amortissement			Numéros
1re émission	du 1er octobre 1884 au 1er octobre 1956			1 à 250.000
2e —	—	1885	—	250.001 à 550.000
3e —	—	1889	—	550.001 à 700.000
4e —	—	1890	—	700.001 à 900.000
5e —	—	1893	—	900.001 à 1.000.000

Obligations Ouest 5 0/0. — Ces titres se divisent comme suit :

1re émission (1852). — Emprunt de l'ancienne Compagnie du chemin de fer de l'Ouest. — 11.936 obligations au porteur, entièrement libérées, émises à 1.000 francs, remboursables du 1er juillet 1853 au 1er juillet 1902.

2e émission (1852). — Emprunt de l'ancienne Compagnie du chemin de fer de l'Ouest. — 3.100 obligations au porteur, entièrement libérées, émises à 1.000 francs, remboursables du 1er juillet 1853 au 1er juillet 1902.

3e émission (1853). — Emprunt de l'ancienne Compagnie du chemin de fer de l'Ouest, divisé en 17.500 obligations au porteur, entièrement libérées, émises à 1.050 francs ; remboursables du 1er juillet 1854 au 1er juillet 1903.

4e émission (1854). — Emprunt de l'ancienne Compagnie du chemin de fer de l'Ouest. — 4.000 obligations au porteur, entièrement libérées, émises à 1.000 francs, remboursables du 1er juillet 1855 au 1er juillet 1904. Sur ces 4.000 obligations, les 2.000 portant les numéros 17.037 à 19.036 n'ont pas été mises en circulation, bien que les tirages s'effectuent sur le chiffre total.

5e émission (1855). — Obligations créées en vertu du traité du 30 janvier 1855, et délivrées en échange de celles des anciennes actions de la Compagnie de Paris à Saint-Germain qui n'ont pas accepté l'échange en obligations 3 0/0. — 336 obligations au porteur, entièrement libérées, émises à 1.000 francs, remboursables à 1.250 francs, de 1858 à 1951, par tirages au sort annuels, en mai. Remboursement des titres sortis, le 1er juillet suivant. Intérêt annuel: 50 francs, payables les 1er juin et 1er décembre.

Obligations Ouest 4 0/0. — Obligations créées en échange des anciennes actions de la Compagnie de Rouen à Dieppe et Fécamp. — 6.000 obligations au porteur, entièrement libérées, émises à 400 francs, remboursables à 500 francs, du 1er juillet 1858 au 1er juillet 1951, par tirages au sort annuels en mai. Remboursement des titres sortis, le 1er juillet suivant. Intérêt annuel: 20 francs, payables les 1er janvier et 1er juillet.

Obligations Rouen au Havre 5 0/0. — Ces titres se divisent comme suit:

1re émission (1845). — Emprunt divisé en 10.000 obligations, émises à 1.005 fr., remboursables de 1847 à 1924;

2e émission (1847). — Emprunt divisé en 5.000 obligations au porteur, entièrement libérées, émises à 1.000 fr. en février 1847, remboursables du 1er mars 1848 au 1er mars 1925.

Obligations Rouen au Havre 6 0/0. — Emprunt de 5 millions, divisé en 5.000 obligations au porteur entièrement libérées, émises à 750 fr. en octobre 1848, remboursables à 1.250 fr., du 1er janvier 1850 au 1er janvier 1936, par tirages au sort annuels, en novembre (le remboursement des titres sortis s'effectuant le 1er janvier suivant) et produisant un intérêt annuel de 60 fr., payables par moitié, les 1er janvier et 1er juillet.

Obligations Paris à Rouen 4 0/0. — Emprunt de 6 millions, représenté par 6.000 obligations émises à 1.000 fr., en août 1845, en France et en Angleterre, remboursables à 1.250 fr., du 6 juillet 1846 au 6 juillet 1918, par tirages au sort annuels, en mai. Remboursement des titres sortis, le 6 juillet suivant. Intérêt annuel: 40 fr. payables les 6 janvier et 6 juillet.

Obligations Paris à Rouen 5 0/0. — Ces titres se divisent comme suit:

Emprunt 1847. — Emprunt de 5 millions, divisé en 5.000 obligations au porteur, entièrement libérées, émises à 1.000 fr. en novembre 1847, à Paris et en Angleterre, remboursables du 1er décembre 1848 au 1er décembre 1925.

Emprunt 1849. — Emprunt divisé en 3.750 obligations au porteur, entièrement libérées, remboursables en soixante-seize ans, du 1er décembre 1849 au 1er décembre 1924.

Emprunt 1854. — Emprunt divisé en 18.000 obligations au porteur, entièrement libérées, émises à 1.000 fr., remboursables du 1er décembre 1854 au 1er décembre 1938.

Dividendes distribués. — Les voici depuis l'origine:

1855...	50 f. »	1860...	37 50	1865...	37 50
1856...	40 »	1861...	42 50	1866...	35 »
1857...	37 50	1862...	35 »	1867...	35 »
1858...	33 »	1863...	37 50	1868...	35 »
1859...	37 50	1864...	39 »	1869...	35 »

1870...	20 f. »	1878...	35 f. »	1886...	37 f. »
1871...	35 »	1879...	35 »	1887...	38 »
1872...	35 »	1880...	35 »	1888...	38 »
1873...	53 »	1881...	35 »	1889...	38 50
1874...	35 »	1882...	35 »	1890...	38 50
1875...	35 »	1883...	37 »	1891...	38 50
1876...	35 »	1884...	37 »	1892...	38 50
1877...	35 »	1885...	37 »		

Résultats du dernier exercice. — L'Assemblée générale des actionnaires de la Compagnie du chemin de fer de l'Ouest s'est tenue le 30 mars 1895. Voici, d'après le rapport présenté à cette réunion, quels ont été les résultats de l'exercice 1894.

L'ensemble des dépenses faites au compte d'établissement s'élevait au 31 décembre 1893. . . . . 1.726.056.314 20

Il a été dépensé en 1894, en capitaux à la charge de la Compagnie, 21.709.518 fr. 85 et, en capitaux au compte de l'Etat et remboursables par annuités, 12.170.845. Or, ensemble 33.880.404 47

Ce qui a porté le total des capitaux employés au 31 décembre 1894 à. 1.759.936.808 67

Se répartissant ainsi qu'il suit :
1° Capitaux à la charge de la Compagnie : Lignes en exploitation complète. 1.454.714.350 04
Lignes en exploitation partielle ou en construction. 34.457.651 41
Approvisionnements généraux du réseau . . . 20.378.058 91
Compte annexe de l'établissement. 672.424 09
Total à la charge de la Compagnie. 1.510.222.484 45

2° Capitaux à la charge de l'Etat et remboursables par annuités. 249.714.324 22

Total égal. 1.759.936.808 67

En regard des dépenses et avances ci-dessus le capital réalisé s'établit comme suit :

Capital action 150.000.000
Titres des anciennes Compagnies non convertis en obligations Ouest 3 0/0 . . . . 37.544.300
Obligations 3 0/0.
Emissions antérieures à 1894 . . . . 1.538.316.957 52
Emission de 1894. . . . . 40.978.228 86

Total réalisé au 31 décembre 1894. . . . . . 1.766.839.486 38

D'autre part, les capitaux employés s'élevant à 1.759.936.808 67
L'excédent du capital réalisé sur les dépenses ressort à. 6.902.677 71

L'émission de 1894 montant comme ci-dessus à 50.978.228 fr. 86 est le produit net de la négociation de 88.740 obligations 3 0/0, ressortant ainsi au prix moyen de 461 fr. 778, déduction faite de tous frais et intérêts au jour de la négociation.

A ce prix moyen la charge annuelle en intérêts et amortissement et frais accessoires, ressort à 3 96 0/0 et correspond, déduction faite de l'amortissement du capital reçu, à 3 49 0/0.

En 1893 le produit net par obligation avait été de 437 fr. 57, correspondant à un taux d'intérêt de 3 53 0/0 et à un taux de charges de 3 97 0/0.

Après avoir passé en revue les différents travaux effectués en 1894 sur les lignes du réseau, le rapport du Conseil examine les résultats de l'exploitation.

La longueur des lignes exploitées sur l'ensemble du réseau, au 31 décembre 1894, s'élevait à 5.350 kilomètres, en augmentation de 89 kilomètres sur la date correspondante de 1893. Savoir : 5.164 kilomètres en exploitation complète et 186 en exploitation partielle.

Les recettes générales, y compris celles en dehors du trafic, et notamment le produit net des participations de l'exploitation de la ligne de Rouen à Amiens, des Chemins de fer de ceinture de Paris et du service maritime de Dieppe à Newhaven, se sont élevées en 1894, pour les lignes en exploitation complète, à 157.702.760 fr. 72, en augmentation de 4.102.938 fr. 75 sur 1893, et, pour les lignes en exploitation partielle, à 736.684 fr. 80, également en augmentation de 114.700 fr. 06, soit ensemble 158.439.445 fr. 52, en augmentation de 4.217.668 fr. 79.

Les recettes du trafic proprement dit, déduction faite des impôts sur la grande vitesse et des détaxes, ont été de 153.179.056 fr. 94 pour les lignes en exploitation complète, en augmentation 2.816.865 fr. 18 et, pour celles en exploitation partielle, de 724.088 fr. 60 en augmentation de 108.239 fr. 61, soit ensemble 153.903.145 fr. 54, en augmentation de 2.925.104 fr. 79.

Le trafic des voyageurs a produit 68.389.766 francs, soit 1.343.780 francs de plus qu'en 1893.

Les autres transports en grande vitesse (bagages, messageries, denrées, finances, animaux, etc.) ont donné ensemble une somme de 14.498.422 fr. 70, soit 594.059 fr. 33 en plus.

Chaque année, le nombre des colis-postaux augmente. Sur l'ensemble des chemins de fer français il a dépassé le chiffre de 40 millions; pour l'Ouest, son accroissement a été de 253.714, soit de 3 1/2 0/0 par rapport à 1893.

Les transports en petite vitesse ont donné, au total, une recette de 71.014.956 fr. 07, soit 987.265 fr. 32 de plus qu'en 1893.

Les dépenses sur les lignes en exploitation complète ont été de 95.185.926 fr. 09, dont 86.138.098 fr. 31 de dépenses ordinaires, et 9.047.827 fr. 78 de dépenses extraordinaires et diverses, soit, au total, 95.185.926 fr. 09. L'augmentation, par rapport à 1893, a été de 1.196.426 fr. 71 pour la première catégorie de dépenses, et de 1.097.551 fr. 62 pour le second, ce qui donne une augmentation totale de 2.293.978 fr. 33.

Pour les lignes en exploitation partielle, les dépenses ont été de 824.449 fr. 50, dont 803.019 fr. 03 de dépenses ordinaires et 21.450 fr. 47 de dépenses extraordinaires et diverses ; l'augmentation sur 1893 a été de 107.809 fr. 67 pour les premières et de 16.473 fr. 01 pour les secondes.

A la demande de l'administration supérieure, la Compagnie a procédé à une revision du tableau dressé annuellement des bénéfices que l'Etat retire de l'exploitation des lignes, soit en recettes perçues pour impôts sur les voyageurs et pour contributions, droits de douane et impôts divers, soit en économies réalisées pour les transports des postes et télégraphes, pour ceux de la guerre, de la marine, des finances, etc.

Les recettes perçues en 1893 ont été de 22.446.355 fr. et les économies réalisées de 15.550.147 fr., soit ensemble 37.946.502 fr., ce qui, pour une longueur moyenne exploitée de 5.202 kil., représente 7.508 fr. 21 par kilomètre.

En résumé, les recettes de toute nature des lignes en exploitation complète ont été, en 1894, de. 157.702.762 72
Les dépenses ayant été de. 95.185.926 09
l'excédent des recettes a été de. 62.516.834 63
Les charges étant de 81.789.744 96

les charges sont donc supérieures aux recettes nettes de 19.272.910 33 dont l'avance, à titre de garantie, sera faite par l'Etat, chiffre infirmé de plus d'un million à celui de 1893.

Le revenu réservé aux actions entre dans le chiffre des charges pour une somme de. . . . . 11.500.000 »

Sur cette somme, l'intérêt à 3 1/2 0/0, soit 17 fr. 50 par action, a été payé à l'échéance du 1er octobre dernier aux actions de capital, au nombre de 272.981, soit 4.775.592 fr. 50, et le fonds d'intérêt a été complété avec l'intérêt au même taux afférent aux 27.109 actions amorties, 474.407 50, soit ensemble, pour les 300.000 actions, un prélèvement de. . . . . 5.250.000 »

Il restait ainsi disponible. . . . . 6.300.000 »

qui ont été répartis à titres de dividendes à raison de 21 francs par action, portant ainsi le revenu total à 98 30.

Ajoutons comme renseignements complémentaires les détails suivants :

1° Au 31 décembre 1893, la réserve statutaire était de 6 millions de francs. Aucune dépense d'accidents, imputable sur cette réserve, n'ayant été faite en 1894, elle est restée sans changement à son maximum ci-dessus ;

2° La réserve spéciale des incendies, qui était de 4 millions au 31 décembre 1893, a supporté, en 1894, des charges pour une somme de 45.209 fr. 70, ce qui l'avait réduite à 3.954.790 fr. 30. En fin d'année, un prélèvement de pareille somme sur les recettes de l'exercice l'a reconstituée au chiffre de 4 millions ;

3° Au 31 décembre 1894, le montant de la réserve des actionnaires était de 24.114.269 fr. 82, employée comme suit :

Immeubles. 2.771.788 30
Créance sur la Ville de Paris 1.816.651 46
Rentes, obligations, bons, etc. 19.585.830 06

Somme égale. 25.114.269 82

4° A la même date, il restait à rembourser en travaux sur l'ancienne dette, à l'Etat, une somme de 104.817.054 fr. 23.

Quant à la nouvelle dette (exercices postérieurs à 1882) les insuffisances du revenu à couvrir par la garantie de l'Etat, de 1883 à 1894, d'après les comptes de la Compagnie, elle se monte à la somme totale de 151.330.368 fr. 46, sur laquelle la Compagnie a reçu de l'Etat des acomptes s'élevant à. 113.766.950 37

Les avances de l'Etat sont productives, à son profit, d'intérêts simples à 4 0/0, dont le montant au 31 décembre 1894 était de. 22.768.038 02

de telle sorte que le montant total de la nouvelle dette de la Compagnie, vis-à-vis de l'Etat, était, en capital et intérêts, au 31 décembre 1894, de 136.534.988 39

COMPAGNIE DES CHEMINS DE FER DE L'EST

Constitution. — Société anonyme, autorisée le 17 décembre 1845.

Objet d'après les statuts. — La Société a pour objet : l'exploitation et l'exécution des chemins de fer qui lui ont été ou qui pourraient lui être ultérieurement concédés. Elle a été constituée primitivement pour la construction et l'exploitation du chemin de fer de Paris à Strasbourg, avec embranchement sur Reims, sur Metz et la frontière de Prusse vers Saarbruck, concédé, conformément à la loi du 19 juillet 1845, par procès-verbal du 25 novembre 1845, approuvé par ordonnance du 27 du même mois. Cette concession était faite pour une durée de 43 ans et 286 jours, et a été portée ensuite à 99 ans, à compter du 27 novembre 1855, soit jusqu'au 27 novembre 1954. Mais, par les traités ci-dessous énoncés, la Société s'est incorporé les lignes dépendant des Compagnies suivantes :

1° Par traité approuvé par décret du 17 août 1853, fusion : 1° avec la Compagnie du chemin de fer *de Montereau à Troyes*, constituée le 12 mai 1845, au capital de 20 millions, divisé en 40.000 actions, qui ont été remboursées à raison de 500 francs ;

2° Avec la Compagnie du chemin de fer *de Blesme à Gray*, constituée le 1er juin 1852, au capital de 16 millions, divisé en 32.000 actions, qui ont été échangées contre des obligations de 500 francs, de Paris à Strasbourg, à raison de deux actions pour une obligation.

3° Par traité approuvé par décret du 20 avril 1854, fusion avec la Compagnie du chemin de fer *de Strasbourg à Bâle et à Wissembourg*, constituée les 1er et 9 mai 1838, au capital de 42 millions, divisé en 84.000 actions, qui ont été échangées contre des obligations de 500 5 0/0 de la Compagnie du chemin de fer de Paris à Strasbourg, remboursables à 650 francs, à raison de quatre actions contre trois obligations.

4° Par traité approuvé par décret du 29 mai 1858, fusion avec la Compagnie du chemin de fer *de Mulhouse à Thann*.

5° Par traité du 15 mars 1863, approuvés par décret du 11 juin 1863 : 1° cession à la Compagnie de l'Est par la Compagnie des Salines de l'Est, du chemin de fer *de Dieuze à Avricourt*, moyennant un prêt de 100.000 fr., remboursable en 10 annuités par la Compagnie des Salines, et à la condition que la Compagnie de l'Est restera chargée du service des 6.000 obligations émises pour la construction dudit chemin ; 2° Et fusion avec la Compagnie du chemin de fer *des Ardennes*, constituée les 17, 20 et 22 mars 1855, au capital de 21 millions, porté, en 1857, à 42 millions, divisé en 84.000 actions de 500 francs qui ont été échangées, à partir de janvier 1864, contre pareil nombre d'actions de l'Est.

6° Une partie des lignes appartenant à la Compagnie, par suite de ces divers traités ou de concessions à elle faites à diverses époques, a dû être cédée à l'Allemagne après la guerre de 1870-71 (818 kilomètres), moyennant le prix de 325 millions, qui a été défalqué de l'indemnité de guerre. En vertu de la convention et de la loi du 17 juin 1873, il a été remis à la Compagnie, pour l'indemniser, un titre inaliénable de rente de 20.500.000 francs, représentant la somme de 325 millions sus-énoncée, avec droit aux intérêts, à compter du 18 mai 1871. La Compagnie jouira de cette rente pendant toute la durée de la concession et en restituera le titre à la fin de cette concession.

7° Par un traité du 16 décembre 1880, approuvé par un décret du 8 février 1882, la Société anonyme de la Moselotte a cédé à la Compagnie des chemins de fer de l'Est la ligne de *Remiremont à Cornimont* (Vosges), qui lui avait été concédée par décret du 14 février 1877. Aux termes de ce traité, la Compagnie de l'Est a pris à sa charge le service de l'intérêt et de l'amortissement des 2.400 obligations de 500 francs 3 0/0 émises par la Société de la Moselotte.

Garantie de l'Etat. — La Compagnie des chemins de fer de l'Est fait partie des six grandes Compagnies auxquelles l'Etat avait accordé sa garantie dans les conditions déterminées par les conventions dites de 1859. Elle est aujourd'hui régie par les conventions dites de 1883, entrées en application pour elle depuis le 1ᵉʳ janvier 1883.

Siège social. — A Paris, place de Strasbourg.

Durée de la Société. — Jusqu'à la fin de la concession : 26 novembre 1954.

Capital social. — Tout d'abord, il était de 125 millions, divisé en 250.000 actions de 500 francs. Puis, par décision de l'Assemblée générale du 28 septembre 1853, il a été porté à 250 millions par la création de 250.000 actions de 500 francs émises au pair, en octobre et novembre 1853, par souscription exclusivement réservée aux actionnaires à raison d'une action nouvelle pour une ancienne. Enfin, il a été élevé en 1863, à 292 millions, par la création de 84.000 actions nouvelles, destinées à être échangées, à partir de janvier 1864, contre les actions de la Compagnie des Ardennes, titre pour titre. Le nombre total des actions s'élève donc actuellement à 584.000, émises à 500 francs, au porteur, entièrement libérées.

Les intérêts et dividendes se payent les 1ᵉʳ novembre (intérêt à 4 0/0, soit 20 francs acompte) et 1ᵉʳ mai (solde).

Conseil d'administration. — De vingt-cinq membres, devant être propriétaires chacun de cent actions, inaliénables pendant la durée de leurs fonctions.

Comité de direction de sept administrateurs.

Les administrateurs actuels sont : MM. Van Blarenberghe, *président*; comte Reille, *vice-président*; de Blignières, de Boischevalier, M. Davillier, comte Foy, Gallois, Gomel, J. Hottinguer, marquis d'Imécourt, marquis de La Tour-du-Pin-Chambly, L. Lefébure, P. Michaut, baron Reille, Renaudin, baron Alph. de Rothschild, baron Ed. de Rothschild, L. Viellard, comte Werlé.

Membres du comité. — MM. Van Blarenberghe, *président*; comte Reille, *vice-président*; Gallois, Lefébure, Renaudin, de Boischevalier, de Blignières.

Directeur. — M. Barabant.

Assemblée générale. — En avril. Composée de tous les porteurs de quarante actions, qui les ont déposées quinze jours au moins avant la date de la réunion. Quarante actions donnent droit à une voix. Le même actionnaire ne peut réunir plus de dix voix, soit par lui-même, soit comme fondé de pouvoir.

Répartition des bénéfices d'après les statuts. — A partir de la mise en exploitation de toutes les lignes réunies, il est prélevé annuellement, sur les produits nets de toutes les charges sociales, une retenue qui ne peut être inférieure à 5 0/0 desdits produits, destinée à constituer un fonds de réserve.

Sur l'excédent, il est prélevé :

Une retenue destinée à constituer un fonds d'amortissement, calculée de telle sorte que le capital social soit complètement amorti cinq ans avant l'expiration de la concession ;

4 0/0 du capital social pour servir aux actions, amorties et non amorties, un premier dividende de 4 0/0 ;

Le surplus est réparti entre toutes les actions amorties et non amorties.

L'amortissement des actions s'opère à compter du 27 novembre 1855, au moyen de tirages au sort annuels, ordinairement en juillet. Les actions désignées par le sort sont remboursées à 500 francs, le 1er janvier suivant le tirage, et remplacées par des actions de jouissance.

Voici maintenant les divers types d'obligations :

Obligations Est 5 0/0. — 368.828 obligations au porteur, entièrement libérées, remboursables à 650 fr., par tirages au sort annuels, en janvier ; remboursement des titres sortis le 1er juin suivant. Intérêt annuel : 25 fr. payables par moitié les 1er juin et 1er décembre.

Ces titres se décomposent comme suit :

1° Emprunt 1852 : 60.000 obligations autorisées par l'Assemblée générale du 29 avril 1852, remboursables en quatre-vingt-dix-neuf ans, de 1854 à 1952 ;

2° Obligations émises pour le rachat de la gare de Gray : 16.000, remboursables en quatre-vingt-dix-neuf ans, de 1854 à 1952 ;

3° Obligations créées pour le rachat de la ligne de Strasbourg à Bâle : 62.828, remboursables en quatre-vingt-quinze ans, de 1855 à 1949 ;

4° Emprunt de 1854, destiné aux travaux de la ligne de Paris à Mulhouse : 125.000 obligations émises à 480 fr., en 1854, par souscription réservée aux actionnaires et remboursables en quatre-vingt-quatorze ans, de 1856 à 1949 ;

5° Emprunt de 1856 : 105.000 obligations, remboursables en quatre-vingt-douze ans, de 1858 à 1949.

Obligations 3 0/0 anciennes. — Il y a 2.300.000 obligations de 500 fr. au porteur, entièrement libérées, émises au fur et à mesure des besoins de la Société, en vertu d'autorisation de l'Assemblée générale et d'approbation ministérielle ; remboursables à 500 fr. par tirages au sort annuels, en novembre ou décembre, pour le remboursement des titres sortis s'effectuer le 1er juin suivant. Produisant un intérêt annuel de 15 francs, payables les 1er juin et 1er décembre. Divisées en émissions ou séries dont suivent la désignation et le numérotage :

Séries	Numéros			Période d'amortissement			
1re	1	à	126.000	92 ans du 1er Juin 1858	au	1er Juin	1949
2e	126.001	à	252.000	92	—	1858	—	1949
3e	252.001	à	337.000	92	—	1858	—	1949
4e	337.001	à	487.000	92	—	1858	—	1949
5e	487.001	à	512.000	91	—	1859	—	1949
6e	512.001	à	712.000	90	—	1860	—	1949
7e	712.001	à	812.000	89	—	1861	—	1949
8e	812.001	à	900.000	88	—	1862	—	1949

Séries	Numéros			Période d'amortissement			
9e ..	900.001	à	1.050.000	87 ans du 1er Juin	1863	au 1er Juin	1949
10e ..	1.050.001	à	1.150.000	86	—	1864	—	1949
11e ..	1.150.001	à	1.250.000	86	—	1864	—	1949
12e ..	1.250.001	à	1.400.000	85	—	1865	—	1949
13e ..	1.400.001	à	1.500.000	89	—	1866	—	1954
14e ..	1.500.001	à	1.600.000	87	—	1868	—	1954
15e ..	1.600.001	à	1.700.000	86	—	1869	—	1954
16e ..	1.700.001	à	1.800.000	83	—	1872	—	1954
17e ..	1.800.001	à	1.900.000	82	—	1873	—	1954
18e ..	1.900.001	à	2.000.000	80	—	1875	—	1954
19e ..	2.000.001	à	2.100.000	79	—	1876	—	1954
20e ..	2.100.001	à	2.200.000	78	—	1877	—	1954
21e ..	2.200.001	à	2.300.000	76	—	1879	—	1954

Obligations 3 O/O nouvelles. — Ces obligations ne diffèrent des précédentes :

1° Qu'en ce qu'elles sont remboursables par tirages au sort semestriels (au lieu d'annuels), en avril et novembre, de 1879 à 1954. (Les émissions seront closes fin février et fin août de chaque année. Les titres sortis aux tirages qui auront lieu après la clôture de chaque émission seront remboursés, pour l'émission close fin février, à partir du 1er septembre suivant et, pour l'émission close fin août, à partir du 1er mars suivant) ;

2° Et qu'en ce que l'intérêt annuel de 15 fr. est payable les 1er mars et 1er septembre de chaque année.

Obligations Ardennes 3 O/O. — Sont comprises sous ce nom 455.500 obligations de 500 fr. au porteur, entièrement libérées, émises à divers cours, en vertu d'autorisations de l'Assemblée générale et après approbation ministérielle ; remboursables à 500 fr. par tirages au sort annuels, ordinairement en juillet, pour le remboursement des titres sortis s'effectuer le 1er janvier suivant ; produisant un intérêt annuel de 15 fr., payables les 1er janvier et 1er juillet de chaque année. Divisées en cinq émissions, savoir :

Émissions	Numéros			Période d'amortissement			
1re ..	1	à	118.000	95 ans du 1er Janv.	1861	au 1er Janv.	1955
2e ..	118.001	à	225.500	95	—	1861	—	1955
3e ..	225.501	à	352.285	95	—	1861	—	1955
4e ..	352.286	à	392.500	94	—	1862	—	1955
5e ..	392.501	à	455.500	94	—	1862	—	1955

Obligations Strasbourg à Bâle. — Emprunt 1852, dit de Wissembourg, de 10 ou 12 millions, contracté par la Compagnie de Strasbourg à Bâle, pour la construction du prolongement de Strasbourg à la frontière bavaroise (Wissembourg), autorisée par décision de l'Assemblée générale du 19 avril 1852. Garanti par l'Etat jusqu'à concurrence de 4 O/O de capital et d'amortissement.

20.000 (ou 24.000) obligations de 500 fr. au porteur, entièrement libérées, émises à 500 fr. en avril 1852. Remboursables à 625 fr. en cinquante ans, de 1856 à 1905, par tirages au sort annuels, en janvier, pour le remboursement des titres sortis s'effectuer le 1er juillet suivant. Produisant un intérêt annuel de 25 fr., payables les 1er janvier et 1er juillet.

Obligations Dieuze. — Emprunt de 1.600.000 fr., autorisé par décision ministérielle du 25 septembre 1862, contracté par la Compagnie des

Anciennes Salines domaniales de l'Est, pour la construction d'un chemin de fer d'embranchement de Dieuze à la ligne de Paris à Strasbourg. Ledit chemin concédé à la Compagnie pour quatre-vingt-douze ans, par décret du 16 août 1862. Garanti spécialement par les produits et revenus dudit chemin de fer.

5.900 obligations de 500 fr. au porteur, entièrement libérées, émises à 280 fr. en novembre 1862. Remboursables à 500 fr. en quatre-vingt-sept ans, de 1864 à 1950, par tirages au sort annuels, ordinairement en novembre, pour le remboursement des titres sortis s'effectuer le 1ᵉʳ janvier suivant. Produisant un intérêt annuel de 15 francs, payables les 1ᵉʳ janvier et 1ᵉʳ juillet.

Obligations Montereau à Troyes. — Emprunt de 3.300.000 fr. autorisé par décision de l'Assemblée générale du 3 juin 1852, avec priorité sur les droits de l'Etat, conformément au décret du 27 mars 1852.

3.300 obligations de 1.000 fr. au porteur, entièrement libérées, émises à 975 fr. en juin 1852. Remboursables à 1.250 fr. en soixante-quinze ans, du 1ᵉʳ juillet 1853 au 1ᵉʳ juillet 1927, par tirages au sort annuels, ordinairement en janvier, pour le remboursement des titres sortis s'effectuer le 1ᵉʳ juillet suivant. Produisant un intérêt annuel de 50 fr., payables les 1ᵉʳ janvier et 1ᵉʳ juillet.

Obligations de la Moselotte. — En vertu d'un traité du 16 décembre 1880, approuvé par décret du 8 février 1882, la Compagnie de l'Est est chargée du service de l'intérêt et de l'amortissement de 2,400 obligations de 500 fr. 3 0/0, dites de la Moselotte, émises par la Société de la Moselotte en 1878, remboursables à 500 fr. par tirages au sort annuels en janvier, de 1882 à 1974, et produisant un intérêt annuel de 15 fr., payables par moitié les 1ᵉʳ mai et 1ᵉʳ novembre de chaque année, sur lesquels 71 étaient amortis au 1ᵉʳ mai 1893.

Le payement des intérêts et le remboursement de ceux sortis aux tirages s'effectuent rue du Faubourg-Saint-Denis, 146.

Ces titres ne sont pas, comme les précédents, cotés au parquet.

Dividendes distribués.

1845...	4 0/0	1861...	40 »	1877...	33 »
1846...	4 0/0	1862...	35 »	1878...	33 »
1847...	4 0/0	1863...	33 »	1879...	33 »
1848...	4 0/0	1864...	33 »	1880...	33 »
1849...	4 0/0	1865...	33 »	1881...	33 »
1850...	4 0/0	1866...	33 »	1882...	33 »
1851...	4 0/0	1867... ?	33 »	1883...	35 50
1852...	33 »	1868...	33 »	1884...	35 50
1853...	30 30	1869...	33 »	1885...	35 50
1854...	62 »	1870...	25 »	1886...	35 50
1855...	78 50	1871...	33 »	1887...	35 50
1856...	74 »	1872...	33 »	1888...	35 50
1857...	40 65	1873...	33 »	1889...	35 50
1858...	40 46	1874...	33 »	1890...	35 50
1859...	38 70	1875...	33 »	1891...	35 50
1860...	48 »	1876...	33 »	1892...	35 50

Résultats du dernier exercice (1894-95). — Les actionnaires de la Compagnie des chemins de fer de l'Est se sont réunis, le 30 avril 1895, en Assemblée générale. Après la lecture du rapport par M. Barabant, directeur-général de la Compagnie, et celui des commissaires des comptes, il a été donné connaissance à l'Assemblée de la note suivante relative au projet de conversion des obligations de l'Est 5 0/0.

« Nous n'avons pu, dans le rapport qui vous a été distribué, vous indiquer les bases sur lesquelles nous nous proposons d'effectuer la conversion de nos obligations 5 0/0, parce qu'elles n'avaient pas encore reçu l'approbation de M. le ministre des Travaux publics à qui nous avons cru devoir les soumettre. Il vient de nous informer par une dépêche, en date du 27 de ce mois, que, d'accord avec le Comité consultatif des Chemins de fer, il estime que la décision que vous avez à prendre à ce sujet doit précéder son approbation. Rien ne s'oppose, dès lors, à ce que nous vous fassions connaître les conditions de l'opération dont il s'agit. »

Voici donc quelles seraient ces conditions :

La Compagnie offrirait à ses obligataires l'option entre la réduction à 22 fr. 50 de l'intérêt de 25 francs « actuellement servi et le remboursement anticipé de leurs titres, au taux de 650 francs » sous déduction de l'impôt de 4 0/0 sur la prime d'amortissement.

Elle prendrait l'engagement, en ce qui concerne ces obligations, de renoncer à son droit de remboursement anticipé, ainsi qu'à toute nouvelle réduction d'intérêt pendant une période de dix années à compter du 1er juin 1895. Aucune modification ne serait d'ailleurs apportée aux conditions primitives du tableau d'amortissement de ces titres.

Le coupon semestriel, échéant le 1er juin 1896 serait payé au même taux que précédemment ; la réduction d'intérêt ne porterait que sur le coupon du 1er décembre 1895 et les suivants.

Il serait apposé sur tous les titres convertis une estampille, mentionnant la réduction à 22 fr. 50 de l'intérêt annuel, et une nouvelle feuille de coupon serait substituée ultérieurement à celle qui est actuellement adhérente à chaque obligation.

L'intérêt réduit à 22 fr. 50 pour un capital de 650 francs, constituerait, pour les obligations nominatives, un placement de 3 fr. 323 0/0 (impôt déduit), taux supérieur à celui que peuvent offrir, dans l'état actuel du marché des capitaux, les valeurs du même ordre présentant la même sécurité.

L'Assemblée a approuvé cette résolution à titre extraordinaire.

En tant qu'ordinaire, elle a approuvé les comptes de l'exercice 1894 et fixé le dividende y afférent à 35 fr. 50 par action, sur lesquels 20 francs ont été payés en novembre, et dont le solde de 15 fr. 50 sera mis en distribution à partir d'aujourd'hui.

L'Assemblée a ratifié les nominations faites par le Conseil de MM. Albert Mallet et Petsche, comme administrateurs, en remplacement de MM. Gallois et le comte Reille, décédés.

Elle a également ratifié l'élection de M. de Boischevalier aux fonctions de vice-président de la Compagnie, en remplacement de M. le comte Reille.

Les administrateurs sortants, MM. le marquis d'Imécourt, le baron Victor Reille, Vieillard et Davillier, ont été réélus.

Toutes ces résolutions ont été adoptées à l'unanimité.

COMPAGNIE DES CHEMINS DE FER DU MIDI

Constitution. — Société anonyme constituée le 5 novembre 1852, sous le titre : *Compagnie des chemins de fer du Midi et du canal latéral à la Garonne.*

Objet d'après les statuts. — La Société a pour objet la construction et l'exploitation des chemins de fer et canaux qui lui ont été concédés ou affermés, et dont suit l'énumération, ainsi que des chemins de fer et canaux qui lui seraient ultérieurement concédés ou affermés.

Canaux. — En vertu de la loi du 8 juillet 1852, la Compagnie du Midi est concessionnaire de l'exploitation du canal latéral à la Garonne, de Toulouse à Castets avec embranchements, construits par l'Etat, d'une longueur totale de 208 kilomètres 500 mètres. En vertu d'un traité du 29 mai 1858, approuvé par décret du 21 juin suivant, elle a pris à bail le canal du Midi, dont la longueur totale est de 286 kilomètres 500 mètres, pour quarante années, du 1er juillet 1858 au 30 juin 1898.

Garantie de l'Etat. — La Compagnie du Midi fait partie des six grandes Compagnies auxquelles s'appliquait le système de garantie par l'Etat, établi par les conventions dites de 1859. Elle est aujourd'hui régie par les conventions dites de 1883, entrées en application pour elle depuis le 1er janvier 1884.

Siège social. — A Paris, boulevard Haussmann, 54.

Durée. — A compter du décret d'autorisation, 6 novembre 1852, jusqu'à la fin de la concession, 31 décembre 1960.

Capital social. — Fixé primitivement à 67 millions, divisé en 134.000 actions de 500 francs, émises au pair, le capital social a été porté, par décision de l'Assemblée générale du 24 juin 1856, à 125 millions, par la création de 116.000 actions nouvelles, sur lesquelles 89.334 ont été attribuées, au prix de 700 francs l'une, aux actionnaires primitifs, à raison de deux actions nouvelles pour trois anciennes. Les 29.666 de surplus ont été réalisées postérieurement, au fur et à mesure des besoins de la Société. Au total, 250.000 actions de 500 francs au porteur, entièrement libérées.

Les intérêts et dividendes se payent les 1er janvier et 1er juillet, savoir : pour les actions de capital, le 1er janvier (acompte) et le 1er juillet (solde), avec un acompte de 10 francs sur l'exercice suivant ; et pour les actions de jouissance, en une seule fois, le 1er juillet.

Conseil d'administration. — Composé : 1° de quinze membres nommés pour cinq ans par l'Assemblée générale des actionnaires de la Compagnie des chemins de fer du Midi, devant être propriétaires chacun de 100 actions inaliénables pendant la durée de leurs fonctions ; 2° et pendant la durée du bail d'affermage du canal du Midi, de deux membres désignés par l'Assemblée générale des actionnaires de ce canal.

Deux comités de trois à cinq administrateurs nommés par le Conseil, et siégeant à Paris et à Bordeaux, et chargés de l'expédition des affaires courantes.

Les administrateurs actuels sont : MM. A. d'Eichthal, *président honoraire* ; L. Aucoc, *président* ; G. Thurneyssen, Ed. Mallet, *vice-présidents* ; Bellaigue, Bessand, Ed. Bocher, duc de Caraman, Darcel, Eug. d'Eichthal, Gabriel Faure, de Pange, Emile Pereire, Henry Pereire, G. Picot, Pucrari, G. Samazeuilh.

Directeur. — M. Blagé.

Sous-Directeur. — M. Glasser.

Secrétaire-général. — M. Fabignon.

Assemblée générale. — En avril, composée de tous les porteurs de vingt actions, qui les ont déposées quinze jours au moins avant l'époque fixée pour la réunion. Vingt actions donnent droit à une voix ; le même actionnaire ne peut réunir plus de vingt voix, soit par lui-même, soit comme fondé de pouvoir.

Répartition des bénéfices d'après les statuts. — Sur l'excédent des produits annuels, nets des charges sociales, il est prélevé, pour la constitution d'un fonds de réserve, une retenue de 5 0/0, qui pourra être réduite à 1 0/0 lorsque la réserve aura atteint 2 millions, et suspendue lorsque la réserve aura atteint 4 millions.

Il est fait en outre un prélèvement destiné :

1° A constituer un fonds d'amortissement calculé de façon à ce que le capital nominal des actions (125 millions) soit entièrement amorti cinq ans avant l'expiration de la concession ;

2° A servir aux actions, amorties ou non amorties, un intérêt annuel de 5 0/0.

Le surplus des bénéfices est réparti également entre toutes les actions amorties et non amorties.

L'amortissement desdites actions fonctionne depuis le 1er juillet 1871, au moyen de tirages au sort annuels, en avril.

Les actions désignées par le sort sont remboursées à 500 francs le 1er juillet qui suit le tirage et remplacées par des actions de jouissance.

Voici maintenant les divers types d'obligations :

Obligations 3 0/0 anciennes. — La Compagnie a émis, au fur et mesure de ses besoins, avec l'autorisation de l'Assemblée générale et l'approbation ministérielle, 2.900.000 obligations de 500 fr. 3 0/0, remboursables dans une période qui prend fin en 1957, par tirages au sort annuels, en avril (le remboursement des titres sortis s'effectuant le 1er juillet suivant, et produisant un intérêt annuel de 15 fr. payables par moitié les 1er janvier et 1er juillet).

Ces obligations sont divisées en séries de 100.000 (sauf le premier emprunt de 1856, qui était de 149.788 titres), énumérées dans le tableau ci après.

CHEMINS DE FER FRANÇAIS

Séries	Numéros			Période d'amortissement			
1re	1	à	149.788	Remb.e 99 ans du 1er juil. 1859	au	1er juil. 1957
2e	149.789	à	249.788	— 99	—	1859	—
3e	249.789	à	349.788	— 99	—	1859	—
4e	349.789	à	449.788	— 98	—	1860	—
5e	449.789	à	549.788	— 96	—	1862	—
6e	549.789	à	649.788	— 96	—	1862	—
7e	649.789	à	749.788	— 95	—	1863	—
8e	749.789	à	849.788	— 95	—	1863	—
9e	849.789	à	949.788	— 95	—	1863	—
10e	949.789	à	1.049.788	— 94	—	1864	—
11e	1.049.789	à	1.149.788	— 93	—	1865	—
12e	1.149.789	à	1.249.788	— 93	—	1865	—
13e	1.249.789	à	1.349.788	— 92	—	1866	—
14e	1.349.789	à	1.449.788	— 92	—	1866	—
15e	1.449.789	à	1.549.788	— 90	—	1868	—
16e	1.549.789	à	1.649.788	— 89	—	1869	—
17e	1.649.789	à	1.749.788	— 88	—	1870	—
18e	1.749.789	à	1.849.788	— 86	—	1872	—
19e	1.849.789	à	1.949.788	— 85	—	1873	—
20e	1.949.789	à	2.049.788	— 84	—	1874	—
21e	2.049.789	à	2.149.788	— 83	—	1875	—
22e	2.149.789	à	2.249.788	— 82	—	1876	—
23e	2.249.789	à	2.349.788	— 81	—	1877	—
24e	2.349.789	à	2.449.788	— 79	—	1879	—
25e	2.449.789	à	2.549.788	— 78	—	1880	—
26e	2.549.789	à	2.649.788	— 75	—	1882	—
27e	2.649.789	à	2.749.788	— 74	—	1883	—
28e	2.749.789	à	2.849.788	— 74	—	1883	—
29e	2.849.789	à	2.900.000				

Obligations 3 0/0 nouvelles. — Suivant une autorisation ministérielle du 18 janvier 1884, la Compagnie a créé de nouvelles obligations 3 0/0, ne différant des anciennes obligations 3 0/0, qu'en ce que leur intérêt est payable les 1er avril et 1er octobre, au lieu des 1er janvier et 1er juillet. Ces obligations, entièrement libérées et au porteur, émises au fur et à mesure des besoins de la Société et au cours du marché, sont remboursables à 500 francs, dans une période prenant fin en 1957, par tirages au sort en août, pour le remboursement des titres sortis s'effectuer le 1er octobre suivant le tirage.

Intérêt annuel : 15 francs, payables par moitié les 1er avril et 1er octobre de chaque année.

Ces obligations sont divisées en séries ou émissions de 100.000 obligations chacune, énumérées dans le tableau ci-dessous :

Séries	Numéros			Période d'amortissement			
1re	1	à	100.000	74 ans du 1er oct. 1884	au	1er oct. 1957
2e	100.001	à	200.000	73	—	1885	— 1957
3e	200.001	à	300.000	73	—	1885	— 1957
4e	300.001	à	400.000	71	—	1887	— 1957
5e	400.001	à	500.000	69	—	1889	— 1957

Dividendes distribués. — Les voici depuis l'origine :

1853.	4 0/0	1859.	Fr.	27 »
1854.	4 0/0	1860.	»	35 »
1855.	4 0/0	1861.	»	50 »
1856.	4 0/0	1862.	»	52 »
1857.	4 0/0	1863.	»	45 »
1858.	4 0/0	1864.	»	42 50

1865	Fr.	40 »	1879	Fr.	40 »
1866	»	40 »	1880	»	40 »
1867	»	40 »	1881	»	40 »
1868	»	40 »	1882	»	40 »
1869	»	40 »	1883	»	40 »
1870	»	35 »	1884	»	50 »
1871	»	40 »	1885	»	50 »
1872	»	40 »	1886	»	50 »
1873	»	40 »	1887	»	50 »
1874	»	40 »	1888	»	50 »
1875	»	40 »	1889	»	50 »
1876	»	40 »	1890	»	50 »
1877	»	40 »	1891	»	50 »
1878	»	40 »	1892	»	50 »

Résultats du dernier exercice (1894-95). — L'Assemblée générale ordinaire des actionnaires de la Compagnie des chemins de fer du Midi a été tenue, samedi 27 avril, au siège social, sous la présidence de M. Aucoc, président du Conseil.

Les comptes de 1894 peuvent se résumer de la manière suivante :

Les recettes brutes du réseau entrant en ligne pour le calcul de la garantie ont atteint	102.610.332 »
A déduire pour comptes d'ordre	6.267.974 »
Recettes brutes restantes	96.342.358 »
Les dépenses d'exploitation ont été de	50.526.431 »
Recettes nettes	45.815.927 »
Comme les canaux ont laissé une perte de	416.864 »
Il est resté un solde net de	45.399.063 »
Les charges des emprunts, l'amortissement des actions et le dividende de 50 francs ont exigé	57.887.907 »
L'insuffisance a donc été de	12.488.844 »
Elle a été couverte de la manière suivante :	
Avances de l'État pour garantie d'intérêts	12.396.519 »
Prélèvement sur la réserve	92.325 »
Total égal	12.488.444 »

Voici comment se décomposent les 57.887.907 francs formant les charges dont la Compagnie a fait face sur le réseau participant, en 1894, à la garantie :

Intérêts et amortissements des emprunts	45.295.582 15
Amortissements des actions	308.000 »

Sommes payées à compte sur le dividende de 1894 :

A 241.065 actions non amorties :	
1er semestre, 15 francs par action	3.615.975 «
2e semestre, 25 francs par action	6.026.625 »
Intérêts 5 0/0 pour le 1er semestre sur 600 actions amorties en 1895 à 12 fr. 50	7.700 »

Solde du dividende de 1894

Actions non amorties 241.065, à raison de 10 francs	2.410.650 »
Actions de jouissance 8.935, à raison de 25 francs	223.375 »
Total égal	57.887.907 15

L'amélioration de la situation est tout-à-fait remarquable. Le revenu de 50 francs par action est bien encore pris à la garantie, mais, par rapport à l'exerce 1892, celle-ci a diminué de 6.304.925 fr. 27.

COMPAGNIE DES VOIES FERRÉES DU DAUPHINÉ

Constitution. — Société anonyme par actions, constituée le 15 juillet 1892.

Objet d'après les statuts. — Obtenir ou acquérir la concession, entreprendre la construction ou l'exploitation de tous les chemins de fer et tramways, dans les départements de l'Isère et les départements limitrophes.

Concessions. — 1° de Vizille, gare P. L. M. au bourg d'Oisans ; 2° de Grenoble, gare P. L. M, à Uriage et à Vizille, accordées par le Conseil général de l'Isère, en août 1892.

Siège social. — Grenoble, 17, rue Lesdiguières.

Durée de la Société. — 99 ans.

Capital social. — Un million de francs, divisé en 2.000 actions nominatives de 500 francs chacune, entièrement libérées. Il y a, en outre, 1.000 parts de fondateurs attribuées aux souscripteurs des 2.000 actions formant le capital primitif, à raison de une part pour deux actions, quel que soit le nombre des actions créées ultérieurement pour l'augmentation du capital social ; le nombre des parts de fondateurs ne peut jamais être augmenté.

Conseil d'administration. — Composé de trois membres au moins et de cinq au plus, nommés pour six ans, renouvelables par un tiers la deuxième année, un tiers la quatrième, et, pour les autres membres, la sixième année, et devant être propriétaires de vingt actions chacun. Par exception, les premiers administrateurs resteront en fonctions jusqu'à l'Assemblée générale annuelle qui se réunira en 1895. Cette Assemblée renouvellera le Conseil entier.

Les administrateurs actuels sont : MM. André Neyret, Léon Devillaine, Alfred Joubert, Emile Francq et Auguste Lemoine.

Assemblée générale. — Avant le 31 mars. Composée de tous les actionnaires propriétaires de dix actions au moins, qui les auront déposées cinq jours avant l'Assemblée. Chaque membre a autant de voix qu'il possède de fois dix actions.

Répartition des bénéfices d'après les statuts. — Sur les bénéfices, il est prélevé :
5 0/0 pour former un fonds de réserve, ce prélèvement cessant d'être obligatoire lorsque la réserve atteindra le dixième du capital social ;
Une somme suffisante pour assurer aux actionnaires une première répartition, jusqu'à concurrence de 4 0/0 du capital versé.
Le surplus des bénéfices est réparti comme suit :

10 0/0 au Conseil d'administration ;
5 0/0 à la disposition du Conseil pour être distribués aux agents les plus méritants ;
5 0/0 à l'administrateur délégué ;
40 0/0 aux actionnaires ;
40 0/0 aux parts de fondateurs.

Résultats du dernier exercice (1894-95). — L'exercice 1894, dont les comptes ont été approuvés par l'Assemblée des actionnaires du 24 avril 1895, a donné comme recettes de l'exploitation. Fr. 247.562 93
et comme produit des capitaux 67.665 22

Ensemble.	315.228 15
Les frais d'exploitation et frais généraux ayant été de . .	178.056 15
Il est donc resté un solde net de	137.172 »

Dont la répartition a eu lieu ainsi :

Aux actionnaires, à raison de 20 francs de dividende par action	120.000 »
A la réserve statutaire	6.000 »
Report à nouveau.	11.172 »
Somme égale. . . . , ...	137.172 »

Un acompte de dix francs sur le dividende a été payé en janvier, le solde de pareille somme l'a été en juillet.

Le mandat du conseil d'administration étant expiré, l'Assemblée a réélu pour six années : MM. André Neyret, Emile Francq, Léon Devilaine, Alfred Joubert et Auguste Lemoine, administrateurs sortants ; et elle a nommé M. Plasse pour commissaire des comptes pour l'exercice 1895.

COMPAGNIE DU CHEMIN DE FER DE DAKAR A SAINT-LOUIS

Constitution. — Société anonyme, constituée le 4 juin 1883.

Objet d'après les statuts. — Elle a pour objet la construction et l'exploitation du chemin de fer de Dakar à Saint-Louis (Sénégal), ainsi que de toutes autres lignes au Sénégal ou s'y rattachant, ainsi que toutes opérations accessoires à ces exploitations.

Le chemin de fer de Dakar à Saint-Louis, d'une longueur de 264 kilomètres construits et livrés à l'exploitation depuis le 6 juillet 1885, a été concédé pour 99 ans, à partir de l'achèvement des travaux, à la Société de constructions des Batignolles, qui en a fait apport à la Société, suivant convention du 30 octobre 1880, approuvée par la loi déclarative d'utilité publique du 29 mai 1882.

Aux termes de cette convention, l'État garantit, pendant la durée de la concession, un revenu minimum net annuel de 1.154 francs par kilomètre exploité de la ligne de Dakar à Saint-Louis.

D'après l'article 3, la Compagnie était tenue de constituer, pour l'exécution des premiers travaux et l'achat du matériel, un capital-action de cinq millions au moins, effectivement versé en argent. Comme complément du capital de premier établissement, dont le montant était évalué à 17.680.000 francs, l'État lui a avancé une somme de 12.680.000 fr.

D'après l'article 7, la Compagnie devra rembourser à l'État, avec intérêt de 4 0/0, au moyen de prélèvements à opérer sur les excédents du revenu net de l'exploitation, toutes les fois que ce revenu net dépassera le montant de la garantie sus-indiquée de 1.154 francs par kilomètre :

1° Les sommes qu'il aurait versées en vertu de ladite garantie kilométrique annuelle ;

2° Une annuité de 2.246 francs par kilomètre représentant, pendant toute la durée de l'exploitation, les intérêts et l'amortissement du capital avancé de 12.680.000 francs.

Toutefois, la Compagnie ne sera tenue d'affecter à ces remboursements que la moitié des bénéfices représentant l'excédent du revenu net de l'exploitation, sur le montant de la garantie, lorsque cet excédent dépassera le total formé par l'addition du revenu garanti et l'annuité due pour l'intérêt et l'amortissement du capital garanti.

En outre, après le remboursement des avances de fonds sus-énoncées et lorsque le revenu net dépassera l'intérêt de 8 0/0 du capital total de premier établissement, la Compagnie, tout en continuant à payer à l'État l'annuité représentative du capital avancé, partagera avec lui les parts de bénéfices représentant l'excédent du revenu net sur cet intérêt de 8 0/0.

Siège social. — 37, rue de Rome, à Paris.

Capital social. — 5 millions de francs, divisés en 10.000 actions de 500 francs émises au pair, entièrement libérées et au porteur, remboursables à 650 francs en 98 ans, à partir de 1885.

Durée de la Société. — Du 4 juin 1883 au 31 décembre 1984.

Conseil d'administration. — De quatre à dix membres, nommés pour six ans, devant être propriétaires chacun de 25 actions, inaliénables pendant la durée de leurs fonctions.

Le Conseil se compose actuellement de : MM. Edouard Du Troz, président ; Arnoldi, Champoillon, Dumas, Vance, Guillet et Kowalski.

Assemblée générale. — Entre le 1er avril et le 30 juin. Composée de tous les actionnaires, propriétaires de cinq actions au moins, qui les auront déposées cinq jours au moins avant la réunion. Cinq actions donnent droit à une voix et chaque actionnaire a autant de voix qu'il possède ou représente de fois cinq actions.

Répartition des bénéfices d'après les statuts. — Les produits nets de la Société sont répartis comme suit :

1° Sur le montant du revenu net annuel de 1.154 francs par kilomètre garanti par l'Etat, il est fait un prélèvement de 40 centimes par action et compté sur toutes les actions pour être affecté à leur amortissement.

Le reste de ce revenu net, garanti par l'Etat, est réparti à titre d'intérêt entre les actions ;

2° Le surplus des produits nets de la Société, au-delà du revenu garanti, forme les bénéfices de l'entreprise.

Sur la part de ces bénéfices restant à la Société après le versement à l'Etat de la part lui revenant aux termes de la concession, il sera prélevé :

1° 5 0/0, soit un vingtième pour former le fonds de la réserve légale, et ce jusqu'à ce qu'elle atteigne le dixième du capital ;

2° 5 0/0 en faveur des administrateurs.

Ce qui restera après ces prélèvements sera réparti à titre de dividende entre toutes les actions.

L'amortissement des actions sera effectué en 98 ans, à partir de 1885, par tirages au sort annuels en octobre ; remboursement des titres sortis le 1er novembre suivant. Les actions désignées par le sort sont remboursées à 650 francs et remplacées par des *actions de jouissance*.

Dividendes distribués. — Les voici depuis l'origine :

1883.	8 12	1888.	29 60
1884.	29 60	1889.	29 60
1885.	29 60	1890.	29 60
1886.	29 60	1891.	29 60
1887.	29 60	1892.	29 60

COMPAGNIE DES CHEMINS DE FER DÉPARTEMENTAUX

Constitution. — Société anonyme, constituée le 4 août 1881.

Objet d'après les statuts. — Obtenir la concession, entreprendre la construction et l'exploitation de tous chemins de fer et tramways, et notamment des chemins de fer d'intérêt général et d'intérêt local et tramways à traction de chevaux ou de moteurs mécaniques, concédés en France, aux colonies et dans les pays de protectorat par l'Etat, les départements, les communes ou toute autre autorité compétente.

Acheter, vendre, rétrocéder, louer ou prendre à bail des chemins de fer et des tramways.

Entreprendre les opérations qui précèdent soit seule, soit en participation, soit pour son compte, soit pour le compte de tiers ; créer des sociétés spéciales anonymes ou en commandite ayant pour objet la construction et l'exploitation de chemins de fer et de tramways.

Acheter, vendre ou émettre des titres de Sociétés ayant pour objet, exclusif ou accessoire, de construire ou d'exploiter des chemins de fer et des tramways, de favoriser ou de développer des entreprises de construction et d'exploitation de ces voies de communication.

Concessions. — Les concessions actuelles de la Compagnie comprennent des chemins de fer d'intérêt local, concédés par les départements, sous le régime de la loi du 11 juin 1880 et des chemins de fer d'intérêt général concédés par l'Etat.

Les *lignes d'intérêt local* sont :

1° Réseau d'intérêt local d'Indre-et-Loire	199	kilom.
2° Chemin de fer de Valognes-Montebourg à Saint-Vaast et Barfleur (Manche)	44	—
3° Chemin de fer de Laroche à l'Isle-sur-Serein (Yonne)	75	—
4° Réseau dit de Seine-et-Marne	96	—
5° Chemin de fer d'Angoulême à Rouillac (Charente)	37	—
6° Ligne de Digoin à Étang (Saône-et-Loire)	51	—

Les *lignes d'intérêt général* sont :

1° Réseau des chemins de la Corse	139	kilom.
2° Réseau du Vivarais	102	—
3° Ligne de Bastia à Ajaccio, construite par l'État	157	—
	659	—

Enfin, elle est concessionnaire : 1° de lignes d'intérêt local dans les départements de la Charente et de la Charente-Inférieure, d'une longueur de 26 kilom., non déclarés d'utilité publique ; 2° et, à titre éventuel, de diverses lignes d'intérêt général et d'intérêt local, dans les départements de la Corse, de l'Ardèche, de la Haute-Loire, de l'Yonne et de Seine-et-Marne, de 461 kilomètres.

Siège social. — A Paris, avenue de l'Opéra, 20.

Durée. — 90 ans, à compter de la constitution définitive, soit du 4 août 1881 au 4 août 1971.

Capital social. — 30 millions de francs, divisés en 60.000 actions de 500 fr., émises au pair, libérées de 250 francs et au porteur.

Les intérêts et dividendes sont payables les 15 octobre (acompte) et 15 avril (solde).

Conseil d'administration. — De cinq à neuf membres nommés pour six ans, renouvelables par tiers tous les deux ans, devant être propriétaires chacun de 50 actions inaliénables pendant la durée de leurs fonctions.

Les administrateurs actuels sont : MM. Eugène Mir, *président*; Baeyens, Labbé, Lehideux, Weyer, Zens, ce dernier administrateur-délégué.

Directeur nommé par le Conseil d'administration, soit parmi ses membres, soit en dehors, devant être propriétaire de 50 actions inaliénables et affectées, par privilège, à la garantie de sa gestion.

Assemblée générale. — Au plus tard en avril, composée des actionnaires, propriétaires d'au moins 25 actions, qui les auront déposées 15 jours au moins avant la date de la réunion. Chaque actionnaire a autant de voix qu'il possède de fois 25 actions, sans que personne puisse avoir plus de 10 voix en son propre nom et autant comme mandataire.

Répartition des bénéfices d'après les statuts. — Sur les bénéces nets il est prélevé :

5 0/0 pour constituer le fonds de réserve légale, jusqu'à ce que ce fonds atteigne le quart du fonds social ;

La somme nécessaire pour servir 5 0/0 aux actionnaires sur les versements effectués.

Le surplus est attribué, savoir :

3 0/0 au directeur ;

3 0/0 à l'administrateur-délégué;
15 0/0 aux autres membres du Conseil d'administration;
Et l'exédent aux actionnaires.

L'Assemblée générale peut en outre créer toute réserve de prévoyance ou d'amortissement sur les bénéfices à répartir entre les actionnaires En cas d'insuffisance des produits d'une année pour fournir l'intérêt à 5 0/0 des sommes versées sur les actions, la différence peut être prélevée sur le fonds de prévoyance ou sur la partie du fonds de réserve qui excéderait le dixième du fonds social.

Dividendes distribués. — Ils ont été depuis l'origine :

1881-82.	5 »		1888.	17 50
1883.	5 »		1889.	20 »
1884.	5 »		1890.	17 50
1885.	6 25		1891.	17 50
1886.	25 »		1892.	17 50
1887.	20 »			

Obligations 3 0/0. — Obligations de 500 francs 3 0/0 entièrement libérées et au porteur, remboursables à 500 francs par tirages au sort annuels ayant lieu le 15 septembre (le remboursement des titres sortis s'effectuant le 1er octobre suivant), produisant un intérêt annuel de 15 francs payables par moitié les 1er avril et 1er octobre. Comprises sous dix émissions.

Résultats du dernier exercice (1894-95). — L'Assemblée annuelle des actionnaires s'est tenue le 23 mars 1895.

Après avoir entendu la lecture des rapports du Conseil et des commissaires, elle a, à l'unanimité, voté les résolutions suivantes:

« 1° L'Assemblée générale, après avoir entendu le rapport des commissaires chargés de la vérification des comptes, approuve le rapport et les comptes de l'exercice 1894, tels qu'ils sont présentés par le Conseil d'administration.

2° L'Assemblée générale, sur la proposition du Conseil d'administration :

Fixe à 17 fr. 50 le montant des intérêts et du dividende attribués à chaque action sur les bénéfices de l'exercice 1894, y compris l'acompte de 6 fr. 25 payé le 15 octobre 1894.

3° L'Assemblée générale sur la proposition du Conseil d'administration :

Décide qu'il y a lieu de porter à la réserve spéciale une somme de 350.000 francs; d'affecter une autre somme de 100.000 francs au fonds de réfection et de prévoyance créé par l'assemblée générale du 24 mars 1888, et de reporter à nouveau la somme de 15.883 fr. 36, formant le reliquat du solde créditeur du compte de profits et pertes.

4° L'Assemblée générale nomme administrateur pour six ans, à dater du 23 mars 1895, conformément aux paragraphes 3 et 4 de l'article 15 des statuts : MM. Labbé, Lehideux, Mir, Weyer, administrateurs sortants.

5° L'Assemblée générale nomme MM. Théodore Morin et Biarez, commissaires chargés de vérifier le bilan et les comptes de l'exercice 1895, et fixe à 1.000 francs l'allocation qui sera attribuée à chacun d'eux. »

Les deux commissaires pourront exercer leur mandat ensemble ou séparément, chacun pouvant agir seul dans le cas où l'un d'eux viendrait à manquer ou à être empêché.

SOCIÉTÉ GÉNÉRALE DES CHEMINS DE FER ÉCONOMIQUES

Constitution. — Société anonyme constituée, le 15 juillet 1880.

Objet d'après les statuts. — Elle a pour *objet* de faire, en France et en Algérie, pour elle-même et pour le compte de tiers, toutes les opérations se rattachant à l'industrie des chemins de fer et des tramways. Son capital ne peut être engagé directement ou indirectement dans une opération autre que la construction et l'exploitation des lignes à elle concédées, sans autorisation, préalable par décret délibéré en Conseil d'Etat.

Concessions. — Elle était concessionnaire, au 31 décembre 1891, des chemins de fer ci-après, savoir :

I. Lignes d'intérêt local, comprenant :

1° Dans le département de la Gironde, réseau des Landes, de la Gironde et du Blayais, d'une longueur de 315 kilomètres exploités ;

2° Dans le département de Seine-et-Oise, ligne de Valmondois à Epiais-Rhus et à Marines, d'une longueur de 22 kilomètres exploités.

3° Dans le département de l'Allier, réseau départemental, d'une longueur de 182 kilomètres exploités ;

4° Dans le département de la Haute-Marne, ligne de Gudmont à Rimaucourt, d'une longueur de 22 kilomètres exploités.

5° Dans le département de la Somme, réseau départemental, d'une longueur de 312 kilomètres, dont 302 exploités ;

6° Dans le département du Cher, ligne de Bourges à Dun-sur-Auron et à Laugère, d'une longueur de 56 kilomètres exploités.

II. Lignes d'intérêt général, comprenant :

1° Dans le département du Puy-de-Dôme, de l'Allier et du Cher, ligne de Sancoins à Lapeyrouse, d'une longueur de 87 kilomètres exploités ;

2° Dans le département du Cher, ligne de Châteaumeillant à la Guerche, d'une longueur de 87 kilomètres exploités.

La Société exploite en outre, pour le compte de la Compagnie du Nord, la ligne de Noyelles à Saint-Valery, d'une longueur de 6 kilomètres ; et pour le compte de la Compagnie de l'Ouest, la ligne de Carhaix à Morlaix, d'une longueur de 49 kilomètres.

Et enfin, elle est concessionnaire de diverses lignes d'intérêt local, d'une longueur d'ensemble 315 kilomètres, qui n'étaient pas déclarées d'utilité publique au 31 décembre 1890.

Siège social. — A Paris, rue d'Antin, 7.

Durée. — 99 ans, du 15 juillet 1885 au 15 juillet 1984.

Capital social. — 25 millions, divisé à l'origine en 5.000 actions de 5.000 francs, émises au pair, libérées de 1.250 francs et nominatives. En vertu de la délibération de l'Assemblée générale du 30 juin 1893, ces

5.000 actions de 5.000 francs ont été échangées contre 50.000 actions de 500 francs, libérées de 125 francs et nominatives, soit à raison d'une action anciennes contre dix nouvelles. La cession des actions s'opère par voie de transfert inscrit sur un registre spécial tenu à cet effet. La Société pourra toujours, si bon lui semble, exercer un droit de préemption au prix fixé dans la déclaration et au profit d'un tiers à son choix sur les actions qu'un associé voudra céder.

Conseil d'administration. — De cinq à quinze membres, nommés pour six ans, renouvelables par sixième chaque année, et devant être propriétaires chacun de cent actions inaliénables pendant la durée de leurs fonctions.

Les administrateurs actuels sont : MM. E. Joubert, *président;* O. Homberg, *vice-président*; René Brice, Brolemann, baron de Bussière, Alb. Ellissan, J. Joubert, comte de Kergolay, Mathieu-Bodet, baron des Michels.

Directeur. — Emile Level.

Assemblée générale. — Avant la fin de juin. Composée de tous les propriétaires d'au moins 50 actions donnant droit à une voix, sans que personne puisse posséder plus de 100 voix.

Répartition des bénéfices d'après les statuts. — Sur les bénéfices nets il est prélevé :

1° Un vingtième pour constituer un fonds de réserve, jusqu'à concurrence du dixième du capital social ;

2° La somme nécessaire pour servir 5 0/0 aux actions ;

3° 10 0/0 au Conseil d'administration.

Il pourra ensuite être créé un fonds de prévoyance, par un prélèvement ne pouvant dépasser le cinquième des bénéfices restant.

Le surplus est réparti, savoir :

25 0/0 aux parts bénéficiaires créées en faveur de la liquidation de la Société d'études des chemins de fer économiques.

75 0/0 à tous les actionnaires.

Obligations. — Il en a jusqu'ici eu 31 émissions 163.716 obligations de 500 francs 3 0/0, libérées et au porteur, remboursables du 1er juillet 1886 au 1er juillet 1981, par tirages au sort annuels en mai (le remboursement des titres sortis s'effectuant le 1er juillet suivant). Leur intérêt annuel est de 15 francs, payables les 1er mai et 1er novembre.

Résultats du dernier exercice (1894-95). — L'Assemblée générale annuelle de cette Société qui s'est tenue le 7 juin 1895, après avoir approuvé les comptes de l'exercice 1894, a décidé :

1° De prélever sur le compte de profits et pertes, avant toute répartition, une somme de 123.000 francs, qui sera attribuée au personnel à titre de participation aux résultats de l'exercice 1894 ;

2° D'inscrire à la réserve extraordinaire créée par l'Assemblée générale du 13 mai 1886, par prélèvement sur la part des bénéfices revenant aux actionnaires, à titre de dividende, en vertu de l'article 44 des statuts, et dans des conditions définies par l'assemblée extraordinaire du 24 juin 1892 une somme de 350.000 francs.

3° Elle a fixé à 8 fr. 75 le treizième coupon comprenant les intérêts et le dividende attribués à chaque action nominative de 500 francs, et à 37 54 1/2 le dividende attribué à chaque part bénéficiaire, le tout payable à partir du 1er juillet 1895.

4° Elle a décidé, en outre, qu'il y avait lieu de prélever, à dater de la même époque, sur la réserve extraordinaire constituée par les assemblées générales des 13 mai 1886 et 23 juin 1892, la somme nécessaire pour libérer de 25 francs chaque action de la Société.

COMPAGNIE DES CHEMINS DE FER ÉCONOMIQUES DU NORD

Constitution. — Société anonyme, constituée le 7 décembre 1883. (Transformation en Société anonyme française de la Société anonyme belge des Tramways et Chemins de fer économiques de Valenciennes à Anzin et ses extensions).

Objet d'après les statuts. — La Société a pour objet :
En général, la construction, l'exploitation et l'acquisition de lignes de railways ou tramways ; tout ce qui peut directement ou indirectement se rattacher à l'objet de cette industrie principale ;
Et spécialement l'exploitation d'un tramway desservant Valenciennes et sa banlieue et de ses embranchements.

Concessions. — Elle est concessionnaire ou rétrocessionnaire :

Dans le département du Nord :

1° Du réseau de Valenciennes comprenant : les lignes de Valenciennes à Bruai et de Valenciennes à Raismes ; des lignes de Raismes à Saint-Amand, de Bruai à Condé, de Valenciennes à Blanc-Misseron, de Valenciennes à Denain et du prolongement de Blanc-Misseron jusque dans l'intérieur de Valenciennes. Pas de subventions ;

2° Des lignes d'Armentières à Halluin et de Bonsecours à Hergnies. Sans subventions.

Dans le département du Pas-de-Calais :

1° De la ligne d'intérêt local de Lens à Frévent ;

2° Et de la ligne de Portel à Bonningues. Subvention de l'Etat, du Département, des communes et des particuliers, dans les termes de la loi du 11 juin 1880.

Dans la Haute-Savoie :

Des lignes d'Annemasse à Samoëns, de Bonne à Bonneville et de Saint-Jeoire à Marignier, avec subventions.

Dans l'Isère :

1° Des lignes de Vienne au Grand-Lemps et aux Quatre-Chemins, et des Quatre-Chemins à Charavines, avec subventions ;

2° D'une ligne de tramway des Quatre-Chemins à Voiron, avec subvention ;

3° Et d'une ligne de tramway entre Grenoble et Veurey, avec subvention.

Enfin d'autres lignes ont été concédées à la Compagnie dans le département du Nord sans que les pouvoirs publics aient encore donné leur ratification aux traités de concessions.

Siège social. — A Anzin (Nord), rue Kléber, 62. Bureau administratif à Paris, rue de Courcelles, 49.

Durée de la Société. — Quatre-vingt-dix-neuf ans, du 1er janvier 1884 au 1er janvier 1983.

Capital social. — Le capital social a été fixé à l'origine à 3.002.000 fr. divisé en 6.004 actions de 500 fr. qui ont été remises entièrement libérées aux intéressés dans la Société belge, en échange et dans la proportion des actions de 100 fr. dont ils étaient propriétaires. Puis, ce capital a été successivement élevé : 1° en 1889, à 7 millions par la création de 7.996 actions de 500 francs, souscrites en espèce et au pair ; 2° ensuite à 12 millions par la création de 10.000 actions de 500 francs, souscrites en espèces et au pair ; 3° enfin à 15 millions par la création de 6.000 actions de 500 francs, qui ont été attribuées : 3.000 à la Société des Chemins de fer à voie étroite du Midi, et 3.000 à la Société des Chemins de fer du Périgord, en représentation de la cession de tout actif à la Société des Chemins de fer économiques du Nord. Le capital de cette Société a été ainsi porté à 15 millions. divisé en 30.000 actions de 500 fr. entièrement libérées.

Mais des résolutions prises par l'Assemblée générale du 16 août 1892, il résulte :

1° Que la fusion avec la Société des Chemins de fer à voie étroite du Midi et avec la Société des Chemins de fer du Périgord a été déclarée non-avenue ;

2° Que le capital de la Société des chemins de fer économiques du Nord est resté fixé à 12 millions, représenté par les actions portant les numéros 1 à 24.000

3° Et que les titres destinés à représenter éventuellement l'augmentation du capital à 15 millions ont été annulés.

Il a été créé, en outre, 1.550 *parts de fondateur*, pouvant être divisées chacune en *vingtièmes de parts* et donnant droit à 50 0/0 des bénéfices, après les prélèvements spécifiés aux statuts et, en cas de liquidation, à la moitié de l'excédent de l'avoir total, après le remboursement total de la valeur des actions.

Les intérêts et dividendes sont payables : l'acompte le 15 mars et le solde le 15 septembre.

Conseil d'administration — De trois à onze membres, nommés pour six ans et renouvelables par tiers tous les deux ans, devant être propriétaires chacun de vingt actions, inaliénables pendant la durée de leurs fonctions. — Les administrateurs sont : MM. Caze, Empain, Du Roy de Blicquit. — Directeur : M. V. Mestreit.

Assemblée générale. — Au plus tard le 15 mai, composée de tous les propriétaires d'au moins vingt actions, qui les ont déposées cinq jours au moins avant la date de la réunion. Chaque membre de l'Assemblée a autant de voix qu'il possède ou représente de fois vingt actions, sans cependant pouvoir réunir plus de vingt voix (et plus de 50 dans les Assemblées générales extraordinaires).

Répartition des bénéfices d'après les statuts. — Les bénéfices nets, après déduction de toutes charges, sont répartis comme suit :

5 0/0 au fonds de réserve, jusqu'à ce qu'il atteigne le dixième du capital social ;

La somme nécessaire pour donner aux actions, à titre de premier dividende, un intérêt de 5 0/0;

3 0/0 destinés à l'amortissement au pair ou par voie de rachat à la Bourse des actions non amorties.

Sur le surplus, il est attribué 1 0/0 à chaque administrateur.

L'excédent est réparti à titre de dividende, savoir :

50 0/0 entre les actions amorties et non amorties.

50 0/0 aux parts de fondateur.

L'amortissement des actions s'effectue par voie de tirage au sort ou par voie de rachat au pair ou au-dessous. Quand l'amortissement aura lieu par tirage au sort, l'action désignée par le sort restera, comme action de jouissance, la propriété du porteur, qui devra remettre à la Société tous les coupons non échus de premier dividende (coupons placés à gauche du titre), en échange de la somme de 500 fr. Mention en sera faite sur le titre au moyen d'un timbre. Quand l'Assemblée ordonnera le rachat en Bourse, ce rachat se fera au pair ou au-dessous, et la Société restera propriétaire des actions rachetées qui ne pourront être aliénées de nouveau. Mention en sera faite sur le titre au moyen d'un timbre. La Société encaissera les dividendes (autres que l'intérêt à 5 0/0) et en affectera le montant à l'amortissement d'autres actions.

L'amortissement s'est effectué par voie de rachats jusqu'en 1890 ; par tirage au sort en 1891, en assemblée générale du 14 mai (remboursement des titres sortis le 15 septembre suivant), et rachats en 1892. Les actions amorties sont devenues des *actions de jouissance* ; elles sont au nombre de 247.

Obligations 4 0/0. — Il a été émis 2.000 obligations de 500 fr. 4 0/0, entièrement, libérées et au porteur en 1891 et 1892. Elles ont été émises à 465, et sont remboursables à 500 fr., au pair, de 1893 à 1944, par tirages au sort annuels en mai, pour le remboursement des titres sortis s'effectuer le 15 septembre suivant. Intérêt annuel : 20 fr., payables par moitié les 15 juin et 15 décembre de chaque année.

Dividendes distribués. — Ils ont été, depuis l'origine :

1884	25 fr. »		1889	25 fr. »
1885	25 fr. »		1890	25 fr. »
1886	25 fr. »		1891	25 fr. »
1887	25 fr. »		1892	25 fr. »
1888	25 fr. »			

Résultats du dernier exercice (1893-94). — L'Assemblée annuelle des actionnaires a voté les résolutions suivantes :

1° L'Assemblée générale, après avoir entendu le rapport des commissaires chargés de la vérification des comptes, approuve le rapport et les comptes de l'exercice 1893, tels qu'ils sont présentés par le Conseil d'administration ;

2° l'Assemblée générale, sur la proposition du Conseil d'administration :

Fixe à 17 fr. 50 le montant des intérêts et du dividende attribués à chaque action sur les bénéfices de l'exercice 1893, y compris l'acompte de 6 fr. 25 payé le 15 octobre 1893 ;

3° L'Assemblée générale, sur la proposition du Conseil d'administration :

Décide qu'il y a eu lieu de porter à la réserve spéciale une somme de 300.000 francs ; d'affecter une autre somme de 150.000 francs au fonds de réfection et de prévoyance créé par l'Assemblée générale du 24 mai 1888, et de reporter à nouveau la somme de 39.947 fr. 04, formant le reliquat du solde créditeur du compte de profits et pertes ;

4° L'Assemblée générale nomme MM. Théodore Morin et Biarez, commissaires chargés de vérifier le bilan et les comptes de l'exercice 1894, et fixe à 1.000 francs l'allocation qui sera attribuée à chacun d'eux.

Les deux commissaires pourront exercer leur mandat ensemble ou séparément, chacun pouvant agir seul dans le cas où l'un d'eux viendrait à manquer ou à être empêché.

COMPAGNIE FRANÇAISE
DES VOIES FERRÉES ÉCONOMIQUES

Constitution. — Société anonyme constituée le 23 août 1889. (Ancienne Compagnie des chemins de fer économiques français).

Objet d'après les statuts. — La Société a pour objet d'obtenir ou d'acquérir la concession, d'entreprendre la construction et l'exploitation de tout chemin de fer et tramways en France, dans les colonies françaises et dans les pays soumis au protectorat de la France.

Elle peut s'intéresser dans toutes autres entreprises similaires, par voies d'apport, d'association, de fusion, d'achat d'actions, d'obligations ou de parts d'intérêt ;

Elle peut faire toutes opérations dont le but serait connexe à celui des statuts

Siège social. — A Paris, 3, rue Lafayette.

Durée. — 99 ans, (jusqu'au 23 août 1988).

Capital social. — Fixé à l'origine à 500.000 francs, divisé en actions de 500 francs émises au pair, le capital social a été successivement élevé : 1° par délibération du Conseil d'administration du 4 avril 1890, en conformité des pouvoirs stipulés par les statuts, à 2 millions, par la création de 3.000 actions, émises au pair en avril 1890 ; 2° par délibération des Assemblées générales des 30 septembre et 30 décembre 1890, à 5 millions, par la création de 6.000 actions nouvelles de 500 francs émises au pair en novembre 1890 : au total, 10.000 actions de 500 francs émises au pair, entièrement libérées et au porteur.

Il a été créé, en outre, 1.000 *parts de fondateurs* qui ont été attribuées aux souscripteurs des 1.000 actions d'origine et dont le nombre ne peut être augmenté. Elles ont droit à 45 0/0 des bénéfices après les divers prélèvements stipulés à l'article 37 des statuts. Elles ont, en outre, en cas d'augmentation du capital social, un droit de préférence à la souscription de moitié des actions à émettre, l'autre moitié étant réservée aux actions alors existantes.

Les dividendes sont payables aux époques fixées par l'Assemblée générale, ordinairement en avril.

Conseil d'administration. — De trois à sept membres, nommés pour six ans, devant être propriétaires chacun de 25 actions inaliénables pendant la durée de leurs fonctions. Les administrateurs actuels sont MM. Émile Francq, administrateur-délégué, Chavoix et Alfred Joubert

Assemblée générale. — Avant le 31 mars. Composée de tous les actionnaires propriétaires d'au moins dix actions, qui les ont déposées cinq jours avant la date de la réunion : chaque actionnaire a autant de voix qu'il possède de fois 10 actions.

Répartition des bénéfices d'après les statuts. — Sur les bénéfices il est prélevé :

1° 5 0/0 pour la constitution de la réserve légale, jusqu'à concurrence du dixième du capital social :

2° La somme nécessaire pour servir 5 0/0 d'intérêt aux actions amorties, sur les sommes dont elles sont libérées, et pour rembourser après leur entière libération toutes les actions à 500 francs en 99 ans.

Le surplus est partagé comme suit :

10 0/0 au Conseil d'administration ;
45 0/0 aux actionnaires ;
45 0/0 aux 1.000 parts de fondateurs.

L'amortissement des actions aura lieu par voie de tirages au sort annuels.

Les actions désignées par le sort seront remboursées à 500 francs et remplacées par des actions de jouissance.

L'amortissement n'a pas encore fonctionné.

Cours des titres. — 1891 : 518 fr. ; 1892 : 542 fr. ; 1893 : 547 fr.

Dividendes distribués. — 1889-90 : 25 fr. ; 1891 : 25 fr. ; 1892 : 25 fr.

CHEMINS DE FER GARANTIS
DES COLONIES FRANÇAISES

Constitution. — Société anonyme, constituée le 15 novembre 1881.

Objet d'après les statuts. — Exécution et exploitation du chemin de fer de Saïgon à Mytho (Cochinchine) passant par ou près Cho-Lon et Tan-An.

La Compagnie pourra se rendre concessionnaire de tous autres chemins de fer, à la condition que les chemins concédés jouiront d'une garantie d'intérêt du gouvernement français ou d'une colonie française.

Concessions. — Le seul chemin dont la Compagnie soit concessionnaire est la ligne de Saïgon à Mytho (Cochinchine), d'une longueur d'environ 71 kilomètres, dont la concession (quatre-vingt-dix-neuf ans) a été accordée par le gouverneur de la Cochinchine, suivant convention du 18 août 1881, approuvée par décret du 24 du même mois, à M. Joret, qui en a fait apport à la Société. La ligne est ouverte à l'exploitation depuis le 20 juillet 1885.

Garanties. — Aux termes de la convention susénoncée, modifiée par un décret du 17 novembre 1883, le Conseil colonial de Cochinchine a garanti, pendant la durée de la concession, par kilomètre exploité de la ligne de Saïgon à Mytho, un revenu minimum net annuel de 4.025 francs, représentant l'intérêt à 5 75 0/0 du capital de premier établissement, évalué à forfait à 70.000 francs.

Les avances faites par la colonie, par suite de cette garantie, lui seront remboursées avec intérêt à 4 0/0 l'an, au moyen du prélèvement de la moitié du revenu net de l'exploitation, toutes les fois que ce revenu net dépassera le montant de la garantie fixé à 4.025 francs par kilomètre.

Après le remboursement des avances faites à la Compagnie pour garantie d'intérêt, et lorsque le revenu net dépassera 4.500 francs par kilomètre, la Compagnie partagera avec la colonie l'excédent des bénéfices sur cette somme.

Ajoutons que depuis le 1er octobre 1888, et en vertu d'un traité du 14 avril de la même année, approuvé par le ministre de la marine et des colonies, le gouvernement de la Cochinchine s'est chargé de l'exploitation de la ligne de *Saïgon à Mytho*, moyennant le paiement qu'elle fera à la Compagnie, par les soins du ministre de la marine et des colonies, d'une annuité suffisante pour assurer pendant toute la durée de la concession, le service de l'intérêt à 6 0/0 (soit 30 francs) des actions et de leur amortissement à 600 francs, de l'intérêt à 3 0/0 (soit 15 francs) des oblitions et de leur amortissement à 500 francs.

Siège social. — A Paris, rue Taitbout, 95.

Durée. — Du 15 novembre 1881 (date de la constitution définitive), jusqu'à l'expiration des concessions dont la Société sera titulaire.

Capital social. — 2.378.500 francs divisé en 4.757 actions de 500 fr., émises au pair, entièrement libérées et au porteur, remboursables à 600 francs par tirages au sort annuels, à partir de l'année qui suivra la mise en exploitation du chemin. Les intérêts et dividendes sont payables les 1er janvier et 1er juillet.

Conseil d'administration. — De trois à six membres, renouvelables par cinquième chaque année (sauf le premier Conseil nommé pour six ans), devant être propriétaires chacun de 50 actions, inaliénables pendant la durée de leurs fonctions.

Les administrateurs actuels sont : MM. H. Bobin, Brueyre et F. Frédureau.

Assemblée générale. — Dans le courant du premier semestre. Composée de tous les propriétaires de dix actions, qui les ont déposées dix jours au moins avant la date de la réunion. Dix actions donnent droit à une voix, sans que chaque actionnaire puisse avoir plus de cent voix en son nom personnel et cent comme mandataire.

Répartition des bénéfices d'après les statuts. — Pendant l'exécution des travaux et jusqu'à l'achèvement des lignes, il sera payé aux actionnaires un intérêt ne pouvant pas dépasser 5 75 0/0 des sommes versées.

Sur les bénéfices nets, de toutes les charges, il sera prélevé :

1° La somme nécessaire à l'amortissement du fonds social, calculée de telle sorte que ce capital soit complètement amorti à l'expiration des concessions ;

2° La somme nécessaire pour servir aux actions non amorties un intérêt ou premier dividende de 6 0/0 ;

3° 5 0/0 (ou 1/20) pour la constitution d'un fonds de réserve ; ce prélèvement pouvant être réduit ou suspendu quand la réserve atteindra le dixième du capital.

Le surplus des produits annuels sera réparti également entre toutes les actions, amorties et non amorties.

L'amortissement du fonds social fonctionnera à compter de l'année qui suivra la mise en exploitation des chemins, au moyen de tirages au sort annuels, ayant lieu en juin; remboursement des titres sortis le 1er juillet suivant.

Les actions désignées par le sort seront remboursées à 600 fr. et remplacées par des actions de jouissance, ayant les mêmes droits que les actions non amorties, sauf le prélèvement de l'intérêt ou premier dividende à 6 0/0.

Si, à l'époque des tirages au sort pour l'amortissement, les actions étaient cotées au-dessous de leur valeur nominale, la somme destinée à l'amortissement devrait être employée à faire le rachat à la Bourse des actions à amortir. L'annulation des titres ainsi rachetés ne donnera pas lieu à la création d'actions de jouissance.

Obligations 3 0/0. — 8.936 obligations de 500 fr., entièrement libérées et au porteur, autorisées par décision ministérielle du 8 novembre 1883, émises sur le marché. Remboursables à 500 fr. en 99 ans, de 1885 à 1983, par tirages au sort annuels, en mars : remboursement des titres sortis le 15 avril suivant. Intérêt annuel : 15 fr., payables, par moitié, les 15 avril et 15 octobre.

Les obligations jouissent de la garantie de la colonie de la Cochinchine, telle qu'elle est définie dans les conventions et décret cités plus haut, des 18 août 1881 et 19 novembre 1883 et qu'elle a été modifiée par le traité sus-énoncé du 14 avril 1888.

Cours des titres. — Les voici depuis l'origine :

	Actions	Obligations
1882 et 1883	pas de cours.	pas de cours.
1884	464 f. 94	321 f. 144
1885	pas de cours.	340 944
1886	453 f. 125	322 572
1887	pas de cours.	320 732
1888	476 fr. 25	321 973
1889	pas de cours.	370 084
1890	562 f. 50	380 999
1891	555 »	382 871
1892	554 958	380 199
1893	582 420	

Dividendes distribués. — Ils ont été comme suit :

1881 et 1882	5 f. 50 0/0	1888	2 f. 875
1883	23 789	1889	30 »
1884	27 50	1890	30 »
1885	27 50	1891	30 »
1886	27 50	1892	30 »
1887	27 50	1893	30 »

COMPAGNIE DES CHEMINS DE FER DE LA GRANDE-CEINTURE DE PARIS

Constitution. — Syndicat établi d'abord entre les quatre Compagnies du Nord, de l'Est, d'Orléans et Lyon, suivant acte du 25 septembre 1875, dans lequel est entrée la Compagnie de l'Ouest en vertu d'un traité, du 29 décembre 1880.

Objet d'après les statuts. — Construction et exploitation : 1° d'un chemin de fer dit de Grande-Ceinture de Paris, partant de la gare des Matelots sur le chemin de fer de l'Ouest à Versailles, passant par ou près Saint-Germain-en-Laye, Poissy, Argenteuil, Dugny, Nogent-sur-Marne, Villeneuve-Saint-Georges, Palaiseau et rejoignant le chemin de fer de l'Ouest à la gare des Chantiers à Versailles, avec des raccordements sur les lignes principales rayonnant Paris ; 2° d'une ligne complémentaire d'Epinay-sur-Seine à la gare de Noisy-le-Sec sur la ligne l'Est, passant par les gares de tirage de la plaine Saint-Denis et de Pantin.

Siège social. — 16, rue de Londres, à Paris.

Durée. — Cette Société prendra fin à l'expiration de la concession de celles des Compagnies syndiquées qui restera la dernière en possession de son réseau.

Capital social. — La Société, étant en participation, n'a d'autre capital social que les fonds sociaux individuels des quatre Sociétés participantes. Le capital nécessaire à l'établissement du chemin de fer de Grande-Ceinture est formé par l'émission des obligations spéciales dont il sera parlé ci-après, émises avec la garantie des Compagnies syndiquées. Chacune d'elles a droit à une part égale dans la propriété de l'actif social et dans les bénéfices de l'entreprise.

Administration. — La Société est administrée par un Syndicat composé de huit personnes, désignées par les Conseils d'administration des Compagnies concessionnaires, et prises parmi les membres desdits Conseils, à raison de deux administrateurs par Compagnie.

Les membres actuels du Syndicat sont : MM. le baron Alphonse de Rothschild, *président* ; Caillaux, *vice-président ;* baron de Courcel, Denormandie, Griolet, Van Blaremberghe, comte Reille et baron Reille.

Assemblée générale. — En février. Composée : 1° des membres du syndicat ; 2° et de 4 administrateurs délégués spécialement par chacune des Compagnies associées.

Répartition des bénéfices d'après les statuts. — Inventaire général annuel soumis par le Syndicat à l'Assemblée générale de février. Les bénéfices nets, et, en cas d'insuffisance, les pertes sont supportées par égales portions entre les Compagnies associées.

Obligations 3 0/0. — 168.000 obligations 3 0/0 de 500 fr., libérées et au porteur, garanties par les Compagnies des chemins de fer du Nord, de l'Est, de Lyon et d'Orléans, comprenant deux émissions ; la première de

150.000 obligations, autorisée par l'Assemblée générale du 25 octobre 1876, et la deuxième de 18.000 obligations, autorisée par l'Assemblée générale du 27 février 1884. Remboursables à 500 francs, de 1877 à 1958, par tirages au sort annuel, ayant lieu ordinairement en juillet ; remboursement des titres sortis, le 1er octobre Intérêt annuel, 15 francs, payables par moitié les 1er avril et 1er octobre.

Cours des titres

1877.	329 861	1886.	390 961
1878.	348 592	1887.	396 329
1879.	378 466	1888.	405 64
1880.	387 811	1889.	415 279
1881.	388 386	1890.	438 411
1882.	375 14	1891.	447 832
1883.	363 192	1892.	461 207
1884.	368 684	1893.	461 944
1885.	379 496		

CHEMINS DE FER NOGENTAIS

Constitution. — Société anonyme, constituée le 29 décembre 1884, sous le titre « Compagnie des Chemins de fer Nogentais ».

Objet d'après les statuts. — 1° L'établissement et l'exploitation d'une ligne de chemins de fer sur route, à traction mécanique, allant de Vincennes à Ville-Evrard, par Nogent et Neuilly-sur-Marne, et de Nogent à Bry-sur-Marne ;

2° L'établissement et l'exploitation de toutes autres lignes de chemins de fer dont la concession serait ultérieurement obtenue ou acquise, se rattachant à la ligne sus-nommée ou même indépendantes ;

3° De compléter la ligne principale par la construction de tous embranchements ou prolongements jugés utiles, et notamment d'un embranchement devant se raccorder, à Saint-Mandé, avec le Réseau Parisien ;

4° Enfin, toutes les opérations mobilières ou immobilières se rapportant au but principal de la Société.

Siège social. — A Nogent-sur-Marne, rue du Maréchal-Vaillant, 7.

Durée. — 99 ans, du 29 décembre 1884 au 29 décembre 1983.

Capital social. — Fixé à l'origine à 400.000 francs, divisé en 800 actions de 500 francs souscrites en espèces, le capital social a été porté, par décision des Assemblées générales des 16 juin 1888 et 11 janvier 1890, à 900.000 francs, par la création de 1.000 actions de 500 francs souscrites en espèces.

Au total : 1.800 actions de 500 francs, émises au pair, entièrement libérées et au porteur.

Intérêts et dividendes payables aux époques fixées par le Conseil d'administration.

Conseil d'administration. — De cinq à neuf membres, nommés pour six ans, renouvelables par tiers de deux ans en deux ans, devant être propriétaires chacun de cinq actions, inaliénables pendant la durée de leurs fonctions.

Les administrateurs actuels sont: MM. le docteur Vermeil, président; Badois, Barbet, De Delthel, H. Leclaire, Mentienne, docteur Porak.

Assemblée générale. — En avril. Composée des propriétaires d'au moins deux actions. Chaque actionnaire a autant de voix qu'il possède de fois deux actions, sans cependant qu'un mandataire puisse réunir plus de dix voix en cette qualité.

Répartition des bénéfices d'après les statuts. — Sur les bénéfices nets des charges il est prélevé :

1° 5 0/0 pour constituer la réserve légale jusqu'à ce qu'elle atteigne le dixième du capital social ;

2° La somme nécessaire pour assurer l'amortissement du capital social à l'expiration de la Société ;

3° La somme nécessaire pour servir aux actions un intérêt de 5 0/0 du capital versé.

Le surplus est distribué savoir : 80 0/0 aux actionnaire et 20 0/0 aux administrateurs ;

Obligations 5 0/0. — 1.600 obligations de 250 francs 5 0/0, libérées et au porteur, créées en représentation d'un emprunt de 400.000 francs, autorisé par décision ministérielle du 19 février 1887. Emises à 250 francs, remboursables à 250 francs, par tirages au sort annuels, en 90 ans (du 25 novembre 1895 au 25 novembre 1984). Intérêt annuel : 12 fr. 50, payables par moitié les 1er mai et 1er novembre de chaque année.

Obligations 3 0/0. — 460 obligations de 500 francs 3 0/0, libérées et au porteur, faisant partie d'une émission de 857 obligations 3 0/0, créées en représentation d'un emprunt de 300.000 francs, autorisé par décision ministérielle du 23 juillet 1892. Emises à 350 francs, remboursables à 500 francs, par tirages au sort annuels, en 90 ans (du 1er juillet 1894 au 1er juillet 1983). Intérêt annuel : 15 francs, payables les 1er mai et 1er novembre de chaque année, par moitié.

Dividendes distribués. — Aucune répartition de 1885 à 1889. Puis 20 francs en 1889 ; rien en 1890 et 1891 ; 15 fr. 50 en 1892.

CHEMINS DE FER DE L'HÉRAULT

Constitution. — Société anonyme, constituée le 6 août 1868, sous le titre de « Compagnie des Chemins de fer d'intérêt local du département de l'Hérault ».

Faillite et concordat. Reprise de possession. — Après seize ans d'exploitation, elle a été d'abord *déclarée en faillite* par jugement du tribunal de commerce de la Seine du 9 août 1884 (syndic : M. Barboux) ; puis, le 3 juillet 1889, elle a obtenu de ses créanciers un *concordat* qui a été homologué par jugement du tribunal de commerce de la Seine du 25 du même mois. Opposition a été formée contre ce jugement, qui n'a acquis force de chose jugée qu'à partir du 12 décembre 1889, par suite du désistement des opposants. En outre, comme à la suite d'accords intervenus le 30 août 1889, le département de l'Hérault a retiré la demande de déchéance qu'il avait faite, la Société s'est trouvée remise en possession de tout son actif et a repris le cours régulier de son existence légale.

Aux termes du concordat du 3 juillet 1889, les créanciers de la Compagnie lui ont fait remise de 81 0/0 des sommes dues par elle au moment de la faillite. Les 19 0/0 non remis ont été payés aux créanciers et obligataires en deux termes, l'un de 7 0/0 mis en paiement le 7 janvier 1890, et l'autre de 12 0/0 mis en paiement le 10 juin suivant.

C'est alors que la Compagnie a été autorisée à émettre 10.000 titres *privilégiés*, donnant droit à un intérêt annuel variable et au remboursement à 500 fr., cédés au prix de 250 fr., et sur lesquels les créanciers ont eu un droit de préférence pour autant de titres que leur dividende à la faillite comprenait de fois 250 fr. Les créanciers souscripteurs de ces nouveaux titres ont eu droit, en outre, à des actions de la Société, à prendre sur les actions abandonnées par un groupe d'actionnaires, et ce à raison de une action par deux titres privilégiés souscrits.

Aux termes de la convention passée avec le département de l'Hérault, la Compagnie s'est engagée à mettre en exploitation la ligne de Montpellier à Rabieux (49. kil. 592 m.) dans un délai de trois ans et la ligne d'Agde à Mèze (18 kil.) dans un délai de quatre ans. Après l'achèvement de ces lignes, la Compagnie se trouvera en possession d'un réseau total de 143 kil. 397 mètres.

L'Assemblée générale des actionnaires du 28 décembre 1889 a approuvé définitivement le concordat du 3 juillet 1889 et la convention avec le département de l'Hérault.

Objet d'après les statuts. — Exécution et exploitation du réseau des Chemins de fer d'intérêt local du département de l'Hérault, dont la concession a été accordée, aux termes d'un arrêté préfectoral du 8 octobre 1866, à M. Joret, qui en a fait apport à la Société, et qui ont été déclarés d'utilité publique par un décret du 14 août 1867, ainsi que des lignes concédées à la Compagnie depuis sa création ou de toutes celles complémentaires dudit réseau qu'elle pourrait obtenir. La Société pourra, de plus, devenir concessionnaire de toutes autres lignes de chemins de fer, à condition que l'intérêt des capitaux nécessaires à l'exécution des lignes concédées soit garanti par l'État, par les départements ou par les communes.

Siège social. — A Paris, rue Taitbout, 95.

Durée. — A compter de la constitution définitive jusqu'à la fin de la concession, soit quatre-vingt-dix-neuf ans après l'expiration du délai fixé pour l'achèvement des travaux.

Capital social. — 5 millions, divisés en 10.000 actions de 500 fr., libérées et au porteur, dont 5.000 ont été attribuées libérées de 125 fr. à M. Joret, en représentation de ses apports, et 5.000 ont été souscrites en espèces à 500 fr. Le payement des intérêts et dividendes a lieu aux époques fixées par le conseil d'administration.

La Compagnie, dispose, en outre, pour faire face à ses obligations concordataires et à ses engagements vis-à-vis du département de l'Hérault, des ressources suivantes : 1° Un capital de 1 million de francs mis à la disposition de la Compagnie par les consorts Joret, et qui pourra être représenté par des bons d'au moins 500 francs, nominatifs ou au porteur, remboursables au pair ; 2° Un capital de 2.500.000 francs, représenté par 10.000 titres privilégiés, émis à 250 et remboursables à 500 francs par voie de tirage au sort.

La rémunération et l'amortissement de ces différents titres sont réglés par l'article 52.

En sus des capitaux ci-dessus, la Société a à sa disposition, en cas de besoin, une somme de 500.000 francs, promise à titre de prêt par les consorts Joret et dont l'intérêt et l'amortissement sont réglés par l'article 52.

Conseil d'administration. — De cinq membres, pouvant être porté à dix par décision de l'Assemblée générale. Les administrateurs sont nommés pour six ans ; ils sont renouvelables par tiers tous les deux ans et doivent être propriétaires chacun d'au moins 30 actions inaliénables pendant la durée de leurs fonctions.

Les administrateurs actuels sont : MM. de Résic, *président* ; Buchot, Frémont, Petit, Gribier, Mauguin, Bergniac, Martinencq.

Assemblée générale. — En avril. Composée de tous les porteurs de dix actions, qui les ont déposées cinq jours au moins avant la date de la réunion. Chaque actionnaire a autant de voix qu'il possède de fois dix actions jusqu'à deux cents actions ; ensuite, une voix par vingt actions indéfiniment.

Répartition des bénéfices d'après les statuts. — Les produits nets, déduction faite de toutes les charges sociales seront attribués dans l'ordre suivant :

1° Jusqu'à 12 fr. 50 à chacun des 10.000 titres privilégiés ; dont il sera parlé ci-après ;

2° Jusqu'à 3 0/0 au prêt de 1 million, mis à la disposition de la Société par les consorts Joret, ainsi qu'il a été dit plus haut ;

3° Jusqu'à 2 fr. 50 à chacun des 10.000 titres privilégiés ci-dessus ;

4° Jusqu'à 1 0/0 au prêt de 1 million ci-dessus.

Après ces divers paiements, la somme restant libre sera appliquée à l'amortissement des 10.000 titres privilégiés et du prêt consenti par les consorts Joret, et cela dans les proportions suivantes :

40 0/0 seront affectés au remboursement à 500 francs et par voie de tirage au sort des 10.000 titres privilégiés.

40 0/0 seront affectés au remboursement au pair et par voie de tirages au sort des bons représentant le prêt de 1 million consenti par les consorts Joret.

Les 20 0/0 restant demeureront à la disposition de la Compagnie.

Dans le cas où la Société aurait eu recours au crédit supplémentaire de 500.000 francs ouvert par les consorts Joret, les intérêts de la somme fournie à raison de 4 0/0 l'an, seraient prélevés par priorité sur les revenus nets ; quant à l'amortissement, il serait effectué à l'aide des 40 0/0 réservés ci-dessus aux consorts Joret et par antériorité au prêt de 1 million. La portion des intérêts applicables à ce crédit, que les revenus nets annuels ne pourraient combler, serait capitalisée en fin d'exercice.

Il sera prélevé sur l'excédent des produits annuels, après le payement des charges mentionnées ci-dessus :

1° Une retenue destinée à constituer un fonds d'amortissement et calculée de telle sorte que le fonds social soit complètement amorti au moins cinq ans avant l'expiration de la concession ;

2° Une retenue destinée à constituer un fonds de réserve ; la quotité de cette retenue ne pourra être inférieure à 5 0/0 du produit net de l'entreprise, et ce jusqu'à ce que la réserve atteigne un million, soit un cinquième du capital social;

3° La somme qui serait nécessaire pour servir aux actions amorties et non amorties un intérêt de 5 0/0 l'an, la part afférente aux actions amorties devant être versée au fonds d'amortissement.

Le surplus des produits annuels sera réparti également entre toutes les actions amorties ou non amorties.

S'il arrivait, dans le cas prévu à l'article précédent, que pendant une ou plusieurs années, les produits nets de l'entreprise fussent insuffisants pour assurer le remboursement du nombre d'actions à amortir, la somme nécessaire pour compléter le fonds d'amortissement serait prélevée sur les premiers produits nets des années suivantes, par préférence et antériorité à toute attribution de dividende aux actionnaires.

L'amortissement des actions aura lieu par tirages au sort annuels, à compter de la dixième année qui suivra la complète exécution des travaux. Les actions désignées par le sort seront remboursées à 500 francs et remplacées par des *actions de jouissance*.

Titres privilégiés. — Il y a 10.000 titres privilégiés créés en exécution du concordat du 3 juillet 1889, donnant droit à un intérêt annuel variable, pouvant s'élever jusqu'à 15 fr., et à un remboursement à 500 fr. par tirage au sort, dans les conditions énoncées plus haut et résultant des statuts votés par l'assemblée générale du 28 décembre 1889.

Emis à 250 francs du 10 avril au 10 juillet 1890, entièrement libérés et au porteur.

Cours des titres. — Les voici depuis la reprise de possession par la Compagnie.

	Actions	Titres privilégiés
1890.	50 f. »	281 f. 419
1891.	72 562	300 056
1892.	35 375	285 068
1893.	39 606	273 842

Dividendes distribués. — Les actionnaires ont touché l'intérêt à 5 0/0 des sommes versées jusqu'au 1ᵉʳ juillet 1878. Depuis lors : rien.

CHEMINS DE FER DE LA CAMARGUE

Constitution. — Société anonyme, constituée le 20 décembre 1889.

Objet d'après les statuts. — La Société a pour objet :

1° La construction et l'exploitation des chemins de fer d'intérêt local à voie étroite de la Camargue, comprenant : la ligne d'Arles-Trinquetaille au Salin-de-Giraud et la ligne d'Arles-Trinquetaille aux Saintes-Maries-de-la-Mer (Bouches-du-Rhône), d'une longueur d'ensemble 75 kilomètres, kilomètres construits et exploités.

2° La construction et l'exploitation de toutes autres lignes d'intérêts local ou d'intérêt général, dont la Société obtiendrait ultérieurement la concession, avec garanties d'intérêt, soit directement, soit par acquisition, apport, fusion ou rétrocession ;

3° Toutes entreprises accessoires de transports se rattachant à l'exploitation des chemins de fer.

La Société est concessionnaire des deux lignes ci-dessus énoncées, pour une durée de 99 ans, au moyen de l'apport qui lui en a été fait par M. Guillot, qui en avait obtenu la concession en vertu d'une convention du 19 février 1889, approuvée par la loi du 25 juin suivant. Desdites convention et loi, il résulte que lorsque le produit brut annuel des lignes sera insuffisant pour couvrir les dépenses de l'exploitation et 5 0/0 du capital de premier établissement, fixé à forfait au maximum de 3.400.000 francs, pour une longueur maxima de 68 kilomètres, le département des Bouches-du-Rhône s'est engagé à subvenir au payement de cette insuffisance, sous déduction de la participation de l'Etat, telle qu'elle est définie par la loi du 11 juin 1880, et dont le maximum a été fixé à 40.000 fr. par an par la loi du 25 juin 1889.

Le maximum de 3.400.000 fr. s'applique au tracé, tel qu'il est figuré sur le plan de l'avant-projet, mais toute longueur en plus de 68 kilomètres donnera lieu à une augmentation proportionnelle du maximum fixé ci-dessus.

La longueur totale des lignes étant de 74 kil. 852 mètres, l'annuité totale garantie à la Compagnie dans les conditions ci-dessus est de 187.928 fr.

Siège social. — A Paris, rue Richelieu, 27.

Durée. — 99 ans, à compter de la constitution définitive de la Société, soit du 20 décembre 1889 au 20 décembre 1988.

Capital social. — Fixé à l'origine 1.200.000 fr., divisé en 2.400 actions de 500 fr., le capital social a été successivement élevé à 1.700.000 fr., par décisions des Assemblées générales des 23 août et 25 septembre 1890, par la création de 1.000 actions nouvelles de 500 fr., et à 2.000.000, par décisions des Assemblées générales des 10 décembre 1891 et 11 janvier 1892, par la création de 600 actions nouvelles de 500 fr. Au total : 4.000 actions de 500 fr., émises au pair, entièrement libérées et au porteur. Les intérêts et dividendes sont payables les 1er janvier et 1er juillet de chaque année.

Conseil d'administration. — De trois à dix membres, nommés pour six ans, renouvelables par tiers tous les deux ans et devant être propriétaires chacun de dix actions inaliénables pendant la durée de leurs fonctions.

Les administrateurs actuels sont : MM. Alfred Hunebelle, président; Guillot, administrateur-directeur; Jouffret, Barbaud et Sauvalle.

Assemblée générale. — Avant le 30 juin. Composée de tous les propriétaires de cinq actions, qui les ont déposées cinq jours au moins avant la date de la réunion. Cinq actions donnent droit à une voix et chaque actionnaire a autant de voix qu'il possède ou représente de fois cinq actions.

Répartition des bénéfices d'après les statuts. — Sur les bénéfices nets des charges, il est prélevé :

1° 5 0/0 pour la réserve légale, jusqu'à ce que ce fonds atteigne le dixième du capital social ;

2° La somme nécessaire pour servir aux actions non amorties un intérêt de 5 0/0 ;

3° La somme nécessaire pour assurer le remboursement des actions, si faire se peut, cinq ans au plus tard, avant l'expiration des concessions;

4° 10 0/0 attribués au Conseil d'administration.

Sur les bénéfices restant disponibles, l'Assemblée générale pourra prélever, avant toute autre distribution, une somme qui ne pourra dépasser le cinquième desdits bénéfices restants, et qui sera destinée à la création d'un fonds de prévoyance, dont elle déterminera le montant et les applications.

Tout le surplus des bénéfices est réparti également entre les actions non amorties et les actions de jouissance.

La désignation des actions à amortir aura lieu au moyen d'un tirage au sort annuel, aux époques et dans les formes déterminées par le Conseil d'administration.

Obligations 3 0/0. — La Compagnie a émis 5.457 obligations de 500 francs 3 0/0 libérées et au porteur, remboursables à 500 francs par tirages au sort annuels, en mars (le remboursement des titres sortis s'effectuant le 15 avril suivant), produisant un intérêt annuel de 15 francs, payables par moitié les 15 avril et 15 octobre de chaque année, et comprises sous deux émissions, savoir :

1° Une première émission de 4.657 obligations, créées par délibérations du Conseil d'administration des 13 et 16 juillet 1891, en vertu des pouvoirs conférés par l'article 6 des statuts ; autorisées par décision ministérielle du 11 juillet 1891, jusqu'à concurrence d'un capital de 1.700.000 francs, remboursables en 96 ans, de 1893 à 1988. Ces obligations ont été cédées au Crédit Algérien, qui les a ensuite mises en souscription publique le 4 août 1891 au prix de 390 francs.

2° Une seconde émission de 800 obligations créées par délibérations du Conseil d'administration des 25 avril et 17 août 1893, autorisées par décision ministérielle du 11 août, pour un capital de 300.000 francs, remboursables en 94 ans, de 1895 à 1988 ; émises à 375 francs.

Cours des titres. — Pour les actions : 1892 : 519 fr. 333 ; 1893 : 527 fr. 545. Pour les obligations : 1892 : 389 fr. 423 ; 1893 : 387 fr. 659.

Dividendes distribués. — 1889-90 : 5 0/0 ; 1891 : 5 0/0 ; 1892 : 25 0/0.

CHEMINS DE FER RÉGIONAUX
DES BOUCHES DU RHONE

Constitution. — Société anonyme, constituée le 23 janvier 1882.

Objet d'après les statuts. — La Société a pour objet :

1° L'obtention de concessions de chemins de fer dans le département des Bouches-du-Rhône et dans les autres départements de la région Sud-Est ;

2° Les études, la construction et l'exploitation desdits chemins de fer ;

3° L'acquisition par voie d'apport, fusions ou autrement, de chemins de fer concédés à d'autres Sociétés ou à des personnes dans les mêmes départements, les travaux y relatifs et leur exploitation.

4° Toutes entreprises de travaux accessoires se rattachant à l'exploitation des chemins de fer.

La Société est actuellement concessionnaire, sous le régime de la loi du 11 juin 1880 sur les chemins de fer d'intérêt local, et pour une durée expirant le 12 avril 1961, des lignes suivantes, situées dans le département des Bouches-du-Rhône, savoir :

En vertu d'une convention du 23 mai 1883 et avenants des 29 octobre 1883, 22 février et 29 avril 1884, des lignes de *Fontvieille à Salon*, de *Barbentane à Plan d'Orgon*, de *Saint-Remy à Orgon* et de la *Ciotat (gare) à la Ciotat (ville)*, déclarées d'utilité publique par la loi du 30 août 1884 ; et en vertu d'une convention du 29 octobre 1883 et avenants des 29 avril 1884 et 28 septembre 1885, de la ligne *d'Eyguyères à Payrolles*, déclarée d'utilité publique par la loi du 25 juillet 1886.

La Compagnie exploite en outre, pour le compte de la *Société nouvelle des Chemins de fer des Bouches-du-Rhône*, en vertu d'une concession des 6 et 27 juillet 1885 et d'une convention avec le département des Bouches-du-Rhône approuvée par une loi du 28 août 1886, les trois lignes du *Pas-des-Lanciers à Martigues*, de *Tarascon à Saint-Remy* et *d'Arles à Fontvieille*, d'une longueur de quarante-cinq kilomètres.

Garantie. — Des lois et conventions sus énoncées il résulte :

1° Que la loi du 30 août 1884 a fixé à forfait à 9 millions le capital d'établissement des quatre lignes concédées et limité à 170.000 francs la charge annuelle pouvant incomber à l'Etat en exécution de la loi du 11 juin 1880.

2° Que la loi du 27 juillet 1886 a fixé à forfait à 5.250.000 francs le capital de premier établissement de la ligne concédée et limité à 72.450 francs la charge annuelle pouvant incomber à l'Etat.

3° Qu'en cas d'insuffisance du produit brut annuel des chemins de fer, pour couvrir les dépenses de l'exploitation et 5 0/0 par an du capital de premier établissement, le département des Bouches-du-Rhône s'est engagé à subvenir au payement de cette insuffisance après déduction faite de la participation de l'Etat dans les limites du maximum précédemment indiqué.

L'annuité totale de garantie pour les cinq lignes concédées ressort donc à 712.500 francs, sur laquelle l'Etat peut être tenu jusqu'à concurrence du maximum de 242.450 francs.

La garantie ne devient du reste effective qu'au fur et à mesure que les lignes sont livrées à l'exploitation.

Siège social. — A Paris, rue de Constantinople, 2.

Durée. — Du 23 janvier 1882 au 28 février 1984.

Capital social. — Fixé à l'origine à 50.000 francs, divisé en 100 actions de 500 francs émises au pair, le capital social a été successivement élevé ; 1° Par décisions des Assemblées générales des 28 février et 13 avril 1885, à 5 millions, par la création de 9.900 actions de 500 francs émises au pair ; 2° Et par décisions des Assemblées générales des 27 juin et 4 août 1990, à 7.200.000 francs, par la création de 4.400 actions de 500 francs émises au pair.

Le capital actuel de 7.200.000 francs est donc représenté par 14.400 actions de 500 francs, entièrement libérées et au porteur, remboursables à 500 francs.

Les intérêts et dividendes sont payables le 1er juin (acompte) et le 1er décembre (solde).

Conseil d'administration. — De trois à dix membres, nommés pour six ans, renouvelables par tiers tous les deux ans, devant être propriétaires chacun de vingt actions inaliénables pendant la durée de leurs fonctions.

Les administrateurs actuels sont : MM. Wallerstein, *président*; Delamarre, de Traz, Vieuxtemps.

Assemblée générale. — Avant le 30 juin. Composée de tout propriétaire de cinq actions qui les a déposées trois jours au moins avant la date de la réunion. Cinq actions donnent droit à une voix et chaque actionnaire a autant de voix qu'il possède ou représente de fois cinq actions.

Répartition des bénéfices d'après les statuts. — Pendant l'exécution des travaux et jusqu'à l'achèvement des lignes concédées, il sera payé aux actionnaires un intérêt proportionnel aux versements effectués, calculé sur le pied de 24 fr. 30 pour l'action entièrement libérée.

A partir de la mise en exploitation complète des lignes, les produits nets de toutes les charges seront répartis comme suit :

1° Sur le montant du revenu annuel, garanti par les concessions, il sera prélevé 25 francs par action, sur lesquels 0 fr. 70, aussi par action, seront affectés à l'amortissement du capital social. Si les 0 fr. 70 par action et les autres ressources spécifiées à l'article 49 des statuts sont insuffisants pour le fonctionnement régulier de l'amortissement, le complément nécessaire est aussi prélevé sur le revenu annuel garanti.

2° Le surplus des produits nets formera les bénéfices, et ce qui restera après l'application à l'Etat et aux départements de la part leur revenant aux termes des concessions, sera réparti comme suit :

Il sera d'abord prélevé 5 0/0 pour la formation d'un fonds de réserve jusqu'à ce que ce fonds atteigne le dixième du capital social ;

10 0/0 de ce qui restera seront attribués au Conseil d'administration ;

Et 90 0/0 seront distribués aux actionnaires à titre de dividende.

L'amortissement des actions a lieu de 1886 à 1961, par tirages au sort annuels en novembre (remboursement des titres sortis le 1er décembre suivant). Les actions désignées par le sort sont remboursées à 500 francs et remplacées par des *actions de jouissance*.

Obligations 3 0/0 — Il y a 20.383 obligations de 500 francs 3 0/0, libérées et au porteur, remboursables à 500 francs en 73 ans, du 1er avril 1889 au 1er avril 1961, par tirages au sort annuels, en avril, pour le remboursement des titres sortis s'effectuer le 1er mai suivant le tirage.

Intérêt annuel : 15 francs payables par moitié les 1er mai et 1er novembre de chaque année.

Ces obligations jouissent de la garantie du département des Bouches-du-Rhône, avec participation de l'Etat, telle qu'elle résulte des lois des 30 août 1884 et 27 juillet 1886 susénoncées, et des conventions et avenants qu'elles approuvent, desquelles il ressort que le capital de premier établissement des cinq lignes concédées a été fixé à forfait à 14.250.000 francs, sur lesquels le département des Bouches-du-Rhône garantit 5 0/0, après déduction de la part contributive de l'Etat, soit une annuité totale de 712.500 francs, à laquelle l'Etat peut avoir à contribuer pour un maximum de 242.450 francs.

Ces 20.383 obligations ont fait l'objet de deux émissions :

La première de 14.749 obligations, émises à 345 francs, en vertu de la délibération de l'Assemblée générale du 3 juin 1887 et de l'autorisation ministérielle du 10 août suivant, remboursables de 1889 à 1961.

Et la deuxième, de 5.634 obligations, émises à 375 francs en vertu de la délibération de l'Assemblée générale du 27 juin 1890 et de l'autorisation ministérielle du 7 août 1890, remboursables de 1891 à 1960.

Dividendes distribués.

1882 à 1884...	rien		1889......	24 30
1885 à 1887...	intérêt selon les statuts		1890......	24 20
			1891......	24 30
1888......	24 30		1892......	24 30

CHEMINS DE FER DU MÉDOC

Constitution. — Société anonyme, constituée le 24 février 1864.

Objet d'après les statuts. — Exécution et exploitation du chemin de fer de Bordeaux au Verdon, dont la concession a été adjugée à MM. Poujard'hieu, Barman et Jarry Sureau et Cie, qui en ont fait apport à la Société en vertu du décret du 4 mars 1863 et suivant procès-verbal du 28 mai 1863, approuvé par décret du 2 juin 1863 ; ladite concession accordée pour une durée 98 ans, à partir de l'achèvement des travaux (101 kilomètres construits et exploités).

Siège social. — A Paris, rue Pasquier, 28.

Durée. — A compter du décret d'autorisation, soit du 2 mars 1864, jusqu'à la fin de la concession.

Capital social. — 10 millions, divisés en 20.000 actions de 500 fr. au porteur, entièrement libérées, émises à 500 fr. Les intérêts et dividendes sont payables les 1er janvier et 1er juillet.

Conseil d'administration. — De dix à douze membres, devant être propriétaires chacun de cent actions inaliénables pendant la durée de leurs fonctions. — Les administrateurs actuels sont : MM. De Sailly, président; Rossigneux, vice-président; Maclure, de Chazan, Marmont, Watel, Desroques, Escuyer, Carimantrand.

Assemblée générale. — En juin, composée des propriétaires de vingt actions au moins, qui les ont déposées dix jours avant la date de la réunion. Chaque membre a autant de voix qu'il possède de fois vingt actions, sans pouvoir réunir plus de dix voix.

Répartition des bénéfices d'après les statuts. — Pendant l'exécution des travaux et jusqu'à l'achèvement de la ligne, il sera payé annuellement aux actionnaires 5 0/0 d'intérêt des sommes versées.

Sur les bénéfices nets, il est prélevé :

1° La somme suffisante pour constituer un fonds d'amortissement au moyen duquel le capital puisse être entièrement amorti cinq ans avant l'expiration de la concession ;

2° Une retenue destinée à constituer un fonds de réserve, jusqu'à ce qu'il ait atteint 300.000 francs ; la quotité de cette retenue ne pouvant être inférieure à 5 0/0 des produits nets ;

3° La somme nécessaire pour servir aux actions amorties et non amorties un intérêt de 5 0/0 par an.

Le surplus est réparti également entre toutes les actions amorties et non amorties.

Les actions seront amorties à compter de la cinquième année qui suivra la mise en exploitation de la ligne, au moyen de tirages au sort annuels.

Les actions désignées par le sort seront remboursées le 1er janvier de chaque année, à raison de 500 fr., et remplacées par des actions de jouissance.

L'amortissement des actions n'a pas encore fonctionné.

Obligations 3 0/0. — Il a été émis 31.954 obligations au porteur, entièrement libérées, remboursables à 500 fr. par tirages au sort annuels, ayant lieu en décembre (remboursement des titres sortis le 1er janvier suivant), portant intérêt annuel de 15 fr., payables par moitié les 1er janvier et 1er juillet.

Elles sont divisées en six émissions, savoir :

1° Emprunt de 3 millions, approuvé par Assemblée générale du 18 juin 1866, autorisé par décision ministérielle du 19 septembre 1866, représenté par 11.000 obligations émises à 275 fr., remboursables en 98 ans (du 1er janvier 1868 au 1er janvier 1965) ;

2° Emprunt de 1 million, approuvé par Assemblée générale du 18 juin 1866, autorisé par décision ministérielle du 29 décembre 1868, représenté par 3.847 obligations, deuxième série, remboursables en 98 ans (du 1er janvier 1870 au 1er janvier 1967) ;

3° Emprunt de 1 million, approuvé par Assemblée générale du 18 juin 1866, autorisé par décision ministérielle du 21 mai 1869, représenté par 3.637 obligations, troisième série, remboursables en 98 ans (du 1er janvier 1870 au 1er janvier 1967) ;

4° Emprunt de 1 million, autorisé par décision ministérielle du 7 décembre 1869, représenté par 3.637 obligations, quatrième série, remboursables en 98 ans (du 1er janvier 1871 au 1er janvier 1968) ;

5° Emprunt de 1 million, approuvé par Assemblée générale du 16 juin 1869, autorisé par décision ministérielle du 30 mai 1870 (représenté par 3.637 obligations, cinquième série, remboursables en 98 ans (du 1er janvier 1871 au 1er janvier 1968) ;

6° Emprunt de 4 millions, autorisé par décision ministérielle du 18 janvier 1875, représenté par 6.196 obligations, sixième série, remboursables en 98 ans (du 1er janvier 1876 au 1er janvier 1973).

Cours des titres. — Les voici dans ces dernières années :

Actions		Obligations	
1884	57 84	1884	274 075
1885	44 30	1885	250 709
1886	39 045	1886	238 236
1887	29 226	1887	238 789
1888	36 282	1888	230 357
1889	89 302	1889	298 955
1890	136 736	1890	354 615
1891	183 407	1891	368 885
1892	173 952	1892	364 963
1893	196 085	1893	368 10

Dividendes distribués. — Aucune répartition n'a été faite depuis juillet 1870.

Résultats du dernier exercice (1893-94). — Les actionnaires de la Compagnie du Chemin de fer du Médoc se sont réunis, le 18 décembre 1894, en assemblées générales ordinaire et extraordinaire.

La première de ces réunions a approuvé les comptes de l'exercice 1893-94. Il résulte du rapport présenté que les recettes de l'exploitation en 1893 ont donné une plus-value de 72.773 fr. 08. Au début de l'assemblée, il a été donné lecture d'une lettre de M. Eugène Pereire, président de la Société maritime de Pauillac, annonçant que la première partie des appontements serait mise en service à bref délai. La plupart des différends avec le département de la Gironde ont été heureusement aplanis. Le conseil a, de plus, fait espérer le règlement des questions : Moulis à Lamarque, et prolongement de la ligne à voie normale du Verdon à la Pointe-de-Grave. Tout le disponible des années 1893 et 1894 a été consacré à des améliorations au matériel fixe et roulant et à la gare de Bordeaux.

A titre extraordinaire, l'assemblée a autorisé la Compagnie à émettre pour 3 millions de francs d'obligations, afin de consolider des créances auxquelles elle paie régulièrement 5 0/0; d'augmenter et d'améliorer le matériel fixe et roulant et les bâtiments, ses ressources ordinaires ne lui ayant permis d'y procéder que dans des proportions très restreintes : enfin, de prendre toutes les mesures pour faire face, au mois de mai prochain, au surcroît de trafic que lui procureront les appontements de Pauillac.

CHEMIN DE FER DE CAEN A LA MER

Constitution. — Société anonyme, constituée le 30 décembre 1886 (transformation et continuation de la Société en nom collectif existant sous la raison sociale Mauger et Cie).

Objet d'après les statuts. — 1° Exploitation du chemin de fer de Caen à Courseulles actuellement construit avec prolongement jusqu'à la rencontre du chemin de fer de Paris à Cherbourg ;

2° Construction et exploitation d'un embranchement jusqu'à Ouistreham à Lion, et partant de la ligne principale de Caen à Lion, lorsque la concession en sera accordée ;

3° Construction et exploitation d'autres lignes se rattachant audit chemin de fer dont la concession serait accordée à la Société ;

4° Opérations immobilières se rapportant à ces exploitations, achat de terrains et autres immeubles se trouvant sur le parcours de ces lignes et destinés à servir, soit à leur construction, soit aux besoins de l'exploitation ou pouvant être utiles pour développer directement ou indirectement le trafic desdites lignes ;

5° Mise en valeur de ces immeubles, soit par des constructions, soit autrement ; vente et location de ces immeubles.

La Société exploite actuellement le chemin de fer d'intérêt local de Caen à Courseulles, d'une longueur de 28 kilomètre 300 mètres, concédé suivant convention du 25 juin 1869 et déclaré d'utilité publique par la loi du 12 janvier 1873. La concession a été faite pour une durée finissant le 1er janvier 1957, avec une subvention de l'État et du département du Calvados de 48.000 francs par kilomètre. Elle a été concédée à MM. Mauger et Castor, qui ont constitué pour la construction et l'exploitation de la ligne, la Société en nom collectif Manger et Cie, aux droits de laquelle est actuellement subrogée la Société anonyme.

Siège social. — A Paris, rue de Monceau, 58.

Durée. — Du jour de la constitution définitive, 30 décembre 1886, jusqu'au 1er janvier 1957, date de l'expiration de la concession.

Capital social. — Deux millions de francs, divisés en 4.000 actions de 500 francs émises au pair, entièrement libérées et au porteur. Ces 4.000 actions ont été attribuées, entièrement libérées, aux membres de la Société en nom collectif Mauger et Cie, en représentation de l'apport de tout l'actif social de la Société en nom collectif.

Les dividendes sont payables aux époques fixées par le Conseil d'administration, après fixation par l'Assemblée générale.

Conseil d'administration. — De trois à dix membres, nommés pour six ans, renouvelables partiellement dans une période de six années, devant être propriétaires chacun de 25 actions inaliénables pendant la durée de leurs fonctions.

Les Administrateurs actuels sont : MM. Mauger, président ; Bernard, administrateur-délégué ; Palyart père, Palyart fils et Véret.

Assemblée générale. — En avril. Composée de tous les propriétaires de dix actions qui les ont déposées cinq jours avant la date de la réunion. Chaque actionnaire a autant de voix qu'il possède de fois dix actions, soit personnellement, soit comme mandataire, sans aucune limitation.

Répartition des bénéfices d'après les statuts. — Sur les bénéfices nets de toutes les charges sociales, il est prélevé :

1º 5 0/0 pour la formation du fonds de réserve légale, et ce jusqu'à ce que cette réserve atteigne le dixième du capital social ;

2º La somme nécessaire pour assurer l'amortissement du capital social avant l'expiration de la durée de la Société ;

3º La somme nécessaire pour servir aux actions non amorties l'intérêt à 5 0/0 de leur capital.

L'excédent sera réparti entre toutes les actions, amorties ou non amorties, sans distinction.

Le fonds d'amortissement sera employé au remboursement du nombre d'actions déterminé par l'Assemblée générale.

L'amortissement se fera par tirage au sort, en Assemblée générale. Les actions désignées par le sort seront remboursées à 500 francs et remplacées par des actions de jouissance.

Obligations 3 0/0. — La Compagnie a émis 6.350 obligations de 500 francs 3 0/0, créées par décision de l'Assemblée générale du 27 janvier 1887, autorisées par décision ministérielle du 4 décembre 1888, qui ont été émises à 342 fr. 50, le 24 janvier 1889, par la Société du Crédit Algérien, remboursables à 500 francs en 68 ans de 1890 à 1957, par tirages au sort annuels en juin. Remboursement des titres sortis le 1er juillet suivant. Intérêt annuel : 15 francs payables par moitié les 1er janvier et 1er juillet de chaque année.

Cours des titres. — Pour les actions, pas de cours. Pour les obligations : 1889, 341 fr. 481 ; 1890, 374 fr. 295 ; 1891, 383 fr. 471 ; 1892, 378 fr. 153 ; 1893, 379 fr. 474.

Dividendes distribués. — 15 francs en 1887 et 1888, et rien depuis lors.

COMPAGNIE MEUSIENNE
DES CHEMINS DE FER

Constitution. — Société anonyme, constituée le 26 mars 1891.

Objet d'après les statuts. — La Société a pour objet : 1° d'obtenir la concession, d'entreprendre la construction et l'exploitation de tous chemins de fer et tramways concédés en France par l'Etat, les départements et les communes ; 2° d'acheter, vendre, rétrocéder, louer ou prendre à bail des chemins de fer et tramways et notamment de poursuivre la rétrocession régulière des lignes de chemins de fer d'intérêt local concédés à M. Varinot par le département de la Meuse ; et, 3° généralement de faire toutes les opérations commerciales, industrielles et financières se rattachant à la construction ou à l'exploitation des chemins de fer et tramways en France.

Concessions. — La Société est actuellement concessionnaire de quatre chemins de fer d'intérêt local dans le département de la Meuse, savoir :

1° Ligne de Bar-le-Duc à Vaubécourt ;

2° Ligne de Rembercourt-aux-Pots à Clermont-en-Argonne ;

3° Ligne de Beauzée à Verdun ;

4° Ligne d'Hairouville à Triancourt.

Garanties. — Les concessions de ces lignes sont régies par diverses conventions et lois, en vertu desquelles le département de la Meuse garantit à la Compagnie une annuité de 5 0/0 du capital de premier établissement, ladite annuité ressortant, d'après les calculs de la Compagnie, à la somme de 333.884 fr. 65, à laquelle l'Etat peut avoir à participer pour un maximum de 160.000 francs.

Siège social. — Bar-le-Duc.

Durée. — 99 ans (jusqu'au 26 mars 1981).

Capital social. — Fixé à l'origine à 20.000 francs, divisé en 40 actions de 500 francs émises au pair, le capital social a été élevé à 4 millions, par décision de l'Assemblée générale du 8 août 1891, par la création de 7.960 actions de 500 francs émises au pair. Au total : 8.000 actions de 500 fr. émises au pair, entièrement libérées et nominatives.

Les dividendes sont payables aux époques fixées par le Conseil d'administration, ordinairement en avril et septembre.

Conseil d'administration. — De trois à neuf membres, nommés pour six ans et renouvelables partiellement tous les deux ans, devant être propriétaires chacun de 40 actions, inaliénables pendant la durée de leurs fonctions.

Assemblée générale. — En août au plus tard. Composée des actionnaires possédant au moins vingt actions qui les ont déposées dix jours au moins avant la date de la réunion. Chaque actionnaire a autant de voix qu'il possède de fois vingt actions, sans qu'aucun puisse avoir plus de 150 voix en son propre nom et autant comme mandataire.

Répartition des bénéfices d'après les statuts. — Sur les bénéfices nets de toutes les charges il est prélevé :
5 0/0 pour constituer un fonds de réserve légale, jusqu'à ce que ce fonds atteigne le dixième du capital social.
L'excédent est réparti aux actionnaires sauf le prélèvement que peut faire l'Assemblée générale pour la constitution d'une réserve de prévoyance ou d'amortissement de matériel et de capital.

Obligations. — 5.000 obligations de 500 francs 3 0/0, entièrement libérées et au porteur, faisant partie d'une émission de 8 536 obligations, autorisée par délibération du Conseil d'administration du 29 mars 1892 et par décision ministérielle du 19 du même mois, pour un capital de 3.500.000 francs. Lesdites obligations, émises à 410 francs, sont remboursables à 500 francs par tirages au sort annuel en 75 ans, de 1895 à 1969. Intérêt annuel : 15 francs, payables par moitié les 1er juin et 1er décembre de chaque année.

CHEMIN DE FER DE WASSY
A SAINT-DIZIER

Constitution. — Société anonyme, constituée le 11 avril 1867.

Objet d'après les statuts. — Exécution et exploitation du chemin de fer de Wassy à Saint-Dizier (Haute-Marne), conformément à un décret y relatif d'utilité publique du 23 décembre 1865, approuvant la concession faite à MM. Alphonse de Rothschild, Danelles, de Chanlaire, Cornuel et Guyard, qui en ont fait apport à la Société. L'exécution, l'exploitation et l'entretien dudit chemin de fer sont réalisés par la Compagnie des chemins fer de l'Est pendant toute sa durée, en vertu d'un traité des 13 et 24 avril, 1865.

Siège social. — A Wassy (Haute-Marne).

Durée. — La Société a commencé à partir du décret d'autorisation (27 avril 1867) et finira avec la concession, qui est de quatre-vingt-dix-neuf ans, à partir du 23 décembre 1868, terme fixé pour l'achèvement des travaux, c'est-à-dire le 23 décembre 1967.

Capital social. — 1.108.500 francs. Divisé en 2.217 actions de 500 francs au porteur, entièrement libérées, émises à 500 francs.
Les intérêts et dividendes se payent les 1er janvier et juillet, savoir : premier semestre d'intérêts, le 1er juillet, en même temps que le dividende de l'exercice précédent ; deuxième semestre d'intérêts, le 1er janvier.

Conseil d'administration. — De dix membres, propriétaires chacun de dix actions inaliénables pendant la durée de leurs fonctions.

Les administrateurs actuels sont : MM. Alphonse de Rothschild, président ; de Chanlaire, vice-président ; J. Guyard, René Guyard, J. Chéruel, Liébault, Maitrot, P. Danelle.

Assemblée générale. — En avril. Composée des propriétaires de quatre actions, qui les ont déposées huit jours au moins avant la date de la réunion. Quatre actions donnent droit à une voix. Le même actionnaire ne peut réunir plus de dix voix, soit par lui-même, soit comme mandataire.

Répartition des bénéfices d'après les statuts. — Sur les bénéfices nets, il est prélevé :

1° Une retenue destinée à constituer un fonds d'amortissement, calculée de telle sorte que toutes les actions soient amorties cinq ans avant l'expiration de la concession ;

2° Somme nécessaire pour servir aux actions un intérêt de 4 0/0.

A l'expiration du traité passé avec la Compagnie des chemins de fer de l'Est, il sera fait un prélèvement de 5 0/0 pour la formation d'un fonds de réserve, ce prélèvement pouvant être suspendu lorsque ce fonds atteindra 100.000 francs.

Le surplus des produits sera réparti également entre toutes les actions.

L'amortissement des actions aura lieu de 1875 à 1962 conformément au tableau se trouvant au dos des titres, au moyen de tirages au sort annuels en Assemblée générale.

Les actions sorties sont remboursées à 500 francs, le 1er janvier, et remplacées par des actions de jouissance.

Obligations 3 0/0. — Emprunt autorisé par l'Assemblée générale du 27 avril 1868 et par décision ministérielle du 26 octobre 1868, représenté par 3.250 obligations au porteur, entièrement libérées, émises à 285 francs, remboursables à 500 francs en 85 ans, de 1871 à 1955, par tirages au sort annuels en Assemblée générale. Les titres sortis sont remboursés le 1er décembre.

Intérêt annuel : 15 fr., payables par moitié les 1er juin et 1er décembre.

Cours des titres. — Aucun cours de 1874 à 1885 ; puis, à partir de cette date :

	ACTIONS	OBLIGATIONS
1886	500 »	pas de cours
1887 à 1889	pas de cours	—
1890	486 25	—
1891	407 12	—
1892	293 397	302 708
1893	300 731	319 263

Dividendes distribués. — Voici les dernières répartitions :

1887	20 »		1890	35 »
1888	20 »		1891	43 40
1889	30 »		1892	20 »

CHEMINS DE FER DE L'EST DE LYON

Constitution. — Société anonyme, constituée le 13 février 1878.

Objet d'après les statuts. — La Société a pour objet la construction et l'exploitation du chemin de fer de Lyon à Saint-Genix-d'Aoste (72 kilomètres), et au besoin la construction d'autres lignes et embranchements.

Concessions. — 1° L'apport fait par le concessionnaire, M. Eugène Bachelier, de la concession de la ligne de Lyon à Saint-Genix-d'Aoste, à lui accordée, par décret du président de la République en date du 14 août 1877 ; 2° Ligne de Sablonnière à Montalieu (19 kilomètres), concédée à la Société par décret du président de la République en date du 22 janvier 1879 ; 3° embranchement de Montalieu Amblagnieu, concédé par le département de l'Isère, le 21 juin 1881, aux clauses et conditions du cahier de charges du chemin de fer de Sablonnière à Montalieu (2 kilom. 500).

Garanties et subventions. — Garanties de l'Etat :

1° Allocation au département de l'Isère (pour Lyon à Saint-Genix-d'Aoste) d'une subvention de 150.000 francs dont 75.000 pour la Compagnie ;

2° Allocation au département de l'Isère (pour Sablonnière à Montalieu) d'une subvention de 37.500 francs.

Subvention des départements :

1° Département de l'Isère (pour Lyon à Saint-Genix-d'Aoste) : 300.000 francs

2° Département de l'Isère (pour Sablonnière à Montalieu) : 150.000 fr.
Subventions des communes et des particuliers :

a. Entre Villembaune et Morestel : 225.000 francs.

b. Entre Sablonnière et Montalieu : 70.000 francs.

Siège social. — A Lyon, 40, rue Charlet, à Sans-Souci.

Durée. — Jusqu'à l'expiration du terme de la concession qui aura la plus longue durée.

Capital social. — A l'origine : 6.000.000 de francs, divisé en 12.000 actions nominatives, de 500 francs chacune.

Ces 12.000 actions ont été réduites à 7.000, par l'annulation de 5.000 actions, en vertu des décisions des Assemblées générales des 13 mars et 3 juin 1889, qui ont créé en même temps 10.800 actions privilégiées de 500 francs chacune.

Le capital actuel est donc représenté par :

1° 3.500.000 francs, divisés en 7.000 actions ordinaires de 500 francs chacune.

2° 5.400.000 francs, divisés en 10.800 actions privilégiées de 500 francs chacune.

Toutes les actions sont nominatives.

Conseil d'administration. — Composée de cinq à sept membres, nommés pour six ans, renouvelables par fractions tous les deux ans et devant être propriétaires de cinquante actions chacun. — Les administrateurs actuels sont : MM. Bacyens, Montefiore, Lévi, Van Hœgaerden, E. Despret, L. Ulens, V. Stoclet. — Directeur de l'exploitation : A. Le Page.

Assemblée générale. — Le premier lundi de juin. Composée de tous les actionnaires propriétaires de vingt actions au moins, privilégiées ou non, qui les auront déposées dix jours avant l'assemblée. Chaque membre a autant de voix qu'il possède de fois vingt actions.

Obligations. — 12.345 obligations, créées par décision de l'Assemblée générale du 13 mars 1889, et émises à 320 fr., le 30 avril 1889. Remboursables à 500 fr., en 88 ans, par tirages au sort annuels, ayant lieu en juin, à compter de 1889. Remboursement des titres sortis, le 1er août suivant. Le premier remboursement a eu lieu le 1er août 1889 ; le dernier aura lieu le 1er août 1976. *Intérêt annuel :* 15 francs, payables le 1er novembre et le 1er mai par 7,50 sous déduction de l'impôt, au Comptoir national d'Escompte, à Lyon.

Répartition des bénéfices d'après les statuts. — Sur les bénéfices, il est prélevé :

1° 5 0/0 au moins pour former un fonds de réserve, ce prélèvement cessant d'être obligatoire lorsque la réserve atteindra le dixième du capital social ;

2° Somme suffisante pour assurer aux actionnaires privilégiés une première répartition, jusqu'à concurrence de 6 0/0 du capital versé.

3° Aux actionnaires privilégiés tout l'excédent jusqu'à concurrence du déficit éventuel de l'exercice ou des exercices antérieurs sur cet intérêt de 6 0/0.

Le surplus des bénéfices est réparti ainsi qu'il suit :

15 0/0 au Conseil d'administration ;
50 0/0 remboursement des actions privilégiées au pair, par voie de tirage au sort.
35 0/0 attribués, jusqu'à concurrence de 25 fr. par titre, aux 7.000 actions non privilégiées.

Si, cette répartition étant faite, il y avait un reliquat, il sera employé.
50 0/0 à un deuxième amortissement des actions privilégiées.
50 0/0 à titre de dividende entre toutes les actions non privilégiées, à moins que l'assemblée ne décide de les affecter en totalité ou en partie à l'amortissement desdites actions non privilégiées. Dans ce dernier cas, les actions non privilégiées amorties seront remplacées par des actions de jouissance.

Dividendes distribués. — 10 fr. 50 aux actions privilégiées pour l'exercice 1891.

CHEMIN DE FER
DE FOURVIÈRES-OUEST-LYONNAIS

Constitution. — Société anonyme, constituée le 23 novembre 1883.

Objet d'après les statuts — La Société a pour objet : 1° l'exécution et l'exploitation du chemin de fer de Lyon-Saint-Just à Vaugneray et à Mornant (31.147 met. 80) et du chemin de fer funiculaire de Lyon à Fourvière et Saint Just (822 mètres) ; 2° L'exécution et l'exploitation de toutes autres lignes de chemin de fer. — Elle pourra acquérir ou louer toutes propriétés voisines de ses exploitations. Elle pourra céder ses lignes de chemins de fer et ses entreprises de transport. Elle pourra fusionner avec d'autres Compagnies.

Concessions. — 1° De Lyon à Fourvière et Saint-Just ; 2° De Lyon-Saint-Just à Mornant et Vaugneray.

Subventions. — Du département : 2 millions ; de Mornant : 24.460 fr.

Siège Social. — Lyon, 4, avenue du Doyenné.

Durée. — Jusqu'à l'expiration des concessions exploitées et à exploiter.

Capital social. — 3.500.000 francs, divisé en 7.000 actions, nominatives ou au porteur, de 500 francs chacune, entièrement libérées, sur lesquelles 4.000 ont été attribuées aux actionnaires de l'ancienne Société de Lyon à Fourvière et Saint-Just. Il y a en outre 1.200 *parts de fondateurs* attribuées aux liquidateurs de l'ancienne Société.

Conseil d'administration. — Composé de cinq à neuf membres, nommés pour six ans, renouvelables par un ou deux chaque année, et devant être propriétaires de 50 actions chacun.

Les administrateurs actuels sont : MM. Vincent Chapuis, président ; Ch. Détroyat, vice-président ; E. Chalandon, Eugène Pécher, Éd. Finaz.

Commissaires de surveillance : MM. le baron du Marais, Flory.

Ingénieurs de la Compagnie : MM. Mollard et L. Dulac.

Conseil judiciaire : MM. Thévenet, avocat, Chaufton, avocat à la cour de cassation, E. Chapuis, avoué.

Assemblée générale. — A la date fixée par le Conseil. Composée de tous les actionnaires propriétaires de vingt actions au moins, qui les auront déposées cinq jours avant l'assemblée. Chaque membre a autant de voix qu'il possède de fois vingt actions, sans que le nombre de voix puisse dépasser un maximum de vingt, comme propriétaire et comme mandataire.

Obligations. — 1° *Obligations Fourvières.* — 6.800 obligations émises par décision de l'Assemblée générale de 1878 (ancienne Société), à 250 francs. Remboursables à 500 francs, en 99 ans, à partir de 1879, par tirages au sort annuels, ayant lieu en juin, à compter de juin 1879. Remboursement des titres sortis, le 1er novembre suivant. Garantie : produits du funiculaire de Lyon à Saint-Just. Intérêt annuel : 15 francs payables au Siège de la Société les 1ᵉʳ mai et 1ᵉʳ novembre.

2° *Obligations Fourvières-Ouest-Lyonnais*. — Emission autorisée par Assemblée générale du 19 mai 1886 (nouvelle Société). 5.264 obligations émises à 285 francs par la Société, le 19 mai 1886. Remboursables à 500 francs, en 99 ans, de 1887 à 1986, par tirages au sort annuels ayant lieu en juin, à compter de 1887. Remboursement des titres sortis, le 1ᵉʳ novembre suivant. Garantie : Subvention kilométrique accordée par le gouvernement.

Répartition des bénéfices d'après les statuts. — Sur les bénéfices, il est prélevé :

5 0/0 pour former un fonds de réserve, ce prélèvement cessant d'être obligatoire lorsque la réserve atteindra le dixième du capital social.

Une somme suffisante pour assurer aux actionnaires une première répartition, jusqu'à concurrence de 5 0/0 du capital versé.

La somme nécessaire pour rembourser par voie de tirages au sort, pendant la durée de la concession, toutes les actions à 500 francs.

Le surplus des bénéfices est réparti ainsi qu'il suit :
15 0/0 au Conseil d'administration.
10 0/0 aux parts de fondateurs.
75 0/0 aux actionnaires.

Résultats du dernier exercice (1894-1895). — Les actionnaires de la Compagnie du chemin de fer de Fourvières et Ouest-Lyonnais se sont réunis le 29 juin 1895.

Il résulte du rapport du Conseil que les recettes du plan incliné se sont élevées à 281.921 francs et les dépenses à 93,357 francs, ce qui fait ressortir comme recettes nettes une somme de 188.564 francs, soit une augmentation de 23.363 francs sur l'année précédente. Quant au chemin de fer, il a donné 237.343 francs de recettes, contre 170.648 francs de dépenses, c'est-à-dire un produit net de 66.675 francs supérieur de 6.744 à celui de 1892.

Dans son ensemble, l'amélioration des recettes nettes de la Compagnie provient surtout d'une diminution de 27.694 francs dans les dépenses, diminution réalisée grâce à l'emploi de plus sévères méthodes d'exploitation.

Après prélèvement des sommes nécessaires au service des obligations, il est resté comme bénéfices disponibles 68.871 fr., ce qui a permis de distribuer aux actions un dividende de 6 francs, nets d'impôt.

Tout l'intérêt de la réunion a résidé dans les explications données par le président, relativement aux extensions projetées du réseau de la Compagnie. Parmi celles-ci, citons la construction d'un embranchement des Minimes à Fourvière et la concession d'une ligne de Vaugneray à Saint-Symphorien-sur-Coise.

Enfin, le Conseil d'administration se propose également de continuer ses démarches auprès du Conseil général de la Loire, en vue de prolonger son réseau jusqu'à Saint-Etienne, et subsidiairement, de l'étendre jusqu'à Pélussin.

CHEMIN DE FER DE LYON-CROIX-PAQUET A LYON-CROIX-ROUSSE

Constitution. — Société anonyme, constituée le 8 octobre 1890.

Objet d'après les statuts. — La Société a pour objet :
L'exploitation du chemin de fer d'intérêt local, à traction funiculaire, entre la place Croix-Páquet et le boulevard de la Croix-Rousse, angle de la rue Vaucanson.

Concession. — Accordée par le Conseil municipal de Lyon, en date du 27 octobre 1885 et par la loi du 26 décembre 1887, à M. Antonin Poy, qui en fait apport à la Société.

Siège social. — A Lyon, 8, quai Saint-Clair.

Durée — 72 ans, jusqu'au 24 décembre 1962, fin de la concession.

Capital social. — 2.300 000 francs, divisé en 4.600 actions nominatives ou au porteur, de 500 francs chacune, entièrement libérées.

Conseil d'administration. — Composé de sept membres, nommés pour trois ans, renouvelables après les trois premières années, par remplacement d'un ou plusieurs membres, et devant être propriétaires de quarante actions chacun.
Les administrateurs actuels sont : MM. Antoine Martin, président ; Antonin Poy, vice-président ; Ch.-J. Binet, J. Derabours, Alex. Durand, J. Moiret, J. Barbier. — Ingénieur-directeur : Adr. Bussy.

Assemblée générale. — A la date fixée par le Conseil. Composée de tous les Actionnaires propriétaires de dix actions au moins, qui les auront déposées dix jours avant l'Assemblée. Chaque membre a autant de voix qu'il possède de fois dix actions, sans que le nombre de voix puisse dépasser un maximum de vingt, comme propriétaire et vingt comme mandataire.

Répartition des bénéfices d'après les statuts. — Sur les bénéfices, il est prélevé :

1° 5 0/0 pour former un fonds de réserve, ce prélèvement cessant d'être obligatoire lorsque la réserve atteindra le dixième du capital social.

2° Une somme suffisante pour assurer aux actionnaires une première répartition, jusqu'à concurrence de 5 0/0 du capital versé, payable par semestre.

3° Une somme nécessaire pour amortir complètement le capital avant l'expiration de la Société ; cet amortissement ne commencera qu'à la troisième année de l'expoitation et comprendra dix actions pour le premier tirage.

Le surplus des bénéfices est réparti aux actionnaires.

CHEMINS DE FER DE LYON A LA CROIX-ROUSSE

Constitution. — Société anonyme, autorisée le 4 août 1860.

Objet d'après les statuts. — Construction et exploitation d'un chemin de fer de Lyon à la Croix-Rousse, concédé à MM. le comte de Palligny, de Jussieu, Drouet des Vosseaux, etc., qui en ont fait apport à la Société, par décret du 26 mars 1859, pour une durée de quatre-vingt-dix ans, à partir de l'achèvement des travaux.

Siège social. — A Lyon, 1, place Sathonay.

Durée. — Du décret d'autorisation (4 août 1860) à la fin de la concession.

Capital social. — 2 millions de francs, divisé en 4.000 actions de 500 francs au porteur, entièrement libérées, émises à 500 francs. Les intérêts et dividendes se paient les 1er janvier (acompte) et 1er juillet (solde).

Conseil d'administration. — De huit membres, devant être propriétaires chacun de 40 actions inaliénables pendant la durée de leurs fonctions.

Les administrateurs actuels sont : MM. X. Marietton, président ; de Lachomette, vice-président ; Moutoz, secrétaire ; Arlin, J. Martin, V. Chapuis, Gonin, Victor Fournier.

Assemblée générale. — En avril. Composée des propriétaires de cinq actions, qui les ont déposées cinq jours au moins avant la date de la réunion.

Répartition des bénéfices d'après les statuts. — Sur les bénéfices nets, il est prélevé chaque année :

1° Une retenue destinée à constituer un fonds d'amortissement, calculée de telle sorte que le capital social soit complètement amorti cinq ans avant l'expiration de la concession ;

2° Somme nécessaire pour servir aux actions amorties et non amorties un intérêt de 4 0/0 l'an ;

3° 5 0/0 au moins du produit net pour la constitution d'un fonds de réserve, jusqu'à ce qu'il ait atteint 100.000 francs.

Le surplus des produits sera réparti également entre toutes les actions amorties et non amorties.

L'amortissement des actions se fait au moyen d'un tirage au sort annuel ayant lieu en avril. Les actions désignées par le sort sont remboursées le 1er juillet suivant et remplacées par des actions de jouissance.

Obligations 3 0/0. — 1.875 obligations, dont la création a été autorisée par l'Assemblée générale des actionnaires du 15 avril 1861 et par décision ministérielle du 23 août 1861, émises à 270 francs, en août et septembre 1861. Remboursables à 500 francs en quatre-vingt-huit ans, de 1862 à 1949, par tirages au sort annuels en avril. Remboursement des titres sortis le 1er juillet. Intérêt annuel : 15 francs, payables par moitié les 1er janvier et 1er juillet.

Dividendes distribués. — Les voici depuis 1878 :

1878	39 f. »	1886	50 f. »
1879	40 »	1887	40 »
1880	43 »	1888	40 »
1881	52 »	1889	30 »
1882	55 »	1890	25 »
1883	55 »	1891	20 »
1884	55 »	1892	20 »
1885	50 »		

CHEMINS DE FER DU RHONE

Constitution. — Société anonyme, constituée le 5 février 1872.

Objet d'après les statuts. — La Société a pour objet : 1° La construction et l'exploitation du chemin de fer de Lyon à Sathonay, de son prolongement de Sathonay à Trévoux, et de tous les chemins de fer qui pourraient être concédés, vendus ou apportés à la Société, etc.; 2° Toutes entreprises de transport accessoires et toutes exploitations se rattachant à l'objet principal de la Société. La Société pourra se procurer les fonds nécessaires aux opérations ci-dessus indiquées, par l'augmentation de son capital et au moyen d'obligations.

Convention avec la Compagnie des Dombes. — Par une convention en date du 24 juin 1879, la Compagnie des Dombes, à laquelle est substituée aujourd'hui la Compagnie P.-L.-M., s'est engagée à racheter la ligne de la Croix-Rousse à Trévoux, à l'expiration de la quinzième année qui suivra la date de l'ouverture de la ligne totale (1er juin 1882). L'époque de la réalisation de ce rachat est laissée au choix de la Compagnie du Rhône; mais, à l'expiration du délai de 15 ans, le rachat devient obligatoire. Le prix d'achat doit être établi en capitalisant le revenu moyen des trois dernières années :

A 5 0/0 si le rachat est demandé dans la première période de cinq ans.

A 5 1/2 0/0 dans la deuxième période.

A 5 3/4 0/0 dans la dernière, sans que ce revenu puisse être inférieur à 172.500 francs, chiffre net, minimum que la Compagnie des Dombes (aujourd'hui P.-L.-M.) s'est engagée, aux termes de la même convention, à parfaire annuellement en espèces à la Compagnie du Rhône, à partir de la deuxième année d'exploitation de la ligne de Sathonay à Trévoux.

Siège social. — Lyon, Grande-rue-de-Cuire, 1.

Durée. — 99 ans, à compter du jour de sa constitution définitive.

Capital social. — 6.000.000 de francs, divisés en 12.000 actions nominatives ou au porteur, de 500 fr. chacune, entièrement libérées.

Conseil d'administration. — Composé de six membres, nommés pour trois ans, renouvelables par tiers chaque année et devant être propriétaires de cinquante actions chacun.

Les administrateurs actuels sont : MM. C. Wallut, président; A. Lemoine, administrateur-délégué ; de Joly, comte Delamarre, Chalandon, Chapuis.

Directeur. — M. A. Monnier.

Assemblée générale. — A la date fixée par le Conseil, composée de tous les actionnaires propriétaires de vingt actions au moins qui les auront déposées cinq jours avant l'Assemblée. Chaque membre a autant de voix qu'il possède de fois vingt actions, sans que le nombre de voix puisse dépasser un maximum de dix, comme propriétaire ou comme mandataire.

Répartition des bénéfices d'après les statuts. — Sur les bénéfices, il est prélevé :

1° Une somme nécessaire à l'amortissement du capital social, de telle sorte qu'il soit complètement amorti cinq ans avant l'expiration de la Société.

2° Une somme suffisante pour assurer aux actions, amorties et non amorties, une première répartition, jusqu'à concurrence de 5 0/0 du capital versé. La somme afférente aux actions amorties devant être versée au fonds d'amortissement, afin de compléter l'annuité nécessaire pour amortir la totalité des actions dans le délai fixé.

3° 5 0/0 pour former un fonds de réserve, ce prélèvement cessant d'être obligatoire lorsque la réserve atteindra le dixième du capital social.

Le surplus des bénéfices est réparti entre les actions amorties et non amorties.

Obligations. — 12.500 obligations. Emission autorisée par l'article 6 des statuts. Remboursables à 500 francs, en 88 ans, à partir de 1873, par tirages au sort annuels, ayant lieu en décembre, à compter de décembre 1873. Remboursement des titres sortis, le 1er février suivant. Garantie : l'actif de la Société. Intérêt annuel : 15 francs, payables par semestres, les 1er janvier et 1er juillet.

CHEMINS DE FER A VOIE ÉTROITE
DE FIRMINY,
RIVE-DE-GIER ET EXTENSIONS

Constitution. — Société anonyme, constituée le 4 avril 1881.

Objet d'après les satuts. — La Société a pour objet :

La construction et l'exploitation des réseaux de voies ferrées dites tramways, à établir : 1° dans la ville de Saint-Etienne et sa banlieue ; 2° entre Rive-de-Gier et Saint-Etienne ; 3° entre Saint-Etienne et Firminy.

La concession de ces trois réseaux est apportée à la Société.

4° La prise en concession, l'établissement et l'exploitation de tous autres réseaux de voies ferrées dites « tramways », ou « chemins de fer sur routes ».

Concession. — 1° Pour la ville de Saint-Etienne et de sa banlieue (cinq lignes de voies ferrées), résultant d'une convention en date du 26 mai 1880, et d'un décret de M. le Président de la République, du 27 octobre 1880.

2° Lignes entre Rive-de-Gier et Saint-Etienne, et entre Saint-Etienne et Firminy, résultant d'une convention en date 1er avril 1879, avec M. le Ministre des Travaux publics, et d'un décret de M. le Président de la République, du 4 septembre 1879.

Siège social. — A Paris, 99, rue Richelieu. Siège technique, à Bellevue-Saint-Etienne.

Durée. — 40 ans.

Capital social. — 6.000.000 de francs, divisé en 12.000 actions, nominatives ou au porteur, de 500 francs chacune, entièrement libérées.

Conseil d'administration. — Composé de trois à six membres, nommés pour six ans, renouvelables par tiers tous les deux ans, et devant être propriétaires de vingt actions chacun.

Les administrateurs actuels sont : MM. Alphonse Berthier, président; A. Rubillard, Ch. Mercier, Emile Francq, Alfred Joubert, Jean Neyret.
Commissaire : M. Jules Convert.
Directeur : M. Alphonse Berthier.
Directeur de l'exploitation : M. Lepeltier-Richer.

Assemblée générale. — Dans le premier semestre, composée de tous les actionnaires propriétaires de dix actions au moins, qui les auront déposées cinq jours avant l'Assemblée. Chaque membre a autant de voix qu'il possède de fois dix actions, soit personnellement, soit comme mandataire.

Répartition des bénéfices d'après les statuts. — Sur les bénéfices il est prélevé :
5 0/0 pour former un fonds de réserve, ce prélèvement cessant d'être obligatoire lorsque la réserve atteindra le dixième du capital social.
Une somme suffisante pour servir aux actions non amorties un intérêt de 5 0/0 sur les sommes dont elles se trouveront alors libérées. En cas d'insuffisance des produits pour servir cet intérêt de 5 0/0, la différence sera prélevée sur le fonds de réserve lorsqu'il excédera le dixième du capital.
5 0/0, au moins, des bénéfices disponibles, pour constituer un fonds d'amortissement.
Les actions sont remboursées à 500 francs.
Le surplus des bénéfices est réparti ainsi qu'il suit :
10 0/0 au Conseil d'administration ;
90 0/0 aux Actionnaires, et à un fonds de prévoyance s'il y a lieu.

Cours des titres. — Les actions ne sont inscrites à la Cote officielle de Lyon que depuis 1889 et, à Paris, depuis le 14 novembre 1892 ; antérieurement, elles n'avaient de marché qu'en banque et ne donnaient lieu qu'à de très rares négociations. Depuis 1889, leur cours officiel a été successivement :

1889. . . . . . . Fr. 403 50	1892. . . . . . . Fr. 495 »
1890. . . . . . . » 450 »	1893. . . . . . . » 495 »
1891. . . . . . . » 462 50	1894. . . . . . . » 505 »

Dividendes distribués. — Les actions, qui sont entièrement libérées, ont été l'objet des répartitions suivantes :

Pour 1883.	Fr.	10 40	Pour 1889.	Fr.	21 50
— 1884.	»	13 40	— 1890.	»	25 »
— 1885.	»	10 80	— 1891.	»	25 »
— 1886.	»	» »	— 1892.	»	25 »
— 1887.	»	» »	— 1893.	»	25 »
— 1888.	»	15 »			

Résultats du dernier exercice (1894-95). — L'Assemblée annuelle de cette Société s'est tenue le 20 mars 1895, à Paris.

Conformément à ce qui avait été dit aux précédentes assemblées, on a dû remplacer la voie Demerbe par la voie Marsillon dans plusieurs partie de la ligne de Saint-Chamond. Ce travail a absorbé 50.727.8), et il a été amorti d'un quinzième. Les rails Demerbe relevés, qui sont encore en bon état, serviront à entretenir les parties de la voie qui sont provisoirement conservées, en attendant que la Compagnie se soit mis d'accord avec le Ministre des Travaux Publics pour le transport sur trottoirs des voies suburbaines, partout où cela pourra se faire.

Sur la ligne de Firminy on a dépensé 7.277 fr. 20 pour augmenter la voie sur trottoirs ; cette dépense a été amortie d'un vingtième. Sur la demande des ingénieurs du contrôle, on a commencé à adapter à quelques voitures des chasse-corps ; on a aussi adapté à une voiture un moteur, système Serpolet, afin de desservir la ligne de la Digonnière, dont l'exploitation a été onéreuse jusqu'à présent. On a vendu à la *Société des voies ferrées du Dauphiné*, quatre voitures ne convenant pas au service de la Compagnie, pour une somme totale de 9.400 francs, soit 2.330 francs par voiture.

Les dépenses de 1894 se sont élevées à 860.634 fr. 95, en diminution de 34.683 fr. 65 ; les recettes ont été de 1.288.346 fr. 35, en diminution de 23.538 fr. 35. Le Conseil estime que cette diminution est due à l'état général des affaires, qui a été mauvais, et à la grande réduction du personnel de la Manufacture d'armes. La réduction des tarifs, au moyen d'un sectionnement nouveau, qui a été inauguré le 1er avril 1894, sur la ligne de Bellevue à la Terrasse, a amené un accroissement sensible des personnes transportées ; aussi le Conseil a-t-il décidé de continuer l'expérience qu'il avait pris l'engagement de poursuivre jusqu'au 31 mars 1895. En attendant qu'un accord définitif intervienne avec l'Etat au sujet des demandes adressées par la Compagnie, le Conseil a décidé de transformer immédiatement la voie Demerbe en voie Vignole, sur trottoir, sur une longueur de 3 kilomètres, entre Saint-Etienne et Terrenoire.

Comme d'habitude, le rapport est suivi de tableaux statistiques et graphiques très intéressants. Le plus intructif est celui qui donne les chiffres des recettes et des dépenses pour chaque ligne. Dans l'ensemble, la Compagnie exploite actuellement à 63 0/0.

L'Assemblée a fixé le dividende à 25 francs par action, à l'aide d'un prélèvement de 20.781 fr. 75 sur le solde reporté, qui a été réduit à 88.907 fr. 60. MM. Léon Douvreleur et Jean Neyret ont été réélus administrateurs pour six ans.

COMPAGNIE DE L'EST-ALGÉRIEN

Constitution. — Société anonyme, constituée le 5 février 1876.

Objet d'après les statuts. — Exécution et exploitation du chemin de fer de Constantine à Sétif et toutes autres concesssions de chemins de fer en Algérie.

Réseau. — Le réseau de la Compagnie se compose des lignes ci-après :

Ligne de Constantine à Sétif.	155 »
Ligne de Sétif à Menerville.	238 »
Ligne de Menerville à la Maison-Carrée.	54 »
Variante de l'Oued-Mahrir.	5 375
Ligne d'El-Guerrah à Batna.	80 »
Ligne de Menerville à Tizi-Ouzou	52 792
Ligne de Bougie à Beni-Mançour	88 375
Ligne de Batna à Biskra.	120 933
Ligne des Ouled-Rahmoun à Aïn-Beïda.	92 600
Ensemble. . .	887 075

construits et exploités depuis le 11 juillet 1889, non compris les 10 kil. 571 de la section commune avec la Compagnie P.-L.-M., d'Alger à la Maison-Carrée.

Garantie de l'Etat. — Il ne s'agit plus ici d'une garantie absolue comme pour les grandes Compagnies, mais d'une garantie conditionnelle. L'Etat garantit un produit net kilométrique moyen, dont il paie la différence si celle-ci n'est pas atteinte ; en outre, ses avances ne peuvent jamais servir à augmenter les dividendes, ceux-ci devant être basés uniquement sur le revenu kilométrique net, garanti jusqu'à ce que la Compagnie ait tout remboursé. Nous n'entrons pas dans les détails.

Siège social. — A Paris, rue Pasquier, 31.

Durée. — Du jour de la constitution définitive (5 février 1876) jusqu'à l'expiration des concessions appartenant a la Société.

Capital social. — Fixé originairement à dix millions de francs, divisé en 20 000 actions de 500 francs, émises au pair, le capital social a été porté : 1° par décisions des Assemblées générales des 19 mars et 19 juin 1879, à 13 millions, par la création de 6.000 actions, émises au pair en mars et avril 1879, par souscription réservée aux anciens actionnaires ; 2° et, par décisions des Assemblées générales des 23 août et 19 octobre 1880, à 25 millions, par la création de 24.000 actions, émises au pair en septembre 1880, par souscription réservée aux anciens actionnaires. Au total, 50 000 actions de 500 francs émises au pair, entièrement libérées et au porteur. Les intérêts et dividendes sont payables les 15 novembre (acompte) et 15 mai (solde).

Conseil d'administration. — De sept membres au moins, renouvelables par cinquième chaque année (sauf le premier Conseil, nommé pour six ans) et devant être propriétaires chacun de 50 actions au moins, inaliénables pendant la durée de leurs fonctions.

Les administrateurs actuels sont : MM. Alb. Dehaynin, président; L. Thélier, vice-président; Boucher-Léoménil, Albert Chabert, Paul Durrieu, O. Homberg, L. Léger, général Liébert.
Directeur : M. E. Mayer.
Secrétaire général : M. Norès.

Assemblée générale. — En avril. Composée des actionnaires propriétaires de dix actions, qui les ont déposées dix jours au moins avant la date de la réunion. Dix actions donnent droit à une voix sans que personne puisse réunir plus de 100 voix, soit comme titulaire, soit comme mandataire.

Répartition des bénéfices d'après les statuts. — Pendant l'exécution des travaux, et jusqu'à l'achèvement des lignes, il est payé aux actionnaires un intérêt de 5 0/0 par an sur les sommes versées, et les produits de l'exploitation des chemins doivent servir d'abord à acquitter toutes les charges sociales.

Après le payement des charges, il est prélevé chaque année sur les bénéfices nets :

1º La somme nécessaire à l'amortissement du fonds social, calculée de telle sorte que le capital social soit complètement amorti à l'expiration des concessions ;

2º La somme nécessaire pour servir aux actions non amorties un intérêt ou premier dividende de 6 0/0 ;

3º 5 0/0 ou un vingtième des bénéfices nets pour la constitution d'un fonds de réserve, ce prélèvement pouvant être suspendu quand ce fonds aura atteint le dixième du capital social.

Le surplus est réparti également entre les actions amorties et non amorties.

L'amortissement des actions a lieu, à compter de l'année qui suivra la mise en exploitation des chemins, par tirages au sort annuels en décembre. Les actions désignées par le sort sont remboursées à 500 fr., le 15 mai suivant le tirage, et sont remplacées par des *actions de jouissance*.

Si les actions étaient cotées au-dessous de leur valeur nominale, le rachat pourrait être fait à la Bourse, sans donner lieu à la délivrance d'une actions de jouissance.

Obligations 3 0/0. — La Compagnie a émis, en six emprunts différents, 514.990 obligations de 500 francs 3 0/0 au porteur, remboursables en 99 ans (du 15 janvier 1880 au 15 janvier 1978), par tirages au sort annuels, en décembre, le remboursement des titres sortis s'effectuant le 15 janvier suivant. Ces titres produisent un intérêt de 15 francs par an, payables par moitié les 15 janvier et 15 juillet. Ils jouissent, au même titre que les actions, de la garantie conditionnelle de l'Etat.

Dividendes distribués. — Les voici depuis l'origine :

1876...	9 708	1882...	30 »	1888...	30 »
1877...	12 50	1883...	30 »	1889...	30 »
1878...	17 66	1884...	30 »	1890...	30 »
1879...	27 50	1885...	30 »	1891...	25 »
1880...	30 »	1886...	30 »	1892...	27 50
1881...	30 »	1887...	30 »		

Cours des titres. — Nous donnons ci-dessous le cours moyen des actions et des obligations :

CHEMINS DE FER FRANÇAIS

ACTIONS		OBLIGATIONS	
1876	Fr. 479 903	1878	Fr. 325 188
1877	» 492 452	1879	» 351 913
1878	» 514 61	1880	» 365 681
1879	» 562 693	1881	» 359 16
1880	» 589 988	1882	» 328 316
1881	» 599 119	1883	» 325 922
1882	» 572 54	1884	» 327 60
1883	» 567 741	1885	» 345 205
1884	» 563 636	1886	» 369 498
1885	» 591 047	1887	» 368 405
1886	» 629 641	1888	» 373 703
1887	» 624 425	1889	» 382 80
1888	» 636 820	1890	» 415 115
1889	» 641 824	1891	» 414 394
1890	» 695 495	1892	» 422 412
1891	» 667 353	1893	» 425 402
1892	» 595 279		
1893	» 605 171		

CHEMINS DE FER DE BONE A GUELMA

Constitution. — Société anonyme, constituée le 2 avril 1875, et qui a pris, en 1877, le titre de : « Compagnie des chemins de fer de Bône-Guelma et prolongements »

Objet d'après les statuts. — Construction et exploitation :

1° Du chemin de fer de Bône à Guelma ;

2° Du chemin de fer de Duvivier à Souk-Ahras et, en outre, de son prolongement jusqu'à Sidi-el-Hemessi ;

3° Du chemin de fer de Guelma au Kroubs par Hammem-Mescoutine ;

4° Du chemin de fer de Tunis à Dalhet-Jandouba, ainsi que ses prolongements et embranchements ;

5° Et de toutes autres lignes de chemins de fer dont la Compagnie aurait ultérieurement la concession ou la jouissance.

Toutes opérations concernant la cession de la mine de Djebba, en Tunisie.

Le chemin de fer de Bône à Guelma, déclaré d'utilité publique comme chemin de fer d'intérêt local, par décret du 7 mai 1874, a été concédé à la Société de construction des Batignolles (Gouin et Cie), qui en a fait apport à la Société, et a été déclaré d'intérêt général par la loi du 26 mars 1877. La concession a été faite pour une durée de quatre-vingt-dix-neuf ans, à partir du 7 mai 1877, en vertu des conventions des 13 septembre 1872, 4 mars 1874, 10 mars 1875 et 23 décembre même année.

Les chemins de fer de Duvivier à Souk-Ahras avec prolongements, et de Guelma au Kroubs, ont été concédés à titre d'intérêt général par convention du 11 janvier 1877, approuvée par la loi du 26 mars suivant, à la Société de construction des Batignolles, à laquelle a été substituée la Compagnie de Bône-Guelma, par traité du 15 février 1877, pour une durée de quatre-vingt-dix-neuf ans, à partir du 26 mars 1877.

En outre, la Compagnie a droit à l'usage et à la jouissance, pendant quatre-vingt-dix-neuf ans (sauf le cas d'achat par le gouvernement tunisien à l'expiration de 50 ans), de la concession accordée par le gouvernement tunisien, le 6 mai 1876, d'un chemin de fer de Tunis à Dahlet-Jandouba, avec prolongement et embranchement, laquelle concession comprend aussi le droit d'exploiter la mine de Djebba pendant cinquante ans.

Aux termes de la convention du 23 mai 1883, approuvée par la loi du 28 juillet suivant, la Compagnie est concessionnaire de la ligne de Souk-Ahras à Tebessa, d'une longueur d'environ 129 kilomètres.

Enfin, aux termes d'une convention du 13 octobre 1888, le Département de Constantine a accordé à la Compagnie la concession d'une ligne de tramways de Randon à Combes, d'une longueur de 30 kilomètres, non encore construite.

Longueur totale des lignes. — 751 kilomètres 237 mètres, sur lesquels 721 kilomètres 237 mètres étaient construits et exploités au 31 décembre 1892, dont 436 kilomètres 138 mètres appartiennent au réseau algérien (lignes de Bône à Guelma, de Guelma au Kroubs, et de Duvivier à Sidi-el-Hemessi, frontière tunisienne), et 285 kilomètres 099 mètres appartiennent au réseau tunisien (de Tunis à Sidi-el-Hemessi, frontière française).

Garantie de l'État. — Aux termes des conventions sus-énoncées des 13 septembre 1872, 4 mars 1874 et 10 mars 1875, le Département de Constantine avait accordé à la ligne de Bône à Guelma, pendant toute la durée de la concession (quatre-vingt-dix-neuf ans), un minimum d'intérêt annuel de 6 0/0, y compris l'amortissement, sur un capital de 12 millions, soit une somme de 720.000 fr., savoir : 630.000 fr. par le département de Constantine, 54.000 fr. par la commune de Bône, et 36.000 fr. par la commune de Guelma.

Par la loi du 26 mars 1877, qui a déclaré cette ligne d'intérêt général, l'État a été substitué au département de Constantine, dans des conditions à déterminer par décret rendu au conseil d'État. En outre, aux termes de cette loi, l'État garantit un revenu donné sur le capital de premier établissement fixé à forfait. Les sommes exigées par l'État, en vertu de la clause de garantie, constituent des avances remboursables à 4 0/0. Nous n'entrons pas dans les détails.

Durée. — Du 2 avril 1875 au 7 mai 1976, époque de l'expiration de ses concessions.

Siège social. — A Paris, rue d'Astorg, 7.

Capital social. — Fixé primitivement à 12 millions de francs, divisé en 24.000 actions de 500 francs au porteur, entièrement libérées, émises au pair (jusqu'à concurrence de 23.000 par le Comptoir National d'Escompte, en avril 1875), il a été porté à 30 millions, par délibération de l'Assemblée générale du 23 mai 1877, par la création de 36.000 actions nouvelles au porteur, libérées de 250 francs, sur lesquelles 18.000 ont été souscrites au pair par la Banque de Paris et des Pays-Bas, et 18.000 par la Société de construction des Batignolles. Les actions sont donc aujourd'hui au nombre de 60.000, entièrement libérées et au porteur ; elles sont remboursables à 600 francs, de 1878 à 1968.

Les intérêts et dividendes sont payables les 1er octobre (acompte) et 1er avril (solde).

Conseil d'administration. — De neuf à seize membres nommés pour six ans, renouvelables par tiers, de deux en deux ans, devant être propriétaires chacun de 40 actions inaliénables pendant la durée de leurs fonctions.

Les administrateurs actuels sont: MM. Ch. Géry, président honoraire; P. Devès, président ; Em. Level, vice-président ; Allain-Launay, F. Barrot, Chabrol, Chaugouillon, Chaperon, Desgrange, Gobron, Gouin, Hoskier, Naire, Salles, Schlemmer, De Noz, Vernhette.

Assemblée générale. — A Paris, sur convocation du Conseil d'administration. Composée de tout propriétaire de cinq actions qui les a déposées au moins trois jours avant la réunion. Cinq actions donnent droit à une voix, sans que le même actionnaire puisse avoir plus de 50 voix, soit par lui-même, soit comme mandataire.

Répartition des bénéfices d'après les statuts. — Après l'achèvement des lignes, et à partir de leur mise en exploitation complète, les produits nets, charges déduites, sont répartis comme suit :

Il est prélevé d'abord un intérêt annuel de 29 fr. 60 par action ;

Puis une somme de 0 fr. 40 affectée à l'amortissement de toutes les actions pendant le cours de la Société ;

Soit ensemble 30 fr. par action, représentant la garantie de l'Etat du minimun de 6 0/0 par an.

Sur le surplus des bénéfices nets, il est prélevé annuellement, sauf l'exécution des conventions avec l'Etat :

1° 5 0/0 (soit 1/20) pour la formation du fonds de réserve légale, et ce, jusqu'à ce que ce fonds ait atteint le dixième du capital social ;

2° 5 0/0 en faveur des administrateurs.

L'exédent est réparti également entre toutes les actions, à titre de dividende.

L'amortissement des actions a lieu au moyen de tirages au sort annuels en août, de 1878 à 1968.

Les actions désignées par le sort sont remboursées à 600 francs, le 1er octobre suivant le tirage, et remplacées par des actions de jouissance.

Obligations 3 0/0. — 378.785 obligations de 500 fr. 3 0/0, entièrement libérées et au porteur, remboursables à 500 fr. par tirages au sort annuels en août, le remboursement des titres sortis s'effectuant le 1er février suivant) produisant un intérêt de 15 fr. payables par moitié les 1er février et 1er août de chaque année. Ces obligations représentent six emprunts, savoir :

1° Emprunt de 60 millions, voté par décision de l'assemblée générale du 23 mai 1877, représenté par 240,000 obligations, dont l'émission a été autorisée par décision ministérielle du 21 juillet 1877. Ces obligations avaient été cédées par la Compagnie au prix de 250 fr., plus la charge de la différence des taux d'intérêt pendant la période de construction, à un groupe de financiers, représenté par la Banque de Paris et des Pays-Bas, en vertu d'un contrat du 31 mars 1877, approuvé par ladite assemblée générale du 23 mars 1877. Le 31 juillet 1877, la Banque de Paris et des Pays-Bas et le Comptoir d'Escompte les ont émises en souscription publique à 306 fr. 29. Ces titres sont remboursables en 12 ans (du 1er février 1883 au 1er février 1975.

2° Deuxième émission, autorisée par décision ministérielle du 21 novembre 1883, de 30.000 obligations, remboursables en 91 ans (du 1er février 1886 au 1er février 1976).

3° Troisième émission, autorisée par décision ministérielle du 26 mai 1884, de 23.277 obligations, remboursables en 91 ans (du 1er février 1886 au 1er février 1976).

4° Emprunt autorisé par décision de l'Assemblée générale du 11 août 1885, destiné à la construction de la ligne de Souk-Ahras à Tebessa; représenté par une émission, autorisée par décision ministérielle du 26 août 1885, de 45.441 obligations dites de deuxième série; remboursables en 91 ans (du 1er février 1886 au 1er février 1976).

5° Emprunt autorisé par décision des assemblées générales des 17 octobre 1882 et 11 août 1885, applicable à la ligne de Souk-Ahras à Sidi-el-Hemessi et à l'exécution des lignes tunisiennes. Représenté par une émission, autorisée par décision ministérielle du 18 mars 1887, de 12.489 obligations dites de deuxième série (comprises sous les numéros 363.618 à 376.177 par suite de l'amortissement de 70 titres avant émission), remboursables en 91 ans (de 1886 à 1976).

6° Emprunt autorisé par décision de l'assemblée générale du 11 août 1885, applicable à la ligne de Souk-Ahras à Tebessa. Représenté par une émission, autorisée par décision ministérielle du 3 décembre 1888, de 2.562 obligations dites de deuxième série, comprises sous les numéros 376.178 à 378.785, par suite de l'amortissement de 46 titres avant émission, remboursables de 1889 à 1976.

Cours des titres. — Les voici depuis l'origine :

Actions			Obligations		
1875	506 f.	063			
1876	500	026	1877	300 f.	557
1877	514	075	1878	325	176
1878	563	029	1879	358	322
1879	590	211	1880	370	615
1880	620	295	1881	366	65
1881	637	262	1882	346	34
1882	605	536	1883	339	605
1883	598	415	1884	337	466
1884	594	116	1885	354	329
1885	611	780	1886	374	489
1886	632	495	1887	374	342
1887	633	460	1888	384	884
1888	644	088	1889	397	358
1889	644	847	1890	424	674
1890	699	672	1891	431	226
1891	706	582	1892	449	057
1892	694	101	1893	449	425
1893	702	844			

Dividendes distribués. — Depuis 1875, ils ont été :

1875	14 f. 80	1884	30 f.	»
1876	25 90	1885	30	»
1877	29 60	1886	30	»
1878	29 60	1887	30	»
1879	30 »	1888	30	»
1880	30 »	1889	30	»
1881	30 »	1890	30	»
1882	30 »	1891	30	»
1883	30 »	1892	30	»

Nouvelles concessions (1893-1894). — Les actionnaires de la Compagnie du Chemin de fer de Bône-Guelma, réunis le 10 novembre 1894 en assemblée générale, ont voté la résolution suivante :

L'assemblée générale, sur la proposition du conseil d'administration, après avoir entendu la lecture de son rapport ainsi que des trois conventions qui ont été énoncées, approuve :

1° Ledit rapport du conseil d'administration ;

2° Les deux conventions passées, le 12 octobre 1892, entre le gouvernement tunisien et la Compagnie, pour la construction et l'exploitation des lignes de chemins de fer ci-après : Djedeïda à Bizerte ; Tunis à Sousse, avec embranchement sur la plaine du Fahs ; Sousse à Kairouan ; Sousse à Mocknine, avec prolongement éventuel sur Sfax ; embranchement sur Nabeul de la ligne de Tunis à Sousse ; prolongement de la ligne de Tunis à Hamman-el-Lif sur Menzel-bou-Zalfa, avec prolongement éventuel sur Kelibia ; lesquelles conventions ont été approuvées par décret de S. A. le bey de Tunis du 10 septembre 1894.

3° La convention passée, le 3 juillet 1894, entre M. le ministre des travaux publics, agissant au nom de l'Etat, et la Compagnie, et approuvée par la loi du 12 août 1894 ; ladite convention portant approbation par le gouvernement français, des deux conventions précitées, du 12 octobre 1892.

Comme conséquence de cette approbation par l'assemblée générale, le conseil d'administration est chargé de prendre, avec qui il appartiendra, toutes dispositions et mesures qu'il jugera convenables pour l'exécution des conventions approuvées, et notamment pour déterminer définitivement le tracé des lignes concédées et le capital de leur établissement.

COMPAGNIE DE L'OUEST-ALGÉRIEN

Constitution. — Société anonyme, constituée le 10 novembre 1881 (transformation de l'ancienne Compagnie des chemins de fer de l'Ouest-Algérien, dissoute et mise en liquidation à la même date).

Objet d'après les statuts. — La Société a pour objet :

1° L'exploitation du chemin de fer de *Sainte-Barbe-du-Tlélat à Sidi-bel-Abbès* (département d'Oran), par Tlemcen et Sidi-Brahim ;

2° La construction et l'exploitation du chemin de fer de *Sidi-bel-Abbès à Ras-el-Ma*, par Magenta, formant le prolongement de la première ;

3° La construction et l'exploitation de toutes autres lignes de chemins de fer dont la Société aurait les concessions ultérieurement, soit en propriété, soit autrement.

Or, le chemin de fer de Sainte-Barbe-du-Tlélat à Sidi-bel-Abbès (d'une longueur de 51 kil. 572 entièrement construits et exploités depuis juin 1878), déclaré d'utilité publique, à titre d'intérêt local, par décret du 30 novembre 1874, approuvant une convention du 7 mai 1874, par laquelle la concession en était accordée pour quatre-vingt-dix-neuf ans à MM. Seignette et C¹ᵉ, qui en ont fait apport à l'ancienne Compagnie de l'Ouest-Algérien, a été incorporé dans le réseau d'intérêt général par la loi du 22 août 1881, et le chemin de fer de Sidi-bel-Abbès à Ras-el-Ma, d'une longueur de 100 kil. 012, construits et exploités, a été déclaré d'intérêt général par la loi du 22 août 1881, approbative d'une convention du 8 mai précédent, par laquelle la ligne a été concédée à l'ancienne Compagnie de l'Ouest-Algérien.

Ajoutons qu'en vertu de la loi du 5 août 1882, approbative d'une convention du 10 décembre 1881, la Compagnie est concessionnaire de la ligne *d'Oran à Aïn-Temouchent*, d'une longueur de 80 kil. 492, construits et exploités. D'autre part, en vertu de la loi du 16 juillet 1885, approbative d'une convention du 16 mai précédent, la Compagnie est concessionnaire, à titre définitif, de la ligne de *Zabia à Tlemcen*, d'une longueur de 63 kil. 677, construits et exploités. Enfin, en vertu de la loi du 31 juillet 1886, approbative d'une convention du 16 avril précédent, la Compagnie est concessionnaire, à titre définitif, de la ligne de *Blidah à Berrouaghia* avec embranchement sur Médéah, d'une longueur de 88 kil. 375, construits et exploités.

La durée de ces diverses concessions va jusqu'au 30 novembre 1875.

Garantie de l'État. — L'Etat garantit à la Compagnie un revenu net annuel basé sur le capital des dépenses de premier établissement, et ce, en vertu des lois des 22 août 1881, 5 août 1882, 16 juillet 1885 et 31 juillet 1886. Nous n'entrons pas dans les détails. Comme pour l'Est-Algérien, la garantie prend cours à partir du jour de la mise en exploitation totale ou partielle et au prorata du nombre de kilomètres exploités. Les sommes versées par l'Etat à titre de garantie constituent des avances remboursables avec intérêt à 4 0/0 l'an. Toutes les fois que les recettes nettes annuelles de la ligne entière dépasseront le revenu net annuel garanti, le surplus sera porté, pour deux tiers, au compte de l'Etat, en déduction de ses avances et jusqu'à leur remboursement intégral. L'autre tiers reviendra à la Compagnie. Enfin, après complet remboursement à l'Etat, l'excédent du montant des recettes nettes annuelles garanti sera partagé également entre l'Etat et la Compagnie.

Siège social. — A Paris, rue de la Tour-des-Dames, 1.

Durée. — Du 10 novembre 1881, date de la constitution, jusqu'au 30 novembre 1975.

Capital social. — Le capital social a été fixé à l'origine à 8 millions de francs, divisé en 16.000 actions de 500 fr., émises au pair, entièrement libérées et au porteur, sur lesquelles : 7.000 ont été souscrites en espèces, et 9.000 ont été attribuées, entièrement libérées, à la liquidation de l'ancienne Société des chemins de fer de l'Ouest-Algérien, en représentation partielle de ses apports à la Société nouvelle, comprenant : 1° la concession du chemin de fer de Sainte-Barbe-du-Tlélat à Sidi-bel-Abbès, des dépenses de travaux de construction, du matériel roulant et autres objets mobiliers servant à l'exploitation ; 2° la concession du chemin de fer de Sidi-bel-Abbès à Ras-el-Ma ; 3° et tous droits à la concession de diverses autres lignes demandées par l'ancienne Société. Par décision des Assemblées générales des 4 novembre 1882 et 27 juillet 1883, le capital social a été porté à 11 millions, par la création de 6.000 actions nouvelles, qui ont été émises au pair en juin 1883, par souscription réservée aux actionnaires, à raison de 1 action nouvelle pour 3 anciennes. Enfin par décisions des Assemblées générales des 7 août et 4 septembre 1886, le capital social a été porté à 17 millions par la création de 12,000 actions nouvelles de 500 fr., émises au pair, souscription réservée aux actionnaires. Ces 12.000 actions ont ensuite été mises en vente, en septembre 1886, au prix de 525 fr. (dont 500 fr. applicables au capital et 25 fr. à titre de prime), stipulés payables par termes échelonnés jusqu'au 15 août 1889.

Le capital social actuel de 17 millions est donc représenté par 34.000 actions de 500 fr., remboursables à 600 fr., entièrement libérées et au porteur.

Les intérêts et dividendes sont payables les 1ᵉʳ janvier et 1ᵉʳ juillet de chaque année.

Conseil d'administration. — De cinq à douze membres, nommés pour trois ans et renouvelables par tiers chaque année, devant être propriétaires chacun de 40 actions inaliénables pendant la durée de leurs fonctions.

Les Administrateurs actuels sont : MM. Denière, président ; Bordet, Goudchaux, Hiélard, Peytel, Pouyer, J. Salles et L. Tirman.

Assemblée générale. — Dans le courant du premier semestre, composée de tous les propriétaires d'au moins dix actions, qui les ont déposées trois jours au moins avant la date fixée pour la réunion. Chaque membre a droit à une voix par dix actions qu'il possède ou qu'il représente, sans toutefois pouvoir dépasser deux cents voix.

Répartition des bénéfices d'après les statuts. — Sur les sommes provenant des revenus nets annuels, garantis par l'État au capital d'établissement des lignes, pour chaque exercice, il est prélevé :

1° La somme nécessaire pour le service des intérêts et de l'amortissement des obligations dues par la Société, ainsi que pour faire face aux autres charges sociales, imputables sur lesdits revenus garantis ;

2° Et la somme nécessaire pour le fonds d'amortissement des actions, et qui sera calculée de telle sorte, qu'en prenant pour base un revenu annuel de 25 francs, le remboursement de toutes les actions soit fait à 600 francs pendant le cours de la Société.

Ensuite, il sera distribué entre les actions non amorties, à titre d'intérêt, 25 francs par action et par an.

Le Conseil d'administration pourra autoriser le payement d'un acompte sur cet intérêt dans le courant de l'exercice.

Ce qui restera desdits revenus garantis et les autres produits nets de la Société formeront le bénéfice proprement dit et seront employés de la manière suivante :

Il sera affecté 5 0/0 ou un vingtième à la constitution d'un fonds de réserve, conformément à la loi ; ce prélèvement pouvant être réduit ou suspendu quand ce fonds de réserve aura atteint le dixième du capital social.

Ensuite, il sera fait un prélèvement de 5 fr. par action pour les actions non amorties, comme premier dividende, de manière à leur compléter, avec l'intérêt qu'elles auront reçu sur les garanties de l'État, une somme de 30 francs par an.

Et le reste sera réparti, à titre de second dividende, entre toutes les actions non amorties et amorties.

Pendant les constructions des lignes, et en attendant le fonctionnement des garanties de revenus de l'Etat, l'Assemblée générale déterminera les répartitions de revenus qui pourront être faites aux actionnaires, suivant les circonstances.

L'amortissement des actions a lieu par tirages au sort annuels, à partir de 1882. Les tirages se font ordinairement en juin et le remboursement des titres sortis le 1ᵉʳ juillet suivant. Les actions désignées par le sort sont remboursées à 600 francs et remplacées par des *actions de jouissance*.

Obligations 3 0/0. — Ces titres comprennent 187,438 obligations de 500 fr. 3 0/0, remboursables à 500 fr. en 98 ans, de 1877 à 1975, par tirages au sort semestriels, ayant lieu en février et août (le remboursement des titres sortis s'effectuant les 1er mars et 1er septembre). Leur intérêt annuel est de 15 fr. payable par moitié les 1er mars et 1er septembre. Elles jouissent de la garantie de l'Etat, telle qu'elle résulte des lois que nous avons indiquées plus haut.

Elles comprennent les émissions ci-après :

I. — *Emprunt de 3,500,200 fr.* autorisé par arrêté ministériel du 16 février 1877, contracté par l'ancienne Société de l'Ouest-Algérien et dont la Compagnie nouvelle de l'Ouest-Algérien a pris la charge.

Représenté par 10,280 obligations libérées et au porteur, émises à 265 fr. par MM. L. Sée fils et Cie, le 28 février 1877.

II. — La Compagnie de l'Ouest-Algérien (nouvelle) a émis en outre, pour son propre compte, et en vertu d'autorisations ministérielles en date des 31 mars et 28 juillet 1884, 20 juillet 1885, 3 janvier 1887 et 27 juin 1888, 135,000 obligations de 500 fr. 3 0/0, dont 21,160 ont été émises en souscription publique, le 7 octobre 1884, à 330 fr., par la Société Générale et le Crédit Lyonnais ; 58,687 ont été émises en souscription publique, le 28 juillet 1885, à 335 fr., par la Société Générale et le Crédit Algérien ; et 52,173 ont été émises en souscription publique, le 29 janvier 1887 à 355 fr. par la Société Générale et le Crédit Algérien ; et 2,942 ont été cédées au Crédit Algérien, au prix de 366 fr. 25.

Ces obligations comportent 5 séries : une première de 25,000 obligations, dites de 2e *série*, entièrement libérées et au porteur, remboursables en 92 ans, du 1er septembre 1884 au 1er septembre 1975 ; — une seconde, de 60,000 obligations, dites de 3e *série*, libérées et au porteur, remboursables en 90 ans, du 1er mars 1886 au 1er septembre 1975, sur lesquelles 54,859 ont été émises en juillet 1885 au prix de 335 fr., payables par termes échelonnés jusqu'au 5 mars 1888 ; — et une troisième de 50,000 obligations dites de 4e *série*, remboursables en 89 ans, du 1er septembre 1887 au 1er septembre 1975, sur lesquelles les obligations n°s 96,140 à 148,330 ont été comprises dans une émission de 52,173 obligations, autorisée par décision ministérielle du 3 janvier 1887, qui a été faite le 29 janvier 1887 par la Société Générale et par le Crédit Algérien, au prix de 355 fr. stipulés payables par termes échelonnés jusqu'au 5 mars 1891 ; et sur lesquelles encore les 2,942 obligations comprises sous les n°s 148,331 à 151,280 ont été cédées, en 1888, au Crédit Algérien, au prix de 366 fr. 25.

Il y a eu une 5e *série* de 25,000 obligations, remboursables en 84 ans, du 1er septembre 1892 au 1er septembre 1975, sur lesquelles 1,537 obligations ont été émises en vertu d'une décision ministérielle du 3 avril 1892, et cédées au Crédit Algérien au prix de 400 fr. l'une ; 63 ont été amorties avant émission, et 23,400 ont fait partie d'une émission de 33,728 obligations, autorisée par décision ministérielle du 3 novembre 1892, pour la conversion ou le remboursement des 26,564 obligations lors en circulation, sur les obligations de 500 fr. 4 0/0 créées en 1882. Ces 33,728 obligations ont été émises à 427 fr. 50 par le Crédit Algérien, le 5 mars 1893.

Notons enfin une 6e *série*, de 25,000 obligations remboursables en 83 ans, du 1er septembre 1893 au 1er septembre 1975, sur lesquelles : 10,328 forment le solde des 33,728 obligations émises en mars 1893, pour la conversion ou le remboursement des obligations 4 0/0 de 1882 ; et 830 ont été créées en vertu d'une décision ministérielle du 29 mai 1893 et vendues par la Société au prix de 422 fr. l'une.

III. — Ajoutons que la Société avait émis, en janvier 1883, 26,908 obligations de 500 fr. 4 0/0, remboursables de 1883 à 1975, qui ont été admises à la cote le 20 mars 1884. Par décision ministérielle du 3 novembre 1892, elle a été autorisée à procéder à la conversion en obligations 3 0/0 ou au remboursement de 26,564 obligations 4 0/0 lors en circulation. A cet effet, elle a émis, le 5 mars 1893, 33,728 obligations nouvelles de 500 fr. 3 0,0. Les porteurs d'obligations 4 0/0 ont eu le droit, jusqu'au 5 mars, de souscrire par privilège aux obligations nouvelles 3 0/0, au taux de 427 fr. 50, et ont reçu, en échange d'une obligation 4 0/0, une obligation 3 0/0, plus 73 fr. 53 en espèces. Les obligations 4 0/0, non présentées à la conversion le 5 mars, ont été remboursées le 15 mars à raison de 501 fr. 78 par titre au porteur et 502 fr. par titre nominatif. En conséquence, ces obligations ont été supprimées de la cote dès le 28 février 1893.

Dividendes distribués. — L'exercice 1881 a duré deux mois et a rapporté 3 fr. 28. Depuis lors, chaque exercice a donné uniformément 25 francs.

Les coupons sont payables à la Société générale, au Crédit lyonnais et au Crédit algérien.

Cours des titres. — Voici la moyenne :

	Actions		Obligations	
1877.	»	»	250 f.	211
1878.	»	»	269	337
1879.	»	»	317	40
1880.	»	»	338	382
1881.	»	»	349	092
1882.	500	496	329	48
1883.	506	536	332	709
1884.	496	953	337	815
1885.	508	270	346	433
1886.	549	848	367	428
1887.	547	905	368	493
1888.	549	021	374	299
1889.	550	279	383	706
1890.	588	236	415	295
1891.	591	302	416	559
1892.	591	021	425	896
1893.	608	261	428	990

Résultats du dernier exercice (1894-95). — Les actionnaires de cette Compagnie, réunis le 31 mai 1895 en assemblée générale, ont adopté à l'unanimité les résolutions suivantes :

1° L'assemblée générale, après avoir entendu le rapport du conseil d'administration et celui des commissaires de vérification des comptes, approuve les comptes et le bilan de l'exercice 1894, tels qu'ils lui ont été présentés. Elle approuve notamment la répartition de 25 fr. faite aux actionnaires pour l'exercice 1894, et reporte à l'exercice 1895 le solde du compte de liquidation de l'exercice 1894 s'élevant à 630.287 francs 45, y compris 485.381 fr. 74, reportés de l'exercice 1893.

2° L'assemblée donne en tant que de besoin tous pouvoirs au conseil d'administration pour la création, dans les conditions qu'il jugera le plus conforme aux intérêts en présence, d'une caisse de prévoyance à substituer à la caisse des retraites, pour les employés qui seront commissionnés à partir du 1ᵉʳ juillet 1895, ou ceux qui, commissionnés avant cette date, renonceront à faire partie de la caisse actuelle des retraites.

3° L'assemblée générale réélit administrateurs, pour une période de trois ans, MM. Goudchaux, Peytel et Tirman.

4° L'assemblée générale nomme commissaires de vérification des comptes, pour l'exercice 1895, MM. Aron, ancien banquier, et Buron, directeur de la Société générale, avec mission de présenter, ensemble ou séparément, le rapport sur les comptes de cet exercice, et faculté pour chacun d'eux de remplir seul cette mission en cas de démission ou d'empêchement de l'autre. Leur rémunération individuelle est fixée, comme précédemment, à 1.500 fr.

5° L'assemblée générale, après avoir entendu les explications du conseil, autorise, conformément à l'art. 40 de la loi du 24 juillet 1867, les membres du conseil d'administration, tant en leur qualité d'administrateurs d'autres Sociétés que personnellement, à participer aux traités passer ou à passer, s'il y a lieu, avec la Compagnie.

Les résultats de l'exploitation varient avec les différentes lignes desservies par la Compagnie de l'Ouest-Algérien. Tandis que, par rapport à l'exercice 1793, il y a augmentation de recettes de 105.057 fr. pour la ligne de Sainte-Barbe-du-Tlélat à Sidi-bel-Abbès, de 116.890 fr. pour la ligne d'Oran à Aïn-Témouchent, de 19.000 pour la ligne de Blidah à Berrouaghia, il y a, par contre, diminution de 44.637 fr. pour la ligne de Sidi-bel-Abbès à Ras-el-Ma, et de 17.706 fr. pour la ligne de Tabia à Tlemcen. Ces diminutions sont dues, pour ces deux lignes, aux transports de grande vitesse, des céréales et des alfas.

Le revenu net, garanti par l'Etat, sur les dépenses de premier établissement et les travaux complémentaires des lignes exploitées, à l'exception de la ligne de Sainte-Barbe-du-Tlélat à Sidi-bel-Abbès, a été arrêté à 3.399.920 fr., somme à laquelle il faut ajouter 297.923 fr. provenant de l'excédent des dépenses sur les recettes brutes de quelques lignes, soit au total 3.697.844 fr., ce qui porte les avances versées par l'Etat, depuis 1883, à titre de garantie d'intérêt, à 23.979.106 fr. Quant aux revenus nets réservés, ils s'élèvent à 577.384 fr. Désormais ce compte ne figurera plus au bilan, le ministre des travaux publics l'ayant supprimé par un arrêté du 30 mars dernier, et les sommes dues de ce chef ayant été totalement remboursées à la Compagnie le 16 avril suivant.

Le bénéfice de la conversion de 1893, s'élevant à 943.597 fr., figure toujours sur le bilan de la Compagnie. Il servira à contrebalancer l'excédent des dépenses de construction de la ligne de Blidah à Berrouaghia. Disons, à propos de cette conversion, que sur les 26.564 obligations 4 0/0 qui y étaient soumises, 69 titres seulement, sur lesquels 45 obligations nominatives font l'objet d'une procédure judiciaire, n'ont pas été présentés.

COMPAGNIE FRANCO-ALGÉRIENNE

Constitution. — Société anonyme, constituée le 24 février 1873.

Liquidation judiciaire et concordat. — La Société a d'abord été déclarée en faillite par jugement du Tribunal de commerce de la Seine du 21 novembre 1888 ; mais, sur l'appel interjeté de ce jugement, est intervenu un arrêt de la cour de Paris, du 16 décembre 1889, qui a transformé la faillite en liquidation judiciaire, dans les termes de la loi du 4 mars 1889. C'est alors que la Société a obtenu de ses créanciers un concordat, le 19 avril 1890, homologué par jugement du Tribunal de commerce de la Seine du 28 du même mois, et qu'elle a repris le cours de son existence légale.

Les conditions de ce concordat sont les suivantes :
Le passif chirographaire de la Compagnie Franco-Algérienne consistait dans : 1° 97.709 obligations restant sur les 100.000 émises en 1874 ; 2° diverses créances d'un montant approximatif de 2.500.000 francs. Or, les obligations 1874 avaient été admises au passif de la liquidation judiciaire pour 247 fr. 77 et les autres créances chirographaires avaient été assimilées aux obligations. Il n'y avait pas à s'occuper, d'autre part, des obligations de chemins de fer garanties par l'État et dont nous nous occupons plus loin.

Chaque fraction de 247 fr. 77 de passif, admis ou à admettre, a été réduite à 200 fr., et les fractions au dessous de 247 fr. 77 ont été réduites dans la même proportion, les créanciers ayant fait remise du surplus de leurs créances.

Dans ces conditions, la Compagnie s'est engagée à payer à ses créanciers, par chaque fraction de capital réduit à 200 francs, savoir :

1° 100 fr., au moyen d'un tirage au sort annuel, qui sera fait à l'Assemblée statutaire des actionnaires, au mois de mai de chaque année, pour commencer au mois de mai 1891 et finir au mois de mai 1972. Ce capital de 100 fr. sera, jusqu'à son remboursement, productif d'un intérêt fixe de 2 fr. 50, payable : 1 fr. 25 le 1er janvier et 1 fr. 25 le 1er juillet de chaque année ;

2° 100 fr., au moyen des 70 0/0 dont nous allons parler ci-après, à prélever sur les bénéfices du compte annuel de Profits et Pertes. Cette seconde portion de 100 fr. produira un intérêt variable, suivant l'état annuel des bénéfices de la Compagnie.

En représentation de leurs droits ainsi déterminés par le Concordat, les créanciers par obligations et les créanciers autres que les obligataires ont reçu, en échange de leurs titres respectifs, deux espèces de titres, dits les uns : *Obligations de 100 francs portion A*, et les autres : *Obligations de 100 francs portion B*, à partir du 1er septembre 1891.

Le solde créditeur du compte annuel de Profits et Pertes sera employé :

D'abord, et par préférence, à payer l'intérêt de 2 fr. 50 et le remboursement par tirage, de la somme de 100 fr. portion *A*. Le surplus sera attribué, savoir :

1° 70 0/0, à servir en premier lieu, et jusqu'à concurrence de 4 fr., un intérêt à la fraction de la créance *B* ou créance assimilée. L'excédent de ces 70 0/0, après payement dudit intérêt de 4 francs, sera employé à l'amortissement de la portion *B*, cet amortissement devant s'effectuer au marc le franc entre tous les créanciers.

2° 30 0/0 à la formation d'un fonds de réserve ayant pour affectation spéciale : d'abord d'assurer en tant que de besoin le service des intérêts et de l'amortissement de la portion *A* de 100 fr. des créances ; ensuite, de former le fonds de roulement indispensable pour la reprise et la continuation de l'exploitation des voies ferrées, à l'expiration des traités actuellement existants avec la Compagnie de l'Ouest-Algérien.

La distribution de l'intérêt variable aura lieu le 1ᵉʳ juillet de chaque année, et l'amortissement s'effectuera chaque fois que les sommes qui y sont affectées dans le paragraphe 1° ci-dessus représenteront 3 0/0 des créances de la portion *B*. En attendant, les sommes destinées à ces répartitions seront employées en Rentes françaises, bons du Trésor ou titres garantis par l'État.

Le maximum de la réserve sera de 2.500.000 francs. Les prélèvements stipulés en sa faveur continueront à être opérés jusqu'à ce que ce chiffre soit atteint. Lorsque ladite réserve aura atteint le chiffre de 2.500.000 francs, les 30 0/0 de l'excédent de bénéfices nets, stipulés en sa faveur, deviendront disponibles. La moitié en sera versée aux créanciers, en amortissement de la portion *B* de créance : la répartition sera faite au marc le franc. L'autre moitié restera la propriété de la Compagnie, qui pourra en user selon ses convenances.

En cas d'insuffisance du compte de Profits et Pertes pour le service des intérêts et de l'amortissement de la portion *A* des créances, la Compagnie pourra prendre sur la réserve somme suffisante pour faire ou parfaire ce service. Dans ce cas, la réserve serait reconstituée les années suivantes au moyen des 30 0/0 de l'excédent des bénéfices nets, et ce, avant tout autre emploi desdits 30 0/0.

La Compagnie aura, à toute époque, la faculté de rembourser par anticipation la portion *A* des créances, en payant l'intégralité des 100 fr., valeur assignée à cette portion ; mais elle ne pourra user de cette faculté de libération qu'à la condition de payer tous les créanciers en même temps. Elle aura jusqu'au 1ᵉʳ janvier 1910 la faculté de se libérer de la portion de créance *B*, en payant à ses créanciers une somme espèces de 50 fr. par 100 fr. ; les sommes qui auraient été versées à valoir sur la portion *B* seraient déduites et la Compagnie serait libérée en versant le solde ; elle ne pourrait toutefois se libérer de la portion *B* des créances qu'après avoir éteint la portion *A*. Elle pourrait également se libérer en réalisant une combinaison qui assurerait aux créanciers, jusqu'à la fin de la Société, un revenu garanti par l'État de 7 fr. 50 par portion entière par passif de 200 fr., mais ceci sous la condition formelle que cette combinaison serait réalisée dans un délai maximum de vingt années à partir du 19 avril 1890.

Au cas où l'État viendrait à exercer son droit de rachat, sur les bases prévues aux cahiers des charges, la Compagnie s'est engagée, si elle ne peut réaliser la faculté de remboursement anticipé, à verser intégralement à ses créanciers la somme à provenir de ce rachat. Mais dans le cas où, après l'expiration du délai de vingt ans, la somme à provenir du rachat ou de la réalisation dépasserait la proportion de 150 fr. en capital ou 7 fr. 50 en annuité, par portion entière de 200 fr., l'excédent serait partagé par moitié entre les créanciers et la Compagnie.

Enfin, d'une façon générale, si la Compagnie cédait tout ou partie de ces concessions, le capital des créances réduites deviendrait exigibles à concurrence du produit des cessions.

Objet d'après les statuts. — La Société a pour objet :

1° La mise en valeur des plaines de l'Habra et de la Macta ;

2° La culture de la canne à sucre, du coton, du lin, du cheira-grass, de la ramie et de tous autres textiles, des céréales, de l'alfa, et de tous autres produits ;

3° L'édification et l'exploitation d'usines pour traiter la canne à sucre et tous autres produits desdites terres, ainsi que de celles qui seraient prises en location ;

4° La plantation de tous arbres et arbustes et l'exploitation de leurs produits ;

5° La création de tous établissements agricoles, de tous villages et centres de population, la construction de tous bâtiments et édifices à leur usages ;

6° *La création et la construction de chemins de fer*, routes et canaux en Algérie ;

7° *L'exploitation de ces chemins de fer* ;

8° La location de tout ou partie du sol pour la culture de tous ces produits ;

9° L'acquisition et le traitement industriel des produits récoltés par ses fermiers et leur vente ;

10° L'acquisition de nouvelles terres en Algérie et leur exploitation ;

11° L'acquisition de toutes constructions actuellement existantes, ainsi que de toutes récoltes sur pied ;

12° L'acquisition et l'affermage, au profit de la Société, de terrains en Algérie, produisant de l'alfa ou tout autre produit ;

13° La fabrication de la pâte à papier ou du papier avec l'alfa ou toute autre matière ;

14° L'acquisition de tous brevets, privilèges et procédés se rapportant au traitement de la canne à sucre et tous autres produits ;

15° La vente de tous les produits de la Société et la vente des immeubles en dépendant ;

16° Et enfin toutes les opérations immobilières, et toutes affaires de banque, commerce, industrie, travaux publics et particuliers, transports terrestres, fluviaux ou maritimes, se rattachant aux objets de concessions.

Propriétés et concessions. — La Compagnie était originairement propriétaire de 25,000 hectares environ de terrains situés dans les plaines de l'Habra et de la Macta, province d'Oran (Algérie), qui lui ont été apportés par M. Debrousse père et autres liquidateurs copropriétaires de l'ancienne Société de l'Habra et de la Macta.

Aux termes d'un traité approuvé par l'Assemblée générale extraordinaire du 27 octobre 1887, elle a fait apport dudit domaine de l'Habra et de la Macta, à une société à constituer sous le titre de : Société du domaine de l'Habra et de la Macta, au capital de six millions, divisé en 12,000 actions de 500 fr. libérées, moyennant un prix spécial de huit millions et sous diverses conditions. Il a été stipulé notamment que, sur les bénéfices qui seraient distribués par la Société nouvelle, la Compagnie Franco-Algérienne aura droit à une part de 25 0/0, après paiement d'un intérêt de 8 0/0 aux actionnaires de cette Société et le prélèvement statutaire de la réserve légale.

Voici les lignes dont elle était concessionnaire :

1° Arzew à Saïda, avec prolongement sur 70 kilomètres dans la direction de Garyville (aux termes d'une convention du 20 décembre 1873, modifiée par acte du 16 mars 1874 et du décret relatif d'utilité publique du 29 avril 1874), avec privilège de l'exploitation de l'alfa sur les terrains des Hauts-Plateaux situés dans la division de Mascara, d'une étendue de 300,000 hectares.

2° Aïn-Thizy à Mascara. A cette ligne sont affectées 4.640 obligations de 500 francs 3 0/0, dites du chemin de fer d'Aïn-Thizy à Mascara;

3° Mostaganem à Tiaret. A cette ligne sont affectées 64.650 obligations spéciales du même genre que les précédentes;

4° Modzbah à Mecheria. Egalement 4.175 obligations 3 0/0 affectées;

5° Mecheria à Aïn-Sefra. Egalement 23.015 obligations 3 0/0 affectées.

Enfin, en 1888, la Compagnie des chemins de fer de l'Ouest-Algérien a été chargée, pour une durée de cinq années, à partir du 1er juillet, des quatre dernières lignes et du service de leurs obligations.

Le traité d'affermage avec l'Ouest-Algérien a été dénoncé en 1892.

Siège social. — A Paris, rue Pigalle, 6.

Durée. — 99 ans à compter de la constitution définitive (24 février 1873).

Capital social. — Fixé primitivement à 8 millions de francs, divisé en 16.000 actions de 500 francs, le capital social a été élevé : 1° En 1874 à 20 millions et divisé en 40.000 actions de 500 francs libérées de 250 fr., émises au pair, sur lesquelles 37.644 ont été attribuées aux fondateurs de la Société, en représentation de leurs apports, et 2.356 ont été souscrites en espèces; 2° Et par décision des Assemblées générales des 30 mai et 26 août 1881, à 30 millions; par la création de 20.000 actions, qui ont été émises au pair, en juin 1881, par souscription réservée aux actionnaires jusqu'à concurrence de 10.000 actions. Au total 60.000 actions de 500 francs entièrement libérées et au porteur.

Conseil d'administration. — De sept à quinze membres, renouvelables par sixième chaque année, et devant être propriétaires chacun de 100 actions inaliénables pendant la durée de leurs fonctions.

Les administrateurs actuels sont : MM. Mauger, président ; Bernard, Lartique, administrateurs délégués ; Bourgeois, Desforges, E. Guyon, Gerles.

Assemblée générale. — En mai. Composée des propriétaires de 25 actions qui les ont déposées cinq jours avant l'époque fixée pour la réunion. 25 actions donnent droit à une voix, 50 actions à deux voix et ainsi de suite ; de manière que chaque propriétaire d'actions, quel que soit le nombre qu'il possède, a autant de voix qu'il réunit de fois 25 actions, par lui-même ou par pouvoir.

Répartition des bénéfices d'après les statuts. — Sur les bénéfices nets il est prélevé :

1° Un vingtième pour la constitution du fonds de réserve légale, jusqu'à ce que ce fonds ait atteint le dixième du capital social ;

2° Une somme suffisante pour assurer aux actions une première attribution, jusqu'à concurrence de 5 0/0 du fonds social réalisé.

L'Assemblée générale peut décider un troisième prélèvement pour former un fonds de prévoyance dont elle détermine le montant et l'emploi.

Le surplus des bénéfices est attribué : 10 0/0 aux administrateurs et 90 0/0 pour complément de dividende aux actionnaires.

Dividendes distribués. — 25 fr. 20 en 1879 ; rien en 1880 ; 20 francs en 1881 ; 25 francs en 1882 ; et rien depuis.

Obligations, portion A. — La Compagnie avait émis, en 1874, 100.000 obligations de 500 francs 3 0/0, remboursables au pair en 90 ans, de 1880 à 1969. L'amortissement de ces obligations a fonctionné jusqu'en 1888, laissant en circulation 97.709 de ces titres. Ainsi qu'on l'a vu précédemment par l'analyse du Concordat du 19 avril 1890, ces obligations ont été réduites en capital à 200 francs, payables en deux portions de 100 francs chacune, dans les conditions stipulées à l'article 5 du Concordat, où chaque fraction est distinguée par les lettres A et B.

En septembre 1891, la Compagnie a procédé à l'échange des obligations anciennes, réduites à 200, contre deux espèces d'obligations de 100 fr. chacune, se distinguant entre elles par l'indication de portion A et portion B. En conséquence, ces obligations anciennes ont été supprimées de la Cote officielle le 22 septembre 1891. Les obligations portion A sont seules admises à la Cote officielle.

Ces obligations portion A sont remboursables à 100 francs en 82 ans, de 1891 à 1972, par tirages au sort annuels en juin, pour le remboursement des titres sortis s'effectuer le 1er juillet suivant. Intérêt annuel : 2 fr. 50, payables par moitié les 1er janvier et 1er juillet de chaque année.

Cours des titres. — Les voici dans ces dernières années pour les actions :

1874.	818 99	1885.	157 502
1875.	836 159	1886.	133 562
1876.	rien	1887.	82 986
1877.	537 50	1888.	32 031
1878.	501 335	1889.	7 907
1879.	591 221	1890.	33 912
1880.	401 722	1891.	24 143
1881.	494 377	1892.	16 326
1882.	373 324	1892.	16 212
1883.	455 585	1894.	8 »
1884.	226 568		

Et pour les obligations :

1891.	42 388	1893.	41 094
1892.	42 360	1894.	50 »

Les obligations suivantes des chemins de fer concédés à la Compagnie Franco-Algérienne sont cotés d'une façon spéciale au parquet,

Obligations 3 0/0 du chemin de fer d'Aïn-Thizy à Mascara. — Le chemin de fer d'Aïn-Thizy à Mascara, d'une longueur de 12 kilomètres (construits et exploités), a été concédé à la Compagnie Franco-Algérienne par une convention du 12 juillet 1883, approuvée par la loi du 3 juillet 1884, pour une durée expirant le 28 avril 1973.

Aux termes desdites loi et convention, l'Etat garantit à la Compagnie un revenu net annuel de 5 0/0, amortissement compris : 1° sur le montant des dépenses de premier établissement, jusqu'à concurrence d'un maximum de dépenses de 1,500,000 fr., soit une annuité de 75,000 fr. ; et une somme maximum de 100,000 fr. pour les dépenses complémentaires de premier établissement que pourrait nécessiter ultérieurement le développement du trafic; cette garantie ne devant s'exercer que du jour de la mise en exploitation, au prorata du nombre de kilomètres exploités.

Si le produit net annuel de l'exploitation était inférieur au revenu garanti, la différence serait versée par l'Etat, à la Compagnie. Si, au contraire, ledit produit net annuel atteignait ou dépassait le revenu garanti, l'excédent serait versé par la Compagnie en déduction des annuités de garantie avancées par l'Etat et ce, jusqu'au remboursement intégral de ces avances, avec l'intérêt 4 0/0. Après remboursement complet des avances de l'Etat, l'excédent de la recette nette sur le revenu garanti serait partagé par moitié entre l'Etat et la Compagnie.

C'est afin de pourvoir aux dépenses de la construction de la ligne que la Compagnie Franco-Algérienne a émis 4,640 obligations de 500 fr. 3 0/0, dont l'émission a été autorisée par décision ministérielle du 30 octobre 1885, et qui ont été placées à divers cours sur le marché. Ces obligations, entièrement libérées et au porteur, sont remboursables a 500 fr. en 89 ans, de 1886 à 1974, par tirages au sort annuels en juin, (le remboursement des titres sortis s'effectuant le 1er octobre suivant). Elles produisent un intérêt annuel de 15 fr. payables par moitié les 1er avril et 1er octobre.

Leur cours moyens ont été les suivants :

1886.	358 988	1890.	402 278
1887.	356 449	1891.	411 708
1888.	362 052	1892.	413 889
1889.	370 680	1893.	416 657

Obligations 3 0/0 du chemin de fer de Modzbah à Méchéria. — Le chemin de fer de Modzbah à Méchéria, d'une longueur de 138 kilomètres, construit par l'Etat, en exécution de la loi du 8 août 1881, a été concédé à la Compagnie Franco-Algérienne, par une convention du 23 mai 1885. La durée de la concession va jusqu'au 28 avril 1973.

Aux termes des conventions, l'Etat garantit à la Compagnie concessionnaire un intérêt de 5 0/0 l'an, amortissement compris, sur le montant des dépenses d'acquisition, du matériel roulant, de l'outillage, etc., fixées à forfait à 1,350,000 fr., soit une annuité de 67,500 fr. et sur une somme maximum de 700,000 fr., éventuellement nécessaire pour parachèvement, agrandissement de gares, etc., cette garantie devant s'exercer à compter du 28 juillet 1885, date de la loi de concession.

En outre, le capital a été augmenté : 1° du prix d'acquisition du matériel roulant, de l'outillage et du mobilier de la section de Kralfallah à Modzbah, rattachée par sentence arbitrale à la ligne de Modzbah à Méchéria, ledit prix fixé à forfait à 130,000 fr., soit une annuité de 6,500 fr.; 2° des sommes à dépenser sur cette section pour travaux de mise en réception et travaux complémentaires, sans pouvoir toutefois dépasser un chiffre maximum de 520,000 francs.

Si le produit net annuel de l'exploitation est inférieur au revenu garanti, la différence doit être versée par l'Etat à la Compagnie.

Toutes les fois que les recettes de l'une des lignes concédées à la Compagnie franco-algérienne, avec garantie d'intérêt, dépasseront le revenu annuel garanti, l'excédent garanti servira d'abord, avant toute autre attribution, à parfaire le revenu garanti pour les autres lignes. Le surplus sera porté au compte de l'Etat, en déduction des avances et annuités qu'il aura payées pour l'ensemble du réseau, et ce, jusqu'au remboursement intégral desdites avances, augmentées de l'intérêt à 4 0/0. Après complet remboursement des avances de l'Etat, l'excédent de la recette nette sur le revenu garanti sera partagé par moitié entre l'Etat et la Compagnie. La loi du 28 juillet 1885 stipule, en outre, que la garantie accordée par l'Etat et les produits nets de l'exploitation de la ligne concédée seront affectés comme gage spécial et par privilège au payement des intérêts et à l'amortissement des obligations à émettre.

C'est afin de pourvoir aux dépenses résultant de la concession que la Compagnie franco-algérienne a créé 4.995 obligations de 500 fr. 3 0/0, qui ont été placées à divers cours sur le marché. Ces obligations, entièrement libérées et au porteur, sont remboursables à 500 fr. en 89 ans, de 1886 à 1974, par tirages au sort annuels, en juin, pour le remboursement des titres sortis s'effectuer le 1ᵉʳ octobre suivant. Leur intérêt annuel est de 15 fr., payables, par moitié, les 1ᵉʳ avril et 1ᵉʳ octobre. Elles sont divisées en trois émissions.

Voici quels ont été leurs cours moyens :

1885.	336 f. 913		1890.	401 f. 268
1886.	358 718		1891.	406 567
1887.	357 368		1892.	414 307
1888.	361 691		1893.	415 142
1889.	369 444			

Obligations 3 0/0 du Chemin de fer de Mostaganem à Tiaret. — Le chemin de Mostaganem à Tiaret, d'une longueur de 200 kilomètres, dont 197 construits et exploités, a été concédé, pour une durée de 99 ans, à partir du 15 avril 1885, à la Compagnie franco-algérienne, par une convention du 15 mai 1884, approuvée par la loi du 15 avril 1885.

Aux termes desdites loi et convention, l'État garantit à la Compagnie un revenu net annuel de 5 0/0, amortissement compris, sur le montant des dépenses de premier établissement et autres, fixé à forfait à un total de 21.500.000 fr., ce qui représente un revenu annuel de 1.075.000 fr., amortissement compris ; cette garantie devenant effective du jour de la mise en exploitation et au fur et à mesure du nombre de kilomètres exploités.

En outre, le capital garanti a été augmenté de la somme de 156.000 fr., applicable au paiement d'indemnité pour frais d'études de la ligne, soit une annuité de 7.800 fr.

Si le produit net annuel de l'exploitation est inférieur au revenu garanti, la différence sera versée par l'État à la Compagnie. Si ce produit atteint ou dépasse le revenu garanti, l'excédent est versé au Trésor, en déduction des annuités de garantie avancées par l'État, et ce, jusqu'au remboursement intégral de ces avances, avec intérêt à 4 0/0. Lorsque l'État sera complètement remboursé, l'excédent de la recette nette sur le revenu garanti sera partagé par moitié entre l'État et la Compagnie.

La loi du 15 avril 1885 stipule, en outre, que la garantie ci-dessus exposée et les produits nets de l'exploitation de la ligne seront affectés, comme gage spécial et par privilège, au payement des intérêts et à l'amortissement des obligations à émettre.

Pour pourvoir aux dépenses de construction et de mise en exploitation de la ligne, la Compagnie franco-algérienne a créé 65.161 obligations de 500 fr. 3 0/0, remboursables à 500 fr. en 99 ans, de 1886 à 1984, par tirages au sort annuels, en juin, pour le remboursement des titres sortis s'effectuer le 1ᵉʳ octobre suivant chaque tirage.

Intérêt annuel : 15 fr., payables, par moitié, les 1ᵉʳ avril et 1ᵉʳ octobre.
Ces obligations sont divisées en deux émissions.
Voici quels ont été leurs cours moyens :

1885.	346 065		1890.	407 656
1886.	370 835		1891.	411 077
1887.	364 952		1892.	422 799
1888.	371 125		1893.	425 784
1889.	377 564			

Obligations 3 O/O du chemin de fer de Mecheria à Aïn-Sefra.

— Le chemin de fer de Mecheria à Aïn-Sefra, d'une longueur de 102 kilomètres, construits et exploités, formant le prolongement de la ligne de Modzbah à Méchéria, a été concédé à la Compagnie Franco-Algérienne par une convention du 15 avril 1886, approuvée par la loi du 31 juillet suivant, pour une durée expirant le 28 avril 1973.

Aux termes desdites loi et convention, l'Etat garantit à la Compagnie, pendant la durée de la concession, à compter du jour de la mise en exploitation totale ou partielle de la ligne et au prorata du nombre de kilomètres exploités, un intérêt de 4 fr. 85 0/0, amortissements compris :

1° Sur le montant du compte de premier établissement de la ligne, comprenant une somme à forfait de 7,825,000 fr., pour les dépenses de premier établissement, acquisition du matériel roulant, du mobilier des gares, etc., soit une annuité de 379,512 fr. 50;

2° Et jusqu'à concurrence d'un maximum de 300,000 fr. sur le montant de dépenses pour travaux complémentaires qui seraient exécutés par la Compagnie.

Les sommes versées par l'Etat en vertu de la clause de garantie constituent des avances remboursables avec intérêts simples à 4 0/0.

Toutes les fois que le produit net de la ligne de Mecheria à Aïn-Sefra dépassera le revenu net annuel garanti, l'excédent servira d'abord, avant toutes autre attributions, à parfaire le revenu net garanti pour les autres lignes précédemment concédées, avec la garantie de l'Etat, à la Compagnie Franco-Algérienne. Réciproquement, l'excédent du produit net des lignes précédemment concédées avec garantie de l'Etat, à la Compagnie Franco-Algérienne, servira d'abord, avant toutes autres attributions, à parfaire le revenu net garanti pour la ligne de Méchéria à Aïn-Sefra. Lorsque l'ensemble des produits nets des diverses lignes concédées à la Compagnie, avec garantie de l'Etat, dépassera le montant cumulé des revenus garantis pour chacune d'elles, les deux tiers de l'excédent seront affectés au remboursement, avec intérêts à 4 0/0, des sommes qui auraient été avancées à la Compagnie par l'Etat dans des années antérieures. Le dernier tiers appartiendra à la Compagnie. Lorsque les avances de l'Etat à la Compagnie auront été intégralement remboursées, avec intérêts à 4 0/0, toute la partie des produits nets annuels qui excédera le montant cumulé des revenus garantis à la Compagnie sera partagée par moitié entre l'Etat et la Compagnie.

La loi du 31 juillet 1886 stipule que la garantie accordée par l'Etat et les produits nets de l'exploitation de la ligne seront affectés, comme gage spécial et par privilège, au payement des intérêts et de l'amortissement des obligations à émettre.

C'est afin de pourvoir aux dépenses de constructions de la ligne et en vertu de l'autorisation conférée par l'Assemblée générale du 15 juin 1886, que la Compagnie a créé 23,015 obligations de 500 fr. à 3 0/0, dont l'émission a été autorisée par décisions ministérielles des 30 septembre et 6 décembre 1886

Ces obligations, émises à 340 fr., entièrement libérées et au porteur, sont remboursables à 500 fr. en 87 ans, de 1888 à 1974, par tirages au sort annuels en juin, (le remboursement des titres sortis s'effectuant le 1er octobre suivant.) Leur intérêt annuel est de 15 fr., payable par moitié les 1er avril et 1er octobre de chaque année.

Voici quels ont été leurs cours moyens :

1887.....	356 551	1891.....	406 277
1888.....	363 832	1892.....	414 497
1889.....	368 942	1893.....	413 498
1890.....	400 242		

SOCIÉTÉ NOUVELLE DES CHEMINS DE FER DES BOUCHES-DU-RHONE

Constitution. — Société anonyme, constituée le 14 septembre 1882.

Objet d'après les statuts. — La Société a pour objet : 1° L'exploitation des trois chemins de fer du Pas-des-Lanciers à Martigues, d'Arles à Fontvieille et de Tarascon à Saint-Remy ; 2° L'obtention de la concession, la construction et l'exploitation de toutes autres lignes, soit de chemins de fer, soit de tramways, dans le département des Bouches-du-Rhône ; 3° Toutes entreprises de transports se rattachant à ces exploitations.

Concession. — Accordée par le département des Bouches-du-Rhône, par traité du 14 janvier 1869, et par décret des 19 janvier 1870 et 10 juin 1873, pour une durée de 46 ans, prolongée ensuite jusqu'au 12 avril 1961.

Cession à la Compagnie des Chemins de fer Régionaux. — Depuis le 1er janvier 1887, la Société a cédé l'exploitation de ses lignes à la Compagnie des chemins de fer Régionaux des Bouches-du-Rhône. Elle n'a donc plus pour objet que de faire exécuter le traité par les régionaux, de surveiller l'exploitation, de régler et percevoir les redevances qui lui sont attribuées, et d'en faire la répartition aux intéressés. Il a été attribué à la Compagnie des Régionaux, pour la couvrir de tous ses frais, 2.300 francs par kilomètre (103.500 francs), plus le tiers des recettes brutes : les deux tiers desdites recettes constituent le bénéfice de la Société nouvelle.

Siège social. — A Marseille, 6, rue Montaux.

Durée. — Jusqu'au 12 avril 1961.

Capital social. — A l'origine, 1.200.000 francs, divisé en 2.400 actions de 500 francs ; réduit le 28 mars 1888, à 1.000.000 de francs, par le remboursement de 100 francs sur les 2.000 actions libérées représentatives de l'apport ; puis, par décision des 10 avril et 22 mai 1891, réduit à 880.000 francs, divisé en 1.760 actions de 500 francs chacune, entièrement libérées et au porteur.

Conseil d'administration. — Composé de trois à dix membres, nommés pour six ans, renouvelables par moitié tous les trois ans et devant être propriétaires de vingt actions chacun.

Les administrateurs actuels sont : MM. le comte Pingheti, président et administrateur délégué ; Georges Bencker, Jules Biquet, comte Casimir Delamarre, Camille Gautier, Sirus Pirondi, Emile Ragonot, Ulysse Silhol. Commissaire : M. Paul Gautier.

Assemblée générale. — Se réunit chaque année dans le courant du mois de mai, au plus tard. Elle est composée de tous les actionnaires propriétaires de dix actions au moins, qui les auront déposées trois jours avant l'Assemblée. Chaque membre a autant de voix qu'il possède de fois dix actions, comme propriétaire ou comme mandataire. Les porteurs d'actions de jouissance ont le droit d'assister et de voter aux Assemblées générales.

Amortissement des actions. — L'amortissement des actions est compris dans les charges sociales et prélevé avant toute répartition de bénéfices. Les 1.760 actions, n°s 1 à 1.760, seront amorties en 74 ans, par voie de tirages au sort ayant lieu à l'Assemblée générale, comprenant deux périodes, l'une de 1888 à 1919, pour le remboursement de 800 actions, l'autre de 1920 à 1961, pour le remboursement de 800 autres actions. Les 160 actions restantes seront remboursées au moyen de la réserve statutaire. Les actions amorties seront remplacées par des actions de jouissance, qui jouiront des mêmes droits que les actions non amorties, sauf celui à l'intérêt de 4 0/0.

Répartition des bénéfices d'après les statuts. — Sur les bénéfices il est prélevé :

5 0/0 pour former un fonds de réserve, ce prélèvement cessant d'être obligatoire lorsque la réserve atteindra le dixième du capital social ;

Une somme suffisante pour assurer aux actionnaires une première répartition jusqu'à concurrence de 4 0/0 du capital versé.

Le surplus des bénéfices est réparti ainsi qu'il suit :

10 0/0 (maximum) au Conseil d'administration ;

90 0/0 aux actionnaires.

COMPAGNIE DES CHEMINS DE FER DE LA DROME

Constitution. — Société anonyme, constituée le 1er octobre 1891.

Objet d'après les statuts. — La Société a pour objet :

La construction et l'exploitation d'un réseau de tramways à traction de locomotives, pour transport de voyageurs et de marchandises, dont la concession a été faite par le département de la Drôme, au fondateur, M. Marchand, et comprenant les lignes suivantes :

1° De Grand-Serre à Saint-Vallier (gare P.-L.-M.) et Saint-Vallier (port) partie comprise entre le Grand-Serre et la route nationale n° 7, à l'entrée sud de la ville de Saint-Vallier ;

2° De Romans (gare P.-L.-M.), à Tain (gare P.-L.-M.);

3° De Chabeuil à Valence (gare P.-L.-M.) et Valence (port) partie comprise entre Chabeuil et l'origine du chemin de grande communication n° 18, faubourg Saint-Jacques, à Valence;

4° De Dieulefit à Montélimar (gare P.-L.-M.).

Et les tronçons de lignes suivants :

1° De Grand-Serre à Saint-Vallier (gare P.-L.-M.) et Saint-Vallier (port) partie comprise entre la route nationale n° 7, entrée sud de la ville de Saint-Vallier, la gare P.-L.-M. de Saint-Vallier et le port sur le Rhône.

2° De Chabeuil à Valence (gare P.-L.-M.) et Valence (port), partie comprise entre l'origine du chemin de grande communication n° 18, faubourg Saint-Jacques, la gare P.-L.-M. des voyageurs, la gare P.-L.-M. des marchandises et le port sur le Rhône.

Garantie. — Cette concession a été faite pour une durée de soixante-quinze ans, avec garantie par le département de la Drôme d'une subvention de la somme nécessaire pour couvrir les dépenses d'exploitation et l'intérêt à 5 0/0 du capital de premier établissement, à des conditions déterminées.

Siège social. — Paris, 64, rue des Petits-Champs.

Durée. — Quatre-vingt-dix-neuf ans.

Capital social. — 2.500.000 fr., divisé en 5.000 actions de 500 fr. chacune, entièrement libérées et au porteur.

Il y a, en outre, 2.500 parts de fondateurs attribuées au fondateur de la Société, en représentation des 25 0/0 dans les bénéfices nets de la Société qui lui sont alloués par les statuts.

Conseil d'administration. — Composé de trois à six membres, nommés pour six ans, renouvelables par tiers tous les deux ans et devant être propriétaires de trente actions chacun. Le premier Conseil restera en fonctions pendant six années et sera renouvelé en entier après cette époque.

Les Administrateurs actuels sont : MM. Charles Prevet, président; Dujardin-Baumetz, Marchand, Delpech, Ledoux, Maurice Combier.

Assemblées générales. — Courant avril. Composée de tous les actionnaires propriétaires de dix actions au moins, qui les auront déposées six jours avant l'Assemblée. Chaque membre a autant de voix qu'il possède de fois dix actions, sans que le nombre de voix puisse dépasser un maximum de cinquante, comme propriétaire ou comme mandataire.

Répartition des bénéfices d'après les statuts. — Sur les bénéfices il est prélevé :

5 0/0 pour former un fonds de réserve, ce prélèvement cessant d'être obligatoire lorsque la réserve atteindra le dixième du capital social.

Une somme suffisante pour assurer aux Actionnaires une première répartition, jusqu'à concurrence de 5 0/0 du capital versé.

Ces prélèvements effectués, il est prélevé :

25 0/0 qui sont attribués à M. Marchand, fondateur, à repartir entre les parts bénéficiaires.

Le surplus des bénéfices est réparti ainsi qu'il suit :

20 0/0 au Conseil d'Administration.

80 0/0 aux Actionnaires.

CHEMINS DE FER DU SUD DE LA FRANCE

Constitution. — Société anonyme, constituée le 3 décembre 1885.

Objet d'après les statuts. — La Société a pour objet l'exécution et l'exploitation des chemins de fer de Draguignan à Meyrargues et de Draguignan à Grasse, de Grasse à Nice ou Cagnes, de Digne à Draguignan par Castellane et Saint-André et de Saint-André à Nice par Puget-Théniers, et de toutes autres concessions de chemins de fer en France, à condition que l'intérêt des capitaux nécessaires à l'exécution des lignes concédées soit garanti par l'Etat, les départements ou les communes.

Concessions. — La Société est concessionnaire des lignes de chemins de fer suivantes, comprenant des lignes d'intérêt général et des lignes d'intérêt local, savoir :

Réseau concédé *définitivement* :

1° Ligne d'intérêt général de Meyrargues à Draguignan.	98	kilom.
2° — — de Draguignan à Grasse......	63	—
3° — — de Grasse à Manda..........	36	—
4° — — de Nice à Puget-Théniers.....	58 300	
5° — — de Puget-Théniers à St-André.	46	—
6° — — de Digne à Saint-André......	44	—
7° Ligne d'intérêt local d'Hyères à Fréjus-Saint-Raphaël.	83	—
8° — — de Cogolin à Saint-Tropez.......	9 400	
9° Réseau de tramways, à traction de locomotives, du département de la Côte-d'Or, comprenant quatre lignes, de Beaune à Arnay-le-Duc, de Châtillon-sur-Seine à Aignay-le-Duc, de Dijon à Fontaine-Française, et de Semur à Saulieu..	145 700	
10° Nouveau réseau dans le département de la Côte-d'Or, comprenant les lignes d'Arnay-le-Duc à Saulieu, de Fontaine-Française à Mornay et de Vaurois à Baigneux-les-Juifs.	61 5	
11° Prolongement de la ligne de Dijon à Fontaine-Française à travers la ville de Dijon.........................	1 5	
12° Longueur totale du réseau concédé à titre définitif...	647	kilom.

Il y a lieu de faire savoir que la ligne de Puget-Théniers à Saint-André (46 kil.), bien que concédée à titre définitif par la loi du 29 juillet 1889, ne pourra être commencée que lorsqu'une loi aura fixé le maximum du capital de premier établissement auquel s'appliquera la garantie d'intérêt.

La Compagnie est en outre concessionnaire, *à titre éventuel*, des lignes suivantes :

1° Lignes d'intérêt général de Saint-André à Draguignan, par Castellane (81 kilom.)

2° Ligne d'intérêt local de Toulon à Hyères (20 kilom.)
3° Dans le département du Var : 112 kilomètres.

Garantie de l'Etat. — Voici les conditions de la garantie accordée par l'Etat à la Compagnie pour les lignes d'intérêt général :

1° Pour les lignes de Meyrargues à Draguignan et de Draguignan à Grasse, l'Etat garantit un intérêt de..... amortissement compris, sur le montant des sommes dépensées pour la construction et la mise en exploitation des lignes, sans que ces sommes puissent dépasser le chiffre maximum de 29,932,875 fr., augmenté éventuellement de 2 millions, après la mise en exploitation pour création ou augmentation de gares ou autres travaux complémentaires nécessaires. Ledit intérêt étant : 1° de 5 0/0 sur 27,400,000 fr., plus 2 millions pour travaux complémentaires ; 2° Et de 4.65 0/0 sur 2,532,875 fr., soit une annuité maximum d'ensemble 1,587,778 fr. 65.

2° Pour les lignes de Grasse à Manda, de Manda à Nice, de Nice à Saint-Martin-du-Var, de Saint-Martin-du-Var à Puget-Théniers et de Digne à Saint-André, l'Etat garantit un intérêt de 4.65 0/0 sur un capital maximum de premier établissement de 48,247,000 fr., augmenté éventuellement de 3.700,000 fr. pour travaux complémentaires, soit une annuité maximum d'ensemble 2,415,535 fr. 50.

Cette garantie de revenu s'exercera à dater du jour de la mise en exploitation totale ou partielle, au prorata du nombre de kilomètres exploités. Les sommes versées par l'Etat, en vertu de la clause de garantie, constituent des avances remboursables avec les intérêts à 4 0/0. Toutes les fois que les recettes nettes de l'ensemble des lignes dépasseront le revenu net annuel garanti, l'excédent sera attribué pour deux tiers à l'Etat en remboursement de ses avances. Le troisième tiers appartiendra à la Compagnie. Après remboursement complet à l'Etat de ses avances accumulées avec les intérêts à 4 0/0, l'excédent des recettes nettes annuelles, sur le montant du revenu annuel garanti, sera partagé par moitié entre l'Etat et la Compagnie.

Garantie des départements. — 1° Des termes de la convention du 19 septembre 1884 et de la loi du 22 juillet 1886, il résulte que le capital d'établissement de la ligne d'intérêt local d'Hyères à Fréjus-Saint-Raphaël (80 kilomètres), comprenant les dépenses relatives au parachèvement de la ligne, à la constitution du capital-actions et à l'émission des obligations, a été fixé à 126,000 fr. par kilomètre (soit, pour 80 kilomètres, 10,080,000 fr.) ; ledit capital pouvant être augmenté de 1,500,000 francs pour travaux complémentaires et insuffisances d'exploitation, pendant une période qui ne doit pas dépasser six ans, à partir de la mise en exploitation ; et qu'en cas d'insuffisance du produit brut de la ligne (impôts déduits) pour faire face aux dépenses d'exploitation et au payement de l'intérêt à 5 0/0 par an du capital de premier établissement, augmenté, s'il y a lieu, des insuffisances constatées pendant la période de construction, le *département du Var* s'est engagé à couvrir cette insuffisance, tant à l'aide de ses propres ressources qu'au moyen de la participation de l'Etat prévue par la loi du 11 juin 1880, des communes et des particuliers intéressés ; cette participation de l'Etat ne devant pas dépasser un maximum annuel de 80,000 fr. Toutefois le taux de l'intérêt garanti sera abaissé à 4 1/2 0/0 dans le cas où l'insuffisance du produit brut dépassera 100,000 fr., à la charge propre du département.

2° Des termes des décret du 11 octobre 1888, traité du 28 août 1888, convention du 10 janvier 1889, traité du 10 mai 1889 et décret du 23 mai 1889 qui régissent la concession des tramways de la Côte-d'Or, il résulte notamment que le maximum du capital de premier établissement desdits tramways ne peut dépasser 7,489,350 francs, pour l'ensemble des lignes de Beaune à Arnay-le-duc, de Châtillon-sur-Seine à Aignay-le-Duc, de Dijon à Fontaine-Française et de Semur à Saulieu, y compris les frais de constitution du capital-actions et de l'émission des obligations, et que le *département de la Côte-d'Or*, avec la participation de l'Etat, telle qu'elle est définie par la loi du 11 juin 1880, garantit l'intérêt à 5 0/0 dudit capital de premier établissement et de l'achat du matériel roulant primitif, fixé à ladite somme maximum de 7,489,350 francs, y compris tous frais quelconques et tous intérêts pendant le temps de la construction, annuité de 374,467 fr. 50, à laquelle l'Etat ne peut avoir à participer que pour un maximum de 187,233 fr. 75.

Aux termes de la loi du 11 juin 1880, les obligations ne peuvent être émises que jusqu'à concurrence de la moitié du capital de premier établissement de 7,489,350 fr., soit pour la somme de 3,744,675 fr.

3° Des termes du décret du 17 mars 1892 et de la convention du 5 janvier 1891, il résulte que le prolongement de la ligne de Dijon à Fontaine-Française, à travers la ville de Dijon, sur une longueur d'environ 1,490 mètres, a été concédé à la Compagnie avec une garantie de 5 0/0 sur un capital d'établissement maximum de 48,950 francs par kilomètre à la charge du *département de la Côte-d'Or*, et que par suite de la suppression de l'embranchement du Pont-de-Cosne à Baigneux, le maximum du capital d'établissement du réseau, concédé par décret du 11 octobre 1888, a été réduit à 7,122,225 francs.

4° Des termes du décret du 23 juillet 1892, de la convention du 5 janvier 1891 et de l'avenant du 30 juin 1892, il résulte notamment que le maximum du capital de premier établissement, pour les lignes de tramways à traction de locomotives d'Arnay-le-Duc à Saulieu, de Fontaine-Française à Mornay, et de Vaurois à Baigneux-les-Juifs, formant le complément du premier réseau concédé dans la Côte-d'Or, ne peut dépasser la somme de 3,010,425 francs, y compris les frais de constitution du capital-actions et de l'émission des obligations ; et que le *département de la Côte-d'Or*, avec la participation de l'Etat, telle qu'elle est définie par la loi du 11 juin 1880, garantit l'intérêt à 4 fr. 65 0/0 dudit capital d'établissement.

5° Enfin, des termes du décret du 10 juin 1892 et de la convention du 9 avril 1892, il résulte que le capital d'établissement de la ligne de tramways à vapeur de Cogolin à Saint-Tropez a été fixé à la somme maxima de 410,000 francs, et que le *département du Var*, avec la participation de l'Etat, conformément à la loi du 11 juin 1880, garantit l'intérêt à 5 0/0 de ce capital.

Siège social. — Paris, rue de la Chaussée-d'Antin, 66.

Durée. — La Société a commencé du jour de sa constitution définitive, 3 décembre 1885, et finira à l'expiration de la concession, 17 août 1984.

Capital social. — 1° Le capital social a été fixé à l'origine à 10 millions de francs et divisé en 20,000 actions de 500 fr., émises au pair, le 29 octobre 1885, par la Société de Crédit industriel et commercial, entièrement libérées depuis le 1er juillet 1887 et au porteur;

2° Par décisions des Assemblées générales des 5 avril, 16 septembre et 19 octobre 1889, il a été porté de 10 à 20 millions, par la création de

20,000 actions nouvelles, qui ont été émises le 27 juillet 1889, en souscription réservée de préférence aux anciens actionnaires, au prix de 500 fr. stipulés payables : 75 fr. en souscrivant, 50 fr. à la répartition, 125 fr. le 5 août 1889 et le surplus aux époques à fixer par le Conseil d'administration, avec faculté de libération par anticipation.

3° Par décision des Assemblées générales des 29 avril, 30 juin et 11 août 1892, il a été élevé de 20 à 25 millions, par la création de 10,000 actions nouvelles de 500 fr., qui ont été émises le 5 juin 1892, en souscription réservée de préférence aux anciens actionnaires, au prix de 500 fr. stipulés payables, savoir : 125 fr. en souscrivant et 375 fr. le 15 juillet 1892.

Il est donc actuellement de 25 millions, divisé en 50,000 actions de 500 fr. entièrement libérées et au porteur.

Le payement des intérêts et dividendes se fait, depuis 1893 : les 1er novembre (acompte) et 1er mai (solde).

Conseil d'administration. — De cinq membres au moins, devant être propriétaires chacun de 50 actions au moins, inaliénables pendant la durée de leurs fonctions. Les administrateurs actuels sont :

MM. J.-B. Krantz, *président ;* L. Ewald, *vice-président ;* H. Erhmann, R. Lavaurs, A. Mirabaud, L. Odier, Mis des Roys, I. Salles.

Assemblée générale. — Dans le courant d'avril, composée de tout propriétaire de dix actions qui les a déposées seize jours au moins avant la date de la réunion. Chaque groupe de dix actions donne droit à une voix, sans qu'aucun actionnaire puisse avoir plus de 100 voix en son nom personnel et plus de 100 voix comme mandataire.

Répartition des bénéfices d'après les statuts. — Pendant l'exécution des travaux et jusqu'à l'achèvement des lignes, il sera payé aux actionnaires un intérêt de 5 0/0 l'an sur le capital versé.

Après le prélèvement de toutes les charges sociales, il sera prélevé chaque année, sur les bénéfices nets et sur les sommes à provenir de la garantie de l'Etat :

1° La somme nécessaire à l'amortissement du fonds social, calculée de telle sorte que le capital social soit complètement amorti à l'expiration des concessions ;

2° La somme nécessaire pour servir aux actions non amorties un intérêt à 5 0/0 du capital versé ;

3° 5 0/0 ou un vingtième du bénéfice net de l'entreprise pour la constitution d'un fonds de réserve, et ce, jusqu'à ce que cette réserve atteigne le dixième du capital social.

Le surplus des produits annuels sera réparti également entre toutes les actions amorties ou non amorties.

Le fonds d'amortissement devra être employé chaque année jusqu'à due concurrence, à compter de l'année qui suivra la mise en exploitation des chemins, au remboursement d'un certain nombre d'actions, comme il sera dit ci-après.

Si, dans le courant d'une ou de plusieurs années, les produits nets de l'exploitation étaient insuffisants pour assurer le remboursement d'un nombre d'actions à amortir, la somme nécessaire pour compléter le fonds d'amortissement serait prélevée sur les premiers produits des années suivantes, par préférence à toute attribution de dividendes aux actionnaires.

L'amortissement des actions aura lieu au moyen de tirages au sort annuels aux époques fixées par le Conseil d'administration. Les actions désignées par le sort seront remboursées à 500 francs et remplacées par des actions de jouissance.

Si les actions étaient cotées au-dessous de leur valeur nominale, l'amortissement se ferait par rachats à la Bourse. L'annulation des titres ainsi rachetés ne donnerait pas lieu à la création d'actions de jouissance.

L'amortissement doit commencer à fonctionner en 1894.

Obligations 3 0/0. — Il a été créé 224.808 obligations de 500 fr. 3 0/0, libérées et au porteur, créées en conformité de l'article 21 des statuts ; remboursables à 500 francs, par tirages au sort annuels, ayant lieu aux époques fixées par le Conseil d'administration. Jusqu'ici ces tirages ont eu lieu en mars, pour le remboursement des titres sortis s'effectuer le 15 avril suivant.

Intérêt annuel : 15 fr., payables par moitié les 15 avril et 15 octobre de chaque année.

Ces obligations ont fait l'objet de sept émissions, savoir :

1re Emission de 55.353 obligations, autorisée par décision ministérielle du 12 janvier 1888, pour les dépenses de construction de la ligne d'intérêt général de Meyrargues à Grasse par Draguignan.

Ces obligations ont été émises le 19 janvier 1888, par la Société marseillaise de Crédit industriel et commercial et de dépôts, par la Société générale de Crédit industriel et commercial, et par le Crédit Lyonnais, au prix de 342 francs, stipulés payables par termes échelonnés jusqu'au 20 juillet 1888.

Remboursables en 96 ans, de 1889 à 1984.

2e Emission de 14.608 obligations, autorisée par décision ministérielle du 2 mai 1889 pour les dépenses de construction de la ligne d'intérêt local d'Hyères à Fréjus-Saint-Raphaël.

Lesdites obligations ont été prises ferme par un groupe d'établissements financiers au prix de 345 francs par titre.

Elles sont remboursables en 94 ans, de 1891 à 1984.

3e Emission de 61.617 obligations, remboursables en 93 ans, de 1892 à 1984, autorisée par décision ministérielle du 16 janvier 1890, pour un capital de 23.044.829 fr., applicable au montant des dépenses de construction ou de parachèvement des chemins de fer de Draguignan à Grasse, de Grasse à Manda, de Manda à Nice, de Manda à Saint-Martin-du-Var, de Saint-Martin-du-Var à Puget-Théniers et de Digne à Saint-André, concédés à la Société, savoir : la ligne de Draguignan à Grasse, par la convention du 23 juillet 1885 et la loi du 17 août 1885, et les autres par les conventions et avenants du 21 mai 1889 et la loi du 29 juillet 1889.

Lesdites obligations ont été émises le 4 février 1890, par la Société générale de Crédit industriel et commercial, la Société générale et la Société marseillaise de crédit industriel et commercial et de dépôts, au prix de 375 fr., stipulés payables par termes échelonnés jusqu'au 5 juin 1890.

4e Emission de 9.725 obligations, autorisée par décision ministérielle du 28 mai 1890, pour un capital de 3.744.675 fr., égal à la moitié du capital maximum de premier établissement du réseau de tramways à vapeur de la Côte d'Or, dont la Compagnie est rétrocessionnaire, conformément aux décrets des 11 octobre 1888 et 23 mai 1889.

Ces obligations ont été vendues par la Compagnie au prix de 385 fr. l'une.

Remboursables en 94 ans, de 1891 à 1984.

5e *Emission* de 61.179 obligations, autorisée par décision ministérielle du 13 février 1891, pour un capital de 24.900.000 fr., destinés à la construction ou au parachèvement, en 1891 et 1892, des lignes concédés dans les départements du Var, des Alpes-Maritimes et des Basses-Alpes, et désignées dans les conventions du 21 mai 1889 et loi du 29 juillet suivant.

Ces obligations ont été émises, le 24 mars 1891, par la Société générale de Crédit industriel et commercial, la Société générale et la Société Marseillaise de Crédit industriel et commercial et de dépôts, au prix de 415 fr., stipulés payables par termes échelonnés jusqu'au 5 juin 1891.

Remboursables en 93 ans, de 1892 à 1984.

6e *Emission* de 13.076 obligations, autorisée par délibération du Conseil d'administration du 18 septembre 1891 et par décision ministérielle du 31 décembre suivant, jusqu'à concurrence d'une somme de 4.969.000 fr., destinée tant à compléter le capital réel d'établissement de la ligne d'intérêt général de Meyrargues à Grasse et de la ligne d'intérêt local d'Hyères à Saint-Raphaël, qu'à faire face aux insuffisances d'exploitation constatées sur cette dernière ligne en 1889 et 1890. (Convention du 23 juillet 1885. Loi du 17 août 1885. Convention du 19 septembre 1884. Loi du 22 juillet 1886. Décret du 19 mars 1889.)

Ces obligations ont été vendues par la Compagnie au prix de 380 fr. l'une.

Remboursables en 93 ans, de 1892 à 1984.

7e *Emission* de 9.250 obligations, autorisée par délibération du Conseil d'administration du 23 septembre 1892 et par décision ministérielle du 25 février 1893, jusqu'à concurrence d'une somme de 3.700.000 fr., applicable au complément de dépenses de construction du réseau du Var et à la moitié de l'insuffisance des produits de la ligne du littoral du Var, en 1891.

Ces obligations ont été vendues par la Compagnie au prix de 400 fr. l'une.

Remboursables en 91 ans, de 1894 à 1984.

Dividendes distribués

1885-86	14 062	1890	25 »
1887	20 3125	1881	25 »
1888	25 »	1882	22 50
1889	25 »	1883	15 »

Cours des titres. — Voici ceux des dernières années :

	Actions		Obligations
1886	490 86		
1887	482 236		
1888	476 672	1888	344 591
1889	488 676	1889	362 917
1890	528 411	1890	403 075
1891	535 390	1891	408 590
1892	502 302	1892	409 256
1893	257 180	1893	389 450
1894	274 648	1894	393 632

CHEMIN DE FER DE LA RÉUNION

Constitution. — Société anonyme, constituée le 21 février 1878, sous le titre de « Société anonyme du chemin de fer et port de la Réunion. »

Objet d'après les statuts. — La Société a pour objet la construction et l'exploitation d'un port maritime dans l'île de la Réunion (colonie française) et d'un chemin de fer destiné à relier à ce port tous les quartiers producteurs de l'île, depuis Saint-Pierre jusque et y compris Saint-Benoist, en passant par Saint-Denis.

Concession. — Le port et le chemin de fer ont été concédés pour une durée de 99 ans, à MM. Lavalley et Palleu de la Barrière, qui en ont fait apport à la Société, par délibérations du Conseil général de la Réunion des 25 juin 1874 et 27 novembre 1875, modifiées par convention passée avec le Ministre de la Marine et des Colonies, le 9 février 1877, et approuvées par la loi du 23 juin 1877.

Garantie de l'Etat. — D'après la convention du 19 février 1877 (approuvée par la loi du 23 juin suivant), l'Etat garantit à la Société une recette annuelle nette de 1,925,000 fr., y compris une subvention annuelle de 160,000 fr. que le Conseil général de l'île de la Réunion s'est engagé à verser pendant 30 ans, cette garantie ne devant être effective que si les recettes nettes n'atteignent pas cette somme. Puis, par une convention du 26 mai 1884 (approuvée par la loi du 19 décembre suivant), la recette annuelle garantie a été augmentée de 570,000 fr. et portée à 2,495,000 fr.

Durée de la Société. — 99 ans (devant expirer le 21 février 1977).

Capital social. — 5 millions de francs, divisés en 10,000 actions de 500 fr. entièrement libérées.

Déchéance. — Par un décret du 2 décembre 1887, la Société a été déclarée déchue de la concession. Le chemin de fer, le port, le matériel de construction et d'exploitation du port, le matériel roulant du chemin de fer et les approvisionnements sont demeurés la propriété de l'Etat. Le tout à compter du 1er janvier 1888.

L'exploitation *se fait par l'Etat* depuis le 1er janvier 1888.

L'administration du chemin de fer et du port dépend du sous-secrétariat d'Etat des colonies, à Paris, rue Royale, 2 (bureau spécial, rue Cambon, 14).

Un décret du 22 octobre 1889 détermine les conditions dans lesquelles doit fonctionner le service financier de l'entreprise.

L'administration du chemin de fer et du port de la Réunion constitue un service spécial confié, sous l'autorité du sous-secrétaire d'Etat des colonies et du gouverneur de la Réunion, à un directeur résidant dans la colonie.

Le budget annuel de l'exploitation, comprenant les prévisions de recettes et les crédits nécessaires aux dépenses, est établi par le directeur et soumis par le gouverneur à l'approbation du sous-secrétaire d'Etat des colonies, en temps utile pour être compris dans le projet de loi portant fixation du budget général de l'exercice présenté à la Chambre des députés par le Ministre des finances.

Dans les dépenses sont compris les intérêts et l'amortissement des obligations de 500 fr. 3 0/0, émises par la Société en vertu des conventions de 1877 et 1884.

Dissolution et liquidation. — Par suite de la déchéance prononcée contre elle, la Société a été *dissoute* et mise en *liquidation* par décision de l'Assemblée générale du 3 mars 1888.

Liquidateurs : MM. les membres du Conseil d'administration en exercice.

Liquidateur délégué par le Conseil d'administration, M. Berge, rue de la Victoire, 60.

Siège de la liquidation : à Paris, rue de Provence, 31.

Obligations 3 0/0. — Il y a eu 156,921 obligations de 500 fr. émises, qui restent toujours à la cote et dont les intérêts sont régulièrement payés. Ces titres sont :

156,921 obligations de 500 fr. 3 0/0, émises par la Compagnie du chemin de fer et port de la Réunion, entièrement libérées et au porteur, remboursables à 500 fr. par tirages au sort annuels en octobre, pour le remboursement des titres sortis s'effectuer le 1er janvier suivant. Elles portent un intérêt annuel de 15 fr. payable par moitié, les 1er janvier et 1er juillet.

Ces titres jouissent de la garantie de l'Etat jusqu'à concurrence d'une annuité de 2,495,000 fr. à partir de l'émission et pendant toute la durée de la concession, dans les termes des conventions énoncées ci-après, des 19 février 1877 et 26 mai 1884. Ils proviennent des deux emprunts suivants :

1er *emprunt*, autorisé par l'article 19 des statuts, par la loi du 23 juin 1877 et par décision ministérielle du 15 février 1878, représenté par 121,456 obligations, émises au fur et à mesure des besoins de la Société, et remboursables en 99 ans, de 1878 à 1976.

2e *emprunt* de 11,400,000 fr., autorisé par la convention du 26 mai 1884 et par la loi du 19 décembre suivant, par décision de l'Assemblée générale du 5 janvier 1885 et par décision ministérielle du 5 janvier 1885; représenté par 35,495 obligations, émises le 20 janvier 1885, par souscription réservée de préférence aux actionnaires, au prix de 330 francs, et remboursables en 92 ans, de 1885 à 1976.

CHEMINS DE FER ÉTRANGERS

CHEMINS DE FER ÉTRANGERS

CHEMINS DE FER AMÉRICAINS

Nous n'examinons sommairement que les plus importantes compagnies :

Canadian-Pacific Railway C⁰. — Constituée par acte du Parlement Canadien, en date du 17 février 1881. Lors de sa fondation, la société a reçu de l'État les subventions suivantes :

a) 25.000.000 de dollars en espèces.

b) 713 milles (1.141 kilom.) de voie ferrées ayant coûté, à l'origine, 35,000,000 de dollars environ.

c) 25,000,000 d'acres (environ 10,117,000 hectares) de terrains agricoles.

Durée de la Société. — Illimitée. La charte a été accordée à perpétuité. La Compagnie est propriétaire de la ligne et ne travaille pas en qualité de concessionnaire.

Siège social. — Montréal.

Réseau. — 1° Lignes appartenant à la compagnie :

Ligne principale : Montréal-Fort William-Donald-Vancouver (Atlantique au Pacifique).	Milles	2.905
Embranchements et lignes complémentaires. . . .	»	1.249
2° Lignes prises à bail.	»	2,232
Lignes utilisées en commun avec d'autres compagnies.	»	56
3° Lignes exploitées d'une façon indépendante, pour compte de propriétaires.	»	776
Longueur totale au 1ᵉʳ janvier 1894.	Milles	7,218
soit	kilom.	11,613

Sur ce réseau de 7.218 milles, 6,327 seulement, ou 10.180 kilomètres, sont compris dans le compte des recettes de la Compagnie : 215 milles sont en construction.

La Compagnie du Canadian-Pacific s'est rendue maîtresse des Compagnies « Minneapolis Saint'Paul and Soult Sainte-Marie (1.278 milles) » et « Duluth South Shore and Atlantic (584 milles) » par l'acquisition de la majeure partie de leur capital-action ; elle accorde sa garantie aux obligations de ces Compagnies.

Suivant l'autorisation qui lui a été donné par sa charte, la Compagnie a établi et exploité un réseau télégraphique fort étendu, en concession avec son réseau ferré.

Capital social. — Il y a d'abord les actions ordinaires. Le capital, à l'origine fixé à 100.000.000 de dollars, a été ensiute réduit à 65.000.000 de dollars, divisés en 650.000 actions de 100 dollars entièrement libérées. Le *dividende* est payable en février et août. L'Assemblée générale du 10 mai 1893 a décidé en principe la conversion facultative des actions en « sterling stock ».

Il y a ensuite les actions privilégiées. L'assemblée des actionnaires du 10 mai 1893 autorisa l'émission de 8.000.000 de dollars d'actions privilégiées 4 0/0. A valoir sur ce montant, il a été émis en 1893, 6.424.000 dollars.

Obligations 4 0/0. — La Compagnie avait émis au 1er janvier 1894 :
(dollars) 48.088.086.33 d'obligations hypothécaires diverses (taux divers).
 »   39.819.675,—   »   consolidés 4 0/0 (« debentures »).
 »   18.426.000,— obl. 1re hyp. grevées sur les terrains concédés.

(dollars) 106.333.761,33 au total.

Terrains. — Par suite de cessions de terrains au gouvernement, de ventes ou d'acquisitions nouvelles, le domaine total de la compagnie était réduit, au 31 décembre 1893, à 17.080,474 acres.

La moyenne des prix de vente des terrains a été, par acre, en 1892, de 3.45 dollars ; en 1893, de 3 29 dollars.

Assemblée générale. — En avril.

Année sociale. — Du 1er janvier au 31 décembre.

Dividendes distribués. — Ils ont été, depuis 1882 :

Exercice		Exercice		Exercice	
1882.	2 1/2 0/0	1886.	3 0/0	1890.	5 0/0
1883.	5 0/0	1887.	3 »	1891.	5 »
1884.	4 »	1888.	3 »	1892.	5 »
1885.	4 »	1889.	5 »	1893.	5 »

Le gouvernement canadien a garanti et payé, de novembre 1883 à août 1893, un dividende de 3 0/0. La Compagnie a, de ce chef, encaissé, de 1888 à 1893, après répartition de 5 0/0, des excédents de recettes qui ont été versés à un « fonds de réserve de dividendes ».— Ce fonds s'élevait, au 31 décembre 1893, à 7,261,213,14 dollars.

Atchison Topeka and Santa-Fé Railroad C°. — A été formée en 1889, par la réorganisation d'anciennes compagnies. Elle exploitait, au 30 juin 1894, un réseau de 9.342 milles (15.031 kilom.), s'étendant du lac Michigan au golfe du Mexique et à l'Océan Pacifique. Dans ces 9.342 milles étaient compris 2.622 milles de lignes auxiliaires prises à bail des Compagnies Atlantic et Pacific, Colorado Midland et Saint-Louis et San-Francisco, aux obligations desquelles l'Atchison Topeka and Santa-Fé accordait sa garantie. L'ensemble de ces lignes forme ce que l'on a appelé l' « Atchison Topeka and Santa-Fé consolidated system ». A la même époque, le capital actuel s'élevait à 102 millions de dollars, divisé en 1.020.000 actions de 100 dollars.

La Compagnie a été remise, le 23 décembre 1893, entre les mains de liquidateurs judiciaires (recevers) : elle est actuellement en voie de réorganisation.

Il y a un emprunt-obligations 4 0/0, contracté par elle en 1889, dont voici l'économie.

Obligations 4 0/0. — Elle a été autorisée à emprunter 150 millions de dollar divisé en coupures de 500 et 1.000 dollarss or. Mais le capital émis n'a été jusqu'ici que de 129.320.000 dollars. De ces 150 millions de dollars, une partie est réservée pour rembourser, à leurs échéances, les emprunts antérieurs, s'élevant à 10.060.330 dollars. L'intérêt est de 4 0/0 l'an, payables semestriellement en or, les 1er janvier et 1er juillet.

Comme garantie hypothécaire, il y a une hypothèque générale sur la propriété entière de la Compagnie (6.634 milles = 10.674 km.), constituée pour 150 millions de dollars (14.053 par kilomètre), maximum autorisé de l'emprunt 4 0/0. Ce maximum peut être élevé de 20.000 dollars par nouveau mille d'extension, ou doublement de voie de même longueur. Après l'extinction des emprunts antérieurs précités, le présent emprunt passera en première hypothèque sur le réseau total.

Cours moyens : 1891, 4.050 à 4.415 ; 1892, 4.300 à 4.400 ; 1893, 3.350 à 4.250 ; 1894, 3.525.

Buffalo, Rochester and Pittsburgh Railway C^o. — Créée en mars 1887. A succédé à la Compagnie « Rochester and Pittsburgh », liquidée en octobre 1885. Elle exploite 334 milles (537 kilometres) de lignes dans les états de New-York et de Pensylvanie. Elle possède le capital actions de la « Rochedter and Pittsburg Coal and Iron C^o », s'élevant à 4 millions de dollars. Son propre capital actions s'élève à 12 millions de dollars, dont 6 millions en actions ordinaires à 100 dollars et 6 millions en actions privilégiées 6 0/0 (dividende non cumulatif). L'année sociale se termine le 30 juin et l'assemblée annuelle des actionnaires a lieu le troisième lundi de novembre.

Il y a un emprunt obligations 5 0/0, contracté par elle en 1887, dont voici l'économie ;

Obligations 5 0/0. — Elle a été autorisée à emprunter 10 millions de dollars or. Mais le capital émis en 1894 n'est que de 4.118.000 dollars, divisé en 4.118 obligations de 1.000 dollars chacune, au porteur : le solde non émis de l'emprunt est réservé pour rembourser, à leurs échéances (1922 et 1922), des emprunts antérieurs s'élevant à 5.220.000 dollars. L'intérêt est de 5 0/0 l'an, payable en or, 25 dollars le 1er mars, 25 dollars le 1er septembre. Remboursement au pair ou le 1er septembre 1937.

Comme garantie hypothécaire : une hypothèque générale sur 272 milles (437 kilomètres), soit 10 milles en première hypothèque, 154 milles en deuxième hypothèque et 108 milles en troisième hypothèque. Après remboursement des emprunts antérieurs, auxquels est affecté le solde non émis de l'emprunt, celui-ci passera en premier rang sur la ligne entière.

Cours moyens : 1892, 4.975 à 5.375 ; 1893, 5.020 à 5.225 ; 1894, 5.015.

Central Pacific Railroad C^o. — Possède un réseau de 1.360 milles (2188 kilom.) dans les Etats de Californie, Nevada et Utah. Ce réseau a été donné en bail, en 1887, pour 99 ans, à la Southern-Pacific C^o.

Cette Compagnie a été autorisée, de 1865 à 1868, à émettre un emprunt-obligations 6 0/0, dont voici l'économie :

Obligations 6 0/0. — Le capital émis a été de 25.883.000 dollars or, divisé en obligations de 1.000 dollars au porteur. Intérêt 6 0/0 l'an, payable en or : 30 dollars le 1ᵉʳ janvier et 30 dollars le 1ᵉʳ juillet. Remboursement au pair, en or, de 1895 à 1898.

Comme garantie hypothécaire, il y a une première hypothèque : pour les séries A à D de 6.378.000 dollars sur 140 milles en Californie (225 kilom. = 28.314 dollars par kilom.), pour les séries E à I, de 19.505.000 dollars sur la ligne allant de San José (Californie) aux environs d'Ogden (Utah), longue de 598 milles (962 kilom. = 20.275 dollars par kilom.).

Cours moyens : 5.150 à 5.900 en 1891 ; 5.150 à 5.450 en 1893.

East Tennessee Virginia and Georgia Railway Cº. — Constituée le 1ᵉʳ juillet 1886 par suite de la réorganisation d'anciennes compagnies. Elle exploite, dans les Etats de Tennessee, Virginie et Géorgie, Mississipi, Caroline du Nord et Alabama, un réseau de 1.265 milles (30 juin 1893), soit 2.035 kilom., et a pris à bail d'autres lignes. Elle est en outre intéressée dans diverses Compagnies.

Elle a émis une série d'emprunts, dont voici l'économie :

Obligations 7 0/0 1ʳᵉ hypothèque. — Capital autorisé : 3.500.000 dollars. Capital émis : 3.123.000 dollars, divisé en 3.123 obligations de 1.000 dollars, au porteur. Intérêt 7 0/0 l'an, payable 35 dollars le 1ᵉʳ janvier et 37 dollars le 1ᵉʳ juillet, en monnaie légale. Remboursement au pair, en monnaie légale, le 1ᵉʳ juillet 1900.

Comme garantie hypothécaire : hypothèque en premier rang sur les lignes Bristol à Chattanooga (Tennessee) et Cleveland à Dalton (Géorgie), de 272 milles (439 kilom.); constituée pour 3.500.000 dollars, soit 8.086 dollars par kilom. environ.

Obligations 5 0/0 or. — Cet emprunt, dit « divisional », a été créé en 1880 au capital de 3.106.000 dollars or, divisé en 3.106 obligations de 1.000 dollars, libérées et au porteur. Les titres portent comme indication du capital maximum 10.000.000 dollars. Cependant, lors de la réorganisation de l'Est Tennessee, cette somme a été réduite et les titres revêtus du timbre : divisional bond. Leur intérêt est de 5 0/0 l'an, payable en or : 25 dollars le 1ᵉʳ janvier, 25 dollars le 1ᵉʳ juillet. Remboursement au pair, en or, le 1ᵉʳ juillet 1930. Garantie hypothécaire : Première hypothèque sur 282 milles (Dalton-Selma et Morriston Branch); seconde hypothèque sur 272 milles.

Obligations 5 0/0 or. — D'autres obligations 5 0/0 ont été créées en 1886. Capital autorisé : 20 millions de dollars. Capital émis : 12.770.000 dollars, divisé en 12.770 obligations de 1.000 dollars au porteur. Sur ces 20.000.000 dollars, 7.230.000 sont réservés pour rembourser, à leurs échéances, les emprunts antérieurs : 7 0/0 1900, 5 0/0 1930 et 6 0/0 Alabama 1918 (1.000.000 dollars non coté à Genève), ensemble 7.129.000 dollars. Leur intérêt est de 5 0/0 l'an, payable en or : 25 dollars le 1ᵉʳ mai, 25 dollars le 1ᵉʳ novembre. Remboursement au pair, en or, le 1ᵉʳ novembre 1956. Garantie hypothécaire : Hypothèque consolidée constituée pour 20.000.000 dollars sur 1.020 milles de lignes (1.641 kilom. = doll. 12.188 par kilom.).

Le gage actuel consiste en une première hypothèque sur 358 milles, une seconde hypothèque sur 377 milles, et une troisième hypothèque sur 272 milles. Après l'extinction des emprunts antérieurs, auxquels est affecté le solde non émis, les 20.000.000 de dollars passeront en première hypothèque.

Florida Central and Peninsular Railroad Cº. — Exploite, dans les Etats de la Caroline du Sud, la Floride et la Géorgie, un réseau de 933 milles (1.501 kilom.), dont 136 milles pris à bail, en 1893, pour 99 ans. Son capital-actions se compose de 200.000 actions ordinaires de 100 dollars et 45.000 actions privilégiées 4 0/0 (dividende cumulatif).

Il y a eu un emprunt obligations 5 0/0 dont voici l'économie :

Obligations 5 0/0. — Le capital autorisé est de 7,800,000 dollars or, sur lesquels 320,000 dollars sont conservés par la Compagnie pour des besoins ultérieurs, et 3,428,000 reservés pour rembourser, à leurs échéances respectives (1918 et 1930) 3.428.000 dollars d'obligations antérieures jouissant d'une 1re hypothèque sur 666 milles. Capital émis : 4.052.000 dollars or, en obligations de 1.000 dollars or, au porteur. Intérêt 5 0/0 l'an, payable en or : 25 dollars le 1er janvier, 25 dollars le 1er juillet. Remboursement au pair, en or, le 1er janvier 1943.

Garantie hypothécaire : hypothèque consolidée sur 780 milles = 1.255 kilom. 6.215 dollars par kilom.) — Le gage actuel des obligations en circulation consiste en une première hypothèque sur la ligne Harts' Road à Savannah, Géorgie (114 milles) et une 2e hypothèque sur le reste du réseau, soit 666 milles. Après le remboursement des emprunts antérieurs, l'emprunt 5 0/0 1943 passera en 1re hypothèque sur l'ensemble du réseau.

Cours moyens : 4.800 à 5.120 en 1893 ; 5.150 en 1894.

Georgia Carolina and Northern Railway C°. — Constituée le 17 avril 1887, sous les auspices des deux Compagnies « *Seabord and Roanoke* » et « *Raleigh and Gaston* » qui possèdent la majeure partie de son capital actions (1,000,000 de dollars, dont 535,300 dollars émis), et en garantissent solidairement le capital-obligations. Son réseau, complété en 1892, s'étend de Monroe (Caroline du Nord) à Atlanta (Géorgie), sur une longueur de 266 milles = 431 kilom. Il est exploité par les Compagnies garantes sus-mentionnées.

Il y a un emprunt obligations 5 0/0 dont voici l'économie :

Obligations 5 0/0. — Cet emprunt a été contracté en 1889. Capital émis : 5.360.000 dollars or, divisé en obligations de 1.000 dollars or au porteur : ce capital peut être augmenté, à raison de 20.000 dollars par nouveau mille construit. L'intérêt 5 0/0 l'an, est payable en or : 25 dollars le 1er janvier, 25 dollars le 1er juillet. Remboursement au pair, en or, le 1er juillet 1929.

Garanties : Première hypothèque sur le réseau entier de 266 milles (413 kilom. = 32.180 dollars par kilom.) En outre, les Compagnies « Seabord et Roanoke » et « Raleigh et Gaston » garantissent solidairement le service des obligations (intérêts et principal).

Cours moyens : 5.135 à 5.285 en 1892 ; 4.200 à 5.200 en 1893 ; 4,275 en 1894.

Kentucky Central Railway C°. — Ce sont surtout les *obligations 4 0/0*, 1re hypothèque de cette Compagnie, qui circulent en France. Elles représentent un emprunt contracté en 1887. Le capital autorisé a été de 7 millions de dollars, le capital émis de 6,523,000 dollars or, divisé en obligations de 1.000 dollars or au porteur. L'intérêt est de 4 0/0 l'an, payable en or : 20 dollars le 1er janvier et 20 dollars le 1er juillet. Remboursement au pair en or, le 1er juillet 1987.

Garantie : hypothèque en premier rang sur 220 milles (354 kilom. soit 19.774 dollars par kilom.) La Compagnie Louisville and Naville, ayant acquis, en décembre 1890, le capital-actions de Kentucky Central (au montant nominal de 6.908.800 dollars, pour le prix de 3,000,000 de dollars environ) est directement intéressée à cette entreprise, ce qui constitue un gage de plus pour les obligations. La même compagnie pourvoit à l'exploitation du Kentucky Central depuis février 1891.

Cours moyens : 4.825 à 4.525 en 1893, 4.525 en 1894.

Mobile Ohio Railroad C°. — Cette Compagnie a été enregistrée le 3 février 1848, et la ligne principale ouverte le 2 avril 1861. Elle exploite, dans les Etats de l'Alabama, Tennessee et Kentucky, 688 milles de lignes (1.107 kilomètres) dont 527 milles lui appartiennent en propre, le reste étant pris à bail. Son capital actions autorisé est de 10 millions de dollars, dont 5.320.600 dollars seulement en circulation, divisés en actions de 100 dollars. La Compagnie possédait, au 1er janvier 1894, 567.968 acres de terrains évalués 268.619 dollars. L'année sociale finit le 30 juin.

Il y a divers emprunts obligations, dont voici l'économie :

Obligations 6 0/0 1re hypothèque. — Cet emprunt a été créé en 1879. Capital nominal : 7.000 000 de dollars or, divisés en coupures de 500 dollars et 1.000 dollars au porteur, — entièrement émis. Intérêt 6 0/0 l'an, payable en monnaie légale, par semestre, le 1er juin et 1er décembre. Remboursement au pair, en or, le 1^{eo} décembre 1927.

Garantie hypothécaire : 1re hypothèque sur 472 milles (759 kilom. = 9.223 dollars par kilom.) ligne de Mobile (Alabama) à Columbus (Kentucky).

Cours moyens : 5.980 à 6.000 en 1891, 5.850 à 6.150 en 1892, 5,600 à 5.450 en 1893.

Obligations 6 0/0 Extension. — Cet emprunt a été émis en 1883. Capital nominal : 1.000.000 de dollars or, divisé en 1.000 coupures de 1,000 dollars. Intérêt 6 0/0 l'an, payable en or, par trimestre, les 1er janvier, 1er avril, 1er juillet et 1er octobre, à 15 dollars par coupon. Remboursement au pair, en or, le 1er juillet 1927.

Garantie hypothécaire : 1re hypothèque sur 55 milles (88 kilom. = 11.363 dollars par kilom.) : Columbus (Kentucky) à Cairo (Illinois) et embranchements.

Nashville Chattanooga and Saint-Louis Railway C°. — Cette Compagnie possède 7.000 milles, de Chattanooga (Tennessee) à Hidkmann (Kentucky), plus embranchements de 427 milles. Elle a pris à bail, en 1890, la ligne Western and Atlantic, de Chattanooga (Tennessee) à Atlanta (Géorgie) de 137 milles. — En 1893, 75 milles ont été ouverts à l'exploitation. Longueur totale exploitée en 1893-1894 : 884 milles = 1.422 kilom. Son capital actions s'élève à 10.000.000 de dollars en coupures de 100 dollars, dont la Compagnie **Louisville et Nashville** possède 5.500.500 dollars.

Obligations 7 0/0. — Emprunt émis en 1873. Capital émis : 6.300.000 dollars, soit 6.300 obligations de 1.000 dollars au porteur. Intérêt 7 0/0 l'an, payable en monnaie légale, 35 dollars le 1er janvier et 35 dollars le 1er juillet. Remboursement au pair, en monnaie légale, le 1er juillet 1913.

Garantie hypothécaire : 1re hypothèque constituée pour 6,800,000 dollars, sur 340 milles (547 kil. = 12.450 dollars par kilom.).

Cours moyens : 6.500 à 6.600 en 1892.

Norfolk and Western Railroad C°. — Cette Compagnie a été formée, le 3 mai 1881, par la réorganisation d'anciennes Compagnies. Son capital actions est de 9.500.000 dollars en actions ordinaires et de 50.000.000 de dollars en actions privilégiées de 100 dollars 6 0/0, émises à différentes époques (le solde de 2.000.000 de dollars en 1894).

La Compagnie possède en propre dans les Etats de Virginie, Ohio et

Maryland, 1.335 milles de lignes ; elle a, de plus, pris à bail 239 milles de lignes voisines et exploite en tout 1.574 milles ou 2.532 kilomètres.

Elle a émis des obligations 5 0/0 dont voici l'économie :

Obligations 5 0/0. — Cet emprunt a été émis en 1891. Capital autorisé : 10.000.000 dollars or, dont 2.500.000 dollars réservés pour extension de la ligne et 450.000 dollars pour besoins futurs. Capital émis : 7.050.000 dollars or, divisé en coupures de 500 dollars et 1.000 dollars au porteur. Intérêt : 5 0/0 l'an payable en or, par semestre, les 1er janvier et 1er juillet, Remboursement le 1er janvier 1941, au pair et en or.

Garantie hypothécaire : 1re hypothèque sur 257 milles (415 kilom. = 24.089 dollars par kilom.) de la « Maryland and Washington Division » ; lignes Hagerstown (Maryland) à Roanoke, Virg. 238,11 milles, avec embranchements de 19.20 milles.

Cours moyens : 4.775 à 4.900 en 1892, 4.190 à 4.780 en 1893, 3.825 à 3.900 en 1894.

COMPAGNIE DU CHEMIN DE FER
DU SAINT-GOTHARD

Constitution. — Société anonyme suisse, constituée le 6 décembre 1871 sous le titre « Saint-Gothardbahn Gesellschaft ».

Objet d'après les statuts. — La Société a pour but la construction et l'exploitation du réseau de voies ferrées indiqué dans les traités internationaux des 15 octobre 1869, 28 octobre 1871, 12 mars 1878 et 16 juin 1879 entre la Confédération Suisse, le Royaume d'Italie et l'Empire d'Allemagne, en conformité des clauses de ces traités, des concessions accordées soit par les cantons intéressés et ratifiées par l'Assemblée Fédérale Suisse, soit par cette dernière, ainsi que des arrêtés y relatifs des Autorités Fédérales Suisses. (Art. 1 des statuts.)

Il est loisible à la Compagnie du Gothard, sous réserve des droits appartenant à l'Etat en vertu des traités, ainsi que des concessions accordées par les cantons et des actes de ratification délivrés par la Confédération, d'étendre son réseau, par la construction ou par l'achat d'autres lignes, ou par tout autre moyen ; de prendre à bail, en tout ou partie, c'est-à-dire par exemple, simplement pour le service de transport, des lignes appartenant à des tiers ; de conclure avec d'autres Compagnies des contrats d'exploitation en commun, ainsi que de provoquer l'établissement de moyens de communication qui, en concordance avec le réseau du Saint-Gothard, peuvent contribuer au développement du trafic, ou de s'intéresser à la création de ces moyens de communication.

Sous les mêmes réserves, la Compagnie du Saint-Gothard est pareillement autorisée à aliéner tout ou partie de son réseau, de même qu'à le donner à bail, dans toute son étendue ou simplement sur certaines sections, ou d'une manière complète ou bien d'une façon limitée, comme par exemple, pour le service de transport seulement. (Art. 2 des statuts.)

Lignes exploitées. — Lignes actuellement exploitées :

Lucerne-Rothkreuz (utilisée en commun avec la Compagnie du Sud-Argovie, propriétaire)	17 kil.	318
Rothkreuz-Immensee (prise à bail)	7 —	817
Immensee-Chiasso	205 —	914
Giubiasco-Pino	12 —	458
Cadenazzo-Locarno	21 —	826
Total	265 kil.	333

Lignes en construction :

Lucerne-Rüssnacht-Immensee	15 kil.	»
Zoug-Walchwyl-Goldau	7 —	600

Concessions en exploitation de la Compagnie du Saint-Gothard :

Lignes concédées	Longueur de construction	Autorité concédante
Lugano-Chiasso	26 kil. 232	Tessin
Biasca-Locarno	40 — 706	—
Biasca-Airolo	50 — 630	—
Giubiasco-Lugano	25 — 978	—
Airolo-Sisikon	54 — 648	Uri
Sisikon-Immensee	26 — 063	Schwytz
Cadenazzo-Pino	16 — 187	Confédér.

Durée de la Compagnie. — La même que celle des concessions, soit quatre-vingt-dix-neuf ans, à partir de 1882 (date de l'ouverture du grand tunnel), sous réserve de renouvellement ou de rachat par la Confédération.

Siège social. — Lucerne.

Capital social. — 50 millions de francs, représenté par 100.000 actions de 540 fr. chacune, au porteur, entièrement libérées.

Il a été émis :

	ACTIONS	FRANCS
1° A l'origine	68.000	34 millions
2° En janvier 1888, au pair	12 000	6 —
3° En avril 1891, au prix de 560 »	20.000	10 —

Les actions de la dernière émission ont été libérées par le second versement de 250 francs, effectué le 1er janvier 1894.

Pendant la période de versement, le capital versé des actions nouvelles a reçu un intérêt de 4 0/0.

Dividende payable le 30 juin.

Les Etats intéressés à la construction du Saint-Gothard, savoir : la Suisse, l'Italie et l'Allemagne, ont fourni des subventions s'élevant primitivement à 85 millions et portées depuis à 119 millions. Le capital subventions ne touche d'autre répartition que la moitié de la somme restant à répartir après paiement aux actionnaires d'un dividende de 7 0/0).

Conseil d'administration. — Composé de vingt-neuf membres, dont vingt-deux nommés par l'Assemblée générale et sept par le Conseil fédéral suisse. Dix-sept d'entre eux, au moins, doivent être des Suisses, domiciliés en Suisse.

Les administrateurs sont nommés pour six ans, renouvelés par tiers tous les deux ans, et rééligibles. Ils doivent être propriétaires de vingt actions chacun.

Direction composée de trois membres, auxquels sont adjoints deux suppléants. Les directeurs et suppléants font partie du Conseil d'administration ; ils sont également nommés pour six ans, et rééligibles Un directeur est renouvelé tous les deux ans, un suppléant tous les trois ans.

Assemblée générale. — Dans le courant du premier semestre de chaque année (généralement en juin). Composée de tous les actionnaires ayant déposé leurs titres deux jours avant l'Assemblée à la Caisse principale de la Compagnie, à Lucerne, ou six jours avant l'Assemblée aux domiciles désignés à cet effet ; une à six actions donnent droit à une voix, sept à quinze à deux voix, seize à trente à trois voix, trente et un à cinquante à quatre voix. Au delà, le nombre des voix augmente de une par vingt-cinq actions, sans que le même actionnaire puisse réunir plus de deux cents voix, ni plus du cinquième des droits de vote représentés (C. F. des O). Le capital-subventions fourni par les cantons, vote dans les mêmes proportions que le capital-actions, toutefois sans que le nombre des voix attribuées aux cantons subventionnants puisse dépasser le sixième des droits de vote représentés dans l'Assemblée.

Lorsqu'il s'agit d'une modification aux statuts, le tiers au moins du capital-actions et du capital-subventions, donnant droit de vote, doit y être représenté, et les deux tiers au moins, s'il est question d'aliéner le réseau ou de le fusionner avec une autre compagnie.

Répartition des bénéfices d'après les statuts. — Sur les bénéfices nets de toutes charges, il est alloué :

1° Au *Fonds de Renouvellement*, une somme de 1.000 francs par kilomètre du réseau de la Compagnie, plus 4 0/0 des recettes brutes sur les transports par chemin de fer, si la situation du fonds est inférieure à 5 millions de francs ; seulement 500 francs par kilomètre, plus 2 0/0 des recettes brutes sur transports, si le montant du fonds est supérieur à 5 milllions.

2° Au *Fonds de Réserve*, les intérêts de son capital, plus 5 0/0 du produit net restant après dotation du fonds de renouvellement. Cette allocation est suspendue lorsque la réserve ainsi constituée atteint 2 millions.

Le surplus est mis à la disposition des actionnaires.

Conditions de rachat par la Confédération. — Les *termes de rachat* sont les suivants : 1er mai 1909, 1924, 1939, 1954, 1969 et 1978.

Notification du rachat cinq ans avant le terme choisi.

Prix de rachat. — Le rachat étant fixé au 1er mai 1909, 1924 ou 1939, le prix de rachat sera de vingt-cinq fois la valeur de la moyenne du produit net pendant les dix années précédant l'époque à laquelle le rachat aura été notifié ; au 1er mai 1954, de vingt-deux fois et demie ; au 1er mai 1969, de vingt fois ; au 1er mai 1978, de dix-huit fois cette valeur. Les droits des subventions stipulées dans le traité international demeurent réservés. Le prix de rachat ne peut en aucun cas être inférieur au capital de premier établissement (subventions non comprises).

Il ne peut être fait usage du droit de rachat que s'il s'agit de racheter à la Compagnie son réseau entier.

Dividendes distribués. — Ils ont été, depuis 1883 :

1883.	. . 12 f. 50	1887.	. . 25 f.	1891.	. . 30 f.
1884.	. . 12 50	1888.	. . 30 f.	1892.	. . 32 f.
1885.	. . 17 50	1889.	. . 36 f.	1893.	. . 35 f.
1886.	. . 17 50	1890.	. . 31 f.		

Obligations 4 0/0 et 3 1/2 0/0. — Les emprunts 5 0/0 émis de 1872 à 1879 par la Compagnie du Gothard, s'élevant à 79 millions de 1re hypothèque et 6 millions de 2° hypothèque, ont été appelés au remboursement, suivant résolution de l'assemblée générale du 24 novembre 1883. Ce remboursement s'est effectué successivement de 1884 à 1892 ; le solde des obligations de Monte-Ceneri, figurant au bilan, pour 1.138.500 francs, a été dénoncé pour le remboursement au 1er octobre 1894. Il ne reste donc plus que deux emprunts :

1° L'emprunt 4 0/0, créé suivant décision de l'assemblée générale du 24 novembre 1883, émis le 1er janvier 1884. Cet emprunt, au montant primitif de 100 millions de francs, divisé en 80.000 obligations de 500 fr. et 60.000 obligations de 1.000 fr., a été dénoncé pour le remboursement au 31 mars 1895, en vertu de la résolution de l'assemblée générale du 27 septembre 1894.

2° L'emprunt 3 1/2 0/0 1894, créé suivant décision de l'assemblée générale du 27 septembre 1894, destiné : 1° à la conversion de 98.475.000 fr. d'obligations 4 0/0 pour solde de l'emprunt de 100 millions du 1er janvier 1884 ; 2° à couvrir des dépenses en perspective pour travaux à la charge du compte de construction. Cet emprunt est au capital nominal de 125.000.000 de francs, divisé en 100.000 obligations de 500 fr. et 75.000 obligations de 1.000 fr., formant 25 séries, numéros 1 à 25, chacune de 5 millions de francs, dont 2 millions en titres de 500 fr. et 3 millions en titres de 1.000 fr. Titres au porteurs, mais pouvant être échangés contre des certificats nominatifs. Libellés en langues allemande et française.

A valoir sur cet emprunt, 100.000.000 de francs ont été émis, au prix 99.80 0/0, à l'occasion de la conversion effectuée du 25 octobre au 5 novembre 1894. Les porteurs des obligations converties ont reçu en échange de leur titres, munis du coupon au 31 décembre 1894, des obligations 3 1/2 0/0 de la même valeur nominale en certificats provisoires, jouissance du 31 mars 1895, plus une soulte de 1 1/5 0/0 pour différences des cours de jouissance. L'intérêt : 3 1/2 0/0 l'an, et payable par semestre les 31 mars et 30 septembre. Le premier coupon échoit le 30 septembre 1895. Remboursement au pair, en 79 ans, à partir du 30 septembre 1895, par tirages annuels dans la seconde quinzaine de juin, pour le remboursement s'effectuer le 30 septembre suivant.

COMPAGNIE DU CHEMIN DE FER
CENTRAL-SUISSE

Constitution. — Société anonyme constituée le 29 décembre 1852, sous le nom de « Schweizerische Centralbahn Gesellschaft ».

Objet d'après les statuts. — La Société a pour objet la construction et l'exploitation de chemins de fer reliant Bâle à Zurich, Lucerne, Berne, Bienne et le Gothard, ainsi que tous prolongements et toutes ramifications de son réseau, sur la base des concessions accordées par les autorités cantonales et fédérales.

Lignes exploitées. — La Compagnie exploite les lignes suivantes :

1° En toute propriété : Bâle-Olten-Berne, 106 kilom. 198 ; Olten-Aarau, 13 kilom. 399 ; Berne-Thoune-Scherzlingen, 31 kilom. 315 ; Aarburg-Lucerne, 51 kilom. 132 ; Olten-Soleure-Bienne, 59 kilom. 439 ; Herzogenbuchsec-Neusolothurn, 13 kilom. 498 ; Neusolothurn-Busswyl, 21 kilom. 533 ; Busswyl-Lyss (utilisée aussi par le Jura-Simplon, propriétaire), 2 kilom. 791 ; Zofingue-Suhr, 16 kilom. 717 ; Suhr-Aarau (utilisée aussi par le Nord-Est, co-propriétaire), 4 kilom. 203 ; Pratteln-Schweizerhalle, 1 kilom. 735 ; Bâle (gare du Central à gare Badoise), 4 kilom. 887, soit, en tout, 326 kilom. 867.

2° Le chemin de fer du *Sud de l'Argovie* créé par le Central et le Nord-Est par égales parts, comprenant les lignes Aarau-Rothkreuz, 46 kilom. ; Brugg-Hendschikon, 11 kilom. 052 ; et Rothkreuz-Immensee. (Cette dernière a été donnée à bail au Gothard).

3° Le chemin de fer *Wohlen-Bremgarten*, d'une longueur de 7 kilomètres 011, créé par le Nord-Est, le Central et la commune de Bremgarten, et dont deux cinquièmes appartiennent au Central.

La Compagnie du Central possède la moitié du Chemin de fer du *Bœtzberg* exploité par le Nord-Est, comprenant les lignes Basel-Pratteln-Brugg, 57 kilom. 222 ; et Koblenz-Stein, 26 kilom. 124.

Durée. — Non limitée. La Société peut être dissoute par rachat de la Confédération ou des Cantons, ou par décision de l'Assemblée générale.

Capital social. — 50.000.000 de francs, représentés par 100,000 actions de 500 fr. chacune, au porteur, entièrement libérées.

La dernière émission d'actions, portant sur 24.765 actions, eut lieu en février 1874 au prix de fr. 550 par action.

Conseil d'administration. — Composé de 25 à 32 membres, dont les trois quarts doivent être de nationalité suisse et domiciliés en Suisse. Chacun des cantons de Bâle-Ville, Bâle-Campagne, Argovie, Berne, Soleure, Lucerne nomme un administrateur. Les autres administrateurs sont élus par l'Assemblée générale pour 4 ans, renouvelables par quart et rééligibles. Ils doivent être propriétaires de 30 actions s'il sont nommés par les actionnaires.

Direction composée de 3 à 5 membres domiciliés à Bâle, nommés par le Conseil d'Administration.

L'Assemblée générale nomme, pour 2 ans, *3 Commissaires-vérificateurs*.

Assemblée générale. — A la fin du mois de juin. Composée de tous les actionnaires ayant déposé leur titres 2 jours avant l'assemblée au siège social, ou 6 jours à l'avance aux Caisses désignées par le Conseil d'Administration. Chaque action donne droit à une voix sans que le même actionnaire puisse réunir plus de 2.000 voix ni plus du cinquième des droits de vote représentés (C. F. des O.). La restriction à 2.000 voix n'est cependant pas applicable aux cantons de Bâle-Ville, Bâle-Campagne, Argovie, Berne, Soleure, Lucerne. Pour la Confédération seule, il n'y a restriction ni sur la proportion, ni sur le chiffre des voix. La dissolution de la Société et l'aliénation du réseau ne peuvent être résolues qu'à la majorité des deux tiers des voix, dans une assemblée réunissant 60 membres, représentant au moins le quart du capital-actions.

Répartition des bénéfices. — Sur les bénéfices, nets de toutes charges, il est alloué :

1° Au fonds de renouvellement, au moins 2,000 francs par kilomètre de ligne. En revanche, toutes les dépenses pour le renouvellement du matériel roulant, des rails, traverses, etc. sont à la charge de ce fonds.

2° Au fonds de réserve. 5 à 10 0/0 du produit net, déduction faite de l'allocation au fonds de renouvellement, jusqu'à ce que la réserve ainsi constituée ait atteint 8 0/0 du capital actions.

Le reste est mis à la disposition des actionnaires.

Le paiement des intérêts et dividendes a lieu à Paris, chez MM. Marcuard, Krauss et Cie.

Dividendes distribués. — En voici l'énumération depuis 1860 :

1860	25 f.	1872	45 f.	1884	19 f.
1861	30 »	1873	45 »	1885	20 »
1862	26 »	1874	40 »	1886	22 50
1863	28 »	1875	25 »	1887	25 f.
1864	28 »	1876	rien	1888	28 »
1865	28 »	1877	rien	1889	33 »
1866	28 »	1878	rien	1890	32 »
1867	28 »	1879	rien	1891	22 »
1868	32 »	1880	rien	1892	20 »
1869	34 »	1881	18 f.	1893	25 »
1870	34 »	1882	20 »	1894	....
1871	45 »	1883	20 »	1895	....

Obligations. — Il y a eu d'abord cinq séries d'emprunts 4 0/0 :

Emprunt 4 0/0 1876	» 27.186.000	
» 4 0/0 1880	» 19.400.000	
» 4 0/0 1883	» 29.230.000	Fr. 110.816.000
» 4 0/0 1886	» 25.000.000	
» 4 0/0 1892	» 10.000.000	

Puis les emprunts 4 0/0 1886 et 4 0/0 1883 ont été convertis, le premier en juin, le deuxième en novembre 1894, et remplacés *chacun* par un emprunt 3 1/2 0/0 de 30 millions.

Il n'a pas été constitué d'hypothèque au profit des obligations de la Compagnie, mais celle-ci s'est engagée à ne donner à aucun emprunt une priorité quelconque ou un meilleur rang.

CHEMIN DE FER DU JURA-SIMPLON

Constitution. — Société anonyme, constituée par la fusion des deux Compagnies Jura-Berne-Lucerne et Suisse-Occidentale-Simplon, suivant traité de fusion et statuts approuvés par les Assemblées générales des actionnaires des deux Compagnies, les 11 et 12 octobre 1889.

Inscription de la nouvelle Société au Registre suisse du Commerce en date des 13 décembre 1889 et 9 janvier 1890.

Objet d'après les statuts. — La Société a pour objet la construction, le parachèvement et l'exploitation des lignes de chemins de fer concédées aux deux Compagnies de la Suisse-Occidentale et du Simplon, et du Jura-Berne-Lucerne, et de toutes les lignes dont elle obtiendrait la concession ou qu'elle adjoindrait à son réseau par voie de fusion, d'achat ou de bail, ainsi que la création et l'exploitation d'installations et services de transports en relation avec le trafic de ses lignes.

Réseau. — La Compagnie exploite actuellement les lignes suivantes :

Réseau de la Compagnie Jura-Berne-Lucerne
- Berne-Zollikofen (*en commun avec le Central, propriétaire*). 7 k. 362
- Zollikofen-Bienne. . . . . 26 » 316
- Bienne-Sonceboz-Chaux-de-Fonds . . . . 44 » 022
- Sonceboz-Délémont-Delle. . . . . 76 » 251
- Delsberg-Bâle. 38 » 689
- Berne-Gümlingen-Lucerne. . . . . 94 » 104

Réseau de la Compagnie Suisse-Occidentale-Simplon
- Genève-Lausanne-Saint-Maurice . . . . 111 » 743
- Renens-Yverdon-Bienne . . . . 98 » 840
- Auvernier-Verrières (*frontière française*). . . . . 36 » 054
- Cossonay-Vallorbes-Jougne (*Frontière française*). . . . . 34 » 267
- Pont-Vallorbes (*acquise en 1891*). . . . . 11 » 292
- Lausanne-Fribourg-Berne (*Thorishaus-Berne pris à bail*). 97 » 134
- Palézieux-Payerne-Lyss. . . . . 80 » 082
- Fribourg-Payerne-Yverdon . . . . 50 » 039
- Brigue-Bouveret-Saint-Gingolph . . . . 120 » 624

Ligne du Brünig :
Lucerne-Meiringen-Brienz (9.025 m. à crémaillère) . . . 57 » 733

Longueur totale exploitée. . . . 984 k. 552

La Compagnie du Jura-Simplon pourvoit, en outre, à l'exploitation pour le compte de tiers :

1° Des lignes Verrière (frontière)-Pontarlier et Jougne (frontière)-Pontarlier pour le compte de la Compagnie Paris-Lyon-Méditerranée ;

2° De la ligne Bulle-Romont (17 kilom. 083);

3° De la ligne Travers-Saint-Sulpice-Bulle (13 kilom. 512) pour compte de la Compagnie propriétaire;

4° De la ligne Viège-Zermatt (35 kilom. 220) pour compte de cette Compagnie.

Siège social. — Berne.

Capital social. — Ce capital a été formé du capital social des deux anciennes Compagnies Suisse-Occidentale-Simplon et Jura-Berne-Lucerne. Lors de leur fusion, au 1er janvier 1890, il s'élevait à 86 millions de francs, représenté par :

104.000 actions privilégiées de 500 fr.	52.000.000 fr.
170.000 — ordinaires de 200 fr.	34.000.000 —
En 1890 a lieu une nouvelle émission de 70.000 actions ordinaires de 200 fr.	14.000.000 —
Et, en 1891, une autre émission de 5.600 actions ordinaires de 200 fr.	1.120.000 —
Depuis 1991, le capital social s'élève dont à.	101.120.000 fr.

Divisés en :

104.000 actions privilégiées de 500 fr.	52.000.000 fr.
245.600 — ordinaires de 200 fr.	49.000.000 —

Lors de la fusion, les porteurs des 170.000 actions ordinaires ont reçu 170.000 *bons de jouissance* au porteur, qui ne figurent au bilan que pour mémoire. Ces bons ne sont pas représentés à l'Assemblée générale des actionnaires. La Compagnie pourra rembourser les bons de jouissance, moyennant préavis de six mois, en payant aux porteurs 25 fois le produit moyen annuel perçu par eux durant les cinq années qui auront précédé l'avis de remboursement et, au minimum, 50 francs par bon.

Les *actions privilégiées* jouissent d'un dividende privilégié de 4 1/2 0/0 avant les actions ordinaires. La Compagnie pourra en opérer le remboursement à raison de 650 francs par action, moyennant préavis de six mois.

Toutes les actions sont *entièrement libérées* et au porteur.

Le *dividende* se paie en une fois, le 1er juillet.

Les capitaux des Compagnies fusionnées ont été transférés à la nouvelle Compagnie comme suit :

Jura-Berne.

1° Les 76.000 actions ordinaires de 500 fr. formant le capital du Jura-Berne ont été échangées au pair contre un même nombre d'actions privilégiées Jura-Simplon, à fr. 500.	Fr. 38.000.000

Suisse-Occidentale-Simplon.

2° Les 28.000 actions privilégiées de cette Compagnie ont été converties en un même nombre d'actions privilégiées Jura-Simplon à 500 fr.	Fr. 14.000.000
3° Et ses 170.000 actions ordinaires de 500 fr. sont devenues 170.000 actions ordinaires du Jura-Simplon, au capital nominal de 200 fr.	Fr. 34.000.000

Il leur a été attribué de plus 170.000 « bons de jouissance » sans indication de valeur.

Capital produit par la fusion. .	Fr. 86.000.000

Les actions privilégiées S.-O.-S. furent dénoncées pour être remboursées, le 30 avril 1890, en 600 fr. Les souscripteurs aux actions privilégiées Jura-Simplon par voie de conversion, reçurent, avec le nouveau titre, une soulte de 50 fr. 85 (différence de cours 25 fr. + intérêts et dividende). La souscription contre espèces eut lieu le 6 février 1890, au cours de 575 fr. + intérêt à 4 1/2 0/0 du 1er janvier 1890, en Suisse et en Allemagne.

Conseil d'administration. — Composé de 50 à 60 membres, dont 30 à 40 nommés par l'Assemblée générale, 4 par le canton de Berne, 4 par le canton de Vaud, 3 par le canton de Fribourg, 2 par chacun des cantons du Valais, Neuchâtel, Genève, Soleure, Bâle-Campagne et Bâle-Ville.

Les membres nommés par l'Assemblée générale des actionnaires sont élus pour le terme de 6 années, renouvelés par tiers tous les 2 ans et immédiatement rééligibles. Ils doivent déposer des actions de la Compagnie pour une valeur nominale de 5.000 francs.

Les administrateurs actuels sont de trois sortes : 1° les Délégués des actionnaires au nombre de 30 ; 2° les Délégués de la Confédération suisse au nombre de 4 ; 3° les Délégués des cantons de Berne au nombre de 26. Le président est M. Ernest Hentsch.

Direction. — Composée de 3 à 5 membres, nommés par le Conseil d'administration (dont ils peuvent faire partie) déposant également pour 5.000 francs d'actions.

Assemblée générale. — En juin, chaque action privilégiée ou ordinaire donne droit à une voix. A l'exception de la Confédération et des cantons porteurs d'actions, aucun actionnaire ne peut réunir plus du cinquième des voix. La majorité des deux tiers des voix est exigée pour décider toute modification aux statuts, l'aliénation de tout ou partie du réseau, tout traité de fusion avec d'autres Compagnies, enfin la liquidation de la Société.

Répartition des bénéfices d'après les statuts. — Sur les bénéfices annuels, nets de toute charge, il est attribué :

1° Au « *Fonds de réserve et de renouvellement* » la somme nécessaire pour maintenir celui-ci au 5 0/0 du capital social, tout en couvrant les dépenses portées à sa charge.

2° Aux *actions privilégiées* 4 1/2 0/0 du capital versé.

3° Aux *actions ordinaires* 4 0/0 du capital versé.

Le surplus doit être réparti dans la proportion de :

1/4 aux *bons de jouissance*.

3/4 aux actions *ordinaires et privilégiées*, au prorata de leur capital respectif.

En dérogation à ce qui précède, l'assemblée générale peut décider, avant de répartir un dividende, et si les intérêts de l'entreprise l'exigent de faire des versements à titre de réserve, alors même qu'ils ne seraient pas prévus dans les statuts.

Liquidation ou rachat par la Suisse. — En cas de liquidation, les actions privilégiées et ordinaires seraient remboursées au pair, et les bons de jouissance aux conditions précitées (art. capital). Le solde serait réparti aux deux catégories d'actions.

A partir du 1er mai 1903, la Confédération a le droit de racheter en tout temps le réseau de la Compagnie, moyennant dénonciation 3 ans à l'avance. Toutefois, la Confédération décide de construire elle-même la ligne de Brigue à la frontière italienne (percement du Simplon) elle a le droit de racheter le réseau avant le 1er mai 1903, moyennant avertissement une année à l'avance, dès le 1er mai 1892.

Le prix de rachat sera :

a) de 25 fois la moyenne du produit net de l'ensemble du réseau pendant les 10 années qui ont précédé celle de la dénonciation, si le rachat se fait par suite d'une décision du Conseil fédéral mettant à la charge de la Confédération la construction du Simplon, ou s'il s'effectue de 1903 à 1918.

b) 22 fois 1/2 si le rachat s'effectue de 1918 à 1933.

c) 20 fois s'il a lieu de 1933 à 1948.

d) 17 fois 1/2 s'il s'opère entre 1948 et l'expiration de la concession.

En aucun cas le prix de rachat ne peut être inférieur au capital de premier établissement des lignes et de leurs accessoires, déduction faite du montant des fonds de réserve et de renouvellement.

Dividendes distribués. — *Actions ordinaires :* rien — sauf aux actions numéros 170.001 à 240.000, pouvant jouir d'un dividende privilégié de 4 0/0 pendant 2 ans, qui ont reçu, pour 1891 seulement, 8 francs, soit 4 0/0.

Actions privilégiées : Exercice 1890 : 22 fr. 50 — 1891 : 12 fr. — 1892 : 7 fr. 50 — 1893 fr. 20.

Bons de jouissance : rien.

Paiement des coupons à la Caisse centrale des chemins de fer P.-L.-M., 88, rue Saint-Lazare, à Paris.

Obligations. — Voici la situation actuelle du capital obligations :

Obligations émises par la Compagnie Suisse-Occidentale-Simplon :

4 0/0 Ouest-Suisse. . . .	1854	1.888	oblig. à Fr.	500	Fr.	944.000
»	1856	18.630	»	» 500	»	9.315.000
»	1857	23.283	»	» 500	»	11.641.500
»	1861-65	14 251	»	» 500	»	7.125.500
3 0/0 Ch. Franco-Suisse. .	1868	32.011	»	» 550	»	17.606.050
3 0/0 Ch. Jougne-Eclépens.	1866	15.380	»	» 500	»	7.690.000
4 0/0 Ch. Broye	1875	9.795	»	» 500	»	4.897.500
4 0/0 Suisse-Occidentale. .	1878	68.220	»	» 500	»	34.110.000
»	1879	48.805	»	» 500	»	24.402.500
»	1880	29.297	»	» 500	»	14.648.500
»	1882	9.782	»	» 500	»	4.891.000

par la Compagnie Jura-Berne-Lucerne :

3 1/2 0/0 Jura-Berne-Lucerne 1889 { 29.000 » » 1000 » 29.000.000
                                                 5.000 » » 1000 » 5.000.000

par la Compagnie Jura-Simplon :

4 0/0 Suisse-Occidentale. 1892 14.897 » » 500 » 7.448.500

Emprunt spécial à 3 3/4 0/0 pour bâtiment d'administration à Berne . . . . » 400.000

                                                      Total. . . » 179.120.050.

Toutes les obligations ci-dessus jouissent de la garantie solidaire de la Compagnie du Jura-Simplon.

Il a été créé à leur profit différentes hypothèques spécifiées plus loin.

Les sections de lignes libres d'hypothèques, au 31 décembre 1893, étaient les suivantes :

1° Saint-Gingolph-Saint-Maurice-Brigue.	120 km 847
2° Gumlingen-Langnau-Lucerne.	83 » 959
3° Pont-Vallorbes	8 » 707

Résultats du dernier exercice (1894-95). — Dans la séance tenue le 10 juin 1895, à Berne, par le Conseil d'administration, le rapport et les comptes pour l'exercice 1894 ont été approuvés. On a décidé de proposer, à l'assemblée générale des actionnaires, qui aura lieu dans la même ville, le 28, la distribution d'un dividende de 4 1/2 0/0 aux actions de priorité et de 4 0/0 aux actions ordinaires de 200 fr.

Le Conseil d'administration a pris connaissance des communications relatives à l'état de la question du tunnel du Simplon et aux bases proposées d'une entente entre la Compagnie et les gouvernements suisse et italien. En outre, il a approuvé les démarches faites dans ce sens par la direction et lui a donné tous pouvoirs pour poursuivre les négociations.

COMPAGNIE DES CHEMINS DE FER DU NORD-EST SUISSE

Constitution. — Société anonyme suisse, constituée le 12 septembre 1853 sous le nom de « Schweizerische Nordostbahn Gesellschaft ».

Objet d'après les statuts. — La Société a pour objet l'exploitation de ses entreprises de transport (chemins de fer et bateaux à vapeur). Il est loisible à la Compagnie d'étendre son réseau par la construction ou l'achat de nouvelles lignes appartenant à des tiers pour se charger du service de transport, de conclure des contrats d'association avec d'autres compagnies, enfin de créer toutes entreprises de transport qui, par leurs relations avec le réseau du Nord-Est, pourraient contribuer en développer le trafic, ou de coopérer à leur établissement. Elle peut aliéner son réseau en tout ou partie ou le fusionner avec d'autres entreprises de chemins de fer, ou encore le donner à bail, dans toute son étendue ou seulement par sections, et cela sans restriction, ou d'une façon limitée, par exemple pour le service de transport seulement.

Réseau. — Le Nord-Est exploitait, au 31 décembre 1894, les lignes suivantes :

a) Propriété de la Compagnie :

	kilomètres
Aarau-Zurich.	49 356
Zurich-Winterthour-Romanshorn.	82 243
Rorschach-Romanshorn-Constance.	34 293
Winterthour-Schaffhouse.	29 898
Turgi-Coblenz	15 270
Coblenz-Waldshut. (Prise à bail, *propriété du Ch. Badois*). . . .	1 743
A reporter	212 803

	kilomètres
Report.	212 803
Zurich-Waedensweil-Ziegelbrücke.	57 087
Ziegelbrücke-Naefels.	4 499
Naefels-Glaris.	7 029
Glaris-Linththal.	15 831
Winterthour-Coblenz.	48 377
Oerlikon-Bülach.	15 545
Oberglatt-Niederweningen.	10 929
Niederglatt-Wettingen.	18 908
Constance-Etzweilen.	30 116
Kreuzlingen–Emmishofen (non exploitée actuellement).	» »
Singen-Ramsen.	6 829
Ramsen-Etzweilen-Winterthour.	38 260
Effretikon-Kloten-Oerlikon.	14 549
Oerlikon-Seebach-Otelfingen.	14 969
Wettingen-Lenzburg.	17 092
Lenzburg-Suhr.	7 661
Suhr-Aarau (exploitée en commun par le Central et le N.-E.)	4 203
Effretikon-Wetzikon.	18 080
Wetzikon-Hinweil.	4 452
Sulgen-Gossau.	22 458
Altstetten-Knoneau-Zoug.	34 748
Zoug-Cham-Luzern et Knonau-Cham.	27 431
Total.	631 856

b) Le chemin de fer du *Boetzberg* (Bâle-Prattein-Brugg, 57 kilom. 222, et Koblenz-Stein, 26 kilom. 124), qui appartient par parts égales au Central et au Nord-Est.

Les lignes suivantes sont *en construction* :

Zurich-Rapperswyl, rive droite du lac de Zurich.	35 k. 991
(La partie Zurich-Stadelhofen-Rapperswyl, longue de 30 k. 291, est en exploitation depuis le 15 mars 1894.)	
Thalweil-Zoug.	18 » 020
Etzweilen-Schaffhouse.	15 » 400
Eglisau-Schaffhouse.	18 « —

Le Nord-Est est en outre *propriétaire* :
De la moitié du Chemin du Sud de l'Argovie et des deux cinquièmes du Chemin Wohlen-Bremgarten, lignes exploitées par le Central ;
Des bateaux à vapeur du lac de Zurich et d'une partie de ceux du lac de Constance.

Siège social : Zurich.

Durée de la Société. — Indéterminée, toutes les concessions étant renouvelables.

Capital social. — 80 millions, représentés par 108.000 actions de 560 fr. ordinaires et 52.000 de 500 fr. privilégiées. Toutes ces actions sont au porteur et libérées entièrement.
Les actions privilégiées jouissent d'un dividende privilégié de 5 0/0. La Compagnie se réserve le droit de le rembourser en tout ou partie moyennant préavis de six mois à la fin de chaque année, dès 1898, au prix de 550 fr. par action, par voie de tirage au sort pour tout remboursement

partiel. Les possesseurs des titres remboursés auront un droit de préférence pour les actions à émettre en remplacement. En cas de liquidation, il serait attribué : 1° 550 fr. à chaque action privilégiée ; 2° 500 fr. à chaque action ordinaire, plus une somme correspondant à la différence entre 5 0/0 et les dividendes inférieurs à ce taux répartis, dès et y compris 1888, toutefois sans adjonction d'intérêts ; 3° le reste serait réparti d'une façon égale aux deux catégories d'actions. Les coupons se paient en juillet.

Conseil d'administration. — De 27 à 31 membres, dont 8 sont choisis dans le canton de Zurich et 4 dans chacun des cantons de Thurgovie, Schaffhouse et Argovie. Un administrateur est délégué pour l'Etat de Zurich.

Direction. — Composée de 3 à 5 membres, faisant partie du Conseil d'administration.

Administrateurs et Directeurs sont élus pour 4 ans, renouvelables par moitié tous les deux ans et rééligibles immédiatement. Le Président et le Vice-Président du Conseil d'administration sont élus pour 2 ans ; ils ne peuvent faire partie de la Direction.

Assemblée générale. — A la fin de juin. Chaque action privilégiée ou ordinaire donne droit à une voix, sans que le même actionnaire puisse réunir plus du cinquième des droits de vote représentés. Le cinquième des actions émises doit être représenté pour décider une modification aux statuts, la moitié au moins pour statuer sur la liquidation ou la fusion avec une autre société.

Répartition des bénéfices d'après les statuts. — Sur les bénéfices annuels, nets de toutes charges, il est alloué :

1° Au *Fonds de Renouvellement* au moins 1.000.000 de fr. En revanche, toutes les dépenses pour renouvellement de la voie, rails, traverses, sont mises à la charge dudit fonds.

2° Au *Fonds de Réserve* (fonds d'assurance) au moins 100.000 fr.

Lorsque les fonds atteignent le premier fr. 8,000.000, le second fr. 1.000.000, les versements susdits peuvent être diminués par décision de l'Assemblée générale. Il ne leur est pas bonifié d'intérêt.

Le surplus est mis à la disposition des actionnaires.

Dividendes distribués :

Actions ordinaires

Exercice		Exercice		Exercice	
1860	Fr. 30 »	1872	Fr. 40 »	1884	rien
1861	40 »	1873	40 »	1885	rien
1862	40 »	1874	40 »	1886	rien
1863	36 25	1875	40 »	1887	Fr. 10 »
1864	35 »	1876	15 »	1888	22 50
1865	40 »	1877	rien	1889	30 »
1866	40 »	1878	rien	1890	30 »
1867	37 50	1879	rien	1891	25 »
1868	40 »	1880	rien	1892	25 »
1869	37 50	1881	rien	1893	28 »
1870	35 »	1882	rien		
1871	45 »	1883	rien		

Actions privilégiées

1889... Fr. 30 = 6 0/0   1891. Fr. 25 = 5 0/0   1893 Fr. 28 = 5,6 0/0
1890... 30 = 6 0/0   1892... 25 = 5 0/0   1894.........

Il a encore été distribué, pour 1891 :

a) Aux actions ordinaires, fr. 2,50 pour compléter le dividende de 1888 ;

b) Aux deux catégories d'actions fr. 12,50, répartition d'une réserve spéciale qui a été payée en bons. Ces bons ont été utilisés pour acquitter le versement de libération sur les actions.

Paiement des coupons au Crédit Lyonnais et chez MM. Vernes et Cᵉ.

Obligations. — Voici l'état actuel du capital-obligations :

Emprunt 4 0/0 1885...............	Fr.	15.000.000
Emprunt 4 0/0 1886...............	»	20.000.000
Emprunt 4 0/0 1887...............	»	87.000.000
Emprunt 4 0/0 1888...............	»	7.000.000
Emprunt 4 0/0 1889...............	»	5.000.000
Emprunt 4 1/2 0/0 1892...........	»	1.837.500
Emprunt 4 0/0 1880-83 du Nationalbahn...	»	3.000.000
Emprunt 3 1/2 0/0 1894...........	»	10.000.000
Total........	Fr.	148.837.500

Tous les emprunts de la Compagnie, non compris l'emprunt de 3 millions de francs du Nationalbahn, sont garantis par une *hypothèque en premier rang de 160 millions*. — Cette hypothèque, constituée suivant autorisation du Conseil Fédéral Suisse, en date des 8-29 novembre 1878, repose sur kilom. 435.9 de lignes appartenant en propre à la Compagnie, et kilom. 53.8 de lignes appartenant au Central et au Nord-Est. La longueur totale des lignes hypothéquées est donc de kilom. 489.7.

Cette garantie hypothécaire est utilisée jusqu'ici pour fr. 149.487.500 (emprunt de 1894 compris).

Les sections de lignes suivantes sont *libres d'hypothèque* :

Ancien Nationalbahn, section occidentale........	52	kil.	743
Effretikon-Hinweil...........................	22	»	157
Sulgen-Gossau...............................	22	»	670
Dielsdorf-Niederweningen....................	6	»	630
Lignes en construction......................	87	»	408
Koblentz-Stein 1/2...........................	12	»	750

COMPAGNIE DE L'UNION
DES CHEMINS DE FER SUISSES

Constitution. — Société anonyme, constituée le 20 avril 1857, par la fusion des trois compagnies de chemins de fer de Saint-Gall-Appenzell, du Sud-Est de la Suisse, et de la Glatthal, sous le titre de « Gesellschaft der Kereinigten-Schweizerbahnen. »

Objet d'après les statuts. — La société a pour objet : 1° La construction et l'exploitation de chemins de fer reliant Wintherthur à Saint-Gall et Rorschach, Rorschach à Coire, Sargans à Rapperschwil et Wallisellen, Weesen à Glaris, ainsi que de tous prolongements, adjonctions et ramifications; 2° la participation à d'autres entreprises de chemins de fer qu'elle pourrait prendre à bail ou exploiter pour le compte des propriétaires.

Réseau. — La Compagnie exploite actuellement les lignes suivantes :

1° Pour son propre compte :

Wintherthur-Saint-Gall-Rorschach	72 kil.	739
Rorschach-Sargans-Coire.	91 »	728
Sargans-Rapperschwil-Wallisellen.	93 »	204
Wallisellen-Zurich (utilisée aussi par le Nord-Est, propr^{re}).	8 »	368
Weesen-Glaris.	11 »	488
Total.	277 kil.	527

2° Pour le compte de la Compagnie de Toggenbourg : la ligne Wif-Ebnat (24 kilom. 852).

3° La ligne de Wald-Ruti (6 kilom. 570). Société dans laquelle l'Union possède un intérêt de 661.550 fr., déduction faite de 87.750 fr. amortis.

Durée de la société. — Indéterminée.

Rachat par la Confédération. — Sur la base des concessions en vigueur, lesquelles pourront cependant subir quelques modifications moyennant entente spéciale avec le Conseil fédéral. — Cette entente n'est pas encore parfaite. — Le prochain terme de rachat est au 1er mai 1903, à l'exception des concessions 1, 9 et 10 (voir ci-dessus), pour lesquelles le prochain terme de rachat est fixé au 25 octobre 1901, pour la première, au 15 février 1904 pour les deux dernières.

Siège social. — A Saint-Gall.

Capital social. — 40.000.000 de francs; représenté par :

45.000 actions *ordinaires* de fr. 500.	Fr.	22.500.000
35.000 » *privilégiées* » 500.	»	17.500.000
Ensemble.	Fr.	40.000.000

Toutes les actions sont entièrement libérées et au porteur.

Les *actions privilégiées* jouissent d'un dividende privilégié de 4 1/4 0/0. Dès le 1er janvier 1896, elles pourront être remboursées en tout temps à 500 fr., moyennant préavis de trois mois, durant lesquels elles donneront droit à l'échange contre un même montant nominal d'actions ordinaires. En cas de liquidation, le capital des actions privilégiées aurait la priorité sur celui des actions ordinaires.

Les coupons des actions ordinaires et privilégiées sont payés le 1er juillet.

Conseil d'administration. — Composé de 18 membres, dont 6 doivent résider dans le canton de Saint-Gall, 3 dans le canton des Grisons, 3 dans le canton de Zurich, 1 dans le canton de Glaris. Ils sont nommés pour 3 ans, renouvelables chaque année par tiers, rééligibles et doivent être propriétaires d'au moins 20 actions chacun.

Direction composée de un ou plusieurs membres élus par le Conseil d'Administration, choisis ou dans ce Conseil ou en dehors.

Commissaires-vérificateurs élus annuellement au nombre de cinq, actionnaires ou non.

Assemblée générale. — Au mois de juin. Composée de tous les actionnaires ayant déposé leur titres huit jours avant l'assemblée. Une à cinq actions donnent droit à une voix, six à dix à deux voix, onze à cent à une voix pour chaque dizaine d'actions. Au-dessus, le nombre de voix augmente de une par vingt actions, sans que le même actionnaire puisse réunir plus de cent voix, ni plus du cinquième des droits de vote représentés dans l'Assemblée. (C. F. des O.) La majorité des trois quarts des voix est exigée pour décider toute modification aux statuts, toute augmentation du capital, toute acquisition de nouvelles lignes, toute fusion et la liquidation.

Répartition des bénéfices d'après les statuts. — Sur les bénéfices, nets de toutes charges, il est alloué :

1° 5 0/0 au Fonds de réserve statutaire. (Le maximum de ce fonds, fixé à un million, étant atteint depuis 1885, cette allocation est suspendue.) ;

2° 250.000 fr. au Fonds de renouvellement ;

3° au Compte de construction, pour amortissement, les sommes fixées par le Conseil d'Administration, suivant les prescriptions fédérales.

Le surplus doit être réparti comme suit :

   1° Premier dividende de 4 1/4 0/0 aux actions privilégiées ;
   2°   »   »   4 1/4 0/0   »   ordinaires ;
   3° Le reste à toutes les actions indistinctement.

Dividendes distribués. — Les actions ordinaires n'ont rien touché de 1872 à 1885. A partir de cette date, elles et les actions privilégiées ont été l'objet des répartitions suivantes :

	actions ordinaires	act. privilégiées		actions ordinaires	act. privilégiées
1885	10 f. »	25 f. »	1890	21 f. 25	21 f. 25
1886	12 50	25 »	1891	10 »	21 25
1887	12 50	25 »	1892	12 »	21 25
1888	21 25	21 25	1893	17 50	21 25
1889	20 »	25 »			

Obligations. — Emprunts consolidés :

Oblig. 4 0/0 du 31 mars 1865, 1re hypothèque. . . . . . Fr.	25.137.625
» 4 0/0 » 2e » . . . . »	13.199.000
» 4 0/0 du 1er octob. 1892, 3e » . . . . »	5.000.000

Obligations non converties des anciens emprunts :

Oblig. 3 0/0 1857, sans hypothèque, à fr. 500. . . . »	232.000
» 5 0/0 1857, admises dans la 1re hyp. » 300. . . . »	631.200
» 3 0/0 1859, sans hypothèque, » 500. . . . »	204.000
» 5 0/0 1859, admises dans la 1re hyp. » 300. . . . »	387.900
Total. . . . Fr.	44.791.725

SOCIÉTÉ ITALIENNE DES CHEMINS DE FER MÉRIDIONAUX

Constitution. — Société anonyme, constituée le 18 septembre 1862, sous le titre « Società italiana per le strade ferrate Meridionali ».

Objet d'après les statnts. — La Société a pour objet l'exploitation du réseau de l'Adriatique, en vertu d'une convention conclue avec le Gouvernement italien, pour une durée de 60 ans, du 1er janvier 1885 au 31 décembre 1944, sous la réserve que les deux parties peuvent résilier après l'expiration d'une première période de 20 ans, et d'une seconde période de 20 ans également.

Réseau. — Le réseau concédé aux clauses du contrat de 1885 comprenait :

1° 3.982 kilom. de lignes déjà en exploitation, englobant, pour la durée du contrat, 1.666 kilom. de lignes concédées antérieurement à la Société des Chemins Méridionaux, 2.041 kilom. de lignes appartenant à l'Etat, et 275 kilom. d'autres lignes.

2° 1.933 kilom. de lignes complémentaires, en construction ou à l'étude.

Une seconde convention a été conclue, le 20 juin 1888, pour la concession de nouvelles lignes.

Au 31 décembre 1893, 5 512 kilom. 409 étaient construits, dont 4.256 kilom. 506 appartenant au réseau dit *principal*, et 1.255 kilom. 903 au réseau dit *complémentaire*.

Durée de la Société. — Du 2 novembre 1862 jusqu'à la fin de la plus longue concession, soit jusqu'au 1er janvier 1967.

Siège social. — Florence.

Capital social. — 240.000.000 de lires italiennes, divisées en 480.000 actions de 500 lires au porteur, toutes entièrement libérées, portant les N°s 1 à 480.000. — Sur ce nombre, 60.000 actions numérotées de 200.001 à 260.000 sont restées à la souche et constituent une réserve spéciale.

Il a été émis 35.000 titres de 1 action, soit actions 35.000
23.500 » 5 » » 117.500
26.750 » 10 » » 267.500

85.250 titres ensemble actions 420.000

Les actions s'amortissent par tirages annuels en décembre ; remboursement le 1er janvier à 500 Lires. Les actions remboursées sont remplacées par des *actions de jouissance*, dont le nombre s'élevait au 1er janvier 1894 à 6.700.

Dividende payable par acompte le 1er janvier et solde le 1er juillet.

Obligations. — La Société pourvoit au service :

1° De ses *propres obligations 3 %* (dites obligations méridionales) dont elle a émis un chiffre de 2,152.300, et dont l'Etat garantit le service;

2° Des *Bons 6 % or* (Bons Méridionaux) dont elle a émis 131.457, et sur lesquels 77.087 sont remboursés.

Elle a de plus créé, *pour compte du gouvernement italien*, 1,005.800 obligations 3 % (dites Obligations des Chemins de fer Italiens, réseau de l'Adriatique), au payement de l'intérêt desquelles l'Etat pourvoit lui-même directement.

Conseil d'administration. — De 21 membres, propriétaires de 100 actions chacun et dont 5 forment la Direction.

Assemblée générale. — Avant le 15 juin. Les actions déposées 10 jours à l'avance donnent droit à 1 voix par 30 actions, au maximum à 10 voix par actionnaire ou mandataire.

Les dividendes se paient, à Paris, au Crédit Industriel et Commercial et à la Banque de Paris et des Pays-Bas.

Dividendes distribués. — Exercices *1887* à *1892* : L. 36 ; *1893* : L. 33.

Résultats du dernier exercice (1894-95). — L'assemblée générale ordinaire des actionnaires de cette Société s'est tenue le 30 mai 1895.

Les résultats de l'exercice 1894, tels qu'ils ressortent du rapport présenté à cette séance, ont été plus favorables que ceux de l'année précédente.

Les recettes soit directes, soit indirectes de l'exploitation, déduction faite des impôts, ont été les suivantes :

Réseau principal.	Lires	96 715.599 93
Réseau complémentaire.	»	6.625.946 39
Ensemble.	»	103.341.546 32
Tronçons isolés.	»	181.467 74
Total.	Lires	103.523.014 06

Comparativement à 1893, on a une augmentation de 798,243 lires pour le réseau principal, et de 249,660 lires 63 pour le réseau complémentaire; les tronçons isolés ont donné par contre une diminution de 154.082 lires 85, de sorte, que l'augmentation finale n'est plus que de 896.620 lires 88.

La liquidation de l'exercice s'est effectuée de la manière suivante : aux termes de son contrat d'exploitation, la Compagnie reçoit 62.50 0/0 des recettes brutes du réseau principal et une redevance de l'Etat pour le réseau complémentaire. Voici comment se résument les résultats de 1894 pour la Société :

62.50 0/0 des recettes brutes du réseau principal.	Lires	60.447.249 95
Redevance de l'Etat pour le réseau complémentaire.	»	7.972.413 08
Redevances et revenus divers.	»	744.646 97
Remboursement de frais.	»	2.594.128 98
Total.	Lires	74.758.438 98
A déduire :		
Frais ordinaires et extraordinaires de l'exploitation	Lires	68.056.917 60
Reste comme bénéfice net.	Lires	3.701.521 38

qui a permis de distribuer un dividende de 34 lires par action. Pour 1893, ce dividende avait été également de 34 lires, mais, pour le compléter, il avait fallu prélever 400.000 lires sur le fonds de réserve extraordinaire.

SOCIÉTÉ ITALIENNE DES CHEMINS DE FER DE LA MÉDITERRANÉE

Constitution. — Société anonyme, constituée sur la base de la loi du 27 avril 1885 et du décret royal du 16 juin 1885, ayant pour titre : « Società per le strade ferrate del Mediterraneo ».

Siège social. — Milan.

Capital social. — De 135 millions de lires en actions de 500 lires, a été porté depuis lors à 180 millions de lires en 1888, par l'émission de 90.000 actions. Il existe donc actuellement 360.000 actions de 500 lires entièrement libérées.

Répartition des bénéfices d'après les statuts. — Suivant convention conclue avec l'Etat, les recettes brutes du réseau principal, jusqu'à concurrence de 112.000.000 de lires, sont répartis comme suit : 27 1/2 à l'Etat, 62 1/2 à la Société en couverture de ses frais d'exploitation, 10 0/0 aux réserves et renouvellement. Sur les 50 millions suivants, les proportions sont de 28 0/0, 56 0/0, 16 0/0, et, sur les augmentations suivantes, de 28 0/0, 50 0/0, 16 0/0, et 6 0/0 pour réduction de tarifs. Les recettes brutes du réseau complémentaire sont partagées par moitié entre l'Etat et la Compagnie. Cette dernière touche, en outre, pour pourvoir à son exploitation, une subvention annuelle de 3.000 lires par kilomètre virtuel. En outre, l'Etat garantit les obligations crées pour l'extension du réseau (obligations 3 0/0 distinctes des obligations sociales 4 0/0) et un dividende minimum de 5 0/0 net d'impôt sur les actions ; au-dessus de 7 1/2 0/0 de dividende, impôts non déduits, l'Etat touche la moitié du surplus.

Obligations 4 0/0. — Ces obligations ont fait l'objet de deux Emprunts contractés par la *Société Italienne des Chemins de fer de la Méditerranée*, le premier suivant décision des assemblées générales des 11 avril et 20 juillet 1888, et conformément au contrat passé, avec le gouvernement royal italien, le 21 juin 1888, approuvé par la loi du 20 juillet 1888 ; le second suivant décision des assemblées générales des 28 novembre 1889, 27 novembre 1890, 25 novembre 1892, et en conformité des contrats passés, avec le gouvernement royal italien, en date des 20 avril 1889 et 23 décembre 1891, contrats approuvés par décrets royaux des 28 avril 1889 et 21 décembre 1891.

Le Capital nominal des emprunts est de 80.000.000 de francs effectifs, divisé en 160.000 obligations de Fr. 500, libérées et au porteur, dont :

1° Un *1er Emprunt* de Fr. 60.000.000 en 3.000 séries, N°s 1 à 3.000, de 40 obligations chacune de Fr. 200, divisés en 20.000 coupures de une, 12.000 de cinq et 4.000 de dix obligations. Cet emprunt était destiné (conjointement avec Lit. 45.000.000 de la Compagnie) à pourvoir à la construction pour le compte et avec subventions initiales de l'Etat, de 400 kilom. de voies ferrées, sur lesquelles la Société perçoit une annuité moyenne et kilométrique de L. 20.500, annuité que le gouvernement italien s'est engagé à servir jusqu'en 1966.

2° Un *2ᵉ Emprunt* de Fr. 20.000.000 en 1.000 séries, Nᵒˢ 3.001 à 4.000, de 40 obligations de Fr. 500, divisé en 6.600 coupures de une, 4,000 de cinq et 1,340 de dix obligations ; — destiné à la construction de 108 kilom. de voies ferrées (ligne Rome-Viterbe et embranchements) pour lesquelles les communes intéressées ont payé une subvention à fonds perdus de L. 4.240.000. Le gouvernement italien s'est engagé à payer, pendant 70 ans, une subvention annuelle de L. 3.000 par kilom. sur ces lignes.

Il y a eu trois émissions :

En juillet 1890 90.000 obligations émises à Fr. 435. — plus int. du 1ᵉʳ juillet 1890
» 1892 30.000 » » » 414,25 moins int. au » 1892
» 1893 40.000 » » » 441,25 plus int. du » 1893

L'intérêt est de 4 0/0 l'an, payable ; fr. 10 le 1ᵉʳ janvier, fr. 10 le 1ᵉʳ juillet, nets d'impôts.

Le remboursement des titres a lieu à fr. 508 nets d'impôts, jusqu'en 1966, par tirages au sort annuels ayant lieu le 15 mai pour le remboursement s'effectuer le 1ᵉʳ juillet suivant.

L'amortissement des obligations séries 1 à 3.000 a commencé en 1891, celui des séries 3,001 à 4.000 en 1894. La Société s'est réservé le droit d'anticiper le remboursement dès le 31 décembre 1902.

SOCIÉTÉ
DES CHEMINS DE FER LIVOURNAIS

Cette Société anonyme a été absorbée par la Société des Chemins de fer Romains, qui à son tour a cessé d'exister du fait du rachat de ses lignes par l'Etat. Le réseau des chemins Romains a été exploité par l'Etat jusqu'en 1885. Dès lors, en vertu des conventions du 27 avril 1885, ses lignes sont exploitées, les unes par la Société des Chemins de fer Méridionaux, les aux par la Société des Chemins de fer de la Méditerranée.

Mais il existe encore cinq séries d'obligations :

Série A. . . . . 20.800 titres
— B. . . . . 7.100 —
— C. . . . . 70.000 —
— D₁. . . . . 100.000 —
— D₂. . . . . 130.000 —

Pour tous, l'intérêt est de 3 0/0 l'an, payable par semestre, les 1ᵉʳ janvier et 1ᵉʳ juillet, sous déduction des impôts (taxe sur la richesse mobilière et taxe de circulation) jusqu'à fr. 6.31 environ. (Au 1ᵉʳ juillet 1894 fr. 6.31.) L'élévation de la taxe de la richesse mobilière l'a abaissé à L. 5.80 environ.

Le remboursement a lieu au pair, en 90 ans, à partir de 1865, par tirages annuels en septembre, pour le remboursement s'effectuer le 1ᵉʳ janvier.

Le Gouvernement Italien garantit le paiement des intérêts et le remboursement de capital. Cette garantie est inscrite sur les titres.

Le paiement des coupons et des titres a lieu en *lires* (monnaie légale) en Italie; en *francs au pair*, à Paris, chez MM. de Rothschild frères.

Les paiements de coupons ne s'effectuent actuellement que sur la présentation des titres et d'un affidavit.

COMPAGNIE DES CHEMINS DE FER DE LA SICILE

Constitution. — Société anonyme italienne, constituée le 7 juin 1885, sous le titre « Sociéta italiana per le strade ferrate della Sicilia. »

Capital social. — Primitivement fixé à 15 millions de lires, a été porté depuis lors à 20 millions de lires. Il est divisé en 40,000 actions de 500 lires entièrement libérées, au porteur ou nominatives.

Concession. — Suivant la convention conclue avec l'Etat italien, en 1885, la Compagnie est concessionnaire pour une durée de 60 ans, soit jusqu'au 30 juin 1945, du réseau des chemins de fer de la Sicile. Ce réseau comprend 1.036 kilomètres

Subventions — Pour les lignes complémentaires, la Société reçoit une subvention annuelle du gouvernement italien de 4.910.929 lires 29 jusqu'en 1967. Cette annuité est en partie employée au service des obligations 4 0/0. D'autre part elle reçoit de l'Etat, semestriellement, la somme nécessaire au service des obligations 3 0/0.

Répartition des bénéfices d'après les statuts. — Sur les recettes brutes, l'Etat touche 3 0/0 seulement, la Compagnie 82 0/0, et 15 0/0 sont attribués à des renouvellements et réserves.

Dividendes distribués. — Le dividende net d'impôts a été, pour 1885-86, de 5 0/0; pour 1886-87, de 5 0/0; pour 1887-88, 5 1/2 0/0; pour 1888-89, 5 1/2 0/0; pour 1889-90, 6 1/2 0/0; pour 1890-91, 6 1/2 0/0; pour 1891-92, 6 1/2 0/0; pour 1892-93, 6 1/2 0/0.

Obligations 4 0/0 de la Compagnie. — Ces obligations sont du type 4 0/0 net d'impôts. Elles ont été émises de 1889 à 1893 et sont remboursables de 1896 à 1907. Il y en a 156.300, représentant un capital nominal de 78.150.000 francs.

Obligations 3 0/0 des chemins de fer italiens. — Ces titres représentent les divers emprunts, émis à la requête et pour compte du gouvernement italien, en vertu des conventions passées avec les trois Compagnies des Chemins de fer méridionaux, des Chemins de fer de la Méditerranée, et des Chemins de fer de la Sicile, conformément à la loi du 27 avril 1885; destinés à la construction de nouvelles lignes et à la dotation des Caisses patrimoniales des trois Compagnies.

Il a été créé 2,455,700 obligations de 500 lires ou francs effectifs, libérées et au porteur (nominatives facultativement) créées par les trois Compagnies précitées, savoir :

1.200.300 oblig. par la Cie des chemins de fer de la Méditerranée.
1.005.800   »   »   des chemins de fer Méridionaux.
  249.600   »   »   des chemins de fer de la Sicile.

2.455.700 oblig., représentant un *capital nominal* de L. 1.227.850.000.

Ces titres ont été émis par *séries*, comme suit :

			Réseau de la Méditerranée.		Réseau de l'Adriatique.		Réseau de la Sicile.
1re Emission, Série	A du 1er juillet 1887,	Obl.	315.000	Obl.	315.000	Obl.	70.000
2me »	B du 1er avril 1888,	»	322.500	»	195.000	»	83.000
3me »	C du 1er novembre 1888,	»	269.600	»	215.700	»	64.700
4me »	D du 1er février 1889,	»	89.500	»	72.200	»	21.000
5me »	E du 1er octobre 1889,	»	203.700	»	207.900	»	10.900
	Totaux :	Obl.	1.200.300	Obl.	1.005.800	Obl.	249.000

Dans chaque série, il a été créé 9/10mes en titres de cinq obligations, et 1/10e en titres de une obligation.

Les émissions ont été faites à divers prix et à diverses dates, en Italie, en Suisse, en Allemagne, en Angleterre, en Autriche, en Belgique, en Hollande, Danemark et Luxembourg. Une souscription publique eut lieu pour les séries A et B les 16 et 17 juin 1887 (prix d'émission en Suisse fr. 315, jouissance du 1er juillet 1887), une deuxième pour les séries C et D, le 14 février 1889 (prix en Suisse fr. 292 80, jouissance du 1er janvier 1889), une troisième le 14 novembre 1889 pour la série E (prix en Suisse, fr. 291 25, jouissance du 1er juillet 1889).

Leur intérêt est pour toutes de 3 0/0 l'an, payable par semestre, les 1er janvier et 1er juillet, sous déduction des impôts (taxe sur la richesse mobilière jusqu'au 1er juillet 1894 inclus de 13 20 0/0, avec frais de perception 13 6158 0/0) et de la taxe de circulation (18 c. environ par coupon). Le coupon de fr. 7 50 a été payé jusqu'ici de fr. 6 32 à 6 34 (au 1er juillet 1894 fr. 6 33). L'élévation de l'impôt porté en juillet 1894 à 20 0/0, le réduit à fr. 5 82.

Ces titres sont remboursables à 500 fr. en 90 ans, à partir de l'année 1896, par tirages annuels.

L'Etat italien à la requête et pour compte duquel les nouvelles lignes ont été construites, garantit le paiement des intérêts et le remboursement du capital. Cette garantie est stipulée dans le texte des obligations. En fait, le Gouvernement fournit lui-même les fonds nécessaires pour le service des titres, et en passe le montant au compte de l'Etat.

CHEMINS LOMBARDS

Constitution. — Société anonyme autrichienne, constituée le 23 septembre 1858, sous la dénomination de « Société I. R. P. des Chemins de fer du Sud de l'Autriche, du Royaume Lombard-Vénitien et de l'Italie centrale ». Elle porte depuis 1876 le nom de « Compagnie des Chemins de fer du Sud de l'Autriche ».

Siège social. — Vienne.

Durée. — Jusqu'au 31 décembre 1968.

Réseau exploité. — 2.232 kilom. 292. La Compagnie est en outre fermière de 377 kilom. 718 de lignes prises à bail.

Capital social. — 375.000.000 de francs, représenté par 750.000 actions au porteur, entièrement libérées, de 500 fr. = 200 florins autrichiens argent = 20 liv. sterl., divisés en

212.500	titres de	1 action	N°⁵	1 à 200.000 et 737.501 à 750.000
40.000	»	» 5	»	» 200.001 » 300.000 » 637.501 » 737.500
33.750	»	» 10	»	» 300.001 » 637.500

Les actions sont amorties par tirages annuels en décembre ; les titres sortis au tirage sont remboursés au pair et remplacés par des actions de jouissance (au nombre de 12.496 au 31 décembre 1893).

Les actions sont datées, à Vienne, de mai 1883.

Année sociale. — Du 1ᵉʳ janvier au 31 décembre.

Assemblée générale. — Avant le 31 mai, à Vienne.

Dividendes distribués. — Exercice *1888* : 5 fr. — *1889* : 8 fr. — *1890* : 4 fr. — *1891* : 4 fr. — *1892* : 3 fr. — *1893* : 4 fr.

Obligations 3 0/0. — 4.342.000 obligations de 500 francs, libérées et au porteur, émises à diverses époques par séries portant, dans l'ordre d'émission, les lettres A, C, O, K, H, I, D, S, T, P, X, Z, F, V, M, U.

Les obligations de la série X, au nombre de 750.000, sont dites *nouvelles*, par opposition aux obligations des autres séries, dites *anciennes*.

L'intérêt est de 3 0/0 l'an, payable par semestre, pour les obligations *anciennes*, le 1ᵉʳ janvier et le 1ᵉʳ juillet, pour les obligations *nouvelles*, le 1ᵉʳ avril et le 1ᵉʳ octobre, à raison de fr. 7,50, moins impôt en fr. 6,50.

Remboursement au pair, nets d'impôt, par tirages en décembre, pour les obligations anciennes comme pour les nouvelles ; les premières sont remboursées le 1ᵉʳ janvier, les secondes le 1ᵉʳ avril suivants.

Les séries	A et C		sont remboursables	jusqu'en	1949
»	»	O,K,H,I,D,S,T,P	»	»	1954
»	»	X,Z,F,V,M,U	»	»	1968

Résultats du dernier exercice 1894-95. — L'Assemblée des actionnaires des Chemins de fer Lombards a eu lieu à Vienne, le 28 mai 1895, sous la présidence de M. le prince de Hohenlohe.

Quelques actionnaires ont demandé des renseignements sur l'emploi d'une partie des bénéfices attribuée aux investissements, sur l'état de la question du rachat par l'Etat, et sur les projets relatifs à la conversion des obligations.

M. le Président a répondu que c'est en raison d'un arrangement avec le gouvernement qu'une partie des bénéfices est affectée chaque année à l'amélioration des lignes et du matériel. Ce mode d'emploi n'étant pas praticable à la longue, des démarches ont été faites à l'effet d'obtenir l'autorisation d'émettre le solde de l'emprunt 4 0/0 dont le produit serait destiné à couvrir les futures dépenses de ce genre.

Quant au rachat du réseau par l'Etat, les négociations ont été interrompues à la suite d'incidents politiques, sans que la date de la reprise éventuelle ait été fixée.

En ce qui concerne la conversion des obligations 5 0/0, les pourparlers avec le gouvernement ont été ajournés, eu égard aux négociations tendant au rachat. Si le rachat n'a pas lieu, l'administration recommencera les pourparlers relatifs à la conversion ; dans le cas contraire, il y aurait avantage à différer cette opération.

Au sujet de l'amortissement des titres 3 0/0, aucun des projets qu'a examinés le Conseil n'a été reconnu exécutable ou profitable aux intérêts de la Compagnie. Pour assurer pour toujours le service des obligations et résoudre la question des investissements, l'administration projette la création d'un fonds de réserve spécial, à l'aide de prélèvements sur les bénéfices. Ces prélèvements annuels seraient en moyenne de 1 fr. 50 par action. Les dépenses d'investissements seraient ainsi couvertes par de nouvelles émissions d'obligations.

L'Assemblée a approuvé les comptes et le rapport sur l'exercice 1894, fixé le dividende à 4 fr. et réélu les administrateurs et censeurs sortants.

SOCIÉTÉ AUTRICHIENNE - HONGROISE PRIVILÉGIÉE DES CHEMINS DE FER DE L'ÉTAT

Constitution. — Société anonyme autrichienne, constituée le 8 janvier 1855.

Objet d'après les statuts. — La Société a pour objet :

1° L'achèvement et l'exploitation des chemins de fer cédés, par un acte de concession du 1er janvier 1855, à M. le baron Sina, le baron de Eskelie, Isaac Pereire et duc de Galliera, qui en ont fait apport à la Société, et par des actes de concessions ultérieurs ;

2° La construction, l'achèvement et l'exploitation de tous autres chemins de fer et voies de communication, qui pourraient être ultérieurement concédés à la Société, pris à bail ou achetés par elle ;

3° Tous services de transports par terre et par eau, qui pourraient être établis en correspondance avec les chemins de fer appartenant à la Société ou affermés par elle ;

4° La jouissance et l'exploitation de tous les terrains, forêts, mines, usines métallurgiques, fabriques de machines ou autres, qui seraient acquis par voie de concessions, achetés ou affermés par la Société, et notamment de ceux concédés par l'acte de concession du 1er janvier 1855.

Toutes les concessions de la Société prendront fin le 31 décembre 1965.

Concessions. — Jusqu'au 31 décembre 1890, ces concessions comportaient des lignes situées en Autriche (réseau autrichien) : 1,353 kilom. 561 m. exploités, et des lignes situées en Hongrie (réseau hongrois) : 1,499 kilom. 388 m. exploités. Ensemble : 2,852 kilom. 949 m. exploités. Le réseau autrichien, comprenant lui-même un ancien réseau et un réseau complémentaire, auxquels est affectée une garantie spéciale du gouvernement, donnant lieu à leur exploitation sous deux comptes distincts.

Par un traité du 7 juin 1891, le gouvernement hongrois a racheté à la Société les lignes exploitées par elle sur son territoire, ainsi que les objets mobiliers et immobiliers désignés à l'article 1 du traité, le tout avec rétroactivité, à compter du 1er janvier 1891. Le prix du rachat a été fixé à une annuité de 10,665.000 florins, réduite par la déduction d'un impôt de 10 0/0, à une annuité nette de 9.598.500 florins, libérée de tout impôt, stipulée payable à la Société en 75 ans, du 1er janvier 1891 jusqu'à fin 1965, à l'avance et en deux termes égaux de 4.799.250 florins, échéant le 1er janvier et le 1er juillet de chaque année. Ce traité est devenu définitif par suite de son approbation, par l'Assemblée générale des actionnaires du 9 juillet 1891, et de son approbation par le gouvernement hongrois du 11 juillet 1891.

Siège social. — Le siège social est à Vienne, pour tout ce qui concerne les chemins de fer et entreprises situées sur le territoire autrichien, et, à Budapest, pour tout ce qui concerne les chemins de fer et entreprises situées sur le territoire hongrois. Comité et bureaux : à Paris, avenue de l'Opéra, 19.

Durée. — Du jour de la constitution, soit du 8 janvier 1855, jusqu'au 31 décembre 1965.

Capital social. — Fixé primitivement à 80 millions de florins, soit 200 millions de francs (à raison de 2 fr. 50 le florin), représenté par 400.000 actions de 200 florins ou 500 fr., le fonds social a été porté, par décision de l'Assemblée générale du 13 juin 1871, à 110 millions de florins (valeur autrichienne), soit 275 millions de francs, par la création de 150.000 actions de 200 florins ou 500 fr., émises au pair par la Société Générale, en août 1871.

Les actions sont donc au nombre de 550.000, de 200 florins ou 500 fr., au porteur, entièrement libérées, émises au pair.

Les intérêts et dividendes sont payables les 1er janvier et 1er juillet, savoir : au 1er janvier 2 1/2 °/$_o$ du capital de chaque action et, au 1er juillet, le solde du produit de l'année selon les décisions de l'Assemblée générale annuelle de mai.

Conseil d'administration. — De seize à vingt-huit membres, divisés en deux conseils distincts, l'un siégeant à Vienne, composé de huit à quatorze membres, dont la moitié au moins doit être de nationalité autrichienne, et l'autre, siégeant à Budapest, composé également de huit à quatorze membres, dont la moitié au moins doit être de nationalité hongroise.

Les autres membres de chacun de ces deux conseils peuvent résider à Paris, où ils forment un comité permanent. Les administrateurs sont élus pour sept ans. Chaque administrateur doit être propriétaire de 100 actions inaliénables pendant la durée de ses fonctions. Directeur général à Vienne, chargé de la direction de tous les services. Commissaire nommé par le gouvernement pour exercer le droit de surveillance de l'Etat.

Les administrateurs actuels sont :

A Vienne : MM. Chev. de Taussig, *président;* Charles Mallet et Fr. de Harkànyi, *vice-présidents;* Amédée Bartholdi, comte Berchtold, Sig. de Bohus, comte Clary-Aldringen, Dr Robert Clemens, Ch. Demachy, Henri Fould, Henri Germain, comte Ad. de Germiny, baron de Heeckeren, Al. de Hegedus, Jean Hottinguer, comte Keglevich, Ant. de Lukacs, baron des Michels, chevalier de Miller-Aichholz, comte Náko, baron de Pereira-Arnstein, Gustave Pereire, baron de Scudier, baron de Wodianer.

Et, à Paris : MM. Charles Mallet, *président;* Henri Germain, *vice-président;* Bartholdi, Demachy, Henri Fould, comte Ad. de Germiny, le baron de Heeckeren, Jean Hottinguer, baron des Michels, Gustave Pereire.

Assemblée générale. — Dans le courant du mois de mai, siégeant à Vienne ou à Budapest, composée de tous les actionnaires possédant 20 actions au moins, qui les ont déposées quatorze jours au moins avant la date de la réunion. 20 actions donnent droit à une voix; le même actionnaire ne peut réunir plus de 20 voix en son nom personnel; comme fondé de pouvoir, il peut réunir en outre 40 voix au plus.

Répartition des bénéfices d'après les statuts. — Sur les produits nets, il est prélevé annuellement les sommes nécessaires :

1° Au service des emprunts faits par la Compagnie;
2° Aux intérêts des actions à 5 0/0;
3° A l'amortissement du capital social;
4° A la restitution des avances faites par l'Etat en exécution de la clause de garantie.

Sur l'excédent des produits, après ce prélèvement, il est déduit : 1° Une somme de 5 0/0 au moins pour la constitution d'un fonds de réserve, ce prélèvement pouvant être réduit ou suspendu lorsque la réserve aura atteint 2 millions de florins; 2° une somme à attribuer aux administrateurs, et dont l'importance est fixée tous les cinq ans par l'Assemblée générale.

Le surplus restant libre est réparti également entre toutes les actions, amorties et non amorties, constituant le fonds social.

L'amortissement des actions doit s'effectuer, à compter du 1er janvier 1858, jusqu'au 31 décembre 1965, au moyen de tirages au sort annuels, à Vienne, en décembre. Les actions désignées par le sort sont remboursées à 500 fr., le 1er janvier suivant le tirage, et remplacées par des actions de jouissance.

Obligations 3 0/0. — Ces titres ont été émis au fur et à mesure des besoins de la Compagnies et à divers cours. Ils sont de 500 francs, remboursables au pair par tirages au sort annuels, dont le nombre s'élève à 1.563.938 francs, et qui produisent un intérêt annuel de 15 fr., payables par moitié les 1er mars et 1er septembre.

803.083 de ces obligations sont applicables à l'ancien réseau de la Compagnie; elles jouissent d'une première hypothèque sur ce réseau, en vertu de la loi du 19 mai 1874, et ont fait l'objet de huit émissions. Ci. 803.083

147.403 sont également applicables à l'ancien réseau, sur lequel elles ont le deuxième rang d'hypothèque. Elles ont fait l'objet d'une neuvième émission (dite de 1875). Ci 147.403

188.452 obligations, dont la création a été autorisée par l'Assemblée générale du 31 mai 1884, sont également applicables à l'ancien réseau, sur lequel elles ont un droit de quatrième hypothèque en Autriche et de deuxième hypothèque en Hongrie, avec garantie spéciale sur la ligne de la Waag. Elles ont fait l'objet d'une dixième émission dite de 1884. Ci. 188.452

Les obligations comprises dans ces dix émissions sont remboursables par tirages annuels, ayant lieu en août, pour le remboursement des titres sortis s'effectuer le 1er septembre suivant.

Et, enfin, 425.000 sont applicables au nouveau réseau, ou réseau complémentaire, sur lequel elles jouissent d'une première hypothèque; elles ont fait l'objet de quatre émissions, portant toutes l'indication de série A. Ci 425.000

Les obligations comprises dans ces quatre émissions série A, sont remboursables par tirages annuels ayant lieu en février, pour le remboursement des titres sortis s'effectuer le 1er mars suivant.

Ensemble 1.563.938

Aux termes d'un arrangement approuvé par le gouvernement autrichien, ratifié par le tribunal de commerce de Vienne et approuvé par l'Assemblée générale des actionnaires du 31 mai 1893, les conditions originaires des obligations de la Société ont été modifiées de la manière suivante :

La Société a abandonné sa prétention de retenir tout impôt sur les obligations jusqu'à concurrence d'un montant de 10 0/0.

Le délai d'amortissement des obligations 3 0/0, première à neuvième émissions, ancien réseau, qui finissait en 1947, a été prorogé jusqu'à l'année 1965 inclusivement, de manière que la période d'amortissement de toutes les obligations 3 0/0, ancien réseau et réseau complémentaire, finisse en 1965.

La Société a été autorisée à effectuer l'amortissement de ses obligations 3 0/0, conformément à de nouveaux tableaux d'amortissement, annexés au procès-verbal de la délibération de l'Assemblée générale du 31 mai 1893.

En ce qui touche les obligations 3 0/0 série A, réseau complémentaire, l'amortissement s'effectuera jusqu'à concurrence de 25 0/0, par voie de tirage au sort et jusqu'à concurrence de 75 0/0 par voie de rachat en Bourse.

La Société a été autorisée à effectuer, en tout temps, l'amortissement, par voie de tirage au sort, d'un plus grand nombre d'obligations 3 0/0, de toutes les séries de l'ancien réseau et du réseau complémentaire, que celui inscrit au tableau d'amortissement, ou bien à rembourser au pair en une seule fois toutes les obligations 3 0/0 en circulation.

Voici le tableau des diverses espèces d'obligations 3 0/0.

1° *Obligations 3 0/0 ancien réseau, 1re hypothèque.*

Emissions	Numéros	Période d'amortissement
1re émission	1 à 300.000	1858 à 1965
2e —	300.001 à 363.636	1858 à —
3e —	363.637 à 463.636	1858 à —
4e —	463.637 à 563.636	1858 à —
5e —	563.637 à 603.636	1859 à —
6e —	603.637 à 678.636	1860 à —
7e —	678.637 à 753.636	1863 à —
8e —	753.637 à 803.083	1870 à —

2° *Obligations 3 0/0 ancien réseau, 2e hypothèque.*

Emission	Numéros	Période d'amortissement
9e émission	803.084 à 950.486	1875 à 1947

3° *Obligations 3 0/0 ancien réseau, 4e hypothèque en Autriche, 2e hypothèque en Hongrie.*

Emission	Numéros	Période d'amortissement
10e émission	950.487 à 1.138.938	1886 à 1965

4° *Obligations 3 0/0, nouveau réseau, 1re hypothèque, série A.*

Emissions	Numéros	Période d'amortissement
1re émission	1 à 150.000	1871 à 1965
2e —	150.001 à 300.000	1871 à —
3e —	300.001 à 365.000	1871 à —
4e —	365.001 à 425.000	1874 à —

Obligations 5 0/0 et 4 0/0. — La Compagnie a émis, en outre, 155.000 obligations de 500 francs, numéros 1 à 155.000, applicables à l'ancien réseau, remboursables à 500 francs et produisant un intérêt annuel de 25 francs, payables les 1ᵉʳ mai et 1ᵉʳ novembre ; et 14.594 obligations de 500 francs, numéros 1 à 14.594, applicables à la ligne de Brünn-Rossitz, remboursables à 500 francs et produisant un intérêt annuel de 25 francs, payable les 1ᵉʳ janvier et 1ᵉʳ juillet ; ainsi que 225.000 obligations 4 0/0 également applicables à l'ancien réseau.

Ces titres ne sont pas cotés à Paris.

CHEMINS DE FER BRÉSILIENS

Constitution. — Société anonyme, constituée le 31 octobre 1879, sous le nom de « Compagnie générale des Chemins de fer Brésiliens ».

Objet d'après les statuts. — La Société a pour objet la construction et l'exploitation du chemin de fer de Paranagua à Coritiba, par Moretes (Brésil), d'une longueur de 110 kilomètres 915, concédé à MM. Pecego et Lemos, qui, en vertu de l'autorisation qui leur en a été accordée par décret du gouvernement brésilien du 12 août 1879, ont transféré à la Société la concession, avec tous les droits et obligations résultant des décrets des 1ᵉʳ mai 1875 et 10 août 1878, du contrat du 9 septembre 1878 et des décrets des 5 octobre 1878 et 12 août 1879.

Aux termes de ces décrets et contrats, le gouvernement brésilien garantit pendant 30 ans, au fur et à mesure et dans la proportion du dépôt entre les mains des agents financiers du Brésil, à Londres, un intérêt annuel de 7 0/0 sur le capital de 11.492.042 dollars 707, équivalant à 32.500.000 francs, auquel ont été évaluées les dépenses de construction de la ligne, soit une annuité de 2.275.500 francs.

La Société peut aussi construire et exploiter tous embranchements et prolongements et tous autres chemins de fer au Brésil ; entreprendre la construction et exploiter, si elle le juge convenable, tous ports et docks ; créer et exploiter tous services en correspondance avec ses chemins de fer, soit par eau, soit par terre, ou seulement s'y intéresser ; acquérir toutes mines, forêts et terrains, ou s'intéresser seulement dans leur exploitation et entreprendre, en un mot, tous travaux qui auraient pour but le développement de la prospérité de la Société.

En outre de la ligne sus-énoncée de Paranagua à Coritiba (110 kilomètres 915 mètres construits et exploités), la Société a obtenu, en 1889 et 1890, la concession de prolongements d'une longueur de 306 kilomètres, sur lesquels 176 étaient construits et exploités au 31 décembre 1892.

Siège social. — A Paris, avenue Matignon, 15.

Durée. — Quatre-vingt-dix-neuf ans, à partir de la constitution définitive, soit du 31 octobre 1879 au 31 octobre 1978.

Capital social. — 10 millions de francs ; divisé en 20.000 actions de 500 fr., émises au pair et entièrement libérées, et au porteur. Les intérêts et dividendes sont payables aux époques fixées par le Conseil d'administration.

Conseil d'administration. — De cinq à dix membres, renouvelables par cinquième chaque année, sauf le premier Conseil nommé pour six ans, devant être propriétaires chacun de 100 actions inaliénables pendant la durée de leurs fonctions.

Les administrateurs actuels sont : MM. J. de la Bouillerie, président; marquis de Beauvoir, secrétaire; Th. de Joly, A. Durieux, Fontaine de Laveleye.

Assemblée générale. — Avant le 1er mai. Composée de tout titulaire ou porteur de 10 actions, qui les aura déposées quinze jours au moins avant la date de la réunion. Chaque membre a une voix par chaque groupe de dix actions qu'il représente, soit comme titulaire, soit comme mandataire.

Répartition des bénéfices d'après les statuts. — Pendant l'exécution de la ligne de Paranagua à Coritiba, ce qui restera de la somme à payer par le gouvernement brésilien, en vertu du décret du 12 avril 1879, après le prélèvement nécessaire au service de l'intérêt et de l'amortissement des obligations, sera réparti, savoir :

Un vingtième au fonds de réserve ;
Et dix-neuf vingtièmes aux actions à titre de dividende.

A partir de l'achèvement de la ligne, et sur les bénéfices nets de toutes les charges sociales, il sera prélevé annuellement :

5 0/0 pour la constitution d'un fonds de réserve, ce prélèvement cessant d'être obligatoire lorsque la réserve aura atteint le dixième du capital social.

L'assemblée générale peut décider un second prélèvement pour former un fonds de prévoyance dont elle déterminera l'emploi.

Le surplus est réparti entre toutes les actions à titre de dividende.

Obligations 4 1/2 0/0. — La Compagnie avait émis, en 1880 et 1884, deux séries d'ensemble 70.606 obligations de 500 fr. 5 0/0, remboursables à 500 fr., du 1er juillet 1880 au 1er septembre 1911.

Au service de l'intérêt et de l'amortissement de ces obligations était affectée, pendant une période de 30 années expirant en 1911, une garantie d'intérêt à 7 0/0 sur un capital de 32.500.000 fr., concédés par le gouvernement impérial brésilien, aux termes des décrets précités n°s 5.912, 7.035 et 7.420, des 1er mai 1875, 5 octobre 1878 et 12 août 1879, soit une annuité garantie de 2.275.000 fr. Mais le fonctionnement de l'amortissement avait réduit à 63.649 le nombre de ces obligations en circulation.

L'assemblée générale du 27 décembre 1886 a autorisé, conformément aux dispositions de l'article 8 des statuts, la création de 99.876 obligations nouvelles de 500 fr. 4 1/2 0/0, destinées notamment à être échangées contre les 63.649 obligations 5 0/0 anciennes en circulation, et à fournir la somme suffisante pour rembourser au pair celles de ces 63.649 obligations qui ne consentiraient pas à l'échange proposé. Sur les 99.876 obligations 4 1/2 0/0 autorisées, 94.000 ont été émises à 441 fr. 50, le 15 janvier 1887, par la Société de Crédit industriel et commercial et par la Société générale pour favoriser le développement du commerce et de l'industrie en France.

39.070 obligations 5 0/0 anciennes ont été présentées à la conversion, chacune d'elles a reçu, en échange du titre ancien, une obligation 4 1/2 nouvelle, plus une soulte de 60 fr. en argent et l'intérêt couru jusqu'au 15 janvier 1887. Les 24.579 obligations 5 0/0 anciennes, non présentées à la conversion, ont été remboursées, à partir du 31 janvier 1887, à 500 fr. moins l'impôt, avec intérêt jusqu'au 31 janvier 1887. Par suite, les obligations 5 0/0 ont été rayées de la cote le 4 février 1887.

Les 5.876 obligations 4 1/2 0/0, qui n'avaient pas été comprises dans l'émission du 15 janvier 1887, ont été émises ultérieurement à divers cours.

Toutes les obligations 4 1/2 0/0, entièrement libérées et au porteur, sont remboursables à 500 fr. en 99 ans, du 1ᵉʳ juillet 1887 au 15 janvier 1986, par tirages au sort semestriels en juin et décembre (le remboursement des titres sortis s'effectuant les 15 janvier et 15 juillet suivants). Leur intérêt annuel est de 22 fr. 50, payables par moitié les 15 janvier et 15 juillet.

Conformément aux décisions de l'assemblée générale du 25 décembre 1886, qui a autorisé l'émission, l'annuité de 2.275.000 fr., concédée à la Compagnie sous forme de garantie d'intérêts par le gouvernement brésilien, aux termes des décrets susdatés, est entièrement affectée, jusqu'à son expiration, en 1911, au service de l'intérêt et de l'amortissement des obligations.

Cours des titres. — Les voici depuis l'origine :

	Actions	Obligations
1880..................	503.958	
1881 à 1886...........	pas de cours	
1887..................	»	445 473
1888..................	»	453 284
1889..................	»	474 915
1890..................	»	428 117
1891..................	»	351 570
1892..................	»	307 325
1893..................	»	342 774

Dividendes distribués. — 5 fr. 50 de 1879 à 1881 inclus, puis 12 fr. 09 en 1882, 12 fr. 17 en 1883, et rien depuis 1884.

Résultats du dernier exercice (1894-95). — L'assemblée générale annuelle des actionnaires de cette Compagnie a lieu le 30 avril 1895.

On sait que la Compagnie, usant des pouvoirs qui lui sont conférés par ses statuts, avait entrepris elle-même, avec le concours de la Société Dyle et Bacalan, la construction des prolongements, dont 253 kilomètres étaient exploités pendant le dernier semestre.

Cette entreprise a permis à la Compagnie de réaliser un bénéfice de 2.060.791 fr. 69.

En sorte que, toutes charges déduites, le compte de profits et pertes de 1894 se solde par un bénéfice de . . . . Fr. 2.020.780 25
Sur cette somme, il y aura lieu de prélever 5 0/0 au profit de la réserve légale, soit . . . . Fr. 101.039 01

Sur le solde restant . . . . Fr. 1.919.741 24
le conseil a proposé d'opérer un second prélèvement de. 400.000 »
pour reprendre, en le limitant à 4 0/0, le service de l'intérêt des actions, suspendu depuis 1883.
Cette répartition laisse à reporter à l'exercice en
cours. 1.519.741 24

Cette proportion adoptée, les actionnaires ont donc à toucher un dividende de 20 fr. par action, payé, sous déduction de l'impôt, à partir du 15 avril.

Ce n'est encore, comme le fait remarquer le rapport du conseil, qu'une compensation partielle des sacrifices consentis par les actionnaires, par suite de l'abandon fait par eux de la part de garantie qui leur avait été réservée. Mais le conseil estime que le jour est proche où les résultats de l'exploitation suffiront à rémunérer le capital.

CHEMIN DE FER DE JONCTION SALONIQUE-CONSTANTINOPLE

Constitution. — Société anonyme ottomane, fondée en 1893.

Objet d'après les statuts. — Exploitation de la concession de la ligne Salonique-Dédeagatch (500 kil.), les travaux commencés en juin 1893 devront être terminés en 1897.

Durée. — Quatre-vingt-dix-neuf ans, à dater du 8 octobre 1892.

Capital social. — 15 millions de francs, divisés en 3.000 actions de 500 francs au porteur, sur lesquelles 6,000 sont entièrement libérées et 24.000 de 175 fr. depuis avril 1893 (ces dernières devant rester nominatives jusqu'à libération de 250 francs).

Obligations. — Suivant résolution de son assemblée du 23 mars 1893, la Société a contracté un emprunt au capital nominal de 160 millions, divisé en 320.000 obligations de 500 francs, entièrement libérées et au porteur. Ces obligations ont fait l'objet de deux émissions à Paris : 1° Emission du 25 avril 1893, à 282 fr. 50 ; 2° émission du 14 juin 1894, à 320 fr. ; en outre, 100.736 obligations ont été placées, sans émission publique et directement par le syndicat qui s'en était chargé, entre la première et la deuxième émission.

L'intérêt de ces titres est de 3 0/0, payables par moitié les 15 avril et 15 octobre. Leur remboursement à 500 francs se fait en 95 ans, à partir de 1897, par tirages au sort annuels ayant lieu le 15 septembre, et le remboursement des titres sortis s'effectue le 15 octobre suivant. Le paiement des coupons a lieu à la Banque de Paris et des Pays-Bas, sous déduction des impôts.

Le gouvernement ottoman garantit, pendant toute la durée de la concession (99 ans) une recette brute annuelle de 15 fr. 50 par kilomètre sur la totalité de la ligne. Il a affecté à cette garantie le produit entier des dîmes, des sandjaks (arrondissements) de Gumuldjina, Dédeagatch, Series et Drama (Turquie d'Europe), ainsi que l'excédent des dîmes des sandjacks de Salonique et de Monastir, après service intégral des obligations du chemin de fer de Salonique à Monastir. Ces dîmes sont perçues par les soins du conseil d'administration de la dette publique ottomane.

Résultat du dernier exercice (1894-95). — L'assemblée générale annuelle des actionnaires a été tenue le 28 mai 1895, à Constantinople, sous la présidence de M. le commandant Berger, président du conseil.

Le rapport du conseil d'administration constate l'avancement des travaux de cette ligne. L'exploitation de ce chemin de fer est ouverte sur 227 kilomètres, soit de Salonique à Angista et de Karasouli à Kilindir, et dessert déjà des localités comme Serrès et Demir-Hissar, privés jusqu'ici de toutes voies ferrées. La ligne entière sera, suivant toutes probabilités, complètement achevée avant un an, malgré les difficultés techniques et les travaux d'art considérables qui ont été faits.

L'assemblée des actionnaires a approuvé à l'unanimité les comptes et bilans présentés par le conseil. Elle a désigné M. Raoul Mallet, banquier à Paris, comme administrateur, en remplacement de M. Monchicourt, décédé, et réélu, pour l'exercice 1895, MM. Naville, administrateur délégué de la Banque impériale ottomane à Paris, et Wülfing, directeur adjoint à Constantinople, en qualité de commissaires-vérificateurs.

CHEMINS DE FER

BEYROUTH-DAMAS-HAURAN

Constitution. — Société anonyme ottomane, constituée le 22 novembre 1891, sous le titre de « Société des chemins de fer ottomans économiques de Beyrouth-Damas-Hauran, en Syrie. ».

Objet d'après les statuts. — D'après ses statuts, modifiés en 1893, la Société a pour objet la construction et l'exploitation, selon les conventions et cahier des charges annexés aux actes de concession :

1° du chemin de fer de Damas-Homs-Hama-Alep et Biredjik ;

2° du tramway à vapeur de Beyrouth à Damas ;

3° des tramways de Damas et de la voie ferrée du Hauran.

Le tout avec prolongements et embranchements qui pourraient ultérieurement se rattacher à ces lignes.

Concession. — La Société était concessionnaire à l'origine :

1° du tramway à vapeur de Beyrouth à Damas, d'une longueur de 112 kilomètres, dont la concession, accordée par firman impérial du 3 juin 1891, pour une durée de 99 ans, à partir du 17 juin 1891, lui a été apportée par la Société anonyme ottomane de la voie ferrée économique de Beyrouth à Damas, constituée le 15 octobre 1891, moyennant l'attribution de 3,500 actions de la Société, libérées de 125 fr., en échange et contre remise de ses 20.000 actions, conformément aux résolutions de l'Assemblée générale du 4 janvier 1892 ;

2° des tramways de Damas et de la voie ferrée de Damas à Hauran, d'une longueur de 148 kilomètres, dont la concession, accordée par firmans des 18 avril et 22 novembre 1891, pour une durée de 99 ans expirant le 18 avril 1989, lui a été apportée par la Société anonyme des tramways de Damas et voies ferrées économiques en Syrie, constituée le 13 août 1890, moyennant l'attribution de 4.000 actions de la Société, libérées de 125 fr., en échange et contre remise de ses 8,000 actions, conformément aux résolutions de l'Assemblée générale du 4 janvier 1892 ;

Par un traité du 2 janvier 1892, approuvé par l'Assemblée générale du 4 du même mois, la Société avait racheté la concession de la route carrossable de Beyrouth à Damas, appartenant à la Société ottomane de la route de Beyrouth à Damas (qui l'exploitait depuis 1857), et ce, moyennant l'attribution de 12,500 actions de la Société entièrement libérées, en échange et contre remise de ses 6.000 actions.

Depuis, la Société est devenue concessionnaire d'une ligne de chemin de fer reliant Damas aux villes de Homs-Hama-Alep et Biredjik, d'une longueur de 560 kilomètres, avec prolongement éventuel jusqu'à Teleck, entre l'Euphrate et le Tigre, d'une longueur de 250 kilomètres, dont la concession, accordée à M. Aousouf Habib Moutran Effendi, suivant firman impérial du 2 juin 1893 (pour une durée de 99 ans, à partir de la date du firman), lui a été apportée par le concessionnaire.

La Société se trouve ainsi concessionnaire, à titre définitif, d'un réseau de voies ferrées d'ensemble 820 kilomètres.

Siège social. — A Beyrouth. Domicile élu, à Paris, rue Saint-Lazare, 88.

Durée. — 99 ans.

Capital social. — 10 millions de francs, divisés en 20,000 actions de 500 fr. (ou 22 livres turques), dont 12.500 sont entièrement libérées, et 7,500 étaient libérées de 125 fr.

Conseil d'administration. — De cinq à onze membres, devant être propriétaires chacun de 50 actions inaliénables pendant la durée de leurs fonctions.

Les administrateurs actuels sont : MM. Allain-Launay, Th. Berger, Assan Effendi, Beyhoum, R. Emond, R. Guichard, G. Haber, Ed. Humbert, Ch. Jagerschmidt, Laugel, L. Mahon, G. Mallet, Salins-Effendi-Melhamé, J. Moutran, baron de Nervo, Ed. Passy, comte de Perthuis.

Assemblée générale. — Dans le cours du premier semestre, composée de tous les actionnaires possédant, soit comme titulaires, soit comme mandataires, au moins 25 actions, et qui les ont déposées quinze jours au moins avant la date de la réunion. Chaque membre de l'Assemblée a autant de voix qu'il possède, comme propriétaire ou mandataire, de fois 25 actions, sans qu'il puisse jamais réunir plus de 20 voix.

Répartition des bénéfices d'après les statuts. — Sur les bénéfices nets annuels, il sera prélevé :

1° La somme nécessaire pour payer à toutes les actions 5 0/0 d'intérêts sur le capital versé ;

2° 5 0/0 pour le fonds de réserve jusqu'à ce qu'il atteigne le dixième du fonds social.

L'excédent est réparti, savoir :
15 0/0 au Conseil d'administration ;
85 0/0 aux actionnaires à titre de dividende.

Sur les bénéfices nets, l'Assemblée générale peut prélever une somme destinée à amortir un nombre déterminé d'actions par voie de tirage au sort. Les actions amorties continueront à jouir du dividende, mais elles n'auront pas droit à l'intérêt qui sera appliqué à l'amortissement.

La Société a contracté, en vertu de l'autorisation de l'Assemblée générale du 4 janvier 1892, un emprunt de 31.250.000 francs, représenté par les 120.000 obligations de 500 francs dont il est parlé ci-après, et destiné pour 26.25.0000 francs au paiement des travaux de construction et d'établissement des lignes concédées, et pour les 5 millions de surplus à un prêt à la Compagnie du port, des quais et entrepôts de Beyrouth, pour l'achèvement des travaux du port et des installations provisoires.

Obligations 3 0/0. — La Compagnie a émis 120.000 obligations de 500 francs 3 0/0, libérées et au porteur, de la Compagnie des chemins de fer ottomans économiques de Beyrouth-Damas-Hauran, en Syrie, dont la création a été autorisée par décision de l'Assemblée générale du 4 janvier 1892 pour un capital de 31.250.000 francs.

Emises le 27 janvier 1892 en France, en Turquie, en Belgique, en Suisse, à Paris par la Société, par la Banque impériale ottomane et la Société générale, au prix de 295 francs, stipulés payables par termes échelonnés jusqu'au 30 juin 1892.

Remboursables à 500 francs en 90 ans, du 1er janvier 1893 au 1er janvier 1982, par tirages au sort annuels le 15 décembre, pour le remboursement des titres sortis s'effectuer le 1er janvier suivant.

Intérêt annuel : 15 francs, payables par moitié les 1er janvier et 1er juillet de chaque année.

SOCIÉTÉ DU CHEMIN DE FER OTTOMAN SALONIQUE-MONASTIR

Cette Société a été constituée au capital de 20 millions de francs, divisé en 20.000 actions de priorité de 500 francs, dont 250 francs versés, et 20.000 actions ordinaires dans les mêmes conditions.

Sur les bénéfices nets annuels, il est alloué, aux actions de priorité 5 0/0 d'intérêt du capital versé. L'excédent est réparti comme suit : 1° au fonds de réserve 5 0/0 et aux administrateurs 5 0/0 par parties égales ; 2° aux actions de priorité un intérêt de 1 0/0 du capital versé ; 3° aux actions ordinaires un intérêt de 4 0/0 du capital versé. Le surplus est réparti à titre de dividende entre toutes les actions sans distinction.

L'assemblée générale peut prélever chaque année un tant pour cent sur les bénéfices nets pour amortir, par voie de tirage au sort, un certain nombre d'actions. Les actions amorties continuent à jouir du dividende, mais n'ont pas droit à l'intérêt de 4 0/0 précité.

Depuis le 14 juin 1894, toute la ligne (219 kilom. 75) est livrée à l'exploitation.

Obligations 3 0/0. — Cet emprunt, contracté suivant résolution de l'assemblée générale du 8 février 1893, est au capital de 60 millions de francs (48.480.000 reichsmarck), divisé en 12,000 obligations or de 500 fr. (404 mk.), 15,000 de 2.500 fr. (2.020 mk.) et 3.500 de 5.000 fr. (4.040 mk.). Ces obligations sont entièrement émises, libérées et au porteur. Elles portent intérêt à 3 0/0 l'an, payable en or et par semestre, les 2 janvier et 1er juillet, à raison de 7 fr. 50 par coupon. Remboursement au pair, en or, en 96 ans, du 2 janvier 1894 au 2 janvier 1989, par tirages annuels effectués le 1er octobre, à Berlin, avec remboursement des titres sortis le 2 janvier suivant.

Le gouvernement impérial ottoman garantit au concessionnaire de la ligne un revenu brut annuel de 14.300 francs par kilomètre exploité (pour 29.177 kilomètres : 3.142.700 fr. environ), revenu qui doit être parfait au moyen d'un prélèvement par privilège sur les dîmes des sandjacks (arrondissements) de Salonique et de Monastir, encaissées par les soins de l'administration de la Dette publique ottomane.

Paiement des coupons au Crédit lyonnais.

COMPAGNIE FRANÇAISE DES CHEMINS DE FER ARGENTINS

Constitution. — Société anonyme, constituée le 26 juillet 1888.

Liquidation judiciaire et concordat. — Cette société a été mise en liquidation judiciaire par jugement du tribunal de commerce de la Seine, le 29 juillet 1893 (liquidateur : M. Bonneau, rue de Provence, 60), mais elle a obtenu de ses créanciers, le 20 octobre 1893, un concordat qui a été homologué par jugement du tribunal de commerce de la Seine, le 28 novembre 1893.

Objet d'après les statuts. — La Société a pour objet :

De faire, dans la République Argentine et dans celle de l'Uruguay, pour son compte ou pour le compte de tiers, toutes les opérations se rattachant à l'industrie des chemins de fer et des tramways, telle que la prise en concession, l'acquisition et la vente, l'exécution et l'exploitation de tous chemins de fer et tramways, et notamment, la construction et l'exploitation du chemin de fer de San Cristobal à Tucuman.

Elle pourra céder ses concessions en tout ou partie, donner à ferme leur exploitation, prendre à ferme l'exploitation des chemins de fer ou tramways, racheter des concessions ou exploitations, fonder, commanditer des entreprises similaires aux siennes ou s'y intéresser de toute autre manière.

Elle pourra acquérir, prendre, exploiter ou rétrocéder tous brevets se rapportant à l'entreprise des chemins de fer ou tramways.

Elle pourra se fusionner avec d'autres sociétés ou entreprises analogues.

La Société est concessionnaire, pour une durée de 55 années à partir de la mise en exploitation, du chemin de fer de San Cristobal à Tucuman, d'une longueur de 690 kilomètres environ. Cette concession a été accordée en vertu de la loi du 21 octobre 1887 et décret du 3 avril 1888, à MM. Portalis frères, Carbonnier et Cie, qui l'ont transférée, en vertu d'un décret du 16 mai 1888, à la Compagnie de Fives-Lille, qui en a fait apport à la Société des chemins de fer argentins dans les termes des articles 6 et 7 des statuts, et ce, moyennant l'attribution d'une part de 30 0/0 sur les produits nets de l'exploitation de la ligne de San Cristobal à Tucuman, après les déductions indiquées à l'article 7 des statuts.

Aux termes des loi du 21 octobre 1887 et décret du 3 avril 1888, le gouvernement argentin garantit à la Compagnie, pendant la durée de la concession, un intérêt de 5 0/0 en or, amortissement compris, soit 4.625 fr. sur le capital d'établissement de chaque kilomètre de voie principale ou auxiliaire, capital fixé à 18.500 piastres or, ou 92.500 fr. Cette garantie ne devient effective qu'à partir de la mise en exploitation de la ligne et par fractions de 50 kilomètres. Elle représenterait, pour les 650 kilomètres environ de la ligne, une annuité totale de 3.006.250 fr.

La Société des chemins de fer argentins a traité à forfait avec la Compagnie de Fives-Lille pour la construction de la ligne ; cette dernière a pris formellement à sa charge le service complet, intérêt et amortissement, des obligations 5 0/0 dont il sera parlé ci-après, jusqu'au moment où la garantie du gouvernement argentin deviendra effective.

Siège social. — A Paris, rue de la Chaussée-d'Antin, 66.

Durée. — 99 ans à dater de la constitution définitive, soit du 26 juillet 1888 au 26 juillet 1987.

Capital social. — 5 millions de francs, divisés en 10.000 actions de 500 fr. émises au pair, entièrement libérées et nominatives. Les intérêts et dividendes sont payables aux époques fixées par le Conseil d'administration.

Conseil d'administration. — De cinq à neuf membres nommés pour six ans (sauf le premier Conseil nommé pour trois ans), renouvelables par sixième chaque année, devant être propriétaires chacun de 50 actions inaliénables pendant la durée de leurs fonctions.

Les administrateurs actuels sont : MM. J.-B. Krantz, président; L. Ewald, vice-président; A. Ehrmann, comte Lavaurs, J.-A. Mirabaud, et marquis des Roys.

Assemblée générale. — Dans les six mois de la clôture de l'exercice, composée des propriétaires de dix actions qui les ont déposées huit jours au moins avant la date de la réunion. Chaque actionnaire a autant de voix qu'il possède de fois dix actions ou que chacun de ses mandants, s'il est mandataire d'autres actionnaires, possède de fois dix actions.

Répartition des bénéfices d'après les statuts. — Des produits bruts sont déduites toutes les charges, y compris les 30 0/0 attribués à la Compagnie de Fives-Lille en représentation de son apport de la concession de la ligne et qui doivent être payés aux porteurs de parts bénéficiaires que la Compagnie de Fives-Lille s'est réservé le droit de créer à cet effet (art. 8 des statuts).

Sur les produits nets il est prélevé :

1° 5 0/0 pour la constitution de la réserve légale jusqu'à concurrence du dixième du capital social;

2° La somme nécessaire pour servir aux actionnaires 3 0/0 d'intérêt sur le montant des versements;

3° Et la somme nécessaire pour servir aux actionnaires 5 0/0 d'intérêt sur le montant des versements anticipés.

Le solde disponible sera partagé, savoir :
10 0/0 au Conseil d'administration ;
90 0/0 aux actions.

Toutefois, sur ces 90 0/0, l'assemblée générale peut décider le prélèvement d'une somme destinée à la constitution d'un fonds de prévoyance.

Obligations 5 0/0. — 112.000 obligations de 500 fr. 5 0/0, créées par délibération de l'assemblée générale du 26 juillet 1888, émises le 10 août 1888, par la Banque de Paris et des Pays-Bas, au prix de 452 50, payables par termes échelonnés jusqu'au 1er décembre 1888. Remboursables à 500 fr. par tirages au sort annuels en 55 ans, du 1er août 1891 au 1er août 1945. Intérêt annuel : 25 fr., payables par moitié les 1er février et 1er août de chaque année.

Au service de l'intérêt et de l'amortissement des obligations est affectée spécialement et exclusivement, par privilège, l'annuité garantie par le gouvernement argentin, dans les conditions indiquées plus haut. Elles jouissent en outre d'une 1re hypothèque sur la ligne de San Cristobal à Tucuman, sur le matériel roulant et sur le revenu de la ligne.

Cours des titres. — Voici le cours moyen des obligations :

1888	453 fr. 987
1889	440 fr. 730
1890	385 fr. 687
1891	220 fr. 762
1892	197 fr. 797
1893	150 fr. 805

Résultats du dernier exercice (1894-95). — La dernière assemblée s'est contentée de laisser au conseil d'administration tous pouvoirs à l'effet de donner, au nom du syndicat des obligataires, son assentiment au rachat de ligne de San Cristobal à Tucuman, sur les bases indiquées dans le contrat *ad referendum*, intervenu le 9 avril 1895 entre le gouvernement national argentin et la Compagnie française des Chemins de fer argentins. Elle a approuvé, conformément aux propositions de la Compagnie, l'emploi et la répartition à faire, entre celle-ci et ses créanciers, du prix de rachat.

CHEMINS DE FER DE BEIRA-ALTA

Constitution. — Société anonyme portugaise, à responsabilité limitée, constituée le 2 janvier 1879.

Objet d'après les statuts. — La Société a pour objet :

1° L'accomplissement intégral du contrat du 3 août 1878, passé entre la Société financière de Paris et le gouvernement portugais, pour la construction et l'exploitation du chemin de fer de la Beira-Alta, avec toutes ses conditions ;

2° La construction, l'achèvement et l'exploitation de tous autres chemins de fer et voies de communication ;

3° L'installation et l'exploitation de tous services de transport, par terre ou par eau, qui pourraient être établis en correspondance avec les chemins de fer de la Société ;

4° La jouissance et l'exploitation de tous les terrains, forêts, mines, usines métallurgiques, fabriques de machines ou autres établissements qui pourraient être ultérieurement concédés à la Société, pris à bail ou achetés par elle, et qui serviraient à l'exploitation des chemins de fer lui appartenant.

Concessions. — La ligne de la Beira-Alta, d'une longueur de 200 kilomètres environ, partant de Pampilhosa, aux environs de Coïmbre, sur la ligne du Nord (Compagnie royale des chemins de fer portugais), pour aboutir à la frontière de l'Espagne, a été concédée par contrat du 3 août 1878, pour une durée de quatre-vingt-dix-neuf ans, à compter de cette date et avec une subvention de 23 contos de réis (127.778 francs par kilomètre), à la Société financière de Paris, qui a transféré à la Société tous ses droits et obligations résultant dudit contrat, ladite cession approuvée par le décret royal susénoncé du 8 janvier 1879.

En outre, et aux termes d'un contrat provisoire du 3 septembre 1879, devenu définitif en vertu du décret royal du 31 mars 1880, la Société a obtenu la concession, sans subvention, et pour une durée égale à celle de la ligne de la Beira-Alta, de la ligne de Pampilhosa à Figueira, d'une longueur d'environ 50 kilomètres.

Ces lignes constituent un réseau d'environ 252 kilomètres entièrement construits.

Siège social. — A Lisbonne Bureaux à Paris, 19, rue Louis-le-Grand.

Durée. — Quatre-vingt-dix-neuf ans, à compter du 3 août 1878, soit jusqu'au 3 août 1977.

Capital social. — 10 millions de francs, divisés en 20.000 actions de 500 francs au porteur, émises au pair et entièrement libérées.

Conseil d'administration. — De douze à seize membres, renouvelables à raison de quatre par an (sauf le premier Conseil nommé pour six ans), devant être propriétaires chacun de 100 actions inaliénables pendant la durée de leurs fonctions. Comité permanent, à Paris, de sept membres au plus, choisis parmi les administrateurs résidant à l'étranger.

Les administrateurs actuels sont : MM. S. Boittelle, président ; Tourangin, vice-président à Paris ; marquis de Ficalho, vice-président à Lisbonne ; Durangel, administrateur-délégué ; Barjona de Freitas, J. Boittelle, baron de Bussierre, Caillat, Goudchaux, Lejeune, de Mendia, de Serpa Pimentel, de Vilhena.

Assemblée générale. — Avant le 1er mai, au siège social, composée des actionnaires possédant au moins 20 actions qui les ont déposées quinze jours au moins avant la réunion. 20 actions, donnent droit à une voix, sans que personne puisse réunir plus de vingt voix, soit comme titulaire, soit comme mandataire.

Répartition des bénéfices d'après les statuts. — Jusqu'à l'achèvement de la ligne, il pourra être payé aux actionnaires un intérêt de 5 0/0 sur les sommes versées.

Après l'achèvement de la ligne, et sur les bénéfices nets de toutes les charges, il sera prélevé annuellement :

1° La somme nécessaire à l'amortissement du fonds social, calculée de telle sorte que le capital soit complètement amorti au plus tard cinq ans avant l'expiration de la concession ;

2° La somme nécessaire pour servir aux actions, amorties et non amorties, un intérêt ou premier dividende de 5 0/0 ;

3° 5 0/0 au moins pour la constitution d'un fonds de réserve ; ce prélèvement cessant d'être obligatoire lorsque la réserve aura atteint le dixième du capital social.

Le surplus des bénéfices sera réparti, savoir :

10 0/0 au Conseil d'administration ;

Et 90 0/0 également entre toutes les actions, amorties et non amorties.

L'amortissement des actions aura lieu par tirages au sort annuels, soit à Paris, soit à Lisbonne. Les actions désignées par le sort seront remboursées à 500 francs et remplacées par des actions de jouissance.

Obligations 3 0/0. — La Compagnie a émis 121.117 obligations de 500 fr. 3 0/0, entièrement libérées et au porteur. Remboursables à 500 fr.

par tirages au sort annuels, en quatre-vingt-dix années, du 31 décembre 1883 au 31 décembre 1972.

Produisant un intérêt annuel de 15 fr., payables par moitié les 30 juin et 31 décembre de chaque année.

Divisées en deux émissions :

1re Emission de 86.117 obligations, créées en vertu de l'article 18 des statuts, émises à 290 fr., le 8 avril 1879, afférentes à la ligne de la Beira-Alta.

2e Emission de 35,000 obligations, autorisée par ordonnance royale du 14 août 1880, émises à 290 fr., le 28 septembre 1880, et afférentes à la ligne de Pampilhosa à Bruneira.

Dividendes distribués. — En 1879, 21 fr. 95; en 1880 et 1881' 25 fr.; en 1882, 12 fr. 50, puis rien de 1883 à 1893.

Cours des titres. — Voici les cours moyen des actions :

1880	528 fr. 671
1881	558 fr. 922
1882	500 fr.

De 1884 à 1893 pas de cours.
Les obligations ont été cotées comme suit, au parquet :

1880	293 fr. 065	1887	157 fr. 566
1881	283 fr. 558	1888	149 fr. 255
1882	233 fr. 002	1889	180 fr. 248
1883	143 fr. 681	1890	185 fr. 929
1884	121 fr. 212	1891	128 fr. 522
1885	154 fr. 570	1892	77 fr. 019
1886	175 fr. 789	1893	81 fr. 342

Résultats du dernier exercice (1894-95). — L'assemblée générale s'est tenue le 25 avril 1895.

Le rapport présenté par le conseil à cette réunion constate que les résultats de l'exercice 1894 n'ont pas répondu à ses efforts. La Compagnie a eu à lutter contre des difficultés qui restent toujours les mêmes :

Détournement, par tous les moyens, des voyageurs et des marchandises par les lignes concurrentes, malgré les allongements de parcours souvent considérables qui en résultent ;

Inertie des services compétents, en présence des réclamations les plus légitimes du commerce lésé par ces procédés arbitraires ;

Défaut de correspondance rapide entre les trains de la Compagnie dont les horaires sont commandés par les lignes espagnoles et ceux des lignes de la Beira-Baxa et de Lisbonne à Porto ;

Ensablement progressif du port de Figueira, dont il est impossible, malgré tous les efforts, d'obtenir l'amélioration, même par des travaux élémentaires.

Nouvelle augmentation du taux du change grevant tous les envois de fonds à Paris, nécessités par les dépenses à régler en francs et les acomptes sur coupons d'obligations. Déjà fort élevé en 1893, le change a atteint, en 1894, une moyenne 29 1/2 0/0.

Sur cet état de choses si défavorable, est venu se greffer une mauvaise récolte en vins et en pommes de terre, marchandises qui constituent deux des éléments les plus importants du trafic de la Compagnie ; de ce chef, le tonnage transporté a diminué de 10.000 tonnes, compensées pour partie par quelques augmentations, notamment sur les engrais, bois et céréales.

Comme compensation, il y a lieu de noter le contrat passé avec la Compagnie internationale des wagons-lits, en vertu duquel le Sud express sera dirigé à l'avenir par la voie de Medina-Villlot-Formoso-Pampilhosa. La Compagnie y gagnera une augmentation de recettes sur voyageurs, bagages et messageries.

Les recettes brutes, déduction faite des détaxes et de l'impôt ont été de 1.547.027 fr. 55, soit 6.114 fr. 73 par kilomètre. Par rapport à 1893, la diminution est de 72 170 fr. 96.

Les dépenses n'ont atteint que 865.618 fr. 90 ou 3.421 fr. 11 par kilomètre, en diminution de 10.885 fr. 98 sur l'exercice précédent. Par suite, l'excédent des recettes sur les dépenses a été de 681.408 fr. 65, soit une diminution de 61.284 fr. 98.

Le reliquat disponible au 31 décembre 1893 était de. Fr.	307.361 18
Le solde des comptes d'exploitation de 1894 étant de. .	681.408 65
le montant des sommes disponibles a été ainsi de	988.769 83

qui ont été employées de la manière suivante :

Les obligataires ont reçu : au 30 juin 1894, le solde de 1 fr. 20 sur le coupon n° 17, soit 145.340 fr. 40; au 31 décembre 1894, un acompte de 2 fr. 50 sur le coupon n° 18, soit 302.792 fr. 50. Il a été, en outre, prélevé, pour droit de timbre et frais relatifs aux paiements sur coupons, 48.168 fr. 43, pour prime annuelle au compte « Fonds d'assurance », 1.765 fr.; pour travaux d'aménagement dans la gare commune de Guarda, 3.241 fr. 69; pour perte au change sur les envois de fonds de Lisbonne à Paris, règlement de dépenses payables à Paris, déduction faite des intérêts sur dépôts de fonds, 185.206 fr. 11, soit ensemble 686.514 13

Restait disponible au 31 décembre 1894. . . . . 302.255 70

Sur cette somme, il a été retenu, comme les années précédentes, pour réserve de prévoyance contre les éventualités de l'exploitation, 135.000 fr.; le surplus, soit 167.255 fr. 70, est à ajouter aux sommes que le résultat de l'exploitation permet de distribuer aux obligations, le 30 juin 1895.

COMPAGNIE D'EXPLOITATION
DES CHEMINS DE FER ORIENTAUX

Constitution. — Société anonyme ottomane, constituée en 1889.

Objet d'après les statuts. — Exploitation des chemins de fer concédés par le gouvernement impérial ottoman, dont ils sont la propriété.

Ces chemins de fer forment un réseau complet d'une longueur de 1.264 kilomètres et peuvent être divisés en deux grandes lignes principales et deux lignes secondaires.

Les grandes lignes sont :

1° La ligne Constantinople-Andrinople-Bellova, mettant Constantinople en communication directe, par Sofia et Belgrade, avec le réseau de l'Europe centrale, — c'est la grande ligne parcourue par l'Orient-Express ;

2° La ligne Salonique-Uskub-Mitrovitza, se rattachant à Uskub aux Chemins de fer serbes et jouant pour Salonique le même rôle que la première ligne pour Constantinople.

Les deux lignes secondaires sont :

1° La ligne Tirnova-Yamboli se rattachant au chemin de fer Yamboli-Bourgas sur la mer Noire ;

2° La ligne Andrinople à Dedeaghatch, port de récente création sur la mer de l'Archipel, se développant rapidement.

Ce réseau comprend les artères vives de la Turquie d'Europe, et il est la clef des communications terrestres de ce pays avec le reste de l'Europe.

Capital social. — 40 millions, divisés en 100.000 actions de 500 fr., libérées de 400 francs.

Siège social. — Vienne. L'article 2 des statuts autorise la création d'une succursale à Paris et, d'après l'article 15, les séances du Conseil peuvent être tenus à Paris aussi bien qu'à Vienne.

Durée. — Jusqu'en 1975. Le contrat avec le gouvernement ottoman expire en 1968.

Conditions d'exploitation. — La Compagnie prélève à forfait sur les recettes brutes, pour couvrir ses frais d'exploitation, une somme égale à 7.000 fr. par kilomètre et, sur le surplus des recettes, déduction faite de ces 7.000 francs, 55 0/0 reviennent à la Compagnie et 45 0/0 au gouvernement impérial.

La redevance due au gouvernement porte sur 1.178 kilom. 674 mètres et ne doit pas être moindre de 1.500 fr. par kilomètre, soit 1.768.011 fr., somme affectée au service de l'emprunt ottoman de 40 millions de francs qui vient d'être émis.

La Société a fait à la Porte une avance de 23 millions dont elle se couvre, d'abord au moyen de la redevance minimum, jusqu'à concurrence d'une somme annuelle de 1.840.000 francs. Pour éteindre complètement la dette du Trésor en 26 ans, la recette brute du réseau, jusqu'à concurrence de 10.450 fr. environ, appartiendra durant cette époque à la Compagnie d'exploitation, qui ne versera au Trésor que 45 0/0 du produit brut dépassant cette somme.

Cet arrangement ne porte pas sur la dernière section, de 85 kilomètres d'Uskub à Zibeftche, frontière serbe.

Résultats des derniers exercices. — Dividendes distribués. — Les recettes brutes des quatre derniers exercices ont été de :

1890.	Fr.	12.984.933
1891.	»	12.990.378
1892.	»	13.262.465
1893.	»	12.613.775

et il a été distribué, par action de 500 fr., libérée de 400 fr. : 25 fr. pour chacun des exercices 1890 et 1891, 26 fr. pour 1892 et 25 fr. pour 1893.

CHEMIN DE FER DE SANTA-FÉ

Constitution. — Société anonyme, constituée le 26 décembre 1888, sous le nom de « Compagnie française des Chemins de fer de la province de Santa-Fé ».

Liquidation judiciaire et concordat. — La Société a été mise en liquidation judiciaire, par jugement du tribunal de commerce de la Seine du 4 janvier 1892. Liquidateur judiciaire : M. Pinet. Le 26 avril 1892, la Société a obtenu de ses créanciers un concordat, qui a été homologué par jugement du tribunal de commerce de la Seine du 6 juillet 1892. Elle s'est ainsi trouvée remise en possession de tout son actif et a repris le cours régulier de son existence légale.

Aux termes du concordat du 26 avril 1892, les créanciers de la Société lui ont fait remise de 80 0/0 sur le montant de leurs créances, en principal et intérêts, arrêté au 4 janvier 1892, date du jugement déclaratif de la liquidation judiciaire. Les 20 0/0 non remis ont été stipulés payables en 50 années, par cinquantièmes, pour le premier versement être effectué le 1er juillet 1893, et les autres versements être continués d'année en année, jusqu'à parfait payement. Toutefois, au lieu de recevoir le dividende de 20 0/0 ci-dessus stipulé, les créanciers ont eu la faculté de convertir leurs créances en obligations nouvelles, que la Société s'est engagée à créer aux conditions ci-après indiquées.

Les obligations créées en vertu du concordat sont au capital nominal de 500 fr. Elles sont au porteur et peuvent être échangées contre des certificats nominatifs. Ces obligations ont droit à l'amortissement et à un intérêt de 5 0/0 l'an, impôts à déduire, à dater du 1er juillet 1891, intérêt calculé, à l'origine, sur le capital nominal et, ensuite, sur ce qui restera dû au fur et à mesure de l'amortissement. Mais la Compagnie ne sera tenue de leur distribuer, annuellement, que les sommes disponibles en conformité de l'article 7 du concordat. Si les payements effectués annuellement n'atteignent pas un intérêt de 5 0/0 (impôts à déduire), la Compagnie restera débitrice de la différence, laquelle devra être réglée au moyen des disponibilités futures. Lorsque les disponibilités, calculées en conformité de l'article 7, auront permis d'acquitter les intérêts échus, 'excédent, s'il en existe, sera appliqué à l'amortissement des obligations. Les versements dont s'agit devront continuer pendant toute la durée de la concession jusqu'à extinction des obligations en capital et intérêts. Il en sera de même pour le cas où la Compagnie viendrait à obtenir la prorogation de la concession actuelle ou de nouvelles concessions.

Si, au moment de la dissolution de la Société, les obligations n'étaient pas remboursées intégralement en capital et intérêts, tout l'actif social, sous la déduction des dettes nouvelles qui auraient pu être créées, et de ce qui pourrait rester dû sur les dividendes fixés de 20 0/0 promis aux termes de l'article 2, sera dévolu aux obligataires, jusqu'à concurrence de leurs droits. L'excédent seul, s'il en existe, appartiendra aux actionnaires. En cas d'insuffisance dudit actif pour rembourser les obligations comme il est dit ci-dessus, les obligataires font remise à la Compagnie de ce qui pourrait leur rester dû.

Bien que les obligations *anciennes*, émises le 25 avril 1889, n'aient été admises au passif de la liquidation judiciaire que pour le prix de 455 fr. 40, les obligataires ont eu le droit de réclamer autant d'obligations *nouvelles* qu'ils possédaient d'obligations anciennes.

La Compagnie de Fives-Lille, seule créancière de la Compagnie en dehors des obligataires, a eu le droit de réclamer autant d'obligations nouvelles que le montant de sa créance chirographaire contenait de fois 500 francs.

En échange des obligations nouvelles qui leur ont été délivrées, les créanciers ont dû remettre à la Compagnie leurs titres de créances.

Pour l'exercice des droits conférés par le concordat aux obligataires, lesdits obligataires ont constitué sous la dénomination de : *Syndicat des obligataires de la Compagnie française des chemins de fer de la province de Santa-Fé*, une association, dont les statuts résultent d'un acte reçu par M⁰ Rigault, notaire à Paris, le 20 avril 1892.

Chaque année, au 31 décembre, il sera dressé un bilan, un inventaire et le compte de profits et pertes de la Compagnie. Le solde du compte de profits et pertes, déduction faite de toutes les charges, constitue les produits disponibles. A ces produits seront ajoutés les recouvrements que la Société pourra effectuer sur les créances dont elle est bénéficiaire, notamment sur le gouvernement de la province de Santa-Fé, à raison de la garantie qu'il a consentie. Le solde du compte ainsi constitué servira : 1° A payer aux créanciers, qui n'auraient pas opté pour la conversion, le dividende fixe de 20 0/0 promis par l'article 2 ; 2° A constituer un fonds de prévoyance, non distribuable, dont l'affectation et l'emploi seront déterminés par le Conseil d'administration et qui sera formé au moyen d'une retenue annuelle de 10 0/0 sur le compte qui précède. Cette retenue cessera d'être opérée le jour où ledit fonds aura atteint une somme de 2 millions, mais elle devra fonctionner à nouveau le jour où le fonds dont il s'agit viendrait à être diminué. Le surplus sera attribué : 90 0/0 aux obligataires et 10 0/0 à la Société, qui pourra en disposer — dans les termes de ses statuts — étant entendu, toutefois, qu'aucune distribution ne pourra être faite aux actionnaires tant qu'il restera des intérêts dus aux obligataires.

La Compagnie française des chemins de fer de Santa-Fé s'est engagée à ne contracter aucun emprunt nouveau, ni en fixer les conditions, sans l'assentiment des représentants de ladite association des obligataires. Sans le même assentiment, elle ne pourra se livrer à aucune nouvelle entreprise ni passer aucune convention qui aurait pour résultat de modifier la nature ou la durée de ses concessions, l'étendue de son réseau, ou la garantie d'insuffisance des produits consentie.

Aucune novation ni dérogation n'a été apportée aux engagements respectifs de la Compagnie française et du gouvernement de la province de Santa-Fé, notamment en ce qui concerne la garantie d'intérêts consentie par ledit gouvernement, non plus qu'aux statuts.

Objet d'après les statuts. — La Société a pour objet :

1° De faire, dans la province de Santa-Fé, dans la République Argentine et dans celle de l'Uruguay, pour son compte et pour le compte de tiers, toutes les opérations se rattachant à l'industrie des chemins de fer et des tramways, telles que la prise en concession, l'affermage, l'acquisition et la vente, la construction, l'exécution et l'exploitation de tous chemins de fer et tramways ;

2° Elle peut céder ses concessions en tout ou en partie, donner à ferme leur exploitation, prendre à ferme l'exploitation de chemins de fer ou tramways, racheter des concessions ou exploitations, fonder, commanditer des entreprises similaires aux siennes ou s'y intéresser de toute autre manière ;

3° Elle peut acquérir, prendre, exploiter ou rétrocéder tous brevets se rapportant à l'entreprise des chemins de fer et tramways ;

4° Elle peut se fusionner avec d'autres sociétés ou entreprises analogues. Elle peut aussi faire toutes les opérations de finance et de banque se rattachant à son objet.

Concession. — La Société est concessionnaire, pour une durée de cinquante-cinq ans, à partir de l'année 1888, de trois groupes de lignes toutes situées dans la province de Santa-Fé (République Argentine), et représentant une longueur totale de 1.317 kilomètres environ, savoir :

1° Premier groupe comprenant 262 kilomètres, construit par le gouvernement de la province de Santa-Fe, au moyen d'emprunts contractés en Angleterre, et remboursés complètement par la Compagnie française ;

2° Deuxième groupe comprenant 155 kilomètres également construits par le gouvernement de la province de Santa-Fé, avec des emprunts contractés par lui en Angleterre ;

3° Troisième groupe comprenant 500 kilomètres construit par la Compagnie française ;

La concession de ces lignes a été accordée par deux lois du Parlement de la province de Santa-Fé du 19 septembre 1888, pour une période de cinquante-cinq ans, à la Compagnie de Fives-Lille, qui l'a transférée à la Société par contrat du 28 décembre 1888.

Garanties. — Aux termes desdites lois, le gouvernement de la province de Santa-Fé garantit pendant la durée de la concession :

5 0/0 sur le capital de construction des lignes nouvelles, fixé à forfait 3,950 livres sterling par kilomètre, soit pour 500 kilomètres, 1.975,000 livres sterling, équivalant, au change fixe de 25 fr. 25, à francs 49.868.750, ledit 5 0/0 représentant une annuité de 2.493.437 50, ladite garantie ne devenant effective qu'au fur et à mesure de la mise en exploitation des lignes ;

Et 5 0/0 sur un capital visé par les lois de concession et évalué à environ 1.774.007 livres sterling, soit, au change fixe de 25 fr. 25, francs 44.793.676 75, dont le 5 0/0 représenterait une annuité de 2.239.683 fr. 83.

Lorsque le produit net des lignes dépassera 5 0/0, la Société devra appliquer la moitié de l'excédent au remboursement des avances que le gouvernement aurait faites à titre de garantie, et ce jusqu'à complet remboursement de ces avances.

Et lorsque le produit net dépassera 7 0/0, l'excédent sera partagé par moitié entre le gouvernement et la Société, même après remboursement total des avances de garantie.

Aux termes de deux contrats, des 28 décembre 1888 et 12 avril 1889, la Compagnie de Fives-Lille s'est chargée de la construction des 500 kilomètres de lignes nouvelles et de l'exploitation en régie, pendant la durée de la construction, des chemins de fer construits et en construction.

Elle garantissait, en outre, pendant la période de construction des lignes nouvelles, le service de l'intérêt et de l'amortissement de 84.290 obligations sur les 165.620 dont il sera parlé ci-après.

Siège social. — A Paris, rue de la Chaussée-d'Antin, 66.

Durée. — Quatre-vingt-dix-neuf ans, à compter de la constitution définitive de la Société, soit du 26 décembre 1888 au 26 décembre 1987.

Capital social. — Dix millions de francs, divisés en 20,000 actions de 500 francs, émises au pair, entièrement libérées et nominatives. Les intérêts et dividendes sont payables aux époques fixées par le Conseil d'administration.

Conseil d'administration. — De sept à dix membres nommés pour six ans, renouvelables par sixième chaque année, devant être propriétaires chacun de 50 actions inaliénables pendant la durée de leurs fonctions.

Les administrateurs actuels sont : MM. J.-B. Krantz, président; L. Ewald, vice-président; H.-R. Lavaurs, A. Mirabaud, L. Odier, marquis de Roys, de Salles.

Assemblée générale. — Dans les six mois de la clôture de l'exercice social, composée de tous les porteurs de dix actions. Chaque actionnaire a autant de voix qu'il possède de fois dix actions et que chacun de ses mandants, s'il est mandataire, possède de fois dix actions.

Répartition des bénéfices d'après les statuts. — Les produits nets, déduction faite de toutes les charges, constituent les bénéfices.

Parmi ces charges figure le prélèvement de 15 0/0, attribué par l'article 7 des statuts à la Compagnie de Fives-Lille, en considération du concours fourni par elle à la Société; lesdits 15 0/0 pouvant être représentés par des parts bénéficiaires au porteur.

Sur les bénéfices nets, il est prélevé :

1° 5 0/0 pour la constitution de la réserve légale jusqu'à concurrence du dixième du capital social;

2° La somme nécessaire pour servir aux actionnaires 5 0/0 d'intérêt annuel sur le montant des versements appelés;

3° Et la somme nécessaire pour servir aux actionnaires 3 0/0 d'intérêt annuel sur le montant des versements anticipés.

Le surplus sera partagé, savoir :
10 0/0 au conseil d'administration ;
90 0/0 aux actions.

Sur ces 90 0/0, l'assemblée générale pourra décider le prélèvement de la somme qu'elle déterminera pour constituer un fonds de prévoyance.

Obligations 5 0/0 1888. — En vertu d'une délibération de l'Assemblée générale du 26 décembre 1888, la Société avait créé 165.620 obligations de 500 fr. 5 0/0, émises par la Banque de Paris et des Pays-Bas, le 25 avril 1889, au prix de 427 fr. 50, stipulés payables par termes échelonnés jusqu'au 6 juillet 1889. Ces obligations, remboursables à 500 fr. par tirages au sort annuels en cinquante-cinq ans, du 1er janvier 1891 au 1er janvier 1945, et productives d'un intérêt annuel de 25 fr., payables par moitié les 1er janvier et 1er juillet de chaque année, étaient garanties par une première hypothèque à prendre sur 762 kilom. 500 m. de chemins de fer dans la province de Santa-Fé, comprenant 262 kilom. 500 m. alors en exploitation et les 500 kil. de lignes nouvelles à construire.

Au 1er janvier 1891, 605 de ces obligations étaient amorties, puis on n'a plus payé.

Le dernier coupon soldé a été le coupon n° 4, à l'échéance du 1er juillet 1891.

Résultat du dernier exercice (1894-95). — L'Assemblée générale des actionnaires de cette Compagnie, tenue le 29 juin 1895, a approuvé les comptes de l'exercice 1894 et le bilan dressé le 31 décembre dernier, se soldant par un bénéfice de 610.785 fr. 07, qui ont été reportés à nouveau. Il n'y avait pas lieu, par conséquent, à distribution d'un dividende.

Le rapport du conseil constate qu'en 1894 les travaux ont été continués et la section de Santa-Fé à Santo-Tome a été achevée ; il n'est pas encore possible d'en établir exactement la dépense. La ligne ne pénètre pas dans la ville de Rosario, par suite des difficultés que la municipalité oppose au prolongement ; le plus sage sera peut-être de se contenter du terminus actuel. Des travaux de réfection, de réparation et de défense très importants, ont été exécutés au môle du port de Santa-Fé, au pont de bois du Selado, au port de Calastine.

Les résultats de l'exploitation pour l'année, y compris les produits et dépenses du réseau de 555 kilomètres que la Compagnie détient en garantie de ses avances au gouvernement provincial, et en vertu de son contrat d'affermage, sont satisfaisants.

Pendant les douze mois de l'année, les recettes ont été constamment supérieures aux dépenses, surtout de mars à septembre. Octobre est le seul mois qui ait laissé une légère infériorité. Le nombre des voyageurs transportés a été de 332.230 ; le poids des marchandises de 643.258 tonnes.

Pour les 1.302 kilomètres exploités, la dépense s'est élevée à 3.067,430 piastres, le produit à 3.548,430, d'où un bénéfice net de 481.007, supérieur de 234.495 à celui de l'exercice 1893. « L'année 1894, conclut le rapport, a été bonne pour notre exploitation, elle l'eût été davantage si nous avions disposé du matériel roulant suffisant pour transporter une récolte exceptionnellement abondante. L'emcombrement de nos gares, le surmenage de notre matériel, nous ont occasionné des dépenses et fait perdre des recettes importantes. »

Une statistique intéressante que donne le rapport est celle des divers produits transportés, elle permet de suivre l'accroissement incessant du trafic. Pour les céréales, les chiffres ont passé de 116.487 tonnes en 1892 et 165.420 tonnes en 1893, à 264.790 en 1894. Pour les bois, de 116.272 et 130.925 tonnes, à 137,588 tonnes.

Le matériel roulant est insuffisant, il a fallu en louer à des Compagnies voisines. Des bâches ont été, en outre, achetées pour utiliser les wagons découverts. La Compagnie continue à acheter les terrains que ses lignes traversent.

Elle a poursuivi ses négociations avec le gouvernement de la province de Santa-Fé pour le règlement de ses comptes : des propositions ont été faites en vue d'un échange de lignes, mais les représentants des porteurs de titres émis à Londres ont protesté contre l'arrangement que la Compagnie avait accepté, et un jugement ordonnant la séquestre des lignes a été rendu pour empêcher qu'il n'en fût disposé.

Au courant de 1894, l'administration supérieure de l'entreprise a été modifiée. Jusqu'alors deux administrateurs étaient nommés par la Compagnie de Fives-Lille, qui est chargée de l'exploitation des lignes de la République Argentine pendant la période de construction ; leurs fonctions ont été remises, après l'institution d'un comité consultatif à Buenos-Ayres, entre les mains d'un seul directeur, M. Marry, ingénieur des arts et manufactures.

Au 31 décembre 1894, le bilan s'établit ainsi :

L'actif, compte de premier établissement, dettes du gouvernement argentin et de la province de Santa-Fé, espèces, marchandises et approvisionnements compris, s'élève à 123.765.242 fr., compensés au passif par le capital social pour 10 millions, par le capital obligataire pour 83 millions, par les avances destinées à combler les insuffisances pour 27 millions et par d'autres chapitres de moindre importance.

SOCIÉTÉ ANONYME
DES CHEMINS DE FER DU SALÈVE

Constitution. — Société suisse, constituée le 15 septembre 1890.

Objet d'après les statuts. — La Société a pour objet :

1° La construction et l'exploitation des chemins de fer du Salève sur les communes d'Etrembières et de Monnetier-Mornex (Haute-Savoie), comprenant la ligne d'Etrembières au plateau des Treize-Arbres, sur le Grand-Salève, et la ligne de Veyrier-Monnetier rejoignant la ligne d'Etrembières aux Treize-Arbres, telles que ces lignes ont été concédées à MM. de Meuron et Cuenod, par la loi du 8 juin 1888 ;

2° En outre, la construction des usines et accessoires, destinés à la création d'une force motrice électrique et l'exploitation de la force, soit pour les chemins de fer ci-dessus indiqués, soit pour tous les autres emplois industriels, ainsi qu'il résulte des concessions accordées ou garanties à MM. de Meuron et Cuénod, en vertu de la loi du 8 juin 1888, et des décisions du Conseil Général ou de la Commission départementale de la Haute-Savoie, le 18 juin 1887.

La première ligne, Etrembières-Treize-Arbres (longue de 5.775 mètres), a été ouverte à l'exploitation le 1er décembre 1892 ; la seconde, Veyrier-Monnetier, le 4 février 1894.

Siège social. — Annemasse.

Durée. — 75 années, à partir du 8 juin 1881.

Capital social. — 1.100.000 francs, divisés en 2.200 actions de 500 francs entièrement libérées, au porteur ou nominatives.

Conseil d'administration. — Composé de cinq à neuf membres nommés pour quatre ans, renouvelables chaque année par quart et devant être propriétaires de dix actions chacun.

Les administrateurs actuels sont : MM. J. d'Everstag, président ; C. Fourcy, L. E. Guigon, Dr Dupuis, à Genève ; C. Masson, à Lausanne ; A. Kaufmann, à Bâle.

Assemblée générale. — A Annemasse, dans le semestre suivant la clôture de l'exercice (jusqu'ici à la fin de juin), composée de tous les actionnaires ayant déposé leurs titres huit jours à l'avance. Chaque action donne droit à une voix, sans que le même actionnaire puisse réunir plus du cinquième des droits de vote représentés dans l'Assemblée.

Répartition des bénéfices d'après les statuts. — Sur les bénéfices, nets de toutes charges, il est alloué :

1° 5 0/0 au fonds de réserve légale ;

2° aux actions, un dividende de 5 0/0 du capital versé ; et sur le surplus :

25 0/0 au Conseil d'administration.
75 0/0 sont mis à la disposition des actionnaires.

Obligations 4 1/2 0/0. — La Compagnie a émis, pour un capital de 1.100.000 francs, 2.200 obligations de 500 francs, libérées et au porteur, dont l'émission a eu lieu le 18 août 1892, au prix de 497 fr. 50. Leur intérêt est de 4 1/2 0/0 l'an, payable : 11 fr. 25 le 1er avril, et 11 fr. 25 le 1er octobre. Remboursement en 53 ans, par voie de rachats, ou par tirages au sort annuels effectués le 1er octobre, à partir de 1893. Remboursement le 1er janvier suivant. L'emprunt peut être remboursé par anticipation dès 1897. Onze obligations ont été amorties au premier tirage. Garanties : la ligne et ses installations.

COMPAGNIE DU CHEMIN DE FER
A VOIE ÉTROITE GENÈVE-VEYRIER

Constitution. — Société anonyme, constituée le 22 février 1887.

Objet d'après les statuts. — La Compagnie a pour objet l'exploitation du chemin de fer à voie étroite allant de Genève à Veyrier (5 kilom. 607).
À partir de 1892, la Compagnie s'est chargée de l'exploitation de la ligne Veyrier-Collonges située sur le territoire français, pour le compte de ses propriétaires.

Concession. — Accordée par la Confédération, du 2 juillet 1886 au 1er juillet 1966, soit pour 80 ans, à l'expiration desquels l'Etat, et à défaut les communes, seront subrogés aux droits des concessionnaires, en ce qui concerne la propriété du chemin de fer établi sur leurs domaines respectifs.
L'Etat et les communes auront en tout temps le droit de racheter les chemins de fer établis sur leurs territoires respectifs, moyennant indemnité à fixer, à défaut d'entente amiable, par le Tribunal fédéral. Ce rachat ne pourra avoir lieu pendant les vingt premières années que pour des raisons d'utilité publique.

Siège social. — Genève.

Capital social. — 500.000 francs, divisés en 1.000 actions de 500 francs, entièrement libérées et au porteur. Fixé à l'origine à 360.000 francs, il a été porté à 430.000 francs par décision de l'Assemblée générale du 1er février 1888, et à 500.000 francs par décision de l'Assemblée générale du 7 mai 1890.

Conseil d'administration. — Composé de cinq à sept membres nommés pour trois ans, renouvelables chaque année par tiers et rééligibles, devant être propriétaires de dix actions chacun.
Les administrateurs actuels sont : MM. Th. Bordier, président ; A. Lombard, E. Long, F. Petit, B. Tronchet. Commissaire-vérificateur : M. A. Decrue.

Assemblée générale. — Le 30 juin au plus tard (généralement en avril). Chaque action donne droit à une voix, sans que le même actionnaire puisse réunir plus du cinquième des droits de vote représentés (C.-F.-O.).

Répartition des bénéfices d'après les statuts. — Sur les bénéfices nets, il est alloué :

1° Une somme de 500 francs par kilomètre au fonds de *renouvellement*, aussi longtemps qu'il sera inférieur à 30.000 francs ;

2° 10 0/0 au moins à la *réserve statutaire*, aussi longtemps qu'elle sera inférieure à 50.000 francs ;

Le surplus est réparti dans la proportion de :
75 0/0 aux actionnaires ;
25 0/0 à la disposition du Conseil d'administration.

Dividendes distribués. — 10 francs en 1887 ; 25 francs en 1888 ; 20 francs en 1889 ; et 17 fr. 50 de 1889 à 1893 ; chaque année ces dividendes se paient au bureau de la Compagnie, à Genève.

SOCIÉTÉ GENEVOISE
DES CHEMINS DE FER A VOIE ÉTROITE

Constitution. — Société suisse, constituée le 10 octobre 1888.

Objet d'après les statuts. — Construction et exploitation de chemins de fer à voie étroite dans le canton de Genève, ainsi que leur prolongement dans les départements de l'Ain et de la Haute-Savoie.

Réseau. — Exploité au 1er janvier 1894 :

Genève-frontière suisse, près Saint-Julien.	7 km 993
Frontière suisse-Saint-Julien.	1 » 073
Saint-Julien-Gare P.-L.-M.	0 » 481
Genève-Chancy.	17 » 165
Genève-Saint-Georges.	2 » 848
Genève-Lancy.	3 » 393
Genève-Veyrier.	4 » 844
Genève-frontière suisse près Fernex.	4 » 727
Frontière suisse-Fernex.	1 » 713
Genève-frontière suisse près Veigy.	10 » 996
Frontière suisse près Veigy-Douvaine.	7 » 087
Genève-Jussy.	11 » 540
Total :	73 km 860

Durée. — 80 ans, soit jusqu'au terme des concessions.

Concessions et apports. — Les concessions sur territoire genevois, lesquelles expirent le 22 décembre 1966 et le 28 avril 1967, ont été accordées par la Confédération à MM. J. Dupont-Buèche et David Annevelle, à Genève, B. Tronchet, à Chêne, et F. Petit, à Veyrier, qui en ont fait apport à la Société. En échange, la Société a remis auxdits concessionnaires 120 parts de fondateurs, et les a chargés de construire à forfait le réseau concédé au prix de 79.000 fr. par kilomètre. En outre, elle leur a remboursé 115.000 fr., pour indemnités de concessions, frais d'études, plans, etc.

Capital social. — 3.500.000 fr., divisés en 7.000 actions de 500 fr., entièrement libérées et au porteur. De ces 7.000 titres, 3 000 seulement ont été émis à l'origine. L'assemblée générale extraordinaire du 27 mai 1889 a voté une nouvelle émission de 4.000 actions, sur lesquelles 400 fr. ont été versés en 1889 et 100 fr., pour solde, le 10 avril 1890.

Il y a aussi des *Parts de fondateurs*. Aux termes des statuts, ces titres donnent droit : à une répartition de 20 0/0 de l'excédent, après distribution de 5 0/0 aux actions et dotation statutaire au fonds de réserve ; à 20 0/0 des répartitions du fonds de réserve statutaire, et à 20 0/0 de l'excédent en cas de liquidation. La moitié des 120 parts de fondateurs attribuées aux constructeurs et concessionnaires primitifs, ont été annulées. Ces titres sont ainsi réduits au chiffre de 60.

Conseil d'administration. — Composé de trois à onze membres (actuellement dix), nommés pour trois ans, renouvelables chaque année par tiers et rééligibles. Chacun d'eux devant être propriétaire de dix actions.

Les administrateurs actuels sont : MM. Eug. Richard, conseiller d'Etat, *président* ; E. Mégevet, négociant, *secrétaire* ; Ad. Gauthier, ingénieur, et R. Brüderlin, banquier, à Bâle — tous quatre sortant de charge en 1895. — MM. Ed. d'Espine, banquier, B. Tronchet, W. Speiser, à Bâle, — tous trois sortant de charge en 1896. MM. A. Didier, conseiller d'Etat, *Vice-président* ; A. Annevelle, négociant ; Louis Weber, sortant de charge en 1897. — M. J. Dupont-Buèche, décédé en mars 1894, n'a pas été remplacé.

Directeur : M. Francis Reverdin, ingénieur. — *Contrôleurs pour 1894* : MM. E. Bauer et Otto Veillon, à Bâle ; MM. Marc Jaquet et H. Juvet, à Genève.

Assemblée générale. — Avant le 31 mars de chaque année, composée des actionnaires ayant déposé leurs titres trois jours avant l'assemblée. Chaque action donne droit à une voix, sans que le même actionnaire puisse réunir plus de cent voix, ni plus du cinquième des droits de vote représentés (C. F. des O.).

Répartition des bénéfices d'après les statuts. — Sur les bénéfices annuels, nets de toutes charges, il est alloué :

1° Au *fonds de renouvellement* au moins 500 francs par kilomètre = 37.000 fr. environ ;

2° Au *fonds de réserve statutaire*, au moins 5 0/0 du surplus ;

3° Aux *actions* 5 0/0, soit 25 fr. à titre de premier dividende.

Le surplus est distribué comme suit :
20 0/0 aux parts de fondateurs ;
10 0/0 au conseil d'administration ;
70 0/0 sont mis à la disposition de l'assemblée générale pour en déterminer l'emploi après avoir entendu les propositions du conseil d'administration.

Obligations 4 0/0. — La Société a émis, pour un capital de 2.500.000 francs, 5.000 obligations de 500 fr., libérées et au porteur. Intérêt 4 0/0 l'an, payable le 31 décembre à raison de 20 fr. par coupon. Remboursement à 500 fr., du 31 décembre 1895 au 31 décembre 1950, par tirages annuels en juin, pour la première fois en juin 1895. Les titres sortis seront remboursés le 31 décembre suivant. La Société s'est cependant réservé la faculté d'anticiper en tout temps le remboursement de l'emprunt à partir de 1895, moyennant préavis de six mois.

Cet emprunt est garanti, suivant décision du Conseil fédéral en date du 15 novembre 1890, par première hypothèque sur 59 kilomètres 525 de lignes, accessoires et matériel d'exploitation compris.

CHEMINS DE FER DE MADRID A CACÉRÈS ET AU PORTUGAL

Constitution. — Société anonyme espagnole, constituée le 7 décembre 1880.

Objet d'après les statuts. — La Société a pour objet :

1° La reprise, l'achèvement et l'exploitation des lignes suivantes :
  I. De Cacérès à la frontière portugaise ;
  II. De Cacérès à Malpartida ;
  III. L'acquisition définitive et l'exploitation des lignes de Madrid à Malpartida de Plasencia ;

2° La construction, l'acquisition et l'exploitation de toute autre voie de transport s'embranchant sur les précédentes ou intéressant leur développement ;

3° La création et l'exploitation de tous services de transports maritime et terrestre qui pourraient être établis ou qui se relieraient aux lignes construites ou exploitées par la Société ;

4° La jouissance et l'exploitation de tous les terrains, bois, mines, fonderies, fabriques de machines, ateliers ou établissements de tout genre qui pourront, n'importe à quelle époque, être concédés à la Société, ou qu'elle viendra à acquérir ou à prendre à bail, pour un objet se rattachant à l'exploitation des chemins de fer qui lui appartiennent ou qu'elle exploite ;

5° Et enfin la création ou l'exploitation de toute industrie ou service en rapport avec les chemins de fer, objet principal de sa constitution.

Réseau. — Le réseau de la Compagnie comprend trois lignes :

1° La ligne de Cacérès à la frontière portugaise, concédée par la loi du 7 juillet 1876 ;

2° La ligne de Cacérès à Malpartida de Plasencia, concédée par décret royal du 27 juin 1877 ; ces deux lignes ont été apportées à la Société par la Compagnie de Cacérès à Malpartida et à la frontière portugaise, qui avait été constituée, le 27 octobre 1877, au capital de 3 millions de pesetas divisé en 6.000 actions de 500 pesetas ;

3° La ligne de Madrid à Malpartida de Plasencia, concédée le 5 octobre 1865, laquelle a été cédée à la Société par la Compagnie du chemin de fer du Tage, suivant acte du 31 décembre 1880, approuvé par ordonnance royale du 10 janvier 1881.

Ces trois lignes constituent un réseau de 429 kilomètres entièrement construits et exploités depuis octobre 1881.

Il forme le prolongement sur Madrid du chemin de fer de Lisbonne à la frontière espagnole, qui appartient à la Compagnie royale des chemins de fer portugais.

Convention avec la Compagnie des chemins de fer portugais. — En vertu d'un contrat du 22 octobre 1885, modificatif d'un traité du 14 novembre 1880, qui modifiait lui-même des conventions antérieures en date du 21 juillet 1877, la Compagnie royale des chemins de fer portugais est chargée de l'exploitation des lignes de la Compagnie de Madrid à Cacérès et au Portugal, aux conditions suivantes :

La Compagnie des chemins de fer portugais prend à sa charge le service des obligations de la Compagnie de Madrid à Cacérès.

Elle garantit aux actions de cette dernière un revenu annuel net de :

10 fr. au-dessous de 10.000 fr. de recettes brutes par kilomètre et par an.
11 fr. de 10.000 à 11.000 fr.   —   —   —
12 fr. de 11.000 à 12.000 fr.   —   —   —

Quand les recettes dépasseront 12.000 francs par kilomètre et par an, et jusqu'à 15.000 francs l'excédent de la recette brute obtenue sur 12.000 francs sera partagé à raison de 50 0/0 pour la Compagnie des chemins de fer portugais et de 50 0/0 pour la Société de Madrid à Cacérès.

Quand les recettes brutes dépasseront 15.000 francs, l'excédent sera partagé à raison de 65 0/0 pour la Compagnie des chemins de fer portugais et de 35 0/0 pour la Compagnie de Madrid à Cacérès.

Le traité prendra fin avec la concession des lignes du Nord et de l'Est de la Compagnie des chemins de fer portugais. Toutefois, quand les recettes brutes auront dépassé, pendant trois années consécutives, le chiffre de 18.000 francs par kilomètre, chacune des deux Compagnies pourra résilier le contrat d'exploitation en prévenant un an d'avance et, dans ce cas, le traité du 14 novembre 1880 reprendra sa pleine exécution.

Siège social. — Madrid.

Durée. — La durée de la Société est limitée au temps que durera l'exploitation des lignes dont elle est concessionnaire, sans que cette durée puisse excéder quatre-vingt-dix-neuf ans.

Capital social. — 25 millions de pesetas, représenté par 50.000 actions de 500 pesetas chacune, émises au pair, entièrement libérées et au porteur. 41.000 de ces actions ont été attribuées, entièrement libérées, à la Compagnie de Cacérès à Malpartida et à la frontière portugaise, en représentation de son apport, et 9.000 ont été souscrites au pair par les fondateurs de la Société. Le payement des intérêts et dividendes se fait aux époques fixées par le Conseil d'administration.

Conseil d'administration. — De cinq à quinze membrse, nommés pour cinq ans, renouvelables par cinquième, devant être propriétaires chacun de 100 actions inaliénables pendant la durée de leurs fonctions.

Comité à Paris des administrateurs résidant à l'étranger, chargés de représenter la Société pour les affaires qu'elle aura à l'étranger.

Les administrateurs actuels sont :

MM. D.-J. Rozpide, Bargena de Frétas, Ribero da Cunha, marquis de Goicoerrotea, marquis de Guadalmina.

Assemblée générale. — Avant la fin du mois de juin, composée de tous les actionnaires propriétaires de 20 actions, qui les ont déposées dix jours au moins avant la date fixée pour l'Assemblée générale. Chaque actionnaire a une voix pour chaque 20 actions possédées par lui.

Répartition des bénéfices d'après les statuts. — Sur les bénéfices nets, déduction faites de toutes les charges, sauf la somme à appliquer, s'il y a lieu, à l'amortissement du capital-actions, il sera prélevé :

1° La somme nécessaire pour servir 5 0/0 aux actionnaires sur le montant de leurs versements ;

2° 5 0/0 de leur montant total pour constituer un fonds de réserve obligatoire; ce prélèvement pouvant être diminué ou suspendu, lorsque cette réserve aura atteint le dixième du capital social.

Le surplus, sauf ce qui est dit ci-après pour le fonds de prévoyance, sera distribué comme suit :
5 0/0 aux administrateurs ;
10 0/0 aux fondateurs de la Société; le droit à ces 10 0/0 représenté par des titres de parts de fondateur ;
Et le solde, soit 85 0/0, aux actionnaires, à titre de dividende.

Toutefois, avant la répartition de ces 85 0/0 aux actionnaires, l'Assemblée générale pourra prélever une somme destinée à la création d'un fonds de prévoyance.

L'amortissement des actions ne commencera à s'effectuer que lorsque les produits de la Société permettront de donner 5 0/0 au capital-actions. L'amortissement se fera, soit par rachat des actions au-dessous du pair, soit au pair par tirages au sort. Dans ce dernier cas, les actions désignées par le sort seront remboursées en espèces au pair et seront remplacées par des actions de jouissance.

Dividendes distribués. — En 1881 : 10 fr.; 1882 : 7 fr. 50; 1883 : 12 fr.; 1884 : 11 fr.; 1885 : 10 fr.; même dividende en 1886, 1887, 1888 et 1889; puis rien depuis cette époque.

Obligations 3 0/0. — 150.000 obligations de 500 fr. 3 0/0, entièrement libérées et au porteur, autorisées par ordre royal du 20 avril 1881, créées par délibération du Conseil d'administration du 12 avril 1881, en conformité de l'article 20 des statuts, sur lesquelles 75.000 ont été émises à 303 fr. 75, le 19 mai 1881, par la Société générale de Crédit industriel et commercial.

Remboursables au pair en 79 ans, du 1er août 1882 au 1er août 1960, par tirages au sort annuels devant avoir lieu en mai, pour le remboursement des titres sortis s'effectuer le 1er août suivant.

Intérêt annuel : 15 fr., payables par moitié les 1er avril et 1er octobre de chaque année.

CHEMINS DE FER
DU NORD DE L'ESPAGNE

Constitution. — Société anonyme espagnole, constituée le 20 décembre 1858, transformée en Société anonyme libre le 21 mars 1874. Fusionnée, en 1878, avec la Société des chemins de fer de Saragosse à Pampelune et à Barcelone, constituée en 1865 (résultant elle-même de la fusion des deux compagnies de Saragosse à Barcelone et de Barcelone à Pampelune, constituées en 1852 et 1853) et la Société de Saragosse à Pampelune, constituée en 1859. Placée sous le régime du Code de commerce espagnol de 1885.

Objet d'après les statuts. — La Société a pour objet :

1° L'exécution et l'exploitation des chemins de fer : de Ceinture à Madrid, de Madrid à Hendaye, Villalba à las Canteras del Perrocal, Villalba à Ségovie, et Ségovie à Médina del Campo ; — de Venta de Banos à Santander, et Quintanilla à Barruello ; — de Palencia à la Corogne, Toral à Villafranca, Léon à Gijon, Oviedo à Trubia, Villabona à San Juan de Nieva, et Soto de Rey à Ciano Santa Ana ; — de Alsasua à Barcelone, Tudela à Tarazona de Aragon, Zuera à Turunana, Tardienta à Huesca, Huesca à la frontière française par Canfranc, Selgua à Barbastro, Lerida à Tarragone et San Andres à San Juan de las Abadesas ; — de Castejon à Bilbao, y compris l'embranchement sur l'embarcadère de Ripa et de tous ceux qui pourraient lui être concédés ou qu'elle pourrait acquérir ou affermer à l'avenir ;

2° L'installation et l'exploitation de tous les services de transports par mer, par terre ou par eau, qui pourraient s'établir en correspondance avec les chemins de fer exploités par la Société ;

3° L'exploitation des terrains, mines et forêts, hauts-fourneaux, usines, ateliers de construction et autres, qu'elle possède aujourd'hui ou qui pourraient être ultérieurement concédés à la Société, acquis ou affermés par elle.

Concessions. — Les concessions appartenant à la Société comprennent les lignes suivantes :

1° La ligne de Madrid à Irun, par Avila, Valladolid, Burgos, Vitoria, Tolosa et Saint-Sébastien ;
2° La ligne de Villalba à las Canteras del Berrocal ;
3° La ligne de Villalba à Ségovie ;
4° La concession de la ligne de Ségovie à Medina del Campo ;
5° La ligne de San Isidro de Duenas à Alar del Rey ;
6° La ligne d'Alar del Rey à Santander ;
7° La ligne de Quintanilla à Barruelo ;
8° Les lignes de Palencia à Ponferrada, de Ponferrada à la Corogne, de Léon à Gijon et d'Oviedo à Trubia, ainsi que celle de Toral de los Vados à Villafranca ;
9° La ligne de Villabona à San Juan de Nieva ;
10° La ligne de Soto de Rey à Ciano Santa Ana ;

11° Les concessions qui appartenaient à la Compagnie de Saragosse à Pampelune et à Barcelone, lors de sa fusion avec la Compagnie du Nord, savoir : la ligne de Saragosse à Barcelone ;
12° La ligne de Tudela de Navarra à Tarazona de Aragon ;
13° La ligne de Zuera à Turunana,
14° La ligne de Huesca à la frontière française ;
15° La ligne de Selgua à Barbastro ;
16° Les lignes de Reus à Montblanch, de Lérida à Montblanch et de Reus à Tarragone.
17° Les lignes de Granoliers à San Juan de las Abadesas, et de San Martin de Provensals à Llerona ;
18° La ligne de Castejon à Bilbao, avec l'embranchement de l'embarcadére de Ripa (Bilbao) ;
19° La ligne de Medina del Campo à Salamanca ;
20° Les lignes de Almansa à Jativa, de Jativa au Grao de Valence, de Valence à Tarragone, de Carcagente à Gandia, de Gandia à Denia et de Jativa à Alcoy.

Le nombre de kilomètres en exploitation de ces diverses lignes est actuellement de 3.407.

Un très grand nombre n'ont été concédées à la Compagnie du Nord de l'Espagne qu'après que celle-ci s'est engagée envers les Compagnies cédantes à certaines charges que les obligations représentent en partie, comme on le verra ci-après.

Siège social. — A Madrid, 9, paseo de Recoletos. Comité d'administration : à Paris, rue de la Victoire, 69.

Durée. — A compter du 18 décembre 1858 jusqu'à l'expiration de la plus longue des concessions exploitées par la Société.

Capital social. — Primitivement fixé à 380 millions de réaux (soit 100 millions de francs au change de 19 réaux pour 5 francs), divisé en 200.000 actions de 1.900 réaux ou 500 fr. chacune, le capital social a été, lors de la fusion avec la Compagnie de Saragosse à Pampelune et à Barcelone, en février 1878, porté à 570 millions de réaux (soit 150 millions de francs) par la création de 100.000 actions nouvelles de 1.900 réaux ou 500 francs, qui ont été remises en échange de 150.000 actions de Saragosse-Pampelune-Barcelone, à raison de deux pour trois. (Et, comme cette dernière Compagnie avait alors en circulation 158.865 actions, les 8.865 actions de surplus ont été rachetées et annulées.) Puis, par décision de l'assemblée générale du 10 juin 1882, le capital social a été porté à 665 millions de réaux ou 175 millions de francs, par la création de 50.000 actions nouvelles de 1.900 réaux ou 500 francs. En outre, par décision de l'assemblée générale du 31 mai 1890, le capital social a été porté à 741.000.000 de réaux (185.250.000 piécettes) ou 195.000.000 de francs, par la création de 40.000 actions nouvelles de 1.900 réaux (475 piécettes), ou 500 francs, n'ayant droit aux produits qu'à partir de l'exercice 1893 et qui ont été remises en juillet 1893 en échange des 40.000 actions de la Compagnie des Asturies, Galice et Léon, en liquidation, en conformité du contrat du 30 avril 1890. Enfin, par décision de l'assemblée générale du 30 mai 1891, le capital social a été porté à 937.000.000 de réaux (232.750.000 piécettes) ou 245.000.000 de francs, par la création de 100.000 actions de 1.900 réaux (475 piécettes), ou 500 fr., qui auront droit aux produits de l'exercice 1892 et qui ont été délivrées en échange des 100.000 actions de la Société des chemins d'Almansa à Valence et à Tarragone, en conformité du contrat du 25 mai 1891.

Le capital social actuel est donc représenté par 490.000 actions de

1.900 réaux (475 piécettes) ou 500 francs, numéros 1 à 490.000. Mais les 40.000 actions numéros 350.001 à 390.000 ne sont pas encore mise en circulation. En sorte qu'il n'y a toujours d'admises à la cote que les 450.000 actions, numéros 1 à 350.000 et 390.001 à 490.000.

Les intérêts et dividendes sont payables les 1er janvier (acompte sur les intérêts ne pouvant pas excéder 3 0/0) et 1er juillet (solde).

Conseil d'administration. — De quarante-quatre membres au plus, nommés pour cinq ans, devant être propriétaires chacun de 100 actions inaliénables pendant la durée de leurs fonctions. Le Conseil nomme chaque année, parmi ses membres, un président et quatre vice-présidents ; l'un des vice-présidents doit toujours être pris dans le Comité de Paris. Comités permanents à Paris et à Barcelone, composés le premier de treize administrateurs (dix au moins), et le second de dix (sept au moins), choisis parmi ceux qui résident sur ces points. Directeur chargé de la direction de tous les services, auquel il peut être adjoint un ou plusieurs sous-directeurs.

Les administrateurs actuels sont à Madrid : MM. le marquis de la Habana, président ; Sagasta, Pazo de la Merced, vice-présidents ; José Semprun, Shee y Saavedra, Federico Luque, Leon y Llerena, Isasa, Rodriguez San Pedro, F. Sepulveda, M. Zabala, de Ibarra, marquis del Viesca de la Sierra, Ang. Clavijo, Arellano, Cristino Martos, Vicente Gomis, José Maycas, Francisco Moreno Campo, Angel J. Baixeras.

A Barcelone : MM. le marquis de Comillas, vice-président ; Guell y Bacigalupi, M. Girona, J. Ferrer y Vidal, Carreras y Xuriach, de Sotolongo, A. Borrel y Folch.

A Paris : MM. Emile Pereire, vice-président ; baron de Heeckeren, Gustave Pereire, Bixio, Eugène Mir, A. Ellissen, Pestel, R. Angulo, Goguel, Rouen.

Assemblée générale. — A Madrid, dans le courant de mai. Composée de tous les actionnaires possédant 50 actions au moins, qui doivent être déposées quinze jours au moins avant la date de la réunion. 50 actions donnent droit à une voix. Tout actionnaire peut exercer le droit de tous ceux qui lui auront confié leurs pouvoirs.

Répartition des bénéfices d'après les statuts. — Sur les bénéfices nets de toutes les charges sociales, y compris, s'il y a lieu, une réserve de prévoyance, il doit être prélevé une somme suffisante pour :

1° Le service des intérêts à 6 0/0 du capital versé ;

2° La formation d'un fonds de réserve au moyen d'une retenue de 2 0/0, jusqu'à ce que la réserve ait atteint 40 millions de réaux ou 10 millions de piécettes ;

3° L'amortissement du capital social.

L'excédent disponible, après réduction de la portion devant être fixée tous les cinq ans par l'Assemblée générale en faveur des administrateurs, doit être réparti ainsi :

10 0/0 aux fondateurs de la Société ;

Et les 90 0/0 de surplus aux actions amorties et non amorties.

Les bénéfices attribués aux fondateurs sont représentés par 22.222 titres qui ne sont pas cotés.

L'amortissement des actions devra s'effectuer avant l'expiration de la Société, soit par voie de rachat au-dessous du pair, soit par tirages au sort annuels, à Madrid. Les actions désignées par le sort seront remboursées à 500 francs et remplacées par des actions de jouissance.

Cet amortissement n'a pas encore fonctionné.

Nous allons maintenant indiquer quelles sont les obligations diverses à la charge de la Compagnie.

Faisons observer tout d'abord qu'en 1865, la Compagnie du Nord de l'Espagne avait émis 618.510 obligations, remboursables à 500 fr. et productives d'un intérêt annuel de 15 fr. En 1870, et par suite de l'impossibilité où se trouvait alors la Compagnie de faire face à ses engagements, il fut créé des obligations dites de priorité et des obligations dites à revenu variable. Les unes et les autres étaient de 500 fr., et avaient droit à un intérêt annuel de 15 fr.; les premières devant le percevoir intégralement sur les premières recettes, et les secondes n'ayant droit qu'à ce que les recettes permettraient de distribuer après amortissement des deux espèces de titres. Pendant dix ans, l'amortissement devait s'opérer par voie de rachat et reprendre, au bout de dix ans, son cours normal par tirages au sort et à 500 fr. En vertu de cet arrangement, les anciennes obligations avaient échangé leurs titres à raison de trois obligations de priorité et une à revenu variable contre quatre obligations anciennes.

Depuis cette époque, et par décision de l'assemblée générale du 30 mai 1876, les obligations de la Compagnie ont été ramenées à deux types n'ayant entre eux que cette différence, à savoir : que les obligations dites de la première série jouissent d'une première hypothèque sur les lignes de la Compagnie, par suite de leur ordre d'inscription sur le registre de la propriété, conformément aux dispositions de la loi du 12 novembre 1869 ; et que les autres, dites de la deuxième série, ne jouissent que d'une deuxième hypothèque.

Obligations 1re série, 1re hypothèque. — Ces obligations étaient originairement au nombre de 663.883. Par suite de l'amortissement, ce nombre a été réduit à 662.987, ainsi qu'il est inscrit sur les titres, sur lesquels a été maintenue la désignation d'obligations de priorité. Elles sont remboursables à 500 fr. en 81 ans, du 1er avril 1878 au 1er avril 1958, par tirages au sort annuels en février ; remboursement des titres sortis le 1er avril suivant. Intérêt annuel : 15 fr., payables par moitié les 1er avril et 1er octobre.

Obligations 2e série, 2e hypothèque. — Ces obligations, entièrement libérées et au porteur, au nombre de 268.168, sont remboursables en 81 ans, du 1er avril 1878 au 1er avril 1958, par tirages au sort annuels en février ; remboursement des titres sortis le 1er avril suivant. Intérêt annuel : 15 fr., payables par moitié les 1er avril et 1er octobre.

Obligations 3e série, 3e hypothèque. — Il y a, de ce chef, 50.000 obligations de 500 fr. 3 0/0, entièrement libérées et au porteur, créées par décision de l'assemblée générale du 7 mars 1881, destinées à la liquidation et à la consolidation des coupons A et B, représentant les intérêts non payés des obligations de la Compagnie, conformément à l'article 8 du *convenio* du 25 juin 1868, et aux besoins de la Société. Ces obligations, émises le 12 novembre 1883, en souscription publique, par le Crédit industriel, la Société générale et le Crédit lyonnais, au prix de 305 fr., forment la troisième série des obligations Nord de l'Espagne et jouissent d'un droit de troisième hypothèque. Elles sont remboursables à 500 fr., en 74 ans, de 1884 à 1957, par tirages au sort annuels en mai ; remboursement des titres sortis le 1er juillet suivant. Intérêt annuel : 15 fr., payables par moitié les 1er janvier et 1er juillet de chaque année.

Obligations 4e série, 4e hypothèque. — Celle-ci comprennent 50.000 obligations 500 francs 3 0/0, entièrement libérées et au porteur, créées par décision de l'Assemblée générale du 29 mai 1885, émises à

317 francs 50, le 6 août 1885, par la Compagnie du Nord de l'Espagne, le Crédit mobilier espagnol et le Crédit Lyonnais. Remboursables à 500 francs en 72 ans, de 1886 à 1957, par tirages au sort annuels en mai; remboursement des titres sortis le 1er juillet suivant. Intérêt annuel : 15 francs, payables par moitié les 1er janvier et 1er juillet.

Obligations 5e série, 5e hypothèque. — Elles se composent de 100.000 obligations de 500 francs 3 0/0, libérées et au porteur, créées par décision de l'Assemblée générale du 26 mai 1888; remboursables à 500 fr. en soixante-neuf ans, du 1er juillet 1889 au 1er juillet 1957, par tirages au sort annuels en mai, pour le remboursement des titres sortis s'effectuer le 1er juillet suivant. Intérêt annuel : 15 francs, payables par moitié les 1er janvier et 1er juillet de chaque année.

Obligations dites spéciales Pampelune-Barcelone. — En exécution du traité de fusion avec la Compagnie de Saragosse à Pampelune et à Barcelone, de 1878, et des décisions de l'Assemblée générale du Nord de l'Espagne du 16 février 1878, il a été créé 215.000 obligations destinées, savoir :

1° Jusqu'à concurrence de 194.629, 1° à être remises en échange des 164.889 obligations anciennes 3 0/0 de Saragosse à Pampelune, lors encore en circulation, à raison de quatre obligations nouvelles (jouissance du 1er janvier 1878) contre cinq obligations Pampelune;

2° A pourvoir au rachat et à l'annulation des 8.865 actions de Saragosse-Pampelune-Barcelone, excédant les 150.000 actions échangées, ainsi qu'on l'a vu plus haut, contre 100.000 actions nouvelles de la Société Nord d'Espagne fusionnée, ainsi qu'à la réfection et au parachèvement des lignes de Saragosse-Pampelune-Barcelone et à l'acquisition de leur matériel d'exploitation.

2° Et pour 20.371, à l'échange des bons de liquidation sans intérêts créés par la Compagnie de Saragosse-Pampelune-Barcelone, en vertu de l'arrangement du 5 mars 1870, et lors existant, jusqu'à due concurrence de leur capital de 500 fr., contre des obligations au pair, lesdites obligations ne devant produire intérêt qu'à partir du 1er janvier 1881.

Ces 215.000 obligations de 500 francs au porteur, entièrement libérées, jouissent d'une première hypothèque sur la partie de la ligne comprise entre Alsasua-Pampelune et Saragosse, et sont en outre garanties par la Compagnie du Nord de l'Espagne. Elles sont remboursables à 500 francs en quatre-vingts ans, du 1er juillet 1879 au 1er juillet 1958, par tirages au sort annuels ayant lieu en mai, pour le remboursement des titres sortis s'effectuer le 1er juillet suivant. Elles produisent un intérêt annuel de 15 francs, payables par moitié les 1er janvier et 1er juillet, à Madrid et à Paris.

Obligations dites Barcelone-Priorité. — On comprend sous ce titre 235.000 obligations de 500 francs 3 0/0 au porteur, entièrement libérées, autorisées par décision de l'Assemblée générale du 14 juin 1880 et par ordonnance royale du 25 septembre suivant, spécialement affectées à la conversion et à l'échange des obligations 6 0/0, 5 0/0 et 3 0/0 A et B, en circulation, de l'ancienne Compagnie du Chemin de fer de Saragosse à Barcelone, échange facultatif proposé par la Compagnie du Nord de l'Espagne aux porteurs des obligations susénoncées à partir du 25 novembre 1880, dans les proportions indiquées par l'assemblée générale susdatée du 14 juin 1880.

Ces obligations jouissent des mêmes droits, privilèges et avantages que les obligations qu'elles sont destinées à remplacer; elles ont une première hypothèque sur le chemin de fer de Saragosse à Barcelone et ont droit de priorité, jusqu'à concurrence des deux tiers de leur revenu, sur les produits de la ligne d'Alsasua à Barcelone, dans les conditions et conformément au concordat intervenu entre la Compagnie de Saragosse-Pampelune-Barcelone et ses créanciers, le 5 mars 1870, et elles sont en outre garanties par la Compagnie du Nord de l'Espagne. Elles sont remboursables à 500 francs en soixante et onze ans, de 1881 à 1951, par tirages au sort annuels en mai; remboursement des titres sortis le 1er juillet suivant.

Obligations spéciales de Ségovie à Médina del Campo. — Ces titres comprennent 20.600 obligations de 500 pesetas ou 500 fr. 3 0/0, émises à 300 fr., entièrement libérées et au porteur, dont l'émission a été autorisée par décision de l'assemblée générale des actionnaires de la Compagnie des Chemins de fer du Nord de l'Espagne, du 31 mars 1884, et approuvée par ordonnance royale du 21 juillet 1885. Elles jouissent d'une première hypothèque sur cette ligne, qui a été cédée à la Compagnie du Nord de l'Espagne, en vertu d'une ordonnance royale du 22 septembre 1881 et sont, en outre, garanties par le Nord de l'Espagne. Elles sont remboursables à 500 fr. en 95 ans, de 1885 à 1979, par tirages au sort annuels, en novembre, pour le remboursement des titres sortis s'effectuer le 1er janvier suivant. Intérêt annuel : 15 fr., payables par moitié les 1er janvier et 1er juillet.

Obligations Asturies, Galice et Léon 3 O/O : 1re série, 1re hypothèque. — Cet emprunt comprend 249.300 obligations de première hypothèque, entièrement libérées et au porteur, de 475 pesetas ou 500 francs 3 0/0, autorisées par l'article 15 des statuts et par ordre royal des 6 août 1880 et 1er juin 1882; émises à Paris par la Société de Dépôts et Comptes courants, la Société de Crédit industriel et commercial, la Banque d'Escompte de Paris, la Société financière de Paris, la Société générale, la Société générale de Crédit mobilier espagnol et la Compagnie des Chemins de fer Nord de l'Espagne, sur lesquelles 181.242 obligations ont été émises à 285 fr., le 20 novembre 1880. Remboursables à 500 fr., en 83 ans et demi, du 1er octobre 1880 au 1er octobre 1963, par tirages au sort semestriels ayant lieu en février et août, pour le remboursement des titres sortis s'effectuer les 1er avril et 1er octobre, suivant chaque tirage. Intérêt annuel : 15 fr. (ou 14 piécettes 25 cent.), payables par moitié les 1er avril et 1er octobre.

Le service des intérêts et de l'amortissement de ces titres est garanti par la Compagnie du Nord de l'Espagne, en vertu du traité de fusion du 10 mars 1885.

Obligations Asturies, Galice et Léon : 2e série, 2e hypothèque. — Cet emprunt comprend 100.000 obligations de 500 fr. 3 0/0, entièrement libérées et au porteur, autorisées par délibération de l'assemblée générale du 12 mai 1883, émises à 310 francs, le 21 mai 1885, par la Compagnie du Nord de l'Espagne, le Crédit industriel et commercial, la Banque d'Escompte de Paris, la Société de dépôts et comptes courants, la Société générale et le Crédit lyonnais. Remboursables à 500 fr. en 80 ans et demi, de 1883 à 1963, par tirages au sort semestriels, ayant lieu en février et août, pour le remboursement des titres sortis s'effectuer les 1er avril et 1er octobre suivant chaque tirage. Intérêt annuel : 15 fr., payables par moitié les 1er avril et 1er octobre.

Ces obligations ont un droit de deuxième hypothèque sur les lignes des Asturies, Galice et Léon. Le service des intérêts et de l'amortissement est garanti par la Compagnie des Chemins de fer du Nord de l'Espagne (traité du 10 mars 1885).

Obligations Asturies, Galice et Léon, 3ᵉ série, 3ᵉ hypothèque. — Il y a sous ce nom 60.000 obligations de 500 francs 3 0/0, entièrement libérées et au porteur, autorisées par délibération de l'Assemblée générale du 14 avril 1885, et par ordonnance royale du 1ᵉʳ mai suivant, émises à 306 fr. 25, le 11 mars 1886, par la Compagnie des chemins de fer du Nord de l'Espagne, la Société générale de Crédit industriel et commercial, la Banque d'Escompte de Paris, la Société de dépôts et comptes courants, la Société générale et le Crédit Lyonnais. Remboursables à 500 francs, en soixante-douze ans et demi, du 1ᵉʳ octobre 1887 au 1ᵉʳ octobre 1959, par tirages au sort semestriels, en février et août, pour le remboursement des titres sortis s'effectuer les 1ᵉʳ avril et 1ᵉʳ octobre suivant chaque tirage. Intérêt annuel : 15 francs, payables par moitié les 1ᵉʳ avril et 1ᵉʳ octobre.

Ces obligations ont un droit de 3ᵉ hypothèque sur les lignes des Asturies, Galice et Léon. Le service de l'intérêt et de l'amortissement est garanti par la Compagnie des chemins de fer du Nord de l'Espagne.

Obligations non admises à la Bourse de Paris. — Outre les obligations ci-dessus, admises à la Bourse de Paris, la Société en a à sa charge cinq autres types, qui sont :

1° Les obligations Al r à Santander ;
2° Les obligations Pampelune à Barcelone 6 0/0 ;
3° Les mêmes en 5 0/0 ;
4° Les mêmes en 3 0/0 ;
5° Les obligations Tudela à Bilbao.

Dividendes distribués. — Jusqu'au 31 décembre 1864, les actions ont touché l'intérêt à 6 0/0 des sommes versées. Aucune répartition pour les exercices 1865 à 1874 inclus.

Exercice	1875.	14 50	Exercice	1884.	25 »
—	1876.	14 »	—	1885.	10 »
—	1877.	20 »	—	1886.	10 »
—	1878.	18 »	—	1887.	8 »
—	1879.	12 50	—	1888.	12 »
—	1880.	20 »	—	1889.	15 »
—	1881.	30 »	—	1890.	12 »
—	1882.	30 »	—	1891.	5 »
—	1883.	30 »	—	1892 à 1894.	rien

Résultat du dernier exercice (1894-1895). — Comme nous l'indiquons par les chiffres suivants, l'exercice 1894 a fait ressortir une insuffisance de 5.495.639 francs. Nous donnons la comparaison avec l'exercice antérieur :

	1893	1894
Recettes de toute nature.	83 761.300	84.929.316
Produits divers.	880.589	833.902
Ensemble.	84 641.889	85 763.218
A déduire :		
Dépense de l'exploitation.	36.027 221	36.767.009
Annuités pour le renouvellement de la voie.	226.581	226.581
	36.253.802	36 993.590
Produit net.	48.388.087	48.769.628

Mais sur ce produit net il faut prélever les charges suivantes :

Intérêt et amortissement des obligations...	43.627.443	43.698.675
Bons des Asturies.............	» »	333.500
Solde du Compte Intérêts et Commissions..	176.711	1.024.977
	43.804.154	45.057.152
Le produit net étant de............	48.388.087	48.769.628
Il resterait en bénéfice net..........	4.583.933	3.712.475
S'il n'y avait lieu de prélever, pour dépréciation de la monnaie et perte au change...	9.099.901	9.208.114
Ce qui fait ressortir une insuffisance.....	4.515.968	5.495.639

CHEMINS DE FER ANDALOUS

Constitution. — Société anonyme espagnole, constituée le 30 mai 1877.

Objet d'après les statuts. — Construction et exploitation des chemins de fer :
D'Osuna à la Roda ;
De Xérès à San-Lucar et Puerto de Bonanza ;
D'Utrera à Moron et Utrera à Osuna ;
De Séville à Xérès et Cadix ;
De Marchena à Ecija et prolongements ;
De Cordoue à Malaga ;
De Bobadilla à Grenade ;
De Cordoue à Belmez ;
Et de tous les chemins qui lui seraient concédés dans l'avenir ou qu'elle achèterait ou affermerait.
Établissement ou exploitation de tous les services de transports par mer, par terre ou par eau, qui pourraient être organisés pour correspondre avec les chemins exploités par la Compagnie et les compléter.
Exploitation des terrains, mines, forêts, hauts-fourneaux, fabriques, ateliers de construction et autres qu'elle possède ou qu'elle acquerrait dans l'avenir.
Indépendamment des lignes ci-dessus, la Compagnie est concessionnaire de la ligne de Puente-Genil-Linarès, de la ligne d'Alicante à Murcie et des mines de Belmez et d'Espiel.

Siège social. — A Madrid.

Comité de Paris. — A Paris, rue Pasquier, 2.

Durée. — Constituée le 30 mai 1877, la Société durera autant que le plus longue concession des chemins de fer qu'elle exploitera.

Capital social. — Le capital, fixé primitivement à 1.500.000 pesetas, a été successivement élevé, en 1878, à 18 millions, et, en 1879, à 30 millions de pesetas ; divisé en 60.000 actions de 500 pesetas ou 500 francs au porteur, entièrement libérées, émises au pair.

Les intérêts et dividendes sont payables aux époques fixées par le conseil d'administration.

Conseil d'administration. — De cinq à douze membres, nommés pour six ans et renouvelables par sixième chaque année, devant être propriétaires chacun de 100 actions inaliénables pendant la durée de leurs fonctions.

Les administrateurs actuels sont :

A Madrid. — MM. Ant. Canovas del Castillo, *président ;* Luis Silvela, *vice-président ;* E. Page, marquis de Guadalmina, E. Canovas del Castillo.

A Paris. — MM. J. Stern, *président du Comité ;* F. Timmerman, *administrateur-délégué ;* E. Joubert, G. Labitte, Ch. Gomel, comte I. de Camondo, L. Villars.

Assemblée générale ordinaire annuelle, avant la fin du mois de juin, composée de tous les propriétaires d'au moins vingt actions, qui les ont déposées dix jours au moins avant la date de la réunion. Chaque actionnaire a autant de voix qu'il possède de fois vingt actions.

Sur les bénéfices, nets de toutes les charges et de la somme nécessaire pour amortir le capital-actions, il est prélevé :

1° La somme nécessaire pour servir aux actionnaires 5 0/0 des sommes versées ;

2° 5 0/0 pour constituer un fonds de réserve obligatoire ; ce prélèvement pouvant être diminué ou suspendu lorsque la réserve aura atteint le dixième du capital social.

Le surplus sera distribué :

4 0/0 aux administrateurs ;
6 0/0 aux fondateurs de la Société ;
Et 90 0/0 aux actionnaires, à titre de dividende.

Toutefois, avant ces deux derniers prélèvements au profit des fondateurs et des actionnaires, l'assemblée générale peut prélever une somme destinée à la création d'un fonds de prévoyance.

Les actions pourront être amorties lorsque les produits le permettront, et à partir de l'époque qui sera fixée par l'assemblée générale.

L'amortissement se fera, soit par rachat au-dessous du pair, soit au pair, par tirages au sort, auquel cas les actions désignées par le sort seront remboursées à 500 francs et remplacées par des actions de jouissance.

Obligations 3 0/0, 1re série. — Ce premier emprunt se compose de 291.035 obligations de 500 francs 3 0/0 au porteur, entièrement libérées, émises par la Banque de Paris et des Pays-Bas, sur lesquelles 140.000 ont été émises à 315 francs le 28 juin 1880, et 58.000 à 280 francs le 22 janvier 1884 ; remboursables à 500 francs en soixante-dix-neuf ans, du 1er mai 1881 au 1er mai 1959, au moyen de soixante-dix-neuf tirages au sort annuels ayant lieu en décembre, pour le remboursement des titres sortis s'effectuer le 1er mai suivant.

Intérêt annuel : 15 fr., payables par moitié les 1er mai et 1er novembre.

Obligations 3 0/0, 2e série. — Ce second emprunt comprend de son côté 51.000 obligations de 500 francs 3 0/0, 2e série, libérées et au porteur, faisant partie d'une série de 100.000 obligations, dont la création a été autorisée par l'Assemblée générale du 8 mai 1888, et ayant une première hypothèque spéciale sur la ligne de Puente-Genil à Linarès, à la construction de laquelle est affecté leur produit.

Emises le 30 juin 1890 par la Banque de Paris et des Pays-Bas, au prix de 337 fr. 50, stipulés payables par termes échelonnés jusqu'au 6 septembre 1890.

Remboursables à 500 fr. en 96 ans, du 1er août 1891 au 1er juillet 1986, par tirages au sort annuels en février, pour le remboursement des titres sortis s'effectuer le 1er août suivant.

Intérêt annuel : 15 fr., payables par moitié les 1er février et 1er août de chaque année.

Dividendes distribués. — Rien en 1877 et 1878 ; 20 francs en 1879 ; 30 francs en 1880 et 1881 ; puis 25 francs en 1882 ; 30 francs en 1883 ; 25 francs en 1884 ; 20 francs en 1885 ; 15 francs chacune des années 1886, 1887 et 1888 ; 20 francs en 1889 ; 25 francs en 1890 ; et 20 francs en 1891 et 1892.

Cours des titres. — Les voici depuis 1880 :

	Actions	Obligations 1re Série	Obligations 2e Série
1880	589 05	310 607	—
1881	660 748	313 546	—
1882	582 975	298 795	—
1883	532 921	290 57	—
1884	494 69	296 295	—
1885	451 907	302 846	—
1886	418 144	309 477	—
1887	353 084	321 827	—
1888	306 334	322 309	—
1889	370 963	334 299	—
1890	413 558	361 402	353 116
1891	432 972	356 462	347 410
1892	311 931	305 294	298 188
1893	308 499	304 923	298 339

Résultats du dernier exercice (1894-95). — Le rapport présenté par le conseil d'administration, à l'assemblée générale des actionnaires qui s'est tenue le 8 juin, débute en relatant l'insuccès des négociations entamées avec le gouvernement espagnol. Toutefois, le conseil ne perd pas courage et espère qu'un jour viendra où les pouvoirs publics mieux éclairés écouteront ses légitimes doléances. A cet insuccès est venue se joindre une série de circonstances néfastes et les résultats de l'exercice ont été plus médiocres encore que ceux de l'année précédente. En octobre, des pluies torrentielles ont détaché de la montagne des blocs de rochers et des sables qui sont venus obstruer trois des tunnels de la ligne de Malaga ; ces pluies et deux orages successifs ont amené l'interruption complète de la circulation et ont privé pendant deux jours de ses recettes de grande et de petite vitesse une des lignes les plus fructueuses. La stagnation des affaires en Andalousie, la récolte médiocre des betteraves qui a amené l'arrêt de plusieurs sucreries, le mauvais temps ont paralysé les transports sur tout le réseau et a produit une diminution considérable dans les recettes, tandis que des économies prévues dans les dépenses n'ont pu entièrement s'effectuer. Enfin des fraudes dont l'importance s'est élevée à plus d'un demi-million de pesetas ont été commises dans le service commercial des mines. Cette somme (505,657 r. 64) a été imputée sur le compte spécial créé en 1880 sous le titre de « Fonds de prévoyance ».

Les recettes du trafic, pour les 891 kilomètres du réseau ont été de. . . . . .Pesetas 14.092.117 82
moins les frais d'exploitation afférents à toutes les lignes, montant à 46.97 0/0. 6.619.925 42

Produit net du trafic. 7.474.192 40

A ajouter : le produit net du domaine, 26.150 pesetas 97, et le bénéfice net des mines de Belmez et Espiel, 298.769.81 ensemble. 324.920 73

Total 7.797.113 18

A déduire : les charges de l'exploitation : service des obligations, 7.889.434 ptas 02 ; la perte au change, 1.092.535 pesetas 52 ; impôts français sur titres de la Compagnie, 89.430.12 ; intérêt et frais de banque, 474.568.32, ensemble 9.545.967 pesetas 98, dont il faut retrancher 2.237.264 pesetas représentant les intérêts imputables aux sommes avancées pour les dépenses de la construction de la ligne de Puente-Genil à Linarès, soit net 7.308.703 93

Reste. 488.409 20
Moins : contributions diverses 13.138 37

Reste comme bénéfice net de l'exploitation 475.270 83

Cette somme n'a pas permis la distribution d'un dividende. Elle a été ajoutée au reliquat de l'exercice précédent de 2.193.935 pesetas 62 porté au « fonds de prévoyance spécial pour parer aux éventualités du change et autres ». Par suite, le montant de ce fonds s'élève au total à 2.669.206. 45.

Si les intérêts des sommes consacrées à la ligne de Puénte-Guenil à Linarès avaient figuré dans les dépenses normales, où il faudra bien qu'ils soient inscrits tôt ou tard, le bénéfice eut été transformé en perte.

En regard de . . . . P. 7.797.113
de recettes on a
à placer. . . . . .P. 9.545.967

de dépenses, d'où
un déficit de . . . . .P. 1.748.854

CHEMINS DE FER

DE MADRID A SARAGOSSE ET ALICANTE

Constitution. — Société anonyme espagnole, constituée le 31 décembre 1856. Placée sous le régime du Code de commerce de 1885.

Objet d'après les statuts. — La Société a pour objet :

1° La construction et l'exploitation des concessions de chemins de fer obtenues ou achetées par elle et de celles qu'à l'avenir elle obtiendrait, acquerrait ou prendrait à bail, par voie de fusion ou autrement ;

2° Tous services de transport par terre et par eau qui pourraient être établis en correspondance avec les chemins appartenant à la Société ou affermés par elle, sous réserve de tous privilèges et concessions déjà accordés;

3° La jouissance et l'exploitation de tous les terrains, forêts, mines, usines métallurgiques, fabriques de machines ou autres, qui pourraient être concédés à la Société, pris à bail ou achetés par elle, et qui serviraient à l'exploitation des chemins de fer lui appartenant.

Concessions. — La Société était concessionnaire à l'origine des chemins de fer de Madrid à Saragosse, de Madrid à Almansa et d'Almanza à Alicante, concédés à MM. de Morny, Chatelus, Delahante, Léopold Le Hon et de Rothschild frères, qui en ont fait apport à la Société, avec une subvention de 209.999 réaux par kilomètre accordés par l'Etat et pour une durée de 99 ans, expirant le 26 janvier 1956.

Actuellement, par suite de traités et de concessions directes, le réseau de la Compagnie de Saragosse se compose des lignes ci-après :

Ligne de Madrid à Alicante et de Castillejo à Tolède. . . .	481 kilom.
— de Madrid à Saragosse.	341 —
— d'Alcazar à Ciudad-Real	115 —
— d'Albacète à Carthagène	247 —
— de Manzanarès à Cordoue	244 —
— de Cordoue à Séville	131 —
— de Séville à Huelva.	110 —
— de Ciudad-Real à Badajoz et d'Almorchon aux mines de Belmez.	580 —
— de Mérida à Tocina.	205 —
— d'Aljucen à Cacérès.	66 —
— d'Aranjuez à Cuenca	152 —
Embranchements de Linarès et de Carmona.	33 —
Toutes ces lignes constituent un réseau de.	2.705 kilom.

exploité au 31 décembre 1894.

A ces lignes viendront s'ajouter :

1° La ligne de Valladolid à Ariza à construire, dont la concession a été cédée à la Société par un traité du 2 mai 1891, approuvé par l'assemblée générale du 24 mai 1891 ;

2° Et les lignes composant le réseau de la Compagnie des chemins de fer de Tarragone à Barcelone et France (723 kilomètres, dont 606 construits et exploités), pour lesquelles la Société a passé, le 15 mai 1891, un traité avec ladite Compagnie.

Siège social. — A Madrid. — Comité à Paris, rue Laffitte, 17.

Durée. — La durée de la Société est celle de la plus longue des concessions qu'elle exploite et qui doivent faire retour à l'Etat. (En fait, elle expirera le 26 janvier 1956.)

Capital social. — Fixé primitivement à 456 millions de réaux, soit, au change de 19 réaux pour 5 francs, 120.000.000 de francs, représenté par 240.000 actions de 1.900 réaux ou 500 francs. Le capital a été successivement élevé : 1° par la création de 38 000 actions nouvelles, conformément à la décision de l'assemblée générale du 5 octobre 1875, à 528 millions de réaux ou 139 millions de francs, représentés par 278.000

actions de 500 francs ; — 12° par la création de 28.000 actions nouvelles, conformément à la décision de l'assemblée générale du 20 décembre 1877, à 581.400.000 réaux ou 153 millions de francs, représentés par 306.000 actions de 500 francs; — 3° et par la création de 50.000 actions nouvelles, conformément à la décision de l'assemblée générale du 16 mai 1880, à 676.400.000 réaux ou 178 millions de francs, représentés par 356.000 actions de 1.900 réaux ou 500 francs, émises au pair, entièrement libérées et au porteur. Les intérêts et dividendes sont payables les 1er janvier (acompte) et 1er juillet (solde).

Conseil d'administration. — De 20 membres, dont moitié au moins doivent être Espagnols. Chaque administrateur doit être propriétaire de 100 actions inaliénables pendant la durée de ses fonctions.

Comité à Paris des administrateurs y résidant, représentant exclusivement la Société pour toutes les affaires qu'elle peut avoir en France Directeur chargé de tous les services.

Les administrateurs actuels sont :

A Madrid : MM. A. Llorente, président ; I. Bauer, M. Martinez de Campos, J.-L. Albareda, R. Clémente, Al. Pidal, M. Alvarez, J.-M. de Urquijo, G. Bauer.

A Paris : MM. L. Aucoc, Ed. Blount, Ferdinand Duval, comte de Ganay, baron Gustave de Rothschild, Léon Say, baron de Brimont.

Assemblée générale. — En mai, au siège social à Madrid. Elle est valablement constituée lorsque les actionnaires présents ou représentés sont au nombre de soixante-seize au moins et réunissent entre eux le dixième du capital social. Cinquante actions donnent droit à une voix, cent actions à deux voix et ainsi de suite en ajoutant une voix pour chaque cinquante actions. Nul ne peut avoir ni déléguer plus de dix voix.

Répartition des bénéfices d'après les statuts. — Sur les produits nets, il doit être prélevé annuellement les sommes nécessaires

1° Au service des emprunts faits par la Compagnie;

2° Aux intérêts des actions à 6 0/0 ;

3° A la formation d'un fonds de réserve, au moyen d'un prélèvement de 2 0/0 au moins, jusqu'à ce que ce fonds ait atteint 45.600.000 réaux soit 12 millions de francs ;

4° A l'amortissement du capital social.

Sur l'excédent des produits, il est attribué 5 0/0 aux administrateurs Et le surplus est réparti : 95 0/0 en faveur des actions amorties ou non amorties, et 5 0/0 en faveur des fondateurs de la Société ou leurs représentants, en proportions des souscriptions respectives.

Il sera pourvu à l'amortissement des actions par une allocation proportionnelle au capital nominal, et par l'intérêt des actions successivement remboursées.

— Voici maintenant quelles sont les obligations à la charge de la Compagnies. Elles sont de trois sortes :

1° Celles proprement dites, de Madrid à Saragosse et à Alicante ;

2° Celles de l'ancienne Compagnie du chemin de fer de Cordoue à Séville ;

3° Et celles de l'ancienne Compagnie de Ciudad-Real à Badajoz.

Obligations Madrid-Sarragosse-Alicante: 1re hypothèque. —
Il y a sous ce titre 1.291.360 obligations au porteur, entièrement libérées,

émises à divers cours et en différentes fois, remboursables à 500 francs, au moyen de tirages au sort annuels en décembre, pour le remboursement s'effectuer le 1er janvier suivant, et produisant un intérêt annuel de 15 francs, payable par moitié les 1er janvier et 1er juillet de chaque année. Ces titres sont divisés en seize séries dont les numéros, la période d'amortissement et la date sont indiqués au tableau ci-après.

Chacune des deuxième à seizième séries inclusivement porte sur ses coupons une lettre différente (de la lettre B à la lettre P). La lettre A n'existe pas sur les coupons de la première série.

						Remboursement	
						DU	AU
1re série de	100.000	titres numéros	1	à	100.000	1er janv. 1860	1er janv. 1953
2e —	99.802	pouv. porter nos	100.001	à	200.000	—	—
3e —	99.712	—	200.001	à	300.001	—	—
4e —	99.477	—	300.001	à	400.000	—	—
5e —	99.386	—	400.001	à	500.000	—	—
6e —	99.229	—	500.001	à	600.000	—	—
7e —	99.065	—	600.001	à	700.000	—	—
8e —	98.725	—	700.001	à	800.000	—	—
9e —	97.982	—	800.001	à	900.000	—	—
10e —	97.982	—	900.001	à	1.000.000	—	—
11e —	50.000	numérotés de	1.000.001	à	1.050.000	1876 à	1953
12e —	50.000	—	1.050.001	à	1.100.000	1879 à	1953
13e —	50.000	—	1.100.001	à	1.150.000	1879 à	1953
14e —	50.000	—	1.150.001	à	1.200.000	1879 à	1953
15e —	50.000	—	1.200.001	à	1.250.000	1881 à	1953
16e —	50.000	—	1.250.001	à	1.300.000	1881 à	1953
	1 291.360						

128.988 de ces obligations étaient amorties au 1er janvier 1894. (Dans ce nombre sont comprises 8.640 obligations amorties pour ordre).

Obligations Madrid-Sarragosse-Alicante : 2e hypothèque. — Cet emprunt comprend 137.694 obligations, entièrement libérées et au porteur, sur lesquelles 100.030 ont été émises, à 312 fr. 50, par MM. de Rothschild frères, le 29 avril 1884 ; remboursables à 500 francs, du 1er janvier 1885 au 1er janvier 1953, par tirages au sort annuels en décembre, pour le remboursement des titres sortis s'effectuer le 1er janvier suivant. Produisant un intérêt annuel de 15 francs, payable par moitié les 1er janvier et 1er juillet. Ces obligations ont un droit de deuxième hypothèque sur la ligne de Madrid à Saragosse et à Alicante et un droit de première hypothèque sur les lignes de Séville à Huelva et à Mérida.

Elles sont comprises sous trois séries, savoir : 50.000 sous la dix-septième série numéros 1.300.001 à 1.350.000 ; 50.000 sous la dix-huitième série, numéros 1.350.001 à 1.400.000 ; et 37.694 faisant partie de la dix-neuvième série, numéros 1.400.001 à 1.437.694.

Obligations Madrid-Sarragosse-Alicante : 3e hypothèque. — Ces titres comprennent 72.630 obligations, entièrement libérées et au porteur, émises à divers cours sur le marché, remboursables à 500 francs en 68 ans, du 1er janvier 1886 au 1er janvier 1953, par tirages au sort annuels en décembre, pour le remboursement des titres sortis s'effectuer le 1er janvier suivant. Produisant un intérêt annuel de 15 francs, payables par moitié les 1er janvier et 1er juillet. Ces obligations, numérotées de 1.450.001 à 1.522.630, formant la vingtième série des obligations de la Société, ont un droit de troisième hypothèque sur la ligne de Madrid à Saragosse et à Alicante, et de première hypothèque sur la ligne de Madrid à Saragosse et à Alicante et de première hypothèque sur la ligne d'Aranjuez à Cuenca.

Obligations Cordoue à Séville. — Elles comprennent 51.184 obligations de 500 francs, au porteur, entièrement libérées, remboursables à 500 francs, par voie de tirages au sort annuels en décembre. Remboursement le 1er janvier suivant. Intérêt annuel : 15 francs, payables les 1er janvier et 1er juillet.

Ces obligations sont divisées en 4 émissions, savoir :

1re *Emission* faite à 242 fr. 20, en 1858 et 1859, de 24.576 obligations remboursables en 97 ans, de 1860 à 1956.

2e *Emission* faite à 242 fr. 58, en 1860, de 12.245 obligations, remboursables en 96 ans, de 1861 à 1956.

3e *Emission* faite à 244 fr. 92, en 1861, de 8.163 obligations, remboursables de 1862 à 1956.

4e *Emission* faite en 1864, à 205 fr. 73, de 6.200 obligations remboursables en 92 ans, de 1865 à 1956.

Obligations Ciudad-Réal à Badajoz. — Ces titres comportent 63.754 obligations de 500 5 0/0, au porteur, entièrement libérées, autorisées par décisions des assemblées générales des 25 avril 1875 et 29 avril 1877, et destinées à subvenir à la construction de la ligne directe de Madrid à Ciudad-Real, dont la Compagnie a été déclarée concessionnaire par la loi de 15 décembre 1876, et au remboursement de 4.081 Bons de délégation. Garanties par privilège hypothécaire de premier rang sur les 405 kilomètres du réseau ancien de la Compagnie et sur les 170 kilomètres de la ligne de Ciudad-Real à Madrid, suivant acte de constitution d'hypothèque du 2 juillet 1877 ; émises à 398 fr. 50 par la Société de Crédit industriel et commercial, le 2 août 1877 ; remboursables à 500 fr. en 90 ans, du 1er octobre 1877 au 1er avril 1967, par tirages au sort semestriels ayant lieu en mars et septembre, à Paris, pour le remboursement des titres sortis s'effectuer les 1er avril et 1er octobre. Intérêt annuels : 25 fr., payables par moitié les 1er avril et 1er octobre.

Dividendes distribués

1865 à 1872	rien	1879...	15 »	1886...	10 »
1873...	15 »	1880...	20 »	1887...	8 »
1874...	15 »	1881...	22 »	1888...	9 »
1875...	21 »	1882...	22 »	1889...	12 »
1876...	21 »	1883...	23 »	1890...	13 »
1877...	24 »	1884...	14 »	1891...	9 »
1878...	22 »	1885...	rien	1892...	4 25

CHEMINS DE FER DU SUD DE L'ESPAGNE

Constitution. — Société anonyme espagnole, constituée le 26 juin 1889.

Objet d'après les statuts. — La Société a pour objet :

1° La construction et l'exploitation dans le sud de l'Espagne de chemins de fer et spécialement de la ligne de Linarès à Alméria ;

2° La construction et l'exploitation de chemins de fer en Espagne ;

3° La souscription, l'acquisition et la vente d'actions, de parts de fondateur et d'obligations des sociétés espagnoles ou étrangères, qui s'intéressent ou participent directement ou indirectement à des entreprises de chemins de fer, tramways ou autres moyens de transport terrestres ou maritimes ;

4° Tous les actes ou traités commerciaux ou industriels, qui se rapportent directement ou indirectement à l'objet de la Société, et toutes sortes d'opérations financières s'y rattachant.

Concessions. — La Société est concessionnaire de la ligne de Linarès à Alméria, d'une longueur de 240 kilomètres, par suite de la rétrocession et de l'apport que lui en a faits la Banque générale de Madrid, qui en avait obtenu la concession en vertu d'une adjudication publique du 18 mai 1889, approuvée par un décret royal du 20 du même mois. La susdite rétrocession approuvée par ordonnance royale du 1er septembre 1889. Pour la construction de cette ligne, le gouvernement espagnol a accordé une subvention de 30.790.000 pesetas, payable en six annuités égales.

Siège social. — A Madrid. Bureaux à Paris, 34, rue de Provence.

Durée. — 99 ans, de 1889 à 1988.

Capital social. — 10 millions de piécettes ou francs, divisés en 20.000 actions de 500 piécettes ou francs, émises au pair, entièrement libérées et au porteur.

Conseil d'administration de treize membres au moins, nommés pour six ans et renouvelables par sixième chaque année, devant être propriétaires chacun de cinquante actions inaliénables pendant la durée de leurs fonctions.

Comité de trois à sept administrateurs, à Paris.

Les administrateurs actuels sont : *Conseil de Madrid.* — MM. L. Figuerola, président ; W. Martinez, administrateur-délégué ; J. de Cardenas, Loring y Heredia, marquis de Merced, N.-Y. Ramirez de Arellano, J. Rospide.

Comité de Paris. — MM. Yvo Bosch, président ; Balser, J. Cousin Kulp, Pontzen, Edm. Rodier, Ch. Wallut, Faure-Biguet, secrétaire.

Assemblée générale. — A Madrid, dans le courant du premier semestre, composée des actionnaires propriétaires d'au moins 50 actions qui les ont déposées dans le délai fixé par le Conseil d'administration. Les membres de l'Assemblée ont droit à une voix par 50 actions.

Répartition des bénéfices d'après les statuts. — Sur les bénéfices nets de toutes les charges, il est prélevé :
5 0/0 pour constituer un fonds de réserve jusqu'à ce qu'elle atteigne le dixième du capital social ;
La somme nécessaire pour payer aux actions un premier dividende de 5 0/0 du montant des versements.
Le surplus est réparti à raison de :
10 0/0 au Conseil d'administration ;
90 0/0 aux actionnaires.
Sur ces 90 0/0 il pourra être constitué un fonds de prévoyance dont l'Assemblée générale déterminera l'importance et l'emploi.

Obligations 3 0/0. — 96.000 obligations de 500 piécettes ou francs 3 0/0, entièrement libérées et au porteur, créés conformément à l'article additionnel des statuts, émises le 29 octobre 1889 au Crédit mobilier, à la Société de Dépôts et Comptes courants et à la Société générale, au prix de 290 francs, stipulés payables par termes échelonnés jusqu'au 1er avril 1890.
Remboursables à 500 piécettes ou francs, par tirages au sort annuels, en 95 ans, de 1893 à 1987.
Intérêt annuel : 15 francs, payables par moitié les 1er avril et 1er octobre de chaque année.
Ces obligations sont garanties par une première hypothèque sur la ligne de Linarès à Alméria, pour la construction de laquelle le gouvernement espagnol a accordé une subvention de 30.790.000 piécettes.

Dividendes distribués. — Aucune répartition n'a été faite aux actionnaires depuis la création de la Société.

CHEMINS DE FER
DE L'OUEST DE L'ESPAGNE

Constitution. — Société anonyme espagnole, constituée le 2 juin 1888.

Objet d'après les statuts. — Exploitation, pour une durée de 99 ans, de la ligne d'Astorga-Zamora-Salamanca-Plasencia, d'une longueur de 350 kilomètres environ, avec subvention du gouvernement espagnol de 60.000 pesetas par kilomètre.

Convention avec la Compagnie des chemins de fer portugais. — Par un contrat du 1er juin 1888, la Compagnie royale des chemins de fer portugais s'est chargée de l'exploitation de la ligne pendant toute la durée de la concession, moyennant un forfait de 4.000 pesetas par kilomètre, tant que les recettes annuelles seront inférieures à 10.000 pesetas par kilomètre, et moyennant un forfait de 40 0/0 desdites recettes lorsqu'elles excéderont 10.000 pesetas par kilomètre.

Siège social. — A Madrid.

Durée. — La durée est de tout ce qu'exigera l'exploitation des lignes concédées, sans pouvoir dépasser 99 ans.

Capital social. — 22 millions de pesetas, divisés en 44.000 actions de 500 pesetas, entièrement versées.

En dehors des 64.000 obligations ci-dessous, la Compagnie s'est engagée à n'émettre, pour la construction de la ligne, aucun autre titre ayant première hypothèque sur cette ligne, à l'exception de 30.000 obligations 4 0/0 de 500 pesetas, qui ont été prises au pair par les communes de la région desservie.

Obligations 4 0/0. — Ces titres comprennent 64.000 obligations de 500 francs 4 0/0, entièrement libérées et au porteur, de la Compagnie des chemins de fer de l'Ouest de l'Espagne, créées conformément aux dispositions de l'article 16 des statuts et autorisées par décision de l'assemblée générale du 27 septembre 1888; émises le 9 octobre 1888 par la Société générale du Crédit industriel et commercial, le Crédit lyonnais et la Société générale, au prix de 412 francs, stipulés payables par termes échelonnés jusqu'au 10 janvier 1889. Remboursables à 500 francs, en 99 ans, du 1er août 1889 au 1er août 1987, par tirages au sort annuels ayant lieu le 31 mai, pour le remboursement des titres sortis s'effectuer le 10 août suivant. Intérêt annuel : 20 francs, payables par moitié les 1er janvier et 1er juillet de chaque année.

Aux termes d'un contrat du 5 septembre 1888, l'intérêt et l'amortissement des obligations sont garantis par la Compagnie royale des Chemins de fer portugais, pendant toute la durée de la construction de la ligne de Astorga-Zamora-Salamanque-Plasencia et pendant les dix ans qui suivront la mise en exploitation. Ces obligations ont en outre un droit de première hypothèque sur la ligne.

CHEMINS DE FER PORTUGAIS

Constitution. — Société anonyme portugaise, constituée le 15 décembre 1859.

Objet d'après les statuts. — 1° Exploitation des lignes de chemins de fer dénommées Est-Nord et embranchement de Cacérès;

2° Construction et exploitation des lignes de chemins de fer dénommées de Torres-Vedras à Figueira et Alfarellos et embranchement de Coïmbra;

3° Construction et exploitation de la ligne de chemins de fer dénommée de la Beira-Baixa;

4° Construction et exploitation des concessions faites à la Compagnie par les ordonnances royales des 7 juillet 1886 et 9 avril 1887 et construction, achèvement et exploitation de tous les autres chemins de fer et voies de communication qui pourraient être ultérieurement concédés à la Société, ou qu'elle obtiendrait par location, achat ou autrement;

5° Installation et exploitation de tous services de transport par terre ou par eau qui pourront être légitimement établis en correspondance avec les chemins appartenant à la Société ou affermés par elle, sous réserve de tous privilèges ou concessions déjà accordés ;

6° Jouissance et exploitation de tous les terrains, forêts, mines, usines métallurgiques, fabriques de machines, et tous autres établissements qui pourraient être ultérieurement concédés à la Société, pris à bail ou achetés par elle et qui serviraient à l'exploitation des chemins de fer lui appartenant.

Réseau. — Les premières lignes qui ont appartenu à la Société (Lisbonne à Porto et à Badajoz) lui proviennent de l'apport qui lui en a été fait par don José de Salamanca à qui elles avaient été concédées pour une durée de quatre-vingt-dix-neuf ans, aux termes d'un procès-verbal d'adjudication du 4 septembre 1859 et de deux contrats des 30 juillet et 14 septembre 1859, approuvés par une loi des Cortès du 5 mai 1860.

La Société exploite, en outre, les lignes de la Société de Madrid à Cacérès et au Portugal, d'une longueur de 429 kilomètres, suivant les dispositions du traité du 22 octobre 1885, approuvé par l'Assemblée générale du 21 décembre suivant.

Siège social. — A Lisbonne. La Société est représentée à Paris par une délégation financière composée de la maison M. Ephrussi, du Crédit Lyonnais et de la Société générale de Crédit industriel et commercial. Bureaux à Paris, rue de la Chaussée-d'Antin, 39, et avenue de l'Opéra, 31.

Durée. — La durée de la Société est celle des concessions de lignes ferrées qui lui seront ou ont été faites ; l'exploitation de chacune des lignes concédées prenant fin pour la Compagnie au fur et à mesure de l'expiration des délais de concession stipulés dans les contrats et par suite de la remise successive de ces lignes au gouvernement.

Capital social. — Fixé à l'origine à 35 millions de francs, divisé en 70.000 actions de 500 francs, émises au pair, entièrement libérées et au porteur, le capital social a été porté à 50 millions de francs par décision de l'Assemblée générale du 10 septembre 1887, par la création de 30.000 actions nouvelles de 500 francs, que le Conseil d'administration a été autorisé à émettre quand et comment il le jugera convenable.

Conseil d'administration. — De vingt-cinq membres, dont la majorité est composée de citoyens portugais domiciliés en Portugal, renouvelables par cinquième chaque année, devant être propriétaires chacun de 100 actions inaliénables pendant la durée de leurs fonctions.

Un commissaire royal, nommé par le gouvernement, est délégué près du Conseil d'administration.

Siège du Conseil, à Lisbonne. Le Conseil peut nommer des délégations ou commissions financières sur les places où les intérêts de la Compagnie le conseillent.

Directeur général, chargé de la direction de tous les services, auquel il peut être adjoint un ou plusieurs sous-directeurs.

Conseil de surveillance de dix membres, renouvelables à raison de deux membres chaque année, devant posséder chacun 50 actions inaliénables pendant la durée de leurs fonctions.

Assemblée générale. — A Lisbonne, pendant le premier semestre de l'année, composée des cent plus forts actionnaires de la Société qui auront déposé leurs titres quinze jours au moins avant la date de la réunion.

L'Assemblée est valablement constituée si les actionnaires présents ou représentés sont au nombre de soixante au moins et réunissant entre eux la cinquième partie des actions émises. En cas de nouvelle convocation en raison de l'insuffisance des actionnaires, cette deuxième assemblée délibère valablement, quel que soit le nombre des actionnaires.

Cinquante actions donnent droit à une voix, cent à deux voix, et ainsi de suite en ajoutant une voix pour chaque cinquante actions. Nul ne peut avoir ni déléguer plus de vingt voix, quelque soit le nombre d'actions qu'il possède. Chaque actionnaire pourra exercer le droit de tous ceux qui l'auront chargé de le représenter, mais sans pouvoir excéder le maximum de vingt voix pour tous les actionnaires représentés.

Répartition des bénéfices d'après les statuts. — Le produit net, déduction faite de toutes les charges, est distribué comme suit :

1° 1 0/0 pour fonds de réserve ;

2° 5 0/0 pour les actions libérées et 5 0/0 des sommes versées pour les actions non libérées ;

3° Compléter 4 0/0 du produit net pour fonds de réserve, jusqu'à ce que celui-ci atteigne le dixième du capital social ;

4° Compléter 6 0/0 aux actions.

Sur le reste, il sera prélevé 5 0/0 pour le Conseil d'administration et pour le Conseil de surveillance, 5 0/0 pour les fondateurs ; le surplus sera distribué aux actionnaires ou recevra telle application que l'assemblée générale déterminera.

L'amortissement des actions devra être effectué dix ans au moins avant l'expiration du délai de la dernière concession de chemin de fer faite à la Compagnie et, pour cela, on fera une retenue, proportionnelle du capital social à laquelle s'ajouteront les dividendes des actions successivement amorties.

La désignation des actions à amortir se fera par un tirage public, à Lisbonne, chaque année, à l'époque et dans la forme déterminées par le Conseil.

Les actions désignées par le sort seront remboursées à 500 francs, le 1er janvier suivant le tirage, et seront échangées contre des actions de jouissance.

Dividendes distribués. — Les actions ont touché, jusqu'au 31 décembre 1864, les intérêts à 8 0/0 des sommes versées, puis à 6 0/0 jusqu'au 1er janvier 1866.

Rien n'a été distribué jusqu'au 1er juillet 1878, époque à laquelle les actions ont touché 10 francs, afférents à l'exercice 1877, contre remise de tous les coupons, de 9 à 33 inclus.

Exercice 1878.	20 »	Exercice 1885.	16 »
— 1879.	25 »	— 1886.	27 »
— 1880.	30 »	— 1887.	30 »
— 1881.	30 »	— 1888.	30 »
— 1882.	20 »	— 1889.	30 »
— 1883.	25 »	— 1890.	15 »
— 1884.	30 »	— 1891 à 1894.	rien.

Obligations 3 0/0. — Il y en a sept séries :

1° *Les obligations de la 1re à la 6e série, remboursables de 1863 à 1959.* — Elles comprennent 575.000 obligations de 500 fr. 3 0/0, non garanties par le gouvernement portugais, émises à diverses époques et à divers cours, en vertu de délibérations d'assemblées générales et avec l'autorisation royale.

Remboursables en quatre-vingt-dix-sept ans, de 1863 à 1959, par tirages au sort annuels, en décembre, remboursement le 1er janvier. L'amortissement, interrompu depuis 1867, a été repris le 20 septembre 1877 pour les dix tirages arriérés de 1868 à 1877 et continue régulièrement depuis.

39,006 obligations étaient amorties au 1er janvier 1891.

En outre, il a été retiré de la circulation 47,219 obligations, conformément aux résolutions votées par l'assemblée générale du 11 juin 1887, qui a autorisé la création des 100.000 obligations 4 0/0 dont il sera parlé ci-après.

Intérêt annuel : 15 fr., payables par moitié les 1er janvier et 1er juillet.

Elles sont divisées comme suit :

Séries	Numéros	Période d'amortissement		
1re série	1 à 100.000	Remb. du 1er janvier 1863	au 1er janvier	1959
2e —	100.001 à 200.000	— 1863	—	1959
3e —	200.001 à 300.000	— 1863	—	1959
4e —	300.001 à 400.000	— 1863	—	1959
5e —	400.001 à 450.000	— 1863	—	1959
6e —	450.001 à 575.000	— 1885	—	1959

La cinquième série porte l'indication de : « Cinquième série de 100.000 » ; mais en réalité il n'a été émis que 50.000 obligations, numéros 400,001 à 450.000. La série suivante de 125.000 obligations continue la série de numéros de 450.001 à 575.000.

Les titres de la sixième série ne portent pas l'indication de sixième série, mais bien celle de : « Emission de 125.000 obligations autorisée par décret royal du 15 janvier 1884 ».

2° *Les obligations de la 7e série, remboursables de 1891 à 1982.* — Elles se composent de 70.000 obligations de 500 francs 3 0/0, libérées et au porteur, faisant partie d'une septième série de 100.000 obligations, créées en vertu de la décision de l'assemblée générale du 26 juin 1890, et dont l'émission a été autorisée par le gouvernement portugais, suivant arrêté ministériel du 3 juillet 1890.

Emises, le 23 juillet 1890, par la Société générale de Crédit industriel et commercial, le Crédit lyonnais et la Société lyonnaise de Dépôts et de Comptes courants et de Crédit industriel, au prix de 355 francs, stipulées payables par termes échelonnés jusqu'au 25 octobre 1890.

Remboursables à 500 francs, en quatre-vingt-douze ans, du 1er janvier 1891 au 1er janvier 1982, par tirages au sort annuels en décembre, pour le remboursement des titres sortis s'effectuer le 1er janvier suivant.

Intérêt annuel : 15 francs, payables par moitié les 1er janvier et 1er juillet de chaque année.

Obligations 4 0/0. — 100.000 obligations de 500 francs 4 0/0, libérées et au porteur, créées par décision de l'assemblée générale du 11 juin 1887 et autorisées par ordonnance royale du 16 du même mois.

Destinées à procurer les ressources nécessaires pour la mise en œuvre de la concession faite à la Compagnie par décret royal du 9 avril 1887 et pour le retrait de la circulation de 42,413 obligations 3 0/0.

Emises, le 25 juin 1887, à Paris, à la Banque de Paris et de s Pays-Bas, au Crédit lyonnais et à la Société générale de Crédit industriel et commercial, au prix de 440 francs, payables par termes échelonnés jusqu'au 10 septembre 1887.

Remboursables à 500 francs dans un délai maximum de quatre-vingts ans, à partir du 1ᵉʳ janvier 1888, par tirages au sort semestriels ayant lieu en juin et décembre, pour le remboursement des titres sortis s'effectuer les 1ᵉʳ juillet et 1ᵉʳ janvier suivant le tirage.

Intérêt annuel : 20 francs, payables par moitié les 1ᵉʳ janvier et 1ᵉʳ juillet de chaque année.

CHEMINS DE FER DE PORTO-RICO

Constitution. — Société anonyme par actions, constituée le 17 mai 1888.

Objet d'après les statuts. — La Société a pour objet :

1° La construction et l'exploitation dans l'île de Porto-Rico des lignes de chemins de fer concédées par le Gouvernement espagnol en date du 15 mai 1888.

2° La construction et l'exploitation de chemins de fer en Espagne et dans les autres provinces et possessions espagnoles d'outre-mer.

Concessions. — 546 kilomètres dans l'île de Porto-Rico.

La Société pourra se procurer les fonds nécessaires aux opérations ci-dessus indiquées, au moyen d'obligations, conformément à l'article 16 des statuts.

Siège social. — Madrid, 2, calle de Sevilla.

Durée. — 99 ans.

Capital social. — 16.000.000 de francs, divisés en 32.000 actions, nominatives ou au porteur, de 500 francs chacune, libérées de 250 francs.

Conseil d'administration. — Composé de sept à quinze membres, nommés pour six ans, renouvelables par fraction chaque année, et devant être propriétaires de cinquante actions chacun.

Les administrateurs actuels sont : MM. Alezandro Pidal, *président* ; José Muro, *vice-président* ; Yvo Bosch, duc de Sesto, Edmond Duchateau, Miguel de la Guardia, Francisco Lastres, Joaquin Lopez, Puigcerver, Wenceslas Martinez, Pablo Bosch, Antoine Vlasto.

Ingénieurs-conseils : MM. Louis Sauvan, à Paris ; Inchaurrandicta, à Madrid ; Juan-Cervantès, à Saint-Jean de Porto-Rico.

Secrétaire du Comité de Paris : M. Lucien Dubost.

Assemblée générale. — Dans le premier semestre, composée de tous les actionnaires propriétaires de cinquante actions au moins, qui les auront déposées deux jours avant l'Assemblée. Chaque membre a autant de voix qu'il possède de fois cinquante actions.

Répartition des bénéfices d'après les statuts. — Sur les bénéfices, il est prélevé :

1° 5 0/0 pour former un fonds de réserve, ce prélèvement cessant d'être obligatoire lorsque la réserve atteindra le dixième du capital social ;

2° Une somme suffisante pour assurer aux actionnaires une première répartition, jusqu'à 5 0/0 du capital versé. Le surplus des bénéfices est réparti ainsi qu'il suit : 10 0/0 au Conseil d'administration; 90 0/0 aux actionnaires.

Obligations. — 1re *Série de Mayagüez.* — 101.750 obligations 3 0/0 émises à 286 francs, le 7 juillet 1888.

Remboursables à 500 francs, en quatre-vingt-dix-neuf ans, à partir du 1er janvier 1889, par tirage au sort annuels, ayant lieu le 1er décembre, à compter du 1er décembre 1888.

Remboursement des titres sortis, le 1er janvier suivant.

Intérêt annuel, 15 francs, payables par semestres, les 1er janvier et 1er juillet.

Garantie, première hypothèque sur les propriétés et les produits des deux lignes de chemins de fer de Saint-Jean de Porto-Rico à Mayagüez et de Ponce à Mayagüez (ensemble 275 kilomètres), ainsi qu'un droit de préférence et de priorité sur les sommes que le gouvernement garantit par la concession de ces deux lignes, conformément au décret royal du 17 décembre 1886.

2e *Série de Humacao.* — 108.200 obligations de 500 francs 3 0/0 au au porteur, remboursables au pair, en quatre-vingt-dix-huit ans, à partir du 1er avril 1880, par tirages au sort annuels, ayant lieu le 1er mars de chaque année ; remboursement des titres sortis, le 1er avril suivant.

Intérêt annuel, 15 francs, payables par semestres, les 1er avril et 1er octobre.

Garantie, première hypothèque sur les lignes de Rio-Piedras à Humacao, de Ponce à Humacao et de Caguas à Humacao (271 kilomètres), et d'une délégation spéciale sur les sommes garanties par le gouvernement espagnol pour ses lignes. Elles portent la mention : *série de Humacao.*

1.010 de ces obligations étaient amorties au 1er avril 1894.

VOITURES, OMNIBUS ET TRAMWAYS

VOITURES, OMNIBUS ETTRAMWAYS

VOITURES A PARIS

Constitution. — Société en commandite, constituée en 1855 sous la raison sociale « E. Caillard et Cie », devenue plus tard « Ducoux et Cie », puis « Compagnie impériale des Voitures de Paris », et enfin, en 1866, « Compagnie générale des Voitures à Paris » sous la forme anonyme.

Objet d'après les statuts. — Exploitation de toutes les voitures de place, de régie ou de remise et autres, dont elle est ou pourra devenir propriétaire, à quelque titre que ce soit, et tout ce qui se rattache à l'exploitation des transports dans Paris et la banlieue.

Siège social. — A Paris, place du Théâtre-Français, 1.

Durée. — A compter du décret d'autorisation jusqu'au 31 décembre 1915.

Capital social. — Le fonds social composé : 1° des immeubles de la Compagnie ; 2° d'une créance due par la Ville de Paris, consistant en 47 annuités consécutives de 360.000 francs, payables du 31 décembre 1866 jusqu'au 31 décembre 1912 ; 3° du matériel affecté à son exploitation ; 4° et d'une somme de 3 millions au moins, destinée à servir de fonds de roulement, est représenté par 85.000 parts ou actions de 500 francs au porteur, entièrement libérées, donnant droit chacune à 1/85000e de tout l'actif social.

Ces 85.000 parts ont été attribuées aux porteurs des 425.000 actions de 100 francs de l'ancienne Société en commandite, à raison d'une action de la Société anonyme contre cinq de la commandite.

Les dividendes se payent les 1er janvier (acompte) et 1er juillet (solde).

Conseil d'administration. — De douze membres, renouvelables par quart chaque année, devant être propriétaires chacun de 120 actions, inaliénables pendant la durée de leurs fonctions.

Les administrateurs actuels sont : MM. Bixio, président ; Delamarre, vice-président ; Hallaire, secrétaire ; de Guntz, Louis Binder, Delessert, de Kergorlay, de Kermaingant, Lavollée, Malpas-Duché, Marion, Rilling.

Comité de Direction : MM. Bixio, président ; Delamarre, Hallaire, de Guntz.

Assemblée générale. — En avril, composée des titulaires ou porteurs de 20 actions qui les auront déposées cinq jours avant l'époque fixée pour la réunion. 20 actions donnent droit à une voix, mais personne ne pourra réunir plus de dix voix, soit comme propriétaire, soit comme mandataire.

Répartition des bénéfices d'après les statuts. — Sur les bénéfices nets il est prélevé : 1° 10 0/0 pour la formation d'un fonds de réserve applicable aux dépenses imprévues de l'exploitation, jusqu'à ce que cette réserve ait atteint 2 millions ; 2° la somme nécessaire pour payer 25 francs à chacune des 85.000 parts du capital social.

L'excédent des bénéfices sera réparti entre toutes les actions, sous déduction d'un tantième pour cent alloué aux administrateurs par l'Assemblée générale.

Il ne peut jamais être fait rappel du dividende qui n'aurait pas été distribué.

L'intégralité du capital social doit être amortie pendant la durée de la Société, au moyen d'un fonds composé d'un dividende afférent aux actions amorties jusqu'à concurrence de 5 0/0, et d'un prélèvement sur l'annuité de 360.000 francs due par la Ville de Paris. L'amortissement a lieu par tirages au sort annuels ayant lieu ordinairement en mai. Les actions désignées par le sort sont remboursées à 500 francs, le 1er juillet suivant, et remplacées par des actions de jouissance n'ayant droit qu'au dividende.

Celles-ci sont au nombre de 26.088 depuis le 1er juillet 1893.

Obligations 4 0/0. — 33.000 obligations de 500 fr. 4 0/0, libérées et au porteur, dont la création a été autorisée par l'assemblée générale du 30 avril 1888, pour servir à l'échange des obligations 4 0/0 1858 de 125 fr. (dont 5.055 encore en circulation) et des obligations 5 0/0 1876 de 500 fr. (dont 18.919 encore en circulation), au paiement en espèces de celles de ces obligations qui ne seraient pas échangées, au remboursement des emprunts hypothécaires et chirographaires et pour le surplus au fonds de roulement. Ces obligations ont été émises à 467 fr. 50, le 16 mai 1888. Elles sont remboursables à 500 fr. en soixante-quinze ans, de 1889 à 1963, par tirages au sort annuels, en mars, pour le remboursement des titres sortis s'effectuer le 1er avril suivant. Intérêt annuel : 20 fr., payables par moitié les 1er avril et 1er octobre de chaque année.

Dividendes distribués. — 10 fr. 35 en 1870 ; 12 fr. 90 en 1871 ; 25 francs par an de 1872 à 1874 ; 30 francs de 1875 à 1876 ; 29 francs en 1877 ; 50 francs en 1878 (année de l'Exposition) ; 30 francs en 1879 ; 35 francs en 1880 ; 45 francs en 1881 ; 37 fr. 50 en 1882 ; 35 francs de 1883 à 1888 ; 50 francs en 1889 (année de l'Exposition) et 37 francs par an de 1890 à 1893.

Cours moyens des titres. — Les voici depuis 1888 :

	Actions de capital	Actions de jouissance	Obligations
1888	746 091	246 256	471 245
1889	796 549	312 006	480 525
1890	726 788	249 145	501 103
1891	715 629	219 754	504 599
1892	698 289	202 640	510 336
1893	644 186	173 848	508 920

Résultats du dernier exercice (1894-95). — L'assemblée générale ordinaire des actionnaires a eu lieu le 30 avril 1895.

Le rapport du conseil d'administration sur l'exercice 1894 fournit les détails les plus circonstanciés sur les résultats de l'exploitation et la situation exacte de la Compagnie. Il en résulte surtout que le principal obstacle à l'accroissement des bénéfices et au développement de l'industrie des voitures de place, qui pourrait permettre cet accroissement des bénéfices, provient de l'augmentation constante des charges que subit cette industrie.

Les chiffres suivant justifient les doléances de la Compagnie à ce sujet: sur une recette de 24.500.320 fr. 25, l'Etat et la Ville absorbent 3.015.932 94 soit 12·31 0/0; d'autre part, les appointements et salaires exigent 9.435.606 fr. 87, soit 38 51 0/0, alors que le capital ne reçoit que 1.685.300 fr. soit 6 88 0/0 de la recette, donnant exactement un intérêt de 4·68 0/0. Du 1er janvier 1890 au 31 décembre 1894, les seuls droit de douane et d'octroi ont augmenté de 1.028.536 fr., soit de 33 0/0. Aussi le rapport fait-il remarquer que, dans ces conditions, les charges dépassent toute mesure et qu'il serait temps d'apporter remède à une situation qui compromet l'industrie des transports, si nécessaire à la population parisienne.

Malgré tout, la Compagnie a pu réaliser, sur 1893, un bénéfice supérieur de 463.264 fr. 13 en faveur de l'exercice 1894; mais cela tient uniquement aux économies faites dans tous les services. Ce résultat a permis d'élever le dividende à 27 fr. 50, en augmentation de 5 fr. 95 sur 1893, malheureusement il n'est pas possible de dépasser certaines économies, et la cause même de cette augmentation du dividende ne laisse guère l'espoir d'atteindre de nouveau le dividende de 35 fr. touché pendant tant d'années.

Voici les résultats d'ensemble de l'exercice 1894 : les recettes se sont élevées à 24.500.320 fr. 25, en diminution de 222.163 fr. 96 sur 1893, et les dépenses, à 22.650.591 fr. 16, en diminution de 625.425 fr. 09 sur 1893, soit une économie nette de 463.264 fr. 13.

La proportionnalité des dépenses est indiquée comme suit : Impôts, octrois, contributions, 3.015.932 fr. 94, ou 12.31 0/0 ; frais généraux et frais d'emprunts, 1.290.188 fr. 64, ou 5.27 0/0; matières premières, chevaux, fourrages, charbons, bois et fer, 8.908.862 fr. 71, ou 36,36 0/0 : appointements et salaires, 9.435.606 fr. 87, ou 38.51 0/0 ; amortissements divers, 164.429 fr. 09, ou 0 67 0/0; rémunération du capital, 1.685.300 fr. ou 6.88 0/0.

La moyenne payée par les cochers des voitures de place de la Compagnie a été, par journée, de 16 fr. 20 en 1891, de 15 fr. 97 en 1892, de 15 fr. 43 en 1893, de 15 fr. 69 en 1894, soit, en 1894, de 0 fr. 51 inférieure à celle de 1891. Il y a, d'autre part, amélioration de 0 fr. 43 par jour pour le revenu de chaque voiture pour l'ensemble de toutes les voitures.

Tous prélèvements statutaires effectués, le solde bénéfice, à reporter à l'exercice 1895, est de 1.148 fr. 54.

Les rapports, bilans, comptes et répartitions, ont été approuvés à l'unanimité par l'assemblée générale, qui a réélu administrateurs MM. Delessert, de Kergorlay, de Kermaingant, et nommé commissaires pour la vérification des comptes de 1895, MM. Daudré, Dukas et de Traz.

COMPAGNIE GÉNÉRALE DES VOITURES

POUR LE SERVICE DES CHEMINS DE FER

Constitution. — Société annonyme, constituée le 30 septembre 1892.

Objet d'après les statuts. — La Société a pour objet :

1° L'exploitation dans Paris de tous services d'omnibus et voitures pour voyageurs, ainsi que tous les services de messageries pour le factage des marchandises, en provenance ou à destination des gares et chemins de fer et spécialement de la gare du Nord ;

2° Toutes autres entreprises de transports de voyageurs ou de marchandises et toutes acquisitions d'établissements se rattachant à l'industrie dont il s'agit ou pouvant en faciliter l'extension et le développement ;

3° L'acquisition ou la prise à loyer de tous immeubles construits ou non, de chevaux et de tous biens mobiliers, nécessaires à cette industrie ;

4° L'édification sur les immeubles de toutes constructions ou la restauration de celles existantes et leur appropriation aux besoins de l'exploitation ;

5° Et la participation directe ou indirecte de la Société dans toutes opérations commerciales ou industrielles pouvant se rattacher à un des objets précités, par voie de création de Sociétés nouvelles, d'apport, de fusion ou autrement.

Siège social. — A Paris, place de Valois, 6.

Durée. — La durée de la Société, constituée le 30 septembre 1882, expirera le 31 décembre 1909.

Capital social. — Le capital social a été fixé, à l'origine, à 3 millions de francs, divisé en 6.000 actions de 500 francs, sur lesquelles : 4.000 ont été attribuées, entièrement libérées, à M. G. Moreau-Chaslon, fondateur, en représentation d'apports énumérés aux statuts ; les 2.000 actions de surplus ont été souscrites en espèces et au pair.

Le capital a été successivement réduit : 1° Par décision de l'assemblée générale du 28 juin 1886, de 3 millions à 2.400.000 francs, divisés en 4.800 actions de 500 francs, au moyen du remboursement aux actionnaires d'une somme de 600.000 francs, à raison de 500 fr. par chaque quantité de 5 actions ; 2° Et par décision de l'assemblée générale du 19 juillet 1892, de 2.400.000 francs à 480.000 francs, divisés en 960 actions de 500 francs, au moyen de l'échange de cinq actions contre une. Enfin par décision des assemblées générales des 19 juillet, 19 novembre et 10 décembre 1892, il a été élevé de 480.000 francs à 800.000 francs, au moyen de la création de 640 actions de 500 francs, souscrites en espèces et au pair.

Le capital actuel est donc de 800.000 francs, divisé en 1.600 actions de 500 francs, émises au pair, entièrement libérées et au porteur.

Conseil d'administration. — De trois à sept membres, nommés pour six ans, propriétaires de 50 actions, inaliénables pendant la durée de leurs fonctions.

Les administrateurs actuels sont : MM. Lavalard, président; J. Lestiboudois, vice-président ; Ch. Jolibois, administrateur-délégué ; Ch. Berthier, Ph. Weiss.

Assemblée générale. — Avant la fin d'avril. Composée des propriétaires de cinq actions au moins, les ayant déposées cinq jours avant la date de la réunion. Autant de voix que de fois cinq actions. On ne peut avoir plus de vingt voix.

Répartition des bénéfices d'après les statuts. — Sur les bénéfices nets de toutes charges, il est d'abord prélevé :

1° 5 0/0 pour constituer une réserve légale, jusqu'à ce qu'elle atteigne une réserve égale au capital social ;

2° Une somme suffisante pour payer aux actionnaires 6 0/0 du capital des actions.

Le solde est réparti : 20 0/0 au Conseil d'administration et le surplus aux actionnaires.

Dididendes distribués. — Rien de 1882 à 1885 ; 25 francs en 1886; rien en 1887; 25 francs en 1888; 15 francs en 1889 et 1890 ; rien en 1891 ; 25 francs en 1892.

VOITURES L'URBAINE

Constitution. — Société anonyme, constituée le 13 décembre 1878, sous la dénomination de Compagnie parisienne des petites voitures et messageries, devenue, en 1880, Compagnie parisienne des Voitures l'Urbaine.

Objet d'après les statuts. — La Société a pour objet :

1° L'exploitation sous toutes ses formes, à Paris et dans la banlieue, de l'industrie de loueur de voitures de place, remises et autres ;

2° L'exploitation, si la Société le juge utile, partout ou besoin sera, de tout ce qui se rattache à l'industrie des transports;

3° La création soit par achat, soit par tout autre procédé, du matériel mort ou vif pouvant servir aux industries de loueur de voitures et d'entrepreneurs de transports;

4° L'achat de tous fonds industriels ou commerciaux se rattachant à l'objet de la Société ;

5° L'achat et la location avec ou sans promesse de vente de tous immeubles bâtis ou non bâtis, jugés utiles à l'exercice desdites industries; leur mise en valeur par l'édification de constructions et leur revente ;

6° La participation directe ou indirecte dans toutes opérations commerciales et industrielles pouvant se rattacher à un des objets précités;

7° Les locations et fermages de toutes branches d'exploitation appartenant à la Société.

Siège social. — A Paris, rue Taitbout, 59 et 61.

Durée. — Du 13 décembre 1878 au 31 décembre 1938.

Capital social. — Le capital a été fixé à l'origine à 5 millions de francs, divisé en 10.000 actions de 500 francs, dont 2.400 ont été souscrites en espèces et au pair, et 7.600 ont été attribuées, entièrement libérées, à MM. Borde des Forest et Samuel, fondateurs, en représentation de l'apport, notamment du fonds de commerce de loueur de voitures exploité sous le nom de Compagnie l'Urbaine par la Société Gustave Camille et Cie, d'un immeuble situé à Paris, boulevard de la Villette et rue de la Butte-Chaumont, et d'un terrain sis à Paris, rue Piat.

En vertu des décisions des Assemblées générales des 30 décembre 1878 et 11 janvier 1879, le capital social a été élevé à 12 millions, par la création de 14.000 actions nouvelles de 500 francs dont : 1° 6.400 ont été attribuées, entièrement libérées, savoir : 4.000 à la Compagnie des messageries parisiennes en représentation de l'apport de tout son actif, et 2.400 à M. Foucaud en représentation de l'apport de sept fonds de meneurs de bestiaux ; 2° Et 7.600 ont été souscrites en espèces et au pair. Ensemble 24.000 actions de 500 francs, entièrement libérées et au porteur, sur lesquelles 13.400 ont été offerte au public, en février 1879, par M. de Lamonta, au prix de 517 francs 50.

Enfin, par décisions des Assemblées générales des 27 janvier, 22 février et 7 mars 1882, le capital social a été porté à 18 millions par la création de 12.000 actions nouvelles de 500 francs, souscrites en espèces et au pair. Ces mêmes actions ont été ensuite offertes au public, par M. de Lamonta, au prix de 530 francs, en avril 1882.

Au total : 36.000 actions de 500 francs libérées et au porteur.

Par décision de l'Assemblée générale du 15 mars 1892, le capital social a été réduit de 18 millions à 10.800.000 francs au moyen de l'échange des 36.000 actions de 500 francs, entièrement libérées, contre 18.000 actions nouvelles de 600 francs également libérées, à raison de deux actions anciennes de 500 francs contre une action nouvelle de 600 francs.

Le capital social est donc actuellement de 10.800.000 francs, divisé en 18.000 actions de 600 francs, entièrement libérées et au porteur.

Les intérêts et dividendes sont payables aux époques fixées par le Conseil d'administration.

Conseil d'administration. — De trois à six membres, nommés pour six ans au plus, devant être propriétaires chacun de 30 actions inaliénables pendant la durée de leurs fonctions.

MM. de Lamonta, président ; Bellier, administrateur-délégué ; P. Demarteau.

Assemblée générale. — Dans le courant du semestre qui suit la clôture de l'exercice social, composée de tous les propriétaires de cinq actions au moins, qui les ont déposées cinq jours avant la date de la réunion. Cinq actions donnent droit à une voix, sans qu'aucun actionnaire puisse avoir plus de 300 voix, tant en son nom personnel que comme mandataire.

Répartition des bénéfices d'après les statuts. — Sur les bénéfices annuels nets de toutes les charges, il est prélevé :

1° 5 0/0 affectés au fonds de la réserve légale, ce prélèvement pouvant être diminué ou suspendu lorsque cette réserve aura atteint la moitié du capital social ;

2° Une somme suffisante pour servir aux actions 20 francs par action non remboursée.

Le surplus est réparti comme suit :
15 0/0 au Conseil d'administration ;
Et 85 0/0 aux actionnaires, à titre de dividende.

Obligations 5 0/0. — Conformément aux pouvoirs conférés par l'article 17 des statuts, cette Société a émis 36.000 obligations de 500 fr. 5 0/0, entièrement libérées et au porteur, remboursables au pair par tirages au sort semestriels ayant lieu en mars (remboursement le 1er octobre suivant) et en septembre (remboursement le 1er avril suivant).

Intérêt annuel : 25 fr., payable par moitié les 1er avril et 1er octobre de chaque année.

Elles comportent trois émissions.

1° *1re Emission* autorisée par délibération du Conseil d'administration du 17 septembre 1880, de 25.000 obligations émises à 475 francs, par M. de Lamonta, en octobre 1880, remboursables en 58 ans, du 1er mars 1881 au 1er septembre 1938.

2° *2e Emission* créée par délibération du Conseil d'administration du 22 octobre 1888, de 7.500 obligations émises à 370 francs, en 1888 ; remboursables en 50 ans, du 1er mars 1889 au 1er septembre 1938.

3° *3e Emission* autorisée par délibération du Conseil d'administration du 28 juin 1891, de 3.500 obligations émises à 370 francs, en 1891, remboursables en 47 ans, du 1er mars 1892 au 1er septembre 1938.

Dividendes distribués. — 6 0/0 par an de 1879 à 1881 ; 15 francs en 1882 ; rien de 1883 à 1893.

Cours des titres. — Les voici depuis 1882, pour les actions :

1882	265 316		1888	124 003
1883	82 877		1889	161 580
1884	47 926		1890	110 161
1885	28 021		1891	122 423
1886	73 135		1892	108 086
1887	92 375		1893	92 740

Et pour les obligations :

1889	374 071		1892	349 713
1890	385 188		1893	286 440
1891	403 155			

OMNIBUS DE PARIS

Constitution. — Société anonyme, constituée le 19 février 1855, sous le nom d'Entreprise générale des Omnibus, et connue sous le nom de : Compagnie générale des Omnibus.

Objet d'après les statuts. — La Société a pour objet l'exploitation :

1° De toutes les voitures de transport en commun dans Paris, dites omnibus, conformément à l'acte de concession du 7 juin 1854 et au nouveau traité fait avec la Ville de Paris, en 1860, modifié ensuite ;

2° De tous les services en commun, accessoires ou de banlieue, qui se rattacheraient au service municipal;

3° Et de tous autres modes de transport en commun, et notamment de tous services d'omnibus sur voie ferrée, ainsi que tous autres qui seraient exigés par M. le Préfet de la Seine, en vertu des articles 6 et 8 du cahier des charges de la concession de 1854 et de l'article 6 du traité de 1860.

Siège social. — A Paris, rue Saint-Honoré, 155.

Durée. — La durée est la même que celle de la concession consentie par le traité de 1860 avec la Ville de Paris, c'est-à-dire qu'elle expirera le 31 mai 1910.

Capital social. — Divisé en 34.000 actions de 500 francs, au porteur, entièrement libérées, émises au pair, savoir :

24.000, souscrites lors de la constitution de la Société, par l'acte du 19 février 1855; 6.000, émises en vertu de la délibération de l'assemblée générale du 14 mai 1856; et 4.000, émises en vertu de la délibération de l'assemblée générale du 31 mars 1858.

Les intérêts et dividendes se payent les 1er janvier (acompte) et 1er juillet (solde).

Conseil d'administration. — De douze membres, nommés pour six ans et renouvelables par sixième chaque année, devant être propriétaires chacun de 100 actions inaliénables pendant la durée de leurs fonctions.

Comité de direction, de cinq membres, nommés par le Conseil.

Les administrateurs actuels sont :

MM. Boulanger, président; Camescasse, vice-président; Eug. Pereire, Ch. Berthier, Lavalard, M. Kann, L. Dailly, de la Brunière, Gustave Bisson, A. Treilhard, Delaperrière, Douin.

Secrétaire général. — M. Ch. Grattery.

Assemblée générale. — En mars, composée des porteurs de six actions, qui les auront déposées dix jours avant l'époque fixée pour la réunion. Six actions donnent droit à une voix, sans que personne puisse avoir plus de dix voix, tant en son nom que comme mandataire.

Répartition des bénéfices d'après les statuts. — Sur les bénéfices nets de toutes les charges, il est prélevé annuellement :

1° Une retenue qui ne pourra être inférieure 5 0/0 pour former un fonds de réserve; ce prélèvement sera suspendu lorsque ce fonds atteindra 4 millions;

2° Une retenue suffisante pour amortir et rembourser des obligations d'abord, et ensuite des actions en nombre suffisant pour que la totalité des unes et des autres soit complètement amortie avant l'expiration de la concession.

Sur le surplus des bénéfices, il sera prélevé une somme suffisante pour servir aux actions non amorties un premier dividende de 5 0/0, et ce n'est qu'après ce prélèvement que tout le surplus des bénéfices sera réparti entre toutes les actions amorties et non amorties.

Si le dividende à répartir entre les actions excède 8 0/0 de la valeur de ces actions, capitalisées à 875 francs, soit 70 francs, cet excédent sera partagé par moitié entre la Ville de Paris et la Société (article 3 du traité de 1860).

L'amortissement des actions se fait du 1er janvier 1857 au 1er janvier 1910, conformément au tableau annexé aux statuts, au moyen de tirages au sort annuels ayant lieu ordinairement en décembre.

Les actions désignées par le sort sont remboursées à 500 francs, le 1er janvier suivant, et remplacées par des actions de jouissance.

Obligations 4 0/0. — Ces titres comprennent :

149.549 obligations de 500 francs 4 0/0, libérées et au porteur, remboursables au pair par tirages au sort annuels, en décembre, pour le remboursement des titres sortis s'effectuer le 1er janvier suivant. Intérêt annuel : 20 fr., payables par moitié les 1er janvier et 1er juillet.

Ces obligations comportent deux séries :

1° Les obligations de la *première série*, émises à 475 francs en décembre 1881, avaient été autorisées jusqu'au nombre de 37.700 par décisions des Assemblées générales des 31 mars 1879 et 28 mars 1881. Elles ont été réduites à 20.051 par décision de l'Assemblée générale du 29 mars 1884 (les 17.649 obligations formant la différence entre 37.700 et 20.051 n'ont pas été émises et ont été détruites). Ces 20.051 obligations étaient primitivement remboursables au pair, par tirages au sort annuels, en soixante ans, de 1882 à 1941. L'Assemblée générale du 29 mars 1889 a décidé que le tableau d'amortissement imprimé au dos des titres serait modifié de manière à faire coïncider le terme de l'amortissement avec la fin de la concession, en 1910. En conséquence, un nouveau tableau d'amortissement, dressé pour 19.642 obligations restant alors en circulation, et pouvant être numérotées de 1 à 20.051, a été collé au verso des titres à la place qu'occupait l'ancien tableau.

2° *Deuxième série* de 129.498 obligations, autorisées par décision de l'Assemblée générale du 31 mars 1891, destinées à la conversion ou au remboursement des obligations 5 0/0, lors en circulation (au nombre de 129.248), remboursables de 1892 à 1910, émises à 492 fr. 50 le 20 juin 1891. — Les souscriptions ont été reçues soit en espèces, soit, avec préférence, en obligations 5 0/0. Les porteurs d'obligations 5 0/0 ont eu le droit d'échanger leurs titres contre des obligations 4 0/0 et ont reçu, en outre 1° le montant du coupon du 1er juillet 1891 (12 fr. 50) ; 2° et une soulte en espèces de 6 fr. 84, représentant la différence entre le taux d'émission des obligations 4 0/0 et celui du remboursement des obligations 5 0/0. Celles des obligations 5 0/0 qui n'ont pas été présentées à la conversion ont été appelées au remboursement à partir du 1er juillet 1891, date à partir de laquelle elles ont cessé de produire intérêt.

3° *Troisième série* de 10.000 obligations, autorisées par délibération de l'Assemblée générale du 30 mars 1892 ; remboursables de 1895 à 1910. Emises à divers cours, en décembre 1893 :

Dividendes distribués. — Les voici depuis 1880 :

1880.	30 »		1887.	55 »
1881.	70 75		1888.	55 »
1882.	70 »		1889.	65 »
1883.	55 »		1890.	55 »
1884.	55 »		1891.	45 »
1885.	55 »		1892.	40 »
1886.	55 »			

Cours des titres. — Nous les donnons depuis 1882 :

1882.	1.565 126	906 534	463 226
1883.	1.296 881	769 893	439 353
1884.	1.210 212	655 437	429 803
1885.	1.110 130	568 520	450 712
1886.	1.090 248	581 902	473 304
1887.	1.148 339	618 263	476 178
1888.	1.148 068	613 957	484 126
1889.	1.258 570	659 204	488 926
1890.	1.208 891	660 366	507 139
1891.	1.125 784	567 542	507 573
1892.	1.041 985	460 445	510 951
1893.	1.040 327	417 823	512 918

Résultat du dernier exercice (1894-95.) — Pendant l'année 1894, la Compagnie a transporté 227.868.392 voyageurs, au lieu de 226.139.613 en 1893.

Voici le tableau comparatif résumant les recettes des deux dernières années :

RECETTES

	1894	1893
Omnibus	23.583.148 60	23.582.404 30
Tramways	15.664.823 60	15.338.285 65
Services rabatteurs	99.556 75	118.692 90
Fumiers et affichage	630.117 76	551.599 80
Locations	173.653 45	222.748 15
Loyers	286.186 49	278.131 23
Recettes diverses	163.409 69	139.218 57
Redevance kilométrique et échange de correspondances	353.934 80	310.559 08
Indemnités	100.000 »	»
Intérêts des fonds placés	34.126 43	62.430 08
Service Versailles	12.082 72	11.662 63
Recettes d'ordre	2.954.474 88	2.871.646 36
Voies ferrées (Loubat)	2.095.841 09	1.970.980 18
Total des recettes	46.151.354 96	45.458.358 93

Divers chapitres de ce tableau nécessitent quelques explications.

La redevance kilométrique et échange de correspondances représente les sommes que la Compagnie des Omnibus reçoit des Tramways Nord et Sud.

L'indemnité de 100.000 francs, qui figure pour la première fois aux comptes de 1894, est la somme payée à la Compagnie générale par les deux entreprises qui font le service d'omnibus de la gare Saint-Lazare.

Le service du capital engagé à Versailles est, en vertu des traités passés, à la charge de cette ville.

Quant aux voies ferrées (Loubat), dont les comptes sont mis à part, elles comprennent les trois lignes : Louvre-Saint-Cloud, Louvre-Sèvres, Louvre-Vincennes.

Voici maintenant le relevé des dépenses, pour les deux derniers exercices :

DÉPENSES

	1894	1893
Administration centrale	2.488.516 12	2.614.802 70
Personnel des lignes	6.807.582 58	6.642.688 21
Voies et stations	1.953.945 91	1.658.275 85
Matériel roulant	3.168.537 05	3.190.367 49
Loyers des dépôts	4.076.847 89	4.026.553 65
Personnel —	3.163.510 70	3.068.573 53
Chevaux-nourriture	11.257.009 28	11.217.577 64
Chevaux-renouvellement	2.832.710 61	2.390.455 06
Chevaux-ferrage	517.768 17	544.577 25
— au labour	352.768 84	235.132 16
Mobilier	153.265 43	131.689 23
Redevance	1.761.954 17	1.750.057 81
Divers	1.601.090 58	1.480.195 90
Voies-Loubat	1.737.610 »	1.918.210 65
Total des dépenses	41.873.117 28	40.869.157 13

Des tableaux qui précèdent, il semble résulter que le bénéfice de la Compagnie aurait été de 4.589.291 fr. 80 en 1893 et de 4.278.237 fr. 68 en 1894. Mais il n'en est pas ainsi, car la charge d'amortissement des obligations ne figure pas dans les comptes de dépenses.

Pour 1894, cette charge n'a pas été inférieure à 3.151.374 58; de telle sorte que le bénéfice net de l'exercice ressortait seulement à 1.126.863.10. En y ajoutant 10.535 fr. 65, reliquat reporté de 1893, le solde disponible était de 1.137.398 fr. 75, somme que le Conseil a grossie de 545.000 francs, en faisant emploi de la réserve pour réfection des voies, qui disparaît ainsi du bilan. Grâce à ce moyen, les disponibilités à répartir se sont élevées à 1.682.398 fr. 75, dont l'assemblée générale du 29 mars a disposé comme suit :

Réserve	243.742 68
Amortissement des actions	436.500 »
Intérêt de 25 fr., actions de capital	516.525 »
Dividende de 15 fr. à toutes les actions	510.000 »
Report à nouveau	5.631 07
	1.682.398 75

OMNIBUS ET TRAMWAYS DE LYON

Constitution. — Société anonyme, constituée le 1er juillet 1879.

Objet d'après les statuts. — La Société a pour objet :

1° La création et l'exploitation de toutes entreprises pour le transport des marchandises et des voyageurs dans la ville de Lyon et le département du Rhône;

2° L'exploitation, par tous modes quelconques de tractions, et tous services d'omnibus et de tramways, ainsi que la construction des voies, machines, voitures et installations de toutes sortes, en vue de cette exploitation.

Concessions. — Rétrocession de la concession donnée par l'Etat à la ville de Lyon, par décret d'utilité publique du 17 mai 1879.

Siège social. — Lyon, 6, place de la Charité.

Durée. — 70 ans, depuis la constitution.

Capital social. — A l'origine, 4 millions de francs, divisés en 8.000 actions, nominatives ou au porteur, de 500 francs chacune, entièrement libérées. Porté à 5 millions de francs, par l'émission de 2.000 actions nouvelles, suivant délibération de l'Assemblée générale du 25 juin 1881. Représenté par 10.000 actions de 500 francs chacune, entièrement libérées et au porteur.

Conseil d'administration. — Composé de neuf à douze membres, nommés pour six ans, renouvelables par sixième chaque année, et devant être propriétaires de cinquante actions chacun.

Administrateurs : MM. Jules Cambefort, président; comte de Résie, vice-président ; Charles Berthier, Henri Hubert, comte Delamarre, Charles Wallut, Charles Babin, Marie-Adrien Meaudre, Alfred Musnier, Charles Saint-Olive.

Assemblée générale. — Avant fin mai, composée de tous les actionnaires propriétaires de cinq actions au moins, qui les auront déposées cinq jours avant l'Assemblée. Chaque membre a autant de voix qu'il possède de fois cinq actions.

Répartition des bénéfices d'après les statuts. — Sur les bénéfices, il est prélevé :

1° 5 0/0 pour former un fonds de réserve, ce prélèvement cessant d'être obligatoire lorsque la réserve atteindra le dixième du capital social ;

2° Une somme destinée à la formation d'un fonds d'amortissement du capital social ;

3° Somme suffisante pour assurer aux actionnaires une première répartition, jusqu'à concurrence de 5 0/0 du capital versé.

En cas d'insuffisance des produits d'une année pour servir 5 0/0, la différence pourra être prélevée sur le fonds de réserve, quand il excédera 400.000 francs.

Le surplus des bénéfices est réparti ainsi qu'il suit :

10 0/0 au Conseil d'administration ;

90 0/0 aux actionnaires.

Obligations 4 0/0. — La Société a émis, à des dates diverses, un chiffre total de 24.246 obligations de 300 francs 5 0/0, sur lesquelles 2.695 étaient amorties au 12 septembre 1892.

L'Assemblée générale du 29 octobre 1892 a décidé la conversion des obligations restant en circulation, en obligations 300 francs 4 0/0.

Ces obligations, au nombre de 22.262, ont été émises le 29 novembre 1892, à 287 fr. 50.

Elles sont remboursables en 28 ans, par voie de tirages au sort annuels, ayant lieu en septembre, à partir de septembre 1893 ; le remboursement des titres sortis a lieu le 1er octobre suivant.

Intérêt annuel, 12 francs, payables par semestre, les 1er avril et 1er octobre.

Résultats du dernier exercice (1894-95). — L'Assemblée des actionnaires de cette Compagnie a été tenue, le 6 avril 1895, sous la présidence de M. Jules Cambefort.

Après avoir entendu la lecture des rapports habituels, ils ont approuvé les comptes de l'exercice 1894, tels qu'ils leurs étaient présentés et fixé le dividende y afférent à 32 fr. 50 par action, contre 27 fr. 50 pour l'exercice précédent.

M. Ulysse Pila a été nommé administrateur en remplacement de M. Delamarre, démissionnaire.

Les membres du Conseil sortants, MM. Babin et Saint-Olive, ont été réélus, ainsi que le commissaire des comptes, M. d'Aubarède fils.

COMPAGNIE GÉNÉRALE FRANÇAISE DE TRAMWAYS

Constitution. — Société anonyme, constituée le 17 décembre 1875.

Objet d'après les statuts. — Obtention, établissement et exploitation de lignes de tramways.

La Société peut aussi prendre ou donner des tramways à bail, en acquérir ou en céder, fusionner une ou plusieurs de ses exploitations avec les exploitations d'autres Compagnies; entreprendre l'exploitation de voitures pour le transport en commun sur les routes ordinaires et servant d'affluents aux tramways; et généralement toute opération ayant rapport aux voies de communications dans l'intérieur des villes et se rattachant à l'exploitation de tramways; acquérir et exploiter tous brevets se rapportant à l'industrie des tramways.

Concessions. — Il a été fait apport à la Société, par la Banque française et italienne et par M. de la Hault, des concessions suivantes :

1° *Tramways du Havre*, concédés à la ville du Havre par décret du 4 octobre 1873, rétrocédés à la Banque française et italienne, par délibération du Conseil municipal du 3 novembre 1873, approuvée par décret du 16 novembre 1874;

2° *Tramway de Nancy*, concédés à M. de la Hault, par décret du 23 mars 1874;

3° *Tramways de Marseille*, concédés par décret du 19 septembre 1874, rétrocédés anticipativement à la Banque française et italienne et à M. de la Hault, par délibération du Conseil municipal du 19 décembre 1873, approuvée par décret du 7 décembre 1874.

La Compagnie exploite en outre :

4° Les tramways d'Orléans;

5° Les tramways de Tours.

Siège social. — A Paris, rue de la Chaussée-d'Antin, 60.

Durée. — Du jour de la constitution définitive, soit du 17 décembre 1875 jusqu'au 31 décembre 1935. Cette durée a été prorogée jusqu'au 31 décembre 1990, par décision de l'assemblée générale du 6 avril 1890.

Capital social. — 10.200.000 francs, divisés en 20.400 actions de 500 francs au porteur, entièrement libérées, sur lesquelles 5,628 actions ont été attribuées à la Banque française et italienne et 14.772 aux fondateurs.

Les intérêts et dividendes sont payables les 1er janvier et 1er juillet.

Conseil d'administration. — De cinq à onze membres, propriétaires chacun de 50 actions inaliénables pendant la durée de leurs fonctions. Les administrateurs actuels sont :

MM. Breittmayer, *président ;* Humbert, *directeur général ;* baron de Berwich, B. Hochon, A. Rohlfs de Sussex, Dugué de la Fauconnerie, A. Allain-Launay, Emile Clerc, G. de Saint-Quentin, Moyse Dreyfus, L. Castermans.

Le conseil choisit dans son sein un comité permanent de trois membres dont il détermine les attributions. Il nomme le directeur général chargé de l'exploitation.

Assemblée générale. — Avant la fin d'avril, composée des propriétaires d'au moins 25 actions, qui les ont déposées huit jours au moins avant la date de la réunion. Chaque actionnaire a autant de voix qu'il possède de fois 25 actions, sans que le même actionnaire puisse avoir plus de dix voix en son nom personnel, et plus de dix comme mandataire.

Répartition des bénéfices d'après les statuts. — Sur les bénéfices nets, il est prélevé :

Un vingtième affecté à la formation d'un fonds de réserve, jusqu'à ce qu'il ait atteint le dixième du capital social.

Il pourra, en outre, être fait toute autre réserve de prévoyance et d'amortissement.

Le restant sera réparti :

10 0/0 au conseil d'administration.

90 0/0 aux actionnaires.

Obligations 5 0/0. — Ces titres comprennent 43.000 obligations de 500 francs 5 0/0, libérées et au porteur, remboursables à 500 francs, par tirages au sort semestriels, ayant lieu les 15 juin et 15 décembre, pour le remboursement des titres sortis s'effectuer les 1er juillet et 1er janvier suivant chaque tirage. Intérêt annuel : 25 francs, payable par trimestre, les 1er janvier, 1er avril, 1er juillet et 1er octobre de chaque année.

Ces obligations comportent :

1° Une première série de 23.000 obligations, remboursables du 1er janvier 1882 au 1er janvier 1930, dont la création a été autorisée par délibération de l'assemblée générale du 20 novembre 1880, et sur lesquelles une première émission a été faite en souscription publique, réservée de préférence aux actionnaires, en décembre 1880, par la Banque de dépôts et d'amortissement, au taux de 485 francs, émission réalisée jusqu'à concurrence de 3 642 obligations. D'autres obligations ont été émises, à diverses époques et à divers cours, en vertu de l'autorisation conférée par les assemblées générales des 29 mai 1886 et 25 avril 1888 : les 13.490 obligations, formant le solde de cette série de 23.000 obligations, ont été employées, jusqu'à due concurrence, à la conversion ou au remboursement dont il sera parlé ci-après des obligations 6 0/0, décidée par l'assemblée générale du 26 avril 1890.

2° Une deuxième série de 8.000 obligations, remboursables du 1er janvier 1891 au 1er janvier 1930, créées par délibération de l'assemblée générale du 26 avril 1890, et employée, avec les 13.490 obligations susénoncées, à la conversion ou au remboursement des obligations 6 0/0.

3° Et une troisième série de 12.000 obligations, remboursables du 1er janvier 1892 au 1er janvier 1942, créées en vertu de la délibération des assemblées générales des 18 mai 1889 et 6 avril 1891, conformément à l'autorisation ministérielle du 19 février 1891, destinées à compléter et développer le nouveau réseau de Marseille, concédé à la Société par un décret du 26 août 1890, émises à 490 francs, Ces 12.000 obligations, numéros 31.001 à 43.000, *sont inscrites à la cote officielle sous une rubrique spéciale* et distincte de celle affectée aux obligations numéros 1 à 31.000.

Dividendes distribués. — Rien de 1876 à 1879 ; 10 francs en 1880 ; 12 fr. 50 en 1881 ; 13 francs en 1882 ; 14 francs en 1883 ; 10 francs par an de 1884 à 1889 ; 12 francs en 1890 et 1891, et 10 francs en 1892.

Cours des titres. — Les voici pour ces dernières années :

	ACTIONS	OBLIGATIONS 5 0/0	OBLIGATIONS 5 0/0 n°s 31.001 à 43.000
1891	279 488	503 744	497 145
1892	263 686	495 024	487 058
1893	270 238	508 007	507 083

Résultats du dernier exercice (1894-95). — L'assemblée annuelle des actionnaires de la Compagnie générale française de Tramways a eu lieu le 29 avril 1895, sous la présidence de M. Jules Rostand, président du conseil d'administration.

Voici le texte des résolutions, qui toutes ont été votées sans discussion et à l'unanimité :

1° L'assemblée générale, après avoir entendu la lecture des rapports du conseil d'administration et des commissaires, déclare approuver dans toutes leurs parties le rapport du conseil d'administration et les comptes de l'exercice 1894 ;

Décide que le solde bénéficiaire de l'exercice, de 166.293 fr. 20, sera reporté au crédit du compte général d'amortissement, et y sera affecté en son entier;

Et, comme conséquence, approuve les amortissements proposés par le conseil d'administration et le bilan, tel qu'il est arrêté définitivement au 31 décembre 1894.

2° L'assemblée donne, en tant que de besoin et conformément aux termes de la loi de 1867, l'autorisation à ceux des administrateurs qui font partie de différentes Sociétés ayant des rapports d'affaires avec la Compagnie générale française de Tramways, de conclure des affaires avec la Compagnie.

Le conseil d'administration a renoncé au 10 0/0 que les statuts lui attribuent sur les bénéfices.

Le président, M. Rostand, a exposé à l'assemblée que l'exercice de 1894 avait été un exercice de transformation financière et technique de la Société, que non seulement il a fallu reconstituer le capital, mais pratiquer de larges amortissements dans le matériel et la cavalerie, apurer enfin le bilan des engagements pris au moment des embarras financiers de la Compagnie. Le compte de profits et pertes a eu ainsi à supporter une charge de 95.541 francs, représentant les intérêts dûs sur les avances en compte courant que la Société avait dû se faire faire antérieurement. Sans cette charge exceptionnelle, les bénéfices se fussent élevés à 261.834 francs.

Le président s'est étendu également sur la nécessité de substituer partout la traction mécanique à la traction animale. Cette réforme a été faite l'année dernière au Havre, et les résultats qu'elle a déjà donnés sont absolument concluants en faveur de la traction mécanique.

Voici le compte de profits et pertes pour 1894 :

PRODUITS

Recettes d'exploitations.	Fr.	6.932.711 76
Produits divers.	»	5.270 47
Total des produits.	Fr.	6.937.982 23

DÉPENSES

Intérêts des obligations.	Fr.	995.962 50
Amortissement des obligations.	»	174.000 »
Change, intérêts et commissions.	»	50.763 39
Intérêts d'emprunt non intercalaires.	»	95.541 56
Timbre.	»	18.072 55
Frais généraux.	»	123.989 71
Dépenses d'exploitation.	»	5.313.359 31
	Fr.	6.771.689 03
Bénéfices.	Fr.	166.293 20

COMPAGNIE GÉNÉRALE PARISIENNE DE TRAMWAYS

Constitution. — Société anonyme, constituée le 27 mai 1880, sous le titre de « Compagnie d'exploitation de Tramways. »

Objets d'après les statuts. — La Société a pour objet :

1° L'exécution et l'exploitation, dans Paris et dans les départements, de toutes voies ferrées à traction de chevaux ou tramways, et à traction à l'aide de la vapeur, de l'électricité ou par tous autres moyens, dont les concessions lui seraient accordées, adjugées ou apportées, ou dont la Société traiterait par voie de fermage ou sous toute autre forme, et notamment l'exploitation du réseau sud des tramways du département de la Seine, la négociation et la conclusion de tous traités à intervenir à cette occasion, leur résiliation, leur cession.

2° Le transport des personnes par omnibus ou autres voitures publiques ou privées, roulant sur chaussées ou par bateaux ;

3° Le transport des marchandises, colis, objets divers, etc. En un mot, l'exploitation de tous services de factage et messageries ;

4° La préparation, le transport et la distribution de tous écrits, correspondances ou imprimés, tels que journaux, circulaires, prospectus, etc., pour lesquels la Société aurait obtenu les autorisations nécessaires de l'administration supérieure ;

5° La construction, l'achat, la vente et la location de toute espèce de matériel roulant pour tramways;

6° L'acquisition et la location de tous immeubles nécessaires;

7° L'acquisition et l'exploitation de tous brevets et licences pour perfectionnements apportés dans les locomotives et voiture pour tramways

8° Toutes les opérations industrielles, commerciales et financières, qui se rattachent à l'exploitation des entreprises de la Société.

Concession. — La Société est concessionnaire :
En vertu d'un décret du 6 août 1890, du réseau de tramways de l'ancienne *Compagnie des Tramways-Sud de Paris*, qu'elle exploitait à titre provisoire depuis le 1er juin 1887.

Et, en vertu d'un décret du 5 juin 1891, de nouvelles lignes complémentaires.

Siège social. — A Paris, boulevard Montparnasse, 85.

Durée. — Soixante ans, du 27 mai 1880 au 27 mai 1940.

Capital social. — Fixé primitivement à 5.000.000, divisé en 10.000 actions de 500 francs, émises au pair, le capital social a été porté à 8.000.000, par décision des assemblées générales des 24 novembre 1888 et 16 avril 1889, par la création de 6.000 actions de 500 francs, émises au pair.

Au total : 16.000 actions de 500 francs, émises au pair, entièrement libérées et représentées par des certificats nominatifs.

Les dividendes sont payables annuellement, aux époques fixées par le conseil d'administration.

Conseil d'administration. — De cinq à douze membres, nommés pour cinq ans, devant être propriétaires chacun de trente actions inaliénables pendant la durée de leurs fonctions.

Les administrateurs actuels sont : MM. G. Aigoin, président; Van Tromp, vice-président; Duncan, Davidson, Richardson, Delpech, J. Aigoin, Neveu-Derotrie, Deligny, Wylie.

Assemblée générale. — Dans le courant du premier trimestre, composée des propriétaires de dix actions. Chaque membre de l'assemblée a autant de voix qu'il possède de fois dix actions.

Répartition des bénéfices d'après les statuts. — Sur les bénéfices nets de toutes les charges sociales, il est tout d'abord prélevé 5 0/0 pour constituer le fonds de la réserve légale, jusqu'à ce que ce fonds atteigne le dixième du capital social.

Le surplus sera affecté intégralement, sauf décision contraire de l'assemblée générale, à l'amortissement du montant des actions et réparti à ce titre jusqu'à ce que chaque actionnaire ait reçu le remboursement total du montant libéré et non encore amorti de ses titres.

Les actions une fois amorties seront remplacées par des actions de jouissance.

Lorsque les actions auront été complètement amorties, les bénéfices nets, après prélèvement de la réserve légale, seront attribués, à titre de dividende aux actionnaires seuls, jusqu'à concurrence de 5 0/0 du capital.

L'excédent appartiendra, savoir :
10 0/0 au conseil d'administration.
Et 90 0/0 aux actionnaires.

Les actions sont amorties à ce jour, savoir :

Les actions numéros 1 à 10.000, jusqu'à concurrence de 136 fr. 57 par titre.

Et les actions numéros 10.001 à 16.000, jusqu'à concurrence de 112 fr. 3528 par titre.

Les amortissements successifs sont indiqués par une estampille apposée sur les certificats nominatifs.

Obligations 5 0/0. — 6.000 obligations de 500 fr., 5 0/0, libérées et au porteur, représentant un emprunt de 3 millions, autorisé par délibération de l'assemblée générale du 22 juillet 1891.

Emises par le Crédit lyonnais au prix de 490 fr.

Remboursables à 500 francs en dix-huit ans, du 1er septembre 1892 au 1er septembre 1909, par tirages au sort annuels en août, pour le remboursement des titres sortis s'effectuer le 1er septembre suivant.

Intérêt annuel, 25 francs, payables par moitié les 1er mars et 1er septembre de chaque année.

TRAMWAYS DU DÉPARTEMENT DU NORD

Constitution. — Société anonyme, constituée le 30 janvier 1874.

Objet d'après les statuts. — Exploitation des tramways, docks, entrepôts et magasins généraux, opérations commerciales, industrielles et financières, qui se rattachent à l'exploitation d'entreprises de cette nature, dans le département du Nord.

La Société peut céder tout ou partie de son avoir, par voie d'apport ou autrement, se fusionner avec d'autres Sociétés du même genre ou s'y intéresser, soit directement, soit indirectement, pourvu qu'elles aient leur siège et leur champ d'exploitation dans le département.

Concessions. — MM. Philippart et Marsillon ont fait apport à la Société de la concession, de l'établissement et de l'exploitation des tramways de Lille, prononcée pour vingt-cinq ans, au profit de M. Philippart, par convention du 21 octobre 1873, approuvée par décret du 16 décembre suivant.

Siège social. — A Lille, rue Vauban, 2.

Durée. — Cinquante ans, du jour de la constitution définitive, soit du 12 février 1874 au 12 février 1924.

Capital social. — 5.100.000 francs, représenté :

1° Par 200 actions de 500 francs, dites de fondateur, numéros 1 à 200, attribuées à MM. Philippart et Marsillon, en représentation de leurs apports ;

2° Par 10.000 actions ordinaires de 500 francs au porteur, entièrement libérées, émises à 500 francs et remboursables à 1.000 francs, sur lesquelles 9.000 ont ensuite été mises en souscription à 600 francs, par le Crédit général français, les 21 et 22 janvier 1876.

Les intérêts et dividendes sont payables les 1er janvier et 1er juillet.

VOITURES, OMNIBUS ET TRAMWAYS

Conseil d'administration. — De cinq à sept membres, propriétaires chacun de cinquante actions, inaliénables pendant la durée de leurs fonctions.

Les administrateurs actuels sont : MM. Ch. Prevet, président; Em. Clerc, vice-président ; Dujardin-Beaumetz, administrateur-délégué ; Ledoux, Sallandrouze de la Mornaix, F. de Soubeyran.

Assemblée générale. — A la date fixée par le Conseil d'administration, composée de tous les propriétaires d'une action, qui l'ont déposée quinze jours au moins avant la date de la réunion. Tout membre de l'assemblée a une voix par chacune de ses actions.

Répartition des bénéfices d'après les statuts. — Pendant l'exécution des travaux, il sera payé aux actionnaires un intérêt de 6 0/0.
Sur les bénéfices nets, il est prélevé :

1° 5 0/0 pour la constitution d'un fonds de réserve jusqu'à ce qu'il ait atteint le dixième du capital social ;

2° Somme nécessaire pour servir aux actions ordinaires amorties ou non amorties un intérêt ou premier dividende de 6 0/0.

Le surplus est réparti comme suit :

35 0/0 pour la constitution d'un fonds d'amortissement des actions ordinaires ;

40 0/0 pour deuxième dividende à ces mêmes actions.

Le reste sera attribué aux porteurs des actions de fondateur.

L'amortissement des actions ordinaires se fera par rachat à la Bourse lorsque le cours en sera inférieur à 1.000 francs.

Dividendes distribués. — 6 0/0 par an, de 1874 à 1878 ; 8 fr. 50 en 1879 ; 9 francs en 1880 ; rien de 1881 à 1892.

Obligations 5 0/0. — Emprunt de 2 millions, autorisé par décisions des Assemblées générales des 19 janvier 1878 et 22 avril 1880, représenté par 4.600 obligations de 500 francs 5 0/0, émises à 490 francs, par MM. L. Sée fils et Cie, le 21 octobre 1880. Remboursables à 500 francs en vingt-deux ans, du 1er septembre 1882 au 1er septembre 1903, par tirages au sort annuels en août. Remboursement des titres sortis le 1er septembre suivant.

Intérêt annuel : 25 francs, payables par moitié les 1er mars et 1er septembre de chaque année.

Cours des titres. — Les voici pour ces dernières années :

	Actions	Obligations
1888	35 »	442 847
1889	12 03	460 »
1890	26 583	459 25
1891	35 533	413 866
1892	17 757	446 087
1893	19 065	471 199

COMPAGNIE LYONNAISE
DE TRAMWAYS

Constitution. — Société anonyme, constituée le 11 janvier 1888.

Objet d'après les statuts. — La Société a pour objet :
De rechercher la concession de lignes de tramways et chemins de fer; la construction et l'exploitation de ces lignes, tant en France qu'à l'étranger, et spécialement la construction et l'exploitation des lignes suivantes, concédées à la Société :

En exploitation. — 1° Ligne de Lyon, place des Cordeliers, à Bron ;
2° Ligne de Lyon, place des Cordeliers, au cimetière de la Guillotière.

A construire. — 3° Ligne de Perrache à la gare de Genève par le pont du Midi ;
4° Ligne de Lyon, gare des Dombes, à Lyon, place de l'Hippodrome.

Siège social. — Lyon, 1, place des Cordeliers.

Durée. — Trente ans.

Capital social. — 4.000.000 de francs, divisés en 8.000 actions nominatives ou au porteur, de 500 francs chacune, entièrement libérées, sur lesquelles 1.500 ont été attribuées à MM. Blucheau et Muller, qui apportent à la Société, notamment :
Leurs droits dans les demandes déjà faites aux autorités en vue de la concession des lignes ci-dessus; 300 actions libérées de 125 francs de la Société anonyme, créée pour l'exploitation de la ligne de Lyon à Bron, au capital de 200.000 francs, divisé en 400 actions de 500 francs. Ces actions seront transférées à la Société aux frais des apporteurs, qui s'obligent expressément à libérer les 300 actions au fur et à mesure des appels de fonds.
Sur les 1.500 actions attribuées, 350 resteront dans les caisses de la Société, en garantie des engagements pris par les apporteurs.

Conseil d'administration. — Composé de cinq à neuf membres, nommés pour six ans, renouvelables par fraction chaque année et devant être propriétaires de dix actions chacun.
A la suite de la déconfiture de la Banque des Chemins de fer et de l'Industrie, à qui la Société devait sa création, le nombre des administrateurs s'étant trouvé réduit à un, le tribunal de commerce désigna un administrateur judiciaire provisoire, M. Feys.
L'assemblée générale du 31 octobre 1892, convoquée par l'administrateur provisoire, a nommé un nouveau conseil, avec mission de réorganiser la Société, ce qui a été fait dans l'assemblée générale extraordinaire du 12 décembre 1892. Ce conseil se compose de MM. Beetz, Fabre, Bonneval, Lardet et Papleux.

Assemblée générale. — En avril, composée de tous les actionnaires, propriétaires de cinq actions au moins. Chaque membre a autant de voix qu'il possède de fois cinq actions, sans que le nombre de voix puisse dépasser un maximum de cent, comme propriétaire, et vingt-cinq comme mandataire.

Répartition des bénéfices d'après les statuts. — Sur les bénéfices il est prélevé :

1° 5 0/0 pour former un fonds de réserve, ce prélèvement cessant d'être obligatoire lorsque la réserve atteindra le dixième du capital social.

2° Une somme destinée à la formation d'un fonds de réserve extraordinaire.

Le surplus des bénéfices est reparti ainsi qu'il suit :
5 0/0 au Conseil d'administration.
95 0/0 aux actionnaires.

Pendant l'exécution des travaux, et jusqu'à l'achèvement des lignes entreprises, il sera payé aux actionnaires un intérêt de 5 0/0 sur les sommes par eux versées.

Résultats du dernier exercice 1894-95. — Les actionnaires de la Compagnie Lyonnaise de Tramways se sont réunis en assemblée générale, à Lyon, le 27 mars 1895.

Les recettes d'exploitation se sont élevées à.	Fr.	349.884 55
Les intérêts des capitaux disponibles, escomptes, etc., ont produit.	»	16.103 86
Total.	Fr.	365.988 41
Les dépenses d'exploitation et d'administration et les intérêts de la réserve statutaires, montent à.	»	243.723 58
Le bénéfice net est donc de.	Fr.	122.264 83
Il y a lieu d'ajouter à ce bénéfice, le report de l'exercice précédent, soit	»	20.078 79
Formant un total de. . . .	Fr.	142.343 62

L'assemblée a fixé le dividende à 25 francs, et, après le prélèvement de la réserve, le solde à reporter à l'exercice 1895 a été de 37.343 fr. 62.

Les recettes de la nouvelle ligne, gare de Perrache à la gare des Brotteaux, viendront s'ajouter en 1895 aux recettes des autres lignes.

TRAMWAYS DE PARIS A SAINT-GERMAIN

Constitution. — Société anonyme, constituée le 26 juillet 1889.

Objet d'après les statuts. — La Société a pour objet :

1° L'acquisition et l'exploitation de la ligne du tramway à vapeur de Rueil à Marly-le-Roi, ainsi que la construction et l'exploitation des prolongements, l'un de Port-Marly à Saint-Germain-en-Laye et l'autre de Rueil à Courbevoie, avec droit de parcours jusqu'à la place de l'Etoile.

Lesdits tramways, concédés par décrets des 28 août 1874 et 13 juin 1889 pour une durée finissant le 31 décembre 1939, à M. Tarbé des Sablons auquel la Société est substituée en vertu du décret du 18 août 1890 ;

2° La poursuite et l'obtention de concessions de toutes autres lignes desservant Paris et les départements de la Seine et de Seine-et-Oise et les départements voisins ; l'acquisition, la construction et l'exploitation de ces lignes et toutes entreprises de services complémentaires et accessoires se rattachant à l'industrie de la Société.

Siège social. — A Courbevoie (Seine), avenue de la Défense-de-Paris, 42.

Durée. — 50 ans, à compter de la constitution définitive, soit du 26 juillet 1889 au 26 juillet 1939 ;

Capital social. — Le capital social a été fixé à l'origine à 2 millions, et divisé en 4.000 actions de 500 francs, sur lesquelles : 3.600 ont été attribuées, entièrement libérées, à MM. Tarbé des Sablons et Coumont, fondateurs de la Société, en représentation de leurs apports comprenant notamment les concessions des tramways de Rueil à Marly-le-Roy et des prolongements. Les 400 actions de surplus ont été souscrites en espèces et au pair.

Par décision des Assemblées générales des 5 mars et 6 août 1891, le capital social a été élevé de 2 millions à 2.750.000 francs par la création de 1.500 actions nouvelles de 500 francs, qui ont été souscrites en espèces et au pair.

Le capital social est donc de 2.750.000 francs, divisé en 5.500 actions de 500 francs entièrement libérées et au porteur.

Il a été créé en outre 150 *parts de fondateur*, qui ont été attribuées à M. Coumont, l'un des fondateurs, et qui donnent droit à 22 1/2 0/0 des bénéfices après les prélèvements stipulés à l'article 48 des statuts.

Les dividendes sont payables aux époques fixées par le Conseil d'administration.

Conseil d'administration. — De cinq à sept membres renouvelables par tiers tous les deux ans (sauf le premier Conseil nommé pour six ans), et devant être propriétaires chacun de 25 actions inaliénables pendant la durée de leurs fonctions.

Les administrateurs sont : MM. le comte de Petiton-Saint-Mard, président; Ed. Humbert, vice-président; de Mont-Serrat, administrateur délégué; H. Sainte-Claire Deville, Ch. Dupuich.

Assemblée générale. — Dans le premier semestre, composé de tous les actionnaires propriétaires d'au moins dix actions qui les ont déposées cinq jours au moins avant la date de la réunion. Chaque actionnaire a autant de voix qu'il possède ou représente de fois dix actions, sans que personne puisse avoir plus de 20 voix, tant en son nom personnel que comme mandataire.

Répartition des bénéfices d'après les statuts. — Sur les bénéfices nets de toutes les charges, il est prélevé :

1° 5 0/0 pour former le fonds de réserve légale jusqu'à ce que ce fonds atteigne le dixième du capital social ;

2° Une somme suffisante pour servir aux actions non amorties, un premier dividende de 5 0/0 du montant des versements.

Le surplus est distribué comme suit :
10 0/0 au Conseil d'administration ;
30 0/0 pour servir d'amortissement des actions au pair par voie de tirage au sort, ou par rachats, si le cours en est au-dessous du pair ;
60 0/0 à répartir entre les actions à titre de deuxième dividende.

Si les produits d'un exercice social, étaient insuffisants pour faire face au service des intérêts, la somme nécessaire pour parfaire la différence pourrait être prélevée sur le fonds de réserve, lorsque ce fonds de réserve excédera le dixième du capital social.

Sur les bénéfices restant disponibles après les prélèvements nécessaires au service des intérêts et à la constitution des fonds de réserve et d'amortissement, l'Assemblée générale pourra avant toute autre distribution décider le prélèvement d'une somme destinée soit à la création d'un fonds de prévoyance, dont elle déterminera le montant et les applications, soit à être répartie au personnel de la Société.

Les actions désignées par le tirage au sort pour être remboursées au pair, seront remboursées à 500 francs et remplacées par des actions de jouissance.

Cet amortissement n'a pas encore fonctionné.

Dividendes distribués. — Aucune répartition depuis la création.

Cours des titres. — 1891 : 503 fr. 622 ; 1892 : 503 fr. 437 ; 1893 : 200 francs.

TRAMWAYS DE L'INDO-CHINE

Constitution. — Société anonyme française, constituée le 14 février 1890 sous le titre de « Compagnie française de tramways (Indo-Chine) ».

Objet d'après les statuts. — 1° Construction et exploitation d'un tramway de Saïgon à Cholon, concédé à M. Ferret, fondateur, suivant arrêté du gouverneur général de l'Indo-Chine du 27 juillet 1889, ainsi que tous autres tramways et chemins de fer économiques qui pourraient être concédés à la Société dans l'Indo-Chine ; 2° Construction pour le compte de tiers de toutes lignes de chemins de fer et tramways ; 3° Et généralement toutes opérations commerciales, industrielles et financières pouvant s'y rattacher.

Siège social. — A Paris, 10, rue de la Paix.

Durée. — 50 ans depuis la constitution.

Capital social. — Fixé à l'origine à 300.000 francs, divisé en 600 actions de 500 fr. émises au pair, il a été porté à 450.000 fr. en 1893 par la création de 300 actions nouvelles, puis à 600.000 francs par la création de 300 autres actions; ce qui donne actuellement 1.200 actions de 500 francs, émises au pair, et entièrement libérées.

Les intérêts et dividendes sont payables aux époques fixées par le Conseil d'administration.

Conseil d'administration. — De cinq à sept membres nommés pour six ans, devant être propriétaires chacun de dix actions inaliénables pendant la durée de leurs fonctions.

Les administrateurs actuels sont : MM. Remaury, président; Ferret, administrateur-directeur; Wargny, Gerbel, O. Maggiar, Thiebaut.

Assemblée générale. — Dans le courant du premier semestre, composée de tous les actionnaires ayant déposé leurs actions quinze jours au moins avant la date de la réunion. Chaque membre de l'Assemblée a autant de voix qu'il possède de fois cinq actions, sans qu'aucun puisse réunir plus de vingt voix, soit par lui-même, soit comme mandataire.

Répartition des bénéfices d'après les statuts. — Sur les bénéfices nets de toutes les charges, il est prélevé :

1° 5 0/0 pour le fonds de réserve, jusqu'à ce que ce fonds atteigne le dixième du capital social ;

2° Somme suffisante pour assurer l'amortissement du capital social en 25 ans ;

3° Somme suffisante pour fournir aux actions non amorties un intérêt de 5 0/0 du capital versé.

Sur le surplus, il est attribué 50 0/0 au fondateur.
Et le solde est réparti à raison de :
90 0/0 à titre de dividende aux actions amorties et non amorties ;
Et 10 0/0 au Conseil d'administration.

L'amortissement des actions s'opérera chaque année par voie de tirage au sort.

Les actions désignées par le sort seront remboursées du capital versé et seront remplacées par des actions de jouissance.

L'amortissement n'a pas encore fonctionné.

Obligations 5 0/0. — Il y en a deux types : les premières, jouissance 1er juin et 1er décembre; les secondes, jouissance 1er janvier et 1er juillet.

Les premières comprennent 800 obligations de 500 francs, libérées et au porteur, créées en 1893 en vertu d'une délibération de l'Assemblée générale du 8 juin, émises à 450 francs, remboursables à 500 francs en 25 ans. Intérêts : 25 francs, auquel est affecté à titre de garantie une subvention annuelle de 20.000 francs allouée par le Conseil colonial de l'Indo-Chine, le 25 mars 1893.

Les secondes comprennent 350 obligations de 500 francs 5 0/0, libérées et au porteur, créées par délibération du Conseil d'administration du 2 février 1893, émises à 425 francs, remboursables à 500 francs en 20 ans, du 1er décembre 1894 au 1er décembre 1913, par tirages au sort annuels.

TRAMWAYS DE PARIS ET DU DÉPARTEMENT DE LA SEINE

Constitution. — Société anonyme, constituée le 7 mars 1887.

Objet d'après les statuts. — Acquisition, prise à bail, exploitation de tous réseaux de tramways dans Paris, le département de la Seine et ses environs, obtention de la prolongation de durée des concessions existantes et de toutes concessions nouvelles, exécution de tous travaux s'y rattachant et généralement tout ce qui se rapporte à l'industrie des tramways.

Concessions. — La Société est actuellement concessionnaire :

1° Du réseau des *Tramways-Nord de Paris*, en vertu du décret du 6 août 1890, par lequel elle a été substituée à la faillite de la Compagnie des chemins de fer parisiens Tramways-Nord, pour la concession des Tramways-Nord de Paris, dans les conditions prévues aux traités approuvés par les décrets des 10 octobre 1873, 5 juillet 1876, 7 juillet et 26 novembre 1879 ;

2° Des *Tramways de Courbevoie* (place des Trois-Maisons) à la Madeleine, de Neuilly (boulevard du Château) à la Madeleine, d'Asnières à la Madeleine ;

3° Et du *Tramway de la porte Champerret à la mairie de Saint-Ouen*, mettant en communication Neuilly et Saint-Denis. (Décret du 22 octobre 1891.)

Siège social. — A Paris, rue de Londres, 19.

Durée. — 50 ans, à compter de la constitution définitive, soit du 7 mars 1887 au 7 mars 1937.

Capital social. — Le capital a été fixé à l'origine à 7.500.000 francs et divisé en 15.000 actions de 500 francs, émises au pair, entièrement libérées et au porteur. Par délibérations des Assemblées générales des 2 juillet 1890 et 21 janvier 1891, ce capital a été porté à 10 millions, par la création de 5.000 actions émises au pair. Au total 20.000 actions de 500 francs, libérées et au porteur.

Dividende payable en une seule fois, après approbation par l'Assemblée générale.

Conseil d'administration. — De sept à neuf membres, renouvelables à raison de un ou deux membres par an, devant être propriétaires chacun de 100 actions, inaliénables pendant la durée de leurs fonctions.

Les administrateurs actuels sont : MM. De Guerle, président ; Dupont, de Traz, Piat, Propper, Le Bègue, Goudchaux, Favereaux.

Assemblée générale. — Dans le courant du premier semestre, composée de tous les actionnaires, propriétaires de 20 actions au moins, qui les ont déposées 35 jours au moins avant la date de la réunion. Chaque actionnaire a autant de voix qu'il possède de fois 20 actions ;

sans qu'aucun puisse posséder plus de 25 voix par lui-même et 25 voix comme mandataire.

Sur les bénéfices, nets de toutes les charges, il est prélevé :

1° 5 0/0 pour la constitution de la réserve légale, jusqu'à ce qu'elle atteigne le dixième du capital social ;

2° 15 0/0 au moins qui seront affectés au fonds d'amortissement des actions ;

3° La somme nécessaire pour servir aux actions un premier dividende de 5 0/0 des sommes versées ; les 5 0/0 afférents aux actions amorties seront versés au fonds d'amortissement des actions.

Le surplus est réparti comme suit :

85 0/0 à titre de deuxième dividende à toutes les actions amorties et non amorties ;
10 0/0 au conseil d'administration ;
5 0/0 pour attributions diverses à la direction ou au personnel.

Le fonds d'amortissement, constitué ainsi qu'il vient d'être dit, est employé au remboursement des actions par tirages au sort annuels en juin.

Les actions désignées par le sort sont remboursées à 500 francs et remplacées par des actions de jouissance.

Dividendes distribués. — 14 fr. 43, en 1887 ; 34 fr. 40, en 1888 ; 32 fr. 50, en 1889 ; 30 francs, en 1890 ; 17 fr. 50, en 1891.

Cours des titres. — 1991, 495 fr. 263 ; 1892, 483 fr. 907 ; 1893, 375 francs.

Résultats du dernier exercice (1894-95). — Les actionnaires de cette Compagnie ont tenu leur assemblée générale le 19 juin 1895.

Les comptes, le bilan et le rapport du Conseil d'administration ont été approuvés à l'unanimité.

L'assemblée a décidé que le solde de bénéfice de l'exercice, s'élevant à 129.719 fr. 58 et le montant de la réserve spéciale d'amortissement, soit 32.621 fr. 37, seront répartis comme suit :

5 0/0 de 129.719 fr. 58 à la réserve légale . . . . Fr.	6.485 98
30 0/0 de 129.719 fr. 58 au fonds d'amortissement des actions.	38.915 87
En amortissements divers	116.939 10
Total . . . . Fr.	162.340 95

Le conseil d'administration a été autorisé, en outre, à employer les susdits 38.915 fr. 97, ainsi que le solde de 491 fr. 65 du fonds d'amortissement des actions, au rachat au-dessous du pair d'actions de la Société.

MM. de Traz et S. Propper, administrateurs sortants, ont été réélus.

COMPAGNIE GÉNÉRALE DES TRAMWAYS SUISSES

Constitution. — Société anonyme suisse, constituée le 28 décembre 1875.

Objet d'après les statuts. — La Société a pour objet l'exploitation de lignes de tramways en Suisse et sur le territoire étranger limitrophe.

Réseau. — Le réseau actuellement exploité comprend 25 kilom. 439, savoir :
16 kilom. 181 dans le canton de Genève, sur lesquels 5 kilom. 410 appartiennent à la ligne à traction électrique de Champel au Petit-Sacconex, ouverte en septembre 1894 ;
4 kilom. 586 dans le département de la Haute-Savoie, soit de la frontière suisse (Moellesullaz) à Annemasse ;
4 kilom. 672 dans le canton de Berne, ligne de Boujan-Bienne-Nidau.

Concessions. — A partir du 1er janvier 1878 pour le réseau genevois, du 1er janvier 1877 pour le réseau biennois, du 16 août 1883 pour ler réseau français pour finir le 1er janvier 1928.
A l'expiration des concessions, l'Etat et la Ville de Genève prendront possession, sans indemnité, de la voie et des installations fixes établies sur leur domaine respectif ; les approvisionnements et objets mobiliers pourront être pris à dire d'experts. Pareillement, le canton de Berne et les communes de Boujean, Bienne et Nidau deviendront propriétaires, sans indemnité, de la ligne biennoise.

Droit de rachat. — L'Etat et la Ville de Genève ont le droit de racheter en tous temps les tramways établis sur leurs territoires respectifs, moyennant indemnité fixée, à défaut d'entente amiable, par le tribunal fédéral.

Siège social. — Genève.

Capital social. — 1.000.000 de francs ; divisé en 2.000 actions de 500 francs entièrement libérées et au porteur. L'assemblée générale destine chaque année une certaine somme au *remboursement* des susdites actions. Ce remboursement s'effectue, ou par rachats à la Bourse si le cours est au-dessous du pair, ou par tirages aux époques désignées par le Conseil d'administration, dans le cas contraire. Les porteurs des titres remboursés reçoivent 500 francs et le dividende de l'exercice écoulé, plus une *action de jouissance*, ayant les mêmes droits que les actions non remboursées, après répartition à ces dernières d'un premier dividende de 5 0/0. La première application de cette disposition a été faite par l'assemblée générale du 21 avril 1894, qui a décidé le remboursement de dix actions.
Les concessionnaires primitifs ont reçu 200 *parts de fondateur*, donnant droit à une certaine part aux bénéfices (voir plus loin) et, en cas de liquidation, aux $2/9^{mes}$ de l'excédent après remboursement des obligations et charges, et des actions au pair.

Conseil d'administration. — Composé de cinq à sept membres nommés pour cinq ans, renouvelables chaque année par cinquième, et devant être propriétaires de dix actions chacun.

Les administrateurs actuels sont : MM. A. Bourdillon, architecte, président; C. Martin, avocat, vice-président; J. Rehfous, ingénieur; E. de Traz, ingénieur; T. Laval, ingénieur.

Administrateur-délégué. — M. T. Laval.

Assemblée générale. — Dans les six premiers mois de l'année (généralement en avril). Composée des actionnaires ayant déposé leurs titres cinq jours à l'avance. Chaque action donne droit à une voix, sans que le même actionnaire puisse réunir plus de 50 voix comme actionnaire et mandataire, ni plus du cinquième des droits de vote représentés (C. F. des O.).

Répartition des bénéfices d'après les statuts. — Sur les bénéfices net, il est alloué :

1° 5 0/0 à la *réserve ordinaire*;
2° A la réserve spéciale pour *renouvellement*, une somme de 50 francs à 75 fr. pour chaque changement de voie, et une somme de 0 fr. 80 à 1 fr. 20 par 1.000 kilomètres de voiture, multipliée par le nombre de kilomètres de lignes.
3° Aux actionnaires, un premier dividende de 5 0/0.

Le surplus est réparti comme suit :
10 0/0 au Conseil d'administration ;
70 0/0 aux actionnaires comme complément de dividende ;
20 0/0 aux parts de fondateur.

L'Assemblée générale, sur la proposition du Conseil d'administration, affecte aussi une certaine somme à l'amortissement des actions.

Dividendes distribués. — Depuis l'origine, ils ont été :

1876	...	25 »	1882	...	7 50	1888	...	20 »
1877	...	25 »	1883	...	7 50	1889	...	20 »
1878	...	10 »	1884	...	10 »	1890	...	25 »
1879	...	15 »	1885	...	10 »	1891	...	25 »
1880	...	17 50	1886	...	17 50	1892	...	25 »
1881	...	rien	1887	...	20 »	1893	...	32 50

Obligations 4 1/2 0/0. — Ces titres ont fait l'objet de deux émissions : la première de 3.530 obligations émises, à 490 fr. en septembre 1890; la seconde, de 900 obligations, à 517 fr. 50 en 1894, représentant ensemble un capital nominal de 2.215.000 francs; divisé en 4.430 obligations de 500 francs, libérées entièrement et au porteur. Intérêt 4 1/4 0/0 l'an, soit 21 fr. 25, payables par semestre, 10 fr. 65 le 2 janvier, 10 fr. 60 le 1er juillet. Remboursement à 500 fr., du 2 janvier 1893 au 2 janvier 1928, par tirages annuels effectués dans la seconde quinzaine de septembre ; remboursement le 2 janvier suivant. La Compagnie pourra anticiper le remboursement à partir du 2 janvier 1901.

MESSAGERIES DELGUTTE

Constitution. — Société en nom collectif et en commandite, constituée le 26 novembre 1889. (Raison sociale; *Delgutte et Cie*, puis, en 1893 *Léon Brouta et Cie*).

Objet d'après les statuts. — Exploitation du roulage et affaires de commission, transit, entrepôt, consignation, avances sur marchandises, camionnage, achats et ventes de marchandises.

Siège social. — Lille, 38, rue de Cambrai.

Durée. — Cinquante ans, depuis le 1er janvier 1890.

Capital social. — 1.250.000 francs, divisés en 2,500 actions de 500 francs, libérées, dont 2.400 attribuées comme apport au fondateur. Intérêts en janvier et dividendes en juillet.
Gérance devant être propriétaire de 100 actions inaliénables. Le gérant est irrévocable.

Conseil de surveillance. — Quatre membres, nommés pour quatre ans et renouvelables par quart, devant être propriétaires chacun d'au moins vingt actions inaliénables.

Assemblée générale. — Dans les cinq premiers mois de l'année, composée de tous les propriétaires d'au moins dix actions donnant droit à une voix. Maximum : dix voix.

Répartition des bénéfices d'après les statuts. — Il est prélevé d'abord les frais généraux, qui comprennent l'intérêt à 5 0/0 dû aux actions ; ensuite les sommes nécessaires à l'amortissement par annuités des frais de premier établissement et de la moitié du fonds social. Le surplus est réparti comme suit, après prélèvement de 5 0/0 pour la réserve : 75 0/0 aux actionnaires et 25 0/0 au gérant.
Service des titres et coupons au siège social, à Lille.

Dividendes distribués. — 1890, 50 francs ; 1891, 40 francs ; 1892, 40 francs ; 1893, 25 francs plus 100 francs, remboursement sur le capital.

WAGONS-LITS

Constitution. — Société anonyme belge, constituée le 4 décembre 1876, sous le titre : *Compagnie internationale des Wagons-Lits et des grands Express européens*.

Objet d'après les statuts. — La Société a pour objet :

1° L'exploitation des wagons-lits, des wagons-salons, des wagons-restaurants, sur les voies ferrées et le développement général de l'entreprise ;

2° La construction et l'achat du matériel roulant et de tout ce qui s'y rapporte ;

3° L'exploitation de tous brevets d'invention ou de perfectionnement relatifs à ces matériels ;

4° La recherche et l'exploitation de tout ce qui peut améliorer le confort des voyageurs.

Siège social. — A Bruxelles. — Bureaux : à Paris, rue des Mathurins, 46.

Durée. — 30 ans, du 4 décembre 1876 au 4 décembre 1906.

Capital social. — Le capital a été fixé à l'origine à 4 millions de francs ; divisé en 8.000 actions de 500 francs, dont 5.993 ont été attribuées, entièrement libérées, à la Société Mann's Railway Sleeping Carriage, Company limited, pour prix de l'apport de tout son actif et son passif, notamment de ses brevets, concessions, privilèges, de cinquante-trois voitures avec tout leur matériel, etc.

Les 2.007 actions de surplus ont été souscrites en espèces et au pair.

Par décision de l'Assemblée générale du 31 mars 1880, le capital a été élevé à 6 millions, par la création de 4.000 actions nouvelles de 500 francs, émises au pair.

Par décision de l'Assemblée générale du 8 janvier 1883, le capital social a été élevé de 6 à 10 millions, par la création de 8.000 actions nouvelles de 500 francs, qui ont été émises au pair par les soins du Conseil d'administration à diverses époques, de 1884 à 1890.

Enfin, l'Assemblée générale du 24 juillet 1891 a décidé que le capital social pourrait être élevé de 10 à 15 millions, par la création de 10.000 actions nouvelles de 500 francs, que le Conseil d'administration émettrait aux époques et aux conditions qu'il jugerait convenables.

En vertu de cette autorisation, le Conseil d'administration a émis du 1er au 15 août 1891, 4.000 actions nouvelles au prix de 585 francs.

Le capital social s'est ainsi trouvé porté à 12.729.000 francs et représenté par 25.458 actions de 500 francs, entièrement libérées et au porteur.

Le dividende se paye ordinairement les 1er janvier (acompte) et 1er juillet (solde).

Conseil d'administration. — De sept à quinze membres, renouvelables à raison de deux par année, devant être propriétaires chacun de 100 actions affectées à la garantie de leur gestion.

Les administrateurs actuels sont : MM. O. Neef Orban, président ; Charles Berthier, baron de Canstein, F.-H. Evans, Lent, baron Ed. Oppenheim, de Klaudy, Rava, de Fontes Pereira, de Mello Ganhado, Wellens.

Administrateur-directeur général. — M. G. Nagelmackers.

Assemblée générale. — A Bruxelles, le troisième mardi du mois d'avril, composée de tous les actionnaires qui ont fait connaître le nombre et les numéros de leurs actions six jours au moins avant la date de la réunion. Tout actionnaire possède autant de voix que d'actions, sans que personne puisse prendre part au vote pour un nombre d'actions dépassant la cinquième partie du nombre des actions émises ou les deux cinquièmes des actions pour lesquels il est pris part au vote.

Répartition des bénéfices d'après les statuts. — Les bénéfices nets annuels, après déduction de l'amortissement et des charges, sont répartis, savoir :

1° 10 0/0 pour la formation d'un fonds de réserve ; ce prélèvement cessant d'être obligatoire lorsque ce fonds aura atteint le dixième du capital social et aussi longtemps qu'il se maintiendra à ce chiffre ;

2° 7 1/2 0/0 au Conseil d'administration ;

3° 2 1/2 0/0 au directeur général ;

4° 80 0/0 aux actionnaires à titre de dividende, sauf déduction des émoluments accordés aux commissaires par l'Assemblée générale.

La partie du fonds de réserve qui excédera le minimum fixé par la loi, pourra, sur décision de l'Assemblée générale, être appliquée à l'achat de matériel nouveau ou à l'amortissement des actions.

Cet amortissement n'a pas encore fonctionné.

Obligations 4 0/0. — Il y a, sous ce type, 15.000 obligations de 500 fr., libérées et au porteur, remboursables au pair en vingt-cinq ans, du 15 avril 1892 au 15 avril 1916, par tirages au sort annuels, en mars, pour le remboursement des titres sortis s'effectuer le 15 avril suivant, portant intérêt annuel de 20 francs, payables par moitié les 15 avril et 15 octobre de chaque année, et divisées comme suit : 10.000 obligations de première série, dont l'émission a été autorisée par délibération du Conseil d'administration du 9 septembre 1890, émises à 490 francs, et 5.000 obligations faisant partie d'une deuxième série de 10.000 obligations, dont l'émission a été autorisée par délibération au Conseil d'administration du 26 mars 1892, émises à 495 francs.

Obligations 6 0/0, 5 0/0 et 4 1/2 0/0. — Il y a, en circulation, 19.293 obligations de ces divers types, au taux de 500 francs, non admises au marché de Paris.

Dividendes distribués. — 1885, 25 francs ; 1886, 25 francs ; 1887, 25 francs ; 1888, 27 fr. 50 ; 1889, 32 fr. 50 ; 1890, 32 fr. 50 ; 1891, 32 fr. 50 ; 1892, 25 francs.

Résultats du dernier exercice (1894-1895). — D'après le rapport présenté à l'Assemblée générale annuelle des actionnaires de cette Compagnie, qui a eu lieu le 16 avril dernier, le montant des recettes des exercices comparés de 1894 et de 1893 a été le suivant :

	1894	1893
Services ordinaires	Fr. 2.657.604 08	2.498.813 04
Restaurant	« 1.806.510 40	1.599.316 87
Trains de luxe	« 1.312.786 54	1.339.206 45
Total	Fr. 5 776.900 02	5.437.335 36

Le bénéfice de l'exploitation a été de 2.869.655 fr. 61, en augmentation de 359.144 fr. 73 sur celui de 1893.

En y ajoutant les 1.126 fr. 65 reportés du dernier exercice, on a un chiffre total de	Fr.	2.870.782 26
dont il faut retrancher la rémunération accordée aux commissaires	«	3.305 73
Reste	Fr.	2.867.476 53
A *reporter*	Fr.	2.867.476 53

Report............	Fr.	2.867.476 53
A déduire : Intérêts sur les obligations, 795.594 fr. 50; remboursement de 2,252 obligations, 1.126.000 fr.; intérêts et commissions de banque, 156.489 fr. 28; frais généraux, divers, etc., 136.138 fr. 25; déficit sur la caisse de secours, 6.845 fr. 15; au total...	Fr.	2.221.037 18
Reste comme bénéfice distribuable..........	Fr.	646.439 35
qui ont été répartis de la manière suivante, conformément aux statuts :		
10 0/0 à la réserve................	«	64.643 93
10 0/0 à la direction et à l'administration......	«	64.643 93
80 0/0 aux actionnaires...............	«	517.151 49
Somme égale...........	Fr.	646.439 35

Le dividende a été fixé à 20 francs par action.

COMPAGNIES DE NAVIGATION

COMPAGNIES DE NAVIGATION

BATEAUX PARISIENS

Constitution. — Société anonyme, constituée le 17 juin 1886. (Fusion de la Compagnie des Bateaux-Omnibus pour l'exploitation de son service de la Seine et de la Marne avec la Compagnie des Bateaux-Express pour le même service, et subrogation dans les bénéfices et charges de la Compagnie des Hirondelles Parisiennes, dont le service a été repris moyennant prélèvement, au profit de cette dernière, des 20 0/0 de ses bénéfices.)

Objet d'après les statuts. — Établissement et exploitation de tout services de transport en commun de voyageurs et transport des marchandises sur tous fleuves, rivières, lacs et canaux, tant en France qu'à l'étranger.

Siège social. — Lyon, rue de Jarente, 7. Bureaux et siège d'exploitation : à Paris, avenue de Versailles, 125.

Durée. — Cinquante ans, du 17 juin 1886 au 17 juin 1936.

Capital social. — 10 millions de francs, divisé en 20.000 actions de 500 francs, entièrement libérées et au porteur, dont 11.600 ont été attribuées, entièrement libérées, à la Compagnie des Bateaux-Omnibus, en représentation de son apport, et 8.400 ont été attribuées, entièrement libérées, à la Compagnie des Bateaux-Express, en représentation de son apport. Il a été créé, en outre, 6.000 *parts bénéficiaires*, donnant droit à 25 0/0 des bénéfices, après divers prélèvements énoncés à l'article 40 des statuts. Ces 6.000 parts ont été réparties à raison de 2.500 à la Compagnie des Bateaux-Omnibus et 3.500 à la Compagnie des Bateaux-Express.

Le payement des dividendes s'effectue aux époques fixées par le Conseil d'administration, qui peut, dans le cours de chaque année, distribuer un acompte basé sur les bénéfices déjà acquis.

Conseil d'administration. — De sept à dix membres, nommés pour six ans, renouvelables par sixième chaque année. Chaque administrateur doit être propriétaire de 50 actions, inaliénables pendant la durée de ses fonctions.

Les administrateurs actuels sont: MM. A. Gonin, président; M. Caubet, administrateur-délégué; V. Cambon, Ed. Delcroix, Desmaisons, Monnet, Larue, Liénard, Léveillé, A. Isaac.

Assemblée générale. — Avant la fin du mois d'avril, composée de tous les propriétaires de dix actions, qui les auront déposées au moins trois jours avant la date de la réunion. Chaque actionnaire a autant de voix qu'il possède ou représente de fois dix actions, sans qu'aucun d'eux puisse réunir plus de quarante voix, tant en son propre nom que comme mandataire.

Répartition des bénéfices d'après les statuts. — Sur les bénéfices nets de toutes les charges et spécialement de l'amortissement du matériel, il est prélevé annuellement:

1° 10 0/0 au moins destinés à constituer le fonds de réserve, et ce, jusqu'à ce qu'il atteigne le dixième du fonds social;

2° 5 0/0 du capital social pour être réparti aux actionnaires.

Le surplus est distribué:
15 0/0 au Conseil d'administration;
25 0/0 aux 6.000 parts bénéficiaires;
60 0/0 aux actionnaires.

L'Assemblée générale peut faire, sur ces 60 0/0, un prélèvement pour constituer un fonds de réserve extraordinaire.

En cas d'insuffisance des produits d'une année pour fournir 5 0/0 par action, la différence peut être prélevée sur le fonds de réserve lorsqu'il excédera un million, mais seulement par décision de l'Assemblée générale.

L'Assemblée générale extraordinaire peut autoriser le remboursement des actions par voie de tirage au sort. Les actions remboursées seront remplacées par des actions de jouissance, qui auront droit aux 60 0/0 attribués aux actionnaires, après tous autres prélèvements ci-dessus indiqués.

Obligations 5 0/0. — 7.500 obligations de 300 francs 5 0/0 libérées et au porteur créées par délibération de l'Assemblée générale du 13 avril 1892, pour être remises à la Compagnie des Hirondelles parisiennes en payement de son actif cédé par elle à la Société en avril 1892. Remboursables à 300 francs en 43 ans au maximum, de 1894 à 1936, par tirages au sort annuels. Le premier devant avoir lieu le 1er décembre 1893. Intérêt annuel: 15 francs, payables par moitié, les 15 janvier et 15 juillet de chaque année.

Dividendes distribués. — 1886: rien; 1887: 21 fr. 90; 1888: 16 fr. 55; 1889: 40 fr. 40; 1890: 25 fr,; 1891: 20 fr.; 1892: 25 fr.

Cours des titres. — Ils ont été dans ces dernières années:

	Actions	Parts	Obligations
1890.	404 316	» »	» »
1891.	386 034	» »	» »
1892.	395 765	31 498	317 609
1893.	474 510	50 278	316 208

Résultat du dernier exercice (1894-1895.) — L'Assemblée

annuelle des actionnaires de cette Société s'est tenue le 3 avril 1895, à Lyon.

D'après le rapport présenté à cette séance, il n'y a eu en 1894 que quelques jours de chômage, du 5 au 13 janvier. Le printemps a été beau, mais la saison d'été a eu un temps moins favorable qu'en 1893 ; presque tous les dimanches et jours de fête ont été pluvieux ou orageux. En outre, l'administration des Ponts et Chaussées ayant fait effectuer du 15 juillet au 26 octobre, des travaux de dragage dans la Marne, entre les stations des Carrières et de Charenton, la tête de ligne a dû être reportée à Alfortville. Le conseil estime la perte subie de ce chef à 500 fr. par jour, soit 40.000 fr., mais désormais on pourra accéder à Charenton quelle que soit la baisse des eaux.

Les recettes de 1894, se sont élevées à 3.506.248 francs 25, en augmentation de 71.666 fr. 35 sur celles de 1893. Les bénéfices ont été de 774.751 francs 08, en augmentation de 3.439 fr. 62. Les dépenses ont atteint 1.731.127 fr. 82, en augmentation de 46.865 fr. 60 ; cela provient de réparations importantes effectuées sur un assez grand nombre d'anciens bateaux. Les exercices futurs auront à supporter de semblables réparations, notamment en ce qui concerne les chaudières. Le salaire des mécaniciens a été amélioré d'une manière assez sensible.

Par mesure de prudence, le conseil n'a proposé qu'un dividende de 25 fr. afin de pouvoir pratiquer d'importants prélèvements destinés à maintenir toujours l'actif à sa valeur réelle malgré la dépréciation du matériel.

Une somme de 100,000 fr. a été affectée au compte d'amortissement ordinaire et 120.000 francs au compte d'amortissement pour matériel, ce qui porte à 2.200.000 francs environ les réserves actuelles de la Société.

COMPAGNIE DE TOUAGE
DE LA BASSE-SEINE ET DE L'OISE

Constitution. — Société anonyme, constituée en 1855. Transformée en Société anonyme libre en 1881.

Objets d'après les statuts. — Etablissement et exploitation entre l'écluse de la Monnaie sur la Seine et l'écluse de Pontoise sur l'Oise, d'un service de touage au moyen d'une chaîne noyée et de bateaux toueurs à vapeurs.

Ledit service de touage a été concédé à M. Eug. Godeaux fils par décret du 6 avril 1854, aux clauses et conditions d'un cahier des charges du 4 avril.

Siège social. — A Paris, rue Taitbout, 47.

Durée. — Primitivement fixée à trente ans, à compter du 6 avril 1856, la durée de la Société a été portée à cinquante ans par le décret du 8 mai 1860, soit jusqu'au 6 avril 1906.

Capital social. — Le capital social a été fixé, à l'origine, à 1.500.000

francs et divisé en 3.000 actions de 500 francs, au porteur, entièrement libérées, émises à 500 francs. Par décisions des assemblées générales des 11 février et 29 mars 1882, il a été porté à 2.250.000 francs, par la création de 1.500 actions nouvelles de 500 francs, qui ont été libérées au moyen d'un prélèvement sur les réserves extra-statutaires et qui ont été réparties entre les actionnaires, à raison d'une action nouvelle pour deux anciennes. Au total, 4.500 actions de 500 francs, entièrement libérées et au porteur.

Les intérêts et dividendes se payent le 1er janvier (acompte) et le 1er juillet (solde).

Conseil d'administration. — De six à neuf membres, nommés pour six ans, devant être propriétaires chacun de cinquante actions inaliénables pendant la durée de leurs fonctions.

Les administrateurs actuels sont : MM. Molines, président; Desgranges, vice-président; Houel, P. Lebaudy, Mayrargues, Marcuard, A. Mirabaud, Meuret, Pronnier.

Assemblée générale. — En avril au plus tard, composée de tous les propriétaires d'au moins dix actions, qui les ont déposées dix jours avant la réunion. Dix actions donnent droit à une voix sans que le même actionnaire puisse réunir plus de dix voix par lui-même, et cinq voix au plus comme fondé de pouvoir.

Année sociale. — Du 1er janvier au 31 décembre.

Répartition des bénéfices d'après les statuts. — Sur les bénéces nets de toutes les charges, il sera fait d'abord une retenue pour un amortissement annuel du montant du matériel d'exploitation et des charges de premier établissement, calculée de façon à réduire la valeur du matériel de 50 0/0 de son coût primitif à la fin de la Société et à éteindre complètement les dépenses de première installation et de rachat de la participation du concessionnaire.

Il sera ensuite prélevé, pour constituer un fonds de réserve, une somme de 5 0/0 au moins du bénéfice net, qui pourra être facultativement portée à 10 0/0; ce prélèvement pouvant être suspendu quand la réserve aura atteint 10 0/0 du capital social.

Sur l'excédent des bénéfices, il sera prélevé une somme destinée à constituer un fonds d'amortissement, calculée de telle sorte que le capital social soit complètement amorti pendant la durée de la Société.

Sur le surplus, il sera distribué aux actions non amorties 5 0/0 du capital à titre d'intérêt.

Le reste des bénéfices sera partagé entre toutes les actions.

L'amortissement des actions s'effectue du 1er janvier 1865 au 1er avril 1906, par tirages au sort annuels, ayant lieu ordinairement en décembre.

Les actions sorties sont remboursées à 500 francs, le 1er janvier suivant, et remplacées par des actions de jouissance.

Obligations 4 0/0. — 5.000 obligations de 300 francs 4 % libérées et au porteur, dont l'émission a été autorisée par les assemblées générales des 12 mai 1858, 28 avril 1859, 22 mai 1860 et 21 mai 1861.

Remboursables à 300 francs de 1866 à 1906 par tirages au sort annuels en mars, pour le remboursement des titres sortis s'effectuer le 1er avril suivant.

Intérêt annuel: 12 francs payables par moitié les 1er avril et 1er octobre de chaque année.

Dividendes distribués. — Les voici depuis 1880 :

1880. . . . 50 »	1886. . . . 25 »
1881. . . . 50 »	1887. . . . 35 »
1882. . . . 10 »	1888. . . . 35 »
1883. . . . 35 »	1889. . . . 30 »
1884. . . . 25 »	1890. . . . 12 50
1885. . . . 25 »	1891 à 1894 rien

COMPAGNIE DE TOUAGE ET TRANSPORTS DE LA SEINE

Constitution. — Société anonyme constituée le 3 janvier 1879 (ancienne société Eug. Godeaux et Cie).

Objet d'après les statuts. — 1° Etablissement et exploitation d'un service de traction entre Conflans Sainte-Honorine et la mer, au moyen de toueurs et de remorqueurs à vapeur ; 2° création et exploitation d'un service de transport par eau et toutes les opérations qui se rattachent à l'industrie des transports.

Ledit service de touage avait été concédé à M. Eugène Godeaux, qui en a fait apport à la Société en commandite de 1862, par décret du 25 juillet 1860, pour une durée de 54 ans (du 25 juillet 1860 au 25 juillet 1914).

Siège social. — A Paris, rue de Châteaudun, 39.

Durée. — La durée de la Société est la même que celle fixée par le décret de concession susénoncé du 25 juillet 1860. Elle expirera donc le 25 juillet 1914.

Capital social. — Fixé en 1864 à 5,500,000 francs, divisé en 11,000 actions de 500 francs émises au pair, le capital social a été réduit, par décision de l'Assemblée générale du 7 décembre 1878, à 1,375,000 francs, divisé en 2,750 actions de 500 francs au porteur, entièrement libérées, qui ont été remises en mai 1879 en échange des 11,000 actions anciennes, à raison de 1 action nouvelle pour 4 anciennes.

Les intérêts et dividendes sont payables aux époques fixées par le Conseil d'administration.

Conseil d'administration. — De cinq à huit membres nommés pour six ans, et renouvelables par moitié tous les trois ans, devant être propriétaires chacun de 30 actions inaliénables pendant la durée de leurs fonctions.

Les administrateurs actuels sont :
MM. Bonnet, *président* ; J. Carimantrand, *administrateur délégué* ; E. Ferré, Desgrange, Marchand, Guernier.

Assemblée générale. — Dans le premier semestre de l'année, composée de tous les actionnaires propriétaires de 2 actions au moins qui ont déposé leurs titres cinq jours avant la réunion. Deux actions donnent droit à une voix, sans que le même actionnaire puisse avoir plus de dix voix, soit par lui-même soit comme mandataire.

Répartition des bénéfices d'après les statuts. — Sur les bénéfices, déduction faite des charges, il est effectué un premier prélèvement de 275,000 francs (représentant 5 °/₀ du capital primitif de 5,500,000 francs), dont l'emploi est réglé comme suit ;

1° Service des intérêts à 5 °/₀ du capital social de 1,375,000 francs (soit 68.750 francs);

2° 10 °/₀ de l'excédent des bénéfices, après le service de l'intérêt ci-dessus de 68,750 francs, pour former un fonds de réserve jusqu'à ce que cette réserve ait atteint le dixième du fonds social ;

3° Le complément sera attribué aux actionnaires à titre de premier dividende, mais avec cette réserve que tout ou partie de cette somme pourra être affectée à l'amortissement du capital.

Le surplus des bénéfices sera réparti comme suit :

20 °/₀ à M. Godeaux, en représentation de l'apport par lui fait à l'ancienne Société en commandite Eug. Godeaux et Cⁱᵉ;

80 °/₀ aux actionnaires.

Dans le cas où il sera procédé à l'amortissement des actions, dans les conditions ci-dessus énoncées, c'est-à-dire après le service des intérêts de 5 °/₀ du capital et de celui de la réserve, il aura lieu, soit par rachats au-dessous du pair, soit par tirages au sort, et, dans ce dernier cas, les actions désignées par le sort seront remboursées à 500 francs et remplacées par des actions de jouissance.

Dividendes distribués. — Rien de 1864 à 1877; 15 francs en 1878; 25 francs en 1879; 30 francs en 1880; rien en 1881 et 1882; 7 fr. 50 en 1883; rien en 1884 et 1885; et 5 francs de 1886 à 1894.

COMPAGNIE DE TRANSPORTS FLUVIAUX ET MARITIMES

Constitution. — Société anonyme constituée le 7 novembre 1930, (ancienne Cⁱᵉ Maritime des Transports)

Objet d'après les statuts. — La Société a pour objet l'acquisition, la création et l'exploitation de tous services de transports par eau, soit en France, soit à l'étranger sur les rivières, fleuves et canaux, ainsi que par mer et spécialement l'acquisition et l'exploitation de tout l'actif industriel de la Compagnie générale de transports, en liquidation judiciaire.

Siège social. — A Paris, rue du Louvre 2.

Durée. — 75 ans du 7 novembre 1890 au 7 novembre 1965.

Capital social. — Fixé à l'origine à 100,000 francs divisé en 200 actions de 500 francs souscrites en espèces et au pair, le capital social a été successivement élevé :

1° Lors de la transformation en Société anonyme, en 1874, à douze millions divisé en 24,000 actions de 500 francs entièrement libérées, au moyen de l'échange de cinq actions anciennes contre trois nouvelles ;

2° Par décision des Assemblées générales des 28 avril et 2 juin 1888, à neuf millions, divisé en 18,000 actions de 500 francs, au moyen de l'échange de quatre actions anciennes contre trois actions nouvelles et une somme de 500 francs en espèces.

Le capital est donc actuellement de neuf millions, représenté par 18,000 actions de 500 francs entièrement libérées et au porteur.

Les intérêts et dividendes se payent les 1er novembre (acompte) et 1er mai (solde).

Conseil d'administration. — De douze membres, dont trois au moins résidant à Marseille, propriétaires chacun de 75 actions inaliénables pendant la durée de leurs fonctions.

Un comité de trois à quatre administrateurs résidant à Marseille est chargé, par délégation du Conseil, de la direction, de l'exploitation et du mouvement des bateaux de la Compagnie.

Les administrateurs actuels sont :
MM. A. Fleuret, *président* ; De Carrère, Ph. Joslé, M. Gouin.

Assemblée générale. — Dans les quatre premiers mois de l'année composée des porteurs de dix actions qui les ont déposées vingt jours avant l'époque de la réunion. Dix actions donnent droit à une voix, sans que le même actionnaire puisse avoir plus de quarante voix, soit pour lui-même, soit comme mandataire.

Répartition des bénéfices d'après les statuts. — Sur les bénéfices nets il est prélevé : pour la formation d'un fonds de réserve, une somme qui sera déterminée par l'Assemblée générale et qui ne pourra être inférieure à un vingtième de ces bénéfices, ce prélèvement cessant d'être obligatoire lorsque ce fonds atteint le dixième du capital social,

Sur le surplus il est distribué 5 % aux actions.
L'excédent est réparti :
85 0/0 aux actions, à titre de dividende ;
10 0/0 au Conseil d'administration ;
Et 5 0/0 au comité de direction.

Obligations 5 0/0. — 3,500 obligations de 500 francs 5 0/0 libérées et au porteur, créées par délibération de l'Assemblée générale du 23 novembre 1891.

Emises à 445 francs.

Remboursables à 500 francs en 40 ans du 1er juillet 1894 au 1er juillet 1933, par tirages au sort annuels en Assemblée générale, pour le remboursement des titres sortis s'effectuer le 1er juillet suivant.

Intérêt annuel : 25 francs payables par moitié les 30 juin et 31 décembre de chaque année.

TRANSPORTS MARITIMES A VAPEUR

Constitution. — Société à responsabilité limitée, constituée le 18 mars 1865. Transformée en Société anonyme en 1894.

Objet d'après les statuts. — Exploitation de tous services maritimes de transports par bateaux à vapeur.

Siège social — Paris, 24, rue de la Chaussée-d'Antin.

Durée. — Trente ans, depuis le 18 mars 1865.

Capital social. — Primitivement fixé à 15 millions divisé en 40.000 actions sur lesquelles 335 francs étaient versés, il a été réduit à 12 millions (24.000 actions de 500 francs) lors de la transformation en Société anonyme (échange de 5 actions anciennes contre 3 nouvelles) ; puis à 9 millions, actuellement représentés par 18.000 actions de 500 fr. (échange de 4 contre 3).

Conseil d'administration. — De douze membres, dont trois au moins, résidant à Marseille, propriétaires chacun de 75 actions inaliénables pendant la durée de leurs fonctions. Un comité de trois à quatre administrateurs résidant à Marseille est chargé, par délégation du conseil, de la direction, de l'exploitation et du mouvement des bateaux de la Compagnie.

Les administrateurs actuels sont : MM. A. Denière, président ; Ed. Blount, Bergave, vice-présidents ; Darier, Gouin, Jouet-Pastré, Matshey, Paquet, Parran, Target.

Assemblée générale. — Dans les quatre premiers mois de l'année, composée des porteurs de dix actions qui les ont déposées vingt jours avant l'époque de la réunion. Dix actions donnent droit à une voix, sans que le même actionnaire puisse avoir plus de quarante voix, soit pour lui-même, soit comme mandataire.

Répartition des bénéfices d'après les statuts. — Sur les bénéfices nets il est prélevé : pour la formation d'un fonds de réserve, une somme qui sera déterminée par l'assemblée générale et qui ne pourra être inférieure à un vingtième de ces bénéfices, ce prélèvement cessant d'être obligatoire lorsque ce fonds aura atteint le dixième du capital social.

Sur le surplus, il est distribué 5 0/0 aux actions.
L'excédent est réparti :
85 0/0 aux actions, à titre de dividende ;
10 0/0 au conseil d'administration ;
Et 5 0/0 au comité de direction.

Dividendes distribués. — 40 francs par an, de 1880 à 1883 ; 25 fr. de 1884 à 1886 ; également 30 francs en 1887 et 1888 ; 32 fr. 50 en 1889 ; 30 francs en 1890 ; 25 francs en 1891 et 1892.

COMPAGNIE HAVRAISE PÉNINSULAIRE

Constitution. — Société anonyme, constituée le 1er avril 1882, sous le titre de Compagnie Havraise Péninsulaire de navigation à vapeur.

Objets d'après les statuts. — 1° Exploitation des lignes de bateaux à vapeur, créées au Havre par M. E. Grosos, sous le nom de : Ligne péninsulaire, Ligne franco-algérienne, Ligne de Marseille et de Port-Vendres ;

2° Exploitation de toutes autres lignes à acquérir ou à créer ;

3° Construction et armement des navires de commerce; achat, vente, affrètement et location de navires; opérations de commerce et de transport pouvant donner lieu à des produits de fret;

4° Et généralement toutes opérations se rattachant à l'armement, à l'exploitation des navires et à la navigation, et pouvant être faites, soit par la Société directement, soit en participation avec des tiers.

Siège social. — A Paris, rue de la Grange-Batelière, 13. Direction générale de l'exploitation, au Havre.

Durée. — Cinquante ans, du 1er avril 1882 au 1er avril 1932.

Capital social. — Le capital social avait été fixé, à l'origine, à dix millions de francs; divisé en 20.000 actions de 500 francs, entièrement libérées et au porteur, sur lesquelles 7.180 ont été attribuées, entièrement libérées, à M. E. Crosos, en représentation de l'apport du matériel naval des lignes de bateaux à vapeur créés par lui au Havre, et desservant le Havre, le Portugal, l'Espagne, le Maroc, Port-Vendres, Marseille, Oran et Alger, de la clientèle de ces lignes, agences, contrats de transport, etc. Les 12.820 actions de surplus ont été souscrites en espèces, au pair. Par délibération de l'assemblée générale du 22 mai 1886, le capital social a été réduit à 5 millions au moyen : 1° du remboursement de 100 francs en espèces à chacune des 20.000 actions anciennes; 2° et de l'échange de ces 20.000 actions contre 10.000 actions nouvelles, soit deux actions anciennes contre une nouvelle. Le capital se trouve donc actuellement représenté par 10.000 actions de 500 francs, entièrement libérées et au porteur.

Les dividendes sont payables aux époques fixées par le Conseil d'administration.

Conseil d'administration. — De sept à onze membres, renouvelables à raison de deux membres chaque année, devant être propriétaires chacun de cinquante actions inaliénables pendant la durée de leurs fonctions.

Les administrateurs actuels sont : MM. F. Périer, président; Bernard, F. Faure, H. Fould, P. Grosos, Latham, Odinet, A. de Watteville.

Directeur général : M. E. Grosos.

Assemblée générale. — Dans les six mois de la clôture de l'exercice, composée de tous les titulaires ou porteurs de cinq actions, qui les auront déposées huit jours au moins avant la date de la réunion. Cinq actions donnent droit à une voix, sans toutefois que le même actionnaire puisse avoir plus de dix voix en son nom personnel et plus de quinze voix tant en son nom que comme mandataire.

Répartition des bénéfices d'après les statuts. — Les charges sociales comprennent notamment : l'amortissement du matériel naval, sa dépréciation et son usure, cet amortissement devant être établi sur le taux annuel de 5 0/0 du coût primitif des navires.

Sur les bénéfices nets des charges, il sera prélevé :

5 0/0 pour constituer le fond de réserve légale, ce prélèvement cessant d'être obligatoire lorsque ce fonds aura atteint le dixième du capital social;

La somme nécessaire pour servir un premier dividende de 5 0/0 aux actionnaires sur le montant de leur versements.

Résultats du dernier exercice (1894-95). — Les actionnaires de la Compagnie havraise péninsulaire de Navigation à vapeur se sont réunis le 27 avril en Assemblée générale ordinaire.

Ils ont approuvé les comptes de l'exercice 1894, tels qu'ils leur étaient présentés et fixé le montant du dividende à 3 0/0, soit 15 francs, par action, payable à partir du 20 mai.

Dividendes distribués. — 1882 : 5 0/0 ; de 1883 à 1885 : rien ; 1886 : 26 francs ; 1887 : 35 francs ; en 1888 et 1889 : 55 francs chaque année ; en 1890 et 1891 : 45 francs chaque année ; en 1892 : rien.

Cours des titres. — 1882 : 542 fr. 083 ; 1883 : 544 fr. 837 ; 1884 et 1885 : rien ; 1886 : 388 fr. 687 ; 1887 : 396 fr. 036 ; 1888 : 451 fr. 25 ; 1889 : 557 fr. 75 ; 1890 : 722 fr. 957 ; 1891 : 684 fr. 019 ; 1892 : 679 fr. 063.

CHARGEURS RÉUNIS

Constitution. — Société anonyme constituée le 13 février 1872 sous le titre de « Compagnie française de navigation à vapeur des Chargeurs Réunis ». Fusionnée en 1883 avec la Société postale de l'Atlantique.

Objet d'après les statuts. — Exploitation de tous services maritimes de transport sur tous les points du globe, et notamment du Havre à l'Amérique du Sud.

Siège social. — A Paris, boulevard des Italiens, 11.

Durée. — Fixée à l'origine à vingt ans, du jour de la constitution définitive, soit du 13 février 1872 au 13 février 1892, la durée de la Société a été prorogée par l'assemblée générale du 14 novembre 1887 jusqu'au 12 février 1942.

Capital social. — Fixé primitivement à 8 millions, divisé en 16.000 actions de 500 francs émises au pair, le capital social a été, par décision de l'assemblée générale du 10 mai 1883, porté à 12.500.000 francs au moyen de la création de 9.000 actions de 500 francs qui ont été remises aux liquidateurs de la Société postale française de l'Atlantique, en représentation de l'apport de l'actif de cette dernière Société, ainsi qu'il a été dit plus haut. Au total 25.000 actions de 500 francs, entièrement libérées et au porteur.

Payement des coupons, au siège social, les 20 mai (acompte) et 20 novembre (solde).

Conseil d'administration. — De neuf membres, renouvelables pas tiers tous les deux ans, devant être propriétaires chacun de 100 actions inaliénables pendant la durée de leurs fonctions.

Les administrateurs actuels sont :

MM. H. Fould, *président* ; P. Mirabaud, *vice-président* ; Ad. Binoche, Ch. Demachy, Ch. Ledoux, H. de Clermont, de Sinçay.

Directeur. — J. Duprat.

Assemblée générale. — En novembre, composée des propriétaires de vingt actions, qui les auront déposées vingt jours au moins avant la réunion. Vingt actions donnent droit à une voix, sans que le même actionnaire puisse avoir plus de vingt voix, soit pour lui-même, soit comme mandataire.

Répartition des bénéfices d'après les statuts. — Sur les bénéfices, il est prélevé, pour former un fonds de réserve, une somme qui ne devra pas être inférieure au vingtième de ces bénéfices ; ce prélèvement cessant d'être obligatoire lorsque ce fonds aura atteint le dixième du capital social.

Sur le surplus il est distribué 5 0/0 aux actionnaires.

Ces prélèvements opérés, l'assemblée générale pourra prélever de quoi constituer un fonds de prévoyance.

L'excédent, qu'il y ait ou non constitution de ce deuxième fonds de prévoyance, est réparti :

75 0/0 aux actions, à titre de dividende ;
9 0/0 au conseil d'administration ;
Et 16 0/0 aux fondateurs ou souscripteurs primitifs ; le droit à ces 16 0/0 est représenté par 16.000 titres, dits parts de fondateur, qui ont été répartis entre les souscripteurs primitifs au prorata des actions par eux souscrites.

Dividendes distribués. — 1880-81, 50 francs ; 1881-82, 75 francs ; 1882-83, 62 fr. 50 ; 1883-84, rien ; 1884-85 à 1886-87, 30 francs par an ; 1887-88, 35 francs ; puis 60 francs jusqu'en 1894.

Cours des titres. — Pour les actions : 1888, 675 fr. 862 ; 1889, 908 fr. 763 ; 1890, 1.044 fr. 68 ; 1891, 1.055 fr. 202 ; 1892, 1.200 francs. Pour les parts : 1892, 200 fr. 745 ; 1893, 191 fr. 260.

COMPAGNIE GÉNÉRALE TRANSATLANTIQUE

Constitution. — Société anonyme, constituée le 21 août 1861. Transformée en Société anonyme libre, le 20 décembre 1879. (Ancienne Compagnie générale Maritime).

Objet d'après les statuts. — 1° Toutes opérations de transport maritime, de construction et de réparation de navires, d'armement, d'affrètement et de pêche ;

2° Exploitation de tous les services maritimes postaux qui ont été concédés à la Compagnie ou qui pourraient l'être ultérieurement.

Concessions. — Les concessions appartenant actuellement à la Compagnie comprennent les services maritimes postaux suivants :

1° Service hebdomadaire du Havre à New-York, concédé suivant procès-verbal d'adjudication du 4 août 1883 en exécution de la loi du 24 juin 1883. Concession de quinze années devant expirer le 21 juillet 1901. Subvention annuelle de 5.480.000 francs ;

2° Service des Antilles et du Mexique, comprenant les trois lignes mensuelles de Saint-Nazaire à Colon-Aspinwal, de Saint-Nazaire à la Vera-Cruz, et du Havre-Bordeaux à Colon-Aspinwal, et la ligne annexe mensuelle de Fort-de-France à Cayenne et facultative de Cayenne à l'embouchure du fleuve des Amazones.

Ledit service concédé suivant procès-verbal d'adjudication du 5 décembre 1883, en exécution de la loi du 24 juin 1883. Concession de quinze années devant expirer le 21 juillet 1901. Subvention annuelle : 4.478.000 francs;

3° Service entre la France, l'Algérie, la Tunisie et la côte de Barbarie et sur le littoral algérien, concédé à la Compagnie, suivant procès verbal d'adjudication dressé le 11 octobre 1879, en exécution de la loi du 16 août de la même année. Concession de quinze années devant expirer le 30 juin 1895. Subvention annuelle : 493.500 francs;

4° Service entre Marseille et Tunis par la côte d'Italie, la Sicile et Malte, concédé par une convention spéciale du 29 septembre 1881, en exécution de la loi du 30 juillet 1881. Concession de quinze années devant expirer le 30 juin 1895. Subvention annuelle : 300.000 francs.

Le tout aux charges, clauses et conditions des cahiers des charges annexés aux lois, décrets et actes de concession.

Siège social. — A Paris, rue Auber, 6.

Durée. — Fixée d'abord à trente ans, à partir du décret du 25 août 1861, la durée a été prorogée par l'Assemblée du 30 décembre 1879 jusqu'au 24 août 1910 et par l'Assemblée générale du 30 juin 1888, jusqu'au 30 septembre 1962.

Capital social. — 40 millions, représenté par 80.000 actions au porteur, entièrement libérées, donnant droit chacune à 1/80000e de tout l'avoir social. Sur ces 80.000 actions, 48.000 ont été échangées contre les 60.000 actions de la Compagnie générale maritime, à raison de 4 actions nouvelles contre 5 anciennes; et les 32.000 de surplus ont été émises à 500 francs par la Société générale de crédit mobilier.

Le payement des intérêts et dividendes se fait les 1er janvier (acompte) et 1er juillet (solde).

Conseil d'administration. — De douze membres renouvelables par sixième chaque année, devant être propriétaires chacun de 100 actions inaliénables pendant la durée de leurs fonctions.

Les administrateurs actuels sont : MM. Eugène Pereire, président; Cloquemin, vice-président; Ernest Chabrier, Guérin de Litteau, Halfon, administrateurs délégués; Delarbre, comte de Flers, Gavini, Gautreau, Charles Géry, marquis de Mornay, Thurneyssen.

Assemblée générale. — Dans le courant de mai au plus tard, composée des porteurs de 20 actions, qui les ont déposées huit jours au moins avant l'époque de la réunion, 20 actions donnent droit à une voix, sans que personne puisse avoir plus de vingt voix, soit en son nom, soit comme mandataire.

Répartition des bénéfices d'après les statuts. — Les produits de l'entreprise servent d'abord à acquitter les dépenses de toute nature, d'exploitation, d'administration, l'intérêt et l'amortissement des emprunts : les sommes nécessaires, soit au payement des primes d'assurances, soit à la constitution d'un fonds de réserve pour assurance si la Compagnie demeure son propre assureur, l'amortissement du matériel naval, et généralement toutes les charges sociales. Les sommes représentant l'amortissement du matériel naval pourront être employées par le Conseil d'administration, soit à l'augmentation et au renouvellement de ce matériel, soit à l'amortissement du capital social, mais, dans ce dernier cas, en vertu d'une décision de l'Assemblée générale.

Sur les bénéfices, nets de toutes les charges, il est prélevé :

1° 5 0/0 pour constituer la réserve légale, ce prélèvement cessant d'être obligatoire, lorsque la réserve aura atteint le dixième du capital social ;

2° Toute autre somme, que le Conseil d'administration juge utile et dont il détermine l'importance, pour l'information d'un fonds de prévoyance.

L'excédent est réparti comme suit :

Un premier dividende de 40 francs, soit 8 0/0 du capital versé, est payé aux actions.

Ce qui reste est attribué :

3/4 aux actions ;
Et 1/4 à la Société de crédit mobilier, en exécution d'un traité du 19 octobre 1860, modifié le 7 avril 1869.

En cas d'insuffisance des produits d'une année pour fournir 25 francs par action, la différence peut être prélevée sur le fonds de réserve.

Obligations 3 0/0. — 300,000 obligations de 500 francs 3 0/0, dont l'émission a été autorisée par l'Assemblée générale du 30 juin 1887 pour la conversion en une seule dette 3 0/0 des divers emprunts de la Compagnie et notamment des obligations de 500 fr. 5 0/0, restant alors en circulation sur les 180,000 obligations 5 0/0 que la Compagnie avait créées en 1879, en 1882, en 1883, et en 1886 et qui étaient remboursables au pair de 1881 à 1910.

L'émission en a été faite le 25 octobre 1887, par la Compagnie générale transatlantique, la Banque transatlantique, le Crédit Lyonnais, la Société Générale, la Société de Crédit industriel et commercial et la Société de dépôts et comptes courants, au prix de 347 fr. 50 pour les obligations qui se sont libérées à la répartition du 31 octobre au 5 novembre, et pour les autres, au prix de 349 fr. 50 stipulées payables par termes échelonnés jusqu'au 15 janvier 1888.

Les souscriptions étaient admises soit en espèces, soit en obligations 5 0/0 reçues au prix de 512 fr. 50, c'est-à-dire avec bonification du coupon échéant le 1er janvier 1888.

Les obligations 3 0/0 nouvelles sont remboursables à 500 francs en 75 ans, du 1er avril 1888 au 1er octobre 1962, par tirages au sort semestriels en mars et septembre, pour le remboursement des titres sortis s'effectuer les 1er avril et 1er octobre suivant chaque tirage.

Pour répartir également les chances des tirages, les 300,000 obligations numérotées de 1 à 300.000 ont été divisées en 30 séries de 10,000 chacune, numérotées chacune de 1 à 10.000. Les tirages ont lieu par unités et pour une série seulement ; les numéros sortis sont valables pour les 29 autres.

Intérêt annuel : 15 francs payables par moitié les 1er avril et 1er octobre de chaque année.

Dividendes distribués. — 35 francs chaque année, de 1880 à 1883 ; 30 francs de 1883 à 1894, par an.

Cours moyens. — Les voici depuis 1887 :

	ACTIONS	OBLIGATIONS
1887	514 873	346 062
1888	538 080	345 446
1889	593 872	351 284
1890	621 104	391 265
1891	572 608	381 299
1892	570 967	375 710
1893	496 476	367 890

Obligations de la Compagnie Valéry. — La Compagnie générale Transatlantique à sa charge, jusqu'à concurrence de 83,157 0/0, le service de l'intérêt et de l'amortissement des obligations de 500 francs 6 0/0 émises en 1878 par la Compagnie maritime Valéry frères et fils, qui a pris en 1883 la dénomination de : « Compagnie insulaire de navigation à vapeur F. Morelli et Cie », et qui a été déclarée en faillite le 17 avril 1891.

En vertu de l'autorisation de l'Assemblée générale du 10 mars 1878, la Compagnie Valéry frères et fils a créé 14.578 obligations de 500 francs 6 0/0, qui ont été émises à 490 francs par la Société de dépôts et de comptes courants, les 10 et 11 mai 1878, remboursables à 500 francs en 30 ans, de 1879 à 1908, par tirages au sort semestriels en mars et septembre, pour le remboursement des titres sortis s'effectuer les 1er avril et 1er octobre suivant chaque tirage. Productives d'un intérêt annuel de 30 francs, payables par moitié le 1er avril et le 1er octobre de chaque année.

Résultats du dernier exercice (1894-95). — L'Assemblée générale des actionnaires de la Compagnie générale transatlantique a adopté à l'unanimité les résolutions suivantes :

1° Sont approuvés le rapport du Conseil d'administration et les comptes de l'exercice 1894, tels qu'ils résultent des écritures et du compte de profits et pertes ;

2° Sont approuvés les prélèvements et amortissements opérés, et, par suite, le bénéfice à répartir aux actionnaires est fixé à la somme de 1.200.000 francs, soit 15 francs par action, nets d'impôt sur le revenu ; le solde 22.121 fr. 29, est reporté à l'exercice nouveau ;

Un acompte de 7 fr. 50 ayant été payé le 1er janvier dernier, le complément de 7 fr. 50 sera payé le 1er juillet prochain ;

3° MM. Ernest Chabrier et Charles Géry, administrateurs sortants, sont réélus ;

4° Les pouvoirs des commissaires, MM. le colonel Chapeyron et Gaudry, sont renouvelés pour l'exercice 1895.

MESSAGERIES MARITIMES

Constitution. — Société anonyme, constituée le 19 janvier 1852, sous la dénomination de « Compagnie des services maritimes des Messageries Nationales », dénommée, à partir de 1853 : « Compagnie des services maritimes des Messageries Impériales » ; et, enfin, en 1871 : « Compagnie des Messageries Maritimes » tout court.

Objet d'après les statuts. — La Société a pour objet un service général de navigation et l'exploitation des services maritimes postaux de la Méditerranée, de l'Indo-Chine (Indes, Indo-Chine, Chine et Japon), du Brésil et de la Plata, de l'Australie et de la Nouvelle-Calédonie, et de la Côte orientale d'Afrique, dont les concessions résultent des lois des 8 juillet 1851, 17 juin 1857, 3 juillet 1861, 4 juillet 1868, 2 août 1875, 23 juin 1881 et 7 juillet 1887.

La Société se trouve actuellement régie par la loi du 7 juillet 1887, approbative d'une convention du 30 juin 1886, aux termes de laquelle :

Il est accordé à la Compagnie une subvention totale de 12.763.493 francs, à répartir entre les 481.674 lieues marines à parcourir sur l'ensemble des lignes, ladite subvention payable par douzièmes mensuels à terme échu.

La concession de l'exploitation des lignes postales a une durée de 15 ans à compter du 22 juillet 1888, c'est-à-dire qu'elle prendra fin le 22 juillet 1903.

Siège social. — A Paris, rue Vignon, 1. Bureaux et agence, à Marseille et à Bordeaux.

Durée. — A compter du décret d'autorisation, soit du 22 janvier 1852 jusqu'au 31 décembre 1901.

Capital social. — Fixé primitivement à 24 millions, divisé en 4.800 actions de 5.000 francs, qui ont été échangées, en 1855, contre 48.000 actions de 500 francs, à raison de dix nouvelles pour une ancienne, il a été porté par le décret du 18 juillet 1855, à 60 millions, puis 96 millions par décret du 11 décembre 1861. Il est représenté par des actions divisées en huit séries de 24.000 chacune, sur lesquelles les cinq premières séries seules ont été émises, soit ensemble 120.000 actions de 500 francs au porteur, entièrement libérées, émises à 500 francs savoir : 48.000 en octobre 1855, en échange des actions primitives de 5.000 francs ; 32.000 en janvier 1858 ; 30.000 en août 1861 et 10.000 en août 1868.

Les intérêts et dividendes se payent les 1er décembre (acompte) et 1er juin (solde).

Conseil d'administration. — De treize membres, renouvelables de neuf années en neuf années, devant être propriétaires chacun de 200 actions, et de quatre administrateurs-adjoints, propriétaires chacun de 100 actions, inaliénables pendant la durée de leurs fonctions.

Les administrateurs actuels sont :

MM. A. Soufflot, *président honoraire* ; Girette, *président* ; Lefèvre-Pontalis, *vice-président* ; Babin, H. Bergasse, Besnier, J. Cambefort, Jagerschmidt, Lefebvre-Desvallières, A. Musnier, Noël, Tranchant.

Directeur général. — M. Lecat.

Assemblée générale. — Dans le courant de mai (à défaut de convocation, elle se réunit de plein droit le 1ᵉʳ lundi de juin), composée des porteurs de 20 actions au moins, qui les ont déposées dix jours avant l'époque fixée pour la réunion. 20 actions donnent droit à une voix. Le même actionnaire ne peut réunir plus de dix voix, soit par lui-même, soit comme mandataire.

Répartition des bénéfices d'après les statuts. — Sur les bénéfices nets des charges sociales, il est prélevé :

1° Une retenue destinée à constituer un fonds de réserve pour les dépenses imprévues ;

2° Une retenue destinée à constituer un fonds d'amortissement et calculée de façon à couvrir les dépréciations et l'usure du matériel ;

La quotité de ces retenues sera fixée chaque année par le Conseil d'administration ; la quotité de la première ne pourra être inférieure à 5 0/0 des bénéfices nets.

L'excédent des bénéfices est réparti entre tous les actionnaires.

Obligations 4 0/0. — 70.000 obligations de 500 francs 4 0/0, libérées et au porteur, remboursables au pair par tirages au sort annuels, ayant lieu en septembre, pour le remboursement des titres sortis s'effectuer le 1ᵉʳ octobre suivant.

Intérêt annuel : 20 francs, payables par moitié, les 1ᵉʳ avril et 1ᵉʳ octobre de chaque année.

Ces obligations ont fait l'objet de deux émissions, savoir :

1° — 1ʳᵉ *Émission* de 50.000 obligations, créée en représentation d'un emprunt de 25 millions, autorisé par l'Assemblée générale du 31 mai 1887, et sur lequel 11 millions ont été affectés, jusqu'à due concurrence, au remboursement ou à la conversion des sommes restant à amortir sur la dette de la Compagnie ; remboursables en quarante ans, de 1889 à 1928. Ces obligations ont été émises à 480 francs, le 23 février 1888, en souscription réservée de préférence aux actionnaires, à raison d'une obligation pour quatre actions, et aux porteurs d'obligations 5 0/0 dans les conditions suivantes : Les obligations 5 0/0 lors en circulation pouvaient être échangées contre des obligations 4 0/0, titre pour titre. Le porteur d'une obligation 5 0/0, qui optait pour l'échange, recevait un nouveau titre 4 0/0, plus une soulte en espèces de 19 fr. 27, plus le coupon d'avril échu sur l'ancien titre.

Les obligations 5 0/0, qui n'ont pas été présentées à l'échange, ont été remboursées dès le 1ᵉʳ avril 1888, à raison de 499 fr. 27, plus le coupon du 1ᵉʳ avril et, par suite, ces titres ont été supprimés de la cote officielle, le 3 avril.

2° — 2° *Émission* de 20.000 obligations, faisant partie d'une création de 40.000 obligations, représentant un emprunt de 20 millions, autorisé par délibération de l'assemblée générale du 30 mai 1891. Ces 20.000 obligations, émises à 490 francs, le 1ᵉʳ juillet 1891, en souscription réservée de préférence aux actionnaires, jusqu'à concurrence de 10.000 obligations, remboursables en 37 ans, de 1892 à 1928.

Dividendes distribués. — Dès le principe, lorsqu'il n'y eut que 1.200 actions, les dividendes furent de 60 francs en 1852, 75 francs en 1853, 70 francs en 1854, 120 francs en 1855 ; lorsqu'il y en eut 24.000 en 1856, 50 francs ; lorsqu'il y en eut 48.000 : 30 francs en 1857, 40 francs en 1858, 60 francs en 1859 et 1860 ; lorsqu'il y en eut 80.000 : 50 francs en 1861, 55 francs en 1862 et 1863.

Voici maintenant quels ont été les répartitions depuis 1880 (120.000 actions) : 1880 à 1882, 35 francs par an ; 1883, 30 francs ; 25 francs en

1884 et 1885 ; 30 francs de 1886 à 1891, chaque année ; 25 francs en 1892.

Cours des titres. — Les voici depuis 1888 :

ACTIONS		OBLIGATIONS 4 0/0	
1888	614 983	1888	485 267
1889	646 862	1889	495 984
1890	683 403	1890	509 240
1891	669 495	1891	505 246
1892	664 883	1892	513 330
1893	636 894	1893	515 935

Résultats du dernier exercice (1894-95). — L'assemblée annuelle de cette Société s'est tenue le 30 mai 1895.

Dans son ensemble, l'exploitation de 1894 dénote un trafic plus réduit que durant l'exercice précédent : des recettes proportionnellement moins élevées et d'importantes diminutions du côté des dépenses. Aussitôt l'expédition de Madagascar décidée, l'escale de Majunga a été introduite dans les itinéraires des lignes de la côte orientale d'Afrique et du service annexe reliant Mahé avec les îles Mascareignes. De cette façon, il a été possible, dès le début des opérations, de communiquer deux fois par mois avec Majunga. La Compagnie a affreté au département de la Marine, pour le transport des troupes et du matériel de l'expéditon, l'*Adour*, la *Dordogne*, le *Tigre*, l'*Ava*, le *Douro* et le *Guadalquivir*. Les cinq premiers transports sont arrivés à Majunga après avoir accompli leur traversée dans de bonnes conditions. Le *Guadalquivir* avait quitté Marseille seulement le 17 mai. Ces résultats ont été obtenus sans porter atteinte aux services obligatoires, et sans que le fonctionnement régulier des lignes facultatives ait été atteint.

Sous le rapport des parcours, l'exercice 1894 accuse 32.559 lieues de moins que le précédent (802.086 lieues au lieu de 834.645). La diminution porte exclusivement sur la partie de l'exploitation qui comprend les voyages facultatifs. La diminution des parcours devait entraîner, comme conséquence, une réduction dans l'importance des transports. Les passagers sont en diminution de 5.514, dont 4.191 pour le service de l'Océan Atlantique.

Il a été transporté 6.840.938 colis, formant ensemble 566.425 tonnes. Par rapport à 1893, il y a une diminution de 536.056 colis et de 22.645 tonnes.

Les recettes de 1894 ont été de . . . . fr.	52.450.929 39
Les dépenses de . . . . fr.	48.063.761 80
Excédent . . . . fr.	4.387.167 59
L'intérêt de la dette a absorbé . . . . fr.	1.328.515 »
Le dividende de 25 francs pour 120.000 actions représente. . . . . fr.	3.000.000 »
On a reporté à nouveau. . . . . fr.	58.652 59
	4.387.167 59

L'assemblée a autorisé le Conseil a émettre, quand il le jugerait opportun, un emprunt de 45.000.000 de francs, à un taux d'intérêt à déterminer, mais en tout cas inférieur à 4 0/0. Cet emprunt sera affecté en premier lieu au remboursement ou à la conversion des obligations 4 0/0 actuellement en circulation. L'on voit que, pour les Sociétés dont le crédit est bien établi, on peut arriver à convertir des obligations 4 0/0.

ÉLECTRICITÉ

ÉLECTRICITÉ

GRANDE SOCIÉTÉ DES TÉLÉGRAPHES DU NORD

Constitution. — Société danoise formée le 23 février 1872.

Objet d'après les statuts. — Le but de la Société est d'exploiter en conformité des concessions exclusives accordées à cet effet, les lignes télégraphiques sous-marines ci-après; savoir :

1° Câbles en Europe d'une longueur d'ensemble 3.515 milles marins : — Entre l'Angleterre et le Danemark ; — entre l'Angleterre (Danemark) et la Suède ; — entre l'Angleterre (Norwège) et la Suède ; — entre l'Angleterre et la Norwège ; — entre la France et le Danemark ; — entre le Danemark et la Norwège ; — entre le Danemark et la Russie ; — entre la Suède et la Russie.

2° Câbles en Chine et Japon, d'une longueur d'ensemble 3.509 milles marins : — Entre la Russie et le Japon ; — entre le Japon et la Chine ; — entre le Japon et la Corée ; — entre la Chine et la Chine (Shangaï et Amoy, Amoy et Hong-Kong, Canton et Hong-Kong, Kowloon et Hong-Kong).

Ces deux groupes de câbles sont reliés entre eux par les lignes télégraphiques aériennes du gouvernement russe.

La Société a obtenu du gouvernement français pour l'expédition des dépêches transitant par les câbles reliant la France au Danemark, divers avantages qui ont fait l'objet de deux conventions en date des 12 octobre 1872 et 15 octobre 1890, dont la durée expirera le 1er janvier 1916.

Siège social. — A Copenhague.

Capital social. — 13 500.000 rigsdalers ou 37.500.000 francs ; divisé en 150.000 actions de 250 francs (ou 90 rigsdalers ou 10 liv. st.) au porteur entièrement libérées, émises au pair.

Les intérêts et dividendes se payent, savoir :

Les intérêts par semestre, à raison de 5 0/0, par moitié, les 1ᵉʳ janvier et 1ᵉʳ juillet;

Et le dividende, en une seule fois, en avril ou mai, après fixation par l'Assemblée générale.

Conseil d'administration. — De huit membres.

Les administrateurs actuels sont :

MM. C.-F. Tietgen, *président*; S.-A. Bille, Hoskiær, Melchior Tobiesen, A. Garde. M. Suenson.

Directeur-administrateur. — M. Suenson.

Assemblée générale. — A Copenhague, en avril, composée de tous les actionnaires qui ont fait constater leur droit de suffrage, au plus tard, la veille de l'Assemblée, au bureau de Copenhague, ou huit jours au plus tard, avant la réunion, au bureau de Londres. Chaque actionnaire a autant de voix qu'il a d'actions, soit en son nom, soit comme mandataire.

Répartition des bénéfices d'après les statuts. — Le produit net de la Société se répartit comme suit :

10 0/0 sont mis de côté annuellement pour un fonds de réserve et de renouvellement.

5 0/0 sont payés aux actionnaires sur le fonds social versé;

Sur l'excédent, 5 0/0 sont dus au Conseil d'administration comme tantième, qui, toutefois, ne doit pas dépasser le montant total de 13.500 rigsdalers (ou 1.500 liv. st.). Le reste est payé aux actionnaires comme dividende.

Dividendes distribués. — 1880 : 15 fr. 97 ; 1881, 18 fr. 75 ; de 1882 à 1887, 20 francs par an ; de 1886 à 1889, 18 fr. 75 par an ; de 1891 à 1892 ; 21 fr. 50 par an.

Résultats du dernier exercice (1894-95). — Le rapport présenté à l'assemblée annuelle des actionnaires de la grande Compagnie des Télégraphes du Nord, fait ressortir que, pendant l'exercice 1894, six câbles d'Europe ont été interrompus treize fois et que cinq des câbles d'Asie ont subi neuf interruptions. Malgré cela, l'année se traduit par un résultat supérieur à celui des exercices précédents.

Sur le solde bénéficiaire de 1894, soit . . . . . . Fr.		7.686.910 96
il a d'abord été pris, pour amortissement de cent obligations et intérêts des autres obligations existantes	443.750 »	
Fonds d'amortissement extraordinaire. . . .	694.444 44	
		1.188.194 44
Il reste donc disponible		6.498.716 52
dont la répartition a été ainsi faite :		
Fonds de réserve et de renouvellement		2.083.333 33
Prélèvement statutaires		106.944 45
Dividende de 21 fr. 50 à chacune des 250.000 actions de 250 francs		3.229.166 66
Report à nouveau		1.079.272 08
Total égal . . . . Fr.		6.498.716 52

Il eût été possible d'augmenter l'importance du dividende, au lieu de le maintenir au chiffre dont il n'a pas varié depuis cinq ans, mais la Compagnie a préféré appliquer le surplus des recettes à un fonds d'amortissement extraordinaire, destiné à amortir la dette dès qu'il sera possible d'augmenter le tirage annuel des obligations.

Le fonds de réserve et de renouvellement était, au 1ᵉʳ janvier 1894, de . . . . Fr. 21.574.207 65
que l'affectation ci-dessus. 2.083.333 33

a élevé à. 23.657.540 98
Mais il a été débité, pendant l'exercice, pour câble de réserve, etc., etc. 369.483 45

Ce qui le ramène au 31 décembre 1894 à . . . . . . Fr. 23.288.057 53

SOCIÉTÉ POUR LES APPLICATIONS INDUSTRIELLES DE L'ÉLECTRICITÉ

Constitution. — Société en commandite par actions, constituée le 12 décembre 1887.

Objet d'après les statuts. — La Société a pour objet :

1° La fabrication, l'achat et la vente de matériel pour installations électriques de tout genre;

2° L'étude de tout projet se rattachant d'une façon générale à l'application de l'électricité et la prise de tous brevets; leur application ou même leur cession partielle ou totale;

3° La création et l'exploitation de stations centrales, pour la distribution de l'électricité et notamment en faisant l'application du système Zipernowski Deri-Blathy, de distribution électrique, dont le droit exclusif d'application est apporté à la Société, par MM. Lombard-Gérin, de Pascal et de Ferrers, pour les vingt-trois départements suivants : Ain, Ardèche, Basses-Alpes, Bouches-du-Rhône, Alpes-Maritimes, Côte-d'Or, Hautes-Alpes, Drôme, Doubs, Hérault, Gard, Haute-Savoie, Jura, Isère, Savoie, Haute-Loire, Puy-de-Dôme, Rhône, Saône-et-Loire, Var et Vaucluse, et pour la principauté de Monaco;

4° La cession desdites stations, et, d'une façon générale, toutes les applications de l'électricité, de quelque nature qu'elles soient.

Siège social. — Lyon, 31, quai Saint-Vincent.

Durée. — 50 ans.

Capital social. — A l'origine, 300.000 francs, divisé en 60 actions nominatives de 5.000 francs chacune, entièrement libérées.

Par décision de l'Assemblée générale du 28 mai 1892, le capital a été porté à 600.000 francs, et divisé en 1.200 actions de 500 francs chacune, entièrement libérées, nominatives ou au porteur. Cent *parts de fondateur* sont en outre attribuées aux fondateurs.

Conseil d'administration. — La Société est administrée par M. Lombard-Gerin, Gérant ayant seul la signature sociale et la Direction des affaires de la Société. Le Gérant devra être propriétaire de quarante actions déposées en garantie de sa gestion. Il y a un Conseil de surveillance, composé de trois à cinq membres, nommés pour un an, renouvelables chaque année à raison d'un membre par an, et devant être propriétaires de vingt actions chacun, actuellement formé de MM. Galut Jullien, Antoine Riboud, Charles Lavenir et Em. Cottet.

Assemblée générale. — En octobre composée de tous les Actionnaires propriétaires de dix actions. Chaque membre a autant de voix qu'il possède de fois dix actions, sans que le nombre de voix puisse dépasser un maximum de vingt comme propriétaire ou comme mandataire.

Répartition des bénéfices d'après les statuts. — Sur les bénéfices, il est prélevé :

1° 5 0/0 pour former un fonds de réserve, ce prélèvement cessant d'être obligatoire lorsque la réserve atteindra le dixième du capital social.

2° Une somme destinée à la formation d'un fonds spécial d'amortissement ; ce prélèvement pourra être suspendu lorsque ce fonds atteindra la moitié du fonds social.

3° Somme suffisante pour assurer aux Actionnaires une première répartition, jusqu'à concurrence de 5 0/0 du capital versé.

En cas d'insuffisance des produits d'une année pour servir 5 0/0, la différence pourra être prélevée sur le fonds de réserve ou d'amortissement.

Le surplus des bénéfices est réparti ainsi qu'il suit : 2 0/0 au Conseil de surveillance, 28 0/0 au Gérant, 60 0/0 aux Actionnaires et 10 0/0 aux parts de fondateur.

Si le capital est porté à un million, le surplus se répartira : 2 0/0 au Conseil d'administration, 16 0/0 au Gérant, 75 0/0 aux Actionnaires, et 7 0/0 aux parts de fondateur.

SOCIÉTÉ INDUSTRIELLE
DES TÉLÉPHONES

Constitution. — Société anonyme, constituée le 18 octobre 1893.

Objet d'après les statuts. — 1° La fabrication, la vente, l'installation et l'exploitation d'appareils et matériel ayant pour but une application quelconque de l'électricité ;

2° La construction, la pose, l'exploitation de tous câbles électriques, télégraphiques, téléphoniques, souterrains, sous-marins ou aériens, et généralement de tous câbles servant à la transmission de la lumière et de la force ;

3° La fabrication et la vente de tous objets comportant l'emploi du caoutchouc, de la gutta-percha et de leurs dérivés ou similaires ;

4° La création et l'exploitation de tous réseaux téléphoniques, télégraphiques et installations électriques de tous pays ;

5° La création, l'acquisition, la location, l'exploitation de toutes usines et immeubles, bateaux, machines, matériel de toute nature, nécessaires ou utiles à l'exercice des industries ci-dessus énoncées ;

6° L'exploitation des brevets apportés à la Société et de tous autres, dont elle pourra devenir propriétaire par la suite, par acquisition, apport ou de toute autre manière.

La Société pourra aussi concourir ou s'intéresser, dans telle forme qu'elle jugera convenable, à la formation et à la constitution de Sociétés similaires ou susceptibles de fournir les matières qui lui sont nécessaires, ou d'utiliser les produits de sa fabrication.

Enfin, elle pourra faire tous les actes de commerce et d'industrie se rattachant directement ou indirectement aux objets ci-dessus définis.

Siège social. — A Paris, rue du Quatre-Septembre, 25.

Durée. — 50 ans à compter de la constitution définitive, soit du 18 octobre 1893 au 18 octobre 1943.

Capital social. — Le capital social a été fixé à l'origine à 15.600.000 francs divisé en 52.000 actions de 300 francs, sur lesquelles : 2.000 ont été souscrites en espèces et au pair, et 50.000 ont été attribuées, entièrement libérées, à la liquidation de la Société générale des téléphones (réseaux téléphoniques et constructions électriques) en représentation de l'apport, pour une valeur de 15 millions, de ses établissements et de son actif, à l'exception notamment de ses créances contre l'Etat et la Ville de Paris.

Par décisions des assemblées générales des 18 novembre et 9 décembre 1893, le capital social a été porté de 15.600.000 francs à 18 millions, par la création de 8.000 actions nouvelles de 300 francs, qui ont été attribuées, entièrement libérées, soit pour une valeur de 2.400.000 francs, à MM. Menier, comme gérants de la Société en nom collectif Menier, en représentation de l'apport de leurs établissements de Paris, matériel, brevet, etc., et ce, indépendamment d'une somme de 1.600.000 francs en espèces.

Le capital social actuel est donc de 18 millions de francs, divisé en 60.000 actions de 300 francs libérées et au porteur.

Conseil d'administration. — De sept à quinze membres, nommés pour six ans, devant être propriétaires chacun de 100 actions inaliénables pendant la durée de leurs fonctions.

Les administrateurs actuels sont : MM. Richemond, président ; H. Menier, vice-président ; H. Léauté, administrateur-délégué ; Delaunay-Belleville, Berthon, Denfert-Rochereau, S. Dervillé, E. May, Paraf, Vernes, E. Vlasto, Wallerstein, L. Veiller.

Assemblée générale. — En novembre, au plus tard, composée des propriétaires d'au moins 5 actions, les ayant déposées cinq jours au moins avant la date de la réunion. Chaque actionnaire a autant de voix qu'il possède de fois 5 actions, soit comme propriétaire, soit comme mandataire.

Répartition des bénéfices d'après les statuts. — Sur les bénéfices annuels, nets de toutes les charges sociales, il est prélevé :

1° Un vingtième affecté au fonds de réserve légale, jusqu'à ce que ce fonds atteigne le dixième du capital social ;

2° La somme nécessaire pour fournir aux actions un premier dividende de 5 0/0 du capital versé.

Après ces prélèvements :

Il est attribué 10 0/0 du reliquat au Conseil d'administration.

Une part de 5 0/0 est mise à la disposition du Conseil d'administration pour être affectée à des rémunération à la direction et au personnel.

Enfin, sauf la portion que l'assemblée générale pourra affecter à la formation de réserves spéciales et fonds de prévoyance, le surplus des bénéfices est réparti entre toutes les actions.

Obligations 4 0/0. — 20.000 obligations de 500 francs 4 0/0, libérées et au porteur, créées par délibération de l'Assemblée générale du 9 décembre 1893, émises à 445 francs.

Remboursables à 500 francs, par tirages au sort semestriels, en 50 ans, du 1er janvier 1895 au 1er juillet 1944

Intérêt annuel : 20 francs payables par moitié les 1er janvier et 1er juillet de chaque année.

COMPAGNIE CENTRALE D'ÉLECTRICITÉ

Constitution. — Société anonyme, formée le 20 mai 1892.

Objet d'après d'après les statuts. — La Société a pour objet :

1° L'exploitation de l'usine électrique établie à Pontcharra (Rhône).

2° La création et l'exploitation d'une usine électrique à Renaison, canton de Saint-Haon-le-Châtel, arrondissement de Roanne (Loire), en vue de l'éclairage, la force motrice et la distribution d'eau, pour laquelle M. Razy sollicite une concession de la ville.

3° La création et l'exploitation de toutes usines distribuant l'énergie électrique, soit pour l'éclairage, soit pour la force motrice dans toutes les autres villes des départements du Rhône, de la Loire, de la Haute-Loire, de Saône-et-Loire, de l'Ain, du Jura, de l'Isère et de l'Ardèche.

4° L'obtention de toutes concessions pour éclairage électrique et pour force motrice, par tous procédés.

5° L'utilisation des forces motrices obtenues, à toutes ses applications et sous toutes ses formes.

En un mot, toutes opérations relatives à l'éclairage et à la force motrice par l'électricité, soit seule, soit avec tous moyens venant l'aider ou se joindre à elle.

Concession. — Accordée par la Ville de Pontcharra à M. Razy, pour une durée de quarante ans, par traité en date du 15 septembre 1891.

Siège social. — Lyon, 14, rue des Archers.

Durée. — Quarante ans.

Capital social. — 120.000 francs, divisé en 240 actions nominatives ou au porteur, de 500 francs chacune, dont 80 entièrement libérées ont été attribuées à M. Razy, pour ses apports et 160 souscrites en espèces.

Conseil d'administration. — Composée de trois à cinq membres, pour six ans, renouvelables par fraction tous les deux ans, et devant être propriétaires de dix actions chacun.

Directeur technique : M. Razy.

Assemblée générale. — Courant avril. Composée de tous les actionnaires propriétaires de cinq actions, au moins, qui les auront déposées cinq jours avant l'assemblée. Chaque membre a autant de voix qu'il possède de fois cinq actions, sans que le nombre de voix puisse dépasser un maximum de dix, comme propriétaire ou comme mandataire.

Répartition des bénéfices d'après les statuts. — Les bénéfices sont répartis ainsi qu'il suit :
5 0/0 pour former un fonds de réserve, ce prélèvement cessant d'être obligatoire lorsque la réserve atteindra le dixième du capital social ;
10 0/0 destinés à la formation d'un fonds de réserve extraordinaire ;
5 0/0 à M. Razy, fondateur, ou à ses ayants-droits ;
10 0/0 au Conseil d'administration ;
70 0/0 aux actionnaires.
Dans les charges sociales sont compris : 1° l'intérêt à 5 0/0 du capital social ; 2° l'amortissement du matériel.

L'ÉCLAIRAGE ÉLECTRIQUE

Constitution. — Société anonyme, constituée le 16 juin 1882. (Fusion de la Compagnie générale d'Electricité et de la Société Indienne d'Electricité).

Objet d'après les statuts. — La Société a pour objet l'exploitation de toutes les applications de l'électricité, et, notamment, celles concernant l'éclairage public et privé.
Elle peut faire tous actes de commerce et d'industrie se rattachant, directement ou indirectement, à cette exploitation, en France et à l'Etranger.

Siège social. — Paris, place Vendôme, 15.

Durée. — Cinquante ans du jour de la constitution définitive, soit du 16 juin 1882 au 16 juin 1932.

Capital social. — Le capital social a été fixé à l'origine à 6.550.000 francs et divisé en 13.100 actions de 500 fr. sur lesquelles :
500 actions ont été souscrites en espèces au pair et libérées de 250 fr.;
11.500 ont été attribuées entièrement libérées à la liquidation de la Compagnie générale d'Electricité, en représentation de ses apports énoncés aux statuts et consistant notamment en sa clientèle, ses brevets et licences, une somme de 200 000 fr. en espèces, un terrain de 4.122 mètres rue Lecourbe, etc., etc.
500 actions ont été attribuées entièrement libérées à la liquidation de la Société Indienne d'électricité, en représentation de l'apport de son brevet Jablochkoff pour l'Inde, etc.
Et les 600 de surplus à MM. Maxime et Nichols de New-York, en représentation de brevets.
Par décision des Assemblées générales des 27 mai et 12 juin 1886, le capital social a été réduit de 6.550.000 francs à 2.570.000 francs.
Les dividendes sont payables après fixation par l'Assemblée générale, ordinairement le 1ᵉʳ janvier.

Conseil d'administration. — De six à douze membres renouvelables par tiers tous les ans, devant être propriétaires chacun de vingt actions inaliénables pendant la durée de leurs fonctions.

Les administrateurs actuels sont MM. Marcilhaay, *président;* Bompard, *vice-président*; Laforgue, administrateur délégué; Carimantrand, Duchateau, Dreyfus, Fabry, Weiller. Directeur : M. Ern. Boistel.

Assemblée générale. — En novembre, composée de tous les propriétaires de quatre actions, qui les ont déposées dix jours avant la date de la réunion. Dix actions donnent droit à une voix sans que le même actionnaire puisse avoir plus de 40 voix pour lui-même et plus de 40 voix comme mandataire.

Répartition des bénéfices d'après les statuts. — Sur les bénéfices nets acquis, il est prélevé :

1° Un vingtième pour la formation du fonds de réserve légale, jusqu'à ce que ce fonds atteigne le dixième du capital social;

2° La somme suffisante pour payer aux actionnaires 5 0/0 du capital social;

3° Pour la formation d'un fonds d'amortissement d'immeubles et de matériel, des tantièmes à déterminer par le conseil d'administration, et qui ne pourront excéder 5 0/0 pour les immeubles et 10 0/0 pour le matériel industriel.

Sur le surplus il est attribué 10 0/0 au Conseil d'administration. En outre une allocation de 5 0/0 sera mise à la disposition du conseil pour l'attribuer à titre de participation aux bénéfices, aux administrateurs délégués ou aux directeurs qui seraient pris en dehors du conseil.

L'excédent sera réparti savoir :
80 0/0 aux actionnaires à titre de dividende;
Et 20 0/0 aux propriétaires des 5.000 parts de fondation.

COMPAGNIE LYONNAISE D'ÉLECTRICITÉ

Constitution. — Société anonyme constituée le 30 juin 1886.

Objet d'après les statuts. — La Société a pour objet :

1° La production et la distribution de l'électricité, soit pour l'éclairage public ou privé, soit pour les forces motrices, dans toutes les villes de France et de l'Etranger;

2° L'utilisation sous toutes ses formes et dans toutes ses applications des forces motrices créées;

3° L'obtention de toutes concessions et leur réalisation, soit par voie d'exploitation directe, soit par voie de location ou de cession;

4° Enfin toutes opérations connexes auxdites industries.

Concessions. — La Société a la concession de l'éclairage dans les villes de La Roche-sur-Foron (Haute-Savoie), Pertuis (Vaucluse), et Oyonnax (Ain).

Siège social. — Lyon, 10, place des Célestins.

Durée. — 60 ans.

Capital social. — A l'origine, 300.000 francs, divisé en 600 actions de 500 francs.

Porté par décision de l'Assemblée générale du 17 décembre 1888, à 400.000 francs, divisé en 800 actions de 500 francs chacune, nominatives ou au porteur, entièrement libérées.

300 parts de fondateur ont été attribuées au fondateur.

Conseil d'administration. — Composé de cinq à sept membres, nommés pour cinq ans, renouvelables par cinquième chaque année, et devant être propriétaires de dix actions chacun.

Administrateurs : MM. Germain de Montauzan, *président* ; Crochet, de Missolz, Berne, Henri Fontaine.

Administrateur-délégué : M. J. Raclet.

Répartition des bénéfices d'après les statuts. — Sur les bénéfices, il est prélevé :

1° 5 0/0 pour former un fonds de réserve, ce prélèvement cessant d'être obligatoire lorsque la réserve atteindra le dixième du capital social.

2° Somme suffisante pour assurer aux Actionnaires une première répartition, jusqu'à concurrence de 5 0/0 du capital versé.

Le surplus des bénéfices est réparti ainsi qu'il suit :
10 0/0 au Conseil d'administration ;
10 0/0 pour constituer une réserve spéciale.
65 0/0 aux Actionnaires.
15 0/0 aux Parts de fondateurs.

Assemblée générale. — Dans le semestre qui suit l'inventaire, composée de tous les Actionnaires propriétaires de dix actions au moins. Chaque membre a autant de voix qu'il possède de fois dix actions, sans que le nombre de voix puisse dépasser un maximum de dix, comme propriétaire ou comme mandataire.

Obligations. — 600 obligations, autorisées par décision des Assemblées générales des Actionnaires des 30 avril et 12 août 1889, émises à 475 francs.

Remboursables à 500 francs, en 30 ans, de 1883 à 1924, par tirages au sort annuels, à compter de 1893.

Garantie. — L'actif de la Société.

Intérêt annuel : 25 francs, payables par semestres, les 15 juillet et 15 janvier de chaque année.

COMPAGNIE CONTINENTALE EDISON

Constitution. — Société anonyme, constituée le 17 février 1882. (Absorption en 1886 de la Société électrique Edison et de la Société commerciale et industrielle Edison.)

Objet d'après les statuts. — La Société a pour objet :

1° L'exploitation au point de vue industriel de tout ce qui a rapport à l'électricité et principalement des brevets délivrés et à délivrer à M. Thomas Alva Edison, de New-York, y compris les certificats d'additions et d'améliorations y afférents et concernant le mesurage, la distribution et l'emploi de l'électricité pour l'éclairage et la force motrice.

La Société pourra faire partie, comme sociétaire, de Sociétés commerciales et s'intéresser dans des Sociétés par actions ou Sociétés en commandite par actions, en souscrivant des actions ou parts de fondateurs. Elle pourra établir des agences, des succursales et des Sociétés en commandite où bon lui semblera.

2° L'achat et la vente de tous brevets se rattachant à l'électricité, l'acquisition et la cession de toutes licences, en un mot la mise en valeur, sous quelque forme que ce soit, des brevets Edison ou autres, mais sous les conditions qui sont stipulées aux statuts ;

3° La fabrication et la vente de matériel et d'appareils nécessaires à l'exploitation des inventions de M. Edison, ainsi que les perfectionnements qui pourraient y être apportés pour la production de la lumière et la transmission de la force motrice et, d'une manière générale, la fabrication de tous appareils d'industries quelconques.

Siège social. — A Paris, rue de Chateaudun, 28.

Durée. — 50 ans du jour de la constitution définitive, soit du 17 février 1882 au 17 février 1932.

Capital social. — Le capital avait été fixé à l'origine à un million et divisé en 400 actions de 2.500 francs, libérées et au porteur.

Il avait été créé en outre 8.000 parts de fondateur qui ont été remises à M. Edison et à la Compagnie Américaine The Edison Light C° of Europe, limited, fondateurs de la Société.

Par décision des Assemblées générales des 22 et 28 décembre 1886 :
1° les 400 actions de 2.500 francs ont été remplacées par 2.000 actions de 500 francs libérées et échangées à raison de cinq actions nouvelles de 500 francs, contre une ancienne de 2.500 francs.

Le capital social a été élevé de un million à 3.500.000 francs par la création de 5.000 actions nouvelles de 500 francs qui ont été remises, entièrement libérées, à raison de :

2.000 à la Société électrique Edison, et 3.000 à la Société industrielle et commerciale Edison, en représentation de l'apport fait à la Compagnie continentale par les deux autres Sociétés de tout leur actif, après extinction de leur passif.

Et ce, conformément aux résolutions des Assemblées générales desdites Sociétés en date du 22 décembre 1886.

Le capital de la Compagnie continentale Edison, de 3.500.000 francs, s'est ainsi trouvé représenté par 7.000 actions de 500 francs entièrement libérées et au porteur.

Il a été créé en outre 6.000 parts de fondateur nouvelles, dont :

3.000 ont été échangées contre les 3.000 parts de la Société électrique;

Et 3.000 ont été échangées contre les 3.000 parts de la Société industrielle et commerciale Edison.

Ce qui fait ressortir à 14.000 le nombre total des parts de fondateur de la Compagnie continentale Edison, donnant droit à 35 0/0 des bénéfices, après les prélèvements stipulés aux statuts.

Par délibération du Conseil d'administration du 7 juin 1887, prise en conformité de l'autorisation conférée par l'Assemblée générale du 22 décembre 1886, et conformément à la délibération de l'Assemblée générale du 25 août 1887, le capital social a été élevé de 3.500.000 à 7.000.000, par la création de 7.000 actions nouvelles de 500 francs, qui ont été émises au pair en souscription réservée, du 11 au 23 juillet 1887, aux actionnaires, jusqu'à concurrence de 50 0/0, à raison de une action nouvelle pour deux anciennes. Ces 7.000 actions créées, libérées de 250 fr. et nominatives, sont entièrement libérées et au porteur, depuis le 5 novembre 1888.

Le capital social s'est ainsi trouvé représenté par 14.000 actions de 500 francs libérées et au porteur.

L'Assemblée générale du 16 avril 1889 a autorisé le Conseil d'administration à porter le capital social de 7 à 15 millions, en une ou plusieurs fois.

Par délibération du Conseil d'administration, prise en conformité de cette autorisation et conformément à la délibération de l'Assemblée générale du 9 juillet 1889, le capital a été élevé de 7 à 10 millions par la création de 6.000 actions nouvelles de 500 francs, qui ont été émises au pair, du 21 au 31 mai 1889, en souscription réservée de préférence, jusqu'à concurrence de 50 0/0, aux anciens actionnaires, à raison de trois actions nouvelles pour quatorze anciennes. Ces actions créées, libérées de 250 francs, sont entièrement libérées depuis le 31 décembre 1889.

En sorte que le capital social actuel de dix millions se trouve représenté par 20.000 actions de 500 francs libérées et au porteur.

Les intérêts et dividendes sont payables aux époques fixées par le Conseil d'administration et dans l'année qui suit la clôture de l'exercice auquel ils sont attribués. Toutefois, pour le premier semestre de chaque année, le Conseil est autorisé à distribuer un acompte sur les bénéfices réalisés.

Conseil d'administration. — De trois à douze membres nommés pour six ans, renouvelables par moitié tous les trois ans, devant être propriétaires chacun de dix actions inaliénables pendant la durée de leurs fonctions.

Les administrateurs actuels sont :

MM. Ch. Porgès, *président*; Richemond, *vice-président*; Bénard, Bruneau, Chatard, A. Ellissen, Elie Léon, L. Rau.

Assemblée générale. — Dans le premier semestre, composée de tous les propriétaires de dix actions qui les ont déposées quinze jours avant la date de la réunion. Chaque actionnaire a autant de voix qu'il représente de fois dix actions, soit par lui-même soit comme mandataire, mais sans pouvoir en aucun cas réunir plus de vingt voix.

Répartition des bénéfices d'après les statuts. — Les produits de la Société servent d'abord à acquitter les dépenses et charges de la Société.

Dans ces charges est compris un prélèvement, au profit des parts de fondateur, consistant en une redevance de 0 fr. 20 par lampe sur chaque lampe à incandescence employée ou vendue.

Sur les bénéfices nets des charges, il sera prélevé :

5 0/0 pour la constitution du fonds de réserve légale ;

Et une somme suffisante pour payer un intérêt de 6 0/0 du capital versé.

Sur le surplus il sera attribué :

1° 15 0/0 au Conseil d'administration ;

2° 50 0/0 aux actionnaires comme dividende supplémentaire ;

3° Et 35 0/0 aux parts de fondateurs.

Il pourra être créé un fonds spécial d'amortissement destiné à rembourser le capital-actions de la Société. L'Assemblée générale fixera l'époque à laquelle commencera l'amortissement et en règlera les conditions, soit par rachat ou autrement. La somme attribuée à cet amortissement ne pourra excéder 12 0/0 des bénéfices annuels, après les prélèvements pour la réserve légale et pour l'intérêt à 6 0/0 du capital-actions.

Les actions amorties seront remboursées à 500 francs et seront remplacées par des actions de jouissance.

La Compagnie garantit aux *parts de fondateurs* un revenu annuel minimum de trois francs par part jusqu'au 1er janvier 1900 et à partir de la fusion des trois Sociétés Edison. Si ce revenu annuel de trois francs ne pouvait être fourni par la redevance de 0 fr. 20 par lampe et par le prélèvement de 35 0/0 sur le dividende, il sera, jusqu'au 1er janvier 1900, prélevé, avant le payement des intérêts des actions et la répartition des bénéfices une somme suffisante pour garantir à chaque part de fondateurs ladite somme annuelle de trois francs. Et si cette somme ne pouvait être soldée sur un ou plusieurs exercices, la différence serait reportée et ajoutée aux exercices suivants avant tout payement d'intérêts ou répartition de bénéfices.

Obligations 4 0/0. — Il y a eu d'abord 6.000 obligations de 500 francs 5 0/0 émises à 450 francs, libérées et au porteur, comprises sous deux émissions : l'une de 4.000 obligations, autorisée par décision du Conseil d'administration du 22 octobre 1890, et l'autre de 2.000 obligations autorisée par décision du Conseil d'administration du 7 janvier 1892. Elles ont été converties en 4 0/0 en 1894.

Remboursables à 500 francs en quarante ans, du 1er octobre 1891 au 1er octobre 1930, par tirages au sort annuels ayant lieu en septembre, pour le remboursement des titres sortis s'effectuer le 1er octobre suivant.

Intérêt annuel : 20 francs payables par moitié les 1er avril et 1er octobre.

Dividendes distribués. — 35 francs en 1887 ; 25 francs en 1888 ; 22 fr. 50 en 1889 ; et 20 francs par an jusqu'à 1893.

COMPAGNIE NATIONALE D'ÉLECTRICITÉ (FERRANTI)

Constitution. — Société anonyme, constituée le 30 août 1889.

Objet d'après les statuts. — 1° Production de l'électricité et exploitation de ses diverses applications, notamment l'éclairage et la transmission de la force motrice à longue distance.

2° Acquisition, cession, exploitation de tous les brevets ayant trait à l'industrie de l'électricité, et notamment des brevets de Ferranti, ainsi que tous autres brevets se rattachant à la production de l'éclairage et du chauffage, etc., etc.,

3° Et généralement toutes les opérations se rattachant à l'industrie de l'électricité, de l'éclairage et du chauffage sous quelque forme que ce soit.

Siège social. — Paris, rue de la Victoire, 29.

Durée. — 50 ans, du 30 avril 1889 au 30 août 1939.

Capital social. — Cinq millions, divisés en 10.000 actions de 500 francs, qui ont été attribuées, entièrement libérées, aux fondateurs, en représentation de leurs apports.

Conseil d'administration. — De trois membres au moins, devant être propriétaires chacun d'au moins 100 actions, inaliénables pendant la durée de leurs fonctions.

Les administrateurs actuels sont :

MM. Lestiboudois, *président* ; Dupont, *administrateur-délégué* ; A. Chaumier.

Assemblée générale. — Dans le semestre suivant la clôture de chaque exercice, composée des propriétaires d'au moins 25 actions. Chaque actionnaire a autant de voix qu'il possède de fois 25 actions, soit en son nom, soit comme mandataire, sans cependant pouvoir réunir plus de 20 voix.

Répartition des bénéfices d'après les statuts. — Sur les bénéfices nets des charges il est prélevé :

5 0/0 pour la réserve légale, jusqu'à concurrence du dixième du capital social ;

10 0/0 pour le Conseil d'administration ;

Les 85 0/0 de surplus sont distribués aux actionnaires à titre de dividende.

L'assemblée peut en outre créer un fonds de réserve extraordinaire.

Obligations 5 0/0. — La Compagnie a émis 13.062 obligations de 300 francs 5 0/0, libérées et au porteur, créées en vertu des pouvoirs conférés par les statuts, par délibération du Conseil d'administration des 30 août 1889 et 2 juillet 1890, comportant une première série de 5.000 obligations émises à 257 francs et une deuxième série de 8.062 obligations faisant partie d'une émission de 29.200 obligations émises à 257 francs, le

29 juillet 1890, par la Banque commerciale et industrielle. Remboursables à 300 francs en 50 ans, de 1891 à 1940, par tirages au sort annuels en décembre, pour le remboursement des titres sortis s'effectuer le 15 juillet suivant. Intérêt annuel 15 francs, payables par moitié les 1er avril et 1er octobre de chaque année.

Résultats du dernier exercice (1894-95). — L'assemblée générale ordinaire annuelle de la Compagnie nationale d'Electricité (système Ferranti) a eu lieu le 27 juin.

Dans son rapport, le Conseil d'administration a donné à l'assemblée des renseignements circonstanciés sur la marche des affaires de la Société pendant le dernier exercice. Il ressort des explications fournies que les bénéfices bruts, tels qu'ils résultent du compte de profits et pertes, s'élèvent à 235.193 fr. 75. L'exploitation des usines appartenant en propre à la Compagnies aussi bien que de celles dans lesquelles elle est intéressée, se poursuit d'une manière satisfaisante. A Troyes, le nombre des lampes a augmenté de 20 0/0.

La progression des bénéfices, pendant les cinq premiers mois de 1895, est tout à fait remarquable ; ils sont, en effet, de 40 0/0 supérieurs à ceux des mois correspondants de 1894. A Nîmes, le nombre des lampes installées a augmenté de 25 0/0 et le bénéfice est supérieur de 17 0/0 à celui de 1893. L'exploitation de l'usine de Caen par la Société régionale d'Electricité, dans laquelle la Compagnie nationale a conservé des intérêts importants, s'est développée très rapidement. A la fin de décembre 1894, c'est-à-dire six mois environ après l'inauguration, 4.000 lampes étaient déjà installées. Au 1er juin 1895, on en comptait 6.000.

On sait que la Compagnie nationale a constitué, pour l'exploitation de l'usine de Bourg, qu'elle a récemment acquise, une Société filiale, la Société d'Electricité de Bourg. Cette usine, qui produit déjà des bénéfices importants, est appelée à un avenir prospère sous l'impulsion que saura lui donner la Compagnie Nationale.

Les actionnaires ont appris avec satisfaction que la Compagnie Nationale poursuit actuellement la réalisation d'affaires d'un haut intérêt et qu'elle possède les ressources financières suffisantes pour les mener à bonne fin.

Après avoir entendu les explications du Conseil d'administration, l'assemblée générale a, à l'unanimité, approuvé les comptes de l'exercice écoulé, décidé d'appliquer le solde disponible de 52.131 fr. 70 à différentes réserves, sauf une somme de 14.535 fr. 10 reportée à l'exercice 1895.

Les administrateurs sortants ont été réélus à l'unanimité.

SOCIÉTÉ DIJONNAISE D'ÉLECTRICITÉ

Constitution. — Société anonyme, constituée le 28 mai 1892.

Objet d'après les statuts. — La Société a pour objet :

1º La production et la distribution de l'électricité, soit pour l'éclairage public et privé, soit pour la force motrice, et en général pour toutes les applications de l'électricité dans la ville de Dijon et dans les autres villes de France ;

2º L'utilisation de l'électricité dans toutes ses formes et dans toutes ses applications ;

3° L'obtention de toutes concessions et leur réalisation, soit par voie d'exploitation directe, soit par voie de location ou de cession.

Siège social. — Dijon.

Durée. — 50 années.

Capital social. — 600.000 francs, divisés en 1.200 actions, nominatives ou au porteur, de 500 francs chacune, entièrement libérées.

Le capital peut être porté à 800.000 francs, par simple décision du Conseil d'administration. Il y a 600 *parts de fondateurs*.

Conseil d'administration. — Composé de sept membres, nommés pour trois ans, et devant être propriétaires de vingt actions chacun.
Administrateurs: MM. Emile Pictet, Maurice Girod, Alexandre Grammont, Ernest Sautter, Georges Hochreutiner, P. Bernascon.
Administrateur-délégué, M. Ernest Sautter.

Assemblée générale. — Dans les six mois qui suivent la clôture de l'exercice, composée de tous les Actionnaires propriétaires de dix actions au moins, qui les auront déposées cinq jours avant l'Assemblée. Chaque membre a autant de voix qu'il possède de fois dix actions, sans que le nombre de voix puisse dépasser un maximum de vingt-quatre, comme propriétaire ou comme mandataire.

Répartition des bénéfices d'après les statuts. — Sur les bénéfices, il est prélevé :

1° 5 0/0 pour former un fonds de réserve, ce prélèvement cessant d'être obligatoire lorsque la réserve atteindra le dixième du capital social.

2° Une somme destinée à constituer un fonds d'amortissement du matériel, égale à 7 1/2 0/0 de la valeur de ce matériel.

3° Une somme suffisante pour assurer aux Actionnaires une première répartition, jusqu'à concurrence de 5 0/0 du capital versé.

Sur l'excédent il est attribué :
15 0/0 au Conseil d'administration.
Le surplus des bénéfices est réparti ainsi qu'il suit :
50 0/0 aux Actionnaires.
50 0/0 aux Parts de Fondateurs.

SECTEUR DE LA PLACE CLICHY

Constitution. — Société anonyme, constituée le 28 février 1889, sous le titre « Société anonyme d'éclairage électrique du Secteur de la place Clichy ».

Objet d'après les statuts. — La Société a pour objet :
1° La production de courants électriques et leur distribution pour l'éclairage, la force motrice et autres besoins, dans toute la France et principalement à Paris, dans le secteur dénommé « Secteur de la place Clichy » ;

2° L'obtention de toutes autorisations à ce nécessaire ;

3° La création de toutes usines et de tous travaux que comporte cette opération ; l'acquisition ou l'obtention de licences, de tous brevets d'invention se rattachant à l'électricité, le concours comme intermédiaire pour la création et l'installation d'usines de même nature ;

4° L'installation chez les abonnés et la vente des appareils et lampes qui leur seront nécessaires et, en général, l'achat et la vente de tout matériel se rattachant à l'électricité.

Siège social. — A Paris, rue des Dames, 53.

Durée. — 18 ans, depuis le 28 février 1889.

Capital social. — Fixé à l'origine à 3 millions, divisé en 6.000 actions de 500 francs émises au pair, il a été, par décision des Assemblées générales des 20 octobre, 2 et 24 décembre 1892, porté à 4 millions par la création de 2.000 actions nouvelles émises au pair. Au total : 8.000 actions de 500 francs, entièrement libérées et au porteur.

Il avait été créé en outre 1.000 *parts de fondateur* au porteur, attribuées savoir : 600 aux premiers souscripteurs à raison de 1 part par 10 actions, et 400 aux fondateurs de la Société. En vertu de l'autorisation conférée par l'Assemblée générale du 24 décembre 1892, ces parts de fondateurs ont été rachetées au prix de 500 francs l'une dans le cours de l'exercice 1892-93. Les intérêts et dividendes sont payables ordinairement en une seule fois le 1er décembre.

Conseil d'administration. — De quatre à douze membres renouvelables par quart chaque année, devant être propriétaires chacun de 25 actions inaliénables pendant la durée de leurs fonctions.

Les administrateurs actuels sont: MM. Jacques Siegfried, président ; Aug. Lalance, administrateur-délégué; L. Ewald, Bischoff, Bloch, Meja, L. de Sinçay.

Assemblée générale. — Avant le 31 décembre, composée de tous les actionnaires propriétaires d'au moins 20 actions, les ayant déposées 15 jours avant la date de la réunion. Chaque membre de l'assemblée a autant de voix qu'il possède de fois 20 actions, sans que personne puisse avoir plus de 10 voix, tant en son nom que comme mandataire.

Répartition des bénéfices d'après les statuts. — Sur les bénéfices nets de toutes les charges on prélève annuellement :

1° 5 0/0 pour constituer la réserve légale, jusqu'à ce qu'elle atteigne le dixième du capital social ;

2° Une somme jugée suffisante pour amortir en 16 ans, à partir du 1er juillet 1891, le capital des actions. Cette somme sera portée à un compte d'amortissement, et l'assemblée en fixera chaque année le montant et l'emploi ;

3° La somme nécessaire pour payer aux actions 5 0/0 des versements effectués.

L'Assemblée générale pourra décider que, sur le restant, une quotité d'un cinquième au maximum sera affectée à la création d'un fonds de réserve spécial.

Sur l'excédent 40 0/0 seront attribués aux parts de fondateur.
Et le surplus sera distribué savoir :
75 0/0 aux actionnaires à titre de dividende.
Et 25 0/0 au Conseil d'administration.

Obligations 5 0/0. — Il y en a deux types: les unes de 1.000 francs, les autres de 500 francs :

1° L'Assemblée générale des actionnaires du 12 août 1890 avait autorisé la création de 3.000 obligations 5 0/0 de 1.000 francs, représentant un emprunt de trois millions. L'Assemblée générale du 25 mars 1893 a décidé la réduction de cet emprunt à deux millions et demi et, en exécution de cette décision, le Conseil d'administration a annulé et détruit 500 desdites obligations ; en sorte qu'elles n'existent qu'au nombre de 2.500, numérotées de 1 à 2.500. Ces obligations, émises à 1.000 francs, sont remboursables au pair le 31 juillet 1906 au plus tard ; mais la Société s'est réservé le droit de les rembourser le 31 juillet 1895, moyennant un préavis de six mois. Intérêt annuel : 50 francs, payables par moitié les 31 janvier et 31 juillet de chaque année ;

2° Les obligations de 500 francs comprennent :

3.000 obligations 5 0/0, libérées et au porteur, créées par décisions des Assemblées générales des 24 décembre 1892 et 25 mars 1893. Emises à 500 francs. Remboursables à 500 francs par tirages au sort semestriels, du 1er octobre 1894 au 1er octobre 1906. Intérêt annuel : 25 francs, payables par moitié les 1er avril et 1er octobre de chaque année.

SOCIÉTÉ GRENOBLOISE D'ÉCLAIRAGE ÉLECTRIQUE

Constitution. — Société anonyme, constituée le 8 mars 1889.

Objet d'après les statuts. — La Société a pour objet :
L'éclairage électrique de la ville de Grenoble, la transmission de la force motrice, et d'une manière générale l'utilisation de l'énergie électrique distribuée.

Concession accordée par la ville de Grenoble, pour vingt-six années, à dater du 30 juin 1889, par traité du 28 mars 1888.

Siège social. — Grenoble, 26, rue Lesdiguières.

Durée. — Vingt-sept ans, à compter du 8 mars 1889.

Capital social. — A l'origine, 250.000 francs, divisé en 500 actions de 500 francs, porté par décision de l'Assemblée générale du 9 février 1891 à 500.000 francs, divisé en 1 000 actions de 500 francs chacune, entièrement libérées, nominatives ou au porteur. Il a été créé 25 parts de fondateur, en représentation d'apports, et qui sont assimilées à des actions de jouissance.

Conseil d'administration. — Composé de six membres, nommés pour six ans, renouvelables par sixième chaque année et devant être propriétaires de cinq actions chacun.

Les fonctions du premier Conseil ne prendront fin que le 8 mars 1894 ; après cette époque le Conseil sera soumis en entier à la réélection et se renouvellera comme il est dit ci-dessus.

Administrateurs : MM. Auguste Robert, président ; Louis Lombard-Gerin, vice-président ; Henry de Réneville, secrétaire ; Georges Charpenay, Ernest Rabatel, Louis Royer-Bulliod.

Ingénieur-Directeur : M. Louis Bravet.

Assemblée générale. — Dans les quatre premiers mois de l'année sociale, généralement en octobre, composée de tous les actionnaires propriétaires de deux actions au moins, qui les auront déposées dix jours avant l'assemblée. Chaque membre a autant de voix qu'il possède de fois deux actions, sans que le nombre de voix puisse dépasser un maximum de vingt, comme propriétaire ou comme mandataire.

Répartition des bénéfices d'après les statuts. — Sur les bénéfices, il est prélevé :

1° 5 0/0 pour former un fonds de réserve, ce prélèvement cessant d'être obligatoire lorsque la réserve atteindra le dixième du capital social.

2° 10 0/0 destinés à la formation d'un fonds de réserve statutaire.

3° Dans le cas où les bénéfices seraient supérieurs au vingtième du fonds social, la moitié de l'excédent sera versée au fonds d'amortissement.

Le reste, distribué comme dividende, est ainsi réparti :

5 0/0 d'intérêt aux actions non amorties.

Le surplus, par parts égales, entre les actions non amorties et les actions amorties dites *de jouissance* et les parts de fondateurs.

Lorsque les bénéfices dépasseront le *11 pour 100* du capital social, l'excédent sera partagé, par égales parts, entre la ville de Grenoble et la Société (art. 28 du Traité).

SOCIÉTÉ D'ÉCLAIRAGE ÉLECTRIQUE DE CANNES

Constitution. — Société anonyme, constituée le 6 juillet 1891.

Objet d'après les statuts. — La Société a pour objet :

1° L'exploitation de l'éclairage et de la force électrique dans la ville de Cannes ;

2° L'éclairage et la force électrique à fournir à la municipalité de la ville de Cannes ou au département des Alpes-Maritimes, ou à l'État français.

Traités. — 1°. Une série de traités avec la ville de Cannes, donnant à la Société en formation une concession de vingt ans, avec un privilège exclusif pendant huit ans, pour donner l'éclairage aux particuliers dans le territoire de Cannes, au moyen de l'électricité.

2° Un traité d'après lequel la *Société lyonnaise des Eaux et Éclairage* loue l'emploi de la force motrice résultant du débit du Canal de la Sianne. Cette force est environ de deux cents chevaux-vapeur pendant vingt-quatre heures. La location est consentie moyennant une redevance annuelle de 8.500 francs.

3° Une série de traités constituant des polices souscrites par un certain nombre de maîtres d'hôtels de Cannes, prenant l'engagement de ne s'éclairer qu'à l'électricité.

Siège social. — Lyon, 4, quai de la Guillotière. Siège d'exploitation à Cannes, 10, place Vauban.

Durée. — 99 ans.

Capital social. — 1.100.000 francs, divisé en 2.200 actions nominatives ou au porteur, de 500 francs chacune, entièrement libérées. Il y a 5.000 *parts de fondateurs* créées en représentations d'apports.

Conseil d'administration. — Composé de trois à sept membres nommés pour trois ans, renouvelables par tiers chaque année, et devant être propriétaires de 20 actions chacun.

Les administrateurs actuels sont :

MM. Charles Benoit-Mouton, *président ;* Athanase Evallin, *secrétaire*; François Balas, Fleury Meunier, Hypolite Couzon.

Assemblée générale. — Dans le premier semestre, composée de tous les Actionnaires propriétaires de cinq actions au moins, qui les auront déposées cinq jours avant l'assemblée. Chaque membre a autant de voix qu'il possède de fois cinq actions, sans que le nombre de voix puisse dépasser un maximum de vingt, comme propriétaire ou comme mandataire.

Répartition des bénéfices d'après les statuts. — Sur les bénéfices, il est prélevé :

1° 5 0/0 pour former un fonds de réserve, ce prélèvement cessant d'être obligatoire lorsque la réserve atteindra le dixième du capital social.

2° Une somme suffisante pour assurer aux actionnaires une première répartition, jusqu'à concurrence de 5 0/0 du capital versé.

En cas d'insuffisance des produits d'une année pour servir 5 0/0, la différence pourra être prélevée sur le fonds de réserve.

Le surplus des bénéfices est réparti ainsi qu'il suit : 10 0/0 au Conseil d'administration; 30 0/0 aux Parts de Fondateurs; 60 0/0 aux Actionnaires; ces deux derniers distribuables seulement après amortissement complet du capital, sauf décision de l'assemblée générale.

Obligations 6 0/0. — 1.133 obligations de 450 francs 6 0/0, créées en vertu d'une décision de l'Assemblée générale du 11 août 1892. Remboursables à 450 francs, par tirages au sort, ayant lieu chaque année, à l'Assemblée générale ordinaire, à partir de 1893.

Le remboursement des titres sortis a lieu le 31 décembre suivant. Intérêt annuel, 25 francs payables, par moitié les 30 juin et 31 décembre de chaque année.

SOCIÉTÉ ÉLECTRIQUE DES PYRÉNÉES

Constitution. — Société anonyme, constituée le 13 mai 1889.

Objet d'après les statuts. — La Société a pour objet toutes les applications de l'électricité, et principalement :

1° L'installation et l'exploitation, à l'aide de procédés connus, de distribution de courant électrique par usines centrales pour trois usages : éclairage, transmission de force, galvanoplastie, etc., et en particulier dans la ville de Pau ;

2° L'entreprise de tous travaux et la conclusion de tous marchés, acquisitions, ventes immobilières, et baux, avec ou sans promesses de vente, de tous immeubles et forces motrices nécessaires à l'installation et à l'exploitation desdites applications;

3° La participation directe ou indirecte de la Société dans toutes les opérations commerciales ou industrielles pouvant se rattacher à son objet, par voie de création de sociétés nouvelles, d'apports, de fusion ou autrement.

La Société peut exercer son action principalement à Pau et dans les Pyrénées et, s'il y a lieu, dans toutes les autres régions.

Siège social. — A Pau, avenue de la gare. *Administration* : A Paris, rue de Téhéran, 24.

Durée. — Cinquante ans, du 15 mai 1889 au 15 mai 1939.

Capital social. — Le capital social a été fixé à l'origine à 270.000 francs, divisé en 540 actions de 500 francs, dont 100 souscrites en espèces et au pair, et 440 attribuées, entièrement libérées, à M. Brillouin, fondateur, en représentation de ses apports. Par décisions des assemblées générales des 19 mars et 4 juin 1890, le capital social a été porté de 270.000 fr. à 400.000 francs, par la création de 260 actions de 500 francs, dont 80 ont été attribuées entièrement libérées à la Société Th. Held fils, frères et C°, en représentation de son apport, et 180 ont été souscrites en espèces et au pair. Ensemble, 800 actions de 500 francs, émises au pair, entièrement libérées et au porteur.

Il a été créé, en outre, 4.000 *parts de fondateurs* attribuées à M. Brillouin et donnant droit à 40 0/0 des bénéfices nets dans les conditions de l'art. 12 des statuts, soit chacune à un dix-millième dudit bénéfice net.

Conseil d'administration. — De sept membres au plus, renouvelables à raison de deux tous les deux ans, devant être propriétaires chacun de dix actions inaliénables pendant la durée de leurs fonctions.

Assemblée générale. — Dans le cours du premier trimestre de l'année sociale, composée de tout actionnaire porteur d'une action, l'ayant déposée huit jours avant la réunion. Tout membre de l'assemblée a droit à une voix par chaque action et ne pourra avoir plus de cent voix au total, tant en son nom personnel que comme mandataire.

Répartition des bénéfices d'après les statuts. — Sur les bénéfices nets de toutes les charges, il est prélevé :

1° 5 0/0 pour la constitution de la réserve légale, ce prélèvement pouvant être réduit ou suspendu lorsque ce fonds aura atteint le dixième du capital social.

2° 5 0/0 de la valeur du matériel renouvelable, valeur estimée sans amortissement jusqu'à concurrence de 25 0/0 de ladite valeur;

3° 5 0/0 du capital versé sur les actions, attribués aux actionnaires à titre d'intérêts;

4° Les sommes votées par l'assemblée générale pour réserves spéciales ou études et affaires nouvelles, etc.

Le solde restant, constituant le bénéfice net, sera réparti savoir :
5 0/0 au Conseil d'administration;
5 0/0 au personnel;
40 0/0 aux parts de fondateurs;
50 0/0 à l'ensemble des actionnaires.

Obligations 5 0/0. — La Société a émis des obligations de 200 francs 5 0/0, comprenant quatre séries.

Intérêt annuel : 10 francs, payables par moitié les 1ᵉʳ février et 1ᵉʳ août de chaque année.

SOCIÉTÉ MONÉGASQUE D'ÉLECTRICITÉ

Constitution. — Société anonyme, formée le 15 juillet 1890.

Objet d'après les statuts. — La Société a pour objet l'exploitation de l'éclairage et de la force électrique dans la principauté de Monaco.

Siège social. — Monaco, 2, rue Imberty.

Durée. — 50 ans.

Capital social. — 675.000 francs, divisés en 1.350 actions nominatives ou au porteur de 500 francs chacune, entièrement libérées.

Conseil d'administration. — Composé de cinq membres, nommés pour cinq ans, renouvelables par cinquième chaque année et devant être propriétaires de 30 actions chacun.

Les administrateurs actuels sont : MM. Emile Dreyfus, président ; Bonnaud, vice-président ; Pierre Francez, secrétaire ; Lombard-Gerin, Georges de Fernex, Louis de Pascal, Gabriel Vaesen.

Assemblée générale. — Dans le semestre qui suit la clôture de l'exercice, composée de tous les actionnaires propriétaires de dix actions au moins, qui les auront déposées huit jours avant l'Assemblée. Chaque membre a autant de voix qu'il possède de fois dix actions, sans que le nombre de voix puisse dépasser un maximum de vingt, comme propriétaire ou comme mandataire.

Répartition des bénéfices d'après les statuts. — Sur les bénéfices, il est prélevé :

5 0/0 pour former un fonds de réserve, ce prélèvement cessant d'être obligatoire lorsque la réserve atteindra le dixième du capital social.

Une somme suffisante pour assurer aux actionnaires une première répartition, jusqu'à concurrence de 6 0/0 du capital versé.

Le surplus des bénéfices est réparti ainsi qu'il suit :
10 0/0 au Conseil d'administration.
10 0/0 à la Société des Bains.
5 0/0 au Directeur.
75 0/0 aux Actionnaires.

COMPAGNIE ÉLECTRIQUE EDISON

Constitution. — Société anonyme, formée le 1ᵉʳ avril 1885.

Objet d'après les statuts. — La création et l'exploitation, à Saint-Etienne, d'une ou de plusieurs stations centrales d'éclairage et de force motrice électriques, par les procédés de M. Edison.

Durée. — 90 ans, à dater de 1886.

Capital social. — A l'origine, 350.000 francs, divisés en 700 actions de 500 francs chacune, entièrement libérées et nominatives.
Porté à 700.000 francs, divisés en 1.400 actions de 500 francs chacune.
Il a été créé 600 parts, attribuées : 400, à la *Compagnie continentale* ; 100, à M. Guillon ; 100, aux souscripteurs, à raison de une par sept actions.

Conseil d'administration. — Composé de six à huit membres, nommés pour six ans, renouvelables après les premières années, par moitié tous les trois ans, et devant être propriétaires de dix actions chacun.
Les administrateurs actuels sont : MM. François Gillet, président ; G. Balaij, vice-président ; Moudon, H. Michel, Coffinhal, Russery, A. Gauthier, Chatard.

Assemblée générale. — Dans le premier semestre, composée de tous les actionnaires propriétaires de cinq actions, au moins. Chaque membre a autant de voix qu'il possède de fois cinq actions, sans que le nombre de voix puisse dépasser un maximum de vingt, comme propriétaire ou comme mandataire.
Dans le bilan annuel, les immeubles, machines, appareils et toutes les dépenses d'installations, subissent un amortissement calculé au taux variant de 3 à 6 0/0 par an.

Répartition des bénéfices d'après les statuts. — Sur les bénéfices, il est prélevé :
5 0/0 pour former un fonds de réserve, ce prélèvement cessant d'être obligatoire lorsque la réserve atteindra le dixième du capital social.
Une somme suffisante pour assurer aux actionnaires une première répartition, jusqu'à concurrence de 6 0/0 du capital versé.
En cas d'insuffisance des produits d'une année pour servir 6 0/0, la différence ne pourra être prélevée sur les bénéfices des années subséquentes.
Le surplus des bénéfices est réparti ainsi qu'il suit :
10 0/0 au Conseil d'administration ;
30 0/0 aux Parts de Fondateurs ;
45 0/0 aux Actionnaires ;
15 0/0 à la Ville de Saint-Etienne comme redevance.

SOCIÉTÉ ÉLECTRIQUE DU LIGNON
(HAUTE-LOIRE)

Constitution. — Société anonyme, formée en novembre 1892.

Objet d'après les statuts. — Exploitation des forces hydrauliques du Lignon (Haute-Loire) pour la production et la distribution de l'énergie électrique et, généralement, toutes opérations se rattachant à l'industrie électrique.

Siège social. — Saint-Etienne, 14, rue du Treuil.

Durée. — 99 ans, depuis la constitution.

Capital social. — 150.000 francs, divisés en 300 actions nominatives ou au porteur, de 500 francs chacune, dont 280 souscrites en espèces, et 20 remises à MM. Paul Mortier et Henri Michel en représentation de leurs apports.

Conseil d'administration. — Composé de trois à six membres, renouvelables tous les deux ans par tiers et devant être propriétaires de cinq actions chacun.
Administrateurs : MM. Alexandre Colcombet, *président ;* Henri Michel, Théodore Véron de la Combe, baron de Chapuys-Montlaville ; *Censeur :* M. Jules Delomier ; *Ingénieur-Conseil :* M. Paul Mortier.

Assemblée générale. — Dans le courant des six premiers mois, composée de tous les actionnaires propriétaires de deux actions au moins. Chaque membre a autant de voix qu'il possède de fois deux actions, comme propriétaire ou comme mandataire.

Les actionnaires dont les titres sont au porteur devront justifier, si le Conseil l'exige, qu'ils sont propriétaires de leurs titres depuis quatre mois au moins, et ceux, dont les titres sont nominatifs, devront être inscrits, sur les registres de la Société, depuis un mois au moins.

Répartition des bénéfices d'après les statuts. — Sur les bénéfices, il est prélevé :

1° 5 0/0 pour former un fonds de réserve, ce prélèvement cessant d'être obligatoire lorsque la réserve atteindra le dixième du capital social ;

2° Somme suffisante pour assurer aux actionnaires une première répartition, jusqu'à concurrence de 5 0/0 du capital versé.

Le surplus des bénéfices est réparti ainsi qu'il suit :
10 0/0 au Conseil d'administration.
90 0/0 aux actionnaires.

COMPAGNIE SUISSE
DE L'INDUSTRIE ÉLECTRIQUE

Constitution. — Société anonyme, constituée le 3 février 1892 (succession de la maison Cuénod, Sautter et Cie, et de la Société anonyme d'appareillage électrique).

Objet d'après les statuts. — La Société a pour objet :

1° Tout ce qui concerne la production et les applications industrielles de l'électricité pour tous systèmes notamment la fabrication et la vente de toutes machines et appareils, l'exploitation de l'électricité pour l'éclairage et la transmission de la force, ainsi que toutes branches accessoires s'y rapportant ;

2° Toutes entreprises de constructions mécaniques.

Les opérations de la Société se répartissent sur : 1° La branche appareillages, qui comprend les installations électriques, ainsi que l'exploitation d'une station centrale d'électricité pour l'éclairage et la transmission de la force; 2° La branche construction, embrassant toutes les entreprises de construction mécanique.

Durée. — Indéterminée.

Siège social. — Genève. Succursales à Paris et à Gênes.

Capital social. — 2.500.000 fr., divisés en 5.000 actions de 500 fr., entièrement libérées et au porteur. Il y en a eu trois émissions au pair :

A l'origine,   1.000 actions Société d'appareillage électrique.
En novembre 1889, 1.000   »   id.   id.
En février 1892,   3.000   »   Compagnie de l'Industrie électrique.

Les 2.000 actions Société d'appareillage électrique ont été échangées contre des actions de la nouvelle Compagnie.

Conseil d'administration. — Composé de cinq à neuf membres, nommés pour six ans; renouvelable annuellement par sixième. Chaque administrateur doit être propriétaire de dix actions.

Assemblée générale. — Dans les six mois qui suivent la clôture de l'exercice. Les titres doivent être déposés huit jours avant l'assemblée. Chaque action donne droit à une voix sans que le même actionnaire puisse réunir plus du cinquième des votes. (C. F. O.) Pour décider toute modification aux statuts, toute fusion, ou la liquidation, une majorité des deux tiers des voix est exigée.

Année sociale. — Du 1er avril au 31 mars.

Répartition des bénéfices d'après les statuts. — La *Branche appareillages* et la *Branche construction* forment deux comptabilités distinctes, dont les produits nets de tous frais et amortissements sont versés à une *Comptabilité centrale*.

Sur les bénéfices nets versés à la *Comptabilité centrale*, il est alloué :

1° 10 0/0 au fonds de réserve, dont le maximum est fixé au quart du capital social.

2° Aux actionnaires, un dividende de 5 0/0.

Le surplus est réparti comme suit :
20 0/0 au Conseil d'administration ;
80 0/0 aux actionnaires.

Obligations 4 1/2 0/0. — Il y en a eu deux émissions, l'une en 1892, l'autre en 1893.

L'émission de 1892 est au capital nominal de 800.000 francs, divisé en 1.600 obligations de 500 francs au porteur, émises au pair, le 25 juillet 1892 ; avec intérêts payables par semestre : 11 fr. 25 le 1ᵉʳ janvier et 11 fr. 25 le 1ᵉʳ juillet. Remboursement au pair, en vingt-cinq ans, par tirages au sort annuels, à partir du 1ᵉʳ janvier 1897. Les tirages auront lieu le 1ᵉʳ novembre (dès 1896) et le remboursement le 1ᵉʳ janvier suivant. La Compagnie se réserve la faculté, à partir du 31 décembre 1895, de rembourser, à toute époque, tout ou partie de l'emprunt, sous préavis de six mois. Les obligataires auront, de leur côté, la faculté de demander le remboursement de leur titres en cas de rachat, par la Ville, des stations centrales d'éclairage, trois mois après que le paiement aura été effectué.

L'émission de 1893 est au capital nominal de 1.000.000 de francs ; divisés en 2.000 obligations de 500 francs au porteur, émises le 4 octobre 1893 à 505 francs, jouissance du 1ᵉʳ octobre 1893, à Genève, Bâle et Lausanne. Intérêt : 4 1/2 0/0 l'an, payable 11 fr. 25 le 1ᵉʳ avril, 11 fr. 25 le 1ᵉʳ octobre. Remboursement au pair, en 25 ans, par tirages annuels, le 1ᵉʳ février ; pour la première fois le 1ᵉʳ février 1898. Remboursement le 1ᵉʳ avril suivant. La Compagnie se réserve la faculté de rembourser, par anticipation, tout ou partie de l'emprunt, à partir du 1ᵉʳ avril 1903.

SOCIÉTÉ PIÉMONTAISE D'ÉLECTRICITÉ

Constitution. — Société italienne, constituée en juin 1892.

Objet d'après les statuts. — La Société a pour objet d'effectuer les opérations suivantes :

1° Prendre, installer, acquérir et exploiter, des entreprises publiques ou privées d'éclairage, spécialement électrique ou concernant toute autre application industrielle de l'électricité, et aussi s'occuper pour son compte ou celui de tiers, de l'installation et de l'exploitation de ce genre d'entreprises ;

2° Construire des appareils et objets concernant les diverses applications de l'électricité ;

3° Faire le commerce de ces appareils et objets, et des matières nécessaires pour les diverses applications de l'électricité ;

4° Céder ou louer tout ou partie des entreprises susmentionnées ;

5° Constituer des sociétés ayant des buts analogues ou participer à leur fondation ; acheter ou vendre des actions ou obligations de sociétés similaires ;

6° Faire toutes opérations industrielles, commerciales ou financières, mobilières et immobilières, se rattachant à son objet.

Durée. — Jusqu'au 31 décembre 1980.

Siège social — Turin.

Capital social. — 2.400.000 lires italiennes, divisées en 7.200 actions de 250 lires, libérées et au porteur, et 2.400 actions de préférence de 250 lires, libérées, de moitié, à l'origine, entièrement dès le 31 juillet 1892, également au porteur.

Les actions privilégiées seront amorties, au pair, en quinze annuités, au moyen de tirages au sort annuels, ayant lieu en Assemblée générale ordinaire. Elles ont droit à un dividende privilégié de 6 0/0, avant les actions ordinaires. L'annuité nécessaire au service du dividende et du remboursement en quinze ans des actions privilégiées, s'élève suivant plan d'amortissement à 61.777 lires.

103 actions privilégiées ont été amorties en 1894.

Les actions privilégiées remboursées, reçoivent 250 lires par action, plus une action de jouissance (voir répartition des bénéfices).

La Société ne pourra émettre ni obligations, ni de nouvelles actions de préférence, sans l'assentiment de la majorité du capital des actions privilégiées.

Conseil d'administration. — Composé de cinq à neuf membres, élus pour quatre ans, propriétaires chacun d'un nombre d'actions représentant la cinquantième partie du capital social, au maximum 50.000 lires nominal. Trois syndics et deux suppléants, nommés par l'Assemblée générale.

Les administrateurs actuels sont : MM. M. Fenoglio, ingénieur, président, à Turin ; Th. Turettini, J. d'Everstag, H.-J. Lienme, C. Galopin, à Genève ; J. Aguet, à Rome ; Donn, à Turin.

Directeur : M. R. Pinna, ingénieur

Assemblée générale. — Dans le courant du premier trimestre. Les actionnaires, pour y prendre part, doivent déposer leurs titres cinq jours à l'avance. Chaque action privilégiée, ordinaire ou de jouissance, donne droit à une voix.

La majorité des actions privilégiées est exigée pour décider toute modification au capital, toute émission d'obligations, toute modification aux statuts, toute fusion, prolongation de la durée et dissolution anticipée de la Société, la nomination de liquidateurs et la détermination de leurs pouvoirs.

Répartition des bénéfices d'après les statuts. — Sur le produit net de toutes charges, il est attribué :

1° 5 0/0 au fonds de réserve ordinaire ;

2° La somme nécessaire pour former un dividende de 6 0/0 libre de tout impôt en faveur des actions privilégiées non remboursées ;

3° La somme nécessaire pour pourvoir à l'amortissement des actions privilégiées.

Quand les bénéfices annuels ne seront pas suffisants pour assurer un dividende de 6 0/0 aux actions de préférence, et pourvoir à leur amortissement exigeant ensemble une annuité de 61.700 francs environ, il devra y être pourvu, avant toute autre répartition, sur les bénéfices des exercices futurs.

Le surplus est réparti comme suit :

1° 10 0/0 au Conseil d'administration ;

2° Dividende aux actions *primitives* 5 0/0 (de leur capital) ;

3° Le reste est distribué indistinctement entre les actions privilégiées, primitives et de jouissance.

Dividendes distribués. — Pour 1892/1893 (premier exercice) 6 0/0 aux actions privilégiées ; rien aux actions ordinaires.

COMPAGNIES TERRITORIALES & DE CRÉDIT FONCIER

COMPAGNIES TERRITORIALES & DE CRÉDIT FONCIER

COMPAGNIE DOMANIALE DE FRANCE

Constitution. — Société anonyme, constituée le 14 mars 1894.

Objet d'après les statuts. — La Société a pour objet :

1° L'acquisition de domaines et grandes propriétés rurales et la revente en bloc ou en détail de ces mêmes propriétés, par morcellement et lotissement, ou subsidiairement l'exploitation agricole ou industrielle desdites propriétés, avec les moyens que la science et l'industrie mettent à la disposition de l'agriculture ;

2° L'acquisition, la mise à bail avec ou sans promesse de vente, de tous terrains, maisons et immeubles quelconques, l'exploitation industrielle, la location, la construction, la gestion, et généralement la mise en valeur desdits immeubles ;

3° La demande en concession, l'acquisition, le fermage des mines, minières ou carrières, leur exploitation, location ou vente ;

4° La réalisation des propriétés et immeubles sociaux par voie de vente, échange ou apport.

Enfin, toutes les opérations se rattachant à l'agriculture et à la propriété rurale et urbaine.

Ces acquisitions et exploitations pourront avoir lieu en France, en Algérie et en Tunisie.

Siège social. — Paris, 19, rue Scribe.

Durée de la Société. — 50 ans à partir de sa constitution.

Capital social. — Primitivement fixé à 500.000 francs. Porté à un million de francs par décision de l'Assemblée générale extraordinaire du 5 mars 1895. Divisé en 10.000 actions de 100 francs.

Il y a également 5.000 parts de fondateurs.

Conseil d'administration. — Trois membres au moins et six au plus, nommés pour six ans.

Les administrateurs statutaires sont :
MM. De la Greverie, *président*; Outhier, comte de Brucher, Jaffrézic, Louis Berger, *administrateur-délégué*.

Assemblée générale. — Avant le 30 juin, à moins que le Conseil en décide autrement. Elle se compose de tous les actionnaires propriétaires de cinq actions ; un actionnaire ne peut réunir plus de dix voix.

Répartition des bénéfices d'après les statuts. — Les produits, déduction faite de toutes dépenses et de toutes charges qui les frappent, constituent les bénéfices nets.

Sur ces bénéfices, il est prélevé :

1° Conformément à la loi, 5 0/0 pour constituer un fonds de réserve dit réserve légale. Cette réserve ne cessera d'être obligatoire que lorsqu'elle aura atteint une somme égale au quart du capital social. Elle est inaliénable et ne peut être distribuée aux actionnaires que lors de la liquidation, à la fin de la Société, ou dans le cas de dissolution anticipée votée par l'Assemblée générale extraordinaire.

Les fonds représentant cette réserve légale devront être déposés à la Caisse des Dépôts et Consignations, au nom de la Société ou transformés en rentes sur l'Etat ou en actions de la Banque de France, du Crédit foncier de France ou des grandes Compagnies de Chemin de fer français, ou en obligations desdites Compagnies, ou encore employés en placements hypothécaires en premier rang sur des immeubles d'une valeur au moins double.

L'emploi de l'un des modes sus indiqués, sera déterminé par le Conseil d'administration.

2° La somme nécessaire pour servir à tous les actionnaires un intérêt de 5 0/0 sur le capital dont elles sont libérées.

Le surplus est réparti ainsi :

1° 10 0/0 aux administrateurs ;

2° 45 0/0 aux actions, à titre de dividende ;

3° 45 0/0 aux parts de fondateurs.

Obligations 4 0/0. — 5.000 obligations de 100 francs ont été émises, le 5 avril 1894, rapportant 4 francs nets en deux coupons, payables en janvier et juillet. L'émission s'est faite sur le cours de 80 francs et a été plusieurs fois couverte.

Garanties par le domaine de 4.087 hectares de Kacheset-Chabane et El Genouate, situé sur le territoire du contrôle de Medjez-il-Bab, en Tunisie.

Résultats du dernier exercice. — L'Assemblée générale des actionnaires, a eu lieu le 31 janvier 1895. En présence d'opérations sociales, dont les résultats étaient considérables, et sans vouloir ajourner à la fin de l'année la distribution d'un dividende, elle a décidé la répartition, par anticipation, de 12 francs par actions et 7 francs par part de fondateur.

COMPAGNIE FONCIÈRE DE FRANCE

Constitution. — Société anonyme, constituée le 8 septembre 1881. (Ancienne Compagnie foncière de France et d'Algérie).

Objet d'après les statuts. — La Société a pour objet :

1° L'acquisition, la vente ou l'échange en France, en Algérie, et même à l'étranger, de tous immeubles, urbains ou ruraux, mines, carrières, bois, fonds et superficies, nues propriétés et usufruits, soit pour le compte de la Société, soit à titre d'intermédiaire pour le compte de tiers ;

2° L'édification de constructions pour habitation ou industrie, la mise en valeur de tous terrains et bâtiments pour le compte de la Compagnie ou des tiers, la réalisation de ces immeubles, par voie d'apport ou autrement ;

3° Les opérations de voirie, percements, élargissements ou prolongements de rues, passages ou autres voies ; tous travaux d'embellissement de villes, parcs, promenades, toutes entreprises de chemins de fer, canaux, ports, bassins, docks, entrepôts et gares, et généralement tous travaux publics ou privés, concédés à l'amiable ou soumissionnés ;

4° L'emphytéose, la location à court ou à long terme, l'exploitation industrielle, agricole ou commerciale de tous immeubles, avec ou sans promesse de vente, soit au nom de la Société, soit par elle-même au profit d'autres personnes morales ou de particuliers ;

5° Toutes constitutions de sociétés ayant pour but les objets ci-dessus, émissions, achats, ventes d'actions et obligations de ces Sociétés ou autres similaires ;

6° La régie de tous immeubles appartenant à des tiers, avec avance ou non sur loyers à échoir, tout système de publicité à cet égard ; tous prêts hypothécaires à court ou à long terme en second rang après le Crédit Foncier de France, ou sur des immeubles sur lesquels les statuts de cet établissement ne l'autorisent pas à consentir des prêts ; tous traités avec les Compagnies d'assurances sur la vie, pour faciliter la libération des acquéreurs ou débiteurs ; toutes avances à cet effet sur garanties de toute nature ; tous achats de droits d'usufruit et de nue propriété ; tout prêts sur ces valeurs ; toutes acquisitions, cessions directes ou par subrogation de créances hypothécaires en toute propriété, nue propriété ou usufruit, et en général toutes opérations ou participations à des opérations se rattachant à la propriété, à l'exploitation ou à la jouissance des immeubles, en France, en Algérie ou à l'étranger ;

7° Enfin, les négociations de prêts avec le Crédit foncier de France et les opérations relatives aux placements, vente ou achat d'obligations émanant de cet établissement, tout autre placement du capital en valeurs de banque ne pouvant avoir lieu qu'à titre de report ou d'emploi provisoire et temporaire.

Siège social. — A Paris, rue Saint-Honoré, 366.

Durée. — Quatre-vingt-dix-neuf ans, à partir de la constitution définitive.

Capital social. — Le capital social a été fixé, à l'origine, à 100 millions de francs, divisés en 200.000 actions de 500 francs, émises au pair libérées de 125 francs et nominatives.

(Un privilège de souscription à ces actions a été réservé aux actionnaires du Crédit foncier de France, à raison de quatre actions du Crédit foncier pour une action de la Compagnie foncière de France et d'Algérie).

Par décision de l'Assemblée générale du 7 mai 1883, le capital a été réduit de 100 à 50 millions, au moyen de l'échange des 200.000 actions libérées de 125 francs, contre 100.000 actions nouvelles de 500 francs, libérées de 250 francs et au porteur.

Conformément à cette autorisation, 1,006 actions étaient rachetées et immobilisées au 31 décembre 1891.

Le paiement des dividendes s'effectue aux époques fixées par le Conseil d'administration, ordinairement en juillet.

Conseil d'administration. — De huit à quinze membres, nommés pour six ans, et devant être propriétaires chacun de 50 actions inaliénables pendant la durée de leurs fonctions.

Directeur nommé par le Conseil d'administration, devant être propriétaire de 100 actions affectées à la garantie de sa gestion.

Les administrateurs actuels sont :

MM. Philippoteaux, président; Chalvet, administrateur-directeur; R. de Boisdeffre, Emile Clerc, Paul Devès, Haret, Jonquière, Plassard, Alf. Rivière, R. Vallery-Radot.

Assemblée générale. — Dans le courant du second trimestre, composée des actionnaires propriétaires d'au moins 10 actions, qui les ont déposées dix-huit jours au moins avant la date de la réunion. Dix actions donnent droit à une voix, sans que personne puisse avoir plus de vingt voix, tant en son propre nom que comme mandataire.

Répartition des bénéfices d'après les statuts. — Sur les bénéfices nets il est prélevé :

1° 5 0/0 pour constituer le fonds de réserve légale, ce prélèvement cessant d'être obligatoire lorsque ce fonds aura atteint le quart du fonds social ;

2° La somme nécessaire pour servir 5 0/0 aux actionnaires sur les versements effectués sur les actions, mais sans que l'insuffisance d'un exercice puisse donner lieu à un rappel quelconque sur un autre exercice.

Le surplus est distribué comme il suit :

15 0/0 aux administrateurs ;
3 0/0 au directeur ;
2 0/0 pour constituer un fonds de retraite et distribuer des gratifications au personnel autre que le directeur ;
80 0/0 aux actionnaires, à titre de dividende.

Sur les bénéfices à répartir entre les actionnaires, à titre de dividende, l'Assemblée générale pourra prélever, avant toute distribution, une somme destinée à la création d'un fonds de prévoyance, dont elle déterminera le montant.

En cas d'insuffisance des produits d'une année pour fournir l'intérêt à 5 0/0 des sommes versées sur les actions, la différence peut être prélevée sur le fonds de prévoyance ou sur la partie du fonds de réserve qui excédera le dixième du fonds social.

CRÉDIT FONCIER ET AGRICOLE D'ALGÉRIE

Constitution. — Société anonyme, constituée le 9 décembre 1880.

Objet d'après les statuts. — La Société a pour objet :

1° De prêter sur hypothèque, dans les conditions prévues par les statuts et sous sa propre garantie, aux propriétaires d'immeubles situés en Algérie, des sommes remboursables soit à long terme, par annuités, soit à court terme avec ou sans amortissement ;

2° De prêter, conformément aux statuts, avec ou sans hypothèque, aux départements, communes et douars, et aux établissements publics d'Algérie, dans les conditions prévues par la loi du 6 juillet 1860 et la législation algérienne ; d'acheter, négocier, émettre, sans sa garantie, dans les conditions des statuts, les obligations créées ou à créer par les départements, communes ou associations syndicales ;

3° D'acquérir ou de faire acquérir, par voie de cession ou autrement, et de rembourser, avec ou sans subrogation, des créances privilégiées ou hypothécaires, ou des créances communales, dans les conditions déterminées par les statuts ;

4° De prêter, en Algérie, avec hypothèque, dans les conditions du troisième paragraphe de l'article 63, aux particuliers et aux associations syndicales propriétaires ou simples concessionnaires d'immeubles, soit à long terme, soit à court terme, avec ou sans amortissement, par oblitions simples, ou sous forme d'ouverture de crédit, des sommes à employer pour l'amélioration du sol, les défrichements, et la construction des bâtiments urbains ou ruraux ;

5° De prêter sur fonds publics français et obligations ou bons du Trésor, obligations du Crédit foncier de France, obligations des départements et communes, titres de sociétés ou associations jouissant de la garantie de l'État, des départements ou des communes, actions de la Banque de l'Algérie, et sur tous titres admis par la Banque de France comme garantie d'avances ;

6° D'établir, sur divers points de l'Algérie, des magasins généraux, conformément aux dispositions des lois des 21 mars 1848, 28 mai 1858 et 31 août 1870 ;

7° De prêter sur connaissements de marchandises, chargements de navires et warrants des magasins généraux ;

8° De prêter sur récoltes pendantes, lorsqu'une loi spéciale aura appliqué à l'Algérie les dispositions de la législation coloniale à ce relatives.

La Société pourra se procurer les fonds nécessaires aux opérations indiquées ci-dessus en second lieu, au moyen de l'émission de billets ou de bons à court ou long terme.

La Société est autorisée à recevoir, avec ou sans intérêts, des capitaux en dépôts, dont le montant ne pourra dépasser 50 millions. Ces capitaux devront être représentés, soit par des espèces en caisse ou déposées à la Banque d'Algérie, à la Banque de France ou au Crédit foncier de France, soit par des rentes sur l'État français, soit par des bons du Trésor, soit par des avances dont le terme ne pourra excéder quatre-vingt-dix jours sur les obligations émises par le Crédit foncier de France ou sur tous titres admis par la Banque de France comme garantie d'avances ; soit sur connaissements de marchandises, chargements de navires et warrants des magasins généraux ; soit enfin, par des lettres de change ou des effets de commerce à l'échéance maximum de quatre-vingt-dix jours, revêtus de deux signatures au moins et passés à l'ordre de la Société.

La circonscription des opérations sociales s'étend sur tout le territoire algérien, mais ces opérations pourront être étendues à la Tunisie par délibération du Conseil d'administration.

La Société ne prête que sur première hypothèque, ou sur seconde hypothèque après le Crédit foncier de France. Les prêts hypothécaires sont réalisés en numéraire.

Siège social. — A Alger, boulevard de la République. Succursale à Paris, place Vendôme, 8.

Durée. — Du jour de la constitution définitive (9 décembre 1880) jusqu'au 30 juillet 1951.

Capital social. — Le capital social, fixé primitivement à 60 millions et divisé en 120.000 actions de 500 francs émises au pair, libérées de 125 francs et nominatives, a été réduit à 30 millions, par décision de l'Assemblée générale du 15 décembre 1888, au moyen de l'échange des actions anciennes libérées de 125 francs contre des actions nouvelles libérées de 250 francs, deux contre une.

Ce capital est donc actuellement représenté par 60.000 actions de 500 francs, libérées de 250 francs, devant rester nominatives, même après libération entière.

Lorsque le chiffre des prêts fonciers et communaux, faits en participation avec le Crédit foncier de France, joint au montant des dépôts en compte courant, dépassera 300 millions, le capital social devra être augmenté de façon à maintenir toujours ce capital dans la proportion d'un dixième au moins des prêts réalisés et des comptes-courants.

Conseil d'administration. — De dix à douze membres (dont la moitié doit résider en France et la moitié en Algérie), renouvelables par cinquième chaque année, et devant être propriétaires chacun d'au moins 00 actions inaliénables pendant la durée de leurs fonctions.

Trois censeurs, dont deux en Algérie et un à Paris, nommés par l'Assemblée générale pour une durée de trois ans, devant être propriétaires chacun d'au moins 50 actions inaliénables pendant la durée de leurs fonctions.

Chaque succursale est gérée par un directeur nommé par le Conseil d'administration, devant être propriétaire de 25 actions inaliénables pendant la durée de sa gestion.

Les administrateurs actuels sont :

A Paris : MM. Thoureau, président ; H. Suquet, vice-président ; S. de Neufville, baron de la Perrière, E. Suquet.

A Alger : MM. Prénat, Gastu, Giraud, Olivier.

Assemblée générale. — En mai, se réunissant à Paris, sauf décision contraire de l'Assemblée générale précédente, composée des actionnaires propriétaires de dix actions au moins. Dix actions donnent droit à une voix, sans que personne puisse avoir plus de cinquante voix, soit en son propre nom, soit comme mandataire.

Répartition des bénéfices d'après les statuts. — Sur les bénéfices réalisés, déduction faite de toutes les charges, il est tout d'abord prélevé 5 0/0 pour la constitution de la réserve légale, ce prélèvement cessant de lui profiter lorsque le fonds de réserve atteint le dixième du fonds social souscrit.

Il est ensuite prélevé la somme nécessaire pour servir l'intérêt de 5 0/0 sur le capital versé.

Ce qui reste après ces prélèvements et l'allocation de 10 0/0 au Conseil d'administration et 5 0/0 au directeur général, prévue à l'art. 28 des statuts, constitue la somme à répartir entre toutes les actions émises à titre de dividende, ou à appliquer à des réserves spéciales par décision de l'Assemblée générale.

Dividendes distribués. — Ils ont été les suivants :

1881	6 25		1887	6 443
1882	7 50		1888	10 1546
1883	7 50		1889	10 3092
1884	7 731		1890	11 25
1885	7 989		1891	12 50
1886	7 731			

Résultats du dernier exercice (1894-95). — L'Assemblée des actionnaires a eu lieu le 28 mai, au Crédit Foncier de France.

Elle a approuvé les comptes de l'exercice 1894 et décidé que le bénéfice net s'élevant à 1.005.122 francs serait réparti comme suit :

1° Réserve statutaire	47.267 55
2° Aux actionnaires 5 0/0 du capital versé	750.000 »
3° Fonds de prévoyance	150.000 »
4° Report à nouveau	57.854 81

Le dividende a été fixé à 12 fr. 50 par action, sur lesquels le solde de 7 fr. 50 sera mis en paiement le 1ᵉʳ juillet prochain.

M. Barthe-Dejan a été nommé administrateur, en remplacement de M. Giraud, décédé.

M. Prenat, administrateur sortant, à Alger, a été réélu.

Enfin, l'Assemblée a réélu M. Warot, censeur, à Alger, et l'a désigné comme commissaire aux comptes.

CRÉDIT FONCIER COLONIAL

Constitution. — Société anonyme, constituée le 26 août 1863. (Transformation de l'ancienne Société anonyme de Crédit colonial.)

Liquidation judiciaire et Concordat. — La Société a été mise en état de liquidation judiciaire par jugement du tribunal de commerce de la Seine du 19 janvier 1892 ; puis, le 7 juin suivant, elle a obtenu de ses créanciers un concordat qui a été homologué par jugement du tribunal de commerce du 18 du même mois. Elle s'est ainsi trouvée remise en possession de tout son actif et a repris le cours de son existence légale.

Aux termes du concordat du 7 juin 1892, les créanciers du Crédit foncier colonial lui ont fait remise de 25 0/0 du montant de leurs créances, arrêté au 19 juin 1892, jour du jugement déclaratif de la liquidation judiciaire. Les 75 0/0 non remis ont été stipulés payables en vingt-sept ans, par voie de répartition, povr le premier versement être effectué le 1er juillet 1893, et continuer ainsi d'année en année jusqu'à parfait paiement, au moyen d'annuités uniformes comprenant l'intérêt fixe dont il sera ci-après parlé et l'amortissement.

Les dividendes ci-dessus promis ont été stipulés productifs d'intérêts à partir du 1er janvier 1892, déterminés de la manière suivante.

1° Un *intérêt fixe* de 12 francs par chaque obligation stipulée remboursable à 600 francs, et 10 francs par chaque obligation stipulée remboursable à 500 francs, lequel sera payable le 1er janvier de chaque année.

2° Un *intérêt variable*, qui ne pourra dépasser 9 francs par obligation stipulée remboursable à 600 fr., et qui ne pourra dépasser 7 fr. 50 par obligation stipulée remboursable à 500 francs, lequel sera payable six mois après la clôture de l'exercice, soit le 1er juillet de chaque année.

Au lieu de recevoir les répartitions ci-dessus énoncées, promises sur les anciens titres, les créanciers ont eu la faculté de les échanger contre des titres nouveaux, que la Société a créés aux conditions que nous allons indiquer.

Les porteurs d'obligations anciennes de 600 francs ont reçu en échange de chacun de ces titres une obligation nouvelle au capital de 420 francs, portant intérêt comme suit :

1° Un coupon fixe de 12 francs, payable le 1er janvier de chaque année ;

2° Un coupon d'intérêt variable ne pouvant dépasser la somme de 9 francs et payable le 1er juillet de chaque année.

Les porteurs d'obligations anciennes de 500 fr. ont reçu en échange de chacun de ces titres une nouvelle obligation au capital de 350 francs, portant intérêt comme suit :

1° Un coupon fixe de 10 francs, payable le 1er janvier de chaque année ;

2° Un coupon d'intérêt variable, ne pouvant dépasser 7 fr. 50 et payable le 1er juillet chaque année.

Tout pourteur de six obligations de 500 francs a eu le droit de se faire délivrer, en échange, cinq obligations de 420 francs, au lieu de six obligations de 350 francs.

Les créanciers, autres que les obligataires, ont eu le droit de réclamer autant d'obligations nouvelles de 420 francs que le montant intégral de leurs créances, comprenait de fois la somme de 552 fr. 93. La différence leur a été immédiatement réglée en espèces et pour solde sur le taux de 50 0/0.

Les obligations nouvelles doivent être amorties au pair de 420 francs et de 350 francs dans un délai de 27 ans, par voie de tirage au sort. Le tirage des obligations à amortir a lieu chaque année le 15 juin, pour le pour le premier avoir lieu le 15 juin 1893. Les titres sortis seront remboursables le 1er juillet suivant, savoir : les obligations de 420 francs à 426 francs, y compris six mois d'intérêt fixe acquis au 1er juillet, et les obligations de 350 francs à 355 francs, y compris six mois des mêmes intérêts.

Chaque année, au 31 décembre, il est dressé un inventaire, un bilan, et le compte de profits et pertes de la Société. Il est établi : 1° Un compte d'amortissement ; — 2° Un compte d'exploitation ; — 3° Et un fonds spécial dit fonds de réserve.

I. — Compte d'amortissement. — Sur les sommes affectées audit compte, il est prélevé tout d'abord les sommes qui seront nécessaires pour l'amélioration des domaines de la Société, ainsi que les sommes que, dans le même but, le Crédit foncier colonial serait amené à prêter à la Société foncière coloniale. Tout le surplus est affecté à l'amortissement des engagements en principal pris par la Société.

II. — Compte d'exploitation. — Sur les sommes affectées au compte dont il s'agit, il est prélevé, tout d'abord, les sommes nécessaires au payement de l'intérêt fixe. Le surplus est attribué : 1° 15 0/0 au Crédit foncier colonial, qui est autorisé à en faire la répartition à ses actionnaires ; 2° 60 0/0 au service de l'intérêt variable, qui est limité ainsi qu'il a été dit plus haut ; 3° le reste sera porté au compte d'amortissement.

Jusqu'au remboursement de toutes les obligations nouvelles et de tous les dividendes promis, les actionnaires du Crédit foncier colonial ne peuvent recevoir d'autre dividende sous quelque forme que ce soit qu'à concurrence des 15 0/0 susmentionnés ; le Crédit foncier colonial a d'ailleurs le droit constant de payer par anticipation la totalité des 75 0/0 en capital promis à ses créanciers.

III. — Fonds de réserve. — Il est créé un fonds de réserve de un million à prélever sur les premières disponibilités du compte d'amortissement. Ce fonds est destiné à assurer le service de l'intérêt fixe en cas d'insuffisance des ressources prévues à l'article 9 du concordat.

Si, une année quelconque, cette recette vient, à raison des prélèvements pour ledit objet, à descendre au-dessous de un million de francs, elle sera recomplétée à ce chiffre pendant la ou les années suivantes, par un prélèvement sur le compte d'exploitation, après le payements des intérêts fixes, mais avant toute attribution à la Société, à l'intérêt variable et au fonds d'amortissement.

Pour l'exercice des droits conférés aux obligataires par le Concordat, lesdits obligataires ont constitué, sous la dénomination de *Syndicat des obligataires du Crédit foncier colonial*, une association dont les statuts résultent d'un acte reçu par Mᵉ Portefin, notaire, à Paris, le 27 mai 1892.

Objet d'après les statuts. — 1° Prêter, soit à des propriétaires individuellement, soit à des réunions de propriétaires, les sommes nécessaires à la construction de sucreries dans les colonies françaises, ou au renouvellement et à l'amélioration de l'outillage des sucreries existantes, sans que le montant des sommes employées aux opérations de cette nature puisse jamais dépasser le cinquième du maximum fixé pour l'ensemble des prêts (dix fois le capital social) ;

2° Prêter sur première hypothèque, aux propriétaires d'immeubles situés dans les mêmes colonies, des sommes remboursables, soit à long terme par annuités, soit à court terme avec ou sans amortissement ;

3° Acquérir et rembourser, avec ou sans subrogation, des créances privilégiées ou hypothécaires ;

4° Prêter aux colonies et aux communes dans les colonies, avec ou sans hypothèque, soit à long terme, avec remboursement par annuités, soit à court terme, avec ou sans amortissement, les sommes qu'elles auraient obtenu la faculté d'emprunter ;

5° Créer et négocier des obligations pour une valeur égale au montant des prêts.

Le taux de l'intérêt des sommes prêtées ne peut excéder 8 0/0. Les prêts ne peuvent être faits pour une durée de plus de trente ans, ni excéder dans leur ensemble dix fois le capital social.

La Société jouit d'un privilège exclusif, pour les colonies de la Martinique et de la Guadeloupe, pendant quarante ans, à partir du 31 août 1863, et pour celle de la Réunion, pendant quarante ans, à partir du 7 octobre 1863.

Siège social. — Paris, rue Mogador prolongée, 2.

Durée. — Soixante ans, à compter du 31 août 1863.

Capital social. — Primitivement fixé à trois millions, il a été porté, en 1863, à douze millions, divisés en 24.000 actions de 500 francs, entièrement libérées et au porteur.

Les intérêts et dividendes se payent aux époques fixées par le Conseil d'administration.

La Société est autorisée, en outre, à créer, avec l'approbation des Ministres de la Marine et des Colonies et des Finances, des obligations auxquelles il peut être attribué des primes et lots ne pouvant excéder 1 0/0 du capital qu'elles représentent.

Conseil d'administration. — De quinze membres, devant être propriétaires chacun de cinquante actions inaliénables pendant la durée de leurs fonctions, renouvelables par cinquième chaque année.

Comité de trois censeurs, devant être propriétaires chacun de cinquante actions inaliénables pendant la durée de leurs fonctions.

Les administrateurs actuels sont :

MM. Demarest, *président* ; Boissaye, de Carrère, Denière, Ch. Fère, M. Hachette, Hallez, Imhaus, Louis Passy, Prétavoine, Ad. Vuiguer.

Directeur : M. G. Couturier.

Assemblée générale. — En mai, composée des propriétaires de vingt actions au moins, qui les ont déposées huit jours au moins avant l'époque de la réunion. Vingt actions donnent droit à une voix, sans que personne puisse avoir plus de cinq voix en son propre nom, ni plus de dix, tant en son nom que comme mandataire.

Répartition des bénéfices d'après les statuts. — Les comptes sont arrêtés à la fin de chaque semestre.

Sur les produits nets, déduction faite des charges et de l'intérêt à 5 0/0 des sommes versées attribuées aux actions, il est fait une retenue d'un quart pour la formation d'un fonds de réserve, jusqu'à ce qu'il ait atteint le cinquième du capital social. Le surplus est réparti aux actionnaires.

Nous allons maintenant indiquer quelles sont les obligations de la Société, en circulation.

En conformité des stipulations du concordat, la Société a créé des obligations de deux sortes :

1° Obligations de 420 francs ; 2° et obligations de 350 francs qui ont été délivrées en échange des obligations anciennes de 600 et de 500 francs, dont la conversion en obligations nouvelles a été demandée, conformément au concordat.

Obligations de 420 francs 5 0/0. — Ces titres comprennent : 36.122 obligations de 420 francs, donnant droit :

1° A un intérêt maximum de 5 0/0 comportant : un coupon fixe de 12 francs, payable le 1ᵉʳ janvier de chaque année, et un coupon d'intérêt variable, ne pouvant pas dépasser 9 francs et payable le 1ᵉʳ juillet de chaque année.

2° Et à l'amortissement à 420 francs, dans un délai de 27 ans, à partir du 1ᵉʳ juillet 1893, par tirages au sort annuels le 15 juin, remboursement des titres sortis le 1ᵉʳ juillet suivant.

Obligations de 350 francs 5 0/0. — De ce côté il y a 15.390 obligations de 350 francs, donnant droit :

1° A un intérêt maximum de 5 0/0 comportant : un coupon fixe de 10 francs payable le 1ᵉʳ janvier de chaque année, et un coupon d'intérêt variable, ne pouvant pas dépasser 7 fr. 50 et payable le 1ᵉʳ juillet de chaque année.

2° Et à l'amortissement à 350 francs dans un délai de 27 années, à partir du 1ᵉʳ juillet 1893, par tirages au sort annuels le 15 juin, remboursement des titres sortis le 1ᵉʳ juillet suivant.

Résultats du dernier exercice (1894/95). — Le rapport lu à l'assemblée des actionnaires, le 30 mai dernier, expose que les colonies traversent une crise économique aiguë, par suite de la baisse des sucres. La Société est ainsi doublement atteinte et comme Société de prêts et comme Société d'exploitation sucrière.

Le Conseil a donc cherché à créer à la Société de nouvelles sources de revenu et il a entrepris la culture du café et du cacao, tout en supprimant diverses exploitations onéreuses.

Le compte d'exploitation de l'exercice 1894 se solde par un bénéfice net de 406.567 francs. L'intérêt fixe au 1ᵉʳ janvier 1895 ayant exigé une somme de 586.484 francs, il a fallu prélever 179.916 francs sur le fonds de réserve pour compléter l'intérêt fixe conformément au concordat.

Le compte d'amortissement qui comprend les rentrées en capital, présente, par contre, un solde créditeur de 1.039.224 francs qui va permettre, conformément au concordat, l'amortissement par voie de tirage au sort de 1.850 obligations de 420 francs et de 730 obligations de 350 francs. Le tirage au sort aura lieu le 15 juin prochain et le remboursement s'effectuera à partir du 1ᵉʳ juillet.

L'assemblée a réélu MM. L. Passy, Prétavoine et Vuiguier, administrateurs sortants.

CRÉDIT FONCIER DE FRANCE

Constitution. — Société anonyme, autorisée le 28 mars 1852. Connue d'abord sous le nom de Banque foncière de Paris, prit le nom de Crédit foncier de France, en décembre 1852, à la suite d'un décret étendant à toute la France le cercle de ses opérations. Fusionné en 1882 avec la Banque hypothécaire de France.

Objet d'après les statuts. — La Société a pour objet :

1° De prêter sur hypothèque aux propriétaires d'immeubles des sommes remboursables, soit à long terme par annuités, soit à court terme, avec ou sans amortissement ;

2° De créer et de négocier des *obligations foncières* ou *lettres de gage* pour une valeur qui ne peut dépasser le montant des sommes dues par les emprunteurs.

En outre, le Crédit foncier est autorisé :

1° Par la loi du 28 mai 1858, à faire, au lieu et place de l'Etat, les prêts pour travaux de drainage ;

2° Par des décrets des 11 janvier 1860 et 17 janvier 1863, à prêter en Algérie ;

3° Par la loi du 26 mai 1860 à faire l'escompte des billets du Sous-Comptoir des entrepreneurs ;

4° Par la loi du 6 juillet 1860, à prêter, avec ou sans hypothèques, aux départements, aux communes et aux associations syndicales, et à émettre, en représentation de ces prêts, des *obligations communales*.

Il peut appliquer, avec l'autorisation du Gouvernement, tout autre système ayant pour objet de faciliter les prêts sur immeubles, l'amélioration du sol, les progrès de l'agriculture, l'extinction de la dette foncière, et traiter avec les Compagnies d'assurances pour faciliter la libération de l'emprunteur. Mais en aucun cas, quelle que soit la nature ou la provenance des fonds disponibles, il ne peut faire aucune opération soit sous forme d'achat ou de rachat, soit sous forme d'avances ou de reports, sur des titres autres que les obligations foncières ou communales et les titres admis par la Banque de France comme garantie d'avances, et il s'interdit toute opération d'achat, de report ou d'avances sur ses propres actions. Enfin il est autorisé à recevoir, avec ou sans intérêts, des capitaux en dépôt, pourvu que le montant des capitaux reçus par elle à ce titre ne dépasse pas 100 millions.

Les capitaux reçus en dépôt doivent être représentés : pour un quart au moins, et pour une somme plus considérable, avec le consentement du ministre des finances, par des versements en compte-courant au Trésor, au taux d'intérêt fixé par le ministre; ou par la remise de valeurs agréées par le ministre et, pour le surplus, soit par des Rentes françaises, soit par des bons du Trésor, soit par des avances à quatre-vingt-dix jours au plus sur les obligations du Crédit foncier, ou sur tout titre admis par la Banque en garantie d'avances ; soit par des lettres de change ou effets de commerce à l'échéance maximum de quatre-vingt-dix jours, revêtus de deux signatures au moins. Le Conseil d'administration règle les conditions d'emploi de fonds provenant des dépôts, ainsi que des garanties à établir pour l'admission des titres et valeurs. Toutefois les avances sur titres ne pourront jamais dépasser la moitié du montant des dépôts, déduction faite des valeurs remises au Trésor.

Siège social. — A Paris, rue des Capucines, 19.

Durée. — Primitivement fixée à quatre-vingt-dix-neuf ans, à compter du 30 juillet 1852, soit jusqu'au 30 juillet 1951, prorogée jusqu'au 31 décembre 1980, soit quatre-vingt-dix-neuf ans à compter du 30 décembre 1881.

Capital social. — Le fonds social est affecté à la garantie des engagements sociaux, et spécialement des obligations foncières, ou lettres de gage, ou obligations communales. Le montant du capital nominal des actions doit être maintenu dans la proportion du vingtième au moins du capital réalisé par l'émission d'obligations en circulation. Il a été fixé primitivement à 25 millions et divisé en 50.000 actions de 500 francs, sur lesquelles 20.000 furent souscrites par les fondateurs en 1852, et 30.000 émises en janvier 1883 et attribuées aux anciens actionnaires, à raison de trois nouvelles pour deux anciennes. Puis, en 1856, il a été porté à 30 millions par la création de 10.000 actions nouvelles qui ont été réservées aux actionnaires des Sociétés de province alors en formation, et dont une partie a été délivrée aux actionnaires des anciennes Sociétés de Marseille et de Nevers, lors de la fusion, en 1856. Elevé à 60 millions en mars 1862, par la création de 60.000 actions souscrites au pair par les titulaires des 60.000 anciennes actions, soit une nouvelle pour une ancienne; porté à 90 millions en septembre 1869, par une émission de 60.000 actions attribuées aux anciens actionnaires, à raison de une nouvelle pour deux anciennes. Le versement de 250 francs a été fait, pour cette émission, au moyen d'un prélèvement sur les réserves, il a été porté en janvier 1877, à 130 millions par la création de 80.000 actions nouvelles, destinées à être délivrées aux actionnaires du Crédit agricole, ainsi qu'il a été dit plus haut. En juillet 1882, et par suite de l'approbation, par le décret du 26 juillet 1882, des conditions de la fusion avec la Banque hypothécaire de France, il a été élevé à 155 millions par la création de 50.000 actions nouvelles qui ont été délivrées, en octobre 1882, aux actionnaires de la Banque hypothécaire.

Aux termes des statuts du 21 juin 1882 (art. 4), le Crédit foncier est autorisé à porter son capital social à 200 millions de francs (représenté par 40.000 actions libérées de 500 francs), soit en une, soit en deux fois, dès que le montant des obligations en circulation atteindra vingt fois le capital nominal actuel des actions. Lorsque le capital aura atteint le chiffre de 200 millions, le quart de ce capital devra être représenté par des Rentes françaises ou autres valeurs du Trésor. En vertu de cette disposition, et par délibération du 30 mai 1888, le Conseil d'administration a décidé la création de 31.000 actions nouvelles de 500 francs, qui ont été émises au pair, du 1er au 31 juillet, en souscription exclusivement réservée aux porteurs des 310.000 actions anciennes, à raison de une action nouvelle pour dix anciennes.

Le capital s'est ainsi trouvé de 155 millions à 170.500.000 francs et divisé en 341.000 actions de 500 francs, entièrement libérées et nominatives.

Les intérêts et dividendes dus aux actionnaires sont payables : les 1er janvier (acompte) et 1er juillet (solde).

Conseil d'administration. — Conformément au décret du 6 juillet 1854, la direction des affaires de la Société est exercée par un gouverneur nommé par le chef de l'Etat, avec traitement annuel de 40.000 francs, et par deux sous-gouverneurs, avec traitement annuel de 20.000 francs chacun.

Le gouverneur et les sous-gouverneurs doivent être propriétaires, l'un de 200 actions, et les autres, chacun de 100 actions, inaliénables pendant la durée de leurs fonctions.

Conseil d'administration composé du gouverneur, des sous-gouverneurs, des administrateurs et des censeurs. Les administrateurs sont au nombre de vingt au moins et de vingt-trois au plus ; trois d'entre eux doivent être pris parmi les trésoriers-payeurs généraux des finances. Ils sont nommés par l'Assemblée générale et se renouvellent par cinquième chaque année.

Comité de trois censeurs, chargés de veiller à la stricte exécution des statuts, nommés pour trois ans et renouvelables par tiers.

Les administrateurs et les censeurs doivent être propriétaires chacun de 100 actions, inaliénables pendant la durée de leurs fonctions.

Les administrateurs actuels sont : MM. A. Christophe, *gouverneur ;* Le Guay et Ganevain, *sous-gouverneurs ;* et De Crépy, Devès, J. Gay,

Le Trésor de la Rocque, de Marcillac, Marraud, Mathieu-Bodet, Méliodon, Mézières, Mir, de Neufville, Pasteur, Picard, Plassard, Rivière, G. Rouland, Sanson, J. Simon, Thoureau, de Swarte.

Assemblée générale. — En avril. Composée des deux cents plus forts actionnaires dont la liste est arrêtée par le Conseil d'administration vingt jours avant la réunion de l'Assemblée. Peuvent seuls figurer sur cette liste les actionnaires inscrits sur les registres de transferts trois mois avant sa confection.

Chaque actionnnaire a autant de voix qu'il possède de fois 40 actions, sans que personne puisse en avoir plus de cinq en son nom personnel ni plus de dix, tant en son propre nom que comme mandataire.

Tout membre de l'Assemblée générale a droit à une voix, lors même que le nombre de ses actions ne s'élève à 40.

L'Assemblée générale peut modifier les statuts sur la proposition du gouverneur et sauf l'approbation du Gouvernement. La délibération n'est valable qu'autant qu'elle réunit les deux tiers des voix.

Répartition des bénéfices d'après les statuts. — Sur les bénéfices réalisés, il est prélevé annuellement :

1° 5 0/0 du capital versé sur les actions, pour être répartis à tous les actionnaires ;

2° Une somme qui ne peut être inférieure à 5 0/0, ni excéder 20 0/0 du surplus, pour être affectée au fonds de réserve obligatoire jusqu'à ce que ce fonds ait atteint la moitié du fonds social souscrit. Il peut, en outre, être fait des réserves facultatives, par décision de l'Assemblée générale. Ce qui reste complète le dividende à répartir entre toutes les actions émises.

Voyons maintenant les obligations. Celles-ci sont de deux sortes :

Les unes dites *obligations foncières*, émises avec ou sans lots, en représentation de ses prêts hypothécaires, en vertu des décrets des 28 mars, 30 juillet et 10 décembre 1852, garanties spécialement par ses créances hypothécaires. Les autres dites *communales* ou *départementales*, émises avec ou sans lots, en représentation des prêts faits aux communes, aux départements et aux associations syndicales, en vertu de la loi du 6 juillet 1860, garanties par les créances sur les communes et les départements.

Nous allons énumérer ces diverses obligations, auxquelles il convient d'ajouter les *obligations de la Banque hypothécaire de France*.

Foncières 3 0/0 1877. — Il s'agit d'un emprunt avec lots, autorisé le 17 juillet 1877, représenté par 625.000 obligations de 400 francs au porteur, qui à cette époque ont été émises à 360 francs et qui sont aujourd'hui entièrement libérées et au porteur. Les tirages ont lieu les 5 janvier 5 avril, 5 juin et 5 octobre. Il y a 1 lot de 100.000 francs, 2 de 50.000, 2 de 10 000 et 30 de 1.000 chaque année.

Communales 3 0/0 1879. — Aux termes d'un traité passé entre la Ville de Paris et le Crédit foncier et approuvé par la loi du 22 juillet 1879, la Ville de Paris, qui restait devoir au Crédit foncier 283 millions payables en 28 ans, par annuités de 19 millions chacune, a remboursé cette dette en empruntant à nouveau au Crédit foncier, mais pour un délai de 58 ans et demi, pareille somme de 283 millions, payable par annuités de 12 millions chacune. Par suite de cette opération, le Crédit foncier a décidé de rembourser toutes ses obligations communales de 500 francs 5 0/0 lors en circulation, et, en représentation de sa créance nouvelle sur la Ville de Paris et de prêts à d'autres communes, il a créé des obligations communales de 500 francs 3 0/0. Cet emprunt, autorisé par décision ministérielle du 25 juillet 1879, est représenté par 4 millions d'obligations émises en souscription publique à 485 francs, le 5 août 1879, remboursables au pair et avec lots ; cinq cent mille de ces obligations ont été réservées de préférence aux porteurs des 494.076 obligations communales de 500 francs 5 0/0 à long terme restant alors en circulation. Le public a eu le droit de souscrire les 500.000 obligations de surplus et le solde des 500.000 obligations pour lesquelles les porteurs des obligations communales 5 0/0 n'auraient pas usé de leur droit de préférence.

Ces obligations, au porteur, entièrement libérées depuis le 15 février 1883, sont numérotées de 1 à 1.000.000 et sont divisées en 40 séries de 25.000 titres chacune.

Les tirages ont lieu les 5 février, 5 avril, 5 juin, 5 août, 5 octobre et 5 décembre, et il y a 1 lot de 100.000 francs, 1 de 25.000, 6 de 5.000 et 45 de 1.000.

Foncières 3 0/0 1879. — Cet emprunt de 900 millions a été autorisé par arrêté ministériel du 23 septembre 1879 ; il a été destiné principalement à la conversion de 1.067.211 obligations foncières 5 0/0, dites Lettres de gage. restant en circulation, y compris les 142.560 obligations sorties au tirage du 22 septembre 1879, représentant ensemble un total de 533.600.000 francs, et, pour le surplus, à de nouveaux prêts hypothécaires pour lesquels le Crédit foncier a dû supprimer la commission de 0,60 0/0 pour frais d'administration exigée, jusqu'ici des emprunteurs, et consentira en outre un abaissement du taux de l'intérêt, conformément à l'arrêté ministériel précité. Il est représenté par 1.800.000 obligations au porteur, remboursables au pair et avec lots dans les conditions énoncées au tableau ci-dessus, émises en souscription publique à 490, francs le 7 octobre 1879. 1.100.000 de ces titres ont été réservés par préférence aux porteurs des 1.067.211 obligations foncières de 500 francs 5 0/0 lors en circulation. Le public a eu le droit de souscrire à 490 francs les 700.000 obligations de surplus et le solde des 1.100.000 obligations pour lesquelles les porteurs d'obligations foncières 5 0/0 n'auraient pas usé de leur droit de préférence. En outre, il a été offert, à un syndicat d'actionnaires du Crédit foncier des obligations au prix de 482 fr. 50, à raison de une obligation pour une action à prendre sur celles offertes au public, avec cette restriction que, si la souscription était entièrement couverte, les actionnaires syndiqués n'auraient d'autre droit à prétendre que l'attribution de 7 fr. 50 en espèces représentant la différence entre 482 fr. 50 et 490, taux de l'émission publique.

Ces obligations, entièrement libérées depuis le 15 avril 1883, sont numérotées de 1 à 1.800.000 et divisées en 180 séries de 10.000 actions. Les tirages ont lieu les 5 janvier, 5 mars, 5 mai, 5 juillet, 5 septembre et 5 novembre. Il y a 2 lots par an de 100.000 francs, 1 de 25.000, 2 de 10.000, 5 de 5.000 et 90 de 1.000.

Communales 3 0/0 1880. — Cet emprunt, de 500 millions, a été autorisé par arrêté ministériel du 27 décembre 1879, pour prêts aux communes et aux départements. Il est représenté par 1.000.000 d'obligations de 500 francs 3 0/0 au porteur, remboursables en soixante ans, au pair et avec lots, dans les conditions énoncées au tableau ci-dessus, divisées en 100 séries de 10.000 titres chacune et numérotées de 1 à 1.000.000. Une partie de ces obligations a été émise directement aux guichets du Crédit foncier et aux caisses des trésoriers-payeurs généraux et des receveurs particuliers des finances, en juin 1880, au prix de 485 francs, dont le payement immédiat a donné lieu à la délivrance de titres libérés et définitifs. La deuxième partie (600.000 obligations) a fait l'objet d'une émission publique, le 14 octobre 1884 au prix de 435 francs, payables par termes échelonnés jusqu'au 14 août 1887.

Les tirages ont lieu les 5 février, 5 avril, 5 juin, 5 août, 5 octobre et 5 décembre. Il y a un lot de 100.000 francs, un de 25.000, 6 de 5.000 et 45 de 1.000.

Foncières 3 0/0 1883. — Il s'agit d'un emprunt de 900 millions réalisé, dans les conditions suivantes, en trois séries ou émissions de 300 millions (ou 600.000 obligations) chacune.

La *première série*, autorisée par délibération du Conseil d'administration du 13 janvier 1883, a été émise en souscription publique au prix de 330 francs, le 25 janvier 1883; 827.000 obligations ont été demandées en titres libérés et 438.000 en titres non libérés. Les 600.000 obligations formant l'emprunt ont dû être réparties, dans une proportion déterminée, entre les souscripteurs d'obligations libérées, auxquels un droit de préférence avait été réservé. C'est alors que, pour donner satisfaction aux souscripteurs d'obligations non servis, le Conseil d'administration a décidé, par une délibération du 26 janvier 1883, l'émission, au prix de 330 francs, d'une *deuxième série* de 600.000 obligations, identiques en tous points à celles de la première série, et qui ont été exclusivement affectées aux souscriptions du 25 janvier qui se trouvaient réduites ou annulées. Cette deuxième série comportait des obligations entièrement libérées et des non libérées. (Les versements étaient échelonnés jusqu'au 15 avril 1884. Depuis cette date il n'y a donc plus eu que des titres libérés.) La *troisième série*, autorisée par délibération du Conseil d'administration du 10 novembre 1883, a été émise en souscription publique à 330 francs, le 26 novembre 1883, avec préférence réservée aux souscripteurs d'obligations libérées. Le nombre des obligations libérées souscrites a nécessité une réduction par suite de laquelle les souscripteurs n'ont reçu que 60 0/0 des obligations libérées par eux souscrites. Il n'a donc pas été créé d'obligations non libérées.

L'emprunt de 900 millions 1883, première, deuxième, troisième séries, est donc représenté par 1.800.000 obligations de 500 francs, entièrement libérées et au porteur, émises à 330 francs. Remboursables au pair et sans lots, en quatre-vingt-dix-huit ans, de 1883 à 1980, par tirages au sort annuels ayant lieu le 22 septembre de chaque année (à partir du 22 septembre 1883), pour le remboursement des titres sortis s'effectuer le 1ᵉʳ janvier suivant. Toutefois, le Crédit foncier s'est réservé le droit de remboursement au pair et à quelque époque que ce soit. Intérêt annuel : 15 francs, payables par moitié les 1ᵉʳ janvier et 1ᵉʳ juillet.

Foncières 3 0/0 1889. — Cet emprunt de 500 millions a été autorisé par arrêté ministériel du 23 mars 1885, représenté par un million d'obligations foncières de 500 francs 3 0/0 avec lots; remboursables en 95 ans, au pair et avec lots, dans les conditions énoncées au tableau ci-dessus. Emises en souscription publique le 9 avril 1885, au prix de 435 fr. payables, par termes échelonnés, jusqu'au 30 septembre 1888. Ces obligations, entièrement libérées et au porteur, sont numérotées de 1 à 1.000.000 et divisées en 100 séries de 10.000 obligations chacune.

En vertu d'une autorisation ministérielle du 5 juillet 1893, un certain nombre d'obligations a été divisé en *cinquièmes d'obligations*, remboursables à 100 francs, et participant aux six tirages des lots dans la proportion du cinquième du lot attribué à l'obligation entière, et productifs d'un intérêt annuel de 3 francs, payable le 1ᵉʳ octobre de chaque année. Ces titres ont été émis en septembre 1893 à 100 francs, au nombre de 100.000, comprises sous les numéros 910.755 à 930.951.

Les tirages ont lieu les 5 janvier, 5 mars, 5 mai, 5 juillet, 5 septembre et 5 novembre. Il y a un lot de 100.000 francs, un de 25.000, six de 5.000 et quarante-cinq de 1.000 francs.

Communales 3 0/0 1891. — Cet emprunt de 400 millions a été autorisé par arrêté ministériel du 12 septembre 1891, représenté par un million d'obligations de 400 francs 3 0/0 avec lots, divisés en cent séries de 10.000 titres chacune, remboursables en soixante-quinze ans au plus tard à partir du 1er avril 1892, au pair et avec lots. Ces titres ont été émis en souscription publique le 6 octobre 1891, au prix de 380 francs, payables par échelonnements et aujourd'hui entièrement libérés.

Les tirages ont lieu les 5 février, 5 avril, 5 juin, 5 août, 5 octobre et 5 décembre. Il y a un lot de 100.000 francs, un de 10.000, un de 5.000 et vingt de 1.000.

Communales 3.20 0/0 1892. — Cet emprunt de 250 millions a été autorisé par arrêté ministériel du 28 juin 1892, destiné à la conversion des emprunts communaux 3 0/0 1860, 4 0/0 1875 et 4 0/0 1881-1886, représenté par 500.000 obligations communales de 500 francs 3 fr. 20 0/0 avec lots, divisées en cinquante séries de 10.000 titres chacune. Remboursables en soixante-quinze au plus tard, à partir du 1er juillet 1892, au pair et avec lots, dans les conditions indiquées au tableau ci-dessus. Elles ont été émises en souscription publique le 21 juillet 1892, au prix de 497 fr. 50, payables par échelonnement jusqu'au 30 juin 1896.

Ces obligations sont de deux sortes : 1° *Obligations entièrement libérées*, titres définitifs donnant droit à un intérêt annuel de 16 francs, payables par moitié les 1er janvier et 1er juillet, comprenant les obligations délivrées en échange des anciennes obligations converties, et les obligations intégralement libérées, soit à la répartition, soit à l'un des termes de versement ; 2° *Obligations non libérées*, titres provisoires et donnant droit pendant la période des versements à un intérêt de 3 0/0 des sommes versées ; ledit intérêt, payable aux époques et en déduction desdits versements.

Celles de ces obligations qui sont libérées par anticipation aux époques de versement ont reçu un titre définitif, libéré et muni de coupons.

Le Crédit foncier s'est réservé expressément la faculté de retirer de la circulation les obligations de l'emprunt, en remboursant au pair à la suite de tirages spéciaux une ou plusieurs séries. Les obligations retirées momentanément de la circulation continuent à concourir aux tirages.

Bons de 100 francs 1887. — Par arrêtés du ministre de l'intérieur des 24 octobre et 9 décembre 1887, le Crédit foncier a été autorisé à émettre 230.000 bons de 100 francs, représentant un capital de 23 millions, sur lesquels 7.990.000 francs devaient être remis aux administrateurs de la Loterie coloniale, des loteries de Nice, de Marseille et de Toulon, pour en faire la répartition déterminée par les arrêtés susénoncés, de façon à arriver à la liquidation complète et définitive de ces loteries. Le surplus, après déduction des frais de l'opération, devait être employé par le Crédit foncier en prêts fonciers et communaux de manière à assurer le payement des lots et le remboursement des bons avec prime dans les conditions qui seront ci-après énoncées.

Ces 230.000 bons ont été émis par le Crédit foncier, le 28 décembre 1887, au prix de 100 francs, payables par termes échelonnés jusqu'au 15 décembre 1888, avec facilité de libération par anticipation. Ils sont remboursables, soit avec des lots, soit à 200 francs, par tirages au sort en soixante-quinze ans à partir de 1888. (Le premier tirage a eu lieu le 15 mars 1888.) Le tout conformément aux tableaux reproduits ci-après :

Les tirages ont lieu : pendant les quatre premières années, les 15 mars, 15 mai, 15 juillet, 15 septembre, 15 novembre et 15 janvier (6 tirages par an); de la cinquième à la dixième année, les 15 mars et 15 septembre (semestriels); et de la onzième à la soixante-quinzième année, le 15 juillet (un seul tirage). Le payement des bons sortis s'effectue un mois après le tirage. Les bons sont au porteur ou nominatifs.

Bons de 100 francs 1888. — Par un arrêté des Ministres de l'Intérieur et des Finances du 18 juillet 1888, le Crédit foncier de France a été autorisé à émettre 150.000 bons de 100 francs, représentant un capital de 15 millions, sur lequel 5 millions devaient être répartis aux victimes de l'invasion des sauterelles en Algérie, et le surplus, après prélèvement des frais de l'opération, devait être employé par le Crédit foncier, en prêts fonciers ou communaux, de manière à assurer le payement des lots et le remboursement des bons avec prime, dans les conditions qui seront ci-après énoncées.

Ces 150.000 bons ont été émis par le Crédit foncier le 7 août 1888, au prix de 100 francs payables par termes échelonnés jusqu'au 20 octobre 1888 avec faculté de libération par anticipation. Ils sont remboursables soit avec des lots, soit à 200 francs, par tirages au sort, en 75 ans, à partir de 1888 (le 1er tirage a eu lieu le 15 novembre 1888, le tout conformément au tableau reproduit ci-après. Les tirages s'effectuent pendant les deux premières années les 15 novembre, 15 janvier, 15 mars, 15 mai, 15 juillet et 15 septembre (tous les deux mois), pendant la troisième et la quatrième année, les 15 novembre, 15 janvier, 15 mai et 15 septembre (quatre tirages par an), de la cinquième à la soixante-quinzième année, le 15 juillet (un seul tirage par an). Le payement des bons sortis sera effectué un mois après le tirage.

Foncières 1895. — Emprunt de 250 millions de francs, divisé en 500.000 obligations de 500 francs à 2 80 0/0 avec lots, remboursables, au plus tard, en 75 années à partir du 1er juin 1895.

On n'a jusqu'ici que des obligations provisoires au porteur, libérées de 40 francs sur lesquelles il y en a à verser 450 francs, payables en neuf termes dont le premier est fixé au 10 octobre 1895, le second au 10 février 1896, le troisième au 10 août 1896, le quatrième au 10 novembre 1896, le cinquième au 10 avril 1897, le sixième au 10 août 1897, le septième au 10 février 1898, le huitième au 10 mai 1898 et le neuvième au 10 octobre 1898. Ces versements sont respectivement : 49 fr. 65, 49 fr. 35, 48 fr. 35, 48 fr. 90, 47 fr. 60, 47 fr. 70, 45 fr. 90, 47 fr. 70 et 44 fr. 07.

Ces obligations sont numérotées de 1 à 500.000 et forment 100 séries de 5.000 titres.

Obligations Banque hypothécaire 3 0/0 1880. — Cet emprunt de 600 millions de francs, a été autorisé par délibération du Conseil d'administration du 17 décembre 1879. Représenté par 1.200.000 obligations au porteur, émises le 10 janvier 1880 à 480, payables, par termes échelonnés, jusqu'au 10 janvier 1885. Remboursables à 1.000 francs en 75 ans, du 10 avril 1880 au 10 avril 1955, par tirages au sort ayant lieu tous les deux mois, les 10 janvier, 10 mars, 10 mai, 10 juillet, 10 septembre, 10 novembre. — Dernier tirage le 10 janvier 1955, dernier remboursement le 10 février 1955. Intérêt annuel : 15 francs payables trimestriellement, les 10 février, 10 mai, 10 août et 10 novembre.

Obligations Banque hypothécaire 3 0/0 1881. — Il a été émis 200.000 obligations de 500 francs 3 0/0 au porteur, entièrement libérées, créées par délibération du Conseil d'administration du 9 février 1881, sur lesquelles 100.000 obligations ont été émises le 21 février 1881, au taux de 352 fr. 25, par la Société générale de crédit industriel et commercial, la Société de dépôts et comptes courants, la Société générale, la Société financière de Paris, la Banque de Paris et des Pays-Bas et la Banque d'escompte de Paris. Elles sont remboursables à 500 francs, en 75 ans, du 1er mars 1882 au 1er mars 1956, par tirages au sort annuels, ayant lieu le 1er mars, pour le remboursement des titres sortis s'effectuer le 1er avril suivant. Intérêt annuel : 15 francs payables par moitié les 1er mars et 1er septembre.

Résultat du dernier exercice (1894-1895). —Voici une analyse du rapport qui a été présenté à l'Assemblée générale des actionnaires du Crédit Foncier, par M. Albert Christophle, gouverneur de cette institution.

Pendant l'année 1894, le Crédit Foncier a effectué pour 98.343.499 francs de nouveaux prêts hypothécaires. Grâce aux nouvelles obligations qui vont être émises, le taux des prêts hypothécaires pourra être abaissé à 4 0/0 ; il en résultera un nouveau développement de cette branche d'opérations.

Pendant la même année, il a été effectué pour 132.719.086 francs de nouveaux prêts communaux.

Si nous récapitulons maintenant l'ensemble des prêts fonciers et communaux faits pendant l'année 1894, nous arrivons aux résultats suivants :

Prêts hypothécaires.	Fr.	98.343.499 17
Prêts communaux.	«	132.719.086 »
Total.	Fr.	231.062.585 17
D'autre part, les remboursements anticipés se sont élevés à.	Fr.	187.033.025 63
L'excédent des prêts nouveaux a donc été de. .	Fr.	44.029.559 54

Les annuités rentrent régulièrement.

Les produits divers des prêts hypothécaires se sont élevés, pour l'année, à 9.621.077 francs.

Si l'on ajoute à ce chiffre le produit des 70.835.973 fr. 55 de prêts hypothécaires, faits spécialement avec les fonds du capital social et des réserves, et, qui s'élèvent à 3.145.035 fr. 93, on constate que les produits de ces deux natures d'opérations hypothécaires atteignent, en 1894, 12.766.112 francs 95, au lieu de 12.737.825 fr, 78 en 1893. présentant ainsi une légère augmentation de 28.287 fr. 17.

Les produits divers des prêts communaux s'élèvent à 28.917.774 fr. 87, au lieu de 3.055 223 fr. 38 en 1893.

Le solde des capitaux restant dûs, sur les prêts hypothécaires, au 31 décembre est de 1.868.264.897 francs.

Le solde des prêts communaux, de 1 milliard 252.700.185 francs.

Si l'on déduit de la valeur nominale des obligations foncières et communales, laquelle s'élève à .... Fr. 3.466.135.100 »
le montant des versements à recevoir et des primes à amortir .... « 649.936.208 50

on voit que le solde total des obligations foncières et communales en circulation est de. Fr. 2.816.198.891 50
En ajoutant le montant des bons à lots..... » 25.955.792 85

on arrive à un total de............ Fr. 2.842.154.684 35
et, si l'on compare ce solde avec celui des prêts fonciers et communaux réalisés, qui, après déduction des prêts faits avec le capital social et les réserves, s'élève à.......... » 3.066.668.069 86

on voit que la situation au 31 décembre 1894 présente, en définitive, un excédent de prêts de Fr. 224.513.385 51

Après avoir exposé le mouvement des prêts et celui des obligations, le rapport aborde l'examen détaillé du bilan.

Un chapitre intéressant de l'actif est celui qui concerne le Domaine de la Société.

Les sorties, au chapitre du domaine, continuent d'être supérieures aux entrées. Il est entré en 1894, à ce chapitre, 61 propriétés pour 2.019.286 francs; il a été effectué 152 ventes totales ou partielles pour 2.873.320 francs.

Au 31 décembre 1894, le domaine du Crédit Foncier comprenait 483 immeubles, acquis pour une somme de 11.942.283 fr. 06.

Le domaine a donné, pour l'exercice 1894, un produit brut de................ Fr. 1.020.541 81
Les dépenses de l'année se sont élevées à.... » 541.646 52

Le revenu net est donc de.......... Fr. 478.895 29

Ce revenu net, rapproché des 11.942.283 fr. 06, prix d'acquisition du domaine, en fait ressortir l'intérêt à 4.01 0/0.

Au passif, le chapitre des réserves et provisions donne l'énumération suivante :

Réserve obligatoire :............ Fr. 19.271.783 »
Provisions d'amortissement.......... » 109.724.781 »
Réserves diverses............. » 9.255.731 »

Les provisions pour amortissement ont diminué de 5.340.873 francs; mais le chiffre des primes à amortir a diminué parallèlement de 15.369.877 francs. Il y a eu un amortissement exceptionnel de primes à la suite du remboursement total de l'emprunt 4 0/0 1882 et du remboursement de 200.668 obligations Communales de l'emprunt 1879, sur les 750.000 qui sont sorties au tirage spécial du 5 décembre dernier.

Le solde du compte de profits et pertes de l'exercice 1894 est, après les divers prélèvements effectués, de...... Fr. 19.277.628 02
Le report de l'exercice 1893 était de....... » 752.417 89

Total........ Fr. 20.030.045 91
D'autre part, les frais généraux se sont élevés à. » 4.301.064 51

Les bénéfices nets forment par suite, un total de. Fr. 15.728.981 40

Les 19.277.628 fr. 02 de bénéfices propres à l'exercice se décomposent ainsi par nature d'opérations :

Prêts fonciers	Fr. 9.621.077 02		
Prêts communaux	» 2.917.774 87	Fr.	12.538.851 89
Produits nets du capital social, des réserves, des fonds de comptes courants et des capitaux flottants.		»	6.214.143 06
Bénéfices nets de la Banque Hypothécaire en liquidation.		»	524.633 07
Total		Fr.	19.277.628 02

Si l'on ajoute aux bénéfices des opérations de prêts faites avec les fonds des obligations, 12.538.851 fr. 89, le produit des prêts fonciers et communaux réalisés avec les fonds du capital social et des réserves, 3.323,472 fr. 65, on arrive à un total de produits, pour les opérations de prêts, de 15.862.324 fr. 54. Le chiffre correspondant de 1893 s'élevait à 16.034,651 fr. 55, ce qui constitue pour 1894 une faible diminution de 172.327 fr. 01.

Les produits nets du capital social, des réserves, des fonds des comptes courants et des capitaux flottants se sont élevés à 6.214.143 fr. 06 ; ils avaient atteint, en 1893, 7.740.778 fr. 19.

Les bénéfices nets résultant de la comptabilité spéciale de la Banque Hypothécaire en liquidation, se sont élevés à 524.633 fr. 07, au lieu de 520.469 fr. 82 l'année dernière.

Si nous additionnons, d'autre part, les prélèvements de toute sorte qu'a subis le compte de profits et pertes, pour alimenter les diverses réserves et provisions, nous constatons que ces prélèvements se sont élevés, pendant l'année 1894, à 8.407.376 fr. 80, tandis qu'il n'avaient été au cours de l'exercice 1893, que de 7.446.648 fr. 30.

Ces prélèvements se décomposent ainsi :

Prélèvement pour la réserve obligatoire (décision de l'Assemblée générale du 30 avril 1894).	Fr.	372.055 13
Prélèvement pour la provision pour l'amortissement des emprunts.	»	6.697.842 88
Prélèvement pour la réserve immobilière.	»	283.173 68
Prélèvement pour la provision des créances douteuses.	»	989.666 92
Prélèvement pour les réserves diverses.	>	64.638 19
	Fr.	8.407.376 80
Le conseil propose de les augmenter encore de.	»	300.000 »
à porter à la provision pour créances douteuses. L'ensemble des prélèvements, faits sur le compte de profits et pertes, pour grossir les provisions, s'élèvera donc à	Fr.	8.707.376 80

Le bénéfice disponible s'élevant à 15 millions 428.981 fr. 40, reçoit l'affectation suivante :

1° Il a été payé, le 1er janvier, 25 francs sur 341.000 actions, soit	Fr.	8.525.000 »
A *Reporter*.	Fr.	8.525.000 »

Report	Fr.	8.525.000
2° Il est porté à la réserve obligatoire 5 0/0 des bénéfices nets de l'exercice, après prélèvement des 5 0/0 du capital versé.		307.578 17
3° Il est distribué, au 1er juillet 1895, un dividende complémentaire de 19 francs aux 341.000 actions, soit	»	6.479.000 »
Ensemble	Fr.	15.311.578 17
4° Il est reporté à l'exercice 1895.	»	417.403 23
Total égal au bénéfice net.	Fr.	15.728.981 40

Le dividende total de l'exercice 1894, est donc de 44 francs.

BECHUANALAND EXPLORATION

Constitution. — Société anglaise à responsabilité limitée, enregistrée à Londres le 25 avril 1888.

Objet d'après les statuts. — Acquérir la concession, à perpétuité, de droits miniers sur 400 mille carrés, concession accordée par Khama, chef des Bamangwatos, dont le territoire s'étend, entre le Transvaal et le Zambèze, sur une superficie de 80.000 milles carrés, dont un tiers environ se trouve dans la partie du Bechuanaland actuellement sous le protectorat de l'Angleterre. Ces droits sont concédés moyennant un loyer annuel d'une livre sterling par mille carré, ainsi que d'une redevance de 2 1/2 0/0 sur la valeur brute de toutes les pierres précieuses ou métaux précieux trouvés ou exploités.

Siège social. — Cape-Town; bureaux à Londres, 19, St Swithins Lane, E. C.

Capital social. — £ 200.000, en 200.000 actions d'une livre sterling. Les apporteurs ont reçu £ 95.000, dont £ 75.000 en actions, £ 10.000 en argent et £ 10.000 en actions ou en argent, au choix de la Compagnie. Il y a 50.000 actions au porteur, négociables sur le marché de Paris, et 150.000 actions nominatives, négociables à Londres.

Conseil d'administration. — De trois membres. Comité local à Cape-Town de quatre membres.
Les administrateurs actuels sont : MM. Gifford; *président*, G. Cavostos, Fz. Ricard-Decaves, et M. K. Evans, *secrétaire*.

Assemblée générale. — Avant le 31 décembre.

Répartition des bénéfices. — Ils appartiennent en totalité aux actionnaires, sauf prélèvements ou mises en réserve votés par l'Assemblée générale.

GARANTIE FONCIÈRE

Constitution. — Société mutuelle civile et coopérative formée le 21 avril 1885, par acte sous seings privés, entre les fondateurs et les personnes qui sont ou deviendront propriétaires de titres, timbres ou certificats émis par la Société.

Siège social. — A Madrid (Espagne).

Capital social. — 1 million de pesetas, divisé en 20 séries de 1.000 actions de 50 pesetas (50 francs), 120 parts de fondateur, ayant droit à 20 0/0 des bénéfices nets, ont été également créées.

Obligations. — Emission, en juin 1891, de 2.000 obligations de 500 francs 5 0/0, rapportant 25 francs d'intérêt annuel payable les 1er janvier et juillet de chaque année; remboursables à 500 francs en 50 ans, par tirages au sort. Prix d'émission, 470 francs.
Service des coupons à Paris, au Crédit lyonnais.
Ces titres se livrent non timbrés par suite d'abonnement au Timbre.

COMPAGNIE MOSSAMÉDÈS

Constitution. — Société anonyme portugaise, constituée le 28 février 1898.

Objet d'après les statuts. — L'exploitation agricole, minière, forestière, commerciale et industrielle des terrains incultes, d'une étendue d'environ 23 millions d'hectares, situés dans le district de Mossamédès, province d'Angola, bornés au nord par le Rio Coroca, comprenant sa rive droite, avec une bande de trois kilomètres, depuis son embouchure jusqu'à son intersection avec le parallèle 16 de latitude sud, de ce parallèle jusqu'à la rive du Rio Caculoxar, de ce rio jusqu'à son confluent avec le Rio Cunene, de ce rio jusqu'à son intersection avec le parallèle 15, de ce parallèle jusqu'à sa rencontre avec le Rio Cuchi affluent du Cubango, dudit rio jusqu'à son intersection avec le parallèle 16 et de ce parallèle jusqu'à la frontière orientale portugaise qui sera définitivement limitée : à l'est par cette frontière ; au sud, par la frontière Germano-Portugaise, fixée par la convention de 1886, et à l'ouest, par une ligne tirée du Rio Coroca ou Cunene à une distance de 20 kilomètres de l'Océan.

La Compagnie a la propriété des mines situées dans les limites de sa concession et le monopole exclusif de leur exploitation pendant vingt-cinq ans, à l'expiration desquels ses droits seront limités aux mines exploitées qui, aux termes de la législation spéciale, devront lui appartenir pour un temps illimité.

Les travaux d'exploitation agricole devront commencer dix-huit mois après la constitution de la Compagnie.

La Compagnie est tenue à une redevance de 10 reis par hectare ; la

Compagnie sera toujours considérée, pour chaque année écoulée à partir du délai indiqué, comme assujettie à la redevance correspondante à une superficie de 40.000 hectares ; à la fin de la quinzième année la redevance de 6 millions de reis, relative à cette année, deviendra permanente.

Si, à l'expiration de la troisième période quinquennale, la Compagnie n'avait pas en exploitation ou n'avait pas tiré parti d'une étendue de 100.000 hectares, toute la concession relative aux terrains deviendra caduque, sans que la Compagnie ait droit à aucune indemnité.

Si, à la fin de ladite période quinquennale, la Compagnie avait en exploitation ou avait tiré parti d'une étendue de terrains supérieure à 50.000 hectares, ces terrains ne feront pas retour à l'Etat, mais la Compagnie demeurera tenue au payement d'une redevance de 90 reis par hectare.

La Compagnie peut établir, dans le port Alexandre, dans la baie des Tigres, ou sur un point quelconque de la côte, à choisir d'accord avec le gouvernement, les édifices, ponts, quais, nécessaires à l'exploitation des lignes ferrées ou autres, qu'elle pourrait construire dans l'étendue de la concession et qui auraient été approuvées par le gouvernement; les projets des travaux à réaliser sur un quelconque de ces points doivent être également soumis à l'approbation du gouvernement qui concédera à cet effet les terrains nécessaires.

La Compagnie est tenue de disposer ses colons de telle sorte que ceux de nationalité étrangère ne puissent former des centres de population isolés, mais, au contraire, soient distribués de façon à être mélangés avec les Portugais.

Charges de la Compagnie. — La Compagnie remettra au gouvernement 10 0/0 de son capital, représenté dans toutes les émissions par le nombre correspondant d'actions libérées.

Passé 40 ans, à compter de la date du contrat définitif de la concession, le gouvernement aura la faculté de réacquérir tout ce qui, en vertu du présent décret, est concédé à la Compagnie, à condition de payer à la Compagnie concessionnaire, à titre d'indemnité, la somme qui, sur le pied de 5 0/0 par an, donnera un revenu égal à la moitié des bénéfices nets de ladite Compagnie pendant les cinq dernières années. Dans le cas où les bases établies par cet article pour le rachat de l'indemnité de rachat ne conviendraient pas au gouvernement, cette indemnité serait fixée au moyen d'arbitres, le tribunal constitué, aux termes de l'artice 8 du décret, en faisant fonction.

Durée. — La durée de la Compagnie est illimitée, mais demeure soumise aux dispositions du décret de concession qui pourraient réduire cette durée, en tout ou en partie.

Siège social. — Lisbonne (Portugal).

Capital social. — 2.250 millions ou contos de reis, soit 12.500.000 francs ou 500.000 livres sterlings, divisé en 500.000 actions de 4.500 reis, 25 francs ou 1 livre sterling chacune.

L'émission pourra être faite en cinq séries ; la première, déjà souscrite est de 100.000 actions.

Les titres sont de une, cinq et vingt-cinq actions.

Conseil d'administration. — De neuf membres au moins et de quinze au plus, mais dont la majorité devra toujours être composée de citoyens portugais domiciliés en Portugal.

Il y aura, auprès du Conseil d'administration, un commissaire royal nommé par le gouvernement, lequel aura voix consultative; il sera rétribué comme pourront l'être les membres du Conseil.

Chaque administrateur devra être propriétaire de cinq cents actions complètement libérées, qui serviront de caution pour son administration, et seront inaliénables pendant le temps que dureront ses fonctions.

Le premier Conseil demeurera en exercice pendant six ans, à l'expiration desquels il sera entièrement renouvelé, mais il pourra être réélu.

La Compagnie peut avoir, en pays étrangers, des délégations composées d'administrateurs résidant hors du Portugal, lorsque l'importance du capital souscrit dans ce pays justifiera de pareilles délégations.

Les administrateurs actuels sont :
MM. le marquis de Alvito, Jaymo Lobo de Brito Godins, Antonio Francisco da Costa, Jose Pereira de Nascimento, Fernando de Serpa Pimentel, Jules Hendrickx, Georges Montfort, Léopold Silz, Adolphe Wertheimer.

Assemblée générale. — Avant le 1er juillet. Une voix par 100 actions; maximum : 20 voix. Dépôt quinze jours à l'avance.

Répartition des bénéfices d'après les statuts. — 5 0/0 au fonds de réserve, jusqu'à ce qu'il représente une somme égale au capital émis en actions, ensuite 5 0/0 aux actions. Sur le surplus, 10 0/0 au Conseil d'administration et 90 0/0 aux actionnaires.

COMPAGNIE DE MOZAMBIQUE

Constitution. — La Compagnie de Mozambique a été formée à Lisbonne le 8 mai 1888. La Charte accordée, par le Gouvernement Portugais, suivant décrets royaux des 11 février 1891 et 22 décembre 1893, donne à cette Compagnie, pendant 25 ans, sur une grande partie de la Province de Mozambique, des droits souverains spécifiés dans les articles VI, VII, et XXI de ladite Charte.

Territoires concédés. — Les territoires concédés ont une surface et qui peut être évaluée à 100.000 kilomètres carrés. Ils sont bornés au nord au nord-ouest par le fleuve Zambèze, à l'ouest par les limites des possessions anglaises de la « British South African Company » et la République du Transvaal jusqu'au fleuve Limpopo, au sud par une ligne droite partant du point où le Limpopo est coupé par le 32e méridien et suivant le 22e parallèle jusqu'à la mer. L'Océan forme la frontière de l'est,

Objet d'après les statuts. — Parti à tirer des sources de revenu qu'elle tient de la Charte et qui consistent en : (a) La perception des droits de douane et des divers impôts, parmi lesquels le « Mussoco » qui frappe, de 4 francs par an, chaque tête de la population indigène, (b) les concessions espagnoles, (c) les recettes provenant du port de Beïra, (d) les revenus à provenir des mines.

Capital social. — 1 million de livres sterling, soit 25 millions de francs, sur lesquels 400.000 livres ou 10 millions de francs ont été émis.

Charges spéciales. — La Compagnie doit payer annuellement une rétribution de 7 1/2 0/0 sur les bénéfices nets au Gouvernement portugais.

Conseil d'administration. — De quinze membres au moins, vingt-cinq au plus, dont la majorité sera composée de Portugais habitant le Portugal. Chaque administrateur devra posséder 2.000 actions inaliénables. Les trois premiers administrateurs nommés pour dix ans, les autres pour quatre ans. A part les trois premiers, le renouvellement se fera complètement au bout de quatre ans, et ensuite par tiers chaque année par tirage au sort.

Assemblée générale. — Le 1er juillet de chaque année, composée des actionnaires propriétaires d'au moins cent actions; une voix par cent actions, maximum vingt voix. Dépôt des titres quinze jours avant la réunion.

Répartition des bénéfices. — D'abord 5 0/0 au fonds de réserve, puis payement du partage qu'il pourrait y avoir à effectuer en vertu d'obligations prises avec le Gouvernement, les Compagnies ou des particuliers; payement de 5 0/0 pour la rémunération des Conseils d'administration et de surveillance, à raison de 9/10 pour le premier et 1/10 pour le conseil de surveillance; distribution d'un dividende égal pour toutes les actions de la Compagnie.

SOCIÉTÉ IMMOBILIÈRE MARSEILLAISE

Constitution. — Société anonyme, formée le 24 janvier 1878. Fusionnée, en 1890, avec la Nouvelle Compagnie immobilière de Paris.

Objet d'après les statuts. — La Société a pour objet :

1° L'acquisition et la prise à bail de tous terrains, maisons et immeubles situés dans l'arrondissement de Marseille;

2° L'acquisition de tous terrains ou immeubles nécessaires pour le percement des rues, tous traités, avec l'Etat ou la Ville de Marseille, pour l'ouverture des voies nouvelles ou autres grands travaux et établissements d'utilité publique et leur exploitation ;

3° L'acquisition de terrains ou immeubles se rattachant aux opérations de voierie de la ville de Marseille.

4° Toutes constructions à élever, sur les terrains mentionnés dans les paragraphes qui précèdent, et sur ceux reçus en échange.

5° L'exploitation et la mise en valeur desdits terrains et immeubles par des améliorations, la location, l'échange et la vente de tous terrains et immeubles dépendant du fonds social ;

6° L'achat et le cautionnement de toute créance se rattachant à l'objet de la Société.

Siège social. — A Marseille, 12, rue de la République.

Durée. — Quatre-vingt-dix-neuf ans.

Capital social. — A l'origine : 10 millions de francs, divisés en 20.000 actions de 500 francs, dont 9,170 ont été souscrites en espèces, au pair, et 10.830 attribuées aux obligataires de l'ancienne *Société des Ports de Marseille*, en représentation de l'apport de leurs titres d'obligations.

Porté à 20.000.000 de francs, par la création de 20.000 actions nouvelles de 500 francs, émises, en septembre 1879, à 562 fr. 50. Enfin, par décision des assemblées générales des 11 avril et 31 mai 1890, le capital a été porté à 36.250.000 francs, par la création de 32.500 actions nouvelles de 500 francs, attribuées à la liquidation de la *Nouvelle Compagnie immobilière*, en représentation de l'apport de tout actif immobilier réalisé par acte reçu par M° Jourdan, notaire à Marseille, le 11 avril 1890.

Le capital actuel est donc de 36.250 000 francs, divisé en 72.500 actions de 500 francs chacune, entièrement libérées et au porteur.

Conseil d'administration. — Composé de douze à vingt-quatre membres, nommés pour six ans, renouvelables par sixième, chaque année, et devant être propriétaires de cent actions chacun.

Les administrateurs actuels sont : MM. Albert Rey, président; Henry Bergasse, Eugène Bonasse, Emile Darier, Charles Gavoty, Louis Girard, Edouard Gouin, Gustave Luce, Edouard Montamat, Alfred Obermayer, Honoré Rossollin, Eugène Rostand, Charles Salles, Antoine Salvator, Edouard Troplong, Charles Wallut, Etienne Zafiropulo et Périclès Zarifi.

Assemblée générale. — Courant janvier, composée de tous les actionnaires propriétaires de vingt actions au moins, qui les auront déposées cinq jours avant l'assemblée. Chaque membre a autant de voix qu'il possède de fois vingt actions, sans que le nombre de voix puisse dépasser un maximum de vingt, comme propriétaire ou comme mandataire.

Obligations 3 0/0. — 18.000 obligations, 500 francs 3 0/0, émises en 1890, pour le remboursement de la dette de la Société envers le Crédit foncier.

Remboursables à 500 francs, en soixante-quinze ans, par tirages au sort annuels ayant lieu le 15 octobre, à compter de 1891.

Remboursement des titres sortis, le 1er novembre suivant.

Intérêt annuels : 15 francs, payables par semestres, les 1er mai et 1er novembre.

134 de ces obligations étaient amorties le 1er novembre 1892.

Répartition des bénéfices d'après les statuts. — Sur les bénéfices, il est prélevé d'abord :

L'intérêt à 4 0/0 l'an, à attribuer au capital réalisé et sur l'excédent ;

5 0/0 pour former un fonds de réserve, ce prélèvement cessant d'être obligatoire lorsque la réserve atteindra le dixième du capital.

En cas d'insuffisance des produits d'une année pour servir 4 0/0, la différence pourra être prélevée sur le fonds de réserve.

Le surplus des bénéfices est réparti ainsi qu'il suit : 15 0/0 au Conseil d'administration et 85 0/0 aux actionnaires.

Il est créé un fonds d'amortissement composé : 1° d'un prélèvement annuel de 48.000 francs comme charge de l'exercice ; 2° de l'intérêt à 4 0/0 l'an, attribué aux actions remboursées.

Le remboursement des actions à lieu par voie de tirage au sort. Les actions sont remboursées à 500 francs à partir du 1er février et sont remplacées par des *actions de jouissance*.

SOCIÉTÉ FONCIÈRE DE DIJON

Constitution. — Société anonyme, constituée le 7 février 1880.

Objet d'après les statuts. — La Société a pour objet :

1° Les opérations ci-après, sur terrains, maisons, et en général tous immeubles situés à Dijon, et dans la banlieue suburbaine de Dijon, savoir :

1° L'acquisition par voie de vente amiable ou d'adjudication, échange, apport en société, participation, traités et autres modes ;

2° La location, gestion et régie desdits immeubles ;

3° Leur aménagement par le tracé, l'établissement ou le percement de rues ou de voies d'accès, et en général par tous travaux de voirie, et autres qui pourraient être nécessaires à leur mise en valeur ;

4° La réalisation par voie de vente, échange et autres actes à titres onéreux ;

5° Et en général, toutes opérations se rattachant à l'acquisition, la gestion, l'aménagement et la revente d'immeubles situés à Dijon, et dans la banlieue suburbaine, que la Société aurait acquis pour son propre compte ou qui appartiendraient à des tiers, soit que la Société fasse lesdites opérations pour le compte de ces tiers, soit qu'elle les fasse en participation avec eux.

Le but de la Société étant l'achat, la mise en valeur, et la revente des immeubles, son objet comprend toutes les opérations qui peuvent être nécessaires ou simplement utiles à la réalisation de ce but.

En un mot, toutes opérations tendant à la réalisation du but pour lequel la Société a été créée, savoir : l'achat, la mise en valeur et la revente des immeubles, situés à Dijon, et dans la banlieue de Dijon.

Siège social. — Dijon, rue Legouz-Gerland, 1.

Durée. — Vingt ans.

Capital social. — 600.000 francs, divisés en 200 actions, de 3.000 francs chacune, libérées de 750 francs et nominatives.

Conseil d'administration. — Composé d'un à trois membres, nommés pour un an, et devant être propriétaires de vingt actions chacun.

Administrateurs : MM. Alexis Monnet, Théodore Regnier, François Japiot.

Directeur : M. Henri Parizon, ancien notaire.

Assemblée générale. — Courant mars, composée de tous les actionnaires. Chaque membre a autant de voix qu'il possède d'actions, sans que le nombre de voix puisse dépasser un maximum de dix, comme propriétaire ou comme mandataire.

Répartition des bénéfices d'après les statuts. — Sur les bénéfices, il est prélevé :

5 0/0 pour former un fonds de réserve, ce prélèvement cessant d'être obligatoire lorsque la réserve atteindra le dixième du capital social.

Le surplus des bénéfices est réparti aux actionnaires.

RENTE FONCIÈRE

Constitution. — Société anonyme, constituée le 5 septembre 1879 (ancienne Rente Foncière parisienne).

Objet d'après les statuts. — La Société a pour objet :

1° L'achat d'immeubles bâtis dans l'enceinte de Paris et dans la banlieue suburbaine, et des exploitations pouvant en dépendre, mais seulement dans le cas où l'acquisition de ces exploitations serait une conséquence forcée de celle des immeubles ; la revente des propriétés et exploitations ainsi acquises ;

2° L'achat de terrains sis dans les mêmes limites, mais à titre exceptionnel ou accessoire ;

3° L'administration et la location de ces propriétés pendant le temps que la Société les possédera ;

Siège social. — A Paris, rue Le Peletier, 12.

Durée. — Quatre-vingt-dix-neuf ans, à partir du 1er août 1879, soit jusqu'au 1er août 1978.

Capital social. — Fixé originairement à 25 millions, divisé en 50.000 actions de 500 francs, émises au pair, le capital a été élevé, conformément à l'article 7 des statuts :

1° Par délibération du Conseil d'administration des 7 et 15 avril 1880 et par décision de l'Assemblée générale du 22 du même mois, à 40 millions, par la création de 30.000 actions nouvelles de 500 francs émises à 625 francs (dont 125 francs applicables aux réserves) ;

2° Par délibération du Conseil d'administration et par décision de l'Assemblée générale du 14 avril 1883, 63.333.000 francs, par la création de 46.666 actions qui ont été émises à 550 francs, (dont 500 francs applicables au capital, 16 francs à titre de prime, et 34 francs comme représentation d'une part proportionnelle dans les diverses réserves déjà acquises).

Le capital social de 63.333.000 francs se trouvait donc représenté par 126.666 actions de 500 francs, libérées de 250 francs et au porteur.

Conformément aux résolutions prises par les Assemblées générales des 8 avril 1884 et 30 avril 1885 et par délibérations du Conseil d'administration des 16 janvier, 10 juillet et 28 août 1885, le capital a été réduit :

1° D'abord à 32.456.500 francs ; 2° puis à 31.666.500 francs, au moyen de l'échange des 126.666 actions libérées de 250 francs contre 63.333 actions entièrement libérées ; 3° et, ensuite, à 30 millions par l'annulation de 3.333 actions.

Par décision de l'Assemblée générale du 30 avril 1886, le capital a encore été réduit de 30 à 22 millions, par l'annulation de 16.000 actions.

Enfin par délibération du Conseil d'administration du 22 décembre 1892 prise en vertu des pouvoirs conférés par l'article 7 des statuts, le capital a été réduit de 22 à 20 millions par l'annulation de 4.000 actions.

Le capital social est donc actuellement de 20 millions, divisé en

40.000 actions de 500 francs entièrement libérées et au porteur, pouvant porter les numéros de 1 à 63.333.

Les intérêts et dividendes se payent ordinairement en une seule fois le 15 avril.

Conseil d'administration. — De huit à quinze membres, nommés pour six ans et renouvelables par sixième chaque année, et devant être propriétaires chacun de 100 actions inaliénables pendant la durée de leurs fonctions.

Les administrateurs actuels sont: MM. Thoureau, *président*; Altette, Courot, Séb. de Neufville fils, Outters, Sauret, Vallet, Viard.

Directeur: M. Pastourel.

Assemblée générale. — Du 1er au 30 avril, composée de tous les actionnaires propriétaires de 10 actions qui ont formé leur demande cinq jours au moins avant la date de la réunion. 10 actions donnent droit à une voix, sans que personne puisse avoir plus de vingt voix en son nom personnel, ni plus de quarante tant en son nom que comme mandataire.

Répartition des bénéfices d'après les statuts. — Sur les bénéfices nets de toutes les charges sociales, il est prélevé :

5 0/0 pour constituer la réserve légale, jusqu'à ce qu'elle ait atteint le dixième du capital social. Ce résultat obtenu, le prélèvement continuera, mais il profitera au fonds de réserve spécial dont la formation et la destination sont indiquées à l'article 10 des statuts.

L'excédent sera réparti comme suit :

Avant tout, il sera prélevé une somme suffisante pour assurer aux actions une première distribution, jusqu'à concurrence de 5 0/0 du capital versé.

Dans le partage du surplus, le dividende revenant aux actions, y compris la première distribution, sera porté à 90 0/0 du total de l'excédent des produits.

Les 10 0/0 restant seront attribués : 5 0/0 au Conseil d'administration et 5 0/0 aux fondateurs de la Société.

Il a été créé et remis aux fondateurs de la Société des titres représentatifs de ce droit de 5 0/0 dans les bénéfices et du droit de préférence déterminé par l'article 10 des statuts dans le cas d'émissions d'actions nouvelles.

Dividendes distribués. — Ils ont été les suivants :

1879-80	19 35		1887	rien
1881	18 75		1888	7 50
1882	20 »		1889	9 »
1883	20 »		1890	7 »
1884	6 »		1891	5 »
1885	rien		1892	5 »
1886	rien			

FONCIÈRE LYONNAISE

Constitution. — Société anonyme, fondée en 1879 par le Crédit lyonnais, constituée le 9 octobre 1879.

Objet d'après les statuts. — L'achat et la vente des immeubles.

Siège social. — A Paris, boulevard des Italiens, 19. — *Bureaux* : rue de Grammont, 21.

Durée de la Société. — 99 ans, à compter de la constitution définitive.

Capital social. — Il a été fixé primitivement à 50 millions de francs, divisés en 100.000 actions de 500 francs, émises au pair, puis élevé, par décision de l'Assemblée générale du 10 novembre 1880, à 100 millions, par la création de 100.000 actions nouvelles de 500 francs, émises au pair en décembre 1880, par souscription réservée aux anciens actionnaires, à raison de trois actions nouvelles pour quatre anciennes. En vertu des décisions de l'assemblée générale du 16 novembre 1892, un versement de 125 francs, payables 62 fr. 50 le 15 janvier 1893 et 62 fr. 50 le 15 juillet suivant, a été appelé sur les actions qui se sont ainsi trouvées libérées de 375 francs ; puis, le capital social a été *réduit* de 100 à 50 millions, au moyen de l'échange des 200.000 actions, libérées de 375 francs, contre 100.000 actions nouvelles entièrement libérées (2 actions anciennes libérées de 375 francs contre une action nouvelle entièrement libérée).

Le capital social est donc actuellement de 50 millions de francs, divisés en 100.000 actions de 500 francs, entièrement libérées et au porteur.

Les intérêts et dividendes sont payables aux époques qui seront fixées par le Conseil d'administration.

Conseil d'administration. — De trois à sept membres, nommés pour six ans (à l'exception du premier conseil statutaire, nommé pour trois ans), devant être propriétaires chacun de 200 actions inaliénables pendant la durée de leurs fonctions.

Les administrateurs actuels sont : MM. Henri Germain, président ; René Brice, Mayerat, Philippoteaux, Chalvet, Schreyer. — Directeur : M. Jonquière.

Assemblée générale. — Dans le courant du premier semestre de l'année, composée de tous les actionnaires propriétaires de vingt actions depuis six mois au moins. Le Conseil d'administration a le droit d'abréger ce délai par mesure générale. Chaque membre de l'assemblée a autant de voix qu'il possède de fois vingt actions, soit en son nom, soit comme mandataire.

Répartition des bénéfices d'après les statuts. — Sur les bénéfices nets de toutes les charges, il est prélevé :

1° 5 0/0 pour constituer la réserve légale, jusqu'à ce que cette réserve atteigne le dixième du fonds social ;

2° La somme nécessaire pour servir 5 0/0 aux actionnaires, tant sur montant de leurs versements que sur la réserve et le fonds de prévoyance.

Le surplus est attribué, savoir :

15 0/0 aux administrateurs ;
85 0/0 aux actionnaires et au fonds de prévoyance, s'il y a lieu.

Avant la distribution des 85 0/0 ci-dessus aux actionnaires, l'Assemblée générale peut prélever une somme destinée à former un fonds de prévoyance dont elle déterminera le montant,

En cas d'insuffisance des produits d'une année pour fournir l'intérêt à 5 0/0, ainsi qu'il a été dit ci-dessus, la différence peut être prélevée sur le fonds de prévoyance ou sur la partie du fonds de réserve qui excédera le dixième du fonds social.

Obligations 3 0/0. — Il y a actuellement en circulation 74.000 obligations de 500 francs 3 0/0 libérées et au porteur, faisant partie d'une série de 100.000 obligations, dont la création a été autorisée par délibération du Conseil d'administration du 3 janvier 1881, en vertu de l'article 19 des statuts, sur lesquelles 25.000 ont été émises à 330 francs par le Crédit lyonnais le 12 avril 1881. Le surplus a été placé à divers cours et à diverses dates à partir de mars 1893. Ces obligations sont remboursables à 500 francs, en 75 ans, du 1er novembre 1881 au 1er novembre 1955, par tirages au sort annuels ayant lieu le 1er octobre et le remboursement des titres sortis s'effectue le 1er novembre suivant. Leur intérêt annuel est de 15 francs, payables par moitié les 1er mai et 1er novembre de chaque année,

Dividendes distribués. — En 1880, 7 fr. 50 ; en 1881, 13 fr. 75 en 1882, 12 fr. 50 ; en 1883, 6 fr. 25 ; depuis lors, rien jusque 1893 ; en 1894, 14 francs.

Cours moyens. — Ils ont été dans ces dernières années :

	Actions	Oblig. 3 0/0 anc.	Oblig. 3 0/0 nouv.
1889.	331 324	335 772	—
1890.	342 889	360 470	—
1891.	327 914	370 141	—
1892.	325 744	410 105	—
1893.	374 267	433 807	430 632

Résultats du dernier exercice (1894-95). — Le 29 mai a eu lieu l'Assemblée générale ordinaire des actionnaires de cette Société.

Après lecture des rapports, l'assemblée a approuvé les comptes de l'exercice 1894 et fixé à 14 francs le dividende de 1894-1895,

M. René Brice a été réélu administrateur pour six ans.

L'Assemblée a ratifié les nominations comme administrateurs de MM. Louis d'Anterroches et Edmond Favre-Luce, en remplacement de MM. Paul Chalvet et A. Philippoteaux, décédés.

Les pouvoirs de MM. L. de Marizy et E. des Vallières, commisaires, ont été renouvelés pour l'exercice en cours.

Le solde du compte de profits et pertes de 1.475.677 fr. 03, permet la distribution d'un dividende de 14 francs par action, payable à raison de 7 francs le 15 juin et 7 francs le 15 décembre prochain.

Le montant des ventes de terrain réalisées pendant l'exercice 1894, qui s'élève à . . . . Fr. 732.250 48
servira d'abord à alimenter la réserve légale qui doit recevoir 5 0/0 sur les produits d'exploitation. 73.783 85
et 5 0/0 sur le produit des ventes de terrains. 36.612 52

       Ensemble. 110.396 37 110.396 37

       Le surplus, soit 621.854 11

sera porté au compte « Provisions pour risques immobiliers » ouvert l'année dernière.

Voici comment s'explique le rapport du Conseil :

« Le programme que nous vous avions indiqué pour le remboursement ou la conversion de votre passif peut être considéré comme accompli.

« Il ne nous reste plus à rembourser qu'un seul prêt hypothécaire, s'élevant à 120.000 francs, dont nous devons attendre l'échéance très prochaine, et un solde de prix d'acquisition, soit 217.005 fr. 87, que nous ne pouvons légalement acquitter.

« Vous n'avez d'autres comptes créditeurs, en dehors de vos obligations que ceux résultant des nécessités mêmes de votre exploitation. et dès maintenant, les ventes de terrains vous procurent de l'argent disponible.

« Il est donc permis de dire que votre passif permanent se compose uniquement de vos obligations inscrites au bilan pour 56.938.564 fr. 69 et dont les charges d'amortissement figurent à votre compte de profits et pertes.

« La situation de votre Société est appelée à se fortifier, d'année en année, par la diminution graduelle du passif et l'augmentation des réserves ».

BANQUE HYPOTHÉCAIRE D'ESPAGNE

Constitution. — Société de crédit foncier Espagnole constituée le 15 avril 1873.

Objet d'après les statuts. — La Société a pour objet :

1° De recevoir du gouvernement, en dépôt, les pagarés des acquéreurs de biens nationaux vendus ou à vendre, en exécution de l'article 15 de la lo du 2 décembre 1872 ; opérer le recouvrement des échéances au comptant du montant desdits pagarés à leur échéance et des intérêts de retard ;

2° D'ouvrir des souscriptions successives des bons du Trésor créés par le décret du 26 juillet 1874, en remplacement des billets hypothécaires, dans les conditions énoncées par l'article 10 de ladite loi ;

3° De réaliser ces mêmes pagarés et en appliquer le produit, ainsi que celui de la vente des biens nationaux, exclusivement à l'amortissement desdits bons du Trésor ;

4° De prendre ferme, si elle le juge convenable, la moitié desdites émissions, aux conditions fixées par le gouvernement ;

5° De faire au gouvernement espagnol des avances, conformément aux articles 19 et 20 de ladite loi ;

6° De prêter, sur première hypothèque, aux propriétaires d'immeubles situés en Espagne, une somme équivalente à la moitié au plus de la valeur desdits immeubles, et remboursables à longue ou à courte échéance, avec ou sans amortissement ;

7° D'acquérir des créances garanties par une première hypothèque déjà inscrite ;

8° D'émettre en représentation desdits prêts et achats de créances, des obligations hypothécaires (cédulas), à longs et court terme, avec primes et lots, le montant desdites obligations ne pouvant pas excéder le montant des prêts réalisés ;

9° De faire aux provinces, communes et syndicats, des prêts, même sans hypothèque, pourvu qu'ils soient garantis, soit par un impôt spécial, soit par une ressource permanente inscrit au budget ;

10° D'acquérir ou escompter des créances sur les provinces, communes et syndicats se trouvant dans les conditions du paragraphe précédent ;

11° De faire au Trésor des prêts à long et à court terme, avec ou sans amortissement ;

12° D'émettre en représentation desdits prêts, et jusqu'à concurrence de leur montant réalisé, des obligations à court ou à long terme, avec primes et lots.

Ce sont là ses principales attributions.

Siège social. — A Madrid. Siège du comité de délégation : à Paris, rue d'Antin, 3.

Durée de la Société. — Quatre-vingt-dix-neuf ans, à compter de la publication du décret d'autorisation, soit du 2 décembre 1872 au 2 décembre 1971.

Capital social. — 50 millions de pesetas ou de francs, divisés en 100.000 actions de 500 pesetas ou francs, émises à 500 francs et libérées de 40 0/0, soit 200 francs. Il pourra être augmenté, jusqu'à concurrence de 150 millions de pesetas.

Les actions actuelles, libérées de 200 francs, sont représentées par des titres provisoires nominatifs ou au porteur ; les titres définitifs ne seront délivrés qu'après complète libération.

Les intérêts et dividendes se payent, d'après les statuts, à partir du 31 décembre, jusqu'à concurrence de 6 0/0 ; le surplus, après approbation de l'Assemblée générale.

Administration. — L'administration de la Banque est confiée à un gouverneur, à deux sous-gouverneurs, nommés par le roi sur la proposition d'un Conseil d'administration et qui doivent être propriétaires, le premier de 100 actions, le second de 50, inaliénables durant leur gestion.

Voici les noms des titulaires actuels :

Gouverneur. — M. Jose Luis Albareda.

Sous-gouverneurs. — MM. Emilio Canovas del Castillo, Léon Cocagne.

Administrateurs résidant à Madrid. — MM. comte de Montarco, A. Comas, marquis de Torneros, Laiglesia, comte del Val, Luis Silvela, marquis de Guadalmina, marquis de Viesca de la Sierra, Antonio Canovas del Castillo, marquis de Aldama, Lopez Puigcerver, marquis del Pazo de la Marced.

Administrateurs résidant à Paris. — MM. E. Leviez, *président;* Angulo, Goguel, Heine, Joubert, Villars.

Censeurs. — MM. baron del Castillo de Chirel, Isidore Salles, Fernandez de Heredia.

Secrétaire général. — M. J. Gabilan y Servert.

Assemblée générale. — En mai, composée des propriétaires de 50 actions, qui les ont déposées un mois avant la réunion. 50 actions donnent droit à une voix, 100 à deux voix et ainsi de suite. Cependant aucune personne ne pourra avoir par elle-même ni déléguer plus de quinze voix; mais tout actionnaire pourra exercer le droit de ceux qui l'auront chargé de les représenter, à la condition de ne pas dépasser pour chacun d'eux les quinze voix susénoncées.

Répartition des bénéfices d'après les statuts. — Sur les bénéfices réalisés, il sera d'abord prélevé la somme nécessaire pour payer aux actionnaires 6 0/0 d'intérêt sur le capital versé.

Sur le surplus, il sera prélevé une somme, qui ne pourra être inférieure à 5 0/0 ni supérieure à 20 0/0 des bénéfices nets, pour constituer le fonds de réserve, jusqu'à ce qu'il ait atteint le montant du capital versé. Il pourra en outre être fait des réserves spéciales et facultatives.

Sur ce qui restera, 10 0/0 seront attribués aux administrateurs et le restant sera distribué aux actionnaires à titre de dividende.

Dividendes distribués. — 6 pesetas en 1873; 7,50 en 1894; 8,75 en 1875; 12 en 1876 et 1877; 11,90 en 1878; 12 en 1879; 15 en 1880 et 1881; 12 de 1882 à 1884 inclus; et depuis 15 pesetas invariablement chaque année.

Cours moyens. — Ils ont été dans ces dernières années :

1888.	554 184	1891.	533 072
1889.	556 189	1892.	490 622
1890.	546 544	1893.	475 679

CRÉDIT FONCIER D'AUTRICHE

Constitution. — Société autrichienne, constituée le 15 juin 1863

Objet d'après les statuts. — La Société est autorisée :

1° A faire aux propriétaires des prêts sur hypothèque à long et à court terme, dont le remboursement pourra s'effectuer soit en un ou plusieurs termes, soit par annuités;

2° A acquérir des créances garanties par des hypothèques déjà existantes ;

3° A faire des prêts aux provinces, districts et communes qui auraient obtenu la faculté d'emprunter soit en vertu d'une loi, soit de toute autre autorisation spéciale légalement suffisante, et ce non seulement avec hypothèque, mais encore sans hypothèque, dans le cas où le remboursement et le payement des intérêts seraient garantis par un impôt additionnel ;

4° A émettre, en raison des opérations ci-dessus, et jusqu'à concurrence des sommes dues par les emprunteurs, des lettres de gage ou autres obligations remboursables à des époques fixes ou par tirages au sort ; il pourra être attribué à ces titres des primes payables au moment du remboursement, sous la réserve de l'approbation du Gouvernement ;

5° A négocier lesdites lettres de gage en obligations, et à faire des avances sur ces titres ; le capital social sera de préférence affecté aux opérations ci-dessus ;

6° A recevoir des fonds contre des bons de caisse portant intérêt, nominatifs, ne pouvant être de moins de 100 florins valeur autrichienne, et devant avoir au moins trois jours à courir ; le libellé en sera soumis à l'approbation du Gouvernement ;

7° A ouvrir des comptes courants jusqu'à concurrence des sommes versées avec débits, par chèques et crédits, sur des carnets à ce destinés ;

8° A employer les fonds, provenant de ces deux dernières opérations, à faire des avances sur ses propres lettres de gage ou obligations, soit sur les papiers d'Etat autrichiens, et à escompter des lettres de change banquables.

Ce sont là ses principales attributions.

Siège social. — A Vienne (Autriche). Bureaux à Paris, place Vendôme, 16.

Durée de la Société. — 99 ans, à compter du décret d'autorisation.

Capital social. — Fixé à 24 millions de florins valeur autrichienne argent (60 millions de francs), représenté par 120.000 actions de 200 florins (500 francs), libérées de 200 francs, sur lesquelles 60.000 ont été émises à la création de la Société, et les 60.000 autres en juillet 1870, en vertu de décision de l'Assemblée générale du 17 mai 1870.

Les intérêts et dividendes se payent en une seule fois le 1er juillet de chaque année.

Après le payement de 40 0/0 du montant nominal des actions, les premiers souscripteurs ne sont plus responsables des versements ultérieurs.

Administration. — La direction des affaires sociales est confiée à un gouverneur auquel sont adjoints deux directeurs. Le gouverneur et un directeur au moins doivent être sujets autrichiens. Le gouverneur est nommé par l'Empereur et les directeurs par le Ministre des finances. Le gouverneur doit déposer, à la caisse de la Société, 200 actions pour la garantie de sa gestion et les directeurs chacun 100 actions. Le Conseil d'administration se compose du gouverneur, des directeurs, des administrateurs et des censeurs. Les administrateurs sont au nombre de vingt-quatre, dont deux tiers doivent être sujets autrichiens résidant en Autriche. Ils doivent être propriétaires chacun de 50 actions inaliénables.

Voici les noms des titulaires actuels :

Gouverneur ; M. le baron J. de Bezecny.

Directeurs: MM. Th. de Taussig et J. Herz.

Administrateurs résidant à Vienne ; MM. le baron de Banhans, comte de Bombelles, baron Otto Eiselsberg, baron de Hopfen, de Laczko, chevalier de Mitscha, chevalier de Marx, baron F. de Mayr, baron de Pusswald, baron de Haimberger, baron Weber de Ebenhof, A. Thommen, baron de Mayr-Melnhof, chevallier P. de Schœller, chevalier de Madeyski, baron Louis de Oppenheimer.

Administrateurs résidant a Paris : MM. le comte A. de Germiny, baron S. de Haber, baron R. Hottinguer, Ch. Mallet.

Assemblée générale. — A Vienne, au mois de mars ou d'avril, composée des actionnaires titulaires de 50 actions depuis trois mois au moins avant la réunion, et qui les ont déposées huit jours au moins avant.

Répartition des bénéfices d'après les statuts. — Sur les bénéfices, il est prélevé la somme nécessaire pour allouer aux actions un dividende de 5 0/0 du capital versé. 50 actions donnent droit à une voix, sans qu'aucun actionnaire puisse avoir plus de dix voix tant en son nom personnel que comme mandataire.

Sur l'excédent, il est encore prélevé : 1° Pour le fonds de réserve, une somme, à déterminer par l'Assemblée générale, ne pouvant être ni inférieure à 5 0/0 ni supérieure à 20 0/0 ; 2° Pour le gouverneur, les directeurs, les administrateurs et les employés de la Société, une somme à fixer par l'Assemblée générale.

Le surplus est distribué aux actionnaires, à titre de dividende supplémentaire.

Le fonds de réserve est employé aux opérations autorisées par les statuts ; il lui est bonifié un intérêt annuel de 4 0/0. Si les bénéfices, réalisés dans une année, ne suffisent pas pour donner 5 0/0 d'intérêt sur le capital versé, le déficit est pris sur le fonds de réserve, lequel ne peut toutefois, en aucun cas, être réduit par là à 10 0/0 du capital versé.

Le gouvernement exerce un droit de surveillance sur la Société.

Dividendes distribués. — 25 fr. en 1882 et 1883 ; 27 fr. 50 en 1884 et 1885 ; 25 fr. en 1886 et 1887 ; 27 fr. 50 en 1888 ; 30 fr. en 1889 ; 32 fr. 50 en 1890 et 1891 ; 35 fr. en 1892.

Cours moyens. — Ils ont été dans ces dernières années :

1887.	785 251		1891.	1.078 197
1888.	806 114		1892.	1.105 735
1889.	913 599		1893.	1.163 726
1890.	1.023 268			

CRÉDIT FONCIER ÉGYPTIEN

Constitution. — Société anonyme égyptienne, constituée le 15 février 1890.

Objet d'après les statuts. — 1° Prêter sur hypothèques, aux propriétaires d'immeubles en Egypte, des sommes remboursables, soit à long terme par annuités, soit à court terme, avec ou sans amortissement ;

2° Créer et négocier des obligations foncières ou lettres de gage, remboursables au pair, avec primes, avec ou sans lots, avec ou sans intérêts servis, soit à des époques périodiques, soit capitalisés jusqu'à une certaine date et remboursables avec le capital, pour une valeur qui ne peut dépasser le montant des engagements des emprunteurs. L'intérêt des obligations à lots ne devra pas être inférieur à 3 0/0 en dehors des lots.

La Société peut faire, en Egypte, des prêts aux associations syndicales, dépendantes ou indépendantes du gouvernement, aux hospices et établissements publics, le tout avec ou sans affectation hypothécaire. Elle peut faire l'acquisition des créances hypothécaires, ouvrir des crédits en comptes-courants, soit par hypothèque, soit par nantissement, et escompter des valeurs garanties par nantissements. Elle peut recevoir, avec ou sans intérêt, des capitaux en dépôt sans que le montant de ces dépôts puisse dépasser le quart de son capital social.

Siège social. — Le siège social est au Caire. Il est représenté à Paris, par la Banque de Paris et des Pays-Bas.

Capital social. — Le capital social, primitivement fixé à 40 millions de francs, a été porté à 80.000.000, par décision de l'Assemblée générale des actionnaires du 30 novembre 1881 : il est aujourd'hui représenté par 160.000 actions de 500 francs, libérées de 125 francs.

Le capital effectivement versé est donc de 20 millions.

Conseil d'administration. — De 17 membres au plus et de 12 au moins, nommés pour cinq ans et renouvelables par cinquième chaque année (sauf le premier Conseil dont les fonctions dureront cinq ans) : devant être propriétaires chacun de 100 actions inaliénables pendant la durée de leurs fonctions.

Les administrateurs actuels sont :

MM. R. Suarès, *président* ; Ch. Beyerlé, *vice-président* et *administrateur-délégué* ; Mahmoud-Pacha Hamdy, Kahil Pacha, Félix Suarès, M. Cattaui, E. Cattaui, S. Rolo, A. Pestel, M. Bretschneider, J. Barois, G. de Martino, A. Barbier.

Censeurs : MM. A. M. Pietri, A. Lévi, Gay Lussac.

Assemblée générale. — Au siège social, dans le courant du mois de janvier, composée de tous les actionnaires possédant chacun 50 actions au moins qui les auront déposées, en Egypte, au plus tard la veille de l'Assemblée et, en Europe, quinze jours avant la date de la réunion. 50 actions donnent droit à une voix, 100 à deux voix, et ainsi de suite. Toutefois aucune personne ne pourra avoir pour elle-même ni déléguer plus de quinze voix. Mais tout actionnaire pourra exercer le droit de ceux qui l'auraient chargé de les représenter, à condition qu'il ne dépasse pas, pour chacun de ses mandants, les quinze voix susénoncées.

Répartition des bénéfices d'après les statuts. — Sur les bénéfices réalisés, il est prélevé annuellement :

1° La somme nécessaire pour fournir 6 0/0 à titre d'intérêts aux actions,

2° Sur le surplus, 10 0/0 pour constituer le fonds de réserve ; ce prélèvement cessant de lui profiter, lorsque la réserve atteint la moitié du fonds social souscrit ;

3° 5 0/0 au Conseil d'administration

4° 15 0/0 aux parts de fondation, créées au nombre de 2.000, et attribuées aux fondateurs de la Société, sans aucun droit d'immixtion dans la marche des affaires.

Les 70 0/0 restant sont attribués aux actionnaires à titre de dividende, sauf le prélèvement de la somme, que pourra fixer l'Assemblée générale, pour la constitution de réserves extraordinaires.

En cas d'insuffisance des produits d'une année pour fournir un dividende de 6 0/0 par action, la différence peut être prélevée sur le fonds de réserve ordinaire.

Obligations foncières 4 0/0. — Le Crédit Foncier Egyptien, pour obtenir les ressources nécessaires à ses prêts hypothécaires, a créé, en 1880, 300.000 obligations de 500 francs 5 0/0. Sur ces 300.000 titres, 125.000 obligations ont été intégralement remboursées, au pair le 24 mai 1891, au moyen d'un emprunt de conversion. Les obligations sont du type 500 francs 4 0/0 : elles ont été émises au prix de 465 francs et les souscripteurs pouvaient se libérer soit en argent soit au moyen d'obligations anciennes 5 0/0, qui étaient acceptées au cours de 507,50. Cette opération de conversion a parfaitement réussi et il en est résulté une notable économie pour le Crédit Foncier Egyptien.

Obligations à lots 3 0/0. — Profitant de l'autorisation qui lui est donnée par le décret khédivial du 15 février 1880, le Crédit Foncier Egyptien a créé des obligations à lots. Ces obligations, créées au nombre de 400.000, pour une somme de cent millions, n'ont encore été mises en circulation qu'au nombre de 100.000, pour un capital de 25 millions.

Les obligations à lots du Crédit Foncier Egyptien sont remboursables à 250 francs, elles rapportent 7.50 par an, soit 3 0/0 payables en une seule fois, le 1er mai de chaque année.

Les tirages des lots ont lieu le 15 de chaque mois : ces lots sont très importants, en raison surtout de leur fréquence : la loi nous interdit d'en donner ici la nomenclature.

Dividendes distribués — Les actions du Crédit Foncier Egyptien ont donné, depuis la fondation, les dividendes suivants :

1880-81	.Fr. 10.60	1886-87	.Fr. 5 »
1881-82	9 »	1887-88	5 »
1882-83	9 »	1888-89	5 »
1883-84	7.50	1889-90	5 »
1884-85	7.50	1890-91	5 »
1885-86	7.50	1891-92	5 »
		1892-93	5 »

Pour apprécier exactement ces dividendes, il faut se bien souvenir que les actions sont libérées de 125 francs seulement.

CRÉDIT FONCIER FRANCO-CANADIEN

Constitution. — Société anonyme canadienne, constituée le 11 février 1881.

Objet d'après les statuts. — La Société a pour objet :

1° De prêter sur hypothèque des sommes remboursables, soit à long terme, par annuités, soit à court terme, avec ou sans amortissement ;

2° De prêter, sur la garantie de créances hypothécaires ou privilégiées, des sommes remboursables, soit à long terme, par annuités, soit à court terme, avec ou sans amortissement ;

3° De prêter, avec ou sans hypothèque, aux corporations municipales et scolaires, aux fabriques et aux syndics, pour la construction ou la réparation des églises, des sommes qu'ils auront la faculté d'emprunter, remboursables, soit à long terme, par annuités, soit à court terme, avec ou sans amortissement;

4° D'acquérir, par voie de subrogation ou de transport, des créances hypothécaires ou privilégiées;

5° De faire, en un mot, toutes les opérations ayant pour but de développer les prêts sur les immeubles;

6° D'acheter les bons ou débentures émis par les corporations municipales et scolaires et par les Compagnies incorporées, et de les revendre, s'il est jugé à propos;

7° De faire des prêts au gouvernement, d'acheter les effets publics de la province et de les revendre, s'il est jugé à propos;

8° De créer et de négocier, en représentation de ses opérations, des obligations ou lettres de gage, pour une valeur qui ne pourra dépasser le montant des sommes dues par ses emprunteurs et la valeur des bons ou débentures et effets publics en portefeuille.

Siège social. — Québec.

Durée de la Société. — Quatre-vingt-dix-neuf ans.

Capital social. — 25 millions de francs, divisé en 50.000 actions de 500 francs chacune, émises au pair, libérées de 125 francs et nominatives.

Conseil d'administration. — De neuf à quinze membres, nommés pour trois années et renouvelables par tiers chaque année, devant être propriétaires, chacun, de 50 actions inaliénables, affectées à la garantie de leur gestion.

Comité à Paris, composé des administrateurs résidant en France, représentant la Société pour toutes ses affaires en Europe.

Le comité de Paris possède un registre pour le transfert des actions de la Société.

Trois commissaires-censeurs, chargés de veiller à la stricte exécution des statuts, nommés pour trois ans et renouvelables par tiers, devant être propriétaires, chacun, de 25 actions inaliénables pendant la durée de leurs fonctions.

Les administrateurs actuels sont:

MM. Brolemann, *président*; J. A. Chapleau, *vice-président*; Barbeau, René Brice, comte I. de Camondo, de Molinari, Ouimet, J. H. Thors, Wurtele, A. Denfert-Rochereau.

Assemblée générale. — Avant le 31 mai, soit au siège social, soit à Paris, composée de tous les actionnaires propriétaires de 25 actions au moins, qui les possèdent depuis au moins trente jours avant l'époque fixée pour le dépôt des actions. 25 actions donnent droit à une voix, sans qu'aucun actionnaire puisse, soit par lui-même, soit par fondé de pouvoir, posséder plus de 20 voix.

Répartition des bénéfices d'après les statuts. — Sur les bénéfices nets de toutes les charges, il est prélevé:

1° 5 0/0 pour constituer un fonds de réserve, ce prélèvement cessant d'être obligatoire lorsque cette réserve aura atteint le quart du fonds social;

2° 5 0/0 aux actionnaires sur le montant de leurs versements;

3° S'il est jugé à propos, une somme qui ne pourra pas dépasser 20 0/0 des bénéfices nets, destinée à la création d'un fonds de prévoyance.

Le surplus des bénéfices sera distribué comme suit :
6 0/0 aux administrateurs ;
6 0/0 aux fondateurs ;
Et le solde aux actionnaires, soit 88 0/0 de ce surplus.

Obligations 3 0/0. — Il y a actuellement 30.000 obligations de 500 francs 3 0/0, créées par délibération du conseil d'administration du 28 avril 1890, en vertu des pouvoirs conférés par l'article 29 des statuts; émises le 14 mai 1890, par la Banque de Paris et des Pays-Bas, au prix de 355 fr. stipulés payables, par termes échelonnés, jusqu'au 25 juillet 1890 ; remboursables à 500 francs en soixante-quinze ans, du 1er juin 1891 au 1er juin 1965, par tirages au sort annuels en mai, avec remboursement des titres sortis le 1er juin suivant le tirage. Leur intérêt annuel est de 15 francs, payables par moitié les 1er juin et 1er décembre de chaque année.

Sur ces titres la Compagnie s'est réservé le droit de remboursement total ou partiel à toute époque.

Dividendes distribués. — Rien en 1881, 4 francs en 1882, 4 fr. 50 en 1883, 5 francs en 1884 et 1885, 6 francs en 1886, 6 fr. 25 en 1887, 7 francs en 1888, 7 fr. 50 en 1889, et 8 francs de 1890 à 1892 inclus.

Résultats du dernier exercice (1894-95). — L'assemblée ordinaire annuelle des actionnaires de cette Société a été tenue le 29 mai 1895.

Le rapport, présenté au nom du conseil, constate que l'exercice 1894 a été sensiblement pareil à celui de 1893. Le chiffre des affaires a subi une légère diminution. Quant aux remboursements, quoi qu'ils soient un peu moins élevés qu'en 1893, ils sont encore relativement considérables.

Malgré cela, les bénéfices de 1894 égalent ceux de 1893.

Le rapport fait remarquer que les immobilisations en 1894 sont notablement inférieures à celles de 1893. La Société a dû racheter quatorze propriétés, représentant 124.000 francs, et en a vendu onze pour 105.000 fr., ne perdant sur ces réalisations que 3.850 francs.

Le chiffre des obligations en portefeuille a diminué de 900.000 francs environ. Il a été placé 1.825 obligations 4 0/0 à des cours très élevés et qui ont progressé ensuite jusqu'à 525.

Le bénéfice net de l'exercice a atteint 110.858 piastres, somme égale, à peu de chose près, au bénéfice des années 1893 et 1892. Le conseil a pu, en conséquence, proposer la répartition d'un dividende de 8 francs par action libérée de 125 francs, égal au dividende de 1893. Au vote des propositions à l'ordre du jour, toutes ont été approuvées à l'unanimité : 1° l'assemblée générale approuve, dans toutes leurs parties, le rapport et les comptes de l'exercice 1894 et fixe à 8 francs par action le montant du dividende, dont le paiement aura lieu à partir du 1er juin, sous déduction de l'impôt, et à 2 francs 98 la somme à répartir à chaque part de fondateur, payable également le 1er juin ; 2° l'assemblée générale réélit les administrateurs sortants : MM. Broleman, Brice et de Camondo ; 3° M. Moret, commissaire-censeur, est réélu.

CRÉDIT FONCIER HONGROIS

Constitution. — Société anonyme hongroise, constituée le 7 juillet 1869, sous le titre de « Société de Crédit foncier du royaume de Hongroie.

Objet d'après les statuts. — La Société a pour objet :

1° D'accorder des prêts couverts par hypothèque, à longue ou à courte échéance, aux propriétaires de biens ou de maisons ;

2° D'acheter des créances hypothécaires ;

3° De prêter de l'argent aux municipalités, villes, communes ou autres personnes légales, autant qu'elles sont autorisées par la loi ou par une permission dûment obtenue ; du contracter des emprunts, et ce, non seulement sans garantie hypothécaire, mais aussi sans hypothèque, lorsque le paiement des intérêts et le remboursement du capital sont garantis par les impôts supplémentaires de la commune et par d'autres revenus et moyens de couverture ;

4° De prêter son appui aux entreprises et associations, formées dans le but d'améliorer le sol et les terrains ; de créer des moyens de communication par terre et par eau, les maintenir en état, les exploiter ; d'élever des constructions de tout genre ;

5° D'émettre, pour les opérations mentionnées aux paragraphes 1 et 4 ci-dessus, et jusqu'à concurrence des sommes dues par les emprunteurs, des lettres de gage ou d'autres obligations à remboursement fixé ou à tirage par lot ;

6° D'escompter ses propres bons et obligations, ou donner des avances sur ces papiers ;

7° D'acheter, par voie d'exécution, jusqu'à couverture complète des emprunts en souffrance, des biens immeubles, et les revendre, soit à l'amiable, soit aux enchères publiques ;

8° De recevoir de tiers des sommes d'argent dont le dépositaire sera libre de disposer au moyen de chèques ou autrement ; recevoir également de l'argent de tiers, sur livrets, ou par l'émission de bons de caisse, au porteur ou nominatifs, portant intérêt, payables à terme fixe, après avis, ou à échéance, mais qui ne seront pas émissibles pour des sommes inférieures à 50 florins.

(Le total collectif des bons de caisse en circulation et des sommes reçues sur livrets ne pourra dépasser le quintuple du capital versé sur les actions).

Dans le cas où le capital de la Société viendrait à baisser jusqu'à sa moitié, l'émission des bons de caisse portant intérêt devra immédiatement cesser.

9° D'acheter toutes valeurs, effets étrangers, monnaies et métaux précieux cotés à la Bourse, ou prêter de l'argent dessus ;

10° D'escompter des lettres de change hongroises et étrangères ;

11° De faire des affaires de commission sur factures étrangères, moyennant couverture ;

12° De prêter sur marchandises et produits bruts.

Ce sont là ses principales attributions.

Siège social. — A Buda-Pesth. Représenté à Paris, par la Société Générale.

Durée de la Société. — 50 ans.

Capital social. — Le capital social avait été fixé, à l'origine, à 5 millions de florins papier. Il n'avait été émis que 7.000 actions de 100 florins papier entièrement versés. Par décision de l'Assemblée générale du 20 février 1881, il a été porté à 20 millions de florins en or et divisé en 100.000 actions de 200 florins or ou 500 francs.

Les 7.000 actions primitives de 100 florins papier, entièrement libérées, ont été converties en 3.000 actions de 200 florins or, ou 500 francs, entièrement libérées, titres unitaires au porteur (numéros 1 à 3.000), dits actions de première émission, et il a été créé 97.000 actions nouvelles de 200 florins or, ou 500 francs, libérées de 50 0/0 ou 100 florins or, ou 250 francs, titres provisoires au porteur de 1, 5 et 25 actions (numéros 1 à 97.000), dits actions de deuxième émission.

Il y a donc, au total, 100.000 actions de 200 florins or, ou 500 francs.

Les dividendes sont payables annuellement après fixation par l'Assemblée générale.

Administration. — Les affaires de la Société sont administrées par un Conseil de direction de huit à seize membres, nommés pour cinq années, dont la moitié au moins doivent être des citoyens hongrois et domiciliés à Buda-Pesth. Chaque membre de la direction est tenu de déposer, à la caisse de la Banque, dix actions entièrement libérées, lesquelles resteront inaliénables pendant la durée de ses fonctions.

Comité de surveillance de quatre à six membres, nommés pour un an, chargés de contrôler l'administration dans toutes ses branches, et responsables du manque d'une surveillance rigoureuse.

Les administrateurs actuels sont: MM. K. de Szell, *président ;* F. Beck, *administrateur délégué ;* comte A. Dubsky, A. de Hegedüs, P. de Matuska, E. Minkus.

Assemblée générale. — Dans la première moitié de l'année, composée de tous les actionnaires propriétaires de dix actions, qui les ont déposées huit jours avant la tenue de l'Assemblée générale.

Répartition des bénéfices d'après les statuts. — Sur le produit net, après déduction de tous les frais, y compris le revenu du fonds de réserve, il sera payé, avant tout, aux actionnaires, l'intérêt à 5 0/0 du capital versé sur les actions.

Sur le surplus:

Il sera affecté au fonds de réserve 5 0/0 au moins et 20 0/0 au plus, suivant la décision de l'Assemblée générale ; ce prélèvement devant cesser lorsque la réserve atteindra le quart du capital-fonds payé :

Il sera affecté au fonds de réserve spéciale de l'agio, 5 0/0 au moins, et 10 0/0 au plus, suivant la décision de l'Assemblée générale ;

Il sera attribué à la direction un tantième de 10 0/0 ;

Le restant passera comme dividende, au profit des actionnaires, dans la proportion du capital versé sur les actions.

Dividendes distribués. — Les voici depuis l'origine :

1870..... Fr. 6 1/2 0/0		1882..... Fr.	5 1/4 0/0
1871..... 8 0/0		1883.....	5 1/4 0/0
1872..... 12 0/0		1884.....	5 1/2 0/0
1873..... 5 0/0		1885.....	6 0/0
1874..... 5 0/0		1886.....	6 0/0
1875..... 5 0/0		1887.....	6 1/5 0/0
1876..... 5 0/0		1888.....	6 60 0/0
1877..... 3 33 0/0		1889.....	7 0/0
1878..... rien		1890.....	7 40 0/0
1879..... 5 0/0		1891.....	7 40 0/0
1880..... rien		1892.....	7 60 0/0
1881..... 5 1/2 0/0		1893.....	7 40 0/0

MINES DE CUIVRE, ZINC, ÉTAIN, ETC.

MINES DE CUIVRE, ZINC, ÉTAIN, ETC.

CAPE COPPER

Constitution. — Société anonyme anglaise, constituée le 30 avril 1888, sous le nom de *Cape Copper Company Limited*, succédant à la "Cape Copper Mining Company", constituée en 1865.

Objet d'après les statuts. — Exploitation de mines de cuivre dans la colonie du Cap et ailleurs, et toutes opérations s'y rattachant.

Siège social. — Cape Town. Agence à Londres, 9, Queen Street place E. C.

Capital social. — 750.000 livres sterling, divisées en 300.000 actions *ordinaires* de 2 livres sterling, libérées, nominatives ou au porteur, et 75.000 actions *privilégiées* 6 °/₀ (intérêt cumulatif) de 2 livres sterling, créées en 1892, dont 45.000 émises.

Conseil d'administration. — Composé de trois à six membres, propriétaires chacun de £ 1.000 nominatives d'actions de la Compagnie, et recevant ensemble une rétribution annuelle de £ 2.500. Un administrateur est renouvelé chaque année.
Les administrateurs actuels sont : MM. Edmond Pontifex, président, John Galsworthy, H. Barclay, Russel Kent et John Taylor.

Assemblée générale. — Généralement en décembre, composée des porteurs d'actions ordinaires ou privilégiées ayant déposé leurs titres trois jours avant l'assemblée. Chaque action donne droit à une voix.

Année sociale. — Du 1ᵉʳ septembre au 31 août, à Londres; du 1ᵉʳ mai au 30 avril, au Cap. Inventaire général au 31 août, à Londres; au 30 avril dans la Colonie.

Répartition des bénéfices d'après les statuts. — Les bénéfices nets sont répartis aux actionnaires en proportion du capital versé sur leurs actions. Le dividende ne peut être payé que sur les profits de la

Compagnie. Les directeurs peuvent, avant de distribuer un dividende, appliquer les bénéfices à l'extinction de dettes et engagements divers.

Dividendes distribués. — Ils ont été comme suit :

1889-90	7 sh.	1892-93	2 1/2
1890-91	7 sh.	1893-94	2 1/2
1891-92	4 3/4		

MINES DE MONTECATINI

Constitution. — Société anonyme italienne, constituée le 26 mars 1888, à Florence.

Objet d'après les statuts. — Exploitation des mines de cuivre et autres métaux, situés à Montecatini (val di Cecina), et à Bocchegiano (commune de Montieri) en Toscane; acquisition et exploitation d'autres mines et toutes opérations s'y rattachant.

Siège social. — Livourne. Siège administratif, à Lyon, 49, rue de la Bourse.

Capital social. — Six millions de lires, divisés en 120.000 actions de 50 lires, au porteur ou nominatives.

Durée de la Société. — Cinquante ans, à partir de la constitution.

Conseil d'administration. — De sept à douze membres, nommés pour quatre ans, renouvelables par moitié tous les deux ans, et devant déposer une caution de 50.000 lires, en espèces ou en titres de la Société, calculés à 50 lires minimum ou en rente italienne.

Il est composé de : MM. Burrell, Victor Manzi, Maurice Praton, L. Bianchi, Ch. Cunit, Alf. Musnier, Ridolfo Ridolfi.

Assemblée générale. — Dans les quatre premiers mois de l'année sociale, généralement en octobre. Dépôt des titres cinq jours avant l'assemblée. Cinq actions donnent droit à une voix.

Année sociale. — Du 1er juillet au 30 juin.

Répartition des bénéfices. — Sur les bénéfices il est prélevé :

1° 5 0/0 pour le fonds de réserve ;

2° La somme nécessaire pour distribuer aux actionnnaires 5 0/0 du capital.

L'excédent est réparti comme suit :

10 0/0 au Conseil d'administration ;
5 0/0 à la disposition du Conseil ;
85 0/0 aux actionnaires, sauf attributions contraires, décidées par l'assemblée générale.

Les coupons se paient à Paris, chez MM. Gay Rostand et C°, 18, avenue de l'Opéra.

Dividendes distribués. — En 1888, 2 lires 50 ; en 1889-90, 3 lires ; en 1890-91, 4 lires ; en 1891-92, 4 lires et rien depuis lors.

MINES DE THARSIS

Constitution. — Société anonyme constituée en 1866.

Objet d'après les statuts. — Exploitation de propriétés minières en Espagne.

Siège social. — 136, West George street, à Glasgow (Ecosse).

Durée de la Société. — Non limitée.

Capital social. — 1.250.000 £ divisées en 625.000 actions de 2 £ chacune, entièrement libérées, au porteur ou nominatives.

Conseil d'administration. — Composé de 12 membres nommés pour trois ans, renouvelables chaque année par tiers, possesseurs de cent actions chacun.

Les membres actuels sont : MM. Hugh Becket, James C. Stevenson, M.-P. South Shields, James Couper, P. Rollox, sir James Jennant, baronet of The Glen, Hoolbrook Gaskel, sir James King, Jacques H.-C. de Berly, Jules Barthélemy Saint-Hilaire, Alfred D. Messeau, Hugh Brown et Louis Oscar Schmidt.

Assemblée générale. — En avril. Les dix premières actions donnent droit à une voix, dix à cent actions donnent une voix par cinq actions ; au delà de cent actions, dix actions donnent une voix.

Obligations. — Les obligations 4 0/0 émises par la Compagnie ont été totalement remboursées le 1er juillet 1895.

Répartition des bénéfices d'après les statuts. — L'assemblée générale reste libre de fixer le dividende à répartir aux actions et le solde à reporter à nouveau.

Dividendes distribués. — Le tableau suivant résume la situation depuis l'origine :

Exercice	Capital	Bénéfices bruts	Bénéfices nets	Dividende
1866/67	£ 300.000	£ 46.845	£ 40.112	10 0/0
1868	» 300.000	» 37.406	» 27.052	11 2/3 0/0
1869	» 785.071	» 107.576	» 51.345	5 0/0
1870	» 838.797	» 172.804	» 94.572	10 0/0
1871	» 838.797	» 267.188	» 163.085	20 0/0
1872	» 900.000	» 521.066	» 355.429	40 0/0
1873	» 900.000	» 298.819	» 221.801	25 0/0
1874	» 900.000	» 273.187	» 214.561	25 0/0
1875	» 900.000	» 292.324	» 206.729	22 1/2 0/0
1876	» 900.000	» 297.647	» 182.306	20 0/0
1877	» 960.000	» 227.376	» 154.501	17 1/2 0/0
1878	» 1.136.660	» 274.426	» 191.869	16 1/2 0/0
1879	» 1.136.660	» 350.605	» 229.762	20 0/0
1880	» 1.136.660	» 422.183	» 287.899	25 0/0
1881	» 1.136.660	» 388.725	» 298.544	25 0/0
1882	» 1.143.560	» 422.267	» 302.952	27 1/2 0/0
1883	» 1.174.660	» 390.704	» 324.483	27 1/2 0/0

Exercice	Capital	Bénéfices bruts	Bénéfices nets	Dividende
1884	» 1.174.660	» 294.597	» 237.148	20 0/0
1885	» 1.174.660	» 170.841	» 104.212	10 0/0
1886	» 1.174.660	» 160.214	» 91.240	7 1/2 0/0
1887	» 1.174.660	» 205.458	» 130.528	10 0/0
1888	» 1.174.660	» 336.597	» 234.648	20 0/0
1889	» 1.174.660	» 312.621	» 221.641	20 0/0
1890	» 1.250.000	» 500.931	» 283.250	22 1/2 0/0
1891	» 1.250.000	» 209.164	» 159.297	12 1/2 0/0
1892	» 1.250.000	» 272.202	» 187.094	15 0/0
1893	» 1.250.000	» 223.234	» 151.974	12 1/2 0/0

Résultats du dernier exercice. — Comme toutes les mines de cuivre, la Compagnie de Tharsis a vu ses bénéfices diminuer en 1894. Ceux-ci n'ont été au cours du dernier exercice que de 139.948 livres sterling, chiffre inférieur de 31.000 livres sterling à celui de 1893. Le dividende a été, en conséquence, abaissé de 5 à 4 shillings par action, soit de 6 fr., 25 à 5 francs. Déduction faite de la somme de 125.000 livres sterling affecté à la répartition de 4 shillings aux actions, il est resté un solde de 14.948 livres sterling, qui a été reporté à nouveau.

LAURIUM GREC

Constitution. — Société anonyme grecque, constituée en 1873.

Objet d'après les statuts. — L'exploitation d'une concession du gouvernement grec (mines de plomb, argent, etc.) qui résulte d'une convention du 29 avril 1873, approuvée par décret royal du 22 janvier 1874, et consacrée par une loi du 8 janvier 1876. Cette concession accorde — moyennant une part de 10 0/0 dans les bénéfices de la fusion du plomb, en dehors d'un prélèvement égal à 7 0/0 du dividende distribué — le droit exclusif, pendant 99 ans, de traiter les scories et les Ecvolades existant sur le territoire de Laurium, de la mine Nikias, de la mine de Kodja Gumuch en Asie Mineure (apportée depuis à une Société spéciale) du domaine immobilier d'Ergastéria, enfin du chemin de fer de l'Attique (apporté depuis à une Société spéciale moyennant 5.400.000 drachmes d'actions dudit chemin de fer).

Siège social. — Athènes.

Durée de la Société. — 99 ans, expirant le 22 janvier 1972.

Capital social. — 20 millions de drachmes, divisés en 100.000 actions de 200 drachmes, au porteur et nominatives, libérées de 140 drachmes, soit, au total, de 14 millions de drachmes. Sur cette somme, 11.800.000 drachmes ont été employées à racheter, de MM. Hilarion Roux et Serpieri, la concession du gouvernement grec, les usines qu'ils avaient construites, ainsi que l'ensemble du domaine.

Les actions sont représentées soit par des titres d'unité, soit par des certificats de 10, 20 et 50 actions, ces derniers numérotés de 100.001 à 200.000, quoiqu'il n'y ait, en tout, que 100.000 actions.

Le service des coupons se fait au Crédit Mobilier.

Conseil d'administration. — Il se compose de sept membres, nommés pour six ans, renouvelables par tiers tous les deux ans : Les administrateurs actuels sont : MM. A. N. Simopoulos, président ; D. L. Sgouta, Alc. Cambas, J. Zographos, B. Cavas. G, Lidoriki, N. Delyannis, Anghelopoulos.

Assemblée générale. — Ordinaire en mars. Une voix par dix actions jusqu'à 400 actions ; une voix par chaque centaine au-dessus jusqu'à 1.000 ; maximum 46 voix. Dépôt à l'étranger au consulat ou vice-consulat de Grèce, quinze jours à l'avance ; dépôt des certificats consulaires, cinq jours à l'avance au siège social.

Répartition des bénéfices. — Après prélèvement des droits gouvernementaux, 8 0/0 du montant affecté à la réserve : le surplus aux actionnaires.

Dividendes distribués. — 1881, 12 drachmes. — 1882, 14 dr. — 1883, 9.25 dr. — 1884, premier semestre, 4 dr. — 2ᵉ semestre 1884, 1ᵉʳ et 2ᵉ de 1885 et 1ᵉʳ de 1886, 4 dr. — 1886, 2ᵉ semestre, 5 dr. — 1887, 11 dr. — 1888, 12 dr. — 1889, 11 dr. — 1890, 11 1/2 dr. — 1891, 11 1/2 dr. — 1892, 9 dr. — 1893, néant. — 1894, néant.

Cours des actions. — Ils ont été les suivants :

	Plus haut	Plus bas
1890	172 50	105 »
1891	168 75	123 75
1892	130 »	76 25
1893	78 75	33 75

MINES DE RIO-TINTO

Constitution. — Société anglaise, constituée le 29 mars 1893.

Objet d'après les statuts. — Exploiter les pyrites de fer et de cuivre de Rio-Tinto, en Espagne, situées dans la province de Huelva (Andalousie orientale), zone minérale de 140 kilomètres environ ; les affleurements du Rio-Tinto comprennent trois filons : le filon nord, le filon sud, le filon intermédiaire, répartis sur un plateau situé entre le Rio-Tinto et l'Odiel.

Siège social. — 30, Saint-Swithin's Lane, Londres, E. C.

Durée. — Illimitée.

Capital social. — A l'origine, 2.250.000 £ (56.250.000 francs), divisées en 225.000 actions de 10 £ (250 francs). En 1881, ce capital a été porté à 3.250.000 £ (81.250.000 francs), divisé en 325.000 actions de 10 £ (250 fr.) au porteur et entièrement libérées.

Ces titres se livrent non timbrés par suite d'abonnement au timbre.

Conseil d'administration. — Sept à vingt membres, propriétaires de 200 actions au moins.

Les administrateurs actuels sont : MM. Matheson, président ; H. Dœtsch, J.-A. Crawford, J-M. Macdonald, J. Mac Farlan, G.-A. Schrœder ; secrétaire : G.-N. Thomson.

Assemblée générale. — En mai, composée de tous les actionnaires propriétaires de cinq actions. Autant de voix que d'actions.

Année sociale. — Du 1er janvier au 31 décembre.

Répartition des bénéfices d'après les statuts. — 1° 10 0/0 à la réserve; 2° une somme destinée à une réserve extraordinaire. Le surplus distribué comme suit : 1 0/0 au Conseil d'administration; 99 0/0 aux actionnaires, sauf prélèvements décidés par l'assemblée générale.

Dividendes distribués. — Les dividendes distribués ont été les suivants :

1879	12 50		1887	25 »
1880	20 »		1888	42 59
1881	35 »		1889	25 »
1882	35 »		1890	41 66
1883	35 »		1891	25 »
1884	20 »		1892	17 50
1885	13 75		1893	17 50
1886	7 50		1894	10 »

Cours cotés. — Depuis 1890, il ont été :

	Plus haut	Plus bas
1890	717 50	376 87
1891	640 »	443 75
1892	491 25	362 50
1893	422 50	307 50
1894	405 »	390 »

Obligations. — Il y en a trois séries (qui étaient autrefois au type de 5 0/0 et qui, depuis le 27 juin 1895, ont été converties en 4 0/0), dont deux seulement négociables à Paris.

La première a été émises en 1880 et comprend 125.000 obligations émises à 450 francs, remboursables à 400 francs en 33 ans, de 1880 à 1912, par tirages au sort les 1er mars et 1er septembre de chaque année, rapportant 20 francs d'intérêt annuel payable trimestriellement les 1er janvier, avril, juillet et octobre. Leur remboursement s'effectue les 1er avril et 1er octobre. La garantie de ces obligations est assurée par une première hypothèque sur la mine, le chemin de fer (84 kilomètres), l'embarcadère à Huelva et tout le matériel de la Compagnie.

La deuxième série, émise en 1884, comprend 60.000 obligations même type, même intérêt, même amortissement, mêmes dates de payement et tirages que les précédentes.

La troisième série n'est cotée qu'à Francfort.

Les obligations cotées à Paris sont divisées en titres d'une, cinq et vingt-cinq obligations, elles se livrent non timbrées par suite d'abonnement au timbre. Le service de leurs coupons se fait à la Société générale. Comme nous l'avons dit plus haut, ces obligations ont été converties de 5 0/0 en 4 0/0 en juin 1895 : les anciens porteurs ont reçu une soulte de 10 francs, de sorte que l'obligation nouvelle est ainsi ressortie à 490 fr.

Les obligations 1880 ont été cotées :

	Plus haut	Plus bas
1890	530	505
1891	535	500
1892	525	500
1893	525	505

MINES DE CUIVRE, ZINC, ÉTAIN, ETC. 519

Et les obligations 1884 :

	Plus haut	Plus bas
1890	520 »	501 25
1891	526 25	490 »
1892	520 »	500 »
1893	520 »	500 »

Résultats du dernier exercice (1894-95). — Le dividende a fléchi de 17 fr. 50 à 10 francs. Cette réduction est due à la baisse du cuivre l'an dernier : le « good merchantable » a vu son cours baisser de 3 £ 8 sh. ou d'environ 85 francs en moyenne, l'an dernier.

Par suite de tirages, le montant des obligations en circulation a diminué de £ 97.500.

L'extraction a porté sur 1.387.095 tonnes de minerai, quantité fort peu différente de celle précédente, qui était de 1.333.002 tonnes.

La teneur du minerai a été de 3.027 0/0 contre 2.996, 2.819 et 2.648 pour les trois années précédentes.

Les sorties de pyrites pour l'exportation ont porté sur 498.540 tonnes, en augmentation de 29.300 tonnes sur 1893.

En Angleterre, les affaires en ammoniaque ont conservé une tendance plutôt favorable.

La production s'est élevée à 20.606 tonnes de cuivre fin, soit 280 tonnes de plus qu'en 1893.

Après prélèvement du dividende, il est resté disponible une somme 75.000 £, portée au fonds de réserve, non compris 25.086 £ de solde à reporter à compte nouveau.

LAURIUM FRANÇAIS

Constitution. — Société anonyme française, constituée le 17 septembre 1875.

Objet d'après les statuts. — 1° Propriété et exploitation des mines de plomb et de zinc du Laurium, province d'Attique (Grèce), et connues sous la dénomination de concessions Serpieri, Mercati et Antonopoulo ;

2° Obtention et exploitation d'autres mines en Grèce ;

3° Exploitation de toutes autres mines dans le même pays ou autres dont la Compagnie pourrait devenir propriétaire par acquisition, échange, apport en Société, ou concession directe, ainsi que de toutes celles dont elle pourrait seulement devenir locataire ; toutes opérations accessoires à l'exploitation desdites mines ;

4° Et généralement tout ce qui se rapporte au commerce de leurs produits et à leur traitement métallurgique.

Mines exploitées. — Les mines susénoncées, d'une étendue d'ensemble 3.171 hectares 20 ares ont été apportées à la Société telles qu'elles résultent des concessions perpétuelles accordées à M. Serpieri par ordonnances royales des 23 avril 1867, 31 décembre 1868, et 27 mai 1873 ; à M. Mercati par ordonnances royales du 30 avril 1874, et à M. Antonopoulo, par ordonnances royales des 19 janvier 1868 et 25 avril 1871. La Société est en outre propriétaire, au moyen de l'apport qui lui en a été fait par M. Serpieri, le 7 avril 1879, de mines situées dans la commune du Laurium, cédées à M. Serpieri par la Société minière *La Périclès*.

Siège social. — A Paris, rue Laffitte, 27.

Durée de la Société. — 50 ans, à compter de la constitution définitive.

Capital social. — Le capital social a été primitivement fixé à 13.500.000 francs, divisé en 27.000 actions de 500 francs au porteur, émises au pair, et entièrement libérées ; sur lesquelles 23.000 ont été attribuées entièrement libérées en représentation des apports des concessions susénoncées et 4.000 ont été souscrites au pair par les fondateurs, au nombre de 13, et entièrement versées. Il a été porté, par décision de l'Assemblée générale du 8 avril 1879, à 16.300.000 par la création de 5.600 actions nouvelles, qui ont été attribuées, libérées de 500 francs, à M. Serpieri, en représentation de l'apport de tout l'actif de la Société minière la Périclès. Les actions sont donc actuellement au nombre de 32.600, au porteur et entièrement libérées.

Conseil d'administration. — De neuf à douze membres, devant être propriétaires chacun de 100 actions inaliénables pendant la durée de leurs fonctions.

Les administrateurs actuels sont : MM. Achille Monchicourt, *président* ; Oct. Maggiar, *administrateur délégué* ; F. Serpieri, *administrateur délégué en Grèce* ; Baguenault de Puchesse, E. Rodocanachi, J. Rostand, O. Homberg, J. Dorion, J.-B. Serpieri, Thiébaut, Gabriel Chabert.

Assemblée générale. — Au plus tard dans le courant de juin, composée des propriétaires de vingt actions au moins qui les auront déposées quinze jours avant la réunion. Vingt actions donnent droit à une voix sans que le même actionnaire puisse réunir plus de vingt-cinq voix, soit par lui-même, soit comme mandataire.

Répartition des bénéfices d'après les statuts. — Sur les produits nets, il est prélevé annuellement :

1° Un vingtième, soit 5 0/0 au moins, pour la formation d'un fonds de réserve légale, et ce jusqu'à ce qu'il ait atteint le dixième du capital social ;

2° La somme nécessaire pour payer 5 0/0 d'intérêts aux actions, à titre de premier dividende.

Sur l'excédent, 82 0/0 sont distribués à toutes les actions, à titre de deuxième dividende.

6 0/0 sont attribués au Conseil d'administration, et 12 0/0 appartiennent aux fondateurs.

Le droit auxdits 12 0/0 était représenté à l'origine par 24 *parts* nominatives qui ont été attribuées dans diverses proportions aux fondateurs. Chacune de ces 24 parts a été ultérieurement divisée en 240 parts. Il existe donc actuellement 5.760 parts de fondateurs également nominatives.

Dividendes distribués. — Rien de 1875 à 1877 ; 50 francs par an en 1878 et 1879 ; 45 francs en 1881 et 1882 ; 25 francs en 1883 ; 30 francs en 1884 ; 32 fr. 50 de 1885 à 1887 ; 35 francs de 1888 à 1889 ; et 40 francs uniformément depuis cette époque.

Résultats du dernier exercice (1894-95). — L'Assemblée générale ordinaire des actionnaires de cette Compagnie a eu lieu le 22 juin 1895. Les actionnaires ont, à l'unanimité, voté les résolutions suivantes ;

1° Approbation du rapport et des comptes de l'exercice 1894 et fixation du dividende total à 40 francs par action. (Un acompte de 15 francs ayant été payé en janvier, le solde de 25 francs a été mis en paiement, sous déduction de l'impôt, à partir du 1er juillet prochain, et, à la même date, les parts de fondateur ont reçu par titre de 1/240e de part primitive, 12 fr. 40 brut par titre, soit net 11 fr. 935.)

2° Réélection de MM. J. B. Serpieri et H. Vergé, administrateurs sortants.

3° Nomination de MM. C. de la Perrière et L. Deschars, comme commissaires des comptes pour l'exercice 1895.

MINES DE LEXINGTON

Constitution. — Société civile, constituée le 8 décembre 1881, et transformée en Société anonyme le 5 janvier 1883.

Objet d'après les statuts. — 1° L'exploitation des mines d'argent dites de Lexington dans le territoire du Montana (U. S. A.)

2° L'exploitation des mines de plomb argentifère, fonderies, ateliers, établissements et dépendances de toute nature, connues sous le nom de : Mines et fonderies du Old telegraph de l'Utah.

3° L'acquisition, l'obtention de concessions et l'exploitation de toutes autres mines de toute nature situées dans les Etats-Unis d'Amérique.

4° La création de routes, de chemins de fer, tramways, canaux et tous autres travaux accessoires qui seraient jugés nécessaires à l'exploitation des mines possédées par la Société ;

5° L'achat et le traitement, pour son compte ou le compte de tiers, de tous minerais et généralement tout ce qui se rattache à l'industrie minière.

Siège social. — A Paris, rue Le Peletier, 24.

Durée de la Société. — 50 ans, expirant le 15 décembre 1931.

Capital social. — Fixé primitivement à 20 millions, divisé en 40.000 actions de 500 francs, le capital social a été successivement réduit : 1° Par décision de l'assemblée générale du 1er décembre 1887, de 20 à 15 millions par le rachat et l'annulation de 10.000 actions ; 2° Et par décision de l'assemblée générale du 7 novembre 1888, de 15 à 12 millions, par le rachat et l'annulation de 6.000 actions. Le capital actuel de 12.000.000 francs est représenté par 24.000 actions de 500 francs émises au pair, entièrement libérées et au porteur, pouvant porter des numéros compris entre 10.001 et 40.000.

Les dividendes sont payables ordinairement en janvier (acompte) et juillet ou août (solde).

Conseil d'administration. — De cinq à sept membres, nommés pour six ans, renouvelables chaque année par tiers et devant être propriétaires chacun de vingt actions inaliénables pendant la durée de leurs fonctions.

Les administrateurs actuels sont : MM. Eugène Reveney, président ; Dommartin, Lemoine, de la Bouglise, Strads et Guffroy.

Assemblée générale. — Dans le courant du premier semestre, composée de tous les propriétaires d'au moins quatre actions, les ayant déposées trois jours au moins avant la date de la réunion. Chaque membre de l'assemblée a autant de voix qu'il possède de fois quatre actions, soit en son nom, soit comme mandataire.

Répartition des bénéfices d'après les statuts. — Sur les bénéfices nets annuels, il est prélevé : 5 0/0 pour constituer le fonds de réserve légale.

L'assemblée générale peut prélever en outre, avant toute distribution de dividende, une somme destinée à la création d'un fonds de prévoyance.

Le surplus restant libre est réparti savoir :

90 0/0 entre toutes les actions à titre de dividende ;
Et 10 0/0 entre toutes les parts de fondateur, qui ont été créées au nombre de 100.000 et délivrées, titre pour titre, en échange des 100.000 parts de fondateurs de la Société civile des Mines de Lexington et de l'Utah, dont la Société anonyme des Mines de Lexington n'est que la transformation et la continuation.

Quand la répartition faite aux actions à titre de dividende dépassera 2.500.000 francs, le Conseil d'administration aura droit à un dixième de l'excédent.

Dividendes distribués. — Nous ne relevons que ceux des dernières années :

	Actions	P. de Fondateurs		Actions	P. de Fondateurs
1885.	rien	rien	1890.	8 64	0.25
1886.	rien	rien	1891.	12.48	0.33
1887.	9.55	0.31	1892.	9 »	0.24
1888.	12 »	0.32	1893.	rien	rien
1889.	12 »	0.32			

Résultats du dernier exercice (1894-95). — L'assemblée générale ordinaire des actionnaires a eu lieu le 25 juin, sous la présidence de M. Eug. Renevey, président du Conseil.

Elle a voté les résolutions suivantes :

1° L'assemblée générale, après avoir entendu la lecture des rapports du Conseil et des commissaires, approuve le rapport, le bilan et les comptes tels qu'ils lui sont présentés par le Conseil, pour l'exercice clos au 31 décembre 1894.

2° L'assemblée décide qu'il n'y a pas lieu à une distribution de dividende et que le solde créditeur du compte de profits et pertes sera réparti de la manière suivante :

A la réserve légale.	3.584 50
Report à nouveau au 1er janvier 1895	179.174 35
Total.	182.758 85

4° L'assemblée nomme administrateurs MM. A. Guffroy et Lemoine.

4° L'assemblée nomme MM. Dussart et Mathieu, commissaires des comptes pour l'exercice 1895.

MINES DE MALFIDANO

Constitution. — Société civile, constituée en 1867, transformée en Société anonyme le 3 avril 1889.

Objets d'après les statuts. — Exploitation et mise en valeur des mines de calamine, plomb argentifère et tous autres minerais, désignées sous le nom de Cabitza, Monte-Scora, Malfidano, Planusartu, Bega-sa-Funtana, Toppi-Vacca et Punta-Perdosa, situées dans la province d'Iglesias, et de toutes autres dans l'île de Sardaigne.

Exploitation et mise en valeur, dans tous les pays, des mines quelconques dont elle est ou pourra devenir concessionnaire, propriétaire ou locataire.

Achat de terrains, construction de quais, ports, chemins de fer; affrètement, armement et achat de navires ayant pour objet de pourvoir à l'exploitation ou fabrication, ou transport des produits provenant de ses mines ou achetés par elle.

Opérations immobilières, banque, commerce, industrie se rattachant spécialement à l'objet de la Société.

Siège social. — A Paris, boulevard Haussmann, 13.

Durée de la Société. — 97 ans, à partir du 1er février 1869, soit jusqu'au 1er février 1966.

Capital social. — 12.500.000 francs, divisés en 25.000 actions de 500 francs au porteur, entièrement libérées, émises à 500 francs.

Payement des intérêts et dividendes, en octobre ou novembre (acompte) et en avril ou mai (solde).

Conseil d'administration. — De cinq membres, nommés pour cinq ans et renouvenables par cinquième chaque année, devant être propriétaires chacun de cent actions inaliénables pendant la durée de leurs fonctions.

Les administrateurs actuels sont : MM. Débrousse, *président*; Alb. Crozes, Em. Mauger, *administrateurs délégués*; Bourgeois, Raymond Fournier.

Assemblée générale. — Dans le courant de mai, composée des porteurs de vingt actions au moins, qui les auront déposées cinq jours au moins avant la réunion. Vingt actions donnent droit à une voix, sans que le même actionnaire puisse réunir plus de cent vingt-cinq voix, soit par lui-même, soit comme mandataire.

Répartition des bénéfices d'après les statuts. — Les bénéfices nets sont affectés, avant tout partage, à fournir aux actions un dividende de 5 0/0.

Sur l'excédent, il est fait un prélèvement annuel de 125.000 francs auquel sera ajouté, au fur et à mesure des remboursements, le dividende de 5 0/0 afférent aux actions déjà remboursées. Le total de cette somme devant être consacré à l'amortissement du capital social,

Le surplus sera réparti comme suit :
10 0/0 au Conseil d'administration ;
90 0/0 aux actionnaires.

L'amortissement des actions s'effectuera par tirages au sort annuels, en Assemblée générale du mois de mai.

Les actions sorties sont remboursées à 500 francs et remplacées par des actions de jouissance.

Dividendes distribués. — Les voici pour ces dernières années :

1885-86.	60 »		1889-90.	110 »
1886-87.	60 »		1890-91.	130 »
1887-88.	67 50		1891-92.	150 »
1888-89.	100 »		1892-93.	130 »

En 1893-94 les actions ont été dédoublées.

Résultats du dernier exercice (1894-95). — L'assemblée ordinaire des actionnaires a eu lieu le 27 mai 1895.

Elle a approuvé les comptes de l'exercice 1894 et fixé le dividende à 44 francs par action de capital dédoublée (sur lesquels un acompte de 12 fr. 50 avait été payé en novembre), et à 31 fr. 50 par action de jouissance, également dédoublée. Le dividende des actions de jouissance et le solde de celui des actions de capital ont été mis en paiement le 1er juin.

M. Raymond Fournier, administrateur sortant, a été réélu, ainsi que les commissaires des comptes, MM. Van Hymbeck et Cousin.

MINES DE PONTGIBAUD

Constitution. — Société anonyme, constituée le 19 mars 1853 ; transformée en Société anonyme libre, le 30 novembre 1876, sous le titre : « Société anonyme des Mines et Fonderies de Pontgibaud. »

Objet d'après les statuts. — 1° L'exploitation des mines de plomb argentifère de Barbecot, des Combres, de Roure, de Saint-Amand-Roche-Savine, de Giroux et de la Brugère, situés dans les arrondissements de Riom, d'Ambert, de Thiers et d'Issoire, l'exploitation d'anthracite des mines du Puy-Saint-Gulmier (Puy-de-Dôme), ainsi que toutes autres mines métalliques ou carbonifères dont l'assemblée générale approuverait l'acquisition ou l'amodiation ;

2° L'achat de tous minerais que la Société trouverait avantage à traiter ou à revendre ;

3° L'exploitation des fonderies situées à Pontgibaud et de tous autres établissements de ce genre que la Société jugerait utile de créer sur plusieurs points ;

4° L'exploitation des fonderies et laminoirs de Couëron, apportés à la Société de Pontgibaud par celle de Couëron, par suite de la fusion de ces deux Sociétés.

Siège social. — A Paris, rue de Grammont, 17.

Durée. — 99 ans, du 8 avril 1853 au 8 avril 1952.

Capital social. — Le capital social était à l'origine de cinq millions, divisé en 10.000 actions de 500 francs.

A la suite de la transformation en Société anonyme libre en 1877, et en vertu de la délibération de l'Assemblée générale du 19 juin 1879, il a été porté à sept millions par l'apport de l'actif de la Société des fonderies et laminoirs de Couëron, évalué à deux millions.

Ce capital de sept millions est représenté par 14.000 actions de 500 francs, entièrement libérées et au porteur.

Les dividendes sont payables annuellement, après fixation par l'Assemblée générale, ordinairement en décembre.

Conseil d'administration. — De sept à dix membres, nommés pour trois ans, devant être propriétaires chacun de 50 actions inaliénables pendant la durée de leurs fonctions.

Les administrateurs actuels sont : MM. A. Basset, président ; baron de Nérou, vice-président ; N. Bontoux, Chalus, Ed. Normand, F. Petit, comte P. de Salvandy.

Assemblée générale. — Dans les deux mois qui suivent la clôture de l'inventaire annuel, composée des propriétaires d'au moins vingt actions, les ayant déposées dix jours au moins avant la réunion. Vingt actions donnent droit à une voix, sans qu'aucun actionnaire puisse avoir plus de dix voix, tant en son nom personnel, que comme mandataire.

Répartition des bénéfices d'après les statuts. — Dans le cas où le fonds de réserve de un million viendrait à être entamé, à un titre quelconque, il serait prélevé, pour le reconstituer, un dixième au moins sur les bénéfices nets, et avant toute répartition de dividende.

Sur les bénéfices nets, il est prélevé :

3 0/0 destinés aux gratifications à allouer à différents agents et employés de l'entreprise.

5 0/0 attribués au Conseil d'administration.

Le surplus est réparti aux actionnaires à titre de dividende.

Dividendes distribués. — Ceux des dernières années ont été :

1887-88	20 »	1890-91	20 »
1888-89	15 »	1891-92	12 50
1889-90	20 »	1892-93	9 »

Réduction du capital social. — La dernière assemblée générale a eu lieu le 20 novembre 1894. Elle a voté la réduction du capital social de sept millions, divisé en 14.000 actions de 500 francs entièrement libérées, à 3.930.000 francs, divisé en 13.100 actions de 300 francs, également libérées, au moyen de l'annulation de 900 actions de 500 francs et de la transformation des 13.100 autres actions en 13.100 actions de 300 francs.

Par suite, la Chambre syndicale a décidé qu'à partir du 25 mai les actions de ladite Société ne seront plus négociables qu'en titres de 300 fr., au nombre de 13.100, portant les numéros 1 à 12.600 et 13.001 à 13.500, et munis de l'estampille suivante : « Capital ramené à 3.390.000 francs. divisé en 13.100 actions de 300 francs, donnant droit chacune à un treize mille centième de tout l'avoir social (assemblée générale extraordinaire du 30 novembre 1894) »

MINES DE MOKTA EL HADID

Constitution. — Société à responsabilité limitée, constituée en 1865, transformée en Société anonyme le 26 avril 1879.

Objet d'après les statuts. — I. Possession et exploitation : 1° Des concessions de mines de fer d'Aïn-Morkha, dite aussi Mokta-el-Hadid, des Karessas et du Bouhanera, sises en Algérie, arrondissement de Bône, département de Constantine ; 2° De la concession des terrains du lac de Fetzara, même localité ; 3° Des mines de fer de Soumah, sises dans l'arrondissement de Blidah, département d'Alger, et de celle de la Tafna, sise dans l'arrondissement de Tlemcen, département d'Oran ; 4° De la concession du port de Benisaf, arrondissement de Tlemcen ; 5° Des concessions de mines de houille de Cessous et Trébiau, de Comberedonde (amodiation), des Salles de Gagnères et de Montalet, sises arrondissement d'Alais (Gard).

II. — La possession et l'exploitation de toutes autres mines de houille, fer et autres métaux, en France, en Algérie ou ailleurs.

III. — La création et l'exploitation de toutes usines pour l'élaboration des produits bruts et la fabrication des métaux.

IV. — La création et l'exploitation de tous services de transports, et généralement tout ce qui se rattache au commerce et à l'industrie des produits ci-dessus.

V. — La prise de tout intérêt social par commandite, souscription d'actions ou de toute autre manière, dans les Sociétés d'entreprises similaires.

Fusion avec les Compagnies de Soumah et de la Tafna. — Par traité du 8 novembre 1878, la Compagnie de Mokta-el-Hadid a fusionné avec la Compagnie des mines de Soumah et de la Tafna, constituée en 1872, au capital de 1.800.000 francs, porté en 1874 à 9 millions, divisé en 18.000 actions de 500 francs, pour l'exploitation des mines de fer et de cuivre de Soumah et des mines de la Tafna. Cette compagnie a fait apport à la Comagnie de Mokta-el-Hadid de tout son actif social, sous réserve des sommes nécessaires à l'acquit de son passif et d'une somme de 360.000 francs à prélever au profit de ses actionnaires. En échange, elle a reçu 6.667 actions de la Société de Mokta-el-Hadid, créées à cet effet et entièrement libérées, mais ne donnant droit aux profits sociaux qu'à partir de l'exercice commençant le 1er janvier 1880. La remise de ces titres a eu lieu de février au 10 avril 1879, à raison de 10 actions de Mokta contre 27 actions de Soumah.

Siège social. — A Paris, avenue de l'Opéra, 26.

Durée de la Société. — Cinquante ans, à compter de la constitution définitive.

Capital social. — Fixé primitivement à 15 millions, divisé en 30.000 actions de 500 francs, sur lesquelles il y avait en circulation, au 31 décembre 1881, 24.634 actions libérées de 400 francs, devant statutairement rester nominatives jusqu'à entière libération, et 5.366 actions entièrement libérées, pouvant être nominatives ou au porteur, et pouvant, en vertu d'une décision de l'assemblée générale du 31 mars 1873, être échangées contre autant d'actions libérées de 400 francs et d'obligations de 100 francs, remboursables au pair. Sur ces 30.000 actions, 18.700 ont été attribuées à MM. Paulin-Talabot, Pagèze de Lavernède et Mailly, en représentation de leurs apports; le surplus a été souscrit au taux de 500 francs. Par décision de l'assemblée générale du 11 décembre 1878, le capital social a été élevé à 18.333.500 francs, par la création de 6.667 actions nouvelles, qui ont été échangées contre les actions de la Compagnie de Soumah et de la Tafna, ainsi qu'il a été dit ci-dessus. Les actions sont donc actuellement au nombre de 36.667, dont les unes sont entièrement libérées, et les autres libérées de 400 francs.

Les intérêts et dividendes sont payables les 1er novembre (acompte) et 1er mai (solde).

Conseil d'administration. — De douze à dix-huit membres, nommés pour six ans, leur remplacement s'opère chaque année et par ordre d'ancienneté. Ils doivent être propriétaires chacun d'au moins 100 actions inaliénables pendant la durée de leurs fonctions.

Les administrateurs actuels sont : MM. baron de Nervo, président; Tarbé des Sablons, vice-président; Breittmayer, J. Cambefort, F. Chalmeton, Cote, Denière, Ch. Herpin, O. Homberg, P. Mirabaud, Edw. Montefiore, E. Rodier, Teisserenc de Bort, baron de Vaufreland, Vernes d'Arlandes. — *Directeur général délégué* : M. Alphonse Parran.

Assemblée générale. — Dans le courant du mois d'avril, composée de tout titulaire ou porteur de vingt actions qui les a déposées vingt jours au moins avant la date de la réunion. Vingt actions donnent droit à une voix, sans que le même actionnaire puisse avoir plus de vingt voix, soit par lui-même, soit comme mandataire.

Répartition des bénéfices d'après les statuts. — Sur les bénéfices nets de toutes les charges, il est prélevé annuellement : un vingtième pour la formation d'un fonds de réserve, ce prélèvement cessant d'être obligatoire lorsque la réserve atteindra le dixième du capital social.

Sur le surplus, il est distribué aux actionnaires 5 0/0 des sommes dont les actions sont libérées.

L'excédent, déduction faite des prélèvements qui seraient affectés par décision de l'assemblée générale à une réserve ou à toute autre destination spéciale, sera réparti, savoir : un vingtième aux administrateurs et dix-neuf vingtièmes aux actionnaires à titre de dividende.

Dividendes distribués. — Voici ceux des dernières années :

	Actions entièrement libérées	Actions libérées de 400 fr. seulement
1885	55 »	50 »
1886	55 »	50 »
1887	50 »	45 »
1888	35 »	30 »
1889	35 »	30 »
1890	40 »	35 »
1891	40 »	35 »
1892	40 »	35 »

Cours des titres. — Voici les plus hauts et les plus bas depuis 1885 :

	Plus haut	Plus bas		Plus haut	Plus bas
1887.	970	855	1891.	895	765
1888.	940	595	1892.	890	750
1889.	805	570	1893.	920	815
1890.	890	720	1894.	895	755

Résultats du dernier exercice (1894-95). — L'assemblée générale a eu lieu le 27 avril 1895.

La production pour les mines de fer de Bône a été inférieure, en 1894, de 13,093 tonnes à celle de 1893.

Voici, pour les quatre derniers exercices, la comparaison entre la production et le total des ventes effectuées :

	1891 Tonnes	1892 Tonnes	1893 Tonnes	1894 Tonnes
Production	121.384	123.599	121.914	108.821
Quantités embarquées	132.333	77.058	54.757	65.914
— vendues et livrées	132.317	76.122	55.571	65.856

Et pour les mines de fer de Bénisaf, on a :

	1891 Tonnes	1892 Tonnes	1893 Tonnes	1894 Tonnes
Production	277.965	320.201	263.357	227.753
Quantités livrées et vendues	271.977	290.218	208.434	236.546

Le total de l'extraction en Algérie s'est élevé, en 1894, à 336.574, contre 385.271 tonnes en 1893, soit une diminution de 48.697 tonnes. Par contre, les livraisons ont été de 302.402 tonnes contre 264.005 tonnes en 1893, soit un excédent de 38.397 tonnes en faveur de 1894.

Le rapport fait connaître que l'état général de la métallurgie ne s'est point amélioré. L'avilissement des cours des produits finis et des minerais ne tient pas à une crise passagère, mais à un excès de production qui pèse sur tout le marché international.

Voici maintenant les résultats comparés des houillières de Cessous et de Comberedonde pendant la même période.

	1891 Tonnes	1892 Tonnes	1893 Tonnes	1894 Tonnes
Production nette	87.255	83.458	76.587	70.695
Livraisons	80.853	71.386	71.488	65.069

La diminution de la production de ces deux houillières, en 1894, tient à un commencement de grève survenu au début de l'exercice.

La comparaison de la production des houillières de Salles et Montalet depuis 1892, ainsi que celle des livraisons effectuées, donnent les résultats suivants :

	1892	1893	1894
Production nette	70.335	71.985	77.377
Livraisons	55.704	55.196	60.211

En résumé, la production nette, pour ces deux houillières, est de

148.072 et le total des ventes de 125.280 tonnes. Ces chiffres diffèrent peu de ceux du précédent exercice.

Le rapport indique que l'abaissement du prix du fret a permis aux charbons anglais d'arriver dans les ports de la Méditerranée à des prix très réduits et de pénétrer même dans l'intérieur, faisant ainsi concurrence aux houillières du Midi sur leur propre marché.

Les usines de Vialas ont donné les résultats ci-après, comme fabrication et livraisons au commerce :

	1891 Kilog.	1892 Kilog.	1893 Kilog.	1894 Kilog.
Argent fin	313	277	190	319
Litharge rouge	14.884	30.980	18.785	36.380
— jaune	16.243	18.443	13.911	42.817
Plomb	»	»	»	24.058

Le rapport constate la situation satisfaisante de la Société des mines de Krivoï-Rog, dans laquelle la Compagnie de Mokta-el-Hadid est intéressée pour 1/10e du capital social.

La Société commerciale d'affrètements et de commissions dans laquelle la Compagnie a également des intérêts, a distribué un dividende de 50 francs par action.

Voici pour les quatre derniers exercices la situation des 36.667 titres de la Société au 31 décembre :

	1891	1892	1893	1894
Actions nominat. libér. de 400 fr	14.263	13.145	12.462	11.903
— libérées nominatives	13.084	13.637	14.174	13.796
— — au porteur	9.320	9.885	10.031	10.968

La libération spontanée s'est effectuée, en 1894, sur 559 titres contre 683 en 1893 et 1.118 en 1892.

Le produit de l'exercice 1894, y compris le reliquat de 1893, s'est élevé, après un prélèvement de 328.877 fr. 87, appliqué aux dépenses d'aménagements courantes, à 1.516.755 fr. 68, qui ont été répartis de la façon suivante :

5 0/0 d'intérêts du capital versé, coupon payé en novembre . . . . Fr.	856.505 »
Aux actionnaires, 15 fr. par action	550.005 »
Au conseil d'administration	63.888 85
Report à nouveau	46.356 83
Total égal . . . Fr.	1.516.755 68

Un acompte de 25 francs pour les actions libérées et de 20 francs pour les actions non libérées ayant été payé en novembre, le solde, soit 15 francs, a été payé depuis le 1er mai.

MINES DE LA VIEILLE-MONTAGNE

Constitution. — Société anonyme belge, constituée le 23 juin 1837.

Objet d'après les statuts. — Exploitation des mines et fonderies de zinc de la Vieille-Montagne et toutes opérations qui s'y rapportent.

Siège social. — Liège. Direction générale à Angleur.

Durée de la Société. — 99 ans, du 1er janvier 1837.

Capital social. — Fixé primitivement à 11.250.000 francs, divisés en 11.250 actions de 1.000 francs, libérées et au porteur, puis en 112.500 dixièmes d'action de 100 francs chacun. Il a été remboursé sur chaque dixième 10 francs le 1er janvier 1846 et 10 francs le 1er janvier 1847.

Conseil d'administration. — Neuf membres qui sont actuellement : MM. Th. Audéoud, président ; Fréd. Braconnier, vice-président ; Léon Lefébure, Emile Dupont, baron de Macar, Denormandie, Léon Lambert, baron W. del Marmol, G. Saint-Paul de Sinçay, administrateur-directeur général.

Assemblée générale. — En avril, composée des porteurs de cinq actions ou cinquante dixièmes ; maximum, cinq voix.

Répartition des bénéfices d'après les statuts. — 20 0/0 à la réserve, 9 0/0 aux administrateurs, 1 0/0 aux commissaires, 2 1/2 0/0 à la direction. Le surplus pour les actions à titre de dividende, payable par moitié les 10 mai et 10 novembre.

Service des coupons à l'agence de la Compagnie, 19, rue Richer.

Dividendes distribués. — Dans ces dernières années, ils ont été :

1883 à 1886	10 »		1891	32 50
1887	12 50		1892	30 »
1888	18 »		1893	25 »
1889	25 »		1894	20 »
1890	30 »			

Résultats du dernier exercice (1894-95). — L'assemblée générale a eu lieu le 20 avril 1895. Elle a fixé le dividende à 20 francs par dixième d'action contre 25 francs l'année dernière, lequel était en diminution de 5 francs sur celui de l'année précédente.

Voici d'ailleurs un tableau qui permet de comparer les résultats du dernier exercice avec les précédents. L'année 1891 correspond à un maximum pour les cours du zinc.

	Cours moyen du zinc brut par 1.000 kilos	Bénéfices bruts	Dividende par 1/10 d'action
1891	567 80	7.378.289	32 50
1892	507 80	6.744.047	30 »
1893	422 30	5.844.164	25 »
1894	374 12	4.859.718	20 »

Les bénéfices bruts du dernier exercice se sont élevés à 4.859.718 fr. 87, en diminution de près d'un million sur ceux de l'exercice précédent.

Après déduction des frais généraux et divers s'élevant à 665.264 fr. 87, il est resté comme bénéfices de l'exercice avant amortissement . . . . Fr. 4.194.153 50
plus le solde du compte profits et pertes de 1893 . . . . . 12.148 60

Ensemble. 4.206.602 10

Ce bénéfice est réparti de la manière suivante :

Amortissements. Fr. 1.078.411 40
Réserve statutaire 533.205 40
Tantième de l'administration, direction, personnel. . . 333.255 25
Dividende de 20 francs, par dixième d'action. . . . . . 2.250.000 »
Solde à nouveau 11 726 97

Total égal. 4.206.602 10

On remarquera l'importance des sommes consacrées aux amortissements et à la dotation du fonds de réserve 1.611.619 fr. 88, somme qui correspond à plus de 14 francs par dixième d'action.

Après la répartition des bénéfices de l'exercice 1894, l'ensemble des réserves statutaire et spéciale s'élève à 6.363.001 fr. 45, en faisant abstraction du compte de prévision qui s'élevait, au 1er janvier 1894, à la somme de 1.585.000 francs.

On sait que le Syndicat européen des producteurs de zinc est dissous depuis le 31 décembre dernier ; la Vieille-Montagne, grâce à sa situation financière et au perfectionnement de son industrie, n'a rien à craindre de la concurrence. D'ailleurs, les cours du zinc sont plus stables depuis quelque temps.

SOCIÉTÉ « LE NICKEL »

Constitution. — Société anonyme constituée le 10 mai 1880.

Objet d'après les statuts. — La Société a pour objet :
L'exploitation des mines de nickel et de cobalt apportées à la Société, et situées dans la Nouvelle-Calédonie ; l'acquisition, l'exploitation et la recherche de toutes autres mines et l'exploitation, pour le compte de tiers, de mines de nickel et cobalt ;
Le traitement des minerais de ces mines ;
L'exploitation, la cession totale ou partielle des brevets d'invention qui lui ont été apportés ;
L'acquisition, la création ou la location d'usines pour la fonte et l'affinage du nickel, cobalt, cuivre et autres métaux et la fabrication des produits dérivés ;
Les applications diverses des métaux produits ;
L'achat et la vente des divers minerais et métaux ;
Les opérations de commerce, de transports, de banque et autres, se rattachant à son industrie ;

La prise et la cession d'intérêts ou de participations dans toutes sociétés minières, industrielles, financières, se rattachant aux opérations de la Société; l'achat et la vente d'actions de ladite Société.

Siège social. — A Paris, rue Lafayette, 13. Succursale à Nouméa (Nouvelle-Calédonie).

Durée de la Société. — 50 ans, du 10 mai 1880.

Capital social. — Le capital social a été fixé à l'origine à 6,250,000 francs, divisés en 12.500 actions de 500 francs, dont : 200 ont été souscrites en espèces et au pair, et 12.300 ont été attribuées entièrement libérées, savoir : 3,150 à la Société française anonyme pour le traitement des minerais de nickel, cobalt, cuivre et autres (système Jules Garnier), en représentation de l'apport de tout son actif et notamment des brevets pris, en France et à l'étranger, pour le traitement du nickel; 8.600 à la Société Higginson, Hanckar et Cie, en représentation de son apport, consistant notamment en concessions de mines dans la Nouvelle-Calédonie; 400 à la liquidation de l'ancienne Société Higginson, Hanckar et Cie, en représentation de son apport, consistant aussi notamment en mines dans la Nouvelle-Calédonie, et 150 à M. Higginson personnellement, en représentation de l'apport de 750 actions de la Société dite Compagnie des mines de nickel de Bel-Air.

Par délibérations des assemblées générales des 21 mars et 2 juin 1883, le capital social a été porté à 8.500.000 francs, par la création de 4.500 actions nouvelles de 500 francs, qui ont été émises au pair, en avril 1883, par souscription réservée aux anciens actionnaires, à raison d'une action nouvelle pour trois anciennes.

Conseil d'administration. — De neuf à seize membres renouvelables par moitié tous les trois ans, devant être propriétaires, chacun, de 50 actions inaliénables pendant la durée de leurs fonctions.

Les administrateurs actuels sont : MM. Ern. Denormandie, *président;* E. Tambour, W. Jacks, *vice-présidents;* Basset, M. Ephrussi, marquis de Saint-Yves, Thirria, R. King, Guyot-Sionnest, Charles Gomel. *Directeur*, M. Marchand.

Assemblée générale. — Avant le 31 mai, composée de tous les propriétaires de dix actions au moins, qui les ont déposées quinze jours avant la date de la réunion. Dix actions donnent droit à une voix, sans qu'aucun actionnaire puisse réunir plus de quatre cents voix, tant en son nom que comme mandataire.

Répartition des bénéfices d'après les statuts. — Sur les bénéfices annuels, nets de toutes les charges, il est prélevé :

1° Une quotité minimum de 5 0/0 et maximum de 20 0/0 pour constituer un fonds de réserve; ce prélèvement pouvant être suspendu ou diminué, lorsque cette réserve aura atteint le dixième du capital social;

2° La somme nécessaire pour servir, à titre de premier dividende, 6 0/0 des sommes versées sur les actions;

3° 2 0/0 pour le conseil d'administration;

4° 3 0/0 à la disposition du conseil pour être distribués par lui, s'il le juge utile, aux administrateurs délégués, comité de direction, aux directeurs de Paris ou d'ailleurs, à tous agents de la Société.

L'excédent des bénéfices sera réparti, à titre de deuxième dividende, aux actionnaires.

Obligations 5 0/0. — Il y a actuellement en circulation :

10.000 obligations de 500 francs 5 0/0, émises à 500 francs, libérées et au porteur, comprises sous les *séries 10e*, *11e* et *12e*, et divisées comme suit :

I. — 1.000 obligations de *10e série*, n°s 9.001 à 10.000, émises en vertu des délibérations du conseil d'administration des 5 juin 1880 et 8 juin 1891, divisées en cinq groupes de 200 obligations chacun, savoir :

Le groupe V comprenant les n°s 9.001 à 9.200
— W — 9.201 à 9.400
— X — 9.401 à 9.600
— Y — 9.601 à 9.800
— Z — 9.801 à 10.000

remboursables par cinquièmes, à raison de :

100.000 fr. le 15 juillet 1900
100.000 fr. — 1901
100.000 fr. — 1902
100.000 fr. — 1903
100.000 fr. — 1904

Un tirage au sort, effectué pendant le cours des mois de janvier 1900, 1901, 1902, 1903 et 1904, désignera le groupe à rembourser le 15 juillet suivant. Toutefois, à partir du 1er janvier 1896, la Société s'est réservé le droit de rembourser par anticipation, et à quelque époque que ce soit, tout ou partie de ces obligations, moyennant préavis de six mois. Intérêt annuel : 25 francs, payables par moitié les 15 janvier et 15 juillet de chaque année.

II. — 1.000 obligations de *11e série*, n°s 10.001 à 11.000, émises en vertu de la délibération du conseil d'administration du 8 juin 1891, divisées en cinq groupes de 200 obligations chacun, savoir :

Le groupe A comprenant les n°s 10.001 à 10.200
— B — 10.201 à 10.400
— C — 10.401 à 10.600
— D — 10.601 à 10.800
— E — 10.801 à 11.000

remboursables par cinquièmes, à raison de :

100.000 fr. le 15 juillet 1900
100.000 fr. — 1901
100.000 fr. — 1902
100.000 fr. — 1903
100.000 fr. — 1904

Un tirage au sort, effectué pendant le cours des mois de janvier 1900, 1901, 1902, 1903 et 1904, désignera le groupe à rembourser le 15 juillet suivant. Toutefois, à partir du 1er janvier 1896, la Société s'est réservé le droit de rembourser par anticipation, à quelque époque que ce soit, tout ou partie de ces obligations, moyennant préavis de six mois. Intérêt annuel : 25 francs, payables par moitié les 15 janvier et 15 juillet de chaque année.

III. — 8.000 obligations de *12e série*, n°s 11.001 à 19.000, émises en vertu de la délibération du conseil d'administration du 28 décembre 1891, divisées en 40 groupes de 100.000 francs chacun ou 200 obligations numérotées de 11.001 à 19.000. Remboursables à raison de :

100.000 fr. le 15 avril des années 1895 à 1904.
100.000 fr. le 15 octobre des années 1895 à 1904.
200.000 fr. le 15 avril des années 1905 à 1909.
200.000 fr. le 15 octobre des années 1905 à 1909.

Un tirage au sort, effectué pendant le cours des mois de janvier 1895 à 1909, désignera les groupes à rembourser les 15 avril et 15 octobre suivants : Toutefois, à partir du 1er janvier 1896, la Société s'est réservé le droit de rembourser par anticipation, à quelque époque que ce soit, tout ou partie de ces obligations, moyennant préavis de six mois. Intérêt annuel : 25 francs, payables par moitié les 15 avril et 15 octobre de chaque année.

Obligations 4 0/0. — Il y a 14.500 obligations de 500 francs 4 0/0, libérées et au porteur, créées par délibération du conseil d'administration du 13 novembre 1893. Emises à 445 francs le 8 décembre suivant. Remboursables à 500 francs du 1er juin 1898 au 1er décembre 1919, par tirages au sort semestriels en janvier et juillet, pour le remboursement des titres sortis s'effectuer les 1er juin et 1er décembre suivants. A partir du 1er juin 1900, la Société s'est réservé le droit de rembourser par anticipation à toute époque tout ou partie des obligations. Intérêt annuel : 20 francs payables par moitié les 1er juin et 1er décembre de chaque année.

MINES DE LA MORÉNA

Constitution. — Société anonyme espagnole constituée le 26 décembre 1890.

Objet d'après les statuts. — Exploitation de vingt mines de cuivre, situées dans les provinces de Séville et de Badajoz; obtention et exploitation de toutes autres mines. Toutes opérations accessoires conséquence de ce qui précède.

Siège social. — Bilbao, calle de la Loteria, 8.

Durée. — 50 ans, depuis la constitution.

Capital social. — 5 millions de pesetas divisés en 50.000 actions de 100 pesetas, dont 25.000 entièrement libérées attribuées aux apports (Ces actions se livrent *non timbrées* par suite d'abonnement au Timbre espagnol).

Conseil d'administration. — De quatre membres au moins, de neuf au plus, renouvelables tous les quatre ans par sortie annuelle du quart des membres par tirage au sort, ensuite par ancienneté.
Les administrateurs actuels sont MM. le vicomte de Courey, X. Bender, A. de Chauvigné, J. Hauttement, de Errazguin, Bonnaud, baron de Livois.

Assemblée générale. — Avant le 1er juillet à Bilbao, composée des porteurs de dix actions au moins. Une voix par dix actions. Dépôt des titres dix jours avant la réunion.

Répartition des bénéfices d'après les statuts. — 1° 5 0/0 à la réserve légale ; 2° la somme nécessaire pour payer 5 0/0 aux actionnaires sur leur capital versé. Le surplus divisé comme suit : 10 0/0 au Conseil d'administration, 90 0/0 aux actionnaires.

Dividendes distribués. — Aucun dividende n'a été distribué jusqu'aujourd'hui.

MINES DE HUANCHACA

Constitution. — Société anonyme bolivienne constituée le 27 octobre 1877.

Objet d'après les statuts. — Exploiter les mines d'argent de Pulacayo, Ubina et l'Ariente. Utiliser les établissements de traitement et autres éléments appartenant à la Société.

Siège social. — Valparaiso. Agence à Sucre (Bolivie) et Antofagasta (Chili). Bureau à Paris, 10, avenue de l'Alma.

Durée. — Non stipulée.

Capital social. — 1.600.000 livres sterling, divisées en 320,000 actions de 5 livres, au porteur ou nominatives. (Ces titres se livrent *non timbrés* par suite d'abonnement au Timbre bolivien.)

Conseil d'administration. — Composé d'un nombre de membres indéterminé, dont un à vie (M. Arce, ancien président de la République de Bolivie) et deux nommés pour deux ans parmi les possesseurs de 300 actions et rééligibles. Les administrateurs actuels sont pour Valparaiso : MM. R. Devés, président; Herman Fischer, vice-président; Aniceto Arce, Charles Vattier, Gregorio Donoso, Enrique Concha y Toro, et pour Paris : MM. Pero, président; M. de Argandona, J. Caso, A. Devés, A. Drouin.

Assemblée générale. — En mai, à Valparaiso, composée d'actionnaires possesseurs de 40 actions, déposées à l'avance dans le délai imposé par le conseil d'administration. Une voix par 40 actions, sans maximum indiqué.

Répartition des bénéfices d'après les statuts. — Telle qu'elle est votée par l'assemblée générale sur la proposition du conseil, après constitution d'un fonds de réserve de 500.000 piastres.

Service des coupons au Crédit lyonnais.

Dividendes distribués :

1884.	26 0/0	sur l'ancien capital.
1885.	36 0/0	—
1886.	36 0/0	—
1887.	19 0/0	—

        1888. . . . . . . Néant.
        1889. . . . . . . 63 0/0 sur l'ancien capital.
        1890. . . . . . . 55 1/2 0/0   —
        1891. . . . . . . 29 0/0 environ   —
        1892. . . . . . . 30 francs par action de 5 liv. st.
        1893. 25   —   —
        1894. 20   —   —

Résultats du dernier exercice (1894-1895). — Le bénéfice net de l'exercice 1894-1895, se chiffre par 5.094.378 pesos 85, supérieur de 552.357 pesos 17 à celui de 1893 et le plus élevé qui ait été réalisé depuis 1877. En y ajoutant les sommes reportées à la fin de l'exercice 1893, le bénéfice ressort à 6.565.319 pesos correspondant au change de 2 fr. 20 à 14.443.000 francs.

Répartis en totalité, ces 14 1/2 millions représentent un dividende de 15 francs par action.

La direction, soucieuse des variations de prix de l'argent métal, n'a payé que 20 francs par action ; elle a mis à la réserve 1 million de pesos, soit 2.200.000 francs, et reporté à nouveau 2 321.000 pesos, soit 5.060.000 fr. représentant 16 francs par action.

Les réserves totales de la Compagnie s'élevaient fin 1894 à 6 321.000 pesos, correspondant au change de 2 fr. 20 à 13.900.000 francs, soit à 44 francs par action.

Ces réserves se décomposent comme suit :

Fonds industriel. . . . . Pesos.	2 000.000
Fonds de réserve	1.000.000
Nouvelle réserve	1 000.000
Somme reportée de 1894 à 1895	2.321.000
Total. . . .	6.321.000

Tout en constituant ces réserves, la Compagnie, depuis juillet 1892, a payé 72 fr. 60 de dividendes annuels, défalcation faite des travaux nouveaux à Huanchaca et à Pulacayo, qui figurent au bilan pour 290.473 pesos, et de la perte subie sur l'exploitation du chemin de fer d'Antofagasta qui figure de son côté pour 252.434 pesos.

MINES DE BOLÉO

Constitution. — Société anonyme française constituée le 16 mai 1885.

Objet d'après les statuts. — Achat et exploitation des mines de cuivre de Boléo (district de Santa-Agueda, municipalité de Mulye, Basse-Californie, Mexique).

Siège social. — Paris, 51, cité d'Antin.

Durée. — 99 ans, à partir de la constitution.

Capital social. — 12 millions de francs, divisés en 24.000 actions de 500 francs, libérées et au porteur.

Conseil d'administration. — De sept à neuf membres. A l'expiration des six premières années, le conseil est renouvelé en entier. Ensuite il se renouvelle par la sortie d'un membre à chacune des cinq premières années et des membres restants à la sixième année.

Les administrateurs actuels sont MM. Puerari, président; Cumenge, Maurice Ephrussi, Paul Mirabaud, comte de Montaigu, Tambour, R. de Wendel. *Directeur général* à Santa-Rosalia (Basse-Californie) : M. Ch. Laforgue.

Assemblée générale. — En novembre au plus tard. Une voix par vingt actions, maximum 200 voix. Dépôt dix jours à l'avance.

Répartition des bénéfices d'après les statuts. — 5 0/0 au moins en faveur du fonds de réserve, jusqu'à ce qu'il ait atteint le dixième du fonds social; 5 0/0 au moins et 10 0/0 au plus au fonds de prévoyance, à concurrence des deux cinquièmes du fonds social; somme nécessaire pour fournir aux actions un dividende de 8 0/0 du capital appelé. Ensuite 2 0/0 de l'excédent au profit du conseil d'administration; le reste, après déduction faite de réserves extraordinaires qui pourront être décidées par l'assemblée générale, appartiendra pour 77 0/0 aux actionnaires et pour 23 0/0 aux parts de fondateur, représentées par des titres au porteur au nombre de 92.

Dividendes distribués. — Aucun jusqu'aujourd'hui.

MINES DE GALICIA

Constitution. — Société anonyme hollandaise, constituée le 12 mars 1889 sous le titre *Galicia-Tin-Maatschappy*.

Objet d'après les statuts. — Exploitation des concessions de mines données par le gouvernement espagnol à l'Orense tin Mining and Smelting Company (limited); le commerce des produits de cette concession, ainsi que toutes autres exploitations de concessions à obtenir.

Durée. — 50 années, du 9 avril 1889; pour finir en 1939.

Siège social. — 104, Balistraat, La Haye (Hollande).

Capital social. — 3 millions de florins (environ 6.250.000 francs); divisés en 250.000 actions de 12 florins (25 francs); 200.000 actions sont attribuées à M. Nelson pour la Orense tin Mining and Smelting Company (limited) pour ses apports; 10.500 actions sont souscrites par neuf fondateurs et 39.500 à placer dans les années suivant l'an 1889.

Il y a eu, en 1892, une émission de 100.000 *actions de préférence* au capital de 25 francs, contre lesquelles toutes les obligations, hors 166 en portefeuille, ont été échangées.

Conseil d'administration. — Deux membres au moins, cinq au plus, possédant 250 actions au moins chacun. Nommés pour cinq ans, renouvelables par cinquième par tirage au sort.

Assemblée générale. — En juillet de chaque année, composée de tous les actionnaires; une voix par 100 titres, maximum 12 voix. Dépôt des titres trois jours au moins avant la réunion.

Répartition des bénéfices d'après les statuts. — 1° 6 0/0 d'intérêt au capital actions; 2° 10 0/0 au fonds de réserve. Le surplus partagé comme suit: 10 0/0 à la gérance, 90 0/0 aux actionnaires.

Dividendes distribués. — Aucun jusqu'aujourd'hui.

MINES DE PENARROYA-BELMEZ

Constitution. — Société anonyme, constituée le 6 octobre 1881, fusionnée, en avril 1893, avec la Compagnie de Belmez. (La fusion a eu lieu moyennant l'apport à la Société de Penarroya de tout l'actif de la Compagnie de Belmez et moyennant l'attribution à celle-ci de 10.000 actions de 500 francs libérées de la Compagnie de Penarroya.)

Objet d'après les statuts. — La Société a pour objet: L'achat, la location, l'exploitation de toutes concessions de mines métalliques, ainsi que la création et l'exploitation de toutes entreprises industrielles et commerciales s'y rattachant. Elle pourra également s'intéresser par voie de participation dans toute affaire de même nature.

Mines exploitées. — La Société est propriétaire, en Espagne, des mines de plomb de Berlanga, province de Badajoz, et de la fonderie de Penarroya, province de Cordoue, qu'elle a acquises en 1881 de Compagnie houillère et métallurgique de Belmez. Elle exploite en outre, à titre de locataire, d'autres mines de plomb en Espagne, province de Ciudad-Real.

Siège social. — Paris, place Vendôme, 12.

Durée. — Cinquante ans, du 19 octobre 1881, date de la constitution définitive, au 19 août 1931.

Capital social. — Le capital social a été fixé à l'origine à 5 millions, divisé en 10.000 actions de 500 francs, émises au pair, entièrement libérées. Par décisions des Assemblées générales des 29 mars et 27 avril 1893, il a été élevé: 1° De 5 millions à 6.666.500 francs, par la création de 3.333 actions de 500 francs, qui ont été libérées en totalité par un prélèvement de pareille somme prise sur les bénéfices réservés et qui ont été attribuées aux actionnaires à raison de une action nouvelle pour trois actions anciennes; 2° Et de 6.666.500 francs à 10 millions, par la création de 6.667 actions de 500 francs, qui ont été attribuées, entièrement libérées, à la Compagnie houillère et métallurgique de Belmez, en représentation de l'apport de tout son actif, à raison de deux actions Penarroya contre trois actions de Belmez. Le capital social actuel est donc de 10 millions, divisé en 20.000 actions de 500 francs entièrement libérées et au porteur.

Les intérêts et dividendes sont payables, après fixation par l'Assemblée générale, ordinairement en une seule fois, en juillet.

Conseil d'administration. — De sept à douze membres, devant être propriétaires chacun de 50 actions inaliénables pendant la durée de leurs fonctions.

Assemblée générale. — Dans le courant du premier semestre, composée de tout propriétaire de vingt actions qui les a déposées quinze jours au moins avant la date de la réunion. Chaque actionnaire a autant de voix qu'il possède de fois vingt actions. Toutefois personne ne peut voter avec plus de cinquante voix.

Répartition des bénéfices d'après les statuts. — Sur les bénéfices nets des charges il est prélevé ;

1° 5 0/0 pour former un fonds de réserve, ce prélèvement cessant d'être obligatoire lorsque la réserve aura atteint le dixième du capital social ;

2° 5 0/0 pour former un fonds de prévoyance, ce prélèvement cessant d'être obligatoire lorsque ce fonds aura atteint les 2/5 du capital social ;

3° La somme nécessaire pour payer un premier dividende égal à 5 0/0 de capital.

Le surplus sera partagé comme suit :

10/100es seront attribués aux administrateurs. Le reste, déduction faite des réserves extraordinaires que pourrait décider l'Assemblée générale, sera réparti entre les actionnaires.

MINES D'ESCOMBRERA-BLEYBERG

Constitution. — Société anonyme, constituée le 3 septembre 1877.

Objet d'après les statuts. — La Société a pour objet :

La propriété et l'exploitation des mines de plomb, de zinc, de fer et autres, en Espagne, situées dans les provinces de Murcie, Ciudad-Réal, Badajoz et Cordoue, apportées par M. Roux, marquis d'Escombrera, dont il est propriétaire participant ou locataire ;

L'obtention et l'exploitation d'autres mines en Espagne ou tous autres pays ;

L'exploitation de toutes autres mines dont elle pourrait devenir propriétaire par acquisition, échange, apport en Société ou concession directe, ainsi que toutes celles dont elle pourrait seulement devenir locataire ;

Toutes opérations accessoires à l'exploitation desdites mines ;

Et généralement tout ce qui se rapporte au commerce de leurs produits et à leur traitement métallurgique.

La Compagnie est locataire notamment : de l'usine d'Escombrera (Carthagène), qu'elle tient à bail de M. Roux, marquis d'Escombrera, pour une période de dix années, renouvelables, moyennant le prix annuel de 25.000 francs, M. Roux s'étant interdit de la vendre sans l'offrir d'abord à la Société, qui s'est réservé le droit de l'acquérir au prix de 500.000 francs.

Siège social. — A Paris, rue Taitbout, 37.

Durée. — Cinquante ans, à compter de la constitution définitive, soit du 3 septembre 1877 au 3 septembre 1927.

Capital social. — Le capital social a été fixé à l'origine à 9.500.000 francs, divisé en 19.000 actions de 500 francs au porteur, entièrement libérées, sur lesquelles 15.000 ont été attribuées à M. Roux, en représentation de ses apports, et les 4.000 de plus ont été souscrites au pair. Par décision des Assemblées générales des 28 novembre et 10 décembre 1881, le capital a été porté à 14.500.000 francs par la création de 10.000 actions nouvelles, qui ont été remises, entièrement libérées, à la liquidation de la Société belge de Bleyberg-ès-Moutzen, en représentation de l'apport de tout son actif, consistant notamment en mines de plomb argentifère et de zinc, situées en Belgique et en Espagne. Enfin, par décision des Assemblées générales des 24 juin et 30 octobre 1882, le capital social a été élevé à 20.000.000 francs par la création de 11.000 actions nouvelles, qui ont été émises au pair en souscription réservée de préférence aux actionnaires. Le capital est donc actuellement représenté par 40.000 actions de 500 francs entièrement libérées et au porteur.

Les intérêts et dividendes se payent ordinairement le 15 juillet.

Conseil d'administration. — De douze membres au maximum, renouvelables à raison de deux membres chaque année, devant être propriétaires chacun de 100 actions inaliénables pendant la durée de leurs fonctions.

Les administrateurs actuels sont : MM. Paquot, *président;* Ed. Aguirre, *administrateur-délégué en Espagne;* Em. Collin, Demachy, J.-B. Serpieri, Ed. Frésart, Roux, baron de Terwangne, Gaston Buron, O. Homberg, R. de Wendel, Pernolet.

Assemblée générale. — Au plus tard en juin, composée de tous les actionnaires propriétaires de vingt actions au moins qui les ont déposées quinze jours avant la date de la réunion. Vingt actions donnent droit à une voix, sans que le même actionnaire puisse réunir plus de cent voix, soit par lui-même, soit comme mandataire.

Répartition des bénéfices d'après les statuts. — Sur les bénéfices distribuables il est prélevé :

1° Un vingtième, soit 5 0/0 au moins, pour la formation du fonds de réserve, jusqu'à ce que ce fonds atteigne le dixième du capital social ;

2° La somme nécessaire pour payer 5 0/0 aux actions, à titre de premier dividende pour tenir lieu d'intérêts.

L'excédent sera réparti comme suit :

90 0/0 à toutes les actions, à titre de deuxième dividende ;
10 0/0 au Conseil d'administration.

Dividendes distribués. — 1877-78. . . 45   1887. . . 10
1879. . . 40   1888. . . 15
1880. . . 40   1889. . . 20
1881. . . 40   1890. . . 25
1882. . . 25   1891. . . 25
1883 à 1886. . . rien   1892. . . 25

Résultats du dernier exercice (1894-95). — Les actionnaires de la Compagnie française des Mines et Usines d'Escombrera-Bleyberg, réunis, le 27 juin, en assemblée générale ordinaire, ont voté les résolutions suivantes :

1° Approbation du rapport du Conseil d'administration et du rapport des commissaires, ainsi que du bilan et des comptes de l'exercice 1894, tels qu'ils sont présentés par le Conseil ;

2° Approbation du report à l'exercice 1895 de la somme de 233.624 fr. 93, formant le solde du compte de profits et pertes au 31 décembre 1894 ;

3° Ratification de la nomination de M. Le Bègue ;

4° Réélection de MM. Ch. Demachy et J.-B. Serpieri, administrateurs sortants ;

5° Nomination de MM. L. Peyronnet et B.-A. de Vaux comme commissaires des comptes pour l'exercice 1895, en donnant à chacun d'eux, en cas d'empêchement de son collègue, la faculté d'accomplir seul le mandat confié aux commissaires.

MINES D'AGUAS-TENIDAS

Constitution. — Société anonyme, constituée le 24 octobre 1883.

Objet d'après les statuts. — La Société a pour objet :

L'acquisition et l'exploitation des mines de cuivre dites : Aguas-Tenidas, Olivarga, Santa-Luisa, Segunda San Pedro, Calanesa et Bella Hollandesa, situées dans la province de Huelva (Espagne) ;

L'acquisition par voie de concession ou autrement et l'exploitation de toutes autres mines de toute nature situées en Espagne ;

Toutes les opérations accessoires à l'exploitation des mines et généralement tout ce qui se rattache au commerce de leurs produits et à leur traitement métallurgique.

Siège social. — A Paris, boulevard Montmartre, 18.

Durée. — 99 ans, à compter de la constitution.

Capital social. — Le capital social a été fixé à l'origine à 20 millions de francs et divisé en 40.000 actions de 500 francs sur lesquelles : 32.000 actions ont été attribuées, entièrement libérées, à MM. Anduze, de Rena y Zarza, marquis d'Escombrera et Durruty, en représentation de l'apport par eux fait à la Société des concessions à perpétuité des mines de cuivre susénoncées. Les 8.000 actions en surplus ont été souscrites en espèces et au pair. Ces dernières se trouvaient libérées de 250 francs au 24 octobre 1883. Par décision de l'assemblée générale du 9 octobre 1884, le capital social a été réduit de 20 à 10 millions, au moyen de l'échange de deux actions anciennes contre une nouvelle entièrement libérée.

La Société existe donc actuellement avec un capital de 10 millions, divisé en 20.000 actions de 500 francs, entièrement libérées et au porteur.

Les dividendes sont payables aux époques fixées par le Conseil d'administration.

Conseil d'administration. — De sept à dix membres, nommés pour six ans, devant être propriétaires chacun de 50 actions inaliénables pendant la durée de leurs fonctions.

Les administrateurs actuels sont : MM. R. Paquot, président ; Arthur Pernolet, administrateur-délégué ; A. Bénard, S. de Breuvery, baron de Saint-Didier, Gosserot, Georges May, Henri Prévost, Warrain. — *Directeur*, M. Taraud.

Assemblée générale. — En mai au plus tard, composée de tous les actionnaires propriétaires d'au moins vingt actions qui les ont déposées huit jours au moins avant la date de la réunion. Chaque actionnaire a autant de voix qu'il a de fois vingt actions, sans que le même actionnaire puisse avoir plus de deux cents voix, soit en son nom, soit comme mandataire.

Répartition des bénéfices d'après les statuts. — Sur les bénéfices, nets de toutes les charges, il est prélevé :

1° Un vingtième ou 5 0/0 pour constituer le fonds de réserve légale jusqu'à ce qu'il atteigne le dixième du capital social ;

2° La somme nécessaire pour servir un premier dividende aux actions sur le montant des versements.

L'assemblée générale pourra ensuite prélever une somme destinée soit à la création d'un fonds de prévoyance, soit à la création d'un fonds d'amortissement dont elle indiquera l'emploi.

Le surplus sera distribué, savoir :

90 0/0 aux actionnaires à titre de dividende et 10 0/0 au Conseil d'administration.

Dividendes distribués. — Rien jusque 1889, 20 francs en 1890, 40 francs chaque année depuis lors.

HOUILLÈRES, CHARBONNAGES

HOUILLÈRES, CHARBONNAGES

HOUILLÈRES D'ÉPINAC

Constitution. — Société anonyme constituée le 6 juin 1850.

Objet d'après les statuts. — 1° Exploitation de la concession des mines de houille d'Epinac, dans les limites déterminées par l'ordonnance du 8 mars 1841 ;

2° Exploitation du chemin de fer d'Epinac à Pont-d'Ouche et de ses embranchements et dépendances, dont la concession a été conférée par ordonnance du 7 avril 1830 ;

3° Toutes les opérations qui se rattachent à l'exploitation desdites mines et du chemin de fer ;

4° Fabrication du coke, de la chaux, du plâtre et de la brique, pour employer le charbon des mines, et vente desdits produits.

La concession des houillères du bassin d'Epinac résulte d'un décret du 15 août 1805 et, devenue perpétuelle aux termes de la loi du 21 avril 1810, a été accordée à MM. Samuel Blum et fils, qui l'ont apportée à une Société civile, constituée par acte devant Me Lambert, notaire à Paris, le 9 mai 1829, au capital social de 3 millions, divisé en 3.000 parts de 1.000 francs, lequel capital a été postérieurement divisé en 600 actions, suivant acte reçu par Me Lehon, notaire à Paris, les 20 et 25 octobre 1832.

Siège social. — A Paris, rue de Londres, 13.

Durée. — 99 ans, à compter du jour du décret d'autorisation, soit du 2 juillet 1850 au 2 juillet 1949.

Capital social. — Le fonds social, se composant de la concession sus-énoncée et des biens meubles et immeubles appartenant à la Société, est divisé en 2.400 actions au porteur, entièrement libérées, qui ont été réparties entre les porteurs des 600 actions représentant le capital social de la Société civile sus énoncée.

Les dividendes se payent en une seule fois dans les premiers jours de décembre.

Conseil d'administration. — Composé de sept membres, propriétaires chacun de huit actions inaliénables pendant la durée de leurs fonctions. Directeur chargé, sous l'autorité du conseil, de gérer les affaires de la Société sur les lieux de l'exploitation, avec le titre de : Directeur des houillères et du chemin de fer d'Epinac. Soumis à un cautionnement et ayant droit à un traitement dont l'importance est fixée par l'assemblée générale.

Les administrateurs actuels sont : MM. Audéoud, président; Hottinguer, baron Mallet, E. Maneuvrier, J. Marcuard, P. Mirabaud, A. Vernes.

Assemblée générale. — Le 10 novembre, composée des porteurs de deux actions, qui les ont déposées la veille du jour de la réunion. Deux actions donnent droit à une voix, quatre à deux voix, et ainsi de suite, sans que jamais le nombre d'actions représentées par une seule personne puisse donner droit à plus de cinq voix.

Répartition des bénéfices d'après les statuts. — Il est opéré, dans l'inventaire annuel, une réduction proportionnée à la dépréciation réelle éprouvée par les machines et le mobilier d'exploitation, et qui ne peut être inférieure à 5 0/0 de la valeur de ces objets portée au dernier inventaire.

Il est fait annuellement, sur les produits de l'exploitation, un prélèvement d'au moins trois centimes pour chaque hectolitre de charbon extrait des mines, affecté spécialement aux travaux de fonçage et d'exploitation.

Sur le surplus des produits nets des charges sociales, il est fait un prélèvement qui ne peut être inférieur à 10 0/0 de ces bénéfices nets, destiné à constituer un fonds de réserve jusqu'à ce que ce fonds s'élève à 250.000 francs.

Le surplus est réparti entre toutes les actions à titre de dividende.

Aucune répartition de bénéfices ne peut avoir lieu lorsque le fonds de roulement, fixé à 600.000 francs, n'est pas au complet.

Dividendes distribués. — En 1880-81, 10 fr. 31 ; et depuis lors rien.

CHARBONNAGES DE TRIFAIL

Constitution. — Société anonyme autrichienne, constituée en 1872.

Objet d'après les statuts. — Exploitation des mines et houillères de Trifail, désignées à l'article « garanties » plus le groupe Romerbad-Tüffer.

Siège social. — Vienne, (Autriche), 8, Maximilianstrasse.

Durée. — Illimitée.

Capital social. — 4.900.000 florins = 12.500.000 francs, divisés en 70.000 actions libérées, au porteur ou nominatives de 70 florins = 175 fr.

HOUILLÈRES, CHARBONNAGES 547

Assemblée générale. — Pendant le premier semestre, composée des propriétaires de vingt actions au moins.

Dividendes distribués. — 1890, 18 fr. 35 ; 1891, 18 fr. 93 ; 1892, 14 fr. 20 ; 1893, 14 fr. 10.

Obligations 4 0/0 1889. — Emprunt hypothécaire, contracté par la susdite Société, en vertu de la décision de l'Assemblée générale du 12 avril 1889, en vue de la conversion *facultative* de ses emprunts 5 0/0 (1re série : 10.000 obligations remboursables jusqu'en 1900, 1re hypothèque sur le groupe de Trifail ; 2e série : 12.000 obligations remboursables jusqu'en 1906, 2e hypothèque sur le groupe de Trifail ; 3e série : 5.000 obligations remboursables jusqu'en 1918, 1re hypothèque sur Carpano Vines, 2e hypothèque sur Sagor et Hrastingg et 3e hypothèque sur Trifail). Il est au capital nominal de 11.625.000 francs = 4.650.000 florins d'or autrichiens, divisé en 23.250 obligations de 500 francs ou 200 florins d'or autrichiens ; émises le 5 septembre 1889 à 445 francs plus intérêt du 1er juin.

L'intérêt est de 4 0/0 payable 10 francs le 1er juin et 10 francs le 1er décembre. Le remboursement a lieu par tirages au sort, en 45 ans, de 1890 à 1934, le premier mois de chaque année, avec titres remboursables le 1er juin suivant.

Le remboursement du capital et le paiement des intérêts sont garantis par une hypothèque constituée pour la somme de 11.625.000 francs (montant des 23.250 obligations émises) sur les propriétés minières de la Société : Trifail, Sagor, Hrastingg, Carpano Vines, Gottschee et 2/3 Oistro.

Obligations 4 0/0 1893. — Emis suivant décision de l'Assemblée générale extraordinaire du 24 janvier 1893, au capital nominal de 3.750.000 francs = 1.500.000 florins ; divisé en 7.500 obligations de 500 francs ou 200 florins d'or autrichiens. Intérêt 4 0/0 l'an, payable : 10 francs le 1er juin, 10 francs le 1er décembre. Remboursement par tirages au sort en 45 ans, de 1894 à 1938, le 1er mars de chaque année ; remboursement des titres sortis le 1er juin suivant.

Garantie : Propriétés minières de la Société : Trifail, Sagor, Hrastingg, Carpano Vines, Gottschee, Oistro, Liboje, Rœmerbad et Tüffer.

Dividendes distribués. — 1884, 9 francs ; 1886, 9 francs ; 1887, 9 francs ; 1888, 10 fr. 50 ; 1889, 12 fr. 70 ; 1890, 18 fr. 35 ; 1891, 18 fr. 95 ; 1892, 14 fr. 20 ; 1893, 14 fr. 10 ; coupons 41 et 42.

Les titres, actions et obligations, se livrent non timbrés par suite d'abonnement au timbre.

Service des coupons, pour les actions et les obligations, à la succursale de la Banque des Pays autrichiens, et au Crédit Lyonnais pour les obligations.

Résultats du dernier exercice (1894-95). — Le 25 mai 1895, a eu lieu, à Vienne, l'assemblée générale de la Compagnie de Trifail sous la présidence de M. Mojsisovics.

Les résultats de 1894 sont satisfaisants. Le bénéfice net s'élève à 662.203 florins, y compris le solde de 37.885 florins reporté de l'année précédente.

Le rapport du Conseil d'administration constate que les entreprises sociales se développent dans de bonnes conditions, notamment en ce qui concerne l'exploitation des charbonnages de Gran sur le Danube et l'aménagement des terrains houilliers de Krapina en Croatie et de ceux de Gottschee en Carniole. La production à Krapina atteindra facilement 60.000 tonnes par an.

L'exploitation des charbonnages de Gran ayant commencé en 1894, et l'aménagement des terrains de Krapina étant terminé, la raison sociale de Trifail a été portée sur les registres du commerce en Hongrie. A ce propos, le rapport fait mention d'un projet tendant à la fondation d'une Compagnie hongroise indépendante qui serait formée sur la base des entreprises sociales situées en Hongrie. La date de cette transformation projetée n'a pas été indiquée.

L'importance des ventes du charbon provenant des mines de Styrie et de Carniole (vieux Trifail) s'est maintenue à peu près au niveau des résultats de l'année antérieure : 804.817 tonnes. La vente du charbon de Carpano-Vines en Istrie, s'est élevée à 81.073 tonnes (+ 1.300 tonnes). Le développement de l'industrie du ciment et de la chaux a été l'objet d'une attention spéciale. En zincs, le marché a été sans activité et les prix sont restés faibles. Enfin, pour l'industrie du verre à Sagor, le résultat a été favorable.

L'assemblée a approuvé, à l'unanimité et sans débats, les propositions du Conseil, de fixer le dividende à 7 florins (10 0/0) comme l'année dernière, d'attribuer 25.000 florins au fonds de réserve, 47.909 aux tantièmes des administrateurs, et 10.000 florins à la caisse de secours. Le reliquat a été porté au compte à nouveau.

HOUILLÈRES DE LA HAUTE-LOIRE

Constitution. — Société civile, constituée le 6 octobre 1837. Transformée en Société anonyme libre, le 9 mars 1883.

Objet d'après les statuts. — 1° La propriété et l'exploitation des mines de houille, dites de Grosménil ;

2° La vente des charbons à provenir de cette exploitation ;

3° L'exploitation de toutes autres mines qui pourraient être concédées à la Société ou acquises par elle ;

4° Et tout ce qui pourrait se rattacher, soit directement, soit indirectement à l'exploitation desdites mines, fabrication d'agglomérés ou de coke, et de tous produits dérivés de la houille.

Durée. — 99 ans, du 6 octobre 1837.

Siège social. — Paris, 57, rue de l'Arcade.

Capital social. — 2.600.000 francs, divisé en 5.200 actions de 500 francs entièrement libérées et au porteur.

Les dividendes sont payables après fixation par l'Assemblée générale.

Conseil d'administration. — De cinq membres, nommés pour cinq ans et renouvelables par rang d'ancienneté, devant être propriétaires chacun de vingt actions inaliénables pendant la durée de leurs fonctions.

Assemblée générale. — Dans le cours du premier semestre, composée de tous les propriétaires de dix actions, qui les ont déposées huit jours au moins avant la date de la réunion. Dix actions donnent droit à une voix, sans qu'aucun actionnaire puisse réunir plus de cinq voix, soit en son nom personnel, soit comme mandataire.

Répartition des bénéfices d'après les statuts. — Sur les bénéfices nets, il est prélevé un vingtième pour former la réserve légale, ce prélèvement devant cesser lorsque le fonds de réserve aura atteint 260.000 francs.

L'Assemblée générale peut ensuite prélever telle somme qu'elle jugera convenable.

Le surplus des bénéfices est partagé également entre toutes les actions à titre de dividende.

Dividendes distribués. — Voici ceux des dernières années :

1882	12 50	1888	7 50
1883	12 50	1889	5 »
1884	12 »	1890	7 »
1885	12 50	1891	6 »
1886	8 50	1892	6 »
1887	10 »		

CHARBONNAGES D'URIKANY

Constitution. — Société anonyme hongroise constituée le 25 février 1891.

Objet d'après les statuts. — Exploitation, tant des mines de charbon, situées dans le comté d'Hunyad (Hongrie), dont les locataires à bail jusqu'au 1er mars 1980, MM. David et Jules Howath, ont apporté la jouissance à la Société, que de toutes autres mines de charbon acquises plus tard.

Siège social. — Buda-Pest.

Durée. — Jusqu'au 1er mars 1980.

Capital social. — Primitif : 3 millions de florins, divisés en 30.000 actions de 100 florins, dont 15.156 attribuées aux apporteurs en nature, et 14 844 émises contre espèces. Ce capital a été augmenté de 1 million de florins par assemblée du 1er décembre 1892. Il est donc actuellement de 4 millions de florins, divisés en 40.000 actions de 100 florins et au porteur.

Conseil d'administration. — De quatre à sept membres, renouvelables tous les trois ans ; le premier conseil nommé par les fondateurs.

Les administrateurs actuels sont MM. Bocuze, président ; Adolphe Tollin, de Bellezuse, Boussand, comte de Staray, de Széméré et Pauer.

Assemblée générale. — En juillet, composée d'actionnaires possédant au moins dix actions ; une voix par dix actions, maximum cent voix. Dépôt huit jours avant la réunion, cinq jours sur seconde convocation.

Répartition des bénéfices d'après les statuts. — Après payement de la régie intégrale (loyers) et diminution de la valeur des bâtiments, constructions d'exploitation, machines et outils, 10 0/0 sont portés à la réserve, 20 0/0 sont attribués à l'administration et aux employés, 70 0/0 aux actionnaires.

Obligations. — Obligations autorisées par assemblée du 1er décembre 1891 : 12.000 obligations au porteur 5 0/0 de 100 florins remboursables en or en 45 ans par tirages. Coupons en janvier et juillet.

MINES DE LA LOIRE

Constitution. — Société anonyme constituée le 13 octobre 1854.

Objet d'après les statuts. — 1° Exploitation des mines de houille comprises dans les concessions dites de Dourdel et Montsalson, de Beaubrun, de Villars, de la Chana, du Quartier-Gaillard et du Clusel, dépendant du bassin de Saint-Etienne (Loire);
2° Vente du produit desdites mines;
2° Exploitation des entreprises se rattachant aux mines susénoncées.

Siège social. — Paris, rue Joubert, 47.

Durée. — 99 ans, à compter du décret d'autorisation, soit du 17 octobre 1854 au 17 octobre 1953.

Capital social. — Le fonds social, composé des droits mobiliers et immobiliers de la Compagnie, est divisé en 80.000 actions au porteur, entièrement libérées, représentant chacune 1/80.000e de l'actif social.
Le dividende est payable les 16 octobre (acompte) et 16 avril (solde).

Conseil d'administration. — De onze membres, devant être propriétaires chacun de 100 actions inaliénables pendant la durée de leurs fonctions.
Les administrateurs actuels sont : MM. Am. Lefèvre-Pontalis, *président*; Aug. Laugel, *vice-président*; G. Dehaynin, P. de Kermaingeant, H. Morin-Pons, comte de Peyronnet, de Saint-Laumer, E. Solacroup, Sutterlin, Ch. Tranchant, A. Joannard.
Assemblée générale ordinaire annuelle en mars, composée des propriétaires de 25 actions au moins, qui les ont déposées cinq jours au moins avant la date de la réunion. 25 actions donnent droit à une voix, sans que le même actionnaire puisse réunir plus de dix voix soit par lui-même, soit comme mandataire.
Année sociale, du 1er janvier au 31 décembre.
Inventaire général, au 31 décembre.
Sur les bénéfices nets, il est prélevé annuellement :
Une somme ne pouvant être inférieure au quinzième desdits bénéfices

nets, destinée à constituer un fonds de réserve et de prévoyance, jusqu'à ce que ce fonds ait atteint 500.000 francs.

Le surplus est réparti aux actionnaires à titre de dividende.

Obligations. — Aux termes de l'acte de fractionnement du 10 octobre 1854, les quatre Compagnies fractionnées (mines de la Loire, houillières de Montrambert et de la Béraudière, houillières de Rive-de-Gier, houillières de Saint-Etienne) sont restées solidairement responsables des dettes de l'ancienne Société civile des mines de la Loire, et notamment d'un dernier emprunt dit de conversion, contracté en 1852, le seul existant, sous la forme d'obligations similaires. Cet emprunt est garanti par une hypothèque sur les concessions de chacune des quatre Sociétés fractionnées. Chaque Société contribue au service des intérêts et de l'amortissement de cet emprunt, au moyen d'une répartition annuelle établie en proportion de la production houillière dûment constatée. De plus, toutes les fois que le dividende total annuel des quatre Sociétés dépasse 50 fr., une somme, équivalente au quart du surplus du dividende, est affectée à des tirages supplémentaires des obligations dudit emprunt.

Quant au service des titres, payement des coupons et remboursement, la Compagnie nouvelle des mines de la Loire en est restée seule chargée.

L'emprunt dont il s'agit, créé dans le but spécial de substituer un nouveau mode d'amortissement à celui des anciens emprunts restant en circulation, a été émis le 12 août 1852.

Il est représenté par 18.000 obligations de 1.000 francs au porteur, entièrement libérées; remboursables à 1.250 francs, en soixante-quinze ans, de 1853 à 1927, par tirages au sort annuels ayant lieu en décembre (remboursement des titres sortis, le 1er février suivant);

Et produisant un intérêt annuel de 50 francs, payables par moitié les 1er février et 1er août.

Dividendes distribués. — Voici ceux des dernières années:

1885	12 50	1889	5	»
1886	8 50	1890	7	»
1887	10 »	1891	6	»
1888	7 50	1892	6	»

Résultats du dernier exercice (1894-95). — Les actionnaires de la Société des mines de la Loire se sont réunis le 8 avril 1895, en assemblée générale ordinaire.

Après avoir entendu la lecture des rapports du Conseil et des commissaires, ils ont voté les résolutions suivantes :

1° Les comptes de l'exercice 1894 sont approuvés ;

2° Une somme de 251.208 fr. 15 est prélevée sur le bénéfice et affectée à l'amortissement des travaux neufs en 1893 ;

3° Une somme de 32.000 francs, représentant 5 0/0 du bénéfice net, est prélevée pour former la réserve légale ;

4° La provision pour l'amortissement anticipé motivé par l'excédent, au delà de 50 francs, du dividende des quatre Sociétés (Loire, Montrambert, Saint-Etienne et Rive-de-Gier) pour l'exercice 1894, est fixée à 40.000 fr.;

5° Le dividende pour l'exercice 1894 est fixé à 8 francs par action, sur lesquels 3 francs ont fait l'objet d'une première répartition en octobre dernier, le solde de ce dividende devant être payé à partir du 16 avril ;

6° La somme de 14.690 fr. 83 formant le solde des bénéfices est reportée à nouveau à profits et pertes ;

7° MM. Morin-Pons et de Kermaingant sont réélus pour six ans et M. de Saint-Laumer pour cinq ans, membres du Conseil d'administration ;

8° La Société est autorisée à continuer des opérations de banque avec la maison Vve Morin-Pons et Cie, dont l'un des chefs figure parmi les administrateurs ;

9° MM. Cambetert, Hutter et Rolland sont réélus commissaires-vérificateurs des comptes pour l'exercice 1895.

CHARBONNAGES DE SOSNOWICE

Constitution. — Société russe créée en 1890.

Objet d'après les statuts. — Acquérir diverses concessions et propriétés dans le bassin de la Dombrowa (Pologne russe) — (les domaines et avantages, jusqu'alors propriétés privées, ont été payés en actions et obligations de la Société).

Capital social. — 4.250.000 roubles or ou 17 millions de francs, divisés en 34.000 actions de 125 roubles or (19, 16. 6 £ ou 405 mk ou 240 fl. holl.). L'ensemble des biens de la Société a été évalué officiellement par le gouvernement russe, en vue de l'autorisation de l'émission des obligations, à 35 millions de francs.

Concessions. — Les propriétés de la Société, d'une étendue totale de 5.964 hectares, comprenant des charbonnages, mines et usines de zinc, ainsi que des domaines agricoles et des forêts.

Obligations 5 0/0. — Emprunt autorisé le 18 juillet 1892, par le gouvernement russe, au capital nominal de 20.000.000 de francs = 5.000.000 de roubles, or, divisés en 40.000 obligations de 500 francs = 125 roubles or = L. s. 19.16.6 = Mk. 405 = fl. holl. 240, libérées et au porteur, dont l'introduction eut lieu à Genève et à Paris, en février 1894, au prix de 490, jouissance du 1er janvier 1894 ; libération immédiate. Intérêt : 5 0/0 l'an, payable: (en or) 12 fr. 50 le 1er janvier, 12 fr. 50 le 1er juillet. (Soit Rb. 3.12 1/2 ; 9 sh. 11 p. ; Mk. 10.12 1/2 ; fl. holl. 6. — Remboursement à 500 francs or, de 1895 à 1928, soit en 37 ans, par tirages annuels effectués le 1er octobre. Les titres sortis sont remboursés le 1er janvier suivant. 802 obligations ont été amorties en 1892 et 1893.

L'annuité nécessaire au service de l'intérêt et du remboursement s'élève à 1.200.000 francs.

Le paiement des intérêts et le remboursement des obligations sorties sont garantis par : a) les revenus de la Société, b) le fonds de réserve, c) une hypothèque en premier rang sur tous les biens et immeubles de la Société, tant acquis qu'à acquérir, constituée pour la valeur totale des obligations émises soit 20.000.000 francs.

« Après l'émission des présentes obligations, la Société n'a plus le droit d'engager, de n'importe quelle manière, ses biens et immeubles, et ce jusqu'à ce que son emprunt-obligations ait été intégralement amorti. »
(Extrait du texte de l'obligation.)

Résultats du dernier exercice (1894-1895). — Il résulte du rapport, présenté à l'assemblée annuelle des actionnaires de la Société des charbonnages, mines et usines de Sosnowice, tenue à Varsovie le 19/31 janvier dernier, que, pour l'exercice 1893-94, clos le 30 septembre dernier, le bénéfice brut a été de 996.033 roubles, contre 900.715 obtenus pendant l'exercice précédent.

Cette Société possède 5.964 hectares de concessions houillères et 3.325 hectares de concessions de calamines. D'après les évaluations les plus rigoureuses, ces surfaces houillères doivent fournir plus de 500 millions de tonnes de houille, dont 28.800.000 tonnes sont déjà aménagées.

En 1894, la production a été de 1.555.370 tonnes. Depuis la création de la Société, elle a augmenté de 34 1/3 0/0. Les prix de vente ont toujours été en s'améliorant et ils s'amélioreront encore.

Pour montrer le développement constant des industries de la Société, le rapport indique que le bénéfice du mois d'octobre 1894 est de 157.571. 75 roubles contre 122.864 33 pour le mois d'octobre 1893.

Au 1er janvier 1895, voici quelles étaient les ressources de la Société.

En portefeuille 5.535 obligations de la Société à 500 fr.	2.767.500 »
En fonds publics, dans les banques et en dépôt.	771.985 12
Effets en portefeuilles.	367.135 80
Caisses.	21.432 55
Chez les banquiers.	1.108.783 27
Total.	5.036.837 44

Le bilan fait ressortir qu'au 30 septembre 1894, l'actif réalisable dépassait le passif exigible de 154.417 roubles.

De plus, depuis la création de la Société, il a été amorti :

Sur les meubles.	764.965 70
Sur les immeubles.	968.617 26
Ensemble.	1.733.582 96

Ajoutons que sur les 40.000 obligations existantes, il en est amorti actuellement 1.261, soit pour une valeur de 630.500 francs.

Le dividende du dernier exercice a été fixé à 30 francs par action.

HOUILLÈRES DE MONTRAMBERT

Constitution. — Société anonyme, constituée le 13 octobre 1854, et formée, par le fractionnement en quatre Compagnies distinctes (Société des mines de la Loire, Société des houillères de Montrambert et de la Béraudière, Société des houillères de Rive-de-Gier, Société des houillères de Saint-Etienne) de l'ancienne Société civile, créée le 10 octobre 1837, sous la dénomination de : Compagnie générale des mines de Rive-de-Gier, devenue à partir du 10 janvier 1846 : Compagnie des mines de la Loire.

Objet d'après les statuts. — 1° Exploitation des mines de houille comprises dans les concessions dites de Montrambert et de la Béraudière, dépendant du bassin de Saint-Etienne (Loire) ;

2° Vente des produits desdites mines ;

3° Exploitation des entreprises se rattachant aux mines ci-dessus dénommées.

Siège social. — A Lyon, rue de l'Hôtel-de-Ville, 70.

Durée. — 99 ans, à compter du décret d'autorisation, soit du 17 octobre 1854 au 17 octobre 1953.

Capital social. — Le fonds social, composé des droits mobiliers et immobiliers de la Société, est divisé en 80.000 actions au porteur entièrement libérées, représentant chacune 1/80.000e de l'actif social.

Le dividende est payable les 16 octobre (acompte) et 16 avril (solde).

Conseil d'administration. — De neuf membres, devant être propriétaires chacun de cent actions inaliénables pendant la durée de leurs fonctions.

Les administrateurs actuels sont : MM. Flotard, *président* ; H. Germain, Aynard, L. du Marais, L. Mignot, Soulier, Bouthier, Riboud, Balas. *Directeur.* — M. F. Devillaine.

Assemblée générale. — A Lyon, en mars, composée des porteurs de deux actions au moins, qui les ont déposées cinq jours au moins avant la date de la réunion. Vingt-cinq actions donnent droit à une voix ; toutefois un actionnaire ne peut avoir plus de dix voix, soit par lui-même, soit comme mandataire.

Répartition des bénéfices d'après les statuts. — Sur les bénéfices nets, il est prélevé annuellement une somme, qui ne peut être inférieure au quinzième desdits bénéfices, pour constituer un fonds de réserve et de prévoyance, jusqu'à ce que ce fonds ait atteint 300.000 francs.

Le surplus des bénéfices est réparti aux actionnaires, à titre de dividende.

Dividendes distribués. — Voici ceux des dernières années :

1885. . . . . 50 »		1889. . . . . 45 »
1886. . . . . 40 »		1890. . . . . 47 50
1887. . . . . 43 »		1891. . . . . 47 50
1888. . . . . 45 »		1892. . . . . 47 50

CHARBONNAGES DE BULLY-GRENAY

Constitution. — Société civile constituée le 25 septembre 1851.

Objet d'après les statuts. — Exploitation des mines de houille des environs de Béthune (Pas-de-Calais) et notamment de la concession de Grenay, accordée par décret du 15 janvier 1853.

Durée. — Indéterminée, jusqu'à ce que la dissolution soit prononcée par assemblée générale.

Siège social. — A Paris, rue des Capucines, 9.

Capital social. — Trois millions, divisés primitivement en 3.000 actions de 1.000 francs, sur lesquelles 2.700 ont été émises à divers cours, depuis 1.000 francs jusqu'à 3,250 francs. Par décision de l'assemblée du 19 octobre 1863, chaque action a été divisée en six parts d'intérêts, soit au total 18.000 parts donnant droit chacune à 1/18.000e de l'actif social, sur lesquelles 17.000 seulement ont été émises entièrement libérées et sont en circulation.

Les intérêts et dividendes se payent les 15 novembre (acompte) et 15 mai (solde).

Conseil d'administration. — De sept membres nommés pour sept ans (sauf les cinq membres anciens du conseil nommés à vie). Chaque administrateur doit être propriétaire d'au moins trente parts d'intérêts inaliénables pendant la durée de ses fonctions.

Les administrateurs actuels sont MM. de Marcère, président; Degouy, vice-président; J. Plichon, secrétaire; de Boittelle, Pagès, Mathieu, Ch. Petit.

Assemblée générale. — Soit à Paris, soit à Violaines, le troisième lundi d'octobre, composée des propriétaires d'au moins trente parts d'intérêts qui les ont déposées au moins dix jours avant la réunion. Trente parts d'intérêts donnent droit à une voix sans que personne puisse avoir plus de dix voix.

Répartition des bénéfices d'après les statuts. — Sur les bénéfices nets réalisés, il est prélevé 5 0/0 pour la réserve statutaire, jusqu'à ce qu'elle atteigne 1,800 000 francs; cette réserve ne pourra être distraite qu'avec l'autorisation de l'assemblée générale.

Il sera prélevé en outre 5 0/0 pour constituer une autre réserve affectée spécialement à l'amortissement anticipé de l'emprunt de 1881.

Le surplus des bénéfices sera réparti, comme dividende, aux actionnaires.

Dividendes distribués. — Voici ceux des dernières années :

1885-86	75 »	1888-89	50 »
1886-87	60 »	1889-90	80 »
1887-88	50 »	1890-91	125 »

HOUILLÈRES DE DOMBROWA

Constitution. — Société française et italienne, constituée le 31 décembre 1878.

Objet d'après les statuts. — 1° L'exploitation des mines de houille de Dombrowa (Pologne russe) et toutes opérations relatives ou se rattachant aux produits de ces mines, ainsi que l'acquisition et l'exploitation de toutes autres mines de houille, forêts et autres immeubles ;

2° La création, l'acquisition et l'exploitation de toutes usines employant ou transformant la houille ;

3° Toutes prises d'intérêt dans toutes entreprises de transport et autres qui auraient trait à l'objet dont il s'agit.

La Société pourra également acquérir ou exploiter toutes autres mines, usines ou établissements et généralement faire toutes opérations se rattachant, directement ou indirectement, à l'industrie minière en général ou à ses dérivés.

Siège social. — A Paris, rue de Grammont, 23. — *Siège administratif.* — A Lyon, rue de l'Arbre-Sec, 3.

Durée. — 90 ans, à compter de la constitution définitive.

Capital social. — Six millions de francs ou 1.500.000 roubles métalliques de 4 francs, divisés en 12.000 actions de 500 francs ou 125 roubles métalliques, émises au pair, entièrement libérées et au porteur, sur lesquelles 2.904 ont été souscrites en espèces et au pair et 9.096 ont été attribuées, entièrement libérées, à la Banque française et italienne en représentation de ses apports détaillés aux statuts et consistant notamment dans la jouissance pendant une durée de 88 ans (de 1878 au 30 juin 1966) des mines de houille de Dombrowa. Ces mines avaient été vendues, en 1876 par le gouvernement russe, au capitaine Plemcannikoff, qui, par acte du 15 août 1876 et après autorisation de l'Empereur de Russie, en avait cédé la jouissance à une association en participation, représentée par la Banque française et italienne. Ladite Banque, dissoute et mise en liquidation en 1884, a été absorbée par la Banque d'escompte de Paris, à laquelle ont été apportés ses droits actifs et passifs et par suite ses intérêts dans l'affaire des houillères de Dombrowa.

Indépendamment des 12.000 actions ci-dessus énoncées, il a été créé 12.000 *parts* bénéficiaires, qui ont été attribuées à la Banque française et italienne et dont les droits sont indiqués plus bas.

Les intérêts et dividendes sont payables ordinairement le 1er août (acompte) et le 15 janvier (solde).

Conseil d'administration. — De sept à quinze membres, renouvelables par sixième chaque année, devant être propriétaires chacun de 50 actions inaliénables pendant la durée de leurs fonctions.

Les administrateurs actuels sont : MM. H. Fontaine, *président ;* Em. Letourneur, *secrétaire ;* Dugué de la Fauconnerie, Sainte-Marie Andras, Léon Moyne, Delmont, Adrien Boudinhon, Gustave Bonzon, Rebatel.

Assemblée générale. — Avant le 30 novembre, composée de tous les actionnaires propriétaires de 20 actions au moins, qui ont déposées quinze jours avant la date de la réunion. Chaque actionnaire a autant de voix qu'il possède de fois 20 actions. Le même actionnaire ne peut réunir plus de 50 voix par lui-même et 50 voix comme fondé de pouvoir.

Répartition des bénéfices d'après les statuts. — Sur les produits nets, déduction faite de toutes les charges, il est prélevé :

1° 5 0/0 pour la réserve légale, jusqu'à ce que cette réserve atteigne le dixième du capital social ;

2° 10 0/0 pour la formation d'un fonds de réserve extraordinaire dont l'Assemblée générale aura la disposition ; ce prélèvement pourra être suspendu, lorsque toutes les actions de capital auront été amorties.

Sur le surplus, il sera d'abord distribué aux actions de capital, un intérêt à 6 0/0 l'an, net d'impôt.

Sur l'excédent, 10 0/0 seront attribués au Conseil d'administration.

Le surplus sera appliqué à l'amortissement des actions de capital par voie de tirages au sort à effectuer, s'il y a lieu, dans le mois qui suivra l'Assemblée générale annuelle.

Les actions de capital désignées par le tirage seront remplacées par des actions de jouissance.

Cet amortissement n'a pas encore fonctionné.

Dans le cas où, soit à l'aide des bénéfices nets, comme il est dit ci-dessus, soit à l'aide d'un prélèvement sur la réserve extraordinaire, les actions de capital n'auraient pu recevoir l'intérêt à 6 0/0 susénoncé, le déficit leur serait dû, sur les bénéfices des exercices ultérieurs, immédiatement après le prélèvement de la réserve légale.

Après l'amortissement complet des actions de capital, tout l'actif social appartiendra également aux 12.000 actions de jouissance et aux 12.000 parts bénéficiaires, dont il a été parlé plus haut et les bénéfices leur seront distribués également, après déduction des prélèvements sus-indiqués pour les réserves et le Conseil d'administration.

Obligations 4 0/0. — 10.000 obligations de 500 francs 4 0/0 libérées et au porteur, dont l'émission a été autorisée par décision de l'assemblée générale du 3 novembre 1892 et par délibération du Conseil d'administration du 16 février 1893. Emises à 475 francs par le Crédit Lyonnais, le 15 mars 1893, destinées à la conversion de 10.000 obligations de 500 francs 5 0/0, formant, avec 4.582 autres obligations 5 0/0 que la Société a remboursées en espèces avec ses propres ressources, un total de 14.582 obligations restant alors en circulation sur les 15.000 obligations 5 0/0 émises en 1885 et 1890.

Les porteurs d'obligations anciennes 5 0/0 ont eu jusqu'au 15 mars le droit de souscrire par préférence à deux obligations nouvelles pour trois anciennes, en échange desquelles ils ont reçu : 1° Une obligation nouvelle ; 2° une soulte de 73 fr. 20 ; 3° Et une somme de 511 fr. 50 pour le remboursement de la troisième obligation. Les obligations 5 0/0 anciennes non présentées à la conversion ont été remboursées, à 511 fr. 60, le 31 mars 1893. Par suite elles ont été supprimées de la cote dès le 9 mars 1893.

Les obligations 4 0/0 sont remboursables à 500 francs en 35 ans, du 1er avril 1894 au 1er avril 1928 par tirages au sort annuels ayant lieu le 15 janvier, pour le remboursement des titres sortis s'effectuer le 1er avril suivant. Intérêt annuel : 20 francs payables, nets d'impôts, les 1er avril et 1er octobre de chaque année.

Dividendes distribués. — 20 francs en 1888-89, 30 francs en 1889-90 et 35 francs depuis lors.

Résultats du dernier exercice. — La production, qui s'était progressivement développée dans ces dernières années, a subi, au cours de l'exercice 1893-94, un recul sensible, lequel a entraîné une diminution correspondante de bénéfices. Cet état de choses doit, d'après le rapport du Conseil d'administration, être attribué à plusieurs causes, dont la principale est l'incendie qui a éclaté sur deux points opposés du groupe Koszelow, et dont les ravages n'ont pu être arrêtés qu'en employant à son extinction le personnel occupé à l'extraction. Il faut encore mentionner comme une des causes du ralentissement de l'exploitation les difficultés qu'a rencontrées la Compagnie dans le recrutement de ses ouvriers remblayeurs.

Voici le tableau de la production et de la vente pour les années 1892-1893 et 1893-1894 :

Production . . . . .Tonnes.	560.316	503.570
Vente :		
A la mine.	32.893	34.949
A la clientèle	511.893	450.166
Tonnes . . .	544.786	485.115

La production a diminué de 57.746 tonnes et la vente aux clients de 61.727 tonnes.

La réduction du trafic a nécessairement eu pour conséquence une réduction des bénéfices. En 1892-93, le bénéfice net avait été de 792.473 francs pour une vente de 544.786 tonnes, soit un bénéfice de 1.45 par tonne. En 1893-94, le bénéfice n'a été que de 541.004 francs pour 485.115 tonnes vendues, ramenant le bénéfice par tonne à 1 fr. 03.

Voici le compte général de profits et pertes au 30 juin 1894 :

CRÉDIT

Reliquat net de l'exercice précédent. . . Fr.		6.940
Bénéfice d'exploitation.		1.046.758
Bénéfices accessoires et sur change. . . .		45.922
Intérêts et coupons prescrits		30.500
Fr.		1.130.120

DÉBIT

Annuité au gouvernement russe. . . . . Fr.		156.000
Frais généraux		51.193
Intérêts aux obligations		200.000
Impôts.		79.904
Commissions, escomptes et divers		32.579
Amortissements :		
Obligations remboursées	62.500	
Travaux neufs futurs	50.000	
Primes de remboursement des obligations 5 0/0	50.000	
		162.500
Réserve statutaire et extraordinaire. . . Fr.		81.150
Dividende de 15 fr. par action		180.000
Solde à nouveau.		186.793
Fr.		1.130.120

Ces résultats peuvent se résumer comme suit :

Bénéfice net. . . . . Fr.		603.504
Solde antérieur		6.940
Total		610.444

qui a reçu l'emploi suivant :

Amortissements et réserves. . . . . . . Fr.		243.650
Dividende de 15 fr.		180.000
Solde à nouveau.		186.793
Total égal. . . . Fr.		610.444

L'écart entre les bénéfices des deux derniers exercices est en réalité plus important; l'année dernière, le compte de profits et pertes avait été débité, pour intérêts aux obligations, de 351.426, tandis que, par suite de la conversion opérée en 1893, le service des obligations n'a exigé qu'une somme de 200.000 francs, soit, pour cette année, une diminution de 151.426 francs; on voit donc que si la Compagnie n'avait pas bénéficié de cette réduction d'intérêts, l'écart entre le bénéfice de l'année 1892-93 et celui de cette année, serait exactement de 402.895 francs.

Le dividende a été fixé à 15 francs; il aurait pu se rapprocher de celui de l'année dernière, qui avait été de 35 francs, puisqu'il n'a absorbé qu'une somme de 180.000 francs et que le report à nouveau s'élève à 186.793 francs, représentant 15 francs par action, si le Conseil n'avait pas cru utile de conserver une grande partie de ses ressources pour faire face aux travaux de réparations et d'améliorations nécessités par le nouveau sinistre, survenu après la clôture de l'exercice dans le puits Chaper.

Le bilan, comparé à celui de l'année dernière, ne présente que des modifications sans importance. Il y a lieu, toutefois, de remarquer aux réserves une augmentation de 118.871 francs. Un compte de provision pour travaux neufs a été ouvert cette année et a été doté d'une somme de 50.000 francs. L'actif réalisable n'a pas subi de changement appréciable : il s'élève à 2.472.964 francs contre 2.545.152 francs en 1893.

HOUILLIÈRES DE RIVE-DE-GIER

Constitution. — Société anonyme, constituée le 13 octobre 1854.

Objet d'après les statuts. — 1° Exploitation des mines de houille comprises dans les concessions dites du Sardon, du Martoret, du Gourd-Marin, de Crozagrague, des Verchères-Feloin, des Verchères-Fleur-de-Lix, de la Verrerie et Chantegraine, de Couzon, des Combes et Egarande, de Frigerin, de Gravenand, de la Grand'Croix, de la Montagne-du-Feu, de la Cappe, de Collenon, de Corbeyre et du Reclus, dépendant du bassin de Rive-de-Gier (Loire);

2° Vente du produit desdites mines;

3° Exploitation des entreprises s'y rattachant.

Siège social. — Lyon, place d'Albon, 3.

Durée. — 99 ans, à compter du décret d'autorisation, soit du 17 octobre 1854 au 17 octobre 1953.

Capital social. — Le fonds social, composé des droits mobiliers et immobiliers de la Compagnie, est divisé en 80.000 actions au porteur, entièrement libérées, représentant $1/80.000^e$ de l'avoir social.

Le dividende est payable les 16 octobre (acompte) et 16 avril (solde).

Conseil d'administration. — De neuf membres, devant être propriétaires chacun de cent actions inaliénables pendant la durée de leurs fonctions.

Les administrateurs actuels sont : MM. Crochet, *président*; Billiet,

Bouchard, *vice-présidents*; Buisson, Bouthéon, Cuilleron. Guillard, Marbeau aîné, Gourgaud.

Assemblée générale. — A Lyon, en mars, composée des propriétaires de vingt-cinq actions au moins, qui les ont déposées cinq jours au moins avant la date de la réunion. Vingt-cinq actions donnent droit à une voix, sans qu'un actionnaire puisse avoir plus de dix voix, soit par lui-même, soit comme mandataire.

Répartition des bénéfices d'après les statuts. — Sur les bénéfices nets, il est prélevé annuellement une somme, qui ne peut être inférieure au dixième desdits bénéfices, pour constituer un fonds de réserve et de prévoyance, jusqu'à ce que ce fonds ait atteint 800.000 francs.

Le surplus est réparti aux actionnaires, à titre de dividende.

MINES DE CAMPAGNAC

Constitution. — Société civile, constituée le 30 septembre 1862.

Objet d'après les statuts. — 1° La propriété, l'exploitation et la jouissance en commun : 1° des mines de houille concédées par décret du 24 mai 1859, sous le nom de concesion du Mazel, communes de Firmy et de Cransac, arrondissement de Villefranche (Aveyron); 2° des mines de houille, situées dans les communes d'Aubin et de Cransac, concédées par ordonnance royale du 28 février 1831, sous le nom de concession de Lavergne; 3° et du matériel, mobilier, immeubles accessoires de ces concessions;

2° La vente des charbons provenant de l'exploitation desdites concessions;

3° Enfin, tout ce qui peut se rattacher à l'exploitation et à la vente des produits de ces mines.

Siège social. — Cransac (Aveyron). *Siège administratif.* — A Paris, boulevard Saint-Martin, 11.

Durée. — A compter du 1er mars 1862. La Société ne finira qu'avec l'épuisement des mines exploitées.

Capital social. — 4.500.000 francs, divisés en 4.500 parts d'intérêt de 1 000 francs chacune, au porteur, entièrement libérées, émises au pair, qui ont été réparties ainsi :

1.700 ont été échangées contre pareil nombre d'actions de la Compagnie des mines du Mazel.

1.800 ont été émises au pair.

Et 1.000 restent à émettre.

Les intérêts et dividendes sont payables après fixation par l'Assemblée générale.

Conseil d'administration. — De sept à dix membres, nommés pour trois ans, renouvelables par tiers tous les ans, devant être propriétaires chacun de 50 actions inaliénables pendant la durée de leurs fonctions, qui est de neuf ans.

Conseil de surveillance, de trois membres, chargés de vérifier les comptes sociaux.

Assemblée générale. — En mai, composée des porteurs de 10 actions, qui les ont déposées dix jours au moins avant la date de la réunion. Chaque actionnaire a autant de voix qu'il possède de fois dix actions, sans que personne puisse avoir plus de dix voix, en son nom personnel, ni plus de vingt, tant en son propre nom que comme mandataire.

Répartition des bénéfices d'après les statuts. — Il est opéré sur les bénéfices nets de toutes les charges sociales, et après l'intérêt de 5 0/0 distribué aux actionnaires, un prélèvement destiné à constituer un fonds de réserve. L'assemblée générale peut décider que le fonds de réserve sera employé à l'amortissement des actions, au moyen d'un tirage au sort. Les actions désignées par le sort seront remboursées à 1.000 fr. et remplacées par des actions de jouissance.

Dividendes distribués. — Ils ont été dans ces dernières années :

1884.	35 »		1889.	rien	
1885.	30 90		1890.	rien	
1886.	20 »		1891.	33 333	
1887.	20 »		1892.	42 708	
1888.	rien				

Résultats du dernier exercice (1894-95). — Les actionnaires se sont réunis, le 27 mai 1895, en Assemblée générale ordinaire et extraordinaire.

Il résulte du compte profits et pertes communiqué à la première des deux assemblées, que les bénéfices de l'exercice 1894 se sont élevés à 171.571 fr. 83, présentant une diminution de 17.975 fr. 46 sur ceux de l'exercice 1893.

Ces bénéfices ont été ainsi répartis :

1° Aux actionaires, un divivende brut par action de 43 fr. 125, soit 150.937 50

2° Le solde dudit compte a été réparti comme suit: 10 0/0 du dividende à la réserve de prévision 15.093 75

Reliquat à porter en amortissement du compte travaux extraordinaires 5.540 58

Total égal. 171.571 83

A l'Assemblée générale extraordinaire, il a été décidé que les 1.000 actions restées à la souche et réservées pour une émission ultérieure ne seront pas émises et seront annulées par les soins du Conseil d'administration qui en dressera procès-verbal. En conséquence, le capital social est réduit à 3.500.000 francs divisés en 3.500 actions de 1.000 francs chacune.

L'Assemblée, usant du bénéfice des stipulations contenues en l'article 48 de ses statuts et de la loi du 1er août 1893, a décidé que la Société civile, existant actuellement sous la forme anonyme, est, dès à présent, transformée en Société anonyme, soumise aux lois des 24 juillet 1867 et 1er juillet 1893.

HOUILLÈRES DE SAINT-ETIENNE

Constitution. — Société anonyme, constituée le 10 octobre 1854.

Objet d'après les statuts. — 1° Exploitation des mines de houille comprises dans les concessions dites de la Roche, de Méons, de Treuil, de Bérard, de Chaney, de Côte-Thiollière et de Terre-Noire, dépendant du bassin de Saint-Etienne (Loire) ;

2° Vente des produits desdites mines ;

3° Exploitation des entreprises se rattachant aux mines ci-dessus dénommées.

Siège social. — A Lyon, rue de la République, 45.

Durée. — 99 ans, à compter du décret d'autorisation, soit du 17 octobre 1854 au 17 octobre 1953.

Capital social. — Le fonds social, composé des droits mobiliers et immobiliers de la Société, est divisé en 80.000 actions au porteur entièrement libérées, représentant 1/80.000ᵉ de l'avoir social.

Le dividende se paye les 16 octobre (acompte) et 16 avril (solde).

Conseil d'administration. — De neuf membres, devant être propriétaires chacun de cent actions inaliénables pendant la durée de leurs fonctions.

Les administrateurs actuels sont : MM. Thiollière de l'Isle, président; Douvreleur, vice-président; Bethenod, P. Messimy, F. de la Rochette, E. Voilquin, L. Souchon, E. Cottet, A. Basset.

Assemblée générale. — A Lyon, en mars, composée des propriétaires de vingt-cinq actions au moins, qui les ont déposées cinq jours au moins avant celui de la réunion. Vingt-cinq actions donnent droit à une voix, sans qu'aucun actionnaire puisse avoir plus de dix voix, soit en son nom, soit comme mandataire.

Répartition des bénéfices d'après les statuts. — Sur les bénéfices nets, il est prélevé annuellement une somme, qui ne peut être inférieure au quinzième desdits bénéfices, pour constituer un fonds de réserve et de prévoyance, jusqu'à ce que ce fonds ait atteint 500.000 francs.

Le surplus est réparti aux actionnaires à titre de dividende.

Dividendes distribués. — Voici ceux des dernières années :

1884.	17 »		1888.	17 »
1885.	17 »		1889.	8 »
1886.	17 »		1890.	12 »
1887.	17 »		1891.	12 »

Résultats du dernier exercice (1894-1895). — Le 30 mars dernier, a eu lieu l'assemblée générale annuelle.

Les produits bruts de l'exercice 1894 ont été de 3.022.902 fr. 27, contre un montant de dépenses de 843.834 fr. 31, ce qui a laissé un bénéfice net de 2.179.067 fr. 96.

Après déduction du montant des travaux neufs de l'année 1894 et divers prélèvements, pour l'amortissement du matériel de l'exploitation et l'amortissement extraordinaire de la dette, il est resté un excédent disponible de 1.819.646 fr. 46 qui a été réparti ainsi qu'il suit :

Réserves portées au fonds de prévoyance.	200.000 »
Dividende de 15 francs par action.	1.200.000 »
Solde à reporter à nouveau.	419.646 86
Somme égale.	1.819.646 86

Les bénéfices de 1894 ont dépassé ceux de 1893 de 201.644 fr. 87.

MINES DE CARMAUX

Constitution. — Société anonyme, constituée le 31 juillet 1873 (ancienne Société en commandite par actions, constituée le 7 mars 1856, sous la dénomination de « *Houillères et chemin de fer de Carmaux à Toulouse*, et la raison sociale », *Mancel père, fils et Cie*. Convertie en Société anonyme le 12 avril 1860, sous la dénomination de : *Compagnie des Mines et Chemin de fer de Carmaux*).

Objet d'après les statuts. — Par un décret du 23 décembre 1865, le chemin de fer de Carmaux à Albi ayant été incorporé définitivement au réseau de la Compagnie des chemins de fer du Midi et du canal latéral à la Garonne, la Société n'a plus pour objet que :
1° L'exploitation des mines de houille de Carmaux, de forêts et autres immeubles.
2° Et généralement tout ce qui se rattache à l'exploitation des mines, forêts et immeubles.
Le tout situé dans les arrondissements d'Albi et de Gaillac (Tarn) et de Rodez (Aveyron).

Siège social. — Paris, rue Pasquier, 35.

Durée. — La Société durera jusqu'au 4 mars 1956.

Capital social. — Le fonds social, composé des mines, forêts et immeubles de la Société et d'une somme de 1.500.000 francs, montant du fonds de roulement, est représenté par 23.200 actions au porteur, entièrement libérées, donnant droit chacune à 1/23.200e de l'actif social.
Les intérêts et dividendes se payent les 1er novembre (acompte) et 1er mai (solde).

Conseil d'administration. — De huit membres, devant être propriétaires chacun de 100 actions inaliénables pendant la durée de leurs fonctions.
Les administrateurs actuels sont: MM. baron René Reille, *président* ; J. Gautier, *vice-président* ; Cibiel, E. Dupont, baron de Gaujac, comte de Narois, Emile Pereire, marquis de Solages.

Assemblée générale. — En mai, composée de trente personnes au moins, propriétaires chacune de dix actions. Les actionnaires doivent déposer leurs titres cinq jours au moins avant la réunion. Dix actions donnent droit à une voix sans qu'un actionnaire puisse avoir plus de dix voix, soit comme actionnaire, soit comme mandataire.

Répartition des bénéfices d'après les statuts. — Sur les bénéfices nets, il est prélevé une retenue, pour constituer un fonds de réserve, qui ne pourra être inférieure à 3 0/0 ; ce prélèvement pouvant être suspendu lorsque le fonds atteint 1 million.

Le surplus est réparti entre toutes les actions.

MINES DE LA GRAND'COMBE

Constitution. — Société anonyme, constituée le 18 septembre 1855. Transformation de l'ancienne Société en commandite : *Talabot frères, Veaute, Abric, Mourier, Fraissinet et Roux, Luce, Ricard, Thérond, Delort et Fournier frères*, et *Mines de la Grand'Combe et chemins de fer du Gard*. Étant expliqué qu'au moment de sa transformation, la Société était restreinte à l'exploitation des mines de la Grand'Combe, par suite de la cession par elle faite à la Compagnie du chemin de fer de Lyon à Avignon, des chemins de fer dont elle était concessionnaire dans le département du Gard, en vertu d'une convention ratifiée par la loi du 8 juillet 1852. Par un traité du 7 juin 1876, approuvé par décret du 4 août 1877, la Compagnie des mines de la Grand'Combe a fusionné avec la Société anonyme des mines de Trets. En échange de l'apport des mines de lignite, dont elle était concessionnaire dans le département des Bouches-du-Rhône, ainsi que de tout son actif, la Compagnie de Trets a reçu 1.500 actions nouvelles de la Grand'Combe, que cette Compagnie s'était engagée à créer, et qui ont été délivrées aux ayant droits.

Objet d'après les statuts. — 1° Exploitation des mines de houille comprises dans les concessions de la Grand'Combe et de ses dépendances, de Trescol et Pluzor, de la Levade, de la Trouche, de Champclauson, de l'Affenadou, de Saint-Jean-de-Valeriscle, département du Gard, arrondissement d'Alais, telles qu'elles ont été instituées, confirmées et délimitées par les décrets du 12 novembre 1809 et par les ordonnances royales des 29 novembre 1815, 7 mai et 17 septembre 1817 ;

2° Exploitation des mines de fer de Trescol, de la Trouche, de Champclauson, de l'Affenadou, de Trouillas et de Blaunaves, même arrondissement ;

3° Exploitation de la mine de lignite comprise dans la concession de Trets, telle qu'elle a été instituée, confirmée et délimitée par le décret du 1er juillet 1809 ;

4° Toutes opérations industrielles et commerciales, se rattachant aux dites mines.

Siège social. — Paris, rue Laffitte, 17.

Durée. — 50 ans, à compter du décret approbatif des statuts, soit du 3 octobre 1855 au 3 octobre 1905.

Capital social. — Le fonds social se compose des six concessions de mines de fer et de la concession de lignite de Trets, du matériel d'exploitation, terrains, bâtiments, etc., appartenant à la Compagnie, et d'une somme de 636.000 francs, destinée à servir de fonds de roulement et devant toujours être représentée par des valeurs mobilières immédiatement réalisables. Ce fonds social est divisé en 25.500 actions ou parts, ayant droit chacune à 1/25.500e de toutes les valeurs composant le fonds social et des bénéfices nets de l'entreprise. 24.000 parts ont été attribuées aux porteurs des actions de l'ancienne Société en commandite de la Grand'Combe et 1,500 ont été créées en 1878, par suite de la fusion avec la Compagnie des mines de Trets, et appartiennent à la liquidation de cette dernière Compagnie.

Les intérêts et dividendes sont payables les 15 juin (acompte) et 15 décembre (solde).

Conseil d'administration. — De douze membres, devant être propriétaires chacun de 40 actions inaliénables pendant la durée de leurs fonctions.

Comité de cinq membres, établi à Nîmes ou à Marseille.

Les administrateurs actuels sont MM. Daubrée, président ; Delaville le Roulx ; vice-président; Em. Abric, Fournier, Guibal, G. Luce, baron Edmond de Rotschild, Tambour, Conrad de Witt, Edmond Moreau.

Assemblée générale. — A Paris en avril, composée de tous les propriétaires de vingt actions au moins, devant être déposées quinze jours au moins avant l'époque fixée pour la réunion, Vingt actions donnent droit à une voix, sans que le même actionnaire puisse réunir plus de dix voix, soit par lui-même, soit comme mandataire.

Répartition des bénéfices d'après les statuts. — Sur les bénéfices nets des charges, telles que dépenses d'exploitation, intérêt et amortissement des emprunts, il est prélevé annuellement une retenue, destinée à constituer un fonds de réserve, et dont la quotité ne pourra être inférieure à 5 0/0 ni excéder 10 0/0 des bénéfices.

Résultats du dernier exercice (1894-1895). — Les actionnaires de cette Société se sont réunis, en assemblées générales ordinaire et extraordinaire le 27 avril 1895.

La production de l'exercice 1894 s'est élevée à 869.000 tonnes de houille et 37.627 tonnes de lignite, soit ensemble 906.627 tonnes, présentant une augmentation de 11.680 tonnes sur 1893.

Les ventes se sont élevées à 831.966 tonnes, en diminution de 16.953 tonnes. Le ralentissement des ventes est dû à plusieurs causes principales. Tout d'abord, le malaise général de l'industrie et principalement de celle des produits chimiques. En second lieu, la surproduction du combustible, non seulement à l'étranger, mais dans le nord de la France. Enfin, l'abaissement des frêts d'Angleterre qui permettent aux charbons anglais d'arriver facilement à Marseille et en Algérie.

On a continué les travaux de premier établissement commencés l'an dernier. Ils ont été effectués principalement au puits n° 2 de la Fontaine et au puits des Oules.

Le bénéfice disponible de 1894, y compris le solde reporté de 6.678 fr. 68, s'élève à fr. 1.737.983 32

Il a été réparti comme suit :
60 francs par action, net de l'impôt de 4 0/0 sur le revenu. fr. 1.593.750 »
Provision pour travaux neufs. . . . . fr. 100.000 »
Solde reporté à nouveau. . . . . fr. 44.233 32
  Total. . . . . . fr. 1.737.983 32

L'assemblée extraordinaire a décidé la transformation de la Compagnie en Société anonyme, dans les termes de la loi du 24 juillet 1867, modifiée par la loi du 1er août 1893. Elle a donné tous pouvoirs au Conseil d'administration à l'effet de poursuivre, auprès du gouvernement, l'autorisation d'opérer cette transformation. En outre, l'assemblée a approuvé les nouveaux statuts, qui n'auront leur entier effet qu'après le décret d'autorisation.

CHARBONNAGES DE KÉBAO

Constitution. — Société anonyme, constituée le 5 février 1889.

Objet d'après les statuts. — L'exploitation minière et industrielle de l'île de Kébao (Tonkin), d'une superficie d'environ 25.000 hectares avec les rochers et îlots situés à deux kilomètres au dessous de cette île, à l'exception de l'île de la Madeleine, concédée à M. Dupuis en 1888, lequel en a fait apport à la Société.

Siège social. — A Paris, avenue de l'Opéra, 19.

Durée. — 99 ans, à compter de la constitution définitive, soit du 5 février 1889 au 5 février 1988.

Capital social. — Le capital social a été fixé, à l'origine, à 2.500.000 francs divisés en 5.000 actions de 500 francs, sur lesquelles 800 ont été attribuées entièrement libérées à M. Jean Dupuis, fondateur, en représentation de ses apports, énoncés aux statuts, et ce, indépendamment d'une somme de 100.000 francs en espèces et du droit à 50 0/0 des bénéfices nets après les prélèvements stipulés à l'article 42 des statuts. Sur ces 800 actions, 200 devaient rester en la possession de la Société pendant une durée de dix années au moins. Les 4.200 actions de surplus ont été souscrites en espèces et au pair. Le capital social a été successivement élevé : De 2.500.000 francs à 4 millions, par décisions des assemblées générales des 17 mai et 30 juillet 1892, au moyen de la création de 3.000 actions nouvelles de 500 francs, souscrites en espèces et au pair; et de 4 millions à 6 millions, par décisions des assemblées générales des 27 juin et 1er août 1893, au moyen de la création de 4.000 actions nouvelles de 500 francs, souscrites en espèces et au pair.

Le capital social est donc actuellement de 6 millions, divisé en 12.000 actions de 500 francs émises au pair, entièrement libérées et au porteur.

En représentation des 50 0/0 des bénéfices nets attribués à M. Jean Dupuis, fondateur, ainsi qu'il a été dit précédemment, il a été créé 5.000 *parts de fondateur* au porteur, n'ayant d'autre droit que la part susindiquée dans lesdits bénéfices nets, sans aucun droit d'immixtion dans les affaires sociales.

Les intérêts et dividendes sont payables aux époques fixées par le Conseil d'administration.

Conseil d'administration. — De sept à neuf membres, nommés pour six ans, renouvelables par sixième chaque année, devant être Français et propriétaires chacun de 50 actions au moins, inaliénables pendant la durée de leurs fonctions.

Assemblée générale. — Dans le courant du premier semestre, composée des actionnaires possédant au moins 40 actions et les ayant déposées quinze jours au moins avant la date de la réunion. Chacun d'eux a autant de voix qu'il possède de fois 10 actions, sans que le nombre de voix qu'il réunira, soit par lui-même, soit comme mandataire, puisse dépasser vingt.

Répartition des bénéfices d'après les statuts. — Sur les bénéfices annuels nets des charges, il est prélevé :

1° 5 0/0 pour le fonds de réserve légale, jusqu'à ce que ce fonds atteigne le dixième du capital social ;

2° Une somme suffisante pour assurer l'amortissement du capital social en 40 années, du jour de la constitution de la Société ;

3° Une somme suffisante pour fournir aux actions non amorties 6 0/0 sur le capital versé, sans que, si les bénéfices d'une année ne permettent ce payement, les actionnaires puissent le réclamer sur les bénéfices des années subséquentes.

Sur le surplus des bénéfices, il est attribué :

50 0/0 au fondateur à distribuer aux 5.000 parts de fondateurs dont il a été parlé plus haut, à raison de 1/5.000° par part.

Le solde est réparti, savoir :

90 0/0 à titre de dividende aux actions amorties ou non amorties.

Et 10 0/0 au Conseil d'administration.

L'amortissement des actions s'effectuera chaque année, par un tirage au sort, aux époques et suivant les formes déterminées par le Conseil d'administration. Les actions désignées par le sort seront remboursées du capital versé, et seront échangées contre des actions de jouissance. L'amortissement n'a pas encore fonctionné.

ANTHRACITES DU PAYS DE GALLES

Constitution. — Société anonyme française, constituée le 5 janvier 1893.

Objet d'après les statuts. — 1° Comme objet principal, le commerce des charbons ;

2° L'exploitation des couches d'anthracite contenues dans les concessions houillères connues sous le nom de Caerbryn-Colliery et situées dans la paroisse de Llandebie, comté de Carmarthen, pays de Galles (Angleterre) ;

3° L'exploitation des couches d'anthracite contenues dans les concessions houillères connues sous le nom de « International Colliery » et situées dans la paroisse de Ystradgunlais, comté de Brécon, pays de Galles (Angleterre) ;

4° L'acquisition contre espèces, au comptant ou à terme, ou par voie d'apport ou d'échange ; la location, l'obtention, la mise en valeur ou l'exploitation de propriétés ou concessions nouvelles, ou de toutes autres mines de charbon ou d'anthracite, soit pour son compte, soit pour compte de tiers, soit par association avec des tiers en tout pays ;

5° La vente, l'échange, l'apport ou la fusion, sous quelque forme que ce soit, des propriétés, concessions ou mines mentionnées aux paragraphes 2 et 3 ci-dessus ;

6° La fabrication du coke, des briquettes ou de tous autres produits agglomérés ;

7° L'acquisition, la vente et le commerce de tous charbons ou anthracites, de quelque façon ou sous quelque forme que ce soit ;

8° La vente en tous pays, à terme ou au comptant, ferme ou à commission, de tous les produits de son exploitation ou de tous ceux qu'elle pourrait avoir à réaliser pour son compte ou pour compte de tiers, à quelque titre que ce soit.

Siège social. — A Paris, rue de Provence, 8.

Durée. — 30 ans, du 5 janvier 1893 au 5 janvier 1923.

Capital social. — 2.700.000 francs, divisés en 5.400 actions de 500 francs, émises au pair, entièrement libérées et au porteur, dont 5.348 ont été attribuées, entièrement libérées, à M. Simpson, fondateur, en représentation de ses apports.

Les 52 actions de surplus ont été souscrites en espèces.

Conseil d'administration. — De trois à neuf membres, nommés pour six ans, devant être propriétaires chacun d'au moins dix actions inaliénables pendant la durée de leurs fonctions.

Assemblée générale. — Dans le premier semestre au plus tard, composée des propriétaires d'au moins cinq actions, les ayant déposées cinq jours avant la date de la réunion. Chaque actionnaire a autant de voix qu'il possède de fois cinq actions, sans qu'aucun puisse avoir plus de cinquante voix, soit en son nom, soit comme mandataire.

Répartition des bénéfices d'après les statuts. — Sur les bénéfices nets, il sera prélevé :

5 0/0 au moins pour le fonds de réserve légale, jusqu'à ce qu'il atteigne le dixième du capital social.

Le surplus est réparti comme suit :
15 0/0 au Conseil d'administration ;
85 0/0 aux actionnaires.

L'assemblée peut, à toute époque et avant toute répartition, faire les prélèvements qu'elle jugera convenables, soit pour rembourser les emprunts par anticipation, soit pour constituer un fonds d'amortissement, de réserve extraordinaire ou de prévoyance.

Obligations 5 0/0. — 1.837 obligations de 500 francs 5 0/0, libérées et au porteur, faisant partie d'une émission de 2.187 obligations, autorisée par l'assemblée générale du 5 janvier 1893. Emises à 450 francs. Remboursables à 500 francs, de 1894 à 1923, par tirages au sort annuels. Intérêt annuel : 25 francs, payables par moitié, les 1er mai et 1er novembre de chaque année.

COMPAGNIES MÉTALLURGIQUES

COMPAGNIES MÉTALLURGIQUES

COMPAGNIE POUR LA FABRICATION DES COMPTEURS ET MATÉRIEL D'USINES A GAZ

Constitution. — Constituée, au mois de février 1879, sous la forme de Société en commandite par actions. (Elle avait alors pour raison sociale M. Nicolas, G. Chamus, Foiret et Cie). Le 27 août 1881, transformée en Société anonyme.

Objet d'après les statuts. — Fabrication et vente des compteurs à eau, appareils et matériel d'usines, comme aussi de tous les autres appareils servant à l'éclairage par le gaz et l'électricité, des compteurs à eau, appareils hydrauliques et industriels s'y rattachant.

Succursales. — Elle a des succursales à Lyon, Lille, Marseille, Saint-Etienne, Milan, Leipzig, Bruxelles, Dordrecht, Genève, Barcelone, Strasbourg et Rome.

Durée de la Société. — Fixée d'abord à trente ans, du 28 avril 1879 au 28 avril 1909, a été prorogée par décision de l'assemblée générale du 31 mai 1888, jusqu'à la date du 1er mai 1939.

Capital social. — Le capital social, originaire de la Société en commandite de 1879, avait été fixé à 860.000 francs et divisé en 1.720 actions de 500 francs, dont 400 avaient été souscrites en espèces et au pair et 1.320 attribuées, entièrement libérées, à MM. Nicolas, Charron et Foiret, fondateurs, en représentation de leurs apports.

Les assemblées générales des 15 juin 1880, 31 mars 1881, 16 juillet et août 1881, 9 et 31 mai 1888, ont successivement élevé ce capital à 1.100.000 francs, à 1.700.000 francs, à 4 millions, et, enfin, à 7 millions, — par suite des apports faits à la Société, des établissements de Bruxelles et de Lille, par MM. Dejaifre et Mignot, — de ceux de Marseille, Leipzig,

Milan, Genève et Barcelone par la Société Siry, Lizars et Cie, — de l'acquisition de la maison Michel en 1888, — et enfin de la création de nouvelles actions, attribuées à MM. Nicolas, Charron, Foiret, E. Siry et Lizars, en remplacement des parts de fondateurs qui leur avaient été attribuées primitivement et qui ont été annulées.

Le capital social est donc actuellement de 7 millions, divisés en 14.000 actions de 500 francs, entièrement libérées et au porteur.

Conseil d'administration. — Le Conseil d'administration se compose de sept à quinze membres, nommés pour trois ans, renouvelables par quart chaque année, devant être propriétaires chacun de quarante actions inaliénables pendant toute la durée de leurs fonctions.

Répartition des bénéfices d'après les statuts. — Sur les bénéfices annuels, nets de toutes charges, il est prélevé : 1° 5 0/0 pour former un fonds de réserve et ce jusqu'à ce que cette réserve atteigne le dixième du capital social ; — 2° 5 0/0 du fond social pour être payés aux actionnaires à titre d'intérêts. Le surplus des bénéfices est réparti, savoir :

20 0/0 à un fonds de prévoyance dont l'importance ne pourra dépasser le cinquième du capital social. — 10 0/0 aux administrateurs et 70 0/0 mis à la disposition de l'Assemblée générale, qui statue sur leur répartition.

SOCIÉTÉ DES FORGES ET ACIÉRIES DU DONETZ

Constitution. — Constituée suivant statuts approuvés par S. M. l'empereur de Russie, le 5 juillet 1891.

Objet d'après les statuts. — Elle a pour objet la construction dans le sud de la Russie d'une fonderie, de forges, d'aciéries, ainsi que d'une fabrique de machines à Constantinowka dans le gouvernement de Catherinoslaw (Russie), d'acquérir et d'exploiter des mines de houille, de minerai de fer, de manganèse et autres minerais, des gisements de pierre calcaire, de dolomies et d'autres matières réfractaires.

Siège social. — Droujkowka.

Capital social. — La Société a d'abord été formée au capital de 1.500.000 roubles or (66 millions de francs), sous les auspices de la Huta-Bankowa. Ce capital a été élevé, par l'Assemblée du 23 février/7 mars 1894 à 2.500.000 roubles or (10 millions de francs), par l'émission nouvelle de 8.000 actions de 125 roubles or (500 francs). Les résolutions votées par l'Assemblée du 23 février/7 mars 1894, ont été approuvées par le ministre des finances et sanctionnées par S. M. l'empereur de Russie en date du 15/27 mars 1894. Ces actions nouvelles, placées au taux de 650 francs, ont permis à la Société de se constituer tout d'abord une réserve de 1.200.000 francs. Elles ont été réparties entre les propriétaires d'actions anciennes, à raison de deux titres nouveaux pour trois titres anciens ; la Huta-Bankowa, qui possédait en portefeuille 6.372 actions anciennes, à souscrit, par conséquent, 4.248 nouvelles. Sur 20.000 titres formant le capital social des *Aciéries du Donetz*, la Huta-Bankowa en possède donc 10.620.

Année sociale. — Du 1ᵉʳ juin au 1ᵉʳ juillet (modification de l'Assemblée du 23 février 1894 qui a décidé que l'exercice 1893-94 serait clos le 31 mai 1895 et compterait 17 mois à partir du 31 décembre 1893).

Assemblée générale. — A lieu tous les ans, au plus tard en octobre.

La dernière Assemblée du 27 février 1894, où a été votée l'augmentation du capital a également autorisé le Conseil à emprunter les sommes qu'il pourrait croire utiles au besoin du moment. Lorsque le Conseil d'administration a sollicité cette autorisation, il avait déclaré, qu'il estimait que l'augmentation de capital lui fournirait les ressources suffisantes à l'installation complète des nouveaux ateliers. L'augmentation de capital à 2.500.000 roubles or n'a pas, contrairement aux prévisions du Conseil, suffit pour les dépenses de premier établissement. Les Forges et Aciéries du Donetz ont dû se faire faire des avances importantes par Huta-Bankowa, ainsi que nous le disons plus loin.

Conseil d'administration. — Direction. — La gestion des affaires sociales est confiée à une direction composée de sept membres, élus pour 3 années. L'Assemblée élit également deux candidats, chargés de suppléer les directeurs en cas d'absence Le Conseil actuel se compose de MM. Edouard Pasteur, *président ;* Gamille Astier, Jean Bonnardel, Gabriel Chanove, L. Mzvchowski, Zwolinski, Eugène Verdie. Les administrateurs suppléants sont MM. Louis Bessel et Benoît Oriol. La direction des usines est confiée à M. Latinis, ingénieur.

Dividendes distribués — Jusqu'ici 5 0/0 seulement d'intérêt sur le capital souscrit.

Résultats du dernier exercice. — Voici les comptes arrêtés au 31 décembre 1892 et au 31 décembre 1893. Il n'est pas inutile de faire remarquer qu'à l'époque où ces bilans ont été dressés, les usines n'étaient pas en activité. Les bilans ci-dessous ne sont donc que des bilans d'attente.

Actif

	31 décembre 1892	31 décembre 1893
	ROUBLES	ROUBLES
Versement à effectuer sur actions	750.000 »	» »
Immeubles et premier établissement	302.303 20	1.066.271 12
Mobilier, matériel	8.346 11	81.424 55
Magasin d'approvisionnement	4.543 06	123.118 32
Caisse de Droujkowka	2.409 77	13.683 38
Banquiers	373.846 29	37.427 01
Valeurs de portefeuille	18.399 07	18.399 07
Débiteurs	2.925 35	134.854 29
Fournisseurs	5.741 59	15.427 18
Profits et pertes 1892	37.511 93	37.511 93
— — 1893	» »	88.126 45
	1.506.116 37	1.616.243 30

Passif

Fonds social	1.500.000 »	1.500.000 »
Créanciers divers	6.116 37	110.722 99
Main-d'œuvre à payer	» »	5.520 31
	1.506.116 37	1.616.243 30

COMPTE DE PROFITS ET PERTES

Débit

Frais d'administration	28.326 72	98.759 92
— d'entretien	1.814 30	12.003 09
Perte au change	12.797 54	» »
	42.938 56	110.763 01
A déduire	5.426 63	22.636 56
Solde débiteur	37.511 93	88.126 45

Crédit

Bénéfice sur intérêts	1.266 42	3.597 92
Revenus divers	3.847 71	3.657 27
Erreur	312 50	» »
Change	» »	15.381 37
	5.426 63	22.636 56

Pour nous rendre compte de la situation, nous trouvons quelques renseignements dans le rapport du Conseil d'administration de la Société des Forges et Aciéries de Huta-Bankowa, présenté aux actionnaires de cette Société, à l'Assemblée générale ordinaire du 28 novembre 1894. Le haut fourneau, d'après ce rapport, a été terminé et mis à feu au printemps dernier. Il donne de bons résultats : la fonte est de bonne qualité et se vend facilement. Le grand hall, qui doit abriter les aciéries et le train à rails, est encore en construction. Le gros œuvre est terminé et l'on espère pouvoir couvrir le bâtiment avant l'apparition des neiges. La Société a reçu une importante commande, pour la bonne exécution de laquelle Huta-Bankowa a dû donner sa garantie. En retour de cette charge, qui lui a été imposée par l'administration des chemins de fer russes, une commission a été stipulée en faveur de Huta-Bankowa. Comme nous l'avons dit, l'augmentation du capital de la Société du Donetz n'a pas suffi à ses dépenses de premier établissement, elle a dû se faire faire des avances importantes par Huta-Bankowa. Une partie de ces avances, celle qui représente les intérêts servis pendant deux ans au capital, ne sera remboursable que sur les bénéfices et seulement après que les actions auront reçu un premier dividende de 5 0/0. D'où il suit que l'ère proprement dite des dividendes ne paraît pas encore proche.

ALPINE

(SOCIÉTÉ MINIÈRE DES ALPES AUTRICHIENNES)

Depuis la chute de l'Union Générale, soit depuis dix ans environ, l'affaire des Alpines fait partie du groupe des valeurs placées sous l'influence de la Banque des Pays autrichiens. Il est peu de titres dont les cours aient été aussi mouvementés.

Constitution. — Constituée en 1881 et autorisée par décret impérial du 11 juillet 1887, l'Alpine avait pour but de fusionner et exploiter les mines de fer et de houille, situées dans les Alpes Autrichiennes.

Siège social. — Vienne.

Capital social. — Le capital social est de 30 millions de florins.

Huit Sociétés furent fusionnées par l'Alpine et reçurent le nombre d'actions que voici :

Huttenberg.	600.000	actions
Vordenberg	30.000	—
Steirische.	4.000	—
Neuberg	32.000	—
Egydi et Kindberg	22.000	—
Inneberg.	101.250	—
Grazer	6.650	—
Ebiswald.	6.000	—
	251.900	actions

Ce qui représentait un capital nominal de 26.190.000 florins.

En outre l'Alpine prenait en charge les obligations émises par les intéressés et leurs dettes hypothécaires :

	Obligations	Dettes hypothécaires
	Florins	Florins
Inneberg.	9.200.000	1.250.000
Huttenberg	1.430.000	2.946.000
Vordenberg	2.830.000	332.000
Innerberg.	2.700.000	»
Neuberg	1.350.000	4.850.000
	17.800.000	9.598.000

De sorte que, dès le début seulement, les capitaux engagés, par le fait de cette manière d'agir, atteignirent un total de 53.588.000 florins.

Mais ce n'est pas tout. Pour fusionner toutes les mines, il fallait encore acquérir celles du chevalier de Friedeneau. Celles-là, la Société se les annexa au cours de 1882, et l'Union et l'I. R. P. remirent à l'ancien propriétaire 38.100 actions, formant le solde du capital social. En outre, et comme dans les opérations précédentes, l'Alpine assuma la

charge de la dette de M. de Friedeneau. Ce passif comportait une obligation hypothécaire, au profit de la Caisse d'épargne de Vienne, de . . . . Fl.   4.764.523
Et pour une dette flottante de. 447.581

                                                                  5.212.104

Observations. — En résumé, le début de l'Alpine s'accomplit au milieu des circonstances les plus défavorables à son développement. D'une part, son créateur, entraîné dans l'écroulement de son œuvre la plus chère, s'évanouissait avec elle. L'Alpine restait ainsi livrée à elle-même, au moment où elle avait besoin d'une direction forte et où, à peine née, elle avait à affronter les difficultés graves qui s'amoncelaient à l'horizon de l'industrie métallurgique.

De l'autre, sans fonds de roulement, avec un passif exigible que les arrangements, pris avec la Banque I. R. P. des Pays Autrichiens à la suite du krack, établissaient à près de 10 millions, la Société avait immobilisé son capital entier et pris en charge une dette — obligations, flottante ou hypothécaire, dont le total inscrit en 1882 dépassait 42 millions de florins. Cela ne pouvait évidemment marcher et ne marcha pas.

On a annoncé dernièrement que le Conseil d'administration de la Société minière et métallurgique des Alpes autrichiennes étudiait un projet de réformes ayant pour objet de consolider la situation financière de cette Société. Ce n'est pas la première fois qu'on aura essayé — pour nous servir d'une expression familière aux Viennois — d'*assainir* la situation de la Compagnie. Une première fois, on a réduit le capital nominal des actions qui était de 200 florins à 120 florins, puis à 100 florins, en émettant une nouvelle série d'actions, de telle sorte que le capital est resté toujours de 30 millions de florins. Il n'y a que le nombre des actions qui de 150.000 s'est augmenté à 300.000.

En 1890, on a *assaini*, pour la seconde fois, la situation, par la création d'un emprunt de priorité or (émission de 1890), du montant de 9.770.000 florins. Le Conseil d'administration avait affirmé, de la façon la plus formelle, qu'au moyen de cette émission, la Société serait désormais complètement à flot. En fait, la création de l'emprunt or de 1890 a eu pour seul résultat de permettre au banquier de la Société de mobiliser sa créance. En effet, ces obligations ont été remises à la Banque des Pays Autrichiens, qui les a réalisées à son profit. Il est vrai que cette banque, mise en goût par le bénéfice considérable qu'elle a retiré de cette opération, a consenti depuis 1890 de nouvelles avances, qui figurent au passif social du 31 décembre 1892 pour 8.767.679 fl. 41 kr.

C'est dire que l'Alpine se trouve aujourd'hui exactement dans la même situation qu'avant 1890, avec cette différence qu'elle a émis un emprunt or 5 0/0 de 9.770.000 florins. On peut donc dire que, depuis dix ans, l'Alpine n'a vécu que de réductions de son capital et d'emprunts successifs.

Une situation pareille ne saurait se prolonger indéfiniment, d'abord parce que le crédit de la Société s'épuise, puis ensuite parce que les charges augmentent et qu'il est impossible d'y faire face avec les produits des entreprises sociales.

Il y a quelques mois, on avait proposé l'augmentation du capital social par la création de 50.000 actions de 100 florins. Mais les actions étant cotées à Vienne 45 à 50 florins, cette émission, en supposant qu'elle eût pu réussir, n'eût produit qu'une somme de 2.000.000 à 2.500.000 florins.

Actuellement, on a reconnu que cette émission était impossible et le

Conseil a tourné ses regards d'un autre côté. Il veut réaliser une partie des usines et diminuer avec le produit les dettes de la Société.

Ce moyen de renflouer la Société est encore plus dangereux que le précédent. Il est évident pour tout le monde que la Société ne pourra vendre que celles de ses usines qui donnent réellement des profits. Il ne restera plus que des établissements improductifs dont le produit sera insuffisant pour faire face aux dettes qui existeront encore.

Le moyen proposé pour régler la situation financière de la Société nous paraît impraticable ou irréalisable, car il favoriserait certaines créances au détriment d'autres, ce que les lois autrichiennes interdisent avec autant de sévérité que la loi française. La Société n'a qu'un moyen de remettre ses affaires en état, c'est une suspension provisoire du service de ses dettes. Ces dernières sont véritablement écrasantes. En voici le relevé au 31 décembre 1892 :

Dette hypothécaire à la Société Hüllenberg	2.270.192 35
Dette hypothécaire à la Société Métallurgique de Styrie .	4.095.758 40
Dette hypothécaire à la Société Métallurgique de Styrie, en or	1.139.000 »
Dette hypothécaire à l'Etablissement de Fridan	2.212.076 72
Obligations de priorité or de 1890.	10.942.400 »
Cautionnements.	1.928.452 »
Dettes en comptes courants	8.767.679 41
Ensemble.	31.355.558 88

En apparence cette dette ne paraît pas infliger à la Société une charge trop grande. En effet, dans le compte profits et pertes, elle impute pour intérêts les sommes suivantes :

Pour intérêts.	Florins	1.012.203 92
Commission de banque	»	5.590 84
Annuité des obligations de priorité . .	»	67.200 »
Ensemble	»	1.094.994 76

L'intérêt ressort ainsi à 3.25 0/0, mais il convient de faire remarquer que, de l'aveu même de la Société, elle n'inscrit au compte profits et pertes qu'une partie des charges de la dette. En effet, les sommes que la Société s'est engagée à payer pour amortissement de ses dettes, elle les impute au compte des établissements.

Dividendes distribués. — Depuis quatorze ans qu'elle existe, la Société des Alpes Autrichiennes n'a fait encore que six répartitions à ses actionnaires : 10 francs en 1882, 11 francs en 1883, 5 francs en 1884, 11 francs en 1889, 11 francs en 1890 et 5 francs en 1891.

Résultats du dernier exercice (1894-95). — L'assemblée générale a eu lieu le 18 mai 1895, à Vienne. Les comptes de l'exercice 1894, approuvés par les actionnaires, font ressortir que les bénéfices nets de l'année sociale se sont élevés à 1.459.349 florins, en y comprenant le solde de 135.996 florins reporté de l'année précédente, présentant une augmentation de 202.354 florins sur les bénéfices nets de 1893. En 1892, ils avaient été de 1.629.000 florins; en 1891, de 1.831.631 florins; en 1890, de 2.860.000 florins.

Le rapport du conseil d'administration dit que l'année écoulée ne compte pas dans les bonnes. La demande a été suffisante pendant les six premiers mois pour alimenter la production, mais la concurrence étrangère a influencé les prix. Plusieurs actionnaires ont formulé un certain nombre de propositions, tendant, soit au payement d'un dividende, soit à l'adoption de mesures combinées en vue d'assainir l'entreprise; mais le conseil d'administration a écarté les unes et les autres, et il a été décidé qu'aucun dividende ne serait distribué et que le montant des bénéfices serait affecté à l'amortissement.

COMPAGNIE FRANÇAISE DES MÉTAUX

Constitution. — Société anonyme, constituée le 21 janvier 1892.

Objet d'après les statuts. — 1° D'exploiter les neuf usines métallurgiques de l'ancienne Société industrielle et commerciale des métaux (en liquidation), dont l'apport lui a été fait par la Société dite : Compagnie de reconstitution de la Société des métaux, qui s'en était rendue adjudicataire aux termes d'un procès-verbal d'adjudication du 2 décembre 1891, moyennant le prix de 18.000.050 francs.

D'exploiter tous autres établissements en France ou à l'étranger; d'acheter ou vendre tous minerais, métaux bruts ou façonnés, et en général de faire toutes opérations relatives au traitement et au commerce du cuivre et de ses alliages, ainsi que de tous autres métaux;

2° De créer ou acheter en totalité ou en partie, soit directement, soit en donnant son concours à des tiers, tous établissements métallurgiques et miniers en France et à l'étranger, s'y intéresser et réaliser ses intérêts ainsi engagés;

3° D'acquérir, acheter ou vendre en France et à l'étranger, tous brevets ayant trait à la fabrication métallurgique;

4° Et en général de faire toutes opérations industrielles, commerciales ou financières se rapportant directement ou indirectement aux affaires métallurgiques et minières en France et à l'étranger.

Siège social. — A Paris, rue Volney, 10.

Durée. — 99 ans, du 21 janvier 1892 au 31 janvier 1991.

Capital social. — 25 millions, divisés en 50.000 actions de 500 francs, dont 10.000 ont été souscrites en espèces et au pair, et 40.000 ont été attribuées, entièrement libérées, à la Compagnie de reconstitution de la Société des Métaux, en représentation de l'apport des usines et fonds de commerce de l'ancienne Société industrielle et commerciale des Métaux.

Ensemble 50.000 actions de 500 francs émises au pair, entièrement libérées et au porteur.

Les dividendes sont payables aux époques fixées par le conseil d'administration.

Conseil d'administration. — De neuf à quinze membres nommés pour six ans, devant être propriétaires chacun de 50 actions inaliénables pendant la durée de leurs fonctions.

Assemblée générale. — Dans le courant du deuxième semestre, composée de tous les propriétaires d'au moins vingt actions qui les ont déposées quinze jours au moins avant la date de la réunion.

Chaque actionnaire a autant de voix qu'il possède de fois vingt actions, soit comme propriétaire, soit comme mandataire, sans cependant dépasser cent voix.

Répartition des bénéfices d'après les statuts. — Sur les bénéfices nets de toutes les charges il est prélevé :

5 0/0 pour la réserve légale, jusqu'à ce qu'elle atteigne le dixième du capital social.

Le surplus, après prélèvement de 5 0/0 à servir aux actions, est réparti savoir :

15 0/0 au conseil d'administration.
Et 85 0/0 aux actions à titre de dividende.

Toutefois, sur ces 85 0/0, l'assemblée pourra prélever, avant toute distribution, une somme destinée soit à l'amortissement des actions, soit à l'amortissement anticipé des obligations, soit à la création d'un fonds de prévoyance.

Obligations 4 0/0. — Il y a 43.478 obligations de 500 francs 4 0/0, créées conformément aux pouvoirs transférés par les statuts, par délibération du conseil d'administration prise le 12 avril 1892, émises à 460 francs, libérées et au porteur, remboursables dans un délai maximum de 75 ans à partir de 1893, soit par tirages au sort annuels à la fin de chaque exercice social, lorsque les obligations seront au pair, ou au-dessus, soit par voie de rachat lorsqu'elles seront au-dessous du pair avec faculté réservée à la Société de rembourser, par anticipation, à toute époque, la totalité ou partie desdites obligations. Intérêt annuel : 20 francs, payables par moitié les 1er janvier et 1er juillet de chaque année. Le service de l'intérêt et de l'amortissement des obligations est garanti par une hypothèque prise sur les usines de la Société, en vertu d'un acte d'affectation hypothécaire reçu par Me Dufour, le 21 mai 1892.

ACIÉRIES DE FRANCE

Constitution. — Société anonyme, constituée le 19 février 1881.

Objet d'après les statuts. — Fabrication, achat et commerce de la fonte, du fer, de l'acier et de tous les objets fabriqués avec des métaux ;
Extraction, achat et vente de minerais métalliques, fer plomb et autres, du charbon et du calcaire ;
Fabrication, achat et vente du coke, de la chaux et des produits réfractaires ;
Transports de tous ces produits et tout ce qui se rattache à ces commerces et industries.

Siège social. — Paris, quai de Grenelle, 29.

Etablissements exploités par la Compagnie. — 1° Mines et usines d'Aubin (Aveyron); 2° aciérie d'Isbergues (Pas-de-Calais); forges de Grenelle, à Paris.

Durée. — 99 ans, du 19 juillet 1881, date de la constitution définitive, au 19 juillet 1980.

Capital social. — Fixé primitivement à 8 millions, divisés en 16.000 actions de 500 francs émises au pair, entièrement libérées et au porteur, le capital a été, par décisions des Assemblées générales des 2 décembre 1882 et 16 janvier 1883, porté à 10 millions, par la création de 4.000 actions nouvelles de 500 francs, émises au pair. Au total, 20.000 actions entièrement libérées et au porteur.

Il a été créé en outre 800 *parts de fondateur*, qui ont été attribuées à MM. Eugène et Joseph de Dorlodot, de Marsilly et Léon Renault, fondateurs de la Société. Ces titres (qui peuvent être divisés en vingtièmes en vertu de la décision de l'Assemblée générale du 25 avril 1891) n'ont d'autres droits qu'une part de 20 0/0 dans les bénéfices après les prélèvements de la réserve et de l'intérêt à 5 0/0 des actions, et le droit de souscrire au pair la moitié des actions à émettre en augmentation du capital.

Les intérêts et dividendes sont payables aux époques fixées par le Conseil d'administration.

Conseil d'administration. — De trois à sept membres, devant être propriétaires chacun de cent actions inaliénables pendant la durée de leurs fonctions. Le premier Conseil d'administration restera en fonctions, sans renouvellement, jusqu'à la réunion de l'Assemblée générale de 1887.

Assemblée générale. — Dans le courant des six derniers mois, composée de tous les propriétaires de dix actions, qui les auront déposées dans le délai fixé par l'avis de convocation. Chaque actionnaire a autant de voix qu'il possède de fois dix actions, soit comme actionnaire, soit comme mandataire.

Répartition des bénéfices d'après les statuts. — Sur les bénéfices nets, déduction faite des amortissements de 5 0/0 sur le matériel et et le mobilier, et de 2 0/0 sur les immeubles, il sera prélevé:

1° 5 0/0 pour la réserve légale, ce prélèvement cessant d'être obligatoire lorsque la réserve atteindra le dixième du capital social;

2° Somme suffisante pour payer aux actionnaires un intérêt de 5 0/0, sans qu'en cas d'insuffisance d'une année ils puissent le réclamer sur les bénéfices des années subséquentes.

Le surplus sera attribué:

20 0/0 aux parts de fondateur;
10 0/0 aux administrateurs;
Et le restant aux actionnaires.

Sur ce restant, l'Assemblée pourra en outre prélever une somme destinée à constituer un fonds de prévoyance.

Obligations 4 0/0. — Il existe 10.000 obligations de 500 francs 4 0/0, entièrement libérées et au porteur, remboursables à 500 francs, par tirages au sort semestriels, ayant lieu en décembre et juin, pour le remboursement des titres sortis s'effectuer les 1er janvier et 1er juillet suivant chaque tirage.

Intérêt annuel : 20 francs, payables par moitié les 1ᵉʳ janvier et 1ᵉʳ juillet de chaque année.

Ces obligations comportent deux émissions :

1ʳᵉ Emission de 8.914 obligations créées en vertu d'une délibération de l'Assemblée générale du 25 avril 1891, pour procéder à la conversion ou au remboursement de 8.000 obligations de 500 francs 6 0/0, créées par délibération de l'Assemblée générale du 31 juillet 1882 et toutes remboursées depuis le 1ᵉʳ janvier 1892.

Emises à 470 francs en juillet 1891.

Remboursables en 40 ans, du 2 janvier 1892 au 1ᵉʳ juillet 1931.

2ᵉ Emission de 1.086 obligations autorisée par décision de l'Assemblée générale du 29 octobre 1892, créées par délibération du Conseil d'administration du 26 novembre 1892.

Remboursables en 38 années 1/2, du 1ᵉʳ juillet 1893 au 1ᵉʳ juillet 1931.

LE CREUSOT

Constitution. — Société en commandite par actions, constituée le 21 décembre 1836.

Objet d'après les statuts. — Exploitation des mines de fer et de houille, fabrication des fontes, fers de toutes espèces, aciers, machines et mécaniques, de tous autres produits, tant au Creusot que dans les usines louées, acquises ou construites par MM. Schneider et Cie, le tout, soit par les moyens actuellement employés dans leurs usines, soit par tous autres qui sont ou seront jugés plus convenables, et généralement toutes les opérations qui se rattachent à l'exploitation et au commerce des fers et machines, depuis l'extraction et le traitement des matières premières, jusqu'à la vente des produits plus ou moins avancés de la fabrication, en y comprenant les transports, tant des matières premières destinées à la fabrication que des produits fabriqués et de toutes marchandises en retour.

Siège social. — A Paris, boulevard Malesherbes, 1. — Siège principal : à l'exploitation du Creusot.

Durée. — La durée de la Société, qui devait finir au 30 avril 1903, a été prorogée de 50 ans, à partir du 1ᵉʳ mai 1873, pour prendre fin le 30 avril 1923.

Capital social. — Le capital social, fixé à l'origine, en 1836, à 4 millions divisé en 80 actions de 50.000 francs chacune, a été porté successivement : en 1845, à 5 millions, par la création de 20 actions nouvelles de 50.000 francs; en 1847, à 6 millions, divisé en 2.000 actions de 3.000 francs chacune; en 1853, à 14 millions, divisé en 28.000 actions de 500 francs, dont 12.000 remises aux anciens actionnaires à raison de 6 actions nouvelles de 500 francs contre une action ancienne de 3.000 fr. et 16.000 actions attribuées aux souscripteurs nouveaux; en 1863, à 18 millions, par la création de 8.000 actions nouvelles de 500 francs émises à 650 francs; et enfin, en 1873, à 27 millions, divisé en 75.000 parts ou actions, dont 60.000 attribuées aux anciens actionnaires en échange de leurs 36.000 actions, à raison de 5 parts pour 3 actions anciennes et 15.000 parts réservées de préférence aux anciens actionnaires, émises à 600 francs et formant une somme totale de 9 millions, en addition au capital ancien de 18 millions. Au total : 27 millions, divisés en 75.000 parts ou actions, libérées et au porteur, donnant droit chacune à 1/75000e de l'avoir social et dans les bénéfices nets ou dividendes.

Les dividendes sont payables par moitié le 15 décembre et 15 juin.

Administration. — Il y a un gérant, M. Henri-Eugène-Adolphe Schneider, ayant seul la signature sociale et la direction des affaires, et qui doit être propriétaire de 200 actions spécialement affectées à la garantie de sa gestion. Il a droit à un prélèvement annuel, avant tout partage, de 10 0/0 sur le reliquat net de chaque inventaire. Il y a en outre un Conseil de surveillance de cinq membres, nommés pour cinq ans, renouvelables par cinquième chaque année.

Assemblée générale. — En novembre, composée de porteurs de vingt actions au moins, qui les auront déposées trois jours au moins avant la date de la réunion. Chaque actionnaire a autant de voix qu'il possède de fois vingt actions, sans que personne puisse réunir plus de cent voix.

Répartition des bénéfices d'après les statuts. — Sur les bénéfices nets, il est prélevé :

10 0/0 à titre d'indemnité pour la gérance ;

10 0/0 destinés à la formation d'un fonds de réserve jusqu'au moment où cette réserve aura atteint 12 millions; maximum atteint au 30 avril 1890. Toutefois l'assemblée générale peut décider la continuation de ce prélèvement jusqu'au chiffre à déterminer par elle.

Les 80 0/0 de surplus seront répartis entre toutes les actions.

Dividendes distribués. — Voici ceux des dernières années :

1886-87	fr.	60	1889-90	fr.	70
1887-88		60	1890-91		85
1888-89		60	1891-92		100
			1892-93		100

CHATILLON-COMMENTRY

Constitution. — Société anonyme, constituée le 23 juin 1862. Transformée en Société anonyme libre, le 16 juin 1879 (ancienne Société *Bougueret, Marteneau et Cie*).

Objet d'après les statuts. — Exploitation des biens, meubles et immeubles composant le fonds social et spécialement :

1° Des hauts fourneaux et forges de Sainte-Colombe, Maisonneuve, des mines de Thosses et Beauregard (Côte-d'Or).

2° Des laminoirs et tréfileries de Plaines (Aube) ;

3° Des forges d'Ancy-le-Franc (Yonne) ;

4° Des hauts fourneaux, forges et ateliers de Montluçon, Commentry et Tronçais, des houillères de Bezenet, Doyet, les Ferrières, Ouche-Bezenet, Fins et Noyant, le Montet, les Gobeliers et la Souche (Allier);

5° Des tréfileries et pointeries de Vierzon (Cher);

9° Des domaines métallifères situés dans le département du Cher;

7° Des hauts fourneaux et forges de Saint-Montant, à Beaucaire (Gard);

8° Du magasin des marchandises à Paris;

9° Et de tous autres établissements à créer ou à acquérir.

Siège social. — A Paris, rue de La Rochefoucault, 19.

Durée. — Cinquante ans, du 10 juillet 1862 au 10 juillet 1912.

Capital social. — Le fonds social, fixé à 12.500.000 francs, est représenté par 25.000 actions au capital nominal de 500 francs au porteur, entièrement libérées, donnant droit chacune à 1/25.000ᵉ de l'actif social.
Les dividendes se payent les 15 juin (acompte) et 15 décembre (solde).

Conseil d'administration. — De neuf à douze membres, renouvelables par tiers tous les deux ans, devant être propriétaires chacun de cent actions inaliénables pendant la durée de leurs fonctions.

Assemblée générale. — Dans les deux mois qui suivent la clôture de l'inventaire annuel, composée des propriétaires de dix actions au moins, qui les ont déposées quinze jours au moins avant la date de la réunion. Dix actions donnent droit à une voix, sans que personne puisse avoir plus de cinquante voix, tant en son nom que comme mandataire.

Répartition des bénéfices d'après les statuts. — Sur les bénéfices nets de toutes les charges sociales, il est prélevé, avant tout dividende, une somme destinée : 1° Au fonds de réserve; 2° au compte des bénéfices réservés, et dont la quotité ne pourra être inférieure à 5 0/0.
Le surplus est destiné aux actionnaires.
Les prélèvements ci-dessus, stipulés en faveur du fonds de réserve et du fonds des bénéfices réservés, seront suspendus pour chacun de ces deux fonds, quand il aura atteint le chiffre de 2 millions.

Dividendes distribués. — Voici ceux des dernières années :

1882.	60 »		1888.	15 »
1883.	60 »		1889.	17 50
1884.	36 »		1890.	25 »
1885.	20 »		1891.	30 »
1886.	20 »		1892.	32 »
1887.	20 »			

COMMENTRY - FOURCHAMBAULT

Constitution. — Transformation en 1874 de la Société en nom collectif et en commandite, *Boigues, Rombourg et Cie,* constituée en 1853 et résultant elle-même de la fusion de la Société Rambourg frères avec la Société Boigues et Cie et celle des Hauts-Fourneaux de Montluçon. Cette Société a absorbé en 1892, la Société nouvelle des Houilles et Fonderies de l'Aveyron : la fusion a eu lieu au moyen de l'apport de l'actif mobilier et immobilier de la Société de l'Aveyron et de l'attribution en représentation de 6.500 actions nouvelles de 500 francs entièrement libérées de la Société de Commentry-Fourchambault, qui ont été délivrées en échange des 13.000 actions de la Société de l'Aveyron, à raison de une contre deux.

Objet d'après les statuts. — 1° Exploitation des mines de houille et d'anthracite de Commentry et de Montvicq, arrondissement de Montluçon (Allier); de Brassac (Puy-de-Dôme et Haute-Loire), de Decazeville (Aveyron), ainsi que de toutes les autres mines et minières qui sont ou qui pourraient être ultérieurement admises dans l'association;

2° Exploitation des chemins de fer, embranchements et prolongements, comme aussi de toutes les voies de transport qui pourraient être utiles aux exploitations de la Société ;

3° Exploitation des usines de Fourchambault, Montluçon, Imphy, la Pique et Decazeville, et des usines qui pourraient être ultérieurement admises dans l'association par annexion, acquisition ou location, avec tous les développements comportés par ces établissements ;

4° Acquisition, vente, transport et commerce des diverses matières premières et matières fabriquées, qui seront nécessaires aux mines et usines de la Société ou qui en sont le produit ;

5° Et généralement tout ce qui peut se rattacher à l'exploitation des mines et usines de la Société.

Siège social. — Paris, place Vendôme, 16

Durée. — Du 1er septembre 1874 au 31 décembre 1913.

Capital social. — Le capital social a été fixé à l'origine à 25 millions de francs, représentés par 50.000 actions de 500 francs au porteur, entièrement libérées, donnant droit chacune à 1/50.000^e des biens et profits de la Société. Par décision de l'Assemblée générale du 20 juin 1889, il a été réduit à 12.500.000 francs, au moyen de l'échange de deux actions anciennes contre une nouvelle, et s'est ainsi trouvé représenté par 25.000 actions de 500 francs libérées et au porteur, donnant droit chacune à 1/25.000^e des biens et produits de la Société. Enfin, par décisions des Assemblées générales des 27 février et 5 juillet 1892. il a été porté à 15.750.000 francs par la création de 6.500 actions nouvelles de 500 francs, qui ont été attribuées, entièrement libérées, à la Société nouvelle des houillères et fonderies de l'Aveyron, en représentation et pour prix de l'apport de son actif mobilier et immobilier, et échangées contre les 13.000 actions de la Société apportante, à raison de une action Commentry-Fourchambault contre deux actions Houillères et Fonderies de l'Aveyron. Le capital social actuel de 15.750.000 francs, est donc représenté par 31.500 actions ou parts d'intérêts, d'une valeur nominale de 500 francs, libérées et au porteur (sauf les réductions opérées par rachat ou amortissement, ainsi qu'il sera dit ci-après).

Les intérêts et dividendes sont payables les 15 avril (acompte) et 15 octobre (solde).

Conseil d'administration. — De sept à douze membres, nommés pour six ans et renouvelabes intégralement à l'expiration de chaque période de six années, devant être propriétaires chacun d'au moins cent actions inaliénables pendant la durée de leurs fonctions.

Assemblée générale. — Au plus tard le 10 avril, composée de tous les propriétaires de vingt actions de capital ou de jouissance, qui les ont déposées dix jours au moins avant la date de la réunion, Vingt actions donnent droit à une voix, sans que le même actionnaire puisse réunir plus de vingt voix, soit par lui-même, soit comme mandataire.

Répartition des bénéfices d'après les statuts. — Sur les produits nets de toutes les charges, il est prélevé annuellement ;

1° 5 0/0 qui seront appliqués à la réserve, jusqu'à ce qu'elle ait atteint le chiffre fixé par la loi.

La réserve extraordinaire qui existera au bilan du 31 août 1891, ne deviendra libre qu'après l'amortissement complet des actions.

2° Les sommes que le Conseil d'administration jugerait à propos de mettre en réserve pour les besoins spéciaux ;

3° Après que les obligations auront été entièrement remboursées, une annuité de 300.000 francs, applicable au fonds d'amortissement.

Le reste se partagerait comme suit :

86 0/0 aux 31.500 actions formant le capital social ;
8 0/0 au Conseil d'administration et à la direction générale ;
6 0/0 aux collaborateurs principaux.

Obligations de 1.250 francs. — Il a été émis 6.440 obligations de 1.250 francs au porteur, entièrement libérées, autorisées par l'article 16 des statuts, émises à 1.000 francs en janvier 1854 ; remboursables à 1.250 francs, du 15 janvier 1875 au 15 janvier 1904, par tirages au sort annuels en décembre, pour le remboursement des titres sortis s'effectuer le 15 janvier suivant.

Intérêt annuel : 50 francs payables par moitié, les 15 janvier et 15 juillet.

Dividendes distribués. — Voici ceux des dernières années :

1884 à 1888	rien	1890-1891	35
1888-1889	20	1891-1892	35
1889-1890	30	1892-1893	35

Résultats du dernier exercice (1894-1895). — L'assemblée générale de cette Société s'est tenue le 9 avril 1895.

Les résultats du dernier exercice ont été satisfaisants pour l'industrie houillère comme pour les établissements métallurgiques, formant l'exploitation de Commentry-Fourchambault.

Les chiffres de l'extraction ont été, pour les combustibles, de 944.701

tonnes contre 890.647 dans l'exercice précédent, et ceux de la fabrication pour les produits métallurgiques, de 51.594 tonnes contre 50.524 en 1892-93.

Le rapport du Conseil a fait ressortir que ces résultats, qui n'ont été atteints qu'au moyen d'une baisse notable sur les prix de vente, ne peuvent être considérés comme assurés pour l'exercice courant. Non seulement les prix continuent à baisser, mais le travail diminue, et même quelques chômages sont à prévoir. Les causes générales auxquelles il faut attribuer ces conditions plus difficiles d'exploitation, sont, d'une part, la concurrence des charbons anglais pour les houillères, et, d'autre part, la crise métallurgique pour les Forges et Aciéries.

Des efforts sont actuellement faits pour réagir contre ces circonstances défavorables. Aux mines de Brassac, les travaux préparatoires touchent à leur terme et la production pourra être facilement portée à 100.000 tonnes.

A *Decazeville*, des changements de méthode et d'outillage ont été accomplis afin d'exploiter la houille avec plus de sécurité et d'économie.

Les établissements métallurgiques sont actuellement les moins bien partagés. C'est la production des fers et aciers marchands qui est la plus atteinte par suite du manque de commandes ; de là des chômages regrettables à *Fourchambault* et aux Usines de *Decazeville*, *Montluçon* avec ses fabrications de tuyaux, *Imphy*, avec celles d'aciers spéciaux, sont dans des conditions meilleures, pour lutter contre la crise.

En résumé, si les résultats de l'exercice 1893-94, ont été satisfaisants ceux de l'exercice en cours se présentent sous un jour moins favorable. Aussi, le Conseil a-t-il cru sage, en raison des difficultés actuelles, de maintenir le dividende au chiffre de 35 francs, bien que le dernier exercice ait donné une somme de bénéfices, s'élevant à 2.205.052 francs contre 2.030.226 francs en 1892-93.

Il a été affecté 95.348 francs, à la réserve statutaire, 200.000 francs au fonds de prévoyance, 625.000 francs, au compte de provision pour travaux neufs, ce qui porte l'ensemble des réserves de toute nature au chiffre de 4 millions environ.

FORGES ET ACIÉRIES DE LA MARINE

Constitution. — Société anonyme, constituée le 9 novembre 1871, (anciens établissements, H. Petin, Gaudet et Cie).

Objet d'après les statuts. — La fabrication et le commerce des fontes, fers et aciers, et toutes les opérations qui s'y rattachent, telles que : extraction et traitement des matières premières, vente des produits fabriqués, extraction et commerce de la houille, transport de tous ces produits et de toutes marchandises en retour.

Siège social. — A Saint-Chamond (Loire).
Bureaux, à Paris, rue des Pyramides, 20.

Durée. — La même que la Société en commandite H. Petin, Gaudet et Cie, soit cinquante ans, du 1er juillet 1854 au 1er juillet 1904.

Capital social. — Le fonds social se compose de tous les biens mobiliers et immobiliers qui dépendaient de la Société en commandite susénoncée ; les établissements consistant en usines situées à Givors (Rhône), Rive-de-Gier, Lorette, Assailly, près Rive-de-Gier ; Saint-Chamond, Moletières, près Saint-Etienne ; Clavières (Indre), Toga (Corse), mines de Saint-Léon et Mircagua, en Sardaigne ; d'Ougney (Jura), d'Umeux et Fraisse (Loire).

Le capital primitif était représenté par 54.000 actions, réduites, par suite de l'annulation de 2.000, à 52.000, qui ont été remplacées, à raison de une action ancienne pour deux nouvelles, par 26.000 actions de 500 francs au porteur, entièrement libérées, émises à 500 francs. Il s'élevait donc ainsi à 13 millions. Par décisions des Assemblées générales des 30 mai et 3 octobre 1881, le capital a été porté à 20 millions par la création de 14.000 actions nouvelles de 500 francs, qui ont été émises au pair en juin 1881, par souscription réservée aux anciens actionnaires. (Ces 14.000 actions n'étant pas admises à la cote, il n'en est fait ici mention que pour mémoire :)

Les intérêts et dividendes se payent les 30 novembre (acompte) et 31 mai (solde).

Conseil d'administration. — De neuf à treize membres, devant être propriétaires chacun de soixante actions inaliénables pendant la durée de leurs fonctions.

Assemblée générale. — Avant la fin de novembre, composée des propriétaires de dix actions qui les ont déposées cinq jours au moins avant la réunion. Dix actions donnent droit à une voix, sans que personne puisse posséder plus de vingt-cinq voix, soit par lui-même, soit comme mandataire.

Répartition des bénéfices d'après les statuts. — Sur les bénéfices nets, il est prélevé :

Pour constituer un fonds de réserve, une retenue de 5 à 20 0/0, ce prélèvement pouvant être suspendu lorsque ce fonds atteint 2 millions.

Le surplus est réparti :

90 0/0 aux actions ;
Et 10 0/0 au Conseil d'administration.

Dividendes distribués. — Voici ceux des dernières années :

1886-87.	25 »	1890-91.	30 »
1887-88.	27 50	1891-92.	30 »
1888-89.	20 »	1892-93.	35 »
1889-90.	30 »		

ATELIERS ET CHANTIERS DE LA LOIRE

Constitution. — Société anonyme, constituée le 19 avril 1881.

Objet d'après les statuts. — 1° L'exploitation des immeubles, établissements, usines, chantiers et ateliers sis à Nantes, qui appartenaient à la Société P.-D. Jollet et L. Babin ; l'exploitation de tous immeubles et établissements à acquérir ou à créer dans tous autres localités ;

2° La construction, la réparation et l'entretien des machines et de tous travaux métalliques de toute nature et leurs accessoires ;

3° Les constructions navales en fer et en bois, ainsi que tous leurs accessoires, et toutes opérations se rattachant à l'entretien ou à la construction des navires.

Siège social. — A Paris, boulevard Haussmann, 11 *bis*.

Durée. — 50 ans, du 19 avril 1881 au 19 avril 1931.

Capital social. — Le capital social a été fixé à l'origine à 12 millions de francs ; divisés en 24.000 actions de 500 francs, entièrement libérées, sur lesquelles 2.968 ont été attribuées, entièrement libérées, à la Société Jollet et Babin, en représentation de leurs apports, consistant dans les établissements de construction et réparation de navires, sis à Nantes, Prairie au Duc. Les 21.032 autres actions ont été souscrites au pair. Puis l'assemblée générale du 28 avril 1884 a décidé la réduction du capital de 12 à 18 millions, au moyen de l'échange de trois actions contre deux, ceux qui en réduit le nombre à 16.000.

Par décision des Assemblées générales des 2 juillet et 25 septembre 1884, le capital a été de nouveau porté à 12 millions par la création de 8.000 actions nouvelles de 500 francs, dont 5.335 ont été souscrites en espèces et au pair, et 2.665 ont été attribuées, entièrement libérées à la Compagnie de constructions navales du Havre, en représentation de l'apport de ses établissements, ce qui a porté à 24.000 le nombre des actions de la Société, libérées et au porteur. Par décision des Assemblées générales des 10 avril et 13 mai 1886, le capital a été élevé à 19.300.000 francs au moyen de la création de 14.600 actions nouvelles qui ont été attribuées, entièrement libérées à la Société des anciens établissements Claparède, en représentation de l'apport de ses établissements de Saint-Denis et du Petit-Quevilly, près Rouen, avec clientèle, etc. — L'Assemblée générale du 24 décembre 1891 a voté la réduction du capital de 19.300.000 francs à 7.720.000 francs au moyen de l'échange de 5 actions anciennes contre 2 nouvelles. Le capital social de 7.720.000 francs s'est ainsi trouvé représenté par 15.440 actions de 500 francs, libérées et au porteur.

Enfin par délibération de l'Assemblée générale du 3 janvier 1893, le capital social a été porté de 7.720.000 francs à 10 millions de francs, par la création de 4.560 actions nouvelles de 500 francs, souscrites en espèces et au pair et entièrement libérées. Le nombre des actions a été ainsi élevé à 20.000, entièrement libérées et au porteur.

Les dividendes sont payables aux époques fixées par le Conseil d'administration.

Conseil d'administration. — De sept à quinze membres, nommés pour six ans, devant être propriétaires, chacun, de 50 actions inaliénables pendant la durée de leurs fonctions.

Assemblée générale. — Avant la fin du semestre qui suit la clôture de l'exercice, composée de tous les propriétaires de 20 actions qui les ont déposées vingt jours avant l'époque fixée pour la réunion, 20 actions donnent droit à une voix, sans que personne puisse posséder plus de 25 voix, soit par lui-même, soit comme mandataire.

Répartition des bénéfices d'après les statuts. — Sur les bénéfices nets de toutes les charges, il est prélevé :

1° 5 0/0 pour constituer un fonds de réserve. Lorsque ce fonds de réserve aura atteint le dixième du capital social, le prélèvement affecté à sa formation pourra être suspendu ou diminué ;

2° La somme nécessaire pour servir 5 0/0 aux actionnaires des sommes dont les actions sont libérées.

Sur l'excédent, il sera prélevé 10 0/0 pour le Conseil d'administration. Les 90 0/0 de surplus seront distribués aux actionnaires, sauf la portion de ces 90 0/0 que l'Assemblée générale jugerait opportun de porter à une réserve spéciale.

Obligations 4 0/0. — Il a été émis 18.000 obligations de 500 francs 4 0/0 faisant partie d'une émission de 20.000 obligations, autorisée par délibération du conseil d'administration du 19 novembre 1892, prise en conformité des pouvoirs conférés par l'article 24 des statuts. Elles ont été émises le 8 décembre 1892 par la Banque de Paris et des Pays-Bas, la Banque Internationale de Paris, la Société générale du Crédit industriel et commercial et la Société générale au prix de 450 francs stipulés payables par termes échelonnés jusqu'au 5 avril 1893. Elles sont remboursables à 500 francs en 39 ans, de 1893 à 1932, par tirages au sort annuels en octobre, pour le remboursement des titres sortis s'effectuer le 1er novembre suivant. Intérêt annuel : 20 francs, payables par moitié les 1er mai et 1er novembre de chaque année.

Dividendes distribués. — 1881, rien ; 1882, 7 fr. 80 ; de 1883 à 1890, rien ; 1891-92, 25 francs ; 1892-93, 25 francs.

ANCIENS ÉTABLISSEMENTS CAIL

Constitution. — Société anonyme constituée le 9 janvier 1882.

Objet d'après les statuts. — 1° L'acquisition et l'exploitation des établissements Cail existant à Paris, à Douai, à Denain et dans les colonies françaises, espagnoles et autres. Lesdits établissements constituant la majeure partie de l'actif de la Société en commandite Cail et Cie, dissoute et mise en liquidation par jugement du tribunal de commerce de la Seine du 15 novembre 1881.

Cette partie du but social a été réalisée par l'acquisition desdits établissements comprenant la clientèle, le fonds de commerce, le matériel et mobilier industriel, immeubles et droits immobiliers, ladite acquisition effectuée par la Société suivant deux actes reçus par M⁰ Portefin, le 21 janvier 1882, au prix total de 5.800.000 francs entièrement payés;

2° L'acquisition ou la location de l'exploitation de tous autres établissements de même nature, soit en France, soit à l'étranger.

Les opérations industrielles sont principalement les constructions relatives aux chemins de fer, sucreries, raffineries, distilleries, forges, les constructions de machines et appareils de toute espèce pour toutes industries diverses, ainsi que l'exploitation de tous brevets ou licence se rattachant à l'industrie.

Siège social. — Paris, quai de Grenelle, 15.

Durée. — 50 ans, du 9 janvier 1882, date de la constitution définitive, au 9 janvier 1932.

Capital social. — Le capital social avait été fixé à l'origine à 20 millions divisés en 40,000 actions de 500 francs, émises au pair, entièrement libérées. Par décision de l'Assemblée générale du 17 mai 1890, le capital a été réduit à 10 millions au moyen de l'échange de deux actions contre une. Il est donc actuellement représenté par 20.000 actions de 500 francs, entièrement libérées et au porteur.

Les intérêts et dividendes sont payables aux époques fixées par le Conseil d'administration.

Conseil d'administration. — De neuf à quinze membres, nommés pour six ans, renouvelables tous les deux ans par tiers, devant être propriétaires chacun de 25 actions inaliénables pendant la durée de leurs fonctions.

Assemblée générale. — Au plus tard en mai, composée de tous les actionnaires possédant au moins 10 actions qui les ont déposées huit jours au moins avant la date de la réunion. 10 actions donnent droit à une voix, sans qu'aucun actionnaire puisse réunir plus de dix voix, soit par lui-même, soit comme mandataire.

Répartition des bénéfices d'après les statuts. — Sur les bénéfices nets des charges, il est prélevé : 5 0/0 pour le fonds de réserve, lequel cesse d'être obligatoire au-delà du dixième du capital social. Le reste est réparti entre les actionnaires.

Dividendes distribués. — Ceux des dernières années ont été :

De 1887 à 1889 .	rien	1892.	20 »
1890.	20 »	1893.	20 »
1891.	20 »		

Résultats du dernier exercice (1894-95). — L'Assemblée générale ordinaire de cette Société s'est tenue le 29 mai dernier.

Les comptes qui lui ont été présentés accusent un bénéfice de 66.216 francs réalisé au cours de l'exercice 1894. Celui-ci s'étant ouvert par un déficit de 324.299 francs reporté conformément aux décisions de l'Assemblée du 29 mai 1894, au débit du compte de profits et pertes, le bénéfice de 66.216 francs réalisé en 1894 n'amortit que dans une proportion insignifiante le débit de 324.299 francs, qui est ramené, par conséquent, à 258.083 francs.

Le résultat de l'exercice 1894, qui laisse subsister un déficit de 258.083 francs, a pour conséquence d'ajourner à une époque peut-être assez lointaine la distribution d'un dividende, car les actionnaires savent que, l'année dernière, il a été prélevé 350.000 francs sur le compte de prévoyance, indépendamment des 324.000 francs laissés en souffrance au compte de profits et pertes, et il a été déclaré, dès l'année dernière, par le Conseil, que les premiers bénéfices seraient employés à relever le fonds de prévoyance de 400.000 a 750.000 francs. Les 680.000 premiers francs de bénéfices que réalisera la Société ont donc leur destination dans la réparation des pertes antérieures et ce n'est que du surplus des bénéfices que les actionnaires pourraient espérer une répartition. Or, 680,000 francs, c'est le produit d'un exercice normal et l'état actuel du marché métallurgique, qui est en pleine baisse, rend très hypothétique la réalisation d'un bénéfice aussi important pour l'année courante.

Voici le bilan de fin d'année comparé à celui du précédent exercice ; il s'est produit dans la situation financière elle-même des modifications assez notables :

PASSIF

	31 décembre 1894	31 décembre 1893
Capital	10.000.000 »	10.000.000 »
Vente de terrain à Grenelle	14.512 »	14.512 »
Créance hypothécaire sur achat de terrain	281.571 »	» »
Crédit foncier	1.685.694 »	34.366 »
Provisions pour secours aux ouvriers	63.293 »	34.366 »
Réserve statutaire	65.640 »	65.640 »
Créanciers divers	3.218.465 »	4.298.333 »
Dividendes arriérés	8.237 »	196.168 »
Avances sur travaux	3.532.069 »	2.266.245 »
Fonds de prévoyance	401.110 »	401.110 »
Commissions diverses et créances éventuelles	147.927 »	177.437 »
Profits et pertes	66.216 »	» »
	19.484.741 »	17.453.813 »

ACTIF

Valeurs immobilières	3.307.896 »	3.307.896 »
Bâtiments d'atelier, matériel et outillage au 31 décembre 1893	Mémoire	Mémoire
Agrandissements des ateliers de Paris, Denain, Douvre et Saint-Denis, à partir de 1890	1.688.851 »	1.447.212 »
Marchandises	8.717.827 »	6.523.682 »
Caisse, banquiers et portefeuille	619.653 »	209.284 »
Cautionnements	138.285 »	105.489 »
Débiteurs divers	4.384.623 »	5.301.432 »
Études et entreprises	100.720 »	80.000 »
Avances diverses à recouvrer	202.683 »	154.514 »
Profits et pertes de 1893	324.299 »	324.299 »
	19.484.741 »	17.453.813 »

Ces bilans présentent les différences suivantes :

A l'actif, les valeurs immobilisées n'ont pas varié. Les agrandissements des ateliers de Paris, Denain, Douai et Saint-Denis présentent une augmentation de 241.538 francs, conséquence des travaux exécutés dans ces diverses places. On constate une augmentation de 2.194.144 fr. au chapitre marchandises ; cette somme représente la valeur des torpilleurs commandés et fabriqués depuis plusieurs exercices et dont la livraison a été jusqu'ici refusée à la suite des accidents de chaudières survenus à ces bâtiments, auxquels il faudra probablement faire de coûteuses modifications. Les débiteurs sont en diminution de 1.128.711 fr.

Au passif, on constate un nouveau chapitre « Crédit Foncier ». Pour éteindre une créance hypothécaire de 281.573 francs sur le terrain de Grenelle et rembourser diverses dettes contractées chez plusieurs banquiers, le Conseil d'administration a dû contracter au Crédit Foncier un emprunt de 2.000.000 de francs, et cela dans des conditions que le rapport du Conseil nous fera connaître.

Cet emprunt, qui a eu lieu en août, a eu pour conséquence de réduire le compte des créanciers divers, lequel n'est plus que de 3.218.465 francs au lieu de 4.298.333 francs. Les avances sur travaux sont en augmentation de 1.265.823 francs, augmentation qui s'explique par celle constatée à l'actif sur les objets en cours de fabrication.

Le rapport des commissaires, où nous avons puisé les données ci-dessus, est beaucoup trop laconique pour que nous puissions, à l'aide de ce document, porter une appréciation sur l'exercice 1894 et établir si le mauvais résultat doit être attribué à l'état général des affaires ou à des causes accidentelles : on se souvient que l'explosion du Sarrazin est survenue dans le courant de janvier 1894. Peut-être les conséquences de cet évènement ont-elles contribué à la chute des bénéfices.

ÉTABLISSEMENTS DE FIVES-LILLE

Constitution. — Société anonyme constituée le 5 novembre 1868 (Transformation de la Société à responsabilité limitée constituée le 13 décembre 1865).

Objet d'après les statuts. — Exploitation d'ateliers de constructions mécaniques en général, pour chemins de fer, marine et industries diverses ; exécution de tous travaux publics et exploitation de toutes entreprises industrielles.

Les opérations de la Société ont lieu en France et à l'étranger.

Les établissements de la Société sont à Fives, près Lille (Nord), et à Givors, près Rive-de-Gier (Rhône).

Siège social. — A Paris, rue Caumartin, 64.

Durée. — Fixée primitivement à trente ans à compter de la constitution définitive (27 décembre 1865), la durée de la Société a été prorogée de dix ans par décision de l'Assemblée générale du 27 octobre 1876, soit jusqu'au 1er janvier 1906.

Capital social. — Fixé primitivement à six millions, divisé en 12.000 actions de 500 francs au porteur, entièrement libérées, le capital social a été porté à 12 millions par décisions des Assemblées générales des

20 mars et 15 juillet 1880, par la création de 12.000 actions de 500 francs, émises au pair en avril et mai 1880, par souscription réservée de préférence aux anciens actionnaires Au total, 24.000 actions de 500 francs, entièrement libérées et au porteur.

Les intérêts et dividendes se payent le 1er novembre (acompte) et le 1er mai (solde).

Conseil d'administration. — De sept à dix membres devant être propriétaires chacun de cent actions inaliénables pendant la durée de leurs fonctions.

Assemblée générale. — En octobre, composée des propriétaires d'au moins dix actions qui les ont déposées dix jours au moins avant la date de la réunion. Dix actions donnent droit à une voix, sans que personne puisse posséder plus de vingt-cinq voix, soit en son nom, soit comme mandataire.

Répartition des bénéfices d'après les statuts. — Sur les bénéfices nets, il est prélevé :

1° 5 0/0 pour former un fonds de réserve, jusqu'à ce que ce fonds ait atteint 2 millions ;

2° La somme nécessaire pour payer un premier dividende de 6 0/0 du capital.

De plus, la constitution d'un fonds de réserve extraordinaire pourra être proposée par le Conseil d'administration et votée par l'Assemblée générale.

Le surplus est réparti comme suit :

25 0/0 aux administrateurs.
75 0/0 à toutes actions.

Dividendes distribués. — Voici ceux des dernières années :

1887-1888.	35 »	1890-1891.	35 »
1888-1889.	35 »	1891-1892.	35 »
1889-1890.	35 »	1892-1893.	35 »

Résultats du dernier exercice (1893-1894). — D'après les communications faites par le conseil d'administration à l'Assemblée générale du 24 novembre, pendant l'exercice 1893-94, les ateliers ont travaillé d'une manière régulière et avec le personnel normal d'ouvriers qu'ils comportent ; ils ont été surtout alimentés par d'importantes commandes de sucreries que l'on termine en ce moment. En conséquence, les résultats n'ont pas pu figurer dans les comptes arrêtés au 30 juin dernier. On avait engagé des négociations pour d'autres affaires de même nature, mais la crise qui sévit en ce moment sur l'industrie du sucre en a fait ajourner l'exécution.

Dans le courant de l'exercice, on a mis la première travée du pont de Czernowoda sur le Danube, à sa place définitive de 37 mètres au-dessus de l'étiage. On a terminé le rivetage de la seconde travée, mais on craint que la mauvaise saison ne permette pas de l'élever, avant la fin de l'année, à la hauteur prévue. En tout cas l'achèvement complet du pont paraît désormais assuré pour la fin du mois de juin prochain.

Les travaux de la ligne de Linarès à Alméria, sur la partie qui s'étend d'Alméria à Gualdix et sur la section de Baez au kilomètre 50, se sont poursuivis avec l'activité que permettaient les ressources mises à la disposition de la Société par la Compagnie concessionnaire.

La Société espère que les embarras, éprouvés actuellement par la Compagnie concessionnaire, disparaîtront prochainement par suite d'un arrangement avec ses obligataires et que l'on pourra donner à l'entreprise une impulsion en rapport avec le nouveau mode de paiement de la subvention.

On a conclu avec la Société minière et métallurgique de Penarroya, en Espagne, un traité pour la construction d'une ligne de chemin de fer à voie étroite de un mètre, de 70 kilomètres de longueur environ, entre Penarroya et Fuente-de-l'Arco. On espère que cette entreprise sera terminée dans le courant du mois de mai prochain.

L'établissement de Givors a complété son installation et son outillage spécial pour la fabrication des appareils électriques. Il en a construit déjà un certain nombre qui ont été remarqués à l'exposition de Lyon. Il est maintenant en mesure de satisfaire à toutes les demandes de matériel d'électricité qui pourraient lui être adressées.

En août dernier, la Société a terminé et remis à la Compagnie concessionnaire la section de 9 kilomètres de Santa-Fé à Santo-Tome, faisant partie du nouveau réseau de 500 kilomètres de la province de Santa-Fé, et qui comporte un grand ouvrage d'art de 1.300 mètres de longueur sur le Valado. Il reste encore à exécuter, pour avoir terminé cette entreprise, un tronçon de 1.500 mètres de longueur que la Compagnie concessionnaire doit établir en prolongement de sa ligne principale, dans l'intérieur de la ville de Rosario. On attend, pour commencer les travaux, l'approbation du projet, subordonnée à un accord entre la Compagnie et la municipalité.

Le bénéfice net de l'exercice 1893-1894 s'élève à.		602.272 »
L'année dernière on avait reporté à nouveau	1.245.871 16	
On a prélevé pour amortissements et réserves spéciales	356.445 06	
Il reste donc	888.426 10	888.426 10
Soit un total disponible de		1.490.698 10
Le dividende de 35 francs aux 24.000 actions emploie		840.000 »
15 0/0 au Conseil		21.176 40
Total		861.176 40
Il reste à reporter à nouveau		629.521 70
		1.490.698 10

Un acompte de 20 francs ayant été distribué, le 2 novembre dernier, le solde soit 15 francs, sera réparti le 1er mai 1895.

Actuellement la Société possède les réserves suivantes :

Réserve statutaire	1.583.554 10
Réserve extraordinaire	300.000 »
Amortissement statutaire au 30 juin 1894	8.537.267 30
Total	10.420.821 40

FORGES ET CHANTIERS
DE LA MÉDITERRANÉE

Constitution. — Société anonyme, constituée le 10 mars 1856 (transformation de l'ancienne Société Simons, Revenaz, Béhic et Cie).

Objet d'après les statuts. — Exploitation des immeubles, établissements et usines, chantiers et ateliers appartenant à l'ancienne Société en commandite susénoncée (à Marseille, quartier de Rouen et de la Capelette, et à la Seyne, près de Toulon);
Et de tous autres établissements à acquérir ou à créer, sur les bords de la Méditerranée, pour la fabrication de la fonte, le forgeage et le laminage du fer, la construction des machines de toute nature, des constructions navales en fer ou en bois, ainsi que tous leurs accessoires.

Siège social. — A Paris, 1, rue Vignon.

Durée. — Fixée à trente années, à compter du décret du 21 mai 1856, la durée de la Société a été prorogée de trente années, soit jusqu'au 21 mai 1916.

Capital social. — Le fonds social, primitivement fixé à 4 millions, divisés en 10.000 actions, a été élevé à 7 millions par l'émission de 6.000 actions nouvelles faite en juillet 1857 et autorisée par le décret du 17 juin 1857. Par décision des Assemblées générales des 27 avril et 12 octobre 1882, le capital a été porté à 13 millions de la manière suivante: Ainsi qu'il vient d'être dit, ce capital était divisé en 16.000 actions, mais il n'était que de 7 millions; sur les revenus existants il a été prélevé une somme de 1 million qui a été transférée au compte capital-actions, lequel s'est ainsi trouvé effectivement porté à 8 millions représentés par 16.000 actions. Puis il a été créé 10.000 actions nouvelles de 500 francs, sur lesquelles 8.000 ont été offertes au pair en juillet 1882 aux anciens actionnaires, et qui ont toutes été souscrites en espèces. Le capital actuel est donc de 13 millions, représentés par 26.000 actions de 500 francs, entièrement libérées et au porteur.
Les dividendes se paient les 1er novembre (acompte) et 1er mai (solde).

Conseil d'administration. — De onze membres, nommés pour six ans et renouvelables par tiers tous les deux ans, devant être propriétaires chacun de 100 actions inaliénables pendant la durée de leurs fonctions.

Assemblée générale. — Dans le premier semestre de chaque année, composée des porteurs de 20 actions au moins, qui les ont déposées dix jours au moins avant la date de la réunion. 20 actions donnent droit à une voix, sans que personne puisse posséder plus de dix voix, soit par lui-même, soit comme mandataire.

Répartition des bénéfices d'après les statuts. — Sur les bénéfices nets, il est prélevé :

1° Pour former un fonds de réserve, une retenue qui ne peut être inférieure à 5 0/0 ;

2° Et une retenue pour constituer un fonds d'amortissement des immeubles et de l'outillage.

La quotité de ces retenues sera fixée par le Conseil d'administration.

Obligations 4 0/0. — 9.015 obligations de 500 francs 4 0/0, libérées et au porteur, créées par délibération du Conseil d'administration pour la conversion ou le remboursement de 9.015 obligations restant en circulation sur les 10.000 obligations 5 0/0 émises en 1886. Ces obligations sont remboursables en 24 ans, du 1er janvier 1894 au 1er janvier 1917, par tirages au sort annuels, en décembre, pour le remboursement des titres sortis s'effectuer le 1er janvier suivant.

Intérêt annuel : 20 francs, payables par moitié, les 1er janvier et 1er juillet de chaque année.

Résultats du dernier exercice (1894-1895). — L'Assemblée annuelle de cette Société s'est tenue le 30 avril 1895.

Durant l'exercice 1894, la Société a livré à la clientèle pour 19.058.694 francs de travaux. Au 31 décembre 1894, il restait à livrer pour 103.996.024 francs. Sur cette somme il avait été dépensé, au 31 décembre dernier, 49.804.510 fr. 83. En outre, la Société a exécuté en 1894, soit sous forme de réparations, soit en régie, des travaux s'élevant à 3.874.000 francs. En conséquence, les commandes reçues en 1894 se sont élevées à 29.429.000 francs et les fournitures effectuées à 22.932.000 francs. Ce qui représente une diminution de un million sur les commandes et de 8 millions 1/2 sur les fournitures. Au 31 décembre dernier, un certain nombre des fournitures pouvaient être considérées comme terminées. Néanmoins on a continué à les faire figurer parmi les travaux en cours d'exécution. Actuellement la plupart de ces commandes pourraient être régulièrement liquidées. En conséquence, le Conseil s'est décidé, afin de ne pas dénaturer la situation réelle, de prélever sur l'ensemble des commandes une provision de 600.000 francs, qui a été portée au crédit de profits et pertes.

Parmi les commandes reçues de la marine française, il faut noter le croiseur le *Catinat*, la machine du *Cassard* et huit canonnières destinées à l'expédition de Madagascar. Grâce à l'élan et à l'entrain du personnel ouvrier, la Société a pu devancer les délais de livraison fort courts, qui lui avaient été imposés pour la livraison de ces huit canonnières. Parmi les commandes du commerce, il convient de signaler diverses fournitures pour la Compagnie des Messageries maritimes, un remorqueur pour la Chambre de commerce de Bayonne et un yacht pour M. Faulquier, de Montpellier.

Un seul gouvernement étranger a fait la commande de deux cuirassés. Les commandes d'artillerie ont été des plus modestes en 1894. Il en a été à peu près de même de la part de la clientèle étrangère. La Société a obtenu un prix d'honneur à l'Exposition d'Anvers, où elle n'a envoyé que des spécimens de son artillerie.

Le compte avances sur travaux représente les acomptes qui sont payés au fur et à mesure de l'avancement des travaux en cours d'exécution. Au 31 décembre 1894, ces acomptes s'élevaient à Fr. 44.872.345 56
En rapprochant ce chiffre du solde débiteur des travaux en cours de. 49.804.510 83

On constate une avance de 4.932.165 27

COMPAGNIES MÉTALLURGIQUES

Au 31 décembre 1894, les prélèvements opérés à titre d'amortissement s'élevaient en totalité à	17.180.330 06
Les immeubles, outillages et mobiliers figuraient pour	20.291.077 83
Ce qui représentait pour ces trois chapitres une valeur de.	3.110.747 77
Les bénéfices de 1894 se sont élevés à.	1.937.550 14

Il faut déduire de cette somme : Amortissements pour 1894. . . . . Fr. 950 000 »
Service des intérêts et du remboursement
des obligations . . . . 295.632 63   } 1.279.195 58
Réserve statutaire 33.195 58

Il reste . . . . Fr.   658.354 56

Le dividende de 25 francs, qui a été voté, absorbe 650.000 francs pour les 26.000 actions et on reporte au compte profits et pertes 8.354 fr. 56.

FORGES ET ACIÉRIES DU NORD ET DE L'EST

Constitution. — Société anonyme, constituée le 2 mai 1881.

Objet d'après les statuts. — Fabrication et commerce de la fonte, du fer et de l'acier et de tous objets fabriqués avec lesdits métaux. Toutes opérations se rattachant à leur industrie.

Siège social. — Paris, rue d'Antin, 3.

Durée. — Cinquante ans, du 2 mai 1881, date de la constitution définitive, au 2 mai 1931.

Capital social. — Fixé primitivement à 2 millions, divisés en 4.000 actions de 500 francs, émises au pair, le capital social a été, par décisions des Assemblées générales des 21 mai et 4 juin 1881, porté à 12 millions, par la création de 20.000 actions nouvelles de 500 francs, dont 4.500 ont été souscrites en espèces à 500 francs. 8.000 ont été attribuées, entièrement libérées, à la liquidation de la Société des mines et usines du Nord et de l'Est de la France en représentation de l'apport : 1° des hauts fourneaux de Jarville, près Nancy ; 2° des forges de Trith-Saint-Léger, près Valenciennes ; 3° et des forges de Valenciennes ; et 7.500 ont été attribuées, entièrement libérées, à MM. Steinbach et Cie, en représentation de l'apport des usines à fonte de Jarville et de Chavigny et de la concession minière de Chavigny, près Nancy.

Les dividendes sont payables les 1er juin (acompte) et 1er décembre (solde).

Conseil d'administration. — De cinq à douze membres, nommés pour six ans, renouvelables par sixième chaque année, sauf le premier conseil, qui restera en fonctions pendant six ans sans renouvellement. Chaque administrateur doit être propriétaire de cinquante actions inaliénables pendant la durée de ses fonctions.

Assemblée générale. — En octobre, composée de tous les propriétaires de vingt actions qui les ont déposées dix jours au moins avant la date de la réunion. Vingt actions donnent droit à une voix, sans qu'aucun actionnaire puisse avoir, soit par lui-même, soit comme mandataire, plus de cinquante voix.

Répartition des bénéfices d'après les statuts. — Sur les bénéfices nets il est prélevé :

1° 5 0/0 pour constituer la réserve légale, ce prélèvement pouvant être diminué ou suspendu lorsque la réserve aura atteint le dixième du capital social ;

2° La somme nécessaire pour servir aux actionnaires 5 0/0 du capital versé sur leurs actions.

Il est ensuite prélevé, pour les administrateurs, un tantième de 1 0/0 pour chacun, sans que le montant total de ces tantièmes puisse excéder 7 0/0.

Dividendes distribués. — Voici ceux des dernières années :

1888-1889	. . .	20 »	1891-1892	. . .	45 »
1889-1890	. . .	25 »	1892-1893	. . .	55 »
1890-1891	. . .	30 »	1893-1894	. . .	55 »
			1894-1895	. . .	50 »

PHOSPHATES, SOUFRES, NITRATES, ETC.

PHOSPHATES, SOUFRES, NITRATES, ETC.

SOCIÉTÉ CIVILE DES SOUFRES ROMAINS

Constitution. — Société civile française, constituée le 29 juin 1891.

Objet d'après les statuts. — L'exploitation des mines de soufre de Latera (Italie) et de toutes autres concessions qui pourraient y être adjointes, la vente des produits et généralement toutes opérations pouvant se rattacher auxdites exploitations.

Siège social. — Rue Lafayette, 58, à Paris.

Durée. — Cinquante ans, expirant le 29 juin 1941.

Capital social. — Divisé en 10.000 parts d'intérêt sans capital nominal, au porteur, attribuées aux apporteurs MM. Justin Defly et Henri-Etienne Ducastaing.

Conseil d'administration. — M. Justin Defly est nommé administrateur unique par l'acte constitutif; il pourra s'adjoindre d'autres collègues, sauf à faire approuver ces nominations par l'assemblée générale suivante. Tout administrateur est révocable par délibération d'Assemblée générale extraordinaire, réunissant la moitié du fonds social, si la décision est votée par deux tiers au moins des voix.

Assemblée générale. — Avant le 30 juin, composée des propriétaires de dix parts; une voix pour dix parts, maximum dix voix; dépôt des titres cinq jours à l'avance.

Répartition des bénéfices d'après les statuts. — 10 0/0 à la réserve jusqu'à ce qu'elle ait atteint 50.000 francs; 5 0/0 à l'administration; 85 0/0 aux parts.

PLATRIÈRES RÉUNIES DU BASSIN DE PARIS

Constitution. — Société anonyme française, constituée le 25 septembre 1880.

Objet d'après les statuts. — La fabrication le commerce et la vente des plâtres crus ou cuits, des chaux, des briques et poteries, ciments pierre de taille, pierre meulière et moëllons. La propriété et l'exploitation des usines et carrières apportées à la Société et toutes autres. Et généralement toutes les opérations se rattachant à la production, au transport et à la fourniture de la pierre, de tous les produits céramiques et autres, de nature analogue, servant à l'industrie du bâtiment.

Siège social. — 76, quai Jemmapes, Paris.

Capital social. — Primitivement fixé à 12 millions de francs, dont 10 millions d'apports en nature, porté à 24 millions au moyen de l'apport, le 28 mars 1881, de l'actif de la Société des Plâtrières du bassin de Paris, constitué lui-même à concurrence de 10.822.000 francs par des apports en nature. Le capital social de 24 millions est représenté par 48.000 actions de 500 francs au porteur.

Conseil d'administration. — De sept à quinze membres renouvelables par cinquième chaque année depuis 1889.

Assemblée générale. — Avant fin juin, une voix pour dix actions sans limite du nombre de voix : dépôt dix jours avant la réunion.

Répartition des bénéfices d'après les statuts. — 5 0/0 à la réserve, jusqu'à ce qu'elle ait atteint le dixième du capital ; aux actionnaires 5 0/0 ou 25 francs par action ; prélèvement facultatif pour la réserve de prévoyance. Sur le surplus, 10 0/0 au Conseil et 90 0/0 aux actionnaires.

Ajoutons qu'aux termes d'un bail consenti à M. Gougelet, pour une durée qui expirera le 31 mars 1912, ce dernier est locataire de tout l'actif social, à charge du payement d'indemnités ensemble 169.216 fr. 05 aux créanciers sociaux ; s'il reste un bénéfice au delà, il appartient pour 25 0/0 à M. Gougelet et pour 75 0/0 à la Société. Ces 75 0/0 ont représenté 10.969 fr. 05 pour 1890, 81.154 fr. 55 pour 1892 et 104.008 francs pour 1893.

COMPAGNIE GÉNÉRALE DES NITRATES

Constitution. — Société anonyme belge, constituée en 1893.

Objet d'après les statuts. — Toutes opérations relatives aux titres des Sociétés qui ont trait aux Nitrates.

Siège social. — Bruxelles.

Capital social. — Le capital, de 10 millions de francs, est divisé en 100.000 actions de capital de 100 francs et en 70.000 actions de dividende sans valeur nominale. Le nombre des actions de dividende ne pourra être augmenté. Les statuts stipulent que le capital sera porté ultérieurement à 14 millions de francs.

Les actions de capital ont droit à un premier dividende de 6 0/0; elles ont droit, ensuite, à la moitié des bénéfices et les actions de dividende à l'autre moitié.

Conseil d'administration. — Il est composé de : MM. Harry North, Edouard Empain, Edward Manby, A. de Laveleve, Alexis Molls, A. du Roy de Blicquy, François Empain.

Obligations 5 0/0. — Il a été créé 7.000 obligations de 500 francs 5 0/0, remboursables en 30 années.

Les ressources de la Compagnie lui ont servi jusqu'ici à l'achat d'actions des Compagnies suivantes :

Compagnie des Nitrates Railways, Société des Lagunas Syndicate, Compagnie des Nitrates de Lagunas, Compagnie de San Jorge Nitrates, Compagnie des Nitrates la Paccha et Jazpampa.

Voici quelques indications sur ces diverses Compagnies :

Compagnie des Nitrates Railways. — Fondée en 1882, capital 41.400.000 francs divisés en 165.600 actions. Il y a un capital-obligations d'environ 45 millions de francs, amortissement déduit.

Le développement total des concessions de la Compagnie est de 470 kilomètres à voie large. Les recettes des trois dernières années ont été de 15.829.805 francs en 1892, de 16.066.373 francs en 1893 et de 16.538.750 francs en 1894.

Le dividende de 1894 a été de 41 fr. 50 ; il avait été de 50 francs en 1893.

La diminution de dividende de 1894 provient d'une réduction de tarifs de 15 0/0, accordée par la Compagnie, et de diverses dépenses de premier établissement portées directement au compte d'exploitation en 1894.

Les actions sont inscrites, au comptant et à terme, à Paris, Londres et Bruxelles.

Société des Lagunas Syndicate. — Fondée en 1889, au capital de 6.875.000 francs, divisés en 55.000 actions de 125 francs. Le capital a été déjà remboursé deux fois aux actionnaires primitifs par suite de la vente d'une partie des terrains nitratiers de la Société. Ensuite chaque action primitive fut remplacée par quatre nouvelles actions : le nombre d'actions se trouva ainsi porté à 220.000.

Cette Compagnie possède 900 hectares de terrains nitratiers excessivement riches et une fabrique de nitrate de soude pouvant produire 150.000 quintaux par mois ; une seconde usine de même importance est en construction et sera en exploitation avant la fin de l'année.

L'exploitation de ces deux usines permettrait de distribuer un dividende de 15 à 20 francs aux nouvelles actions, même si les nitrates de soude étaient à bas prix.

Les actions sont inscrites à la cote officielle de Londres.

Compagnie des Nitrates de Lagunas. — Fondée en 1894, au capital de 22.500.000 francs, divisés en 180.000 actions de 125 francs. Cette Compagnie a été constituée pour la reprise de deux usines établies sur 550 hectares de terrains nitratiers.

La puissance de production de ces deux usines est de 300.000 quintaux de nitrate de soude par mois : c'est une des plus importantes fabriques de nitrate du monde. Ces actions sont inscrites, au comptant et à terme, à Paris et à Londres.

Compagnie de San Jorge Nitrates. — Fondée en décembre 1888, capital 9.375.000 francs divisés en 75.000 actions de 125 francs.

Les dividendes ont été les suivants :

Pour 1889 la Compagnie a payé 15 0/0 ;
— 1890 — 10 0/0 ;
— 1891 — 15 0/0 ;
— 1892 — 12 1/2 0/0 ;
— 1893 — 17 1/2 0/0 ;
— 1894 — un acompte semestriel de 7 1/2 0/0 en octobre.

Compagnie des Nitrates la Paccha et Jazpampa. — Fondée en 1889, capital 9.000.000 de francs, divisés en 72.000 actions de 125 francs.

La Compagnie a distribué : en 1891, 2 1/2 0/0 ; en 1892, 6 0/0 ; en 1893, 12 1/2 0/0 ; en 1894, 10 0/0 à valoir ; le solde du dividende est évalué à 2 1/2 0/0.

Les actions sont cotées en banque à Paris.

CIMENTS FRANÇAIS

Constitution. — Société anonyme, constituée le 11 décembre 1880.

Objet d'après les statuts. — La Société a pour objet l'exploitation des usines de ciment portland de MM. Lonquéty et Cie, situées dans le département du Pas-de-Calais, ainsi que l'exploitation des usines de MM. E. Famchon et Cie, de Desvres, et l'acquisition, l'exploitation ou la fondation d'autres usines du même genre et dans le même département ou ailleurs en France, et généralement tout ce qui a rapport à la fabrication des ciments, tuyaux et à l'industrie du ciment et à ses applications.

Siège social. — A Boulogne-sur-mer.

Durée. — Trente ans, du 1ᵉʳ janvier 1881 au 1ᵉʳ janvier 1911.

Capital social. — Le capital social a été fixé a l'origine à 22 millions de francs ; divisés en 44.000 actions de 500 francs, émises au pair, entièrement libérées et au porteur, sur lesquelles 38.000 ont été attribuées entièrement libérées, a MM. Lonquéty et Famchon, etc., en représentation d'apports, et 6.000 ont été souscrites en espèces et au pair. Par décisions des Assemblées générales des 19 mai 1884 et 15 octobre 1892, le capital a été réduit à 10 millions par le rachat et l'annulation de 4.000 actions, et par l'échange des 40.000 actions restantes contre 20.000 actions nouvelles, à raison de deux anciennes contre une nouvelle. Le capital social est donc actuellement de 10 millions divisés en 20.000 actions de 500 francs, libérées et au porteur.

Le payement des intérêts et dividendes se fait aux époques fixées par le Conseil d'administration.

Conseil d'administration. — Composé de sept à douze membres, nommés pour trois ans, devant être propriétaires, chacun, de cinquante actions inaliénables pendant la durée de leurs fonctions.

Assemblée générale. — Avant le 1ᵉʳ juin, composée de tous les propriétaires de dix actions, qui les ont déposées huit jours au moins avant la date fixée pour la réunion. Dix actions donnent droit à une voix, sans qu'aucun actionnaire puisse représenter plus de cent voix, pour lui-même et cent voix comme mandataire.

Répartition des bénéfices d'après les statuts. — Les bénéfices nets acquis sont répartis de la manière suivante :

1° Un vingtième pour la formation d'un fonds de réserve, ce prélèvement cessant d'être obligatoire lorsque ce fonds de réserve aura atteint le dixième du capital social ;

2° Une somme suffisante pour payer aux actionnaires 5 0/0 des sommes par eux versées, sans, que, si les bénéfices d'une année ne permettant pas ce payement, les actionnaires puissent le réclamer sur les bénéfices des années subséquentes.

Il pourra ensuite être prélevé une somme à fixer par l'Assemblée générale et destinée à constituer une réserve de prévoyance qui pourra être notamment employée au service d'un dividende de 5 0/0 aux actions en cas d'insuffisance des produits d'un exercice et à l'amortissement du capital social.

Dividendes distribués. — Ceux des dernières années ont été :

1887.	10 fr.	1890.	13 fr.
1888.	12 »	1891.	13 »
1889.	17 »	1892.	13 »

BANQUES DIVERSES

BANQUES DIVERSES

CRÉDIT INDUSTRIEL ET COMMERCIAL

Constitution. — Société anonyme constituée le 6 mai 1859.

Objet d'après les statuts. — Les opérations de la Société consistent :

1° A escompter les effets de commerce, payables à Paris, dans les départements et à l'étranger, les warrants ou bulletins de gage et, en général, toutes sortes d'engagements à échéance fixe transmissibles par voie d'endossement ; à négocier et à réescompter les valeurs ci-dessus désignées, avec ou sans garantie ;

2° A faire des avances moyennant des sûretés données, soit par voie d'aval, de caution, de transport en garantie, dépôts en nantissement de valeurs mobilières ou connaissements, soit par voie de privilège ou d'hypothèque sur des valeurs immobilières ;

3° A se charger de tous payements et recouvrements à Paris, dans les départements et à l'étranger, et à ouvrir, à cet effet, des comptes courants, sans pouvoir jamais faire aucun payement à découvert ; à fournir et à accepter tous mandats, traites, lettres de change dont la couverture aura été préalablement faite, soit en marchandises, soit en espèces, soit en valeurs agréées par le Conseil d'administration ; à se charger des recouvrements de tous arrérages, intérêts et dividendes, de l'achat ou de la vente, pour le compte de tiers, de valeurs de toute nature ;

4° A faire, pour le compte de tiers, toutes émissions d'emprunts publics ou autres, d'actions, de parts d'intérêt, de bons et d'obligations de toute nature ; à acquérir, par souscription ou autrement pour le compte de tiers, toutes valeurs françaises ou étrangères ; à s'intéresser dans lesdites émissions, acquisitions et souscriptions ;

5° A recevoir, soit à titre de dépôt, soit en compte courant, les fonds qui lui seront versés, à un taux d'intérêt déterminé par le Conseil d'administration ;

6° A faire tous reports sur valeurs cotées ;

7° A recevoir en dépôt, moyennant un droit de garde, toute espèce de titres ou valeurs, sans que la responsabilité du dépôt puisse s'étendre au cas de force majeure;

8° Enfin, à faire généralement toutes les opérations d'une maison de banque, soit en France, soit à l'étranger, mais sous les restrictions mentionnées aux statuts.

Siège social. — A Paris, rue de la Victoire, 66.

Durée. — Fixée originairement à 30 ans, du 7 mai 1859, la durée a été prorogée d'abord de 30 ans, à compter du 17 juillet 1870, soit jusqu'au 17 juillet 1900, et ensuite de 50 ans, à partir du 1er janvier 1887, soit jusqu'au 1er janvier 1937.

Capital social. — 60 millions, divisés en 120.000 actions de 500 francs, libérées de 125 francs, et devant rester nominatives jusqu'à entière libération, sur lesquelles 80.000 ont été émises au pair à la formation de la Société. Les 40.000 de surplus ont été émises à 600 francs, en juin 1864, par souscription exclusivement réservée aux anciens actionnaires.

Les intérêts et dividendes se payent les 1er novembre (acompte) et 1er mai (solde), au siège social.

Conseil d'administration. — De quinze membres, nommés pour six ans, renouvelables par sixième chaque année, et devant être propriétaires chacun de 200 actions inaliénables pendant la durée de leurs fonctions.

Les administrateurs actuels sont : MM. J. Gay, *président;* J. de la Bouillerie, *vice-président;* Albert Chabert, Jules Lair, Ernest Lehideux, comte A. Lemercier, baron Portalis, Louis Passy, A. de Richemont, M. de Saint-Quentin, L. Thelier.

Censeurs. — MM. Mathieu-Bodet, Am. Lefèvre-Pontalis, Hardoin.

Directeur. — M. J. Gay.

Sous-Directeurs. — MM. F. Monvoisin, Em. Vacherie.

Comité de trois censeurs, nommés pour trois ans et renouvelables par tiers, devant être propriétaires chacun de 100 actions également inaliénables pendant la durée de leurs fonctions.

Assemblée générale. — Avant le 1er mai, composée des titulaires ou porteurs de 40 actions à la condition d'être inscrits sur les registres de la Société deux mois avant la date de la réunion.

Chaque membre de l'Assemblée a autant de voix qu'il représente de fois 40 actions.

Répartition des bénéfices d'après les statuts. — Sur les bénéfices nets des charges, il est prélevé un vingtième qui sera affecté au fonds de réserve; ce prélèvement cessera d'être obligatoire lorsque la réserve atteindra le dixième du capital social.

Des réserves supplémentaires peuvent être constituées par l'Assemblée générale.

Après le prélèvement de 5 0/0, pour la réserve obligatoire, et celui de 4 0/0 d'intérêt pour le capital versé, il est alloué, sur l'excédent, un dixième aux administrateurs et censeurs.

Le surplus est réparti conformément aux décisions de l'Assemblée générale.

Dividendes distribués. — 1881: 19 francs; 1882: 18 fr. 56; 1883: 18 fr. 35; 1884: 17 fr. 83; 1885: 11 fr. 60; 1886: 12 fr. 37; 1887: 13 fr. 40; 1888: 13 fr. 40; 1889: 14 fr. 45; 1890: 15 fr. 57; 1891: 15 fr. 65; 1892: 17 fr. 65.

CRÉDIT LYONNAIS

Constitution. — Société anonyme, constituée le 25 avril 1892 (transformation de la Société à responsabilité limitée, constituée le 6 juillet 1863).

Objet d'après les statuts. — Les opérations de la Société consistent :

1° A escompter tous effets de commerce, warrants ou bulletins de gage, et, en général, toutes sortes d'engagements, à échéance fixe, résultant de transactions commerciales ou industrielles ; à négocier et à réescompter les valeurs ci-dessus désignées, après les avoir revêtues de son endossement ; à fournir et accepter tous mandats, traites et lettres de change ;

2° A faire des avances sur effets publics, actions, obligations, warrants ou autres valeurs, pouvant être donnés en nantissement ; à faire tous emplois de fonds au moyen de reports ;

3° A se charger de tous payements et recouvrements pour compte d'autrui, soit au moyen de chèques, soit de toute autre manière ; à opérer, pour le compte de tiers, et moyennant commission, l'achat ou la vente de toute espèce de fonds publics et valeurs industrielles ;

4° A ouvrir toutes souscriptions pour la réalisation d'emprunts publics ou autres, ainsi que de toutes Sociétés, sous quelque forme que ce soit, pour le compte de tiers et moyennant commission ;

5° A fournir ou recevoir de l'argent en comptes courants productifs d'intérêts ; à donner tous engagements, avals et cautions pour quelque motif que ce soit, et notamment en douane ; à prêter et à emprunter, en conférant et acceptant toutes affectations hypothécaires et toutes garanties mobilières ;

6° A soumissionner tous emprunts d'Etats, de départements, de communes et autres établissements publics ; à acquérir ou vendre tous titres de rentes, effets publics, actions, obligations de Sociétés industrielles et financières, civiles ou commerciales ;

7° A recevoir en dépôt, moyennant un droit de garde, tous titres ou valeurs, mais sans que la responsabilité du dépôt puisse s'étendre au cas de force majeure ;

8° A acheter et vendre tous immeubles au mieux des intérêts de la Société, et à s'intéresser directement ou indirectement dans toutes opérations immobilières ;

9° A faire généralement toutes les opérations d'une maison de banque, soit à Lyon, soit à l'étranger, et à se faire représenter, partout où besoin sera, par des agences et correspondances ou par des succursales ;

10° A liquider la portion de l'actif réservé par la Société à responsabilité limitée, Crédit lyonnais (capital, 20 millions), et destiné à faire face à son passif.

La Société doit toujours avoir, en caisse ou en portefeuille, des espèces ou effets de commerce disponibles et immédiatement réalisables pour une somme équivalente en tout au tiers du capital social réalisé et du fonds de réserve.

Siège social. — Lyon, palais du Commerce. Succursale à Paris, boulevard des Italiens, 19 et 21. Agences à Londres, Bruxelles, Constantinople, Alexandrie, Smyrne, Madrid, Genève, Vienne, Saint-Pétersbourg, Moscou, Odessa, New-York, Barcelone, Lisbonne, Jérusalem, et, en France, dans plusieurs départements.

Durée. — 50 ans, à compter de la constitution définitive, soit du 25 avril 1872 au 25 avril 1922.

Capital social. — Le capital social de la Société à responsabilité limitée, constituée en 1863, avait été fixé à 20 millions; celui de la Société anonyme, constituée en 1872, a été fixé à 50 millions, représentés par 100.000 actions de 500 francs, libérées de 250 francs, sur lesquelles 80.000 ont été attribuées à la liquidation de la Société à responsabilité limitée, en représentation de l'apport de son actif, et 20.000 ont été souscrites au pair et libérées de 250 francs. Par décision de l'Assemblée générale du 16 avril 1875, ce capital a été porté à 75 millions, par la création de 50.000 actions nouvelles de 500 francs qui ont été émises par la Société, en mai 1875, et réservées aux anciens actionnaires, à raison de une action nouvelle pour deux anciennes. Elles ont été libérées, en souscrivant, de 250 francs. (Une répartition de réserve, de 62 fr. 50 par action ancienne, a été appliquée jusqu'à due concurrence à ce versement.) Par décision de l'Assemblée générale du 5 avril 1879, le capital a été élevé à 100 millions par la création de 50.000 actions nouvelles de 500 francs qui ont été émises par la Société, en avril 1879, au prix de 625 francs (dont 25 francs ont été portés à la réserve), par souscription réservée aux anciens actionnaires à raison de une action nouvelle pour trois anciennes. Enfin, par décisions des Assemblées générales, des 12 mars et 26 avril 1881, le capital social a été porté à 200 millions par la création de 200.000 actions nouvelles de 500 francs, qui ont été émises par la Société, en mars 1881, au prix de 750 francs (dont 500 francs applicables au capital et 250 francs aux réserves), par souscription réservée aux anciens actionnaires, à raison de une action nouvelle pour une ancienne. Le capital social est donc actuellement de 200 millions, divisés en 400.000 actions de 500 francs, libérées de 250 francs et au porteur.

Les intérêts et dividendes se payent ordinairement les 25 mars (acompte) et 25 septembre (solde) au siège social, à Lyon, à la succursale de Paris, boulevard des Italiens, 19, et dans toutes les agences de la Société.

Conseil d'administration. — De dix à quinze membres, renouvelables par cinquième chaque année et devant être propriétaires chacun de 300 actions inaliénables pendant la durée de leurs fonctions.

Les administrateurs actuels sont : MM. Henri Germain, président; H. Bouthier, vice-président; Léon Masson, G. Broleman, E. Bethenod, René Brice, H. Morin-Pons, E. Kleinmann, Marius Bô, J. Enders.

Assemblée générale. — Avant la fin du mois d'avril, composée de tous les actionnaires propriétaires de vingt actions depuis trois mois au moins. Chaque membre de l'Assemblée a autant de voix qu'il possède de fois vingt actions sans qu'aucun d'eux puisse réunir plus de vingt voix.

Répartition des bénéfices d'après les statuts. — Sur les bénéfices nets de toutes les charges, il est prélevé :

1° Un vingtième pour constituer une réserve légale, égale au dixième du capital social ;

2° Une somme égale à 5 0/0 du capital versé et des réserves, à répartir aux actionnaires à titre d'intérêt.

Le surplus est attribué comme suit :

15 0/0 au Conseil d'administration.
85 0/0 aux actionnaires et à un fonds de réserve extraordinaire.

Dans les cas où les bénéfices ne suffiraient pas une année, pour que la répartition totale à faire aux actionnaires, tant à titre d'intérêt qu'à titre de dividende, représentât 6 0/0 du capital versé et des réserves, cette insuffisance pourra être comblée par un prélèvement sur le solde du fonds de prévoyance et, après épuisement, sur le fonds de réserve extraordinaire.

Par contre, tant que le montant total des réserves n'atteindra pas le tiers du capital social, le surplus des bénéfices au delà de 6 0/0, calculé sur le capital versé et les réserves, sera porté au fonds de réserve extraordinaire, si le Conseil d'administration en fait la proposition.

Si, par suite de prélèvements, les réserves venaient à tomber au-dessous du tiers du capital social, elles seraient reconstituées dans les mêmes conditions que précédemment.

Les bénéfices sont répartis sans qu'il y ait lieu à compensation d'un exercice sur l'autre.

Dividendes distribués. — Ils ont été pour ces dernières années ;

1884.	20 »		1889.	27 50
1885.	15 »		1890.	30 »
1886.	15 »		1891.	30 »
1887.	17 50		1892.	30 »
1888.	25 »			

CRÉDIT MOBILIER

Constitution. — Société anonyme, constituée le 11 décembre 1871.

Objet d'après les statuts. — Faire toutes opérations de crédits, de banque et de commission, sur valeurs mobilières, soit en son nom et pour son compte, soit pour le compte de tiers, soit en participation, soit par voie de commandites données ou acceptées, ou sous toutes autres formes.

Ces opérations consistent notamment :

1° A souscrire ou émettre tous emprunts d'États, de villes ou d'établissements publics ; toutes actions et obligations de Sociétés civiles ou commerciales, et spécialement de celles ayant pour objet des entreprises de chemins de fer, de canaux, de mines et d'autres grands travaux publics ou privés ;

2° A soumissionner ces mêmes entreprises, à les céder, à les réaliser ;

3° A faire des avances de fonds, soit en espèces, soit par voie d'acceptations, moyennant sûretés, telles que cessions de créances ou subvention, nantissement de valeurs mobilières, cautionnement et même affectations hypothécaires ;

4° A ouvrir des crédits en comptes courants et à fournir, pour des tiers, toutes cautions sous les mêmes garanties ;

5° A acquérir, escompter, négocier, vendre, échanger, donner en nantissement, tous effets publics, bons du Trésor ou de villes, actions et obligations, effets sur Paris, les départements et l'étranger.

6° A tenir une caisse de dépôts de titres ;

7° A se charger des services de caisse et de trésorerie des Sociétés ou entreprises susmentionnées ;

8° A faire, pour compte de tiers, l'achat et la vente de toute espèce de fonds publics, actions, obligations et autres valeurs, tous recouvrements d'arrérages, intérêts et dividendes ;

9° A recevoir des sommes en dépôts ou comptes courants et à ouvrir des comptes de chèques ;

10° Enfin à créer et à émettre des obligations ou bons, à échéance fixe ou variable, de la Société, sous la condition que ces titres seront représentés, pour leur montant total, par des effets publics, en actions ou obligations, au moins équivalents à ceux existant en portefeuille.

La Société avait de plus pour objet la liquidation de la portion de l'actif, réservé par la Société générale du Crédit Mobilier, et destiné à faire face à son passif.

Siège social. — A Paris, place Vendôme, 15.

Durée. — Cinquante ans, à compter de la constitution définitive, soit du 11 décembre 1871 au 11 décembre 1921.

Capital social. — Le capital social a été primitivement fixé à 80 millions et divisé en 160.000 actions de 500 francs au porteur, émises au pair et entièrement libérées, sur lesquelles 96.000 actions (soit 48 millions de francs) ont été attribuées, à raison de 2 actions nouvelles pour 5 anciennes, aux 240.000 actionnaires de l'ancienne Société générale de Crédit mobilier, en représentation de l'apport, par elle fait, de son actif net ainsi évalué. Les 64.000 autres actions (soit en capital 32 millions) ont été émises au pair de 500 francs en novembre 1871, en souscription publique réservée aux actionnaires de l'ancienne Société générale de Crédit mobilier. Par décision de l'Assemblée générale susénoncée du 29 mai 1878, le capital a été réduit à 32 millions, et divisé en 64.000 actions de 500 francs au porteur, entièrement libérées, qui ont été réparties, à compter du 20 juillet 1878, entre les 160.000 actions créées à la formation de la Société, à raison de 2 actions nouvelles pour 5 actions anciennes. En outre, tous pouvoirs ont été donnés au Conseil d'administration à l'effet d'émettre au pair, en temps opportun et sur simple décision de sa part, 16.000 actions nouvelles de 500 francs, de manière à élever le capital actuel de 32 à 40 millions. En vertu d'une décision du Conseil d'administration du 19 juin 1879, ces 16.000 actions ont été émises au pair, du 5 au 15 juillet 1879, par souscription exclusivement réservée aux anciens actionnaires, à raison de 1 action nouvelle pour 4 anciennes, au taux de 500 francs, payables : 250 francs en souscrivant, 125 francs du 1er au 5 septembre, et 125 francs du 1er au 5 novembre, avec faculté de se libérer par anticipation, auquel cas il a été remis des titres définitifs au porteur pouvant porter les numéros 64.001 à 80.000. Le capital a été ainsi fixé à 40 millions, divisés en 80.000 actions de 500 francs au porteur, entièrement libérées.

Par décision de l'Assemblée générale du 29 novembre 1883, le Conseil d'administration a été autorisé à acheter, dans un délai ne devant pas dépasser le 31 décembre 1884, des actions de la Société, à un prix inférieur au pair, jusqu'à concurrence de 20.000 actions au maximum. Ladite Assemblée a décidé que le capital serait réduit dans la proportion du nombre d'actions rachetées. L'achat de 20.000 actions ainsi autorisé, a été réalisé dans le courant de 1884, au cours moyen de 332 fr. 72 par action, et le capital social se trouve ramené à 30 millions et représenté par 60.000 actions de 500 francs, entièrement libérées et au porteur, pouvant être numérotées de 1 à 80.000.

Les intérêts et dividendes sont payables les 1er janvier (acompte) et 1er juillet (solde).

Conseil d'administration. — De douze membres au plus, nommés pour six ans, devant être propriétaires chacun de 50 actions inaliénables pendant la durée de leurs fonctions.

Assemblée générale. — Avant la fin de juin, composée de tout propriétaire de 20 actions au moins, qui ont été déposées au siège social, cinq jours avant la réunion. Chaque membre de l'Assemblée a autant de voix qu'il possède de fois 20 actions, soit en son nom, soit comme mandataire, sans que le nombre de voix puisse dépasser un maximum de cent.

Répartition des bénéfices d'après les statuts. — Sur les bénéfices nets, il est prélevé annuellement :

1° Un vingtième pour former un fonds de réserve jusqu'à ce qu'il ait atteint le dixième du capital social ;

Il peut en outre être créé un fonds de prévoyance au moyen de prélèvements, dont l'Assemblée générale détermine le montant ;

2° Somme suffisante pour assurer aux actions une première distribution de 5 0/0 du capital versé.

Dans le partage du surplus, le dividende attribué aux actionnaires, y compris la première distribution à eux faite, est porté à 95 0/0 du total, les 5 0/0 restant sont attribués au Conseil d'administration.

SOCIÉTÉ GÉNÉRALE

Constitution. — Société anonyme, constituée le 4 mai 1864.

Objet d'après les statuts. — La Société a pour objet :

1. De prêter son concours à des associations déjà constituées ou à constituer, sous la forme de Sociétés en nom collectif, en commandite, anonymes ou à responsabilité limitée, et ayant pour objet, soit des entreprises industrielles et commerciales, mobilières ou immobilières, soit des entreprises de travaux publics ; de se charger de la constitution

de ces Sociétés, de l'émission de leur capital, du placement de leurs actions et obligations, et d'ouvrir toute souscription qui serait nécessaire; d'accepter, au nom des actionnaires de ces Sociétés, tout mandat de contrôle et de surveillance sur les opérations, tout pouvoir de les représenter où besoin sera; enfin, de prendre dans les Sociétés constituées ou à constituer une ou plusieurs parts d'intérêts, sans que le total des capitaux, consacrés à cet objet, puisse excéder la moitié du capital social.

2. D'ouvrir des crédits, avec ou sans nantissements, connaissements, etc., à toutes Sociétés, ou à tout négociant et industriel; de cautionner ou garantir l'exécution de toutes opérations et de tous engagements; de faire aux associations, patronnées par la Société générale, tout prêt avec ou sans hypothèque; de faire des prêts et d'ouvrir des crédits sur garanties hypothécaires, transport en garantie, en nantissement, à tous entrepreneurs de travaux publics et autres et à tout constructeur, de céder et transporter les prêts effectués, avec ou sans garantie de la part de la Société; de faire des avances à tout constructeur, propriétaire ou armateur de navires, sur sûretés et garanties régulières; d'assurer au Crédit foncier de France le payement des annuités d'emprunts à long terme, reposant sur les immeubles industriels des entreprises ayant le patronage de la Société générale; d'acheter des matières d'or et d'argent destinées à être revendues en nature ou monnayées.

3. D'escompter les effets de commerce payables à Paris, dans les départements et à l'étranger, les effets, bons et valeurs émis par le Trésor public, les villes, communes et départements, les warrants ou bulletins de gage concernant les marchandises déposées dans les docks, entrepôts ou magasins généraux, et en général toutes sortes d'engagements fixes résultant de transactions commerciales et industrielles et d'opérations faites par toutes administrations publiques; de négocier et réescompter les valeurs ci-dessus mentionnées; les effets et valeurs de commerce mentionnés dans le présent paragraphe devront être au plus à six mois d'échéance.

4. De se charger de tous les recouvrements pour le compte des associations patronnées, clients et correspondants; de payer tous coupons d'intérêts et de dividendes, d'accepter et de payer tous mandats, chèques, traites ou lettres de change, dont la couverture aura été faite soit par crédits ouverts, soit en espèces, valeurs escomptées, valeurs ou marchandises données en nantissement.

5. De fournir sur les clients et correspondants de la Société tous mandats, traites, lettres de change à échéance fixe, à vue ou à plusieurs jours de vue; d'émettre des engagements portant intérêt, dont l'exigibilité ne pourra être moindre de quatre-vingt-dix jours ni excéder cinq années, et dont le montant ne pourra dépasser le capital social.

6. De faire des avances sur rentes françaises et valeurs émises par l'État, les départements, villes et communes, et toutes autres administrations publiques, actions et obligations des chemins de fer français, ou des sociétés industrielles françaises jusqu'à concurrence des quatre cinquièmes de leur valeur, et à la condition que ces avances ne seront faites que pour une durée de quatre-vingt-dix jours au plus.

7. De recevoir, moyennant un droit de garde, des dépôts volontaires de tous titres, lingots, monnaies, matières précieuses d'or et d'argent.

8. De recevoir en compte courant, jusqu'à concurrence d'une fois et demie le capital social et les réserves, les fonds qui seront versés, à un

taux d'intérêt fixé par le Conseil d'administration, et sous la condition que le solde de ces comptes sera toujours représenté par des valeurs de portefeuille escomptables à quatre-vingt-dix jours, des rentes, bons du Trésor, et autres valeurs sur lesquelles la Banque de France fait des avances.

9. De contracter et de négocier, aux conditions qui seront arrêtées par le Conseil d'administration, tous emprunts publics ou autres ; d'ouvrir toute souscription pour leur émission; de participer à ces emprunts et à ces souscriptions, même à celles qui seraient ouvertes par d'autres pour lesdits emprunts.

10. D'effectuer, au mieux des intérêts de la Société, le placement des fonds disponibles provenant du capital de la Société, de son fonds de réserve et de ses bénéfices; vendre les valeurs ainsi achetées, faire tous emplois du produit de ces ventes, le tout conformément aux décisions du Conseil d'administration.

Sont interdites les opérations à terme sur les fonds publics français et étrangers et actions des Compagnies. Ne sont pas compris dans cette interdiction les reports ou les opérations rentrant dans l'exécution des paragraphes 9 et 10 ci-dessus, ou celles se rattachant à des valeurs émises par la Société.

La faculté ouverte par le premier paragraphe ci-dessus ne pourra être exercée en faveur des Sociétes qui se seraient réservé le droit de faire ou qui feraient des opérations en opposition avec les dispositions du paragraphe précédent.

Siége social. — A Paris, rue de Provence, 54 et 56. Bureaux divers à Paris et dans la banlieue ; agences dans les départements et à Londres.

Durée. — 50 ans, à compter du décret d'autorisation, soit du 4 mai 1864 au 4 mai 1914.

Capital social. — 120 millions de francs; représentés par 240.000 actions de 500 francs émises au pair et libérées de 250 francs. Elles sont nominatives jusqu'au payement intégral du montant de l'action.

Les intérêts et dividendes se payent les 1er octobre (acompte) et 1er avril (solde).

Conseil d'administration. — De quinze membres, nommés pour cinq ans et renouvelables par cinquième chaque année, devant être propriétaires chacun de 200 actions inaliénables pendant la durée de leurs fonctions.

Comité, de trois censeurs, devant être propriétaires chacun de 200 actions inaliénables pendant la durée de leurs fonctions.

Directeurs et sous-directeurs, nommés par le Conseil d'administration, devant être propriétaires, l'un de 200 actions et les autres chacun de 100 actions inaliénables; chargés de la gestion des affaires de la Société et de l'exécution des délibérations du Conseil d'administration.

Les administrateurs actuels sont : MM. Edw. Blount, *président;* baron Hély d'Oissel, *vice-président ;* A. Bartholoni, Le Bègue, de Cardon de Sandrans, Gaillard de Witt, J. Gay, de Lassus Saint-Geniès, Am. Lefèvre-Pontalis, Charles Lhuillier, Sesne de Molaing, Ch. de Montferrand.

Censeurs : MM. de Saint-Anne, Thirria, Welche.

Directeur : M. Segan.

Sous-directeurs : MM. Berthelot, G. Buron.

Assemblée générale. — Dans le courant du premier trimestre, composée de tout titulaire de 40 actions, inscrit plus de huit jours avant l'époque de la réunion, 40 actions donnent droit à une voix, sans que le même actionnaire puisse avoir plus de cinq voix en son nom personnel et plus de dix voix soit par lui-même, soit comme fondé de pouvoir.

Répartition des bénéfices d'après les statuts. — Sur les bénéfices nets il est prélevé annuellement :

1° 5 0/0 du capital des actions émises ;

2° 10 0/0 des bénéfices pour le fonds de réserve, jusqu'à ce qu'il ait atteint le cinquième du capital social.

Ce qui reste est réparti dans la proportion d'un dixième pour les administrateurs, et de neuf dixièmes pour les actions, à titre de dividende.

Il peut être fait une réserve extraordinaire avec l'approbation de l'Assemblée générale.

Le payement des intérêts et dividendes se fait au siège social, rue de Provence, 54 et 56.

BANQUE INTERNATIONALE DE PARIS

Constitution. — Société anonyme, constituée le 7 juin 1889.

Objet d'après les statuts. — Faire toutes opérations financières, industrielles, commerciales, même immobilières et toutes entreprises de travaux publics, pour elle-même ou pour compte de tiers, en France ou à l'étranger.

Durée. — Cinquante ans, du 7 juin 1889 au 7 juin 1939.

Siège social. — Paris, 3 et 5, rue Saint-Georges.

Capital social. — 25.000.000 de francs, divisés en 50.000 actions de 500 francs, libérées et au porteur.

Conseil d'administration. — De cinq à douze membres, nommés pour six ans, renouvelables par un ou deux membres chaque année et devant être propriétaires de cent actions chacun.

Assemblée générale. — Dans le courant du premier semestre ; vingt actions déposées dix jours à l'avance donnent droit à une voix.

Répartition des bénéfices d'après les statuts. — Sur les bénéfices nets, il est attribué :

1° 5 0/0 au fonds de réserve légale qui doit atteindre le dixième du capital social ;

2° aux actions 5 0/0 des sommes versées.

Sur le surplus, il peut être prélevé de quoi former un fonds de prévoyance, dont 10 0/0 appartiennent aux Administrateurs et 90 0/0 aux Actionnaires. Sur le solde des bénéfices, il est attribué 10 0/0 au Conseil d'administration, 90 0/0 aux actionnaires.

Résultats du dernier exercice (1894-95). — L'assemblée générale ordinaire de la Banque internationale de Paris a eu lieu le 11 mai 1895. Elle a voté sans discussion et à l'unanimité les résolutions suivantes ;

L'assemblée :

Après avoir entendu la lecture des rapports du Conseil d'administration, du Comité de censure et des Commissaires des comptes :

1° Approuve les comptes de l'exercice 1894 ;

2° Fixe à 30 francs, par action, le dividende de l'exercice 1894. Un acompte de dividende de 12 fr. 50 ayant été payé le 2 janvier dernier, le solde, soit 17 fr. 50. sera payable à partir du 1ᵉʳ juillet prochain, sous déduction des impôts résultant des lois de finances ;

3° Approuve le prélèvement d'une somme de 500.000 francs pour être portée à un fonds de prévoyance, et le report à nouveau du solde des bénéfices s'élevant à 1.073.485 fr. 05 ;

4° Réélit MM. Raphaël de Bauer, Guillaume Beer, Maurice Bixio, Edouard Delessert, Jacques Kulp, Ernest May et Georges May, administrateurs sortants ;

5° Réélit, membre du Comité de censure, M. Isidore Salles, arrivé à l'expiration de son mandat, aux termes de l'article 27 des statuts ;

6° Nomme MM. Durand et de Carrère, commissaires chargés de faire un rapport, à l'assemblée générale de 1896, sur les comptes de l'exercice 1895.

BANQUE D'ALSACE ET DE LORRAINE

Constitution. — Société anonyme, constituée le 6 décembre 1871.

Objet d'après les statuts. — La Société a pour objet, toutes opérations financières, commerciales et industrielles de toute nature.

Durée. — Cinquante années, du 16 décembre 1871 au 16 décembre 1921.

Siège social. — Strasbourg.

Capital social. — 12.000.000 de francs ; divisés en 24.000 actions de 500 francs, libérées de 375 francs, au porteur, mais pouvant être rendues nominatives par leur dépôt au siège de la Société en échange d'un certificat représentatif.

Conseil d'administration. — De seize membres, élus pour trois ans, renouvelables annuellement par cinq ou six membres, et dont chacun doit être propriétaire de vingt-cinq actions.

Assemblée générale. — Réunie généralement au commencement d'avril. Chaque actionnaire a le droit d'y assister (suivant la loi), mais il faut, pour prendre part au vote, déposer au moins dix actions cinq jours avant l'assemblée. Chaque actionnaire a droit à autant de voix qu'il représente de fois dix actions et au maximum à cinquante voix.

Répartition des bénéfices d'après les statuts. — Sur les bénéfices nets, il est attribué :

1° 5 0/0 au fonds de réserve légale ;

2° un intérêt de 5 0/0 au capital-actions versé.

Le surplus est réparti comme suit :

15 0/0 au Conseil d'administration ;
10 0/0 aux directeurs ;

Le solde à la disposition des actionnaires.

BANQUE DE MULHOUSE

Constitution. — Société anonyme, constituée le 8 novembre 1871.

Objet d'après les statuts. — Toutes opérations financières, commerciales et industrielles.

Durée. — Cinquante ans.

Siège social. — Mulhouse ; avec succursales à Epinal, Strasbourg et Colmar.

Capital social. — 12 millions de francs, divisés en 24.000 actions de 500 francs, libérées de 250 francs, (nominatives ou au porteur).

Conseil d'administration. — Composé de douze membres au moins (actuellement quatorze), élus pour trois ans, renouvelables chaque année par quart et devant être propriétaires de vingt actions chacun.

Assemblée générale. — Au plus tard le 1er mai, (généralement dans le courant de mars). Tout actionnaire peut y assister moyennant dépôt des titres huit jours à l'avance. Dix actions donnent droit à une voix, sans que le même actionnaire puisse réunir plus de cent voix.

Répartition des bénéfices d'après les statuts. — Sur les bénéfices nets, il est prélevé :

1° 5 0/0 pour le fonds de réserve ;

2° Une somme suffisante pour payer un intérêt de 5 0/0 au capital versé ;

Le surplus est réparti comme suit :

15 0/0 au Conseil d'administration ;
15 0/0 au directeur et principaux collaborateurs ;
Le solde aux actionnaires suivant décision de l'assemblée générale.

BANQUE DES CHEMINS DE FER ORIENTAUX

Constitution. — Société anonyme, constituée le 1ᵉʳ novembre 1890.

Objet d'après les statuts. — La Société a pour objet : De prendre à sa charge et d'exécuter toutes opérations financières se rattachant à la construction et à l'exploitation de chemins de fer ou d'autres établissements permanents servant au développement du trafic en Orient (Europe occidentale et Turquie-d'Asie). Elle pourra, en particulier s'intéresser, à des Sociétés nouvelles ou déjà existantes de construction et d'exploitation de chemins de fer ou autres établissements servant au trafic, soit en acquérant les actions de ces entreprises, soit en leur prêtant de l'argent pour la construction ou l'exploitation de chemins de fer ou autres établissements servant au trafic, soit enfin en acquérant, de tierces personnes, des créances déjà existantes provenant de la construction ou de l'exploitation de chemins de fer ou d'autres établissements servant au trafic, contre des Sociétés, Etats, provinces ou communes (article 2 des statuts).

Siège social. — Zurich.

Durée. — Indéterminée.

Capital social. — Le *Capital-actions* s'élevait, à l'origine, à 63.000.000 de francs divisés en 13.000 actions de priorité 6 0/0 de 1.000 francs, libérées et au porteur, pouvant être rachetées jusqu'à 115 0/0, ou remboursées par tirages au sort au même cours, et 50.000 actions ordinaires nominatives, émises par certificats de cinq actions de 1.000 francs chacune, dont 20 0/0 versés. L'Assemblée générale du 24 juillet 1894 a décidé le remboursement des 12.166 actions privilégiées restant à cette époque, pour le 2 janvier 1895. A partir de cette date le capital a donc été réduit au montant des actions ordinaires, de 50.000.000 de francs.

L'inscription du transfert au registre libère entièrement le cédant de tout engagement, sous réserve des stipulations contenues dans le Code fédéral des obligations ; en outre, le cédant est avisé par lettre lors de l'acceptation de son transfert et de la décharge qui en résulte pour lui.

Conseil d'administration. — Composé de dix à quinze membres, renouvelables annuellement par tiers, rééligibles. Chaque administrateur doit être propriétaire de dix actions.

Assemblée générale. — Avant le 30 avril (jusqu'ici en mars), régulièrement constituée par la présence de quinze actionnaires présents ou représentés, réunissant le quart du capital social. Chaque action donne droit à une voix. Maximum par actionnaire, le cinquième des voix dans l'assemblée.

Répartition des bénéfices d'après les statuts. — Sur les bénéfices nets de toutes charges il est prélevé :

1° 5 0/0 pour le compte de réserve (ce prélèvement pourra être suspendu lorsque la réserve aura atteint 5 0/0 du capital social);

2° La somme nécessaire pour servir aux actionnaires 5 0/0 du capital versé;

Le solde est réparti comme suit: 15 0/0 au Conseil d'administration et 85 0/0 aux actionnaires.

La Société a employé lors de sa création une partie de son capital actions et obligations à l'achat : 1° de 88.000 actions de la Société d'exploitation des Chemins orientaux ; 2° de deux créances de M. le baron de Hirsch à la charge de la Société d'exploitation, l'une de 21.978.813 fr. 10 avec intérêt à 7 0/0 à partir du 31 décembre 1889, et l'autre de 19.790.162 fr. 29 avec intérêt 5 0/0 à partir du 31 décembre 1889. Ces trois valeurs ont coûté 72.355.509 fr. 36 à la Banque des Chemins orientaux. La première des deux créances a été liquidée le 13 avril 1894; la seconde réduite, au 30 juin 1894 à 18.763.327 fr. 29 ; en outre, il a été vendu, en 1893/1894, 19.400 actions de la Société d'exploitation.

Obligations 4 0/0. — Emprunt contracté par la susdite Banque, suivant résolution de son Conseil d'administration, en date du 24 juillet 1894; destiné à la conversion partielle de l'*emprunt 4 1/2 0/0* de 63 millions de francs du 2 janvier 1891, dénoncé pour le remboursement au pair, au 2 janvier 1895. Le capital nominal est de 50.000.000 de francs = 40.450.000 mk. ; divisé en 100.000 obligations de 500 francs = 404 mk. 50 chacune.

A valoir sur le montant de l'emprunt, il a été émis en Suisse et en Allemagne: 1° 80.000 obligations en août 1894, au prix de 99 0/0, jouissance du 2 janvier 1895, pour la conversion d'un montant nominal égal d'obligations 4 1/2 0/0. Les obligations 4 1/2 0/0 admises à la conversion, du 22 au 31 août 1894, coupon au 2 janvier 1895 détaché, ont été revêtues du timbre « Konversion erklart », puis échangées en novembre contre les nouvelles obligations; il fut bonifié en même temps une soulte de 10 francs par obligation de 1.000 francs; 2° 11.500 obligations en décembre 1894, au pair, moins intérêt jusqu'au 2 janvier 1895. Ces dernières obligations furent offertes en souscription, le 8 décembre 1894, conjointement avec 21.108 obligations semblables, dont 1.108 restées de l'émission précédente entre les mains du syndicat, et 20.000 acquises par lui d'un obligataire. Le solde de 8.500 obligations est mis en réserve pour des besoins ultérieurs.

L'intérêt est de 4 0/0 l'an, payable : 10 francs le 2 janvier, 10 francs le 1er juillet. Remboursement au pair, le 2 janvier 1915. Toutefois, la Société s'est réservé le droit de rembourser en tout temps avant ce terme, tout ou partie de l'emprunt, sous préavis de trois mois. En cas de remboursement anticipé, chaque obligation remboursable avant le 2 janvier 1899 sera payée au taux de 101 0/0 = 505 fr. = 408 mk. 55.

Comme garanties : en regard du capital obligations, le bilan présente les valeurs suivantes: 1° le capital non versé sur les actions ordinaires de 40.000.000 de francs, représenté par des engagements personnels signés par les actionnaires ; 2° le capital versé sur les actions ordinaires, placé en valeurs solides de 10.000.000 de francs ; 3° l'avoir total de la Société. Tant que les obligations faisant partie de cet emprunt n'auront pas été complètement remboursées, la Banque s'interdit d'émettre d'autres emprunts garantis par des gages spéciaux.

UNION FINANCIÈRE DE GENÈVE

Constitution. — Société anonyme, constituée le 25 avril 1890, par suite de la fusion de la Banque nouvelle des chemins de fer suisses et l'Association financière de Genève.

Objet d'après les statuts. — La Société a pour objet de traiter toutes opérations financières en Suisse ou à l'étranger ou d'y participer.

Siège social. — Genève, rue de Hollande.

Durée. — Non limitée. La liquidation peut être décidée par un vote de l'Assemblée générale réunissant le tiers du capital social et une majorité des deux tiers des voix.

Durée. — Illimitée.

Siège social. — Zurich.

Capital social. — 30.000.000 de francs, divisés en 60.000 actions de 500 francs, libérées et au porteur.
Le capital primitif était de 15 millions, en 30.000 actions. Une deuxième émission, de 10.000 actions, eut lieu en 1873, une troisième, de 20.000 actions, en 1890.

Conseil d'administration. — Composé de douze membres élus pour quatre ans ; renouvelable chaque année par quart, soit trois membres. Chaque administrateur doit être propriétaire de 25 actions.

Assemblée générale. — Réunie annuellement, au plus tard en avril (ordinairement à la fin de mars). Les titres doivent être présentés au moins deux jours avant l'Assemblée ; les actionnaires ne sont pas tenus de déposer leurs actions, mais seulement de prouver qu'elles sont en leur possession, par exemple en présentant leurs titres.

Tout actionnaire a droit à autant de voix qu'il représente d'actions, au maximum à 500 voix, ou au cinquième des droits de vote représentés.

Répartition des bénéfices d'après les statuts. — Sur les bénéfices nets, il est alloué :

1° 10 0/0 au fonds de réserve légale, mais seulement jusqu'à ce que ce fonds ait atteint le dixième du capital-actions émis. (Cette limite étant atteinte depuis longtemps, il n'y a pas lieu, actuellement, de faire des versements de bénéfices au profit de ladite réserve) ;

2° Intérêt au capital-actions versé, 5 0/0.

Le surplus est réparti comme suit :
 8 0/0 au Conseil d'administration ;
 12 0/0 aux Directeur et personnel ;
 80 0/0 aux Actionnaires.

Obligations. — Les obligations émises par la Société sont nominatives. Elles atteignaient, à fin décembre 1893, un total de 11.036.000 fr. portant intérêt à des taux variant de 3 1/2 à 4 0/0 l'an (en moyenne 3.66 0/0) et remboursables à différentes époques sous préavis de un à trois mois.

Ces obligations ne sont soumises à aucun tirage; elles sont émises pour une durée fixe plus ou moins prolongée à l'expiration de laquelle elles peuvent être dénoncées au remboursement dans un délai convenu, tant par l'obligataire que par le Crédit Suisse. Elles n'ont aucune garantie spéciale.

Dividendes distribués. — 1881 : 8 0/0 ; 1882 : 7 1/2 0/0 ; 1883 : 7 0/0 ; 1884 : 6 1/2 0/0 ; 1885 : 7 1/2 0/0 ; 1886 : 7 0/0 ; 1887 et 1888 : 8 0/0 ; 1889 et 1890 : 9 0/0 ; 1891 et 1892 : 7 0/0.

SOCIÉTÉ FINANCIÈRE FRANCO-SUISSE

Constitution. — Société Suisse, constituée le 29 mars 1892.

Objet d'après les statuts. — L'acquisition et la réalisation de fonds d'Etats ou de titres ou valeurs garanties par des Etats, et toutes opérations de banque.

La Société a acquis à l'origine 11.928 obligations 5 0/0 Serbes hypothécaires, dites agraires, et 13.072 obligations Serbes 5 0/0 hypothécaires Chemin de fer, Série C., soit 25.000 obligations Serbes à 400 francs chacune, de plus 25.000 obligations consolidées Ottomanes 4 0/0 au prix de 345 francs pour un montant total de 18.625.000 francs.

Siège social. — Genève.

Durée. — Non limitée.

Capital social. — 20.000.000 de francs divisés en 4.000 actions de 5.000 francs chacune, dont 1.000 francs versés lors de la constitution de la Société.

Les actions sont nominatives et transmissibles par voie de transfert gratuit approuvé par le Conseil d'administration.

Conseil d'administration. — Composé de dix à quinze membres, dont trois sont remplacés ou réélus chaque année. Chaque administrateur doit être propriétaire de 70 actions.

Assemblée générale. — Au plus tard le 30 avril de chaque année. Elle se compose de tous les actionnaires ayant déposé leurs titres huit jours à l'avance. Chaque action donne droit à une voix. Nul actionnaire ne peut réunir plus du cinquième des votes représentés (C. F. O.)

Répartition des bénéfices d'après les statuts. — Sur les bénéfices nets, il est prélevé :

1° 5 0/0 au moins en faveur du fonds de réserve, jusqu'à ce qu'il atteigne le dixième du capital social ;

2° La somme nécessaire pour payer 5 0/0 de dividende au capital actions.

Le surplus est réparti comme suit :
25 0/0 au Conseil d'administration ;
75 0/0 aux actionnaires.

Toute distribution de réserves ou, en cas de liquidation, répartition du surplus restant après remboursement aux actionnaires du montant versé, aura lieu dans la même proportion de 75 0/0 aux actionnaires, 25 0/0 au Conseil.

Obligations 4 1/2 0/0. — Emprunt contracté le 29 mars 1892, au capital nominal de 30.000.000 de francs, divisés en 60.000 obligations de 500 francs au porteur, dont 10.000 obligations, n°s 1 à 10.000, représentées par 10.000 titres de une obligation, et 50.000 obligations, n°s 10.001 à 60.000, représentées par 10.000 titres de cinq obligations. A valoir sur cet emprunt, il a été émis par les soins de l'Union financière, à Genève et en Suisse, 32.000 obligations le 9 avril 1892, à 493 fr. 75, jouissance du 15 avril 1892, et 8.000 obligations le 1er juin 1893, à 507 francs, jouissance du 15 avril 1893, soit 40.000 obligations au total, représentant un capital nominal de 20.000.000 de francs. Il reste ainsi à la souche 20.000 obligations.

L'intérêt est de 4 1/2 0/0 l'an, payable : 11 fr. 25 le 15 avril, 11 fr. 25 le 15 octobre. Remboursement à 500 francs en 52 ans, par tirages au sort annuels effectués en juin, à partir du 1er juin 1893. Les titres sortis sont remboursés le 15 octobre suivant. La Société se réserve le droit d'anticiper, dès le 1er juin 1894, le remboursement de tout ou partie de l'emprunt sous préavis de trois mois.

Garanties : 1° Le capital actions non versé de seize millions, représenté par l'engagement des actionnaires. 2° Le produit des obligations émises employé, conformément aux statuts, à l'achat de fonds d'Etats ou titres de valeurs garanties par des Etats. Ces titres sont déposés en nantissement à l'Union financière de Genève pour servir de gage au service desdites obligations. Il ne peut être émis un montant d'obligations supérieur à une fois et demi le capital actions nominal.

COMPTOIR D'ESCOMPTE DE GENÈVE

Constitution. — Société anonyme, constituée le 29 mars 1855.

Objet d'après les statuts. — La Société a pour objet toutes les opérations suivantes :

1° Recouvrer, escompter et réescompter des effets de commerce payables à Genève ou à l'étranger ;

2° Ouvrir des crédits en compte-courant, avec ou sans garantie hypothécaire ou autre ;

3° Recevoir en dépôts productifs ou non d'intérêts, toutes sommes aux conditions qui seront fixées par le Conseil d'administration ;

4° Se charger, pour le compte de tiers, de tous achats et ventes de valeurs et fonds publics, ainsi que recevoir toutes souscriptions à des emprunts de villes, états, sociétés, etc. ;

5° Et généralement faire toutes opérations de banque.

La Société ne peut acheter de fonds publics pour son compte que jusqu'à concurrence du montant de la réserve et du sixième du capital. Le Conseil d'administration peut décider l'acquisition d'immeubles, il peut émettre des billets à ordre ou des obligations au porteur jusqu'à concurrence de la moitié du capital autorisé.

Durée. — Indéterminée.

Siège social. — Genève, rue Déday, 8.

Capital social. — A l'origine, le capital était de 1.500.000 francs seulement, divisés en 1.500 actions de 1.000 francs. En 1864, il a été porté à 3.000.000 francs par l'émission de 1.500 actions nouvelles de 1.000 fr.. Enfin en 1874, il a été divisé en 6.000 actions de 500 francs.

Conseil d'administration. — Composé de dix à douze membres nommés pour trois ans ; renouvelable chaque année par tiers. Chaque administrateur doit être propriétaire de dix actions.

Assemblée générale. — Dans les quatre premiers mois de l'année (généralement en mars) composée de tous les porteurs d'actions, déposées au moins cinq jours à l'avance. Chaque action donne droit à une voix, sans que le même actionnaire puisse réunir plus de dix voix.

Répartition des bénéfices d'après les statuts. — Sur les bénéfices nets, et après déduction de toutes les charges et amortissements, il est, en premier lieu, alloué 5 0/0 au moins au fonds de réserve, ce prélèvement cessant d'être obligatoire, lorsque ce fonds aura atteint 500.000 fr.

Le reste est réparti aux actionnaires à titre de dividende.

Dividendes distribués. — Dans ces dernières années : 12 fr. 50 en 1888, 20 francs en 1889, 25 francs en 1890, 30 francs en 1891, 30 francs en 1892 et 32 fr. 50 en 1893.

SOCIÉTÉ DE CRÉDIT SUISSE

Constitution. — Société anonyme, constituée le 5 juillet 1856, sous le titre « Schweizerische Kreditanstalt ».

Objet d'après les statuts. — Opérations de banque de tous genres ; escompte, comptes-courants avec ou sans ouverture de crédit, à découvert ou avec garanties spéciales ; négociations d'emprunts, achats et ventes de valeurs publiques ; création de Sociétés et entreprises industrielles ou autres et placement de leurs actions; émission d'obligations nominatives ou au porteur ; fondation de succursales ou agences en Suisse et à l'étranger, etc.

Assemblée générale. — Dans le premier trimestre de chaque année, généralement en février. Chaque actionnaire est convoqué, par lettre recommandée, au moins dix jours à l'avance. Chaque action donne droit à une voix, sans que le même actionnaire puisse réunir plus du cinquième des droits de vote (C. F. O.). Toute modification aux statuts exige une majorité du tiers au moins des actions émises.

Répartition des bénéfices d'après les statuts. — Sur les bénéfices nets de toutes charges, il est d'abord prélevé 5 0/0 pour former un fonds de réserve, jusqu'à concurrence de 500.000 francs. L'Assemblée peut aussi décider des prélèvements en faveur d'une réserve spéciale.

Le surplus est réparti aux actionnaires.

Le dividende peut être accru ou complété au moyen des réserves ordinaires ou extraordinaires, avec l'approbation de l'assemblée.

BANQUE DE GENÈVE

Constitution. — Société anonyme suisse constituée le 1ᵉʳ mai 1848.

Objet d'après les statuts. — La Société a pour objet les opérations suivantes :

1° Escompte du papier sur Genève, la Suisse et l'étranger, à 120 jours d'échéance maximum, revêtu de deux signatures, dont au moins une de Genève (statuts) ;

2° Avances sur nantissements de titres et valeurs ;

3° Avances sur matières d'or et d'argent ;

4° Recevoir des dépôts en comptes courants sans intérêt (virements) ;

5°   —   portant intérêts (dépôts disponibles et à terme).

6° Émission de billets de banque (maximum en circulation : le double du capital social ; et le triple du numéraire en caisse cumulé des dépôts disponibles) ;

7° Encaissement gratuit d'effets sur Genève.

Durée. — Jusqu'au 15 mai 1904.

Siège social. — Genève, rue du Commerce, 4.

Capital social. — 2.500.000 francs, divisés en 5.000 actions de 500 francs entièrement libérées, sur lesquelles 2.000 sont au porteur et en circulation, et 3.000, qui appartiennent à l'Etat de Genève, souscripteur à l'origine, sont représentées par un seul titre nominatif. Ces 3.000 actions ne peuvent être aliénées qu'en vertu d'une loi.

La Banque délivre des récépissés *nominatifs* en échange des titres au porteur qui sont déposés.

Conseil d'administration. — Composé de huit administrateurs, élus pour quatre ans, dont deux renouvelés chaque année, de trois censeurs, élus pour un an, et du directeur, élu pour cinq ans, ayant seulement voix consultative. Les administrateurs et censeurs déposent chacun quatre actions, le directeur vingt actions. Les membres du Conseil d'administration doivent être citoyens suisses.

Les administrateurs actuels sont : MM. E. Balland, L. Collart, G. Deléamont, P.-L. Pittard, F. Raisin, A.-L. Richard, Ch. Rojoux, J. Roux.

Assemblée générale. — A la fin de janvier, composée : 1° Des délégués du Conseil d'Etat, ayant le tiers des voix dans l'assemblée ; 2° de tout porteur d'une ou plusieurs actions, déposées trois jours à l'avance. Chaque action donne droit à une voix. Nul ne peut réunir plus de dix voix.

Répartition des bénéfices d'après les statuts. — Sur les bénéfices nets, il est alloué 10 0/0 au fonds de réserve légale, jusqu'à ce qu'il atteigne son maximum de 500.000 francs. Le reste est réparti aux actionnaires à titre de dividende. Une réserve spéciale a été constituée depuis 1867.

BANQUE FÉDÉRALE SUISSE

Constitution. — Société anonyme suisse, constituée en janvier 1864.

Objet d'après les statuts. — Faire toutes opérations de banque et de bourse et en particulier favoriser les entreprises commerciales et industrielles de tous genres.

Durée. — Indéterminée.

Siège social. — Zurich. Comptoir, à Genève, Bâle, Berne, Chaux-de-Fonds, Lausanne, Saint-Gall, Vevey et Zurich.

Capital social. — Fixé primitivement à 30 millions, dont 6 millions versés, divisés en 60.000 actions de 500 francs, dont 100 francs versés, émises en janvier 1864 à Paris. Ce capital a depuis subi les fluctuations suivantes :

	Capital nominal	Capital versé	Actions		
1864.	30.000.000	6.000.000	60.000 de 500 fr. dont 100 versés		
1868.	15.000.000	9.000.000	30.000	»	300 »
1870.	12.000.000	6.000.000	30.000 de 400 fr.		200 »
1872.	9.000.000	9.000.000	18.000 de 500 fr. entièr. libérées		
1874.	12.000.000	12.000.000	24.000	»	»
1889.	20.000.000	20.000.000	40.000	»	»
1890.	30.000.000	30.000.000	60.000	»	»
1894.	25.000.000	25.000.000	60.000 de 416 fr. 2/3		»

Conseil d'administration. — Composé de onze à quinze membres (actuellement quatorze), élus pour quatre ans ; renouvelables chaque année par fractions de quatre membre au moins. Chaque administrateur doit posséder et déposer vingt-cinq actions. Les trois quarts au moins des administrateurs doivent être de nationalité suisse et domiciliés en Suisse.

Direction : Trois directeurs, nommés par le Conseil d'administration ; devant être propriétaires de cinquante actions chacun.

BANQUES DIVERSES 629

Comités de surveillance des comptoirs. A la tête de chaque comptoir est placé un comité de surveillance, composé de deux à cinq membres et des directeurs du comptoir. Les membres en sont nommés pour deux ans par le Conseil d'administration.

Contrôleurs : Trois commissaires-vérificateurs et deux suppléants, élus chaque année par l'Assemblée générale.

Les administrateurs actuels : sont MM. C. Widmer-Heusser à Gossau, président ; J. Müller-Staub, à Zurich, vice-président ; Casimir von Arx, à Olten ; Ch. Carrel, à Lausanne ; F. Degen, à Kriens ; Ed. Frey, à Bâle ; A. Gugelmann, à Langenthal ; F. Heller-Bürgi, à Berne ; J. Jenny-Oederlin, à Glaris ; J. Kern-Attinger, à Zurich ; J.-R. Schellenberg, à Zurich ; J. Spœrri, à Zurich.

Direction : MM. W.-C. Escher, Eug. Ruedolf, Dr O. de Waldkirch.

Inspection : MM. F. Richard, E. Pfister.

Secrétariat : M. G. Auckenhaler.

Commissaires-vérificateurs : M. C. Landolt-Rütschi, à Zurich ; Leuzinger-Fischer, à Glaris ; Réal-Arnold, à Schwyz. Suppléants : MM. Dr F. Wegmann, à Zurich ; von Hegner-Meyer, à Zurich.

Assemblée générale. — Au siège social, dans les quatre mois qui suivent la clôture de l'exercice. Une à six actions de fr. 416 2/3, ou une à cinq actions de 500 francs donnent droit à une voix. Nul ne peut réunir plus du dixième des voix dans l'assemblée.

Répartition des bénéfices d'après les statuts. — Sur les bénéfices nets, il est attribué :

1° 10/0 au moins au fonds de réserve, aussi longtemps qu'il sera inférieur aux 10 0/0 du capital versé ;

2° Aux actionnaires un dividende ordinaire jusqu'à concurrence de 5 0/0 du capital versé.

Le surplus est porté à compte à nouveau ou réparti comme suit :
70 0/0 aux actionnaires pour dividende supplémentaire ;
10 0/0 au Conseil d'administration ;
10 0/0 aux Conseils de surveillance des comptoirs ;
10 0/0 aux directeurs et employés ;

BANQUE GENEVOISE
DE PRÊTS ET DÉPOTS

Constitution. — Société anonyme suisse, constituée le 13 juin 1881.

Objet d'après les statuts. — Faire des avances sur titres sous forme de nantissement ou de reports. Recevoir des dépôts d'argent et émettre des rescriptions, soit billets de change à échéance.

Durée. — Indéterminée

Siège social. — Genève, boulevard du Théâtre, 5.

Capital social. — 10.000.000 de francs; divisés en 2.000 actions de 5.000 francs nominatives, libérées de 1.250 francs.
Le capital comportait au début 5.000.000 francs soit 1.000 actions seulement. Une seconde série de 1.000 actions a été émise en janvier 1882.

Conseil d'administration. — Composé de sept à neuf membres (actuellement sept) élus pour cinq ans. L'ordre de sortie des administrateurs à réélire ou à remplacer est établi annuellement par la voie du sort. Chaque administrateur doit être titulaire de 10 actions.

Assemblée générale. — Dans le premier trimestre de l'année, généralement à la fin de janvier. Chaque action donne droit à une voix.

Répartition des bénéfices d'après les statuts. — Sur les bénéfices nets, il est alloué :
1° 5 0/0 au fonds de réserve ;
2° 5 0/0 au capital versé comme intérêt.

Le surplus est réparti comme suit :
20 0/0 au Conseil d'administration ;
80 0/0 aux actionnaires.

BANK-VEREIN DE BÂLE

Constitution. — Société anonyme, constituée en 1872 sous le titre « Basler Bankverein ».

Objet d'après les statuts. — Toutes opérations de banque.

Siège social. — Bâle.

Capital social. — 15.000.000 de francs ; divisés en 30.000 actions de 500 francs libérées et au porteur.
Primitivement, le capital était de 30.000.000 de francs en 60.000 actions de 500 francs dont 40 0/0 versés. En 1874 et 1876, 20.000 actions furent rachetées et les 40.000 actions restantes, libérées de 40 0/0, furent échangées contre 16.000 actions de 500 francs entièrement libérées. Le capital de 8.000.000 de francs ainsi représenté fut porté à 12.000.000 de francs en 1889, par l'émission de 8.000 actions entièrement libérées, et à 15.000.000 de francs en 1890 par une dernière émission de 6.000 actions, entièrement libérées, de 500 francs.

Conseil d'administration. — Composé de neuf à douze membres, élus pour six ans ; renouvelables par tiers et devant être propriétaires de vingt actions chacun.

Assemblée générale. — En mars de chaque année. Dépôt des titres trois jours avant l'assemblée. Une à cinq actions donnent droit à une voix, sans que le même actionnaire puisse réunir plus du cinquième des droits de vote représentés.

Répartition des bénéfices d'après les statuts. — Il est alloué sur les bénéfices nets :

1° 5 0/0 au fonds de réserve.
Ces dotations ont cessé depuis que la réserve a atteint le maximum fixé par les statuts de 10 0/0 du capital-actions.

2° Le surplus est réparti comme suit :
10 1/2 0/0 au Conseil d'administration ;
7 0/0 aux Directeurs et Gérants.

Le solde aux actionnaires.
Si ce solde ne suffit pas pour distribuer au moins 5 0/0 de dividende, les 17 1/2 0/0, réservés à l'administration et aux gérants, sont appliqués en premier lieu à parfaire la somme nécessaire pour répartir un dividende de 5 0/0, et l'excédent éventuel seulement revient aux administrateurs et gérants.

BANQUE DU COMMERCE DE GENÈVE

Constitution. — Société anonyme suisse, fondée le 10 novembre 1845, succédant à la « Caisse des Dépôts et Virements ».

Objet d'après les statuts. — Les opérations de la Banque consistent :

1° A émettre des billets à vue et au porteur ;

2° A émettre des effets de change à ordre ou au porteur, payables à un certain nombre de jours, de date ou de vue déterminée, des mandats et des chèques ;

3° A recevoir des dépôts avec ou sans intérêt ;

4° A se charger des recouvrements des effets payables à Genève ;

5° A faire des avances sur dépôts de lingots, matières d'or et d'argent et effets publics ayant cours régulier ;

5° A recevoir en garde des dépôts de titres ou autres valeurs ;

7° A escompter des effets de change, à l'échéance de quatre mois au maximum, et revêtus d'au moins deux signatures de personnes solvables dont l'une domiciliée en Suisse, la seconde signature pouvant au besoin, être remplacée par un dépôt en nantissement ;

8° A faire venir des espèces de l'étranger, à s'y faire ouvrir dans ce but des comptes-courants, et à se charger pour cela de mandats, chèques ou délégations à vue, même à une seule signature ;

9° A acheter, comme placements de fonds, des effets publics et à faire des prêts sur hypothèques, mais seulement jusqu'à concurrence de la moitié du fonds du capital versé et du montant de la réserve ;

10° La Banque est autorisée à entrer en relations d'affaires avec les autres banques d'émission de la Suisse pour l'échange réciproque des billets, l'escompte des effets de commerce et en général pour toute compensation de numéraire par le moyen de comptes-courants, de virements ou autrement.

11° La Banque s'interdit les opérations mentionnées à l'article 16 de la loi fédérale de 1881 sur l'émission et le remboursement des billets de banque.

(Quarante pour cent de la circulation effective des billets de banque doivent être constamment couverts par une encaisse métallique (article 10 de la loi fédérale). Le tiers des autres engagements à vue doit toujours être représenté par des réserves en caisse ou exigibles à vue des autres banques suisses d'émission).

Durée. — Indéterminée.

Siège social. — Genève.

Capital social. — 12.000.000 de francs, divisés en 12.000 actions de 1.000 francs libérées, nominatives, dont les émissions ont lieu comme suit :

1° 1.550 actions émises à l'origine,

2° 1.550 » » en 1856,

3° 1.900 » » en 1873, à 1.250 francs,

4° 5.000 » » le 1er janvier 1877 au pair, réservées aux anciens porteurs, libérées par versements de 250 francs, jusqu'au 1er avril 1882. — 200 francs par action furent libérés par prélèvement sur le fonds de réserve.

5° 2.000 actions émises au pair en février 1891, réservées aux anciens porteurs.

12.000 actions de 1.000 francs, au total.

Conseil d'administration. — Composé de dix membres tous choisis parmi les actionnaires suisses, élus pour cinq ans, et dont deux sont renouvelables chaque année. Ils doivent être titulaires de dix actions. Leurs services sont gratuits.

Les administrateurs actuels sont : MM. Ernest Pictet, *président* (1858) ; Isaac Bonna (1865) ; Charles Hentsch (1869) ; Jules Darier-Rey (1869) ; Alexis Lombard, *vice-président* (1872) ; Théodore Bordier, *secrétaire* (1872) ; Alexandre Ramu (1875) ; Albert Annevelle (1888) et Charles Martin (1891).

MINES D'OR

MINES D'OR

ALASKA TRESDWELL GOLD MINING C^y

Directeurs : Hon. Wolliam, président ; colonel J.-D. Fry, vice-président ; E.-W. Hop Kuis, R.-D. Fry, Hamilton Smith (Londres).

Inspecteur : Robert Duncan, jeune.

Secrétaire : A.-T. Corbus.

Bureaux : Moll's Building, San-Francisco, Etats-Unis d'Amérique. Ingénieur consultant et bureaux de Londres, Hamilton Smith, 30, Saint-Swithin's Lane, E. C.

Cette Compagnie a été incorporée, en juin 1890, à San-Francisco, U. S. A., et possède les mines et ateliers de réduction situés à Douglas Island, Alaska, U. S. A. Le prix d'achat de la propriété a été de 5.000.000 de dollars (25.000.000 francs) en actions entièrement libérées.

Le capital est de 5.000.000 de dollars, divisés en 200.000 actions de 25 dollars (125 francs) entièrement libérées. Un certain nombre de ces actions se trouvent en Angleterre, et les certificats de dividende sont payés à Londres par MM. N.-M. Rothschild and Sons.

On a payé les dividendes ci-dessous pour les années finissant le 31 mai :

Pour 1890-91	1 dollar		ou	5 francs par action.	
— 1891-92	1 dollar 50	cents	—	7 50	—
Plus boni		75	cents	—	3 75	—
Pour 1892-93	1 dollar 50	cents	—	7 50	—
Plus boni		37 1/2	cents	—	1 87 1/2	—
Pour 1893-94	1 dollar 50	cents	—	7 50	—
Plus boni		75	cents	—	3 75	—

On a payé en compte sur 1894-95 un dividende de 75 cents (3 fr. 75) par action : savoir, 37 1/2 cents (1 fr. 87 1/2) en juillet 1894, et 37 1/2 cents (1 fr. 87 1/2) en octobre 1894.

Les dividendes sont payés trimestriellement en janvier, avril, juillet et octobre. Le dividende pour 1893-94 a été payé à raison de 37 1/2 cents

(1 fr. 87 1/2) par trimestre. Le boni pour 1893-94 a été payé le 11 juin 1894.

Les comptes sont établis annuellement pour le 31 mai et ils sont soumis en juin.

Les actions se transfèrent par endossement et la remise du certificat sans aucun frais.

AURORA GOLD MINING COMPANY

LIMITED

Directeurs : Herbert Robins, président et directeur de l'Exploitation; H. Palmer, J. Koster, Ware Smith, Julius Berlein, J. Waldeck, F.-M. Wolhuter.

Manager : J. Mc Connochie.

Secrétaire : H. Feedmann.

Bureaux : à Johannesburg, Afrique du Sud; à Londres, 8, old Jewry. E. C.

Cette Compagnie a été formée en Afrique en 1886, dans le but d'acquérir la propriété d'un bloc de vingt claims sur le Main Reef (100 acres), situé à Paarde Kraal, Witwatersrand. La Compagnie possède aussi quatre claims Main Reef touchant les vingt claims. En janvier 1891, la Compagnie loua à la New Aurora West Gold Mining Company Limited, pour une durée de dix-huit années, dix de ces claims (50 acres) sur la portion ouest du Mynpacht, moyennant un loyer annuel de £ 600 (15.000 fr.) (capitalisé ensuite à 100.000 francs). En considération de ce bail, la Compagnie a reçu £ 50.000 (1.125.000 francs) en actions entièrement libérées et £ 25.000 (62.500 francs) en espèces.

Le capital autorisé est de £ 65.000 (1.625.000 francs) en 65 000 actions de £ 1 (25 francs) chaque; toutes les actions ont été émises et sont entièrement libérées. Le capital a été élevé de £ 30.000 (750.000 francs) à £ 50.000 (1.125.000 francs) en mai 1888, et porté ensuite au capital actuel en mars 1891, pour pouvoir effectuer le paiement de dettes existantes, comprenant un emprunt de £ 7.000 (175.000 francs), obtenu en novembre 1890. Des 15.000 nouvelles actions, 2.000 furent vendues au pair, en septembre 1891; 5.500 furent ensuite vendues à 21 s. 9 d. (27 fr. 15) par action, et la balance de 7.500 fut vendue en 1892 à 25 sh. (31 fr. 25).

Un dividende intérimaire de 5 0/0 (pour octobre) a été payé le 16 novembre 1888. En janvier 1889, chaque actionnaire a reçu un boni d'une action entièrement libérée de la Aurora West Gold Mining Company Limited, ainsi que 5 sh. (6 fr. 25), en espèces, par action. La distribution suivante a été de 5.0/0 en juin 1892.

Le broyage a commencé en 1888, avec dix pilons; en juillet 1891, dix autres pilons furent mis en mouvement, et dix autres furent construits en 1894, faisant ainsi trente pilons actuellement en action. En 1890, on a broyé 8.100 tonnes qui ont produit 3.588 onces d'or. Pour 1891, le rendement a été de 6.895 onces. En 1892, 28.534 tonnes ont rendu 9.588 onces, et, pour 1893, 34.424 tonnes ont rendu 9.109 onces. En 1894, 11.963 tonnes ont produit 3.424 onces.

Les comptes sont faits semestriellement les 28 février et 31 août de chaque année.

Les comptes, au 28 février 1894, soumis le 27 avril, donnaient un revenu total pour le semestre de £ 19.084 19 s. 5 d. (477.124 fr. 25) et une dépense de £ 18.106 16 s. 11 d. (452.671 fr. 10), laissant un bénéfice de £ 978 2 s. 6 d. (24.453 fr. 15). Ajoutant cette somme à la balance de l'année précédente de £ 2.115 1 s. 2 d. (52.876 fr. 25) et déduisant £ 727 8 s. (18.185 fr.) pour dépréciation, il reste un crédit, au compte de profits et pertes, de £ 2.365 15 s. 8 d. (59.144 fr. 55), qui a été reporté à nouveau. Les comptes du 31 août 1894, soumis le 4 octobre 1894, n'ont pas encore été reçus. Pendant la période du 1er mars 1894 au 31 août 1894, vingt pilons sur les trente ont travaillé pendant vingt-six jours, broyant 1.935 tonnes de minerai, qui ont rendu 904 onces 75 d'or, réalisant la somme de £ 2.991 3 s. 1 d. (74.778 fr. 85), donnant une moyenne de 9 drachmes 35 par tonne sur les plaques. Il faut, pour développer la mine, des pilons plus lourds, des compresseurs d'air, des machines à forer, et un projet de reconstruction de la Compagnie est à l'étude en vue de se procurer le capital suffisant.

Certificats inscrits au Cap ; droits, dix centimes par action.

AUSTRALIAN MINING COMPANY

Directeurs : Henry Collier, président; Walter-John-C. Cutbill, vice-président; Albert-Thomas Collier, Frederick-Thomas Cutbill, George Palmer.

Auditeurs : Hugh Mackay Gordon, T. Smith, Arthur Edward Mylne.

Banquiers : London and Westminster Bank, Limited.

Solicitors : Hughes and Masterman.

Secrétaire : Edgar Collier.

Bureaux : 42, New Broad Street, E. C. Londres.

Cette Compagnie a été formée en 1845 dans le but de se rendre propriétaire de 20.000 acres de terre dans l'Australie du Sud. En 1855, la Compagnie a été incorporée par charte royale. Pendant plusieurs années, la Compagnie s'est occupée à exploiter certaines propriétés minières, mais, depuis 1858, ses opérations se sont réduites à louer sa propriété aux agriculteurs.

En 1888, la Tungkillo Mine, située sur la propriété, fut donnée à loyer à un groupe de mineurs pour une durée de vingt et un an, moyennant une redevance d'un vingtième (réduite depuis à un quarantième).

Le capital autorisé est de £ 400.000 (10.000.000 de francs), divisé en 20.000 actions de £ 20 (500 francs) chaque. 18.315 actions ont été souscrites, sur lesquelles on a payé £ 135.073 2 s. 6 d. (3.376.828 fr. 10), ce qui fait 184 fr. 35 par action. Sur les 18.315 actions émises, on a remboursé aux souscripteurs 21 fr. 85 par action, provenant de la vente de vieux matériels et des ventes de terre, savoir : 3 fr. 10 par action en octobre 1861, 3 fr. 10 en janvier 1862, 1 fr. 85 en janvier 1863, 1 fr. 25 en juillet 1863 et 12 fr. 50 en juin 1884.

Les dividendes ci-dessous ont été payés pour les années finissant le 15 juin, savoir pour :

	Par action		Par action		Par action
1863-64	1 25	1874-75	2 50	1885-86	1 85
1864-65	1 25	1875-76	3 10	1886-87	1 85
1865-66	1 25	1876-77	1 85	1887-88	2 50
1866-67	1 25	1877-78	2 50	1888-89	2 50
1867-68	1 25	1878-79	2 50	1889-90	2 50
1868-69	0 60	1879-80	2 50	1890-91	2 50
1869-70	1 25	1880-81	2 50	1891-92	1 25
1870-71	1 25	1881-82	2 50	1892-93	1 85
1871-72	2 50	1882-83	2 50	1893-94	1 85
1872-73	2 50	1883-84	1 85		
1873-74	2 50	1884-85	2 50		

Les comptes sont établis annuellement au 15 juin, et soumis en juillet. Au 15 juin 1893, les comptes indiquaient un débit au compte de profits et pertes de £ 646.8 (16.160 francs) (en conséquence de loyers non payés). La balance en espèces et en effets à recevoir en caisse s'élevait à £ 1.005.11 (27,007 fr. 35). Les comptes, jusqu'au 15 juin 1894, donneront une balance pour espèces en caisse de £ 1.759 12 s. (43.990 fr. 60).

Forme de transfert ordinaire. Droit : 3 fr. 10 par chaque vente pour n'importe quel nombre d'actions.

NEW AURORA WEST GOLD MINING COMPANY, LIMITED

Directeurs : W. Saint-John Carr, *président*; A. Mackie Niven, John Ballot, E.-W. Evans.

Secrétaires et ingénieurs consultants : South African Trust and Finance Company, Limited.

Bureaux : Johannesburg, Afrique du Sud.

Agents à Londres : South African Trust and Finance Company Limited, 1, Crosby Square. E. C.

Cette Compagnie a été formée en juin 1891, et est une reconstitution de la Aurora West Gold Mining Company, Limited, formée en août 1889, pour acquérir à bail pour vingt ans la partie Ouest de la concession possédée par la Aurora Gold Mining Company, Limited, au prix annuel de 15.000 francs (depuis capitalisé pour 100.000 francs). La propriété comprenait environ trente claims, dix se trouvant sur le Main Reef, ferme Klein Paarde Kraal, Witwatersrand, et les vendeurs ont reçu 625.000 francs en espèces et 1.125.000 francs en actions. Le capital, au moment de la reconstitution, était de 4.375.000 francs, en actions de 25 francs, et on donna une action nouvelle pour six actions anciennes possédées. En novembre 1892, vingt-neuf autres claims de profondeur furent acquis pour 500.000 francs en actions.

Le capital autorisé est de 3.000.000 de francs en 120.000 actions de 25 francs chaque; 80,000 actions ont été émises et sont entièrement payées. Le capital a été augmenté de 1.500.000 francs à 2.000.000 de francs en novembre 1892, dans le but d'acquérir les claims de fond. A une assemblée spéciale, tenue le 19 octobre 1893, des résolutions furent passées autorisant les directeurs à emprunter une somme additionnelle de 375.000 francs en plus de la somme de 250.000 francs qu'ils étaient déjà autorisé à emprunter, et à augmenter le capital de 2.000.000 à 3.000.000 de francs, mais aucune des actions nouvelles n'ont été émises

Des dividendes de 5 0/0 ont été déclarés au 11 août, 11 novembre et 9 mars 1893.

Les broyages ont commencé le 1er janvier 1892, avec trente pilons et, en avril 1893, on y ajouta dix nouveaux pilons. De novembre 1893 à avril 1894, il y en avait seulement vingt-cinq en œuvre. La mine fut alors fermée. Pendant l'année 1892, 37.537 tonnes ont été broyées, rendant 12.614 onces d'or. En 1893 : 36.845 tonnes ont rendu 10.351 onces d'or. En 1894 : 10.981 tonnes broyées ont rendu 4.089 onces d'or et 8.486 tonnes de résidus traités ont produit 1.198 onces; en tout, pour l'année, 5.287 onces.

Formule de transfert ordinaire. Droits : 3 fr. 10 par vente.

Les comptes sont fait semestriellement au 30 juin et 31 décembre, et soumis en juillet et janvier. Les comptes au 30 juin 1893, donnaient un bénéfice net, pour le semestre, de 66.652 fr. 90, après déduction de 32.631 francs pour dépréciation, faisant avec la balance précédente une somme disponible de 124.251 fr. 85. De cette somme, le dividende payé en mars a absorbé 100.000 francs, et l'on a reporté une balance de 24.251 fr. 85. Au 31 décembre 1893, on trouvait une perte de 129.188 francs 50 pour le trimestre, faisant un débit au compte de profits et pertes de 104.939 fr. 15. Au 30 juin 1894, le débit se trouva augmenté et la balance en perte était de 116.937 fr. 05. La Compagnie devait 608.819 fr. 85 à la South African Trust and Finance Company, Limited, empruntés à 10 0/0, et garantis par un effet à trente jours de vue. En décembre 1894, il fut résolu d'emprunter une autre somme de 125.000 francs. On prépare actuellement un projet de reconstitution de la Compagnie.

RAPPORT SEMESTRIEL DU 13 AOUT 1894

Extrait. — En avril dernier, il fut considéré prudent de fermer le moulin et de limiter les opérations dans la mine au creusement du puits principal jusqu'au quatrième niveau. Cette décision fut adoptée parce que l'on reconnut qu'une grande partie du filon principal ne donnait pas assez de rendement, et à cause du manque de développement qui ne pouvait se faire qu'avec des machines à percer le roc, et aussi à cause du manque de fonds pour faire ces travaux. On estime à 375.000 francs la somme nécessaire aux travaux de développement, à la construction et au montage des machines à percer et autres accessoires. La South African Trust and Finance Company, Limited, avec laquelle l'emprunt avait été négocié, selon l'autorisation donnée par les actionnaires à l'Assemblée tenue en octobre dernier, ne paraît pas disposée à porter son avance à plus de 625.000 francs.

Le Conseil d'administration s'efforce de trouver autre part l'assistance financière, mais il n'a pas encore réussi, on ne peut pas non plus vendre les 40.000 actions. Il y a eu aussi des négociations entamées en vue de faire une amalgamation de cette Compagnie avec des Compagnies voisines. Mais, jusqu'à présent, il n'y a rien de défini. Il y a, évidemment, possibilité de trouver un projet d'arrangement, mais vu la position financière de la Compagnie, les actionnaires ne doivent pas placer une trop grande confiance dans la réalisation de ce projet.

CROWN REEF GOLD MINING COMPANY, LIMITED

Directeurs : W.-H. Rogers, président ; C.-S. Goldmann ; J.-W.-S. Langerman, A. Goërz, Lionel Phillips, C.-D. Rudd (alternant avec E. Birkenruth), R.-O. Godfrey Lys, directeur de l'exploitation.

Comité de Londres : Charles Rube, John Elliott, S. Neumann.

Ingénieur consultant : Hennen Jennings.

Directeur général : G.-E. Weber, Junior.

Secrétaire : F. Raleigh. *Bureaux :* Crown Reef, Johannesburg, Sud-Afrique. Secrétaire et bureau de transfert à Londres, Andrew Moir, 120, Bishopsgate, Street Within, E. C.

Cette Compagnie a été formée dans la République Sud-Africaine, le 1ᵉʳ avril 1888, dans le but d'acquérir le bail de 243 morgen 320 roeden, obtenu des premiers possesseurs de Langlaagte pour une durée de 20 années, à partir du 13 septembre 1886, moyennant le loyer suivant : les premières cinq années £ 200 (5.000 francs) par an, les secondes cinq années £ 250 (6.250 francs), les troisièmes cinq années £ 250 (6.250 francs), les quatrièmes cinq années £ 325 (8.125 francs) par an. Inclus dans les propriétés louées existe une concession minière, numéro 118, de 50 morgen, où environ 100 acres anglais, garantie par le gouvernement. La propriété est connue sous le nom de Crown Reef ou Whitchead's, et se trouve située sur la portion est de la ferme Langlaagte, sur les Champs d'Or du Witwatersrand, à environ un mille de Johannesburg. La libre disposition de la concession minière fut achetée en novembre 1893, pour la somme de £ 25.000 (625.000 francs), moyennant l'abandon à la Compagnie Langlaagte Estate Company d'un droit de prise d'eau et des terres autres que celles comprises dans la concession minière. En 1894, huit claims sur la ferme Turffontein furent achetées pour £ 325 (8.125 francs). On ajoute également un bloc de 43 claims 1/4 au sud de la propriété du Crown Reef, sur lequel est placée la batterie de 120 pilons.

Le capital autorisé est de £ 120.000 (3.000.000 francs) en 120.000 actions de £ 1 (25 francs) chaque ; toutes les actions ont été émises et sont entièrement libérées. Le capital initial était de £ 70.000 (1.750.000 francs), mais, en mars 1888, il a été porté à £ 100.000 (2.500.000 francs), les 30.000 nouvelles actions créées étant placées intimement à £ 2 (50 fr.) par action. En novembre 1889, le capital fut en outre porté à £ 120.000 (3.000.000 francs) par la création de 20.000 nouvelles actions, desquelles 6.000 furent vendues à £ 6.1 (151 fr. 25) par action, en 1890, et 4.000 à £ 4.15 (118 fr. 75) par action dans le commencement de 1892. En août 1892, les 10.000 restant furent vendues, 5.000 à £ 5.5 (131 fr. 25) et 5.000 à £ 5 (125 francs).

Le broyage commença en août 1887 et 30 pilons fonctionnèrent jusqu'en août 1889 ; on ajouta alors 40 pilons et, en août 1891, une nouvelle augmentation de 20 pilons fut faite. Le 5 mars 1894 une nouvelle batterie de 120 pilons fut mise en marche, et les vieux moulins furent alors fermés. Les procédés nouveaux de cyanuration ont été depuis introduits et sont actuellement en œuvre.

Résultats du Bocardage

Pour année finissant	Tonnes broyées	Rendement brut (onces, dwt, gr.)			Rendement par tonne (onces, dwt, gr.)		
Au 31 mars 1889. .	15.007	13.140	19	9	0	17	12.314
1890. .	45.474	22.365	6	0	0	9	20.076
1891. .	65.616	38.028	15	0	0	11	14.154
1892. .	83.733	44.263	4	0	0	10	13.739
1893. .	108.087	51.427	12	0	0	9	12.383
1894. .	124.639	52.412	5	0	0	8	9.845

Dividendes payés

Trimestres finissant	Pour cent	Trimestres finissant	Pour cent
Le 30 juin 1888.	6	Le 31 mars 1892.	30
— 30 septembre 1888. . . .	6	— 30 septembre 1892. . . .	25
— 31 décembre 1888	6	— 31 mars 1893	25
— 31 mars 1889.	6	— 30 septembre 1893	25
— 30 septembre 1890. . . .	15	— 31 mars 1894	25
— 31 mars 1891.	25	— 30 septembre 1894. . . .	25
— 30 septembre 1891. . . .	25		

Les comptes sont arrêtés annuellement le 31 mars et soumis en juin. Au 31 mars 1893, après déduction de £ 10.091 2 sh. 11 d. pour détérioration (252.278 fr. 60) et £ 3.996 12 sh. (99.915 francs) pour rachat de travaux de développement de mine, on trouva un bénéfice net pour le semestre, à partir du 30 septembre 1892, de £ 37.146 13 sh. 9 d. (928.667. fr. 15) ; de cette somme on retrancha le produit des résidus, £ 8.608 16 sh. (215.220 francs), qui furent appliqués au capital d'exploitation, laissant net £ 28.537 17 sh. 9 d. (713.447 fr. 15). Ajoutant à ceci la balance du dernier exercice, le compte de profits et pertes se trouve être de £ 32.044 0 sh. 11 d. (801.101 fr. 10) sur lequel on a prélevé le dividende payé en juin 1893, et qui a absorbé £ 30.000 (750.000 francs), laissant une balance de £ 2.044 0 sh. 11 d. (51.101 fr. 10) à reporter à nouveau.

Les comptes, au 31 mars 1894, font ressortir un bénéfice net, pour l'année, de £ 82.253 9 sh. 4 d. (2.056.336 fr. 65), après déduction de £ 24.962 12 sh. 2 d. (624 065 fr. 20) pour détérioration, et £ 6.094 0 sh. 2 d. (152.350 fr. 20) pour rachat des travaux de développement de mine, ce qui fait, avec la balance du dernier exercice, une somme de £ 84.297 10 sh. 3 d. (2.107.437 fr. 80). De cette somme £ 30.000 (750.000 francs) ont été déduits pour le dividende payé en septembre 1893, et £ 6.000 (150.000 fr.) ont été portés au fonds de réserve ; une somme de £ 3.878 12 sh. (96.965 francs) a été transférée au capital d'exploitation, comme étant le revenu des résidus vendus, laissant un crédit de £ 44.418 18 sh. 3 d. (1.110.472 fr. 80) au compte de profits et pertes. Le dividende payé en juin 1894 a absorbé £ 30.000 (750.000 francs) de cette somme. Fonds de réserve £ 18 113 19 sh. 1 d. (452.848 fr. 85).

Formule de transfert à Londres, ordinaire ; droits 3 fr. 10 par 100 actions ou partie de 100. Registres d'actions en duplicata tenus à Londres et à Johannesburg. On peut échanger des actions nominatives contre des actions au porteur.

MAY DEEP LEVEL GOLD MINING COMPANY, LIMITED

Liquidateurs : John Dixon, Gustav Imroth.

Bureaux : Natal Buildings, Johannesburg, Afrique du Sud.

Ancienne adresse du secrétaire, à Londres: C.-F. Mac Nicol, 33, Cornhill, E. C.

Cette Compagnie a été formée en décembre 1888, pour acquérir et exploiter douze claims sur la Ferme Elandsfontein, Witwatersrand, à environ huit milles de Johannesburg, Transvaal. En septembre 1889, la Compagnie a acquis d'autres claims, lui en faisant en tout vingt-cinq. Le capital était à l'origine de 350.000 francs, dont 175.000 a servi à payer la propriété d'origine, mais fut porté à 4.375.000 francs en septembre 1889. En novembre 1892, le capital fut réduit à 2.500.000 francs, et alors augmenté à nouveau à 4.250.000 francs, en actions de 25 francs, desquels 150.500 furent émises et entièrement payées. Le moulin a été fermé en 1892, pendant le développement de la mine, et fut remis en marche en juillet 1893, jusqu'à mai 1894, époque à laquelle le broyage cessa.

Le 16 juillet 1894, on prit la résolution de vendre la totalité de la propriété à la New Primrose Company, pour 18.750 nouvelles actions Primrose ou leur équivalent en espèces, à raison de 100 francs par actions, la New Primrose Company entreprenant de payer les dettes de cette Compagnie, se montant à 800.000 francs. Les actionnaires ont reçu une action New Primrose ou 100 francs en espèces, pour chaque huit actions May Deep. Le 10 août 1894, on obtint la permission de la Haute Cour du Transvaal de liquider la Compagnie, MM. John Dixon et Gustav Imroth étant nommés liquidateurs.

MEYER AND LEEF GOLD MINING COMPANY, LIMITED

Directeurs : H. Mundt, B. Kœnisbert, H. Samuels, J.-L. Leeb, H. Freeman Cohen, Victor Wolff, administrateurs.

Administrateur de la mine : Michael Davy.

Secrétaire : Robert Wolff.

Bureaux : Johannesburg, Afrique du Sud.

Cette Compagnie a été formée, en 1888, pour acquérir 33 morgen de concession et 90 morgen en dehors, faisant environ 15 claims, sur le Block Reef, Ferme Rooi Kopjes, Witwatersrand. La Compagnie a été reconstituée en septembre 1892.

La Compagnie a pris la propriété de la Cornucopia à bail pour deux années, à partir du 1ᵉʳ mai 1894, au prix de 1.875 francs par mois pour la première année, et, pour la seconde année, 15 0/0 de l'or extrait, avec un minimum de 2.500 francs par mois.

Le capital autorisé est de 375.000 francs, en quinze mille actions de 25 francs; toutes les actions ont été émises et sont entièrement payées. Le capital a été augmenté de 500.000 francs à 625.000 francs en octobre 1888, par la création de 5.000 nouvelles actions, qui furent données aux actionnaires au prorata de 10 francs par action, et augmenté à nouveau, en avril 1889, à 1.500.000 francs par la création de 35.000 actions additionnelles de 25 francs. En septembre 1892, le capital a été réduit à son chiffre actuel. 1.000 actions de réserve ont été vendues, en 1893, à 37 fr. 50 par action.

Jusqu'à mars 1892, dix pilons fonctionnèrent. Cinq autres pilons ont alors été ajoutés et vingt en plus en novembre 1894, faisant trente-cinq maintenant à l'œuvre. Un matériel de cyanuration fonctionne sur les résidus depuis mars 1894. Broyage : en 1889, 1.477 onces; 1890, 2.329 onces. En 1891, 7.800 tonnes broyées ont rendu 1.890 onces d'or. En 1892, 15.765 tonnes ont donné 4.400 onces d'or. En 1893, 15.526 tonnes ont produit 3.971 onces d'or. En 1894, 18.590 tonnes ont rendu 5.600 onces; on a obtenu 540 onces de 2.977 tonnes de résidus traités et 20 onces des concentrés ; en tout, pour l'année, 6.160 onces.

On a payé les dividendes suivants :

Le 7 octobre 1892	5 0/0
Le 7 décembre 1892	7 1/2 0/0
Le 7 janvier 1893	5 0/0
Le 7 avril 1893	10 0/0

Les comptes au 31 décembre 1893, soumis le 15 mars 1894, montraient un crédit au compte de profits et pertes de 19.825 francs. La mine a été inondée de mars à septembre 1893.

JOHANNESBURG ESTATE COMPANY, LIMITED

Directeurs : John Tudhope, président; J.-W. Léonard, S.-B. Joel, G. Rouliot, Charles Marx, Harry-S. Coldecott. H.-A. Rogers, administrateur.

Secrétaire : F. Hilner.

Bureaux : 1 et 2, Exchange Building, Johannesburg, E. C.

Agents à Londres : Davis and Soper, 54, Saint-Mary Axe. E. C.

Cette Compagnie a été formée en mai 1889, et possède le Stock-Exchange et différentes autres constructions à Johannesburg, ainsi que la propriété New Doornfontein Estate. Les revenus proviennent exclusivement des loyers. En avril 1894, la Compagnie s'est rendue acquéreur du droit de propriété libre de la New Doornfontein Estate, moyennant la somme de £ 10.000 (250.000 francs).

Le capital autorisé est de £ 200.000 (5.000.000 de francs), divisé en 200.000 actions de £ 1 (25 francs); toutes les actions ont été émises et sont entièrement libérées. Le capital était premièrement de £ 175.000

(4.375.009 francs) en 150.000 actions ordinaires et 25 actions de fondateurs de £ 1 (25 francs) chaque. Ces dernières ayant droit aux mêmes dividendes que les actions ordinaires jusqu'à 20 0/0, et la moitié de tous les bénéfices au-dessus de cela. En juillet 1893, le capital a été porté à son chiffre actuel, et les actions de fondateur annulées par la création de 50.000 actions ordinaires, ce qui fait deux actions ordinaires en échange d'une de fondateur.

On a payé :   5 0/0 de dividende en août 1889.
—   10 0/0   —   en janvier 1890.
—   2 1/2 0/0   —   en avril et en juillet 1892.
—   2 1/2 0/0   —   en février et en juillet 1893.
—   2 1/2 0/0   —   —   — 1894.
—   2 1/2 0/0   —   en janvier 1895.

Les dividendes sont payés à Londres environ neuf semaines après avoir été déclarés.

Les comptes sont faits annuellement le 31 mars et soumis, à Johannesburg, en mai. Les comptes au 31 mars 1893 montraient un bénéfice, pour l'année, de £ 10.658 11 s. 2 d. (266.463 fr. 95), faisant un crédit au compte de profits et pertes de £ 17.948 17 s. (448.721 fr. 25) ; de cette somme, les dividendes payés pendant l'année ont absorbé £ 13.125 (328.125 francs) et la balance £ 4.823 17 s. (120.596 fr. 25) a été reportée à nouveau. Les comptes au 31 mars 1894, soumis le 21 mai 1894, donnaient un revenu de £ 13.861 4 s. 4 d. (346.530 fr. 40) et une dépense de £ 5.663 10 s. 8 d. (141.338 fr. 30). Il a été déduit, en outre, £ 287 17 s. (7.196 fr. 25), pour détérioration, laissant un bénéfice net de £ 7.919 16 s. 6 d. (197.995 fr. 60). Après avoir ajouté la balance d'arriéré et déduit la somme des dividendes payés en juillet 1893 et février 1894, on a reporté à nouveau un crédit au compte de profits et pertes de £ 3.368 13 s. 6. (84.216 fr. 85).

Formule de transfert ordinaire ; droit, 3 fr. 10 par 100 actions au moins.

GEORGE GOCH AMALGAMATED
GOLD MINING COMPANY, LIMITED

Directeurs : George-H. Goch, président ; E. Hancock, J. Waldie Peirson, Julius Friedlander, alternant avec A. Friedlander, Leo Albu, A. Epler, George Albu.

Comité de Londres : W.-A. Toll, Robert Whyte.

Directeur général : Edward J. Way. *Secrétaire :* J. V. Blinkhorn. *Bureaux :* Johannesburg, République Sud-Africaine.

Secrétaire à Londres : W.-B. Leitch. *Agents à Londres :* Robert-White et C°, 19, Bury St. E. C.

Cette Compagnie a été formée premièrement en 1887, sous la dénomination de « George Goch Gold Mining Company, Limited », avec un capital de £ 15.000 (375.000 francs) pour exploiter 10 claims. La Compagnie a acheté ensuite 20 claims, la propriété de la Border Union and Tarka Pioneer Gold Mining Company, et elle a acquis, par amalgamation, 78 claims sur la ferme Eleazor, à Klerksdorp ; et elle fut reconstituée, en février 1889, avec un capital de £ 150.000 (3.750.000 francs) en actions de £ 1 (25 francs). En juillet 1892, la Compagnie fut à nouveau reconstituée et la présente Compagnie formée. La propriété, maintenant, consiste en 44 claims Main Reef de la ferme Doornfontein, Witwatersrand et de 78 claims Eleazor.

Le capital autorisé est de £ 160.000 (4.000.000 fr.) en 160.000 actions de £ 1 (25 francs) chaque ; 100.000 actions ont été émises et sont entièrement payées.

D'après la dernière reconstitution 56.000 actions ont été allouées aux actionnaires, à raison de une nouvelle action pour 2 1/2 actions anciennes possédées ; 30.000 ont été enlevées au pair et la balance a été vendue ensuite également au pair. En octobre 1894, on a émis pour £ 60.000 (1.500.000 francs) d'obligations à 8 0/0 pour payer des engagements s'élevant à environ £ 50.000 (1.250.000 francs).

Les obligations ont été émises pour une période de deux ans, les porteurs ayant le droit pendant un an de prendre des actions (au cours de 25 sh. chaque (31 fr. 25) en échange. Pour pouvoir créer une réserve de 60.000 actions affectées à ces obligations, le capital a été augmenté à son total actuel le 23 octobre 1894.

Le broyage a commencé en mai 1890, avec 30 pilons, et a été suspendu en mai 1893. On éleva alors une nouvelle batterie de 50 pilons, et le broyage recommença le 23 septembre 1893. 50 pilons et une installation de cyanuration fonctionnent actuellement, et 20 pilons nouveaux doivent être montés. Pendant l'année 1890, 9.022 tonnes ont été broyées, rendant 5.150 onces d'or. Pour 1891, 25.224 tonnes ont rendu 10.702 onces et pour 1892, 28.325 tonnes ont rendu 10.523 onces. Pendant l'année 1893 (sept mois d'opération) 20.730 tonnes ont été broyées, rendant 7.180 onces d'or. En 1894, le rendement total a été de 27.640 onces d'or, provenant de 62.508 tonnes de minerai broyé pour 18.285 onces, et de 49.338 tonnes de résidus pour 9.355 onces.

Les comptes sont arrêtés tous les six mois, le 28 février et le 31 août, e soumis en mars et septembre. Les comptes, au 28 février 1893, montraient un crédit au compte de profits et pertes, y compris £ 1.883 12 sh. 7 d. (37.090 fr. 70) reporté à nouveau, de £ 5.680 18 sh. 10 d. (142.023 fr. 50). Au 31 août 1893, il y avait un profit de £ 1.166 (29.150 francs) pour les six mois écoulés, portant le crédit du compte de profits et pertes à £ 6.846 18 sh. 10 d. (171.173 fr. 50), mais les dettes de la Compagnie s'élevaient à £ 22.389 (559.725 francs). Les comptes, au 28 février 1894, montraient un revenu total de £ 29.069 11 sh. 4 d. (726.739 fr. 15), et une dépense de £ 31.220 19 sh. 9 d. (855.524 fr. 65) donnant une perte de £ 5.151 8 sh. 5 d. (128.785 fr. 50) et ramenant le crédit du compte de profits et pertes à £ 1.695 10 sh. 5 d. (42.388 francs). Les comptes au 31 août 1894, soumis à une réunion reculée au 23 octobre 1894, montraient un revenu total pour les six mois écoulés de £ 45.864 15 sh. 11 d. (1.146.619 fr. 85) et un bénéfice net de £ 2.417 7 sh. (60.433 fr. 75) portant le crédit du compte de profits et pertes à £ 4.112 17 sh. 5 d. (102.821 fr. 75). Les dettes de la Compagnie s'élevaient à £ 52.674 3 sh. 2 d. (1.316.853 fr. 95), dettes amorties par les obligations dont nous avons parlé plus haut.

Formule de transfert ordinaire ; droit, 3 fr. 10 par acte. Les transferts peuvent s'effectuer à Londres.

Le rapport des directeurs soumis le 23 octobre 1894, dit que : « Les profits mensuels vont maintenant commencer, et qu'ils iront en augmentant. Le développement de la mine a été de 2.666 pieds au lieu de 721 pieds pour les années précédentes, et le moulin a broyé 31.988 tonnes, au lieu de 23.310, la production d'or a passé de 8.312 onces à 13.661 onces, la cyanuration y ayant contribué pour 4.073 onces. »

ABBOTTS GOLD MINE LIMITED

Directeurs. — Magnard, W. Colchester-Wemyss, J. P., Lord Douglas of Hawick and Tibbers, Richard Hoffmann, Henry William Tugwell, Frederick Kirby, A. Marshall Jay.

Banquier. — Capital and Counties Bank. Limited.

Solicitors. — Burn and Berridge.

Ingénieurs consultants. — Bewick, Moreing et C°.

Auditeurs. — Moukhouse, Goddard et C°.

Secrétaire. — H. Milner Willis.

Bureaux. — 139, Cannon Street, Londres, E. C.

Cette Compagnie a été enregistrée le 1ᵉʳ octobre 1894, dans le but d'acquérir la mine d'or connue sous le nom d'Abbott's Gold Mine, d'une étendue de 12 acres, située sur le mont Vranizan, à environ 50 milles nord-est de Nannine, dans les champs d'or de Murchisson, Australie-ouest, et provenant directement du gouvernement de l'Australie-ouest.

Le prix d'achat de la propriété était de £ 88.000 (2.200.000 francs), payable, d'après le prospectus, £ 18.500 (462.500 francs) en espèces, £ 18.500 (462.500 francs) en actions complètement libérées et la balance en espèces ou actions.

Le capital autorisé est fixé à £ 100.000 (2.500.000 francs) divisé en 100.000 actions d'une £ chaque (25 francs). En octobre 1894, 81.500 actions furent offertes en souscription publique avec une prime de 2 s. 6 d. (3 fr. 15 cent.) par action, payables 2 5/6ᵉ par action en faisant la demande, 5 s. (6 fr. 30) à la répartition (y compris la prime de 3 fr. 15), 5 s. (6 fr. 30) le 10 novembre 1894, et la balance par appel de 5 s., chaque, à intervalle de deux mois au moins. Les lettres de répartition ont été envoyées le 8 octobre 1894, et toutes les actions ont été émises.

Forme de transfert, ordinaire. Droit : 3 fr. 10 par vente.

TALUNGA GOLD MINE, LIMITED

Conseil d'administration. — Percival Tibbs, 54, Old Broad Street, Londres E. C., administrateur de la « African Gold Properties, Limited »; Beauchamp O. C. Orlebar, Palace, Chambers, Westminster, Londres S. W. (administrateur du « Free Mineral Syndicate, Limited »); W. Paton Sutherland, 4, Great George Street, Westminster, Londres S. W. administrateur de la « Orient Gold Mines, Limited »; William Dryland, 18, avenue de l'Opéra, Paris; The Right Hon. Viscount Mountmorres, 160, Oakley Street, Londres S. W. (Président du Conseil de la « Marie Rose Gold Mining Company, Limited »), directeur gérant faisant partie du Conseil du Syndicat vendeur.

Comité consultatif à Adelaïde. — George Laughton, Currie Street, Adelaïde ; Duncan Henry Braidwood, Royal Exchange, Adelaïde.

Banquiers. — Londres, London and South Western Bank, Limited, Fenchurch Street, E. C.; Sud-Australie : The Bank of Adelaïde, et Mount Torrens.

Solicitors. — MM. Hurrell et Mayo, 33, Cornhill, Londres, E. C.

Ingénieur Conseil. — Basil J. Atterbury, M. E., M. N. E. Inst. M. M. E. etc., c., etc., c., 18, Eldon Street, Finsbury Circus, Londres E. C.

Brokers. — Londres H. F. Hington, 5, Austin Friars, et au Stock-Exchange, E. C.

Commissaires des Comptes. — MM. Littlejohn, Robertson et C°, 11, Queen Victoria Street, Londres, E. C.

Secrétaire et Bureaux. — A. Ross, 6, Copthall Court, E. C.

Cette Société a été constituée en septembre 1895, au capital de 120.000 £ réparti en 120.000 actions de 1 £. Elle a été créée par le « African and Australian Goldfields Syndicate, Limited », afin d'acquérir la concession — et de l'exploiter ensuite — d'une propriété minière aurifère connue dans le pays sous le nom de « Black Snake », section 127, portion du district minier dite « Hundred of Talunga », près d'Adélaïde, Sud-Australie, avec les droits d'eau, usines, installations et bâtiments y existants.

La propriété est située au centre d'une zone de terrain aurifère mesurant environ 25 milles de longueur sur 6 à 10 milles de largeur. Elle est à environ 30 milles d'Adélaïde, sur la route principale, et à environ 10 milles de Mount Torrens, au cœur même d'un district morcelé en petits lots, possédés par des mineurs qui les exploitent individuellement avec bénéfices.

Son proche voisinage d'Adélaïde et des chantiers du gouvernement à Mount Torrens la met en communication facile avec le monde extérieur, (car il existe une grande route allant à chacune de ces deux villes), et, par suite lui assure le bon marché de la main-d'œuvre et des approvisionnements.

Ce bloc minier a une superficie de 92 acres.

Il existe un filon puissant et bien défini que l'on peut suivre, en affleurement, sur la propriété, sur une longueur de plus d'un quart de mille (plus de 400 mètres). La largeur moyenne, depuis la surface jusqu'à la profondeur de 50 pieds, en est de 4 pieds. A l'étage de 50 pieds, le filon a une largeur de 6 pieds 3 pouces d'une paroi à l'autre et, à l'étage de 100 pieds, dans une galerie de 40 pieds, cette largeur atteint 10 pieds ; à cet endroit le remplissage de la veine contient des coulées d'oxyde de fer, brun, qui laissent voir de l'or libre.

La mine a été exploitée par ses premiers propriétaires (qui tenaient cette concession en franchise) d'une façon tout à fait primitive pendant un laps de temps considérable, jusqu'en août 1895, époque à laquelle le « African and Australian Goldfields Syndicate, Limited » en prit possession et commença à activer les opérations.

Il y existe trois puits, ayant respectivement 56.110 et 100 pieds de profondeur, avec galerie et travers-banc, le tout en très bon état d'exploitation.

SIMMER AND JACK GOLD MINING COMPANY LIMITED

Directeurs. — George Farrar, président; George Richards, Captain Ernest Rhodes, R.-E.-E. Birkenruth, S.-B. Joel, Edmond Brayshou, Carl Hanou.

Comité de Londres. — Le Rt. Hon. the Earl of Chesterfield, F.-A. Robinson, C.-D. Rudd, H.-S.-M. Davies.

Ingénieur consultant. — Sidney H. Farrar.

Secrétaire. — D. Salomon.

Bureaux. — Consolidated Gold Fields Buildings, Johannesburg, Afrique du Sud.

Agents à Londres. — Consolidated Gold Fields of S. Africa, Limited.

Secrétaire à Londres. — J.-T. Bedborough, 8, Old Jerdry, E. C.

Cette Compagnie a été formée en 1887, pour exploiter 31 claims 1/2 sur le Main Reef et 4 claims 1/2 sur South Dip, ferme Elandsfontein, Witwatersrand. La Compagnie possède une propriété libre (freehold) sur la même ferme, y compris la ville de Germiston. D'autres propriétés ont été achetées ensuite, faisant un total de 334 claims, dont 87 sur la Concession.

Le 14 août 1894, une proposition a été adoptée par laquelle la Compagnie a acheté de la Consolidated Gold Fields of South Africa, Limited, 534 claims de deep level, comprenant le South Simmer et Jack Property, le Consolidated Block, the Salomon Block, et le Rand Victoria Mines, portant l'étendue des propriétés de la Compagnie à 868 claims. Le prix payé à la Consolidated Gold Fields of South Africa, Limited, a été de 98.000 actions entièrement libérées.

Le capital autorisé est de 6.250.000 francs, en 250.000 actions de 25 fr. chaque; toutes les actions ont été émises et sont entièrement payées. Le capital était premièrement de 2.125.000 francs, en actions de 25 francs, toutes les actions émises et payées, les dernières, 2.000 actions étant vendues en octobre 1892, à 87 fr. 50. Le 14 août 1894, il fut résolu d'augmenter le capital à son chiffre actuel, par la création de 165.000 nouvelles actions; 98.000 de ces actions furent allouées à la Consolidated Gold Fields of South Africa, Limited, comme ci-dessus indiqué, et 22.000 actions furent distribuées aux actionnaires de la Simmer et Jack. Les 45.000 restant ont été émises, au prorata aux actionnaires à 150 francs par action, la Consolidated Gold Fields Company garantissant leur souscription à ce prix et aussi consentant à prêter à la Compagnie, à sa demande une somme ne dépassant pas 1.875.000 francs, pour une année à 6 0/0.

Les dividendes suivants ont été payés, en mars 1889 et avril 1891; 10 0/0 chaque.

Pour les trimestres finissant : Août 31 1891 10 0/0, Nov. 30 1891 10 0/0
— Févr. 29 1892 10 » Mai 31 1892 10 »
— Août 31 » 10 » Nov. 30 » 10 »
— Févr. 28 1893 10 » Mai 31 1893 10 »
— Août 31 » 10 » Nov. 30 » 10 »
— Févr. 28 1894 10 » Mai 31 1894 10 »
— Août 1894. Distribution de 22.000 actions de Banus, prorata (sur le capital de 2.125.000 francs).
— Janvier 1895 10 0/0.

Les dividendes sont payés à Londres, environ deux mois après les dates données.

Les broyages ont commencé en septembre 1888, et jusqu'au mois d'août 1890, avec 25 pilons. De cette époque à février 1891, une moyenne de 90 pilons furent mis en marche ; depuis le 1ᵉʳ mars 1891, 100 pilons.

NORTH WHITE FEATHER
CONSOLIDATED GOLD MINES, LIMITED

Administrateurs. — H.-J. Deacon, The Limes, Preston Park, Brighton, président ; G. Elphinstone Keith, 14, Haas Place, S. W. ; Lionel R. Nettre, Piccadilly Chambers, W. Directeur Menzies Gold Estates, Ltd ; Benno Seimert, 89, Broadhurst Gardens, N. W., Directeur Whithe Feather Reward Claim, Ltd. ; Percival Tibbs, 2, Granville Place, Portman Square, W. ; Directeur African Gold Properties, Ltd.

Gérants dans l'Ouest-Australie. — MM. James et Thompson, Limited, Goolgardie.

Banquiers. — Commercial Bank of Scotland, Limited, 72, Lombard Street, E. C., Londres, avec succursales en Ecosse.

Sollicitors. — MM. Burn et Berridge, 11, Old Broad Street, Londres, E. C.

Broker. — M. Alfred Benjamin, 1, Austin Friars, et au Stock-Exchange, Londres, E. C.

Censeurs. — MM. Sellars, Dicksee et Cⁱᵉ, comptables-jurés, Copthall House, Londres, E. C.

Secrétaire et bureaux. — M. B.-O.-C. Orlebar, 54, Old Broad Street, Londres, E. C.

Cette Société a été constituée, en août 1895, par la West Australian Trust, Limited, au capital de £ 225.000, divisé en 90.000 actions de £ 1 — dont 55.000 affectées au fonds de roulement et 135.000 en circulation — pour acquérir sept propriétés minières, nᵒˢ 707 (comprenant la concession nᵒ 164), 431, 572, 589, 684, 590 et 525 d'une superficie d'environ 96 acres, situées à une distance d'environ 45 milles au Nord-Est de Coolgardie, longeant au Nord le Withe Feather Reward Claim de McAuliffe (Australie).

Une partie des propriétés dont la Société se propose de faire l'acquisition, c'est-à-dire la propriété n° 707 (qui comprend aussi la concession 164), a été étudiée par MM. Bewick, Moreing et C°, qui en ont fait par câblegramme le rapport suivant :

« La propriété couvre une étendue de 24 acres, et est située à proximité immédiate du claim de McAuliffe, ayant une longueur de 19 chaînes sur la ligne du filon. Il ne peut pas y avoir de doute que le filon McAuliffe se continue à travers la propriété. Les travaux actuels consistent d'un puits incliné, de 70 pieds de profondeur, à la limite sud de la propriété, apparemment sur la limite Est du reef, qui a, au fonds du puits, une épaisseur de 3 pieds 6 pouces. Il existe un autre puits vertical à la limite nord-est de la propriété, qui a été foncé à une profondeur de 100 pieds. On se propose de couper un travers-banc allant de ce puits au reef. La situation de la propriété est des plus avantageuses. Au cours des travaux déjà faits, on a constaté la présence de l'or au nord de la propriété ausi bien qu'au sud, et on y a également trouvé des filons subsidiaires. Les travaux de prospection faits jusqu'ici sur le main reef sont toutefois de peu d'importance. »

La propriété est située à Withe Feather, Coolgardie, Ouest-Australie, à une distance d'environ 15 milles nord-est de Hannan, et à environ 45 milles de Coolgardie. Sur la limite sud, la propriété est contiguë au White Feather Reward Claim, de McAuliffe.

La superficie de la propriété est de 24 acres, son étendue sur la ligne du filon, orienté du sud au nord, à travers le White Feather Reward Claim, est d'environ 1.250 pieds.

Près de la limite sud de la propriété, un puits, désigné sur le plan annexé ci-après par le n° 3, avait, lors de notre inspection, été creusé à une profondeur de 70 pieds sur un filon orienté à 35° dans une direction sud-est. Le recoupage de ce volume de minerai est E 20° N. Au fonds du puits, l'épaisseur du reef était d'environ 3 pieds 6 pouces. Une quantité de 20 ou 30 tonnes de minerai extrait de ce puits était empilée à la surface, et dans une partie de ce minerai l'or était visible. La teneur moyenne de ce tas de minerai devait être d'environ une once à une once et demie la tonne.

A l'angle nord-est de la propriété, un puits vertical (n° 1 du plan) était en cours de fonçage pour atteindre, aussi rapidement que possible, l'eau. Ce puits, atteignait, déjà une profondeur de 80 pieds. On trouvera probablement l'eau à une profondeur de 140 à 150 pieds. Le reef mis à nu dans le puits n° 3 n'est, selon toute probabilité, qu'un embranchement du filon principal, ce dernier se trouvant alors orienté à l'ouest. Si les nouveaux travaux d'exploration viennent démontrer qu'il en est ainsi, la valeur de la propriété s'en trouvera grandement augmentée. L'affleurement très accusé, qui se trouve dans le White Feather Reward Claim de McAuliffe, peut être tracé jusqu'à quelques pieds de la limite méridionale de cette propriété, et lorsqu'on découvrit la masse de minerai dans le puits n° 3, on supposa, de suite, que l'on se trouvait en présence du prolongement du filon McAuliffe. On fit à peine d'autres travaux d'exploration vers l'ouest.

En tout état de cause, le reef sur lequel le puits n° 3 a été foncé, est assez important par lui-même pour justifier des travaux d'exploration approfondie sur le terrain, surtout étant donné que le reef développé dans le reef McAuliffe ou Claim White Feather a été reconnu d'une longueur considérable et paraissant s'orienter vers le nord, et que le gisement aurifère, maintenant en cours d'exploration dans la propriété n° 431, contiguë à la propriété au nord, est indubitablement un prolongement du reef McAuliffe.

NEW PRIMROSE GOLD MINING Cʸ Lᴰ

Directeur général, — M. G.-W. Starr.

Administrateur. — R.-I. Barnato, Woolf Joel, John Stroyan, J. Tudhope, R.-C. Stroyan, J.-B. Joel, E. Brayshaw.

Directeurs à Londres. — A.-R. Stephenson et A. Jackson.

Secrétariat. — Johannesburg Consolidated Investment Cy, limited.

Bureau à Londres. — 7, Lothbury, E. C.

Bureau à Paris. — London-Paris, 2, place de l'Opéra.

Cette Compagnie a été constituée en 1887, dans le but d'acquérir : 12 claims sur le main reef à Elandsfontein, 12 claims au sud des premiers, 12 claims à Turffontein, 5 claims sur le mynpacht Labuschague-Hartog et une part dans le Syndicat Labuschague-Hartog. En avril 1891, la Compagnie acheta la propriété de la South Primrose, comprenant 27 claims. Plus tard, ont été également acquises les propriétés de la New Moss Rose (27 claims sur le main reef, de la Moss Rose extension (40 claims) et de la May deep level (25 claims). En somme, l'étendue de la propriété de la New Primrose est, actuellement, de 160 claims.

A l'origine, le capital social était de £ 35.000; il a été progressivement porté à £ 280.000. Sur les 280.000 actions créées, 1.250 n'ont pas été émises et restent dans le portefeuille de la Société.

Le broyage a commencé en janvier 1889, avec 20 pilons; d'octobre 1889 à avril 1891, 30 pilons fonctionnèrent; en mai 1892, le nombre des pilons fut porté à 100; en janvier 1895, la batterie comprenait 160 pilons et, d'après de récentes nouvelles, elle va être porté à 200 pilons.

Les résultats généraux de l'exploitation sont résumés dans le tableau ci-dessous :

	Tonnes broyées	Onces d'or produites
1889	»	3.626
1890	21.129	12.800
1891	45.814	23.080
1892	100.871	56.475
1893	141.464	83.778
1894	»	»

Les bénéfices nets ont suivi la même marche progressive que l'exploitation, comme on peut s'en rendre compte en parcourant le tableau des dividendes distribués aux actionnaires :

1891.	30 juin	5 0/0	1892.	31 décembre	7 1/2 0/0
—	30 septembre	5 0/0	1893.	30 juin	20 0/0
—	31 décembre	5 0/0	—	31 décembre	20 0/0
1892.	31 mars	5 0/0	1894.	30 juin	20 0/0
—	30 juin	7 1/2 0/0	—	31 décembre	20 0/0
—	30 septembre	7 1/2 0/0	1895.	30 juin	25 0/0

Cette mine est située dans le Rand; elle est contigüe à la Simmer and Jack.

Elle possède 136 claims.

Depuis l'ouverture des travaux, 5 filons contenant de l'or ont été reconnus.

Ils traversent toute la propriété sur une longueur d'environ 2.000 pieds; leur épaisseur globale est de 20 pieds, décomposée comme suit :

1° South Reef n° 1, épaisseur moyenne : 3 pieds;
2°   —   n° 2,   —   : 2 pieds 6 pouces;
3° Midde Reef   —   : 4 pieds 6 pouces;
4° North Reef   —   : 3 pieds;
5° Main Reef   épaisseur variant entre 6 et 10 pieds.

Le moulin comprend actuellement 160 pilons. Il y a, en outre, une installation complète d'ateliers de cyanuration.

SOUTHERN JUMPERS LIMITED

Comité. — MM. Charles Ronaldson Esqre, 9, Mincing Lane, Londres, E. C., *président;* Charles Lavender, ci-devant de la maison Farniloë et C°, 3, Raymond's Jun. Londres, W. C., *administrateur;* George Lynch, de la maison Lynch et Sons, Cork, *administrateur;* Edwin Perkins, de la maison Ellis et Sons, contractors, 40, Batolph Lane, Londres E. C., *administrateur.*

Bureau à Londres. — 10, Coleman Street, E. C.

Cette Société a été constituée au capital de 75.000 £ divisé en 75.000 actions de 1 £, dont 25.000 affectées au fonds de roulement.

Les concessions de la *Southern Jumpers* sont situées dans les champs d'or du Witwatersrand, sur la ferme « Elandsfontein », au Sud des propriétés de la « Jumpers Gold Mining Company », à huit kilomètres environ de Johannesburg : le nombre de ses claims est de dix.

Les filons qui affleurent sur sa concession font partie des célèbres groupes Kimberley et Bird, désignés également sous le nom de série des filons Chimes.

On a foré, sur la propriété, des puits qui ont rencontré un quartz donnant de 13 dwts à une once d'or (20 dwts).

La teneur du filon « Gordon Reef », aux essais, est de 23 dwts; celle du filon « Marie-Louise » de 17 dwts.

Un essai fait par M. Champneys, le 12 janvier 1895, a donné 18 dwts au broyage direct, et le traitement par cyanuration des résidus a produit un supplément de 4 1/2 à 5 dwts.

En outre, il résulte, des constatations des ingénieurs précités, que toute la série des filons principaux (Main Reefs), notamment ceux exploités par le « Jumpers Gold Mining » et le « Geldenhuis Estate »; ainsi que le système des filons des Rand Fields, qui a donné jusqu'à 4 onces d'or à la tonne, se dirigent vers la propriété et y seraient atteints à une profondeur facilement exploitable.

La *Southern Jumpers* est à la fois mine d'affleurement et mine de « deep level », ce qui lui assure un champ d'exploitation d'une durée assez longue.

Elle est particulièrement favorisée sous le rapport de l'eau, et c'est là un avantage essentiel ; l'eau est en effet indispensable au traitement des minerais, et il existe des mines fort riches qui, faute d'eau, ne sont pas exploitables.

GLENCAIRN MAIN REEF GOLD MINING COMPANY LIMITED

Agent général. — M. Pope.

Directeurs. — B.-J. Barnato, S.-B. Joel, Woolf Joel, John Stroyan, Charles Marx, E. Brayshaw.

Agents à Londres. — A. Jackson et J.-H. Bult.

Secrétariat. — Johannesburg, Consolidated Investment Company, Limited, et à Londres, T. Howey, 7, Lothburg, E. C.

Agents à Paris. — London-Paris, 2, place de l'Opéra.

Le capital social est de £ 225,000 divisé en actions de £ 1 chacune entièrement payées, toutes en circulation.

Ces actions sont ou nominatives ou au porteur, au choix des actionnaires.

Cette mine est située à 8 milles au nord-est de Johannesburg, à la Ferme Driefontein, dans le Witwatersrandt, entre la « May Consolidated », à l'ouest, et la Kneigts, à l'Est.

Elle possède 72 claims dont 12 sur le « Main Reef ».

Sur le quatrième Deep Level, à l'extrémité est, les essais, qui ont porté sur une épaisseur de filon d'environ six pieds, ont donné une teneur moyenne de 19 dwts.

A l'ouest, sur une épaisseur de filon de 3 pieds, la teneur a été de 11 dwts.

Sur le cinquième Deep Level, à l'extrémité est, la teneur atteint 18 dwts pour une section de filon de six pieds et, à l'ouest, 20 dwts (ou une once) pour une section de trois pieds.

Le moulin comprend actuellement 100 pilons. Le nombre des pilons sera prochainement porté à 130. Il y a, en outre, une installation complète d'ateliers de cyanuration, capable de traiter 6.000 tonnes de minerai par mois.

Le prix de la cyanuration a été réduit de 5 à 4 schellings par tonne.

La production de la mine et ses bénéfices suivent une progression continue. Voici d'ailleurs les chiffres officiels ;

Années	Productions
1890	857 onces
1891	5.690 —
1892	19.305 —
1893	15.913 —
1894	47.875 —

NEW CRŒSUS GOLD MINING Cʸ Lᴰ

Directeurs. — W. H. Adler; S. B. Joel; J. Friedlander; John Tudhope; Woolf Joel; T. M. C. Nourse; Charles Marc.

Agents à Londres. — Woolf Joel; W. H. Alder; F. B. Salomons.

Agent général. — Alfred Brown.

Secrétariat. — Johannesburg Cosolidated Investment Company, Limited.

Bureaux à Londres. — C. C. Cannell, 4, Bishopsgate Street Withers, E. C.

Bureaux à Paris. — London-Paris, 2, place de l'Opéra.

Le capital social est de £ 225.000 divisé en actions de £ 1 chacune. entièrement payées, toutes en circulation.
Ces actions sont ou nominatives ou au porteur au choix des Actionnaires.
Cette mine est située à la ferme Paarde Kraal dans le Witwatersrand.
Elle possède 123 claims sur le Main Reef auxquels il faut ajouter les 140 claims provenant de la « Crœsus Deep », soit en tout 263 claims.
La largeur moyenne du filon principal est de 4 pieds et sa teneur est de 13 à 22 dwts.
La largeur du filon Sud est de 2 pieds et sa teneur de 14 à 46 dwts. Sur le filon principal, l'exploitation porte déjà sur une longueur de 3.356 pieds et sur le filon Sud 3.597 pieds.
Il y a 10.000 tonnes de minerai extrait sur le carreau et 25.000 tonnes mises à jour sur les 2 filons; c'est une quantité suffisante pour fournir du travail à 60 pilons pendant 2 ans et 1/2, à raison d'un bocardage de 8.000 tonnes par mois.
Le moulin comprend actuellement 60 pilons; 140 nouveaux pilons seront installés; 60 en novembre prochain et 80 en juillet 1896. L'outillage complet de cyanuration permet de traiter 6.000 tonnes.
Les 60 pilons fonctionnant actuellement représentent un broyage de 8.000 tonnes par mois.

JUMPERS GOLD MINING Cʸ Lᵈ

Directeurs. — Julius Berlein, James Hay, A. T. Schmidt, W. H. Rogers et G. Rouliot.

Manager. — A. H. Morrisby.

Secrétaires. — H. D. Solomon et Andrew Moir.

Agents à Londres. — Charles Rube, Hermann Zoeppritz et Franz Voelklein.

Bureaux à Londres. — 120, Bishopsghate Street Within, E. C.

Compagnie enregistrée en septembre 1887. Le but de cette Société est l'exploitation de 39 claims, situés sur le Main Reef et faisant partie de la ferme Doornfontein, qui se trouve dans le district du Witwatersrand.

Le capital primitif était de £ 42.000, sur lesquelles 27.000 ont été remises aux vendeurs de la propriété. Le capital a été successivement porté à £ 50.000 en août 1888, et à £ 100.000 en août 1890. Les 50.000 dernières actions ont été cédées aux anciens actionnaires au prix de £ 2 chacune.

En outre, la Compagnie a cédé à la Jumpers Deep 51 claims deep levels qu'elle possédait, et cela moyennant 18 0/0 des bénéfices nets, après prélèvement de 6 0/0 l'an d'intérêt, pour le capital dépensé par cette dernière Compagnie en frais de premier établissement et de 10 0/0 d'amortissement de ces mêmes dépenses. La Jumpers s'est réservée, pendant cinq ans, l'option d'accepter en paiement de ses claims 43.900 actions Jumpers Deep et de souscrire, en outre, 22.000 actions au pair de ladite Société. Mais ces arrangements ne pouvaient devenir définitifs qu'autant que les pouvoirs publics du Transvaal auraient reconnu les droits de la Jumpers sur les 51 claims en question, lesquels constituaient des *bewaarplaatsen*. Ces droits viennent d'être reconnus par le Parlement du Transvaal et, par suite, la cession est définitive.

L'exploitation de cette Compagnie a commencé en 1888. Le nombre des pilons dont elle disposait était alors de 10, pour être porté la même année à 30.

En septembre 1889, on mit en marche 40 nouveaux pilons et enfin, en janvier 1890, la batterie fut portée à 100 pilons, qui fonctionnent encore aujourd'hui. De juin 1891 à octobre 1892, la moitié de la batterie, soit 50 pilons, a travaillé pour la Compagnie la Geldenhuis. Une usine de cyanuration, installée par la Compagnie African Gold Recovery, traite les taillings.

Voici le relevé de la production annuelle depuis l'origine de la Compagnie :

	Tonnes de minerai broyées.	Onces d'or produites.
1888.	11.741	11.719
1889.	30.545	21.778
1890.	70.924	30.230
1891.	45.210	16.918
1892.	48.452	20.652
1893.	89.527	38.635
1894.	107.952	62.383
Total.	404.351	202.315

Voici, pour terminer, un tableau établissant les dividendes qui ont été distribués par la Compagnie depuis son origine :

				Liv st
1887 novembre	5 0/0 sur	42.000 actions		2.100
1889 janvier	10 0/0 sur	47.000	—	4.700
— mars	10 0/0 sur	—	—	4.700
1893 janvier	10 0/0 sur	100.000	—	10.000
— décembre	15 0/0 sur	—	—	15.000
1894 juin	30 0/0 sur	—	—	30.000
1895 janvier	25 0/0 sur	—	—	25.000
— juillet	25 0/0 sur	—	—	25.000
Montant total des dividendes distribués				116.500

GREAT WESTERN GOLD MINING COMPANY, LIMITED

Directeurs. — M. Eldon, W.-A. Howen, P.-A. Hutton, J.-R. Rhodes, H. Buckingham, B.-J. Brown, J.-A. Limebeer.

Bureaux à Londres. — Bilither-House, Bilither-Street.

Cette Société a été constituée à Londres et incorporée, en vertu des lois et règlements actuellement en vigueur, sur les Sociétés à responsabilité limitée, ainsi qu'il résulte du certificat délivré par le greffier des Sociétés à responsabilité limitée, certificat en date du 7 mars 1895, portant les n°s 43.497. C. N. L. 42.508. Capital social : 120.000 livres, divisées en 120.000 actions d'une livre chaque.

Les statuts, qui comprennent 43 articles, déterminent ainsi le but de la Société.

En général :

I. Acquisition et exploitation de gisements et mines d'or dans toutes les parties du globe où cette opération sera jugée avantageuse et où la Société jugera utile de devenir propriétaire ou concessionnaire.

II. Spécialement :

1° Des concessions Constanza et Gold Stream. Mines de graviers aurifères, avec option sur plusieurs concessions voisines, situées dans le district d'Angels, comté de Calaveras, Etat de Californie ;

2° De la concession « Providence » filon de quartz aurifère, appartenant au système du Mother Lode.

Lesdites mines registrées, conformément à la loi californienne, ainsi qu'il résulte de certificats de propriété délivrés par le greffier de San Andréas, chef-lieu dudit comté de Calaveras.

Les concessions de la Société sont situées au milieu de propriétés minières en pleine exploitation, qui donnent toutes des résultats remarquables.

La Société possède plusieurs rapports et études, émanant de géologues et ingénieurs américains et français, tels que Storms, Wugles, Brown, Fuchs, etc., qui constatent la richesse des gisements et estiment que l'exploitation produira, comme dans les mines voisines, des bénéfices considérables.

L'étude spéciale faite par M. Grégoire, ingénieur, fixe les dépenses de mise en exploitation, la durée des travaux préparatoires, la teneur en or des minerais et des sables, et conclut à un amortissement rapide du capital initial.

La Société n'a du reste consacré à cette première exploitation qu'une partie de son capital, et elle étudie en ce moment plusieurs gisements aurifères exceptionnellement avantageux et dont l'achat et la mise en exploitation procureront des bénéfices considérables.

NIGEL GOLD MINING COMPANY

Directeurs. — Hugh Parker, Edward Cl. Greene, Sowerby, J. Mason, William G. Baker, Philippe F. Farges, John Freeman et Lionel Line.

Bureau à Johannesburg. — Henry Levy et John Holliday.

Agents à Londres. — G.-H. Raw, Arch. Parker et L. Wagner.

Manager. — Alexander Grant.

Secrétaire. — John Weighton.

Bureau de Londres. — 1, Croby Square, E. C. (South African Trust and Finance Company, limited).

Les propriétés de cette Compagnie sont situées dans le district de Heidelberg.

Dès 1892, son capital étant de £ 160.000, cette Société distribua 47 1/2 0/0 de dividendes. Pour les années 1893 et 1894, les dividendes se sont élevés à 50 0/0. Depuis, les répartitions ont eu lieu trimestriellement, à raison de 10 et 15 0/0.

La propriété ne comprend pas moins de 5.600 acres, dont une grande partie est propice à l'agriculture et dont la région ouest renferme des gisements houillers en exploitation. Le filon d'or traverse trois cents claims, il est exploité au moyen de douze puits inclinés.

A l'origine, la durée de la mine avait été évaluée à douze ans, mais, par suite de la récente fusion avec le Marais Nigel, laquelle a été votée depuis l'assemblée ordinaire, fusion qui a fait porter le capital à £ 200.900, le délai sera plus long. En outre, il y a tout lieu de supposer que la Société englobera, avant longtemps, la Nigel Deep.

Pour expliquer ce projet, il convient de dire que la direction du filon Nigel est du Sud vers le Nord, c'est-à-dire l'inverse de celle des séries du Main Reef : il représenterait, d'après certains théoriciens, l'affleurement sud des mêmes dépôts, mais il serait de formation plus récente. Dans tous les cas, le prolongement se dirige vers le nord de la Nigel

Deep comprenant 637 claims la fusion augmenterait de vingt-cinq ans la durée de la mine.

Voici le bilan de la Nigel Gold Mining Company arrêté au 30 juin 1895 :

ACTIF

Propriété . . . . £.	101.287	: 5. 2
Matériel, machines, constructions, etc., etc.	45.654	: 13. 7
Développement de la mine	14.479	: 12. 2
Débiteurs divers	322	: 4. 5
Marais Nigel Company.	1.862	: 10. 0
Or en transit	2.992	: 17. 1
Enclos	170	: 7. 7
Plantation	144	: 8.11
Placements.	10.000	: 0. 0
Intérêts et assurance.	331	: 2. 3
Espèces en caisse	2.641	: 3. 2
	179.986	: 4. 4

PASSIF

Capital	160.000	: 0. 0
Divers créditeurs	3.065	: 18.10
Réserve.	10.000	: 0. 0
Compte en suspens	4.202	: 10. 0
Balance de profits et pertes	2.717	: 15. 6
	179.986	: 4. 4

Les bénéfices bruts de la Compagnie pendant l'année, y compris la balance reportée de l'année précédente (£ 2.436 : 17.10) s'élèvent à . . . . £. 184.563 : 15.10
desquels il faut déduire les frais généraux et les frais
d'exploitation . . . .   92.054 : 6.18
Dépréciation du matériel. . . . . . .   12.799 : 3 6
                                                          104.852 : 10. 4

Bénéfice du travail de l'année. . . . . £.   79.710 : 5 6

Sur cette somme les administrateurs ont payé pendant l'année des dividendes qui se répartissent comme suit :

29 septembre	15 0/0	£ 23.995 : 10. 0
29 décembre	10 0/0	15.997 : 0. 0
29 mars	10 0/0	16.000 : 0. 0
28 juin	10 0/0	16.000 : 0. 0
		71.992 : 10. 0
Mis en réserve		5.000 : 0. 0
		76.992 : 10. 0

Ce qui fait une balance à reporter sur l'année suivante de . . . .   2.717 : 15. 6

Somme égale . . . . . £.   79.710 : 5. 6

En octobre de l'année dernière, on avait ajouté à la batterie existante 5 pilons, portant l'effectif à 30 pilons qui ont, depuis lors, travaillé sans discontinuer, broyant environ 2.8 tonnes par pilon et par jour.

On a rajouté une nouvelle machine de hissage d'une force de 25 chevaux au puits n° 12.

La quantité de minerai broyé dans l'année était de 28.235 tonnes, ayant rendu 27.118 onces 15 dwts d'or.

L'usine de cyanuration traita 27.000 tonnes de tailings, ayant rendu 22.235 onces 10 dwts.

Un contrat fut passé pendant l'année avec la Nigel Gold Recovery Syndicate pour le traitement à nouveau d'une quantité de résidus de tailings. L'on commença les opérations en octobre 1894 et, jusqu'au 30 juin 1895, la Compagnie a reçu £ 1.214 : 14 sh. 8 d. à titre de redevance.

Les directeurs sont entrés en négociations avec la *Marais Nigel Gold Mining C°* pour l'achat de cette propriété, comprenant 176 claims situés à côté du mynpacht de la Nigel. Ils conclurent, à cet effet, un traité provisoire en vertu duquel le capital de leur Compagnie serait porté à £ 200,000, par la création de 40.000 nouvelles actions de £ 1 chacune : 19.300 pour être données à la Marais Nigel Gold Mining C°, en paiement de la propriété ; 20,000 actions pour être émises et offertes aux actionnaires, à £ 6 chaque, et 700 actions pour la réserve.

A la dernière assemblée générale des actionnaires de cette Compagnie, qui vient d'avoir lieu, les comptes ont été approuvés. MM. Freemann, Parker et Greene, administrateurs sortants, ont été réélus. M. J. O'Brien a été également réélu en qualité de censeur.

Voici le nom des Compagnies qui font figurer le nom Nigel dans leur raison sociale :

Nigel Gold Mining C°.	Western Nigel Deep.
Nigel General.	Sub Nigel.
Nigel Deep.	South Nigel.
Nigel Extensions.	Central Nigel Deep.
Nigel Jumpers.	Kildare Nigel.
Nigel Block.	Killearn Nigel.
Nigel Mine (Heidelberg).	Henderson's Nigel.
Nigel Consolidated Deep.	Marievale Nigel.
Nigel Main Reef.	Marais Nigel.
East Nigel.	Marais Nigel Deep.
West Nigel.	Transvaal Nigel.

THE MASHONA GOLD REEFS AND EXPLORATION C°, L°

Directeurs. — Mathew Eldon, Bernard Bellord, W.-A. Howell. W.-H. Pullew, George Campbell Lindsay, Jus. J. Rhodes, H.-A. Halson,

Bureaux à Londres. — 8, Drapers Gardens, E. C.

Cette Société a été enregistrée à Londres le 23 mai 1895. Elle a été formée à Londres, elle est régie par les lois anglaises actuellement en vigueur.

Les promoteurs, au lieu d'imiter beaucoup de sociétés anglaises et de se constituer avec un capital considérable, ont préféré réduire celui-ci autant que possible, afin que les bénéfices à répartir entre les participants fussent plus importants. Le capital est donc de £ 50.000 divisées en 50.000 actions d'une livre chaque.

Le but de la Société est de mettre en exploitation un certain nombre de claims, de revendre ceux qui seraient trop éloignés ou dont la vente pourrait procurer un bénéfice immédiat et important.

La Société possède de nombreux ingénieurs dans le Sud-Afrique. Rapidement et sûrement renseignée par eux, elle est en mesure de diriger son personnel technique sur les points nouveaux, à mesure qu'ils sont signalés, et d'arriver en première ligne pour l'occupation des terrains aurifères.

GELDENHUIS ESTATE AND GOLD MINING COMPANY

Directeurs. — W. H. Rogers, Frédéric Eckstein, Charles Marx et F. Lowrey.

Bureaux de Londres. — John Paddon, C. Murray, Charles Rube.

Secrétaires. — H. D. Solomon et Andrew Moir.

Siège social à Londres. — 120, Bishopsgate Street Within, E. C.

La Geldenhuis Estate and Gold Mining Company a été fondée à Johannesburg vers la fin de l'année 1887, mais elle ne fut réellement en état de fonctionner qu'au commencement de 1888.

Elle est donc aujourd'hui dans la septième année de son exploitation.

Le capital primitif de la Société a été de £ 80.000 divisé en 80.000 actions de £ 1.

En 1888, il fut porté à £ 120.000 par la création de 40.000 actions nouvelles de £ 4.

En janvier 1892, le capital fut de nouveau augmenté et porté à £ 175.000 par l'émission de 55.000 actions nouvelles.

41.000 actions furent placées tout de suite à £ 1, de la manière que nous expliquerons plus loin, et 14.000 actions de réserve furent offertes aux actionnaires au prix de £ 1 : 10 sh., mais 12.000 actions seules furent prises.

2.000 actions furent offertes au public en adjudication publique en avril, au prix de £ 3 : 3.

Le 13 septembre 1893, le capital fut porté au chiffre actuel de £ 200.000 par l'émission nouvelle de 25.000 actions, dont 12.500 furent offertes et prises par le public au prix de £ 4. Les 12.500 actions restantes ont été ensuite placées à la Bourse à un prix qui n'est pas encore connu.

En résumé, le capital social actuel de £ 200.000, en 200.000 actions de £ 1, a été formé de la manière suivante :

```
80.000 actions furent émises à £ 1
40.000    —        —        — 1
41.000    —        —        — 1
12.000    —        —        — 1 : 10 sh.
 2.000    —        —        — 3 : 3 —
12.500    —        —        — 3 : 4 —
12 500    —   (cours encore inconnu).
```

200 000 actions de £ 1.

La Geldenhuis Estate Gold Mining Company a été créée pour acquérir une propriété d'environ 4.698 acres avec un « mynpacht » de 177 acres situés sur la ferme Elandsfontein Main Reef, Witwatersrand. En mars 1889, la Compagnie vendit une partie de sa propriété pour £ 60.000 à la Geldenhuis Main Reef, qui s'acquitta en actions entièrement libérées. En 1892, après avoir vendu une partie de ses propriétés, la Compagnie acquit, à son tour, par voie de fusion, la propriété de la Stanhope Geldenhuis Deep level, consistant en 26 claims contigus à ses propriétés sur le côté sud, et 18 claims au sud de la Stanhope Gold Mining, avec les droits d'eau, mynpacht, et le tout pour £ 61.000, dont £ 20 000 en espèces et 41.000 actions de £ 1 dont nous avons parlé plus haut.

Si l'on tient compte des propriétés que la Société a revendues, elle possède encore aujourd'hui la ferme Elandsfontein, n° 1, d'une superficie de 4.698 acres ou 1.880 hectares et environ 200 claims ou champs. Sa concession minière comprend le « mynpacht » de près de 160 acres ou 64 hectares, mais, d'après ce que l'on sait, 79 claims seulement sont actuellement exploitables.

La mine est placée entre la Geldenhuis Main Reef et la Simmer et Jack à l'est, la Jumpers à l'ouest et se trouve limitée au sud par la Geldenhuis Deep. Son droit d'eau est à environ 1.500 mètres du moulin qui, lui-même, est à une certaine distance de la mine et relié à cette dernière par un tramway. On assure que la grande quantité d'eau dont dispose la Société lui permettrait d'actionner 200 pilons.

Une station de chemin de fer se trouve à 400 mètres de la propriété.

La Société exploite trois filons : le North Reef, le Middle Reef et le South Reef.

Le moulin de la Société, qui paraît être un des plus perfectionnés des mines d'or du Transvaal, travaille actuellement avec 120 pilons. Son usine de cyanure peut traiter environ 16.000 tonnes de résidus par mois, suffisant pour absorber la production des 120 pilons.

Les premiers broyages de la Compagnie ont donné un rendement très élevé, environ une once d'or à la tonne, pendant les trois premières années de son exploitation, mais l'augmentation de la production, c'est-à-dire par la pénétration plus au fond de la mine, le rendement par tonne a diminué à 12 pennyweights en 1892-93 et 10.34 en 1893-94.

Voici quelles ont été la teneur et la production :

	Teneur du minerai.			Production en or.	
1888	1 once à la tonne.			4.500 onces.	
1889	1	—		1.239	—
1890	1	—		—	
1891	14 pennyweights.			31.125	—
1892	12	—		47.727	—
1893	10	—	75	47.434	…
1894	7	—	62	58.913	—

L'exercice commence le 1er mars de chaque année ; depuis le 1er mars 1895, la production a été la suivante :

Mars	4.777 onces.
Avril	6.500 —
Mai	7.457 —
Juin	7.614 —
Juillet	7.778 —

DISTRIBUTION DE DIVIDENDES

Depuis sa fondation, la Société a distribué les dividendes suivants :

1888	15 0/0 =	3 sh. =	3 fr. 75.
1889	Néant		
1890	Néant		
1891	5 0/0 =	1 sh. =	1 fr. 25
1892	10 0/0 =	2 sh. =	2 fr. 50
1893	25 0/0 =	5 sh. =	6 fr. 25
1894	30 0/0 =	6 sh. =	7 fr. 50
1895	30 0/0 =	6 sh. =	7 fr. 50
Total		1 : 3 sh. =	28 fr. 75

En résumé, chaque action Geldenhuis Estate a rapporté jusqu'à présent :

En espèces	28 75
En titres	12 50
Total	41 25

soit en moyenne 5 fr. 12 par an et encore faut-il ajouter que les produits de la mine n'entrent dans cette moyenne que pour 3 fr. 55.

En raison de la teneur faible du minerai, qui de 1 once à la tonne est tombée actuellement à 7 75 pennyweights, la Société est obligée d'extraire de grandes quantités de minerai pour arriver à maintenir le chiffre de ses dividendes. C'est dire que la mine s'épuisera rapidement et les calculs les plus favorables à la Société lui assignent une durée maximum de 12 ans.

THE FRENCH NORTH RAND ESTATES GOLD MINING Cy, Ld

Directeurs. — Arthur Coveney, Hugh Limebeer, Arthur E. Preston, A. Morley Fletcher, Walter J. Synnott, Matthew Eldon, W. A. Howell.

Bureau à Londres. — 8, Drapers Gardens, E. C.

Cette Société, constituée au capital de £ 150.000 (3.750.000 fr.), divisé en 150.000 actions de £ 1 (25 fr.), est propriétaire de 930 claims, situés à 17 kilomètres de Johannesburg, dans le Witwatersrand, c'est-à-dire dans le district minier le plus riche du Transvaal.

Les rapports des ingénieurs et des experts estiment que chacun de ces 930 claims représente une valeur de bien supérieure à 10,000 francs, soit au total 9.300.000 francs, c'est-à-dire environ trois fois le capital social.

D'autre part, les essais et les analyses, contrôlés par la Chambre des mines de Johannesburg, accusent un rendement moyen de 4 onces 14 pennyweights ou 145 grammes d'or à la tonne de minerai (464 francs). C'est une production supérieure à la moyenne de la plupart des principales mines du Rand, dont le succès a été si grand.

De plus, les terrains, dès aujourd'hui « prospectés officiellement » et reconnus « payants », comportent la création d'au moins trois Compagnies filiales qui devront chacune rembourser la moitié du capital actuel de la Société.

De ce chef, les actions reçoivent une sorte de gage immobilier, qui représente 1/3 de plus que leur valeur intrinsèque initiale.

Les souscripteurs de la French North Rand Gold Mines Company profiteront, en outre, des bénéfices provenant de l'exploitation directe faite actuellement par la Société dans les conditions de rendement que nous venons d'indiquer, sur les claims qu'elle s'est réservée.

On peut donc légitimement conclure à la certitude d'une production normale régulière considérable et, sans aucune exagération, prévoir à brève échéance le cours de 150 francs.

EAST RAND PROPRIETARY MINES ET SES FILIALES

(NEW COMET, ANGELO, AGNÈS MUNRO, CINDERELLA, DRIEFONTEIN, NEW BLUE SKY, ETC.)

Directeurs. — Carl Hanau, George Farrar, J.-C.-A. Henderson, Lionel Phillips, J.-W. Jameson.

Bureau de Londres. — Alfred Beit, Edward Waag, L. Neumann, E. G. Mocatta.

Manager. — A. Angwin,

Secrétaires. — G. W. Higgins et W. Henderson Clarks.

Bureau à Londres. — 170-3, Winchester House, Old Broad Street, E. C.

Cette Compagnie a été constituée, en avril 1893, pour acquérir tout l'actif de l'Anglo-French-Exploration. Ses propriétés, qui sont situées à l'extrémité orientale du Witwatersrand, comprennent 554 claims sur la ferme Driefontein, 136 claims sur la ferme Vogelfontein, sur le prolongement du Ginsberg Reef. La Compagnie est en outre intéressée dans un grand nombre d'entreprises : la New Blue Sky, la New-Comet, la Cinderella, l'Agnès Munro, la Driefontein, et la Saint-Angelo.

Le capital social est de £ 650.000, divisé en 650.000 actions de £ 1 entièrement libérées. Le syndicat qui avait vendu les propriétés a reçu en échange 420.000 actions et, en outre, il doit toucher 25 0/0 des profits nets (ou répartition d'actif) après que les actionnaires auront touché le montant de leur capital en espèces ou son équivalent. Sur les 230.000 actions qui devaient constituer le fonds de roulement, 150.000 ont été émises au pair, 40.000 à 21 sh. 6 et 40.000 à 23 sh. 6.

Les comptes du premier exercice, clos le 30 avril 1894, se soldaient aux dépenses par £ 17.199 : 10.9 et, aux recettes, par £ 628 : 3.9 ; ils laissaient au débit du compte de profits et pertes une somme de £ 16.571 : 7 shillings.

Les comptes du second exercice, clos le 30 avril 1895, portaient aux dépenses £ 12.212 : 15.7 et aux recettes £ 10.301 : 9. Le débit du compte de profits et pertes a donc été, pour l'exercice, de £ 1.911 : 6.7 qui, ajoutées au débit de l'exercice précédent, forment un total débiteur de £ 18.482 : 13.7 qu'on verra plus loin figurer au bilan arrêté en clôture du dernier exercice.

L'East Rand n'a pas exploité jusqu'ici ses gisements miniers ; elle s'est bornée à constituer diverses Sociétés filiales. Voici, au surplus, la liste des propriétés de l'East Rand, telle qu'elle ressortait du rapport présenté par le directeur de la Compagnie à l'assemblée générale du 24 mai 1895.

	Claims	Capital £	Actions appartenant à l'East-Rand
New Comet	93.77	225.000	92.909
Angelo	114.59	225.000	109.090
Driefontein	125.21	225.000	100.000
Agnès Munro	19	93.000	62.494
Cinderella	74	100.000	78.417
New Blue Sky	85	150.000	109.155
Ferme Leeuwport	130	»	»
— Vogelfontein	136	»	»
— Driefontein	410.43	»	»
Totaux	1.188	1.018.000	552.065

Les trois dernières propriétés, indiquées au tableau ci-dessus, forment un total de 676 claims, 43 appartenant exclusivement à l'East Rand.

Voici quelques indications sur les diverses Sociétés filiales de l'East Rand.

La *New Comet Gold Mining Company* a été reconstituée, en février 1895, au capital de £ 225.000. Sa propriété consiste en 93 claims 77, dont 57.16 constituent l'apport de l'East Rand, en échange duquel elle a reçu 50.000 actions de la New Comet et, en outre, le droit de souscrire à 65.000 autres actions au prix de 25 shillings chacune. Le fonds de roulement de la New-Comet est de £ 168.750.

Au moment où se tenait la dernière assemblée générale de l'East Rand, le minerai en vue dans les terrains de la New Comet représentait 92.500 tonnes et le puits principal était creusé jusqu'au cinquième niveau.

L'*Angelo Gold Mines* a été constituée en avril 1895, au capital de £ 225.000, pour acquérir l'actif de l'ancienne Compagnie connue sous le nom de

Saint-Angelo, en outre, 37 1/2 claims appartenant à la Driefontein Main Reef Gold Mining Company et enfin 43 claims appartenant à l'East Rand ; soit en l'ensemble 114 claims 59. En représentation de son apport, l'East Rand a reçu 55.000 actions de la Compagnie l'Angelo et le droit de souscrire au pair à 65.000 autres actions.

Le *Driefontein Consolidated Company* a été constituée tout récemment au capital de £ 225.000, pour acquérir : 1° une partie du terrain de l'ancienne Compagnie Driefontein Main Reef Gold Mining ; 2° 61 1/2 claims formant le block Ramsay, apporté par l'East Rand. En échange de cet apport, l'East Rand a reçu 60.000 actions de la Driefontein et le droit de souscrire à 65 000 autres actions au prix de 30 shillings chacune.

L'*Agnès Munro* est la continuation de l'ancienne Compagnie Agnès Munro Main Reef Gold Mining Company, constituée en mars 1889, pour acquérir 20 claims situés sur la ferme de Driefontein. En 1892, la reconstitution fut faite par les soins de l'Anglo-French Exploration, qui a rétrocédé ses droits à l'East Rand. Le capital social est de £ 100.000, mais sur ce nombre, 93.000 actions seulement ont été émises à l'heure actuelle.

Sous le nom de *Cinderella Gold Mining Company*, une première Compagnie avait été créée en 1889 ; elle a été reconstituée en 1892 par l'Anglo-French Exploration.

La *New Blue Sky Gold Mining Company* est la continuation de la Blue Sky Main Reef, constituée en février 1889, et reconstituée en octobre 1893 sous la dénomination actuelle.

Par ce qui précède on peut se faire une idée de la puissance énorme que l'East Rand doit trouver dans les Sociétés filiales, déjà créées et aussi dans celles qu'elle aura encore à constituer dans un avenir plus ou moins prochain.

BILAN AU 30 AVRIL 1895

Passif

	Liv. st.	sh.	d.
Capital.	650.000	»	»
Agnès Munro.	3.841	7	6
Angelo.	54.286	2	9
Cinderella	13.550	6	0
Driefontein.	6.280	2	0
Divers créditeurs.	10	2	6
	727.968	0	9

Actif

	Liv. st.	sh.	d.
Propriétés	251.820	1	5
Actions en portefeuille.	246.612	15	2
Espèces en caisse	199.444	14	6
Comptes débiteurs	77.912	10	8
Machines et matériel.	7.483	5	10
Réservoirs.	5.057	16	8
Divers	1.154	2	11
Profits et pertes	18.482	13	7
	727.968	0	9

THE RHODESIA GOLD MINING AND EXPLORING Cʸ, Lᴰ

Directeurs. — MM. J. Nowlan, Arthur Coveney, Matthew Eldon, W. R. Edwardes, Hugh Limebeer, George Campbell Lindsay, W. A., Howell.

Cette Compagnie, enregistrée le 22 juillet 1895 au capital de £ 100.000, possède des claims d'une richesse immense à l'est de la ville de Bulluwayo.

Elle est constituée au capital de £ 100.000 (2.500.000 francs), divisé en 100.000 actions de £ 1 (25 francs), est propriétaire de 400 claims sur le territoire appartenant à Chartered Company (British South Africa) dans le Matabeland et a pour objet d'allotir ses terrains aurifères en plusieurs Sociétés filiales.

La création de chaque Société distincte donnera lieu à la constitution d'un nouveau capital, dont partie sera attribuée à la Rhodesia Gold Mines and Exploring Company, en représentation de ses apports, privilèges et aménagements antérieurs.

La Rhodesia Gold Mines and Exploring se consacrera en outre à l'exploitation d'un certain nombre de claims qu'elle s'est réservée, s'assurant ainsi, outre les bénéfices de la réalisation successive du reste de son domaine, d'importants bénéfices que produira son exploitation directe.

C'est cette double source de profits qui a fait la fortune de toutes les Sociétés d'exploration, leur capital initial se trouvant remboursé et au delà par la création sur leur territoire de Sociétés filiales, aux bénéfices desquelles elle demeure intéressée.

On peut donc tenir pour certain que le bon accueil fait aux actions de la Rhodesia Gold Mines and Exploring, au lendemain même de leur émission sur le marché de Londres, est l'indice d'une plus-value justifiée qui, en peu de temps, élèvera les cours à 100 et 150 francs.

Nous avons pour garants, avec les rapports officiels des ingénieurs, le succès de la Chartered et le nom de la province, dite Rhodesia, à laquelle M. Cecil Rhodes a servi de parrain et où se trouvent les claims dont elle est propriétaire.

FERREIRA GOLD MINING Cʸ, Lᴰ

Directeurs. — Harry A. Rogers, J.-C. Currey, G. Rouliot, James Hay, S.-G. Goldmann.

Manager. — J. Harry John.

Agents à Londres. — C. Rute, J. Neumann, M. Michaelis et Zoeppritz.

Secrétaires. — D.-E. Mathurin et Andrew Moir.

Siège Social à Londres. — 120, Bishopsgate Street Within, E. C.

La *Ferreira Gold Mining Company* a été créée en 1887 au capital de £ 12.000 pour exploiter 9 claims sur le *Main Reef* du Witwatersrand Le 16 avril 1888, elle engloba quatre claims du *Bijou Syndicate* et le capital social fut porté à cet effet à £ 28.000. Son capital a été augmenté encore de £ 5.000 en mars 1889 pour l'acquisition de 7 « deep level claims » et une concession d'eau. Le capital est donc actuellement de 33.000 actions, dont 1.250 sont encore en réserve.

Les comptes, au 30 septembre 1888, accusaient un crédit au compte de profits et pertes de £ 32, au 31 mars 1889 un débit de £ 151, au 30 septembre 1889 un crédit de £ 17.840, moins créditeurs divers pour £ 3.406. 1.500 actions de réserve vendues, en août 1889 ont produit £ 23.745, laquelle somme est comprise dans le compte de profits et pertes au 30 septembre.

Cette Compagnie a des dividendes réguliers depuis sa fondation. Les premiers broyages d'essai avaient donné 225 onces d'or. Depuis, les actions se sont tenues à une prime considérable. Elles valaient, au 31 décembre 1889 environ 375 francs ; en février 1889, elles avaient atteint le cours de 600 francs. Ces cours indiquent une grande confiance dans l'avenir de cette Compagnie qui met pour le moment tous ses efforts au développement des travaux miniers proprement dits. Elle aura prochainement 180 pilons montés. Nous extrayons le passage suivant du compte rendu de l'assemblée de mars 1889, et ce, à titre de document :

« Avant de lever la séance, le président a dit qu'il regrettait qu'on n'eût pas pu tenir la promesse faite à la dernière assemblée, relativement au paiement d'un dividende. Mais il a toujours la même confiance dans l'avenir de la Compagnie, qu'il regarde comme une des meilleures du Rand. Son reef, en effet, ne forme pas un *dip* de 25 à 30 degrés comme celui de beaucoup de Compagnies ; il est, au contraire, presque vertical, ce qui réduit beaucoup les frais d'extraction. Lorsqu'on commencera à broyer, nul doute que l'on sera en état de payer de bons dividendes. Le président ne craint pas de pronostiquer qu'après deux mois de broyage avec les 50 pilons, le rendement atteindra 10.000 *onces*. Il se fait fort de prouver qu'il peut en être ainsi. Quoique aucun dividende ne soit déclaré, les actionnaires ont toute raison d'être satisfaits. On a pensé qu'il valait mieux achever d'abord tous les travaux miniers nécessaires et ouvrir immédiatement les filons que de jeter de la poudre aux yeux par quelques broyages exceptionnels, mais non continus, destinés à produire une hausse malsaine sur les actions. On ne pourrait guère trouver, sur tout le Rand, qu'une ou deux Compagnies qui aient accompli autant de besogne que la *Ferreira* avec un aussi petit capital. »

Depuis lors, cette Compagnie, bien administrée, n'a fait que prospérer grâce à une exploitation sérieuse et un outillage bien compris ; les rendements se sont progressivement accrus et nous trouvons aujourd'hui le cours de ses actions à 477.50.

La dernière assemblée générale a eu le 13 février 1895. Le rapport du conseil d'administration fait ressortir que, pendant le deuxième semestre de 1894, la Compagnie a broyé 25.100 tonnes de minerai, ayant produit 26.455 onces d'or d'une valeur de £ 95.705. Le bénéfice résultant du traitement des tailings s'est élevé à £ 22.216. Les dépenses d'exploitation ont atteint £ 54.784, ce qui porte le prix de revient à 28 sh. 8/77 d. la tonne.

Le solde bénéficiaire pour le deuxième semestre est de £ 78.011, plus une somme de £ 57.248 reportée du semestre précédent, soit un total de £ 135.269, réparti comme suit :

Au compte capital . . . . £.	26.053
Dividende	45.000
Boni	3.320
Solde disponible.	60.886
Somme égale	135.259

Le conseil d'administration a déclaré que l'installation des nouvelles machines absorbera une somme de £ 70.000, qui sera répartie sur une période de dix mois. A cet effet, il a été décidé de disposer des 1,000 actions en réserve qui produiront £ 15.000 environ et de prélever le solde de £ 55.000 sur les bénéfices. Selon toutes probabilités, les nouvelles machines commenceront à fonctionner à partir du 1er septembre prochain.

THE LELAND STANFORT GOLD MINING COMPANY, LIMITED

Directeurs. — John A. Limebeer, James R. Rhodès, E. G. Dulcken, George Campbell Lindsay, Fredk. W. Potter, Frédérick Ceorge Phillips, John G. Bellord.

Cette Société a été enregistrée à Londres le 18 septembre 1895.
La *Leland Stanford Gold Mines Limited* qui possède 16 hectares à proximité de la fameuse mine de Bonanza, au nord-ouest de l'Etat de l'Arizona Etats-Unis d'Amérique, est admirablement située à quelques centaines de mètres du Groom Creek, qui lui assure l'eau en abondance pour tous les besoins de l'exploitation et du traitement.
Les analyses des minerais, extraits des filons découverts, accusent un rendement de deux onces à cinq onces, soit environ 194 à 460 francs à la tonne. Ce rendement, rarement atteint par les mines sud-africaines, fait prévoir un avenir des plus encourageants aux capitaux engagés dans cette entreprise.

CITY AND SUBURBAN GOLD MINING COMPANY, LIMITED

Directeurs. — Edward M. Greent, Henry Bale, Hugh Parker, John Freeman, Dr Scott, P. Davis, P.-F. Payn.
Bureau local de Johannesburg. — Lionel Phillips, H.-B. Marshall, E. Birkenruth.
Comité de transfert de Londres. — George H. Rau, A. Parker, L. Wagner.
Secrétaires. — W. Clam H. Hunter et John Scheldrick.
Siège social à Londres. — 1, Crosby Square, E. C.
Cette Compagnie a été créée à Maritzburg le 11 juillet 1887 dans le but

d'acquérir et d'exploiter 28 claims sur le Main Reef, mynpacht de la ferme Doornfontein, Witwatersrand. La superficie totale de la propriété, y compris les claims ci-dessus, comprend 166 acres ; en dehors des filons aurifères contenus dans les claims, les terrains stériles de la Compagnie prennent chaque jour une nouvelle valeur comme terrains à bâtir, par suite de leur proximité de Johannesburg et par le fait qu'ils sont traversés par la grande route qui va de Johannesburg à Heidelberg.

Le capital primitif était de £ 50 000, sur lesquelles les vendeurs ont reçu £ 20.000. Une première augmentation de £ 10.000 fut autorisée en décembre 1887 pour permettre l'acquisition d'un nouveau terrain sur la ferme de Doornfontein et l'achat d'un supplément de matériel. Le 6 mars 1889, le capital a été porté de £ 60.000 à £ 70.000. Il a été depuis porté à £ 85.000 chiffre actuel. Sur ce nombre, 5.000 actions paraissent encore être en réserve, de sorte que le capital émis ne serait actuellement que de £ 80.000. Le matériel de la Compagnie se compose de 150 pilons en marche, 50 autres sont en réserve.

Cette Compagnie est une de celles qui ont distribué le plus de dividendes ; en voici la liste :

1888	5 0/0	1892	110 0/0
1889	60 0/0	1893	140 0/0
1890	75 0/0	1894	180 0/0
1891	80 0/0	1895	75 0/0

NEW HERIOT GOLD MINING COMPANY

Siège social. — Pietermaritzburg, Natal.

Conseil d'administration. — John Fqeomon, président ; P.-F. Payn, E.-M. Green, J.-J. Chayman, R.-H. Raw, J.-M. Egner, Hugh Parker.

Ingénieur-directeur. — R. Raine.

Secrétaire à Pietermaritzburg. — W.-M. Hunter.

Bureau à Londres. — 1. Crosby Square E. C.

Secrétaire à Londres. — John S. Sheldrick.

Cette Compagnie a été constituée en 1887, sous le nom de « Heriot Gold Mining Company » en vue de l'exploitation de 36 claims Main Reef la ferme Doornfontein, Witwatersrand.

Son capital initial était de £ 50,000 en actions de £ 1, entièrement libérées. 40.000 furent données en paiement aux vendeurs de la propriété et les 10.000 restant formèrent le fonds de roulement. Au mois de novembre de l'année suivante, le capital fut porté à £ 60.000 par la création de 10.000 actions nouvelles offertes aux actionnaires, au prorata de leurs titres, avec une prime de 10 sh. En décembre 1889 et janvier 1890, 15.000 autres actions furent créées. Le capital se trouva ainsi porté à £ 75.000. Deux ans après, la Compagnie fut reconstituée sous le nom de « New Heriot » au capital de £ 85.000. Les anciens actionnaires reçurent une action nouvelle contre deux anciennes. Le restant des actions fut souscrit en partie par les anciens actionnaires et en partie par un syndicat de garantie aux conditions suivantes : 12.500 actions à 25 sh., 16.727 à 42 sh. et demi et 6.773 à 40 sh., formant ensemble un fonds de roulement de £ 65.000.

En décembre de l'année dernière, le nouveau capital de la Compagnie fut porté à £ 90.000 par la création de 5.000 nouvelles actions offertes aux actionnaires au prix de £ 4 chacune.

Une assemblée extraordinaire réunie le 20 du mois dernier a approuvé l'achat de la propriété de la Compagnie Ruby comprenant 16 claims, dont 8 situés sur le « deep » de la section Ouest de la « Heriot » et 8 autres sur la limite Ouest. Le capital sera porté de £ 90.000 à £ 115.000 par la création de 25.000 actions nouvelles dont 23.114 seront données aux actionnaires de la Ruby en paiement de leur propriété. Le solde 1.886 actions sera gardé en réserve pour être émis ultérieurement au fur et à mesure des besoins.

Les broyages de la « New Hériot » commencèrent en février 1888 avec 25 pilons. Ils produisirent jusqu'à la fin de l'année 4.923 onces d'or provenant de 7.667 tonnes de minerai. L'année suivante 8.770 tonnes furent broyées, elles rendirent 8.015 onces d'or. En 1890, 11.332 tonnes de minerai broyé produisirent 5.796 onces d'or. A la fin de janvier la batterie fut arrêtée faute de fonds de roulement suffisants et les broyages ne reprirent qu'en novembre 1892 avec 10 pilons seulement. L'année d'après, une batterie neuve de 40 pilons fut installée et commença à marcher à partir de septembre (1893). La vieille batterie fut mise au rencart. Au mois de mai de cette même année une usine de cyanuration fut construite et la production totale de la mine s'éleva (1893) à 22.779 onces dont 8.690 onces provenant du traitement des tailings et 14.089 onces du moulin qui broya 21.455 tonnes de minerai. A partir de décembre 1894, 20 nouveaux pilons furent ajoutés à la batterie formant ainsi un effectif total de 60 bocards.

Jusqu'en 1893 aucun dividende ne fut distribué. Au mois de décembre 1893 la nouvelle Société déclara un dividende de 10 0/0 s'élevant à £ 8.500.

Pendant l'année dernière (1894) deux dividendes de 20 0/0 chacun furent payés aux actionnaires, représentant une somme de £ 34.000.

Au mois de mars dernier, un nouveau dividende de 25 0/0 a été distribué. La somme payée s'est élevée à 22.500. Ce qui fait un total de £ 76.250 payé en dividendes depuis l'origine de la Compagnie. La nouvelle Société a distribué pour sa part £ 65.000.

CHATERLAND GOLDFIELDS, LIMITED

Secrétaire. — M. G.-G. Walker.

Bureaux. — 10, Saint-Swithin's Lane, E. C.

Cette Compagnie a été créée le 15 janvier 1895, on la considère comme une filiale de la Chartered. Son capital nominal s'élève à la somme totale de £ 500,000, soit 12,500,000 francs, et sur ce total on n'a émis que 185,000 titres, dont 125,000 pour payer les propriétés et droits acquis par la Compagnie et 60,000 contre espèces. Formée pour explorer et mettre en valeur les « richesses naturelles situées sur les territoires du Mashonaland et du Matabeleland », l'entreprise a débuté brillamment en s'assurant à titre de concession de la « British South Africa Company (Chartered) » le droit de choisir.

1° 500 claims miniers aurifères sur une partie quelconque du territoire de ladite Compagnie au sud du Zambèse ;

2° 200,000 acres de terrains dans le Mashonaland, à titre gratuit, ou dans le Matabeleland, moyennant 1 sh. 6 d. l'acre ;

3° 100 milles carrés de terres au nord de Zambèse, avec tous les droits miniers de la superficie ;

4° 6,000 acres de terrains houiller au nord et au sud du Zambèse.

Et en acquérant, en outre :

1° 580 claims miniers aurifères choisis dans le Selukwe, la Bembe, le Senenombe et autres districts du Matabeleland, et dans celui d'Umtali ou Mashonaland ;

2° 125,000 actions d'une liv. ster. entièrement libérées de la « Shashi and Macloutsie Exploration and Mining Company, limited », Compagnie au capital de 500,000, formée pour l'acquisition des droits miniers sur tous les territoires situés entre les rivières Shashi et Macloutsie, d'une superficie d'environ 8,000 carrés, sous réserve de son contrat avec la British South Africa Company (Chartered), » avec laquelle elle doit partager par moitié ses bénéfices ;

3° 100 milles carrés de terrains sur la rivière Umvungo, à environ 80 milles au Nord-Est de Buluwayo ;

4° 28 fermes dans le Matabeleland, comprenant une surface d'environ 168,000 acres ;

5° Trois emplacements urbains, un à Victoria, deux à Gwelo.

WEALTH OF NATIONS, LIMITED

Administrateurs. — Sinclair Macleay, Somers et J. Gough-Galthorpe (Administrateur de la West Australian Exploring and Finance Corporation Ltd, 16, Queen's Gate Place Londres S. W.) George Griffiths, Howard Spensley et Walter J. Ruegg.

Banquiers. — Londres, Prescott, Dimsdale, Cave, Tugwel et C° Ltd, la Union Bank of Australia Ltd, Coolgardie.

Brokers. — MM. Haggard Hale et Pixley et MM. Hardie et Turnbull.

Avocats Consultants. — MM. Williams et Neville.

Ingénieur Consultant. — Charles Kaufman.

Censeurs. — MM. Ford Rhodes et Frod.

Secrétaire et bureaux. — Charles Lloyd, esq., 54, Old Broad Street, Londres, E. C.

Cette Compagnie, propriétaire de la Mine « Wealth of Nations », située dans les champs d'or de Coolgardie (Australie de l'Ouest), contient 34 acres d'étendue, «La Wealth of Nations », dit un rapport de M. Kaufman, est située à 40 milles N. N. O. et facilement accessible de Coolgardie. Le N° de la lease est 1,024 et couvre une étendue de 24 acres; elle est située au sommet d'une chaîne de montagnes, à une élévation de 70 pieds au-dessus de la vallée et à 2,100 pieds au-dessus du niveau de la mer. Le pays avoisinant est très riche en dépôts alluviaux (détachements de l'affleurement du filon) dont on a obtenu £ 20,000 d'or alluvial, en plus des £ 15.000 obtenus par le Dollying système des spécimens obtenus de l'affleurement. Le pays avoisinant est très métallifère. La formation géologique est de la diorite en dessous de laquelle se trouve une formation d'ardoise. Il n'y a pas de doute que c'est une des meilleures veines du district ; c'est une vraie veine minéralisée, d'une grande force permanente. »

LONDONDERRY GOLD MINE, LIMITED

Directeurs. — H. C. Plunkett, colonel North, colonel Deax, Myring, Georges Irwin, Richard Gardiner Casey, lord Fingal, lord de Grey.

Banquiers. — Bank of Australasia and Union Bank of Australia, Limited.

Solicitors. — Budd. Johnsons et Jecks.

Secrétaire. — J. H Greton.

La valeur a été introduite sur le marché de Paris, le 28 mars dernier, par les soins de MM. Badel frères. La Compagnie, au capital de £ 700,000, a pour objet l'exploitation d'une mine d'or située dans la colonie anglaise de l'Australie occidentale, à une distance de 16 kilomètres au S. O. de la ville de Coolgardice.

L'étendue de la propriété et de 123 acres divisés en huit lots en blocs. Lorsque la Société fut annoncée comme étant de 25 acres. Lors de l'arpentage officiel, l'on s'aperçut d'une erreur. Les vendeurs achetèrent non seulement alors le complément, mais encore ils assurèrent à la Compagnie la propriété de 123 acres.

Le prix de la propriété a été fixé lors de la constitution de la Société à £ 296,000 dont £ 180,000 en espèces.

Il y a sur les 700,000 actions de 1 livre sterling 233.000 actions d'apport (vendor's shars) : ce sont celles qui sont l'objet des négociations en France. Elles ont les mêmes droits que les autres actions, mais elles ne seront cotées suivant les règlements du stock Echange de Londres, qu'à partir du 11 mars 1896. Les autres actions sont cotées à Londres depuis le 11 mars 1895.

UNITED RHODESIA GOLDFIELDS LIMITED

Directeurs. — Sheffield Nave, James Murray, John Morrogh, sir Georgee, W.-R. Campbell, K. C. M. G., Clarendon Hyde, Charles E. Rowsell, sir Leslie Falkiner, Peray Dunsmure.

Secrétaire. — A.-J. Macpharll.

Bureau à Londres. — 15, George Street, Mansion House, E. C.

Cette Compagnie, au capital de £ 750 000, divisé en actians de £ 1 a été formée pour acquérir les apports et l'entreprise de F. Johnson et Co et aussi certains intérêts miniers et autres appartenant à la Zambesia Exploring Compagnie et son groupe.

L'actif de la Compagnie se compose de :

Environ 1.700 claims situés dans les districts de Victoria, Mazoe, Umtali, Lomagundi, Manica et Umfuli.
240.000 acres de terrain en Mashonaland.
    84 — Town Stands (terrains de construction) à Salisbury.
    3 — » à Umtali.
13.000 actions de la Beira Landing et Shipping Co.
2.835 obligations 6 0/0 de la Beira Railway.
2.000 actions des Goldfields of Mashonaland, environ 8.000 actions de la Mashonaland Central Gold Mining Cie et dixerses actions d'autres entreprises et en plus des machines et provisions de toute sorte.

La Compagnie a de plus un encaisse de £ 200.000 en espèces.

FRENCH SOUTH AFRICAN DEVELOPMENT Cy LIMITED

Siège social. — 15, Angel Court Throgmorton Street, Londres E. C.

Banquiers. — London Joint Stock Bank Limited, Londres ; Standard Bank of South Africa, Salisbury.

Service financier. — MM. Thalmann frères et Co, 64, rue de Richelieu, Paris.

La Compagnie a été fondée en mai 1895, avec un capital de roulement de £ 50.000. Son capital autorisé est de £ 200.000, divisé en actions de £ 1, sur lesquelles 120.000 seulement ont été émis.

Elle dispose encore à ce jour d'une encaisse de £ 30,000 environ, déposée dans les banques de Londres et de Salisbury.

Les disponibilités seront incessamment augmentées par la vente d'une partie des actions qui se trouvent encore à la souche.

Les propriétés, payées partie en argent, partie en actions, consistent en :

- I. 220 claims dans le Lo Magundi District ;
  - 50 » » » » » Eureka ;
  - 40 » » » » » Ayreshire East Extension ;
- II. 25 » » Mazoe District Flora Syndicate ;
  - 30 » » » » Gipsy Yess ;
- III. 100 » » Salisbury District (Salisbury Reef) Flora Syndicate ;
- IV. 40 » » Enterprise District, Montana ;
  - 30 » » » » Bon Accord ;
- V. 100 » » Hartley Hill District
  - 60 » » » » Liverpool Reef ;
  - 170 » » » » Gootooma Syndicate ;
- VI.   La Chartered a concédé à la Compagnie
  - 180 » à choisir dans différents districts. La Chartered a en outre donné de nombreuses options à la Société.

Celle-ci possède 2/3 d'intérêt dans 8 freehold building stands, dans la rue principale de Salisbury (Mashonaland).

La Société possède, en dehors de son encaisse de £ 30.000 et de ses terrains à Salisbury, une propriété minière de 945 claims dans le Mashonaland (Charteredland). Le claim lui revient donc à moins de £ 100.

Les travaux de recherches sur les différentes propriétés sont déjà fort avancés ; on n'attend plus que les rapports détaillés des ingénieurs pour développer immédiatement une partie de ces claims et, s'il y a lieu, procéder à la constitution de Compagnies subsidiaires. Les disponibilités de la Compagnie suffisent à l'exécution de ces travaux.

MOLYNEUX MINES CONSOLIDATED

Directeurs. — A.-P. Gallwey, W.-P. Taylor, H. Molyneux, F.-M. Wolhuter, Carl Fehr, J. Du Bois et Dr Keenan.

Manager. — J. Webster.

Secrétaire. — C.-J. Watson.

La Molyneux Mines Consolidated, à responsabilité limitée, a été constituée sous les lois de la République Sud-Africaine, au capital nominal de £ 250.000 (6.250.000 francs) en actions de £ 1, sur lesquelles £ 220.000 (5.500.000 francs) ont été émises de suite et £ 30.000 restent en réserve. Ces £ 30.000 ont été données à option à 30 sh. et lorsque l'option aura été levée, le fonds de roulement, qui est actuellement de £ 85.000 (2.125.000 francs), s'élèvera à £ 130.000 (3.250.000 francs).

La propriété de cette Compagnie est située dans le district de Heidelberg (Transvaal) et se compose d'environ 659 claims.

Des travaux de prospection, commencés, il y a quelque temps, au moyen de nombreux puits, ont permis de constater la présence continue d'un filon d'affleurement qui offre tous les caractères du filon de la Nigel. Cette mine bien connue se trouve à quelque distance, à l'ouest de la Molyneux Mines, et on a toutes raisons de croire que la couche aurifère, découverte dans cette dernière, est le prolongement du filon de la Nigel.

D'après les différents essais, l'épaisseur moyenne de la couche est de 9 pouces et la teneur varie de 1 à 5 onces à la tonne, soit 2 onces 1/2 en moyenne.

D'excellents droits d'eau se trouvent également compris dans la concession.

Le chemin de fer de Johannesburg à Natal passe dans le voisinage de la Molyneux. Il lui assure une grande facilité dans les transports et une exploitation peu onéreuse.

La Direction de la mine a été confiée à un ingénieur américain de grande expérience qui, pendant plus de douze ans, a exploité l'une des plus importantes mines d'or du Dacota (Etats-Unis).

D'après les avis de cet ingénieur, la direction, avant de commencer les broyages, a décidé de procéder au développement complet de la mine, afin d'avoir une quantité considérable de minerai en vue dans les galeries.

Tous les rapports reçus jusqu'ici permettent d'assigner une longue existence à la mine qui, d'après toutes les apparences, promet de devenir l'un des plus grands producteurs d'or du Transvaal.

BUFFELSDOORN ESTATE AND GOLD MINING COMPANY LIMITED

Directeurs. — H. A. Rogers, D. J. Pullinger, Georges Hurry, W. H. Adlerd, F. G. Dormer, H. G. Hill et S. J. Joel.

Agents et Bureaux à Londres. — Johannesburg Consolidated Investment Company Limited, J. Lothbury, E. C.

Agents et Bureaux à Paris. — London Paris corporation, 2, place de l'Opéra.

Le capital social est de £ 550.000 divisé en actions de £ 1 chacune ; 500.000 actions sont en circulation ; 50.000 restent attachées à la souche. Les actions sont ou nominatives, ou au porteur, au choix des actionnaires.

La Compagnie a un encaisse disponible de £ 125.000, sans compter le produit des actions qui sont encore à la souche.

La Buffelsdoorn Estate and Gold Mining possède, dans le district minier de Klerksdorp (Transvaal) environ 9.000 acres (soit 4.200 hectares environ) de terrains qui se trouvent à 40 milles sud-ouest de Johannesburg, sur le tracé du chemin de fer de Krügersdorp à Klerksdorp.

Trois filons ont été reconnus sur les territoires de la Buffelsdoorn :
1° le White Reef, filon exploité avec succès par la Compagnie Buffelsdoorn ;

2° le Black Reef, nommé aussi Eastleigh Reef, qui se trouve à 6.000 pieds au sud du White Reef; 3° le Main Reef, situé à 160 pieds sud du White Reef.

Le White Reef traverse toutes les propriétés de la Buffelsdoorn Estate sur une longueur de près de 7.000 pieds, il s'enfonce dans le sol suivant une inclinaison de 60° laissant au sud un espace de plus de 3.600 claims entièrement aurifères. Le White Reef a une teneur moyenne de 10 pennyweights, il est exploité avec profit dans la mine Buffelsdoorn proprement dite. Il a été reconnu à l'aide de puits et de sondages dans les autres propriétés de la Compagnie. Ce filon est parfaitement régulier; il est exploité sur une largeur de 4 pieds 6 pouces.

Le Black Reef n'est pas encore exploité par la Compagnie. Sa découverte ne date en effet que du mois de janvier 1895. Mais d'autres Compagnies, notamment la Eastleigh Estate et la Compagnie Ariston le travail lent avec succès. Ce filon, bien que moins homogène que le White Reef, est d'une exploitation rémunératrice, sa teneur moyenne est de 9 pennyweights d'or par tonne.

Le Main Reef a été trouvé en février dernier, il est encore imparfaitement reconnu, sa teneur d'or est à peu près égale à celle du White Reef. Il parait aussi régulier que ce dernier.

Les filons trouvés dans les propriétés offrent les mêmes signes lithologiques que ceux trouvés sur le Witwatersrand, les roches qui les encadrent sont identiques. Le « White Reef » a absolument les mêmes caractéristiques que le « North Reef » du Witwatersrand. Le « Black Reef » donne un minerai pyriteux semblable à celui du filon de même nom exploité au sud de Johannesburg par la Compagnie Orion. Enfin, le « Main Reef », découvert sur la Buffelsdoorn Estate ressemble parfaitement au « Main Reef » du Witwatersrand. Du reste, les ingénieurs et les géologues du Transvaal sont d'avis que le bassin minier de Klerksdorp n'est qu'un prolongement naturel du bassin du Witwatersrand. Les filons y offrent les mêmes signes d'homogénéité et de continuité que dans les mines des environs de Johannesburg.

La Compagnie Buffelsdoorn exploite du reste régulièrement la mine qui a donné son nom à la Compagnie. Cette mine a une étendue de 216 claims, c'est-à-dire qu'elle est plus grande que n'importe laquelle des mines d'affleurement du Witwatersrand (exception faite pour les Compagnies Simmer and Jack et Modderfontein). Le filon est abattu sur une largeur uniforme de 4 pieds 6 pouces. Tout le minerai extrait est envoyé au moulin, sans aucun triage préalable. Le minerai broyé donne 7 pennyweights d'or par tonne.

Les tailings traités par le cianure de potassium produisent 3 pennyweights par tonne. Soit un rendement total de 10 pennyweights.

La mine Buffelsdoorn est d'une exploitation très économique; la Buffelsdoorn possède une mine de charbon qui lui fournit sur place tout ce qui est nécessaire à son exploitation et au delà.

Les frais d'extraction, de broyage, de cyanuration, etc., ne dépassent guère 15 shillings par tonne.

Les principales mines du Witwatersrand, exception faite pour la Langlaagte Estates, sont d'une exploitation beaucoup plus coûteuse.

D'autre part, l'or extrait de la mine de Buffelsdoorn est très fin, il se vend couramment 70 shillings l'once, alors que le prix moyen obtenu par les mines du Rand n'est que de 64 shillings.

Tous les frais de développement sont portés directement au compte d'exploitation à raison de 5 shillings par tonne.

Le minerai actuellement en vue dans la mine Buffelsdoorn, c'est-à-dire prêt à l'abatage, dépasse 100.000 tonnes.

D'autre part, la Compagnie met en vue deux tonnes de minerai pour chaque tonne extraite et traitée.

La mine Buffelsdoorn est parfaitement outillée. Elle travaille actuellement avec une batterie de 70 pilons, batterie qui sera portée avant fin 1895 à 140 pilons. Une autre batterie de 60 pilons sera érigée sur la section ouest de la propriété.

Actuellement les 70 pilons traitent 10.000 tonnes de minerai par mois et produisent 5.000 onces.

Fin 1895, les 200 pilons dont nous avons parlé plus haut produiront environ 14.000 onces d'or, soit autant que la Compagnie Robinson.

Au moins deux dividendes de chacun 10 0/0 seront payés cette année et au moins deux Compagnies subsidiaires seront formées.

Une partie des actions d'apport de ces Compagnies subsidiaires seront distribuées comme boni aux porteurs d'actions Buffelsdoorn. On prévoit, de ce chef, un boni de 1 livre par action dès le mois de juin prochain.

De plus, les actionnaires de la Compagnie Buffelsdoorn auront un droit de préférence lors de la souscription du capital exploitation desdites Compagnies subsidiaires.

Les Compagnies subsidiaires auront toutes des mines d'une étendue dépassant 200 claims, et devront, dans l'avenir, se présenter dans les mêmes conditions que la mine actuellement exploitée. Elles seront toutes capables de supporter une batterie de 150 à 200 pilons.

THE REBECCA GOLD MINING Cy, LIMITED

Siège social. — Colorado Springs (Etats-Unis).

Bureaux. — New-York, 33, Wall Sreet.

Bureau à Paris. — 3, rue Scribe, chez MM. Von Hemert, Higgins et Cie.

Le capital social est de 1.000.000 de dollars divisés en 200.000 actions de 5 dollars (environ 25 francs) chacune, entièrement libérées. Pour faciliter les négociations à la Bourse de Paris, il a été créé des titres au porteur, c'est-à-dire des certificats, émis par la Manhattan Trust Company de New-York, qui seront en tout temps échangeables, sans frais, contre les titres nominatifs de la Compagnie et vice versa.

Les titres nominatifs sont de toutes coupures, mais les certificats au porteur seront en coupures de une, cinq et vingt-cinq actions.

Le puits principal a une profondeur de 250 pieds. On vient de commencer à environ 200 pieds vers le sud le forage d'un second puits et d'après les dernières nouvelles reçues, on est déjà descendu à 16 pieds; on espère que dans deux ou trois mois, quand ce deuxième puits aura atteint une profondeur de 200 à 300 pieds, on pourra extraire $ 30.000 à $ 50.000 de minerai par mois. On a déjà coupé quatre galeries latérales d'environ 200 à 300 pieds de longueur. Pour de plus amples détails, nous nous référons au rapport ci-après.

En résumé, on calcule qu'on pourra gagner environ quatre fois le capital social, en exploitant jusqu'à une profondeur de 900 pieds. Il est cependant probable qu'on pourra suivre le filon à une profondeur bien plus grande.

L'état actuel des travaux permettrait d'extraire pour une valeur de $ 15.000 à 25.000 de minerai par mois, ce qui représenterait à peu près 24 0/0 par an de dividende.

GENERAL TOBACCO CORPORATION Ld

Cette Compagnie, qui s'intéresse en même temps à l'exploitation de l'or et du tabac, a un capital de £ 600.000 divisé en 600.000 actions de une livre sterling chacune. Son siège est à Londres. Elle a une succursale à Constantinople.

Ses statuts lui permettant de s'intéresser à toutes opérations industrielles, commerciales et financières, elle a entrepris, d'abord avec succès, diverses affaires industrielles en Turquie. Les deux créations récentes sont :

La Commercial Company of Salonica Ld, la Turkish Régie Export Cy. dont les actions d'une livre sont recherchées à £ 3 1/4 et 3 1/2.

La Corporation n'a pas tardé ensuite à s'occuper activement d'affaires au Transvaal; elle a notamment participé, presque dès le début, aux diverses augmentations de capital de l'Erste Fabrieken Hatherley Distillery qui possède le monopole de l'alcool au Transvaal.

Les puissants concours qu'elle possède lui ont permis d'acquérir une situation spéciale et privilégiée dans le grand mouvement industriel et financier des Mines d'or du Transvaal. Elle a été notamment un des plus importants participants des divers syndicats de la Buffelsdoorn Estate Gold et Mining Company.

La Général Tobacco Corporation a distribué, pour son dernier exercice, clos le 31 juillet dernier, un dividende de 8s/2d par action ancienne équivalant à 41 0/0, et a, en outre, reporté à nouveau une somme importante ; depuis cette date elle a réalisé de très grandes plus-values sur son portefeuille et acquis des profits appréciables.

Elle a une agence à Paris et elle en a délégué la Direction à un de ses administrateurs les plus actifs, M. le comte de Zogebh.

LILLOOET FRASER RIVER AND CARIBOO GOLDFIELDS Cy, LIMITED

Conseil d'administration. — R. M. Horne-Payne, Hon. Franck S. Barnard, Hon. F. G. Vernon, Henri Rosenheim, Jules Machiels, Dr. Jules Goldschmidt, R. Northall Lawrie, A. E. Mac-Philipps et C. T. Dunbar.

La Compagnie a été fondée en janvier 1895 au capital de £ 50.000 sous la forme d'une « Compagnie d'exploration » dans le but d'acquérir des terrains miniers situés dans la Colombie Britannique.

La Colombie Britannique renferme à peu près la moitié de l'immense gisement métallique américain qui a fourni depuis une cinquantaine d'années les trois quarts de la production totale du globe.

L'Administration locale s'est assuré dans toute la province une grande quantité de mines et de claims.

Ses ingénieurs ont choisi six mines qui sont ouvertes à l'exploitation ; ils ont par des creusements de puits et de galeries, reconnu l'existence de minerai aurifère très riche et en quantité considérable.

Le capital de la Compagnie vient d'être porté à £ 300.000 par vote unanime à l'assemblée générale du 18 septembre 1895, dans le but de faire de cette Compagnie d'exploration une Grande Société Minière pour développer les richesses du pays.

La Mine N° 1 est formée de 240 acres. On a foncé un puits de 400 pieds au fond duquel on a ouvert une galerie de 650 pieds de longueur.

D'autres galeries ont été creusées à 50, 100 et 200 pieds de profondeur, faisant constater la présence d'environ 26.000 tonnes de minerai de la valeur de £ 8 par tonne. 300 tonnes de ce minerai, envoyées à la « Selby Smelting Co » à San Francisco, ont donné une valeur brute de £ 12 par tonne. Cette propriété a le grand avantage d'être située à une distance de quelques mètres de la grande ligne du " Canadian Pacific Railway."

La Mine N° 2 que les ingénieurs de la Compagnie ont choisie es d'une surface de 72 acres. Le filon s'y trouve à une profondeur de 100 pieds et à une largeur de 22 pieds. On a creusé jusqu'à présent environ 1.000 pieds de tunnels et galeries. On a fait plus de 40 analyses de minerai avec les plus grands soins. Les échantillons ont été pris au hasard, sous la surveillance du représentant de la Compagnie, et ont donné à peu près un oz. d'or par tonne. Les résidus sont bien concentrés et peuvent être traités facilement par le procédé de cyanure. Les analyses de la " Cassell Gold Extraction " ont prouvé qu'on peut extraire jusqu'à 95 0/0.

M. J. Champion, chargé par le Gouvernement de British Columbia d'expertiser la propriété pour le département des Mines, constate dans son rapport qu'on se trouve en présence d'une quantité de minerai d'au moins 100.000 tonnes; qu'une moyenne de 16 analyses donne 1 1/2 oz. par tonne; que 100 livres de minerai pris au hasard et analysé par le " Milling Test " démontrant clairement que le minerai donnera environ 13 dwts par tonne, avec les frais d'extraction d'environ 8 1/2 dwts.

La Mine N° 3 qui a été choisie est un " Minéral Claim " d'environ 40 acres. Un puits de 100 pieds a été foncé avec une galerie à sa base. Ces travaux ont prouvé la présence d'un filon de 10 pieds de largeur donnant un rendement de 18 dwts par tonne.

La Mine N° 4 comprend un " Mineral Claim " avec certains droits d'extension accordés par le gouvernement de British Columbia sur une surface de 80 acres en tout. Un tunnel de 100 pieds, coupé par une galerie horizontale a été creusé, découvrant un filon de 7 1/2 pieds de largeur donnant un rendement de 1 1/2 par tonne. Le surveillant officiel des mines d'or dit dans son rapport : « Ce claim montre le meilleur quartz-« aurifère-reef découvert jusqu'à présent dans ce district. Il a une largeur « de 7 1/2 pieds. Les dimensions sont très bien définies sur toute la con-« cession. »

La Mine N° 5 est d'une contenance de 120 acres sur lesquelles des travaux considérables ont été faits démontrant ces gisements d'or et de cuivre très riches : 16 tonnes de ce minerai envoyées a la " Chicago Copper Refining Company " ont donné un résultat de 9.368 ozs d'or, 200 ozs d'argent et 7.566 lbs-liv.-de cuivre. La "Chicago Refining Company", donnant son avis sur cet envoi, émet l'opinion que le minerai est d'une grande richesse, mais qu'il n'a pas été bien trié et contenait trop de grange. Le minerai mieux trié aurait certainement donné un résultat plus satisfaisant.

Les Directeurs ont toute raison de croire que cette propriété va prendre place un jour parmi les plus riches mines du continent américain; son étendue est énorme et il y a un marché tel quel sur le carreau même de la mine.

La Mine N° 6 est un " Leaschold " d'environ 1.000 acres concédé par le gouvernement de British Columbia et consiste en dépôts aurifères. Il y a un grand nombre d'anciens travaux rudimentaires installés autrefois par des chercheurs d'or qui ont dû retirer une assez grande quantité de métal.

La Compagnie a l'appui et la sympathie des autorités locales. Elle bénéficie de communications faciles par voies ferrées et a, à sa disposition, de l'eau et du charbon à bon marché et en quantité. La main-d'œuvre est abondante.

La Compagnie a un working capital dépassant £ 120.000 ; le choix judicieux des administrateurs locaux ainsi que la situation officielle de deux d'entre eux, rend sa position dans le pays des plus fortes.

ROBINSON GOLD MINING Cy, Ld

Directeurs. — Percy Tarbutt, Alexander Davidson, William B. Pascoe, Herbert Palmer et R. W. Hepburne.

Secrétaire. — Walter F. Audrewes.

Siège social à Londres. — 8, old Jewry, E. C.

Cette Compagnie a été créée, en août 1887, à Johannesburg, pour prendre en location une portion de la ferme Turffontein, Witwatersrand, comprenant une superficie de 220 acres (environ 89 hectares) et contenant 17 claims sur le Main Reef. En février 1889, elle a acquis, par voie de fusion, la propriété du Syndicat Kamboula, comprenant 6 claims sur le Main Reef et 10 acres du mynpacht.

Dans l'assemblée qui a décidé cette fusion, le président de la Robinson a expliqué « qu'il était très important d'acquérir ce terrain, concédé à la Kambola bien avant la création de la Robinson. Plusieurs essais de fusion furent vainement tentés, notamment il y a dix-huit mois ; mais les prix exigés par le vendeur furent trouvés trop élevés. L'échec de leurs premières démarches ne découragea pas les directeurs : ils préservérèrent dans leurs négociations qui viennent enfin d'aboutir dans les conditions suivantes :

« La Compagnie Robinson annexe la moitié de la propriété Kambola au prix coûtant, soit environ £ 15.500. Les propriétaires des trois autres claims recevront 3,375 actions Robinson, pourvu qu'ils paient comptant leur part, au prorata des dépenses de développement faite par la Compagnie Robinson. »

MINES D'OR

En somme, la Compagnie possède actuellement 23 claims sur le Main Reef et une superficie de plus de 400 acres.

A l'origine, la Compagnie Robinson avait été constituée au capital de ₤ 50.000, divisées en actions de ₤ 1. Il ne paraît pas y avoir eu d'émission publique et les actions semblent avoir été souscrites entre amis. En février 1889, le capital fut augmenté de 3.375 actions en paiement des claims Kamboula, comme il vient d'être dit.

Mais, à cette époque, les actions de ₤ 1 ayant atteint, à la Bourse, le cours de ₤ 70, on décida de les subdiviser pour les rendre plus maniables. A cet effet, les 53.375 actions anciennes de ₤ 1 furent remplacées à raison d'un titre ancien par 10 titres nouveaux d'une valeur nominale de ₤ 5 (125 francs) chacun. Il y eut ainsi 533.750 actions nouvelles, ce qui a porté le nombre définitif des actions à 550.000 et le capital social à ₤ 2.750.000. Sur les 16.250 actions nouvellement créées, 10.000 ont été vendues au pair, soit ₤ 5, au mois d'août 1889; 6.250 sont encore à la souche.

Le capital actuel de cette Compagnie est de ₤ 2.750.000, divisées en 550.000 actions de ₤ 5, toutes émises.

Elle possède 380 acres (soit 169 hectares 74 ares) dans la ferme Turffontein, Witwatersrand, bornés à l'ouest par la Crown Reef et à l'est par la Ferreira, plus de 30 claims deep-level.

La Compagnie travaille avec 120 pilons. Elle a broyé :

	Tonnes.	Onces d'or extraites.
1888.	6.684	26.287
1889.	28.120	75.040
1890.	44.478	71.823
1891.	60.210	93.952
1892.	101.061	144.790
1893.	94.842	132.804
1894.	107.935	145.392

Les dividendes distribués se répartissent comme suit :

1889.	5 0/0	1893.	8 0/0
1891.	9 0/0	1894.	10 0/0
1892.	7 0/0	1895.	6 0/0

Les actions étant de ₤ 5, chaque centième vaut 1 shilling.

Les 10 0/0 ou shillings, distribués par action en 1894, représentent une somme de ₤ 275.000 et l'ensemble des dividendes payés, depuis l'origine, se chiffre par ₤ 6.187.500 (soit 154.687.500 francs environ).

Les bénéfices réalisés par la Robinson suivent une progression constante. Ils s'inscrivent, en effet, comme suit :

1891.	₤	251.121
1892.		263.602
1893.		301.370
1894.		334.234

AMSTERDAM GOLD MINES

Conseil d'administration. — T.-C. Boissevain Dzn, président; C.-W. Groskamp, F. Muysken, J.-J. Van Asch Van Wyck (tous résidant à Amsterdam).

Représentant à Paris. — A. Barbaut, banquier, 31, rue Le Peletier.

Cette Société a été constituée au capital de £ 120.000, divisé en autant d'actions de £ 1 et placée, avec sanction royale, sous le régime de la loi hollandaise.

Les propriétés se composent de deux mines : Independent et Cordilleras, dans le district de De Kapp. Elles sont situées à quelques kilomètres de la Sheba. La concession de la Compagnie comprend 60 claims. La mine Cordilleras doit être prochainement exploitée, séparément, par une Compagnie anglaise subsidiaire.

LANCASTER GOLD MINING COMPANY

Le capital de cette Compagnie est de £ 300.000, dont 73.500 restent à la souche, 126.500 forment le prix d'achat des claims, et 100.000 ont été souscrites au pair, ce qui donne à la Compagnie un fonds de roulement très suffisant.

La concession comprend 288 claims situés au sud de la Compagnie York, anciennement Compagnie Emma; elle est voisine de la West Rand Mines et se trouve limitée à l'est par la Luipaards Vlei Estate.

La propriété de « Lancaster » est traversée par plusieurs filons à l'affleurement et produit de l'or dès maintenant par le fait de l'absorption de la Compagnie Van Hyck, laquelle exploite le filon West Battery Reef, dont le développement se poursuit très activement.

Suivant les dernières nouvelles, le filon au niveau de 33 mètres, a, sur une longueur de 54 mètres, une épaisseur moyenne de 75 centimètres et a donné à l'essai plus d'une once à la tonne.

Dans la partie nord-ouest de la propriété, immédiatement au sud de la Compagnie York, on a déjà pratiqué un trou de sonde qui a recoupé à environ 68 mètres, 3 filons distincts dont l'un a donné à l'essai environ 15 onces sur une épaisseur 27 1/2 centimètres.

COMPAGNIE COLONIALE & DES MINES D'OR DE SUBERBIEVILLE & DE LA COTE OUEST DE MADAGASCAR

Directeur. — André-Léon Suberbie.

Conseil d'administration. — Albert Belmann, Jules-Marie Debrun, Charles Guilgot, Henri Rogez, Louis Cordonnier, Alfred Vespiéren.

Cette Société est en commandite par actions, au capital de 15 millions de francs. Elle a pour objet : 1° La continuation des travaux entrepris par M. Suberbie, dans les territoires de Ampassirihy, Mevatanana, Amparihibé, Menavava et leurs dépendances, se trouvant dans la province du Boeni (île de Madagascar), pour la recherche et la récolte de l'or, par l'exploitation des filons aurifères et des terrains d'alluvion et pour tous autres travaux miniers ; 2° L'extension de cette exploitation, la mise en valeur ou la création de toutes nouvelles exploitations, soit qu'elles concernent les concessions accordées à M. Suberbie, soit qu'elles concernent celles dont la Société pourra devenir propriétaire dans l'île de Madagascar, relativement à toutes mines, gisements ou droits miniers et terrains d'alluvion, quels qu'en soit la nature et l'objet, mines d'or ou d'autres métaux, de houille ou toutes autres ; 3° L'extraction, le traitement et la vente de tous les produits de l'exploitation ; 4° La cession ferme ou à titre temporaire, la location ou les sous-concessions, à toute personne ou Société de ce qui ne serait pas exploité par la Société, des concessions et exploitations lui appartenant ; 5° Les exploitations d'élevages, agricoles, industrielles et commerciales de tous genres, et en général l'exploitation de toutes entreprises sur les terrains pouvant appartenir à la Société.

Le fonds social, composé des apports en nature et du capital en numéraire est fixé à quinze millions de francs, divisé en 60.000 actions de 250 francs.

En rémunération de son apport, il est attribué à M. Suberbie : 1° une somme en espèces de 1.250.000 francs ; 2° 32.000 actions de 250 francs entièrement libérées et au porteur. Les 28.000 actions formant le complément du capital social ont été entièrement souscrites.

Il est en outre créé 60.000 parts bénéficiaires de fondateurs, au porteur, sans valeur nominale, qui seront remises à M. Suberbie à titre de fondateur. Il ne pourra jamais en être créé d'autres.

Sur les bénéfices nets il est prélevé : 1° 5 0/0 pour former le fonds de réserve ; 2° un chiffre suffisant pour servir 5 0/0 d'intérêts aux actions ; 3° 3 0/0 pour le conseil de surveillance ; 4° 5 0/0 à la gérance.

Après ces prélèvements, le surplus des bénéfices est partagé savoir : 30 0/0 aux parts de fondateur et 70 0/0 entre les actions.

La raison et la signature sociales sont : L. Suberbie et Compagnie.

La durée est de 99 ans.

SHEBA GOLD MINING Cy, Ld

Directeurs. — William Garland Soper, cap. W.-N. Lister, Arthur Chambers, John Paddon, Isaac Lewis et G.-T. Cox.

Manager. — Howard Hill.

Secrétaire. — J.-E. Booth.

Siège social à Londres. — 18, Saint-Helen's Place, E. C.

Cette Compagnie a été enregistrée le 18 octobre 1887, dans le but d'acquérir les propriétés de la Sheba Reef Gold Mining Company.

Le capital actuel s'élève £ 850.000, en actions de £ 1. Au moment de la fondation de la Société, ce capital n'était que de £ 600.000 et il a été depuis progressivement amené au chiffre actuel. Il existe, en outre, £ 150.000 en obligations 7 0/0, amortissables en huit années par voie de tirages. A ce chiffre, il convient d'ajouter 100.000 obligations de £ 1, créées en mai 1895.

Les propriétés de la Compagnie s'étendent actuellement sur 174 claims situés à l'ouest de Delagoa Bay, district de Lydenburg, Transvaal. Ces claims ont été successivement acquis de la Sheba Reef, de la Sheba Low Level, de la Sheba Valley United, de l'Edwin Bray Gold Mining et de MM. Lewis and Marks.

Depuis 1886 jusqu'en mai 1895, l'exploitation a fourni 240.721 onces d'or et le total des dividendes distribués, par action, s'élevait à 10 sh. 6 pence, au 8 octobre 1894.

SOCIÉTÉ DES GISEMENTS D'OR DE SAINT-ÉLIE

Administrateurs : MM. le comte d'Aiguesvives, président; G. de la Bouglisse, baron de Lassus, Lecourieux, Tillier, C. Troplong, (Walfut.

Cette Société a été constituée le 27 avril 1878, au capital de 4 millions, divisé en 8,000 actions de 500 fr. au porteur, entièrement libérées, sur lesquelles 1,200 ont été attribuées, entièrement libérées, à MM. Ceïde fondateurs, en représentation d'apports. Sur le surplus, 1,000 ont été souscrites par M. Dhormoys, l'un des fondateurs, et 5,800 ont été émises en souscription publique, au pair, les 5 et 6 avril 1878, par MM. Bouvier frères et Cie. Les intérêts et dividendes sont payables à époques indéterminées et par acomptes, sous l'autorisation et la responsabilité du Conseil d'administration, chaque fois que la situation financière de la Société le permet, et le solde, après approbation de l'Assemblée générale. Indépendamment de ces 8,000 actions, il a été créé 8,000 titres dits parts de fondateur, qui ont été attribuées pour 7,000 à M. Dhormoys, fondateur, et pour 1,000 à MM. Ceïde, aussi fondateurs, en représentation d'apports. Ces parts de fondateurs n'avaient aucun droit aux bénéfices tant que les actions ordinaires n'auraient pas touché des dividendes pour la somme totale de 500 francs. Alors seulement, les bénéfices, après les prélèvements statutaires, seraient partagés par moitié entre les actions ordinaires et les parts de fondateur. Cette éventualité s'est réalisée par suite du payement, effectué le 5 novembre 1885, du dividende de l'exercice 1884-85, et qui a complété, jusqu'au chiffre ci-dessus prévu de 500 fr., les dividendes distribués depuis la création de la Société. Les actions et les parts de fondateur se trouvent donc désormais avoir des droits égaux dans le partage des bénéfices, à partir de l'exercice 1885-86 inclus, conformément à l'article 51 des statuts.

Elle a pour objet : 1° la recherche et l'exploitation de l'or du placer de Saint-Elie, dit aussi placer Vitalo, comprenant un terrain de 9,900 hectares, situé dans la Guyane française, quartier de Sinnamary, sur la rive gauche de la rivière de Courcibo ; 2° La recherche et l'exploitation, conjointement avec tous autres ayants droit, ou par la Société seule, si elle réunit tous les droits entre ses mains, des gisements d'or du placer de Dieu-Merci, comprenant un terrain de 10,240 hectares, situé dans la Guyane française, sur la rive gauche de la rivière Leblond, affluent de la rivière de Courcibo et contigu au placer de Saint-Elie, de quelque nature que soient ces gisements et les alluvions ou filons qui s'y rattachent et en font partie ; 3° L'acquisition de tous droits ou parts dans la recherche et l'exploitation des gisements d'or de Dieu-Merci, et même l'acquisition, l'obtention de concessions ou de tous permis de recherche, et l'exploitation pour tous autres gisements d'or ou autres métaux, dans la Guyane française ; 4° L'utilisation des richesses forestières, forces hydrauliques et autres sources de produits dont la Société pourra devenir propriétaire ; 5° Enfin, toutes les opérations accessoires qui pourront être la conséquence de celles principales ci-dessus énoncées, et qui pourront en augmenter les produits.

Voici quelles ont été les diverses répartitions depuis l'origine :

1878 (du 27 avril au 30 juin) . . . 20 »

1878-79	73 01		1883-84	75 »
1879-80	99 79		1884-85	33 45
1880-81	70 11		1885-86	16 »
1881-82	67 »		1886-87	23 07
1882-83	61 55		1887-88 à 1892-93	rien (1)

---

(1) Nous arrêtons ici le chapitre des mines d'or. Nous publierons prochainement sur ce sujet, un ouvrage spécial, dans lequel nos lecteurs trouveront tous les renseignements désirables. — F. P.

SOCIÉTÉS INDUSTRIELLES

DIVERSES

SOCIÉTÉS INDUSTRIELLES

DIVERSES

SOCIÉTÉ DU VÉLODROME DE MONDÉSIR - BORDEAUX

Constitution. — Société anonyme, constituée le 5 février 1895, à Bordeaux.

Objet d'après les statuts. — Acquérir le domaine de Mondésir, situé à Caudéran, près Bordeaux, le transformer en un vélodrome, construire et d'exploiter ce vélodrome et par extension d'exploiter les jeux, divertissements et amusements qui y seront installés.

Siège social. — A Paris, 50, boulevard Hausmann. Siège administratif à Caudéran, près Bordeaux, sur le domaine de Mondésir.

Capital social. — 350.000 francs divisés en 3.500 actions de 100 fr. (En dehors de ces actions, il a été créé 3.500 parts de fondateur).

Conseil d'administration. — Composé de cinq membres, choisis parmi les associés et nommés par l'assemblée générale. Les fonctions du premier conseil ne durent que trois ans. Chaque administrateur doit être propriétaire de dix actions ; celles-ci affectées à la garantie de sa gestion, sont inaliénables.

Le Conseil est actuellement composé de MM. le marquis de Crény, président ; L. Berger, administrateur-délégué ; Duhamel (Frédéric), Goudchaux (Charles), Poulet de Marcilly.

Direction. — Il est en outre institué :

1° Un directeur pris en dehors du Conseil d'administration, et spécialement chargé de la partie sportive, de l'organisation des jeux, fêtes et amusements, de la direction du personnel, de la surveillance des recettes et généralement de la police intérieure ;

2° Un contrôleur général choisi parmi les membres du Conseil d'administration, dont les fonctions dureront trois ans, et qui aura le droit de contrôle le plus étendu sur la direction intérieure et sur les opérations en général de la Société.

Directeur sportif. — Paul Bernard.

Directeur administratif. — Desgranges.

Contrôleur. — Georges Focké.

Assemblée générale. — Dans le courant de mars. Elle se compose de tous les actionnaires possédant, soit à titre de propriétaire, soit à titre de mandataire, dix actions au moins. Néanmoins, conformément à la loi du 1er août 1893, tous propriétaires d'un nombre d'actions inférieur à dix pourront se réunir pour former le nombre de dix et se faire représenter par l'un d'eux. Mais dans aucun cas un seul actionnaire ne pourra avoir, soit par lui-même, soit comme mandataire, plus de dix voix.

Année sociale. — Du 1er janvier au 31 décembre, sauf pour le premier exercice qui ne comprendra que le temps écoulé entre la constitution de la Société et le 31 décembre 1895.

Répartition des bénéfices d'après les statuts. — Sur les bénéfices annuels, il est prélevé :

1° 5 0/0 pour constituer la réserve légale ;

2° La somme nécessaire pour payer 5 0/0 au capital dont sera libérée chaque action, à titre d'intérêt ou de premier dividende ;

3° 10 0/0 au Conseil d'administration.

Le surplus sera distribué comme suit :

50 0/0 aux actionnaires à titre de complément de dividende ;
Et 50 0/0 aux porteurs de parts de fondateur.

Le Conseil d'administration pourra toujours proposer à l'Assemblée générale la création de réserves extraordinaires, dont celle-ci fixera le montant, la destination et le mode d'emploi s'il y a lieu.

Le paiement des dividendes et des coupons de parts de fondateur se fera annuellement aux époques fixées par le Conseil d'administration, au plus tard le 1er juillet. Le Conseil d'administration pourra néanmoins, dans le courant de chaque année, décider la distribution d'acomptes à valoir sur les dividendes de l'exercice courant.

LA GRANDE DISTILLERIE CUSENIER

Constitution. — Société anonyme fondée en 1879 sous le nom de « Société de la Grande Distillerie E. Cusenier fils aîné ».

Objet d'après les statuts. — Elle a pour objet d'après ses statuts :

1° L'exploitation, sous toutes ses formes, de l'industrie de la distillation, et toutes opérations commerciales ou financières se rattachant à cette industrie ou à ses produits, fabriqués ou non fabriqués ;

2° La participation dans toutes Sociétés ou exploitations particulières dont les opérations touchent au commerce ou à l'industrie des fruits, liquides, spiritueux en gros ou en détail ;

3° Les prêts ou avances, en espèces ou marchandises, aux Sociétés, exploitations et établissements de cafés, restaurants, hôtels, etc., soit en comptes-courants, soit contre ouverture de crédits hypothécaires ou autres, et remises de tous titres ou valeurs quelconques.

Siège social. —

Durée de la Société. —

Capital social. — Le capital social a été fixé au chiffre de 6 millions de francs, divisés en 12.000 actions de 500 francs entièrement libérées et au porteur. Sur ces 12.000 actions, 6.000 ont été attribuées, entièrement libérées, à MM. Eugène Cusenier, Jules Cusenier, Elisée Cusenier et Clément Dumont, fondateurs de la Société, en représentation de leurs apports. Les 6.000 autres ont été souscrites au pair.

Administration. — Le Conseil d'administration se compose de cinq à neuf membres, nommés pour six ans, renouvelables par moitié tous les trois ans et devant être propriétaires chacun de vingt actions inaliénables pendant la durée de leurs fonctions. M. E. Cusenier fils aîné, l'un des fondateurs de la Société, a été nommé directeur général pour vingt ans.

Assemblée générale. — Octobre.

Année sociale. —

Répartition des bénéfices d'après les statuts. — Chaque année, les bénéfices nets de toutes charges doivent être répartis comme suit : 5 0/0 affectés à la formation du fonds de réserve et 5 0/0 aux actionnaires sur le capital versé. Le surplus, jusqu'au 15 octobre dernier, n'appartenait aux actionnaires que jusqu'à concurrence de 50 0/0. Les statuts attribuaient en effet 45 0/0 au directeur général, et 5 0/0 au Conseil d'administration. L'assemblée générale extraordinaire du 13 octobre dernier, tenue après le décès du fondateur-directeur, a décidé qu'à l'avenir les 45 0/0 qui lui étaient attribués reviendraient pour moitié aux actionnaires ; et le nouvel article 61, relatif à la distribution des bénéfices (déduction faite du compte d'amortissement et de prévoyance que l'assemblée jugera utile de voter) détermine ainsi la répartition : 5 0/0 à la réserve légale, — 5 0/0 du capital versé à titre de premier dividende à toutes les actions. Sur le surplus, après attribution de 5 0/0 au Conseil d'administration, il est d'abord prélevé une somme suffisante pour faire face aux participations consenties par le Conseil, et le reste appartient aux actionnaires à titre de supplément de dividende.

Résultats du dernier exercice. — Les bénéfices du dernier exercice dont il a été rendu compte aux actionnaires le 13 octobre 1894, se sont élevées à la somme de. . . . . Fr. 818.451 50
D'où il a été déduit, pour amortissement du matériel. . . 33.161 85

Reste net. . . . . Fr. 785.289 55

Ce solde bénéficiaire a été réparti comme suit :
Réserve légale. . . . . Fr. 39.264 50
Réserve spéciale. . . . . 84.000 »
Dividende de 40 francs aux actionnaires. . . . . 480.000 »
Aux directeurs et sous-directeurs. . . . . 162.000 »
Au Conseil d'administration. . . . . 18.000 »
A la Société de secours mutuel et à la Caisse de retraite du personnel. 2.025 15

Total égal. . . . . Fr. 785.289 65

SOCIÉTÉ D'EXPORTATION
DES PRODUITS FRANÇAIS

Constitution. — Société anonyme, constituée le 9 janvier 1892.

Objet d'après les statuts. — 1° La création et l'organisation, dans les principaux pays de consommation du globe, de dépôts de catalogues et tarifs de producteurs et fabricants français, lesdits dépôts devant être effectués dans les cartonniers placés dans les consulats et dans les Chambres de commerce françaises établies à l'étranger ;

2° La publication d'un *Catalogue général illustré* des principaux producteurs et fabricants français ;

3° L'organisation sur les principaux marchés extérieurs d'une représentation générale effective des producteurs et fabricants français dont les catalogues et prix courants seront placés dans les cartonniers établis par la Société à l'étranger ;

4° La création et l'organisation successivement, dans les principaux centres de consommation du globe, de cabinets d'échantillons ou d'exportation permanente d'échantillons et modèles des fabricants français ;

5° L'envoi à l'étranger, et notamment dans les pays d'outre-mer, de voyageurs chargés de représenter des groupes de fabricants et producteurs français, et de prendre des commandes sur les échantillons desdits fabricants ;

Les diverses créations ci-dessus ayant pour but de faire connaître aux acheteurs étrangers les meilleures sources de la fabrication française et de favoriser ainsi le développement de l'exportation des produits français ;

6° La commission et l'exportation pour tous les pays de marchandises de fabrication exclusivement française.

7° La publication d'un journal qui, sous le titre de *Journal du Commerce français*, sera le défenseur des intérêts français dans tous les pays et l'organe, à Paris, des Chambres de commerce françaises établies à l'étranger.

Siège social. — 17, rue d'Athènes, Paris.

Capital social. — 800.000 francs, divisés en 8 000 actions de 100 fr. La première année, les actions étaient de 500 francs et ont été dédoublées en coupons de 100 francs.

Conseil d'administration. — Trois membres au moins et sept au plus. Les administrateurs statutaires sont MM. Outier, Flavien, de Creny, Berger et Rinouard.

Assemblée générale. — Fin octobre. Elle se compose de tous les actionnaires propriétaires de 25 actions au moins ; chaque actionnaire a autant de voix qu'il possède de fois cinq actions, sans toutefois qu'un actionnaire puisse disposer de plus de vingt voix.

Tout fondé de pouvoir doit être lui-même membre de l'Assemblée générale.

Les propriétaires d'actions doivent, pour avoir droit d'assister à l'Assemblée générale, déposer leurs titres dans les caisses de la Société, huit jours au moins avant la date fixée pour l'Assemblée générale.

Il leur en sera délivré un récépissé qui servira de carte d'admission. Cette carte est personnelle et nominative, elle constate le nombre de titres déposés et le nombre de voix qui en résulte pour le titulaire.

Tous propriétaires d'un nombre d'actions inférieur à celui déterminé ci-dessus pour être admis dans l'Assemblée, pourront se réunir pour former le nombre nécessaire et se faire représenter par l'un d'eux.

Répartition des bénéfices d'après les statuts. — Les produits, déduction faites de toutes les dépenses et de toutes les charges qui les frappent, constituent le bénéfice net.

Sur ce bénéfice, il est prélevé tout d'abord :

1° Conformément à la loi, 5 0/0 pour constituer un fonds de réserve dite réserve légale. Cette réserve ne cessera d'être obligatoire que lorsqu'elle aura atteint une somme égale au dixième du capital social. Elle est inaliénable et ne peut être distribuée aux actionnaires que lors de la liquidation, à la fin de la Société ou dans le cas de dissolution anticipée, votée par l'Assemblée générale extraordinaire ;

2° La somme nécessaire pour servir un intérêt de 5 0/0 aux actionnaires. Sur le surplus des bénéfices, il sera distribué :

3° Dix pour cent aux administrateurs ;

4° Quatre-vingt-dix pour cent à titre de dividende, aux actionnaires.

Obligations 6 0/0. — Il a été créé, en 1892, des obligations 6 0/0 pour un capital de 250.000 francs au nominal de 300 francs, rapportant par an 18 francs et amortissables en 15 années, le tirage a lieu à l'Assemblée générale annuelle.

Dividendes distribués. — Depuis l'origine, les actions ont reçu :

1891.	30 francs par action de 500 francs
1892.	12 francs par action de 100 francs
1893.	12 — —
1894.	12 — —

Il n'y a aucun impôt à payer sur les dividendes, la Société les prenant à sa charge.

PROCÉDÉS RAOUL PICTET

Constitution. — Société anonyme, constituée le 4 mars 1880.

Objet d'après les statuts. — La Société a pour objet :

L'exploitation, soit directement, soit par des cessions de licences ou tous autres modes, des brevets énumérés aux statuts;

L'exploitation de tous brevets, soit pris par la Société, soit acquis par elle, ayant trait à la production du froid, à son application aux diverses industries, à la fabrication de l'acide sulfureux et à ses divers emplois;

La fabrication et la vente des machines à produire le froid, de l'acide sulfureux et de tous autres produits accessoires;

La création d'établissements destinés à fournir du froid et de la glace, et ce, soit en exploitant directement soit en s'intéressant à des exploitations de cette nature; la constitution de toutes Sociétés dans ce but, sous les formes diverses que rendrait nécessaire le développement des opérations.

(La Société peut également s'intéresser dans toutes industries et fabrications auxquelles pourraient s'appliquer les machines et produits brevetés lui appartenant);

Toutes opérations financières, commerciales et industrielles, se rattachant à celles ci-dessus et destinées à en faciliter l'exécution.

Siège social. — Paris, rue de Grammont, 16.

Durée. — 50 ans, du 4 mars 1880 au 4 mars 1930.

Capital social. — 3 millions de francs, divisés en 6.000 actions de 500 francs chacune, entièrement libérées et au porteur, sur lesquelles 5.200 ont été attribuées, entièrement libérées, à M. Turettini, au nom et comme liquidateur de la Société genevoise pour l'exploitation des brevets Raoul Pictet et Cie, en représentation de ses apports; les autres 800 actions ont été souscrites au pair.

Conseil d'administration. — Composé de cinq à sept membres, nommés pour six ans, renouvelables par tiers tous les deux ans, devant être propriétaires, chacun, de vingt actions inaliénables pendant la durée de leurs fonctions.

Les administrateurs actuels sont MM. P. Tellier, *président;* Lyon, *vice-président;* Th. Gautier, A. Lecourieux, Lemoine, A. Truelle, E. Troplong.

SOCIÉTÉS INDUSTRIELLES DIVERSES

Assemblée générale. — Dans les trois mois qui suivent la clôture de l'exercice, composée de tous les actionnaires porteurs de dix actions qui les ont déposées cinq jours avant la date de la réunion. Dix actions donnent droit à une voix, sans que personne puisse posséder plus de quarante voix, soit en son nom, soit comme mandataire.

Répartition des bénéfices d'après les statuts. — Sur les bénéfices nets de toutes les charges, il est prélevé :

5 0/0 pour former un fonds de réserve. Ce prélèvement cessera lorsque le fonds de réserve aura atteint le dixième du capital social et s'ajoutera aux dividendes à répartir.

En dehors de cette réserve légale, le Conseil d'administration pourra décider qu'il sera fait des réserves spéciales.

L'excédent est réparti dans la proportion suivante :

10 0/0 au Conseil d'administration ;
90 0/0 aux actionnaires.

Dividendes distribués. — Depuis 1883, les dividendes ont ainsi varié :

1883.	Néant	1889.	10	»
1884.	10 »	1890.	15	»
1885.	10 »	1891.	17	50
1886.	8 »	1892.	20	»
1887.	8 »	1893 (actions doublées).	40	»
1888.	Néant	1894 — —	40	»

Résultats du dernier exercice (1894-95). — Le rapport présenté à l'assemblée des *Procédés Raoul Pictet* qui s'est tenue le 14 mars 1895, constate que, pendant l'exercice 1894, les affaires de la Société ont continué leur marche régulière, tant comme vente de machines que comme vente d'acide et d'accessoires.

Un fait important est à noter : c'est l'expiration du traité avec la Société genevoise qui obligeait à faire construire en Suisse une partie des machines. Il en est résulté que les constructions se faisant actuellement à Paris sur les plans et sous la surveillance directe des ingénieurs de la Compagnie, on a pu obtenir tout à la fois une construction plus soignée, des améliorations de détails et un abaissement des prix dont profite la clientèle.

Une autre particularité intéressante signale l'exercice 1894, aucun procès important n'ayant été ni intenté, ni subi, les dépenses du contentieux se sont donc trouvées réduites à une somme minime, contrairement à des habitudes que la Compagnie avait été obligée de contracter un peu contre son gré.

Il n'est pas étonnant que, dans ces conditions, les résultats soient supérieurs aux précédents.

Voici le relevé des comptes profits et pertes pour les trois dernières années :

Bénéfices	1892	1893	1894
Solde reporté.	3.730	2.144	3.031
Bénéfices industriels	359.351	352.254	317.060
Intérêts, escomptes et divers.	9.763	3.949	33.226
Totaux	372.844	358.347	353.317
A reporter	372.844	358.347	353.317

Report	372.844	358.347	353.317
Dépenses.	168.682	164.965	151.472
Bénéfice net.	204.162	193.382	201.845
Totaux égaux	372.844	358.347	353.317

Il résulte de cette comparaison que les produits industriels sont en décroissance, tandis que les recettes diverses se sont accrues de 26.575 fr. 55, solde disponible des réserves pour risques en cours.

D'un autre côté, les frais de contentieux diminuant de 10.000 francs, et les amortissements passés par profits et pertes s'atténuant de 5.000 fr., la réduction des dépenses a largement compensé la moins-value des recettes, de telle sorte que le solde bénéfiaire est en progrès de 8.563 fr. 31.

En déduisant du bénéfice net.		201.845 23
les prélèvements d'amortissements ou provisions, ci.	55.000 »	
et la réserve légale.	7.017 54	
		62.017 54
Il est resté		139.827 69
dont, conformément à l'article 51 des statuts, 10 0/0 ont été répartis au Conseil d'administration, ci		13.333 34
90 0/0 aux actionnaires pour former leur dividende de 10 fr.		120.000 »
et le solde reporté à nouveau.		6.494 35
Egalité.		139.827 69

MANUFACTURE PARISIENNE DE BISCUITS OLIBET

Constitution. — Société anonyme, constituée le 3 décembre 1881.

Objet d'après les statuts. — La Société a pour objet :

1° La fabrication et la vente des biscuits et produits similaires;

2° L'exploitation de la fabrique de biscuits établie par MM. Olibet et Lucas, à Suresnes (Seine), quai National, 45, et rue du Roi-de-Sicile, dans un immeuble dont ils sont locataires et dont ils apporteront ci-après à la Société le droit au bail avec faculté d'acquérir; ensemble la marque de fabrique Olibet et Lucas et Olibet et Cie;

3° L'exploitation de toutes inventions relatives à l'objet de la Société, le prix de tous brevets, l'acquisition de tous brevets et licences et leur exploitation, les ventes de brevets et concessions et licences, et généralement toutes opérations pouvant se rattacher à l'objet de la Société ci-dessus défini.

Les opérations sociales sont expressément limitées pour la France continentale aux départements suivants ; Aisne, Ardennes, Aude, Calvados, Cher, Côte-d'Or, Côtes-du-Nord, Doubs, Eure, Eure-et-Loir, Ille-et-Vilaine, Indre, Indre-et-Loire, Jura, Loiret, Loir-et-Cher, Manche, Marne, Haute-Marne, Mayenne, Meurthe-et-Moselle, Meuse, Nièvre, Nord, Oise, Orne, Pas-de-Calais, Haute-Saône, Saône-et-Loire, Sarthe, Seine, Seine-et-Marne, Seine-et-Oise, Seine-Inférieure, Somme, Vosges, Yonne. Les opérations pourront s'étendre partout ailleurs, même à l'étranger.

Durée. — 25 ans, du jour de sa constitution définitive. Cette durée pourra être restreinte ou prorogée par décision de l'assemblée générale.

Siège social. — Rue Sainte-Croix-de-la-Bretonnerie, 52, à Paris.

Capital social. — Le capital social est fixé à 600.000 francs et divisé en 1.200 actions de 500 francs ; sur ces 1.200, il en est attribué 1.000 entièrement libérées aux apportants. Les 200 actions de surplus sont payables en numéraire.

Assemblée générale. — Dans le premier semestre, se compose de tous les actionnaires possédant, depuis quinze jours au moins avant la date fixée pour la réunion de l'assemblée, dix actions libérées. Tout propriétaire d'au moins dix actions peut se faire représenter par un mandataire membre de l'assemblée.

Répartition des bénéfices d'après les statuts. — Les produits nets, déduction faite des charges, constituent les bénéfices. Sur ceux-ci, il est prélevé :

1° 5 0/0 pour la constitution du fonds de réserve légal jusqu'à ce que ce fonds atteigne le dixième du capital social, après quoi ce prélèvement pourra être suspendu, sauf à reprendre son cours en cas de diminution ;

2° Une somme égale à l'intérêt de 5 0/0 du capital versé sur les actions, qui sera distribué aux actionnaires à titre de premier dividende.

Sur le surplus il est attribué :

1° 5 0/0 au Conseil d'administration, qui en disposera comme bon lui semblera ;

2° 5 0/0 à un compte spécial, à la disposition du conseil d'administration, pour être affecté à des rémunérations au personnel, suivant l'appréciation exclusive du conseil ;

3° 15 0/0 à M. Chibert, comme fondateur, et en rémunération de son concours à l'organisation de la Société ;

4° Le surplus, sauf la portion que l'assemblée générale, sur la proposition du conseil d'administration, pourra affecter à la création d'un fonds de prévoyance dont elle déterminera le montant et l'emploi, sera réparti aux actionnaires à titre de dividende.

Les 15 0/0 des bénéfices attribués à M. Chébert, fondateur, pourront être divisés en parts et représentés par des titres, dont le conseil d'administration déterminera le nombre, la forme et le mode de transmission.

En cas d'insuffisance des produits d'une année pour donner un intérêt ou dividende de 5 0/0 par action, la différence peut être prélevée sur le fond de prévoyance et même sur le fond de réserve, s'il dépasse le dixième du capital social.

Le paiement des dividendes a lieu dans l'année qui suit la clôture de l'exercice auquel ils sont attribués et aux époques fixées par le conseil d'administration.

Conseil d'administration. — Composé de trois membres, indéfiniment rééligibles, nommés par l'assemblée générale.

Le conseil est actuellement composé de MM. Dubrujeau, président; Olibet, membre et L. Walter, administrateur délégué.

SOCIÉTÉ FRANÇAISE DU BEC AUER

Constitution. — Société anonyme, fondée en juillet 1892.

Objet d'après les statuts. — Exploitation d'un bec, dit bec Auer, développant l'intensité et la clarté du gaz.

Siège social. — Rue de Courcelles, 173.

Capital social. — A l'origine 600.000 fr., divisé en 1.200 actions de 500 francs. Puis, suivant un acte reçu par Mᵉ Dufour, notaire à Paris, le 27 janvier 1893, il a été fait apport à cette entreprise, par la Société anglaise dite « The incandescent gas light Company » (limited), de la propriété et du droit exclusif d'exploitation par l'Espagne et le Portugal de l'invention exploitée par la Société en France, ayant pour objets de nouveaux corps d'éclairage incandescents pour brûleurs à gaz, ensemble les brevets pris dans ces deux pays pour cette invention ; et, à cette occasion, le capital de la Société française a été porté de 600.000 à 800.000 fr., représenté par 8.000 actions de 100 fr. chacune. Cet apport et l'augmentation du capital social ont été ratifiés par décisions des assemblées générales extraordinaires des 21 février et 6 mars 1893.

Le capital a été porté ultérieurement, par décision de l'assemblée du 6 avril 1895, à 2 millions de francs, divisé en 20.000 actions de 100 francs.

Dividendes distribués. — 1892-93 : 625 francs par action de 500 francs ; 1893-94 : 180 francs par actions de 100 francs.

SOCIÉTÉ BELGE DU BEC AUER

Constitution. — Société anonyme, fondée en 1893; transformée en 1895, en nouvelle Société, sous le même titre.

Objet d'après les statuts. — Elle a pour objet l'exploitation, en Belgique, du Bec Auer et des brevets additionnels. Elle a acquis la presque totalité des actions de la Société anonyme belge pour l'exploitation des brevets Auer au Portugal ; elle est devenue propriétaire des brevets Fredureau pour les globes diffuseurs, qui étaient auparavant la propriété d'une Société spéciale ; enfin, elle peut s'intéresser, soit par l'achat de titres, soit de toute autres manière, dans toutes entreprises d'éclairage.

Siège social. — Bruxelles.

Capital social. — 34.000 actions représentant chacune 1/34.000ᵉ de l'avoir social.

Résultats obtenus. — L'ancienne Société a donné pour la première année (exercice de dix mois) 100 fr. à ses actionnaires, par action d'une valeur nominale de 500 fr. ; pour la deuxième année, le dividende s'est élevé à 200 francs, soit 40 0/0 de la valeur nominale des actions.

Les chiffres provisoires des bénéfices du 1ᵉʳ septembre 1894 jusqu'à fin mars 1895, acquis de la nouvelle Société, soit pour sept mois, est de . . . . Fr. . 350.000

Depuis le début de son exploitation, décembre 1894 jusqu'à fin mars 1895, la Société Portugaise a obtenu un bénéfice d'environ 60.000

Du 1ᵉʳ avril au 31 décembre 1895, les bénéfices de la Société Belge sont évalués à 400.000

Ceux de la Société Portugaise, dont l'exploitation n'est qu'à ses débuts et dont le premier exercice finit le 30 juin (par conséquent 1ᵉʳ avril-30 juin 1895) à 40.000

formant un total de 850.000

à déduire pour réserves, administration, amortissements, environ 170.000

Resterait un solde de bénéfices à distribuer de 680.000

Par conséquent, le revenu du premier exercice social, comptant seize mois d'exploitation pour la Belgique et sept mois seulement pour le Portugal, peut donc être évalué à 20 francs pour chaque nouvelle action.

TABLE DES MATIÈRES

DU MANUEL PEREYRE

I. — FONDS D'ÉTAT FRANÇAIS ET ÉTRANGERS

	Pages
Rentes Françaises (3 0/0 perpétuel, 3 0/0 amortissable, 3 1/2 0/0)	1
Fonds Autrichiens (Unifiée 5 0/0 1868, 4 0/0, Lots d'Autriche, Domaniales)	3
— Ottomans (Dette, Consolidés, Priorités, Douanes, Tribut d'Égypte, etc.)	7
— Russes (5 0/0 1882, 4 0/0 1867, 4 0/0 1869, 5 0/0 1878, 5 0/0 1879, 4 0/0 1880, etc.)	11
— Roumains (5 0/0 1875, 5 0/0 1881, 5 0/0 1882, 4 0/0 1889 intérieur, etc., etc.)	18
— Égyptiens (Dette, Daïra-Sanieh, Domaniales, etc., etc.)	20
— Serbes (Hypothécaires 5 0/0, Emprunt 1890, etc., etc.)	23
— Espagnols (4 0/0 intérieur, 4 0/0 extérieur, Billets hypothéc. de Cuba)	27
— Portugais (3 0/0 réduit, 4 1/2 réduit, Tabacs, etc.)	29
— Hongrois (4 0/0 or 1881, 4 1/2 1888)	30
— Italiens (Rentes perpétuelles, Emprunt piémontais, etc., etc.)	31
— Helléniques (5 0/0 1881, 5 0/0 1884, 4 0/0 1887)	33
— Haïtiens (Bons d'Haïti)	36

II. — ASSURANCES

Assurances agricoles	37
Urbaine-Incendie	38
Urbaine-Vie	40
Caisse générale des Familles-Vie	42
Caisse générale des Familles-Accidents	44
La Paternelle-Incendie	45
L'Abeille-Vie	47
L'Abeille-Accidents	49
L'Abeille-Incendie	51
L'Abeille-Grêle	52
La Providence-Vie	53
La Providence-Incendie	55
La Providence-Accidents	57
France-Vie	60
France-Incendie	62
Union-Vie	64
L'Urbaine et la Seine-Accidents	66
Union-Incendie	69
Assurances Générales-Vie	71
Soleil-Incendie	73

	Pages
Soleil-Vie.	75
Clémentine-Incendie	78
La Capitalisation	80
Foncière-Incendie.	83
Patrimoine-Vie.	85
Patrimoine-Accidents.	87

III. — COMPAGNIES GAZIÈRES

Compagnie Parisienne du Gaz.	91
Compagnie Générale Belge d'Éclairage et de Chauffage par le Gaz.	95
Union des Gaz.	99
Compagnie du Gaz de Lyon	101
Compagnie Générale du Gaz pour la France et l'Étranger.	104
Société Lyonnaise des Eaux et de l'Éclairage.	106
Société Internationale d'Éclairage par le Gaz d'Huile.	108
Compagnie Générale Française et Continentale d'Éclairage.	110
Société Anonyme des Usines à Gaz du Nord et de l'Est.	113
Compagnie Centrale du Gaz : Lebon et Cⁱᵉ.	116
Gaz Général de Paris (Gaz portatif) : Hugon et Cⁱᵉ.	118
Compagnie Française d'Éclairage et de Chauffage par le Gaz.	120
Gaz Franco-Belge : Lesage et Cⁱᵉ.	122
Société Générale des Gaz du Midi	123
Gaz de Madrid.	124
Société Anonyme d'Éclairage du Centre.	127
Gaz de Porto.	128
Gaz de Naples	129
Gaz de Rome.	131
Société Impériale Ottomane d'Éclairage par le Gaz et l'Électricité.	132
Gaz de Bordeaux.	133
Gaz de Marseille.	134
Gaz de Munich.	136
Gaz de Rio-de-Janeiro.	137
Compagnies réunies Gaz et Électricité.	138
Sociétés Gazières Anglaises.	140
Sociétés Gazières Belges.	141
Sociétés Gazières Italiennes.	142

IV. — COMPAGNIES D'EAUX

Compagnie Générale des Eaux	147
Société des Grandes Marques d'Eaux Minérales.	150
Eaux de la Bourboule.	151
— de Couzan.	152
— de Bayonne	153
— de Vals.	155
— de Vals et de l'Ardèche.	156
— de la Banlieue de Paris	157
— de Lons-le-Saulnier.	159
— de Calais.	160
Compagnie Générale des Eaux pour l'Étranger.	161
Eaux de Châtel-Guyon.	163
Compagnie Générale d'Eaux Minérales et Bains de Mer.	164
Eaux de Montchanson.	166

TABLE DES MATIÈRES

	Pages
Compagnie départementale des Eaux et Services municipaux	167
Eaux de Saint-Alban	168
— d'Aurel et de la Drôme	169
Compagnie des Bains salins de la Mouillère	170
— fermière de l'Établissement thermal de Vichy	171
Eaux de Tunis	172
— de Caracas	174
— de Pougues	175
— de Royat	176
— de Bussang	176
— et Thermes de Sail-les-Bains	177
— de Brest	178

V. — CHEMINS DE FER FRANÇAIS

Chemins de fer de Paris-Lyon-Méditerranée	181
Compagnie du Chemin de fer du Nord	191
— du Chemin de fer de Paris à Orléans	200
— des Chemins de fer de l'Ouest	205
— des Chemins de fer de l'Est	213
— des Chemins de fer du Midi	219
— des Voies ferrées du Dauphiné	223
— du Chemin de fer de Dakar à Saint-Louis	224
— des Chemins de fer Départementaux	226
Société générale des Chemins de fer Économiques	229
Compagnie des Chemins de fer Économiques du Nord	231
— française des Voies ferrées économiques	234
Chemins de fer garantis des Colonies françaises	235
Compagnie des Chemins de fer de la Grande-Ceinture de Paris	238
Chemins de fer Nogentais	239
— de fer de l'Hérault	240
— de fer de la Camargue	243
— de fer régionaux des Bouches-du-Rhône	245
— de fer du Médoc	248
— de fer de Caen à la Mer	250
Compagnie Meusienne des Chemins de fer	252
Chemins de fer de Vassy à Saint-Dizier	253
— de fer de l'Est de Lyon	255
— de fer de Fourvières-Ouest-Lyonnais	257
— de fer de Lyon-Croix-Paquet à Lyon-Croix-Rousse	259
— de fer de Lyon à la Croix-Rousse	260
— de fer du Rhône	261
— de fer à Voie étroite de Firminy-Rive-de-Gier et extensions	262
Compagnie de l'Est-Algérien	265
Chemins de fer de Bône à Guelma	267
Compagnie de l'Ouest-Algérien	271
— Franco-Algérienne	277
Société nouvelle des Chemins de fer des Bouches-du-Rhône	287
Compagnie des Chemins de fer de la Drôme	286
Chemins de fer du Sud de la France	288
— de fer de la Réunion	294

VI. — CHEMINS DE FER ÉTRANGERS

Chemins de fer américains (Compagnies les plus importantes)	299
Compagnie du Chemin de fer du Saint-Gothard	305

	Pages
Compagnie du Chemin de fer Central-Suisse	309
Chemins de fer du Jura-Simplon	311
Compagnie des chemins de fer du Nord-Est suisse	315
Compagnie de l'Union des chemins de fer suisses	318
Société italienne des chemins de fer Méridionnaux	321
Société italienne des chemins de fer de la Méditerranée	323
Société des chemins de fer Livournais	324
Compagnie des chemins de fer de la Sicile	325
Chemins Lombards	326
Société Autrichienne-Hongroise privilégiée des chemins de fer de l'Etat	328
Chemins de fer Brésiliens	332
Chemins de fer de jonction Salonique-Constantinople	335
Chemins de fer Beyrouth-Damas-Hauran	336
Société des chemins de fer Ottoman Salonique-Monastir	338
Compagnie française de chemins de fer Argentins	339
Chemins de fer de Beïra-Alta	341
Compagnie d'exploitation des chemins de fer Orientaux	344
Chemins de fer de Santa-Fé	346
Société anonyme des chemins de fer du Salève	351
Compagnie du chemin de fer à voie étroite Genève-Veyrier	352
Société genevoise des chemins de fer à voie étroite	353
Chemins de fer de Madrid à Cacérès et au Portugal	355
Chemins de fer du Nord de l'Espagne	358
Chemins de fer Andalous	365
Chemins de fer de Madrid à Sarragosse et Alicante	368
Chemins de fer du Sud de l'Espagne	373
Chemins de fer de l'Ouest de l'Espagne	374
Chemins de fer Portugais	375
Chemins de fer de Porto-Rico	379

VII. — VOITURES, OMNIBUS ET TRAMWAYS

Voitures à Paris	383
Compagnie générale des Voitures pour le service des chemins de fer	386
Voitures L'Urbaine	387
Omnibus de Paris	389
Omnibus et Tramways de Lyon	393
Compagnie générale française de Tramways	395
Compagnie générale parisienne de Tramways	398
Tramways du département du Nord	400
Compagnie Lyonnaise de Tramways	402
Tramways de Paris à Saint-Germain	404
Tramways de l'Indo-Chine	405
Tramways de Paris et du département de la Seine	407
Compagnie générale des Tramways Suisses	409
Messageries Delgutte	411
Wagons-Lits	411

VIII. — COMPAGNIES DE NAVIGATION

Bateaux Parisiens	417
Compagnie de Touage de la Basse-Seine et de l'Oise	419
Compagnie de Touage et Transports de la Seine	421
Compagnie de Transports fluviaux et maritimes	422

TABLE DES MATIÈRES

	Pages
Transports maritimes à vapeur	423
Compagnie Havraise Péninsulaire	424
Chargeurs Réunis	42g
Compagnie générale Transatlantique	427
Messageries Maritimes	431

IX. — ÉLECTRICITÉ

Grande Société des Télégraphes du Nord	437
Société pour les applications industrielles de l'Électricité	439
Société industrielle des Téléphones	440
Compagnie Centrale d'Électricité	442
L'Éclairage Électrique	443
Compagnie Lyonnaise d'Électricité	444
Compagnie Continentale Edison	446
Compagnie Nationale d'Électricité Ferranti	449
Société Dijonnaise d'Électricité	450
Secteur de la place Clichy	451
Société Grenobloise d'éclairage Électrique	453
Société d'éclairage Électrique de Cannes	454
Société Électrique des Pyrénées	455
Société Monégasque d'Électricité	457
Compagnie Électrique Edison	458
Société Électrique du Lignon	459
Compagnie Suisse de l'industrie Électrique	460
Société Piémontaise d'Électricité	461

X. — COMPAGNIES TERRITORIALES ET DE CRÉDIT FONCIER

Compagnie Domaniale de France	468
Compagnie Foncière de France	469
Crédit Foncier et agricole d'Algérie	471
Crédit Foncier Colonial	473
Crédit Foncier de France	475
Bechuanaland Exploration	488
Garantie Foncière	489
Compagnie Mossamédès	489
Compagnie de Mozambique	491
Société Immobilière Marseillaise	492
Société Foncière de Dijon	494
Rente Foncière	495
Foncière Lyonnaise	497
Banque hypothécaire d'Espagne	499
Crédit Foncier d'Autriche	501
Crédit Foncier Egyptien	503
Crédit Foncier Franco-Canadien	505
Crédit Foncier Hongrois	508

XI. — MINES DE CUIVRE, ZINC, ÉTAIN, ETC.

Cape-Copper (cuivre)	513
Mines de Montecatini (cuivre)	514
Mines de Tharsis (cuivre)	515
Laurium grec (plomb argentifère)	516

	Pages
Mines de Rio-Tinto (cuivre et pyrites de fer)	517
Laurium français (plomb et zinc)	519
Mines de Lexington (argent)	521
Mines de Malfidano (zinc et plomb argentifère)	523
Mines de Pontgibaud (plomb argentifère)	526
Mines de Mokta-El-Hadid (fer)	530
Mines de la Vieille-Montagne (zinc)	531
Société le Nikel (nikel et cobalt)	534
Mines de la Morèna (cuivre)	535
Mines de Huanchaca (argent)	536
Mines de Boléo (cuivre)	537
Mines de Galicia (cuivre)	538
Mines de Penarroya-Belmez (plomb)	539
Mines d'Escombrera-Bleyberg (plomb, zinc et fer)	541
Mines d'Aguas-Tenidas (cuivre et pyrites de fer)	541

XII. — HOUILLÈRES, CHARBONNAGES, ETC.

Houillères d'Epinac	545
Charbonnages de Trifail	546
Houillères de la Haute-Loire	548
Charbonnages d'Urikany	549
Mines de la Loire	550
Charbonnages de Sosnowice	552
Houillères de Montrambert	553
Charbonnages de Bully-Greney	554
Houillères de Dombrowa	555
Houillères de Rive-de-Gier	559
Mines de Campagnac	560
Houillères de Saint-Etienne	562
Mines de Carmaux	563
Mines de la Grand'Combe	564
Charbonnages de Kébao	566
Anthracites du Pays de Galles	567

XIII. — COMPAGNIES MÉTALLURGIQUES

Compagnie pour la fabrication des compteurs et matériel d'usines à gaz	571
Société des Forges et Aciéries du Donetz	572
Alpine (Société minière des Alpes Autrichiennes)	575
Compagnie française des Métaux	578
Aciéries de France	579
Le Creusot	581
Châtillon-Commentry	582
Commentry-Fourchambault	585
Forges et Aciéries de la Marine	586
Ateliers et Chantiers de la Loire	588
Anciens établissements Cail	589
Etablissements de Fives-Lille	592
Forges et Chantiers de la Méditerranée	595
Forges et Aciéries du Nord et de l'Est	597

XIV. — PHOSPHATES, SOUFRES, NITRATES, ETC.

Société civile des Soufres romains	601
Plâtrières réunies du bassin de Paris	602

TABLE DES MATIÈRES

	Pages
Compagnie générale des Nitrates	603
— des Nitrates Railways	603
Société des Lagunas Syndicate	603
Compagnie des Nitrates de Lagunas	604
— de San-Jorge Nitrates	604
— des Nitrates la Paccha et Jazpampa	604
Ciments français	604

XV. — BANQUES DIVERSES

Crédit Industriel et Commercial	609
Crédit Lyonnais	611
Crédit Mobilier	613
Société Générale	615
Banque Internationale de Paris	618
Banque d'Alsace et de Lorraine	619
Banque de Mulhouse	620
Banque des Chemins de fer Orientaux	621
Union financière de Genève	623
Société financière Franco-Suisse	624
Comptoir d'escompte de Genève	625
Société de Crédit Suisse	626
Banque de Genève	627
Banque Fédérale suisse	628
Banque Genevoise de prêts et dépôts	629
Bank-Verein de Bâle	630
Banque du Commerce de Genève	631

XVI. — MINES D'OR

Alaska Tresdwell Gold Mining Cy	635
Aurora Gold Mining Cy, limited	636
Australian Mining Cy	637
New Aurora West Gold Mining Cy, limited	638
Crown Reef Gold Mining Cy, limited	640
May Deep Level Gold Mining Cy, limited	642
Meyer and Leef Gold Mining Cy, limited	642
Johannesburg Estate Cy, limited	643
George Goch amalgamated Gold Mining Cy, limited	644
Abbott's Gold Mine, limited	646
Talunga Gold Mine, limited	646
Simmer and Jack Gold Mining Cy, limited	648
North white feather consolidated Gold Mines, limited	649
New Primrose Gold Mining Cy, limited	651
Southern Jumpers, limited	652
Glencairn Main Reef Gold Mining Cy, limited	653
New Crœsus Gold Mining Cy, limited	654
Jumpers Gold Mining Cy, limited	655
Great Western Gold Mining Cy, limited	656
Nigel Gold Mining Company	657
The Mashona Gold Reefs and Exploration Cy, limited	659
Geldenhuis Estate and Gold Mining Cy	660
The French North Rand Estates Gold Mining Cy, limited	662
East Rand Proprietary Mines et ses Filiales	663
The Rhodesia Gold Mining and Exploring Cy, limited	666

	Pages
Ferreira Gold Mining Cy, limited	666
The Leland Stanfort Gold Mining Cy, limited	668
City and Suburban Gold Mining Cy, limited	668
New Heriot Gold Mining Cy	669
Chaterland Goldfields, limited	670
Wealth of Nations, limited	671
Londonderry Gold Mine, limited	672
United Rhodesia Goldfields, limited	673
French South Africa development Cy, limited	673
Molyneux Mines Consolidated	674
Buffelsdoorn Estate and Gold Mining Cy, limited	675
The Rebecca Gold Mining Cy, limited	677
General Tobacco Corporation, limited	678
Lilloet Fraser River and Cariboo Goldfields Cy, limited	678
Robinson Gold Mining Cy, limited	680
Amsterdam Gold Mines	682
Lancaster Gold Mining Cy	682
Compagnie Coloniale et des Mines d'or de Suberbieville et de la côte ouest de Madagascar	683
Sheba Gold Mining Cy, limited	684
Société des Gisements d'or de Saint-Élie	685

XVII. — SOCIÉTÉS INDUSTRIELLES DIVERSES.

Société du Vélodrome de Mondésir-Bordeaux	689
La Grande Distillerie Cusenier	691
Société d'exportation des Produits Français	692
Procédés Raoul Pictet	694
Manufacture parisienne de Biscuits Olibet	696
Société française du Bec Auer	698
Société belge du Bec Auer	698

Paris. — Imprimerie de la Finance et du Commerce, 6, rue des Forges.

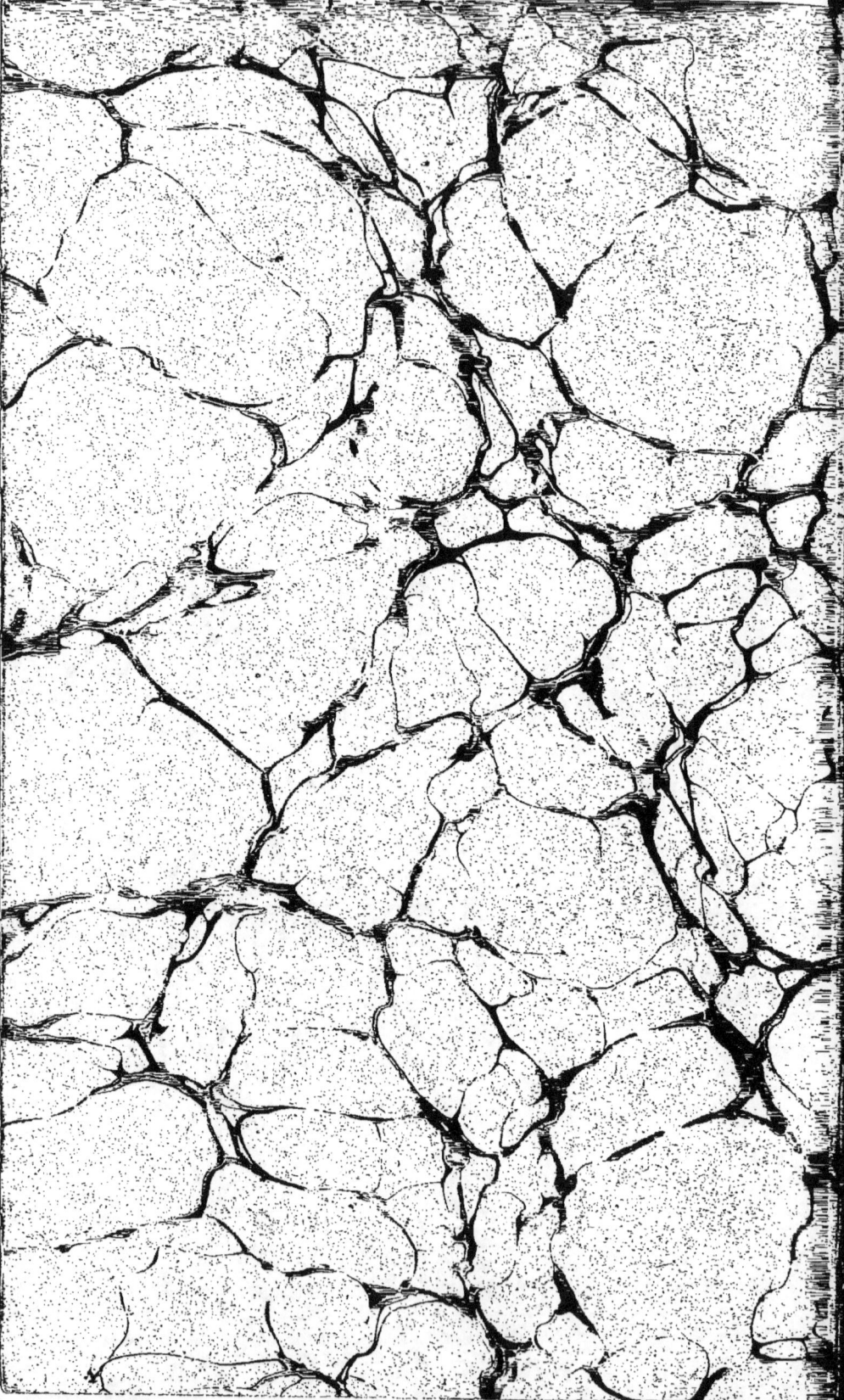

www.ingramcontent.com/pod-product-compliance
Lightning Source LLC
Chambersburg PA
CBHW071706300426
44115CB00010B/1326